Autorengemeinschaft Metall

Maschinenbau- und Werkzeugbautechnik

Grund- und Fachkenntnisse

Jugend & Volk

Mit Bescheid des Bundesministeriums für Bildung, Wissenschaft und Kultur GZ 5.021/0047-Präs.8/2009 vom 16. April 2010 als für den Unterrichtsgebrauch an Berufsbildenden Pflichtschulen für die Lehrberufe Maschinenbautechnik sowie Werkzeugbautechnik im Unterrichtsgegenstand Mechanische Technologie und an technischen, gewerblichen und kunstgewerblichen Fachschulen mit der Fachrichtung Maschinen- und Fertigungstechnik im Unterrichtsgegenstand Fertigungstechnik für die 1. – 4. Klasse approbiert.

Autorengemeinschaft Metall:

Verlag Jugend & Volk:	Dipl.-HTL-Ing. Josef Rudiferia (Innsbruck) Dipl.-Päd. Ing. Ludwig Eitzlmayr (Wels)
Manuskriptprüfung und Beratung:	Dipl.-Päd. Ing. Walter Schobermaier (Knittelfeld) Dipl.-Päd. Ing. Werner Joven (Knittelfeld)
Bildungsverlag EINS:	Klaus Hengesbach, Peter Hille, Jürgen Lehberger, Detlef Müser, Georg Pyzalla, Walter Quadflieg, Werner Schilke, Holger Stahlschmidt

Für den Bezug von Normen wenden Sie sich bitte an:
Österreichisches Normungsinstitut
Austrian Standards plus GmbH.
1020 Wien, Heinestraße 38

Tel.: +43 1 213 00-805
Fax: +43-1 213 00-818
E-Mail: sales@as-plus.at

Nach den Regeln der neuen Rechtschreibung 2006.

Jugend & Volk

Schulbuch-Nr. **150536**
Autorengemeinschaft Metall
Maschinenbau- und Werkzeugbautechnik
Grund- und Fachkenntnisse

ISBN 978-3-7100-2279-1

www.jugendvolk.at

Cover-Foto: EMCO-Maier GmbH, 5400 Hallein

Lektorat: Mag. Karl Heinz Koiner

Satz: Peter Barosch KG, 1220 Wien

[2012 – 1.01]

Vorwort

Mit dem Titel „Maschinenbau- und Werkzeugbautechnik" bieten wir ab dem Schuljahr 2011/12 ein neues Lehrbuch für die entsprechenden Fachrichtungen. Wir haben dabei Anregungen von Lehrerinnen und Lehrern aufgegriffen, die eine solche Zusammenstellung wünschenswert finden.

Dabei war und ist es uns ein Anliegen, einen kompakten Überblick von den grundlegenden handwerklichen Fertigkeiten bis hin zu modernen Fertigungsmethoden zu geben, wobei der Anspruch auf Verwendung einer schülergerechten Sprache auch bei komplexen Inhalten erhalten bleiben soll.

Der Titel „Maschinenbau- und Werkzeugbautechnik" lässt sich gut kombinieren mit dem „Tabellenbuch für Metalltechnik" (SB-Nr. 77), dem Werk „Angewandte Mathematik für Metallberufe" (SB-Nr. 120206) bzw. „Technische Mathematik Metall" (SB-Nr. 145333) sowie unserem ein- oder zweibändigen Fachzeichenkurs „Konstruktionsgrundlagen" (SB-Nr. 36) bzw. „Technisches Zeichnen – Fachzeichnen 1. Teil" (SB-Nr. 3742) und „Technisches Zeichnen – Fachzeichnen 2. Teil" (SB-Nr. 3744).

Ergänzungen, wie z. B. ein Fragenkatalog u. a., werden ab Herbst 2011 auf der Website des Verlages als Download angeboten: http://www.jugendvolk.at
Hinweis: Durch Eingabe der Schulbuchnummer **150536** in das linke Suchfeld der Startseite gelangen Sie auf schnellem Weg zur Titelanzeige. Dort klicken Sie bitte zunächst auf das Titelfoto und danach auf den Button „Zusatzmaterial".

Der Verlag bedankt sich sehr beim Team unseres Partnerverlages, des Bildungsverlages EINS, bei Herrn Dipl.-HTL-Ing. Josef Rudiferia (Innsbruck) und Herrn Dipl.-Päd. Ing. Ludwig Eitzlmayr (Wels). Weiters gilt unser Dank Herrn Dipl.-Päd. Ing. Walter Schobermaier (Knittelfeld) und Herrn Dipl.-Päd. Ing. Werner Joven (Knittelfeld) für die Durchsicht und Beratung im Zusammenhang mit der Begutachtung des Manuskriptes.

Anregungen und konstruktive Kritik, die zu einer Verbesserung des Werkes führen, nehmen wir gerne entgegen. Verwenden Sie dazu bitte folgende Mailadresse: verlag@jugendvolk.at

Wir freuen uns, dass Sie sich für das Fachbuch „Maschinenbau- und Werkzeugbautechnik" entschieden haben, und wünschen Ihnen damit viel Freude und Erfolg.

Verlag Jugend & Volk GmbH. Wien, 2011

Inhaltsverzeichnis

Prüftechnik

1 Grundbegriffe 11
1.1 Bedeutung des Prüfens in der Fertigung 11
1.2 Subjektives und objektives Prüfen 11
1.3 Grundgrößen (Basisgrößen) und ihre Einheiten (Basiseinheiten) 12
1.4 Formelzeichen 12
1.5 Prüfverfahren: Messen und Lehren 13

2 Prüfen von Längen 13
2.1 Maßsysteme und Einheiten 13
2.2 Höchstmaß – Mindestmaß – Toleranz 14
2.3 Begriffe der Längenmesstechnik 14
2.4 Direkte Längenmessung 15
2.4.1 Messen mit Messschiebern 15
2.4.2 Messen mit Messschrauben 17
2.4.3 Messen mit Messuhren und Feinzeigern 19
2.4.4 Messen mit Endmaßen 20
2.5 Indirekte Längenmessung 21
2.5.1 Pneumatische Längenmessung 21
2.5.2 Elektrische Längenmessung 22
2.5.3 Optische Längenmessung 23
2.6 Lehren 24
2.6.1 Formlehren 24
2.6.2 Maßlehren 24
2.6.3 Grenzlehren 24

3 Prüfen von Winkeln 25
3.1 Messen von Winkeln 25
3.2 Lehren von Winkeln 25

4 Prüfen der Rauheit von Oberflächen 26
4.1 Oberflächenkenngrößen 26
4.1.1 Rauheitskenngröße Rz 26
4.1.2 Rauheitskenngröße Ra 27
4.2 Verfahren zur Prüfung der Rauheit 27
4.2.1 Prüfen mit Tastschnittgeräten 27
4.2.2 Prüfen durch Vergleich mit Oberflächenmustern 27

5 Messabweichungen 28
5.1 Größe der Messabweichung 28
5.2 Arten von Messabweichungen 28
5.3 Ursachen von Messabweichungen 28

6 Toleranzen und Passungen 30
6.1 Toleranzen 30
6.1.1 Grundbegriffe für Toleranzen 30
6.1.2 Maßtoleranzen 30
6.1.3 Toleranzangabe mit Allgemeintoleranzen 30
6.1.4 Toleranzangabe mit Grenzabmaßen 31
6.1.5 Toleranzangabe mit ISO-Kurzzeichen 31
6.1.6 Grundabmaß (Toleranzfeldlage) 32
6.1.7 Toleranzgrad 32
6.2 Passungen 33
6.2.1 Passungsarten 34
6.2.2 Passungssysteme 35
6.2.3 Häufig gewählte Passungen 35
6.2.4 Lehren von Passmaßen 36
6.3 Form- und Lagetoleranzen 37
6.3.1 Toleranzzone 37
6.3.2 Formtoleranzen 37
6.3.3 Lagetoleranzen 38
6.3.4 Messverfahren zum Messen von Form- und Lageabweichungen 39

7 Einsatz numerisch gesteuerter Messmaschinen 41
7.1 Baueinheiten einer CNC-Messmaschine 41
7.2 Koordinatensysteme 41
7.3 Messtaster und ihre Kalibrierung 42
7.4 Statische und dynamische Messwerterfassung 42

8 Qualitätsmanagement 43
8.1 Qualität in der Produktion 43
8.2 Einflussgrößen auf Qualität 44
8.3 Qualitätssicherungsnormen 45
8.4 Qualitätssicherung in der Fertigung 46
8.4.1 Maschinen- und Prozessfähigkeit 46
8.4.2 Prozessüberwachung 46

Fertigen mit handgeführten Werkzeugen

1 Einteilung der Fertigungsverfahren 47

2 Vorbereitende Arbeiten zur Fertigung von Werkstücken 49
2.1 Anreißen 49
2.2 Körnen 50

3 Verfahren des Trennens 51
3.1 Grundbegriffe zum Zerteilen und Spanen 51
3.2 Keil als Werkzeugschneide 52
3.3 Kraft 52
3.3.1 Kräftezerlegung am Keil 53
3.3.2 Keilwinkel zur Bearbeitung unterschiedlicher Werkstoffe 53
3.4 Zerteilen durch Scherschneiden 54
3.4.1 Scherschneiden 54
3.4.2 Scherenarten 55

4 Spanen von Hand und mit einfachen Maschinen 57
4.1 Sägen 58
4.2 Feilen 60
4.3 Bohren 61
4.3.1 Spiralbohrer 61
4.3.2 Bohrmaschinen 62
4.3.3 Einspannen der Werkstücke beim Bohren 63
4.3.4 Sicherheitshinweise zum Bohren 63
4.4 Senken 64
4.5 Gewindeschneiden 65
4.5.1 Aufbau und Maße von Gewinden 65
4.5.2 Herstellen von Innengewinden mit Handgewindebohrern 66
4.5.3 Herstellen von Außengewinden mit Schneideisen 67
4.6 Reiben 68
4.7 Wartungshinweise für handgeführte Werkzeuge 69

5 Fertigungsverfahren des Umformens 70
5.1 Biegen von Blechen und Rohren 70
5.1.1 Vorgänge beim Biegen 70
5.1.2 Mindestbiegeradien 70
5.1.3 Biegen von Blechen 71
5.2 Biegen von Rohren 72
5.3 Schmieden 73
5.3.1 Vorgänge beim Schmieden 73
5.3.2 Schmiedeverfahren 73
5.3.3 Berechnung von Schmiederohlängen 74

Fertigen mit Werkzeugmaschinen

1 Technologische Grundbegriffe 75
1.1 Eingangsgrößen für den Fertigungsprozess 75
1.2 Ausgangsgrößen für den Fertigungsprozess 77

2 Schneidstoffe für maschinelles Spanen 78
2.1 Schnellarbeitsstähle 78
2.2 Hartmetalle 78
2.3 Werkzeugbeschichtungen mit polykristallinem Diamant (PKD) 79
2.4 Keramische Schneidstoffe 79
2.5 Normung von Wendeschneidplatten 80

3 **Fertigen mit Drehmaschinen** 81
3.1 Drehmaschinen 81
3.2 Einteilung und Benennung der Drehverfahren 82
3.3 Drehwerkzeuge 83
3.3.1 Drehmeißelgeometrie 83
3.3.2 Bauarten von Drehmeißeln 85
3.4 Spannen und Stützen der Werkstücke 86
3.4.1 Spannen im Spannfutter 86
3.4.2 Spannen mit Dehnspanndorn 87
3.4.3 Spannen in Spannzangen 87
3.4.4 Spannen auf der Planscheibe 87
3.4.5 Spannen zwischen den Spitzen 88
3.4.6 Stützen der Werkstücke 88
3.5 Spezielle Drehverfahren 88
3.6 Einflussgrößen auf die Oberflächenbeschaffenheit beim Drehen 90
3.7 Bestimmen von Arbeitsgrößen zum Drehen 91
3.7.1 Wahl der Schnittgeschwindigkeit und Berechnung der Umdrehungsfrequenz/Drehzahl 91
3.7.2 Berechnung der Schnittkraft 91
3.7.3 Berechnung der Schnittleistung 91

4 **Fertigen mit Fräsmaschinen** 92
4.1 Fräsmaschinen 92
4.2 Fräsverfahren 94
4.2.1 Einteilung der Fräsverfahren 94
4.2.2 Vergleich wichtiger Fräsverfahren 95
4.3 Fräswerkzeuge 96
4.3.1 Walzenfräser 96
4.3.2 Plan- und Eckfräsköpfe 97
4.3.3 Walzenstirnfräser 98
4.3.4 Kugelkopffräser und Torusfräser (Kopierfräser) 98
4.3.5 Formfräser 99
4.3.6 Scheibenfräser 99
4.4 Spannzeuge für Werkzeuge auf Fräsmaschinen 100
4.4.1 Gestaltung der Schnittstelle zwischen Spannzeug und Arbeitsspindel 100
4.4.2 Gestaltung der Trennstelle zwischen Spannzeug und Werkzeug (Schneidenträger) 101
4.4.3 Systeme zur Werkzeugeinstellung 102
4.5 Spannsysteme für Werkstücke auf Fräsmaschinen 103
4.5.1 Positionieren von Werkstücken 103
4.5.2 Spannen im Maschinenschraubstock 103
4.5.3 Spannen auf dem Maschinentisch 104
4.5.4 Spannen mit modularen Spannsystemen 104
4.5.5 Spannen auf Paletten 105
4.6 Teilen 106
4.7 Bestimmen von Arbeitsgrößen zum Fräsen 107

5 **Fertigen mit Schleifmaschinen** 108
5.1 Schleifmaschinen 108
5.1.1 Flach- und Profilschleifmaschinen 108
5.1.2 Rundschleifmaschinen 108
5.1.3 Universalschleifmaschinen 108
5.2 Arbeitsverfahren beim Schleifen 109
5.3 Schleifwerkzeuge 110
5.3.1 Aufbau und Eigenschaften der Schleifwerkzeuge 110
5.3.2 Form und Verwendungszweck von Schleifwerkzeugen 112

6 **Kühlschmierstoffe** 114
6.1 Nicht wassermischbare Kühlschmierstoffe 114
6.2 Wassermischbare Kühlschmierstoffe 115

7 **Arbeitssicherheit und Unfallschutz** 116
7.1 Unfallschutz durch Betriebsanweisungen 116
7.2 Schutzmaßnahmen beim Umgang mit Gefahrstoffen 117
7.3 Maßnahmen bei Unfällen 117

8 **Umweltschutz** 118

Funktionseinheiten technischer Systeme

1 **Einteilung der Funktionseinheiten** 119

2 **Funktionseinheiten zum Verbinden** 120
2.1 Gewindeverbindungen 120
2.1.1 Einsatz von Gewinden 120
2.1.2 Kraftverstärkung durch den Gewindegang 120
2.1.3 Selbsthemmung im Gewinde 121
2.1.4 Ein- und mehrgängige Gewinde 121
2.1.5 Rechts- und linksgängige Gewinde 122
2.1.6 Ausführungsformen von Gewinden 122
2.1.7 Kräfte in Schraubenverbindungen 124
2.1.8 Sicherungen von Schraubenverbindungen 125
2.1.9 Berechnung des Drehmomentes zum Anziehen von Schrauben 126
2.2 Stift-, Bolzen- und Nietverbindungen 127
2.2.1 Stifte 127
2.2.2 Bolzen 128
2.2.3 Niete 129
2.3 Schnellbefestigungsverbindungen 131
2.3.1 Schnellbefestigungselemente 131
2.3.2 Schnappverbindungen 131
2.3.3 Klappverschlüsse 131
2.4 Welle-Nabe-Verbindungen 132
2.4.1 Fügen mit Federn 132
2.4.2 Fügen durch Profilformen 133
2.4.3 Fügen durch Pressverbindungen 133
2.4.4 Fügen durch Pressverbindungen im Werkzeugbau 134

3 **Funktionseinheiten zum Tragen und Stützen** 135
3.1 Lager 135
3.1.1 Gleitlager 135
3.1.2 Wälzlager 138
3.1.3 Gegenüberstellung von Gleit- und Wälzlagern 140
3.1.4 Montage von Wälzlagern 141
3.1.5 Geradführungen 143
3.1.6 Achsen 145

4 **Funktionseinheiten zur Energieübertragung** 146
4.1 Wellen 146
4.1.1 Lagerzapfen 146
4.2 Kupplungen 147
4.2.1 Nicht schaltbare Kupplungen 147
4.2.2 Schaltbare Kupplungen 148
4.3 Getriebe 150
4.3.1 Einteilung der Getriebe 150
4.3.2 Zugmittelgetriebe 151
4.3.3 Zahnradgetriebe 152

5 **Festigkeitsberechnungen von Bauelementen** 158
5.1 Grundlagen zur Festigkeitsberechnung 158
5.1.1 Beanspruchungs- und Belastungsarten 158
5.1.2 Zugbeanspruchung 159
5.1.3 Druckbeanspruchung 160
5.1.4 Scherbeanspruchung 160
5.2 Berechnungen von Bauelementen und Verbindungen 161
5.2.1 Berechnung von Schrauben 161
5.2.2 Berechnung von Stiften 161
5.2.3 Berechnung von Passfedern 161
5.2.4 Berechnung von Klebeverbindungen 162
5.2.5 Berechnung von Lötverbindungen 162

Füge- und Trenntechniken

1 **Herstellen von Baugruppen** 163
1.1 Einteilung der Fügeverfahren nach dem Schaffen des Zusammenhalts 163
1.2 Einteilung der Fügeverfahren nach der Art der Kraftübertragung 163

2	**Fügen durch Stoffschluss**	**164**
2.1	Fügen durch Kleben	164
2.1.1	Vor- und Nachteile von Klebeverbindungen	164
2.1.2	Vorgänge beim Kleben	165
2.1.3	Gestaltung von Klebeverbindungen	166
2.1.4	Schutzmaßnahmen beim Kleben	167
2.1.5	Übersicht zu Klebstoffen	167
2.2	Fügen durch Löten	168
2.2.1	Anwendung des Lötens	168
2.2.2	Vorgänge beim Löten	168
2.2.3	Lötverfahren	170
2.2.4	Gestaltung von Lötverbindungen	171
2.2.5	Lote und Flussmittel	171
2.3	Fügen durch Schweißen	172
2.3.1	Einteilung der Schweißverfahren	172
2.3.2	Schweißverbindungen	173
2.3.3	Gasschmelzschweißen	174
2.3.4	Lichtbogenschmelzschweißen	177
2.3.5	Gefügeänderung beim Metallschweißen	187
2.3.6	Fehler beim Metallschweißen	187
2.3.7	Pressschweißen	189
2.4	Kunststoffschweißen	190
2.4.1	Warmgasschweißen	190
2.4.2	Heizelementschweißen	192
2.5	Trennverfahren	193
2.5.1	Autogenes Brennschneiden	193
2.5.2	Laserstrahlschneiden	194
2.5.3	Plasmaschneiden	195
2.5.4	Wasserstrahlschneiden	196

Fertigen mit Computerunterstützung

1	**Grundlagen der CNC-Technik**	**197**
1.1	CNC-Werkzeugmaschinen	197
1.1.1	Datenfluss in CNC-Maschinen	197
1.1.2	Koordinatensysteme	198
1.1.3	Lageregelung an CNC-Maschinen	199
1.1.4	Bahnsteuerungen an CNC-Maschinen	200
1.2	Grundlagen zur manuellen Programmierung	201
1.2.1	Wahl des Werkstücknullpunktes	201
1.2.2	Bemaßungsarten für die Programmierung	201
1.3	Programmierung von Bahnbewegungen	202
1.3.1	Bearbeitungsrichtung	202
1.3.2	Bewegungen im Eilgang	203
1.3.3	Geradlinige Arbeitsbewegungen	203
1.3.4	Kreisförmige Arbeitsbewegungen	204
1.4	Grafische Konturerstellung (GKE)	205
1.4.1	Konturerstellung extern am Computer	205
1.4.2	Konturerstellung mit automatischer Programmerstellung an CNC-Maschinen – Dialogsteuerung	205
1.5	Programmierung von Schaltinformationen	206
1.5.1	Programmierung von Technologiedaten	206
1.5.2	Programmierung von Werkzeugeinsatz und Zusatzfunktionen	206
1.6	Zusammenstellung von Programmdaten zu Sätzen	207
1.7	Erprobung und Optimierung von NC-Programmen an CNC-Werkzeugmaschinen	208
1.7.1	Simulation von NC-Programmen	208
1.7.2	Überwachte Probefertigung	208
2	**Fertigung mit CNC-Drehmaschinen**	**209**
2.1	Programmieren der Weginformationen beim Drehen	209
2.1.1	Koordinatensysteme	209
2.1.2	Nullpunkte und Bezugspunkte	209
2.1.3	Drehteile mit geradliniger Kontur	210
2.1.4	Drehteile mit kreisförmiger Kontur	211
2.2	Programmierhilfen	212
2.2.1	Zyklen beim Drehen	212
2.2.2	Unterprogramme	214
2.3	Werkzeuge und Werkzeugmaße beim Drehen	215
2.3.1	Aufbau von Drehwerkzeugen	215
2.3.2	Werkzeugmaße	215
2.3.3	Schneidenradiuskompensation	217
3	**Fertigung mit CNC-Fräsmaschinen**	**219**
3.1	Programmieren von Weginformationen beim Fräsen	219
3.1.1	Koordinaten an Fräsmaschinen	219
3.1.2	Maschinennullpunkt und Referenzpunkt	220
3.1.3	Werkstücknullpunkte	220
3.1.4	Werkzeugbahnkorrekturen	221
3.2	Programmierhilfen	222
3.2.1	Zyklen beim Fräsen	222
3.2.2	Zyklenaufrufe auf verschiedenen Startpositionen	224
3.2.3	Manipulation von Programmteilen	226
3.2.4	Unterprogramme	227
3.3	Werkzeuge und Werkzeugmaße beim Fräsen	228
3.3.1	Aufbau des Werkzeugsystems	228
3.3.2	Fräswerkzeuge im Einsatz	228
4	**CAD/CAM-Systeme**	**229**
4.1	Einsatzmöglichkeiten für CAD-Systeme	229
4.2	Rechnerinterne Darstellungen von Werkstücken in CAD-Systemen	230
4.2.1	2D-Darstellung	230
4.2.2	3D-Modelle	230
4.3	Arbeiten mit CAD/CAM-Systemen	232
4.3.1	Erstellen von 3D-Modellen	232
4.3.2	Erstellen von Baugruppen	234
4.3.3	Programmierung der Fertigungsmaschine (NC-Fräsen)	235
5	**Rapid Prototyping/Rapid Tooling**	**236**
5.1	Stereolithographie-Verfahren	236
5.2	Laser-Sintern	237
5.3	LOM-Verfahren (Laminated-Object-Manufacturing)	238

Feinbearbeitungstechniken

1	**Fertigen durch Abtragen**	**239**
1.1	Funkenerosives Senken und Schneiden	239
1.1.1	Wirkprinzip	239
1.1.2	Physikalische Grundlagen	239
1.1.3	Technologische Grundlagen	240
1.2	Funkenerosives Senken	242
1.2.1	Funkenerosives Senken mit abbildenden Verfahren	243
1.2.2	Funkenerosives Senken mit formerzeugenden Verfahren (Planetärerosion)	243
1.2.3	Elektroden zum funkenerosiven Senken	244
1.2.4	Spülung beim funkenerosiven Senken	245
1.2.5	Einsatzmöglichkeiten des funkenerosiven Senkens	246
1.3	Funkenerosives Schneiden	247
1.3.1	Elektroden zum funkenerosiven Schneiden	248
1.3.2	Bearbeitungstechniken	249
1.3.3	Schnittverlauf	250
1.3.4	Spülung beim funkenerosiven Schneiden	251
2	**Anlagen zum funkenerosiven Abtragen**	**252**
2.1	Baueinrichtungen einer Funkenerosionsanlage	252
2.2	Die Funkenerosionsanlage als technisches System	252
2.2.1	System zur Erzeugung und Steuerung der Entladeenergie	253
2.2.2	System zur Steuerung von Maschine und Prozess	253
2.3	Spezielle Einrichtungen an der Werkzeugmaschine	254
2.3.1	Einrichtungen zur Aufnahme von Elektrode und Werkstück	254
2.3.2	Einrichtungen für das Drahtsystem bei Schneiderosionsanlagen	254

2.4 Sicherheitsmaßnahmen bei Funkenerosionsanlagen ... 255

3 Hochgeschwindigkeitsfräsen ... 256
3.1 Grundlagen ... 256
3.1.1 Prinzip der Hochgeschwindigkeitsbearbeitung 256
3.1.2 Vorteile des Hochgeschwindigkeitsfräsens .. 256
3.2 HSC-Fräsmaschinen und Fräswerkzeuge ... 257
3.2.1 HSC-Fräsmaschinen ... 257
3.2.2 Steuerung der HSC-Fräsmaschine ... 257
3.2.3 Fräswerkzeuge und Spannmittel ... 258
3.3 Programmierung von HSC-Fräsmaschinen .. 258
3.3.1 Gleichlauf- und Gegenlauffräsen ... 258
3.3.2 Schruppstrategien ... 259
3.3.3 Schlichtstrategien ... 259

4 Laserabtragen (Lasercaving) ... 260

5 Festklopfen von Formoberflächen ... 261

6 Honen ... 262
6.1 Honverfahren ... 262
6.2 Bearbeitungsmittel und Werkzeuge ... 263

7 Läppen ... 265
7.1 Läppvorgang ... 265
7.2 Läppmittel ... 265

8 Polieren ... 266
8.1 Poliervorgang ... 266
8.2 Poliermittel und Poliermittelträger ... 266

Instandhalten technischer Systeme

1 Instandhaltung ... 267
1.1 Aufgaben der Instandhaltung ... 267
1.2 Begriffe der Instandhaltung ... 267
1.3 Maßnahmen der Instandhaltung ... 267

2 Instandhaltungsmaßnahmen durch Wartung ... 268
2.1 Übersicht über Wartungsarbeiten ... 268
2.2 Reinigen und Konservieren ... 268
2.3 Schmieren ... 270

3 Schmierstoffe ... 272
3.1 Schmieröle ... 272
3.1.1 Schmieröleigenschaften ... 272
3.1.2 Kennzeichnung von Schmierölen ... 274
3.2 Schmierfette ... 275
3.2.1 Aufbau von Schmierfetten ... 275
3.2.2 Klassifizierung ... 275
3.2.3 Kennzeichnung von Schmierfetten ... 276
3.3 Festschmierstoffe ... 276

4 Systembeurteilung durch Inspektion ... 277
4.1 Inspektionsintervalle ... 277
4.2 Inspektion durch Sinneswahrnehmung ... 277
4.3 Inspektion mit Messgeräten ... 277
4.4 Kontinuierliche Inspektion ... 278

5 Maschinenschaden ... 279
5.1 Verschleiß ... 279
5.1.1 Einflussgrößen auf Verschleiß ... 279
5.1.2 Verschleiß beim Rollen und Wälzen ... 279
5.1.3 Verschleiß durch strömende Medien ... 280
5.2 Maschinenbruch ... 281
5.2.1 Gewaltbruch ... 281
5.2.2 Dauerbruch ... 282

6 Korrosion und Korrosionsschutz ... 284
6.1 Chemische Korrosion ... 284
6.2 Elektrochemische Korrosion ... 284

7 Wartungsanleitungen ... 286

Werkstofftechnik

1 Einteilung und Eigenschaften der Werkstoffe ... 287
1.1 Einteilung der Werkstoffe ... 287
1.2 Eigenschaften der Werkstoffe ... 287
1.2.1 Chemische Eigenschaften ... 287
1.2.2 Physikalische Eigenschaften ... 288
1.2.3 Fertigungstechnische Eigenschaften ... 289
1.2.4 Mechanisch-technologische Eigenschaften .. 290
1.2.5 Umweltverträglichkeit ... 291

2 Aufbau der Stoffe ... 292
2.1 Chemische Elemente ... 292
2.2 Aufbau von Metallen ... 293
2.2.1 Metallbindung ... 293
2.2.2 Schmelzverhalten von Metallen ... 293
2.2.3 Metallgefüge ... 294
2.2.4 Gittertypen ... 295
2.3 Legierungen ... 296
2.3.1 Legierungen mit Mischkristallen ... 296
2.3.2 Legierungen mit Kristallgemengen ... 296

3 Eisenmetalle ... 297
3.1 Roheisenerzeugung ... 297
3.2 Eigenschaften von Roheisen ... 297
3.3 Eisen-Gusswerkstoffe ... 298
3.3.1 Gusseisen mit Lamellengrafit ... 298
3.3.2 Gusseisen mit Kugelgrafit ... 298
3.3.3 Weißer Temperguss ... 299
3.3.4 Schwarzer Temperguss ... 299
3.3.5 Stahlguss ... 299
3.4 Stahlherstellung ... 300
3.4.1 Sauerstoffaufblasverfahren ... 300
3.4.2 Elektrostahlverfahren ... 300
3.4.3 Nachbehandlung des Stahles ... 301
3.5 Weiterverarbeitung des flüssigen Stahles ... 301
3.6 Übersicht der Verarbeitung des Stahles zu Halb- und Fertigerzeugnissen ... 302

4 Stähle ... 303
4.1 Einteilung der Stähle nach der Werkstattpraxis ... 303
4.2 Einteilung der Stähle nach der Europäischen Stahlnorm ... 304
4.2.1 Einteilung der Stähle nach der Hauptgüteklasse ... 305
4.2.2 Einteilung der Stähle nach Werkstoffnummern ... 305
4.2.3 Bezeichnung der Stähle mit Kurznamen nach ÖNORM EN 10027-1 ... 306
4.3 Einteilung der Stähle nach der Verwendung .. 308
4.4 Werkzeugstähle ... 309
4.4.1 Einfluss der Legierungselemente ... 309
4.4.2 Kaltarbeitsstähle ... 310
4.4.3 Warmarbeitsstähle ... 311
4.4.4 Schnellarbeitsstähle ... 312

5 Wärmebehandlung der Stähle ... 313
5.1 Gefügearten ... 313
5.2 Eigenschaften der Stähle in Abhängigkeit vom Gefüge ... 315
5.3 Arten der Wärmebehandlung ... 316
5.3.1 Glühen ... 316
5.3.2 Härten ... 317
5.3.3 Vergüten ... 319
5.3.4 Einsatzhärten ... 320
5.3.5 Nitrieren ... 321

6 Nichteisenmetalle ... 323
6.1 Leichtmetalle ... 323
6.1.1 Aluminium – ÖNORM EN 573 ... 323
6.1.2 Magnesium – ÖNORM EN 1753 ... 323
6.1.3 Titan – ÖNORM EN 2545 ... 323
6.2 Schwermetalle ... 324
6.2.1 Kupfer – ÖNORM M 3400 bis 3409 ... 324
6.2.2 Zinn – ÖNORM EN 610 und 611 ... 324
6.2.3 Blei – ÖNORM EN 12588 ... 324
6.2.4 Zink – ÖNORM EN 988 ... 324
6.3 Nichteisenmetalle im Werkzeug- und Formenbau ... 325
6.3.1 Aluminiumlegierungen im Werkzeugbau ... 325

6.3.2 Kupfer und Wolframkupfer im Werkzeugbau ... 326

7 Hartmetalle ... 327
7.1 Aufbau von Hartmetallen ... 327
7.2 Anwendung von Hartmetallen in der Stanz- und Umformtechnik ... 328
7.3 Beschichten mit nitridischen Hartstoffen auf Titanbasis ... 329
7.4 Beschichten mit Kobaltlegierungen ... 329
7.5 Beschichten mit Wolframkarbid ... 330

8 Sinterwerkstoffe ... 331
8.1 Fertigungsstufen ... 331
8.2 Verwendung von Sinterwerkstoffen ... 331

9 Keramische Werkstoffe ... 332

10 Verbundwerkstoffe ... 333

11 Werkstoffprüfung ... 334
11.1 Mechanische Prüfverfahren ... 334
11.1.1 Zugversuch ... 334
11.1.2 Härteprüfung ... 336
11.1.3 Kerbschlag-Biegeversuch ... 338
11.2 Technologische Prüfverfahren ... 339
11.3 Metallografische Prüfverfahren ... 339
11.4 Zerstörungsfreie Prüfverfahren ... 340

12 Kunststoffe ... 342
12.1 Aufbau, Eigenschaften und Einteilung der Kunststoffe ... 342
12.2 Kunststoffe durch Polymerisation ... 344
12.2.1 Polymerisationsvorgang ... 344
12.2.2 Polymerisate ... 344
12.3 Kunststoffe durch Polykondensation ... 347
12.3.1 Polykondensationsvorgang ... 347
12.3.2 Polykondensate ... 347
12.4 Kunststoffe durch Polyaddition ... 349
12.4.1 Polyadditionsvorgang ... 349
12.4.2 Polyaddukte ... 349
12.5 Unterscheiden von Kunststoffen ... 350

Automatisierungstechnik

1 Grundlagen der Steuerungstechnik ... 351
1.1 Steuerungs- und Leistungsteil gesteuerter Anlagen ... 351
1.2 Logikpläne von Steuerungen ... 353
1.2.1 Logische Grundfunktionen ... 353
1.2.2 Darstellung von Steuerungen ... 356

2 Grundlagen für pneumatische Steuerungen ... 357
2.1 Druck ... 357
2.2 Einheiten zur Bereitstellung der Druckluft ... 358
2.2.1 Verdichter (Kompressoren) ... 358
2.2.2 Druckluftverteilung ... 359
2.2.3 Aufbereitung der Druckluft ... 359
2.3 Einheiten zum Steuern der Druckluft ... 360
2.3.1 Übersicht über pneumatische Ventile ... 360
2.3.2 Bauformen pneumatischer Ventile ... 360
2.3.3 Wegeventile ... 361
2.3.4 Betätigungsarten von Wegeventilen ... 362
2.4 Arbeitseinheiten in der Pneumatik ... 362
2.4.1 Aufbau von Zylindern ... 362
2.4.2 Kolbenkraft ... 363
2.4.3 Dämpfung ... 364

3 Schaltpläne in der Pneumatik ... 364
3.1 Aufbau ... 364
3.2 Kennzeichnungsschlüssel ... 364
3.3 Beispiel für einen Pneumatikschaltplan ... 365
3.4 Funktionsdiagramme ... 366

4 Pneumatische Steuerungen ... 369
4.1 Grundschaltungen ... 369
4.2 Grundsteuerungen ... 370
4.3 Beispiele von pneumatischen Steuerungen ... 372
4.3.1 Steuerung mit einfachwirkendem Zylinder ... 372
4.3.2 Steuerung mit doppeltwirkendem Zylinder ... 373
4.3.3 Steuerung mit Verzögerungsventil ... 374
4.3.4 Steuerung mit Zweihand-Sicherheitsschaltung ... 375

5 Elektropneumatik ... 376
5.1 Bauteile in elektropneumatischen Anlagen ... 376
5.1.1 Magnetventil ... 376
5.1.2 Druckschalter ... 377
5.1.3 Schutzbeschaltung ... 378
5.1.4 Schutzarten ... 378
5.1.5 Auswahlkriterien für Magnetventile ... 379
5.1.6 Grenztaster ... 379
5.1.7 Schütz und Relais ... 380
5.1.8 Anschlusskennzeichen an Relais ... 380
5.1.9 Schaltzeichen für elektrische Bauteile ... 380
5.2 Elektropneumatische Steuerungen ... 381
5.2.1 Pneumatikschaltplan und Stromlaufplan ... 381
5.2.2 Reihen- und Parallelschaltungen ... 382
5.2.3 Ansteuerung von Wegeventilen ... 382
5.2.4 Wegabhängige Steuerungen ... 383
5.2.5 Weg- und zeitabhängige Steuerungen ... 384

6 Speicherprogrammierbare Steuerungen (SPS) ... 385
6.1 Steuerungstechnische Grundlagen ... 385
6.1.1 Merkmale von VPS und SPS ... 385
6.1.2 Logikpläne von Steuerungen ... 386
6.1.3 Funktionsplan ... 387
6.2 Gerätetechnischer Aufbau der SPS (Hardware) ... 387
6.2.1 Programmiergeräte ... 387
6.2.2 Programmspeicher ... 388
6.2.3 Automatisierungsgerät ... 388
6.3 Arbeitsweise der SPS ... 389
6.4 Programmieren von speicherprogrammierbaren Steuerungen ... 391
6.4.1 Anweisungsliste (AWL) ... 391
6.4.2 Kontaktplan (KOP) ... 393
6.4.3 Funktionsbaustein-Sprache (FBS) ... 393
6.4.4 Grundverknüpfungen in der SPS ... 394
6.4.5 Kombinierte Verknüpfungen in der SPS ... 395
6.4.6 Ablaufsteuerungen in der SPS ... 397
6.5 Beispiel für die Steuerung einer Bohrvorrichtung ... 398

7 Hydraulik ... 399
7.1 Leistungsumwandlung und Leistungsübertragung in der Hydraulik ... 399
7.2 Physikalische Grundlagen ... 400
7.2.1 Druck ... 400
7.2.2 Volumenstrom ... 400
7.2.3 Durchflussgesetz ... 400
7.2.4 Hydraulische Leistung ... 400
7.3 Aufbau und Wirkungsweise einer Hydraulikanlage ... 401
7.3.1 Aufbau einer Hydraulikanlage ... 401
7.3.2 Vergleich zwischen Pneumatik- und Hydraulikanlagen ... 402
7.4 Teilsystem zur Leistungsbereitstellung (Antriebsaggregat) ... 402
7.4.1 Hydropumpen ... 402
7.4.2 Druckbegrenzungsventil ... 404
7.4.3 Druckflüssigkeitsbehälter ... 404
7.4.4 Druckflüssigkeiten ... 405
7.4.5 Filter ... 405
7.4.6 Hydrospeicher ... 406
7.5 Teilsystem zur Leistungsübertragung ... 407
7.5.1 Leitungen und Verbindungen ... 407
7.5.2 Wegeventile ... 408
7.5.3 Druckventile ... 408
7.5.4 Stromventile ... 409
7.5.5 Sperrventile ... 410
7.6 Teilsystem zur Leistungswandlung (Motorgruppe) ... 411
7.6.1 Hydraulikzylinder ... 411

7.6.2 Hydraulikmotor ... 411
7.7 Grundsteuerungen in der Hydraulik ... 412
7.7.1 Richtungssteuerung durch Wegeventile ... 412
7.7.2 Geschwindigkeitssteuerung ... 413
7.7.3 Eilgang-Vorschub-Steuerung ... 414

8 Inbetriebnahme, Wartung und Fehlersuche bei Steuerungen ... 415
8.1 Inbetriebnahme von elektropneumatischen Steuerungen ... 415
8.2 Inbetriebnahme von hydraulischen Anlagen ... 416
8.3 Wartung von Steuerungen ... 416
8.3.1 Wartung im Bereich der pneumatischen Druckversorgung ... 416
8.3.2 Wartung pneumatischer Leitungssysteme ... 417
8.3.3 Wartung von hydraulischen Anlagen ... 417
8.4 Fehlersuche in Steuerungen ... 418
8.4.1 Maßnahmen zur Vereinfachung der Fehlersuche ... 418
8.4.2 Fehlersuche mithilfe von Fehlerursachen-Tabellen ... 418

Elektrotechnik

1 Wirkungen und Einsatz elektrischer Energie ... 419

2 Physikalische Grundlagen ... 420
2.1 Elektrische Ladung ... 420
2.2 Elektrischer Strom ... 421
2.3 Elektrische Spannung ... 421
2.4 Elektrischer Widerstand ... 422
2.5 Elektrischer Stromkreis ... 423
2.6 Messung von elektrischer Stromstärke und elektrischer Spannung ... 424
2.7 Leiter und Nichtleiter ... 424
2.8 Ohmsches Gesetz ... 425

3 Grundschaltungen ... 426
3.1 Reihenschaltung ... 426
3.2 Parallelschaltung ... 426

4 Schaltzeichen für elektrische Bauelemente und Schaltpläne ... 427
4.1 Bauteile in der Elektrotechnik ... 427
4.2 Elektrische Schaltpläne ... 427
4.3 Auswahl von Schaltzeichen für Stromlaufpläne ... 428

5 Maßnahmen zur Unfallverhütung ... 429
5.1 Leitungs- und Geräteschutzeinrichtungen ... 430
5.2 Schutzmaßnahmen gegen gefährliche Körperströme ... 431
5.3 Kennzeichnung elektrischer Geräte ... 432

Normalien für den Werkzeugbau

1 Normalien als Maschinenelemente im Werkzeugbau ... 433

2 Normalien für den Aufbau von Spritzgießwerkzeugen ... 434
2.1 Normalien für den Werkzeugaufbau ... 434
2.2 Zusammenstellung von Plattensätzen ... 435
2.3 Normalien zum Führen, Zentrieren und Verschrauben ... 436
2.4 Normalien für den Angussbereich ... 437
2.5 Normalien zum Entformen ... 438
2.6 Normalien zur Temperierung ... 439

3 Normalien für Stanz- und Umformwerkzeuge ... 439
3.1 Normalien für Gestelle und Platten ... 440
3.2 Normalien zum Führen ... 440
3.3 Normalien zum Schneiden ... 440
3.4 Auswahl von Federelementen ... 440

Systeme des Formenbaues

1 Spritzgießen ... 441
1.1 Werkzeuge zum Spritzgießen ... 441
1.2 Einteilung der Spritzgießwerkzeuge ... 442
1.3 Formgebungssystem ... 443
1.3.1 Formteilung ... 443
1.3.2 Anzahl und Anordnung der Formnester ... 443
1.3.3 Formeinsätze und Einsatzbaukastensystem ... 445
1.3.4 Entlüftung des Formhohlraumes ... 446
1.3.5 Formnestoberfläche ... 448
1.3.6 Schwindung – Verzug – Toleranzen ... 449
1.3.7 Ausformschräge ... 451
1.3.8 Kräfte im Formhohlraum ... 451
1.4 Angusssystem ... 453
1.4.1 Angießbuchse ... 454
1.4.2 Anguss- und Verteilerkanäle ... 454
1.4.3 Anschnitte ... 455
1.4.4 Ausführungsformen von erstarrenden Angusssystemen ... 457
1.4.5 Ausführungsformen von Heißkanalsystemen ... 459
1.4.6 Ausführungsformen von Kaltkanalsystemen ... 461
1.5 Temperiersystem ... 462
1.5.1 Wärmeenergie und Wärmeleitung ... 463
1.5.2 Technologische Grundlagen zur Temperierung ... 464
1.6 Entformungssystem ... 468
1.6.1 Entformung im Standardwerkzeug ... 468
1.6.2 Entformung im Abstreiferwerkzeug ... 471
1.6.3 Entformung im Schieberwerkzeug ... 472
1.6.4 Entformung im Backenwerkzeug ... 474
1.6.5 Entformung über hydraulisch betätigte Baugruppen ... 475
1.6.6 Entformung im Schraubwerkzeug ... 475
1.6.7 Entformung durch besondere Maßnahmen ... 477
1.7 System zur Führung und Zentrierung ... 478
1.7.1 Führen und Zentrieren im Werkzeug ... 478
1.7.2 Führen und Zentrieren des Werkzeuges in der Maschine ... 478
1.8 Spannsystem ... 479
1.8.1 Mechanisches Spannen ... 479
1.8.2 Hydraulisches Spannen ... 480

2 Formteilgestaltung von Spritzgießteilen ... 481
2.1 Lösungskonzept zur Gestaltung von Spritzgießteilen ... 481
2.2 Werkstoffgerechte Gestaltung von Spritzgießteilen ... 482
2.2.1 Werkstoffauswahl ... 482
2.2.2 Regeln für werkstoffgerechte Gestaltung ... 482
2.3 Funktionsgerechte Gestaltung von Spritzgießteilen ... 486
2.3.1 Schnappverbindung ... 486
2.3.2 Filmgelenk (Filmscharnier) ... 487
2.3.3 Verbundbauteile ... 488
2.4 Fertigungsgerechte Gestaltung von Spritzgießteilen ... 490
2.4.1 Formfüllung ... 490
2.4.2 Werkzeugsteifigkeit ... 491
2.4.3 Werkzeugtemperierung ... 492
2.4.4 Entformung ... 492

3 Der Spritzgießprozess ... 493
3.1 Baueinrichtungen einer Spritzgießanlage ... 493
3.2 Arbeitsgänge im Spritzgießprozess ... 494
3.2.1 Spritzgießzyklus ... 494
3.3 Prozesskenngrößen und Formteilqualität ... 495
3.3.1 Antriebsdruck, Spritzdruck und Werkzeuginnendruck ... 496
3.3.2 Richtwerte für Drücke im Spritzgießprozess ... 497

4 Druckgießen ... 498
4.1 Druckgießverfahren ... 498
4.2 Werkzeuge zum Druckgießen ... 499

4.2.1 System zu Formgebung ... 499
4.2.2 Angusssystem ... 501
4.2.3 Temperiersystem ... 502
4.3 Aufbau und Funktion eines Druckgießwerkzeuges ... 503

5 Werkzeuge zum Gesenkformen ... 504
5.1 Das Gesenk als technisches System ... 504
5.2 System zur Formgebung ... 506
5.2.1 Bedeutung des Werkstoffflusses für die Gravurgestaltung ... 506
5.2.2 Gratspalt, Gratbahn und Werkstofffluss ... 506
5.2.3 Gesenkteilung ... 508
5.2.4 Äußere Abmessungen für Gesenke ... 509
5.3 System zur Führung ... 510
5.3.1 Führung im Gesenk ... 510
5.3.2 Führung in Werkzeughaltern für Gesenke ... 511
5.4 Entformungssystem ... 511
5.5 Standmenge von Gesenkwerkzeugen ... 512
5.5.1 Beanspruchung von Gesenkwerkzeugen ... 512
5.5.2 Schadensarten ... 514
5.5.3 Maßnahmen zur Erhöhung der Standmenge ... 515

6 Werkstück- und Werkzeuggestaltung beim Gesenkformen ... 516
6.1 Gesenkteilung ... 516
6.2 Seitenschrägen ... 516
6.3 Bodendicken, Wanddicken u. Rippenbreiten ... 517
6.4 Kantenrundungen und Hohlkehlen ... 517
6.5 Bearbeitungszugaben ... 518

7 Werkzeuge zum Extrudieren ... 519
7.1 Das Extrusionswerkzeug als technisches System ... 519
7.1.1 Aufbau von Extrusionswerkzeugen ... 519
7.1.2 Funktionseinheiten von Extrusionswerkzeugen ... 520

Systeme der Stanztechnik

1 Fertigungsverfahren mithilfe der Stanztechnik ... 521
1.1 Begriffsbestimmung und Verfahren ... 521
1.2 Trennen durch Zerteilen ... 521
1.3 Zerteilen durch Scherschneiden ... 522
1.3.1 Prinzip des Schneidvorgangs ... 522
1.3.2 Schneidspalt ... 523
1.3.3 Schnittlinienverlauf ... 523
1.3.4 Grundbegriffe der Schneidtechnik ... 523
1.3.5 Spezielle Schneidverfahren ... 524
1.4 Zugdruckumformen durch Tiefziehen ... 525
1.5 Biegeumformen in der Blechbearbeitung ... 525

2 Werkzeuge zum Scherschneiden ... 526
2.1 Das Schneidwerkzeug als technisches System ... 526
2.2 Einteilung der Werkzeuge zum Schneiden ... 527
2.2.1 Einteilung nach dem konstruktiven Aufbau ... 527
2.2.2 Einteilung nach dem Fertigungsablauf ... 529
2.2.3 Einteilung nach dem Fertigungsverfahren ... 533
2.3 Gestaltung der Funktionseinheiten an Schneidwerkzeugen ... 535
2.3.1 Schneidsystem ... 535
2.3.2 System zum Entfernen des Materials ... 547
2.3.3 Federelemente im Werkzeugbau ... 550
2.3.4 Werkzeugführungssystem ... 553
2.3.5 Materialführungssystem ... 556
2.3.6 Spannsystem ... 560

3 Werkzeuge zum Biegeumformen ... 561
3.1 Grundlagen der Biegeumformung ... 561
3.1.1 Werkstoffverhalten beim Biegen ... 561
3.1.2 Rückfederung beim Biegen ... 562
3.2 Verfahrensgerechte Gestaltung von Biegeteilen ... 563
3.2.1 Kleinster zulässiger Biegeradius ... 563
3.2.2 Mindestabstände von Durchbrüchen ... 563
3.2.3 Mindestlänge des kleinsten Schenkels beim Biegen ... 563
3.3 Biegeverfahren ... 564
3.4 Werkzeuge zum Gesenkbiegen ... 564
3.4.1 Funktionseinheiten an Werkzeugen zum Gesenkbiegen ... 564
3.4.2 Biegestempel ... 565
3.4.3 Biegegesenk ... 566
3.4.4 Gegenhalter ... 568
3.5 Gestaltung von Werkstückaufnahmen ... 568
3.6 Werkzeuge zum Biegen in elastischen Kissen ... 569
3.7 Rollbiegesystem ... 570

4 Werkzeuge zum Tiefziehen ... 571
4.1 Tiefziehen ... 571
4.2 Formänderungen und Spannungen beim Tiefziehen ... 572
4.3 Einteilung der Werkzeuge zum Tiefziehen ... 573
4.4 Gestaltung der Funktionseinheiten an Tiefziehwerkzeugen ... 573
4.4.1 Tiefziehsysteme ... 575
4.4.2 Materialflusssystem ... 577
4.4.3 Werkzeugführungs- und Spannsystem ... 579
4.5 Schmierstoffe und Werkstoffe für Bauteile von Tiefziehwerkzeugen ... 579
4.6 Tiefziehfehler ... 579

5 Verbundwerkzeuge ... 580
5.1 Folgeverbundwerkzeuge ... 580
5.1.1 Fertigungsverfahren in Folgeverbundwerkzeugen ... 580
5.1.2 Gestaltung von Folgeverbundwerkzeugen zum Trennen und Umformen ... 581
5.1.3 Planung und Entwicklung von Folgeverbundwerkzeugen ... 582
5.2 Gesamtverbundwerkzeug ... 583

6 Komplexe Fertigungssysteme zum Stanzen, Umformen und Fügen ... 584

Systeme der Vorrichtungstechnik

1 Die Vorrichtung als Fertigungsmittel ... 585
1.1 Aufgaben u. Funktionen von Vorrichtungen ... 585
1.2 Wirtschaftlichkeit von Vorrichtungen ... 585
1.3 Einteilung der Vorrichtungen ... 586

2 Die Vorrichtung als technisches System ... 587
2.1 Teilsystem zum Tragen ... 587
2.2 Teilsystem zum Positionieren ... 588
2.2.1 Grundlagen des Positionierens ... 588
2.2.2 Positionieren der Werkstücke ... 589
2.3 Teilsystem zum Spannen ... 591
2.3.1 Grundlagen zum Spannen der Werkstücke ... 591
2.3.2 Spannkrafterzeugung durch kraftbetätigte Spannelemente ... 592
2.3.3 Spannkrafterzeugung durch Druckbeaufschlagung ... 595
2.3.4 Spannkrafterzeugung durch Magnetismus ... 597
2.3.5 Zerlegen, Umlenken und Verteilen von Spannkräften ... 598
2.4 Teilsystem zum Stützen ... 599
2.5 Teilsystem zum Führen ... 599
2.5.1 Werkzeugführungen ... 600
2.5.2 Führungen des Werkstückträgers ... 600

3 Vorrichtungen als Teilsysteme einer Maschine oder Anlage ... 601
3.1 Positionieren der Vorrichtung ... 601
3.2 Spannen der Vorrichtung ... 601
3.3 Stützen der Vorrichtung ... 602
3.4 Führen der Vorrichtung ... 602

Quellenverzeichnis ... 603
Stichwortverzeichnis ... 604
Periodensystem der Elemente ... 608

Prüftechnik

1 Grundbegriffe

1.1 Bedeutung des Prüfens in der Fertigung

Bei der Konstruktion von Werkstücken werden die Maße, der Werkstoff, die Oberflächenbeschaffenheit u. a. festgelegt. Der Arbeitsablauf wird organisiert und dokumentiert und die erforderliche Anzahl von Kontrollen festgelegt. Die Prüfung erfolgt durch:

- Eingangskontrolle
- Zwischenkontrolle
- Endkontrolle

Beispiel **für die Prüfung von Maßen an einer Welle**

Vor der Fertigung beginnen die Prüfungen der Rohteile mit der Kontrolle der Rohmaße und der Untersuchung der Werkstoffe. Damit werden zu kleine Rohteile und unbrauchbare Materialien schon vor Beginn der Fertigung ausgeschieden.

Während der Fertigung finden wiederholt Prüfungen am Werkstück statt, um Teile mit Fehlern aus dem Fertigungsprozess auszusondern. Dadurch werden Fertigungskosten eingespart.

Nach der Fertigung wird das Erzeugnis geprüft. Es wird festgestellt, ob die vorgeschriebenen Bedingungen, die so genannten *Sollwerte* – wie Maße, Oberflächengüte, Festigkeit, Farbe u. a. –, mit hinreichender Genauigkeit eingehalten wurden.

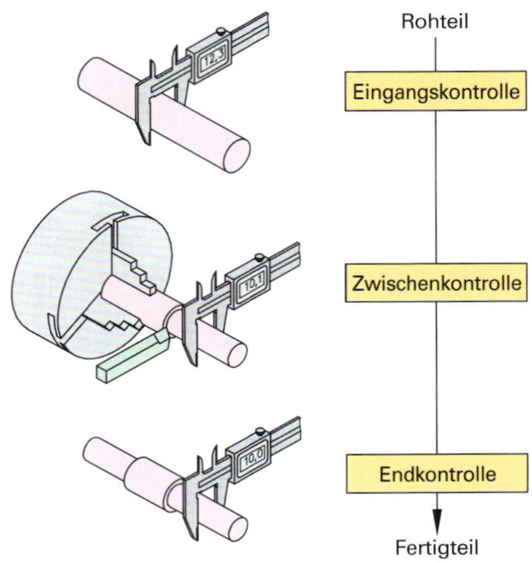

Prüfen heißt feststellen, ob eine bestimmte Größe des Prüfgegenstandes – also z. B. die Länge eines Werkstücks – die vorgeschriebenen Bedingungen erfüllt.

1.2 Subjektives und objektives Prüfen

Prüfen kann man mit den Sinnen und durch Prüfgeräte. Prüfungen durch Sinneswahrnehmung sind vom Prüfer abhängig. Sie werden **subjektive Prüfungen** genannt. Eine solche subjektive Prüfung ist z. B. die mit den Fingern durchgeführte Prüfung der Rauheit einer Werkstückoberfläche.

Prüfungen mit Geräten erlauben genaue Aussagen über auftretende Abweichungen von vorgeschriebenen Werten. Solche Prüfungen werden als **objektive Prüfungen** bezeichnet. Mit einem Oberflächenprüfgerät kann man z. B. die Rauheit einer Werkstückoberfläche objektiv prüfen.

Subjektive Prüfung

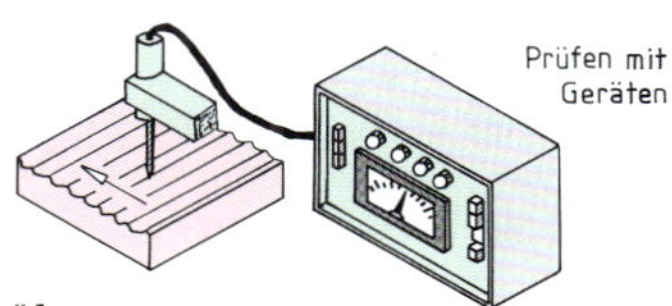

Objektive Prüfung

Subjektives Prüfen	– Prüfen durch Sinneswahrnehmung
Objektives Prüfen	– Prüfen mit Geräten

1.3 Grundgrößen (Basisgrößen) und ihre Einheiten (Basiseinheiten)

Grundlage des objektiven Prüfens sind die im internationalen Einheitensystem (SI-System) festgelegten physikalischen Grundgrößen und ihre Einheiten.

Die in der Metalltechnik wichtigen Größen
- Länge,
- Masse,
- Zeit und
- Stromstärke

sind genormt.

Grundgröße	Einheiten der Grundgröße Name	Zeichen
Länge	Meter	m
Masse	Kilogramm	kg
Zeit	Sekunde	s
Stromstärke	Ampere	A

Wichtige Grundgrößen und ihre Einheiten sind:
- Länge mit Einheit Meter,
- Masse mit Einheit Kilogramm
- Zeit mit Einheit Sekunde,
- Stromstärke mit Einheit Ampere.

Häufig entstehen bei Verwendung der Basiseinheiten sehr große oder kleine Zahlenwerte. Es wird zum Beispiel kaum jemand von einer 0,0001 m dicken Rasierklinge oder von einer 50 000 m langen Wegstrecke sprechen, sondern von einer 0,1 Millimeter dicken Rasierklinge und einem Weg von 50 km.

Man bildet also *Vielfache* oder *Teile* der Größen und kennzeichnet dies durch **Vorsatzzeichen.**

Ausnahmen von diesen Regeln:

Weil Gramm als Basiseinheit der Masse zu klein ist, wählte man das Kilogramm als Einheit der Grundgröße.

Bei der Angabe der Zeit geht man aus Tradition beim Vielfachen auf Minuten, Stunden usw.

	Faktor Bedeutung	Zehnerpotenz	Vorsatz	Vorsatzzeichen
Vielfache ↑	Tausendfache	10^3	Kilo	k
	Hundertfache	10^2	Hekto	h
	Zehnfache	10^1	Deka	da
	Basiseinheit	$10^0 = 1$		
Teile ↓	Zehntel	10^{-1}	Dezi	d
	Hundertstel	10^{-2}	Zenti	c
	Tausendstel	10^{-3}	Milli	m
	Millionstel	10^{-6}	Mikro	μ

Durch die Wahl von Teilen oder Vielfachen von Einheiten werden Maßangaben anschaulicher.

Die Angabe einer Größe erfolgt *stets* durch Zahlenwert *und* Einheit. Soweit eine Einheit nicht verbindlich vorgeschrieben ist, soll sie so gewählt werden, dass kleine und übersichtliche Zahlenwerte entstehen.

Beispiel **für die Angaben und Umrechnungen von Größen**

50 000 m = $50 \cdot 10^3$ m = 50 km

0,0001 m = $0{,}1 \cdot 10^{-3}$ m = 0,1 mm

0,05 kg = $0{,}05 \cdot 10^3$ g = 50 g

6 000 ms = $6\,000 \cdot 10^{-3}$ s = 6 s = 0,1 min

Die Angabe einer Größe erfolgt stets durch Zahlenwert und Einheit. Die Einheit soll so gewählt werden, dass ein übersichtlicher Zahlenwert entsteht.

1.4 Formelzeichen

Durch Formelzeichen werden Größen übersichtlich in Kurzschreibweise dargestellt. Die verschiedenen Bedeutungen einer Grundgröße drückt man durch unterschiedliche Formelzeichen aus.

Beispiel **für Formelzeichen und ihre Bedeutung**

Grundgröße	Formelzeichen und ihre spezielle Bedeutung		Einheit
Länge	*l* Länge *b* Breite *h* Höhe	*d* Durchmesser *R* Radius *s* Wegstrecke	Meter

1.5 Prüfverfahren: Messen und Lehren

Das Prüfen von Längen, Winkeln, Formen u. a. kann grundsätzlich durch zwei unterschiedliche Verfahren erfolgen: durch Messen oder durch Lehren.

Messen	Lehren
Beim Messen wird die zu prüfende Größe mit der auf dem Messgerät festgelegten Maßeinheit verglichen. Der **Messwert** ist eine Zahlenangabe mal der zugehörigen Maßeinheit. Durch Messen wird der Zahlenwert der Prüfgröße ermittelt. Der tatsächliche Wert der Prüfgröße wird **Istmaß** genannt.	Beim Lehren vergleicht man die zu prüfende Größe mit einer nicht veränderbaren Maß- oder Formverkörperung – der **Lehre**. Hierbei wird festgestellt, ob Abweichungen von Sollwert oder vorgeschriebenen Grenzen vorliegen. Der Zahlenwert der Abweichung wird nicht ermittelt.
Beispiel **für Messen**	**Beispiel** **für Lehren**
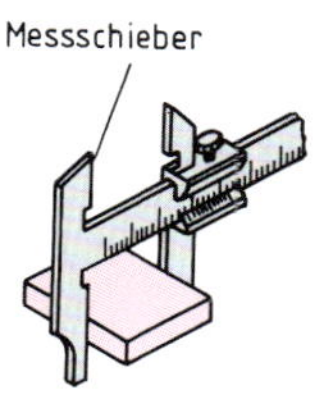 **Messen einer Länge** 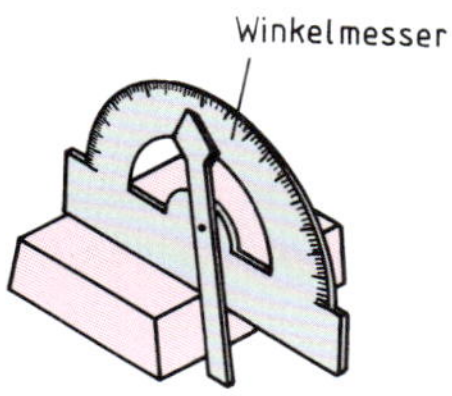 **Messen eines Winkels**	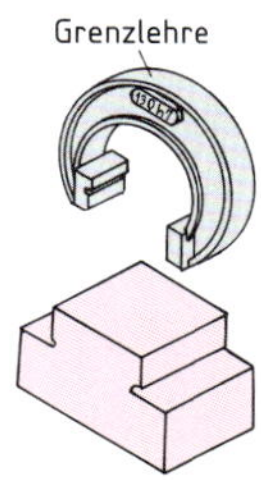 **Lehren einer Länge** 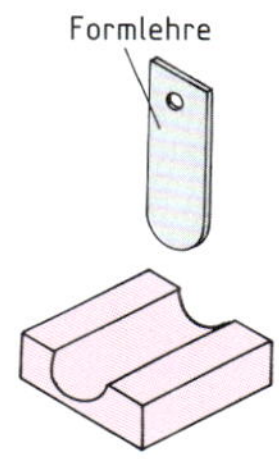 **Lehren eines Radius**

Messen ist ein Prüfen, bei dem das Istmaß einer Messgröße als Zahlenwert ermittelt wird.
Lehren ist ein Prüfen, bei dem festgestellt wird, ob eine Messgröße mit einer Maß- oder Formverkörperung übereinstimmt.

2 Prüfen von Längen

2.1 Maßsysteme und Einheiten

Die international festgelegte und gesetzlich vorgeschriebene Einheit für die Länge ist das Meter (Einheitenzeichen: m). Man nennt dieses System auch **metrisches Maßsystem.**

Neben dem Meter als gesetzlicher Einheit für die Länge sind dezimale Teile und dezimale Vielfache des Meters zugelassen. Festgelegte Vorsilben geben dabei das dezimale Vielfache oder den dezimalen Teil des Meters an. In der Metallverarbeitung werden Maße in der Regel in Millimeter angegeben. Bei sehr genauen Maßangaben benutzt man auch die Einheit Mikrometer.

Vom Meter abgeleitete Längeneinheiten

1 000 · 1 m = 1 000 m = 1 km	Kilometer
1 · 1 m = 1 m = 1 m	Meter
$\frac{1}{10}$ · 1 m = 0,1 m = 1 dm	Dezimeter
$\frac{1}{100}$ · 1 m = 0,01 m = 1 cm	Zentimeter
$\frac{1}{1\,000}$ · 1 m = 0,001 m = 1 mm	Millimeter
$\frac{1}{1\,000\,000}$ · 1 m = 0,000001 m = 1 µm	Mikrometer

Die Basiseinheit der Länge ist das Meter.
In der Metalltechnik werden Längenmaße in Millimeter angegeben.

In einigen Ländern wird noch die Einheit Zoll für die Längenmessung benutzt – **Zollmaßsystem.** Auch in Österreich ist diese Einheit bei Rohrgewinden und teilweise im Fahrzeugbau noch üblich.
Für die Umrechnung gilt:

1 Zoll = 1″ = 25,400 mm

2.2 Höchstmaß – Mindestmaß – Toleranz

Werkstücke können in der Fertigung nie genau mit dem in der Zeichnung angegebenen Maß, dem **Nennmaß** *N*, hergestellt werden. Daher werden je nach Anforderung mehr oder weniger große Abweichungen vom Nennmaß zugelassen. Das größte zulässige Maß des Werkstückes ist das **Höchstmaß** G_o. Das kleinste zulässige Maß ist das **Mindestmaß** G_u. Den Unterschied zwischen Höchst- und Mindestmaß nennt man die **Toleranz** *T*.

Die obere zulässige Abweichung vom Nennmaß ist das **obere Abmaß** *ES*[1), 2)] bei Bohrungen, (*es* bei Wellen). Die untere zulässige Abweichung ist das **untere Abmaß** *EI*[1), 3)] bei Bohrungen, (*ei* bei Wellen).

Die Größe der Toleranz richtet sich nach dem Verwendungszweck.

Der Außendurchmesser eines Wasserrohres kann mit größerer Toleranz gefertigt werden, weil die Funktion dadurch nicht beeinträchtigt wird.

Die Zapfen einer Kurbelwelle müssen hingegen mit kleinerer Toleranz gefertigt werden, weil sonst eine einwandfreie Montage und ein ruhiger Lauf nicht gewährleistet sind.

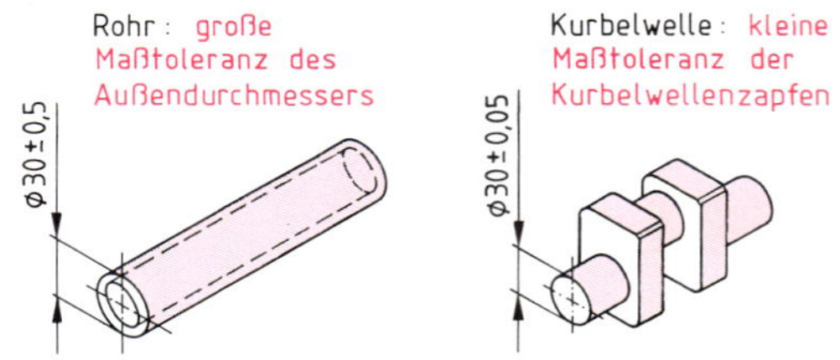

Auswahl der Toleranz nach dem Verwendungszweck

Damit Werkstücke wirtschaftlich gefertigt werden können, gilt der Grundsatz:
„Toleranzen so groß wie möglich und nur so klein wie notwendig wählen."

- **Allgemeintoleranzen für Längen (ÖNORM EN 22768)**

Toleranzklasse	Grenzabmaße in mm für Nennmaßbereich in mm							
	0,5 bis **3**	über **3** bis **6**	über **6** bis **30**	über **30** bis **120**	über **120** bis **400**	über **400** bis **1 000**	über **1 000** bis **2 000**	über **2 000** bis **4 000**
f (fein)	± 0,05	± 0,05	± 0,1	± 0,15	± 0,2	± 0,3	± 0,5	–
m (mittel)	± 0,1	± 0,1	± 0,2	± 0,3	± 0,5	± 0,8	± 1,2	± 2
c (grob)	± 0,2	± 0,3	± 0,5	± 0,8	± 1,2	± 2	± 3	± 4
v (sehr grob)	–	± 0,5	± 1	± 1,5	± 2,5	± 4	± 6	± 8

2.3 Begriffe der Längenmesstechnik

Begriffe	Erläuterungen
Messwert	Der Messwert ist das Ergebnis des Vergleichs zwischen der Messgröße und der auf dem Messgerät festgelegten Maßeinheit. **Messwert = Zahlenwert · Maßeinheit**
Messgröße	Die Messgröße ist die zu messende Größe an einem Werkstück.
Skalenteilungswert bzw. Schrittwert	Der Skalenteilungswert bzw. Schrittwert entspricht der Differenz zweier benachbarter Teilungsmarken auf einer Strichskala bzw. einem Ziffernschritt auf einer Ziffernskala.
Messabweichung	Eine Messabweichung ist die Differenz zwischen dem gemessenen Wert (Messwert) und dem tatsächlichen Wert (Messgröße).
Bezugstemperatur	Die Messtemperatur beträgt für genaue Messungen 20 °C. Sie muss für Messwerkzeuge und Werkstücke eingehalten werden.

- **Begriffe zum Messverfahren**

Grundlagen aller Prüfgeräte sind **Maßverkörperungen.** Die Verkörperung von Längenmaßen kann erfolgen:

- durch den Abstand von Teilstrichen auf Linealen,
- durch den festen Abstand von parallelen Flächen bei Parallelendmaßen.

Messverfahren, bei denen das zu prüfende Maß unmittelbar mit einer Maßverkörperung verglichen wird, nennt man **direkte Messverfahren.**

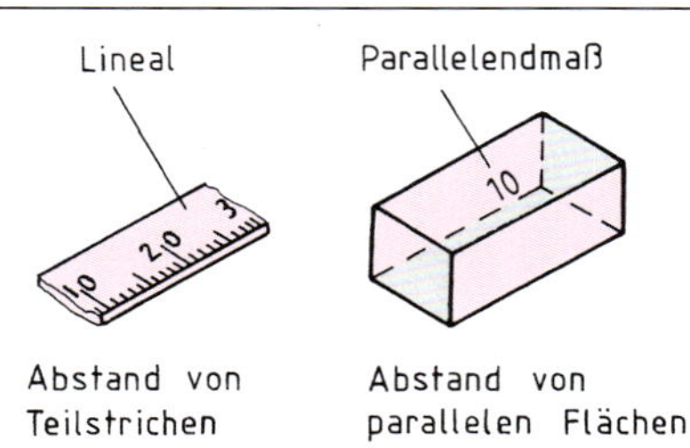

Verkörperung von Maßen zum direkten Messen

1) *E, e* von franz. écart = Abmaß
2) *S, s* von franz. supérieur = oberes
3) *I, i* von franz. inférieur = unteres

2.4 Direkte Längenmessung

2.4.1 Messen mit Messschiebern

Der Messschieber ist ein häufig verwendetes Längenmessgerät. Mit ihm lassen sich schnell Außen-, Innen- und Tiefenmessungen durchführen. Die Ablesegenauigkeit ist höher als bei einfachen Strichmaßen, weil durch eine zusätzliche **Ablesehilfe,** den **Nonius,** ein genaueres Ablesen möglich ist.
Je nach Aufbau der Nonien können Messwerte auf $^1/_{10}$ mm oder $^1/_{20}$ mm Genauigkeit abgelesen werden.

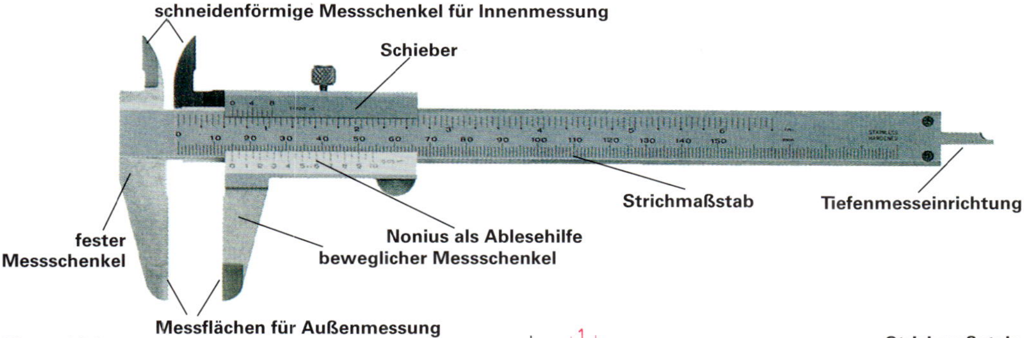

Messschieber

Der Zehntel-Nonius ist im einfachsten Falle 9 mm lang und in zehn gleiche Abschnitte geteilt. Der Abstand zweier Striche auf der Noniusskala ist daher 9 mm : 10 = 0,9 mm. Damit ist ein Skalenteil auf dem Nonius um 0,1 mm kleiner als auf dem Strichmaßstab.

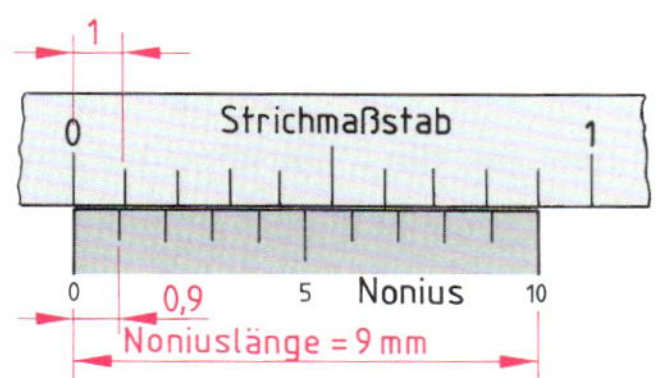

Zehntel-Nonius

Strichmaßstab:
1 Skalenteil = 1 mm

Nonius:
1 Skalenteil =
9 mm : 10 = 0,9 mm

Ablesegenauigkeit:
0,1 mm

Für das Arbeiten mit dem Messschieber ergeben sich aus den Beispielen folgende Ableseregeln:
- Ganze Millimeter werden auf dem Strichmaßstab links vom Nullstrich des Nonius abgelesen.
- Die zehntel Millimeter werden an dem Teilstrich des Nonius abgelesen, der mit einem Strich des Strichmaßstabs übereinstimmt.

Beispiele für das Ablesen eines Maßes

Wird der Messschieber mehr als einen Millimeter geöffnet, so erhält man den Ablesewert aus der Addition der ganzen und der zehntel Millimeter.

Ablesewert = 4 mm + 0,7 mm = **4,7 mm**

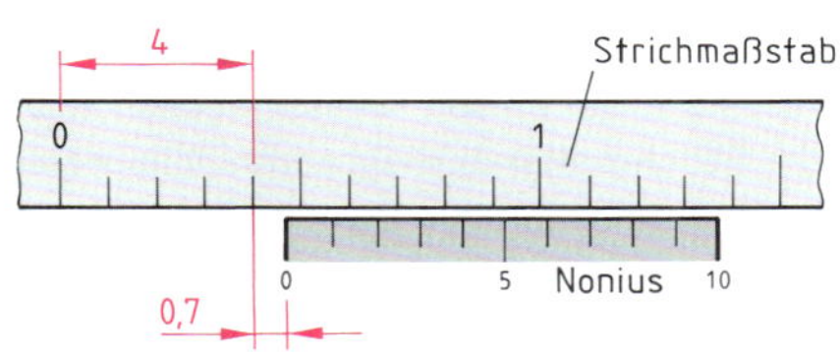

Ablesung von ganzen und zehntel Millimetern

Da die Striche beim 9 mm langen Nonius sehr dicht zusammenliegen, wird der Nonius zur Erhöhung der Ablesesicherheit, z. B. um 10, 20 oder 30 mm, auf 19, 29 bzw. 39 mm Länge gestreckt.
Zur Verbesserung der Messgenauigkeit verwendet man gelegentlich den Zwanzigstel-Nonius.

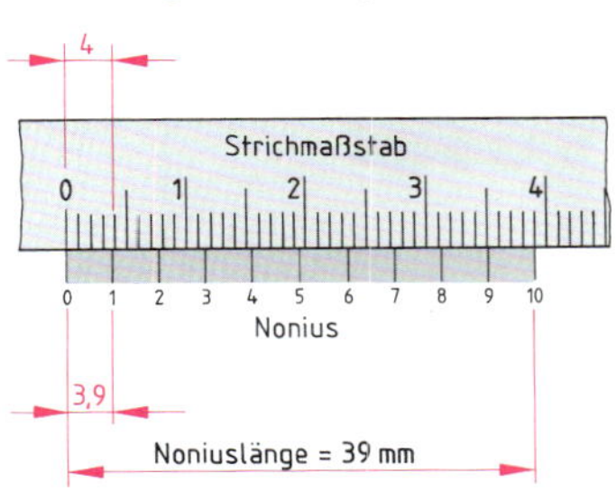

Gestreckter Zehntel-Nonius

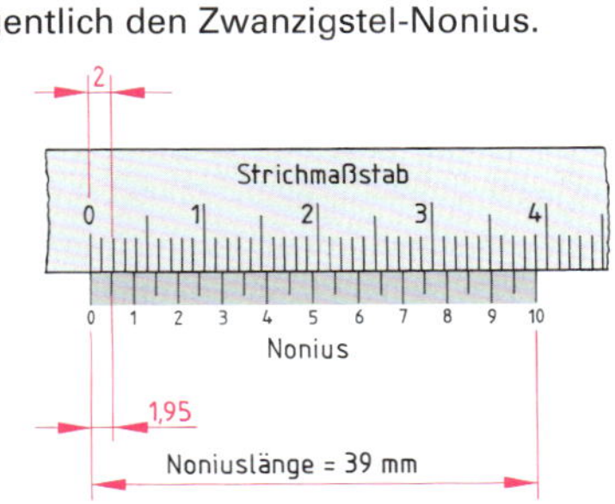

Gestreckter Zwanzigstel-Nonius

- **Tiefenmessschieber**

Der Tiefenmessschieber dient zum Messen der Tiefen von Nuten und Bohrungen sowie zum Messen von Längen stufenförmig abgesetzter Werkstücke.

Zur Auflage auf das Werkstück ist der Messschenkel des Schiebers beidseitig als so genannte Messbrücke ausgeführt. In ihr wird der Strichmaßstab verschoben. Die Messflächen von Brücke und Strichmaß liegen bei der Nullstellung in einer Ebene.

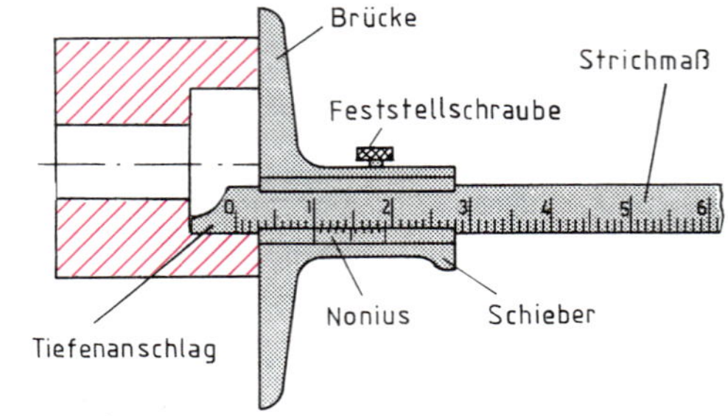

Messen mit einem Tiefenmessschieber

- **Messschieber mit größerem Messbereich**

Messschieber mit einem größeren Messbereich besitzen meist keine Tiefenmesseinrichtung. Außenmessungen können mit den üblicherweise verwendeten breiten Messschenkeln oder mit den schneidenförmigen Messschenkeln ausgeführt werden.

Für Innenmessungen besitzen die Messschenkel am Ende gewölbte Messflächen, mit denen man Bohrungen oder Nuten ab 10 mm messen kann. Jeder Messschenkel endet mit einem 5 mm breiten Schnabel zur Innenmessung, sodass zum abgelesenen Wert 10 mm addiert werden müssen.

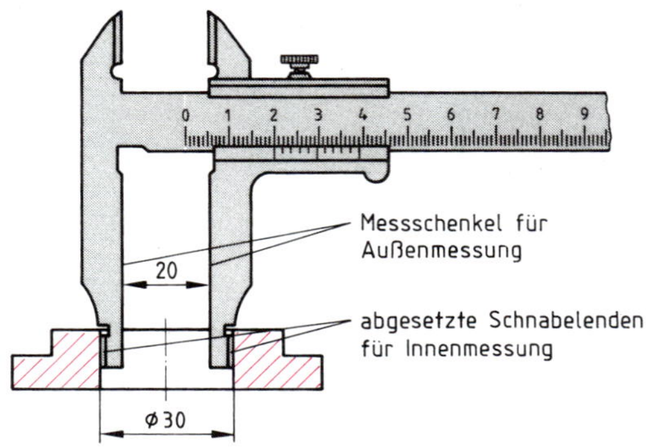

Berücksichtigung der Messschenkelbreite beim Innenmessen

Bei Innenmessung mit abgesetzten Schnabelenden müssen 10 mm zum abgelesenen Wert addiert werden.

- **Messschieber mit höherer Ablesegenauigkeit**

Messschieber mit Rundskala besitzen statt des Nonius eine Messuhr. Bei diesen Messschiebern werden auf dem Strichmaßstab die ganzen Millimeter und auf der Messuhr die Bruchteile der Millimeter abgelesen. Je nach Ausführung der Messuhr beträgt die Ablesegenauigkeit ein Zehntel- bis ein Hundertstelmillimeter.

Messschieber mit Rundskala

Digital anzeigende Messschieber zeigen auf einer LCD-Anzeige (Flüssigkristallanzeige) den Messwert unmittelbar an. Dadurch werden Ablesefehler weitgehend ausgeschlossen. Diese Messschieber erleichtern auch die Durchführung von Unterschiedsmessungen, da die Nullstellung beliebig einstellbar ist.

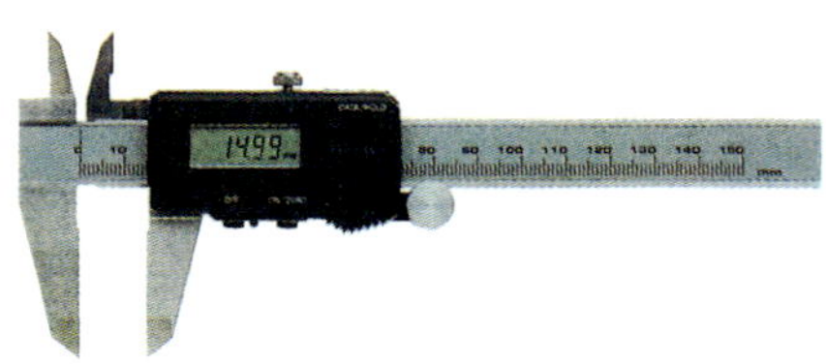

Digital anzeigender Messschieber

Messschieber mit Rundskala und digital anzeigende Messschieber besitzen eine Ablesegenauigkeit von $^1/_{100}$ mm.

2.4.2 Messen mit Messschrauben

Für Längenmessungen mit einer Ablesegenauigkeit von 0,01 mm werden Messschrauben benutzt. Bei Messschrauben wird mithilfe eines Gewindes die Längenmessung durchgeführt. Die Gewindesteigung stellt die Maßverkörperung dar. Je nach Ausführung der Messschraube sind Außen-, Innen- oder Tiefenmessungen möglich.

- **Messprinzip**

Bei Messschrauben wird das Maß durch den Abstand zwischen zwei Messflächen verkörpert. Dieser Abstand kann durch Hinein- oder Herausdrehen einer Gewindespindel aus einer Mutter verändert werden.

Beispiel **für den Aufbau einer Messschraube für Außenmessungen**

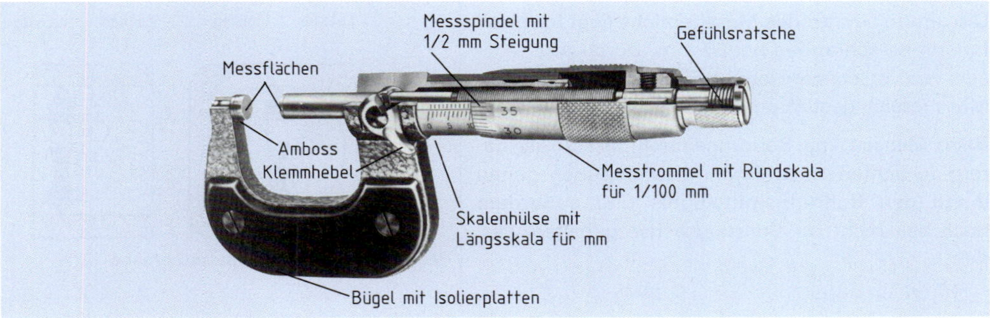

Die Steigung des Messspindelgewindes beträgt 0,5 mm. Eine Umdrehung dieser Messtrommel bewirkt daher eine Längsverschiebung der Messspindel von 0,5 mm. Um diese Verschiebung der Messspindel anzuzeigen, sind auf der Längsskala der Skalenhülse unterhalb des durchgehenden Längsstrichs Teilstriche aufgebracht, welche die halben Millimeter markieren.

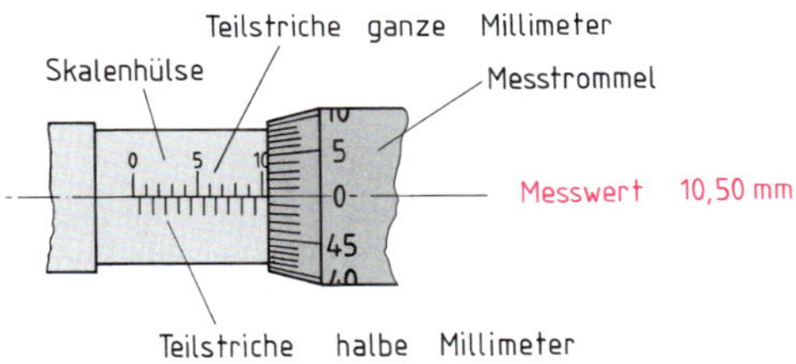

Ablesung ganzer und halber Millimeter

Bei Messspindeln mit einer Steigung von 0,5 mm ist der Umfang der Messtrommel in 50 gleiche Skalenteile aufgeteilt. Öffnet man die Außenmessschraube um einen Skalenteil der Messtrommel, so bewegen sich Messtrommel mit Messspindel in Achsrichtung um 1/50 von 0,5 mm auseinander. 1/50 von 0,5 mm sind 0,01 mm.

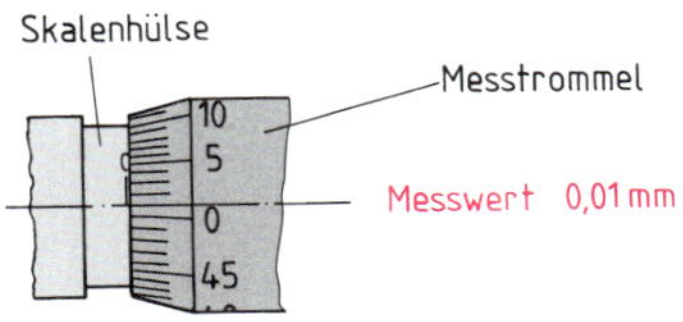

Ablesung eines Hundertstelmillimeters

Beim Ablesen des Messwertes bestimmt man zunächst auf der Skalenhülse die ganzen und halben Millimeter. Hinzu kommen die Hundertstelmillimeter, die auf der Messtrommel angezeigt werden.

Messwert: 16,0 mm + 0,42 mm = **16,42 mm**

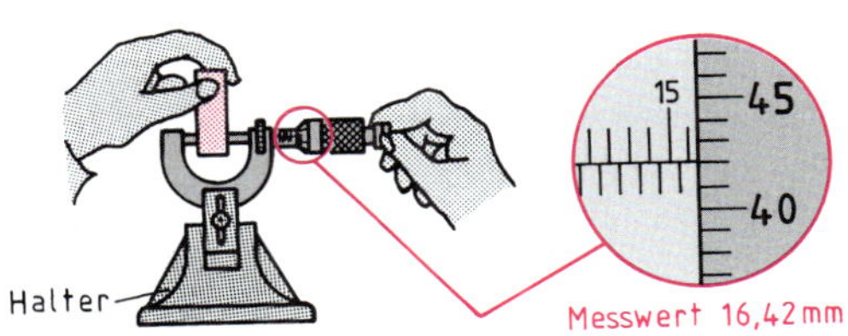

Messen mit der Bügelmessschraube

Für das Arbeiten mit Messschrauben ergeben sich folgende Ableseregeln:

- Ganze und halbe Millimeter werden auf der Skalenhülse abgelesen.
- Die Hundertstelmillimeter werden auf der Messtrommel abgelesen.
- Beide Ableseergebnisse werden addiert und ergeben den Messwert.

Messschrauben für Innenmessungen

Für Innenmessungen verwendet man Innenmessschrauben.

Die einfachste Bauform besteht aus:
- Haltegriff mit feststehendem Messbolzen und Innengewinde,
- Messtrommel mit Messspindel und Außengewinde.

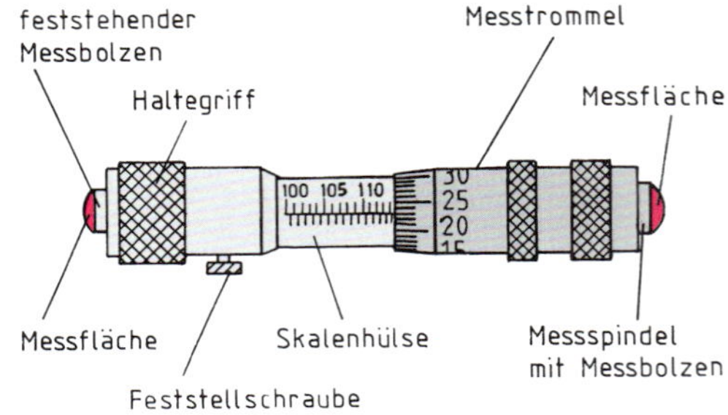

Die untere Grenze des Messbereichs liegt für diese Innenmessschrauben bei 50 mm. Durch Auswechseln von verschieden langen Einsätzen lässt sich der Messbereich gestuft um 25 mm erweitern.

Beim Messen von Bohrungsdurchmessern ist darauf zu achten, dass Innenmessschrauben genau durch den Bohrungsmittelpunkt und außerdem noch senkrecht zur Bohrungsachse gehalten werden.

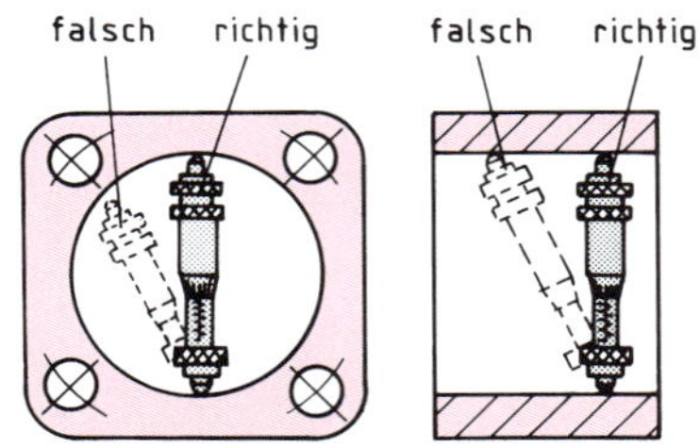

Messen mit einer Innenmessschraube

Messschrauben für Tiefenmessungen

Genaue Tiefenmessungen werden mit Tiefenmessschrauben vorgenommen.

Sie bestehen aus folgenden Teilen:
- Messbrücke mit Skalenhülse und Innengewinde,
- Messspindel mit Tiefenanschlag, Messtrommel, Außengewinde und Gefühlsratsche.

Bei der Tiefenmessschraube steigen die Zahlen der Skalenhülse von oben nach unten an.
Der Messbereich kann durch verschiedene Tiefenanschläge verändert werden.

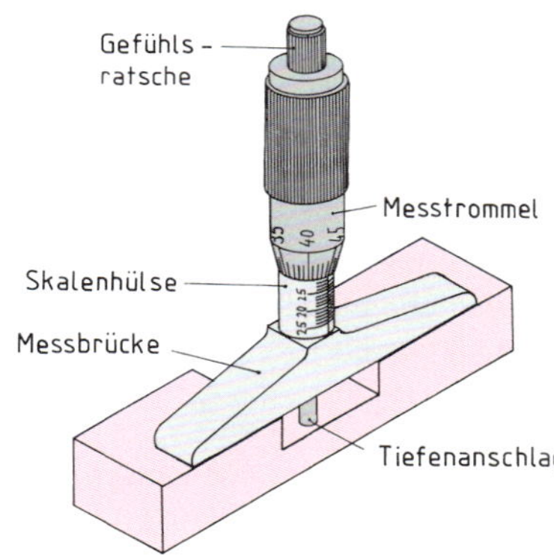

Messen mit einer Tiefenmessschraube

Messschrauben mit digitaler Anzeige

Fehler beim Ablesen des Messwertes werden auch bei Messschrauben durch digitale Anzeige erheblich verringert. Häufig sind diese Messschrauben neben der Digitalanzeige noch mit einer Skalen- und einer Messtrommelteilung ausgerüstet, damit der Messwert zur Sicherheit auch in herkömmlicher Weise ermittelt werden kann.

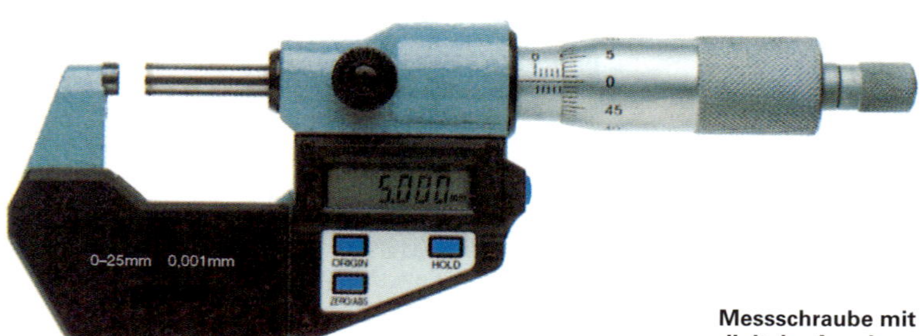

Messschraube mit digitaler Anzeige

2.4.3 Messen mit Messuhren und Feinzeigern

- **Aufbau**

Maßdifferenzen von 1/100 mm und geringer sind mit **Messuhren** feststellbar. Messuhren sind Längenmessgeräte, bei denen der Weg des Messbolzens über ein geeignetes System auf einen Zeiger übertragen wird, wobei sich der Zeiger um mindestens 360° vor einem runden Skalenblatt bewegt.

Feinzeiger sind Längenmesswerkzeuge, in denen der Winkelausschlag des Zeigers kleiner als 360° ist. Sie weisen sehr hohe Genauigkeit auf, haben aber wegen ihres Aufbaues nur einen begrenzten Messbereich. Die Übersetzung, das Verhältnis von Zeigerausschlag zum Weg des Tastbolzens, kann bis 1 000 : 1 betragen. Die Übersetzung kann auf verschiedene Weise bewirkt werden, zum Beispiel durch Hebelsysteme, Hebel-Zahnradsysteme oder Kombinationen von mechanischen und optischen Einrichtungen.

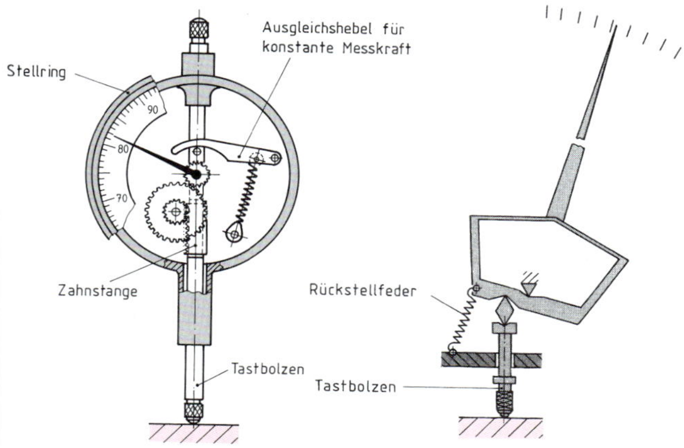

Messuhr

Feinzeiger mit Hebelübersetzung

Aufbau von Messuhr und Feinzeiger

Messuhren haben einen Anzeigebereich bis 10 mm und zeigen ganze und 1/100 Millimeter an. Der Zeigerausschlag ist mindestens 360°. Feinzeiger haben einen Anzeigebereich unter 1 mm. Sie zeigen nur Hundertstel- oder Tausendstelmillimeter an.

In digital anzeigenden Messuhren wird der Messwert nicht mechanisch, sondern durch Veränderung elektrischer Größen ermittelt.

Messuhren mit digitaler Anzeige erlauben höhere Ablesegenauigkeit als solche mit Skalenanzeige.

Die Messunsicherheit beträgt aber ± 1 Schritt und ist damit größer als bei analog anzeigenden Messuhren.

- **Einsatz von Messuhren zur Ermittlung von Istmaßen**

Werden Messuhren zur Ermittlung von Istmaßen eingesetzt, so muss die Nullstellung durch Endmaße festgelegt werden. Das Istmaß ergibt sich aus dem eingestellten Maß plus der Maßdifferenz, welche die Messuhr anzeigt. Bei der Einrichtung ist darauf zu achten, dass die Nullstellung der Messuhr so vorgenommen wird, dass positive und negative Abweichungen erfasst werden können.

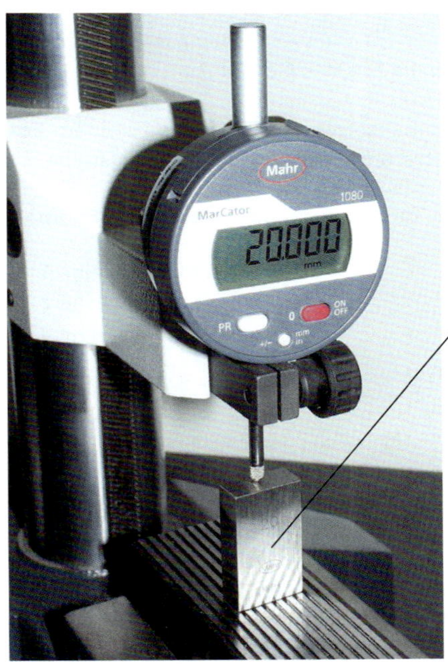

Einrichtung einer digital anzeigenden Messuhr mit einem Endmaß

Zur Ermittlung von Istmaßen wird die Nullstellung der Messuhr durch Endmaße festgelegt.

2.4.4 Messen mit Endmaßen

Endmaße sind Maßverkörperungen, die ein bestimmtes Maß durch den Abstand zweier Messflächen darstellen. Sie sind die genauesten Maßverkörperungen zur Längenmessung. Die Messflächen von Endmaßen können eben, zylindrisch oder kugelig sein. Endmaße sind aus Stahl, Hartmetall oder Keramik gefertigt.

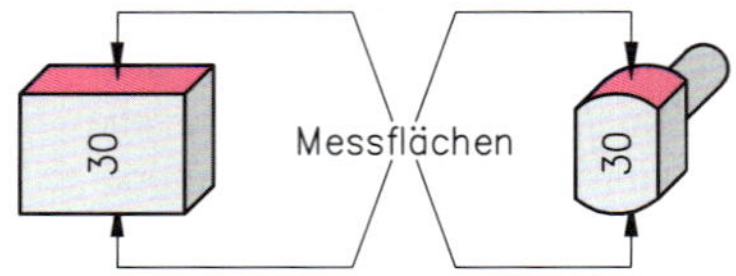

Messflächen an Endmaßen

Endmaße sind sehr genaue Maßverkörperungen, die Maße werden durch den Abstand zweier Messflächen dargestellt.

Endmaße dürfen nur im gesäuberten Zustand aneinander geschoben werden. Die Messflächen sind so eben, dass sie ohne äußeren Kraftaufwand infolge Adhäsion aneinander haften. Durch das Anschieben mehrerer Endmaßblöcke können beliebige Maße zusammengestellt werden.

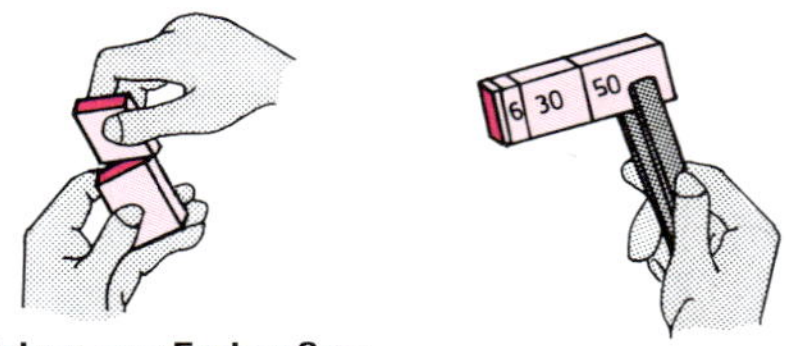

Anschieben von Endmaßen

Endmaßsätze werden mit einer Vielzahl sinnvoll gestufter Einzelendmaße angeboten. Ein Endmaßnormalsatz besteht aus Endmaßen mit fünf unterschiedlichen Maßbildungsreihen. Jede Reihe hat neun Maßblöcke. Innerhalb der Reihe ist die Stufung gleich; so beträgt z. B. in der Reihe 2 die Stufung von Endmaß zu Endmaß 0,01 mm.

Maßbildungsreihe	Stufung innerhalb der Reihe	Größe der Endmaße
Reihe 1	0,001 mm	1,001 mm bis 1,009 mm
Reihe 2	0,01 mm	1,01 mm bis 1,09 mm
Reihe 3	0,1 mm	1,1 mm bis 1,9 mm
Reihe 4	1 mm	1 mm bis 9 mm
Reihe 5	10 mm	10 mm bis 90 mm

Endmaße kann man in vier *Genauigkeitsgraden* von 0 bis III erhalten. Sätze mit dem Genauigkeitsgrad 0 haben dabei die höchste Genauigkeit.

Beim Zusammensetzen der Endmaße zu einem bestimmten Maß beginnt man zweckmäßigerweise mit der niedrigsten erforderlichen Maßbildungsreihe.

Beispiel **für das Zusammenstellen von Endmaßen zur Maßverkörperung 76,452 mm**

Maßbildung	Reihe 1	**1,002** mm
	Reihe 2	**1,05** mm
	Reihe 3	**1,4** mm
	Reihe 4	**3** mm
	Reihe 5	**70** mm
	Kontrolle	76,452 mm

Endmaße werden für verschiedene Aufgaben verwendet:

- Prüfen von anzeigenden Messgeräten,
- Prüfen von Lehren,
- Messen von Werkstücken,
- Einstellen von anzeigenden Messgeräten,
- Einstellen von Werkzeugmaschinen.

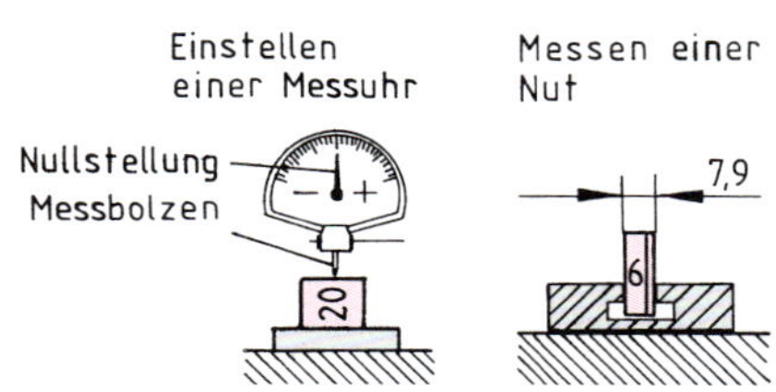

Einsatz von Parallelendmaßen

Endmaße werden für Messungen mit Ablesegenauigkeiten bis zu 0,001 mm eingesetzt.

2.5 Indirekte Längenmessung

Bei der indirekten Längenmessung wird die Länge aus einer anderen physikalischen Größe abgeleitet. Zur indirekten Längenmessung benötigt man stets Messsysteme, welche die Länge aufnehmen, umwandeln, verarbeiten und anzeigen.

Messgröße (Länge) → Aufnehmer → Wandler → Rechner → Übertragung → Anzeige → **Messwert**

2.5.1 Pneumatische Längenmessung

Pneumatische Längenmessung eignet sich besonders für die Feinstmessung in der Serienfertigung. Da der Messbereich pneumatischer Längenmessgeräte sehr klein ist, werden diese Messgeräte nur zur Unterschiedsmessung benutzt.

Messen mit pneumatischen Messgeräten hat Vorteile:

- Es wird nahezu berührungslos gemessen, damit werden Kratzspuren und Abnutzung von Messwertaufnehmern vermieden.
- Die ausströmende Luft hält die Messstelle von Verunreinigungen (z. B. Öl) frei.
- Es wird eine hohe Messgenauigkeit (bis zu ± 0,2 µm) erreicht.

Die Verfahren pneumatischer Längenmessung beruhen darauf, dass Änderungen an der Ausströmöffnung in einem Druckluftstrom Druck- und Geschwindigkeitsänderungen hervorrufen. Daraus ergeben sich als Messmethode für die Längenmessung am Werkstück zwei Verfahren, das **Durchflussmessverfahren** und das **Differenzdruckmessverfahren**.

- **Unterscheidung der Messverfahren**

Längenmessung nach dem Durchflussmessverfahren

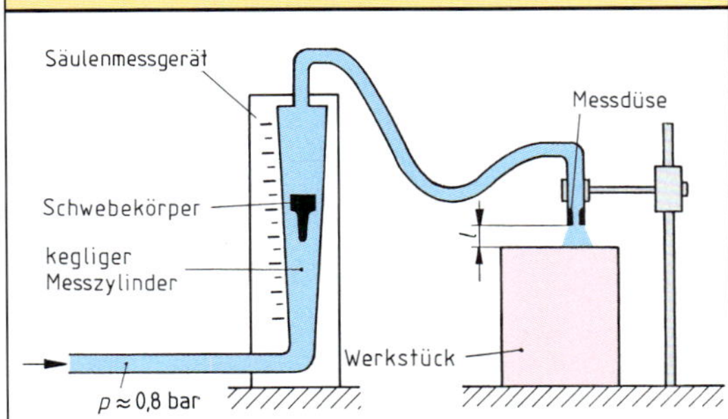

Die Durchflussmessung wird mit Säulenmessgeräten durchgeführt. Säulenmessgeräte werden bevorzugt für gleichzeitige Messungen an mehreren Messstellen an einem Werkstück eingesetzt.

Längenmessung nach dem Differenzdruckmessverfahren

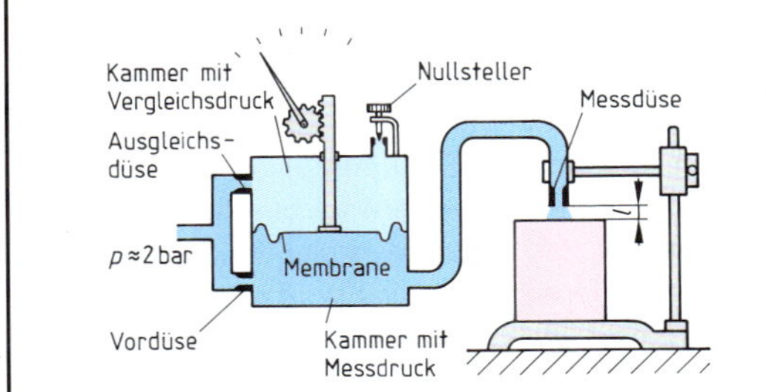

Pneumatische Längenmessung nach dem Differenzdruckverfahren geschieht meist mit Zeigergeräten.
Das Differenzdruckverfahren setzt man ein, wenn höherer Messdruck und größerer Messbereich (bis 0,2 mm) gefordert sind.

Bei der pneumatischen Längenmessung wird die Länge durch eine Druckdifferenz oder ein durchfließendes Volumen erfasst.
Das Durchflussmessverfahren wendet man bei Serienmessung und bei gleichzeitiger Messung an mehreren Messstellen an.
Das Differenzdruckmessverfahren wird angewendet, wenn größere Messbereiche und höhere Messdrücke gefordert sind.

- **Auswahl der Messgrößenaufnehmer**

Wegen der kleinen Messbereiche bei den pneumatischen Messgeräten sind für die verschiedenen Messungen unterschiedliche Messgrößenaufnehmer erforderlich.
Bis zu einer Rautiefe von 3 µm kann berührungslos gemessen werden. Bei größeren Rautiefen wählt man mechanisch berührende Taster.

Beispiele **für berührungslose und mechanisch berührende Taster**

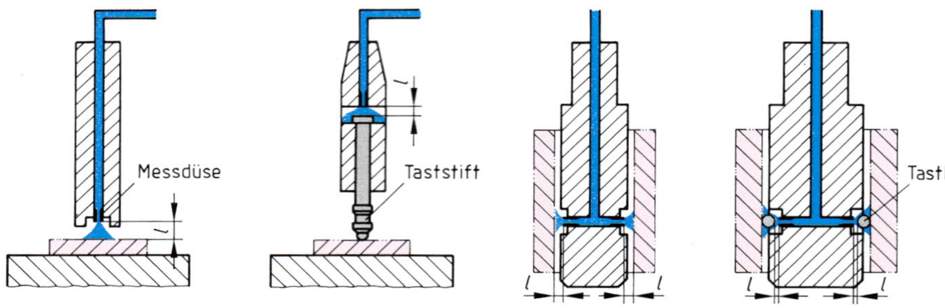

berührungslos — mechanisch berührend
Taster für Dickenmessung

berührungslos — mechanisch berührend
Taster für Durchmessermessung

Entsprechend der Oberflächenrauheit wählt man bis 3 µm Rauheit berührungslose Taster, über 3 µm Rauheit mechanisch berührende Taster.

2.5.2 Elektrische Längenmessung

Längen beziehungsweise Längenänderungen können durch elektrische Messwertumformer in elektrische Größen wie Strom, Spannung, Widerstand überführt werden. Die aufgenommenen elektrischen Größen können durch Schaltungen wesentlich verstärkt werden, so dass eine hohe Empfindlichkeit gegeben ist.

Zur Umwandlung der Längenänderung in elektrische Größen werden wegen ihrer geringen Baugröße vorwiegend **induktive Taster** verwendet. Diese Taster verkörpern einen kleinen Transformator mit einer Primär- und zwei Sekundärwicklungen. Die Sekundärwicklungen sind so geschaltet, dass im Ausgang die Spannung Null ist. Der Taststift ist mit einem Eisenkern verbunden. Bei einer Verschiebung des Taststiftes steigt die Spannung in einer Sekundärwicklung, während sie in der anderen abnimmt. Aus der Spannungsdifferenz wird dann der Messwert ermittelt und angezeigt.

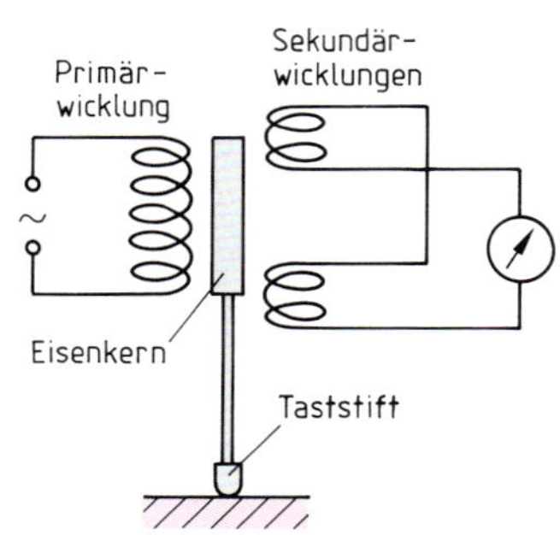

Induktiver Taster (Schema)

Die Vorteile der induktiven Längenmessung sind
- großer Messbereich (im Gegensatz zur pneumatischen Längenmessung),
- hohe Messgenauigkeit, z. B. ± 1 µm bei 1 mm Messbereich, ± 0,02 µm bei 3 mm Messbereich,
- einfache Weiterleitung und Verarbeitung der Messwerte in Datenverarbeitungsanlagen.

Induktive Messtaster formen Längenänderungen in Änderungen der magnetischen Eigenschaften von Spulen um.

In seltenen Fällen werden auch **kapazitive Messtaster** eingesetzt. In diesen bewirkt eine Längenänderung eine Verschiebung des Abstandes zwischen Kondensatorplatten. Die dabei auftretende Kapazitätsänderung wird zur Ermittlung des Messwertes genutzt. Wegen ihrer großen Bauweise werden kapazitive Taster weniger verwendet.

2.5.3 Optische Längenmessung

- **Messlupe**

Messlupen sind die einfachsten optischen Messgeräte, mit denen durch Auswechseln der Messplatten unterschiedliche Längen, Radien, Linienbreiten, Winkel, Gewindesteigungen usw. ermittelt werden können.

- **Messmikroskop**

Mit dem Messmikroskop wird ein vergrößertes maßgetreues Schattenbild erzeugt. Dabei peilt ein kreuzverschiebbarer Schlitten eine Bezugskante an. Durch die Schlittenverstellung mit einer Messschraube ergibt sich bei Anvisieren einer zweiten Kante der Messwert.

Messmikroskope können neben Längenmessungen auch Form- und Profilbilder vergleichen. Dies erfolgt durch Gegenüberstellung des Strichplatteneinsatzes mit dem Schattenbild.

- **Profilprojektor**

Mit dem Profilprojektor können alle Arten von Messungen, wie Längen-, Radien-, Durchmesser-, Winkel-, Parallelitäts-, Gewindeprofilmessungen usw. durchgeführt werden. Die zu prüfende Fläche wird auf dem Messtisch normal zum Objektiv fixiert. Mittels Lichtstrahlen und Spiegel werden die Umrisse auf einen Bildschirm projiziert. Im Vergleich der Projektion mit den Normmessplatten kann das Messergebnis ermittelt werden.

Abhängig von der Werkstückform kommt entweder das Durch- oder Auflichtverfahren zur Anwendung. Beim Durchlichtverfahren wird ein Schattenbild auf den Bildschirm projiziert, beim Auflichtverfahren wird die Oberfläche des Prüfstückes auf dem Bildschirm sichtbar gemacht.

Es besteht auch die Möglichkeit, beide Verfahren so zu kombinieren, dass sowohl die Prüffläche des Werkstückes als auch die Kontur sichtbar gemacht werden können.

- **Planglas**

Zur Ebenheitsprüfung kleiner Flächen werden Plangläser verwendet. Die angewendete Prüfmethode beruht auf der Ausnützung der Interferenzerscheinungen des Lichtes.

Wenn ein Planglas so auf eine Prüfstelle gekippt wird, dass ein minimaler Lichtkeil entsteht, wird das einfallende Licht von der Unterseite des Planglases und der Oberfläche des Prüfgegenstandes reflektiert. Durch die Interferenzerscheinung entstehen die so genannten Interferenzstreifen.

Weisen diese keine Krümmung auf, so ist die Prüffläche eben. Ist eine Krümmung gegeben, so bestimmt die Stärke der Krümmung die Unebenheit der Fläche. Ob eine Fläche konvex oder konkav gekrümmt ist, lässt sich am Verlauf der Interferenzstreifen erkennen.

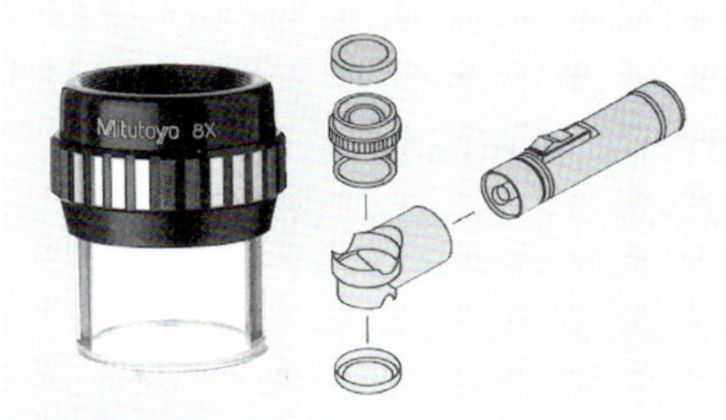

Teile einer Messlupe

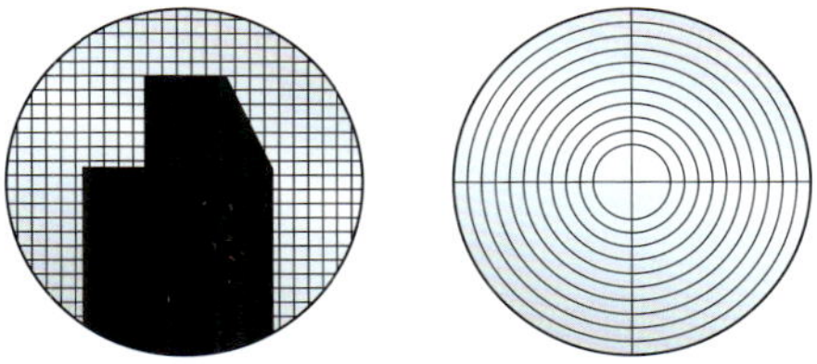

Schattenbild **Messplatte**

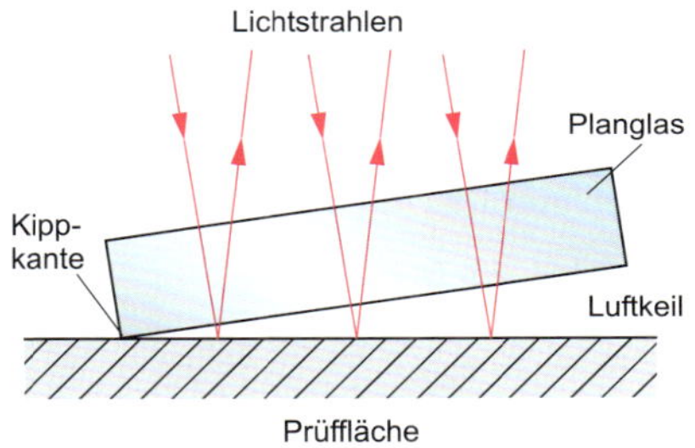

Entstehung der Interferenzstreifen

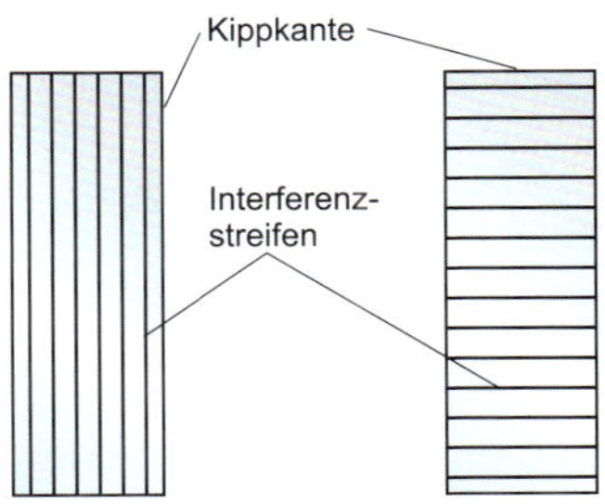

Interferenzstreifen bei ebener Fläche

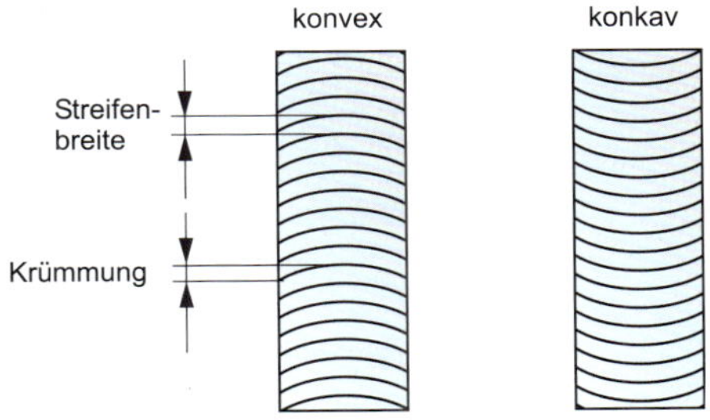

Interferenzstreifen bei unebener Fläche

2.6 Lehren

Durch Lehren wird festgestellt, ob bestimmte Längen, Winkel oder Profile eines Werkstückes bei der Fertigung erreicht worden sind. Ein Messwert wird nicht ermittelt.

2.6.1 Formlehren

Mithilfe von Formlehren wird festgestellt, ob eine bestimmte geforderte Form, ein Radius oder ein Profil dem Sollzustand entspricht.

Beispiele für Formlehren

Radienlehre

Schleiflehre für Bohrer

Formlehren verkörpern die Sollkontur.

2.6.2 Maßlehren

Maßlehren dienen zur Überprüfung von Maßen. Man kann mit Maßlehren nur die Grenzen feststellen, zwischen denen ein Maß liegt. Passt zum Beispiel die Nadel einer Düsenlehre mit 1,25 mm Durchmesser in eine Bohrung und die Nadel mit 1,30 mm Durchmesser nicht, so liegt das Maß der Bohrung zwischen 1,25 mm und 1,30 mm Durchmesser.

Beispiele für Maßlehren

Fühlerlehre

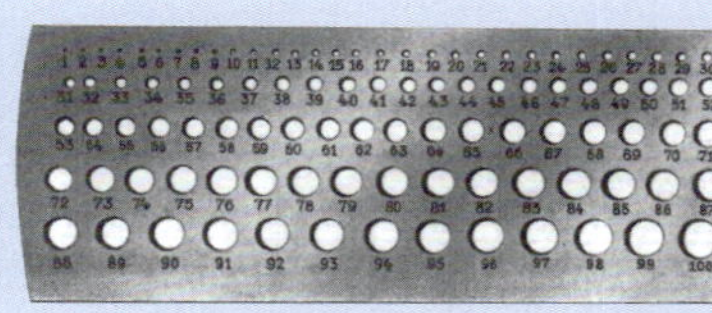

Lochlehre

Maßlehren dienen zur Überprüfung von Maßen.

2.6.3 Grenzlehren

Grenzlehren dienen zum Feststellen, ob die vorgeschriebenen Grenzmaße am Werkstück eingehalten sind. Die Grenzlehre hat deshalb zwei feste Maße: das Höchstmaß und das Mindestmaß.
Grenzrachenlehren dienen zum Lehren von Wellen, *Grenzlehrdorne* zum Lehren von Bohrungen.

Beispiele für Grenzlehren

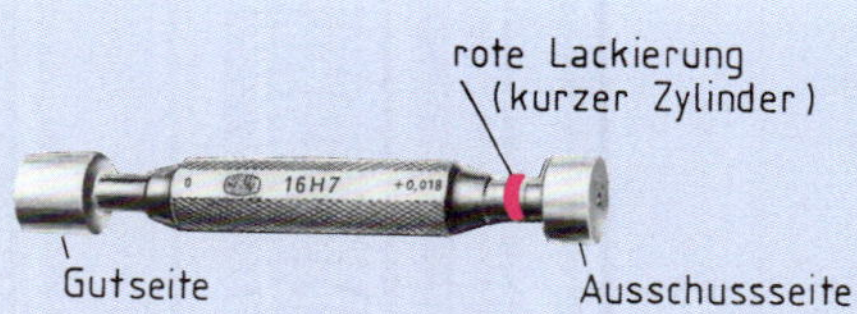

Grenzlehrdorn

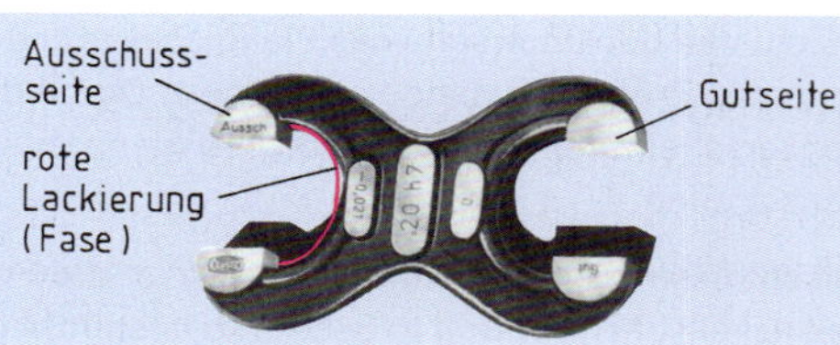

Grenzrachenlehre

Grenzlehren verkörpern das Höchst- und Mindestmaß.

3 Prüfen von Winkeln

Der Vollkreis hat einen Winkel von 360°.
Der Winkel von 1° wird unterteilt in 60 Minuten oder 3 600 Sekunden.

Vollkreis	=	360°
1 Grad	=	60 Minuten; 1° = 60′
1 Minute	=	60 Sekunden; 1′ = 60″

3.1 Messen von Winkeln

- **Messen mit Winkelmessern**

Der **einfache Winkelmesser** hat einen festen Messschenkel mit einer Kreisskala in Gradeinteilung von 0° bis 180°. Ein beweglicher Messschenkel schwenkt um den Kreismittelpunkt. Der Zeiger am beweglichen Messschenkel dient zur Anzeige des Winkels auf der Kreisskala. Der angezeigte Wert entspricht nicht in jedem Fall der Winkelgröße am Werkstück. Die Größe des gemessenen Winkels wird entweder sofort abgelesen, oder sie muss berechnet werden.

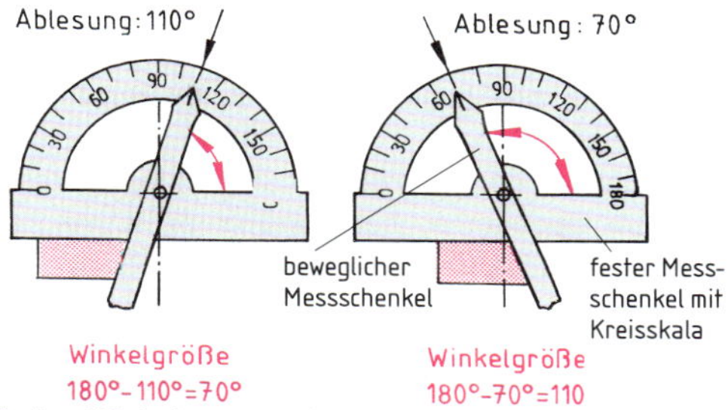

Einfacher Winkelmesser mit Ablesebeispielen

Einfache Winkelmesser haben einen Messbereich von 0° bis 180°. Die Ablesegenauigkeit beträgt 1°.

Der **Universalwinkelmesser** ist vielseitiger verwendbar als der einfache Winkelmesser. Der Universalwinkelmesser hat zwei feste Schenkel, die unter einem Winkel von 90° zueinander stehen. Ein weiterer Schenkel ist um eine Vollkreisskala schwenkbar. Die Vollkreisskala ist in 4 mal 90° eingeteilt. Sie bildet mit den beiden festen Schenkeln eine starre Einheit. Mit dem beweglichen Schenkel verbunden ist eine Nebenskala. Sie besteht aus je einem Nonius rechts und links vom Nullstrich.

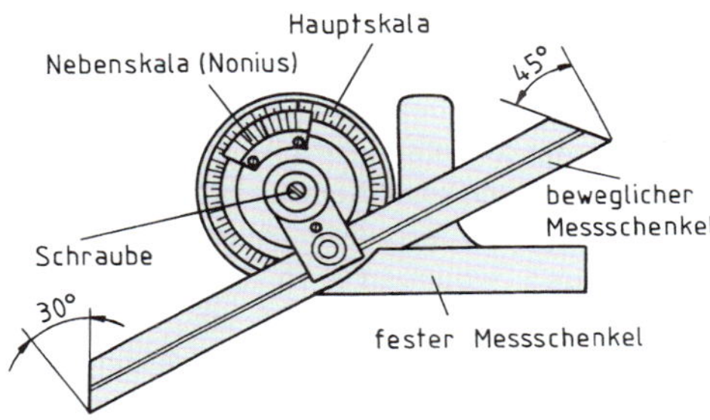

Universalwinkelmesser

Jeder Nonius ist in 12 Teile aufgeteilt und erstreckt sich auf 23°. Der Winkel zwischen zwei Teilstrichen auf dem Nonius ist daher 23°/12 = 1°55′. Die Ablesegenauigkeit beträgt 5′.

Das Ablesen erfordert eine Zusammenfassung der Werte von Hauptskala und Nonius. Der Winkelnonius ist von der Null zweiseitig vorhanden. Daher ist zu beachten, dass Hauptskala und Nonius **stets** in gleicher Richtung abgelesen werden.

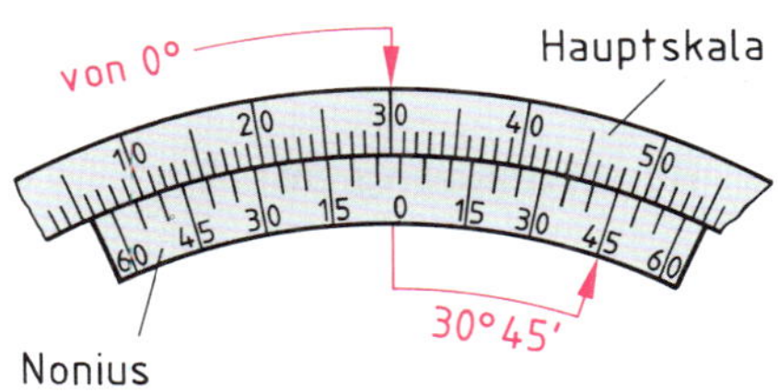

Ermittlung der Winkelgröße

Universalwinkelmesser haben einen Messbereich von 0° bis 360°. Die Ablesegenauigkeit beträgt 5′. Nonius und Hauptskala müssen stets in gleicher Richtung abgelesen werden.

3.2 Lehren von Winkeln

Winkel werden auch mit Lehren geprüft. Dies sind meistens feste Winkel, die einen bestimmten Winkel verkörpern. Zum Prüfen wird die Winkellehre mit ihren Prüfflächen an das Werkstück angelegt. Tritt ein Lichtspalt zwischen Prüfgegenstand und Lehre auf, so weicht der vorhandene Winkel vom geforderten Winkel ab. Der Istwert des Winkels wird dabei nicht festgestellt.

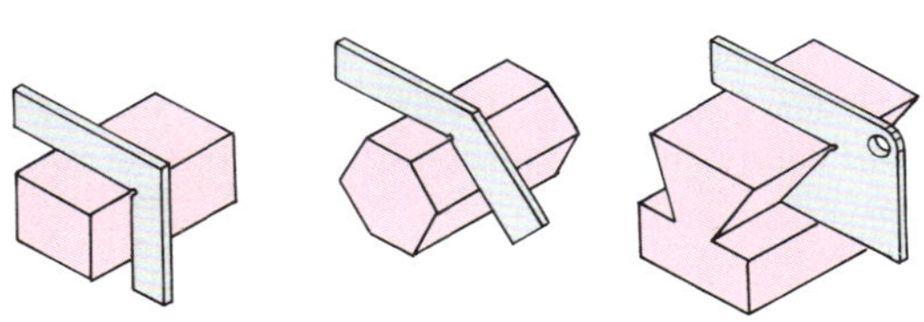
Prüfen mit festen Winkeln

4 Prüfen der Rauheit von Oberflächen

Die Gestaltabweichungen der Werkstückoberflächen von ihrer Idealform ergeben sich aus den Bedingungen der Fertigung und der Werkstoffbeschaffenheit. Die Güte der Werkstückoberfläche ist beim Urformen und Umformen von der formgebenden Oberfläche und bei spanender Bearbeitung vom Verfahren und von den Schnittbedingungen abhängig.

Messgeräte zur Prüfung der Gestaltabweichungen von Werkstückoberflächen tasten diese ab, zeichnen über einen Diagrammschreiber stark vergrößerte Oberflächenprofile auf und errechnen verschiedenartige Kenngrößen.

Die Richtung der Oberflächenabtastung ist frei wählbar, bei spanender Bearbeitung prüft man meist quer zur Bearbeitungsrichtung.

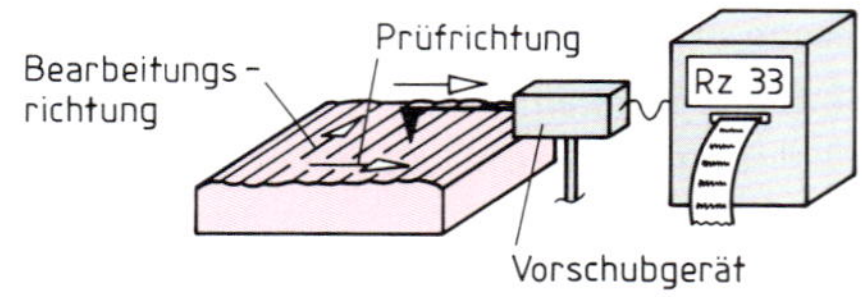

Rauheitsprüfung (Schema)

4.1 Oberflächenkenngrößen

Bei der Oberflächenprüfung erfasst man Gestaltabweichungen unterschiedlicher Größenordnung. Man unterscheidet in der 1. Ordnung **Formabweichungen,** in der 2. Ordnung **Welligkeit** und ab der 3. Ordnung **Rauheit.** Die Oberflächenprüfgeräte erlauben es, durch computerunterstützte Auswertung charakteristische Profilmerkmale herauszufiltern.

Formabweichungen ermittelt man mithilfe von Messmaschinen, wogegen man die Welligkeit und Rauheit mit Tastschnittgeräten erfasst.

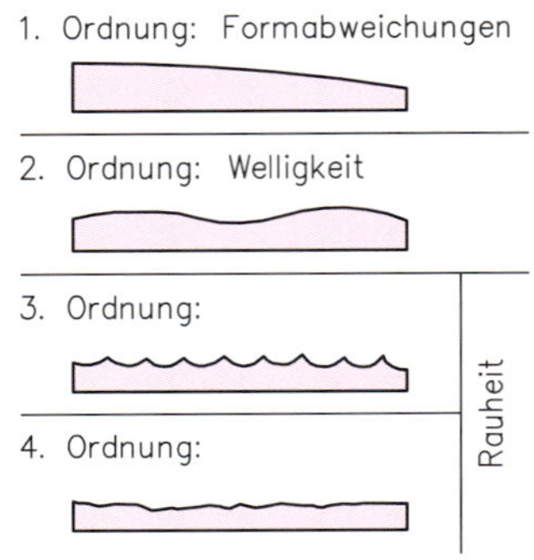

Gestaltabweichungen

Zur Darstellung des Rauheitsprofils werden die langwelligen Profilanteile durch entsprechende Filter unterdrückt. Durch eine solche Vorgehensweise erhält man eine stark vergrößerte Darstellung der mikroskopisch kleinen Unebenheiten der Werkstückoberfläche. Diese Oberflächenrauheit beeinflusst das Aussehen, das Verschleißverhalten und die Haftung von Beschichtungen.

Wichtige Kenngrößen sind die Rauheitskenngrößen *Rz* und *Ra*.

4.1.1 Rauheitskenngröße *Rz*

Zur Bestimmung des *Rz*-Wertes unterteilt man im Regelfall die Auswertelänge l in fünf gleiche Einzelmessstrecken l_e. Innerhalb jeder Einzelmessstrecke misst man den Abstand zwischen der höchsten und tiefsten Profilspitze. Diesen Abstand bezeichnet man als Einzelrautiefe Z. Den Mittelwert aus **fünf** aufeinander folgenden Einzelrautiefen Z_1 bis Z_5 bezeichnet man als Rauheitskenngröße *Rz*.

Man berechnet den *Rz*-Wert nach der Formel:

$$Rz = \frac{1}{5} \cdot (Z_1 + Z_2 + Z_3 + Z_4 + Z_5)$$

Bei der Angabe der Oberflächenbeschaffenheit wird die Rauheitskenngröße *Rz* bevorzugt verwendet.

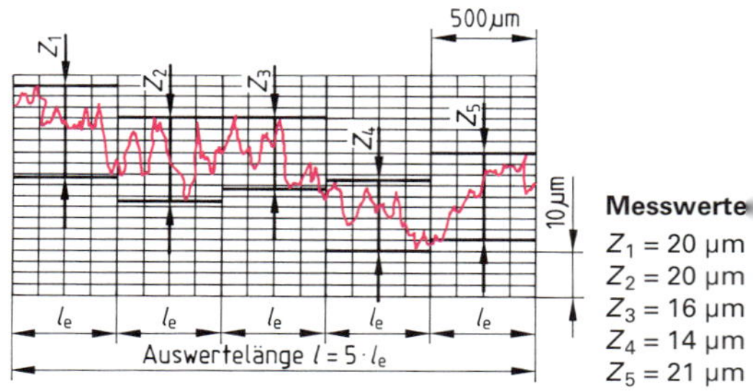

Rauheitsprofil mit Einzelrautiefe

Beispiel für die Berechnung des *Rz*-Wertes

$$Rz = \frac{1}{5} \cdot (20\ \mu m + 20\ \mu m + 16\ \mu m + 14\ \mu m + 21\ \mu m)$$

Rz = **18 µm**

Die Rauheitskenngröße *Rz* ist das arithmetische Mittel der Einzelrautiefen von fünf aufeinander folgenden Messstrecken.

4.1.2 Rauheitskenngröße *Ra*

Den *Ra*-Wert kann man sich als Höhe eines Rechteckes vorstellen, dessen Länge gleich der Messstrecke ist. Dieses Rechteck muss flächengleich mit der unregelmäßigen Fläche zwischen Rauheitsprofil und Mittellinie sein. Damit stellt die Höhe des Rechtecks einen Mittelwert aller Profilabstände von der Mittellinie dar. Der errechnete *Ra*-Wert wird in Mikrometer angegeben.

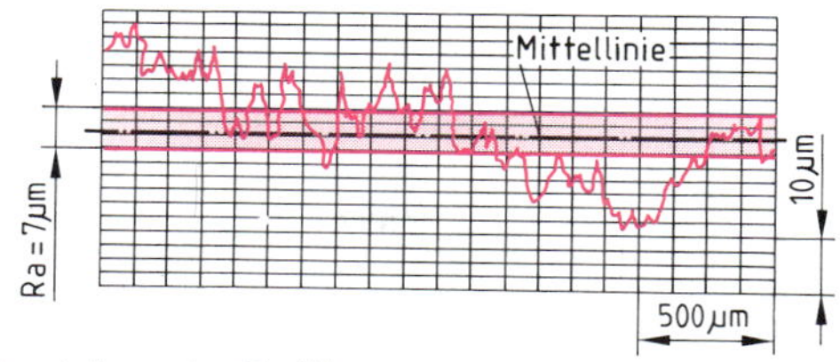

Darstellung des *Ra*-Wertes

Der Rauheitskenngröße *Ra* ist der Mittelwert aller Abweichungen des Rauheitsprofils von der Mittellinie.

4.2 Verfahren zur Prüfung der Rauheit

4.2.1 Prüfen mit Tastschnittgeräten

Bei Tastschnittgeräten tastet eine Diamantspitze mechanisch das Oberflächenprofil auf einer einstellbaren Messstrecke ab. Die entstehenden Höhenbewegungen der Tastspitze werden in elektrische Signale umgeformt und auf einen Rechner mit angeschlossenem Oberflächenprofilschreiber übertragen. Die Messstrecke und die Höhenbewegung können von dem Profilschreiber mit unterschiedlichen Vergrößerungen auf Diagrammpapier aufgezeichnet werden.

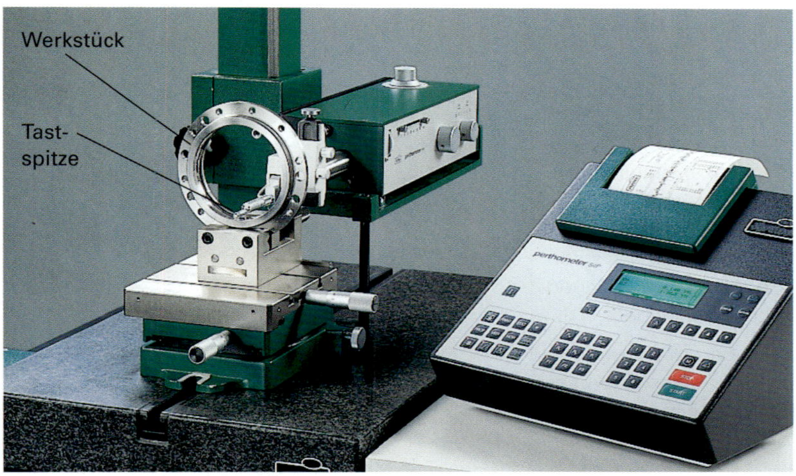

Prüfen von Oberflächen mit Tastschnittgeräten

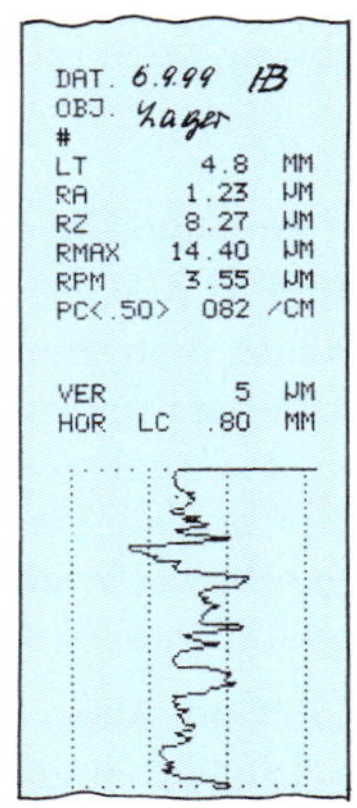

Messprotokoll mit Profilaufzeichnung (Auszug)

4.2.2 Prüfen durch Vergleich mit Oberflächenmustern

Jedes Fertigungsverfahren führt zu typischen Oberflächen. Zur Beurteilung der Oberflächenbeschaffenheit werden für die wichtigsten Fertigungsverfahren entsprechende Oberflächenmuster geliefert.

Durch abwechselndes Abtasten der Werkstückoberflächen und des Oberflächenmusters mit der Fingerkuppe kann die Oberflächenbeschaffenheit recht genau bestimmt werden. Dieser Vergleich zweier Oberflächen zählt zu den subjektiven Prüfverfahren, da das Ergebnis vom Feingefühl des Prüfers abhängig ist.

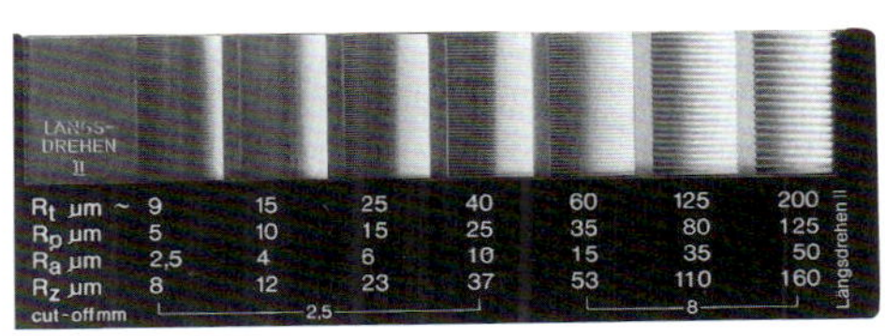

Oberflächenmuster für Drehteile

5 Messabweichungen

5.1 Größe der Messabweichung

Die Abweichung des Prüfergebnisses von der tatsächlichen Größe des zu prüfenden Gegenstandes nennt man Prüf- oder Messabweichung.

Beispiel **für eine Messabweichung**

gemessener Wert – tatsächlicher Wert = Messabweichung
20,1 mm – 20,076 = + 0,024 mm

Messabweichung = gemessener Wert – tatsächlicher Wert

5.2 Arten von Messabweichungen

- **Systematische Messabweichung**

Bestimmte Messabweichungen treten regelmäßig auf. Misst man z. B. mit einer Messschraube, die im Gewinde ein Spiel von 1/100 mm aufweist, so weicht der Messwert stets um 1/100 mm vom tatsächlichen Wert ab. Diese Messabweichung tritt bei jeder Messung mit dieser Messschraube auf, sie wird daher als **systematische Messabweichung** bezeichnet. Man kann sie also bei jeder Messung berücksichtigen.

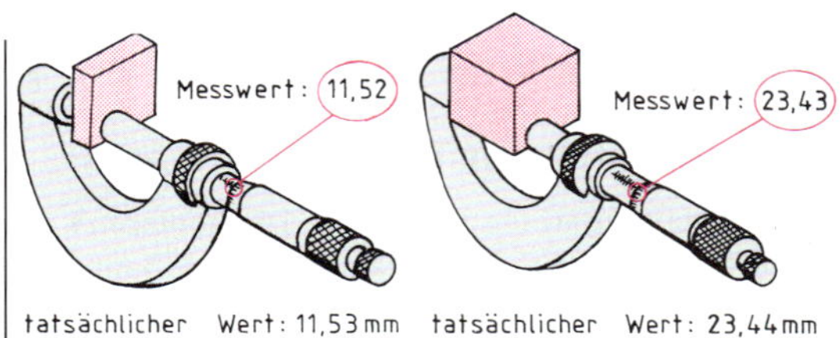

Systematische Messabweichung durch Gewindespiel

- Messabweichungen, die regelmäßig auftreten, bezeichnet man als systematische Messabweichungen.
- Systematische Messabweichungen können beim Prüfen berücksichtigt werden.

- **Zufällige Messabweichung**

Andere Abweichungen treten unregelmäßig auf. Presst man z. B. die Messschenkel eines Messschiebers unterschiedlich stark an das Werkstück an, so ergeben sich Abweichungen, die bei jeder Messung anders sind. Man bezeichnet sie als **zufällige Messabweichungen**. Solche Abweichungen kann man beim Prüfen nicht berücksichtigen.

Zufällige Abweichungen versucht man dadurch auszugleichen, dass man mehrere Messungen am gleichen Werkstück durchführt und aus ihnen einen Mittelwert errechnet. Der Mittelwert kommt dann dem tatsächlichen Wert sehr nahe.

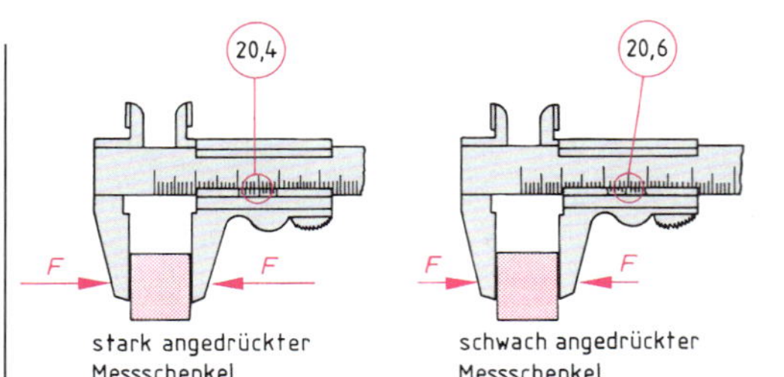

Zufällige Abweichung durch unterschiedliche Anpresskraft

1. Messung 20,4 mm
2. Messung 20,5 mm
3. Messung 20,5 mm
4. Messung 20,6 mm
} **Mittelwert 20,5 mm**

Bildung eines Mittelwertes

- Messabweichungen, die unregelmäßig auftreten, bezeichnet man als zufällige Messabweichungen.
- Zufällige Messabweichungen können beim Prüfen nicht berücksichtigt werden.

5.3 Ursachen von Messabweichungen

- **Unvollkommenheit am Prüfgegenstand**

Form und Oberfläche des Prüfgegenstandes können ebenfalls zu Messabweichungen führen. Wird z. B. ein nicht paralleles oder unrundes Werkstück nur an einer Stelle gemessen, führt dies zu einer Messabweichung. Ebenso verursacht eine ungenügende Qualität der Oberfläche Messabweichungen.

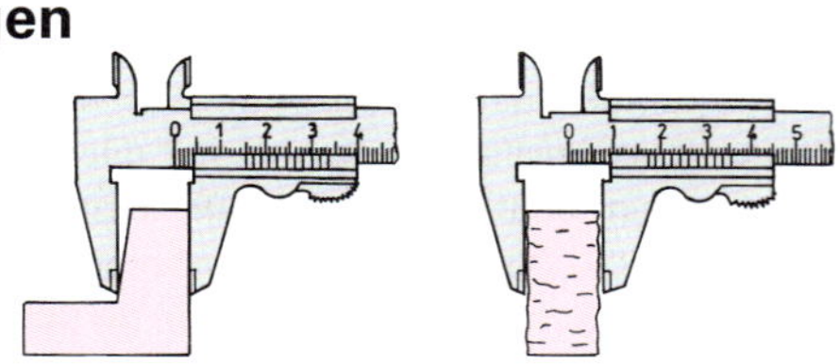
Messabweichung durch ungenügende Qualität des Prüfgegenstandes in Form der Oberfläche

- **Unvollkommenheiten bei Messgeräten und Lehren**

Prüfmittel, deren Messflächen durch Gebrauch abgenutzt oder gar beschädigt sind, führen zu ständig wiederkehrenden Abweichungen. Deshalb müssen Prüfgeräte von Zeit zu Zeit auf ihre Genauigkeit überprüft werden. So prüft man z. B. Messschrauben und Grenzrachenlehren mit Endmaßen.

Die Genauigkeit von Messschiebern überprüft man, indem die Messflächen der beiden Messschenkel leicht zusammengedrückt werden. In geschlossener Stellung müssen Nullstrich des Schiebers und Nullstrich des Strichmaßstabes übereinstimmen. Mit dem Lichtspaltverfahren kann man erkennen, ob sich die Messflächen auf der ganzen Länge berühren.

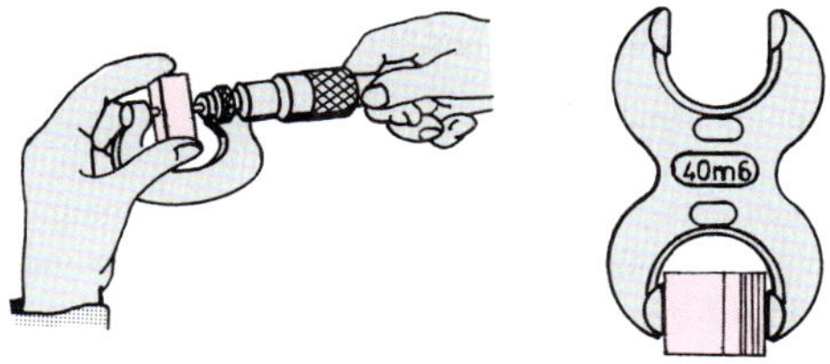

Überprüfung von Messschraube und Grenzrachenlehre

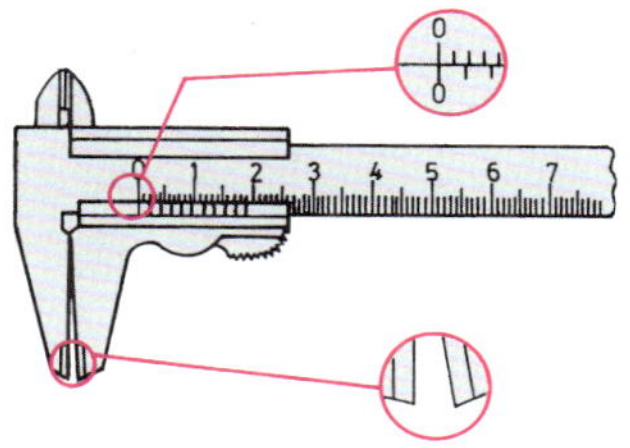

Überprüfung eines abgenutzten Messschiebers

> Ungenaue Prüfgeräte verursachen systematische Messabweichungen. Daher muss die Genauigkeit der Prüfmittel ständig überprüft werden.

- **Unvollkommenheit in den Umweltbedingungen**

Die Bezugstemperatur für genaue Messungen beträgt 20 °C. Zu hohe oder tiefe Temperaturen verändern die Längen an Werkstücken und anderen Prüfmitteln. Das Nichteinhalten der Bezugstemperatur führt zu Messabweichungen. Diese Abweichungen sind bei gleichen Bedingungen stets regelmäßig.

Messabweichungen durch Nichteinhalten der Bezugstemperatur

> Abweichungen des Werkstücks oder des Prüfmittels von der festgelegten Bezugstemperatur von 20 °C verursachen Messabweichungen.

- **Persönliche Fehler des Prüfers**

Ein häufiger Fehler des Prüfers besteht darin, dass beim Ablesen von Strichmaßen und Zeigerinstrumenten die Blickrichtung nicht senkrecht zur Stricheinteilung ist. Die Maßebene am Werkstück und die Teilungsebene am Messinstrument liegen in einem Abstand parallel zueinander.
Der Abstand der Skala des Strichmaßes vom Werkstück oder der Abstand des Zeigers von der Skala führen durch das schräge Aufblicken zu einem mehr oder weniger großen Ablesefehler. Blickt man senkrecht auf anzeigende Prüfgeräte, vermeidet man diesen Fehler.

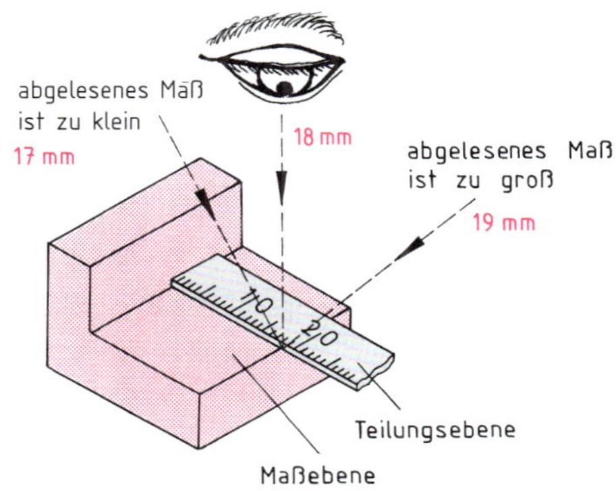

Ablesefehler durch schräge Blickrichtung

> Persönliche Fehler des Prüfers können durch gezielte Messübungen weitgehend verringert werden.

6 Toleranzen und Passungen

6.1 Toleranzen

Bei der Fertigung von Werkstücken ist es nicht möglich, die auf der Zeichnung angegebenen Daten genau einzuhalten. Es muss deshalb eine Abweichung von den angegebenen Werten geduldet werden. Diese geduldete Abweichung wird als Toleranz bezeichnet und wie folgt unterteilt:

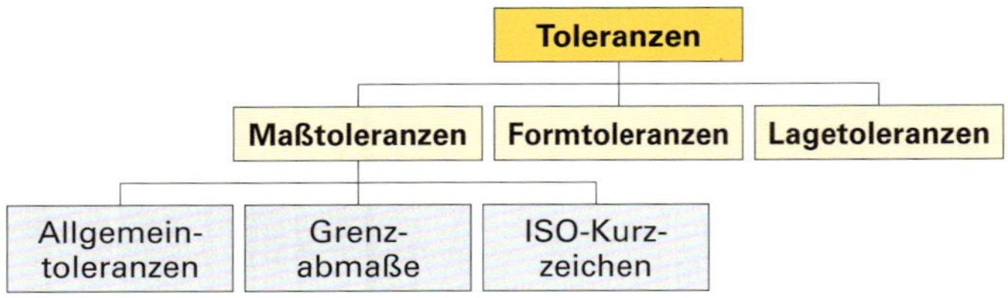

6.1.1 Grundbegriffe für Toleranzen

Nennmaß ist das auf der Zeichnung angegebene Maß.

Nulllinie ist die Bezugslinie, die dem Nennmaß entspricht. Alle Abmaße beziehen sich auf diese Nulllinie.

Istmaß ist das am fertigen Werkstück tatsächlich vorhandene Maß (Messwert).

Oberes Abmaß *ES, es* ist der Unterschied zwischen dem Höchstmaß und dem Nennmaß (es = écart supérieur).
ES für Innenmaße *es* für Außenmaße

Unteres Abmaß *EI, ei* ist der Unterschied zwischen dem Mindestmaß und dem Nennmaß (ei = écart inférieur).
EI für Innenmaße *ei* für Außenmaße

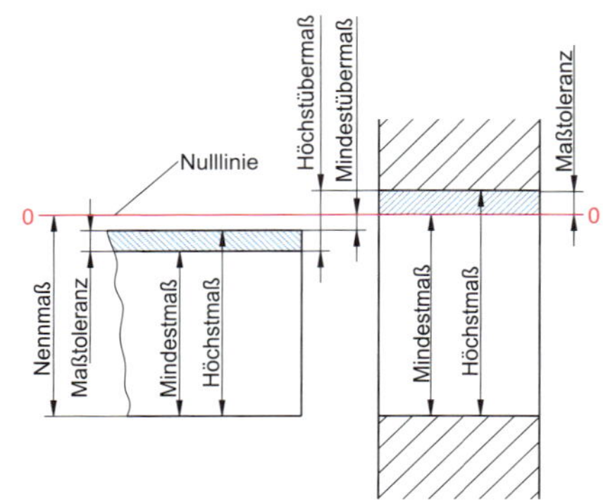

Darstellung der Maßbezeichnungen bei Welle und Bohrung

Höchstmaß ist das größte zulässige Maß = Nennmaß + oberes Abmaß

Mindestmaß ist das kleinste zulässige Maß = Nennmaß + unteres Abmaß

Maßtoleranz ist die Differenz zwischen Höchstmaß und Mindestmaß = Höchstmaß – Mindestmaß. Die Maßtoleranz kann auch mit den Abmaßen berechnet werden, d. h. oberes Abmaß – unteres Abmaß.

6.1.2 Maßtoleranzen

Die Größe der zu wählenden Maßtoleranz hängt von der Größe des Nennmaßes und vom Verwendungszweck des Werkstückes ab.

Große Nennmaße erfordern größere Maßtoleranzen, da bei der Fertigung Herstellungs- und Messungenauigkeiten unvermeidlich sind.

Grundsätzlich sollen Maßtoleranzen so groß wie möglich gewählt werden, da kleine Toleranzen hohe Fertigungskosten verursachen.

In der Praxis gibt es drei Möglichkeiten, um Fertigungsmaße zu tolerieren:

- **Allgemeintoleranzen**
- **Grenzabmaße**
- **ISO-Kurzzeichen**

6.1.3 Toleranzangaben mit Allgemeintoleranzen

Für Maßzahlen in Fertigungszeichnungen ohne Toleranzangaben gilt die Allgemeintoleranz. Die zulässigen Maßabweichungen für Längenmaße, Winkelmaße, Fasen und Radien werden in Abhängigkeit vom Nennmaßbereich und der Toleranzklasse einem Tabellenbuch entnommen.

Nach **ÖNORM EN 22768-1** sind für spanende Fertigung vier **Toleranzklassen**, fein (f), mittel (m), grob (c) und sehr grob (v) festgelegt.
Die geforderte Toleranzklasse ist im oder neben dem Zeichnungsschriftfeld der Fertigungszeichnung mit der entsprechenden Norm anzugeben (z. B. Allgemeintoleranz ÖNORM EN 22768 grob).

Die am Werkstück tatsächlich vorhandenen Maße, die sogenannten Istmaße, müssen zwischen dem Höchstmaß und dem Mindestmaß liegen.

Rechnen mit Allgemeintoleranzen

Gegeben:
Nennmaß = 70
Allgemeintoleranz: ÖNORM EN 22768-m

Gesucht:
oberes Abmaß, unteres Abmaß, Höchstmaß, Mindestmaß, Maßtoleranz

Lösung:
oberes Abmaß *es* = + 0,3
unteres Abmaß *ei* = – 0,3
Höchstmaß = Nennmaß + oberes Abmaß = 70,000 + 0,3 = 70,3 mm
Mindestmaß = Nennmaß + unteres Abmaß = 70,000 + (– 0,3) = 69,7 mm
Maßtoleranz = Höchstmaß – Mindestmaß = 70,300 – 69,700 = 0,6 mm
Maßtoleranz = oberes Abmaß – unteres Abmaß = +0,3 – (– 0,3) = 0,6 mm

6.1.4 Toleranzangaben mit Grenzabmaßen

Bei der Maßtolerierung durch Grenzabmaße sind nach dem Nennmaß das untere Abmaß (*EI, ei*) und das obere Abmaß (*ES, es*) mit den entsprechenden Vorzeichen (+ oder – , oder ±) einzutragen. Das Abmaß 0 (Null) ist durch die Ziffer 0 anzugeben.

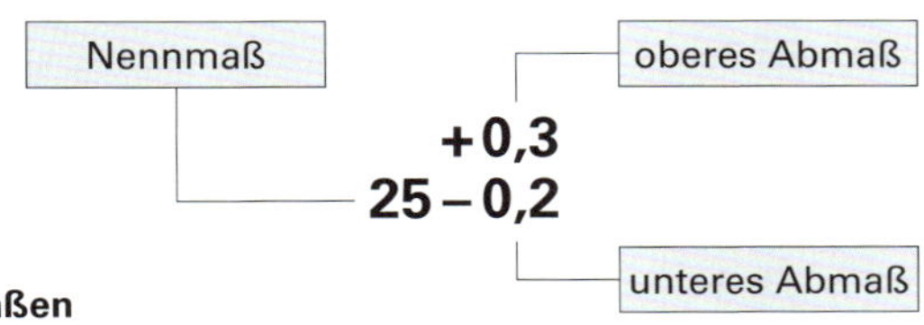

Rechnen mit Grenzabmaßen

Nennmaß = 25
oberes Abmaß = +0,3
unteres Abmaß = –0,2
Höchstmaß = 25,3
Mindestmaß = 24,8
Maßtoleranz = 0,5

6.1.5 Toleranzangaben mit ISO-Kurzzeichen

Hinter dem Nennmaß wird in **gleicher Schriftgröße** die Toleranzklasse angegeben. Diese setzt sich aus einem Buchstaben für das **Grundabmaß** (Toleranzfeldlage) und einer Zahl für den **Toleranzgrad** zusammen.

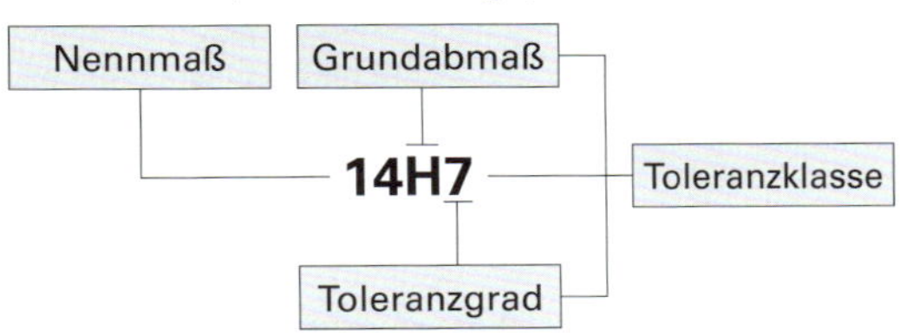

Die Abmaße für die jeweilige Toleranzklasse sind einem Tabellenbuch zu entnehmen.

Absatzmaße und Lochmittenabstände dürfen nicht mit ISO-Kurzzeichen toleriert werden.

6.1.6 Grundabmaß (Toleranzfeldlage)

Es gibt 28 Toleranzfeldlagen. Die Lage der Toleranzfelder zur Nulllinie sind für **Innenmaße** (Bohrungen) mit **Großbuchstaben** und für **Außenmaße** (Wellen) mit **Kleinbuchstaben** gekennzeichnet.
Um Verwechslungen zu vermeiden, werden die Buchstaben I, L, O, Q und W (i, l, o, q und w) des Alphabets ausgelassen und durch die Buchstaben JS, ZA, ZB und ZC (js, za, zb und zc) erweitert.
Bei Außenmaßen liegt das Grundabmaß h mit dem oberen Abmaß an der Nulllinie und mit dem unteren Abmaß im Minus.

Bei Innenmaßen liegt das Grundabmaß H mit dem oberen Abmaß im Plus und mit dem unteren Abmaß auf der Nulllinie.

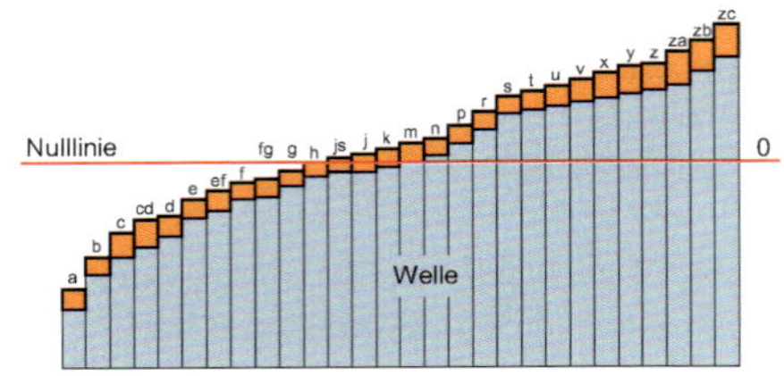

Kleinbuchstaben bezeichnen die Lage der Wellentoleranzfelder

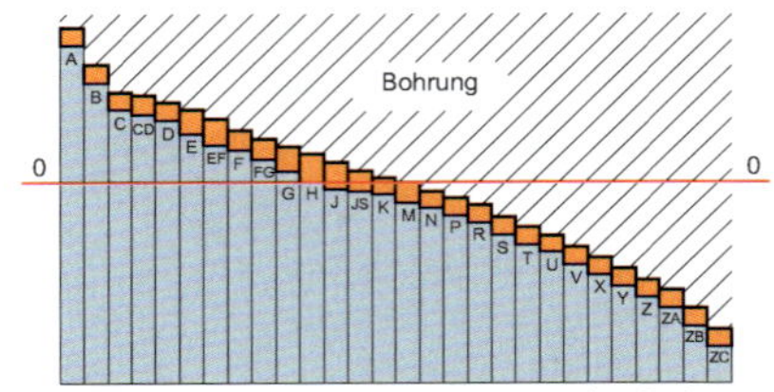

Großbuchstaben bezeichnen die Lage der Bohrungstoleranzfelder

Vereinfachte zeichnerische Darstellung von Toleranzklassen

Bei der zeichnerischen Darstellung stellt man der Einfachheit halber das Grundabmaß in seiner Lage zur Nulllinie dar. Dazu werden die Abmaße in der Maßeinheit µm (1 Mikrometer = 0,000 001 m = 0,001 mm) angeschrieben. Abmaße über der Nulllinie sind Plus-Abmaße, Abmaße unter der Nulllinie Minus-Abmaße.

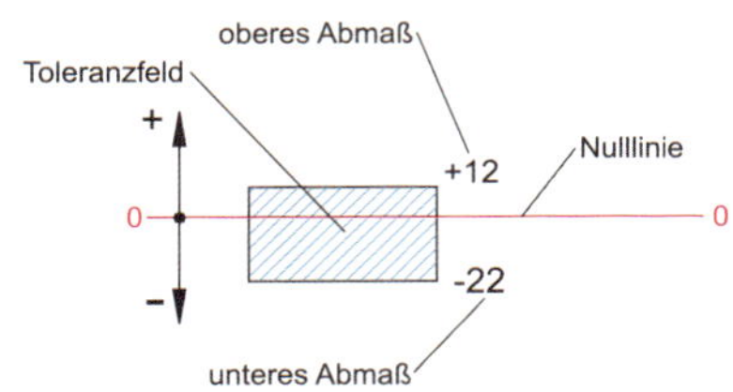

Mögliche Lagen der Grundabmaße (Toleranzfeldlagen) zur Nulllinie

Bei **Wellen** kann das Toleranzfeld **vier** Stellungen zur Nulllinie einnehmen:

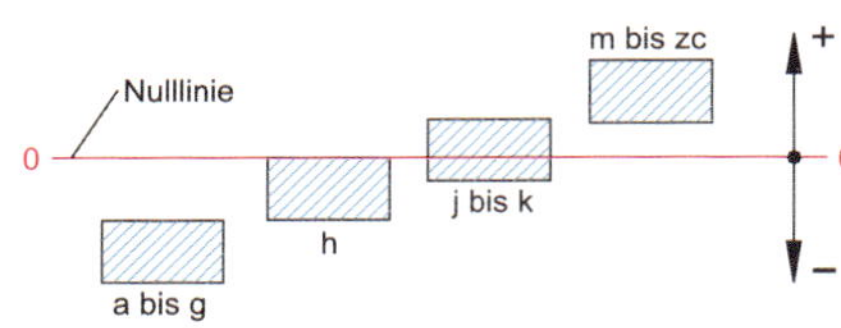

a bis g unteres Abmaß und oberes Abmaß im Minus
h unteres Abmaß im Minus, oberes Abmaß an der Nulllinie
j und k unteres Abmaß im Minus, oberes Abmaß im Plus
m bis zc unteres Abmaß im Plus, oberes Abmaß im Plus

Bei **Bohrungen** kann das Toleranzfeld **vier** Stellungen zur Nulllinie einnehmen:

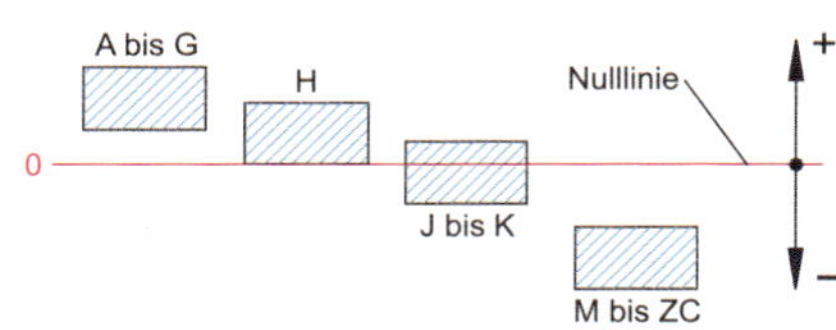

A bis G unteres Abmaß und oberes Abmaß im Plus
H unteres Abmaß an der Nulllinie, oberes Abmaß im Plus
J und K unteres Abmaß im Minus, oberes Abmaß im Plus
M bis ZC unteres Abmaß im Minus, oberes Abmaß im Minus

6.1.7 Toleranzgrad

Die Größe des Toleranzfeldes hängt von der Größe des Nennmaßes und vom Verwendungszweck des Werkstückes ab.
In der Norm sind 20 Toleranzgrade mit den Zahlen IT01, IT0, IT1 bis IT18 festgelegt. IT01 ist der feinste, IT18 der gröbste Toleranzgrad.
Wenn die Toleranzgrade im Zusammenhang mit einem Grundabmaß stehen, um eine Toleranzklasse zu bilden, dann entfallen die Buchstaben IT (z. B. h7).

Anwendungsbereiche

Toleranzgrad	01 bis 4	5 bis 12	13 bis 18
Anwendungsbereich	Lehrenbau	allgemeiner Maschinenbau	Walzerzeugnisse

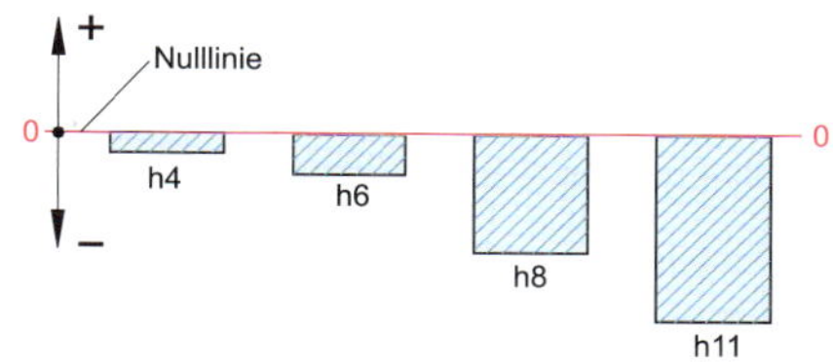

Bildliche Darstellung der Toleranzfelder bei steigendem Toleranzgrad

Rechnerische Ermittlung und grafische Darstellung von Toleranzwerten

Gegeben: Nennmaß = ∅17H7

Gesucht: oberes Abmaß, unteres Abmaß, Höchstmaß, Mindestmaß, Maßtoleranz

Lösung:

oberes Abmaß *ES* = +0,018
unteres Abmaß *EI* = 0,000
Höchstmaß = Nennmaß + oberes Abmaß = = 17,000 + 0,018 = 17,018 mm
Mindestmaß = Nennmaß + unteres Abmaß = = 17,000 + 0 = 17,000 mm
Maßtoleranz = Höchstmaß – Mindestmaß = 17,018 – 17,000 = 0,018 mm
Maßtoleranz = oberes Abmaß – unteres Abmaß = +0,018 – 0 = 0,018 mm

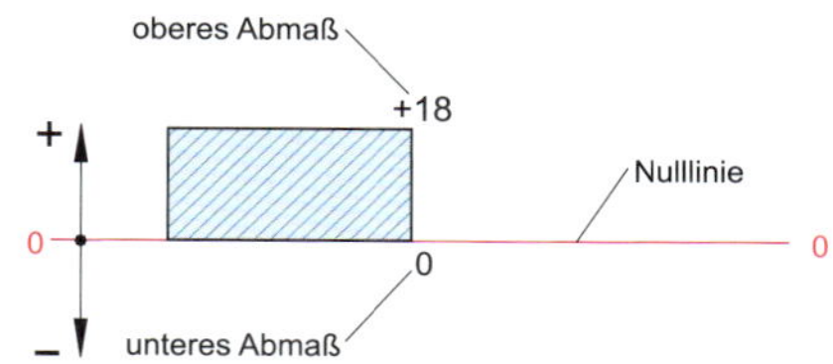

6.2 Passungen

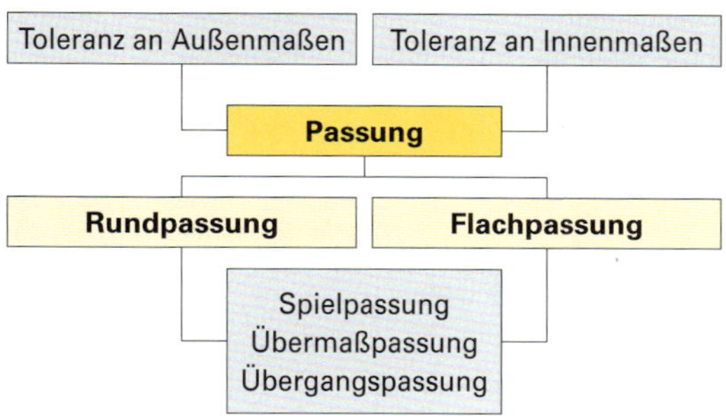

Durch die heute in der Technik übliche Arbeitsteilung und die geforderte Austauschbarkeit von Ersatzteilen müssen die Werkstücke ohne Nacharbeit funktionsgerecht zusammenpassen. Die im Betrieb A gefertigte Welle muss mit der im Betrieb B hergestellten Bohrung derart passen, dass die vorher festgelegte Funktion (z. B. Spielpassung) erreicht wird. Für diesen Zweck sind die ISO-Passungen festgelegt worden.

Eine Passung gibt an, wie stramm oder wie locker zwei Teile zusammenpassen.

Dazu sind folgende Angaben erforderlich:

- das gemeinsame Nennmaß
- das Kurzzeichen der Toleranzklasse der Bohrung
- das Kurzzeichen der Toleranzklasse der Welle

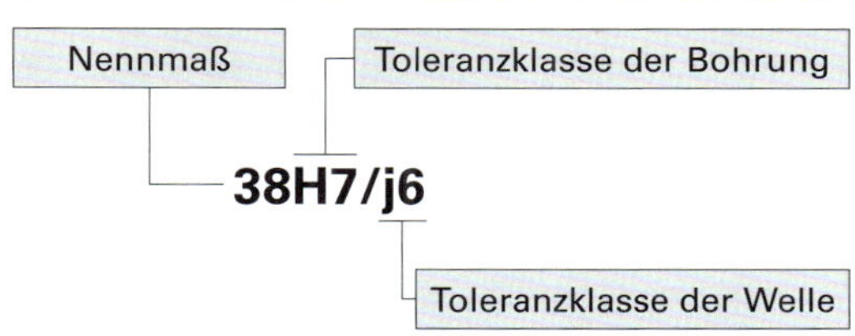

Da bei der Innenbearbeitung durch erschwerte Spanabfuhr und Ausweichen des Bearbeitungswerkzeuges Probleme auftreten können, wird der Toleranzgrad der Bohrung meist um eine Stufe höher gewählt als der der Welle.

Rundpassung. Die Werkstücke haben zylinderförmige Passflächen und heißen Welle und Bohrung.

Flachpassung. Die Passflächen der Teile sind plan und heißen Außen- und Innenteil.

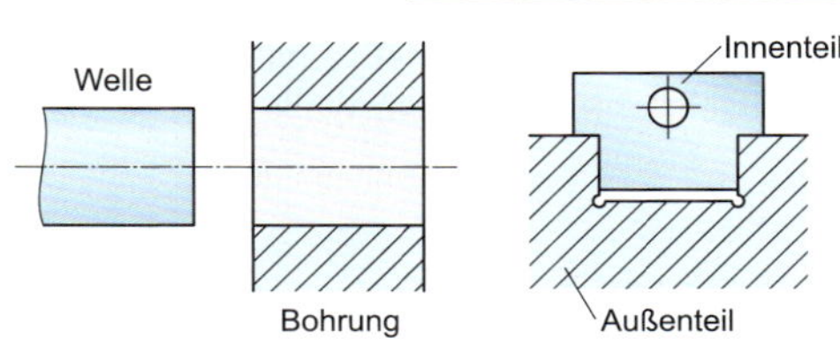

Rund- und Flachpassung

6.2.1 Passungsarten

Werden zwei Bauteile mit gleichem Nennmaß zusammengefügt, bestimmen die Istmaße der Einzelteile, ob diese fest oder lose zusammenpassen.

Die Passung (gewählter Maßbuchstabe = P) ist die Differenz zwischen dem Maß der Innenpassfläche (Bohrung) und dem Maß der Außenpassfläche (Welle) vor dem Fügen.

Passung = Maß der Innenpassflächen – Maß der Außenpassflächen

- **Spielpassung**

Die Passung, bei der beim Fügen von Bohrung und Welle immer ein Spiel entsteht, wird als Spielpassung bezeichnet.

Höchstspiel P_{So} entsteht, wenn eine Bohrung mit Höchstmaß und eine Welle mit Mindestmaß gefügt werden.

Mindestspiel P_{Su} tritt bei einer Bohrung mit Mindestmaß und einer Welle mit Höchstmaß auf.

Höchstspiel: P_{So} = 40,016 mm – 39,980 mm = 0,036 mm
Mindestspiel: P_{Su} = 40,000 mm – 39,991 mm = 0,009 mm

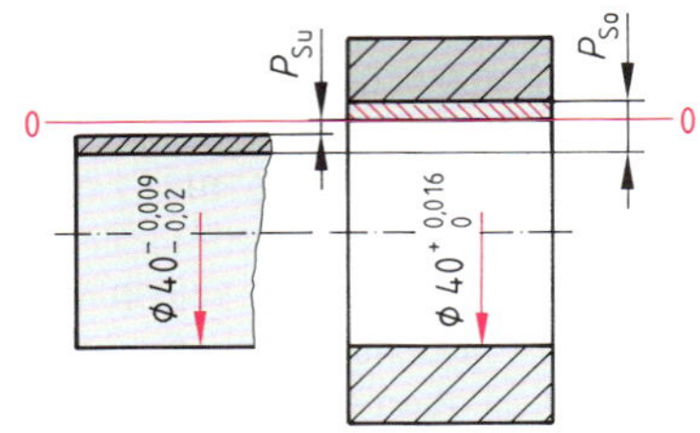

Spielpassung

Bei einer Spielpassung ist das Höchstmaß der Welle kleiner/gleich dem Mindestmaß der Bohrung.
Höchstspiel = Bohrung mit Höchstmaß – Welle mit Mindestmaß $P_{So} = G_{oB} - G_{uW}$
Mindestspiel = Bohrung mit Mindestmaß – Welle mit Höchstmaß $P_{Su} = G_{uB} - G_{oW}$

- **Übermaßpassung**

Die Passung, bei der beim Fügen von Bohrung und Welle immer ein Übermaß entsteht, wird als Übermaßpassung bezeichnet.

Höchstübermaß $P_{Üo}$ entsteht, wenn eine Bohrung mit Mindestmaß und eine Welle mit Höchstmaß gefügt werden.

Mindestübermaß $P_{Üu}$ tritt bei einer Bohrung mit Höchstmaß und einer Welle mit Mindestmaß auf.

Höchstübermaß: $P_{Üo}$ = 40,000 mm – 40,059 mm = – 0,059 mm
Mindestübermaß: $P_{Üu}$ = 40,016 mm – 40,048 mm = – 0,032 mm

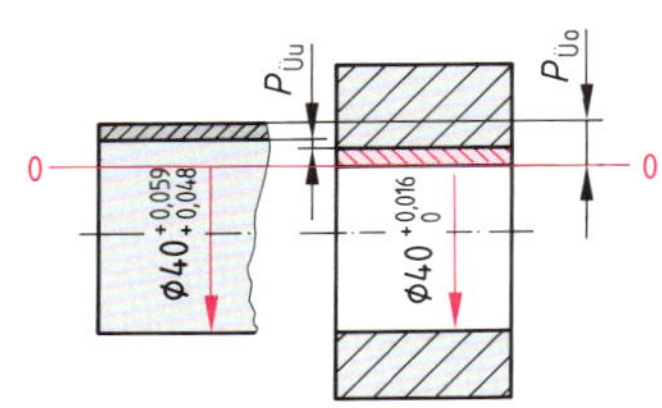

Übermaßpassung

Bei einer Übermaßpassung ist das Mindestmaß der Welle größer als das Höchstmaß der Bohrung.
Höchstübermaß = Bohrung mit Mindestmaß – Welle mit Höchstmaß
Mindestübermaß = Bohrung mit Höchstmaß – Welle mit Mindestmaß.

- **Übergangspassung**

Die Passung, bei der beim Fügen von Bohrung und Welle entweder ein Spiel oder ein Übermaß entsteht, wird als Übergangspassung bezeichnet. Ob ein Spiel oder ein Übermaß entsteht, hängt vom Istmaß der Bohrung und der Welle ab.

Höchstspiel: P_{So} = 40,016 mm – 40,002 mm = + 0,014 mm
Höchstübermaß: $P_{Üo}$ = 40,000 mm – 40,018 mm = – 0,018 mm

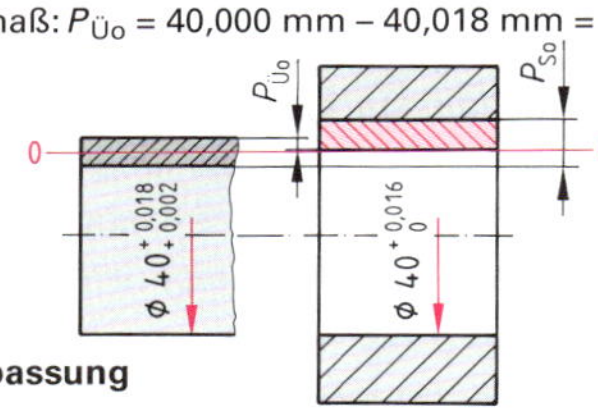

Übergangspassung

Je nach Istmaß von Bohrung und Welle kann sich bei einer Übergangspassung nach dem Fügen der beiden Teile sowohl ein Spiel als auch ein Übermaß ergeben.

6.2.2 Passungssysteme

ISO-Passungsnormen nach ÖNORM EN 20286 bieten viele Möglichkeiten, gewünschte Paarungen auszuwählen. Um die Zahl der benötigten Werkzeuge und Prüfmittel gering zu halten, beschränkt man sich auf eine Auswahl von Passungen. Dabei unterscheidet man die beiden Auswahlsysteme Einheitsbohrung und Einheitswelle.

- **Passungssystem Einheitsbohrung**

Bei der Auswahl von Passungen hat man sich darauf beschränkt, dass die **Bohrungen** stets das **Grundabmaß H** erhalten, d. h. das Mindestmaß der Bohrung ist gleich dem Nennmaß. Die gewünschte Passung erreicht man durch die Auswahl geeigneter Grundabmaße für die Welle.

Anwendung findet das System Einheitsbohrung im Maschinen-, Kraftfahrzeug- und Elektromaschinenbau, weil dort Wellen mit Absätzen und verschiedenen Durchmessern eingebaut werden.

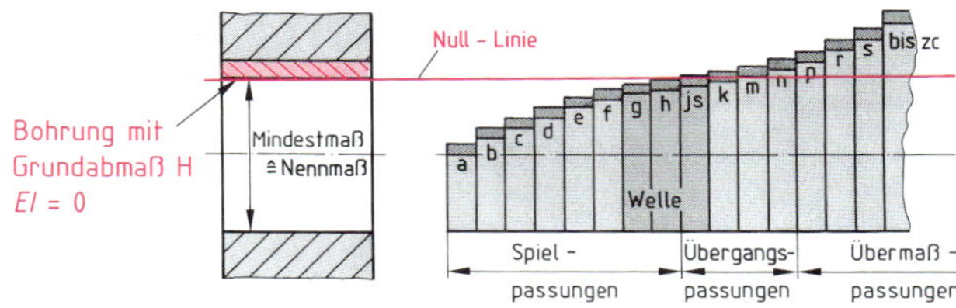

Passungssystem Einheitsbohrung

- **Passungssystem Einheitswelle**

Bei der Auswahl von Passungen hat man sich darauf beschränkt, dass die **Wellen** stets das **Grundabmaß h erhalten,** das Höchstmaß der Welle ist gleich dem Nennmaß. Die gewünschte Passung erreicht man durch die Auswahl Grundabmaße für die Bohrung.

Angewendet wird das Passungssystem Einheitswelle dort, wo man gezogene oder geschliffene Wellen ohne wesentliche Nacharbeit einsetzt. Das Passungssystem Einheitswelle wird bevorzugt in der Feinmechanik sowie im Textil- und Landmaschinenbau angewendet.

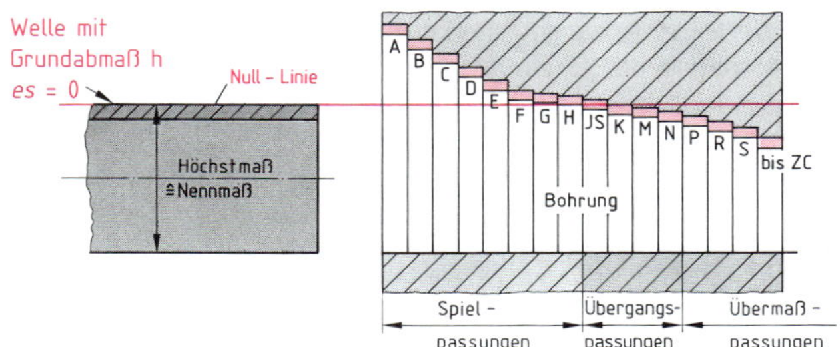

Passungssystem Einheitswelle

Grenzabmaße für Wellen und Bohrungen sind einem Tabellenbuch zu entnehmen.

6.2.3 Häufig gewählte Passungen

Die Auswahl von Passungen geschieht entsprechend der Funktion der Bauteile.

	Einheits-bohrung	Einheits-welle	Eigenschaft	Anwendungsbeispiele
Spiel-passung	H7/h6; H8/h9	H7/h6; H8/h9	noch gleitfähig durch Handkraft	Führungen an Werkzeugmaschinen
	H8/f7	F8/h6	geringes Spiel, leicht verschiebbar	Gleitlager, Kolben, Schieberäder
		C11/h9	großes Spiel	Baumaschinen
Übergangs-passung	H7/n6		fügbar mit geringer Presskraft, Verdrehsicherung nötig	Zahnräder, Lagerbuchsen, Kupplungen
	H7/m6		Fügen und Lösen möglich, Verdrehsicherung nötig	Passstifte, Kugellagerringe
Übermaß-passung	H8/x8; H8/n8		fügbar mit sehr großer Presskraft, schrumpfbar	Kurbeln auf Wellen, Laufringe auf Radkörpern
	H7/r6		fügbar mit großer Presskraft	Buchsen in Radnaben, Lagerbuchsen

6.2.4 Lehren von Passmaßen

In der Fertigung ist nur zu prüfen, ob das Istmaß innerhalb des Höchst- und Mindestmaßes liegt. Aus diesem Grunde müssen nur die **Grenzmaße** überprüft werden. Dies geschieht sehr einfach durch Prüfen mit Grenzlehren.

• Grenzlehren für Innenmaße

Innenmaße werden mit Grenzlehrdornen geprüft. Dabei sind meist die Gutlehre und die Ausschusslehre zu einem Prüfgerät vereinigt.

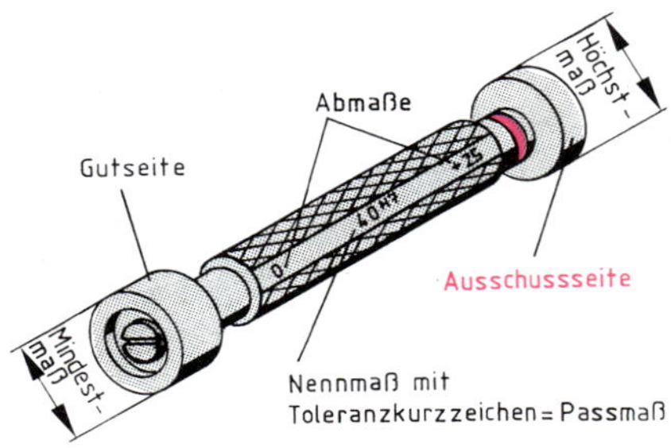

Grenzlehrdorn

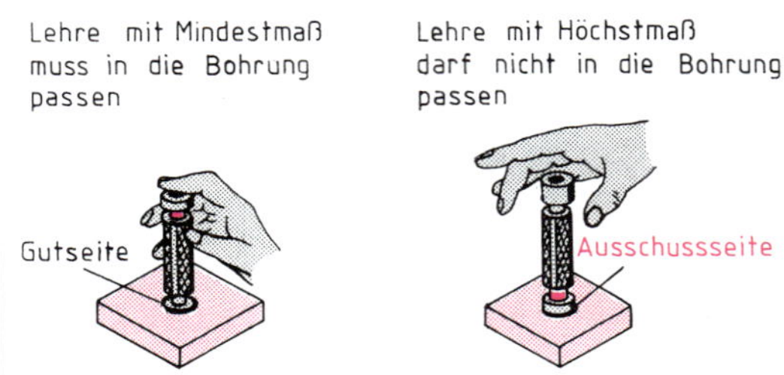

Prüfen mit Grenzlehrdorn

Mit der Gutseite des Lehrdorns wird ermittelt, ob die Bohrung nicht zu klein ist. Die Gutseite verkörpert das Mindestmaß. Sie muss in die Bohrung eingeführt werden können.
Mit der Ausschussseite des Lehrdornes wird geprüft, ob die Bohrung nicht zu groß ist. Die Ausschussseite verkörpert das Höchstmaß. Sie darf nicht in die Bohrung passen, andernfalls ist die Bohrung zu groß. Das Werkstück ist Ausschuss. Die Ausschusslehrdorne haben verkürzte Messzylinder und rote Farbmarkierungen.

Die Gutseite des Grenzlehrdorns verkörpert das Mindestmaß, die Ausschussseite das Höchstmaß.
Kennzeichnung der Ausschussseite: Kurzer Prüfzylinder und rote Markierung.

• Grenzlehren für Außenmaße

Außenmaße, z. B. von Wellen, werden mit Grenzrachenlehren überprüft. Auch Grenzrachenlehren vereinigen meist eine Gutlehre und eine Ausschusslehre zu einem Prüfgerät.

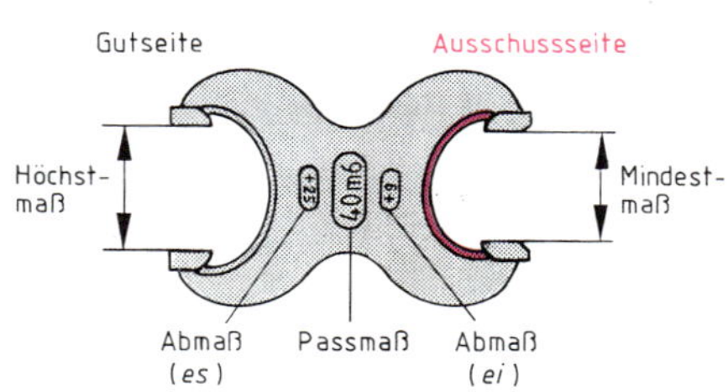

Grenzrachenlehre

Prüfen mit Grenzrachenlehre

Mit der Gutseite der Rachenlehre wird festgestellt, ob die Welle nicht zu groß ist. Die Gutseite der Rachenlehre verkörpert das Höchstmaß. Die Gutseite muss durch das Eigengewicht der Lehre über die Welle gleiten.
Mit der Ausschussseite der Rachenlehre wird geprüft, ob die Welle nicht zu klein ist. Die Ausschussseite verkörpert das Mindestmaß. Sie darf nicht über die Welle gehen, sonst ist die Welle zu dünn. Das Werkstück ist Ausschuss. Die Ausschussseiten von Grenzrachenlehren haben Abschrägungen des Messrachens und eine rote Farbmarkierung im Rachen.

Die Gutseite der Grenzrachenlehre verkörpert Höchstmaß und die Ausschussseite Mindestmaß. Kennzeichnung der Ausschussseite: Angefaste Prüfflächen und rote Markierung.

6.3 Form- und Lagetoleranzen

6.3.1 Toleranzzone

Zur Beurteilung von Form- und Lageabweichungen benötigt man die Beschreibung der zulässigen Abweichung von der Idealform. Man nennt den Bereich, innerhalb dem alle Punkte der tolerierten Form oder Lage liegen müssen, die **Toleranzzone.**

Beispiel **für eine Toleranzzone**

Die tolerierte Achse des Kurbelzapfens muss innerhalb eines Zylinders von 0,05 mm Durchmesser liegen, der parallel zur Bezugsachse A-B (Achse der Kurbelwelle) liegt.

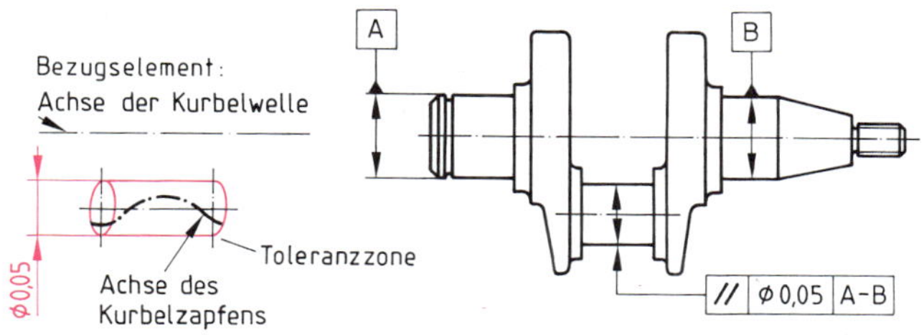

Die Toleranzzone gibt den Raum oder die Fläche an, in dem bzw. der alle Punkte des tolerierten Elementes liegen müssen.

6.3.2 Formtoleranzen

Formtoleranzen beschreiben die zulässigen Abweichungen eines Elementes des Werkstückes von seiner geometrisch idealen Form.

In der technischen Zeichnung enthält die Eintragung einer Formtoleranz folgende Angaben:

- Symbol für die tolerierte Eigenschaft
- Maßangabe für die Größe der Toleranzzone
- Hinweispfeil auf das tolerierte Element

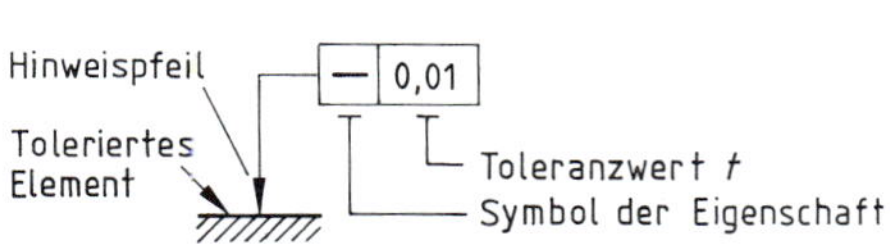

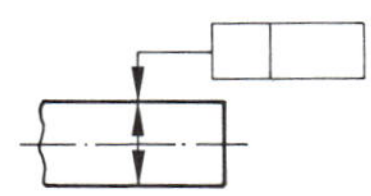

Bezug auf Achse

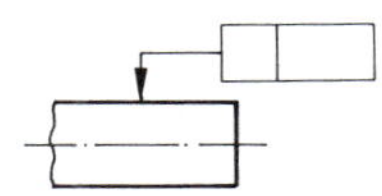

Bezug auf Mantellinie

Formtoleranzen nach ÖNORM EN ISO 1101 (Auszug)

Eigenschaft	Toleranzzone	Beispiele	
Geradheit —	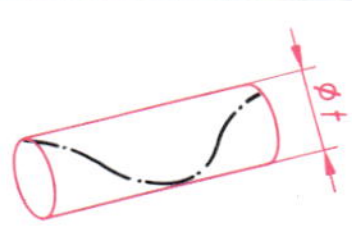	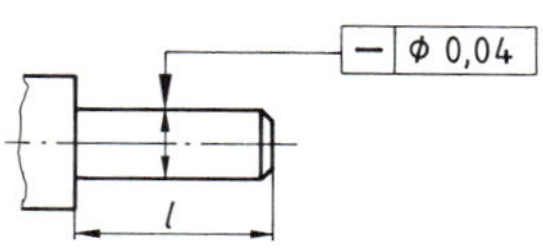	Die Achse des Bolzens muss auf der Länge l innerhalb eines Zylinders vom Durchmesser t = 0,04 mm liegen.
Ebenheit ▱	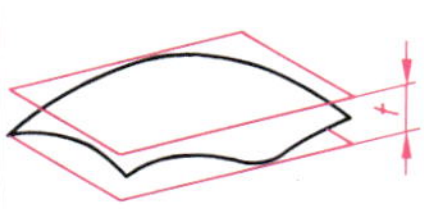	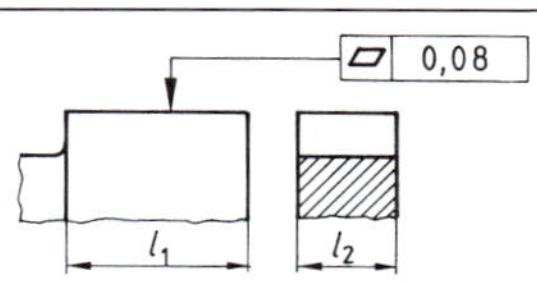	Die gekennzeichnete Fläche mit den Maßen l_1 und l_2 muss zwischen zwei parallelen Ebenen vom Abstand t = 0,08 mm liegen.
Rundheit ○	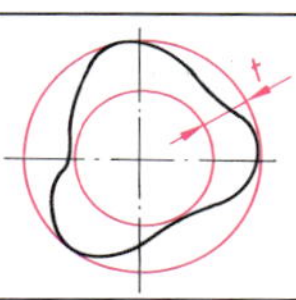	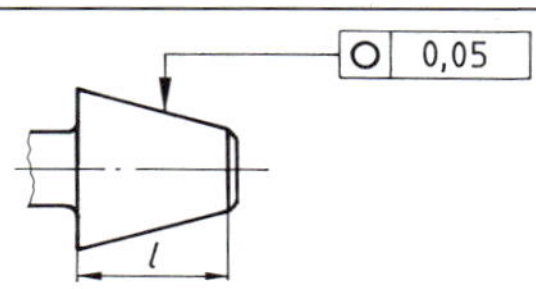	Die Umfangslinie muss auf der Länge l in jedem Querschnitt innerhalb eines Kreisringes von t = 0,05 mm Breite liegen.
Zylinderform ⌭	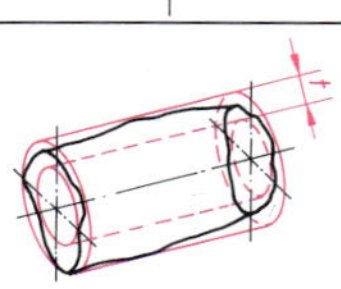	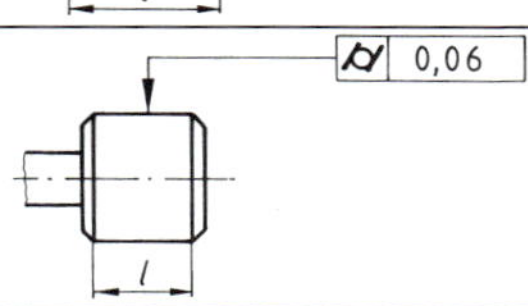	Die Zylinderoberfläche muss auf der Länge l innerhalb eines Zylindermantels von t = 0,06 mm Wanddicke liegen.

6.3.3 Lagetoleranzen

Lagetoleranzen beschreiben die zulässigen Abweichungen von zwei oder mehreren Elementen eines Bauteiles zueinander. Dabei ist es notwendig, ein Element zum Bezugselement zu erklären. Als Bezugselement wird das Element gewählt, welches bei der Funktion des Bauteiles von besonderer Bedeutung ist. In der Zeichnung ist das Bezugselement durch das Bezugsdreieck und den Bezugsbuchstaben besonders gekennzeichnet.

In der technischen Zeichnung enthält die Eintragung einer Lagetoleranz folgende Angaben:

- Symbol für die tolerierte Eigenschaft,
- Maßangabe für die Größe der Toleranzzone,
- Bezugsbuchstabe für die Kennzeichnung des Bezugselementes,
- Hinweispfeil an das tolerierte Element.

Bei den Lagetoleranzen unterscheidet man Richtungs-, Lauf- und Ortstoleranzen.

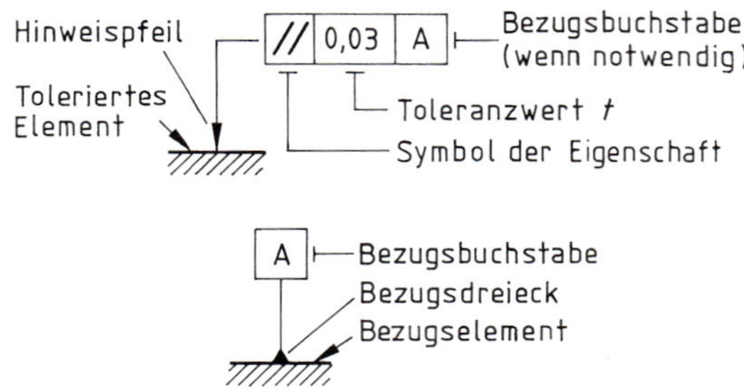

	Eigenschaft	Toleranzzone	Beispiele	
Richtungstoleranzen	**Parallelität** //		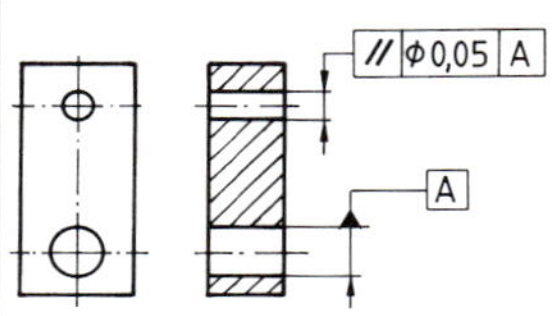	Die tolerierte Achse der kleinen Bohrung muss innerhalb eines zur Bezugsachse parallel liegenden Zylinders vom Durchmesser $t = 0{,}05$ mm liegen.
			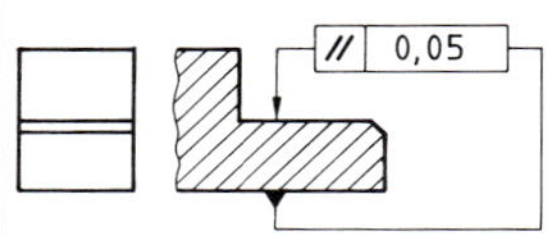	Die tolerierte Fläche muss zwischen zwei zur Bezugsfläche parallelen Ebenen liegen. Abstand $t = 0{,}05$ mm.
	Rechtwinkligkeit ⊥	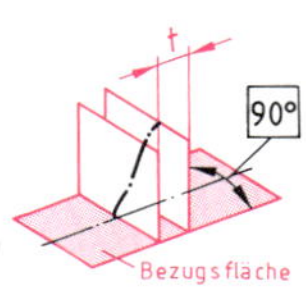	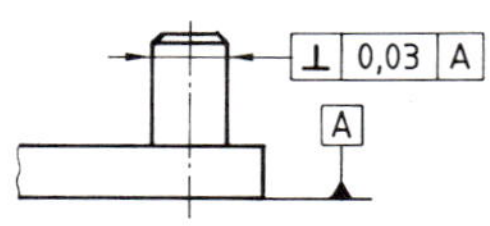	Die tolerierte Achse muss innerhalb von zwei parallelen Ebenen im Abstand $t = 0{,}03$ mm liegen. Die Ebenen stehen rechtwinklig zur Bezugsfläche.
	Neigung ∠	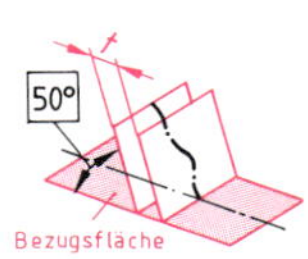	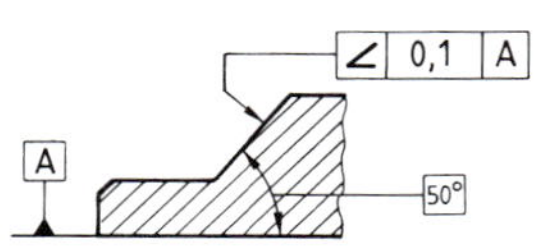	Die tolerierte Fläche muss zwischen zwei parallelen Ebenen (Winkel 50°) im Abstand von $t = 0{,}1$ mm liegen.
Lauftoleranzen	**Planlauf** ↗	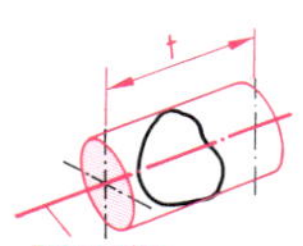	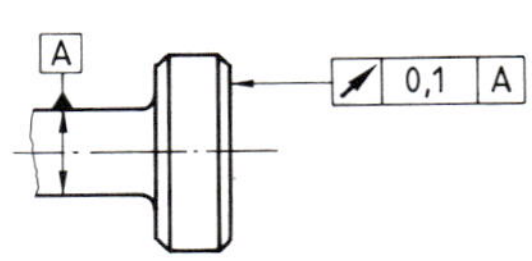	Die Planlaufabweichung, bezogen auf die gekennzeichnete Achse A, darf $t = 0{,}10$ mm nicht überschreiten.
	Rundlauf	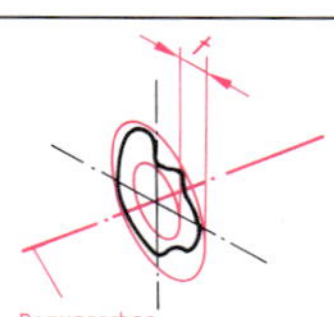	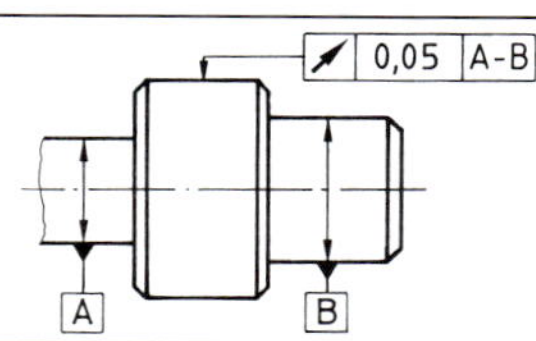	Die Rundlaufabweichung, bezogen auf die Achse A-B, darf $t = 0{,}05$ mm nicht überschreiten.

	Eigenschaft	Toleranzzone	Beispiele	
Ortstoleranzen	**Position** ⌖	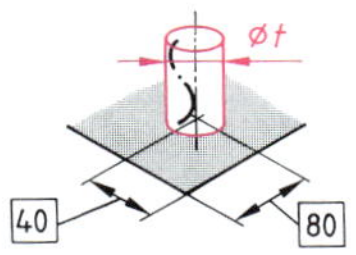	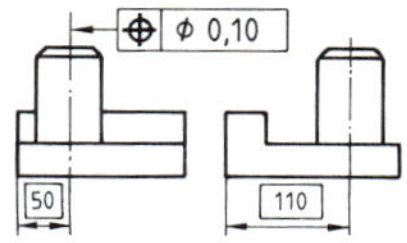	Die Achse des Bolzens muss innerhalb eines Zylinders von t = 0,10 mm Durchmesser liegen.
	Symmetrie ⌯	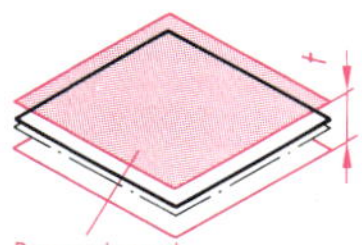	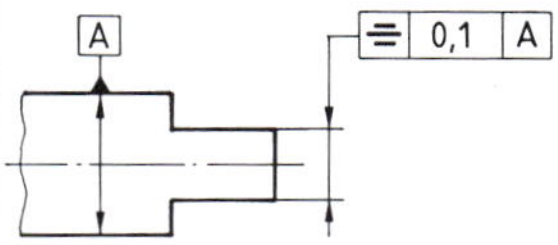	Die Mittelebene des Ansatzes muss zwischen zwei parallelen Ebenen liegen, die t = 0,1 mm Abstand haben und parallel zur Bezugsebene liegen.
	Koaxialität Konzentrizität ◎	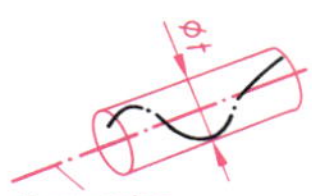	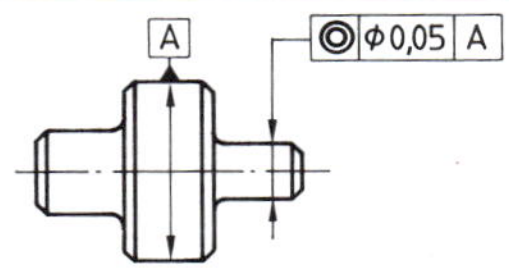	Die Achse des tolerierten Zapfens muss innerhalb eines Zylinders von t = 0,05 mm liegen. Dieser Zylinder muss mit der Achse des mit A gekennzeichneten Elements fluchten.

6.3.4 Messverfahren zum Messen von Form- und Lageabweichungen

Die Messung von Form- und Lagetoleranzen bezieht sich stets auf ein angemessen genaues Hilfsbezugselement. Dies ist meist eine Prüfplatte, auf der das zu prüfende Werkstück und das Messgerät positioniert werden.
Zum Stützen und Sichern der Lage des Werkstücks werden zusätzlich Stütz- und Spannelemente verwendet, z. B. Prismen, Zentrierspitzen, Aufspannwinkel und Backenfutter.
Ein Messvorgang zum Ermitteln von Form- und Lageabweichungen beginnt darum stets zunächst mit dem Positionieren (Ausrichten) des Prüflings. Danach werden Messwerte aufgenommen, aus denen die Abweichung des tolerierten Elementes berechnet werden kann.

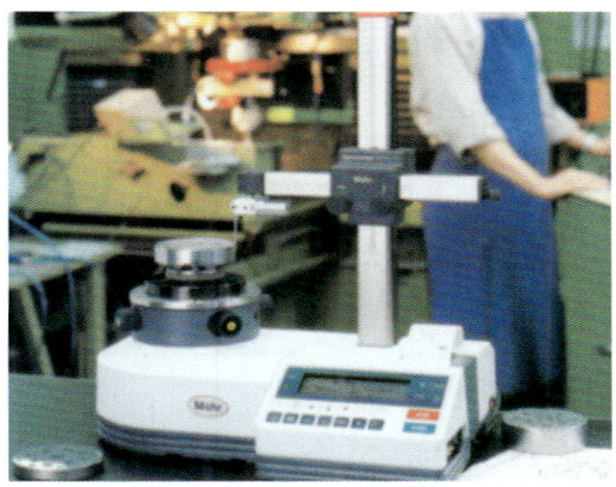
Prüfung von Formtoleranzen mit einem Formtestgerät

Beispiele **für Messverfahren zur Ermittlung von Formabweichungen**

Prüfauftrag	Messverfahren	Auswertung
Geradheit 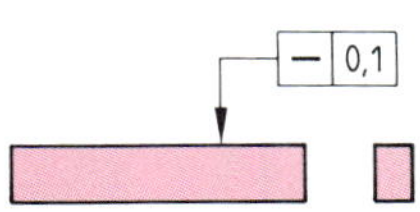	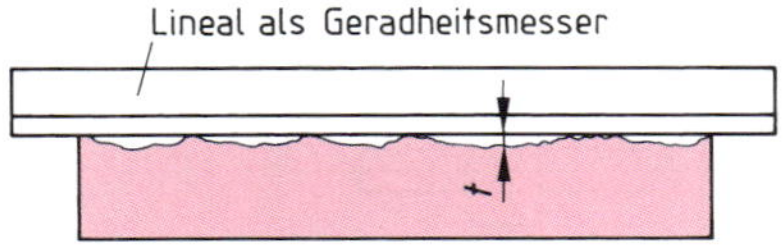 Durch Einschieben von Fühlerlehren wird die Spaltbreite ermittelt.	Die Geradheitsabweichung f_G ist das Maß der größten einschiebbaren Fühlerlehre. $f_G \leq t_{max}$
Geradheit 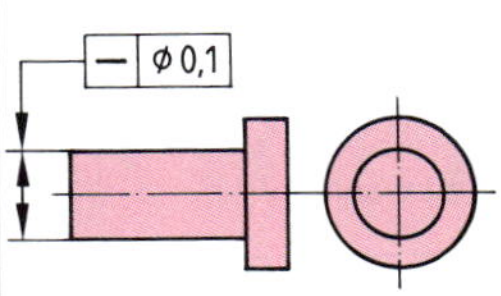	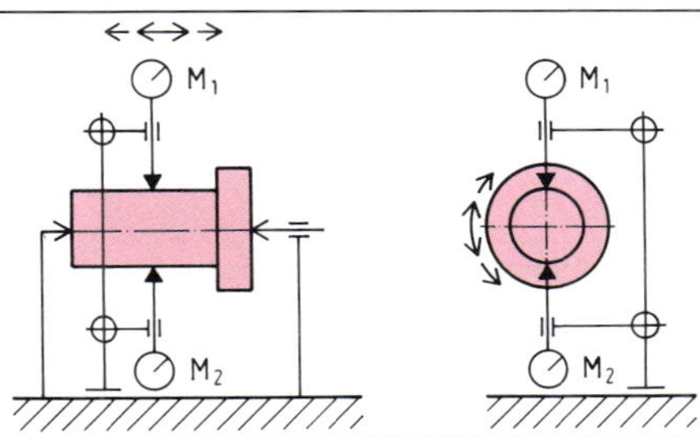	Die Geradheitsabweichung f_G der Achse ist die Hälfte des größten Unterschieds zwischen Messwert M_1 und Messwert M_2. $f_G = \frac{M_1 - M_2}{2}$

Beispiele für Messverfahren zur Ermittlung von Lageabweichungen

Prüfauftrag	Messverfahren	Auswertung
Ebenheit 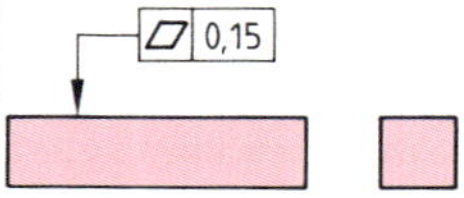	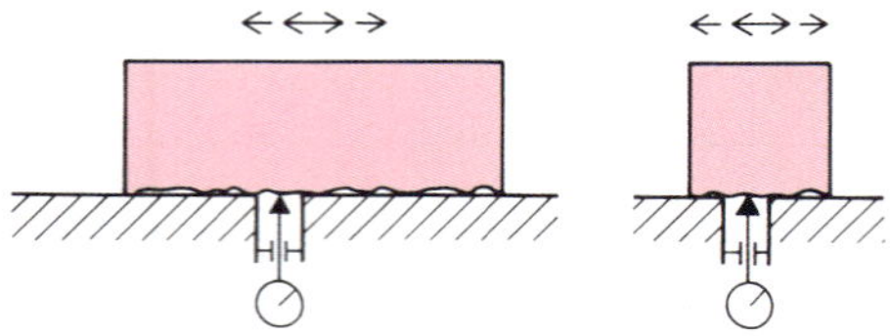	Die Ebenheitsabweichung f_e ist die größte Differenz zwischen den Messwerten. $f_e = M_{max} - M_{min}$ $f_e = \Delta M$
Rundheit 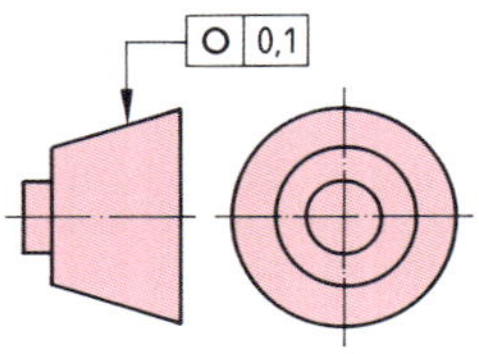	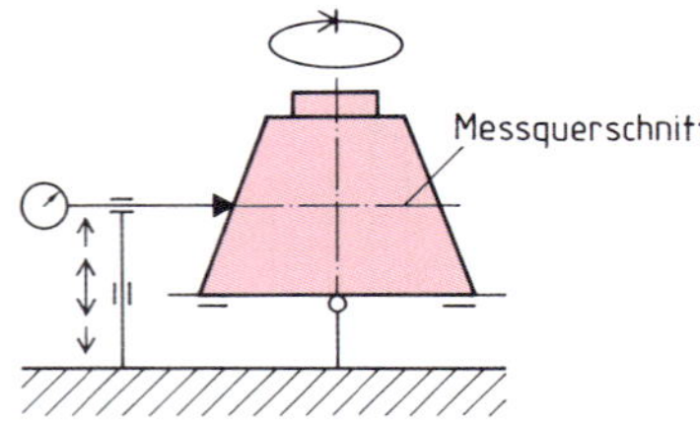	Für jeden Messquerschnitt wird aus einzelnen Messwerten das Profil dargestellt. Die Rundheitsabweichung im einzelnen Querschnitt ist die Radiendifferenz zum kleinsten Kreisring, der das Profil einschließt. Die Rundheitsabweichung ist die größte auftretende Radiendifferenz. $f_R = \Delta M$
Parallelität 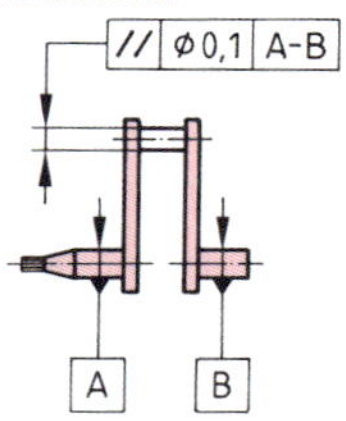	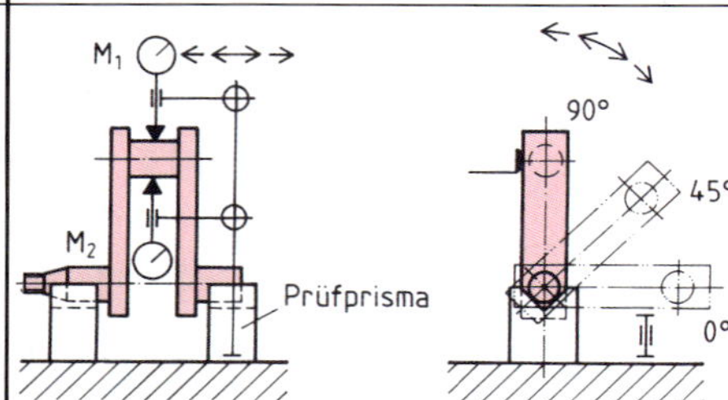	Die Parallelitätsabweichung f_P in einer Winkellage ist die halbe Differenz der Messwerte M_1 und M_2. $f_P = \frac{M_1 - M_2}{2}$ Die Parallelitätsabweichung des Werkstücks ist der größte der in den einzelnen Winkellagen ermittelte Wert der Abweichung.
Rechtwinkligkeit 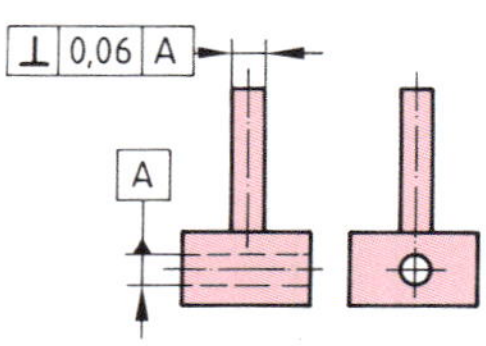	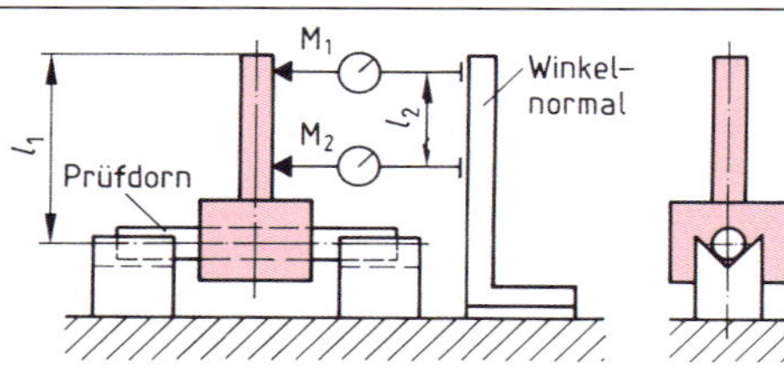	Die Rechtwinkligkeitsabweichung f_R wird aus der Differenz der Messwerte M_1 und M_2 und dem Verhältnis l_1/l_2 berechnet. $f_R = (M_1 - M_2) \cdot \frac{l_1}{l_2}$
Rundlauf 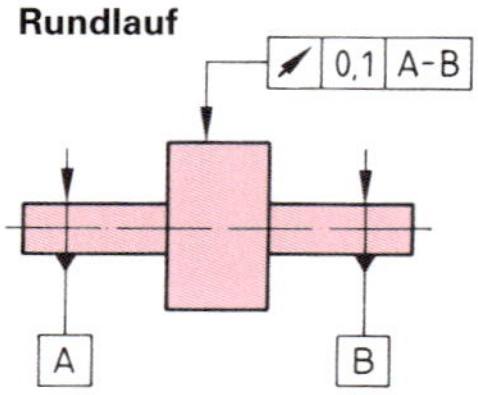	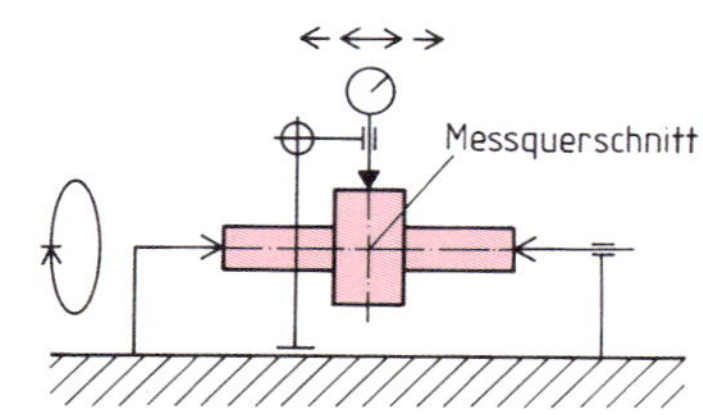	Die Rundlaufabweichung f_L ist die Differenz zwischen der größten und kleinsten Anzeige bei einer Umdrehung. $f_L = M_{max} - M_{min}$
Planlauf 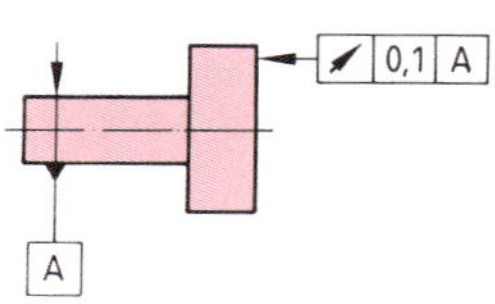	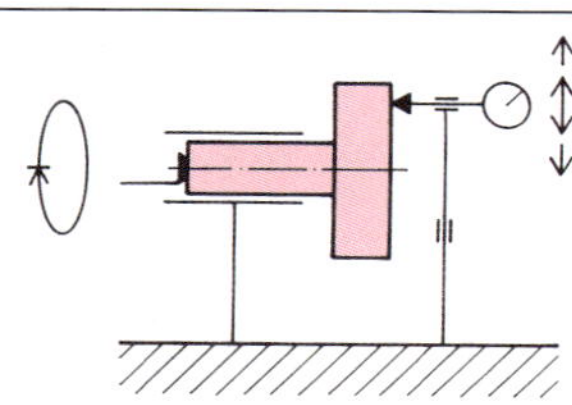	Die Planlaufabweichung f_L ist die Differenz zwischen der größten und kleinsten Anzeige bei einer Umdrehung. $f_L = M_{max} - M_{min}$ Bei einer Prüfung ist der größte Radius zu wählen.

In der Serienfertigung lassen sich Form- und Lageabweichungen mit speziellen Messvorrichtungen schnell und einfach feststellen.

7 Einsatz numerisch gesteuerter Messmaschinen

Die Überprüfung von Werkstücken mit sehr kleinen Maß-, Form- und Lagetoleranzen ist mit herkömmlichen Prüfmitteln, wie z. B. Messschiebern, Messschrauben oder Grenzrachenlehren, sehr zeitaufwändig. Sehr viel schneller und genauer kann die Überprüfung solcher Werkstücke auf Messmaschinen erfolgen. Sämtliche Messaufgaben können dabei mit *einem* Gerät – der Messmaschine – gelöst werden.
Moderne Messmaschinen sind CNC-gesteuert.

Beispiel **für die Durchführung eines Messauftrages in unterschiedlichen Techniken**

Messaufgabe
Prüfen Sie mithilfe des Tabellenbuches:

- Maßtoleranzen: Durchmesser, Längen
- Lagetoleranzen: Parallelität der Querbohrung zur Grundfläche
- Formtoleranzen: Zylinderform eines Außendurchmessers

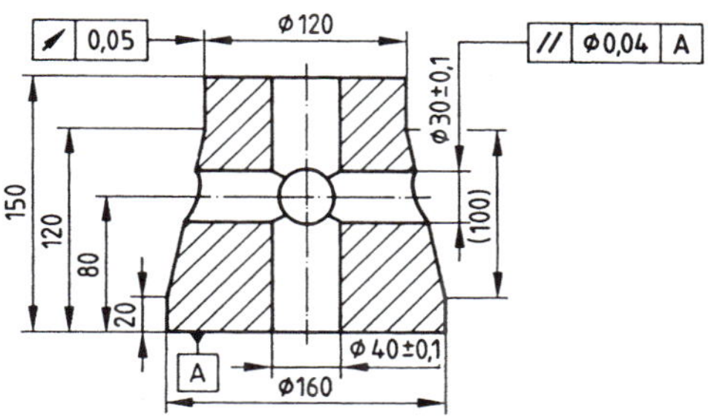

7.1 Baueinheiten einer CNC-Messmaschine

CNC-Messmaschinen ähneln in ihrem Aufbau sehr stark CNC-Bohr- und -Fräsmaschinen.
Das zu prüfende Werkstück wird auf den *Maschinentisch* fixiert. Ein *Portal* oder ein *Ausleger* trägt die Messeinrichtung. Der Messtaster im *Tastkopf* wird ähnlich einem Fräswerkzeug relativ zum Werkstück in allen drei Achsen bewegt. Vom *Bedienfeld* aus können alle Bewegungen manuell gesteuert werden. Über die *CNC-Steuerung* können die Messvorgänge automatisiert werden.

7.2 Koordinatensysteme

Für die Messung auf Messmaschinen sind drei Koordinatensysteme von Bedeutung:

- Das rechtwinklige **Koordinatensystem der Messmaschine** hat seinen Ursprung im Maschinennullpunkt. Die X- und Y-Achsen liegen auf der Oberfläche des Messtisches und die Z-Achse steht senkrecht dazu.
- Das rechtwinklige **Koordinatensystem des Tastsystems** hat seinen Ursprung im Mittelpunkt des Bezugstasters. Die Koordinatenachsen des Tastsystems verlaufen parallel zu den Maschinenkoordinatenachsen.
- Das rechtwinklige **Koordinatensystem des Werkstücks** hat seinen Ursprung in einem markanten Werkstückpunkt. Die Koordinatenachsen verlaufen parallel zu den Maschinenkoordinaten der Messmaschine.

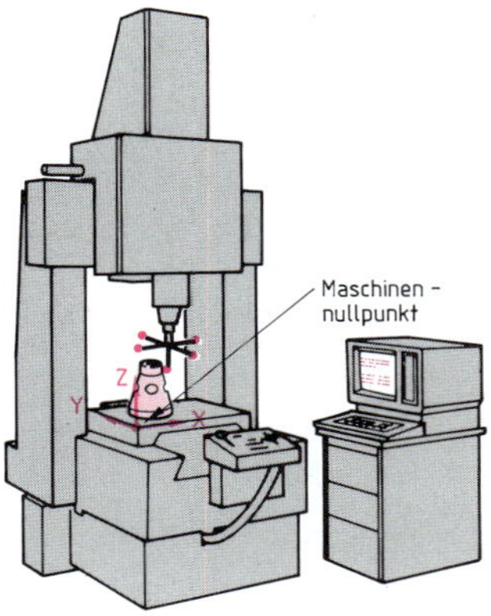

Koordinatensystem und Maschinennullpunkt einer Messmaschine

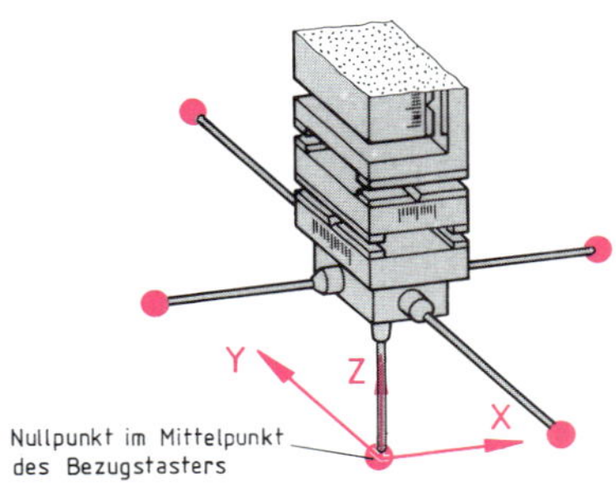

Koordinatensystem und Nullpunkt eines Tastkopfes

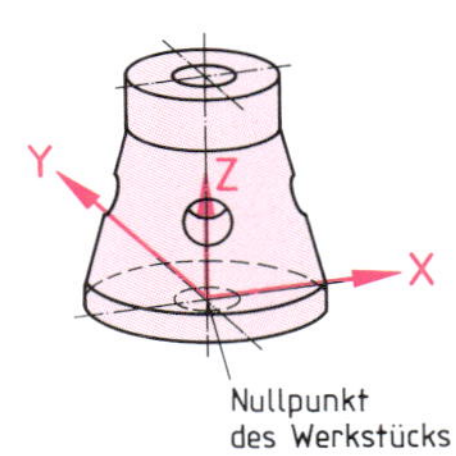

Koordinatensystem und Nullpunkt eines Werkstücks

7.3 Messtaster und ihre Kalibrierung

- **Aufbau von Messtastern**

Messtaster bestehen aus der *Einspannvorrichtung* und den eingesetzten *Taststiften*. Der Taststift trägt an seinem Ende das *Tastelement*. Als Tastelemente verwendet man meist Kugeln aus Rubin, für Sonderzwecke auch Kegel oder Zylinder. Ferner werden Kombinationen verschiedener Messtaster eingesetzt.
Die Auswahl der Taststifte für einen Messtaster soll so erfolgen, dass alle Messvorgänge an einem Werkstück möglichst ohne Lageveränderung des Werkstückes und ohne Wechsel der Taststifte vorgenommen werden können.

Beispiele **für Taststifte und Taststiftkombinationen**

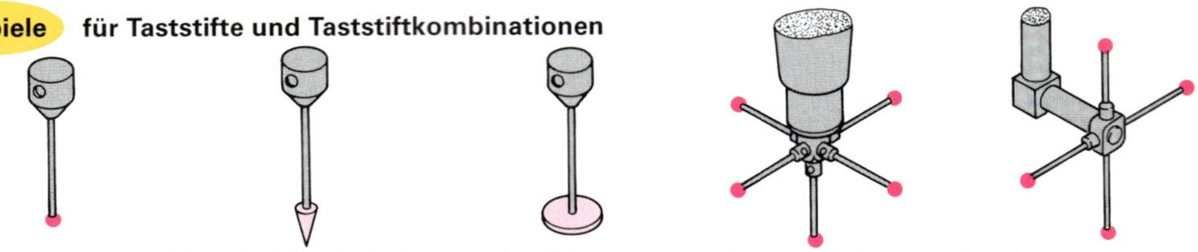

Normaleinsatz | **Zur schnellen Ermittlung von Bohrungsmitten** (geringe Genauigkeit) | **Zum Messen von Ringnuten** | **Zum allseitigen Messen** | **Zum Innenmessen waagerechter Bohrungen**

- **Kalibrierung von Messtastern**

Eine Voraussetzung für genaue Messungen ist die Feststellung von Ungenauigkeiten, die ihre Ursache im Tastsystem oder den Messkräften haben.
Die häufigsten Fehlerquellen für Ungenauigkeiten sind:

- Abweichungen der Messtaster von Sollmaßen und -formen,
- Durchbiegung der Messtasterarme aufgrund der Einwirkung von Messkräften.

Um diese Ungenauigkeiten auszugleichen, stellt man mithilfe eines hochgenauen **Kugelnormals** die Abweichungen unter verschiedenen Messbedingungen fest.
Durch die Erfassung und Berücksichtigung der Abweichungen von den Idealwerten wird das Messsystem geeicht. Diesen Vorgang nennt man Kalibrieren.
Die festgestellten Abweichungen werden beim Messen durch die Maschinensoftware kompensiert.

7.4 Statische und dynamische Messwerterfassung

Bei der Messwerterfassung unterscheidet man zwei Verfahren:

- Bei **statischer Messwerterfassung** wird der Messwert bei Stillstand der Messmaschine und in Nullstellung des Tastsystems aufgenommen.
- Bei **dynamischer Messwerterfassung** wird der Messwert während der Bewegung aus den Messwerten von Maschine- und Tastermesssystem errechnet.

Die kontinuierliche Aufnahme einer Vielzahl an Messpunkten innerhalb einer kurzen Zeit nennt man Scannen.

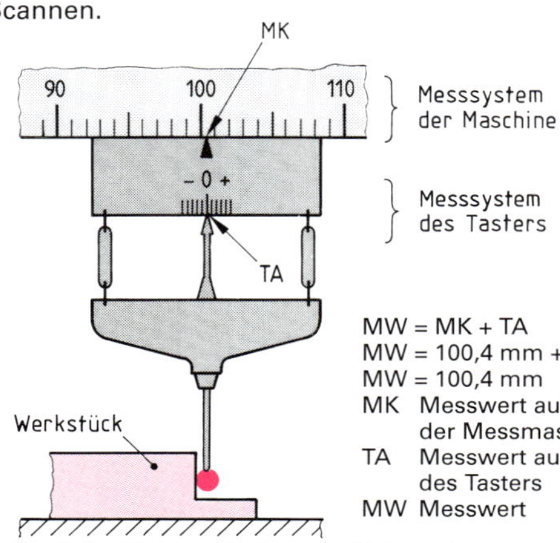

MW = MK + TA
MW = 100,4 mm + 0 mm
MW = 100,4 mm
MK Messwert auf der Messskala der Messmaschine
TA Messwert auf der Messskala des Tasters
MW Messwert

Statische Messwerterfassung (Schema)

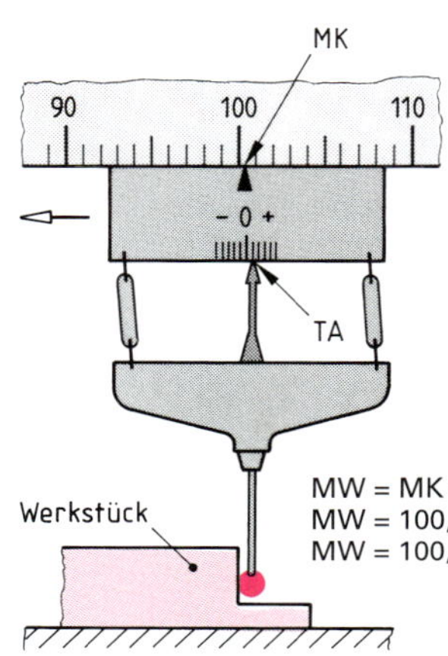

MW = MK + TA
MW = 100,3 mm + 0,1 mm
MW = 100,4 mm

Dynamische Messwerterfassung (Schema)

8 Qualitätsmanagement

8.1 Qualität in der Produktion

Von jedem Produkt, das ein Kunde kauft, und von jeder Arbeit, die zu verrichten ist, wird **Qualität** verlangt. Was der Einzelne unter Qualität versteht, ist schwer genau zu beschreiben – man spürt fehlende Qualität erst, wenn Mängel erkennbar werden. Qualität kann man in Abwandlung der etwas komplizierten genormten Definition etwa so beschreiben:

> „Ein Produkt oder eine Arbeit besitzen Qualität, wenn sie in Hinblick auf ihre Eignung festgelegte und vorausgesetzte Erfordernisse erfüllen.“

Unter dem Begriff **Qualitätsmanagement** werden darum alle Maßnahmen verstanden, die im Laufe einer Produktentstehung und -anwendung auf allen Ebenen zu treffen sind, damit ein Produkt entsteht, das alle vorausgesetzten Erfordernisse erfüllt. Qualitätsmanagement hat also den gesamten Lebensweg eines Produktes im Blick.

Beispiel **für den Lebensweg eines Produktes**

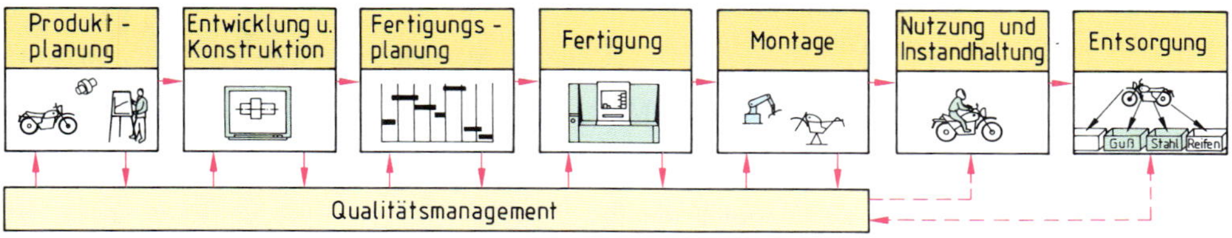

Das Qualitätsmanagement ist demnach etwas ganz anderes als eine reine Endkontrolle, in der die Qualität eines Produktes erst vor der Auslieferung bzw. Weitergabe geprüft wird. Qualitätsmanagement handelt gemäß dem Grundsatz: „Qualität ist zu erzeugen – nicht zu erprüfen.“

> Unter Qualitätsmanagement versteht man alle Maßnahmen, die im Laufe von Produktentstehung, Anwendung und Recycling erforderlich sind, um Produkte zu erzeugen, welche die vorausgesetzten Erfordernisse erfüllen.

Dem Qualitätsmanagement kommt eine besondere Bedeutung in der Phase der Planung und Entwicklung zu, denn 75 % der Fehler eines Produktes entstehen dort. Sie werden aber häufig erst im Laufe der Fertigung oder beim Einsatz erkannt und verursachen dann extreme Kosten zur Fehlerbeseitigung. Es gilt für die Kosten etwa die *Zehnerregel*. Sie besagt, dass die Kosten zur Beseitigung eines Fehlers aus der Stufe zuvor in der folgenden etwa das Zehnfache an Kosten verursacht.

Beispiel **für die Zehnerregel der Fehlerkosten**

Bei der Planung eines Motorrades wurde an einer Mutter die Sicherung vergessen.
Hätte man bei der Planung daran gedacht und dies notiert, wäre der zeitliche Aufwand eine halbe Minute gewesen, die 1,00 EUR gekostet hätte.
Wäre der Fehler bei der Zeichnungserstellung aufgefallen, hätte das Einarbeiten in die Zeichnung etwa 5 Minuten gedauert und damit 10,00 EUR gekostet, usw.
Eine Rückrufaktion wegen fehlender Schraubensicherung würde ca. 100 000,00 EUR Kosten verursachen.

Produktplanung →	**Entwicklung und Konstruktion** →	**Fertigungsplanung** →	**Fertigung und Montage** →	**Endkontrolle** →	**Nutzung durch Kunden**
Entstehung eines Fehlers dessen Beseitigung 1,00 EUR kosten würde.	Kosten der Fehlerbeseitigung des Planungsfehlers 10,00 EUR	Fehlerkosten 100,00 EUR	Fehlerkosten 1 000,00 EUR	Fehlerkosten 10 000,00 EUR	Fehlerkosten bei Rückrufaktion 100 000,00 EUR

Vielfach hatte man vor intensivem Einsatz von Qualitätsmanagement die Vorstellung, dass die Produktion für die Menge zuständig ist und allein die Endkontrolle für Qualität. Diese Einstellung hat erhebliche Nachteile:

- Ausschussteile werden nicht am Ort der Entstehung erkannt. Sie durchwandern die gesamte weitere Produktion, bis sie schließlich in der Endkontrolle auffallen. Fachleute nennen dieses „Schrottveredelung".
- In der Endkontrolle fallen Produkte mit unterschiedlichsten Fehlern an. Darum ist die Wahrscheinlichkeit, dass alle Fehler entdeckt werden, geringer als bei ständig überwachter Produktion. Eine heute von Großabnehmern, wie z. B. der Automobilindustrie, verlangte „Null-Fehler-Zulieferung" ist darum beim Zulieferer nicht mehr allein durch Prüfen, sondern nur noch mit einem geeigneten Qualitätsmanagement zu erzielen.

Bei einer komplexen Fertigung ist mit nur einer Endkontrolle keine Null-Fehler-Produktion möglich.

8.2 Einflussgrößen auf Qualität

Qualität entsteht durch funktionsgerechtes Zusammenwirken unterschiedlicher Faktoren, die man unter den „7 M" zusammenfasst: **M**ensch, **M**ethode, **M**aschine, **M**aterial, **M**itwelt, **M**anagement und **M**essbarkeit.

Am wichtigsten ist hier der **Mensch.** Er muss Qualität planen und erzeugen. Er muss an jeder Stelle der Produktentstehung den gesamten Ablauf, besonders aber die an seiner Tätigkeit anschließende Stufe im Auge haben. Dazu benötigt er

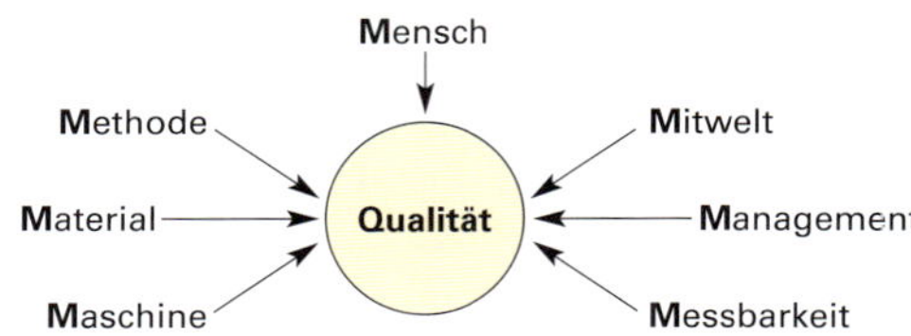

Einflussgrößen auf Qualität

- technisches Fachwissen,
- Kenntnis von Qualitätssicherungsmethoden,
- Bereitschaft und Fähigkeit, sein Wissen anzuwenden und
- Innovationsbereitschaft und Kreativität.

Die **Methoden** zur Erzeugung und Sicherung von Qualität müssen in jeder Stufe der Produktentstehung sinnvoll ausgewählt und eingesetzt werden.

Die **Maschinen** stehen für alle Fertigungs-, Handhabungs- und Prüfmittel. Sie müssen fähig sein, Qualität zu erzeugen.

Das **Material,** dies sind alle Werk- und Hilfsstoffe, Vorprodukte und Komponenten, die meist von Zulieferern dem Prozess zugeführt werden, muss der geforderten Produktqualität entsprechen.

Die **Mitwelt** (Umwelt) wird nicht nur in Form des richtig ausgestatteten Arbeitsplatzes gesehen, sondern meint das gesamte betriebliche Sozialgefüge, das Qualität und Qualitätsbewusstsein bestimmt.

Das **Management** mit seinem Führungsstil, z. B. seinem Umgang mit Mitarbeitervorschlägen, seiner Offenheit in der Entscheidungsfindung und seiner Bewertung von Mitarbeiterleistungen, trägt wesentlich zur Qualität bei.

Die **Messbarkeit** von Eigenschaften ist entscheidend für die Beurteilung von Qualität. Mit Messbarkeit sind nicht nur die physikalisch und chemisch erfassbaren Größen eines Produktes angesprochen, sondern auch alle zahlenmäßig erfassbaren Merkmale des Produktes und der Produktentstehung.

Qualität entsteht nur durch richtiges Zusammenwirken von Mensch, Methode, Maschine, Material, Mitwelt, Management und Messbarkeit.

Zur Unterstützung der systematischen Fehlerquellensuche verwendet man das *Fischgrätendiagramm* **(Ishikawa-Diagramm).** Man trägt in diesem Diagramm die Einflüsse der sogenannten „7M" der Qualitätssicherung ein.

Je nach Bedarf können diese 7M auf 5M reduziert werden. Falls Fehlerzuordnungen bei der Aufstellung eines Diagrammes strittig sind, z. B. ob eine Fehlerquelle der Methode oder dem Mensch zuzuordnen ist, kann willkürlich zugeordnet werden. Wichtig ist jedoch, dass die Fehlerquelle aufgelistet wird.

Beispiel für die Auflistung der Fehlerquellen beim Drehen einer gestuften Welle

An die Welle werden Anforderungen hinsichtlich ihrer Maße und Form sowie an die Lage der Zylinder zueinander gestellt. Die an der Produktion Beteiligten haben Stichworte zu möglichen Fehlerquellen zusammengetragen und den bedarfsgerecht gewählten Faktoren zugeordnet.

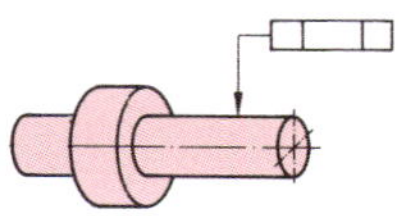

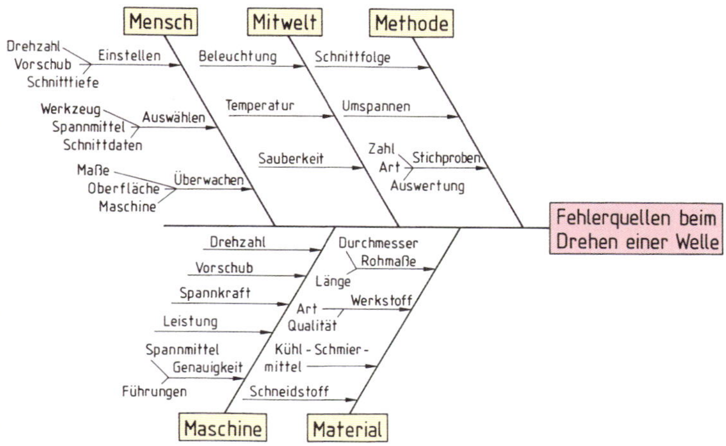

8.3 Qualitätsmanagementnormen

Die ÖNORM EN ISO 9000 erläutert die Grundbegriffe des Qualitätsmanagements (QM) und wichtige Begriffe.

ÖNORM EN ISO 9001 ist für den Fachmann im Betrieb die bedeutendste QM-Norm. In ihr wird das Qualitätsmanagement als eine Art Regelkreis verstanden, in den die Kundenforderungen als Eingangsgröße eingehen und die Kundenzufriedenheit das geforderte Ergebnis darstellt.

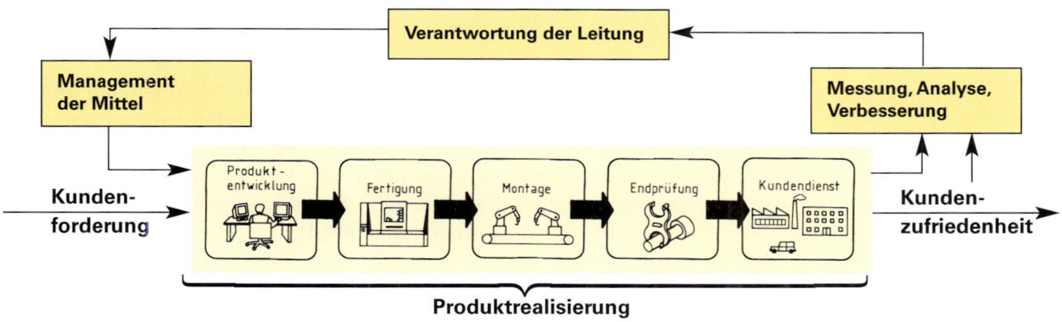

Die **Verantwortung der Leitung** besteht für die Festlegung der Qualitätsziele, der Befugnisse der Einzelnen, der Qualitätsplanung und der Bewertungsmaßstäbe für das Qualitätsmanagement.

Das **Management der Mittel** befasst sich mit der Auswahl und Förderung geeigneter Personen, der Auswahl und Bereitstellung geeigneter Einrichtungen und der Schaffung einer Arbeitsumgebung, die die Qualität fördert.

Die **Produktionsrealisierung** stellt den Kern des Prozesses dar. Das Qualitätsmanagement verlangt die Erzeugung, Prüfung, Sicherung und Dokumentation in jeder Stufe des Erzeugungsprozesses. Damit wird die Rückverfolgung von Teilen und Leistungen möglich. Gleichzeitig wird ein geeignetes Prüfmittelmanagement erwartet.

Die **Messung, Analyse und Verbesserung** hat in erster Linie auf die Kundenzufriedenheit zu achten. Um diese zu gewährleisten, muss hier die Überwachung des gesamten Prozesses und der Teilprozesse geplant, kontrolliert und analysiert werden, sodass ein kontinuierlicher Verbesserungsprozess möglich wird.

ÖNORM EN ISO 9004 ist ein Leitfaden zur Verwirklichung und Nutzung eines QM-Systems.

ÖNORM EN ISO 19011 beschreibt die Durchführung von Audits (Analyse von Prozessabläufen) durch den Betrieb und durch Zertifizierungsgesellschaften.

8.4 Qualitätssicherung in der Fertigung

In der Serienfertigung sind Maßnahmen zur Qualitätssicherung besonders wichtig, damit die Neigung zum Auftreten von Fehlern schon in Ansätzen erkannt wird und Fehler so vermieden werden. Trotzdem sind Fehler möglich und wahrscheinlich.
Fehler entstehen in der Serienfertigung an der Einzelmaschine und Anlage sowie in deren Zusammenwirken im Fertigungsablauf.

8.4.1 Maschinen- und Prozessfähigkeit

- **Maschinenfähigkeit**

Mit Hilfe der Statistik hat man im Bereich der Serienfertigung festgelegt, dass eine Fertigung eben noch als geeignet gilt, wenn bei 1000 gefertigten Teilen 3 Teile fehlerhaft sind, d. h. nicht mehr innerhalb der vorgegebenen Toleranzen liegen. Für eine Serienfertigung untersucht man darum zunächst die Einzelmaschinen und Anlagen, ob sie fähig sind, diese Forderungen zu erfüllen. Man nennt die notwendigen Untersuchungen **Maschinenfähigkeitsuntersuchungen (MFU)**.

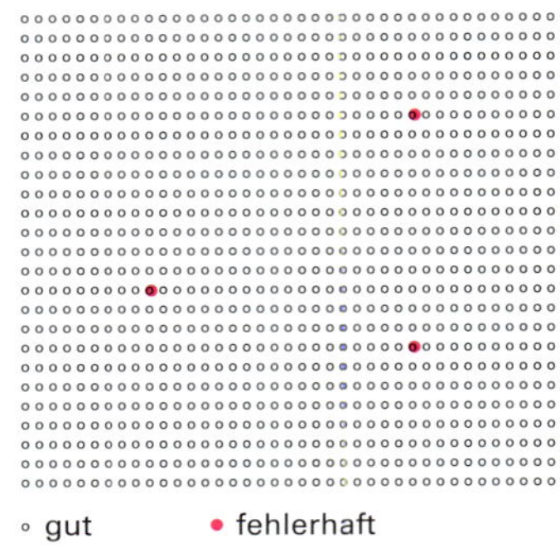

Veranschaulichung von 99,7 % fehlerfrei

In Maschinenfähigkeitsuntersuchungen stellt man fest, ob eine Maschine fähig ist, 99,7 % aller Teile innerhalb der vorgegebenen Toleranzen zu fertigen.

- **Prozessfähigkeit**

In einer Serienfertigung können alle verwendeten Maschinen fähig sein, aber trotzdem können im Prozess Fehler auftreten. So können z. B. an einem Gehäuse Fräs-, Dreh- und Bohrarbeiten durchgeführt werden. Obwohl jede Maschine für sich fähig ist, können Gehäuse, z. B. durch häufiges Umspannen, fehlerhaft werden. Aus diesem Grund muss auch der gesamte Prozess untersucht werden, ob er fähig ist. Auch hier gilt, dass ein Prozess fähig ist, wenn 99,7 % aller Teile fehlerfrei gefertigt werden können. Man nennt die notwendigen Untersuchungen **Prozessfähigkeitsuntersuchungen (PFU)**.

In Prozessfähigkeitsuntersuchungen stellt man fest, ob eine Prozess fähig ist, 99,7 % aller Teile innerhalb der vorgegebenen Toleranzen zu fertigen.

8.4.2 Prozessüberwachung

- **Kontrollkarten**

Im laufenden Fertigungsprozess müssen alle Arbeitsgänge überwacht werden, damit Abwanderungstendenzen von Messgrößen (Trends) erkannt werden und Gegenmaßnahmen eingeleitet werden können. Zur Untersuchung solcher Trends kann man alle Werkstücke überprüfen. Da dieses meist sehr aufwändig ist, prüft man häufig mit **Stichproben.** Solche Stichproben kann man in regelmäßigen zeitlichen Abständen, z. B. stündlich, oder nach bestimmten Stückzahlen, z. B. aus jeweils 500 gefertigten Teilen, nehmen. Die Zahlenwerte aus diesen Prüfungen zeigen wenig anschaulich den Verlauf der Messgröße. Darum versucht man durch grafische Darstellungen die Übersichtlichkeit zu verbessern. Die einfachste Darstellungsform geschieht in **Kontrollkarten,** die die Grenzwerte und die Stichprobennahme kennzeichnen. Ferner sind in den Karten Änderungen im Prozess vermerkt.

Jeder Betrieb erstellt solche Karten entsprechend seinen eigenen Bedürfnissen.

Fertigen mit handgeführten Werkzeugen

1 Einteilung der Fertigungsverfahren

Fertigungsverfahren

- **Urformen**
- **Umformen**
- **Trennen**
- **Fügen**
- **Beschichten**
- **Stoffeigenschaft ändern**

Beispiel für die Fertigungsverfahren bei der Herstellung eines Schraubstocks

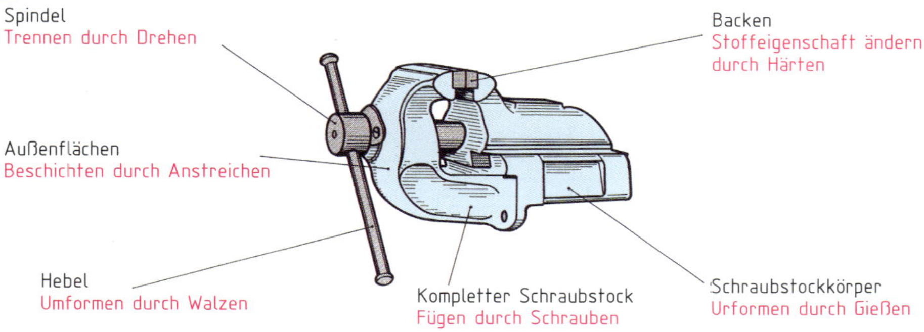

- **Urformen**

nennt man alle Fertigungsverfahren, bei denen aus formlosem Stoff ein Werkstück hergestellt wird. In diesem Verfahren wird der *Zusammenhalt* der Stoffteilchen *geschaffen*.

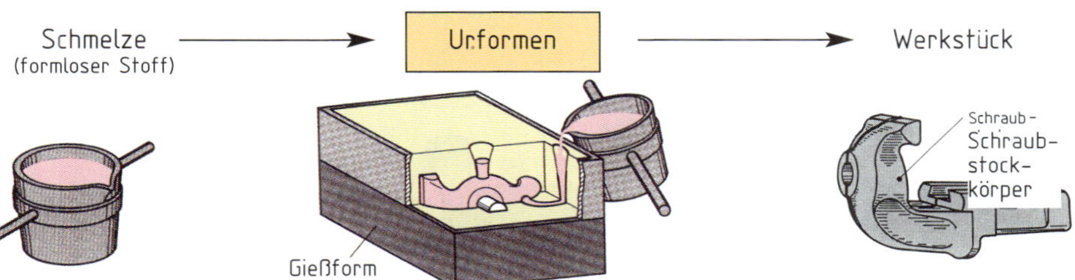

Urformen durch Gießen

Beim Urformen werden Werkstücke aus formlosen Stoffen erzeugt, wie z. B. beim Gießen.

- **Umformen**

nennt man alle Fertigungsverfahren, bei denen Werkstücke aus festen Rohteilen eine bleibende Formänderung erfahren. Das Volumen des Fertigteiles bleibt gleich dem Volumen des Rohteiles.

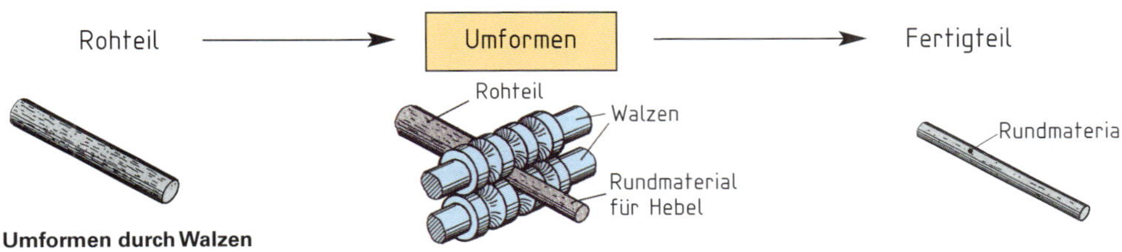

Umformen durch Walzen

Beim Umformen wird die Form eines festen Rohteils bleibend verändert, ohne dass Werkstoffteilchen abgetrennt werden.

- **Trennen**

nennt man alle Verfahren, bei denen die Form eines Werkstücks durch die *Aufhebung* des *Werkstoffzusammenhalts* an der Bearbeitungsstelle geändert wird.

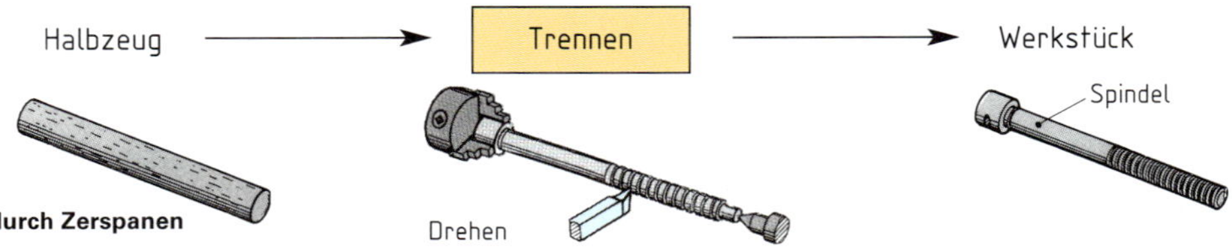

Trennen durch Zerspanen

Beim Trennen werden Werkstücke meist durch Zerteilen von Rohteilen oder durch Abtrennen von Spänen gefertigt.

- **Stoffeigenschaft ändern**

nennt man alle Verfahren, bei denen die *Eigenschaften* von Werkstoffen *geändert werden*. So werden z. B. beim Härten der Schraubstockbacken die Kohlenstoffatome im Stahl umgelagert.

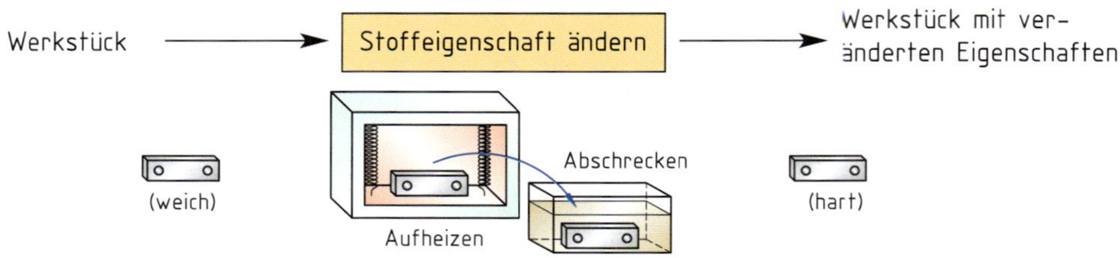

Beim Stoffeigenschaft ändern erhalten Werkstücke veränderte Stoffeigenschaften.

- **Beschichten**

nennt man alle Verfahren, bei denen man auf Oberflächen von Werkstücken *Schichten aufträgt*.

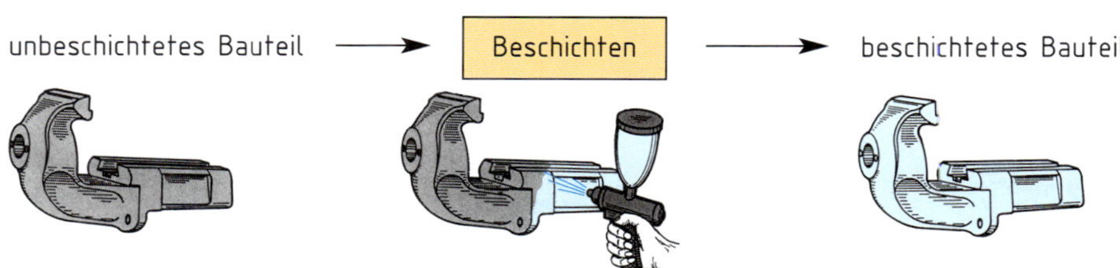

Beschichten durch Farbspritzen

Beim Beschichten wird auf Werkstücke eine fest haftende Schicht aus anderen Stoffen aufgetragen.

- **Fügen**

nennt man alle Fertigungsverfahren, bei denen *aus Einzelteilen größere Baueinheiten* zusammengebaut oder verbunden werden.

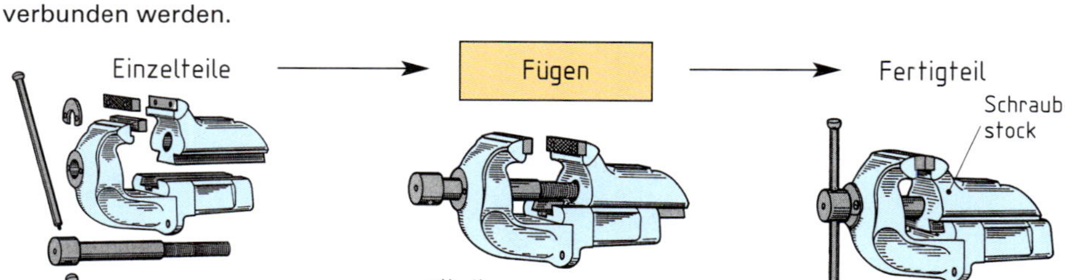

Fügen durch Schrauben

Beim Fügen werden Werkstücke miteinander verbunden.

2 Vorbereitende Arbeiten zur Fertigung von Werkstücken

Zur Vorbereitung einzelner Fertigungsschritte werden Bohrungsmitten und Werkstückkonturen von der Zeichnung auf Rohteile übertragen. Dieses Übertragen bezeichnet man als Anreißen.

Beispiel zur Vorbereitung von Fertigungsschritten durch Anreißen und Körnen

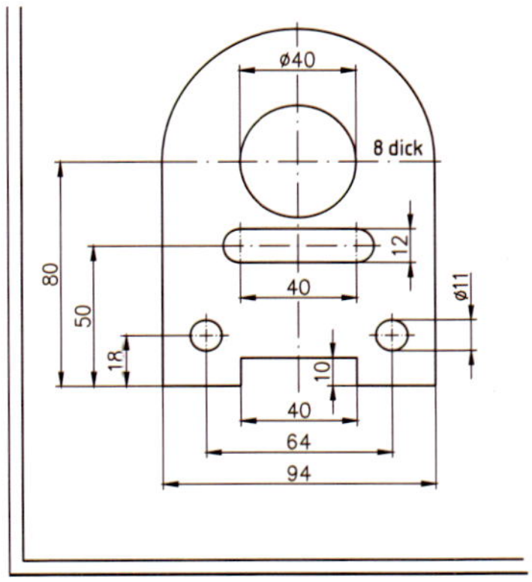

Zeichnung

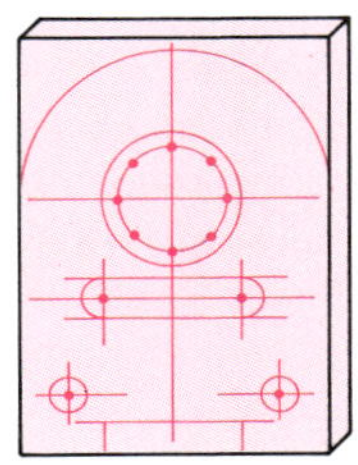

Rohteil mit Anrisslinien und Körnungen

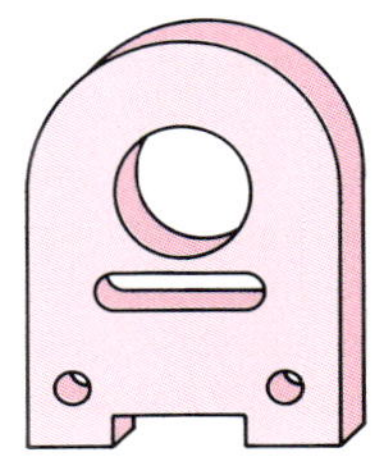

Fertigteil

2.1 Anreißen

Das Übertragen der Maße auf das Rohteil erfolgt von zwei oder drei Ebenen aus. Diese Ebenen bezeichnet man **Maßbezugsebenen.** Zweckmäßigerweise werden äußere Flächen als Maßbezugsebenen gewählt. Meist werden diese Flächen vor dem Anreißen so bearbeitet, dass sie eben und winklig sind. Bei symmetrischen Werkstücken legt man die Maßbezugsebenen in die Werkstückmitte.

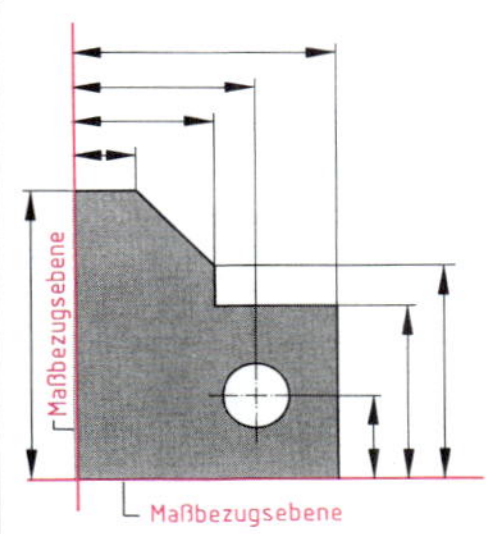

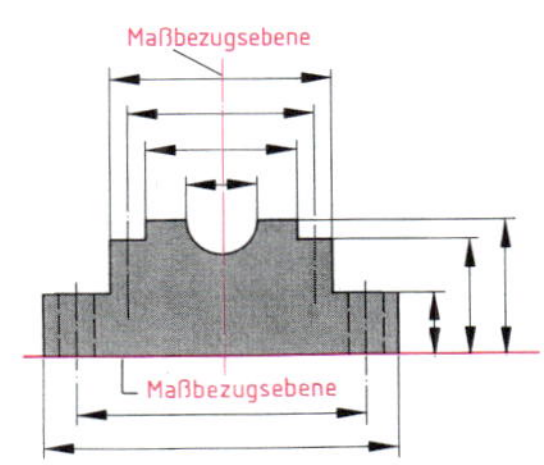

- **Anreißwerkzeuge**

Beim Anreißen werden mit der Reißnadel Risslinien auf dem Werkstück erzeugt. Dazu verwendet man meist gehärtete Stahlreißnadeln bzw. Reißnadeln mit Hartmetallspitzen. Reißnadeln sind härter als das Werkstück und ritzen die Werkstückoberfläche. Vielfach sind solche Einkerbungen unerwünscht, weil sie das Aussehen und die Festigkeit eines Bauteils beeinträchtigen. Zur Vermeidung von Beschädigungen der Werkstückoberfläche verwendet man auch Messingreißnadeln oder Bleistifte.

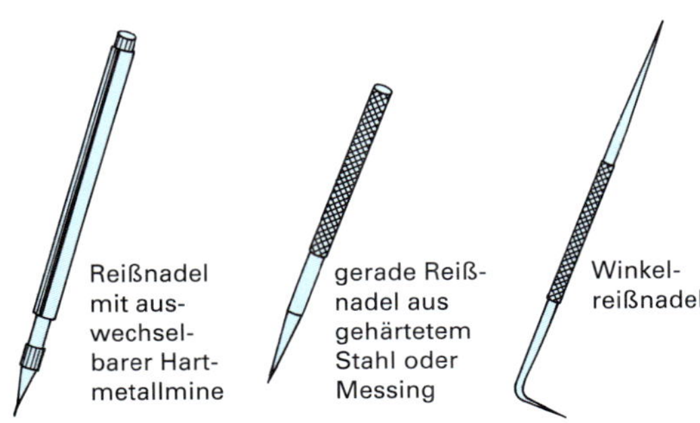

Reißnadelarten

Anreißwerkzeuge sind so auszuwählen, dass möglichst keine Beschädigung der Oberfläche eintritt, die Festigkeit und Aussehen beeinträchtigt.

- **Anreißverfahren**

Anreißen von Parallelrissen auf der Anreißplatte

Beim Anreißen auf der Anreißplatte werden Linien, die parallel zur Plattenoberfläche verlaufen, mit Parallelreißern ausgeführt.

Parallelreißer eignen sich besonders für Anreißarbeiten, bei denen mehrere Parallelrisse zu einer Bezugsebene auszuführen sind. Das Werkstück liegt mit einer Bezugsebene auf der Anreißplatte, das Abstandsmaß zur Bezugsebene wird am Parallelreißer eingestellt. An modernen Geräten wird die Einstellung digital angezeigt.

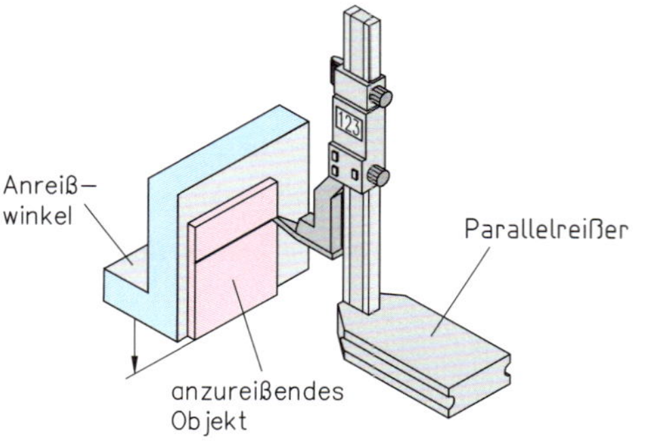

Anreißen von Parallelen

Anreißen von Profilstäben und Blechen

An langen Profilstäben und großen Blechen werden parallel zu einer Werkstückkante verlaufende Längsrisse mithilfe von **Streichmaßen** angerissen. Auf dem verschiebbaren Stabmaß wird der Abstand vom Anschlag bis zur eingespannten Reißnadel direkt eingestellt. Das Streichmaß wird mit seinem Anschlag an der Maßbezugsebene entlang geführt.

Die rechtwinklig zur Bezugsebene verlaufenden Risse werden mithilfe eines Anschlagwinkels angerissen, nachdem z. B. mit einem Stahlmaßstab ein Bezugspunkt markiert wurde.

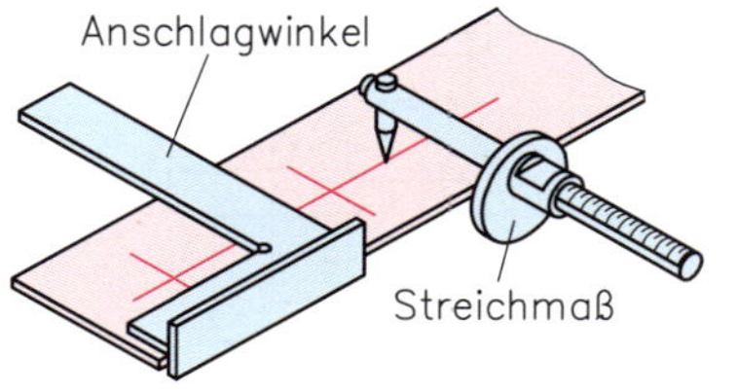

Anreißen mit Anschlagwinkel und Streichmaß

Anreißen von Gehrungsschnitten

Für die Fertigung von Schrägschnitten oder Ausklinkungen an Profilen müssen Risse erzeugt werden, die nicht rechtwinklig zur Längsrichtung des Werkstücks verlaufen. Dazu können feste Anschlagwinkel – wie z. B. der abgebildete Gehrungswinkel von 135° oder verstellbare Winkelmesser – verwendet werden. Je nach Lage einer 45°-Risslinie am Profilende benötigt man einen Gehrungswinkel von 135° oder 45°.

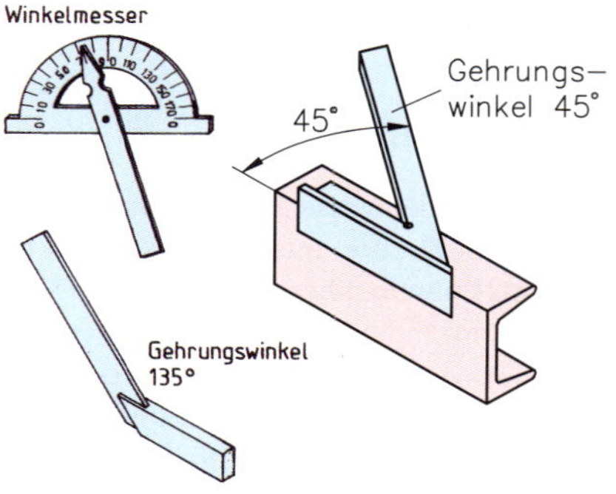

Anreißen von Gehrungsschnitten

Parallelrisse zu Längskanten erzeugt man mit einem Streichmaß. Querrisse und Schrägrisse erzeugt man mithilfe von festen Anschlagwinkeln oder Winkelmessern.

2.2 Körnen

Die beim Anreißen auf dem Werkstück erzeugten Risslinien werden meist durch Körnen ergänzt, um Bohrern und Zirkelspitzen eine sichere Führung zu geben.

Körner werden aus Werkzeugstahl hergestellt und haben eine gehärtete Spitze mit einem Winkel von 60°. Beim Körnen werden durch Hammerschläge auf den Körnerkopf kleine kegelförmige Vertiefungen in die Werkstückoberfläche geschlagen. Beim Ansetzen des Körners wird er so geneigt, dass man einen freien Blick auf Risslinienkreuz und Körnerspitze hat. Beim Schlag muss der Körner senkrecht gehalten werden, da sonst die Spitze verläuft.

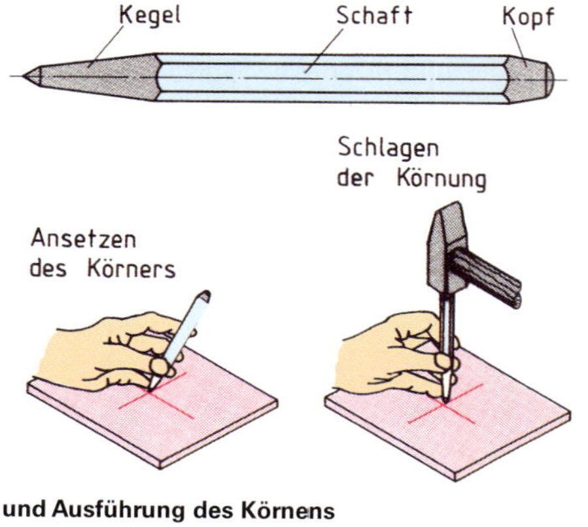

Körner und Ausführung des Körnens

3 Verfahren des Trennens

3.1 Grundbegriffe zum Zerteilen und Spanen

Zur Herstellung von Maschinen, Werkzeugen und Vorrichtungen sind viele Einzelteile erforderlich. Aus wirtschaftlichen Gründen werden sie möglichst durch spanlose Fertigungsverfahren, wie z. B. Gießen, Schmieden und Walzen, so vorgearbeitet, dass nur geringe Werkstoffanteile durch Zerteilen und Spanen abgetrennt werden müssen. Die zum Trennen notwendigen Werkzeuge können von Hand oder mit Maschinenantrieb betätigt werden. Durch spanende Bearbeitung können große Zerspanleistungen, hohe Form- und Maßgenauigkeiten und gute Oberflächenbeschaffenheiten erzielt werden.

Beispiele **für die Verfahren des Spanens zur Fertigung einer Schraubzwinge**

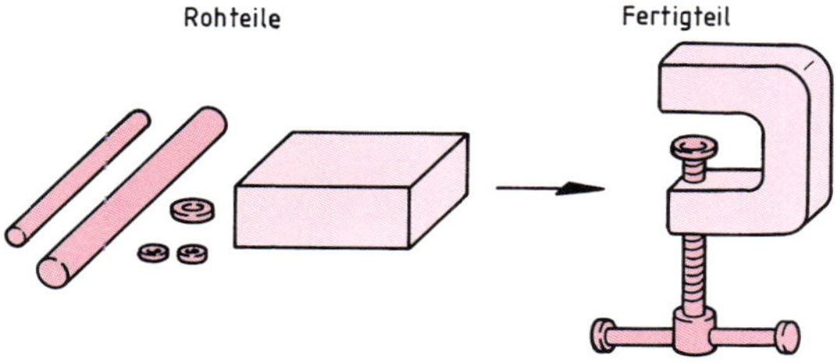

Trennverfahren:

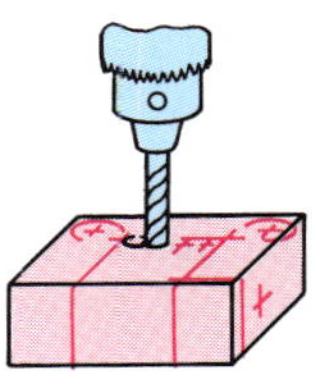
Bohren

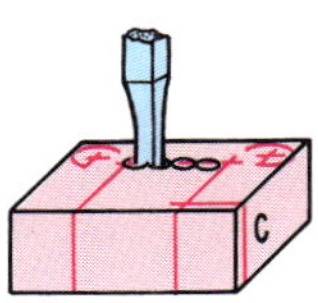
Meißeln

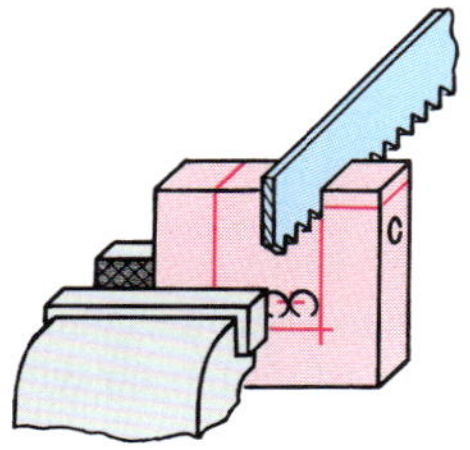
Sägen

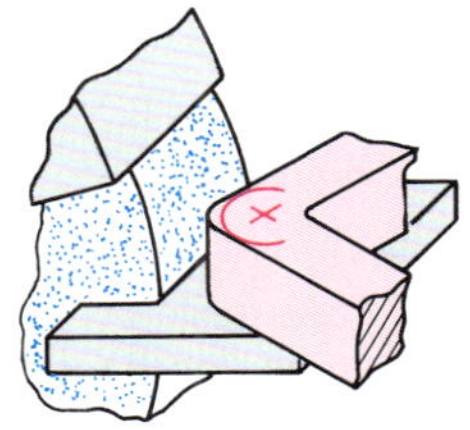
Schleifen

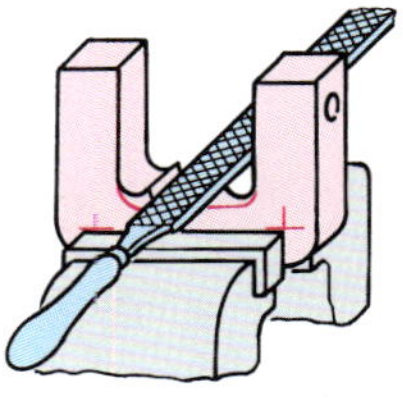
Feilen

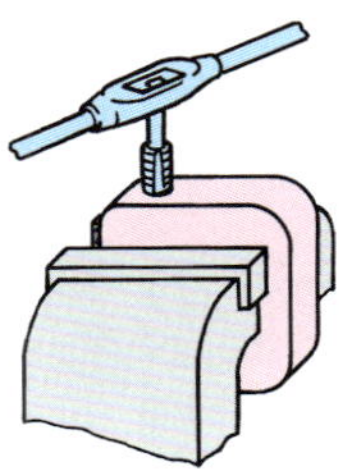
Gewindeschneiden

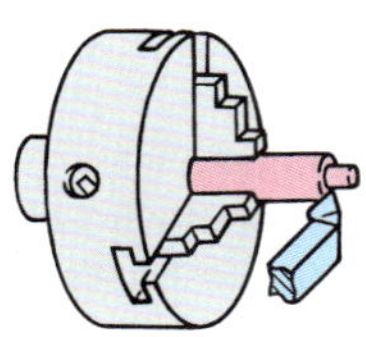
Drehen

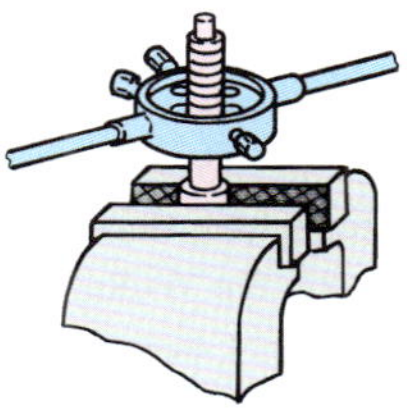
Gewindeschneiden

Beim Spanen trennen keilförmige Schneiden schichtweise den überschüssigen Werkstoff in Form von Spänen ab. Der Zusammenhalt der Werkstoffteilchen muss durch das eindringende Werkzeug überwunden werden. Die dazu erforderliche **Schnittkraft** F_c (c ... cut = schneiden) kann durch Muskel- oder Maschinenkraft aufgebracht werden.

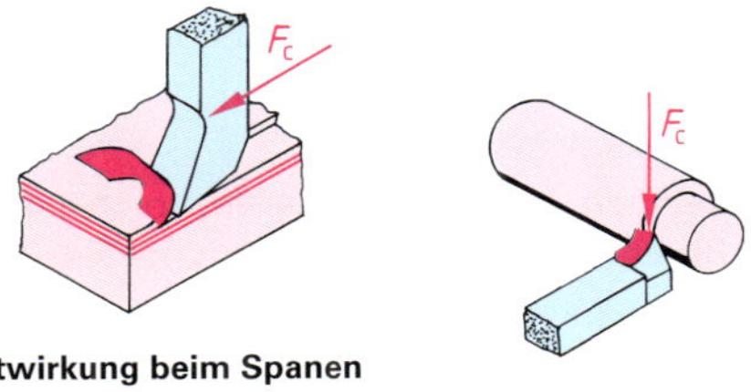

Kraftwirkung beim Spanen

Spanen ist ein Abtrennen von Werkstoffteilchen (Spänen) unter Einwirkung äußerer Kräfte mithilfe von keilförmigen Werkzeugschneiden. Die Spanabnahme erfolgt durch die Schnittbewegung zwischen Werkzeugschneide und Werkstück.

3.2 Keil als Werkzeugschneide

Zum Zerteilen und Spanen benötigt man Werkzeuge mit keilförmigen Schneiden. Die Werkzeuge können nur eine Schneide haben wie der Meißel oder mehrere Schneiden wie der Bohrer oder das Sägeblatt.

Sind die Schneiden eines Werkzeugs in ihrer Form und Lage genau bestimmt, dann spricht man von **geometrisch bestimmten Schneiden**. Haben die Schneiden unterschiedliche Formen, wie z. B. die Körner einer Schleifscheibe, so spricht man von **geometrisch unbestimmten Schneiden**.

Beispiele **für Schneidenzahl und Schneidenform bei Werkzeugen zum Zerteilen und Spanen**

Verfahren	Meißeln	Bohren	Sägen	Schleifen
Schema	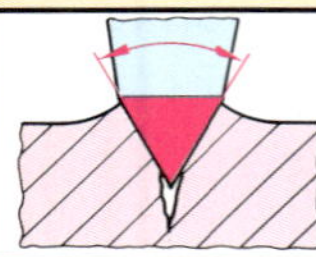	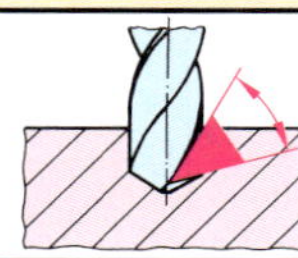	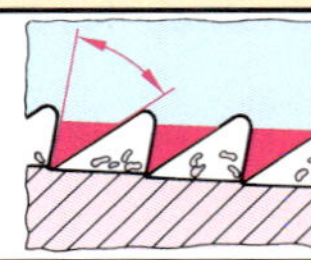	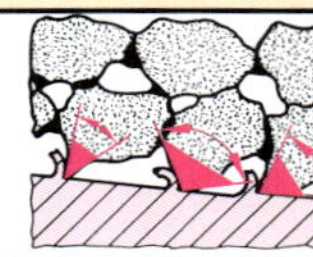
Anzahl der Schneiden	eine	zwei	mehrere	viele
Form und Lage der Schneide	bestimmt	bestimmt	bestimmt	unbestimmt

Alle Werkzeuge zum Zerteilen und Spanen haben keilförmige Schneiden.

3.3 Kraft

Damit Werkzeuge mit ihren Schneiden beim Zerteilen und Spanen Wirkungen an Rohteilen erzielen, sind immer Kräfte erforderlich. Bei manchen Verfahren werden diese Kräfte von Menschen aufgebracht **(Fertigungsverfahren von Hand)**, bei anderen Verfahren wirken die Kräfte von Maschinen auf Werkzeuge ein **(maschinelle Fertigungsverfahren)**.

- **Kraftwirkungen**

Kräfte sind nicht sichtbar, man erkennt sie nur an den Auswirkungen.

- Durch die Wirkung der Muskelkraft wird z. B. Flachmaterial gebogen.
  Kräfte bewirken **Formänderungen**.
- Durch die Wirkung der Muskelkraft wird z. B. ein Hammer aus der Ruhe in eine schnelle Bewegung versetzt.
  Kräfte bewirken **Bewegungsänderungen**.

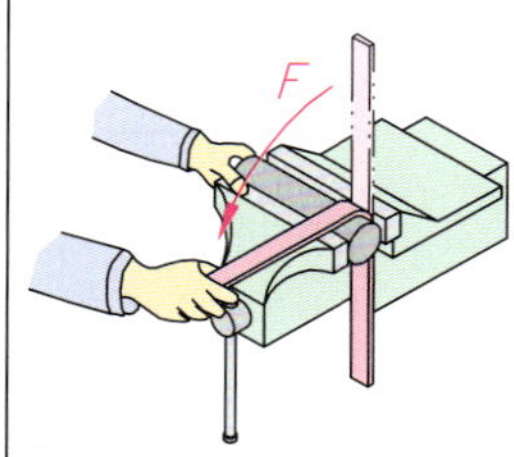

Formänderung

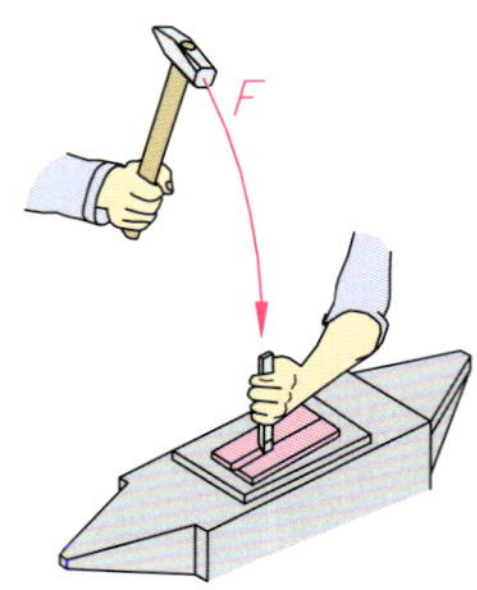

Bewegungsänderung

Kräfte können die Form oder den Bewegungszustand von Körpern ändern.

- **Maßeinheit der Kraft**

Die **Maßeinheit der Kraft** ist das Newton N (sprich: njutn). Auf einen Körper mit der Masse $m = 1$ kg wirkt am 45. Breitengrad in Meereshöhe eine Gewichtskraft von $F_G = 9{,}81$ Newton.

Für die Technik ist in vielen Fällen bei der Gewichtskraftberechnung eine etwa 2%ige Ungenauigkeit von untergeordneter Bedeutung, sodass für die Masse $m = 1$ kg auf der Erdoberfläche näherungsweise eine Gewichtskraft von $F_G = 10$ N angenommen werden kann.

Auf einen Körper mit der Masse $m = 1$ kg wirkt am 45. Breitengrad in Meereshöhe eine Gewichtskraft von $F_G = 9{,}81$ Newton (näherungsweise $F_G = 10$ N).

3.3.1 Kräftezerlegung am Keil

Wirkt eine Kraft auf einen Keil, so wird sie in Seitenkräfte zerlegt, die senkrecht auf den Seitenflächen des Keiles stehen. Im Versuch kann man die Größe der Seitenkräfte messen.
Die Größe der Seitenkräfte kann zeichnerisch mithilfe des Kräfteparallelogrammes ermittelt werden.
Eine Änderung des Keilwinkels bewirkt auch eine Änderung der Seitenkräfte.

Beispiele **für die Änderung der Seitenkräfte bei gleicher Kraft $F = 10$ N, aber unterschiedlichen Keilwinkeln β_0**

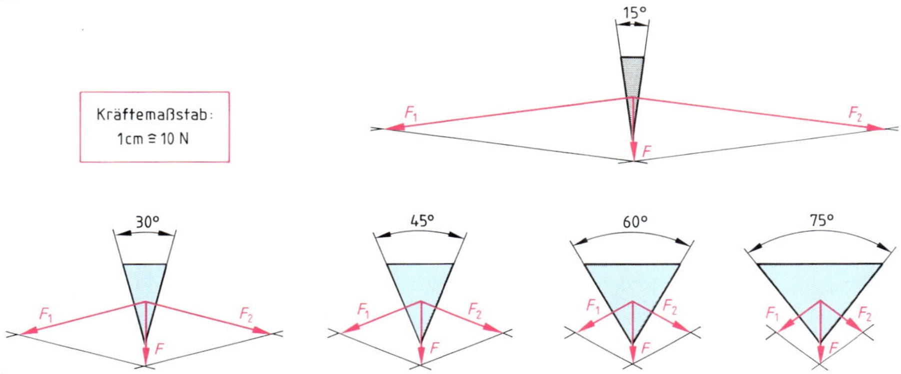

Keilwinkel β_0 Grad	**Seitenkraft F_1 N**	**Seitenkraft F_2 N**
15	38,3	38,3
30	19,3	19,3
45	13,1	13,1
60	10,0	10,0
75	8,3	8,3

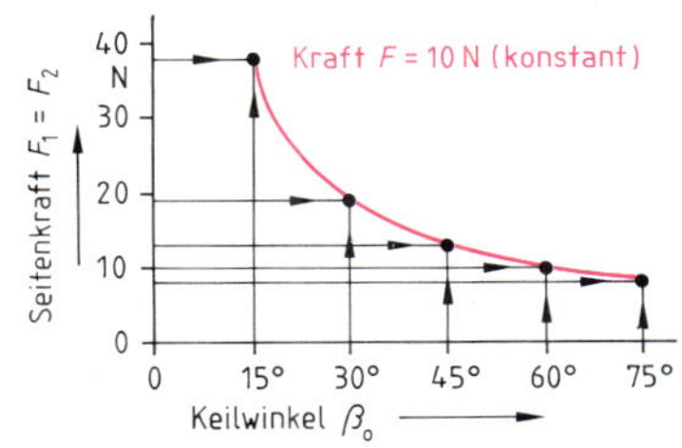

Bei gleichem Kraftaufwand erzielt man
- bei kleinen Keilwinkeln große Seitenkräfte,
- bei großen Keilwinkeln kleine Seitenkräfte.

3.3.2 Keilwinkel zur Bearbeitung unterschiedlicher Werkstoffe

Der geeignete Keilwinkel ergibt sich durch scheinbar widersprüchliche Anforderungen:
- Geringer Kraftaufwand erfordert einen kleinen Keilwinkel.
- Große Schneidenstabilität und große Schneidhaltigkeit erfordern einen großen Keilwinkel.

Es kann daher nur ein Kompromiss bei der Festlegung der Keilwinkelgröße geschlossen werden. Nur weiche Werkstoffe erlauben die Verwendung eines kleinen Keilwinkels. Harte Werkstoffe erfordern wegen der hohen Schneidenbeanspruchung einen großen Keilwinkel.

Die angegebenen Keilwinkel sind mittlere Werte für Werkzeuge zum Zerteilen. Da auch der Ablauf eines Fertigungsverfahrens Einfluss auf den Keilwinkel hat, können weitere Angaben nur bei den Verfahren gemacht werden.

Gebräuchliche Keilwinkel

Keilwinkel	**Werkstoff**
15°	Holz, Blei
30°	Aluminium, Kupfer
60°	Stahl mittlerer Festigkeit, Messing
80°	Stahl hoher Festigkeit

Für die Wahl des Keilwinkels gilt:
- harter Werkstoff → großer Keilwinkel, weicher Werkstoff → kleiner Keilwinkel.
- Keilwinkel β_0 so klein wie möglich, aber so groß wie nötig.

3.4 Zerteilen durch Scherschneiden

3.4.1 Scherschneiden

Zerteilt man Halbzeuge zwischen zwei Schneiden, die sich aneinander vorbei bewegen, so spricht man von Scherschneiden.

Beispiele **für das Scherschneiden**

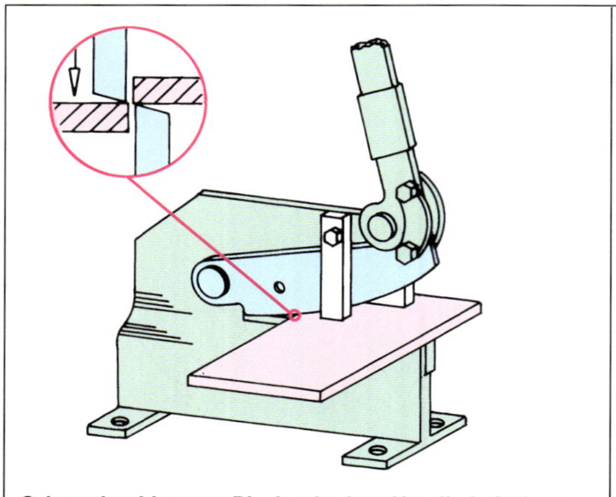

Scherschneiden von Blech mit einer Handhebelschere.

Kurze Schnitte an Blechen und Profilen zur Rohteilbearbeitung.

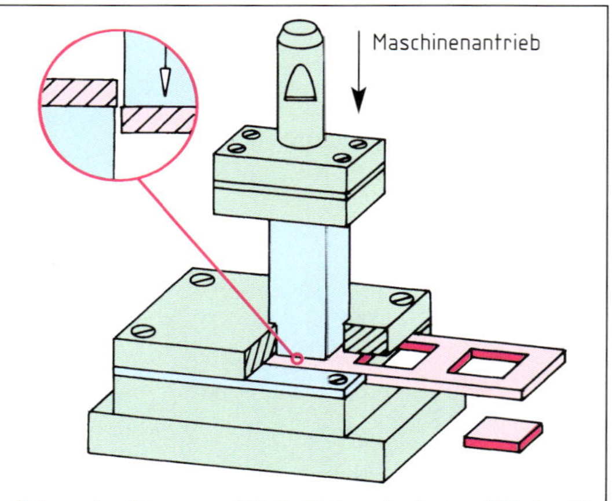

Scherschneiden von Werkstücken in hoher Stückzahl durch Formschneiden.

Wirtschaftliche Fertigung von hohen Stückzahlen mit hoher Form- und Maßgenauigkeit.

- **Schervorgang**

Beim Zerteilen durch Scherschneiden bewegen sich zwei Schneiden aneinander vorbei und verschieben Werkstoffteilchen bis zur vollständigen Trennung gegeneinander.

Vorgang des Scherschneidens

1. Verformungs-Phase	2. Schnitt-Phase	3. Bruch-Phase
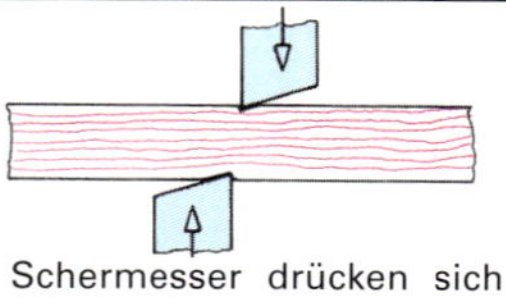 Die Schermesser drücken sich in den Werkstoff ein. Der Werkstoff wird *verformt*.	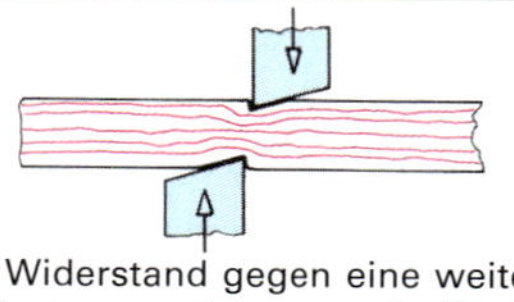 Der Widerstand gegen eine weitere Verformung wird zu groß. Es beginnt die eigentliche Schnittphase. Dabei werden Werkstoffteilchen gegeneinander *verschoben*.	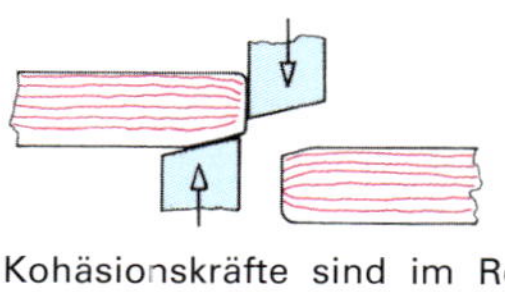 Die Kohäsionskräfte sind im Rest des Querschnittes kleiner als die äußeren Kräfte. Das führt schlagartig zum *Bruch*.

Um eine Werkstofftrennung zu begünstigen, erhalten die Schermesser einen Keilwinkel von 82° bis 83,5°. Die Druckfläche wird um einen Winkel von etwa 5° geneigt. Dadurch dringt die Innenkante des Schermessers als Schneide in den Werkstoff ein. Damit die beiden inneren Seitenflächen der Schermesser nicht unnötig Reibung verursachen, wird ein Freiwinkel α_0 von 1,5° bis 3° angeschliffen.

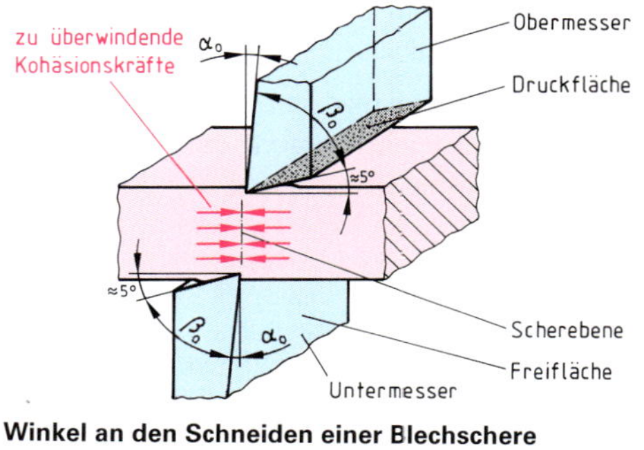

Winkel an den Schneiden einer Blechschere

Die Trennfläche zeigt die drei Bereiche *Verformung, Schnittfläche* und *Bruchfläche.* Der Anteil der drei Bereiche wird durch die Sprödigkeit des Werkstoffes beeinflusst. Bei spröden Werkstoffen wird der Anteil der Bruchfläche größer und der Anteil der Schnittfläche kleiner.

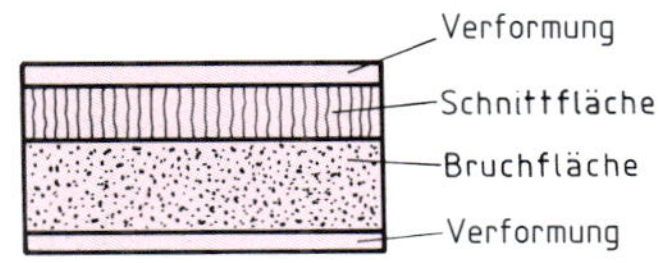

Trennfläche beim Scherschneiden

Beim Scherschneiden erfolgt die Trennung durch zwei Schneiden, welche die Werkstoffteilchen gegeneinander verschieben. Die Trennfläche zeigt Verformung, Schnittfläche und Bruchfläche.

- **Schneidspalt**

Die Schermesser müssen so geführt werden, dass zwischen den beiden Schneiden ein geringer Abstand vorhanden ist. Diesen Abstand nennt man Schneidspalt. Die Größe des Schneidspalts ist von der Werkstückdicke abhängig. Mit zunehmender Werkstückdicke nimmt die Größe des Schneidspalts zu.

- Ein zu enger Schneidspalt verursacht Reibung zwischen den Messern. Eine starke Abnutzung ist die Folge. Ein gegenseitiges Aufsetzen der Schermesser muss vermieden werden.
- Ein zu großer Schneidspalt führt zur Gratbildung am Werkstück.

Bei Maschinenscheren wird der Schneidspalt in Abhängigkeit von der Blechdicke eingestellt.

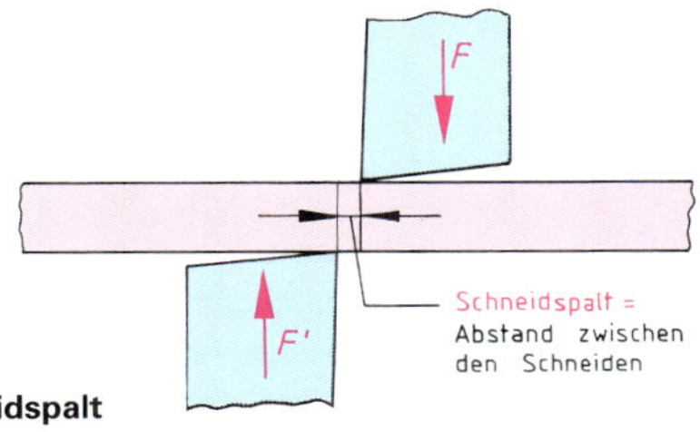

Schneidspalt

Der Abstand zwischen den Schneiden wird Schneidspalt genannt. Der Schneidspalt soll möglichst klein sein. Mit zunehmender Werkstoffdicke wird er größer eingestellt.

3.4.2 Scherenarten

- **Handblechscheren**

Nach der Winkelstellung der Schneiden beim Schnitt spricht man vom **kreuzenden Schnitt**. Als Folge des kreuzenden Schnittes sind die Schnittteile leicht gekrümmt.

Beispiele für Handhebelscheren

Blechschere	Durchlaufblechschere	Elektro-Handblechschere
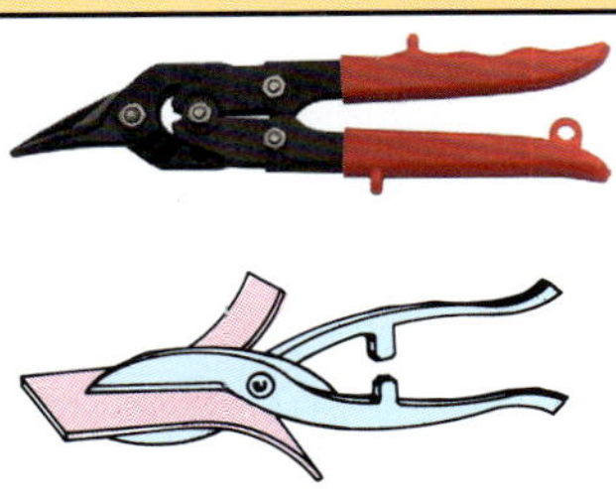 *Anwendung:* Für gerade Außenschnittlinien	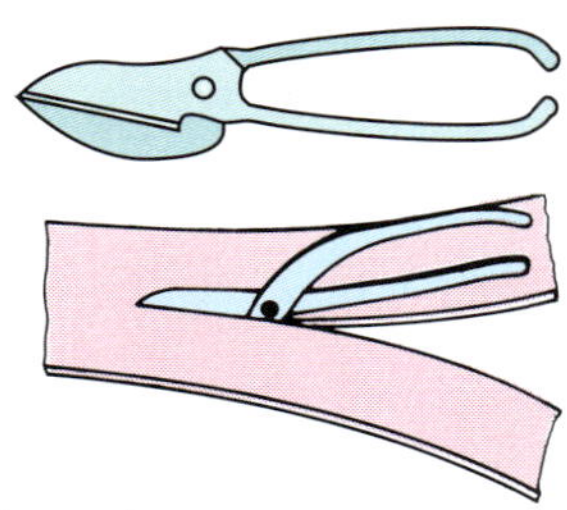 *Anwendung:* Für lange durchgehende Schnittlinien	 *Anwendung:* Für gerade und gebogene Schnitte an Blechen bis 2 mm Dicke

Bei Handscheren sucht man einen zu großen Schneidspalt zu verhindern, indem man die Messer unter Vorspannung setzt. Die Schneiden sind leicht gekrümmt und berühren sich stets nur in einem Punkt. Bei einer geschlossenen Schere liegt dieser Punkt an der Spitze der Schneiden. Beim Öffnen und Schließen der Schere verlagert sich der Berührungspunkt an die jeweilige Schnittstelle.

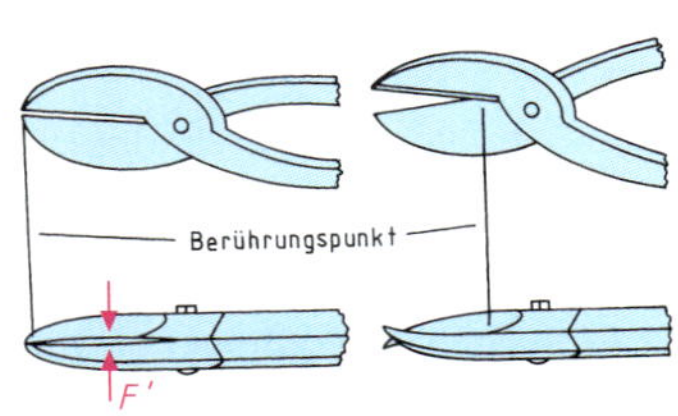

Vorspannung an einer Handschere

- **Handhebelschere**

Die mehrfache Hebelübersetzung der Handhebelschere vervielfacht die aufgewendete Muskelkraft und erlaubt somit das Trennen größerer Querschnitte. Mit der Handhebelschere können Schnitte bis etwa 200 mm Länge ohne Nachschieben ausgeführt werden.

Bewegt sich das Obermesser um einen Drehpunkt, so erreicht man mit einer bogenförmigen Schneide einen gleich bleibenden Öffnungswinkel zwischen den Schermessern.

Die Messerführung der Handhebelschere führt zu einem kreuzenden Schnitt. Dabei wird der unter dem Obermesser liegende Teil gekrümmt. Je dünner das Blech, desto stärker die Krümmung.

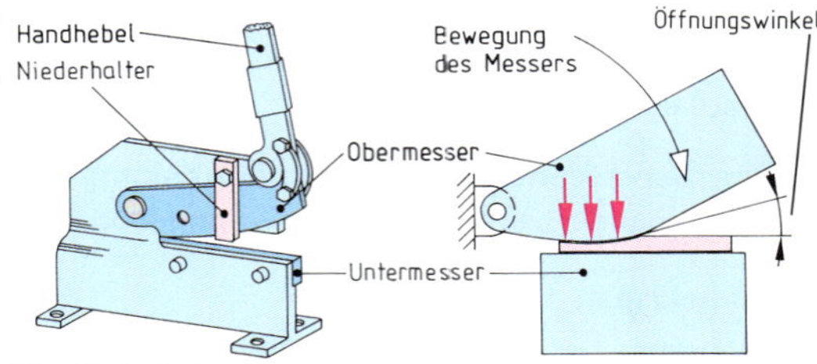

Handhebelschere

Handhebelscheren vervielfachen die Muskelkraft durch Hebelübersetzung und arbeiten mit kreuzendem Schnitt.

- **Niederhalter**

Die Scherkräfte erzeugen eine Drehwirkung, welche das Blech zu kippen versucht. Diese Drehwirkung wird mit größer werdendem Schneidspalt und durch stumpfe Schneiden noch beträchtlich verstärkt. Wird der Abstand zwischen den Schneiden so groß wie die Blechdicke, kann es zu einem Einklemmen oder Abkanten kommen.

Die Funktion des Niederhalters kommt nur voll zur Wirkung, wenn er auf die Blechdicke eingestellt wird.

An Handhebel- und Tafelscheren und an maschinell angetriebenen Scheren verhindern **Niederhalter** das Kippen.

Drehmoment des Niederhalters	=	Drehmomente der Schermesser

$$F_2 \cdot l_2 = F_1 \cdot l_1$$

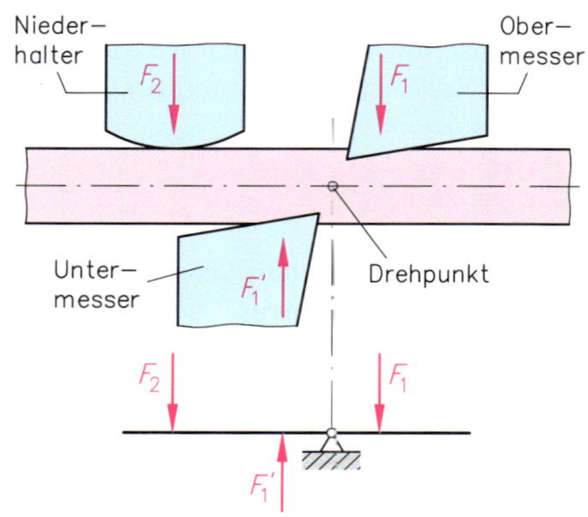

Wirkung des Niederhalters

Der Niederhalter verhindert eine Werkstückdrehung, indem er der Drehwirkung der Schermesser ein gleich großes Drehmoment entgegensetzt.

Hinweise zum Einsatz von Scheren

- Scharfkantige Blechteile stellen eine Verletzungsgefahr dar. Besonders beim Transportieren großer Blechtafeln sind Lederhandschuhe zu tragen oder Traghaken zu benutzen.
- Handblechscheren sind geschlossen aufzubewahren, sodass eine Verletzungsgefahr ausgeschlossen ist.
- Der Schneidspalt bei Handblechscheren ist durch Anziehen der Gelenkschraube möglichst klein einzustellen.
- Niederhalter an Handhebelscheren sind auf Blechdicke einzustellen.
- Lange Betätigungshebel an Handhebelscheren sind nach Benutzung gegen Herabfallen zu sichern.

4 Spanen von Hand und mit einfachen Maschinen

Der Schneidkeil dringt parallel zur Werkstückoberfläche in das Werkstück ein. An der vorderen Keilfläche bildet sich ein Span, der an dieser **„Spanfläche"** des Schneidkeils hochgeschoben wird. Dabei können bei weichen Werkstoffen folgende **Phasen** der Spanbildung unterschieden werden:

- Stauchen des Werkstoffs,
- Scheren des Werkstoffs,
- Hochgleiten des Werkstoffs.

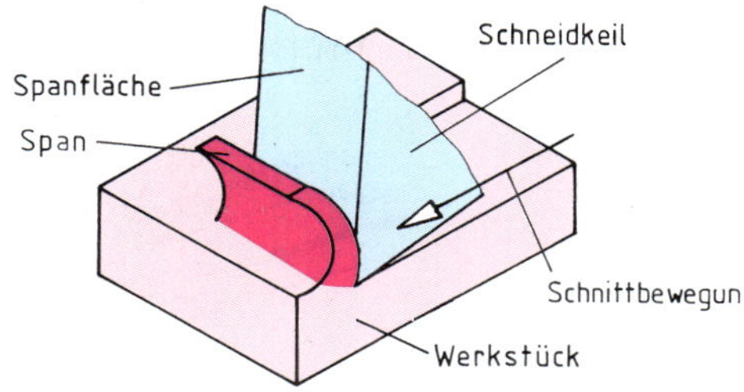

Spanbildung bei weichem Stahl

- **Winkel an der Werkzeugschneide**

Die Spanbildung wird wesentlich vom Schneidkeil und seiner Stellung zum Werkstück beeinflusst. Winkel an der Werkzeugschneide werden nach DIN 6581 gekennzeichnet.

Keilwinkel β_o	Freiwinkel α_o	Spanwinkel γ_o
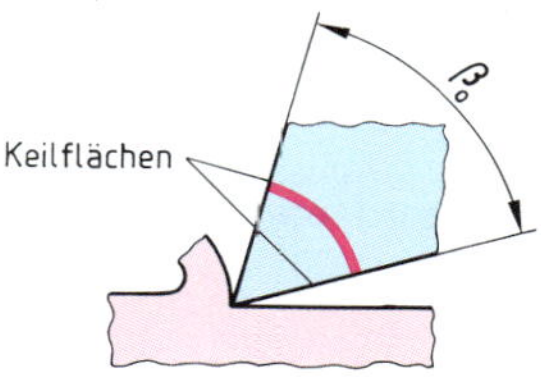	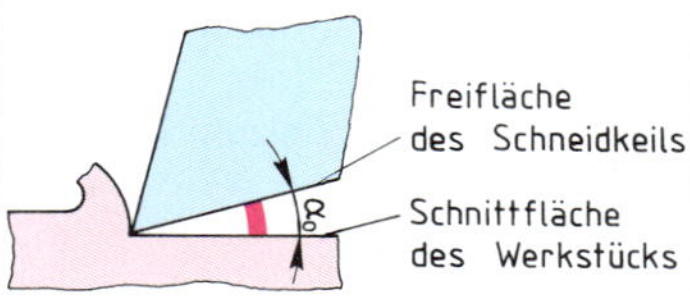	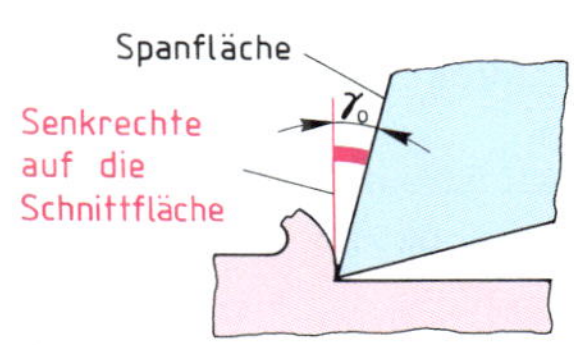
Der Winkel zwischen den von der Schneide ausgehenden Keilflächen ist der **Keilwinkel** β_o (beta).	Der Winkel zwischen der Schnittfläche des Werkstücks und der Freifläche des Schneidkeils wird **Freiwinkel** α_o (alpha) genannt.	Den Winkel zwischen Spanfläche des Schneidkeils und der Senkrechten auf die Schnittfläche des Werkstücks nennt man **Spanwinkel** γ_o (gamma).

Die Größe von Keil- und Spanwinkel wird hauptsächlich entsprechend dem zu bearbeitenden Werkstoff festgelegt. Der Freiwinkel bleibt bei allen Werkstoffen nahezu unverändert.

Durch die Festlegung der Winkel ergibt sich:

$$\text{Freiwinkel} + \text{Keilwinkel} + \text{Spanwinkel} = 90°$$
$$\alpha_o + \beta_o + \gamma_o = 90°$$

Die Winkel einer Werkzeugschneide werden so ausgewählt, dass die Schneide eine möglichst lange Standzeit erreicht, d. h., dass die Schneide möglichst lange Zeit der Abnützung standhält.

- **Schnittbewegung**

Bei der Spanabnahme findet eine Bewegung zwischen Werkzeug und Werkstück statt. Bei spanenden Fertigungsverfahren von Hand führt das Werkzeug diese **Schnittbewegung** aus.
Bei maschineller Fertigung kann die Schnittbewegung durch das Werkzeug oder das Werkstück erfolgen.

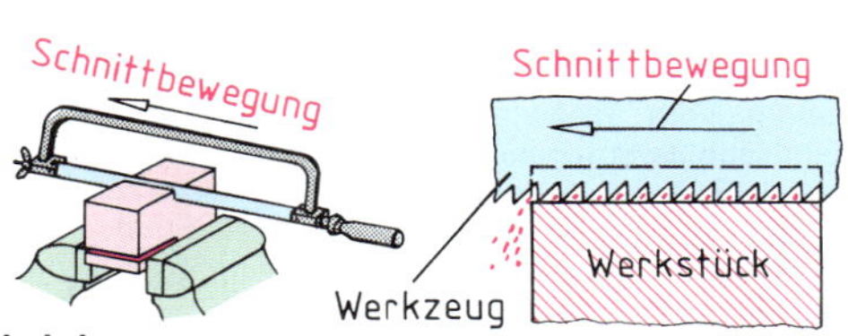

Schnittbewegung

Spanen ist ein Abtrennen von Werkstoffteilchen (Spänen) unter Einwirkung äußerer Kräfte mithilfe von keilförmigen Werkzeugschneiden. Die Spanabnahme erfolgt durch die Schnittbewegung zwischen Werkzeugschneide und Werkstück.

4.1 Sägen

Profilstäbe und Rohre werden häufig auf Roh- oder Fertiglänge gesägt. Das Trennverfahren Sägen wird vorwiegend dann angewendet, wenn eine ebene Schnittfläche ohne Verformung des Werkstücks verlangt wird.

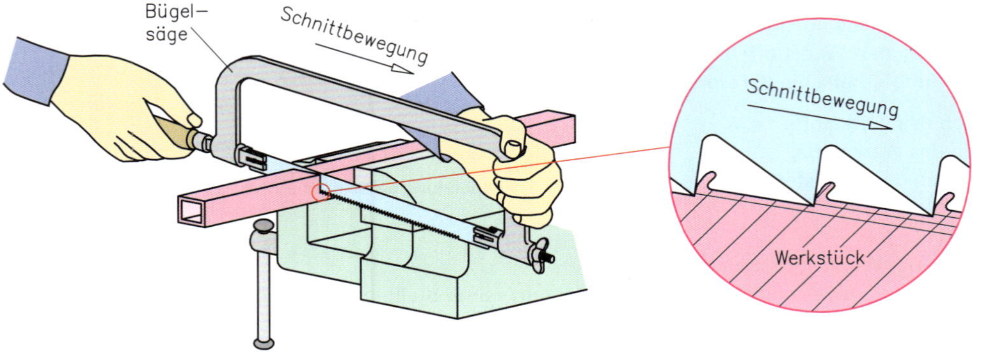

Ablängen mit der Handbügelsäge

Von dem zum Trennen verwendeten Werkzeug, dem Sägeblatt, werden kleine Späne durch eine Vielzahl hintereinander angeordneter Schneidkeile abgetrennt. Dabei wird der Werkstoff in der Schnittfuge durch die hintereinander liegenden Zähne gleichzeitig in mehreren Schichten zerspant.

> Sägen ist ein Trennverfahren, bei dem durch eine Vielzahl hintereinander angeordneter Keile kleine Späne abgetrennt werden.

- **Schneidenwinkel**

Die Winkel am Schneidkeil werden möglichst entsprechend der Werkstofffestigkeit gewählt, um mit geringem Kraftaufwand und geringem Werkzeugverschleiß eine große Trennleistung zu erreichen.

Schneidenwinkel an Sägeblättern

<table>
<tr><th colspan="2">gerade Sägeblätter</th><th>Kreissägeblätter</th></tr>
<tr><td>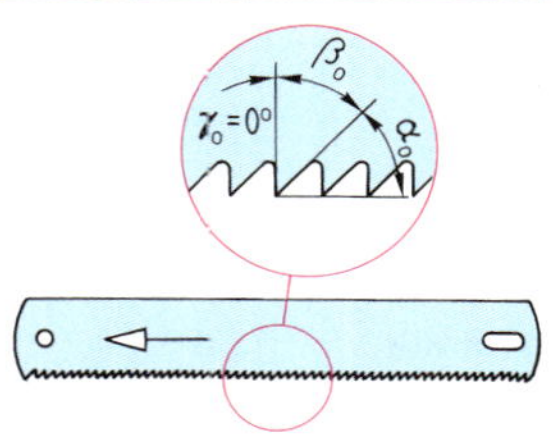

Handsägeblatt</td><td>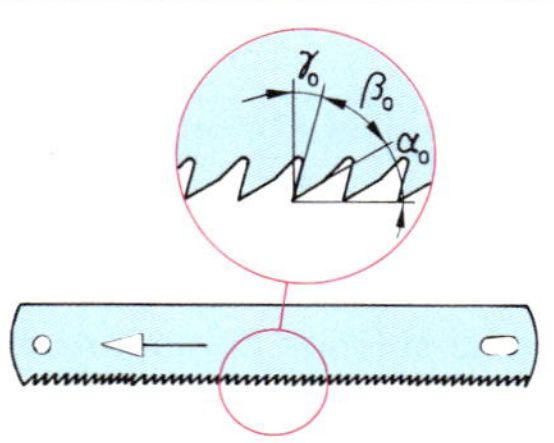

Maschinensägeblatt</td><td>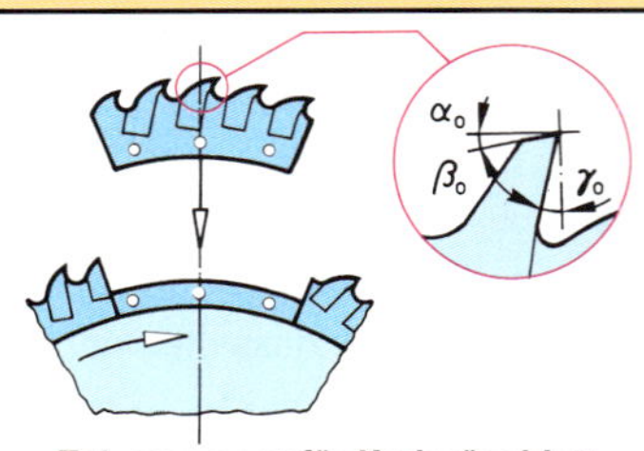

Zahnsegment für Kreissägeblatt</td></tr>
<tr><td>Wegen des vielseitigen Einsatzes sind die Schneidenwinkel unabhängig vom Werkstoff bei allen Handsägeblättern gleich.

Freiwinkel $\alpha_0 = 40°$
Keilwinkel $\beta_0 = 50°$
Spanwinkel $\gamma_0 = 0°$</td><td colspan="2">Zum Trennen bestimmter Werkstoffe werden die günstigsten Schneidenwinkel ausgewählt.
<table><tr><th>Werkstoff</th><th>Freiwinkel α_0</th><th>Spanwinkel γ_0</th></tr><tr><td>Stahl</td><td>8°</td><td>15°–18°</td></tr><tr><td>Messing</td><td>8°</td><td>10°–12°</td></tr><tr><td>Aluminium, Kupfer</td><td>10°</td><td>22°–25°</td></tr></table></td></tr>
</table>

> Alle Handsägeblätter haben gleiche Schneidenwinkel. Die Auswahl der Schneidenwinkel eines Maschinensägeblattes richet sich nach dem zu sägenden Werkstoff.

- **Zahnteilung**

In Betrieben, in denen Halbzeuge mit geringen Wandstärken aus unterschiedlichen Werkstoffen von Hand gesägt werden, benutzt man Sägeblätter mit einer Zahnteilung von 24 Zähne pro Zoll. Der Abstand zwischen benachbarten Zähnen beträgt daher $\frac{25{,}4\ \text{mm}}{24} = 1{,}06$ mm. Eine **Zahnteilung** dieser Größenordnung wird **„mittel"** genannt. In Werkstätten, in denen ausschließlich Vollmaterialien aus Werkstoffen mit geringer Festigkeit, wie z. B. Aluminium, Kupfer u. Ä., gesägt werden, benutzt man Sägeblätter mit der Zahnteilung **„grob"**. Die Zahnlücken sind groß und können die anfallenden Sägespäne besser aufnehmen.

Zahnteilung *t*		Werkstoff
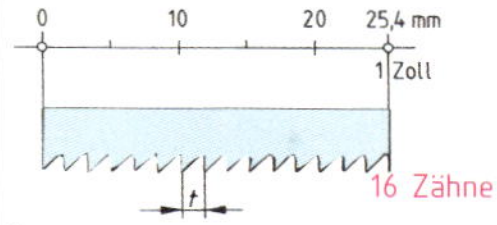	grob $t \approx 1{,}6$ mm	Aluminium Kupfer Pressstoff Holz Vollmaterial
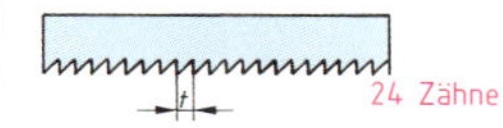	mittel $t \approx 1{,}1$ mm	Baustahl Messing Gusseisen
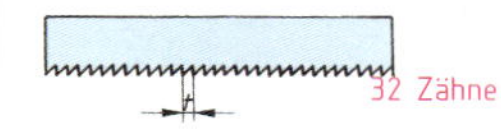	fein $t \approx 0{,}8$ mm	Werkzeug-stahl Stahlguss dünnwandige Profile

Für das Sägen von Blechen, Blechprofilen und dünnwandigen Rohren benutzt man Sägeblätter mit der Zahnteilung **„fein"**. Durch den geringen Abstand sind beim Sägen stets mehrere Zähne im Einsatz. Das Sägeblatt hakt darum nicht und es brechen keine Zähne aus.

Im Interesse einer hohen Wirkungsweise des Sägeblattes ist in Abhängigkeit von der Festigkeit des zu sägenden Werkstoffs möglichst eine grobe Zahnteilung zu wählen, jedoch sollten mindestens drei Zähne im Einsatz sein.

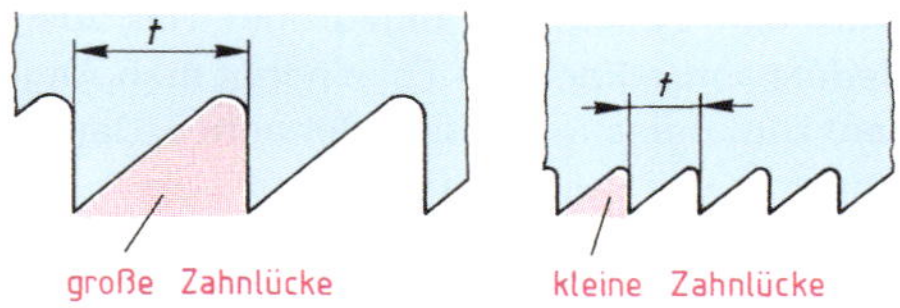

Zahnteilung und Zahnlücke

Die Zahnteilung bei Sägen ist der Abstand zweier benachbarter Zähne. Zur Kennzeichnung von Sägeblättern wird meist die Zähnezahl angegeben, die sich auf einem Zoll der Sägeblattlänge befindet.

- **Freischnitt**

Beim Sägen muss die Schnittfuge *a* breiter sein als die Sägeblattdicke *b*, um ein Klemmen des Sägeblattes zu verhindern. Die Sägeblätter werden deshalb so gestaltet, dass sie sich seitlich *selbst freischneiden* und damit die unerwünschte Reibung herabgesetzt wird. Die Verbreiterung der Schnittfuge heißt Freischnitt.

Erzeugen des Freischnitts

Wellen	Schränken	Hohlschleifen	Einsetzen breiter Zähne
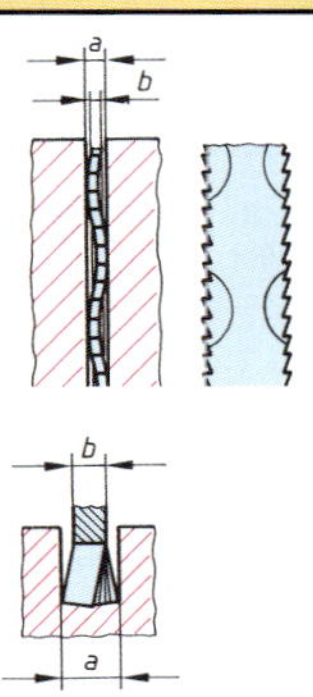	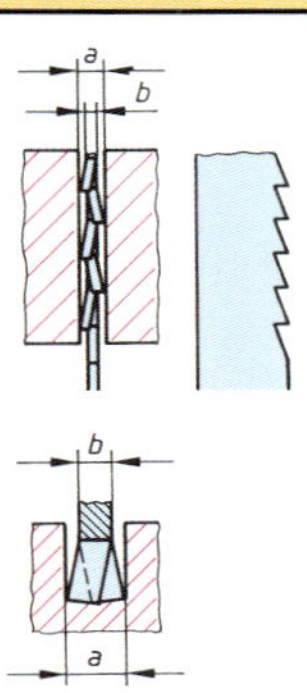	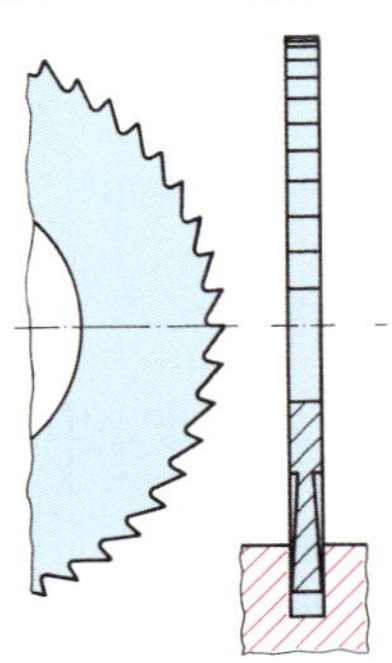	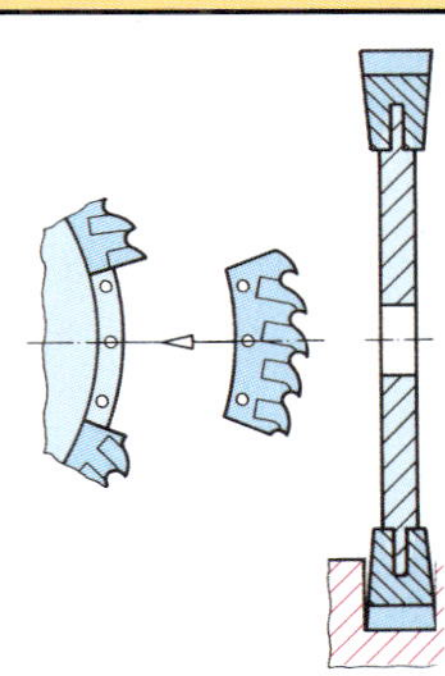
Handsägeblätter	Maschinensägeblätter	kleine Kreissägeblätter	große Kreissägeblätter

Ein Sägeblatt schneidet frei, wenn die Schnittfuge breiter als die Sägeblattdicke ist.

4.2 Feilen

Feilarbeiten

Bei der Herstellung von Werkstücken in Einzelfertigung werden weitgehend vorgearbeitete Werkstücke häufig durch Feilen fertig gestellt.

Beispiele für Feilarbeiten

Entgraten:

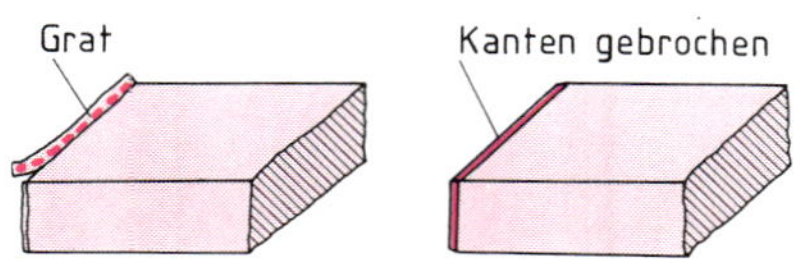

Einpassen:

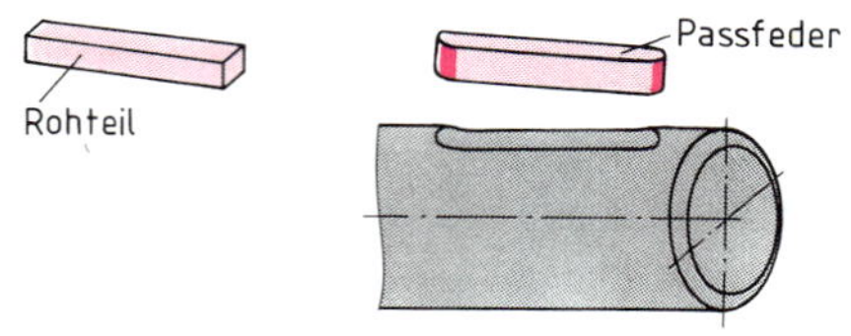

Aufbau und Wirkungsweise der Feile

Bei der Feile sind keilförmige Schneiden hintereinander auf dem **Feilenblatt** angeordnet. Das ausgeschmiedete spitze Ende der Feile nennt man **Angel.** Sie dient zum Befestigen des Feilenheftes. Dadurch kann man mit der Feile gefahrlos arbeiten.

Die Schneidkeile werden in die Feile gefräst oder gehauen. Dadurch ergeben sich verschiedene Zahnformen.

Zur Bearbeitung weicher Werkstoffe werden **gefräste Feilen** mit großen Spanlücken und positivem Spanwinkel verwendet.

Gehauene Feilen haben negativen Spanwinkel und kleinere Spanlücken. Sie werden daher bei Bearbeitung von härteren Werkstoffen eingesetzt.

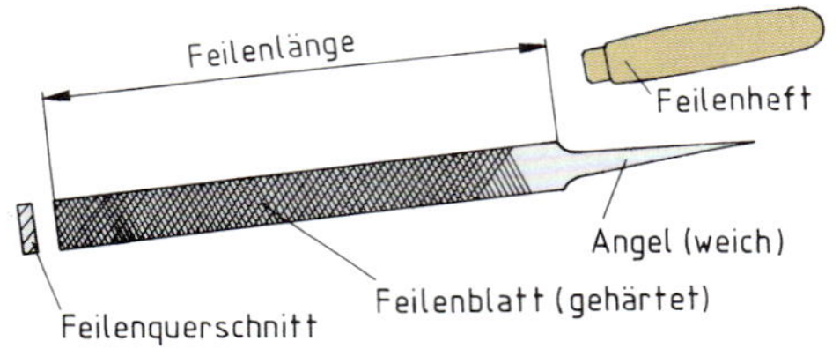

Aufbau einer Feile

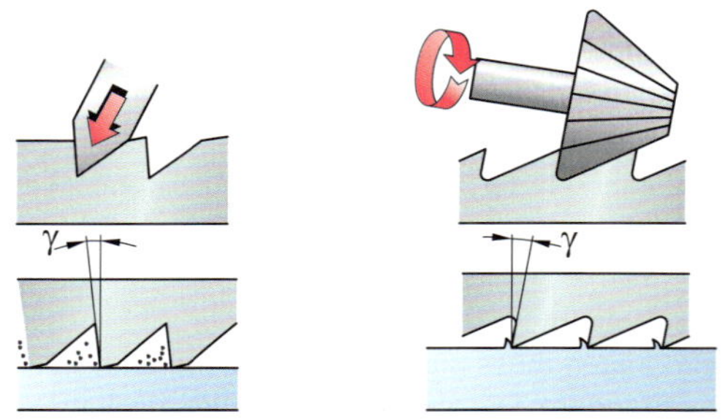

gehauene Zähne   gefräste Zähne

Feilenhieb

Darüber hinaus unterscheidet man bei Feilen noch zwischen **Hiebart** und **Hiebzahl**.

Für Schrupparbeiten werden Feilen mit einer **kleinen Hiebzahl** verwendet; sie ergeben eine grobe Bearbeitungsfläche. Feilen mit **großer Hiebzahl** ergeben glatte Oberflächen und werden daher für Schlichtarbeiten eingesetzt.

Feilen mit **Raspelhieb** werden zur Bearbeitung von Holz- oder Lederteilen verwendet.

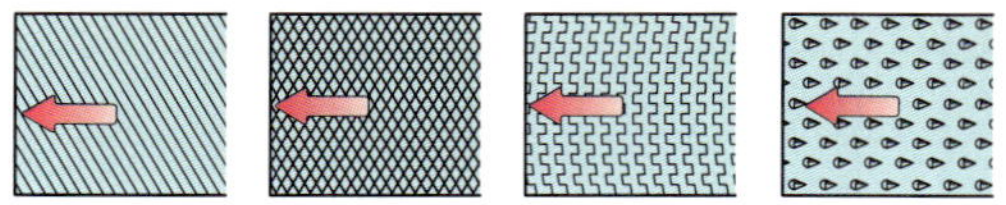

Einhieb   Kreuzhieb   Hieb mit Spanteiler   Raspelhieb

Hiebarten

Feilenformen

Für Feilarbeiten gibt es eine Vielzahl von Feilenquerschnitten.

Bei Werkstattfeilen werden bestimmte Querschnittsformen angeboten, bei anderen Feilenarten gibt es entsprechende Feilenformen, z. B. Löffelfeilen, gebogene Feilen.

Die Feilenform wird entsprechend der zu erarbeitenden Werkstückform ausgewählt.

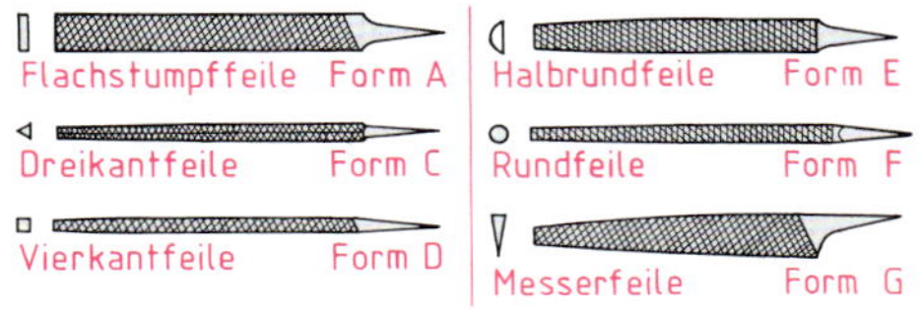

Querschnittsformen von Werkstattfeilen

4.3 Bohren

Ein Bohrer trennt während der Drehbewegung Späne ab, wenn gleichzeitig eine geradlinige Bewegung in Werkstückrichtung erfolgt.

- Die Drehbewegung des Bohrers nennt man **Schnittbewegung**.
- Die zur Spanabnahme notwendige geradlinige Bewegung des Bohrers wird **Vorschubbewegung** genannt.

Die Überlagerung der Bewegungen ergibt eine wendelförmige Bewegung der Schneidecken.

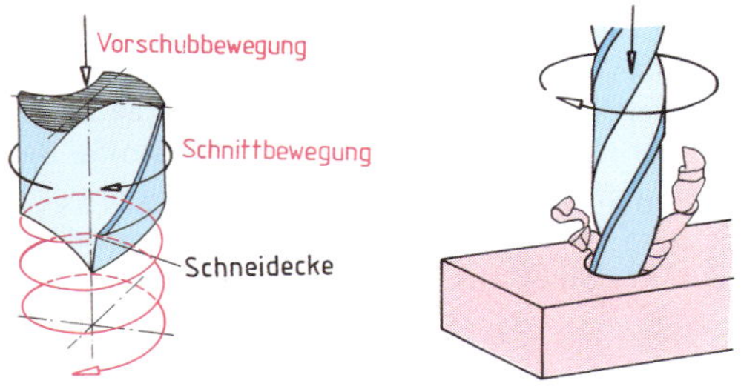

Wendelförmige Bohrbewegung

Die Spanabnahme beim Bohren erfolgt durch das Zusammenwirken einer kreisförmigen Schnittbewegung und einer geradlinigen Vorschubbewegung.

4.3.1 Spiralbohrer

- **Aufbau und Winkel**

Spiralbohrer sind die am häufigsten verwendeten Bohrwerkzeuge. Die Vielseitigkeit des Einsatzes bei der Bearbeitung unterschiedlicher Werkstoffe erfordert eine genauere Betrachtung der Bohrerform und seines Anschliffs.

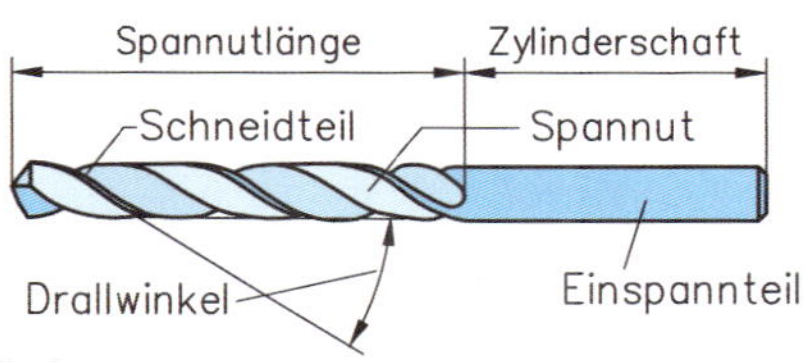

Spiralbohrer

Im Schneidteil des Bohrers befinden sich zwei gegenüberliegende, wendelförmig aufsteigende **Spannuten.** Der Winkel zwischen Spannut und Bohrerachse wird **Drallwinkel** genannt. Er entspricht dem **Spanwinkel** γ_o des Schneidkeils am Bohrer. Die beiden **Hauptschneiden** schließen den **Spitzenwinkel** σ (sigma) von meist 118° ein. Die beiden Freiflächen sind um den **Freiwinkel** α_o geneigt.

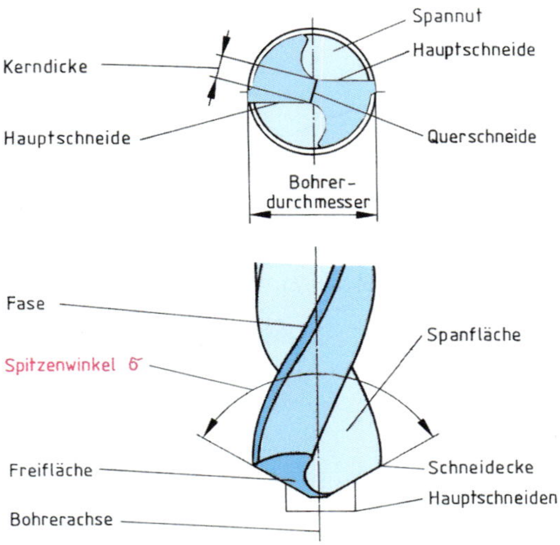

Benennungen und Winkel am Spiralbohrer

Winkel an den Bohrerschneiden

Freiwinkel	+	Keilwinkel	+	Spanwinkel	= 90°
α_o	+	β_o	+	γ_o	= 90°

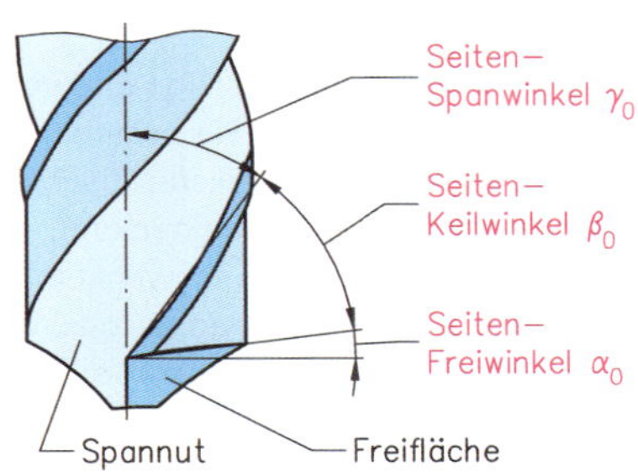

Beim Spiralbohrer bestimmt der Drallwinkel den Spanwinkel. Der Hinterschliff ergibt den Freiwinkel. Durch beide Winkel wird der Keilwinkel festgelegt. Die Bohrerfase dient der Führung.

- **Spiralbohrertypen**

Zur Bearbeitung von Werkstoffen mit unterschiedlicher Festigkeit stehen verschiedene Spiralbohrertypen zur Verfügung. Danach gibt es den Grundtyp N für Werkstoffe mittlerer Festigkeit und die Typen W und H für weiche bzw. härtere Werkstoffe. Bedingt durch den unterschiedlichen Drall ergibt sich z. B. beim Typ H aus einem kleinen Drallwinkel ein großer Keilwinkel mit großer Schneidenstabilität.

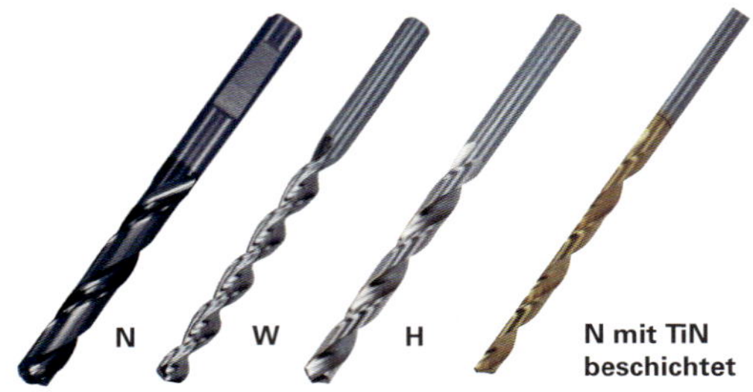

Spiralbohrertypen

Spiralbohrer werden aus HSS, HSS mit Titannitrid-Beschichtung (TiN), aus Vollhartmetall oder mit eingesetzten Hartmetallschneidplatten gefertigt. Bohrer mit TiN-Beschichtung erzielen bei höheren Schnittgeschwindigkeiten längere Standzeiten. Zur Bearbeitung hochlegierter oder gehärteter Stähle werden Hartmetallbohrer verwendet. Spiralbohrer für den Einsatz an CNC-Maschinen haben – zur besseren Kühlung und zum Ausschwemmen der Späne aus dem Bohrloch – Kühlkanäle.

- **Einspannen von Bohrern**

Die Mitnahme des Bohrers erfolgt bei allen Einspannverfahren durch Reibung.

Bohrer mit zylindrischem Schaft	Bohrer mit kegligem Schaft
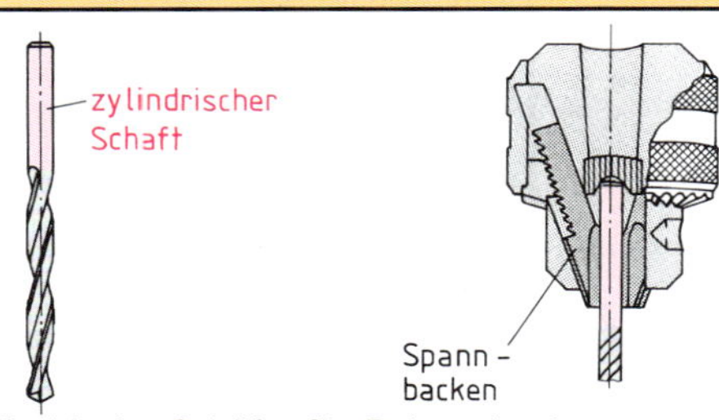	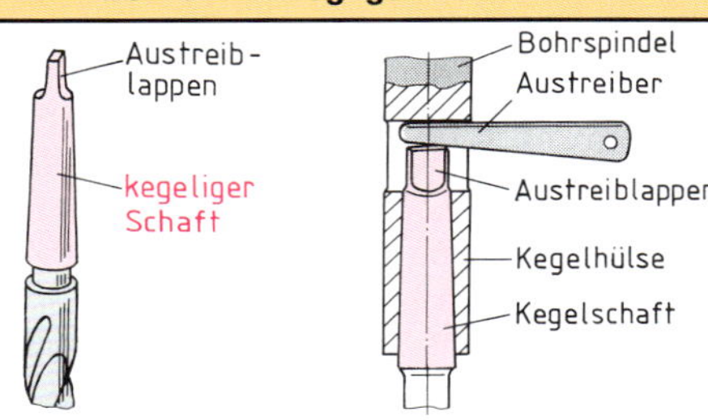
Zylindrische Schäfte für Bohrerdurchmesser bis 13 mm	Keglige Schäfte ab 13 mm Bohrerdurchmesser Morsekegel MK0 bis MK6

4.3.2 Bohrmaschinen

Unterschiedliche Werkstücke mit Bohrungen, die sich in der Größe, Lage und Genauigkeit unterscheiden, erfordern den Einsatz verschiedenartiger Bohrmaschinen. So unterschiedlich die Konstruktionen der Bohrmaschine sind, so führen sie alle die für den Bohrvorgang notwendigen Bewegungen aus.

Häufig werden Säulenbohrmaschinen in Handwerks- und Industriebetrieben eingesetzt. Sie bestehen aus einer Grundplatte, Rundsäule, Werkstücktisch und der Antriebseinheit im Bohrmaschinenkopf. Der Werkstücktisch ist um die Rundsäule schwenkbar und höhenverstellbar, er dient zum Aufspannen der Werkstücke. Der Antrieb der Bohrspindel kann mit einer Verstellung der Umdrehungsfrequenzen in Stufen oder stufenlos erfolgen.

Produktionsmaschinen werden serienmäßig mit stufenloser Umdrehungsfrequenzregelung und digitaler Anzeige von Umdrehungsfrequenz und Bohrtiefe ausgestattet. Als Sonderausstattung sind Gewindeschneid- und Vorschubeinrichtungen im Einsatz.

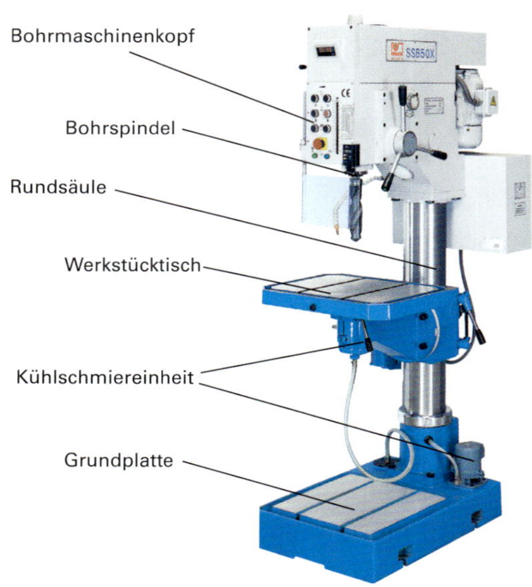

Säulenbohrmaschine

4.3.3 Einspannen der Werkstücke beim Bohren

Kleine Werkstücke werden in einen Maschinenschraubstock eingespannt. Der Maschinenschraubstock eignet sich zum Spannen von Werkstücken mit parallelen Anlageflächen.
Prismatische Ausarbeitungen in den Spannbacken ermöglichen ein genaues Spannen zylindrischer Werkstücke in waagerechter und senkrechter Richtung.

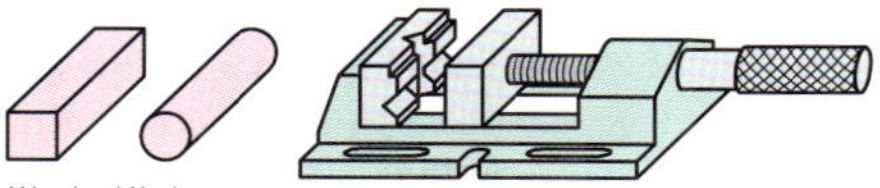

Maschinenschraubstock für Bohrmaschinen

Große Werkstücke werden mit Spannelementen direkt auf dem Bohrtisch befestigt. Spannelemente gibt es in vielgestaltigen Ausführungsformen. Ein Werkstück kann z. B. mithilfe von Spanneisen, Spannschrauben und Schraubbock gegen Parallelanschläge gespannt werden. Bei Durchgangslöchern muss durch Zwischenlagen ein Auslauf für die Bohrspitze geschaffen werden.

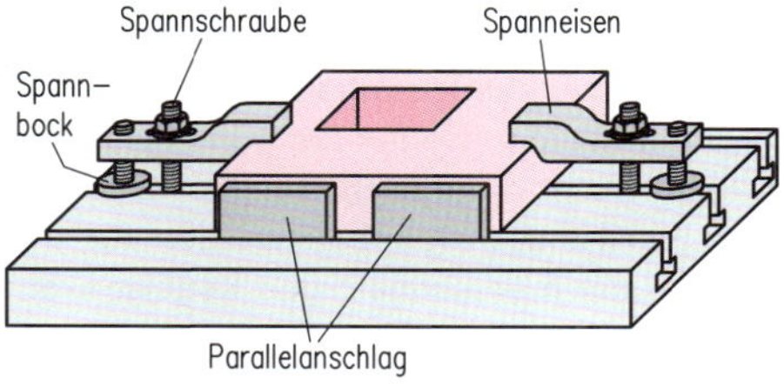

Aufspannen von Werkstücken mit Spannelementen

Bei Serienfertigung werden die Werkstücke zum Bohren in Bohrvorrichtungen gespannt. Die Spannkraft kann dabei mechanisch, hydraulisch oder pneumatisch aufgebracht werden. Jedes Werkstück wird so in der gleichen Lage festgespannt. Außerdem wird der Bohrer durch gehärtete Bohrbuchsen so genau geführt, dass die Lage der Bohrungen an allen Werkstücken übereinstimmt.

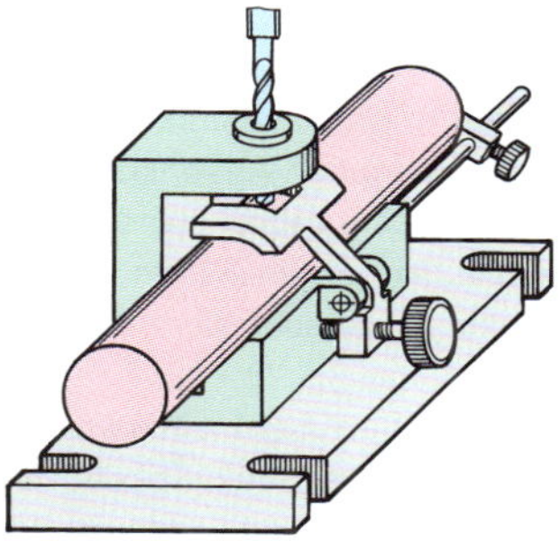

Bohrvorrichtung für zylindrische Werkstücke

Durch Spannzeuge und Spannvorrichtungen erreicht man:
- ein schnelles und genaues Spannen der Werkstücke und
- eine Verringerung der Unfallgefahren.

4.3.4 Sicherheitshinweise zum Bohren

- Vor Inbetriebnahme Maschine auf Betriebssicherheit überprüfen.
- Bohrer zentrisch und fest einspannen. Spannschlüssel sofort wieder entfernen und sicher ablegen – nicht an Kette oder Schnur befestigen.
- Werkstück ausrichten und so sicher einspannen, dass es gegen Mit- und Hochreißen gesichert ist.
- Beim Bohren dünner Werkstücke Unterlagen aus Holz oder Kunststoff verwenden.
- Arbeitskleidung mit eng anliegenden Ärmeln tragen, bei langen Haaren Haarnetz benutzen, bei spröden Werkstoffen Schutzbrille tragen.
- Laufende Arbeitsspindel nach Abschalten der Maschine nicht mit der Hand abbremsen.
- Vorsicht vor Schnittverletzungen infolge Gratbildung.
- Bei Maschinen mit rotierenden Teilen **keine** Schutzhandschuhe tragen.

4.4 Senken

Senken ist ein dem Bohren verwandtes spanendes Bearbeiten. Durch Senken erhalten zylindrische Löcher ihre zur Aufnahme von Verbindungselementen wie Schrauben, Niete, Stifte notwendige Form.

Damit beim Senken glatte Oberflächen erzielt werden, arbeitet man mit niedrigen Schnittgeschwindigkeiten und geringem Vorschub. Schnittgeschwindigkeit und Vorschub sollen etwa halb so groß sein wie beim Bohren unter gleichen Bedingungen.

- **Entgraten**

Durch Entgraten werden scharfkantige Bohrungen gratfrei gemacht, damit sie einwandfreie Anlageflächen erhalten. Schnittverletzungen werden vermieden. Zum Entgraten werden wegen der günstigen Schnittbedingungen meist die einschneidigen Kegelsenker (Entgrater) verwendet. Daneben werden für tiefere Ansenkungen die mehrschneidigen Kegelsenker mit 5 bis 12 Schneiden eingesetzt.

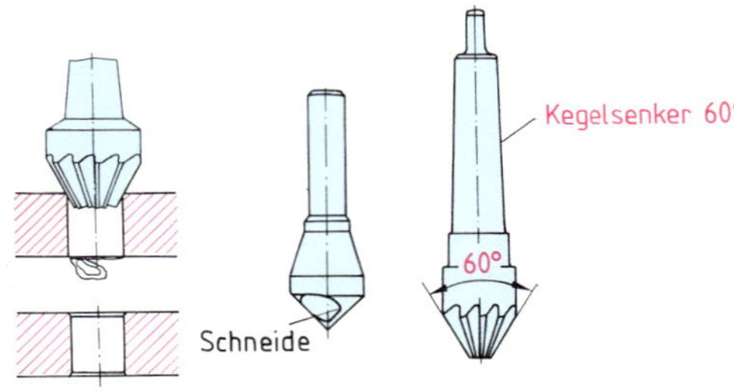

Entgraten

Zum Entgraten verwendet man meist einschneidige Entgrater oder Kegelsenker 60°.

- **Kegeliges Ansenken**

Zur Aufnahme der Köpfe von Senknieten und Senkschrauben werden kegelige Ansenkungen benötigt. Senkniete und Senkschrauben haben unterschiedliche Kegelwinkel. In beiden Fällen werden mehrschneidige Senker in verschiedenen Ausführungsformen verwendet.
Senker für Niete haben Senkwinkel von 75°, 60° oder 45°. Die Größe des Senkwinkels richtet sich nach dem Nietdurchmesser. Für kleine Bohrungen gelten große Senkwinkel, für große Bohrungen die kleinen Senkwinkel.
Senker für Schrauben haben einen Senkwinkel von 90°. Solche Senker gibt es auch mit Führungszapfen, wodurch erreicht wird, dass die Senkung genau zentrisch zur Bohrung liegt.

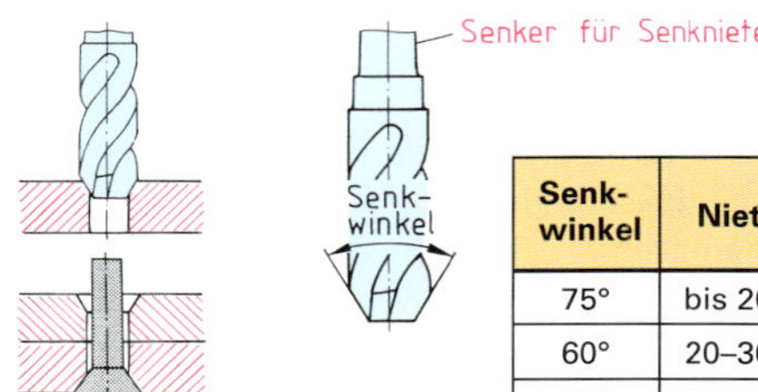

Senk-winkel	Niet-∅
75°	bis 20 mm
60°	20–30 mm
45°	30–36 mm

Senken für Senkniete

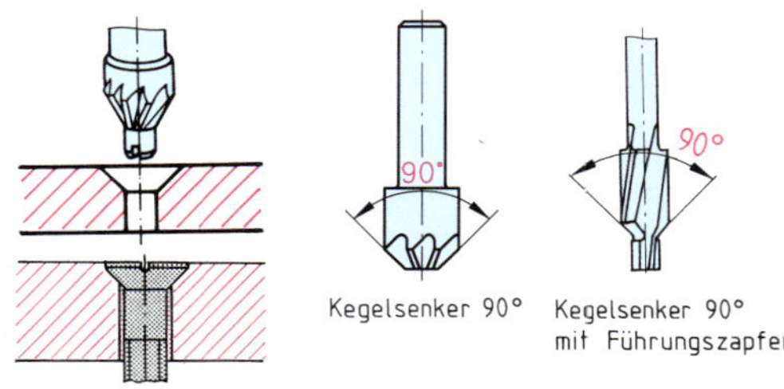

Senken für Senkschrauben

Zum kegeligen Ansenken von Bohrungen verwendet man:
- für Senkniete bis ∅ 20 mm Kegelsenker 75°
- für Senkschrauben Kegelsenker 90°.

- **Zylindrisches Einsenken**

Für die Aufnahme zylindrischer Schraubenköpfe von Innensechskant- oder Zylinderkopfschrauben benötigt man zylindrische Senkungen.
Solche Senkungen fertigt man mit Flachsenkern, die einen Führungszapfen haben. Der Führungszapfen kann auswechselbar sein. Dadurch kann ein Senker für verschiedene Bohrungsdurchmesser verwendet werden. Flachsenker sind mehrschneidige Werkzeuge mit höchstens vier Schneiden und werden zum Planansenken oder Planeinsenken verwendet.

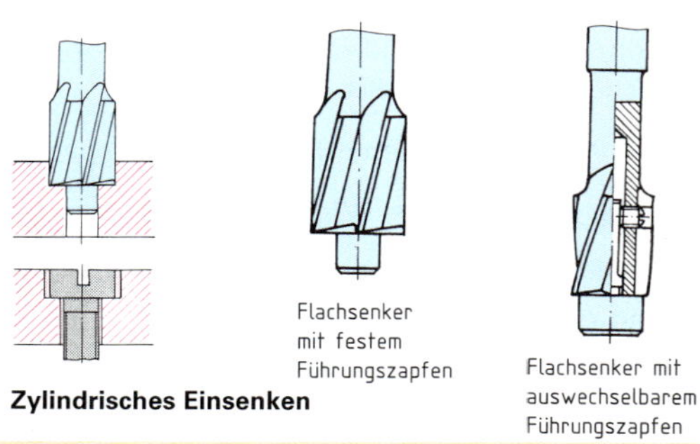

Zylindrisches Einsenken

Zum zylindrischen Ansenken von Bohrungen verwendet man Flachsenker mit Führungszapfen.

4.5 Gewindeschneiden

4.5.1 Aufbau und Maße von Gewinden

Gewinde und Schraubenlinie

Bei der Gewindeherstellung wird entlang einer Schraubenlinie eine fortlaufende Rille in das Werkstück eingearbeitet. Die Gewinderillen mit dem dazwischen verbliebenen Werkstoff werden Gewindeprofil genannt.

- Arbeitet man das Gewindeprofil in die Mantelfläche eines Bolzens ein, so erhält man **Außengewinde**.
- Arbeitet man das Gewindeprofil in die Mantelfläche einer Bohrung ein, so erhält man **Innengewinde**.

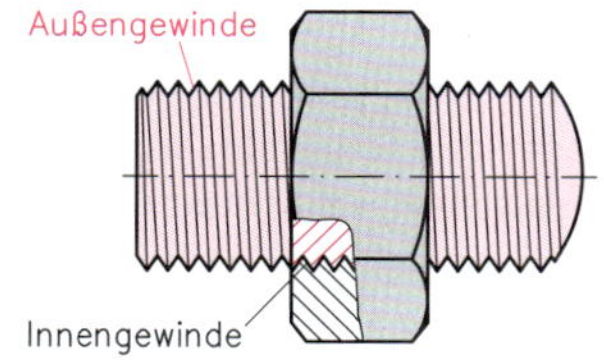

Außen- und Innengewinde

Die Abwicklung des Zylindermantels zwischen Grundfläche des Zylinders bis zur Schraubenlinie ergibt ein rechtwinkliges Dreieck. Die Höhe des Dreiecks ist gleich dem Anstieg bei einer Umdrehung und wird **Steigung** genannt. Aus Steigung und Umfang des zylindrischen Körpers ergibt sich der Verlauf der Schraubenlinie.

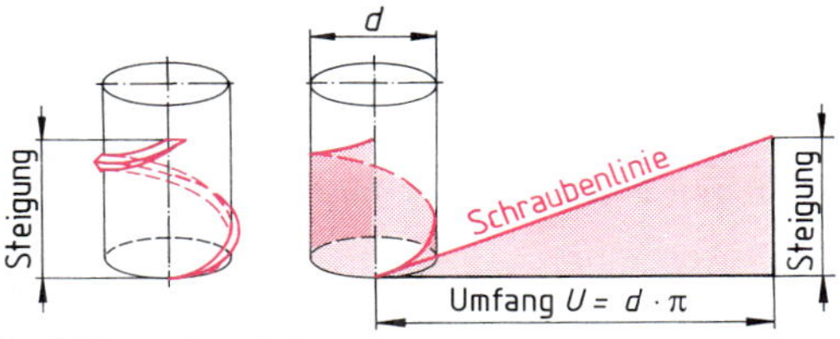

Abwicklung einer Schraubenlinie

Das rechtwinklige Dreieck aus Umfang, Steigung und Schraubenlinie wird Steigungsdreieck genannt.

Gewindemaße des metrischen ISO-Gewindes

Bauteile mit Gewinden müssen austauschbar sein. Aus diesem Grund sind Gewinde in allen Einzelheiten genormt. Am häufigsten wird das metrische ISO-Regelgewinde verwendet. Seine Maße sind in ÖNORM M 1501 festgelegt. Man benennt die

- Maße des Außengewindes mit **kleinen** Buchstaben,
- Maße des Innengewindes mit **großen** Buchstaben.

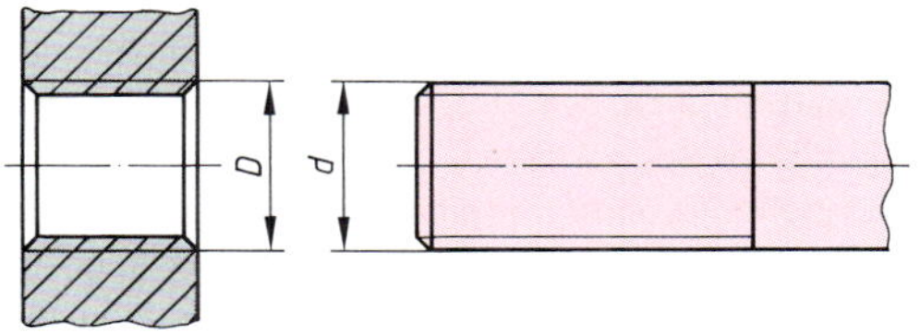

Gewinde-Nenndurchmesser

Nenndurchmesser (*D* und *d*)

Der Nenndurchmesser ist der äußere Gewindedurchmesser.

Kerndurchmesser (D_1 und d_3)

Bei Außengewinden wird der Durchmesser des noch vorhandenen Restquerschnittes als Kerndurchmesser bezeichnet. Beim Innengewinde entspricht der Kerndurchmesser etwa dem Durchmesser des herzustellenden Bohrloches.

Steigung (*P*)

Die Steigung ist die Längsbewegung, die ein Gewinde bei einer Umdrehung vollzieht.

Flankenwinkel

Als Flankenwinkel bezeichnet man den Winkel zwischen den Gewindeflanken. Er beträgt bei metrischen ISO-Regelgewinden 60°.

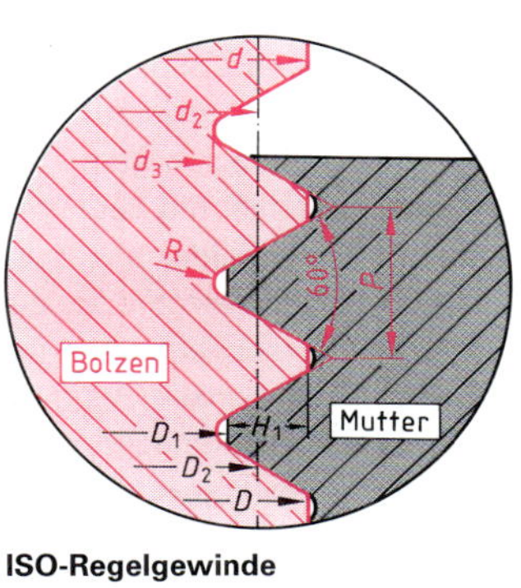

Metrisches ISO-Regelgewinde

Weitere Details zum Thema Gewinde, wie Bezeichnungen am Gewinde, Selbsthemmung, Einteilung der Gewinde nach dem Verwendungszweck, nach dem Gewindeprofil, nach der Gangzahl, nach dem Drehsinn, usw. sind auf Seite 120 im Abschnitt 2.1 nachzulesen.

4.5.2 Herstellen von Innengewinden mit Handgewindebohrern

Zum Innengewindeschneiden muss zunächst gebohrt werden. Wegen des „Aufschneidens“, d. h. der Gewindebohrer drückt beim Schneiden Werkstoffteilchen nach innen und verkleinert dabei die Bohrung, muss der Bohrerdurchmesser geringfügig größer als der Kerndurchmesser des Gewindes gewählt werden. Nach dem Bohren werden die Bohrungen mit einem Kegelsenker von 90° auf den Nenndurchmesser des Gewindes angesenkt. Hierdurch wird der Anschnitt erleichtert und man erhält ein gratfreies Gewindeloch.

Die nutzbare Gewindelänge muss so groß sein, dass die Gewindegänge bei Belastung nicht ausreißen. Bei gleichem Werkstoff von Schraube und Mutter genügt als Gewindelänge das 0,8-fache des Gewindedurchmessers.

Gewindelänge l bei Werkstoffen mit gleicher Festigkeit von Bolzen und Mutter $l_{mindestens} = 0{,}8 \cdot D$

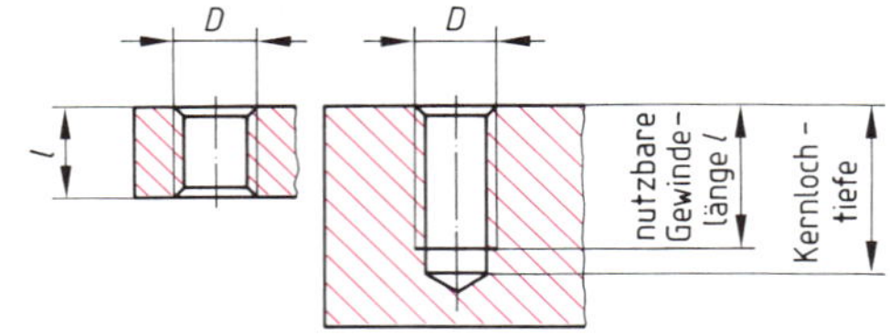

Durchgangs- und Grundlochgewinde

Bohrerdurchmesser für Gewindekernlöcher

Gewinde	Kerndurchmesser D_1 (min)	Kernloch-bohrer-∅
M 5	4,134 mm	4,2 mm
M 6	4,917 mm	5,0 mm
M 8	6,647 mm	6,8 mm
M 10	8,376 mm	8,5 mm
M 12	10,106 mm	10,2 mm
M 24	20,752 mm	21,0 mm

Bei Gewindebohrungen soll die Gewindetiefe nach dem Gewindedurchmesser festgelegt werden: Gewindetiefe bei Stahl t = d, bei Grauguss und Aluminiumlegierungen t = 1,3 d.

- **Gewindebohrersatz**

Die beim Gewindeschneiden anfallende Spanmenge kann meist nicht in einem Arbeitsgang mit einem Werkzeug abgetrennt werden. Dazu wäre eine große Schnittkraft erforderlich; die Gewindebohrer würden brechen. Deshalb wird das Gewindeprofil meist mit einem **Gewindebohrersatz** aus **Vor-, Mittel- und Fertigschneider** hergestellt. Die Trennarbeit verteilt sich auf drei Werkzeuge mit unterschiedlichen Spananteilen.

Gewindebohrer sind mit einem kegeligen Anschnitt versehen. So wird das Einführen des Werkzeuges in das Bohrloch ermöglicht. Die ersten Schneiden eines Gewindebohrers müssen das Gewindeprofil allmählich in den Werkstoff einarbeiten. Da die Schneiden des Anschnittes fast allein die Zerspanarbeit übernehmen, bewirkt der kegelförmige Anschnitt auch eine Verteilung der Spanabnahme auf die Schneiden des Anschnittteils. Die nachfolgenden Schneiden sind kaum an der Spanabnahme beteiligt.

Vor-, Mittel- und Fertigschneider haben unterschiedliche Anschnittlängen und verschieden ausgestaltete Gewindeprofile. Der Vorschneider hat den längsten Anschnitt, aber noch kein vollständiges Gewindeprofil. Bei Mittel- und Fertigschneider wird der Anschnitt jeweils kürzer, das Gewindeprofil nähert sich der Endform. Dadurch wird die Spanabnahme auf alle drei Gewindebohrer verteilt.

Zerspananteile beim Gewindebohrer-Satz

Vor-schneider	Mittel-schneider	Fertig-schneider
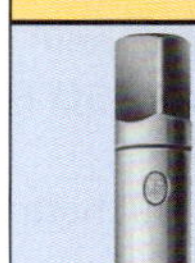 1 Ring	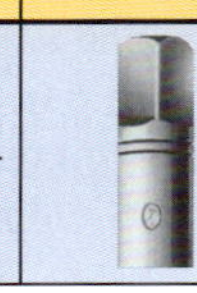 2 Ringe	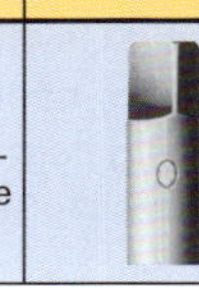 kein Ring oder 3 Ringe
Handgewindebohrer-Satz		
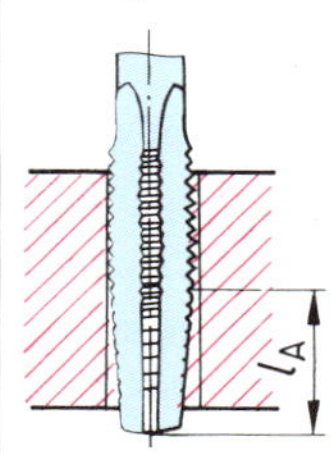 l_A	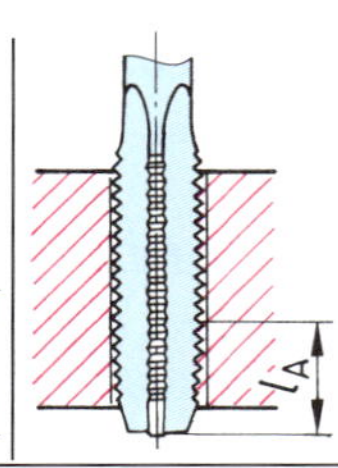 l_A	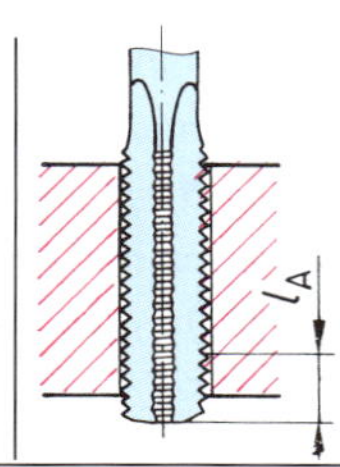 l_A
Anschnittlänge l_A		
5 Gänge	$3^1/_2$ Gänge	2 Gänge
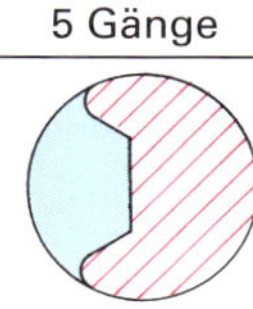	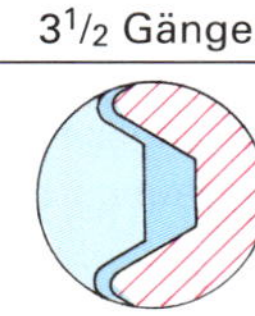	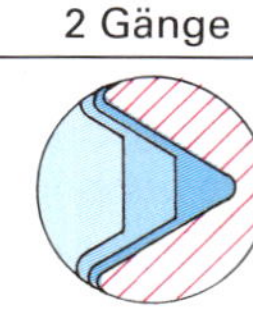
Spananteil		
ca. 50 %	ca. 33 %	ca. 17 %

Bei einem Gewindebohrersatz wird
- vom Vorschneider ein großer Anteil der Späne abgetragen,
- vom Fertigschneider das vollständige Gewindeprofil geschnitten.

- **Mutterngewindebohrer (Einschneider)**

Beim Schneiden von Durchgangsgewinden und Gewindetiefen bis 1,5 · d kann das Gewinde in einem Arbeitsgang mit einem **Mutterngewindebohrer** gefertigt werden. Die drei Bereiche Vor-, Mittel- und Fertigschneiden werden mit einem einzigen Werkzeug ausgeführt. Wegen des langen Anschnitts eignen sich Mutterngewindebohrer nicht zum Gewindeschneiden von Grundlöchern.

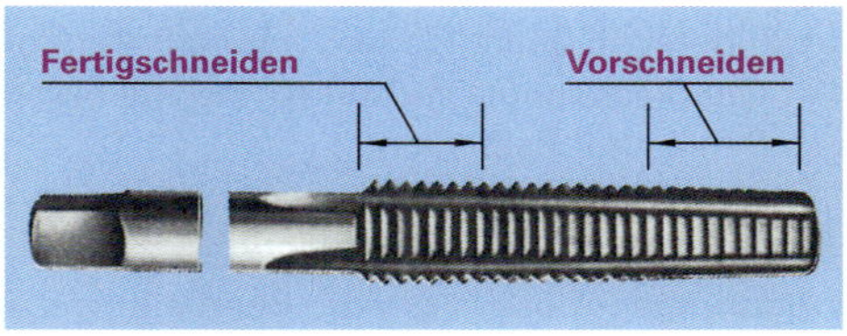

Mutterngewindebohrer

Einschneider (oder Mutterngewindebohrer) eignen sich für Durchgangsgewindebohrungen bis $l \approx 1{,}5 \cdot d$.

- **Spanwinkel am Gewindebohrer**

Gewindebohrer sind mehrschnittige Werkzeuge, die mit keilförmigen Schneiden das Gewindeprofil aus dem Werkstoff herausarbeiten.
Der Schneidvorgang wird am stärksten von der Größe des **Spanwinkels** beeinflusst. Die Wahl des geeigneten Spanwinkels richtet sich nach der Festigkeit und dem Zerspanverhalten des zu bearbeitenden Werkstoffes.

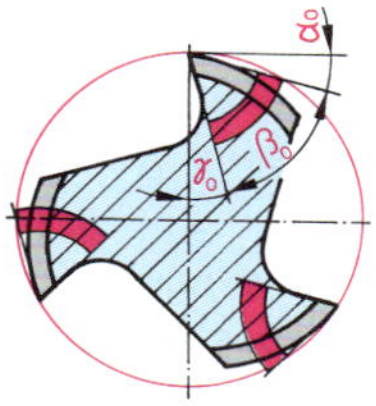
Winkel am Schneidkeil

Werkstoff	Spanwinkel γ_o
Aluminium	20° bis 25°
Baustahl	10° bis 15°
Gusseisen	4° bis 6°

Gewindebohrer für weiche Werkstoffe haben große Spanwinkel.

- **Schneiden von Innengewinden**

Gewindebohrer müssen stets fluchtend zur Bohrlochachse angesetzt und eingedreht werden. Vor allem beim Anschneiden muss die rechtwinklige Stellung des Gewindebohrers mehrfach mit einem Flach- oder Anschlagwinkel geprüft werden. Die erforderliche Schnittkraft wird von Hand aufgebracht und durch die Hebelwirkung des Windeisens verstärkt und auf das Werkzeug übertragen.

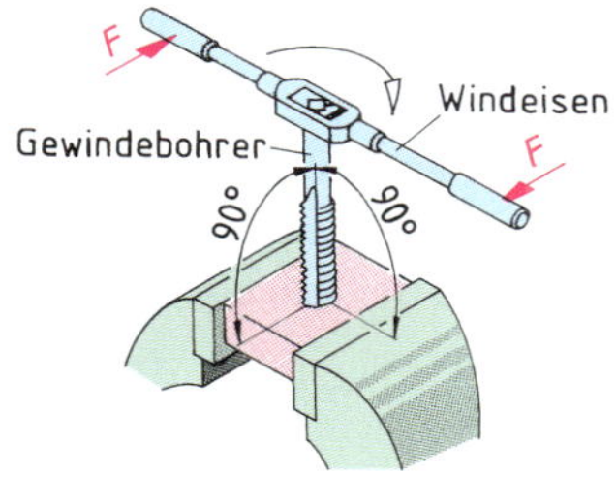

Schneiden von Innengewinden

4.5.3 Herstellen von Außengewinden mit Schneideisen

Außengewinde werden auf Bolzen geschnitten. Da fast immer ein „Aufschneiden" des Werkstoffes erfolgt, werden bei Stahl die Bolzendurchmesser etwa um 1/10 der Steigung kleiner vorgefertigt als der spätere Außendurchmesser des Gewindes. Zum leichteren Anschneiden wird der Anfang des Bolzens unter 45° bis zum Kerndurchmesser angefast.
Als Werkzeuge zum Gewindeschneiden von Hand werden **Schneideisen** verwendet. Kleine Gewinde werden mit *geschlossenen* Schneideisen geschnitten. Bei *geschlitzten* Schneideisen kann der Gewindedurchmesser geringfügig verändert werden.

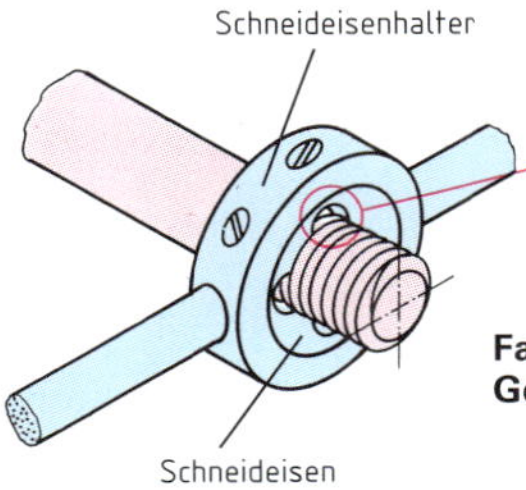

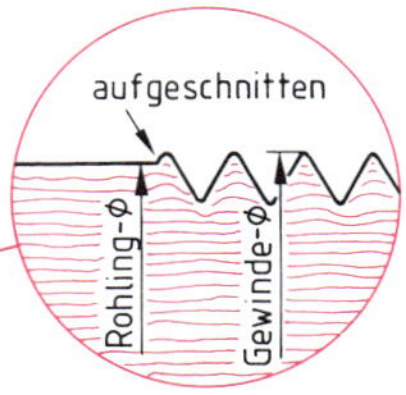

Faserverlauf bei gespantem Gewinde mit Umformanteil

Schneiden von Außengewinden

Für Außengewinde in Stahlbolzen gilt:
- Vordrehen des Bolzendurchmessers um 1/10 der Steigung kleiner.
- Anfasen unter 45° bis auf den Kerndurchmesser.

Außengewinde werden mit Schneideisen oder mit Schneidkluppen geschnitten.

4.6 Reiben

Beim Fügen von Bauteilen sind häufig Bohrungen mit geringer Maßtoleranz, hoher Formgenauigkeit und hoher Oberflächengüte zur Aufnahme von Stiften, Bolzen und Passschrauben herzustellen. Dies geschieht durch Reiben mit Reibahlen.

Reibvorgang

Die Bohrungen müssen um die Bearbeitungszugabe kleiner vorgebohrt werden. Die Bearbeitungszugabe ist vom Durchmesser der verlangten Bohrung abhängig.

Zur Erzielung der hohen Oberflächengüte muss der Werkstoff in kleinsten Spänchen abgetragen werden. Dies erreicht man durch die Vielzahl der Schneiden. Außerdem wird der Spanwinkel so gewählt, dass eine vorwiegend schabende Wirkung erzielt wird.

Die Oberflächengüte wird durch Verwendung geeigneter Schmiermittel merklich verbessert. Beim Reiben ist die Schmierwirkung wichtiger als das Kühlen. Daher erzielt man bei Verwendung eines Schneidöls bessere Oberflächen als mit einer Schneidölemulsion.

Die Schnittgeschwindigkeit beim Reiben soll kleiner als beim Bohren sein.

Bearbeitungszugaben zum Reiben

Bohrungsdurchmesser	bis 5 mm	5–10 mm	10–20 mm	über 20 mm
Bearbeitungszugabe	0,1 mm	0,1–0,2 mm	0,2–0,3 mm	0,3–0,5 mm

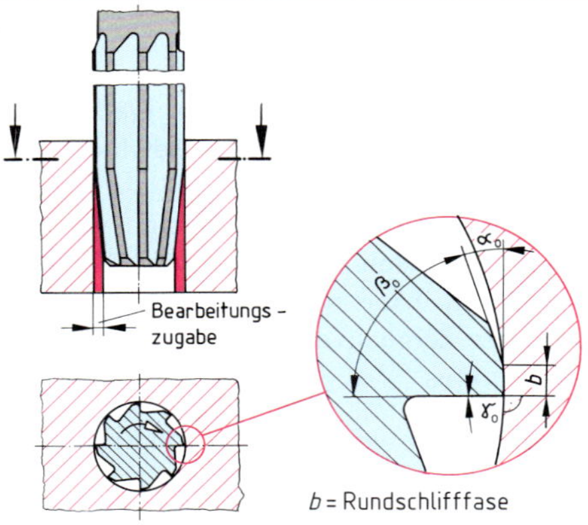

Spanabnahme beim Reiben

Beim Reiben erzielt man die hohe Oberflächengüte:
- durch Werkzeuge mit mehreren Schneiden,
- durch Schneidkeile mit schabender Wirkung,
- durch Zugabe von Schmiermittel,
- durch niedrige Schnittgeschwindigkeit

Reibwerkzeuge

Reibahlen werden mit gerader Schneidenzahl und ungleicher Teilung gefertigt. Auf dem Umfang liegen sich jeweils zwei Schneiden gegenüber. Dadurch kann der Durchmesser der Reibahle mit Messgeräten wie Messschieber oder Bügelmessschraube genau gemessen werden.

Die ungleiche Schneidenteilung bewirkt den Bruch der Späne an stets anderer Stelle. Dadurch entstehen beim Reiben keine *Rattermarken.*

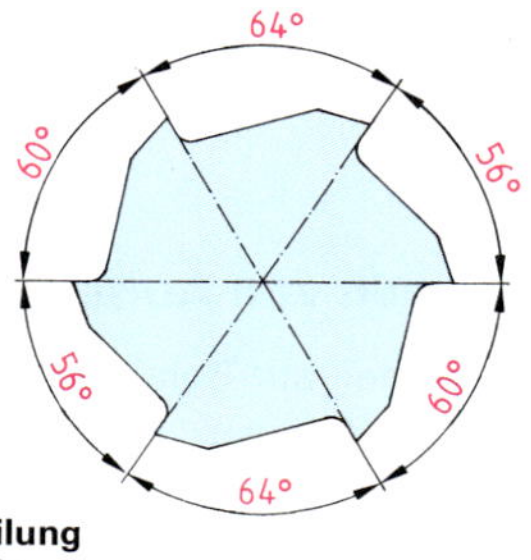

Schneidenteilung einer Reibahle

Reibahlen haben eine gerade Schneidenzahl und ungleiche Zahnteilung. Durch die ungleiche Teilung werden Rattermarken vermieden.

Beim Reiben von Bohrungen, die in Längsrichtung durch Nuten unterbrochen sind, benötigt man Reibahlen, deren Schneiden wendelförmig verlaufen. Solche drallgenuteten Reibahlen überbrücken eine Längsnut, da eine drallgenutete Schneide nicht achsparallel im Eingriff ist. Drallgenutete Reibahlen verhindern Rattermarken und erzeugen auch bei unterbrochenen Bohrungen hohe Oberflächengüte und große Formgenauigkeit.

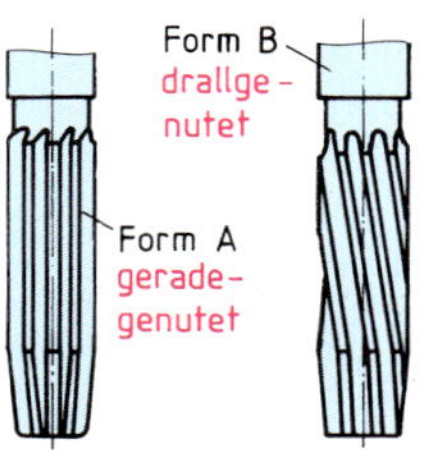

Reibahlen

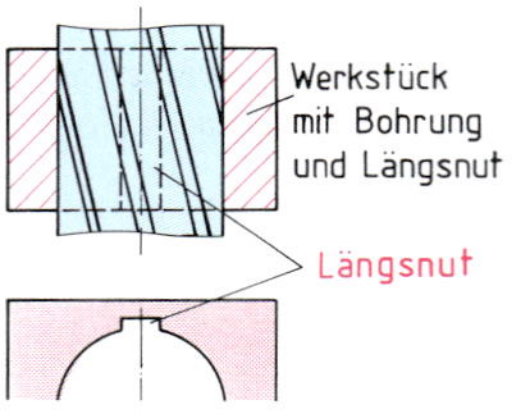

Drallgenutete Reibahle im Eingriff

4.7 Wartungshinweise für handgeführte Werkzeuge

- Werkzeuge und Messzeuge sind am Arbeitsplatz, im Schrank bzw. im Werkzeugkasten getrennt aufzubewahren. Übereinander liegende Werkzeuge und Messzeuge werden beschädigt.
- Nach Abschluss der Arbeiten Werkzeuge und Arbeitsplatz von Schmutz und Spänen reinigen.

Beispiele **für die Ordnung am Arbeitsplatz**

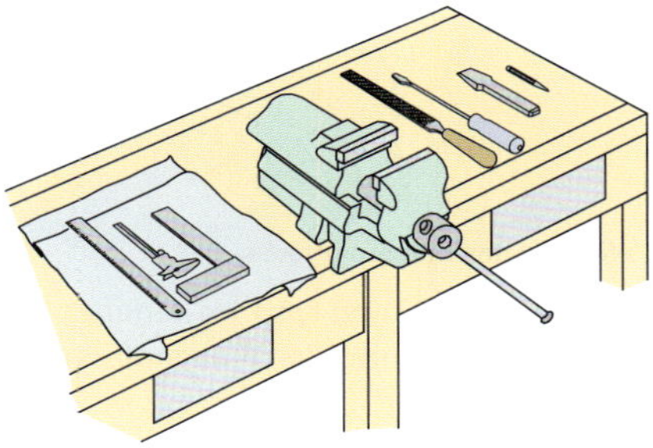

so!

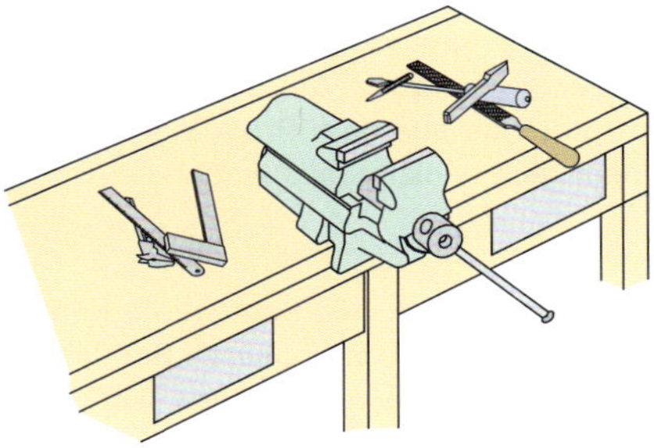

nicht so!

- In Schlichtfeilen setzen sich Späne fest, die auf der Werkstückoberfläche störende Riefen erzeugen. Die Feile ist mit einer Feilenbürste zu reinigen, wobei die Feilenbürste in Richtung des Oberhiebs bewegt wird.
- Stumpfe Werkzeuge, wie Sägeblätter, Feilen u. a. austauschen; andere, wie Bohrer, Meißel, Körner, Reißnadeln, zum Schärfen geben oder selbst schärfen.
- Werkzeuge, wie Hämmer, Meißel, Körner und Feilen, überprüfen, ob eine Unfallgefährdung vorliegt, z. B. Hammer sitzt nicht fest auf dem Stiel, Meißel hat einen Grat, Feile sitzt locker im Feilenheft. Unfallgefährdung durch sachgerechtes Befestigen von Hammer und Feile und Abarbeiten des Meißelbartes beiseitigen.

Beispiele **für das Warten der Handwerkzeuge**

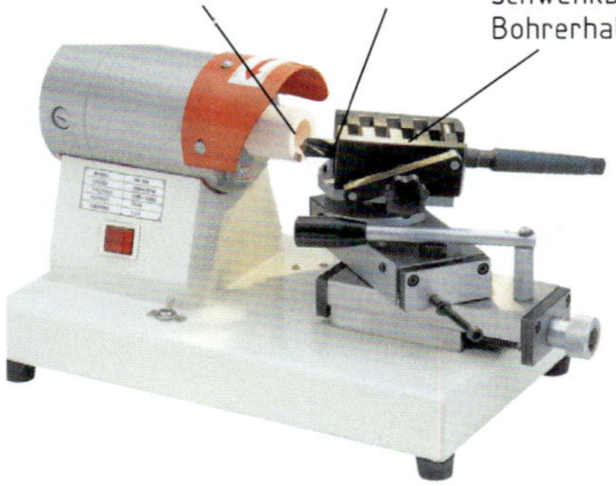

Schleifvorrichtung für Spiralbohrer

Unfallgefahr!
Meißel mit Grat

Meißelkopf richtig geschliffen

- Am Ende einer Arbeitswoche:
  - den Schraubstock gründlich reinigen, die Spindel und die Führungen leicht einfetten, um den Schraubstock leichtgängig zu halten,
  - Bohrmaschine und Säge gründlich reinigen und blanke Stahlflächen mit Öl leicht einfetten, um Korrosion zu verhindern.

5 Fertigungsverfahren des Umformens

5.1 Biegen von Blechen und Rohren

5.1.1 Vorgänge beim Biegen

Beim Umformen durch Biegen wirkt auf das Werkstück eine Kraft in einem entsprechenden Abstand von der Biegestelle. Die Biegewirkung wird größer mit

- zunehmender Biegekraft und
- zunehmender Länge des Hebelarms.

Die Biegewirkung wird durch das Biegemoment erfasst und ergibt sich aus dem Produkt der Biegekraft und dem rechtwinklig dazu wirkenden Hebelarm.

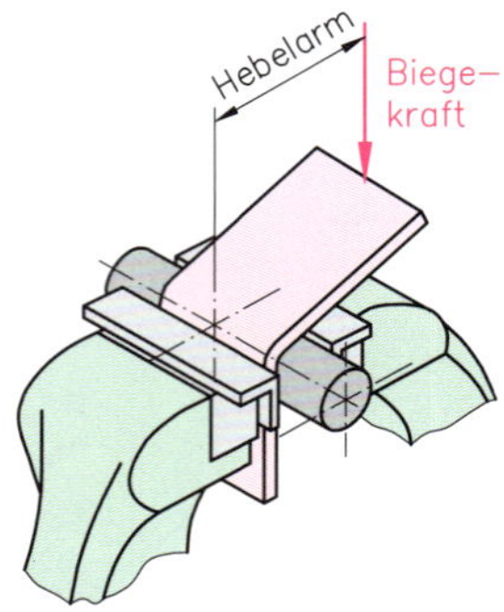

Wirkung des Biegemoments

Im äußeren Biegebereich des Bauteiles erfolgt eine **Werkstoffstreckung** und im inneren Bereich eine **Werkstoffstauchung**. Zwischen beiden Bereichen liegt eine Ebene, in der der Werkstoff weder gestreckt noch gestaucht wird, sie wird **neutrale Faser** genannt.
Da das Werkstoffvolumen beim Biegen konstant bleibt, erfolgt durch die Werkstoffstreckung und Stauchung an der Biegestelle eine Querschnittveränderung.

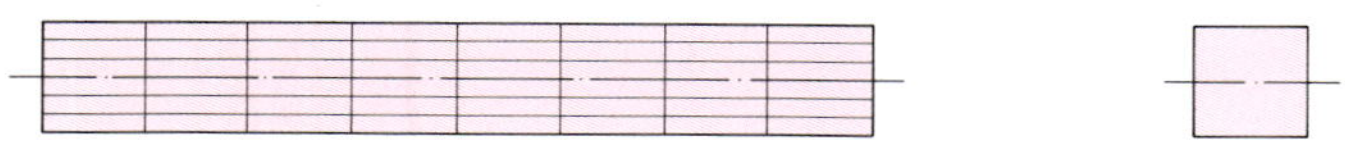
Werkstück vor dem Biegen

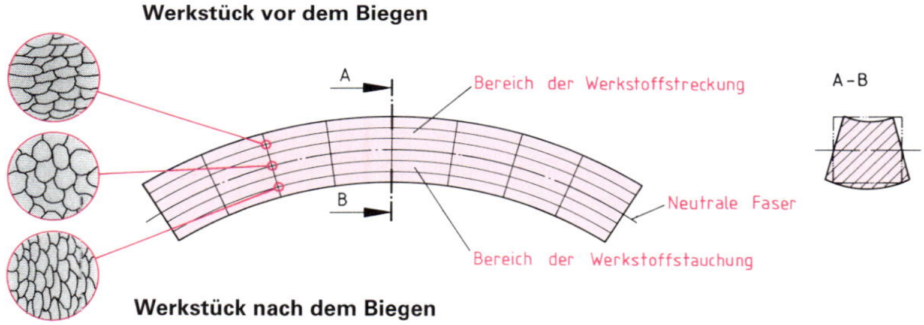

Werkstück nach dem Biegen

Beim Biegen wird der äußere Werkstoffbereich gestreckt und der innere gestaucht. Die Länge der mittleren Schicht bleibt unverändert, sie wird neutrale Faser genannt.

5.1.2 Mindestbiegeradien

Auf der gestreckten Seite eines gebogenen Werkstücks treten Zugspannungen auf. Diese können bei zu kleinem Biegeradius zu Rissen bzw. bei Hohlprofilen zu unzulässigen Querschnittänderungen führen.
Diese Fehler lassen sich vermeiden, wenn die Werkstücke mit ausreichend großem Radius gebogen werden. Den Innenradius des gebogenen Teils bezeichnet man als **Biegeradius.**
Die Mindestgröße des Biegeradius hängt von der Dehnbarkeit des Werkstoffs und von der Dicke *s* des Werkstücks ab.

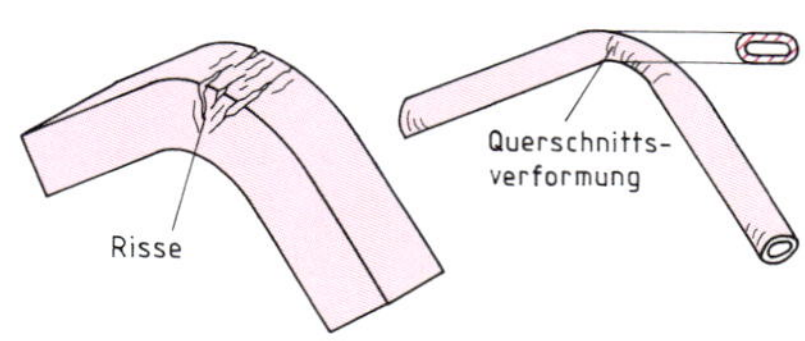

Fehlerhaft gebogene Werkstücke

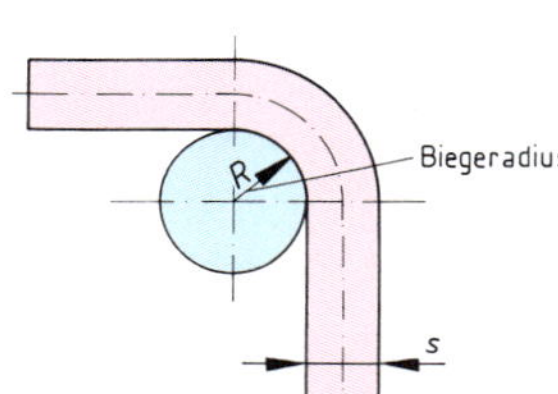

Biegeradius

Als Biegeradius bezeichnet man den Innenradius von Biegeteilen.

Bei kleinem Biegeradius wird die Zugseite stärker gedehnt als bei einem größeren Radius. Damit der Werkstoff nicht einreißt, muss bei schlecht dehnbaren Werkstoffen deshalb ein größerer Biegeradius gewählt werden als bei gut dehnbaren Werkstoffen.

Werkstoff	Mindestbiegeradius *R*
Stahl (weich)	2 mal Werkstückdicke
Weichaluminium	2 mal Werkstückdicke
Hartaluminium	4 mal Werkstückdicke
Messing	4 mal Werkstückdicke

Je größer die Dicke des Werkstücks, desto größer sind die Spannungen und Dehnungen bei gleichem Biegeradius. Damit an keiner Stelle der gestreckten Seite die Festigkeit überschritten wird, muss bei größerer Werkstückdicke ein größerer Biegeradius gewählt werden.

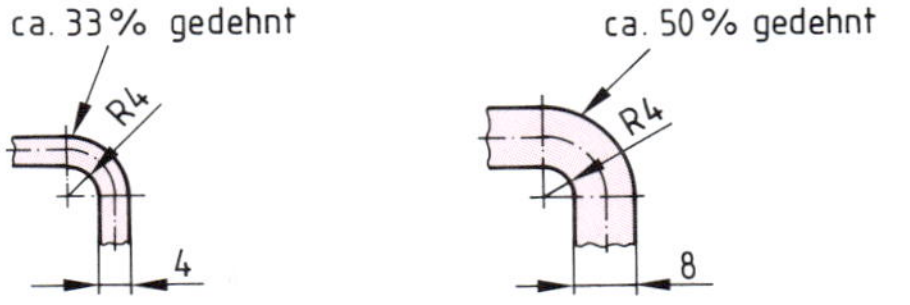

Dehnung in Abhängigkeit von der Weckstückdicke

Die Größe des Biegeradius ist abhängig von:
- der Dehnbarkeit des Werkstoffes,
- der Dicke des Werkstücks.

5.1.3 Biegen von Blechen

Kleinere Blechteile werden in der Einzelfertigung im Schraubstock gebogen. Zum Schutz der Oberfläche werden Beilagen oder Spannvorrichtungen verwendet. Bei Verwendung von entsprechenden Spannvorrichtungen können Werkstücke auch dann exakt gebogen werden, wenn sie breiter sind als der Schraubstock.

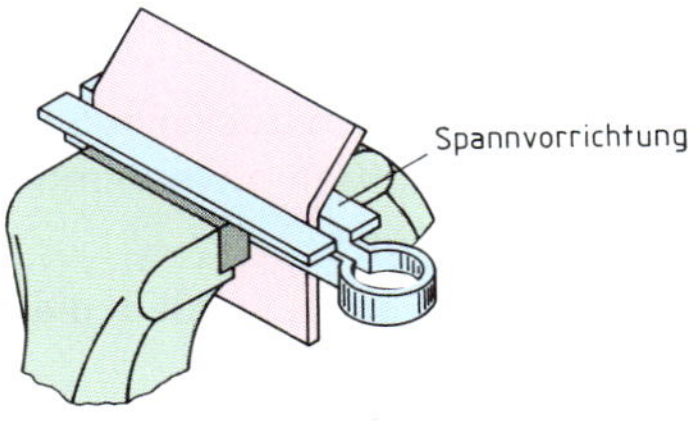

Biegen im Schraubstock

In der Massenfertigung werden Blechteile genauer und wirtschaftlicher in **Biegewerkzeugen** gebogen. Die Biegeverfahren werden nach der Art der Werkzeugbewegung in Verfahren mit geradliniger und Verfahren mit drehender Werkzeugbewegung unterschieden.
Zu den Verfahren mit geradliniger Werkzeugbewegung zählen alle Biegeverfahren bei denen die Umformung in Gesenken stattfindet.

Beispiele **für Umformverfahren mit geradliniger Werkzeugbewegung**

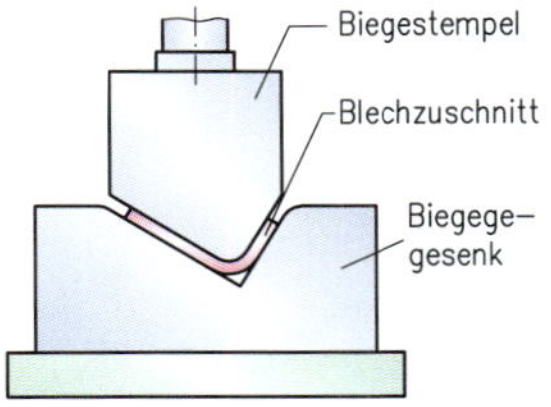

Gesenkbiegen

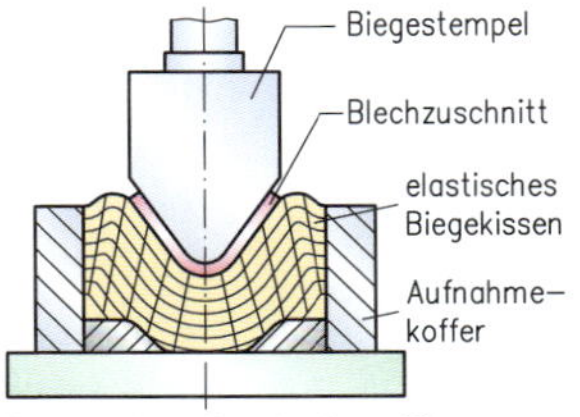

Biegen im elastischen Kissen

Bei den Verfahren mit drehender Werkzeugbewegung führen die Werkzeugteile eine Drehbewegung aus.

Beispiele **für Umformverfahren mit drehender Werkzeugbewegung**

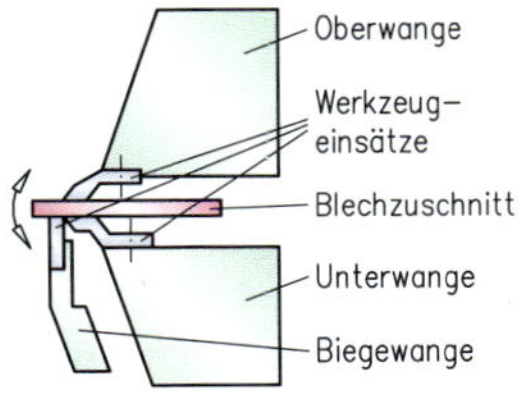

Schwenkbiegen

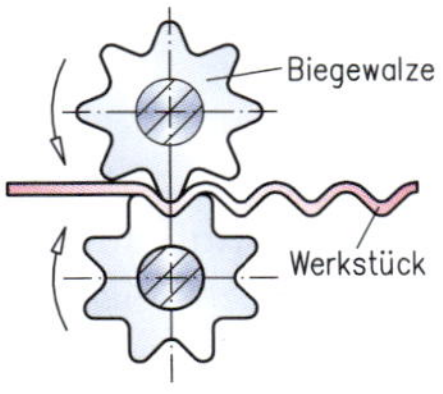

Wellbiegen

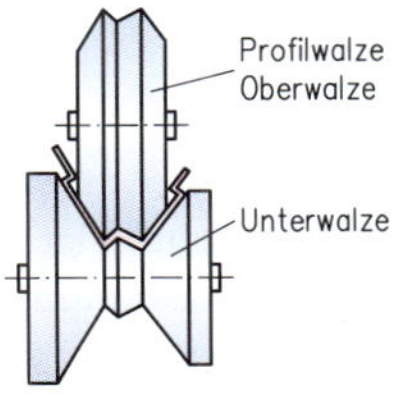

Profilwalzen

Biegeverfahren werden nach der Werkzeugbewegung in Verfahren mit geradliniger und Verfahren mit drehender Werkzeugbewegung unterschieden.

5.2 Biegen von Rohren

Beim Biegen von Rohren ohne Hilfsmittel tritt in der Biegezone eine Querschnittsveränderung ein. Die Teile der Rohrwand mit hohen Zug- und Druckspannungen weichen der Belastung dadurch aus, dass sie sich der neutralen Faser nähern. Das Rohr flacht ab.

Die Abflachung ist umso größer
- je größer der Rohrdurchmesser,
- je dünner die Rohrwand,
- je kleiner der Biegeradius und
- je geringer die Dehnbarkeit des Werkstoffs ist.

Durch die Abflachung verringern sich der Durchflussquerschnitt und die Belastbarkeit des Rohres an der Biegestelle.

Beim **freien Biegen** von Rohren füllt man den Hohlraum aus, um Querschnittsveränderungen zu vermeiden.

Als Füllungen eignen sich trockener Sand und Spiralfedern. In Kunststoffrohre werden häufig Gummischläuche eingezogen.

Nach dem Biegevorgang werden die Füllungen wieder entfernt.

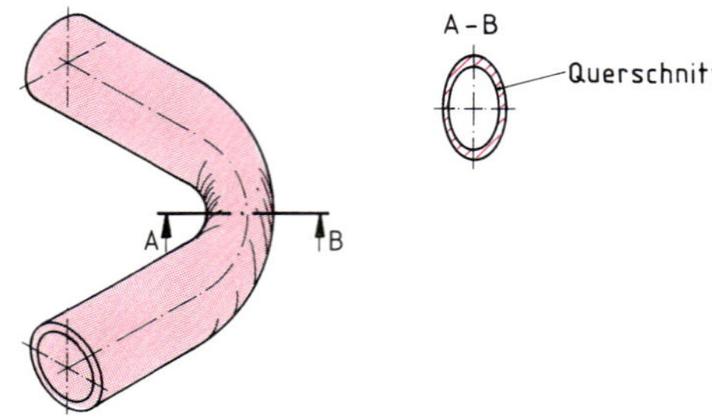

Querschnittsveränderung eines Rohres durch Biegen ohne Hilfsmittel

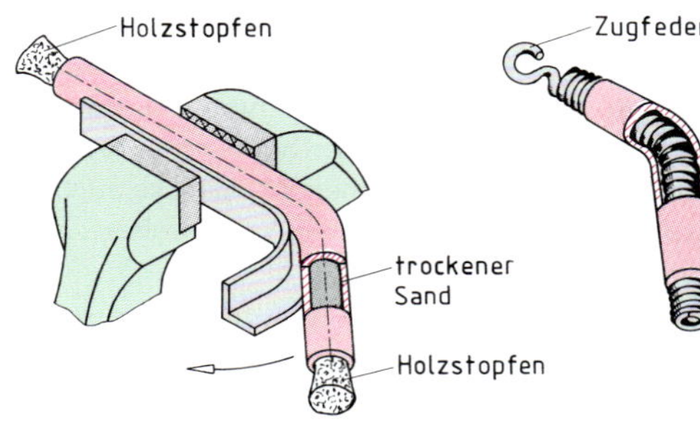

Freies Biegen von Rohren mit Füllung

In **Biegevorrichtungen** für Rohre verhindert eine an der Biegestelle dem Rohraußendurchmesser angepasste Form jede Querschnittsveränderung.

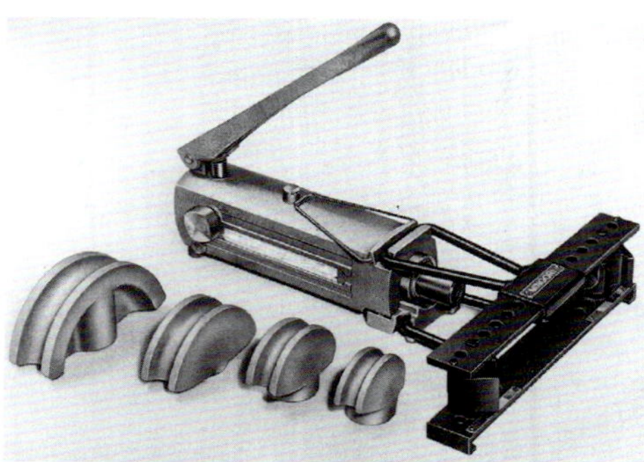

Biegevorrichtung für Rohre

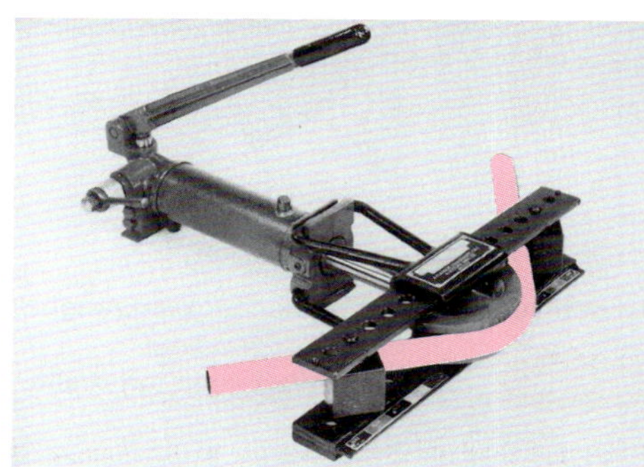

Biegen eines Rohres mit Biegevorrichtung

Beim Biegen von Rohren ist ein Mindestradius von 3 × Rohraußendurchmesser einzuhalten, damit keine Risse in der Rohrwand auftreten. Beim Biegen von geschweißten Rohren muss die Schweißnaht in die Ebene der neutralen Faser gelegt werden. Dadurch wird die Schweißnaht nur geringfügig durch Spannungen beansprucht.

Beim freien Biegen von Rohren werden Querschnittsveränderungen durch Füllungen vermieden.
Mindestradius ist 3 × Rohraußendurchmesser.

5.3 Schmieden

Rohteile aus Stahl und Nichteisenmetalle können durch Schmieden ihre Halbfertig- oder Fertigform erhalten. Das Ausgangsmaterial wird erwärmt und durch Druckkräfte zum Schmiedestück umgeformt. Schmieden gehört zu den **Warmumformverfahren.** Das Umformen wird oberhalb der Rekristallisationstemperatur durchgeführt. Die Temperatur, die das Rohteil zu Beginn des Schmiedens hat, wird Anfangstemperatur genannt. Die Anfangstemperatur ist so hoch wie möglich zu wählen, damit der Umformwiderstand möglichst klein wird und ein möglichst großer Bereich für die Abkühlung während der Schmiedevorgänge zur Verfügung steht.

Schmiedeteile

5.3.1 Vorgänge beim Schmieden

Die beim Schmieden aufgebrachten Druckkräfte bewirken, dass sich die Form des Rohteils in Druckrichtung verkürzt und der Werkstoff seitlich ausweicht. Eine Volumenveränderung tritt dabei nicht ein. Der Gefügeaufbau wird jedoch verändert, da eine Verschiebung der Kristallkörner und eine Kornverfeinerung eintritt. Der Faserverlauf des gewalzten Ausgangsmaterials wird durch das Umformen nicht unterbrochen.

Wegen der Kornverfeinerung und des nicht unterbrochenen Faserverlaufs hat das Schmiedestück höhere Festigkeitseigenschaften als das Ausgangsmaterial. Deshalb werden z. B. Kurbelwellen geschmiedet und nicht aus dem vollen Material durch Spanabnahme herausgearbeitet. Es werden vor allem Werkstücke mit hoher Dauerbelastung geschmiedet.

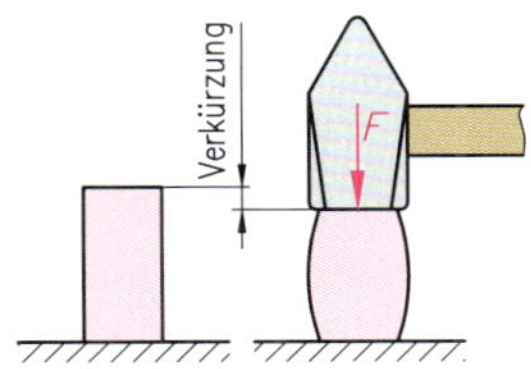

Formänderung beim Schmieden

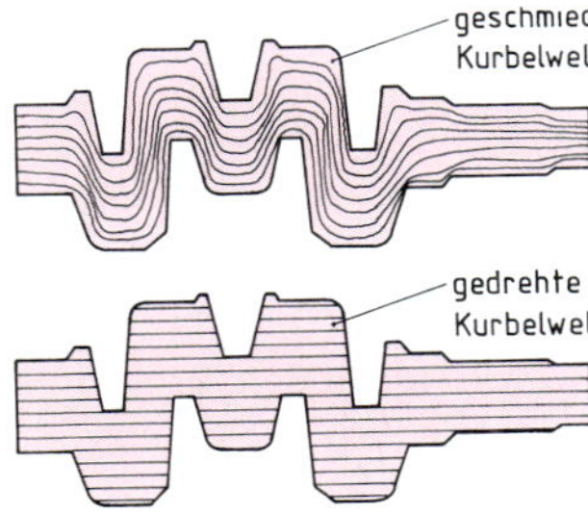

Faserverlauf an Kurbelwellen

Beim Schmieden werden metallische Werkstücke durch Druck umgeformt.
Dabei werden die Festigkeitseigenschaften des Schmiedestücks verbessert.

5.3.2 Schmiedeverfahren

- **Freiformschmieden**

Beim Freiformschmieden kann der Werkstoff zwischen den Wirkflächen der Schmiedewerkzeuge frei ausweichen. Die Form des gewünschten Werkstücks ist ggf. teilweise im Werkzeug eingearbeitet.

Übersicht über eine Auswahl von einfachen Schmiedearbeiten

Recken	Absetzen	Breiten	Stauchen
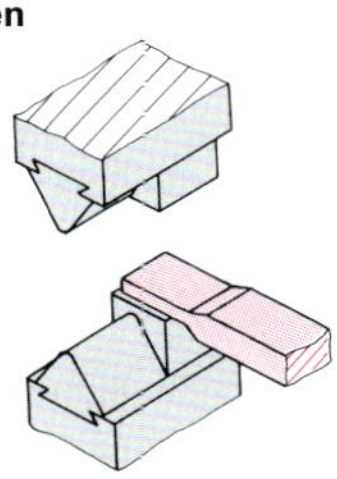		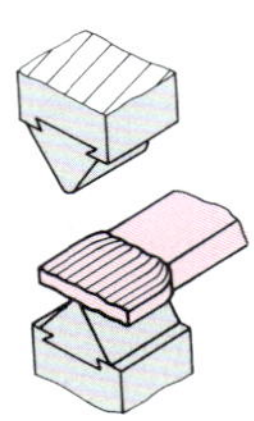	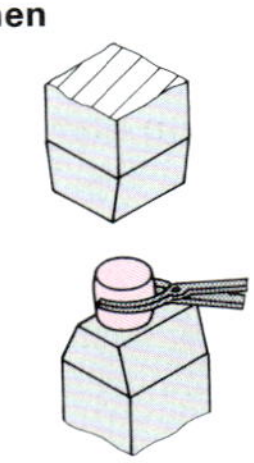

- **Gesenkschmieden**

Beim Gesenkschmieden werden Schmiedewerkzeuge aus hochwertigem Stahl eingesetzt, in die die Hohlräume eingearbeitet sind, die der äußeren Werkstückform entsprechen. Diese Schmiedewerkzeuge bezeichnet man als **Gesenke,** den Hohlraum im Gesenk nennt man **Gravur.**

Beispiel **für das Schmieden eines Werkstücks im Gesenk**

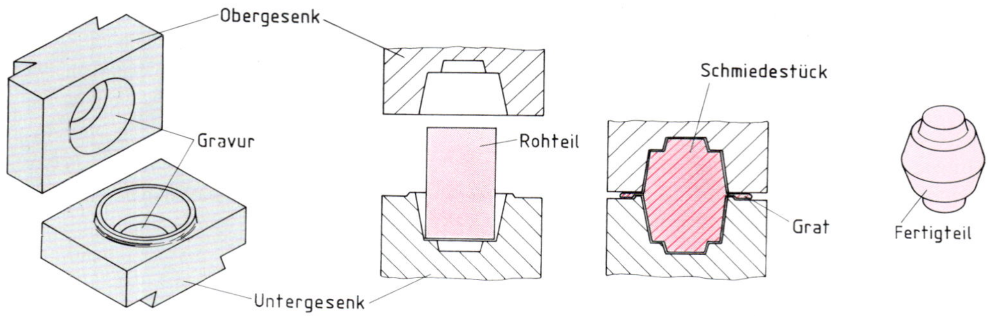

Gesenkschmieden ist ein Druckumformen mit Formwerkzeugen, die das Werkstück ganz oder zum größten Teil umschließen.

5.3.3 Berechnung von Schmiederohlängen

Zur Herstellung von Schmiedeteilen ist die Berechnung der Rohlänge des umzuformenden Stückes erforderlich. Bei der Umformung von Metallen haben Rohling und Fertigteil gleiche Masse, daher auch das gleiche Volumen.

Da beim Warmumformen Verluste infolge Abbrand, Grat u. a. entstehen, muss das Volumen des Rohteiles größer als das zu formende Werkstück sein. Diese Volumenzugabe wird meist in Prozent ausgedrückt. Das Volumen des Werkstückes ist dabei stets 100 %.

Zur Berechnung von Rohlängen für Schmiedeteile geht man in folgenden Schritten vor:

1. Berechnung des Werkstückvolumens V_W (Volumen des Fertigteils).
2. Berechnung des Rohteilvolumens V_R durch Zuschlag der Volumenzugabe V_Z.
3. Errechnung der Länge des Rohlings L_R bei gegebenem Rohlingquerschnitt A_R.

Beispiel **für die Berechnung einer Rohlänge**

Aufgabe

An ein Rundmaterial soll entsprechend der Skizze ein Vierkantkopf warm angestaucht werden. Als Verlust werden 12 % des Werkstoffvolumens des Fertigteils angenommen. Die erforderliche Rohlänge des Rundmaterials ist zu berechnen.

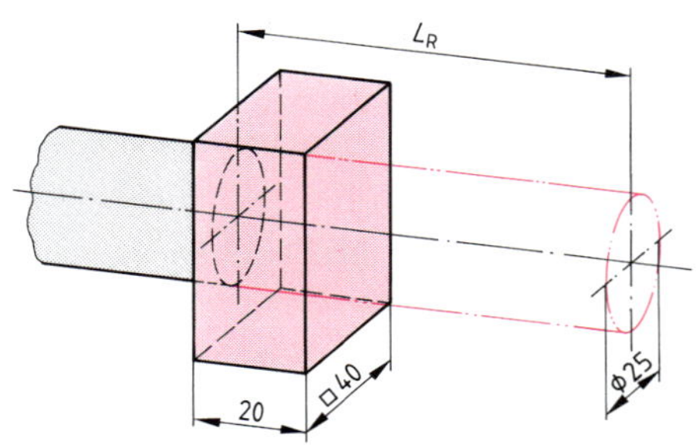

Gegeben: Skizze *Gesucht:* L_R

Lösung

1. Werkstückvolumen

$V_W = 40\ \text{mm} \cdot 40\ \text{mm} \cdot 20\ \text{mm}$

$V_W = 32\,000\ \text{mm}^3$

2. Berechnung des Rohteilvolumens durch Zuschlag der Volumenzugabe

$$V_Z = \frac{32\,000\ \text{mm}^3 \cdot 12}{100} = 3\,840\ \text{mm}^3$$

$V_R = 32\,000\ \text{mm}^3 + 3\,840\ \text{mm}^3 = 35\,840\ \text{mm}^3$

3. Länge des Rohlings

$$L_R = \frac{V_R}{A_R} \qquad A_R = \frac{d^2 \cdot \pi}{4}$$

$$A_R = \frac{25^2\ \text{mm}^2 \cdot \pi}{4} = 490{,}9\ \text{mm}^2$$

$$L_R = \frac{35\,840\ \text{mm}^3}{490{,}9\ \text{mm}^2} = \mathbf{73\ mm}$$

Fertigen mit Werkzeugmaschinen

1 Technologische Grundbegriffe

Zur maschinellen, spanenden Fertigung eines Werkstückes müssen ausgehend von der Zeichnung eine geeignete Maschine sowie Werkzeuge, Spann- und Hilfsmittel ausgewählt und die zur Fertigung notwendigen Bewegungen von Werkzeug und Werkstück ermittelt und eingestellt werden. Bei richtiger Eingabe dieser Größen in den Fertigungsprozess und fachgerechter Durchführung der Arbeit soll ein maß- und formgerechtes Werkstück mit geforderter Oberflächenbeschaffenheit bei möglichst geringen Herstellkosten und geringer Umweltbelastung entstehen.

Eingang → **Fertigungsprozess** → **Ausgang**

Eingang

Vorgaben:
Werkstückform, Maße, Werkstoff, kalkulierte Arbeitszeit, Kosten

Zu wählen:

Rohteil

Maschine

Werkzeug
Art, Schneidengeometrie, Schneidenradius, Schneidenwerkstoff

Technologiedaten
Schnittgeschwindigkeit, Vorschub, Schnitttiefe

Spannmittel

Hilfsmittel

Zu beachten:
Arbeitssicherheit, Umweltschutz

Fertigungsprozess

maschinelle spanende Fertigung

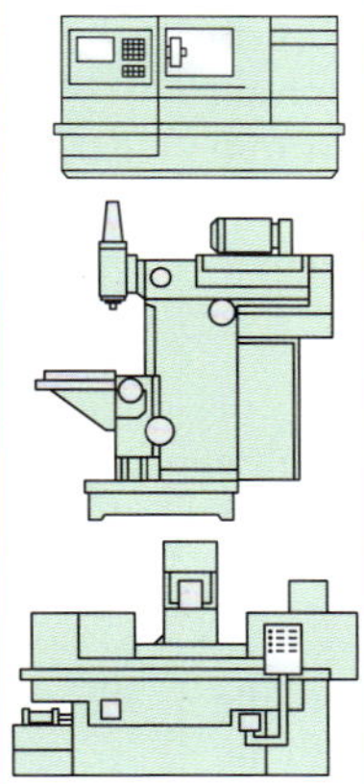

Ausgang

Fertigteile mit ausreichender Maßgenauigkeit und Oberflächenbeschaffenheit

tatsächliche Arbeitszeit
tatsächliche Kosten

Abnutzung von Maschine und Werkzeug

Reste
Späne, Spanarten, Spanformen, verbrauchte Hilfsstoffe, Abwärme

1.1 Eingangsgrößen für den Fertigungsprozess

- **Schneidengeometrie**

Der **Keilwinkel** β_o beeinflusst die Haltbarkeit des Werkzeuges. Für harte Werkstoffe wählt man deshalb größere Keilwinkel als für weiche Werkstoffe.
Der **Freiwinkel** α_o vermindert die Reibung zwischen Werkstück und Werkzeug. Er vermindert dadurch die Wärmeentwicklung am Werkzeug.
Der **Spanwinkel** γ_o beeinflusst die Spanbildung und damit die Oberflächenbeschaffenheit des Werkstückes.

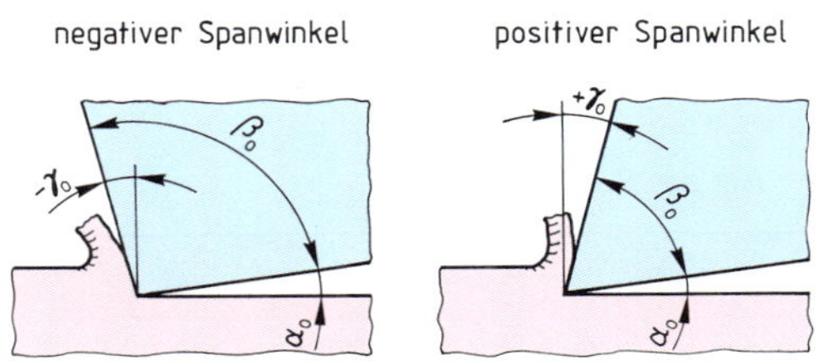

Winkel an der Werkzeugschneide

Die Winkel an der Werkzeugschneide sind hauptsächlich von der Festigkeit des zu bearbeitenden Werkstoffs abhängig.

- **Schneidenradius**

Der Einsatz von Werkzeugen mit völlig spitzer Schneidenecke ist ungünstig. Beim Schlichten erzielt man mit einer gerundeten Schneidenecke und einem kleinen Vorschub eine hohe Oberflächengüte. Die zu erwartende Rautiefe R_t lässt sich überschlägig nach der angegebenen Formel berechnen.

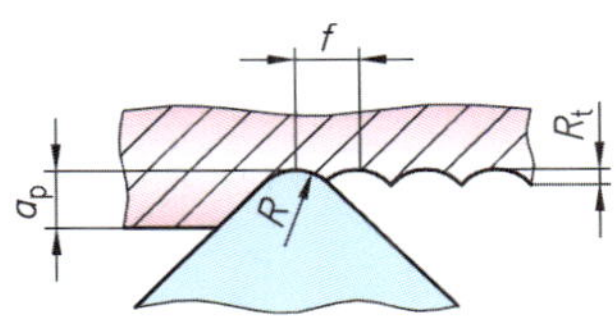

$$R_t = \frac{f^2}{8 \cdot R}$$

Oberflächengüte in Abhängigkeit von Vorschub und Eckenradius

• Technologische Daten

Schnittgeschwindigkeit

Die **Schnittbewegung** v_c ist die Bewegung zwischen Werkzeug und Werkstück, welche ohne Vorschubbewegung nur eine einmalige Spanabnahme während eines Hubes oder einer Umdrehung bewirkt.

Die Schnittbewegung erfolgt mit Schnittgeschwindigkeit.

Die **Schnittgeschwindigkeit** wird entsprechend dem Fertigungsverfahren, dem Werkstoff des Werkstückes und dem Schneidenwerkstoff meist nach Angaben des Werkzeugherstellers gewählt.

Hohe Schnittgeschwindigkeiten haben gute Oberflächenbeschaffenheit, kurze Fertigungszeiten, aber auch geringere Standzeiten der Werkzeuge zur Folge.

> Die Schnittgeschwindigkeit wird für einen bestimmten Fertigungsvorgang entsprechend den Werkstoffen von Werkstück und Werkzeug gewählt.

Vorschub

Der **Vorschub** f ist der Weg, den das Werkzeug bei einer Umdrehung in der Vorschubrichtung zurücklegt. Der Vorschub wird beim Drehen und Bohren in mm pro Umdrehung und beim Fräsen in mm pro Zahn angegeben. Ein großer Vorschub ergibt großen Rillenabstand und geringe Oberflächengüte.

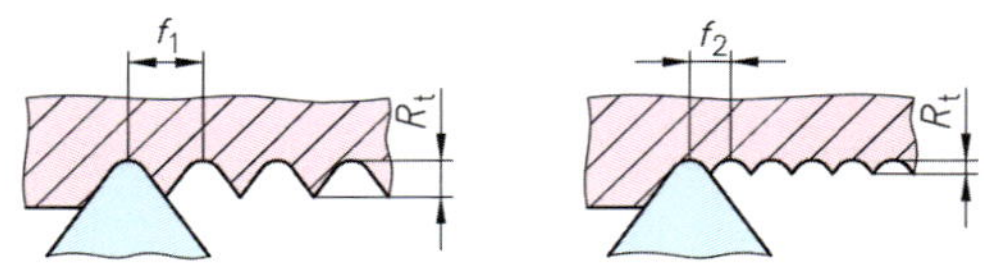

Vorschub und Oberflächenbeschaffenheit bei gleichem Schneidenradius

> Der Vorschub ist der Werkzeugweg, der je Umdrehung in Vorschubrichtung zurückgelegt wird. Großer Vorschub ergibt meist geringe Oberflächenbeschaffenheit.

Schnitttiefe

Die **Schnitttiefe** a_p ist der Betrag, um den die Schneide durch die Zustellbewegung in Eingriff gebracht wird. Zusammen mit dem Vorschub ergibt sie den **Spanungsquerschnitt** A.

> Spanungsquerschnitt = Schnitttiefe · Vorschub
> $A = a_p \cdot f$

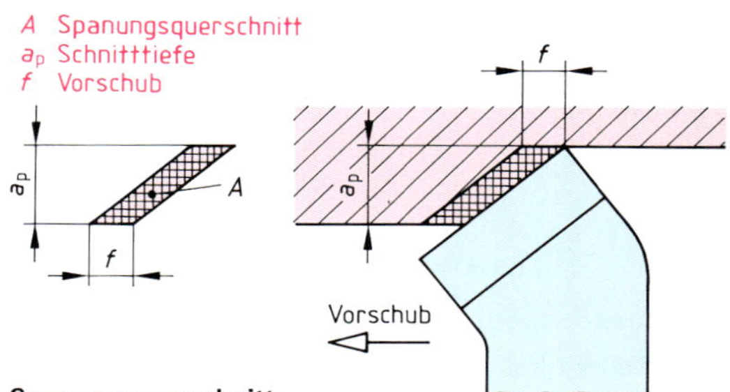

Spanungsquerschnitt

• Art der Bearbeitung

Schruppen

Zweck: Schnelles Abtrennen eines großen Werkstoffvolumens.

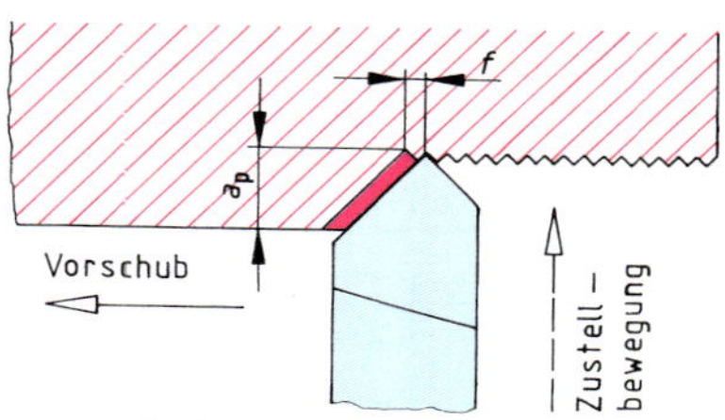

- große Schnitttiefe a_p
- großer Vorschub f
- geringe Schnittgeschwindigkeit v_c

Schlichten

Zweck: Erzielung einer glatten Oberfläche mit hoher Maßgenauigkeit.

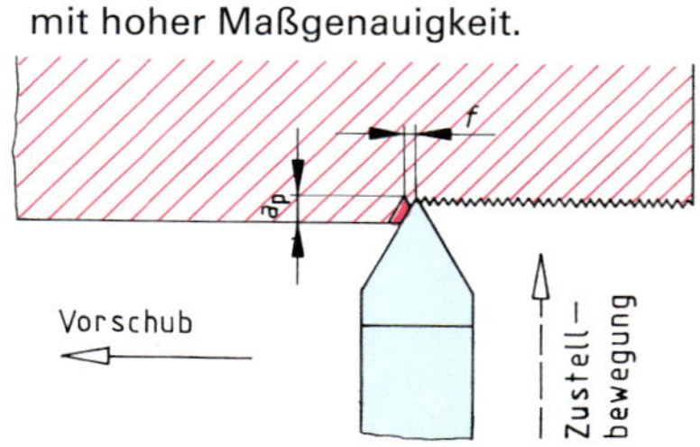

- geringe Schnitttiefe a_p
- kleiner Vorschub f
- hohe Schnittgeschwindigkeit v_c

1.2 Ausgangsgrößen für den Fertigungsprozess

- **Maßgenauigkeit**

Die **Maßgenauigkeit** der durch Spanen hergestellten Werkstücke hängt von vielen Faktoren ab.
Die Sorgfalt, mit welcher Einstellungen und Maßkontrollen durchgeführt und ausgewertet werden, bestimmt wesentlich das Ergebnis. Sehr wichtig sind auch die Qualität der Maschine sowie die Werkzeuge und die Umweltbedingungen.

- **Oberflächenbeschaffenheit**

Das Werkstück, welches durch Spanen hergestellt wird, soll eine möglichst gute Oberflächenbeschaffenheit aufweisen. Die Oberflächenbeschaffenheit wird verbessert durch:

- größeren Spanwinkel,
- größeren Schneidenradius,
- höhere Schnittgeschwindigkeit,
- geringeren Vorschub,
- Einsatz von Kühlschmiermitteln.

- **Spanarten und Spanformen**

Späne bestehen aus mehr oder weniger zusammenhängenden Spanteilchen. Aus dem Zusammenwirken verschiedener Einflussgrößen, wie z. B. Spanwinkel und Werkstoff, ergeben sich unterschiedliche Spanarten.

Spanarten

Spanarten	Spanbildung		Schnittbedingungen	Auswirkungen
Fließspan  langer zusammenhängender Span	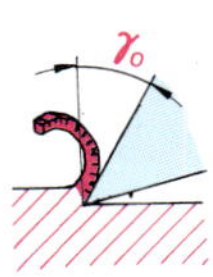	• geringe Werkstoffstauchung • kein voreilender Riss • schnelle Folge kleinster Schervorgänge • Spanteilchen bleiben zusammenhängend	• großer Spanwinkel • zäher Werkstoff • hohe Schnittgeschwindigkeit	• glatte saubere Oberfläche • kleine Schnittkraft • lange Späne behindern den Arbeitsvorgang
Scherspan  Stücke noch zusammenhängender Spanteilchen mit vielen Scherrissen	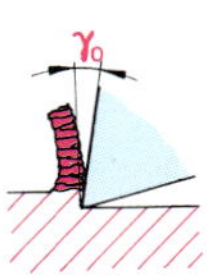	• stärkere Werkstoffstauchung • kurzer voreilender Riss • einzelne unregelmäßige Schervorgänge • Spanteilchen bleiben nur teilweise zusammenhängend	• kleiner bis mittlerer Spanwinkel • zähe und leicht spröde Werkstoffe • mittlere Schnittgeschwindigkeit	• nicht so glatte Werkstückoberfläche mit unregelmäßigem Aussehen • kurzer bröckliger Span behindert den Arbeitsvorgang nicht • nur wenig größere Schnittkraft
Reißspan 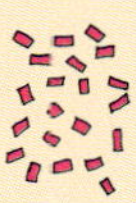 sehr kurzer unregelmäßiger Span	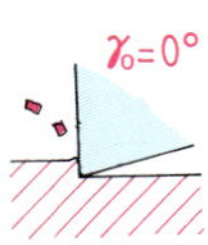	• geringe Werkstoffstauchung • bei spröden Werkstoffen • voreilender Riss, der auch in die Werkstückoberfläche eindringt • wenige unregelmäßige Schervorgänge	• kleiner Spanwinkel • vorwiegend bei spröden Werkstoffen • niedrige Schnittgeschwindigkeit	• raue Werkstückoberfläche • große Schnittkraft • kurzer Span behindert den Arbeitsvorgang nicht

Spanformen

Je nach eingestellten technologischen Bedingungen treten unterschiedliche Spanformen auf.
Der sich ergebende Span soll so kurz sein, dass eine Behinderung der Maschinenbedienung, Störungen des Fertigungsablaufes sowie eine Beschädigung von Arbeitsfläche und Werkzeug nicht auftreten.
Kurze Schraubenspäne, Schraubenbruchspäne und Sprialbruchspäne sind besonders günstig.

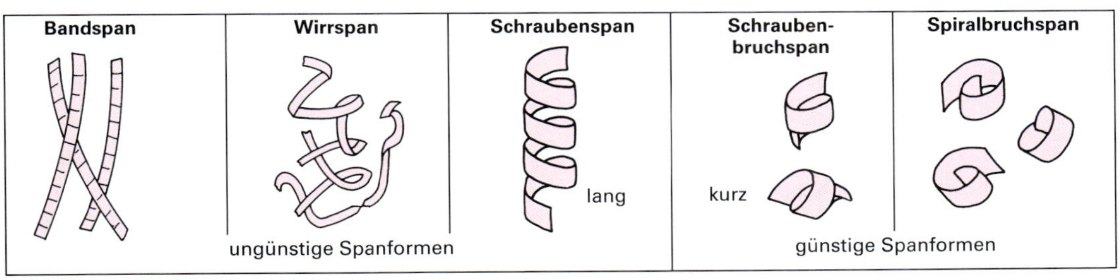

2 Schneidstoffe für maschinelles Spanen

Schnell-arbeitsstahl	gesinterter Schnellarbeitsstahl	Hartmetall Cermet	Keramischer Schneidstoff	Polykristalliner Diamant	Kubisches Bornitrid

Schneidstoffe sind bei ihrem Einsatz immer hohen mechanischen und thermischen Belastungen ausgesetzt. Daher müssen Schneidstoffe hohe Schneidfähigkeit, große Verschleißfestigkeit, hohe Warmhärte, große Zähigkeit und Biegefestigkeit, hohe Temperaturbeständigkeit und gute Wärmeleitfähigkeit besitzen.
Ein Schneidstoff mit hoher Zähigkeit besitzt keine hohe Härte, ein Schneidstoff mit zunehmender Verschleißfestigkeit ist empfindlich auf Schlagbelastung.
Deshalb bleibt die Auswahl des richtigen Schneidstoffes immer ein Kompromiss.

2.1 Schnellarbeitsstähle (siehe auch Seite 312)

Schnellarbeitsstähle sind hochlegierte Stähle. Sie besitzen hohe Zähigkeit und Biegefestigkeit. Sie sind daher wenig empfindlich gegen wechselnde Schnittkräfte. Über 600 °C ist die Warmstandfestigkeit hingegen gering, sodass keine hohen Schnittleistungen möglich sind. Zur Erhöhung der Standzeit werden Schnellarbeitsstähle häufig mit Titannitrid (goldfarbig) beschichtet.

Schnellarbeitsstähle werden als Bohrer und profilgebende Werkzeuge, z. B. Profildrehmeißel, eingesetzt, wenn die Anschaffung von Werkzeugen aus Vollhartmetall oder mit Wendeschneidplatten nicht wirtschaftlich ist.

Beschichtete Werkzeuge aus Schnellarbeitsstahl

Schnellarbeitsstähle können nur bei niedrigen Schnittgeschwindigkeiten eingesetzt werden. Durch Beschichtungen steigert man die Schnittleistung.

2.2 Hartmetalle (siehe auch Seite 327)

Hartmetalle sind Sinterwerkstoffe aus sehr harten Karbiden und Nitriden mit Kobalt, Nickel und anderen Metallen als Bindemittel.

Die meistverwendeten Hartmetalle bestehen überwiegend aus Wolframkarbid mit Kobalt als Bindemittel. Sie werden mit dem Kürzel **HW** gekennzeichnet. Sie haben eine gute Wärmeleitfähigkeit, eine geringe Wärmedehnung und sind wenig beständig gegen schnelle Temperaturwechsel, daher geeignet für Trockenbearbeitung oder Bearbeitung mit kräftiger Kühlung.

Hartmetalle auf der Basis von wolframarmen Mischkarbiden, Nitriden und Karbonitriden werden auch als **Cermets** (**Cer**amics + **met**als) bezeichnet und mit dem Kürzel **HT** gekennzeichnet. Cermets sind härter und verschleißfester als HW-Hartmetalle und erlauben erheblich höhere Schnittgeschwindigkeiten.

Cermets werden verwendet für Spantiefen bis 2 mm, für Werkstoffe bis zu einer Härte von 50 HRC sowie für Trockenbearbeitung.

Bei Hartmetallen kann durch eine Beschichtung die Standzeit weiter gesteigert werden. Als Beschichtungsstoffe verwendet man Titanverbindungen. Beschichtete Hartmetalle werden mit **HC** gekennzeichnet.

Hartmetall (HW)

Härteträger	**Bindemittel**
Wolframkarbid (+TiC, TaC u. a.)	Kobalt

Cermets (HT)

Härteträger	**Bindemittel**
Karbide und Nitride von Ti, Ta, Nb, Mo, W	Ni, Co, Mo

Fräser mit beschichteten Wendeschneidplatten

Hartmetalle auf Wolframkarbidbasis (HW) haben hohe Temperaturwechselbeständigkeit und Wärmeleitfähigkeit.
Hartmetalle mit Karbiden und Nitriden aus Titan und Tantal (HT) sind härter und verschleißfester als HW.
Hartmetalle werden durch Beschichtung verschleißfester und erlauben höhere Schnittgeschwindigkeiten.

Einteilung der Hartmetalle

Haupt-gruppe	Kenn-farbe	Anwendungsgruppe [1]	Anwendung
P	blau	P01, P05, P10, P20, P30, P40, P50	alle Arten von Stahl, Stahlguss, **langspanender** [2]) Temperguss
M	gelb	M01, M05, M10, M20, M30, M40	rostfreie Stähle aller Arten sowie Stahlguss
K	rot	K01, K05, K10, K20, K30, K40	Gusseisen mit Lamellengraphit, Kugelgraphitguss, **kurzspanender** [2]) Temperguss, Kokillenhartguss
N	grün	N01, N05, N10, N20, N30	Aluminium und andere Nichteisenmetalle, nichtmetallische Werkstoffe
S	braun	S01, S05, S10, S15, S20, S25, S30	hochwarmfeste Legierungen auf Basis von Eisen, Nickel, Kobalt sowie Titan und Titanlegierungen
H	grau	H01, H05, H10, H15, H20, H25, H30	für harte Werkstoffe wie gehärteter Stahl, gehärtete Gusswerkstoffe, Gusseisen für Kokillenguss

[1]) Je kleiner die Zahl – zunehmende Sprödigkeit, zunehmende Schnittgeschwindigkeit, zunehmende Verschleißfestigkeit abnehmender Vorschub des Schneidstoffes.
Je größer die Zahl – zunehmende Zähigkeit, zunehmender Vorschub, abnehmende Verschleißfestigkeit, abnehmende Schnittgeschwindigkeit.

[2]) Spanarten und Spanformen siehe Seite 77.

2.3 Werkzeugbeschichtungen mit polykristallinem Diamant (PKD)

Für die Beschichtung von Schneidstoffen wird Diamantpulver synthetisch erzeugt. Es weist eine vielkristalline Struktur auf und hat damit in allen Belastungsrichtungen gleiche Eigenschaften. Das Diamantpulver wird in dünner Schicht (ca. 0,5 mm) auf Werkzeuge aus HSS-Schneidstoffen oder Hartmetalle aufgebracht. Polykristalliner Diamant (PKD) erlaubt sehr hohe Schnittgeschwindigkeiten und wird zum Zerspanen hochfester Werkstoffe, NE-Metallen und glasfaserverstärkten Kunststoffen eingesetzt. Für die Zerspanung von Stahl ist die Beschichtung ungeeignet, da Diamant mit Eisen und einigen Legierungselementen von Eisen reagiert.

2.4 Keramische Schneidstoffe

Keramische Schneidstoffe sind Sinterwerkstoffe, welche eine hohe Temperaturbeständigkeit besitzen und daher hohe Schnittgeschwindigkeiten zulassen. Bei den keramischen Schneidstoffen unterscheidet man:

- Oxidkeramik aus Aluminiumoxid (Al_2O_3),
- Mischkeramik aus Aluminiumoxid mit weiteren Metallverbindungen (MgO; Cr_2O_3; TiC),
- Nitridkeramik aus Siliziumnitrid (Si_3N_4),
- Verbundwerkstoff aus polykristallinem kubischen Bornitrid (PKB) mit keramischer Bindung.

Oxidkeramiken sind verschleißfest, jedoch stoßempfindlich. Sie erfordern einen schwingungs- und stoßfreien Einsatz bei nur kleinen Spanungsquerschnitten.

Nitridkeramik behält bis 1 200 °C ihre Schneidhaltigkeit. Sie hat hervorragende Temperaturwechselbeständigkeit und Schlagzähigkeit, sodass sie zum Spanen bei unterbrochenem Schnitt bei Gusseisen und Stählen über 50 HRC eingesetzt wird.

Polykristallines kubisches Bornitrid (CBN) behält bis 2 000 °C seine Schneidhaltigkeit und ist reaktionsträge gegenüber Legierungselementen der zu bearbeitenden Werkstoffe. Es wird zur Bearbeitung harter Eisenwerkstoffe verwendet.

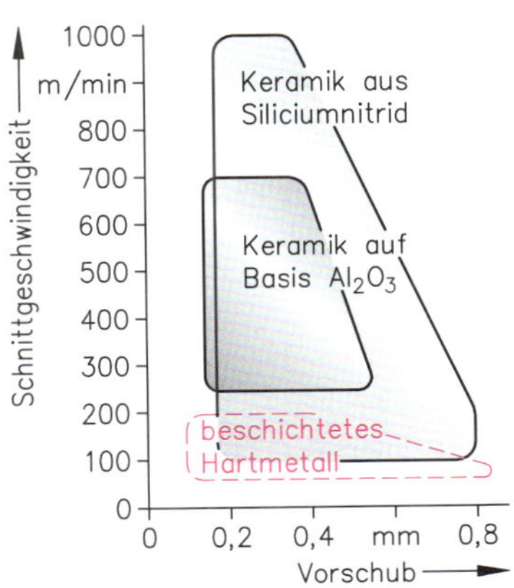

Schnittbedingungen beim Einsatz keramischer Werkstoffe

2.5 Normung von Wendeschneidplatten

Die Bezeichnung wird aus einer Kombination von Buchstaben und Zahlen gebildet, wobei jede Stelle dieser Kombination eine bestimmte Aussage beinhaltet.

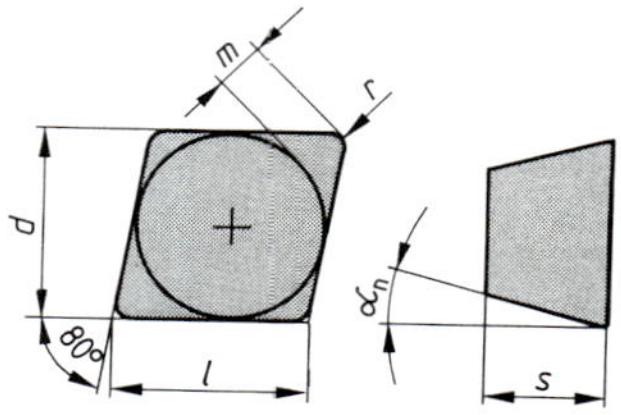

Abmessungen einer Wendeschneidplatte

Schneidplatte ÖNORM ISO 3364–C P M N 12 07 08 F N–P10

① ② ③ ④ ⑤ ⑥ ⑦ ⑧ ⑨ ⑩

1 Grundform

	gleichseitig					ungleichseitig		
gleichwinklig	T	S	P	H	O	R	L	
	60°	90°	108°	120°	135°	–	90°	ε_r

	V	D	E	C	M	W	K	B	A	
ungleichwinklig	35°	55°	75°	80°	86°	80°	55°	82°	85°	ε_r

2 Normal-Freiwinkel α_n

A	B	C	D	E	F	G	N	P	O
3°	5°	7°	15°	20°	25°	30°	0°	11°	Sonderausführung

3 Toleranzklassen (alle Maße als ±, in mm)

	A	F	C	H	E	G	J	K	L	M	N	U
Dicke s	0,025					0,13	0,025			0,13	0,025	0,13
Prüfmaß m	0,005		0,013		0,025		0,005	0,013	0,025	0,08…0,2		0,13…0,38
Inkreis d	0,025	0,013	0,025	0,013	0,025		0,05…0,15					0,08…0,25

Schneidplatte mit Planschneide: mit gerader Seitenzahl – mit ungerader Seitenzahl – mit Planschneiden

4 Spanformer und Befestigungsmerkmal

N	A	W, B	Q, C
R	M	T, H	U, J
F	G		

W, T, Q und U 40° bis 60° gesenkt und B, H, C und J 70° bis 90° gesenkt

5 Plattengröße

Die Angabe der Schneidkantenlänge erfolgt ohne Dezimalstellen in mm.
Bei einstelligem Maß wird eine Null vorangestellt. Bei ungleichseitigen Platten wird die Länge der Hauptschneide, bei runden Platten der Durchmesser angegeben.

6 Plattendicke

Die Angabe der Plattendicke erfolgt ohne Dezimalstellen in mm.
Bei einstelligem Maß wird eine Null vorangestellt.

7 Ausbildung der Schneidenecke

Angabe des zehnfachen Eckenradius in mm. Bei einstelligem Maß wird eine Null vorangestellt.

		A	D	E	F	P	Z
Kennzahl	Eckenradius r_ε = 0,1× Ziffer der 7. Stelle						
Kennbuchstabe	Einstellwinkel κ_r der Hauptschneide	45°	60°	75°	85°	90°	besondere Angabe
	Normal-Freiwinkel α'_n an der Planschneide Kennbuchstaben wie oben bei α_n, Ziffer 2						

8 Schneide

E	F	T	K	S	P
gerundet	scharf	gefast	doppelt gefast	gerundet und gefast	doppelt gefast und gerundet

9 Schneidrichtung

L	R	N
linksschneidend	rechtsschneidend	links- und rechtsschneidend

10 Schneidstoff

Angabe gemäß ÖNORM ISO 513

3 Fertigen mit Drehmaschinen

3.1 Drehmaschinen

Die im Folgenden beschriebene Drehmaschine ist mit einer Kombibedienstation für manuelle Maschinenbedienung und CNC-Steuerung ausgestattet. Sie wird für Einzelteil- und Kleinserienfertigung von einfachen bis zu komplizierten Werkstücken eingesetzt.

Beispiel für eine Drehmaschine mit Kombibedienstation

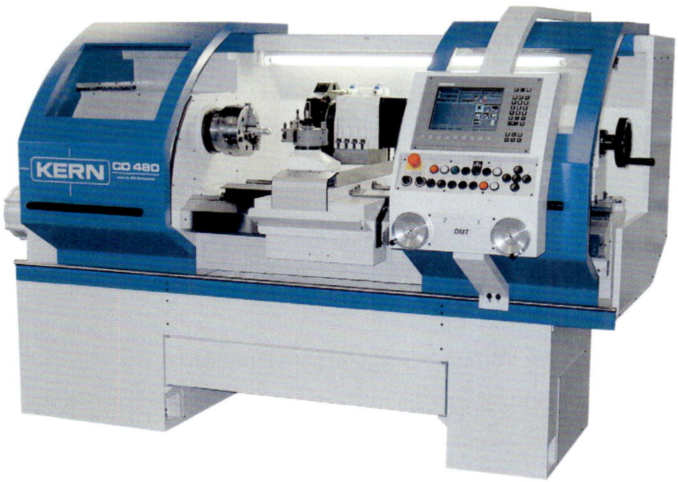

Drehdurchmesser über Bett:	475 mm
Spitzenweite:	wahlweise von 1 m bis 3 m
Spindelbohrung:	78 mm
Antrieb der Hauptspindel:	über 25 kW Wechselstrommotor (ohne Getriebe)
Drehfrequenzbereich:	Digital regelbar von 1 bis 3 000 min^{-1}, während der Bearbeitung korrigierbar
Vorschübe:	stufenlos einstellbar über Kugelgewindetriebe, Einstellungen über Handräder oder Tasten
Vorschubbereich:	0,001 bis 2 mm pro Umdrehung, während der Bearbeitung korrigierbar, Eilganggeschwindigkeiten bis 5 m/min
Abdeckung des Arbeitsraumes:	Schutztüren
Bildschirm:	Digitale Anzeige der Werkzeugpositionen im Handbetrieb, Zyklendarstellung mit Parameterabfrage, Darstellung der Arbeitsschritte im CNC-Betrieb
Steuerung:	Zyklenprogrammierung und CNC-Programmierung, große Speicher für Programme und Werkzeuge

Die dargestellte Maschine ist nach ihrem Aufbau und ihrer Funktion eine konventionelle Drehmaschine, mit der eine handgesteuerte Bearbeitung durchgeführt werden kann. Immer wiederkehrende Abfolgen von Arbeitsschritten stehen als Zyklen zur Verfügung und lassen sich bei allen Bearbeitungen aufrufen. Die Steuerung kann eine durchgeführte Bearbeitung als Programm übernehmen (TEACH-IN-Programmierung). Schließlich lässt sich die Fertigung durch extern oder an der Maschine erstellte CNC-Programme steuern.

Drehmaschinen werden entsprechend den Anforderungen aus den Einsatzbetrieben in unterschiedlichen Bauformen mit den gewünschten CNC-Steuerungen angefertigt. Konventionelle Drehmaschinen werden nur noch dann verkauft, wenn der Einsatz von CNC-Maschinen unwirtschaftlich ist.

3.2 Einteilung und Benennung der Drehverfahren

Die Einteilung und Benennung der Drehverfahren wird nach folgenden Unterscheidungsmerkmalen vorgenommen.

- **Einteilung nach der Form der erzeugten Fläche am Werkstück**

Querplan-drehen	**Längsrund-drehen**	**Form-drehen**	**Profil-drehen**	**Gewinde-drehen**	**Abstechen**
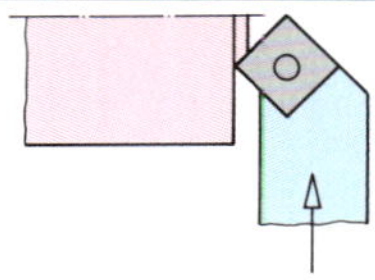	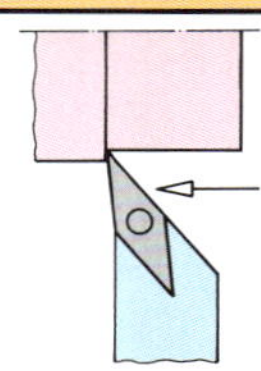	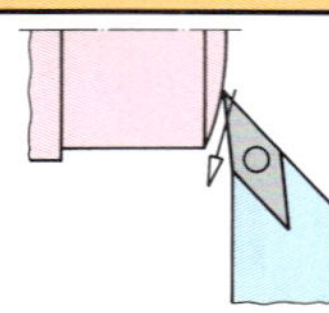	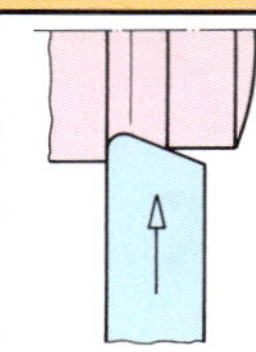	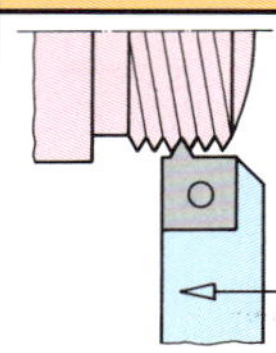	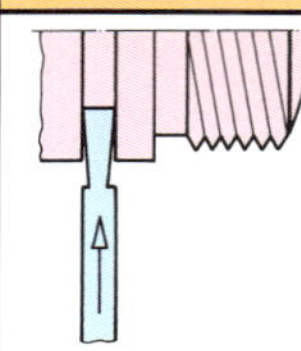
Erzeugen einer ebenen Stirnfläche	Erzeugen einer zylindrischen Außen- bzw. Innenfläche	Erzeugen einer beliebig geformten Mantelfläche durch Werkzeugsteuerung	Übertragen der Schneidenform auf die Mantelfläche oder Stirnfläche	Erzeugen einer Schraubenlinie in der Mantelfläche	Trennen und Erzeugen einer ebenen Stirnfläche

- **Einteilung nach der Richtung der Vorschubbewegung zur Drehachse**

Längsdrehen		**Querdrehen**	
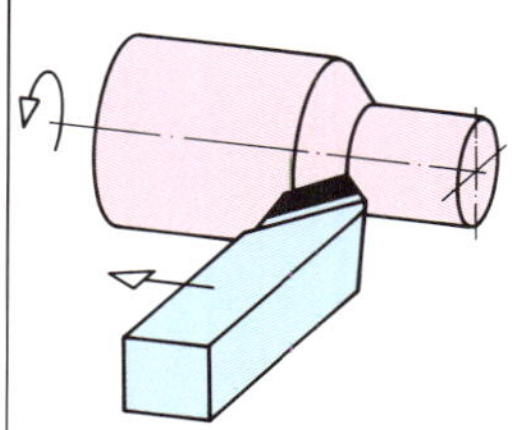	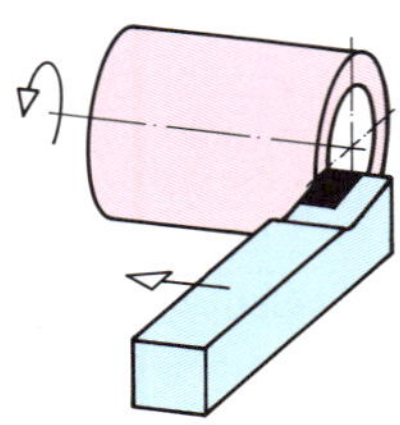	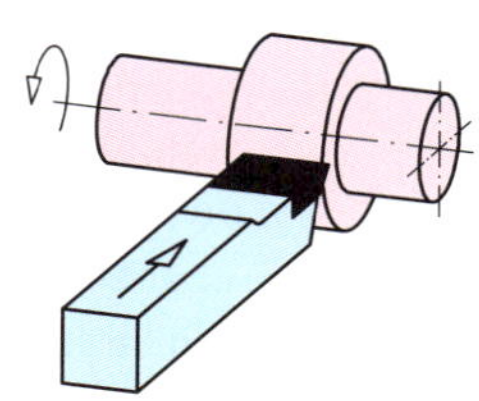	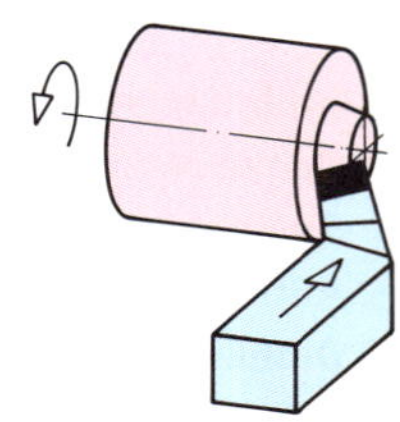
Längs-Runddrehen	**Längs-Plandrehen**	**Quer-Runddrehen**	**Quer-Plandrehen**

- **Einteilung nach der Lage der bearbeiteten Fläche am Werkstück**

Außendrehen		**Innendrehen**	
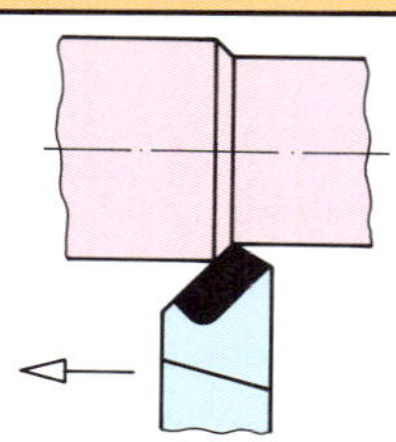	Bei Außendrehverfahren wird die Benennung meist ohne die Angabe des Wortes „Außen" angegeben.	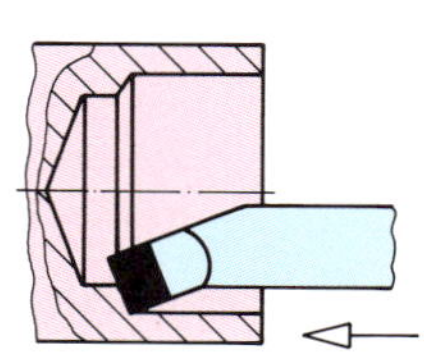	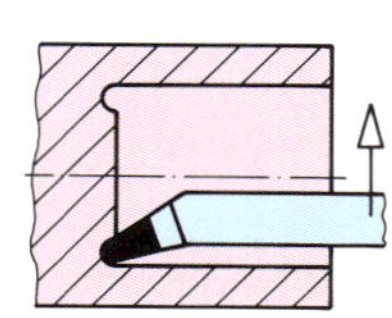
Außen-Längs-Runddrehen		**Innen-Längs-Runddrehen**	**Innen-Quer-Plandrehen**

- Drehverfahren werden hauptsächlich nach der Form der bearbeiteten Fläche benannt.
- Bei Rund-, Plan- und Profildrehverfahren wird die Richtung der Vorschubbewegung mit **Längs**- bzw. **Plan**- vorangestellt.
- Bei Dreharbeiten innerhalb des Werkstücks wird das Wort **Innen**- der gesamten Benennung vorangestellt.

3.3 Drehwerkzeuge

3.3.1 Drehmeißelgeometrie

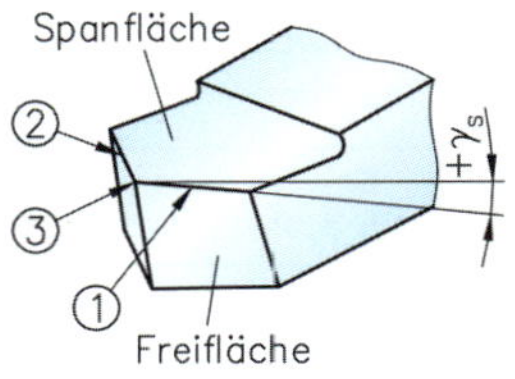

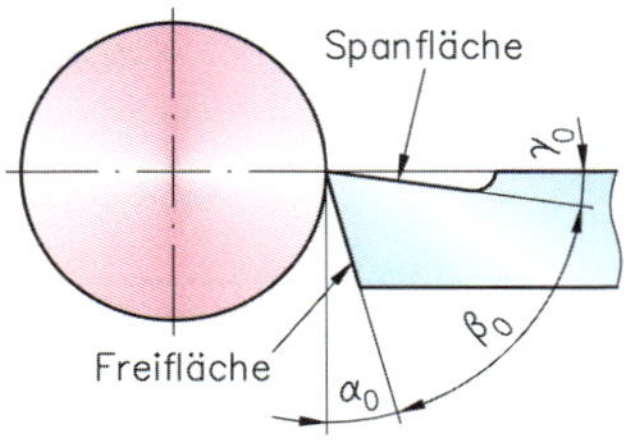

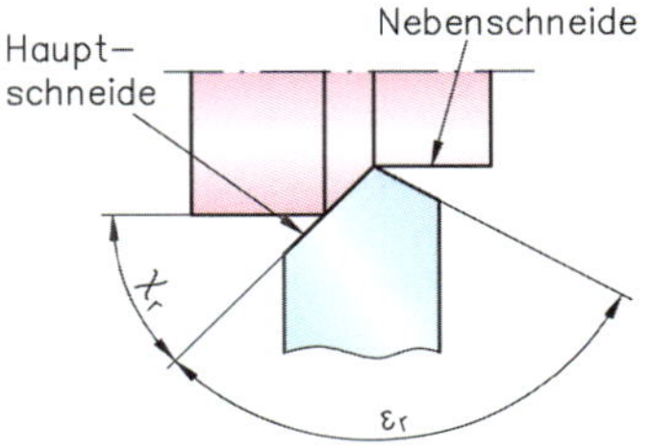

① **Hauptschneide:** Sie übernimmt die Spanabnahme, sie weist in Vorschubrichtung.
② **Nebenschneide:** Sie ist zur Spanabnahme nicht geeignet.
③ **Schneidenecke:** Meist mit Eckenradius
β_0 **Keilwinkel:** Winkel zwischen Spanfläche und Freifläche.
γ_0 **Spanwinkel:** Winkel zwischen der Spanfläche und einer waagerechten Bezugsfläche.
α_0 **Freiwinkel:** Winkel zwischen Freifläche und einer senkrechten Bezugsfläche.
ε_r **Eckenwinkel:** Winkel zwischen Hauptschneide und Nebenschneide.
$\varkappa_r$ **Einstellwinkel:** Winkel zwischen Hauptschneide und Vorschubrichtung.

- Die Hauptschneide weist in Vorschubrichtung und verrichtet die Zerspanarbeit.
- Die Ausführung der Schneidenecke beeinflusst die entstehende Oberflächengüte.

Werkzeugbezugssystem

Um die räumliche Lage des Schneidkeils genau bestimmen zu können, ist ein genormtes Werkzeugbezugssystem festgelegt. Dieses wird aus drei zueinander rechtwinklig angeordneten Bezugsebenen gebildet. Die Lage der Bezugsebenen ist von der Schnittrichtung und der Lage der Hauptschneide abhängig.

Lage der Ebenen für das Werkzeugbezugssystem (nach DIN 6581)

Werkzeugbezugsebene	Werkzeugschneidenebene	Keilmessebene
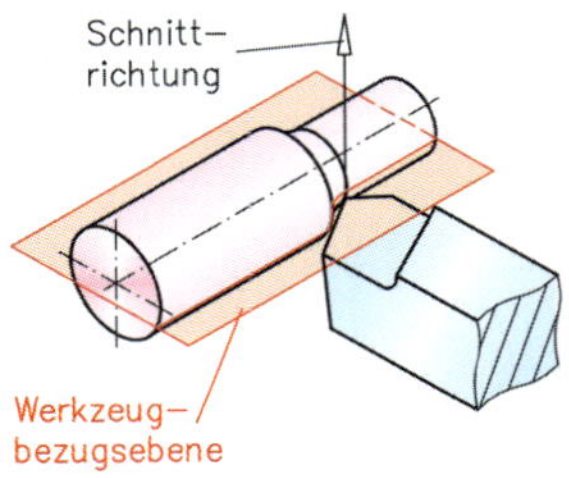	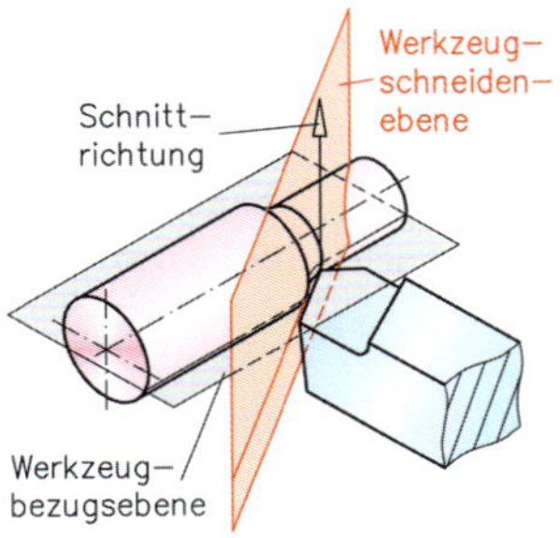	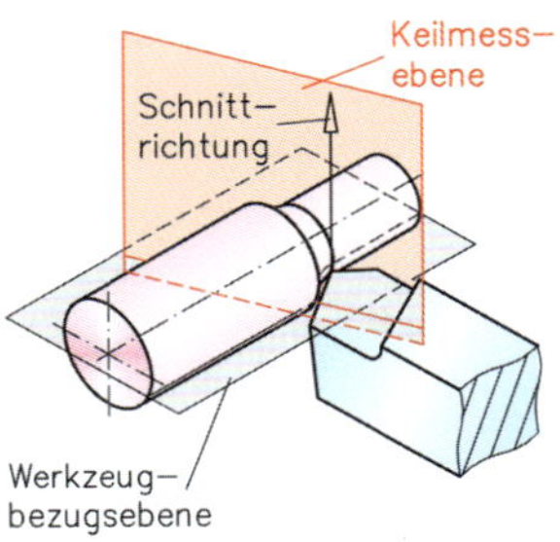
Die Werkzeugbezugsebene liegt senkrecht zur Schnittrichtung und meist parallel zur Auflagefläche des Drehmeißels.	Die Werkzeugschneidenebene verläuft in Richtung der Hauptschneide und steht senkrecht zur Werkzeugbezugsebene.	Die Keilmessebene steht sowohl senkrecht zur Werkzeugbezugs- wie auch zur Ebene der Werkzeugschneide; sie ist die Messebene für Winkel am Scheidkeil.

Einfluss der Winkel am Drehmeißel

Einfluss des Spanwinkels γ_o

Große Spanwinkel ergeben geringe Schnittkräfte und daher geringe Schneidenbelastungen. Deshalb können hohe Zerspanleistungen mit großen Spanwinkeln erreicht werden. Eine Vergrößerung ergibt jedoch eine Schwächung des Schneidkeils. Daher sind große Spanwinkel nur bei weichen und zähen Werkstoffen möglich. Bei Verkleinerung des Spanwinkels erhöht sich die Schneidenbelastung, die Zerspanleistung sinkt. Die Stabilität des Schneidkeils nimmt mit kleinerem Spanwinkel zu, sodass die Gefahr von Schneidenausbrüchen absinkt. Kleine oder negative Spanwinkel verwendet man für harte und spröde Werkstoffe und bei unterbrochenem Schnitt.

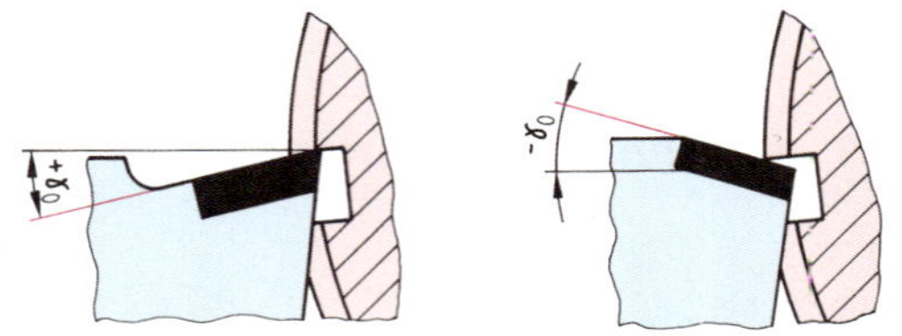

Beanspruchung der Schneide bei unterbrochenem Schnitt

Werkstoff des Werkstücks	Spanwinkel γ_o bei HS-Stahl	Spanwinkel γ_o bei Hartmetall
Messing, hartes Gusseisen	0° bis 8°	0° bis 5°
hochfeste Stähle, Stahlguss	12° bis 15°	10° bis 12°
Stahl mit R_m bis 700 N/mm², weiches Gusseisen	15° bis 20°	14° bis 18°
Al und Al-Legierungen	20° bis 40°	30° bis 35°

Richtwerte für den Spanwinkel

Für weiche, zähe Werkstoffe wählt man große Spanwinkel.
Für harte, spröde Werkstoffe wählt man kleine Spanwinkel.

Einfluss des Freiwinkels α_o

Eine Vergrößerung des Freiwinkels bewirkt eine Verringerung der Reibung zwischen Werkzeug und Werkstück. Dadurch wird jedoch nur eine unbedeutende Erhöhung der Standzeit des Meißels erreicht. Man wählt Freiwinkel zwischen 3° und 12°. Für härtere Werkstoffe verwendet man die kleineren Freiwinkel.

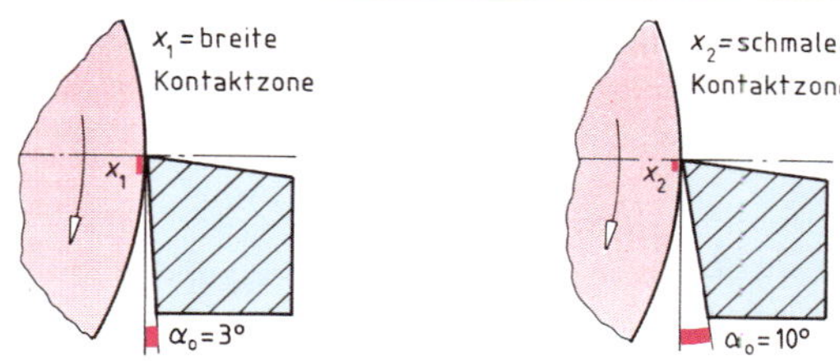

Freiwinkel und Kontaktzone

Veränderungen des Freiwinkels beeinflussen die Zerspanungsbedingungen nur wenig.

Einfluss des Einstellwinkels $\varkappa_r$ (kappa)

Der Einstellwinkel hat Einfluss auf die Länge des im Eingriff befindlichen Teils der Hauptschneide. Bei gleichem Vorschub und gleicher Schnitttiefe ist bei allen Einstellwinkeln der Spanungsquerschnitt gleich groß. Mit kleinerem Einstellwinkel vergrößert sich das Schneidenstück, das die Spanabnahme vornimmt. Bei langen im Eingriff befindlichen Schneiden verteilt sich die Belastung, zudem wird die entstehende Wärme besser abgeführt. Daher wählt man für Schruppbearbeitungen kleine Einstellwinkel.

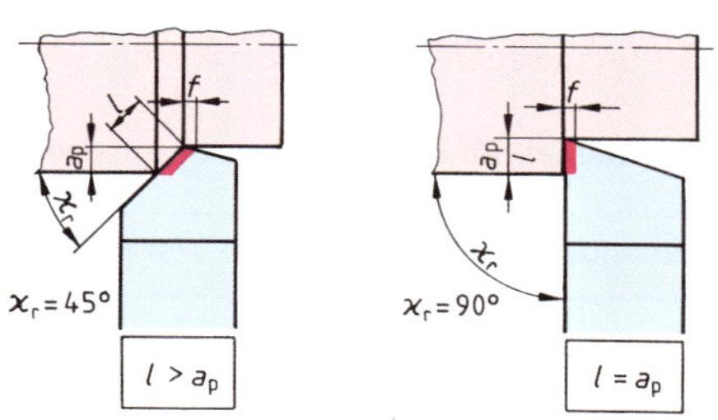

Einstellwinkel und Eingriffslänge

Die Gefahr der Durchbiegung beim Drehen langer, dünner Wellen wird bei einem großen Einstellwinkel verringert, weil dadurch die Kraft quer zur Drehachse (Passivkraft) verringert wird.

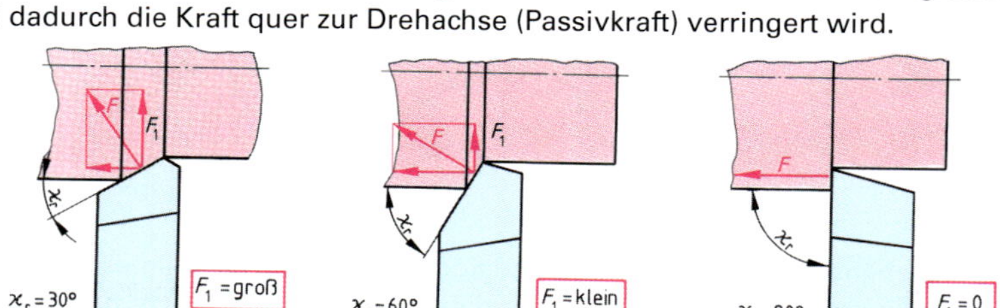

Einstellwinkel und Passivkraft

Zur Schruppbearbeitung wählt man kleine Einstellwinkel.
Zum Drehen von langen, dünnen Wellen wählt man den Einstellwinkel $\varkappa_r = 90°$.

Einfluss des Neigungswinkels λ_s (lambda)

Ein Neigungswinkel wird als positiv bezeichnet, wenn die Hauptschneide von der Schneidenecke zum Schaft hin abfällt. Der Neigungswinkel ist negativ, wenn die Hauptschneide von der Schneidenecke aus zum Schaft hin ansteigt. Meist wird mit $\lambda_s = 0°$ oder mit kleinem positiven Neigungswinkel gedreht.

positiver Neigungswinkel	negativer Neigungswinkel
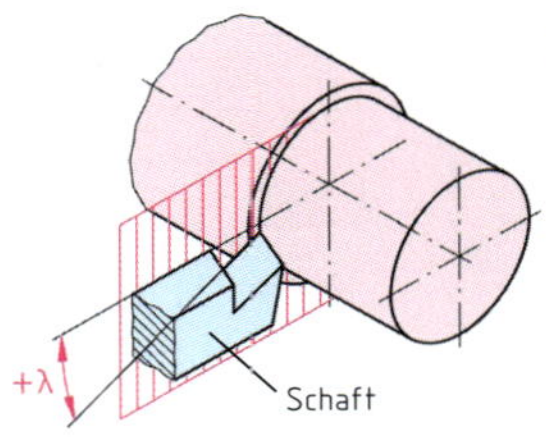 Einsatz bei – gut zerspanbaren Werkstoffen – ununterbrochenem Schnitt	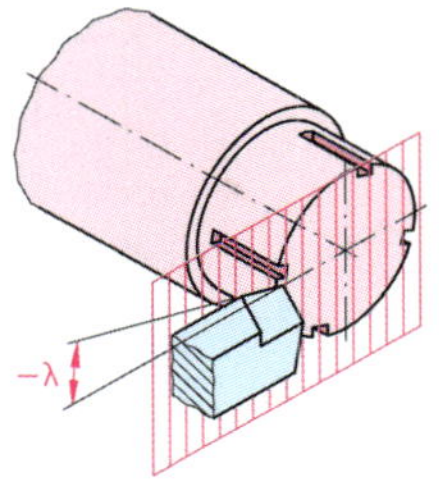 Einsatz bei – schwer zerspanbaren Werkstoffen und Gussoberflächen – unterbrochenem Schnitt

- Beim Drehen von weichen und gut zerspanbaren Werkstoffen wählt man bei günstigen Zerspanungsbedingungen Neigungswinkel zwischen 0° und +4°.
- Beim Drehen von harten und schwer zerspanbaren Werkstoffen wählt man bei ungünstigen Zerspanungsbedingungen Neigungswinkel zwischen 0° und −4°.

3.3.2 Bauarten von Drehmeißeln

Grundformen der Drehmeißel

Drehmeißel haben häufig rechteckige oder quadratische Querschnitte. Für das Innendrehen werden auch runde Querschnitte verwendet. Der Querschnitt eines Drehmeißels soll möglichst groß gewählt werden, um elastische Verformungen, Vibrationen und damit Maßabweichungen und Rattermarken an Werkstücken einzuschränken.

Der Verlauf der **Mittellinie** durch Schaft und Schneidkopf ist für die **Benennung des Meißels** entscheidend. In der Längsrichtung können Drehmeißel gerade, gebogen oder abgesetzt sein.

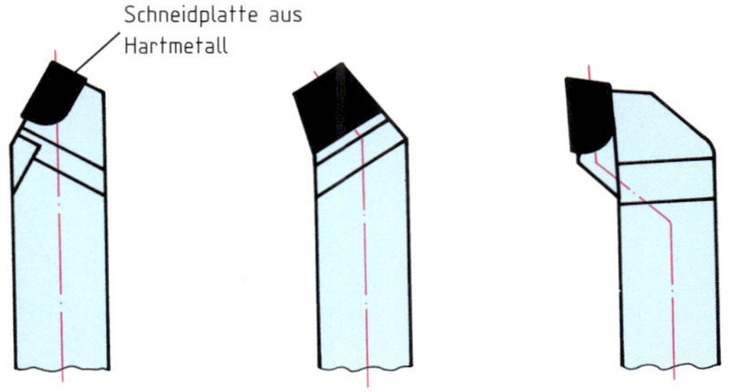

Gerader Drehmeißel **Gebogener Drehmeißel** **Abgesetzter Drehmeißel**

Linke und rechte Drehmeißel

Nach der Lage der Hauptschneide unterscheidet man rechte und linke Drehmeißel. Für die Klärung der normgerechten Bezeichnung sieht der Betrachter auf die Spanfläche des Meißels und dabei muss der Schaft von ihm fort gerichtet sein.

Beispiele **für die Einteilung in linke und rechte Drehmeißel**

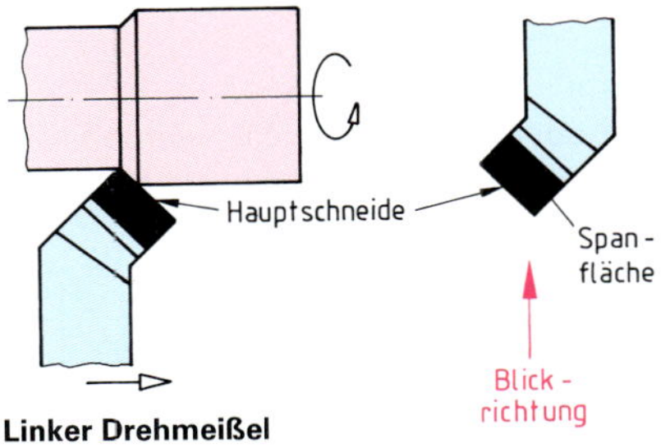

Linker Drehmeißel

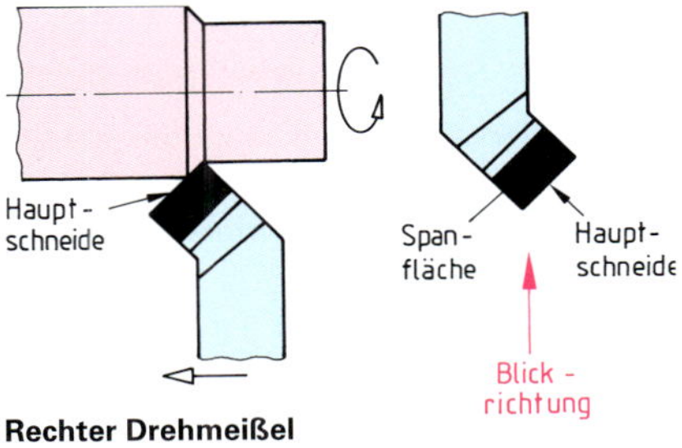

Rechter Drehmeißel

Sieht der Betrachter von der Schneide her in Schaftrichtung
- die Hauptschneide rechts, dann ist es ein rechter Drehmeißel, oder
- die Hauptschneide links, dann ist es ein linker Drehmeißel.

Gebräuchliche Drehmeißelformen

Für unterschiedliche Dreharbeiten sind Drehmeißel mit verschiedenen Formen erforderlich. Viele Drehmeißel sind in ihrer Formgebung durch Normen festgelegt.

Beispiele **für den Einsatz gebräuchlicher Drehmeißel**

Längs-Runddrehen			Quer-Plandrehen
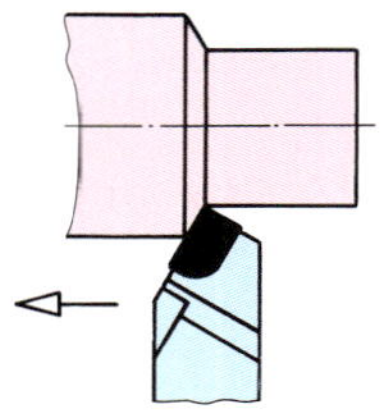	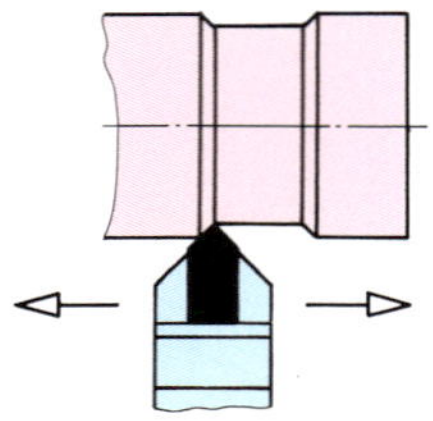	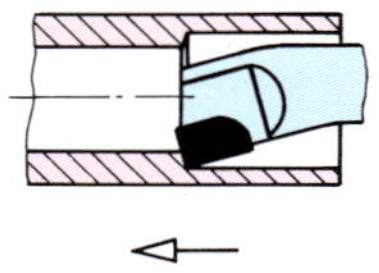	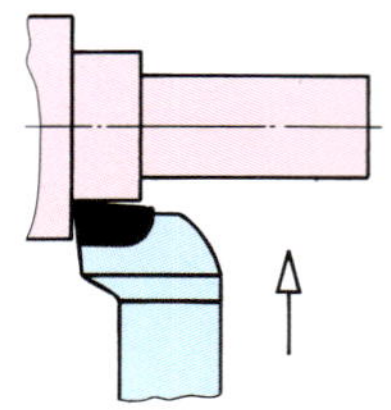
gerader rechter Drehmeißel	**spitzer Drehmeißel**	**rechter Innendrehmeißel**	**abgesetzter rechter Stirndrehmeißel**

- **Ausführungsarten von Drehmeißeln**

Einteilige Drehmeißel bestehen aus Schnellarbeitsstahl. Sie werden nach Bedarf aus Rohlingen (Drehlingen) geschliffen. Sie werden in der Einzelfertigung zum Profildrehen verwendet.
Drehmeißel aus unlegiertem Stahl mit eingelöteten Hartmetallplatten finden ähnliche Verwendung.
Zur Serienfertigung werden ausschließlich Drehmeißel mit Wendeschneidplatten eingesetzt.

Beispiele **für Ausführungsarten von Drehmeißeln**

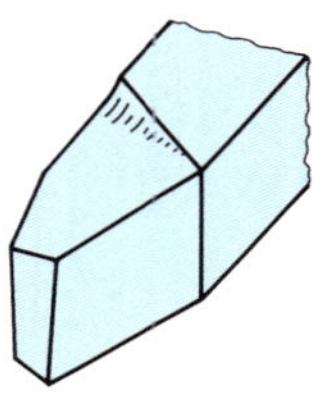

Drehmeißel aus HSS

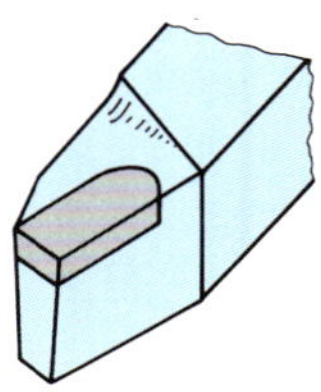

Drehmeißel mit eingelöteter Hartmetallschneidplatte

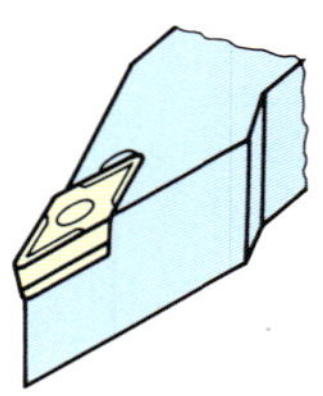

Drehmeißel mit eingesetzter Schneidplatte

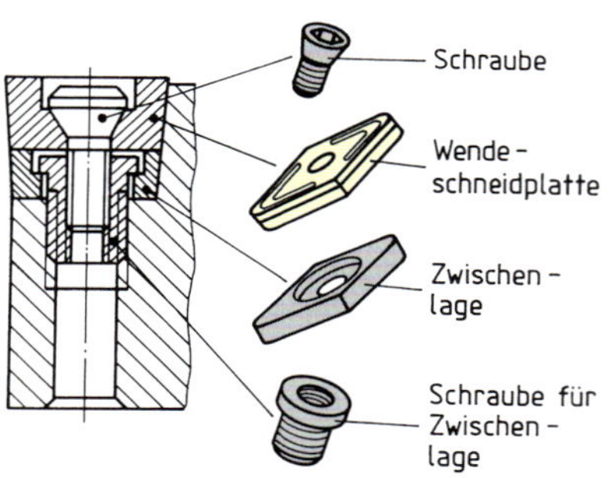

3.4 Spannen und Stützen der Werkstücke

Zum Drehen müssen die Werkstücke sicher, schnell und mit gutem Rundlauf eingespannt werden. Die Art der Werkstückeinspannung richtet sich nach der Form und Größe des Werkstückes und nach der Anzahl gleicher Werkstücke.

3.4.1 Spannen im Spannfutter

Kurze Werkstücke, z. B. Rundteile verschiedener Durchmesser oder Sechskantprofile, werden in das **Dreibackenfutter** eingespannt. Zum Spannen der Vierkant- oder Achtkantprofile ist ein **Vierbackenfutter** erforderlich. Spannfutter wirken selbstzentrierend.

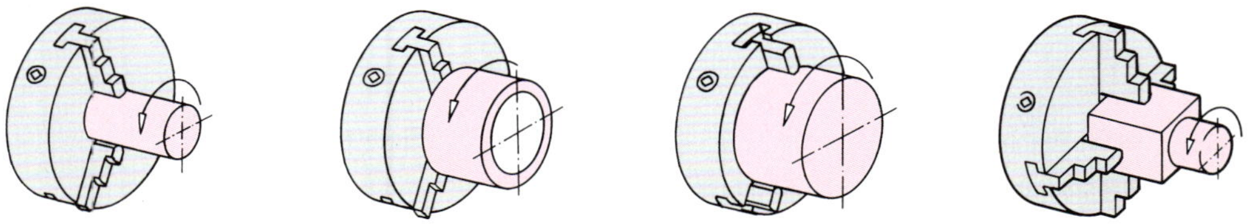

Kurze Drehteile spannt man im jeweiligen Spannfutter.

3.4.2 Spannen mit Dehnspanndorn

Werkstücke mit fertig bearbeiteten Bohrungen können mithilfe von Dehnspanndornen von innen gespannt werden. Dehnspanndorne werden auf den Innendurchmesser der Aufnahmebohrung abgestimmt. Dadurch erzielt man einen koaxialen Lauf der Außenkontur zur Bohrung.

Das eigentliche Spannelement ist eine geschlitzte Spannhülse mit Innenkegel. Beim Spannen wird ein Spannkegel durch Kraftbetätigung in die Spannhülse hineingezogen.

Ein ausgewählter Spanndurchmesser kann nur in einem Bereich von 0,5 mm und bei größeren Spanndurchmessern um 1 mm gedehnt werden.

Kraftbetätigter Dehnspanndorn

Mit Dehnspanndornen werden Werkstücke mit fertig bearbeiteten Bohrungen durch Aufweiten einer Spannhülse gespannt. Man erzielt dadurch eine hohe Koaxialität der Außenkontur zur Bohrung.

3.4.3 Spannen in Spannzangen

Spannzangen werden in Spannzangenfutter eingesetzt. Mit Spannzangen spannt man vorwiegend Werkstücke mit kleinerem Durchmesser und Stangenmaterial.

Spannzangenfutter bestehen aus einem Grundkörper mit Druckhülse, in die Spannzangen für unterschiedliche Durchmesser eingesetzt werden.

Spannzangen haben im Einspannbereich einen kurzen Außenkegel. Dieser erzeugt durch Verschieben im Innenkegel die Spannkraft. Die Aufbringung der Betätigungskraft kann manuell oder durch eine hydraulische oder pneumatische Antriebseinheit erfolgen.

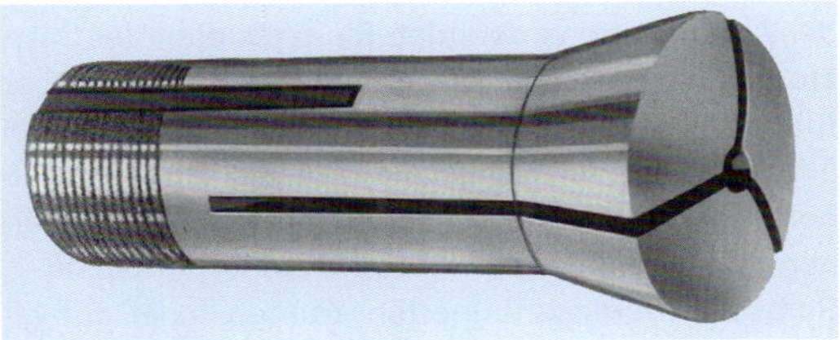

Spannzange

In Spannzangen werden kurze Drehteile mit kleinem Durchmesser gespannt, die meist aus Stangenmaterial gefertigt werden.

3.4.4 Spannen auf der Planscheibe

Zum Spannen von *unregelmäßig geformten Werkstücken* werden Planscheiben eingesetzt. Die Planscheiben werden, wie Spannfutter, direkt auf den Kopf der Arbeitsspindel geschoben, durch zylindrische oder kegelige Ansätze zentriert und mit Schrauben befestigt.

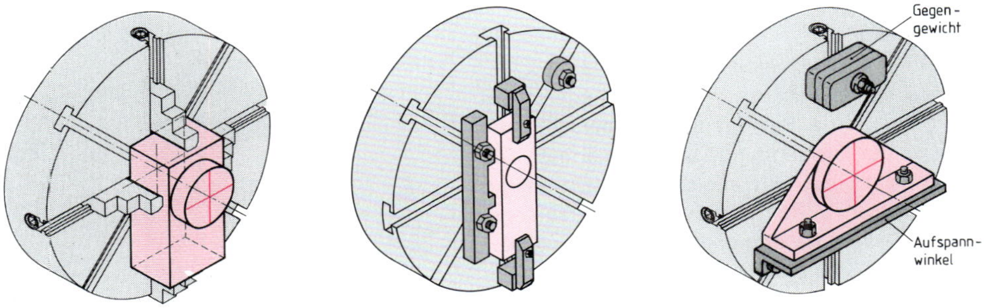

Planscheiben dienen zum Spannen von großen, unregelmäßig geformten Werkstücken. Diese können mit einzeln verstellbaren Spannbacken, mit Spannlaschen oder mithilfe von Spannwinkeln auf der Planscheibe befestigt werden.

3.4.5 Spannen zwischen den Spitzen

Müssen Drehteile auf ihrer gesamten Länge bearbeitet werden, so werden diese zwischen zwei Körnerspitzen gespannt. Die Mitnahme erfolgt durch einen Stirnmitnehmer mit integrierter Körnerspitze und gehärteten Mitnehmerschneiden, die auf die Planseite des Werkstückes drücken.
Im Reitstock wird ein Rollkörner verwendet, der mit einer Spannkraftanzeige ausgestattet sein kann. Das hat den Vorteil, dass die eingespannten Teile einen exakten Rundlauf aufweisen und ohne umzuspannen über ihre gesamte Länge bearbeitet werden können.

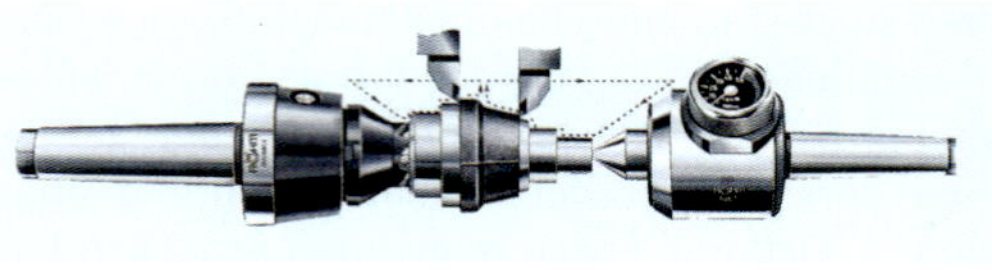

Spannen zwischen den Spitzen

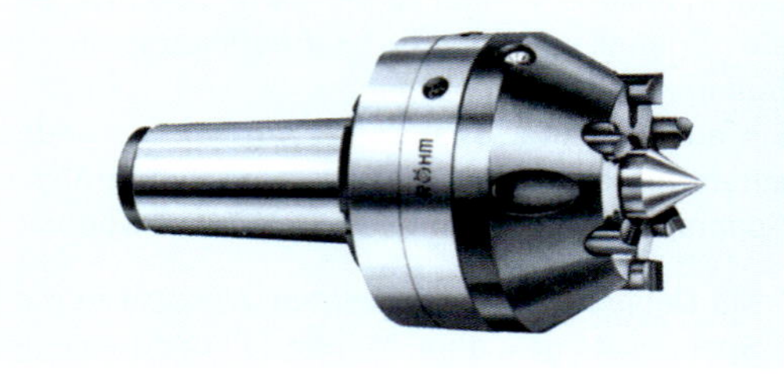

Stirnmitnehmer

3.4.6 Stützen der Werkstücke

Bei langen und dünnen Werkstücken ist eine beidseitige Führung an den Werkstückenden unzureichend. Diese Drehteile müssen durch eine weitere Führung gegen ein Durchbiegen gesichert werden, um Formfehler zu vermeiden. Die dazu verwendeten Geräte werden Setzstock oder Lünette genannt. Setzstöcke werden in feststehender und mitlaufender Ausführung verwendet. Ein feststehender Setzstock wird auf das Maschinenbett gespannt, er führt das Werkstück unverändert an einer Stelle. Ein mitlaufender Setzstock wird am Bettschlitten befestigt, er führt beim Drehen das Werkstück in einem gleich bleibenden Abstand zur Schnittstelle.
Selbstzentrierende Lünetten können axial auf einem eigenen Schlitten programmgesteuert verschoben werden. Das Werkstück wird durch drei ballige Laufrollen geführt, die gleichmäßig an das Werkstück herangefahren werden. Die Steuerung der drei Laufrollen bewirkt Selbstzentrierung der Lünetten.

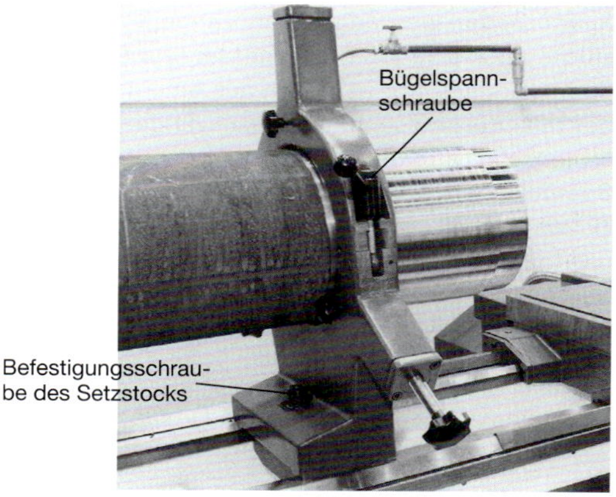

Drehteilführung durch feststehenden Setzstock

Lange und dünne Werkstücke müssen bei der Drehbearbeitung zusätzlich durch Setzstöcke unterstützt und geführt werden. Die Führung erfolgt durch Gleitbacken bzw. Rollen.

3.5 Spezielle Drehverfahren

- **Kegeldrehen**

Kegeldrehen durch Oberschlittenverstellung

Der Oberschlitten wird um den halben Kegelwinkel verstellt, sodass die Bewegung des Oberschlittens entlang der zu fertigenden Mantellinie erfolgt. Die Vorschubbewegung wird meist von Hand ausgeführt. Mit diesem Verfahren können nur kurze Kegel gefertigt werden, da der Vorschubweg des Oberschlittens verhältnismäßig kurz ist. Den Verstellwinkel des Oberschlittens nennt man **Einstellwinkel** $\frac{\alpha}{2}$.

$$\text{Einstellwinkel} = \frac{\text{Kegelwinkel}}{2} = \frac{\alpha}{2}$$

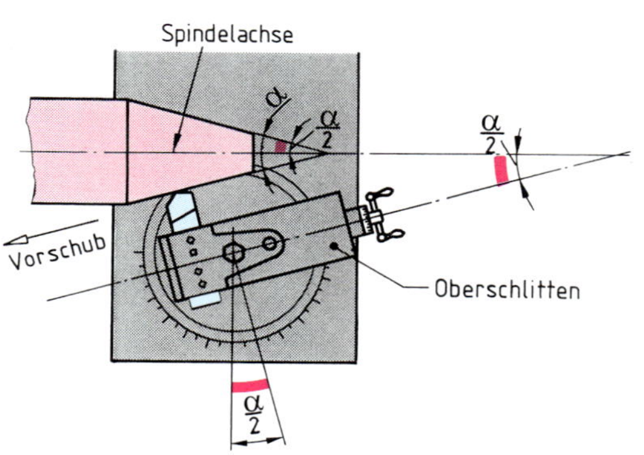

Kegeldrehen durch Oberschlittenverstellung

Kegeldrehen durch Reitstockverstellung

Das Werkstück wird zwischen zwei Spitzen gespannt. Die Reitstockspitze ist durch eine Querverstellung des Reitstockoberteiles um das Maß „*s*“ aus der Spindelachse verschoben, sodass die Werkstückachse zur Spindelachse geneigt ist. Der Drehmeißel wird bei der Spanabnahme parallel zur Drehachse bewegt. Das Maß „*s*“, die Reitstockverstellung, kann aus dem halben Unterschied der Werkstückdurchmesser ermittelt werden.

Die Reitstockverstellung *s* soll 1/50 · *L* nicht überschreiten.

$$\text{Reitstockverstellung } s = \frac{D-d}{2}$$

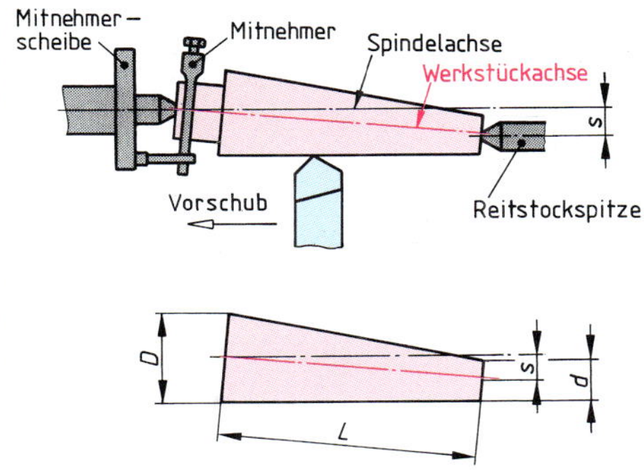

Kegeldrehen durch Reitstockverstellung

- **Gewindedrehen**

Vorschubeinstellung

Beim Gewindedrehen werden in Wellen oder Bohrungen entlang einer Schraubenlinie Gewindegänge in den Werkstoff geschnitten. Die Schneidenform des Drehmeißels entspricht dem Gewindeprofil. Der Vorschub des Drehmeißels bei einer Umdrehung muss gleich der Gewindesteigung *P* sein.

Einspannen des Drehmeißels

Der Gewindedrehmeißel muss als Formmeißel so eingespannt werden, dass die Schneiden das gewünschte Gewindeprofil erzeugen. Dazu muss der Drehmeißel:

- *mittig eingespannt sein,*
- *einen Spanwinkel $\gamma_o = 0°$ haben,*
- *mit der Werkstückachse einen rechten Winkel bilden.*

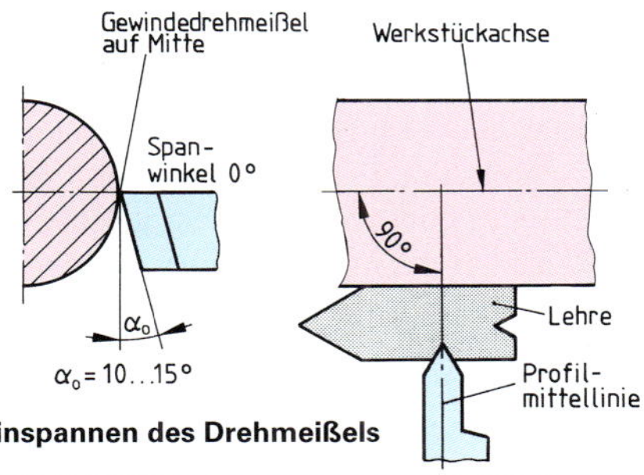

Einspannen des Drehmeißels

Zum Gewindeschneiden muss der Drehmeißel auf der Werkstückmitte und mit seiner Profilmittellinie senkrecht zur Werkstückachse eingestellt werden.

Schnittfolge beim Gewindedrehen

Gewindedrehen erfolgt in mehreren Arbeitsgängen. Bei der Schruppbearbeitung des Gewindes wird der Meißel so zugestellt, dass die Spanabnahme hauptsächlich von einer der beiden Meißelschneiden ausgeführt wird. Deshalb wird der Drehmeißel vom zweiten Schruppspan an quer und längs zur Drehachse zugestellt. Beim Schlichten wird mit beiden Schneiden gleichzeitig geschnitten, sodass das Gewinde die gewünschte Profilform erhält.

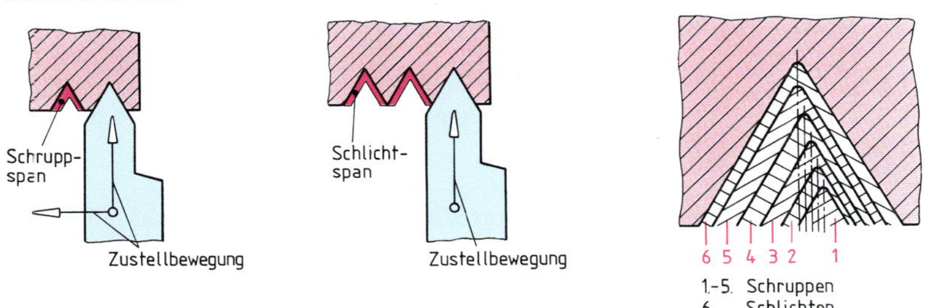

Schnittfolge beim Gewindedrehen

Beim Schruppen soll der Drehmeißel bevorzugt mit einer Schneide schneiden. Beim Schlichten sollen beide Schneiden gleichmäßig eingreifen.

3.6 Einflussgrößen auf die Oberflächenbeschaffenheit beim Drehen

Die Oberflächenbeschaffenheit beim Drehen wird bestimmt durch:

- die Schnittbedingungen,
- die Schneidengeometrie,
- den Schneidstoff und
- die Zerspanbarkeit des Werkstoffs.

Als Maß für die Oberflächengüte wird häufig die gemittelte Rautiefe R_z gewählt.

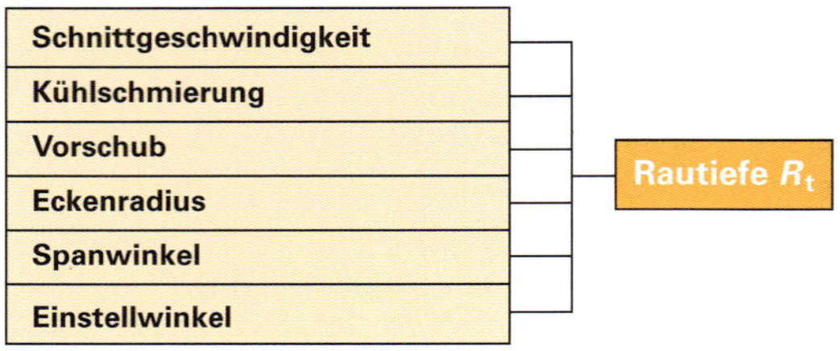

Die wichtigsten Einflussgrößen auf die Rautiefe

• Schnittgeschwindigkeit und Kühlschmierung

Je nach Größe der Schnittgeschwindigkeit ist eine unterschiedlich starke Aufbauschneidenbildung zu beobachten. Die **Aufbauschneide** entsteht durch Verschweißung kleiner Werkstoffteilchen auf der Spanfläche und wird

- *groß,* bei niedrigen bis mittleren Schnittgeschwindigkeiten und bleibt
- *sehr klein,* bei hohen Schnittgeschwindigkeiten.

Kleine Partikel der sich periodisch aufbauenden und wieder abreißenden Aufbauschneide gleiten zwischen Span- und Freifläche ab und verursachen so eine große Rautiefe.

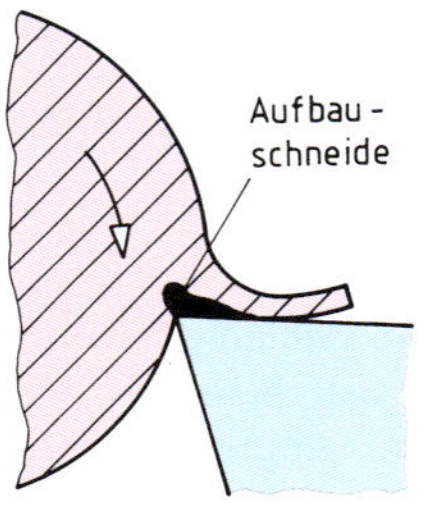

Bildung der Aufbauschneide

Abscherung der Aufbauschneide

Die **Kühlschmierung** verbessert die Oberflächenbeschaffenheit durch

- eine gute Schmierung bei niedrigen Schnittgeschwindigkeiten und
- eine gute Kühlung bei hohen Schnittgeschwindigkeiten.

In beiden Fällen wirkt der Kühlschmierstoff verschleißmindernd und reduziert die Aufbauschneidenbildung.

> Zu einer Verringerung der Rautiefe führen:
> - die Erhöhung der Schnittgeschwindigkeit und
> - ein angepasster Kühlschmiermitteleinsatz.

• Vorschub und Eckenradius

Beim Drehen haben der Eckenradius und der Vorschub entscheidenden Einfluss auf die Oberflächenbeschaffenheit. Die zu erwartende Rautiefe R_t lässt sich überschlägig nach folgender Formel berechnen:

$$R_t = \frac{f^2}{8 \cdot R}$$

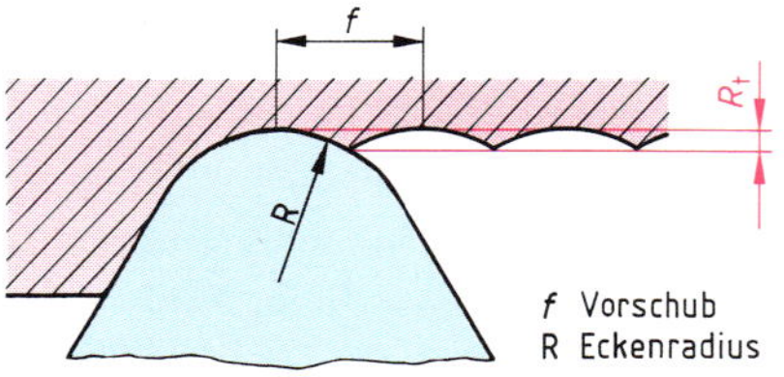

Rautiefe und Eckenradius

Der Zusammenhang zwischen Rautiefe, Vorschub und Schneidenradius wird häufig in Diagrammen dargestellt. Mithilfe der Diagramme kann geprüft werden, ob bei einem bestimmten Vorschub eine vorgegebene Rautiefe erreicht werden kann.

> Je kleiner der Vorschub und je größer der Eckenradius, desto geringer wird die Rautiefe.

• Span- und Einstellwinkel

Mit zunehmendem positiven Spanwinkel verbessert sich der Spanablauf. Dabei nehmen die mechanischen und thermischen Belastungen ab, was zu einer Verbesserung der Oberflächenbeschaffenheit führt. Zu kleine Einstellwinkel erhöhen die Gefahr von Ratterschwingungen, welche die Oberflächenqualität beeinträchtigen.

> Je größer der positive Spanwinkel, desto geringer die Rautiefe. Der Einstellwinkel darf dabei ein Mindestmaß nicht unterschreiten.

3.7 Bestimmen von Arbeitsgrößen zum Drehen

3.7.1 Wahl der Schnittgeschwindigkeit und Berechnung der Umdrehungsfrequenz/Drehzahl [1])

Die Wahl der Schnittgeschwindigkeit richtet sich nach folgenden Faktoren:

- Schlichten oder Schruppen,
- Werkstoff des Werkstücks,
- Werkstoff der Werkzeugschneide,
- Standzeit des Werkzeugs.

Die genaue Bestimmung der Schnittdaten sollte nach den Angaben der Werkzeughersteller erfolgen. Diese haben für die unterschiedlichsten Werkstoffe Tabellen erstellt.
Zum Einstellen der Drehmaschine bestimmt man Schnitttiefe, Vorschub und Schnittgeschwindigkeit.

Aus der gewählten Schnittgeschwindigkeit wird für den zu bearbeitenden Werkstückdurchmesser die einzustellende Umdrehungsfrequenz berechnet.

$$n = \frac{v_c}{d \cdot \pi}$$

n Umdrehungsfrequenz/Drehzahl in 1/min
d Werkstückdurchmesser in m
v_c Schnittgeschwindigkeit in m/min

3.7.2 Berechnung der Schnittkraft

Die beim Spanen auftretenden Kräfte bestimmen die Konstruktion der Werkzeugmaschine und ihre Leistung. Hohe Schnittkräfte dürfen nur geringe Verformungen der Maschine bewirken, da diese zwangsläufig zu Maßabweichungen am Werkstück führen. Schwankungen der Schnittkraft sind Ursache von Schwingungen, welche neben Maßabweichungen zu einer Minderung der Oberflächengüte beitragen.
Die **Zerspankraft *F*** ist die auf den Schneidkeil wirkende Gesamtkraft. Die Zerspankraft kann nach verschiedenen Richtungen räumlich zerlegt werden.

Die *Schnittkraft* ist der Anteil der Zerspankraft, welcher die Spanabnahme bewirkt.

Die Schnittkraft steigt mit

- zunehmender Festigkeit des zu bearbeitenden Werkstoffs
- zunehmendem Vorschub und zunehmende Schnitttiefe
- abnehmender Schmierwirkung des Kühl-Schmiermittels

Der Werkstoff geht in die Schnittkraftberechnung über seine spezifische Schnittkraft k_c ein. Da die spezifische Schnittkraft mit der Spanungsdicke h sinkt, muss sie für die einzelnen Werkstoffe in Abhängigkeit von h aus Tabellen oder Diagrammen ermittelt werden (Vereinfachte Bestimmung).
Die **Schnittkraft** errechnet sich dann:

$$F_c = k_c \cdot A$$

F_c Schnittkraft in N
k_c spezifische Schnittkraft in N/mm²
A Spanungsquerschnitt in mm²

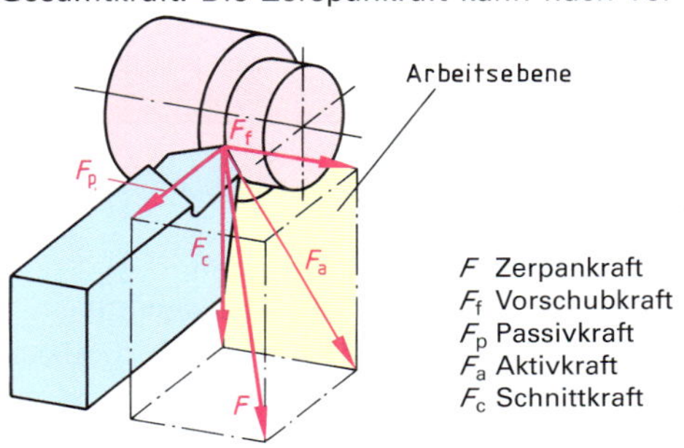

Zerlegung der Zerspankraft beim Drehen

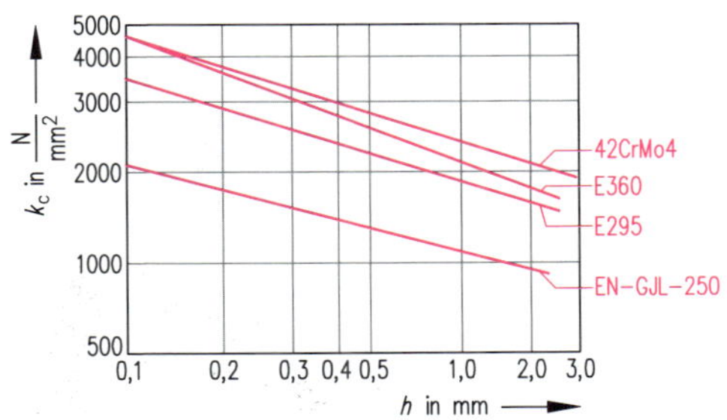

Diagramm zur Bestimmung der spezifischen Schnittkraft k_c in Abhängigkeit von der Spanungsdicke h

3.7.3 Berechnung der Schnittleistung

Aus der Schnittgeschwindigkeit, der Schnittkraft und dem Wirkungsgrad der Drehmaschine ergibt sich die für den Zerspanungsvorgang erforderliche Leistung.
Die erforderliche Motorleistung beim Wirkungsgrad η ist:

$$P_{zu} = \frac{F_c \cdot v_c}{\eta}$$

P_{zu} Leistungsaufnahme des Motors in kW
F_c Schnittkraft in N
v_c Schnittgeschwindigkeit in m/s
η Wirkungsgrad

[1]) Die Bezeichnungen Umdrehungsfrequenz, Drehfrequenz und Drehzahl werden im vorliegenden Fachbuch gleichbedeutend verwendet.

4 Fertigen mit Fräsmaschinen

Fräsen ist ein spanendes Bearbeiten mit einem meist mehrschneidigen Fräser, von dem an der Schnittstelle stets eine oder mehrere Schneiden im Eingriff sind. Der Fräser hat geometrisch bestimmte Schneiden.

Die Spanabnahme erfolgt auf der Fräsmaschine dadurch, dass

- der Fräser die *kreisförmige* Schnittbewegung und
- das Werkstück oder der Fräser die *geradlinige* und stetige Vorschubbewegung ausführt.

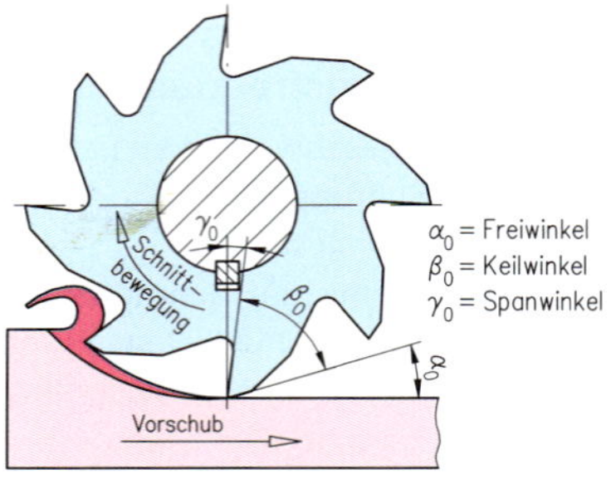

Vorschub und Schnittbewegung beim Fräsen

Fräsen erfolgt mit geometrisch bestimmten Schneiden. Die Schnittbewegung erfolgt durch den rotierenden Fräser.

4.1 Fräsmaschinen

Fräsmaschinen werden nach der Lage der Frässpindel in die beiden Grundformen Waagrecht- und Senkrechtfräsmaschinen eingeteilt. Für den Werkzeug- und Vorrichtungsbau sind umrüstbare Universalmaschinen im Einsatz.

Waagrechtfräsmaschine	Senkrechtfräsmaschine
Einsatzbereich: • Umfangsfräsen an waagrechten Werkstückoberflächen, • Fräsen langer Werkstücke mit gleich bleibendem Oberflächenprofil, • Stirnfräsen an senkrechten Werkstückflächen.	**Einsatzbereich:** • Stirnfräsen mit Messerköpfen, Walzenstirnfräsen an waagrechten Werkstückflächen, • Arbeiten mit Schaftfräsern.

Die Frässpindel liegt **waagrecht**. Für bestimmte Fräsarbeiten wird die Frässpindel durch verstellbare Stützlager im Gegenhalter geführt.	Die Frässpindel steht **senkrecht**. Der Fräskopf ist schwenkbar. Eine Höhenverstellung des Fräsers im Fräskopf ist möglich.

Gesteuerte Achsen an Fräsmaschinen

Im Werkzeug- und Formenbau werden Außen- und Innenkonturen komplexer Werkstücke mit verschiedenartigen Formelementen, wie z. B. Schrägen, Radien und mehrfach gekrümmte Flächen, auf Fräsmaschinen gefertigt. Weiter sind Bohrungen, Senkungen, Gewinde und Nuten in unterschiedlicher Lage zu fräsen. Vielfach werden diese Werkstücke aus dem vollen Material herausgearbeitet, oder an vorgefertigten Rohteilen wird die Endbearbeitung vorgenommen.

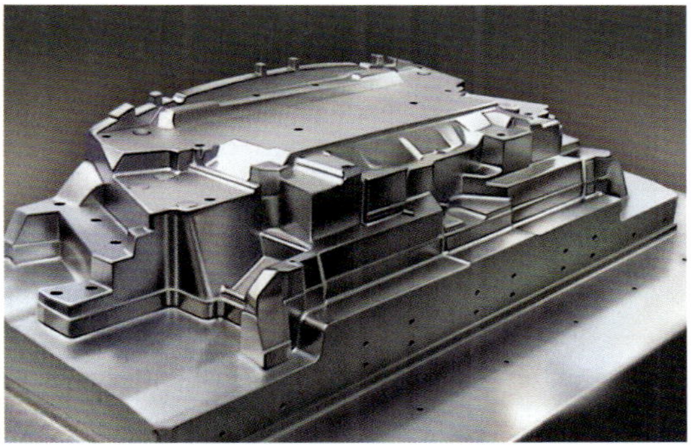

Gefrästes Formteil (Quelle: Walter AG, Tübingen)

CNC-Fräsmaschinen mit **drei linearen, gesteuerten Achsen** ermöglichen die Fertigung von gekrümmten Flächen. Für Werkstücke mit Schrägen oder Krümmungen ist die Stellung des Werkzeugs zum Werkstück durch eine **Schwenkbewegung** während der Bearbeitung veränderbar. Dazu muss eine weitere Achse gesteuert werden.
Andere Werkstückformen erfordern zusätzlich eine gesteuerte **Drehbewegung** des Werkstücktisches während der Bearbeitung. Fräsmaschinen, die diese geschilderten Bewegungen ausführen, bezeichnet man als „Maschine mit 5 gesteuerten Achsen".

Beispiele für Achsen an Fräsmaschinen

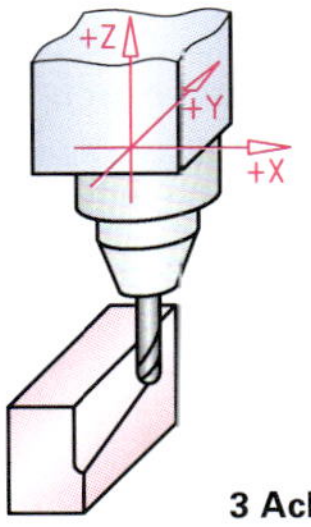

3 Achsen

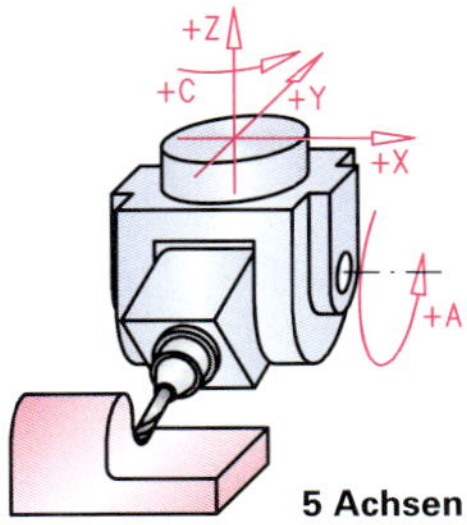

5 Achsen

5 Achsen mit Drehtisch = 6 Achsen

Die gesteuerten Bewegungsabläufe bei der Bearbeitung im Zusammenwirken mit geeigneten Werkzeugen führen zu hohen Formgenauigkeiten und Oberflächengüten.

Fräsmaschine mit Schwenkkopf und Drehtisch

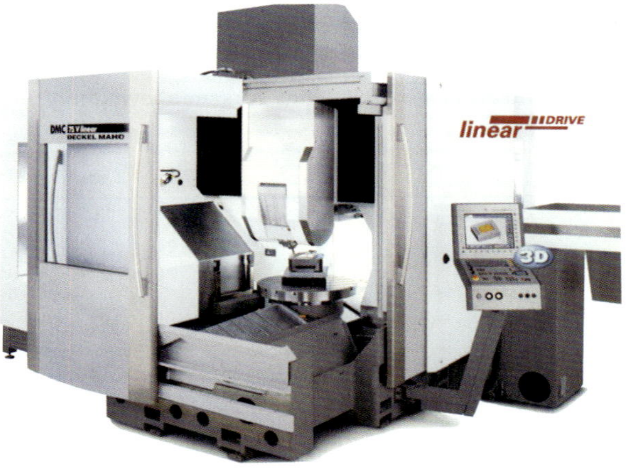

4.2 Fräsverfahren

4.2.1 Einteilung der Fräsverfahren

Fräsverfahren werden nach der Form der zu erzeugenden Fläche, nach der Lage der Schneiden zur Vorschubbewegung und nach dem Zusammenwirken von Schnitt- und Vorschubbewegung unterschieden.

- **Einteilung nach der Vorschubbewegung und der Form der zu erzeugenden Fläche**

Nach der Form der zu erzeugenden Fläche unterscheidet man Planfräsen, Rundfräsen, Profilfräsen u.a.

Beispiele **für die Bezeichnung von Fräsverfahren nach Vorschub und Form der zu erzeugenden Fläche**

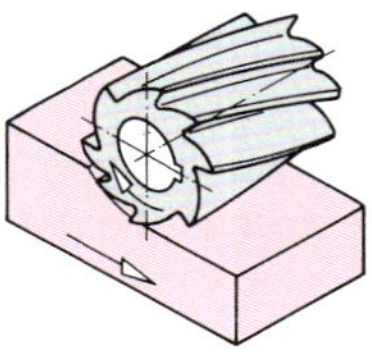

Planfräsen

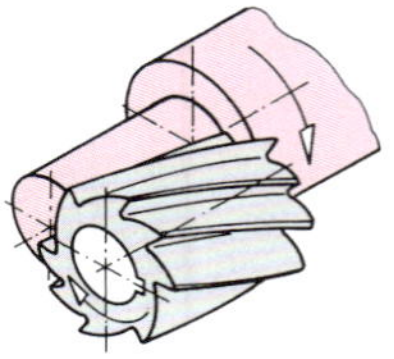

Rundfräsen

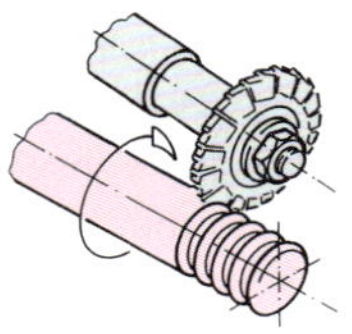

Schraubfräsen

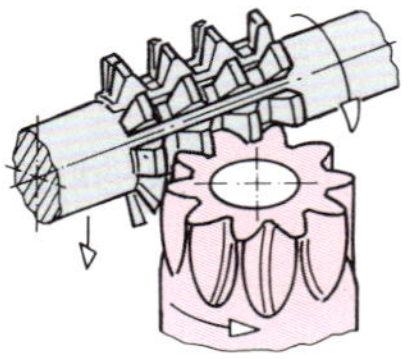

Wälzradfräsen

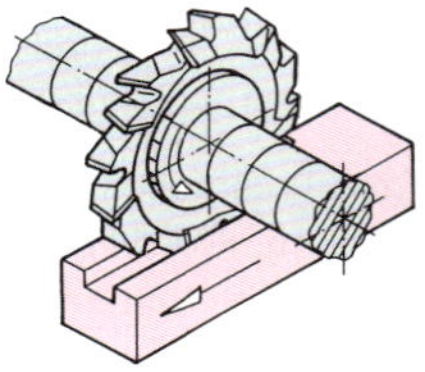

Profilfräsen

- **Einteilung nach der Lage der Schneiden zur Vorschubbewegung**

Als **Hauptschneiden** bezeichnet man die Schneiden, welche in Vorschubrichtung liegen. **Nebenschneiden** liegen nicht in Vorschubrichtung. Haupt- und Nebenschneiden bilden die **Schneidenecke.**
Nach der Lage der Schneiden am Fräser, durch welche die gewünschte Oberfläche erzeugt wird, unterscheidet man Umfangsfräsen, Stirnfräsen und Stirn-Umfangsfräsen.

Planfräsen durch Stirnfräsen	Planfräsen durch Umfangsfräsen	Planfräsen durch Stirn-Umfangsfräsen
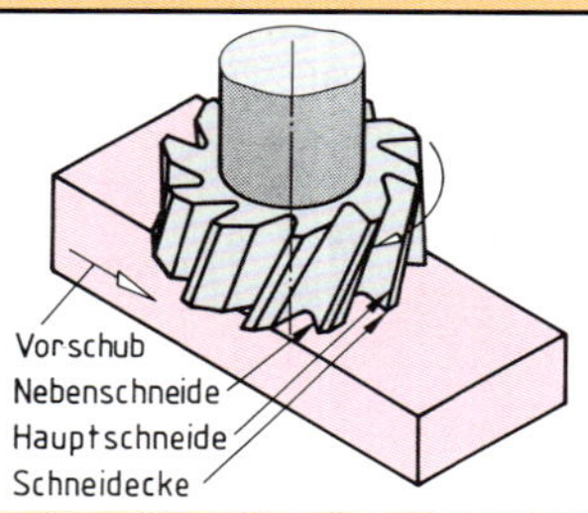	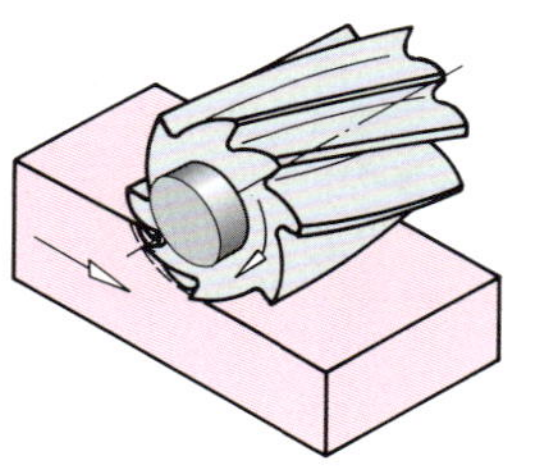	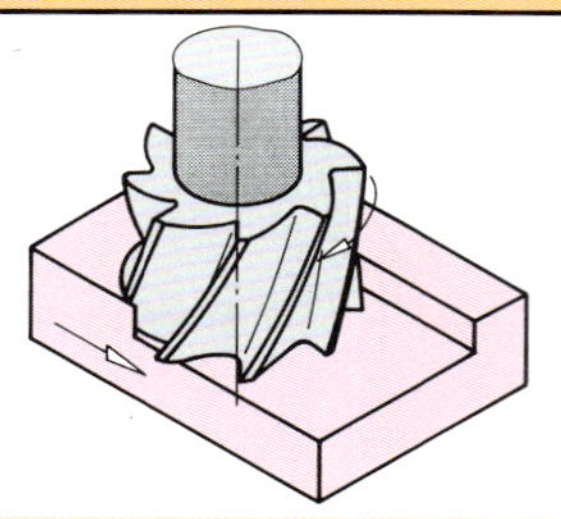
Die *Nebenschneiden* an der Stirnseite des Fräsers erzeugen die Werkstückoberfläche.	Die *Hauptschneiden* am Umfang des Fräsers erzeugen die Werkstückoberfläche.	Die *Hauptschneiden* am Umfang und die *Nebenschneiden* an der Stirnseite des Fräsers erzeugen die Werkstückoberfläche

- **Einteilung nach der Art des Zusammenwirkens von Schnitt- und Vorschubbewegung**

Entsprechend dem Zusammenwirken von Schnitt- und Vorschubbewegung unterscheidet man Gegenlauf- und Gleichlauffräsen.

Gegenlauffräsen	Gleichlauffräsen
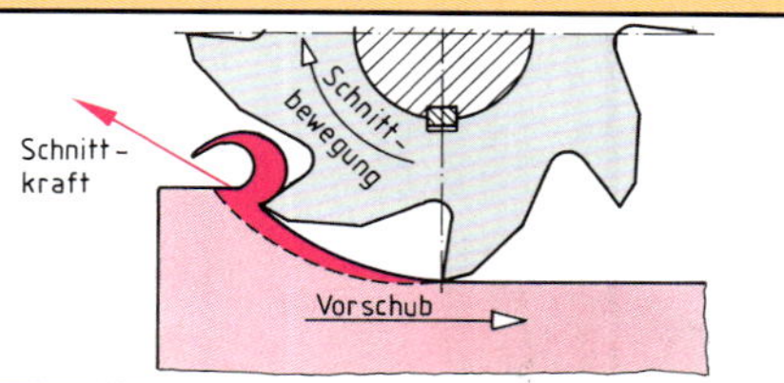	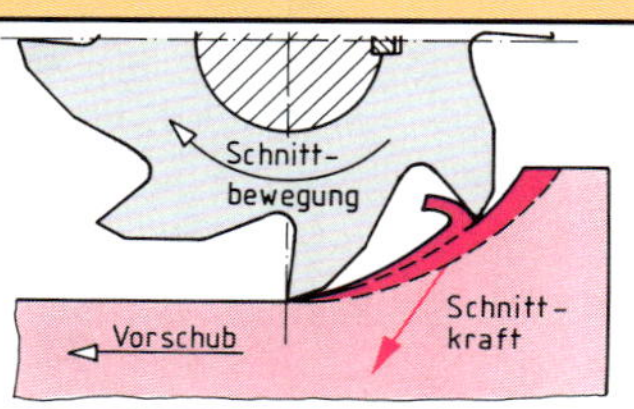
Beim Gegenlauffräsen wirken Schnittbewegung und Vorschub entgegengesetzt.	Beim Gleichlauffräsen wirken Schnittbewegung und Vorschub gleich gerichtet.

3.2.2 Vergleich wichtiger Fräsverfahren

- **Vergleich von Gegenlauffräsen und Gleichlauffräsen**

Beim **Gegenlauffräsen** dringt die Schneide allmählich in den Werkstoff ein. Am Ende des Schnittvorgangs ist der größte Spanungsquerschnitt abzutrennen. Die Schneide wird schlagartig von der maximalen Schnittkraft entlastet. Die starke Reibung zu Beginn des Schnittvorgangs führt zu hohem Verschleiß der Schneiden.

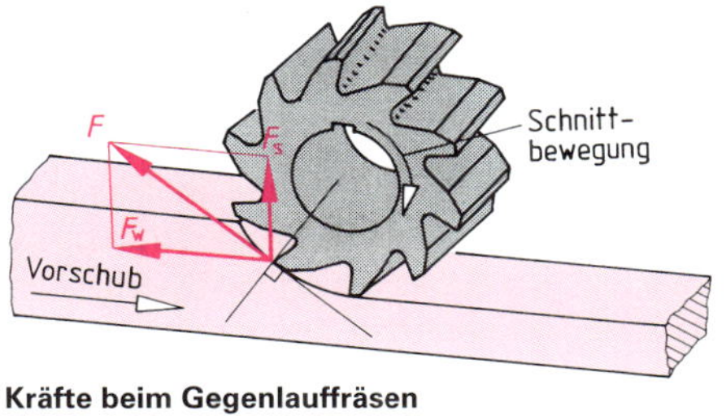

Kräfte beim Gegenlauffräsen

Als Folge der schräg nach oben gerichteten Schnittkraft droht das Werkstück bei jedem Span aus der Aufspannung gerissen zu werden und es entstehen Rattermarken auf der Werkstückoberfläche.

Zum Gegenlauffräsen muss das Werkstück besonders fest aufgespannt werden.
Beim Gegenlauffräsen entstehen Rattermarken auf der Werkstückoberfläche.

Die Schneide dringt beim **Gleichlauffräsen** schlagartig in den Werkstoff ein. Der größte Spanungsquerschnitt wird am Anfang abgetrennt. Somit hat die Schnittkraft sofort ihren Höchstwert und nimmt allmählich ab.

Das schlagartige Auftreffen der Schneiden auf die Werkstückoberfläche – besonders bei Gussstücken mit harter Außenhaut – kann zum Bruch der Fräserschneiden führen.

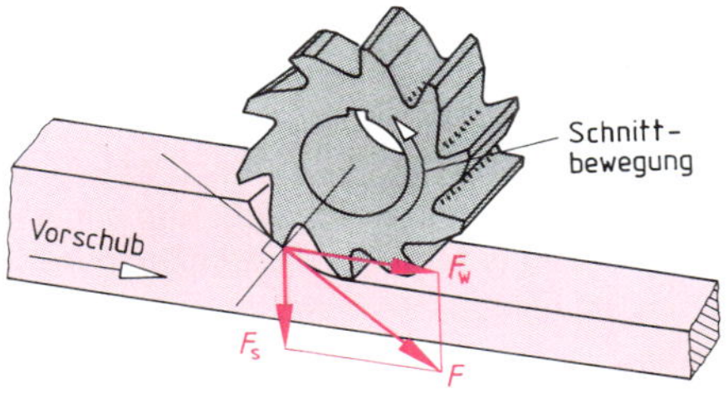

Kräfte beim Gleichlauffräsen

Die Schnittkraft wirkt in Vorschubrichtung.
Durch die Schnittkraft kann das Werkstück bei einem vorhandenen Spiel im Vorschubantrieb unter den Fräser gezogen werden. Daher muss der Vorschubantrieb spielfrei und starr sein. Während des gesamten Schnittvorganges ist die Schnittkraft schräg nach unten gerichtet. Hierbei wird das Werkstück fest auf den Tisch gedrückt.

Beim Gleichlauffräsen kann bei einer geeigneten Fräsmaschine mit großen Schnitttiefen gearbeitet werden. Das Gleichlauffräsen sollte nicht bei Gussteilen mit harter Außenschicht angewendet werden.

Beim Gleichlauffräsen muss der Vorschubantrieb der Fräsmaschine spielfrei sein, da sonst das Werkstück unter den Fräser gezogen wird. Gleichlauffräsen erlaubt größere Schnitttiefen.

- **Vergleich von Stirn- und Umfangsplanfräsen**

Beim Stirnplanfräsen ist die Schneidenbelastung sehr gleichmäßig, weil mehrere Zähne im Eingriff sind und der Spanungsquerschnitt gleichmäßig ist.

Die spezifische Schnittkraft ist aufgrund eines günstigeren Scherflächenverlaufs niedriger als beim Umfangsplanfräsen.

Die Oberflächenbeschaffenheit ist hochwertig, denn die relativ gleichmäßige Schneidenbelastung am Fräserumfang führt zu einem ruhigen Lauf des Fräsers. Durch die schabende Wirkung der Stirnschneiden ergibt sich auch auf den Planflächen eine sehr gute Oberflächenbeschaffenheit.

Das Zeitspanvolumen ist hoch, da durch den relativ gleichmäßigen Spanungsquerschnitt eine große mittlere Spanungsdicke erreicht wird.

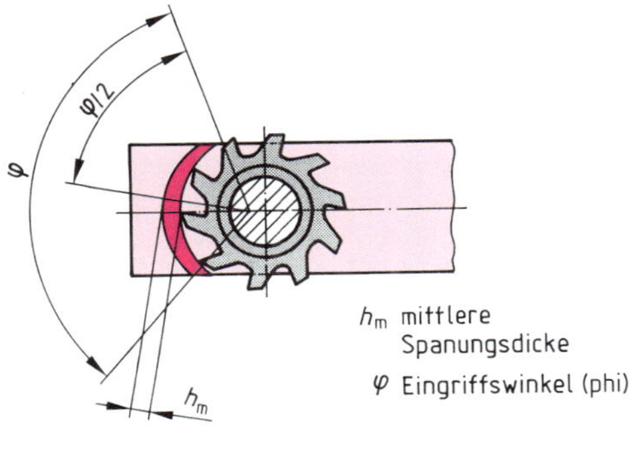

Beim **Umfangsplanfräsen** ist die Schneidenbelastung ungleichmäßig aufgrund der geringen im Eingriff befindlichen Schneidenzahl und des ungleichmäßigen **Spanungsquerschnitts** (Kommaspanbildung). Eine Verbesserung der Zerspanungsbedingungen wird durch den Einsatz von Walzenfräsen mit schraubenförmigem Schneidenverlauf erreicht.

Die Oberflächenbeschaffenheit ist geringwertiger als beim Stirnplanfräsen, denn die ungleichmäßige Schneidenbelastung führt zu einem unruhigen Lauf des Fräsers. Eine Verbesserung der Oberflächenbeschaffenheit ist durch den Einsatz von Walzenfräsern mit schraubenförmigem Schneidenverlauf im Gleichlauffräsen zu erzielen.

Das Zeitspanvolumen ist gering, weil durch die Kommaspanbildung nur eine geringe mittlere **Spanungsdicke** h_m erreicht wird.

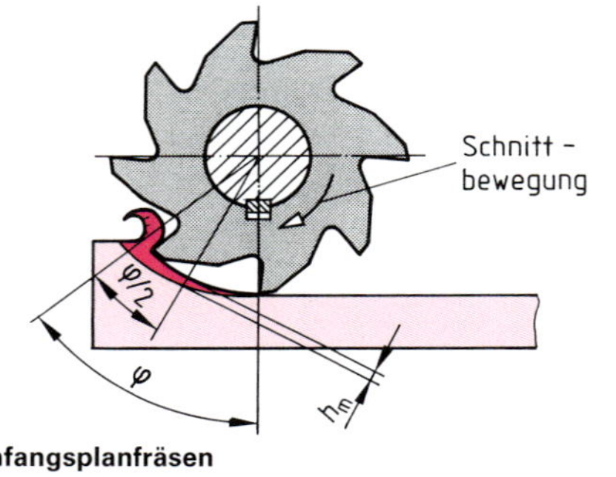

Umfangsplanfräsen

Stirnplanfräsen ist vorteilhafter als Umfangsplanfräsen.

4.3 Fräswerkzeuge

Für unterschiedliche Bearbeitungsarten und Werkstückkonturen werden eine Vielzahl von Fräserarten in verschiedenen Größen angeboten.
Im Aufbau unterscheidet man Fräser, welche ganz aus Schnellarbeitsstahl oder Hartmetall bestehen und Fräser mit Trägerkörpern aus Stahl und eingesetzten Wendeschneidplatten aus Hartmetall oder Schneidkeramik. Bei den geforderten hohen Zerspanleistungen sind HSS-Fräser weitgehend durch Fräser mit eingesetzten Schneidplatten ersetzt worden.

Beispiele **für Fräswerkzeuge mit eingesetzten Schneidplatten**

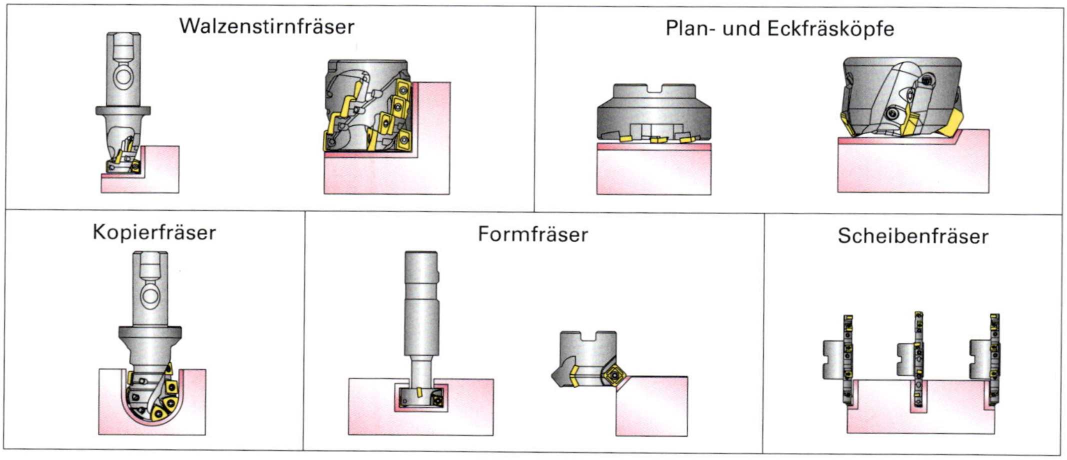

4.3.1 Walzenfräser

Walzenfräser werden zum Umfangsfräsen eingesetzt. Zur Bestimmung der Werkzeugwinkel an einem Walzenfräser mit achsparallelen Schneiden benutzt man die Tangente an einer Schneide.
Die Größe des Freiwinkels, Keilwinkels und Spanwinkels richtet sich hauptsächlich nach dem Werkstoff des zu bearbeitenden Werkstücks.
Hinsichtlich der Span- und Drallwinkel unterscheiden sich die Fräser nach ihren Anwendungsgruppen in Typ H (hart), Typ N (normal) und Typ W (weich).

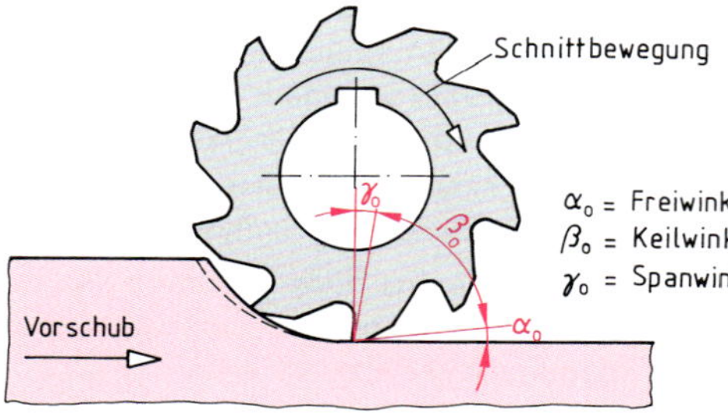

Schneidenwinkel am Walzenfräser

Fräsertyp	Typ H	Typ N	Typ W
		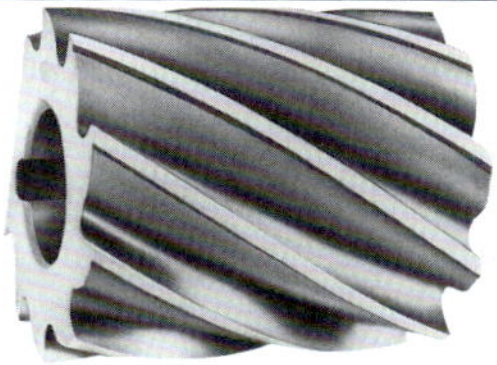	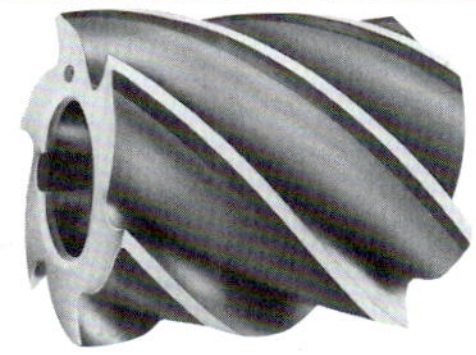
zu bearbeitender Werkstoff	harte, zähharte und kurzspanige Werkstoffe, z. B. Werkzeugstahl	normalharte Werkstoffe, z. B. Baustahl und Stahlguss	weiche und langspanende Werkstoffe, z. B. Aluminium
Keilwinkel	groß	mittel	klein
Spanwinkel	klein	mittel	groß
Anzahl der Schneiden	groß	mittel	klein
Spanraum	klein	mittel	groß

Bei Walzenfräsern wirkt die Gesamtschnittkraft immer senkrecht zur Schneide. Daher ergibt sich bei Fräsern mit Rechts- bzw. Linksdrall ein Anteil der Schnittkraft in Richtung der Fräsdornachse. Durch Kräftezerlegung lässt sich dieser axiale Kraftanteil F_{axial} ermitteln. Da die Schnittrichtung auf den Fräserdrall abgestimmt ist, wirkt die axiale Teilkraft immer in Richtung des Spindelkastens. Das weniger stabile Außenlager wird nicht belastet.

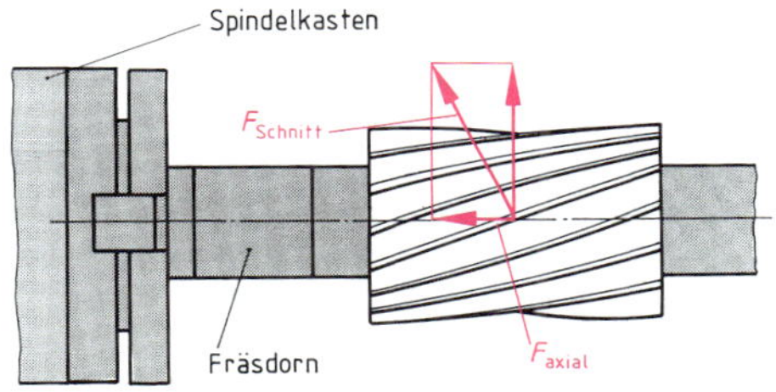

Zerlegung der Schnittkraft

4.3.2 Plan- und Eckfräsköpfe

Zum Planfräsen und Eckfräsen werden Fräsköpfe eingesetzt, wenn ein hoher Werkstoffabtrag mit sehr großer Zerspanleistung erreicht werden soll.
Ein Fräskopf besteht aus einem Grundkörper, in dem Wendeschneidplatten aus Hartmetall oder Schneidkeramik eingesetzt sind.
Die Zahl der Schneiden steigt mit der Größe des Fräserdurchmessers. Bei gleichem Durchmesser kann man zwischen einer Normalbestückung von z. B. 6 bis 22 Schneiden oder einer engeren Bestükkung mit 8 bis 32 Schneiden für härtere Werkstoffe wählen.

Der Fräskopf und die Schneidenaufnahme ermöglichen es, die Schneiden mit einer Genauigkeit von 2 µm auszurichten.
Zum Planfräsen wählt man meist einen Einstellwinkel von 45° und für das Eckfräsen 90°.

Bei Schruppbearbeitungen werden Vorschübe von 0,5 mm pro Schneide mit großen Schnitttiefen gewählt. Die maximale Schnitttiefe a_p ist von der Größe der Schneidplatte abhängig.
Zur Erzielung hoher Oberflächengüten wählt man eine Schlichtbearbeitung mit kleinen Schnitttiefen und Zahnvorschüben von $f_z = 0{,}1$ mm.

Planfräsen mit Planfräskopf

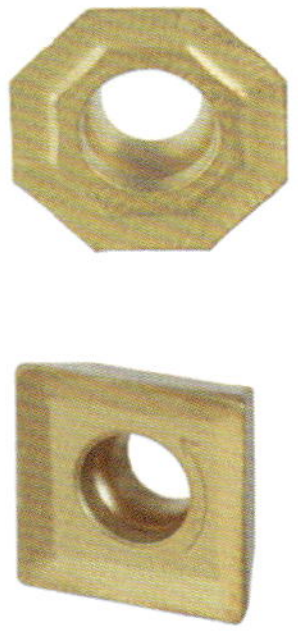

Schneideinsätze

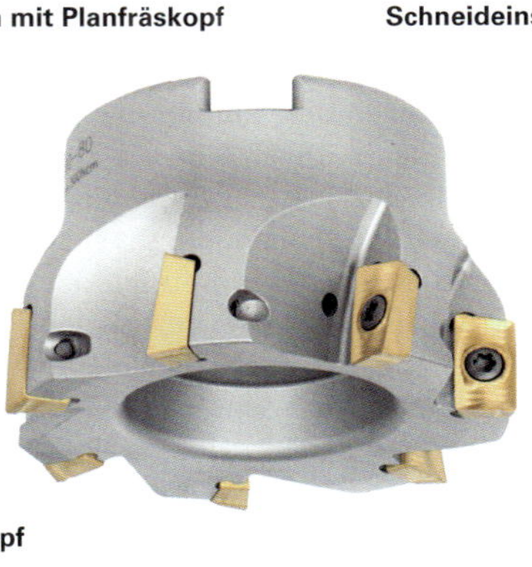

Eckfräskopf

4.3.3 Walzenstirnfräser

Walzenstirnfräser haben eine zylindrische Grundform sowie Schneiden am Umfang und an der Stirnseite. Walzenstirnfräser gibt es in zwei Ausführungsarten:

- Fräser aus Schnellarbeitsstählen mit und ohne Beschichtung,
- Fräser aus Trägerkörpern mit eingesetzten Wendeschneidplatten.

An CNC-Fräsmaschinen im Formenbau werden hauptsächlich wendeplattenbestückte Walzenstirnfräser eingesetzt. Die Schneiden sind meist drallförmig auf dem Umfang angeordnet. Dadurch erzielt man ein weiches Anschneiden und einen ruhigen Lauf.
Für die **Schruppbearbeitung** werden die Fräser mit Wendeschneidplatten bestückt. Für die **Schlichtbearbeitung** werden häufig drallförmige Schneidleisten aus Hartmetall eingesetzt. Um eine hohe Rundlaufgenauigkeit zu erzielen, erhalten die Schlichtfräser im montierten Zustand den Fertigschliff. Mit diesen Schlichtwalzenstirnfräsern erzielt man hohe Oberflächengüten; auch dünnwandige Werkstücke werden schwingungsarm bearbeitet.
Beim Nuten- und Konturfräsen können Walzenstirnfräser den Werkstoff mit großer Schnitttiefe abtrennen. Dabei wird die Hauptzerspanarbeit von den Schneiden am Umfang geleistet. Beim Taschenfräsen dringt der Walzenstirnfräser beim Anschnitt stirnseitig in den Werkstoff ein. Dazu benötigt er eine Zentrumsschneide an der Stelle der Zentrierung.

Beispiele **für Walzenstirnfräser zur Schrupp- und Schlichtbearbeitung**

Schruppfräser **Schlichtfräser**

mit Schaft

mit Konus

mit Nut für Aufnahme

mit Konus

Walzenstirnfräser für die Schruppbearbeitung werden mit einzelnen Wendeschneidplatten bestückt. Für die Schlichtbearbeitung werden drallförmige Hartmetallschneidleisten eingesetzt.

4.3.4 Kugelkopffräser und Torusfräser (Kopierfräser)

Kugelkopffräser und Torusfräser werden im Formen- und Werkzeugbau zur Erzeugung gekrümmter Außen- und Innenkonturen eingesetzt. Die Kontur kann durch das Abtasten einer Urform auf das Werkzeug übertragen werden (Kopierfräsen), oder die Werkzeugbewegung erfolgt programmgesteuert.

- **Kugelkopffräser**

Kugelkopffräser haben runde oder bogenförmige Schneidenverläufe. Diese Fräser sind aufgrund ihrer halbsphärischen Form nahezu unabhängig von ihrer Orientierung gegenüber der Bearbeitungsoberfläche. Die radiale Schnitttiefe ist wegen der Fräserform beim Kugelfräser geringer als beim Zylinderstirnfräser. Außerdem ist die mit einem Kugelfräser erzielte Oberfläche von schlechterer Qualität als beim Zylinderstirnfräser, weil die Schnittgeschwindigkeit an der Kugelfräserspitze Null beträgt.

Kugelkopffräser als Kopier- und Gesenkfräser

- **Torusfräser**

Der Torusfräser kombiniert Eigenschaften des Zylinderstirnfräsers mit denen des Kugelkopffräsers. Die halbsphärischen Schneiden sind auf dem Umfang angeordnet. Diese schneiden mit höherer Schnittgeschwindigkeit als beim Kugelkopffräser, erlauben gleichzeitig aber auch eine flexiblere Anstellung als beim Zylinderstirnfräser. Eine vergleichbar hohe radiale Schnitttiefe wie beim Zylinderstirnfräser ist mit einem Torusfräser nicht erreichbar.

Zu den Torusformen gehört auch der Fräskopf, der mit runden Wendeschneidplatten bestückt ist.

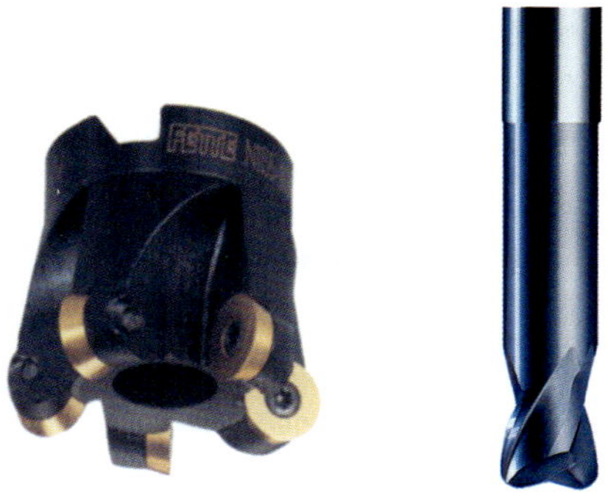

Torusfräser

(Quelle: Hartmetall-Werkzeugfabrik Paul Horn GmbH)

Beispiele für den Einsatz von Torusfräsern

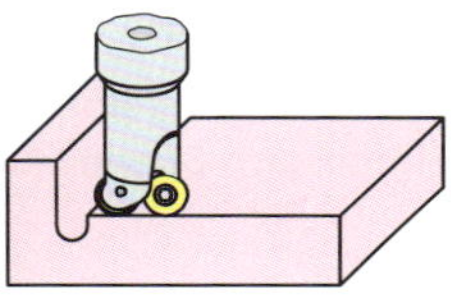

Planfräsen

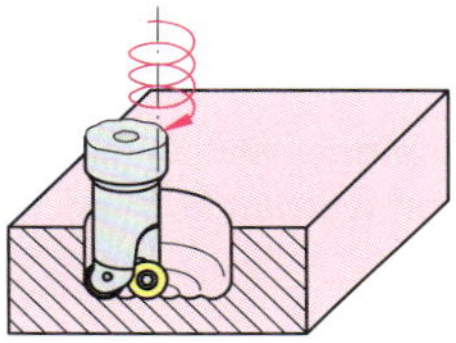

Zirkularfräsen

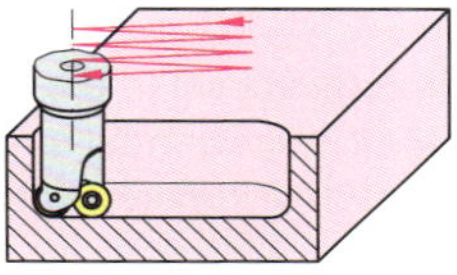

Auskammern

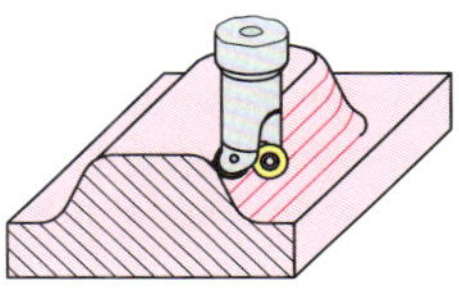

Profilfräsen

4.3.5 Formfräser

Bei Formfräsern entspricht der Schneidenverlauf einem Teil der zu erzeugenden Werkstückkontur. Formfräser stehen als Massivwerkzeuge aus Schnellarbeitsstahl oder mit Hartmetall bestückt zur Verfügung. Sie werden zum Fräsen von Radien, Hohlkehlen, Führungsnuten, Gewinden, Zahnlücken und speziellen Konturen eingesetzt.

Beispiele für die Erzeugung von Radien durch Formfräser

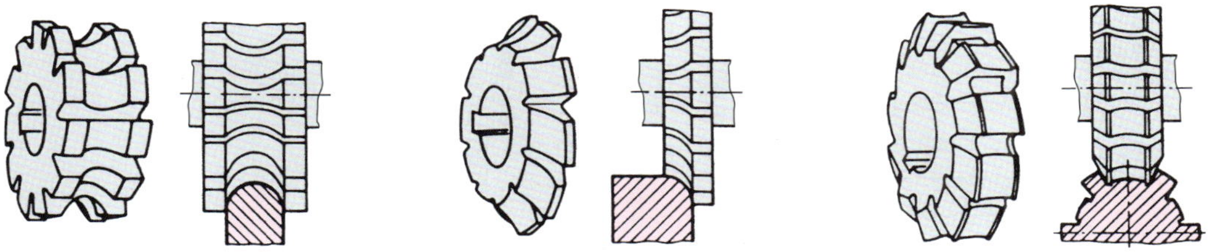

4.3.6 Scheibenfräser

Scheibenfräser dienen zur Herstellung von Nuten und Schlitzen. Scheibenfräser gibt es in Durchmessern ab 50 mm aufwärts und Schneidenbreiten von etwa 2 mm bis 20 mm, sie sind dreiseitig schneidend. Die Schneiden auf dem Umfang können achsparallel oder abwechselnd schräg zueinander angeordnet sein. Bei schräger Anordnung der Schneiden spricht man von kreuzverzahnt. Durch Scheibenfräser mit wechselseitig verstellbaren Schneidplatten lassen sich größere variable Schnittbreiten einstellen.

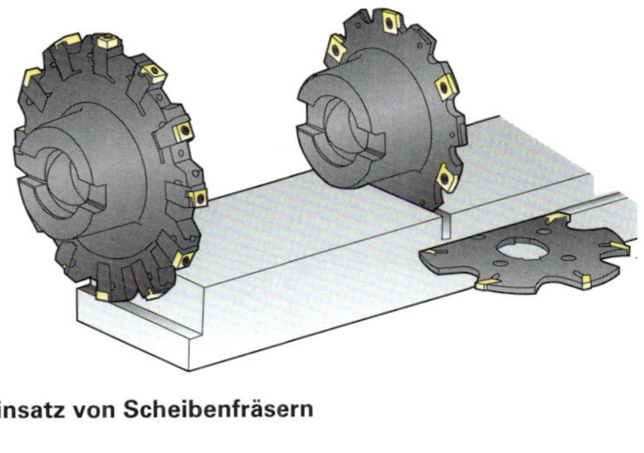

Einsatz von Scheibenfräsern

4.4 Spannzeuge für Werkzeuge auf Fräsmaschinen

Spannzeuge nehmen Schneidwerkzeuge auf und werden ihrerseits in die Arbeitsspindel der Werkzeugmaschine eingespannt. Zu unterscheiden an modernen Spannzeugen ist die Schnittstelle zur Maschine auf der einen Seite und die Trennstelle zum Schneidwerkzeug auf der anderen Seite. Die Spannzeuge sind so konzipiert, dass die Antriebsdrehmomente der Werkzeugmaschinen mit hoher Rundlaufgenauigkeit übertragen werden können. Für CNC-Fräsmaschinen sind für die programmgesteuerten Arbeiten nur solche Spannzeuge geeignet, die einen automatischen Werkzeugwechsel zulassen.

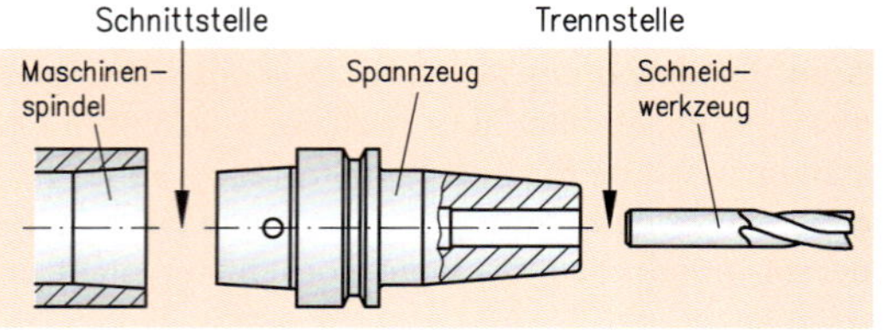

Spannzeuge für Werkzeuge

4.4.1 Gestaltung der Schnittstelle zwischen Spannzeug und Arbeitsspindel

Für den automatischen Werkzeugwechsel in die Arbeitsspindel werden Systeme verwendet, die selbsttätig in die kegelige Bohrung der Arbeitsspindel eingezogen werden können. Hierzu eignen sich Spannzeuge mit **Steilkegel (SK)** und **Hohlschaftkurzkegel (HSK)**.

Beispiele **für Gestaltung der Schnittstelle zwischen Spannzeug und Arbeitsspindel**

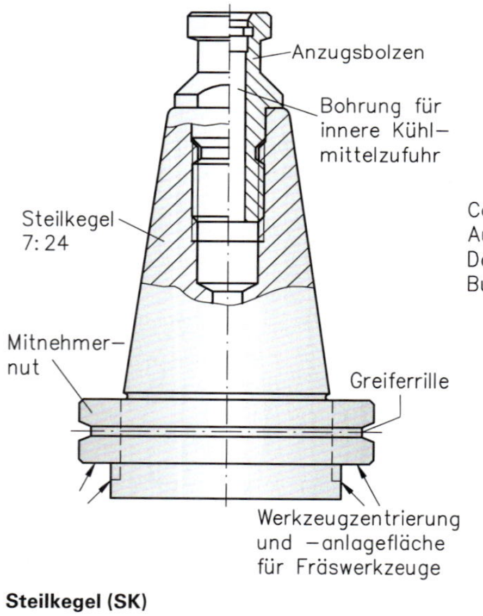

Steilkegel (SK)

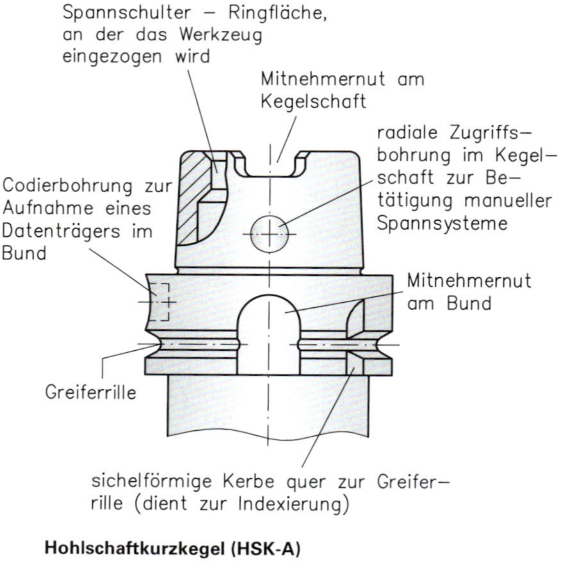

Hohlschaftkurzkegel (HSK-A)

Steilkegel (SK) haben einen großen Kegelwinkel und sind nicht selbsthemmend. Die Spannzeuge werden mit einer eingeschraubten Zugstange oder durch ein Greifersystem in die Maschinenspindel eingezogen und gehalten. Bei Werkzeugwechsel wird das Spannzeug freigegeben. Die Kraftübertragung erfolgt weitgehend formschlüssig über Mitnehmer, die in entsprechende Nuten am Bund des Steilkegels eingreifen.

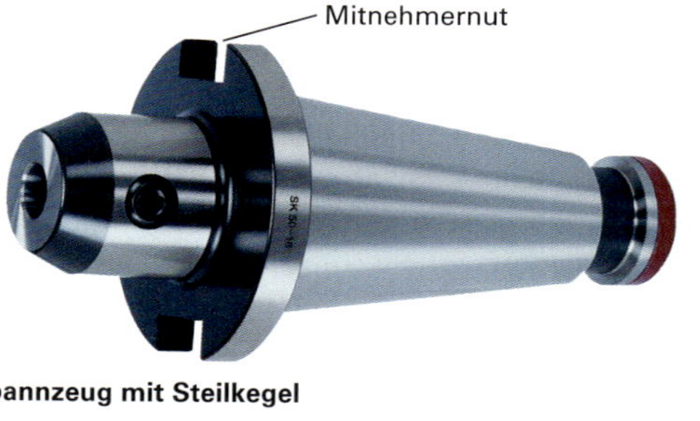

Spannzeug mit Steilkegel

Hohlschaftkurzkegel (HSK) zeichnen sich durch eine kurze Baulänge mit geringem Gewicht aus. Sie werden durch ein Greifersystem innen gefasst und in die Spindel eingezogen. Dabei wird der Kurzkegel elastisch verformt und fest an die kegelige Bohrung der Maschinenspindel angelegt, der Bund wird gegen die Planfläche gezogen. Dadurch wird eine sehr hohe Positionsgenauigkeit des Spannzeugs in der Maschinenspindel erzielt.

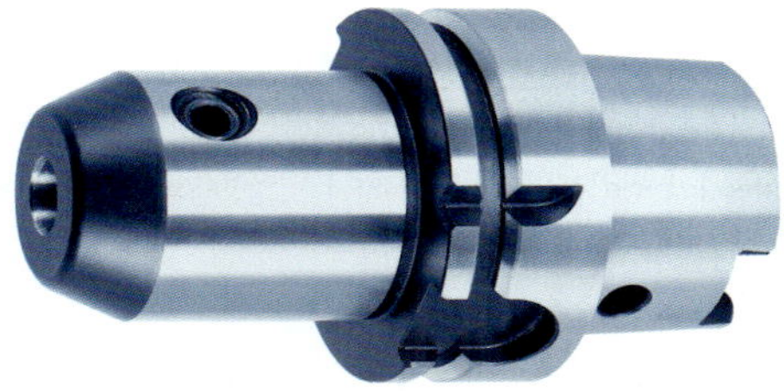
Spannzeug mit Hohlschaftkurzkegel

Spannzeuge haben kegelige Schäfte zur Aufnahme in die Maschinenspindel. An CNC-Maschinen werden Steilkegel und Hohlschaftkurzkegel eingesetzt, welche durch Haltesysteme einen schnellen, automatischen Werkzeugwechsel ermöglichen.

4.4.2 Gestaltung der Trennstelle zwischen Spannzeug und Werkzeug (Schneidenträger)

Werkzeuge zum CNC-Fräsen und zur Hochgeschwindigkeitsbearbeitung (Umdrehungsfrequenzen teilweise über 60 000 1/min) werden in die Spannzeuge nach unterschiedlichen Verfahren eingespannt. Zu diesen Verfahren, durch welche die Werkzeuge schnell, sicher und genau positioniert werden können, zählen das Spannen im:

- **Schrumpffutter** – das Spannen erfolgt durch Wärmeschrumpfung der Werkzeugaufnahme,
- **Hydrodehnspannfutter** – das Spannen erfolgt durch hydraulisches Dehnen einer Spannhülse,
- **Polygonspannfutter** – das Spannen erfolgt durch mechanisches Verformen einer polygon-förmigen Aufnahme.

Schrumpffutter
Bei der Werkzeugeinspannung durch die Wärmeschrumpftechnik wird das Spannzeug im Bereich der Werkzeugaufnahme durch hochfrequente Induktionsströme erwärmt. Die Erwärmungszeit beträgt wenige Sekunden. Die Werkzeugaufnahme weitet sich etwas aus und das kalte Schneidwerkzeug kann in die Aufnahme geschoben werden. Zum Wechsel des Werkzeugs wird die Werkzeugaufnahme ebenfalls durch Induktionsstrom nur in der Nähe des Werkzeugschafts erhitzt.

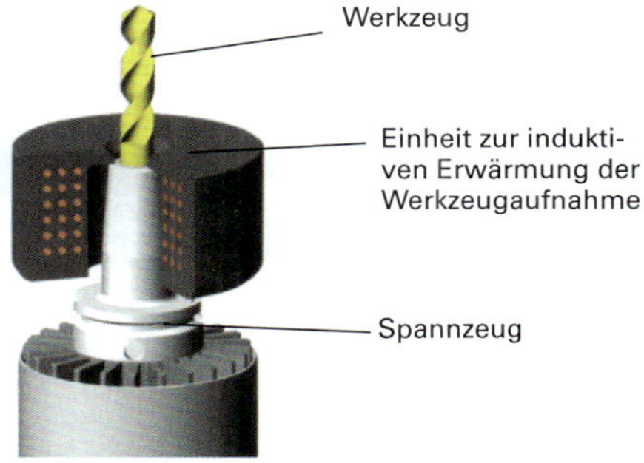

Werkzeugeinspannung durch Wärmeschrumpfung

Dehnspannfutter
Bei der Werkzeugeinspannung durch die Hydrodehntechnik wird durch eine Betätigungsschraube Hydrauliköl gegen die Spannbüchse gedrückt. Dadurch dehnt sich diese Spannelement aus und spannt das Werkzeug und den Fasenring. Das Werkzeug wird spielfrei und konzentrisch gespannt. Durch eine Verstellschraube erhält das eingeführte Werkzeug einen Längenanschlag, sodass eine Einstellung der Bohrtiefe möglich ist.
Eine Fase kann nach dem Bohren sofort mit der eingespannten Fasenschneidplatte eingebracht werden. Mit dem verstellbaren Fasenring kann die Bohrtiefe ebenfalls abgeändert werden.

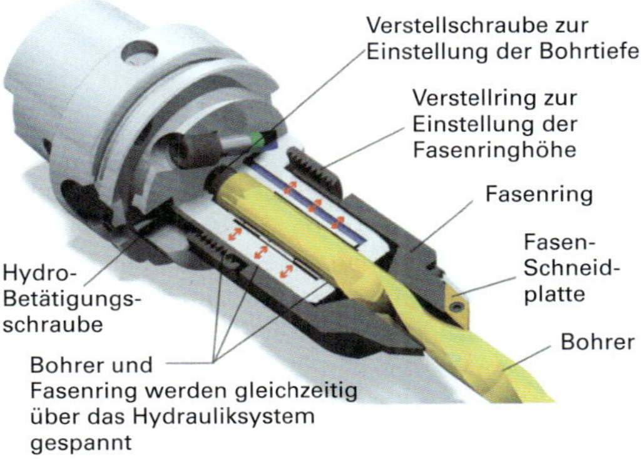

Werkzeugeinspannung durch hydraulisches Dehnen

- **Polygonspannfutter**

Bei der **Polygonspanntechnik** wird die Werkzeugaufnahme mit polygonartiger Bohrung durch ein Presssystem an der Spannstelle so deformiert, dass die Bohrung rund wird und das Werkzeug eingeführt werden kann. Nach Entlasten des Presssystems ist das Werkzeug gespannt.

Ablauf des Polygonspannens

ohne Werkzeug	nach Einleiten der Kraft	beim Einfügen des Werkz.	gespanntes Werkzeug
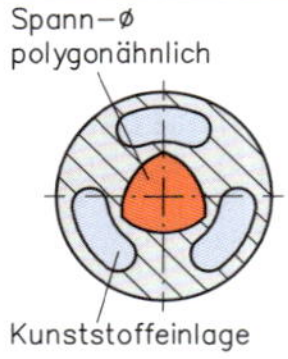	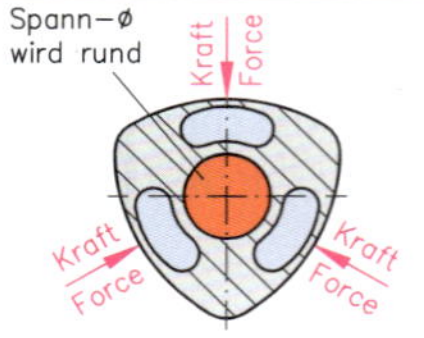	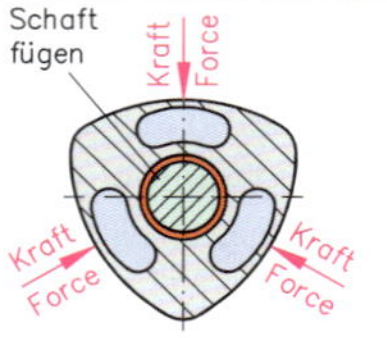	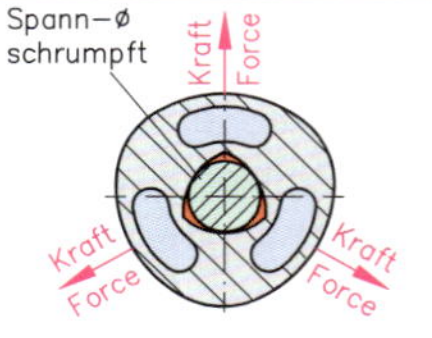

Durch den Einsatz moderner Spannzeuge wird die Fertigungsqualität gesteigert und die Fertigungszeit minimiert. Wegen der höheren Standzeiten verringern sich die Werkzeugkosten.

4.4.3 Systeme zur Werkzeugeinstellung

Die stabilen und rundlaufgenauen Einspannungen der Schneidwerkzeuge ermöglichen die schwingungsarme Bearbeitung von Werkstücken mit hoher Oberflächengüte. Diese Art der Einspannung ermöglicht eine Erhöhung der Schnittgeschwindigkeit und eine Verlängerung der Standzeit. Damit die Produktion auch mit der gewünschten Genauigkeit erfolgen kann und mit möglichst geringen Rüstzeiten auskommt, überprüft man die eingebauten Schneidwerkzeuge vor ihrem Einsatz.

Dazu werden die aus Spannzeug und Schneidwerkzeug bestehenden Systeme vermessen und eingestellt.

Mit den Einstell- und Messgeräten, die manchmal auch Voreinstellgeräte genannt werden, können alle notwendigen Parameter gemessen werden. Je nach Ausführung sind in solchen Geräten die unterschiedlichsten Werkzeuge, Werkzeugschneiden und Nullpunkte hinterlegt, sodass im Bedarfsfall für das eingesetzte Werkzeug ein Istwert – Sollwertvergleich durchgeführt werden kann. Die Daten der ausgemessenen Systeme werden der CNC-Maschine übermittelt.

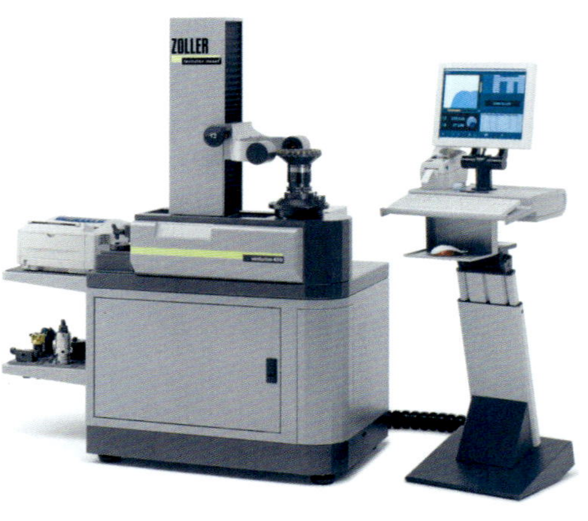

Einstell- und Messgerät zur Werkzeugeinstellung

Die Übermittlung der Daten kann auf verschiedene Weise erfolgen:
- Die Daten werden manuell aufgenommen und übertragen.
- Die Daten codiert man auf Etiketten, die dann dem jeweiligen Werkzeugsystem zugeordnet werden.
- Das Messgerät überträgt die Daten online aus der Steuerung auf die CNC-Maschine.
- An jedem Werkzeugträger ist ein Chip mit den übertragenen Daten, sodass sie an der CNC-Maschine eingelesen werden können.

Durch den Einsatz moderner Spannzeuge wird die Fertigungsqualität gesteigert und die Fertigungszeit minimiert. Wegen der höheren Standzeiten verringern sich die Werkzeugkosten.

4.5 Spannsysteme für Werkstücke auf Fräsmaschinen

Alle Werkstückspannmöglichkeiten haben die folgenden Anforderungen zu erfüllen:

- Die Art der Werkstückspannung muss in Form und Abmessungen dem Werkstück und der vorgesehenen Bearbeitung angepasst sein.
- Ein möglichst einfacher Aufbau mit sicherer und schneller Handhabung soll eine hinreichend gute Wiederholgenauigkeit erbringen.
- Die Werkstücke müssen bei der Spanabnahme so fixiert sein, dass sie unter der Wirkung der Schnittkräfte ihre Lage nicht ändern und sich möglichst wenig verformen.

4.5.1 Positionieren von Werkstücken

Werkstücke müssen zur Bearbeitung auf dem Maschinentisch in eine bestimmten Lage gebracht werden, dies nennt man Positionieren. Je nach Bearbeitungsaufgabe muss die Position von Werkstücken in einer, in zwei oder drei Ebenen festgelegt sein. Dazu ist es nötig, Anschläge so anzubringen, dass das Werkstück in diesen Ebenen positioniert wird. Dies gilt auch für Maschinenschraubstöcke, Vorrichtungen, Teilapparate u. Ä., die auf Maschinentische aufgespannt werden und die Werkstücke in exakter Position aufnehmen.

Beispiele **für notwendige Positionierungen eines quaderförmigen Werkstücks**

Positionieren in einer Ebene	Positionieren in zwei Ebenen	Positionieren in drei Ebenen
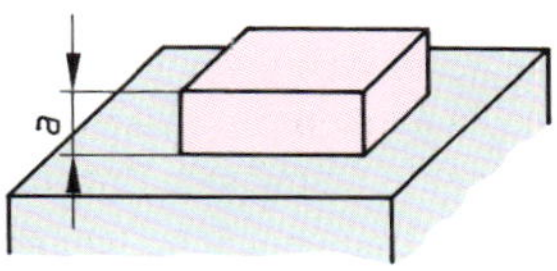	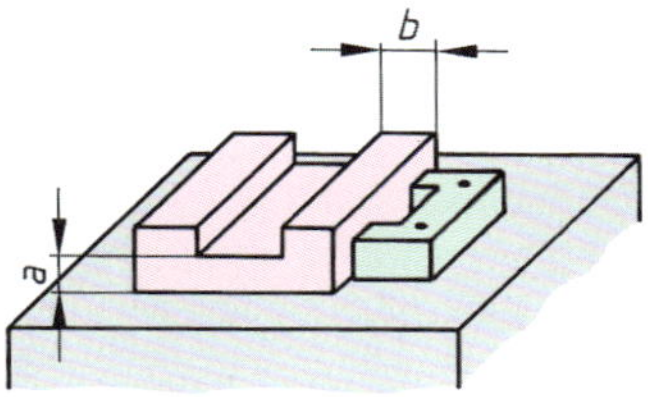	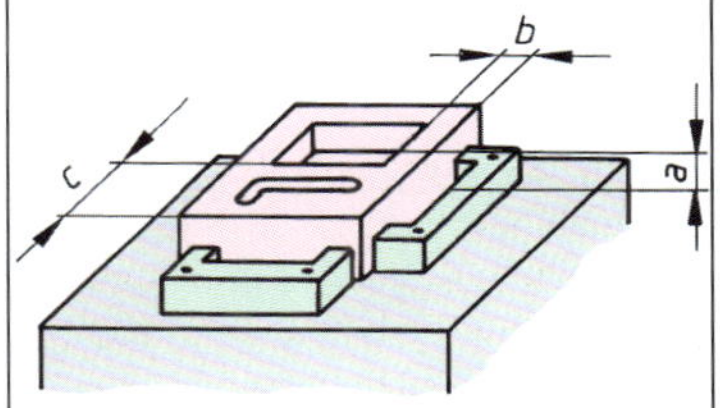
notwendig z. B. beim • Fräsen von planparallelen Flächen	notwendig z. B. beim • Fräsen von Nuten	notwendig z. B. beim • Fräsen von Taschen • Fräsen von Bahnen

Positionieren heißt, ein Bauteil in der Lage so festlegen, dass diese jederzeit wiederholbar ist.

4.5.2 Spannen im Maschinenschraubstock

Zum Spannen *kleinerer Werkstücke* verwendet man meist den Maschinenschraubstock. Zum Einspannen unterschiedlich geformter Werkstücke benutzt man Spannbacken und Hilfsmittel, wie zum Beispiel Unterlagen, die entsprechend der Werkstückform gestaltet sind.
Beim Einsatz eines Maschinenschraubstockes muss darauf geachtet werden, dass die Schnittkraft möglichst nicht auf die bewegliche Schraubstockbacke gerichtet ist.

Beispiele **für Spannen im Maschinenschraubstock**

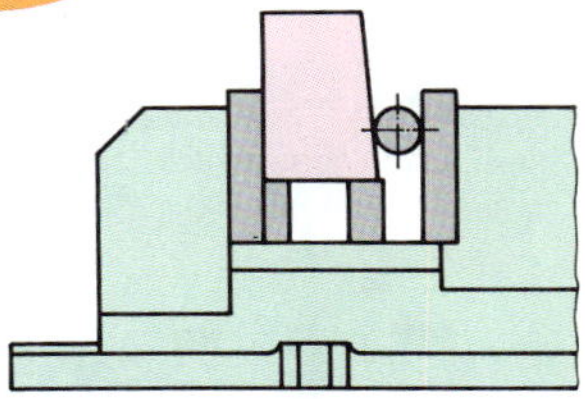

Spannen mit nicht parallelen Anlageflächen

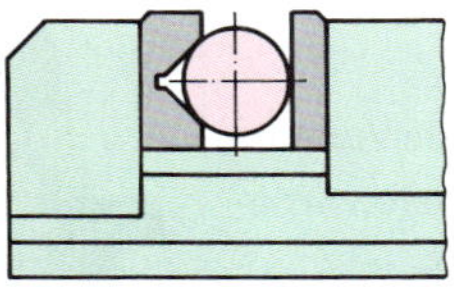

Waagerechtes Spannen eines runden Werkstücks

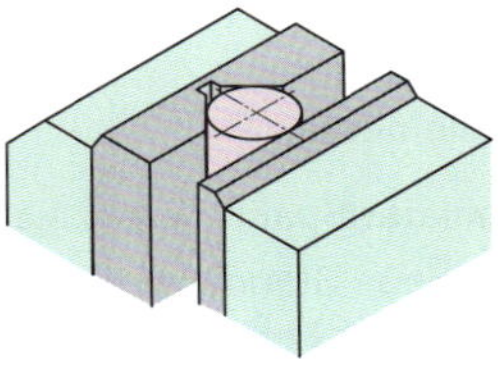

Senkrechtes Spannen eines runden Werkstücks

Im Maschinenschraubstock werden kleine Werkstücke gespannt.
Die Spannbacken sollen die Form des Werkstücks sicher aufnehmen.
Die Schnittkraft soll nicht auf die bewegliche Spannbacke gerichtet sein.

4.5.3 Spannen auf dem Maschinentisch

Größere Werkstücke werden von oben mit Spanneisen direkt gegen den Maschinentisch oder gegen aufgespannte Winkel u. Ä. gespannt.

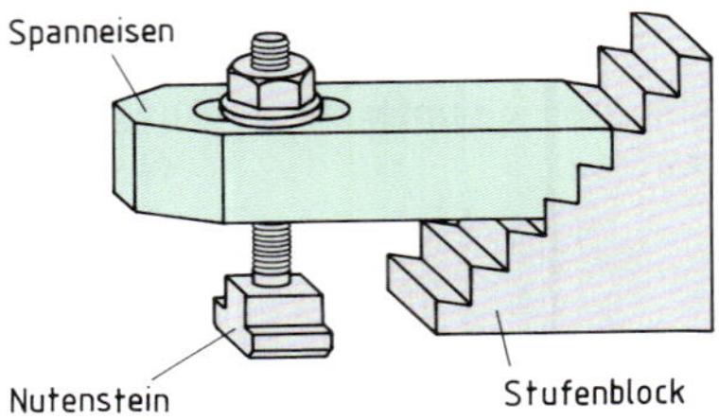

Spanneisen mit Stufenblock

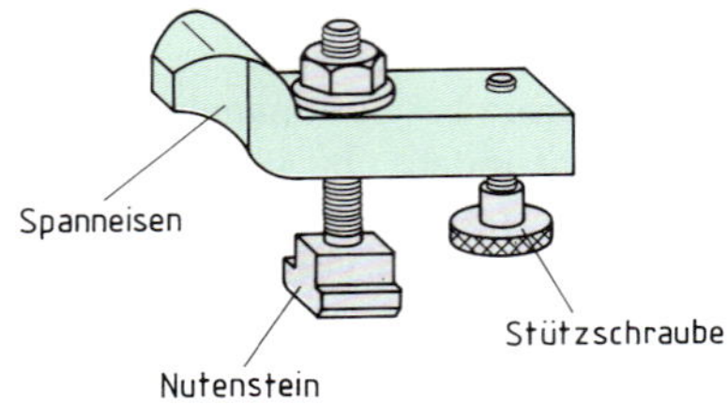

Gekröpftes Spanneisen

Zum Spannen von der Seite her werden Niederzugspanner eingesetzt. Diese pressen durch Keil- oder Hebelwirkung das Werkstück gleichzeitig gegen den Maschinentisch und einen festen Anschlag.

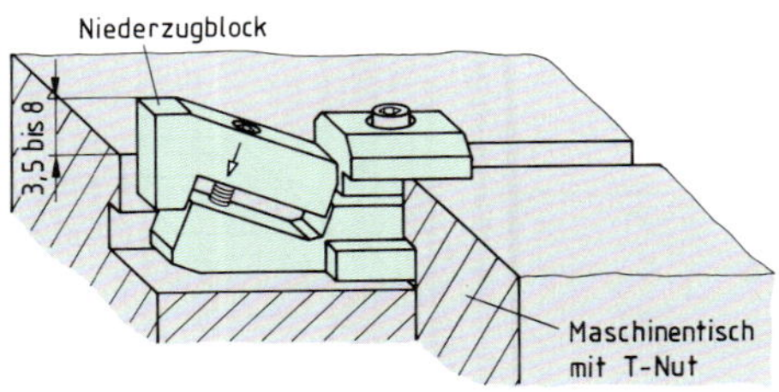

Niederzugspanner für flache Werkstücke

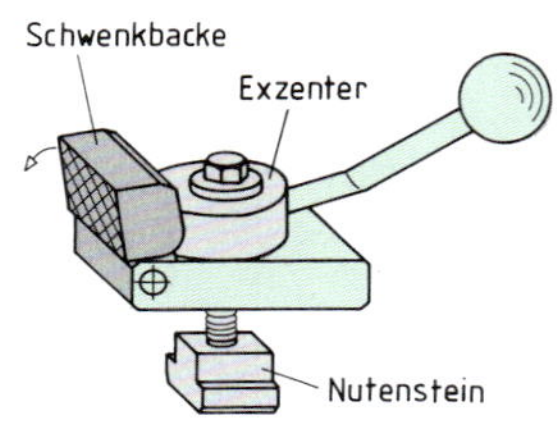

Niederzugspanner mit Schnellverstellung

Größere Werkstücke werden gegen den Maschinentisch gespannt. Spanneisen wirken von oben – Niederzugspanner wirken gleichzeitig horizontal und vertikal.

4.5.4 Spannen mit modularen Spannsystemen

Modulare Spannsysteme ermöglichen den Aufbau von Spannvorrichtungen nach dem Baukastenprinzip. Ein modulares Spannsystem enthält u. a.

- Positionselemente
- Spannelemente
- Stützelemente

Ein modulares Spannsystem bietet folgende Vorteile:

- Aufbau aus Standardteilen, in der Arbeitsvorbereitung nach Form und Maßen planbar,
- hohe Wiederholgenauigkeit der Einspannung,
- sicheres und schnelles Spannen der Werkstücke,
- schnelles Anpassen der Spannsysteme an wechselnde Werkstückformen,
- Steuern der Spannsysteme über Programme.

Einsatz eines modularen Spannsystems

4.5.5 Spannen auf Paletten

- **Paletten als Spannsystemträger**

An Bearbeitungszentren werden vielfach Aufspanntische mit aufmontierter Spannvorrichtung eingesetzt, welche mit den Werkstücken schnell in die Maschine eingewechselt werden. Diese Aufspanntische werden **Paletten** genannt. Palettenwechsler befördern durch einen Programmbefehl die Palette automatisch zur Werkzeugmaschine, fixieren sie dort und transportieren sie nach der Bearbeitung weiter.

Beispiel **für den Palettenwechsel an einem Bearbeitungszentrum**

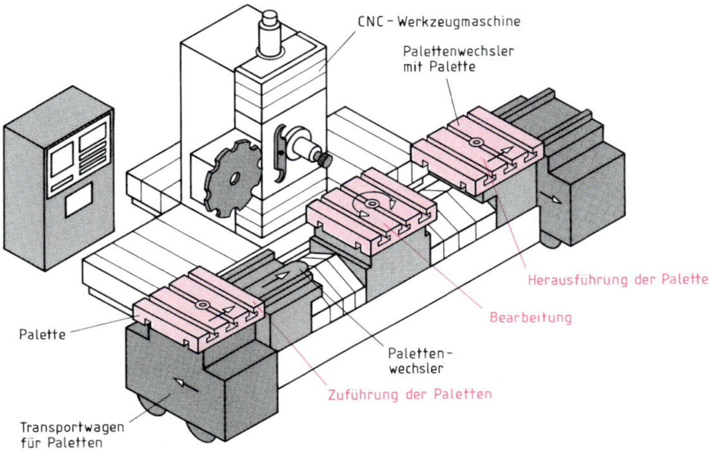

- **Nullpunkt-Spannsystem mit Paletten**

Bei einem Nullpunkt-Spannsystem mit Paletten handelt es sich um ein modulartiges System aus Palettenträgern und Paletten, das immer die exakt gleiche Mittelpunktslage und Ausrichtung auf allen Maschinen hat, die mit diesem System ausgerüstet sind. Zwischen Träger und Palette besteht eine hochgenaue Schnittstelle, die ein schnelles Ein- und Auswechseln der Palette ermöglicht. Mithilfe eines Referenzelements legt man auf allen Bearbeitungsmaschinen den gleichen Mittelpunkt des Nullpunkt-Spannsystems fest.
Der große Vorteil eines solchen Palettensystems im Formenbau ist, dass ein Werkstück nur einmal aufgespannt werden muss und dann mit dem Palettenträger auf unterschiedlichen Maschinen bearbeitet werden kann. Die Wiederholgenauigkeit beim Aufspannen, die z. B. bei ±0,002 mm liegt, erlaubt auch Präzisionsbearbeitung wie sie u. a. bei Erodiermaschinen gefordert wird.

Die Schnellwechselsysteme sind unterhalb der Wechselpalette angebracht und greifen in entsprechende Gegenstücke auf der Oberseite des Palettenträgers ein. Die Fixierung erfolgt über Spannzapfen, Keile oder Kugelmechanismen.
In dem jeweiligen Spannsystem sind Federpakete angeordnet, die auf die Arretierelemente wirken. Wird Druckluft auf das System gegeben, so entspannt sich die Arretierung und der Palettenträger kann abgehoben werden.
Zum Spannen wird die Palette aufgesetzt und die Druckluft abgeschaltet. Die Federpakete entspannen sich und drücken die Arretierelemente nach außen in die Spannbuchse des Palettenträgers.

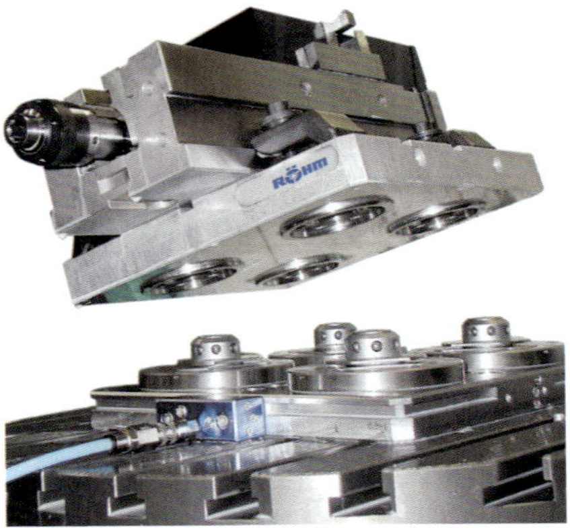

Nullpunkt-Spannsystem

Die erforderliche Spannkraft kann dadurch angepasst werden, dass man Wechselpalette und Palettenträger mit einer geeigneten Anzahl von Zentrier- und Klemmeinheiten ausstattet. Für eine Spanneinheit werden z. B. Haltkräfte von bis zu 22 kN angegeben.

4.6 Teilen

Bei zylindrischen Werkstücken sind vielfach am Umfang bzw. an der Stirnseite in regelmäßigen Abständen Einfräsungen vorzunehmen. Die Anzahl der gleichen Abstände nennt man Teilung. Zum Einstellen solcher Teilungen verwendet man Teilapparate. Teilapparate dienen der Werkstückspannung und ermöglichen eine Drehung des Werkstückes um einen bestimmten Teilungswinkel. Der Teilungswinkel wird über die Anzahl der Teilungen am Werkstückumfang ermittelt.

Beispiele für Werkstücke mit regelmäßigen Teilungen

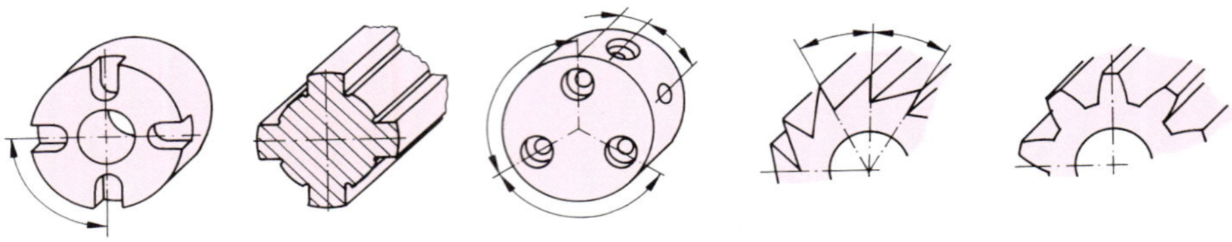

Universalteilapparate ermöglichen es, Teilungen nach dem direkten und nach dem indirekten Teilverfahren durchzuführen. Teilapparate besitzen eine drehbare Teilspindel mit einer Aufnahme für Werkstückspannvorrichtungen. Als Spannvorrichtungen dienen z. B. Spannfutter und Zentrierspitzen mit Mitnahmevorrichtungen. Somit wird das Werkstück stets direkt auf der Teilspindel gespannt.

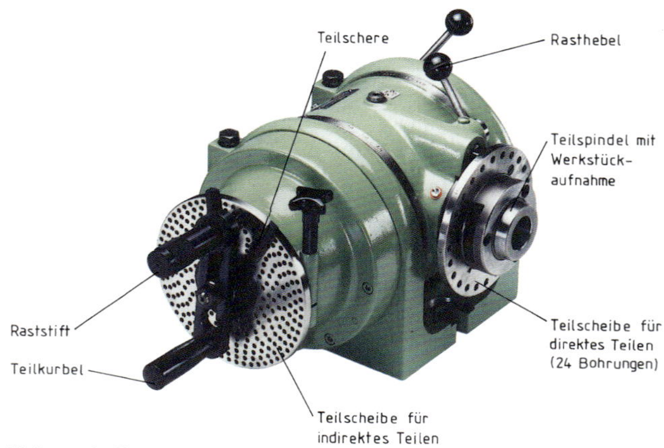

Universalteilapparat

- **Direktes Teilen**

Zum direkten Teilen ist eine Teilscheibe (Rasterscheibe) mit z. B. 24 Bohrungen oder Rasten direkt auf der Teilspindel befestigt. Teilspindel mit Teilscheibe werden von Hand gedreht und mit einem Raststift festgestellt, der durch einen Rasthebel betätigt wird. Durch direktes Teilen kann man alle Teilungen herstellen, die als Teiler in 24 enthalten sind. Direktes Teilen kann auch mit einfachen Teilapparaten durchgeführt werden.

Teilungen beim direkten Teilen

Anzahl der Rasten		Anzahl der Teilungen		Anzahl der zu verstellenden Rasten
24	:	2	=	12
24	:	3	=	8
24	:	4	=	6
24	:	6	=	4
24	:	8	=	3
24	:	12	=	2
24	:	24	=	1

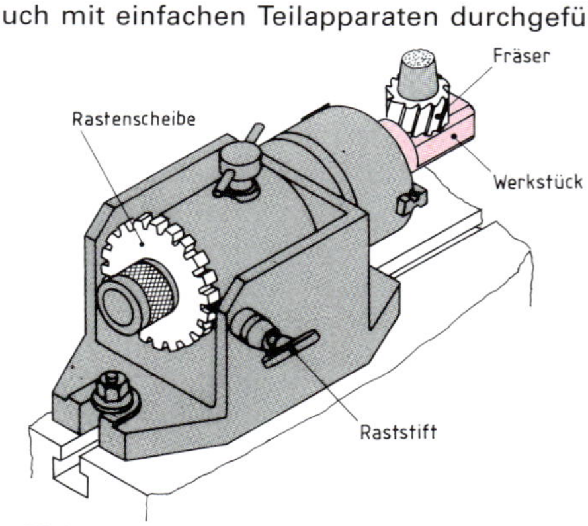

Einfacher Teilapparat

Beim direkten Teilen wird die Werkstückteilung unmittelbar auf der Rasterscheibe der Teilspindel eingestellt.

Indirektes Teilen

Werkstückbearbeitungen, die durch direktes Teilen nicht durchgeführt werden können, werden mit dem indirekten Teilverfahren vorgenommen. Dazu wird der Gesamtaufbau des Universalteilapparates genutzt. Beim indirekten Teilen wird die Teilspindel über ein Schneckengetriebe gedreht. Dies besteht aus einem Schneckenrad auf der Teilspindel und einer Schneckenwelle, die über eine Teilkurbel gedreht wird.

Auf der Schneckenwelle werden auswechselbare Teilscheiben drehbar aufgesteckt und mit einem rückwärtigen Raststift fest mit dem Gehäuse verbunden. Die Teilkurbel wird mittels vorderem Raststift in der Teilscheibe festgestellt.

Das Getriebe besteht meist aus einer eingängigen Schnecke und einem Schneckenrad mit 40 Zähnen. Es hat ein **Übersetzungsverhältnis** von **40 : 1**. Damit sind durch ganze Umdrehungen der Teilkurbel alle Teilungen möglich, die selbst als Teiler in 40 enthalten sind.

Als auswechselbare Teilscheiben stehen meist drei Typen mit einer großen Anzahl von Lochkreisen zur Verfügung. Auf jedem Lochkreis ist eine bestimmte Anzahl von Bohrungen mit gleichen Abständen angeordnet.

Für Teilungen, die nicht durch ganze Umdrehungen der Teilkurbel einstellbar sind, errechnet man aus dem Übersetzungsverhältnis 40 : 1 und der Zahl der gewünschten Teilungen die Anzahl der Teilkurbelumdrehungen nach der folgenden Beziehung:

Anzahl der Teilkurbelumdrehungen	$N_k = \dfrac{40}{\text{Zahl der Teilungen}}$

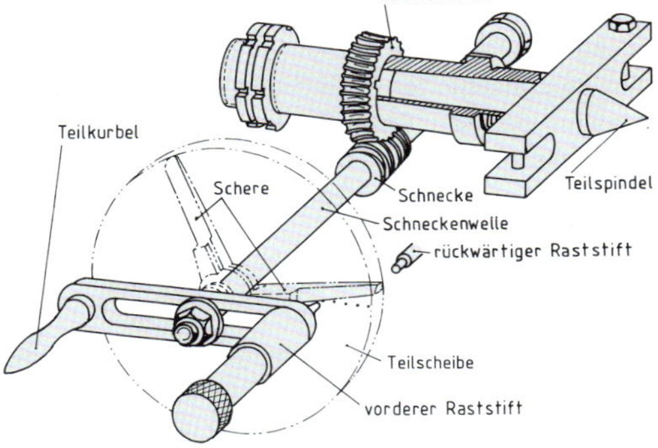

Universalteilapparat (Schema)

I. Teilscheibe: 15, 16, 17, 18, 19, 20
II. Teilscheibe: 21, 23, 27, 29, 31, 33
III. Teilscheibe: 37, 39, 41, 43, 47, 49

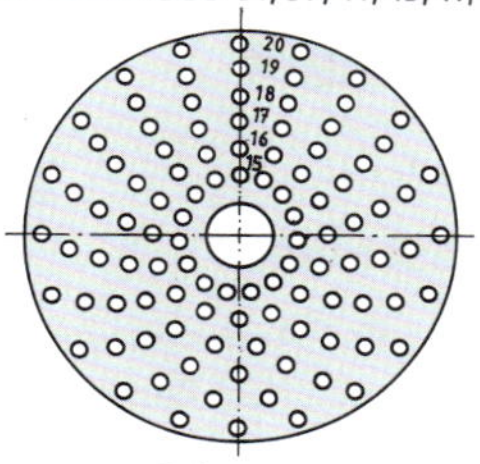

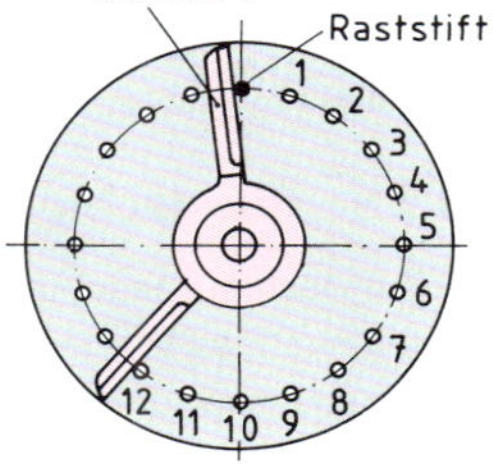

Auswechselbare Teilscheiben mit Teilschere

4.7 Bestimmen von Arbeitsgrößen zum Fräsen

Die **Schnittdaten** sind im Wesentlichen abhängig von der Art der Bearbeitung, dem Schneidstoff und dem zu bearbeitenden Werkstoff.

Aus den Schnittwerttabellen ist die für den entsprechenden Werkstoff angegebene Schnittgeschwindigkeit zu ermitteln und mithilfe des Fräserdurchmessers daraus die einzustellende Umdrehungsfrequenz zu berechnen:

$$n = \frac{v_c}{d \cdot \pi}$$

n Umdrehungsfrequenz/Drehzahl in 1/min
d Fräserdurchmesser in m
v_c Schnittgeschwindigkeit in m/min

Neben der Umdrehungsfrequenz wird für den Zerspanungsprozess die Vorschubgeschwindigkeit benötigt. Für ihre Berechnung ist der Vorschub je Fräserzahn aus den Schnittwerttabellen zu entnehmen. Unter der Berücksichtigung der Zähnezahl des eingesetzten Fräsers ergibt sich:

$$v_f = f_z \cdot z \cdot n$$

v_f Vorschubgeschwindigkeit in mm/min
f_z Vorschub je Fräserzahn in mm
z Zähnezahl des Fräsers

5 Fertigen mit Schleifmaschinen

5.1 Schleifmaschinen

5.1.1 Flach- und Profilschleifmaschinen

Mit Plan- und Profilschleifmaschinen werden ebene Werkstücke mit geraden Schleifscheiben im Umfangsschleifen bearbeitet. Werkstücke mit Längsprofilen werden mit profilierten Scheiben geschliffen. Dies kann sowohl mit dem Pendelschleifverfahren als auch mit dem Tiefschleifverfahren erfolgen.
Beim **Pendelschleifen** wird durch eine hin- und hergehende Tischbewegung die gesamte Werkstückoberfläche mit geringer Eingriffstiefe und allmählicher Querverstellung bearbeitet.
Beim **Tiefschleifen** wird mit großer Eingriffstiefe und sehr niedriger Vorschubgeschwindigkeit ein großes Spanvolumen in einem Überlauf abgetragen.

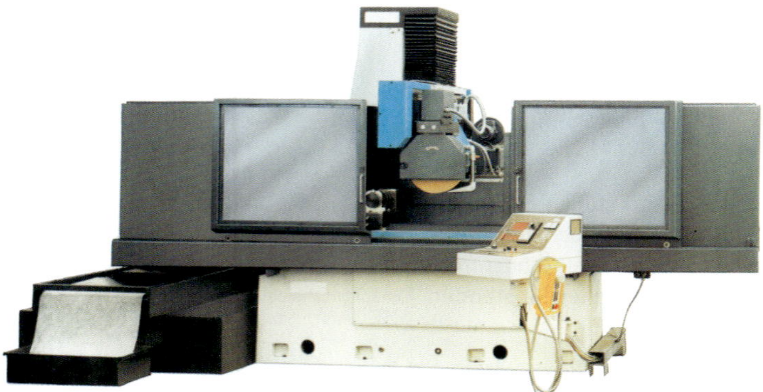

Flach- und Profilschleifmaschine

5.1.2 Rundschleifmaschinen

Mit Rundschleifmaschinen werden **Außenrundschleifaufgaben** im Pendelschleifen oder Einstechschleifen ausgeführt. Das Werkstück ist zwischen Zentrierspitzen gespannt und erhält vom Werkstückspindelstock eine Drehbewegung. Beim Pendelschleifen führt das Werkstück mit dem Maschinentisch eine Querverstellung entlang der geraden Schleifscheibe aus. Beim Einstechschleifen erfolgt die Zustellung der geraden oder profilierten Schleifscheibe ohne Querverstellung.
Zum **Innenrundschleifen** sind die Maschinen mit einem zusätzlichen Spindelstock für die Innenrund-Schleifscheiben – auch Schleifstifte – ausgestattet.

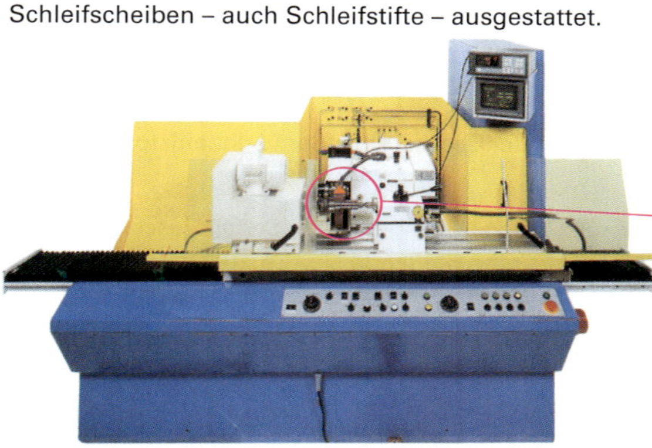

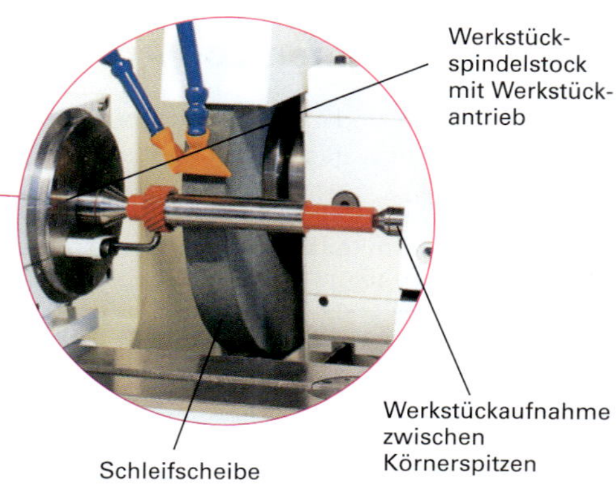

Rundschleifmaschine

5.1.3 Universalschleifmaschinen

Mit Universalschleifmaschinen werden Werkstücke, vor allem in der Werkzeugfertigung, bearbeitet. Je nach Ausstattung der Maschinen können komplizierte Werkstückformen, wie z. B. Wendelnuten, Gewindeprofile, Schneckenprofile und Fräserschneiden verschiedener Formen geschliffen werden.

5.2 Arbeitsverfahren beim Schleifen

Von den Schleifverfahren sind **Plan-**, **Rund-** und **Profilschleifverfahren** von besonderer Bedeutung. Zerspant bei diesen Verfahren die Schleifscheibe mit ihrem Umfang, so bezeichnet man das Verfahren als *Umfangsschleifen.* Wird die Seitenfläche zum Spanen eingesetzt, nennt man das Verfahren *Seitenschleifen.*

• Planschleifen als Pendelschleifverfahren

Werden *ebene Werkstückflächen* durch Schleifen bearbeitet, bezeichnet man dies als Planschleifen.

<table>
<tr><th>Umfangs-Planschleifen</th><th>Seiten-Planschleifen</th></tr>
<tr><td colspan="2">Auf Langtischen erfolgt die hin- und hergehende Längsbewegung mit schrittweisem Quervorschub.</td></tr>
<tr><td>
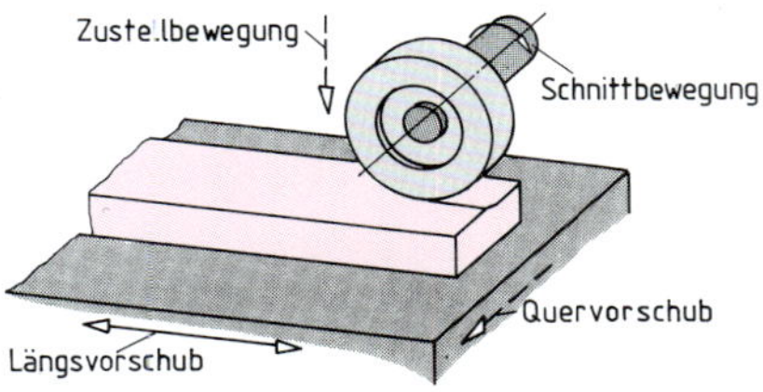

Umfangs-Planschleifen auf einem Langtisch

Man erzielt hochwertige Werkstückoberflächen bei geringen Abtragleistungen.</td>
<td>
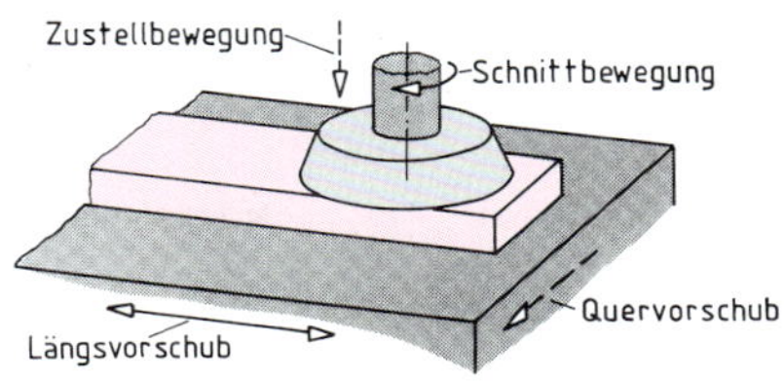

Seiten-Planschleifen auf einem Langtisch

Man erzielt hohe Abtragleistungen bei geringer Oberflächengüte.</td></tr>
</table>

• Rundschleifen als Pendelschleifverfahren

Mit dem Verfahren des Rundschleifens werden zylindrische Außenflächen oder Innenflächen bearbeitet.

<table>
<tr><th>Außen-Rundschleifen</th><th>Innen-Rundschleifen</th></tr>
<tr><td>
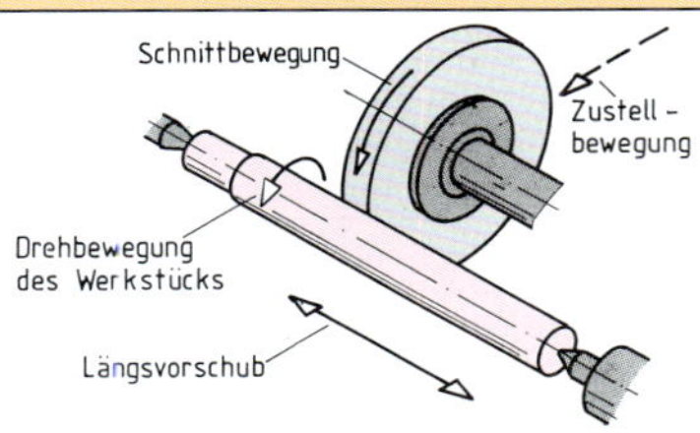

Längs-Umfangs-Außen-Rundschleifen</td>
<td>
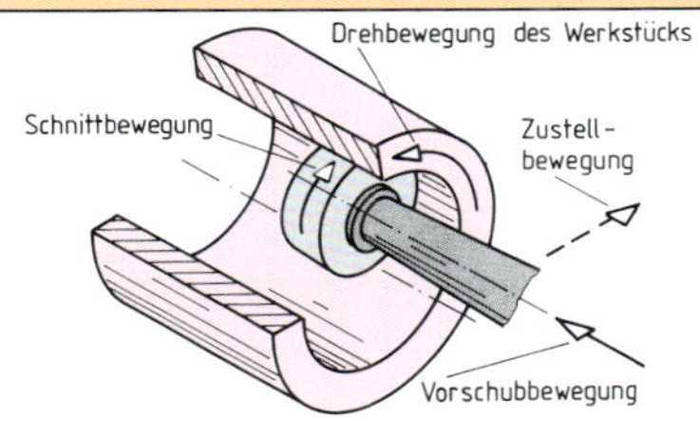

Längs-Umfangs-Innen-Rundschleifen</td></tr>
</table>

• Profilschleifen als Einstechschleifverfahren

Profilschleifen ist gekennzeichnet durch Einsatz von Schleifscheiben mit eingearbeiteten Profilen.

<table>
<tr><th>Außen-Profilschleifen</th><th>Innen-Profilschleifen</th></tr>
<tr><td>
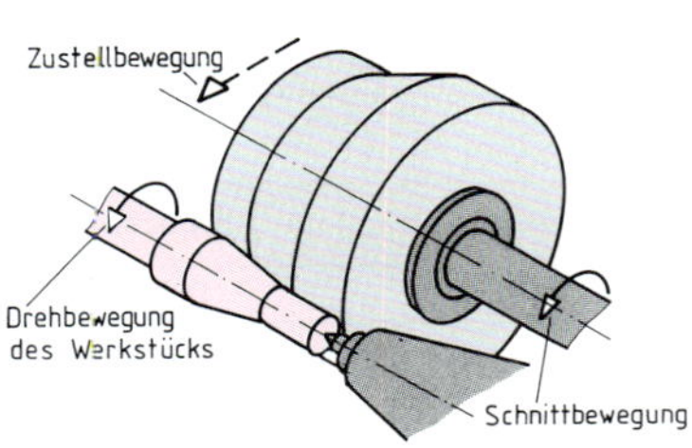

Quer-Außen-Profilschleifen</td>
<td>
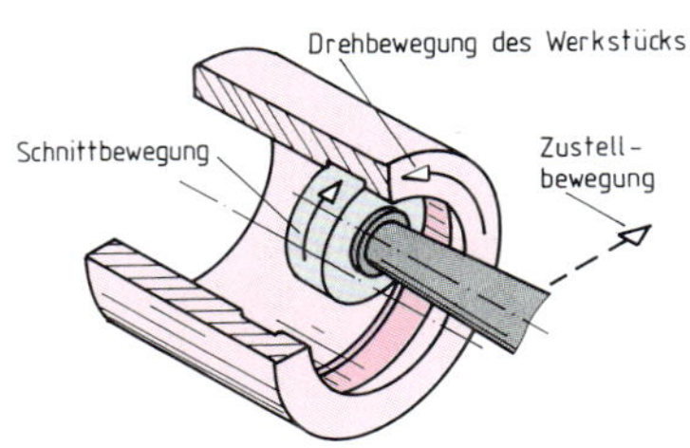

Quer-Innen-Profilschleifen</td></tr>
</table>

5.3 Schleifwerkzeuge

5.3.1 Aufbau und Eigenschaften der Schleifwerkzeuge

An der Oberfläche der Schleifwerkzeuge bilden die Schleifkörner, welche durch ein Bindemittel zusammengehalten werden, eine große Anzahl von keilförmigen Schneiden. Die Form und die Lage der Schleifkörner ist zufällig und daher unbestimmt. Darum bezeichnet man die Schleifwerkzeuge als **vielschneidige Werkzeuge mit geometrisch unbestimmten Schneiden.**

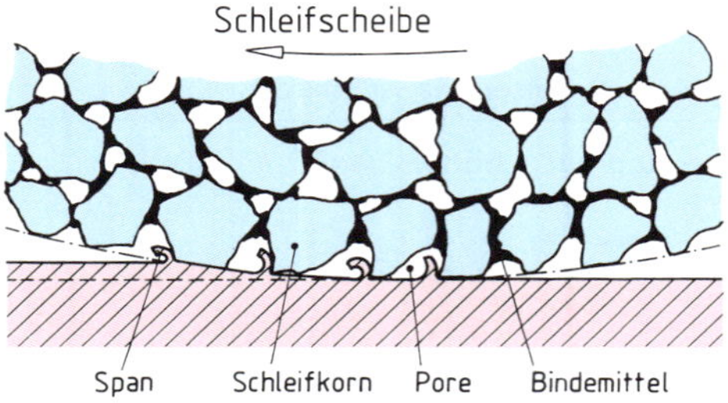

Spanabnahme beim Schleifen

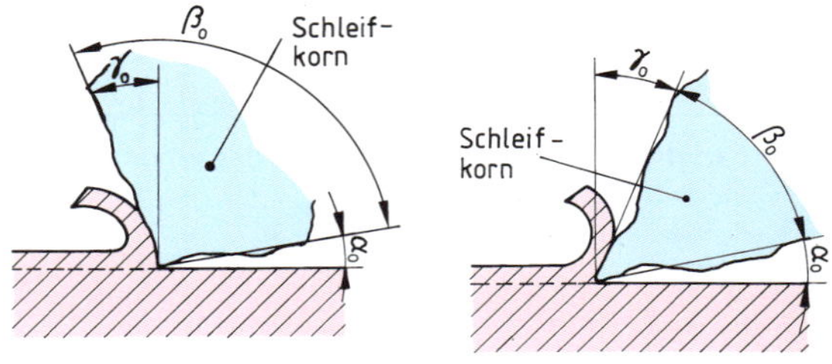

Winkel beim Schleifen

Schleifen ist ein spanendes Fertigungsverfahren, bei dem kleine Späne durch ein vielschneidiges Werkzeug mit geometrisch unbestimmten Schneiden abgetrennt werden.

- **Schleifmittel**

Schleifmittel der nachfolgend angeführten Arten bilden die unbestimmten Schneiden der Schleifkörper. Sie müssen stets härter als der zu bearbeitende Werkstoff sein.

Schleifmittel	**Normbuchstabe** (ÖNORM ISO 525)	**Farbe des Schleifmittels**	**Eigen-schaften**	**zu bearbeitende Werkstoffe**
Elektrokorund (im E-Ofen erschmolzenes Al_2O_3)	A	weiß oder rot	Ansteigende Härte und Sprödigkeit ↓	Baustähle, legierte Stähle, gehärtete Stähle, Titan
Siliziumkarbid (Karborundum SiC)	C	grün oder schwarz		Gusseisen, Hartguss, Messing, Bronze, Aluminium, keramische Werkstoffe, Hartmetalle
Bornitrid (BN)	B	schwarz		Werkzeugstähle
Diamant	D	gelb		Hartmetalle, Keramik, Glas

Als Schleifmittel zur Bearbeitung verschleißfester Stähle und zum Hochleistungsschleifen wird zunehmend das extrem verschleißfeste kubisch kristalline Bornitrid (CBN) eingesetzt.

- **Körnung**

Die Größe der Schleifkörner wird als Körnung bezeichnet. Das Sortieren der Schleifkörner wird mithilfe von Sieben verschiedener Maschenweite durchgeführt. Daher kennzeichnet man die Körnung durch eine Zahl, die der Anzahl der Siebmaschen auf 1 Zoll Länge (25,4 mm) entspricht.

Körnungsnummer	**Bezeichnung**	**Art der Bearbeitung**
F4 bis F24	**grob**	Schruppschleifen
F30 bis F60	**mittel**	Schruppschleifen
F70 bis F220	**fein**	Feinschleifen
F230 bis F1200	**sehr fein**	Feinstschleifen

Für Diamant und Bornitrid als Schleifmittel wird die Körnung direkt durch die Größe der Schleifkörner in Mikrometer angegeben. Diamantkörner werden in der Größe von 0,5 µm bis 300 µm verwendet.

Korngröße	**Bezeichnung**
0,5 µm ... 300 µm	D 0,5 ... D 300

Die Körnung richtet sich nach der Art der Schleifarbeit.

- Grobe Körnung erzielt ein großes Spanvolumen mit geringer Oberflächengüte.
- Feine Körnung erzielt ein kleines Spanvolumen mit hoher Oberflächengüte.

- **Bindung**

Die Schleifkörper werden durch ein Bindemittel zusammengehalten. Durch unterschiedliche Bindungen werden die Eigenschaften von Schleifwerkzeugen stark beeinflusst.

Bindungsart	Zeichen	Eigenschaften	Anwendung
Keramik	V	unelastisch, porös, unempfindlich gegen Wärme, Wasser und Öl, empfindlich gegen Schlag und Druck	gebräuchliche Bindung bei maschinellen Schleifverfahren, für alle Werkstoffe geeignet
Kunstharz	B	sehr elastische Bindung von hoher Festigkeit, geringe Empfindlichkeit gegen Stöße	Bindung für dünnere Schleifscheiben zum Feinstschleifen harter Werkstoffe
Kunstharz-faserverstärkt	BF	hohe Elastizität und hohe Zähigkeit	Bindung für Trennscheiben
Metall	M	sehr hohe Festigkeit, stoßunempfindlich, hohe Standzeit	Bindung für Diamantscheiben zum Schleifen von Hartmetallen

Die Bindung beeinflusst die Festigkeit, Elastizität und Wärmeempfindlichkeit von Schleifwerkzeugen.

- **Härte**

Die Widerstandskraft, welche die Bindung dem Ausbrechen der Schleifkörner entgegensetzt, bezeichnet man als Härte.

Kennbuchstabe	A bis D	E bis K	L bis O	P bis Z
Eigenschaft des Schleifwerkzeugs	äußerst weich	sehr weich bis weich	mittel	hart bis äußerst hart

Bei *harten Werkstoffen* werden die Schleifkörner schnell stumpf. Die Härte des Schleifwerkzeugs muss daher gering sein, damit die stumpfen Körner schnell ausbrechen.
Bei *weichen Werkstoffen* werden die Schleifkörner langsam stumpf, und daher kann die Härte des Schleifwerkzeugs groß gewählt werden.

Härte nennt man bei Schleifscheiben den Widerstand des Bindemittels gegen das Ausbrechen der Körner.
- Harte Werkstoffe bearbeitet man mit weichen Schleifwerkzeugen.
- Weiche Werkstoffe bearbeitet man mit harten Schleifwerkzeugen.

- **Gefüge**

Der innere Aufbau des Schleifwerkzeugs – Gefüge genannt – ist von dem Anteil der Schleifkörner, des Bindemittels und der Poren abhängig. Die Poren haben die Aufgabe, das Kühlschmiermittel in die Schleifzone zu befördern und die anfallenden Späne aufzunehmen und abzutransportieren. Daher muss der Porenanteil größer als die zu erwartende Spanmenge sein.
Ein Gefüge mit kleinen Poren wird als *dicht* bezeichnet. **Dichtes Gefüge** wählt man
- zum Schlichten,
- zum Schleifen kurzspanender Werkstoffe,
- bei kurzen Eingriffsstrecken z. B. Umfangs-Planschleifen.

Ein Gefüge mit hohem Porenanteil wird als *offen* bezeichnet. **Offenes Gefüge** wählt man
- zum Schruppen,
- zum Bearbeiten langspanender Werkstoffe,
- bei langen Eingriffsstrecken z. B. beim Seiten-Planschleifen.

Das Gefüge wird durch eine Ziffer gekennzeichnet.

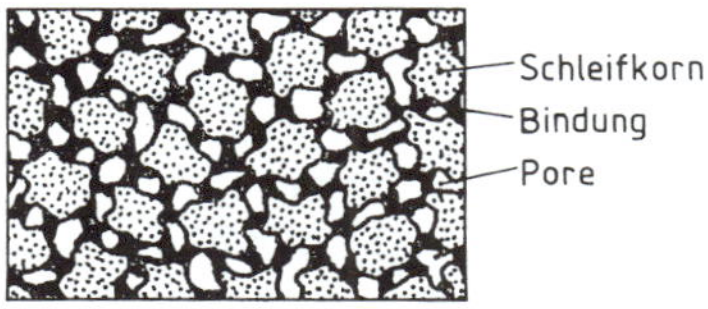

Dichtes Gefüge

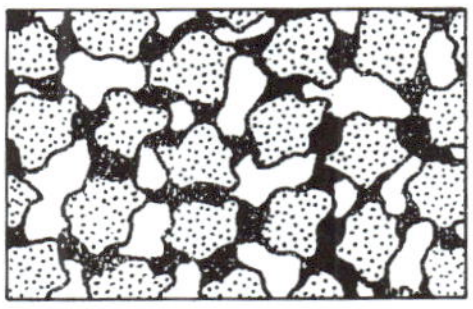
Offenes Gefüge

Kennziffer	0 – 4	5 – 8	9 – 11	12 – 14
Gefüge	dicht	mittel	offen	sehr offen

5.3.2 Form und Verwendungszweck von Schleifwerkzeugen

Die Auswahl des Schleifwerkzeuges hinsichtlich Form und Abmessung erfolgt nach der Werkstückform, dem Schleifverfahren und der Schleifmaschine.

Benennung	Schleifkörperform	Verwendungszweck
gerade Schleifscheibe	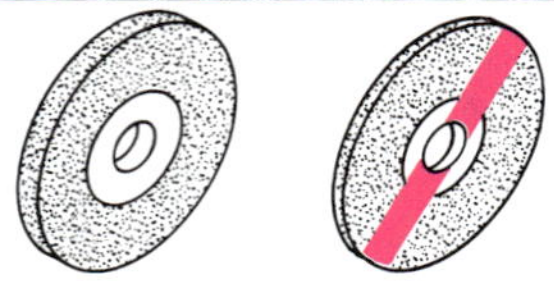	Diese vielseitigen Schleifscheiben werden zum Planschleifen, Rundschleifen, Schleifen auf Schleifböcken, Werkzeugschärfen und Trennschleifen eingesetzt.
Segment-schleifscheibe	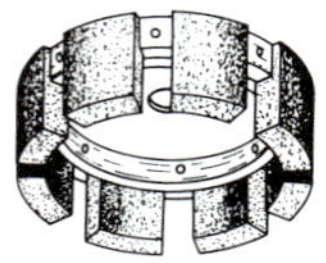	Schleifsegmentscheiben werden zum Seiten-Planschleifen großer Flächen mit hoher Abtragsleistung eingesetzt.
Topfschleif-scheiben und Schleifteller	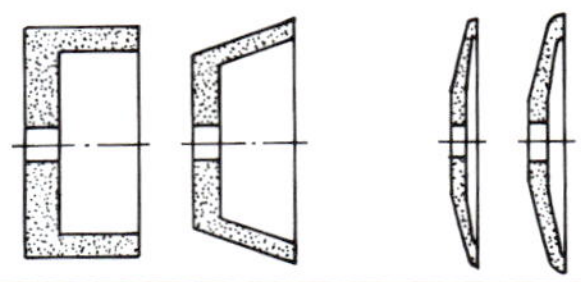	Diese Schleifscheiben werden zum Schärfen von Trennwerkzeugen, wie Bohrern, Senkern, Fräsern, Reibahlen verwendet.
Schleifstifte	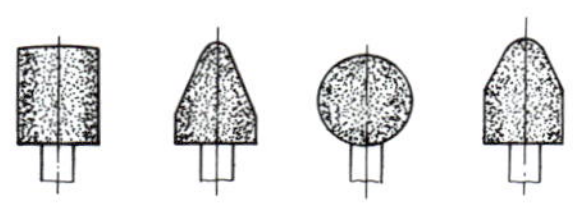	Schleifstifte werden im Werkzeug- und Formenbau verwendet. Sie werden mit dem zylindrischen Schaft meist in Handschleifmaschinen eingespannt. Mit ihnen werden vorgearbeitete Konturen fertig bearbeitet.

- **Zulässige Umfangsgeschwindigkeiten von Schleifscheiben**

Bei Schleifarbeiten zur Oberflächenverbesserung und zum Schärfen von Werkzeugen werden Schleifscheiben eingesetzt, die mit Schnittgeschwindigkeiten bis 40 m/s arbeiten.
Bei Sonderschleifverfahren, wie z. B. Trennschleifen und Hochleistungsschleifen, werden in Abhängigkeit von der Bindung wesentlich höhere Schnittgeschwindigkeiten gewählt.

Richtwerte für Umfangsgeschwindigkeiten

Werkstoff	Planschleifen	Rundschleifen	Trennschleifen
Stahl, Gusseisen	25–35 m/s	25–40 m/s	45–100 m/s
Hartmetall	10 m/s	8 m/s	–
Messing	25–30 m/s	20–35 m/s	–
Leichtmetall	15–20 m/s	15–20 m/s	–

Bei allen Schleifverfahren treten hohe Umfangsgeschwindigkeiten an der Schleifscheibe auf, die bei Überschreitung der zulässigen Umfangsgeschwindigkeit infolge der Fliehkräfte die Schleifscheibe zum Bersten bringen. Schwere Unfälle können die Folge sein. Schleifscheiben und Schutzvorrichtungen müssen den entsprechenden Vorschriften entsprechen. Auf Schleifscheiben wird ab 50 m/s die höchst zulässige Umfangsgeschwindigkeit durch Farbstreifen über den gesamten Durchmesser gekennzeichnet.

Umfangsgeschwindigkeit	Etikett/Farbbalken
< 50 m/s	kein
50 m/s	blau
63 m/s	gelb
80 m/s	rot
100 m/s	grün
125 m/s	grün + gelb

Farbkennzeichnung bei Schleifkörpern

Die zulässige Umfangsgeschwindigkeit wird auf Schleifscheiben durch Farbstreifen gekennzeichnet.

Schleifwerkzeuge mit Diamant oder CBN beschichtet

Schleifwerkzeuge, die mit den Hochleistungsschleifmitteln Diamant oder CBN (CBN = kubisch kristallines Bornitrid) beschichtet wurden, sind sehr teuer. Diese Werkzeuge verwendet man daher nur dann, wenn sich normale Schleifkörper zu sehr abnutzen.

So wird **Diamant** aufgrund seiner Härte und Verschleißfestigkeit zum Schleifen von harten, spröden und kurzspanigen Werkstoffen, wie z. B. Hartmetall, Glas, Keramik, Quarz oder Grafit, eingesetzt.

Bornitrid verwendet man vorteilhaft bei Stählen mit großer Härte und bei hoch legierten Chromstählen.

Schleifwerkzeuge mit Diamantbelag

Aufbau beschichteter Schleifkörper

Schleifscheiben mit Diamant- oder Bornitridbeschichtung bestehen aus einem Grundkörper und dem Schleifbelag. Der Grundkörper besteht aus Aluminium, Stahl, Kunstharz oder Keramik. Der Werkstoff des Grundkörpers bestimmt vor allem das Schwingungsverhalten der Schleifscheibe und die Wärmeableitung.

Der Schleifbelag setzt sich zusammen aus den Schleifkörnern und der Bindung. Das Ausgangsmaterial für die Bindung ist pulverförmig. Es wird mit den Schleifkörnern vermischt. Diese Mischung ist auf den Grundkörper gepresst und bei hohen Temperaturen gesintert.

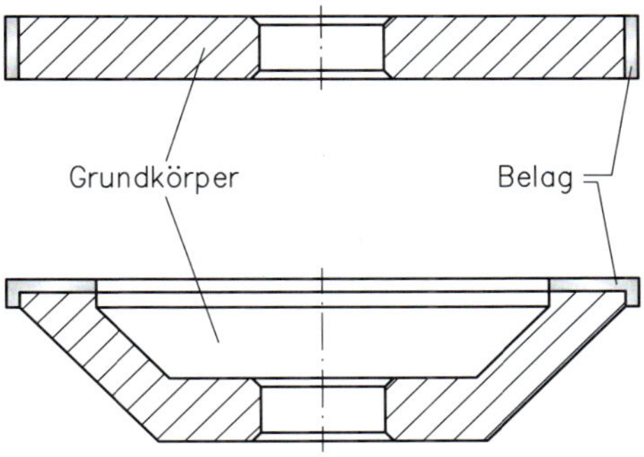

Aufbau von Schleifwerkzeugen mit Diamant- oder CBN-Belag

Schleifscheiben mit Diamant oder Bornitrid bestehen aus einem Grundkörper und dem aufgesinterten Schleifbelag. Solche Scheiben eignen sich zum Schleifen besonders harter Werkstoffe.

Abrichten von Schleifkörpern

Schleifkörper nutzen sich beim Schleifen unregelmäßig ab und werden unrund. Außerdem werden die einzelnen Schleifkörner stumpf und die Poren verschließen sich mit winzigen Spänen. Daher ist es notwendig, die Schleifkörper mit entsprechenden Abrichtgeräten zu warten.

Die ungleichmäßig abgenutzte Schicht wird abgetragen, bis die Schleiffläche wieder formgenau ist und überall scharfe Schleifkörner freigelegt sind. Diesen Vorgang bezeichnet man als **Abrichten**.

Beispiele für das Abrichten mit Diamant bestückten Werkzeugen

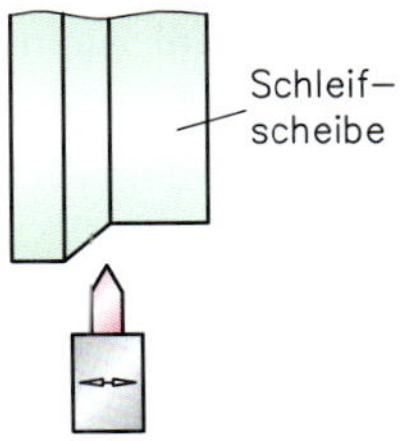

Abrichten mit Diamantspitze

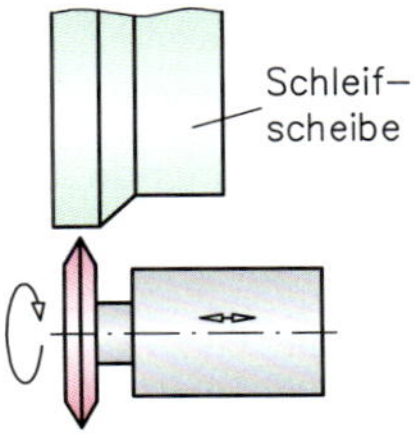

Abrichten mit rotierender Diamant-Formscheibe

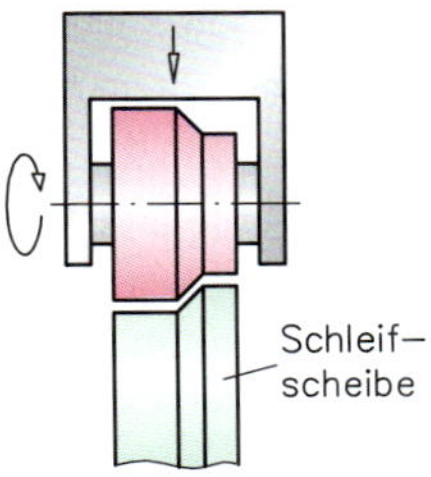

Abrichten mit rotierender Profil-Diamantrolle

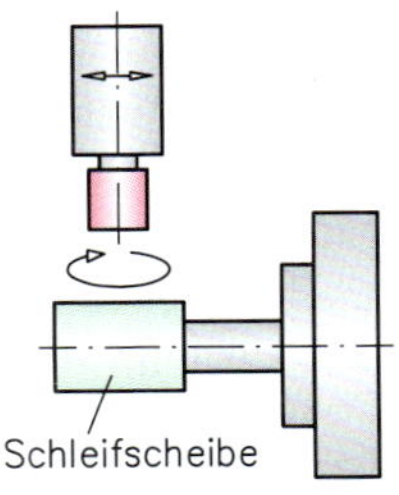

Abrichten mit rotierender Diamant-Topfscheibe

Schleifkörper werden abgerichtet, wenn sie stumpf oder in ihrer Form ungenau geworden sind. Durch das Abrichten wird der Schleifkörper im Eingriffbereich geschärft und profiliert.

6 Kühlschmierstoffe

Bei Zerspanungsvorgängen entsteht an der Schnittstelle Wärme. Sie wird verursacht durch die Umformung der Werkstoffteilchen und durch die Reibung. Die Wärme muss von der Schneide abgeführt werden, da sonst ihre Härte erheblich gemindert wird. Dies wird mit Kühlschmierstoffen erreicht.

Es werden entsprechend der Norm zwei Gruppen von Kühlschmierstoffen unterschieden:

- **nicht wassermischbare Kühlschmierstoffe**
- **wassermischbare Kühlschmierstoffe.**

Die Auswahl für einen bestimmten Fertigungsprozess hängt davon ab, ob Kühlen oder Schmieren im Vordergrund steht. Weitere Gesichtspunkte, welche die Auswahl des Kühlschmierstoffes betreffen, sind:

- die *Wirtschaftlichkeit,* hier sind wassermischbare Kühlschmierstoffe erheblich preisgünstiger,
- der *Pflegeaufwand* und die *Entsorgung,* nicht wassermischbare Kühlschmierstoffe sind leichter zu pflegen und brauchen nur selten entsorgt zu werden.

Anwendung von Kühlschmierstoffen

Zerspanungsart	bevorzugter Kühlschmierstoff	
	wassermischbar	nicht wassermischbar
Drehen	x	○
Bohren	x	○
Tieflochbohren	(x)	x
Fräsen	x	○
Räumen	x	x
Automatenarbeiten	(x)	x
Zahnradfräsen, -stoßen, -hobeln, -schaben	○	x

Zerspanungsart	bevorzugter Kühlschmierstoff	
	wassermischbar	nicht wassermischbar
Rund- und Flachschleifen	x	○
Formschleifen mit profilierter Scheibe	○	x
Spitzenloses Außenrundschleifen	x	○
Hochgeschwindigkeitsschleifen	(x)	x
Honen, Läppen	(x)	x

x häufige Anwendung (x) weniger häufige Anwendung ○ seltene Anwendung

6.1 Nicht wassermischbare Kühlschmierstoffe

Nicht wassermischbare Kühlschmierstoffe werden häufig auch als Metallbearbeitungsöle (Schneidöl, Honöl u. a.) bezeichnet. Sie bestehen aus Mineralöl mit Zusätzen und werden eingesetzt, wenn die Schmierung bei der Metallbearbeitung im Vordergrund steht. Ferner finden sie Verwendung auf Automaten, die mit einem **Einheitsöl** arbeiten, das gleichzeitig für die Hydraulik, die Maschinenschmierung und die Zerspanung eingesetzt wird.

Die wichtigste Eigenschaft von nicht wassermischbaren Kühlschmierstoffen ist die Viskosität. Je höher die Viskosität, desto zähflüssiger ist ein Öl. Für den Zerspanungsbereich liegt die Viskosität der Öle bei 40 °C etwa zwischen 2 mm^2/s (Honöle) bis 45 mm^2/s (für schwerste Zerspanungsarbeiten). Am häufigsten werden Öle im Viskositätsbereich von 20 bis 35 mm^2/s angewendet.

Die Erhöhung der Viskosität eines Kühlschmierstoffs ergibt folgende Eigenschaftsänderungen:

- Die Wärmeleitfähigkeit wird geringer.
- Die Nebelbildung beim Zerspanen nimmt ab.
- Der Austrag von Kühlschmierstoffen mit den Spänen nimmt zu.
- Der Spantransport wird durch Verkleben der Späne erschwert.
- Die Entflammbarkeit nimmt ab.

Man verwendet deshalb Kühlschmierstoffe mit hoher Viskosität

- bei großen Bauteilen,
- beim Zerspanen mit niedrigen Schnittgeschwindigkeiten,
- bei großen Spanquerschnitten,
- bei unterbrochenem Schnitt.

6.2 Wassermischbare Kühlschmierstoffe

Wassermischbare Kühlschmierstoffe werden wegen der guten Kühlwirkung und vor allem wegen des günstigen Preises am häufigsten eingesetzt. Sie werden vom Hersteller als Konzentrat geliefert und vom Anwender mit Wasser entsprechend den Herstellerangaben verdünnt. Die meisten dieser wassermischbaren Kühlschmierstoffe sind Gemische von Öl, einem Emulgator, bakterien- und pilztötenden Zusätzen als Konzentrat und Ansetzwasser. Im fertigen Zustand enthalten Kühlschmierstoffe 2 % bis 10 % Konzentrat.

Wichtigster Bestandteil der Konzentrate sind Stoffe, die dafür sorgen, dass die öligen Bestandteile in feinster Verteilung im Wasser gehalten werden können. Man nennt solche Stoffe **Emulgatoren.** Dies sind seifenartige chemische Verbindungen, die aus kettenförmigen Molekülen bestehen. Diese Moleküle weisen ein „Fett liebendes" und ein „Wasser liebendes" Ende auf. Im wassermischbaren Kühlschmierstoff lagern sich die Emulgatormoleküle um die Öltröpfchen und verhindern so eine Vereinigung der Tröpfchen zu größeren Öltropfen, die im Wasser aufsteigen und damit den Kühlschmierstoff entmischen können.

Weitere Zusätze in Konzentraten für wassermischbare Kühlschmierstoffe sind korrosionshemmende Stoffe, Hochdruckzusätze (EP-Zusätze), Antischaummittel sowie bakterien- und pilztötende Zusätze (Biozide).

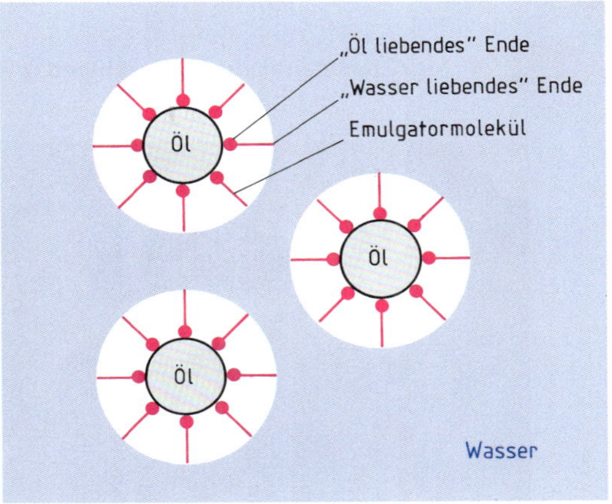

Wirkung des Emulgators

Öltröpfchendurchmesser und Aussehen der Lösung

Öltröpfchen	**0,001 µm**	**0,01 µm**	**0,1 µm**	**1 µm**
Aussehen der Lösung	wasserhell	trüb	undurchsichtig	milchig

Wassermischbare Kühlschmierstoffe enthalten 2 % bis 10 % ölhaltiges Konzentrat und 90 % bis 98 % Wasser. Der Emulgator bestimmt besonders die Eigenschaften des Kühlschmierstoffes. Ansetzwasser soll möglichst weich und keimfrei sein.

Im Umgang mit wassermischbaren Kühlschmierstoffen ist zu beachten:

- Beim Ansatz muss stets Konzentrat in strömendes Wasser gegeben werden.
- Die Konzentration wird entsprechend der geplanten Bearbeitung eingestellt.
- Wassermischbare Kühlschmierstoffe werden am besten bei Raumtemperatur gelagert. Für Lagerung und Transport sind die Vorschriften zum Umgang mit wassergefährdenden Stoffen zu beachten.
- Kühlschmierstoffe müssen möglichst gut belüftet, kühl und frei von Verunreinigungen gehalten werden, damit sich Bakterien und Pilze nicht übermäßig vermehren.
- Vor dem Austausch von Kühlschmierstoffen ist die gesamte Anlage zu desinfizieren.
- Kühlschmierstoff darf nicht ins Grundwasser und ins Abwasser gelangen. Darum ist die Entsorgung von Spezialfirmen durchzuführen.

Wassermischbare Kühlschmierstoffe sind umweltschädlich und gesundheitsgefährdend. Darum müssen Richtinien zum Umgang mit diesen Kühlschmierstoffen streng beachtet werden.

7 Arbeitssicherheit und Unfallschutz

7.1 Unfallschutz durch Betriebsanweisungen

Um das Unfallrisiko beim Gebrauch von Geräten und Maschinen klein zu halten, fügt der Hersteller den Produkten stets eine Gebrauchsanleitung bei, in der der Benutzer zu einem sachgemäßen Gebrauch angeleitet wird. Bei der gewerblichen Nutzung technischer Anlagen verfasst der Betreiber für solche Anlagen eine Betriebsanweisung, in der auf spezielle Gefahren hingewiesen und Verhaltensvorschriften aufgestellt werden.

Beispiele **für Arbeitsbereiche an Maschinen und Montageplätzen**

Arbeit an einer Drehmaschine mit Futterschutz

Montagearbeiten an einem Großgetriebe

Die Maschinen sind heutzutage sicherheitstechnisch ausgereift und mit zwangsläufig wirkenden Einrichtungen, wie z. B. Schutzabdeckungen, Sichtfenstern, Lichtschranken u. Ä., ausgestattet. Das für den Menschen verbleibende Risiko soll durch Betriebsanweisungen weiter verringert werden.

Beispiel **für die Inhalte von Betriebsanweisungen (BA)**

Geltungsbereich:
Diese BA gilt für das Arbeiten (Bedienen), Einrichten sowie Beseitigen von Störungen an Fräsmaschinen. (Sie gilt nicht für das Freigeben der Maschinen!)

Gefahrenhinweise:
Beim Einrichten, Bedienen und bei der Behebung von Störungen besteht besondere Gefahr von Verletzungen durch scharfkantige Fräser und durch deren Drehbewegungen sowie durch elektrische, hydraulische und pneumatische Bauteile der Maschine und deren Zusatzeinrichtungen. Ferner besteht eine Gefährdung beim Handhaben und Transportieren von Werkzeugen und Spannelementen. Späne können Verletzungen hervorrufen. Der Hautkontakt mit Kühlschmierstoffen kann Hautkrankheiten verursachen. ...

Schutzmaßnahmen:
Der Probelauf eines neuen Programms ist mit verringerter Vorschubgeschwindigkeit oder im Einzelschrittmodus durchzuführen. Bei Störungen im Antriebsbereich ist der Not-Aus-Schalter zu betätigen. Zum Einsetzen der Werkzeuge sind Schutzhandschuhe zu tragen. Vor Beginn der Arbeiten ist eine Hautschutzcreme aufzutragen, nach Arbeitsende geeignete Reinigungslotion zu verwenden. ...

7.2 Schutzmaßnahmen beim Umgang mit Gefahrstoffen

Kühlschmierstoffe

Hautschäden im Zusammenhang mit Schmierstoffkontakt gehören zu den häufigsten Berufskrankheiten in der Metall verarbeitenden Branche. Neben dem Einatmen der entstehenden Dämpfe birgt der Hautkontakt mit Kühlschmierstoffen eine Reihe von Gefahren:

- Die Haut wird bei ständiger Berührung entfettet, verliert ihre Schutzschicht, wird rissig und anfällig gegenüber Krankheiten, z. B. Entzündungen, Akne und Ekzemen. Nicht selten treten diese Erkrankungen an Körperteilen auf, an denen ölverschmutzte Kleidung eng anliegt.
- Die in den Kühlschmierstoffen mitgeführten Fremdkörper wie kleine Metallspäne u. a. verursachen winzige Verletzungen, die ebenfalls zu Hautschäden führen können.

Den beschriebenen Gefahren kann mit einer Reihe von **Schutzmaßnahmen** begegnet werden:

- Kontakt mit Kühlschmierstoffen möglichst vermeiden.
- Vor der Arbeit eine schützende Hautcreme auftragen.
- Nach dem Kontakt mit Kühlschmierstoffen die Hände mit **geeigneten** Mitteln, z. B. Emulsionsreinigern, waschen. Auf keinen Fall die reinigende Wirkung der Kühlschmierstoffe selbst ausnutzen.
- Öldurchnässte Arbeitskleidung **sofort** wechseln und nicht auf der Haut trocknen lassen.
- Neben der Haut sind auch die Augen durch spritzenden Kühlschmierstoff gefährdet. Gelangt ein Spritzer ins Auge, so ist als erste Hilfe **sofort** mit dem Ausspülen zu beginnen. Anschließend ist **in jedem Fall** ein Augenarzt aufzusuchen.
- Vernebelte KSS nicht einatmen! Probleme ergeben sich bei Rauchern durch Berühren der Zigarette mit KSS-benebelten Händen.
- Vernebelte Konzentratanteile gelangen auch in Atemwege und Lunge.

Gefahrstoffe

Gefahrstoffe weisen für den Menschen gefährdende Eigenschaften auf, wie z. B. giftig, ätzend, reizend, Brand fördernd, entzündlich, explosionsgefährlich oder Krebs erzeugend. Für den Umgang mit Gefahrstoffen hat der Arbeitgeber eine Betriebsanleitung zu erstellen, in der die Gefahr für Mensch und Umwelt beschrieben sowie Schutzmaßnahmen, Verhaltensregeln und Entsorgungsmaßnahmen festgelegt sind. Gefährliche Arbeitsstoffe sind auf der Verpackung gekennzeichnet durch die Angaben:

- Stoffbezeichnung,
- Hinweis auf besondere Gefahren,
- Sicherheitsratschläge,
- Hersteller oder Lieferant,
- Warnzeichen,
- ggf. die Aufschrift „Kann Krebs erzeugen".

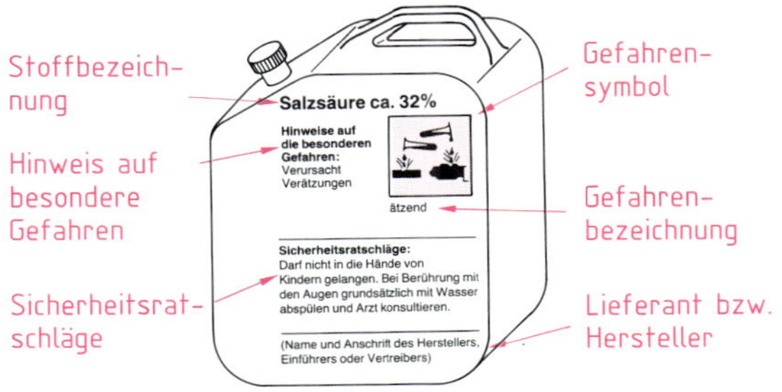

Kennzeichnung an Salzsäurebehältern

7.3 Maßnahmen bei Unfällen

Trotz Sicherheitseinrichtungen und sicherheitsbewusstem Verhalten kommt es zu Arbeitsunfällen. Damit in solchen Fällen zielgerichtet und schnell geholfen werden kann, ist es die Pflicht jedes Betriebsangehörigen, über die in seinem Betrieb vorhandenen Hilfs- und Meldeeinrichtungen informiert zu sein.

Sofortmaßnahmen nach einem Unfall:

- Maschinen und Geräte im unmittelbaren Gefahrenbereich abschalten.
- Verunglückte Personen aus dem Gefahrenbereich bergen.
- Verunglückte Personen sicher lagern.
- Hilfe herbeirufen.
- Verunglückten möglichst nicht allein lassen.
- Meldung des Unfalls nach betrieblichem Alarmplan.
- Soweit möglich erste Hilfe leisten.

Jeder Unfall ist sofort zu melden

8 Umweltschutz

- **Entsorgung von Schmier- und Kühlschmierstoffen**

Schmier- und Kühlschmierstoffe werden nach einer bestimmten Einsatzdauer unbrauchbar.
Da Öle und Emulsionen zu den wassergefährdenden Stoffen zählen, dürfen sie nicht in den Boden, in Gewässer oder eine übliche Kläranlage geleitet werden. Die Entsorgung unterliegt Verordnungen, die aufgrund des Bundesabfallgesetzes erlassen wurden. So dürfen z. B. nur Unternehmen mit entsprechenden Genehmigungen die Entsorgung von Sonderabfällen (z. B. Kühlschmierstoffe usw.) vornehmen.

Entsorgungspflichtig ist in jedem Fall der Erzeuger von Sonderabfällen.

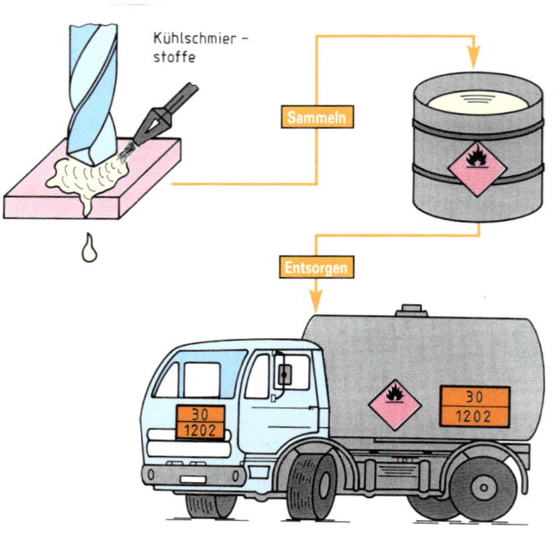

- **Umweltbelastungen**

Jedes Produkt und auch das damit verbundene Herstellungsverfahren stellt einen Eingriff in die Umwelt dar. Inwieweit diese Eingriffe von einer Gemeinschaft getragen werden können, entscheidet diese Gemeinschaft unter sich. Beurteilungskriterien für solche Entscheidungen unter den Gesichtspunkten der Umwelt- und der Sozialverträglichkeit kann die folgende Übersicht geben.

Umwelt-verträglichkeit	• **Luftverträglichkeit** (Schutz der Atmosphäre durch emissionsarme Produktion, Nutzung und Entsorgung) • **Wasserverträglichkeit** (Gewässerreinhaltung) • **Bodenverträglichkeit** (Bodenschutz) • **Pflanzenverträglichkeit** (Schutz der Artenvielfalt)
Ressourcenschonung[1]	• Schonung der **Energiereserven** (Öl, Erdgas, Kohle, Uran) • Schonung mineralischer **Rohstoffe** (Erze usw.) • Schonung der **Waldbestände** • Schonung der **Wasserreserven,** insbes. des Trinkwassers • Schonung der **Bodenflächen** (nur unbedingt nötiger Wohnungsbau, Straßenbau, Bahntrassenbau usw.) • Schonung des **Bodens** (z. B. kein Treibstoff aus Zuckerrohr, kein Mais für Schweinezucht)
Abfallvermeidung und Abfallverwertung	• Regenerierbarkeit • Wiederverwendbarkeit • Verpackungsaufwand
Gesundheits-verträglichkeit	• keine gesundheitlichen Gefährdungen und Belastungen für Menschen und Tiere durch **Schadstoff-Freiheit, Sicherheitstauglichkeit** und **Lärmarmut** der Produkte
Gebrauchs-tauglichkeit	• **Funktionstüchtigkeit** • **Verschleißarmut/Langlebigkeit** • **Bedienungs-** und **Reparaturfreundlichkeit** • **Gebrauchsintensität** (Wie intensiv kann bzw. muss das Produkt genutzt werden? Blockiert es die Nutzung anderer Produkte?) • **Fehlerfreundlichkeit** (Fähigkeit eines Produkts, Fehler, z. B. Material- und Bedienungsfehler, zu tolerieren)
Sozial-verträglichkeit	• Die Produkte sollen den Menschen und die Gesellschaft bereichern im Hinblick auf soziale Werte wie **Kommunikation, Kooperation, Qualifikation, Kreativität** • sie sollen den Besitzer nicht privilegieren, d. h. ihm keine **Prestige-** und **Machtvorteile** verschaffen (Kann das Produkt massenhaft verwendet werden?) • sie sollen nicht unter unzumutbaren **Arbeits-** und **Produktionsbedingungen** hergestellt worden sein (z. B. durch extreme Arbeitsteilung, Monotonie, Stress, psychische und physische Belastungen)

[1]) Ressource (franz.) = Hilfsmittel, Geldmittel

Funktionseinheiten technischer Systeme

1 Einteilung der Funktionseinheiten

Maschinen und Anlagen bestehen aus festen und beweglichen Elementen. Durch das Zusammenwirken der Elemente führen Maschinen vorbestimmte, regelmäßig wiederkehrende Bewegungen aus.
Es gibt Maschinen für die verschiedensten Aufgaben. In ihnen werden unabhängig von der Gesamtaufgabe gleiche Bauelemente für gleiche Einzelaufgaben verwendet. Darum sind diese Bauelemente zumeist in Abmessungen und Werkstoff genormt. Die Normung führt zur Vereinfachung von Konstruktion und Montage und ermöglicht das Austauschen.

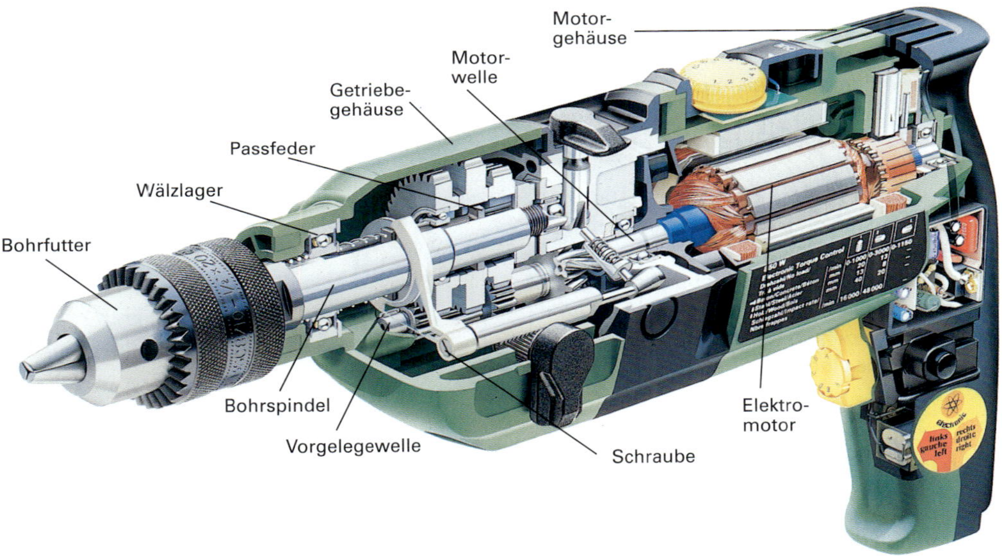

Bauelemente in einer elektrischen Bohrmaschine

Je nach der Aufgabe, die im Vordergrund steht, unterscheidet man verschiedene Gruppen von Funktionseinheiten.

Funktionseinheiten	Bauelemente	Funktion
zum Verbinden	**Schrauben-Muttern** **Passfedern** **Stifte** **Nieten**	verbinden Schraubelemente verbinden z. B. Zahnrad mit Bohrspindel verbinden und fixieren Führungsteile verbinden Blechteile
zum Tragen und Stützen	**Gehäuse** **Lager** **Führungen**	tragen Lager und nehmen feststehende Bauteile auf tragen Bohrspindel, Motorwelle tragen und führen Schlitten an Werkzeugmaschinen
zur Energieübertragung	**Wellen** **Kupplungen** **Riemen- und Kettentriebe** **Zahnräder**	übertragen Energie auf Zahnräder übertragen Energie zwischen Wellen übertragen Drehbewegungen indirekt von Welle zu Welle übertragen Drehbewegungen direkt von Welle zu Welle

2 Funktionseinheiten zum Verbinden

2.1 Gewindeverbindungen

2.1.1 Einsatz von Gewinden

Bei Schrauben und Spindeln nutzt man Gewinde zum Fügen.
Schrauben mit **Befestigungsgewinde** setzt man dann ein, wenn

- die Verbindung häufiger gelöst werden muss, z. B. zur Befestigung von Radfelgen.
- genaue Anpresskräfte gefordert werden, z. B. zum Aufpressen des Zylinderkopfes auf einen Motorblock.
- die Montage erleichtert werden soll, z. B. Verschrauben vorgefertigter Teile von Gittermasten.

Befestigungsgewinde sind meist Spitzgewinde.

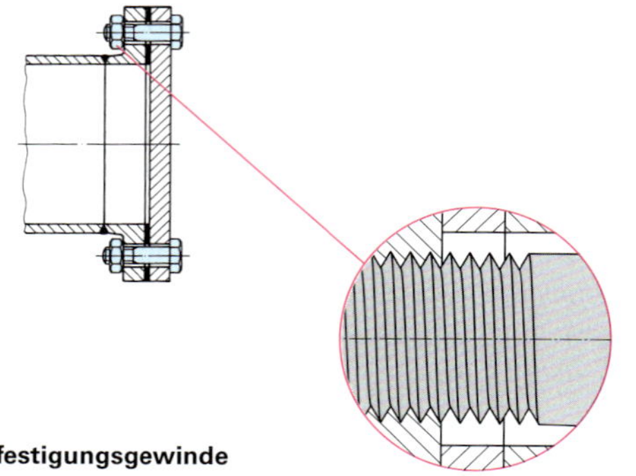

Befestigungsgewinde

Spindeln mit **Bewegungsgewinde** werden eingesetzt, wenn

- Längsbewegungen aus einer Drehbewegung erzeugt werden sollen, z. B. Leitspindel an der Drehmaschine.
- große Längskräfte aus einer Drehbewegung erzeugt werden müssen, z. B. Spindel am Schraubstock.

Bewegungsgewinde sind meist Trapezgewinde.

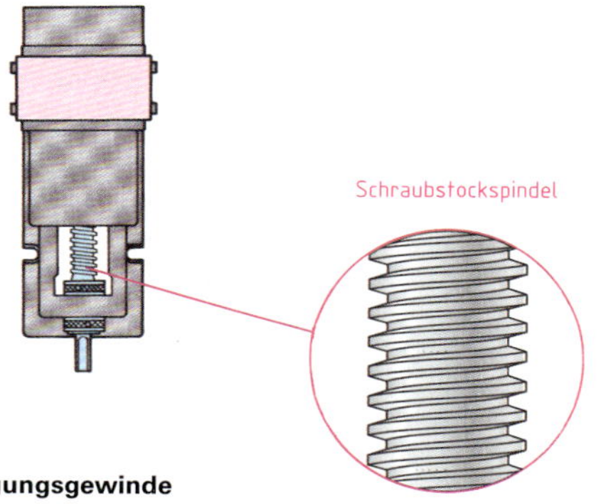

Bewegungsgewinde

2.1.2 Kraftverstärkung durch den Gewindegang

Befestigungsschrauben werden mit bestimmten Drehmomenten angezogen. Spindeln mit Bewegungsgewinde werden mit bestimmten Drehmomenten gedreht.
Aus dem wirksamen Drehmoment lässt sich die Umfangskraft am Flankendurchmesser des Gewindes errechnen:

$$F_u = \frac{M_d}{0{,}5 \cdot d_2}$$

F_u Umfangskraft in N
d_2 Flankendurchmesser in m
M_d Drehmoment in Nm

Um die weitere Untersuchung über die Kräfte in einer Schraubenverbindung zu vereinfachen, wird ein einzelner Gewindegang eines Flachgewindes abgewickelt.

Schrauben haben ein Gewinde, dessen Gänge sich mit der **Steigung *P*** um einen zylindrischen Kern winden. Wickelt man einen Gang am Flankendurchmesser d_2 ab, so ergibt sich ein rechtwinkliges Dreieck mit der Höhe P und der Länge $d_2 \cdot \pi$. Es hat den Steigerungswinkel φ (phi).

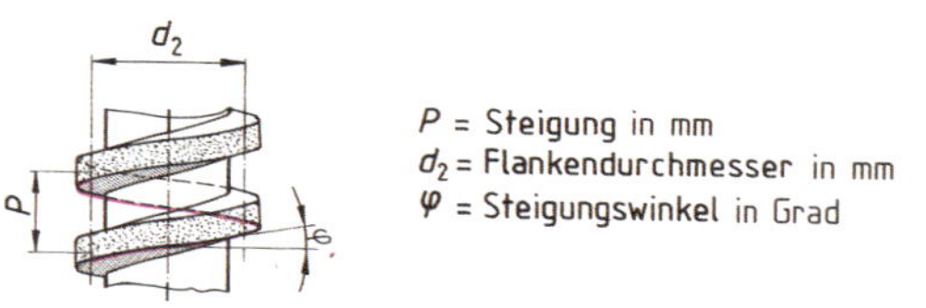

Gewindegang

Eine Schraubenverbindung kann in ihrer Wirkung auf die Bauelemente mit einer Keilverbindung verglichen werden. Dabei entspricht der Keil in seinen Maßen einem abgewickelten Gewindegang der Mutter.

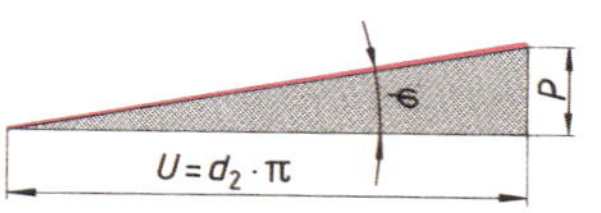

abgewickelter Gewindegang

Die Umfangskraft am Flankendurchmesser wird durch das Gewinde in eine große Kraft in Längsrichtung der Schraube umgesetzt.
Die Verhältnisse der Kräfte am Gewinde und an einem Keil mit gleichem Steigungswinkel sind gleich. Darum können Kräfte im Gewinde über die Kräftezerlegung am Keil einfach ermittelt werden.
Die **Spannkraft** ist dabei die Längskraft in der Schraube oder Spindel. Bei gleicher Umfangskraft sinkt die Spannkraft mit wachsendem Steigungswinkel.
Die Normalkraft, welche Reibung an den Gewindeflanken verursacht, ändert sich in gleicher Weise.

Beispiele **für Kräfte am Gewinde**

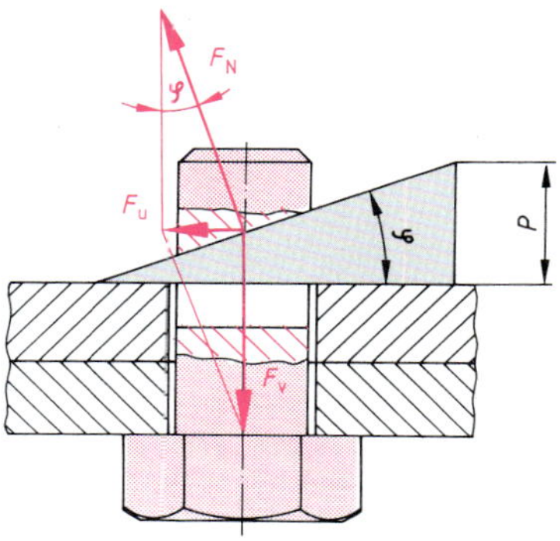

F_u Umfangskraft
F_N Normalkraft
F_v Spannkraft
φ Steigungswinkel
P Steigung

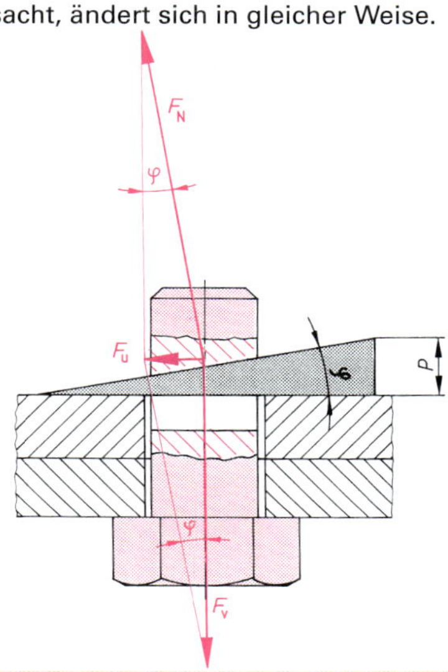

Die Spannkraft in einem Gewinde steigt bei wachsender Umfangskraft und kleinerem Steigungswinkel.

2.1.3 Selbsthemmung im Gewinde

Legt man das Keilmodell zugrunde, so erkennt man, dass bei einem großen Steigungswinkel der Keil nicht mehr festklemmt, sondern bei Nachlassen der Kraft F_u sich selbst löst, er ist nicht mehr selbsthemmend. Der gleiche Effekt tritt im Gewinde auf. Bei Stahlschraube und Stahlmutter liegt der Grenzwinkel bei etwa 6°. Für Befestigungsgewinde und Bewegungsgewinde in Spannzeugen usw. verwendet man deshalb Gewinde mit kleinem Steigungswinkel.
Für Bewegungsgewinde *ohne* Selbsthemmung, z. B. in Spindelpressen, werden große Steigungswinkel verwendet.

Selbsthemmung erfordert kleine Steigungswinkel.

2.1.4 Ein- und mehrgängige Gewinde

Es gibt ein- und mehrgängige Gewinde. Bei eingängigen Gewinden ist der Abstand von Gewindeflanke zu Gewindeflanke gleich der Steigung. Bei mehrgängigen Gewinden wird dieser Abstand Teilung genannt. Die Steigung entspricht einem Mehrfachen der Teilung.
Mehrgängige Gewinde werden dort verwendet, wo man bei geringen Drehbewegungen große Längsbewegungen verlangt. Spindeln von Pressen und Schnecken von Getrieben sind daher oft mit mehrgängigen Gewinden ausgerüstet.

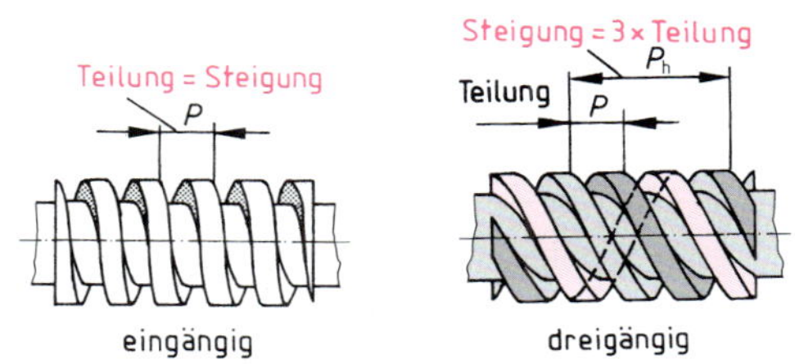

Gängigkeit bei Gewinden

Mehrgängige Gewinde werden bei großen Gewindesteigungen eingesetzt.

2.1.5 Rechts- und linksgängige Gewinde

Die Normalausführung bei Gewinden ist rechtsgängig. Rechtsgängig ist ein Gewinde dann, wenn der Einschraubvorgang im Uhrzeigersinn erfolgt. Die Einschraubrichtung bei Linksgewinden ist dem Uhrzeigersinn entgegengesetzt. Eine Mutter mit Linksgewinde hat entweder einer Rille am Umfang oder ein großes L auf einer der Auflageflächen.

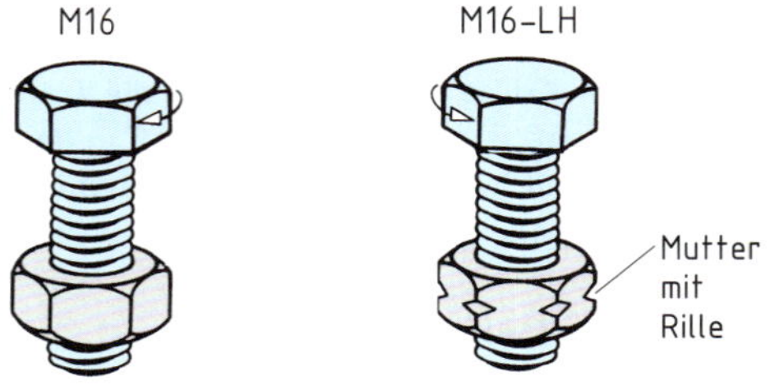

Rechtsgewinde **Linksgewinde**

Linksgewinde werden in der Normbezeichnung durch Anhängen der Buchstaben LH gekennzeichnet (LH kommt von **L**eft **H**and).

2.1.6 Ausführungsformen von Gewinden

2.1.6.1 Befestigungsgewinde

Als Befestigungsgewinde benutzt man vor allem Spitzgewinde.

Spitzgewinde lassen sich mit geringen Steigungswinkeln bei genügend großer Gewindetiefe herstellen. Geringe Steigungswinkel führen zu großen Normalkräften und zur Selbsthemmung.

Spitzgewinde haben große Flankenwinkel. An den stark geneigten Gewindeflanken tritt durch die Kraftzerlegung eine zusätzliche Verstärkung der Normalkraft auf. Dadurch wächst die Selbsthemmung.

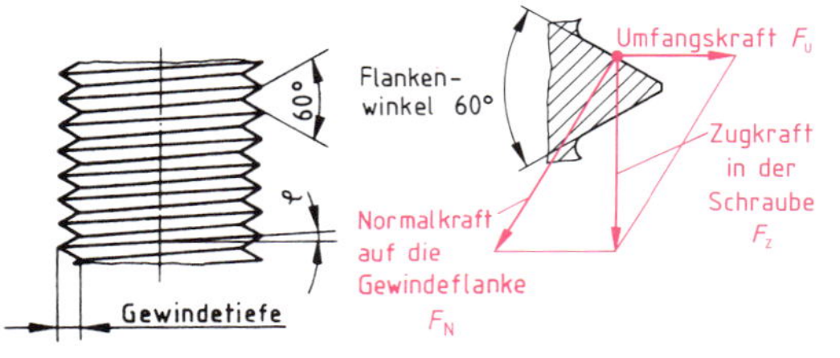

Spitzgewinde als Befestigungsgewinde

In Spitzgewinden treten wegen der kleinen Steigungswinkel und der großen Flankenwinkel große Reibungskräfte auf; Spitzgewinde sind daher als Befestigungsgewinde besonders geeignet.

Gewindeprofil	Benennung des Gewindes	Beispiel für Maßangabe	Verwendung
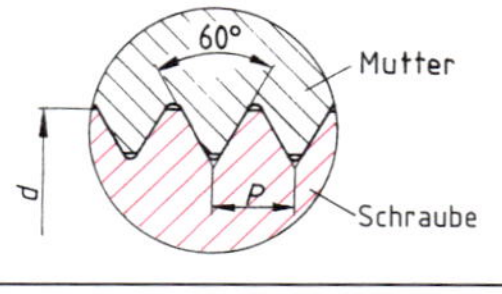	**Metrisches ISO-Regelgewinde** (ÖNORM ISO 965)	**M 30** M – Zeichen für metrisches Gewinde 30 – Gewindenenndurchmesser „*d*" in mm	**Befestigungsgewinde** für Schrauben und andere Bauteile
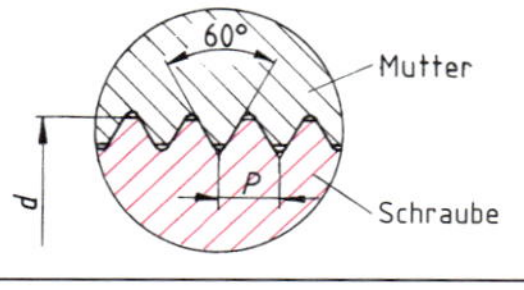	**Metrisches ISO-Feingewinde** (ÖNORM ISO 965)	**M 30 × 1,5** M – Zeichen für metrisches Gewinde 30 – Gewindenenndurchmesser „*d*" in mm 1,5 – Steigung „*P*" in mm	**Befestigungsgewinde** bei kurzen Einschraublängen, großen Nenndurchmessern, dünnwandigen Bauteilen. Stellgewinde bei Messschrauben
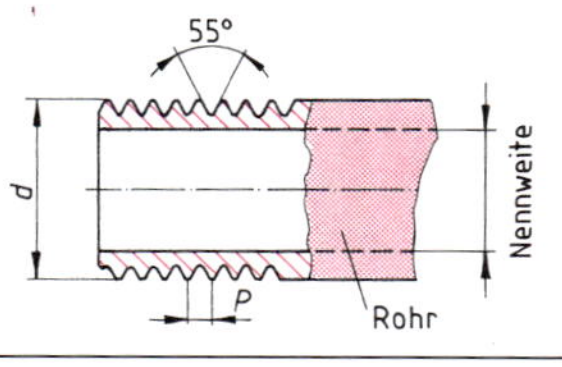	**Rohrgewinde** (ÖNORM EN ISO 228)	**G 3/4** G – Zeichen für zylindrisches Rohrgewinde 3/4 – Bezeichnung der Gewindegröße entspricht der Nennweite des benutzten Rohres in Zoll	**Befestigungsgewinde** für Rohre und Fittings im Installationsbau, **nicht dichtend**

Weitere Daten und Maße zu Befestigungsgewinden sind einem Tabellenbuch zu entnehmen.

2.1.6.2 Bewegungsgewinde

Für Befestigungs- und Bewegungsgewinde sind unterschiedliche Gewindeprofile gebräuchlich. Übliche Gewindeprofile für Bewegungsgewinde sind das Trapezgewinde, das Sägengewinde und das Rundgewinde.

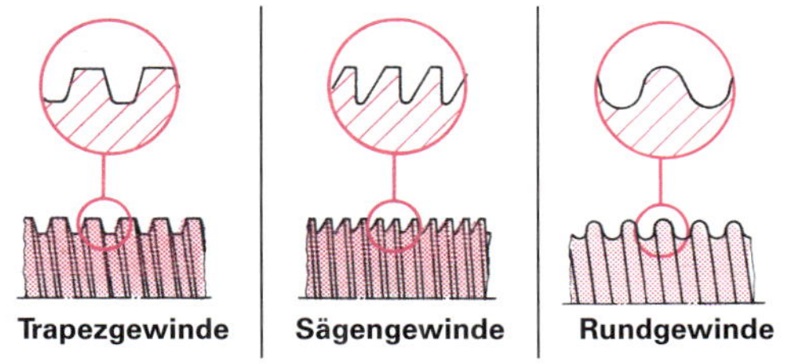

Bewegungsgewinde sollen möglichst geringe Reibung aufweisen. Darum muss die Normalkraft F_N, die wesentlich die Reibungskraft an den Gewindeflanken bestimmt, klein sein. Am günstigsten wären Flachgewinde, bei denen die Normalkraft gleich der Last F_Z auf der Gewindeflanke ist. Flachgewinde sind jedoch schwer zu fertigen. Darum verwendet man für Bewegungen, die nur in eine Richtung unter Last erfolgen, Sägengewinde mit einem Winkel von 3° und für Bewegungen in beide Richtungen Trapezgewinde mit einem Winkel von 15°.

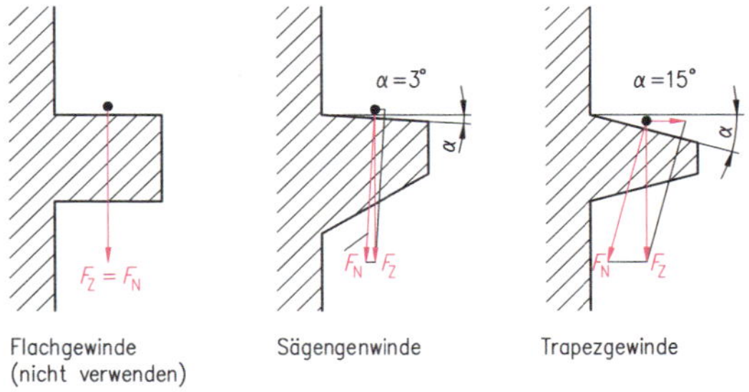

Normalkraft F_N bei Bewegungsgewinden

Es gibt selbsthemmende und nicht selbsthemmende Bewegungsgewinde. Um die Selbsthemmung bei Bewegungsgewinden aufzuheben, sind großer Steigungswinkel, kleiner Flankenwinkel, Verminderung der Reibung, geringe Oberflächenrauheit der Auflagefläche usw. erforderlich. Nicht selbsthemmende Bewegungsgewinde erfordern in Ruhestellung eine Lagepositionierung.

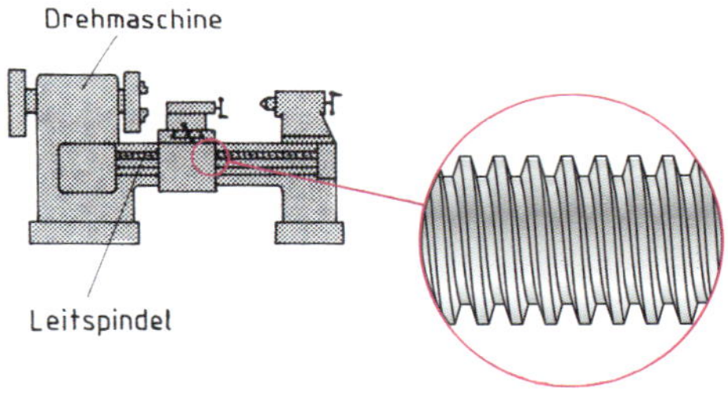

Bewegungsgewinde

Bewegungsgewinde haben geringe Flankenwinkel, damit die Reibung im Gewinde möglichst gering ist. Aus fertigungstechnischen Gründen wählt man für den Gewindequerschnitt Trapez- oder Sägeform.

Gewindeprofil	Benennung des Gewindes	Beispiel für Maßangabe	Verwendung
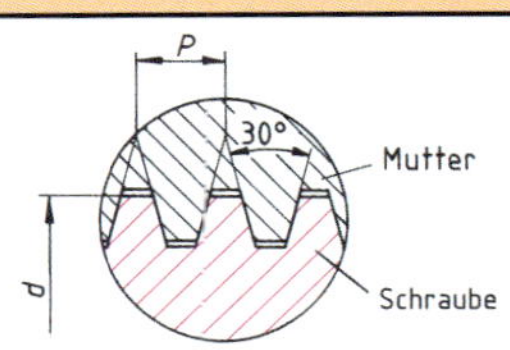	**Metrisches ISO-Trapezgewinde** (ÖNORM ISO 2902)	**Tr 32 × 6** Tr – Zeichen für Trapezgewinde 32 – Gewindenenndurchmesser „*d*" in mm 6 – Steigung „*P*" in mm	**Bewegungsgewinde** bei Spindeln für beidseitige Kraftübertragung
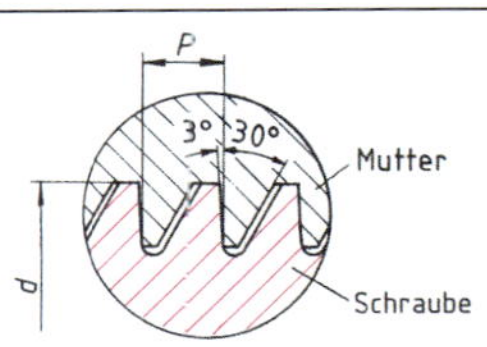	**Sägengewinde** (DIN 513)	**S 30 × 6** S – Zeichen für Sägengewinde 30 – Gewindenenndurchmesser „*d*" in mm 6 – Steigung „*P*" in mm	**Bewegungsgewinde** für einseitig axiale Übertragung großer Kräfte, z. B. bei Spindelpressen und Spannzangen
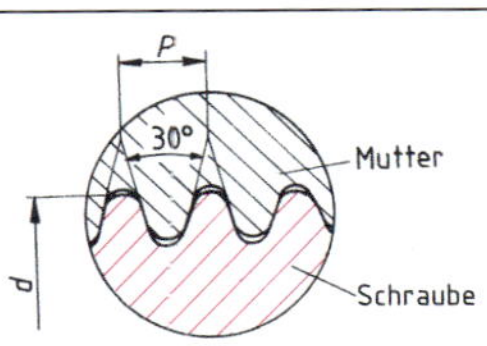	**Rundgewinde** (ÖNORM M 1550)	**Rd 30 × 1/8** Rd – Zeichen für Rundgewinde 30 – Gewindenenndurchmesser „*d*" in mm 1/8 – Steigung „*P*" in Zoll; entspricht 8 Gewindegängen je ein Zoll Schraubenlänge	**Bewegungsgewinde** bei Verbindungen, die starken Verschmutzungen unterliegen, z. B. Waggonverbindungen, Kupplungen; Spindeln für Ventile; in seltenen Fällen auch als Befestigungsgewinde

Normangaben über Eigenschaften der Bewegungsgewinde (ÖNORM ISO 965)

Zusätzliche Eigenschaft	Zusätzliche Angabe hinter der Maßangabe	Beispiel für Maßangabe	Hinweise
Gewindetoleranzen der nach Norm festgelegten Güteklasse	f = fein m = mittel c = grob	Tr 32 x 6f	
Mehrgängige Gewinde	hinter dem Kurzzeichen und dem Gewindedurchmesser folgt die Steigung und die Teilung	Tr 60 x Ph 14 P7 Tr 60 x Ph 14 P7-8e Tr 32 x Ph 9 P3-LH	Die Teilung wird mit dem Buchstaben P hinter die Steigung P_h gesetzt. $\text{Gangzahl} = \frac{\text{Steigung}}{\text{Teilung}} = \frac{P_h}{P}$

Weitere Daten und Maße zu Bewegungsgewinden sind einem Tabellenbuch zu entnehmen.

2.1.7 Kräfte in Schraubenverbindungen

Schrauben ist ein Fügeverfahren, bei dem die Bauelemente stark gegeneinander gepresst werden. Dadurch wirken zwischen den Bauelementen große Reibungskräfte, es entsteht eine kraftschlüssige Verbindung.

In Schraubenverbindungen erreicht man die zum Kraftschluss erforderlichen großen Kräfte:

- durch die Hebelübersetzung der Handkraft an einem Schraubenschlüssel und
- durch die Kraftverstärkung im Gewindegang.

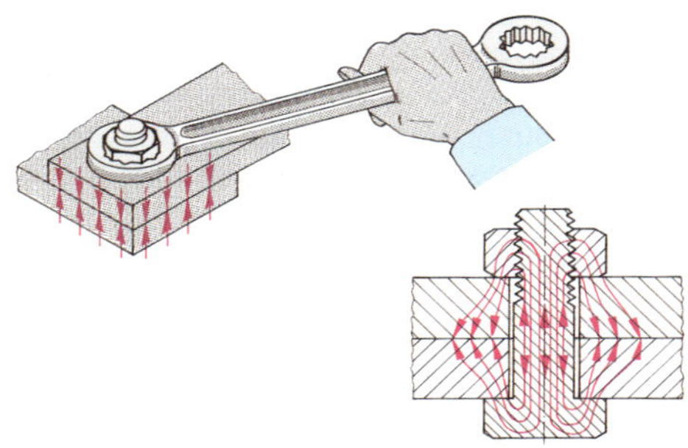

Kraftschluss in Schraubenverbindung

2.1.7.1 Schraubenfestigkeit

Die Festigkeitsklassen für Schrauben und Muttern aus Stahl sind **nach ÖNORM EN ISO 898** genormt. Die Schrauben sind am Kopf meist durch zwei Zahlen, z. B. 12.9, gekennzeichnet, die durch einen Punkt getrennt sind. Diese Zahlenangabe wird Festigkeitskennzahl genannt. Aus dieser lassen sich Festigkeitskennwerte des Werkstoffs ermitteln.

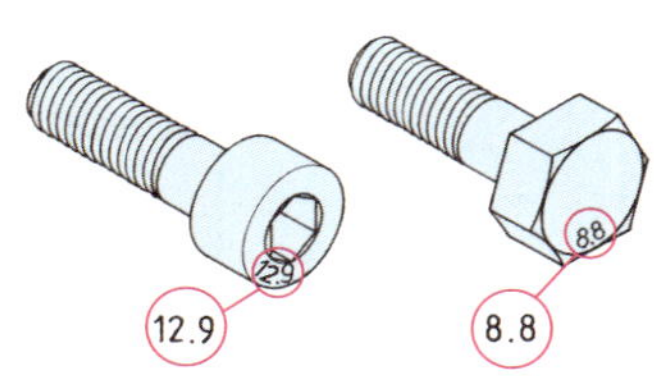

Festigkeitskennzahl bei Schrauben

Die erste Zahl ist die Kennzahl für die Zugfestigkeit R_m des Werkstoffes der Schraube. Zur Ermittlung der Zugfestigkeit wird die erste Zahl mit 100 multipliziert. Man erhält die Zugfestigkeit in N/mm². Die erste Zahl mit dem 10-fachen der zweiten Zahl multipliziert, ergibt die Streckgrenze R_{eH} in N/mm².

Festigkeitskennzahlen bei Schrauben:

3.6	4.6	4.8	5.6	5.8	6.6	6.8	6.9	8.8	10.9	12.9	14.9

2.1.7.2 Mutternfestigkeit

Auch Muttern werden meist mit einer Festigkeitskennzahl versehen. Zulässig sind auch Markierungen durch Striche, die bestimmten Festigkeitskennzahlen zuzuordnen sind. Beim Fügen sollen Schrauben und Muttern die gleiche Festigkeitskennzahl aufweisen.

Festigkeitskennzahlen bei Muttern

Festigkeitskennzahl	**6**	**8**	**10**	**12**	**14**
bevorzugte Markierung	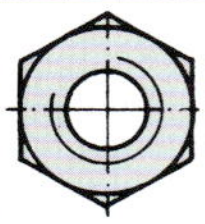	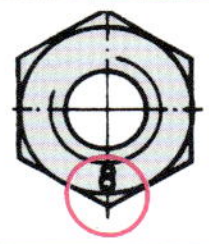	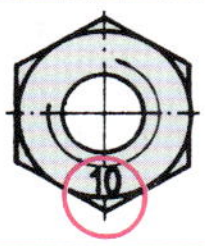	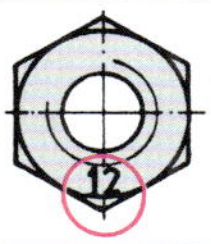	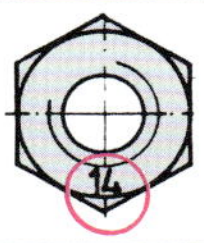

Beispiel **für die Ermittlung der Festigkeitskennwerte aus der Festigkeitskennzahl**

Aufgabe:
Es sind Zugfestigkeit R_m und Streckgrenze R_{eH} einer Schraube mit der Kennzeichnung 12.9 zu ermitteln.

Lösung: Zugfestigkeit: $R_m = 12 \cdot 100 \frac{N}{mm^2} = \mathbf{1200 \frac{N}{mm^2}}$

Streckgrenze: $R_{eH} = 12 \cdot 9 \cdot 10 \frac{N}{mm^2} = \mathbf{1080 \frac{N}{mm^2}}$

Die Zugfestigkeit R_m in $\frac{N}{mm^2}$ des Schrauben- und Mutternwerkstoffes wird errechnet aus der Multiplikation der Festigkeitskennzahl mit 100.

2.1.8 Sicherungen von Schraubenverbindungen

Schwingungen, Temperaturschwankungen und Lastwechsel können ein selbsttätiges Lösen von Schraubenverbindungen bewirken. Deswegen werden in solchen Fällen Schraubensicherungen verwendet. Man kann Schraubensicherungen nach Kraftschluss, Formschluss und Stoffschluss unterscheiden:

Kraftschlüssige Schraubensicherungen				
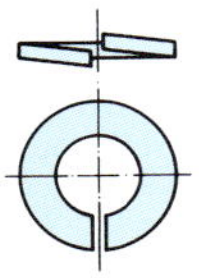 **Federring Form B**	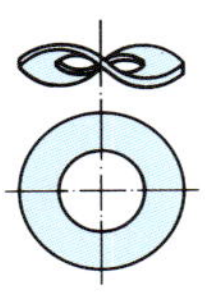 **Federscheibe**	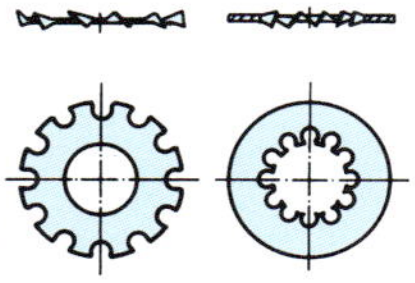 **Zahnscheibe**	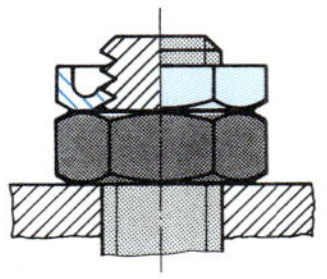 **Sicherungsmutter**	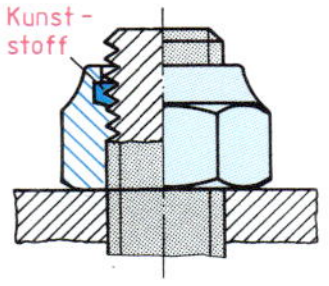 **selbstsichernde Mutter**

Formschlüssige Schraubensicherungen		
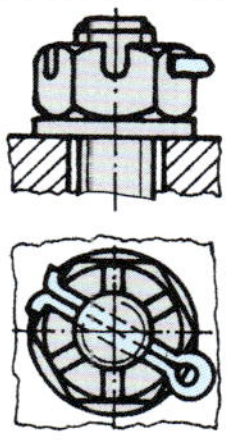 **Kronenmutter mit Splint**	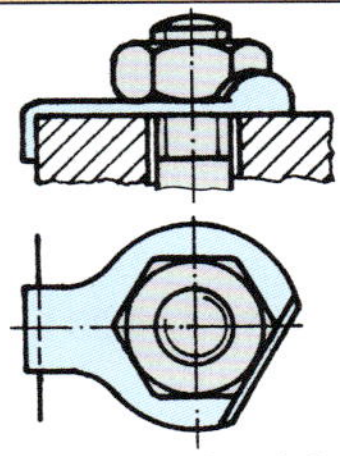 **Sicherungsblech mit Lappen**	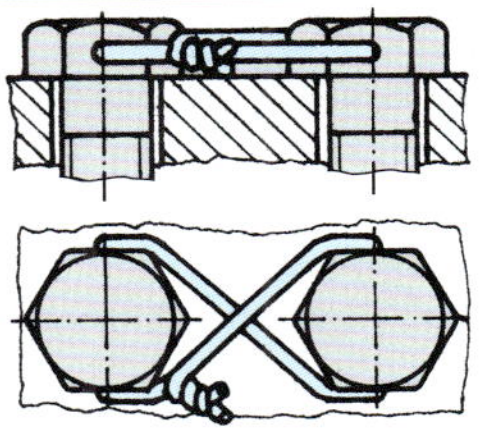 **Drahtsicherung**

Schraubenverbindungen sollen durch richtiges Anziehen der Schraube gegen Lösen gesichert sein. Schraubensicherungen gewähren einen zusätzlichen Schutz.

2.1.9 Berechnung des Drehmomentes zum Anziehen von Schrauben

Die Funktionsfähigkeit einer Schraubenverbindung ist häufig abhängig von der Kraft, mit der die Schraube beim Anziehen vorgespannt wird. So müssen z. B. die Schrauben des Deckels eines Druckbehälters so angezogen werden, dass sie auch bei Betrieb des Behälters die Dichtungen noch andrücken.

Man erreicht die notwendige Vorspannkraft in der Schraube dadurch, dass man die Drehwirkung beim Anziehen genau beschreibt. Die Drehwirkung drückt man durch das **Drehmoment** aus. Das Drehmoment M_d beim Anziehen der Schraube ist das Produkt aus der Handkraft F_H und dem Hebelarm l des Schraubenschlüssels.

$$M_d = F_H \cdot l$$

Zum genauen Einhalten des vorgeschriebenen Drehmomentes einer Schraube verwendet man **Drehmomentschlüssel.**

Drehmoment beim Anziehen einer Schraube

Durch das Drehmoment beim Anziehen der Schraube wird in der Schraube eine Vorspannkraft F_v bewirkt. Da die Spannkraft auch von der Steigung P des Gewindes und dem Wirkungsgrad der Schraubenverbindung abhängig ist, ergibt sich folgende Formel zur Bestimmung des aufzubringenden Drehmomentes:

Zugeführte Arbeit mit Berücksichtigung von Reibungsverlusten	=	Umgesetzte Arbeit im Gewindegang
$F_H \cdot l \cdot 2 \cdot \pi \cdot \eta$	=	$F_V \cdot P$

daraus folgt:

$$M_d = \frac{F_V \cdot P}{2 \cdot \pi \cdot \eta}$$

F_H = Handkraft in N
l = Hebelarm (wirksame Schlüssellänge) in m
M_d = Drehmoment in Nm
F_V = Vorspannkraft in N
P = Steigung des Gewindes in m
η = Wirkungsgrad (bei metrischem Spitzgewinde $\eta = 0{,}13$)

Beispiel **für die Berechnung von Drehmoment M_d und Handkraft F_H**

Aufgabe
Mit der dargestellten Schraubwinde soll ein Werkstück mit der Gewichtskraft von 28 kN angehoben werden. Der Hebel ist 500 mm lang, die Spindel hat ein Trapezgewinde Tr 52 × 8. Der Wirkungsgrad beträgt 0,35. Zu berechnen ist das aufzubringende Drehmoment M_d und die Handkraft F_H.

Gegeben: $F_G = 28$ kN; $l = 500$ mm; $P = 8$ mm; $\eta = 0{,}35$
Gesucht: F_v; M_d; F_H

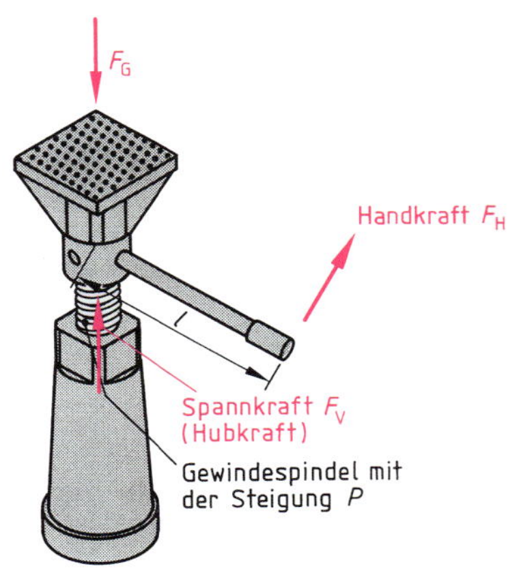

Lösung
Die Gewichtskraft F_G ist gleich der Spannkraft $F_v = 28$ kN.

$M_d = \frac{F_v \cdot P}{2 \cdot \pi \cdot \eta}$ $\quad M_d = \frac{28\,000 \text{ N} \cdot 0{,}008 \text{ m}}{2 \cdot \pi \cdot 0{,}35}$ $\quad M_d =$ **102 Nm**

$F_H = \frac{M_d}{l}$ $\quad F_H = \frac{102 \text{ Nm}}{0{,}5 \text{ m}}$ $\quad F_H =$ **204 N**

2.2 Stift-, Bolzen- und Nietverbindungen

2.2.1 Stifte

Stifte dienen zum lösbaren Fügen von Bauelementen. Durch Stifte werden Kräfte vor allem durch Formschluss übertragen.

2.2.1.1 Verwendung von Stiften

Nach der jeweiligen *Verwendung* werden Passstifte, Befestigungsstifte, Sicherungsstifte und Abscherstifte unterschieden.

Passstifte

Werden Stifte vor allem zur Lagesicherung von Teilen eingesetzt, so bezeichnet man diese als Passstifte. Durch Passstifte lässt sich die Montage von Bauelementen erleichtern und die genaue Lage von zusammengeschraubten Teilen sichern.

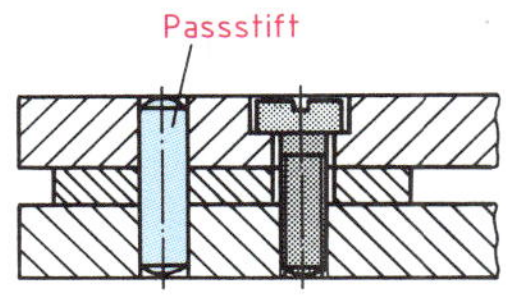

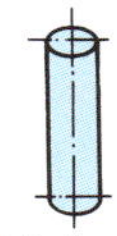

Zylinderstift

Lagesicherung von Bauteilen durch Passstifte

Befestigungsstifte

Dienen Stifte in einer Verbindung von Bauelementen vor allem zur Befestigung, so bezeichnet man die benutzten Stifte als Befestigungsstifte. Mit Befestigungsstiften lassen sich auf einfache Art bewegliche und feste Verbindungen herstellen.

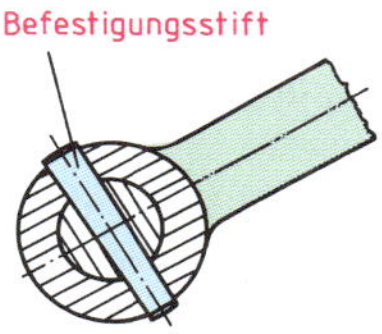

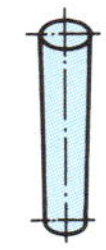

Kegelstift

Befestigen von Bauteilen

Sicherungsstifte

Sollen Stifte das selbstständige Lösen gefügter Bauelemente verhindern, so dienen sie zur Sicherung. Sicherungsstifte können gleichzeitig die Aufgabe von Befestigungs- oder Passstiften übernehmen.

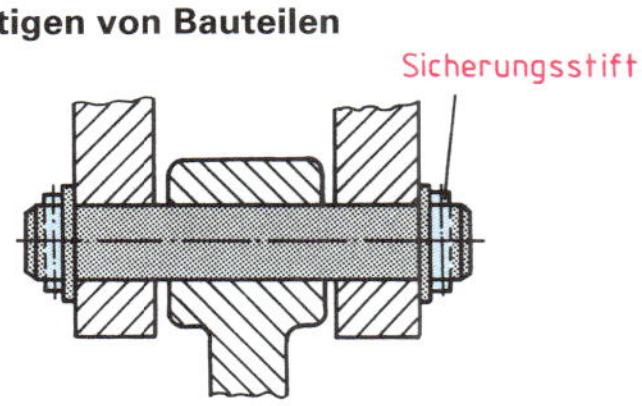

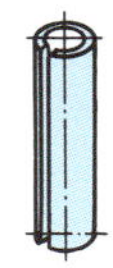

Spannstift

Sichern einer Bolzenverbindung

Abscherstifte

Soll an einer Maschine ein bestimmter Bereich vor Überlastung geschützt werden, so kann man zwischen der treibenden Spindel und dem angetriebenen Bauelement, z. B. Zahnrad auf einer Welle, einen Stift einbauen, der die Kräfte weiterleitet und bei Überbelastung abschert. Der Abscherstift wird nach der Beseitigung der Störung durch einen neuen ersetzt.

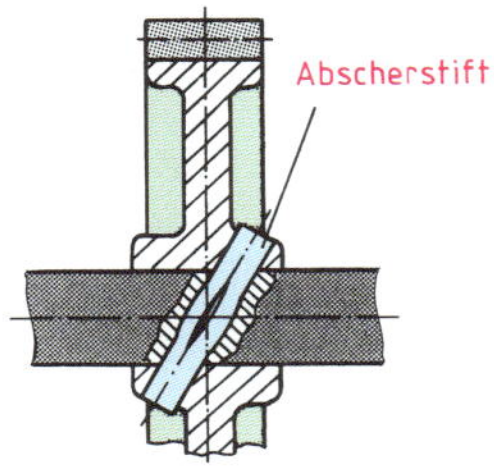

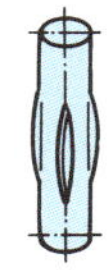

Kerbstift

Überlastsicherung durch Abscherstift

2.2.1.2 Stiftformen

Je nach *Form* der Stifte unterscheidet man: Zylinderstifte, Kegelstifte, Kerbstifte und Spannstifte.

Zylinderstifte

Ungehärtete Zylinderstifte nach ÖNORM EN ISO 2338 werden im Durchmesserbereich von 0,6 bis 50 mm mit den Toleranzen m6 und h8 angeboten. Die Norm erlaubt unterschiedliche Ausführungen der Stiftenden und weitere Toleranzen. So sind z. B. abgerundete Fasen und Einsenkungen nach Abbildung möglich. Die Oberflächengüte ist von der Toleranz abhängig, sie beträgt bei m6 $R_a \leq 0{,}8$ µm, bei h8 $R_a \leq 1{,}6$ µm.

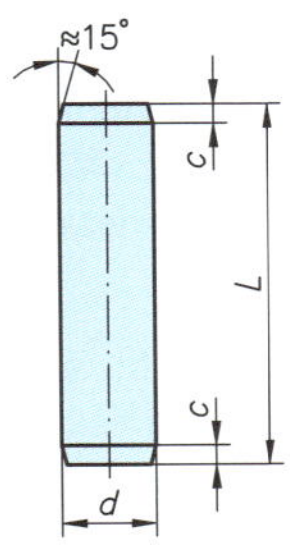

Zylinderstifte (ungehärtet)

Beispiel für Abmessungen

d	3	8
c	0,5	1,6
l	8 – 30	12 – 80

Kerbstifte

Kerbstifte tragen im Gegensatz zu den Zylinder- oder Kegelstiften auf ihrem Umfang in Längsrichtung drei Kerben mit wulstartigen Rändern. Beim Einschlagen des Kerbstiftes in die Bohrung sitzt der Stift aufgrund der Verformung sehr fest.

Bohrungen für Kerbstifte brauchen nur mit dem Spiralbohrer hergestellt zu werden.

Kerbstifte werden als Befestigungs- und Sicherungsstifte verwendet. Auch als Lager- oder Gelenkbolzen können sie eingesetzt werden.

Kerbstifte sollen nur einmal verwendet werden.

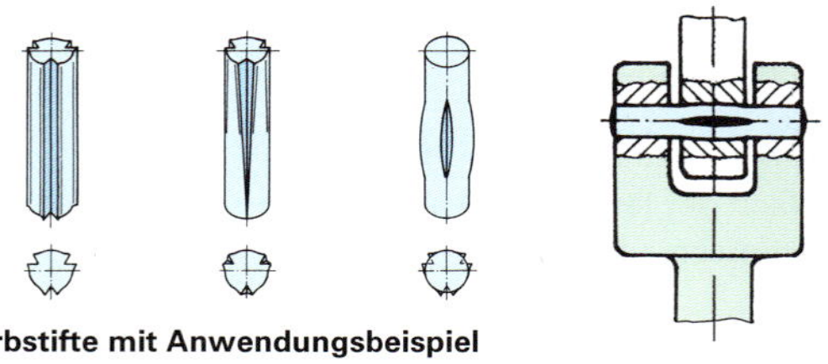

Kerbstifte mit Anwendungsbeispiel

Spannstifte

Spannstifte sind in Längsrichtung offene Hülsen aus Federstahl. Sie haben gegenüber dem Nenndurchmesser je nach Größe ein Übermaß von 0,2 mm bis 0,5 mm. Ein kegeliges Ende an den Spannstiften erleichtert ihr Eintreiben in Bohrungen. Die Bohrungen werden nicht gerieben, weil die Spannung der zusammengedrückten Stifte die erforderliche Anpressung gewährleistet.

Spannstifte dienen wie die Kerbstifte als Befestigungs- und Sicherungselemente. Müssen in Schraubenverbindungen Scherkräfte aufgenommen werden, so kann man Spannstifte als Schraubenhülsen einsetzen.

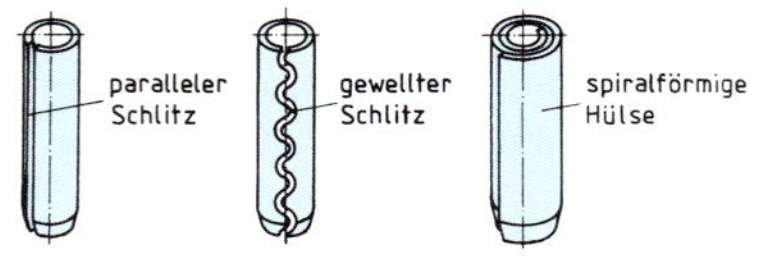

Ausführungsformen von Spannstiften

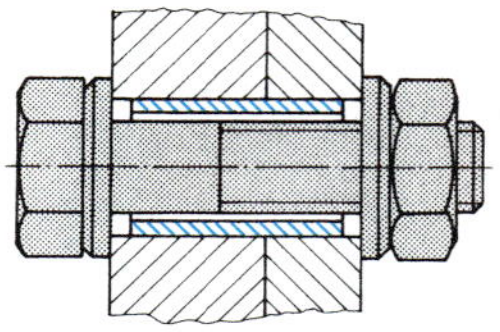

Spannstift als Schraubenhülse

Verbindungen mit Spannstiften sind preiswert. Spannstifte lassen sich ohne Beschädigung wieder austreiben und erneut verwenden.

Kegelstifte

Kegelstifte haben eine Kegelverjüngung von 1 : 50, das heißt, der Durchmesser nimmt bei einer Kegellänge von 50 mm um 1 mm ab. Neben einfachen Kegelstiften gibt es Stifte mit Innen- oder Außengewinden. Dadurch lassen sich die Stifte wieder aus der konischen Bohrung herausziehen.

Der Vorteil dieser Verbindungsart liegt darin, dass auch nach häufigerem Lösen die Bauteile wieder fest und genau in ihre ursprüngliche Lage gebracht werden können. Kegelstifte dienen als Befestigungs- und Sicherungsstifte und übertragen durch Form- und Kraftschluss.

2.2.2 Bolzen

Bolzen unterscheiden sich der Form nach in Bolzen mit oder ohne Kopf und mit oder ohne Splintbohrungen und Bolzen mit Gewindezapfen. Sie haben meist das Toleranzfeld h11. Bolzen müssen durch Sicherungselemente gegen Verschieben gesichert werden. Der Werkstoff richtet sich nach dem Verwendungszweck und ist meist Automatenstahl oder Vergütungsstahl.

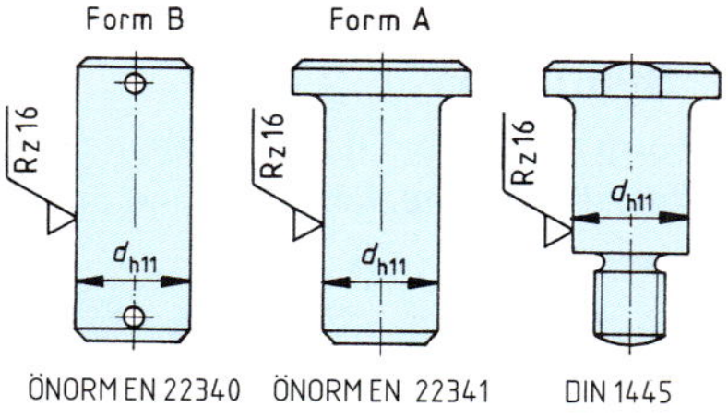

Genormte Bolzenformen

Bolzen wirken wie kurze Achsen und werden für feste und lose Verbindungen, für Führungen und Lagerungen, für Gelenkbolzen und zur Aufnahme von Maschinenteilen verwendet. Besteht die Gefahr, dass Bolzen und anliegendes Bauteil bei Bewegung verreiben, wird eine Lagerbuchse eingebaut. Dabei muss beachtet werden, dass sich die Bauteile nur im Bereich der Lagerung bewegen dürfen. Bolzen werden vorwiegend auf Scheren beansprucht.

2.2.3 Niete

Durch Nieten können Bauelemente aus gleichen oder unterschiedlichen Werkstoffen verbunden werden. Die Nietverbindung ist im Bereich Stahlbau, Kesselbau und Schiffsbau weitgehend durch die Schweißtechnik verdrängt worden und wird dort nur noch zu Reparaturarbeiten an vorhandenen Konstruktionen eingesetzt.

Nieten wird aber eingesetzt, wenn

- die zu verarbeitenden Werkstoffe kein Einbringen von Schweißwärme ohne Gefügeänderung zulassen, z. B. bei der Verbindung ausgehärteter Aluminiumlegierungen,
- unterschiedliche Werkstoffe, die hoher Wärmebelastung ausgesetzt sind, verbunden werden müssen, z. B. bei der Befestigung von Kupplungsbelägen.

2.2.3.1 Nietverbindungen

Zum Nieten wird der Rohniet mit dem zylindrischen Schaft in die Bohrung der zu fügenden Bauelemente gesteckt. Der bereits angestauchte Kopf wird **Setzkopf** genannt und muss an der Oberfläche eines Bauelementes anliegen. Das herausragende Ende des Schaftes wird gestaucht und umgeformt und bildet den **Schließkopf**.

Beispiele **für die Herstellung einer Nietverbindung**

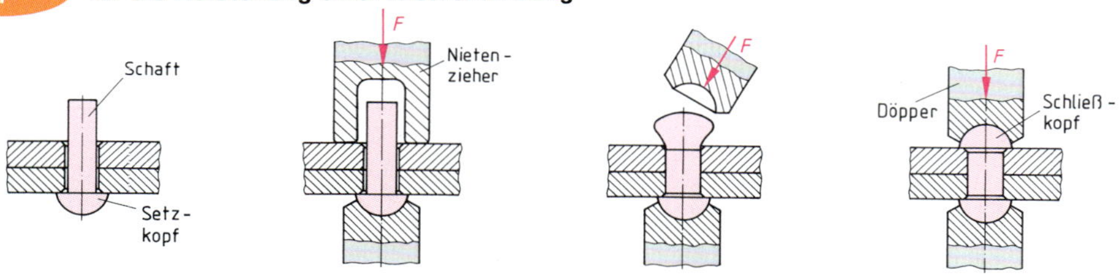

Durchstecken des Niets | **Einziehen des Niets** | **Anstauchen des Kopfes** | **Formen des Kopfes**

Je nach Temperatur, bei der genietet wird, unterscheidet man Kaltnietung und Warmnietung.

- **Kaltnietung**

Stahlniete bis zu einem Durchmesser von 10 mm sowie Niete aus Kupfer, Aluminium und entsprechenden Legierungen werden kalt genietet.
Durch das Kaltnieten entsteht nur ein geringer Kraftschluss. Die in der Verbindung auftretenden Kräfte überträgt vor allem der Nietschaft durch Formschluss. Kalt geschlagene Niete werden daher hauptsächlich auf Scherung beansprucht.

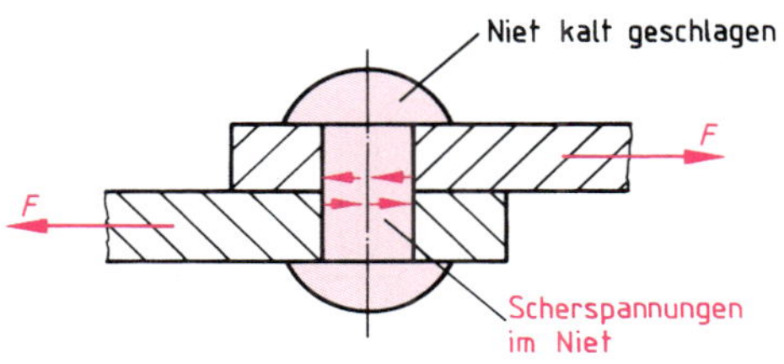

Formschluss durch Kaltnietung

Kalt geschlagene Niete werden hauptsächlich auf Scherung beansprucht.

- **Warmnietung**

Stahlniete mit mehr als 10 mm Durchmesser, Niete im Stahlbau und Niete im Kesselbau werden warm genietet. Die Niete werden bei Hellrotglut bis Weißglut geschlagen oder gepresst. Beim Abkühlen schrumpfen die Niete zusammen. Die Bauelemente werden aufeinander gepresst, so dass ein hoher Kraftschluss entsteht. Warm geschlagene Niete werden in der Verbindung fast nur auf Zug und kaum auf Scherung beansprucht.

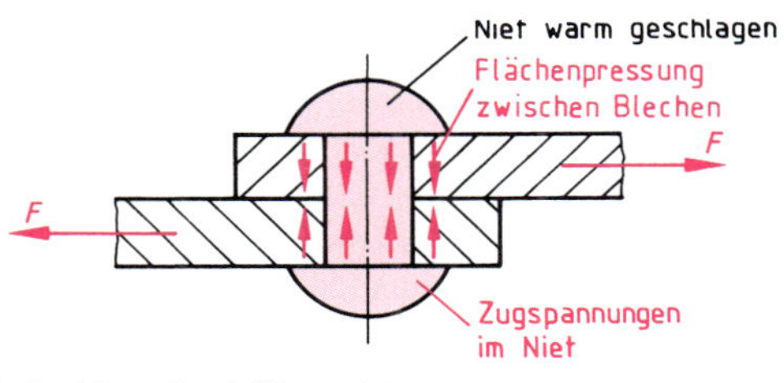

Kraftschluss durch Warmnietung

Warmniete werden hauptsächlich auf Zug beansprucht.

- **Unterscheidung von Nietverbindungen nach der Zielsetzung**

Die zu fügenden Bauelemente werden durch Niete unlösbar verbunden. Mit dieser Fügetechnik können unterschiedliche Ziele erreicht werden:

- **Lose Nietverbindungen**
  Die verbundenen Teile sind gegeneinander *beweglich,* z. B. Schenkel von Handscheren, Zangen.
- **Feste Nietverbindungen**
  Die verbundenen Teile sind gegeneinander nicht *beweglich,* z. B. Einzelteile einer geschmiedeten Tür, Winkelprofil auf einem Knotenblech.
- **Dichte Nietverbindungen**
  Die verbundenen Teile müssen *dicht* sein, z. B. Bleche im Behälterbau. Dichte Nietverbindungen werden meist warm genietet.

2.2.3.2 Nietformen und Nietwerkstoffe

- **Nietformen**

Niete unterscheiden sich vor allem durch die Form des Setzkopfes und die Ausführungsform des Schaftes. Bis auf einige Sonderformen sind Niete genormt.

Nietformen mit Anwendung

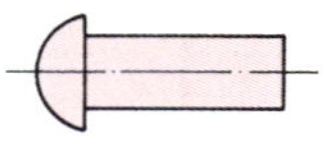	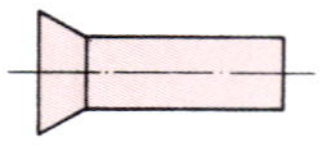	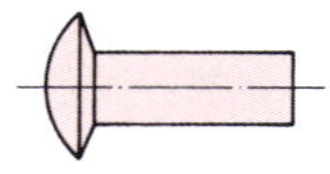	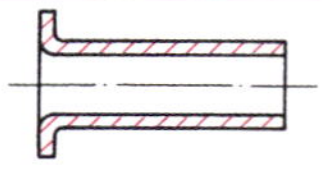
Halbrundniet Stahlbau Kesselbau	**Senkniet** glatte Flächen im Stahl- und Kesselbau	**Linsenniet** Stahlbau	**Rohrniet** Vernietung von Metall mit Kunststoff in Elektroindustrie

Blindniete

Zum Verbinden von dünnwandigen Werkstücken bei nur einseitig zugänglichen Nietstellen im Stahlbau, Maschinenbau, Karosseriebau und Flugzeugbau werden Blindnieten verwendet.

Beispiele **für Blindniete**

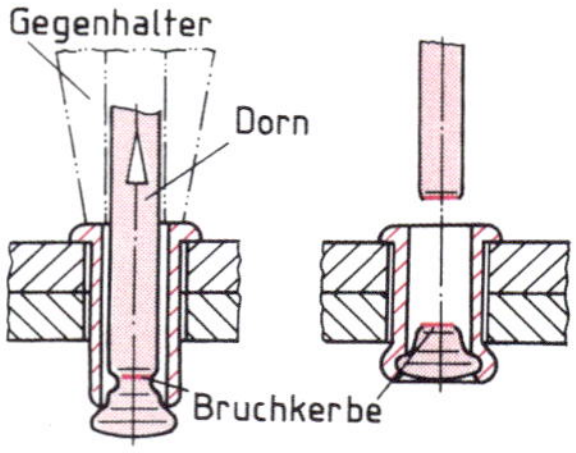

Dornniet

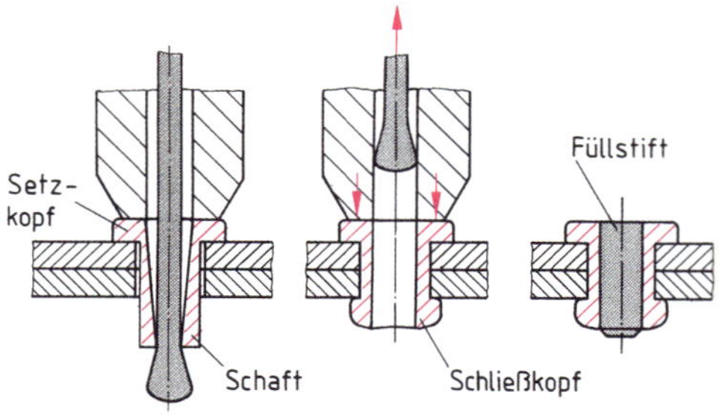

Durchzugniet

- **Nietwerkstoffe**

Niete müssen während ihrer Verarbeitung eine gute plastische Umformbarkeit und im Betriebszustand eine möglichst große Festigkeit und Dehnbarkeit aufweisen. Zudem sollen die zu verbindenden Werkstücke und die Niete aus dem gleichen Werkstoff sein, um elektrochemische Korrosion auszuschließen.

Werkstoffe für Werkstücke und Niete

Werkstücke aus	Niete aus
Stahl	S185
Aluminium	EN AW – Al99,9
Kupfer	EN CW – Cu99
Kupferlegierungen	EN CW – CuZn37

Zur Vermeidung von elektrochemischer Korrosion sollen Niete möglichst aus dem gleichen Werkstoff wie die zu fügenden Bauteile bestehen.

2.3 Schnellbefestigungsverbindungen

2.3.1 Schnellbefestigungselemente

- **Schraubverbindungen** als Schnellbefestigungselemente gibt es in Form von Flach-, Winkel- oder Schnappklammern. Sie bestehen aus Federstahl und haben aufgebogene Krallen, die sich beim Verschrauben der Gewindesteigung der Schraube anpassen.
  Daher ist keine zusätzliche Schraubensicherung erforderlich.
- **Steckverbindungen** in der Ausführung von Metall- und Kunststoffstiften werden von Hand oder auch maschinell durch die zu verbindenden Bauteile geschoben und mit einem Stempel festgedrückt.
  Die Verbindung ist elastisch, aber trotzdem rüttelfest.
- **Klipse** werden zum Festhalten von einfachen und leichten Bauteilen (elektrische Leitungen, dünne Rohre usw.) verwendet. Diese Schnellbefestigungselemente können mittels Schrauben oder Schnappverschlüsse fixiert werden.

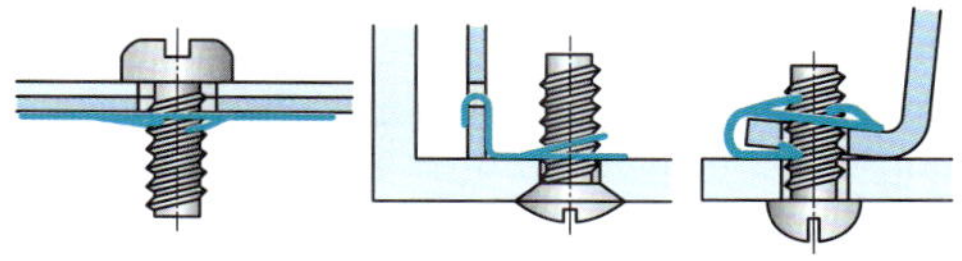

Schraubverbindungen

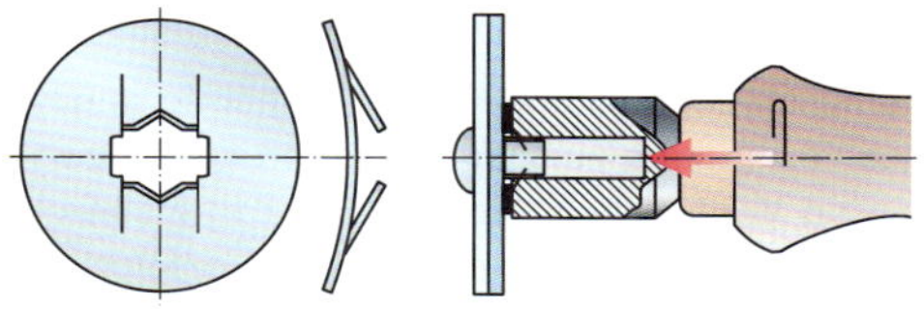
Steckverbindungen

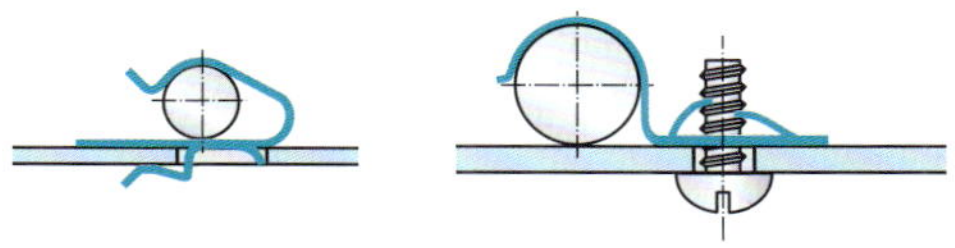
Klipse

2.3.2 Schnappverbindungen

Schnappverbindungen sind formschlüssige Verbindungen und können wulst-, haken- oder kugelförmig ausgeführt sein. Sie werden für einfache und schnelle Verbindungen von Blechen und Kunststoffbauteilen verwendet und können meist mehrmals gebraucht werden.
Der Umfang der Anwendungen reicht von der Montage von Schriftzeichen, Halterungen und Griffen bis zur Befestigung von Verkleidungen aller Art, Zierleisten im Automobilbau usw.

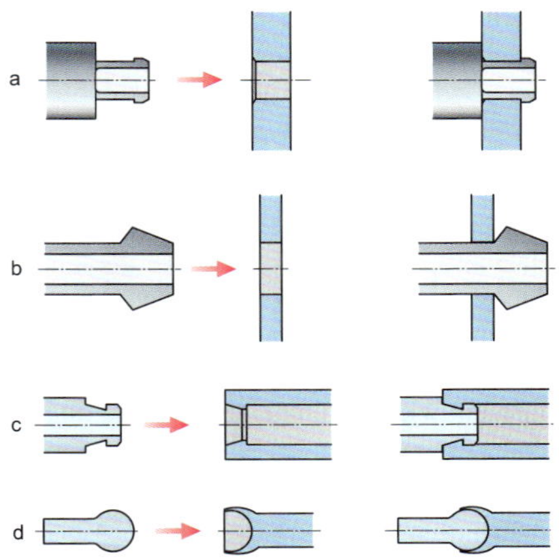

Schnappverbindungen
a lösbar mit Haken, b lösbar mit Wulst,
c unlösbar mit Wulst, d kugelförmig

2.3.3 Klappverschlüsse

Klappstecker – eine lösbare Verbindungstechnik zur Sicherung von Wellen, Achsen und Bolzen – können einfach und ohne zusätzliches Werkzeug eingesetzt werden. Sie sind sehr robust und unempfindlich gegen Schmutz und werden im Fahrzeug- und Landmaschinenbau angewendet. Das selbstständige Öffnen der Verbindung wird durch die Vorspannung des Federbügels verhindert.
Die Anwendung von Klappverschlüssen an rotierenden Wellen darf nicht der Sicherung einer Axialbewegung dienen.

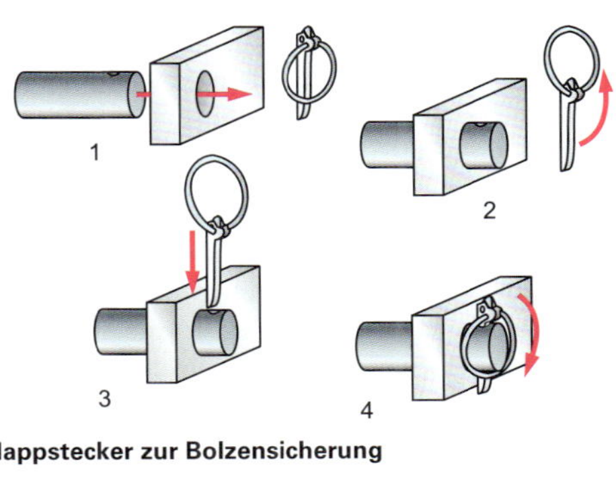

Klappstecker zur Bolzensicherung

2.4 Welle-Nabe-Verbindungen

Achsen, Zapfen und Wellen lassen sich mit den Naben von Rollen, Rädern und Hebeln auf unterschiedliche Art fügen. Durch **Einlegeteile** oder **Profilformen** wird dabei eine Mitnehmerverbindung zwischen Nabe und Welle geschaffen.

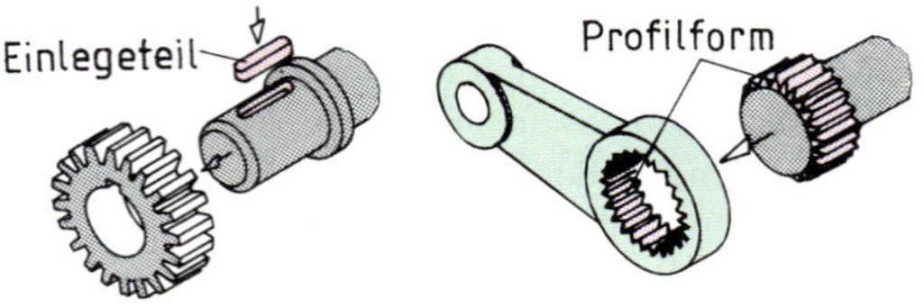

Fügen durch Einlegeteil oder Profilform

2.4.1 Fügen mit Federn

Die Passfederverbindung ist eine häufig angewendete Verbindung zum drehsicheren Fügen von Nabe und Welle. Die Passfeder liegt in Naben- und Wellennut. Die Kraftübertragung erfolgt formschlüssig über die Seitenflächen der Passfeder. Somit werden Passfedern auf Abscheren beansprucht. In der Höhe besteht zwischen Passfeder und Nabe Spiel.

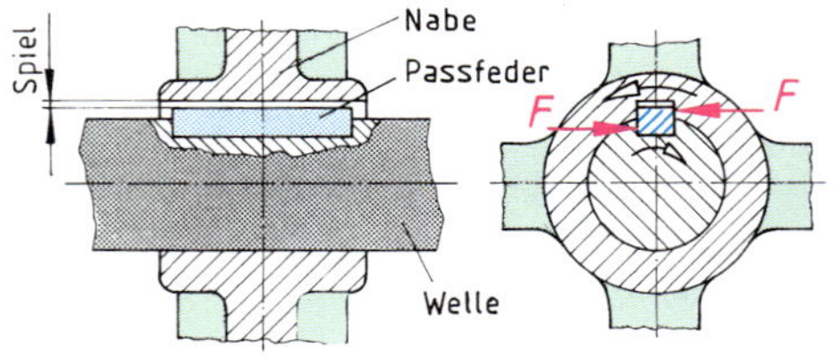

Nabe und Welle gefügt durch Passfeder.

Passfedern übertragen Kräfte durch Formschluss über ihre Seitenflächen.

Je nach konstruktiven Anforderungen werden unterschiedliche Passfederformen verwendet.
Meist benutzt man rundstirnige Passfedern. Sie werden in entsprechend gefräste Wellennuten eingelegt. Flachstirnige Passfedern müssen gegen axiales Verrutschen gesichert werden.

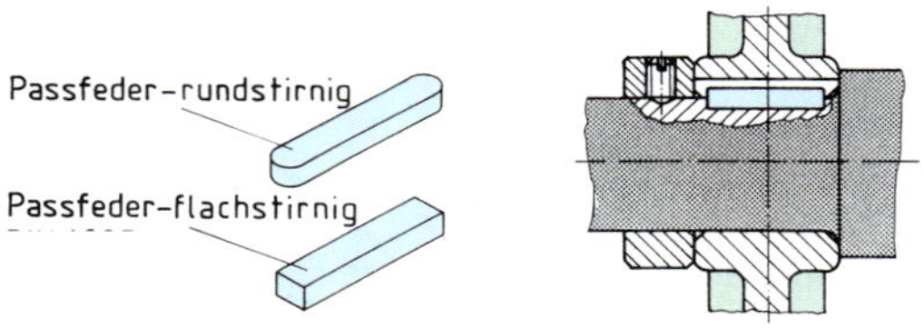

Passfederverbindung

Für Naben von Verschieberädern benutzt man Passfedern mit entsprechenden Toleranzen als **Gleitfedern.** Die Feder ist in der Wellennut befestigt, das Verschieberad kann in axialer Richtung über die Feder gleiten.

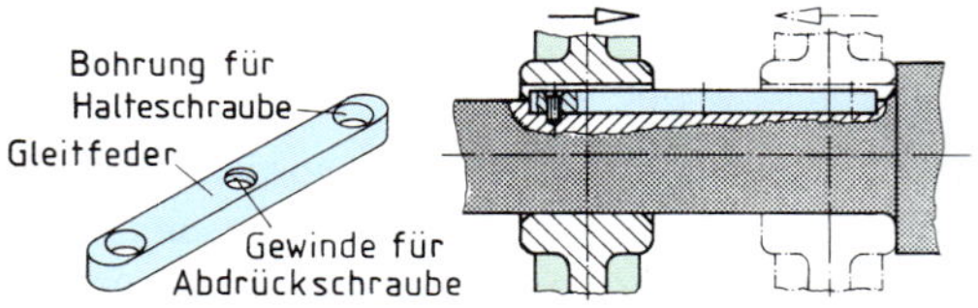

Gleitfederverbindung

Zapfenfedern haben einen einseitigen oder mittigen Zapfen. Sie sitzen mit diesem Zapfen fest in der Nabe. So hat z. B. das Antriebsrad für die Vorschubbewegung an der Drehmaschine eine Zapfenfeder. Die Feder gleitet in der Längsnut der Zugspindel und überträgt die Kräfte und Drehbewegungen.

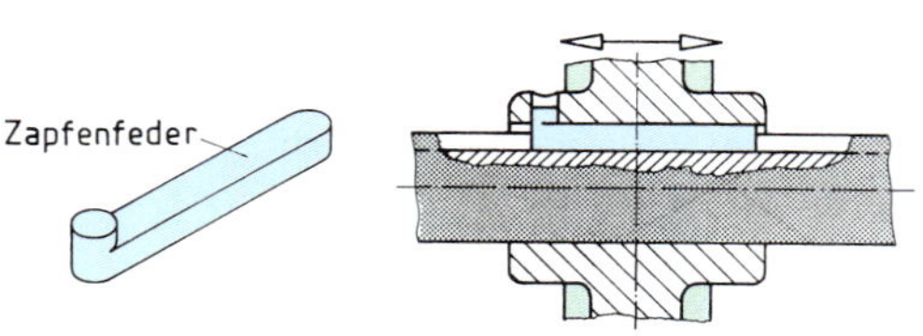

Zapfenfederverbindung

Verbindungen mit **Scheibenfedern** sind eine Sonderform der Federverbindungen. Sie sichern Kegelverbindungen, die durch Kraftschluss Drehmomente übertragen, zusätzlich formschlüssig.
Wegen ihrer Bogenform ist die Wellennut einfach herstellbar und die Feder stellt sich der Neigung entsprechend selbst ein.

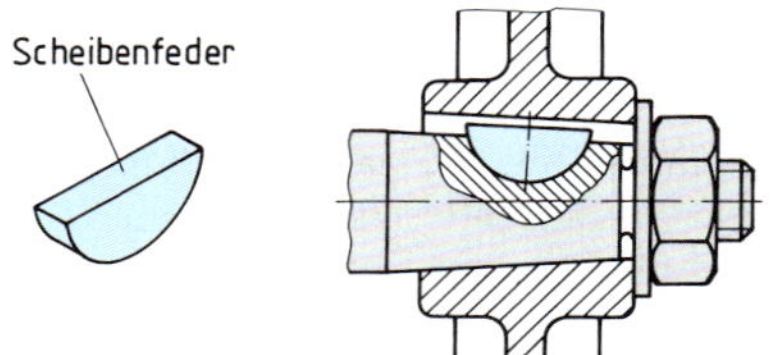

Scheibenfederverbindung

2.4.2 Fügen durch Profilformen

Werden Welle und Nabe mit einem besonderen Profil versehen, ist ebenfalls eine Verbindung beider Teile durch Formschluss gegeben.
Profilwellenverbindungen sind hoch beanspruchte Mitnehmerverbindungen, die z. B. bei Schaltgetriebewellen eingesetzt werden. Durch eine gerade Anzahl von Profilnuten, die der gleichen Anzahl von Passfedern entspricht, wird das Drehmoment gleichmäßig am Umfang verteilt übertragen. Dadurch verringert sich die Umfangskraft, es ist ein besserer Rundlauf gegeben, stoßartige Belastungen können besser aufgenommen werden und es kann ein größeres Drehmoment als bei Passfederverbindungen übertragen werden.
Profilwellenverbindungen erlauben eine Spielpassung zwischen Welle und Nabe, so dass eine axiale Verschiebung unter Last möglich ist.
Nach der Profilform unterscheidet man in **Keilwellen-**, **Kerbzahn-** und **Polygonprofil**.

Das **Keilwellenprofil** vereint die Vorteile von Passfeder (guter Rundlauf) und Keil (Aufnahme hoher Stoßbelastungen). Jedes Profilelement übernimmt wie eine Passfeder die Kraftübertragung über die Flanken und ermöglicht dadurch das Übertragen großer Drehmomente.

Die **Kerbverzahnung** verfügt über eine wesentlich größere Anzahl von Profilelementen. Im Gegensatz zum Keilwellenprofil sind diese jedoch nicht flankenparallel, sondern mit Flankenwinkel ausgeführt. Die zahlreichen Tragflächen ermöglichen das Übertragen von noch größeren Drehmomenten, weiters ist die Winkelstellung von Welle und Nabe zueinander verstellbar.

Polygonverbindungen zeichnen sich durch genauen und absolut ruhigen Rundlauf aus. Vorteilhaft ist die gleichmäßige Flächenpressung über die gesamte Tragfläche, es fehlt auch jede Kerbwirkung.

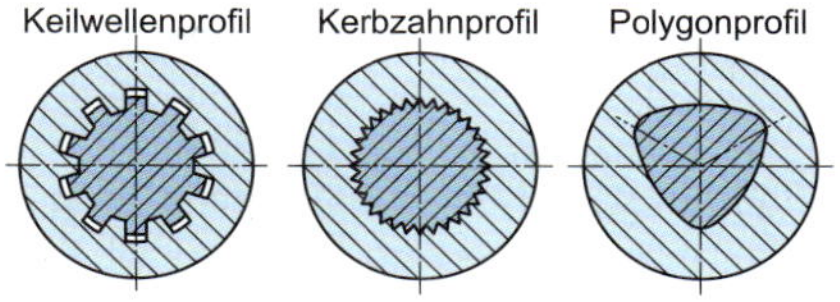

Profilformen von Nabe und Welle

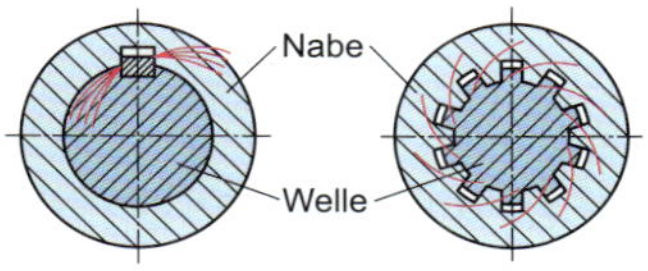

Kraftfluss in Nabenverbindungen

2.4.3 Fügen durch Pressverbindungen

Pressverbindungen wirken kraftschlüssig, das heißt, durch die auftretenden Presskräfte können Kräfte und Drehmomente ohne zusätzliche Verbindungselemente übertragen werden.

Beim **Längseinpressen** werden Welle und Nabe ineinander gepresst. Die Welle erhält eine kurze Einpressfase mit ca. 5°, damit beim Einpressen die Rauheitsspitzen der Berührungsflächen nicht abgeschabt werden und somit die Bohrung vergrößern würde. Die Kraftübertragung erfolgt durch Reibung, wobei die notwendige Normalkraft durch Übermaßpassung aufgebracht wird.

Zur Herstellung einer **Kegelpressverbindung** wird die Nabe mithilfe einer Presse über den kegeligen Wellenteil gepresst.
Damit eine sichere Hemmung gegen selbsttätiges Lösen gewährleistet ist, darf ein Winkel von 1,5° nicht überschritten werden. Ferner müssen die Fügeflächen möglichst geringe Rauheit aufweisen.
Schwaches Einfetten der Fügeflächen erleichtert den Einpressvorgang und verhindert „Festfressen".

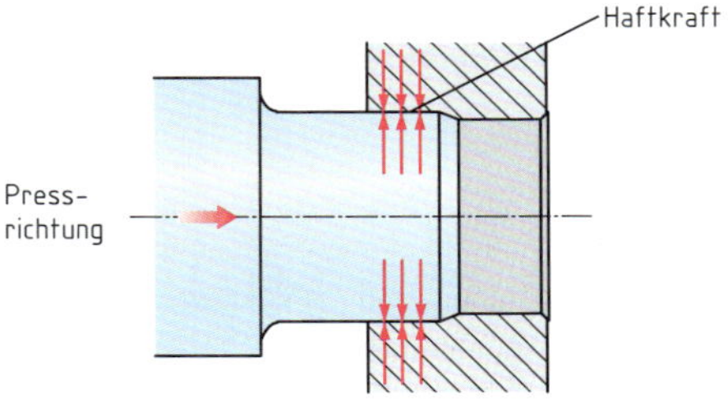

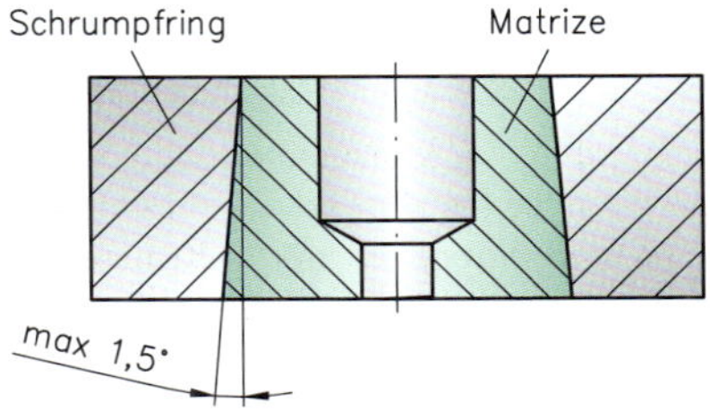

Kegelpressverbindung

Zur Herstellung einer Schrumpfverbindung werden die Bauteile mit Übermaß zueinander gefertigt. Durch Erwärmen der Nabe wird diese soweit aufgeweitet, dass sie sich gut über das zugehörige Bauteil schieben lässt. Dies erfordert etwa ein Spiel von 100 bis 150 µm zwischen kaltem Formteil und erwärmter Nabe.

Die Durchmesseränderung beim Erwärmen ergibt sich aus der Gleichung für die Längenausdehnung:

$$\Delta d = d_0 \cdot \alpha \cdot \Delta T$$

Δd Durchmesseränderung in mm
d_0 Anfangsdurchmesser in mm
α Längenausdehnungskoeffizient in $\frac{1}{K}$
ΔT Temperaturdifferenz in K

Unter Berücksichtigung des etwa 150 µm großen Spiels zum Fügen der Bauteile errechnet sich eine notwendige Temperaturerhöhung von

$$\Delta T = \frac{\Delta d + 15\ \mu m}{\alpha \cdot d_0}$$

ΔT Temperaturdifferenz zwischen beiden Bauteilen
Δd Durchmesserunterschied zwischen beiden Bauteilen im kalten Zustand
d_0 Anfangsdurchmesser der aufzuwärmenden Nabe
α Längenausdehnungskoeffizient des Bauteilwerkstoffes

Die Temperaturerhöhung ist durch Gefügeänderungen, die bei höheren Temperaturen auftreten, und die Streckgrenze des Werkstoffes begrenzt. Die Streckgrenze eines Werkstoffes sinkt mit steigender Temperatur.
Bei Stahl liegt der Grenzwert, bis zu dem ein aufzuschrumpfendes Bauteil erhitzt werden darf, bei etwa 450 °C.

2.4.4 Fügen durch Pressverbindungen im Werkzeugbau

Pressverbindungen werden vorwiegend im Werkzeugbau bei Armierungen von Matrizen eingesetzt, die durch hohe Seitenkräfte beansprucht werden, wie z. B. Matrizen beim Fließpressen.
Die Beanspruchung einer Matrize oder einer Form durch Kräfte quer zur Pressrichtung verursacht in diesen Bauteilen Zugspannungen, die zu Verformung oder auch Bruch führen können, wenn keine Armierungsringe vorhanden sind. Durch Aufpressen oder Aufschrumpfen einer Armierung werden die Matrizen oder Formen zusammengedrückt. Es entstehen in ihnen starke Druckspannungen. Wenn in der Matrize oder Form ein Werkstück hergestellt wird, baut die auftretende Belastung zunächst die Druckspannungen in der Form ab, die darüber hinaus auftretenden Zugspannungen bleiben gering.

Spannungen in einer Fließpressmatrize

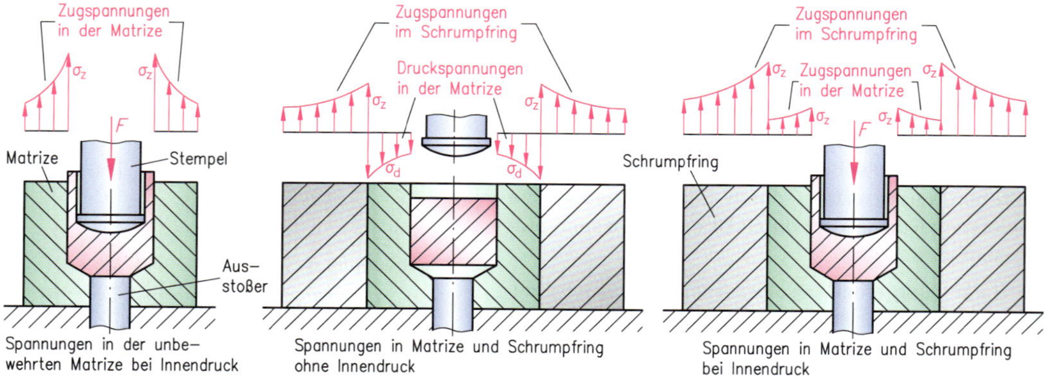

Durch aufgeschrumpfte oder aufgepresste Außenteile werden in Werkzeugteilen, die durch hohe Seitenkräfte auf Zug beansprucht werden, Druckspannungen erzeugt.
Auftretende Seitenkräfte bauen zunächst die Druckspannungen ab – erst dann wird das Werkzeug auf Zug beansprucht.

3 Funktionseinheiten zum Tragen und Stützen

Alle Einheiten zum Abstützen beweglicher Baueinheiten gehören zu den Gruppen Lager und Führungen. Lager tragen Bauteile, die Drehbewegungen ausführen, z. B. Wellen und Achsen. Geradführungen tragen Baueinheiten, die geradlinige Bewegungen ausführen, z. B. Schlitten und Maschinentische.

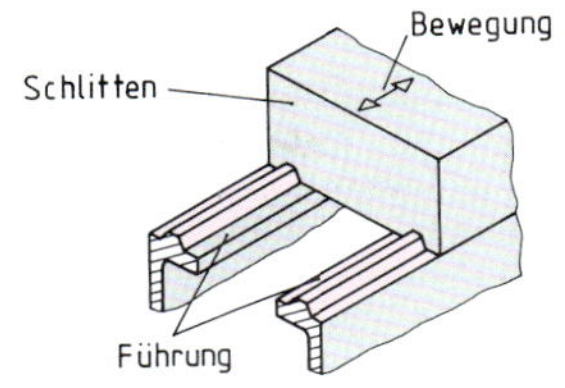

Geradführung

- **Auflagerkräfte**

Baueinheiten belasten durch ihr Eigengewicht und durch die von ihnen zu übertragenden Kräfte die Lager und Führungen.
Die Kräfte, mit denen Lager und Führungen die Baueinheiten abstützen, heißen **Auflagerkräfte.**
Sie halten den auf die Baueinheiten wirkenden Kräften das Gleichgewicht. Sie sind also den *angreifenden Kräften entgegengerichtet.* Je nach Größe der Auflagerkräfte bestimmt man Werkstoff und Abmessungen von Lagern und Führungen. Eine Berechnung dieser Kräfte ist daher notwendig.
Die Berechnung von Auflagerkräften geschieht mit Hilfe des Hebelgesetzes.

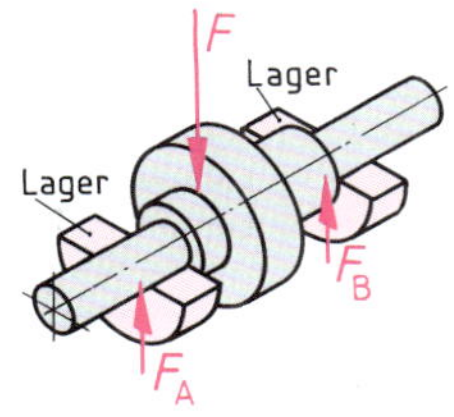

Auflagerkräfte F_A und F_B

3.1 Lager

Nach der Richtung der *Lagerbelastung* unterteilt man die Lager in zwei Gruppen:

- **Radiallager:** Die zu tragende Kraft wirkt in Richtung des Radius.
- **Axial- oder Längslager:** Die zu tragende Kraft wirkt in Richtung der Längsachse.

Weiter unterscheidet man die Lager nach der Art der *Reibung* im Lager:

- **Gleitlager:** Der Wellenzapfen gleitet über die Lagerfläche, es entsteht *Gleitreibung.*
- **Wälzlager:** Im Lager sind zur Verringerung der Reibung Kugeln, Nadeln o. Ä. eingebaut, es entsteht *Rollreibung.*

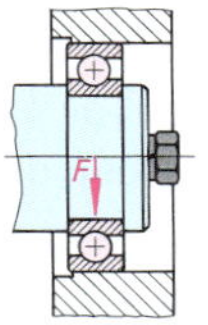

Radiallager

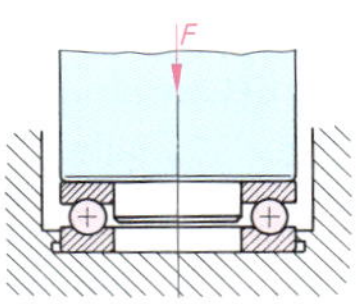

Axiallager

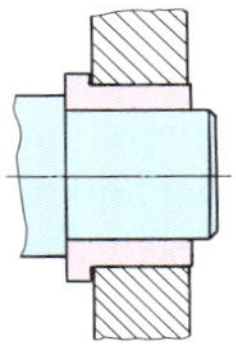

Gleitlager

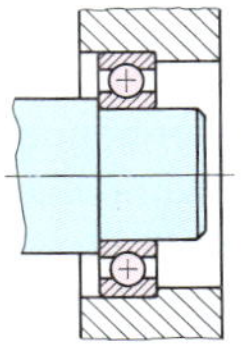

Wälzlager

3.1.1 Gleitlager

Ein Gleitlager besteht meist aus

- Lagergehäuse,
- Lagerbuchse oder Lagerschalen,
- Schmiereinrichtung.

Lagergehäuse werden als genormte Bauelemente in Maschinen eingebaut. Sie sind meist gegossen oder geschmiedet. Um die Montage zu ermöglichen, bzw. zu erleichtern, sind die Lagergehäuse meist geteilt.

Flanschlager mit Lagerbuchse

In vielen Fällen, besonders bei Großmaschinen und Getrieben, sind die Lagergehäuse keine gesonderten Bauelemente, sondern fester Bestandteil der Maschinengehäuse.
Der Werkstoff des Lagers und die Qualität der Ausführung werden vom Verwendungszweck bestimmt. Die Gleitfläche des Lagers muss eine hohe Oberflächengüte aufweisen. Die Rautiefe darf jedoch $R_z \approx 1$ µm nicht unterschreiten, da Flächen mit geringerer Rautiefe zum Ausreißen neigen.

3.1.1.1 Eigenschaften wichtiger Lagerwerkstoffe

notwendige Eigenschaft	Gusseisen	Sintermetalle	Bronzen und Pb-Sn-Legierungen		Kunststoff
Gleiteigenschaft	befriedigend	befriedigend	gut		sehr gut
Notlaufeigenschaft	befriedigend	sehr gut	gut		sehr gut
Verschleißfestigkeit	sehr gut	befriedigend	gut		befriedigend
Tragfähigkeit	sehr gut	befriedigend	Bronze gut	Pb-Sn ausreichend	mäßig
Wärmeleitfähigkeit	befriedigend	befriedigend	befriedigend		mangelhaft
geringe Wärmedehnung	sehr gut	sehr gut	gut		mangelhaft
Anwendungsbeispiel	GJL-200, für wenig belastete und billige Lager	Sint-B10 und Sint-B51, für Kleinmaschinen	G-CuPb10Sn, für hochwertige Lager an Motoren		Polyamid, für kleine und schwingungsfreie Lager

3.1.1.2 Lagerreibung

Man unterscheidet bei Gleitlagern folgende Fälle der Reibung:

Trockenreibung
Es ist kein Schmiermittel vorhanden. Die Gleitflächen von Welle und Lager gleiten unmittelbar aufeinander. Trockenreibung führt zur starken Erwärmung und zur schnellen Zerstörung des Lagers.

Mischreibung
Zwischen den Gleitflächen von Lager und Welle ist kein zusammenhängender Schmierfilm vorhanden. Teilweise tritt Trockenreibung auf.

Flüssigkeitsreibung
Ein zusammenhängender Schmierfilm trennt die Gleitflächen voneinander. Dabei findet die Reibung im Schmiermittel statt. Es tritt kein Verschleiß auf, die Erwärmung bleibt niedrig.

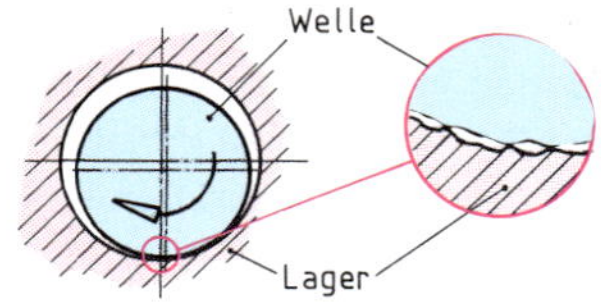

Trockenreibung

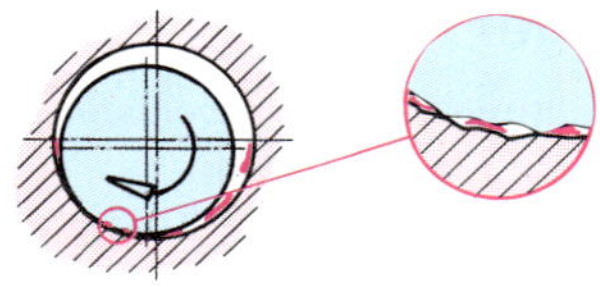
Mischreibung

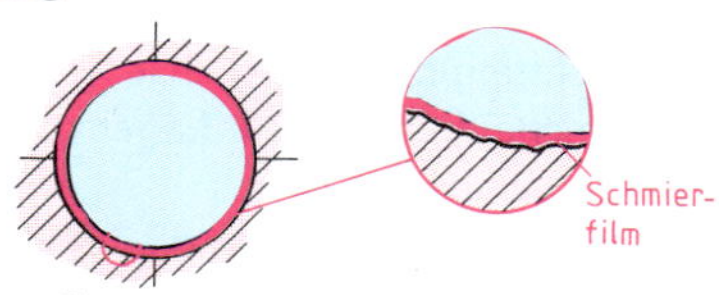

Flüssigkeitsreibung

In Maschinen und Geräten, die stets nur kurzzeitig in Betrieb gesetzt werden, tritt bei jedem Anlauf Misch- bzw. Trockenreibung auf. Deshalb ist bei diesen Maschinen und Geräten der Verschleiß höher als bei Maschinen im Dauerbetrieb.
Bei Gleitführungen an Werkzeugmaschinen tritt während der Bewegung Mischreibung auf.
Bei Flüssigkeitsreibung wird der Zapfen im Lager geringfügig angehoben, und es entsteht bei genügend großer Umdrehungsfrequenz ein zusammenhängender Schmierfilm, also Flüssigkeitsreibung. Dies ist die **hydrodynamische Schmierung.**

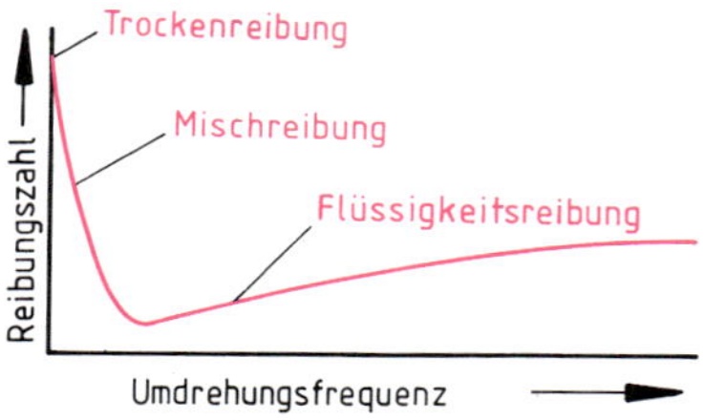

Abhängigkeit der Reibungszahl von der Umdrehungsfrequenz

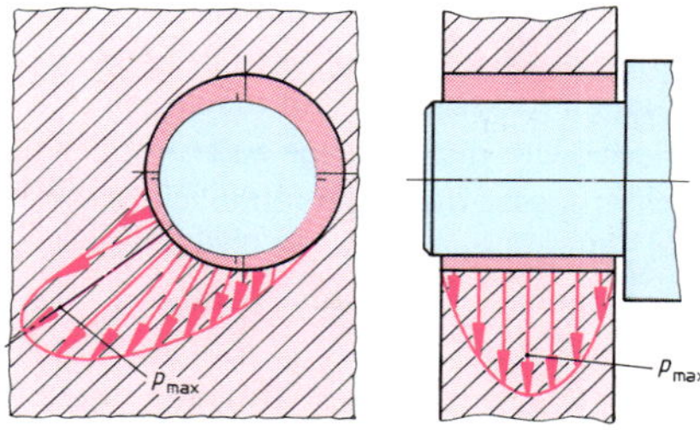

Druckverteilung bei hydrodynamischer Schmierung

3.1.1.3 Reibungskraft

Versucht man, aufeinander gepresste Flächen gegeneinander zu bewegen, so entsteht ein Widerstand gegen diese Verschiebung. Dieser Widerstand ist die **Reibungskraft** F_R. Reibungskräfte sind unerwünscht, wenn Bauteile aufeinander gleiten sollen.
Reibungskräfte sind aber überall dort erwünscht, wo Bauteile durch Kraftschluss gefügt werden sollen.

Die Größe der Reibungskraft ist abhängig von

- der **Normalkraft** F_N. Diese ist die Kraft, welche senkrecht auf die Reibungsflächen wirkt.
- der Werkstoffkombination und der Beschaffenheit der aufeinander gepressten Werkstückoberflächen.

Die Werkstoffkombination und die Beschaffenheit der Oberflächen werden mit der **Reibungszahl** μ (my) erfasst.

Die Reibungskraft ist von der Größe der Reibungsflächen unabhängig.
Die Reibungskraft wirkt immer der angestrebten Bewegung entgegen.
Mit steigender Normalkraft wächst im gleichen Verhältnis die Reibungskraft. Es gilt somit:

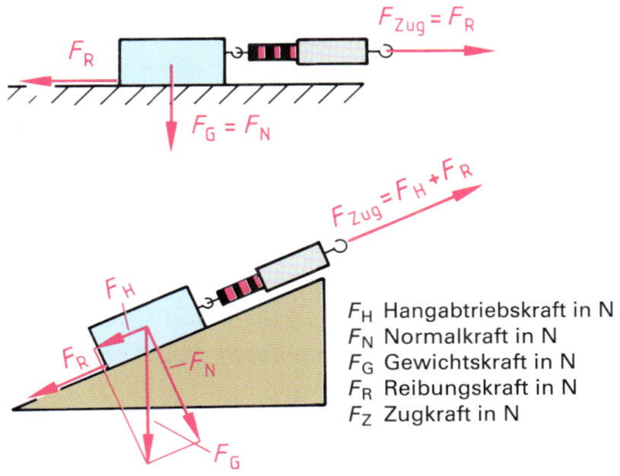

Reibungskraft an der geneigten Ebene

$$F_R = \mu \cdot F_N$$

Die Reibungskraft ist von der Normalkraft und der Reibungszahl abhängig.
Die Reibungskraft wirkt einer entstehenden oder vorhandenen Bewegung immer entgegen.

3.1.1.4 Reibungsarten

Haftreibung muss überwunden werden, wenn ein Bauteil aus dem Ruhezustand in Bewegung gesetzt werden soll.

Gleitreibung muss überwunden werden, um ein Bauteil in gleichförmiger Bewegung zu halten. Gleitreibung ist immer kleiner als Haftreibung.

Rollreibung tritt zwischen aufeinander rollenden Bauteilen auf. Sie ist erheblich kleiner als Gleitreibung.

Reibungskräfte können durch Schmierung verringert werden.

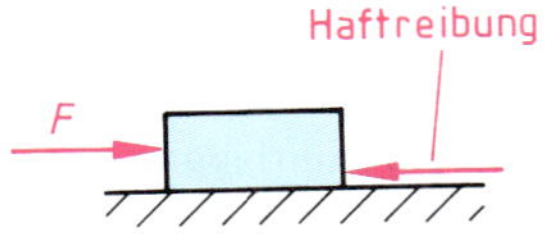

Körper eben noch in Ruhe

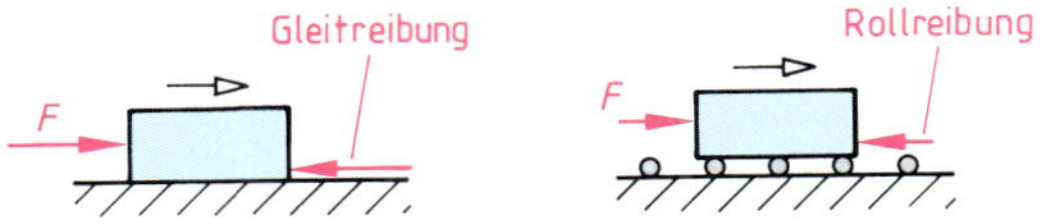

Körper in gleichförmiger Bewegung

- **Richtwerte für Reibungszahlen**

Werkstoffpaarung (Glatte Oberflächen)	Beispiel	Haftreibungszahl μ_0 trocken	Haftreibungszahl μ_0 geschmiert	Gleitreibungszahl μ trocken	Gleitreibungszahl μ geschmiert
Stahl/Stahl	Schraubstockführung	0,15	0,1	0,1	0,01
Bremsbelag/Stahl	Scheibenbremse	–	–	0,5	0,4
Gummi/Asphalt	Reifen auf Straße	0,7	–	0,5	–
		Rollreibungszahl μ_r			
Stahl/Stahl	Wälzlager	je nach Bauart 0,0005...0,001			
Gummi/Asphalt	Reifen auf Straße	0,015			

3.1.2 Wälzlager

In Wälzlagern rollen zwischen der inneren und der äußeren Lauffläche Wälzkörper ab. Dabei entsteht **Rollreibung.** Sie ist wesentlich geringer als Gleitreibung.

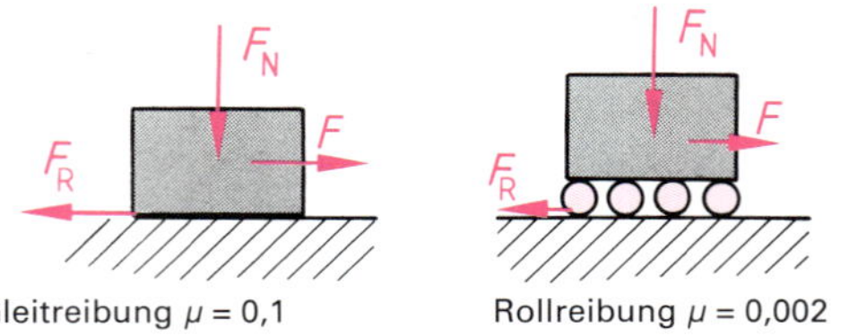

(Stahl auf Stahl, ungeschmiert)
Gleit- und Rollreibung

In Wälzlagern rollen Wälzkörper auf Laufflächen ab. Die dabei entstehende Rollreibung ist wesentlich geringer als die Gleitreibung.

Wälzlager werden bevorzugt eingesetzt bei
- *wartungsfreien Lagern mit normaler Beanspruchung,* z. B. Getriebe, Motoren, Fördereinrichtungen,
- *Lagern mit kleinen Drehzahlen und hohen Belastungen,* z. B. Kranhaken und Drehgestellen,
- *Lagern, in denen Bewegungen „ruckfrei" ausgeführt werden müssen,* z. B. Werkzeugmaschinen.

3.1.2.1 Aufbau der Wälzlager

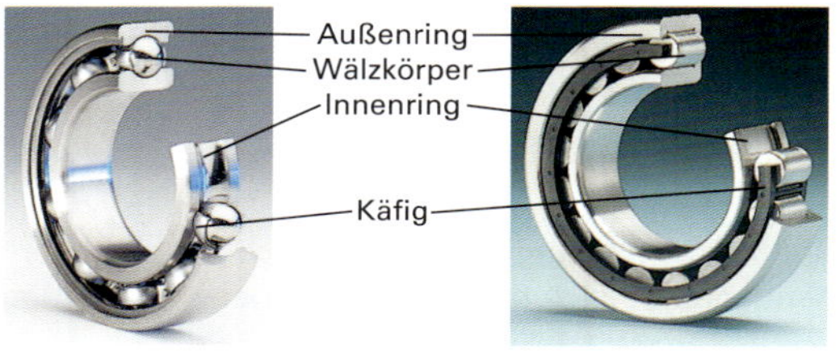

Teile eines Wälzlagers

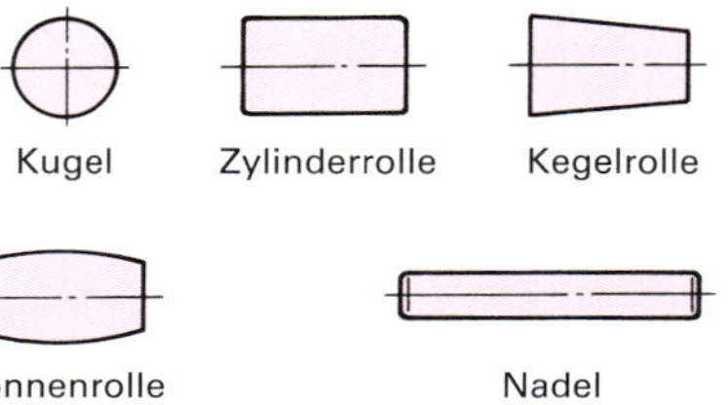

Bauformen von Wälzkörpern

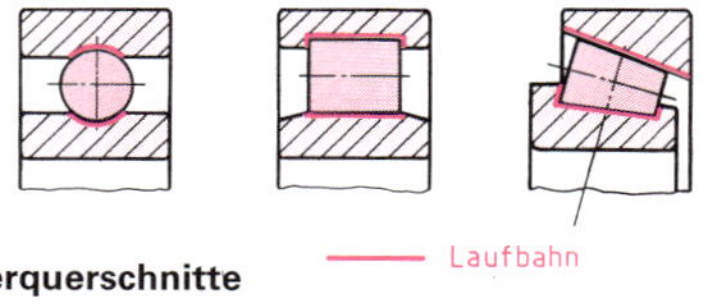

Wälzlagerquerschnitte

Die Wälzkörper werden aus gehärtetem Chrom- oder Chrom-Nickel-Stahl gefertigt.
Ihre Oberfläche ist geschliffen und poliert.

In die **Laufringe** sind Bahnen eingearbeitet, auf denen die Wälzkörper abrollen. Die Laufringe werden ebenfalls aus gehärtetem Chrom- oder Chrom-Nickel-Stahl hergestellt. Die Laufbahnen sind geschliffen und poliert.

Die Wälzkörper werden meist in Käfige eingebaut. Wälzkörperkäfige haben folgende Aufgaben:
- Sie verteilen die Wälzkörper gleichmäßig auf dem Umfang des Lagers.
- Sie verhindern beim Lauf des Lagers die direkte Berührung der Wälzkörper untereinander. Damit werden Reibung, Erwärmung und Geräusche vermindert.

Die Wälzkörperkäfige sind aus Stahlblech, Leichtmetall, Kunststoff oder bei großen Lagern aus Messing.

für Rillenkugellager

für Kegelrollenlager

Wälzkörperkäfige aus Stahlblech

Falls der Lagerdurchmesser sehr klein werden muss, verwendet man käfiglose **Nadellager** ohne Innen- und ohne Außenring und lässt die Wälzkörper unmittelbar zwischen Gehäuse und Welle rollen.

Ein Wälzlager besteht meist aus Außenring, Innenring, Wälzkörpern und Wälzkörperkäfig. Als Wälzkörper werden Kugeln, Zylinder, Kegelstümpfe, Tonnen oder Nadeln verwendet.

3.1.2.2 Fest- und Loslager

Wärmedehnung und Einbautoleranzen der Wellen verlangen den Einbau von einem Festlager, das Kräfte in axialer Richtung aufnehmen kann und einem oder mehreren Loslagern, welche geringe Verschiebungen in der Längsachse zulassen.

Festlager sind mit beiden Lagerringen beidseitig in Längsrichtung festgelegt. Die Wälzkörper können sich nicht auf der Lauffläche verschieben.

Loslager können auf zwei verschiedene Arten gestaltet werden:

- durch entsprechende Auswahl von Wälzlagern, z. B. Nadellager oder Zylinderrollenlager mit einem bordlosen Ring oder
- durch entsprechende Gestaltung der Aufnahmestelle für das Wälzlager – dabei ist entweder der Außenring oder der Innenring des Wälzlagers verschiebbar.

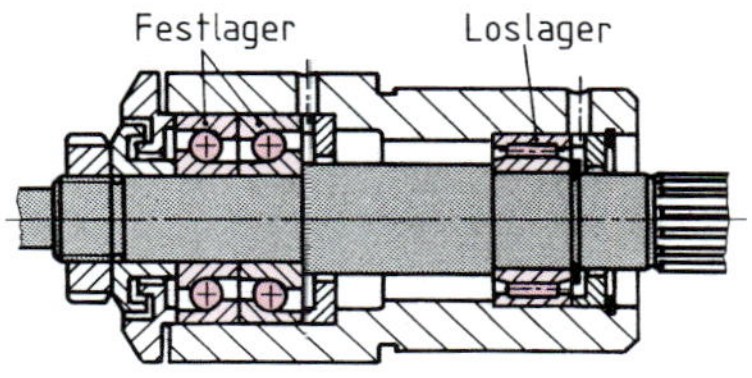

Nadellager als Loslager

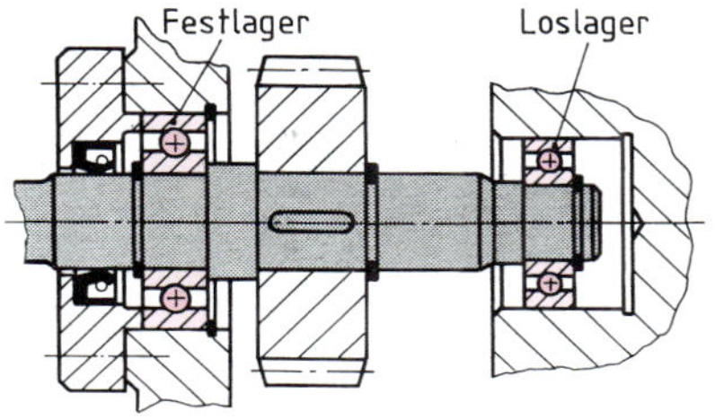

Loslager mit Axialbeweglichkeit im Gehäuse

- Festlager nehmen Kräfte in axialer und radialer Richtung auf.
- Loslager nehmen nur Kräfte in radialer Richtung auf.

3.1.2.3 Lebensdauer der Wälzlager

Da in einem Wälzlager die Wälzkörper auf den Laufflächen nur mit sehr kleinen Flächen berühren, unterliegen Wälzlager auch bei bester Schmierung dem Verschleiß. Darum ist die Lebensdauer von Wälzlagern stets begrenzt. Wenn Kugel- oder Rollenlager unter Belastung umlaufen, stellt sich nach gewisser Zeit an irgendeiner Stelle eine Ermüdung des Werkstoffes ein. Sie beginnt im Allgemeinen mit feinen Rissen unter der Oberfläche, die im weiteren Verlauf zur Schälung führen und dadurch früher oder später einen Lagerwechsel erforderlich machen. Bei den ersten Anzeichen einer Schälung hat das Lager seine Lebensdauer erreicht.

Große Lager mit niedriger Lagerbelastung und vielen Wälzkörpern erreichen bei niedriger Lagertemperatur und guter Schmierung eine sehr hohe Lebensdauer.

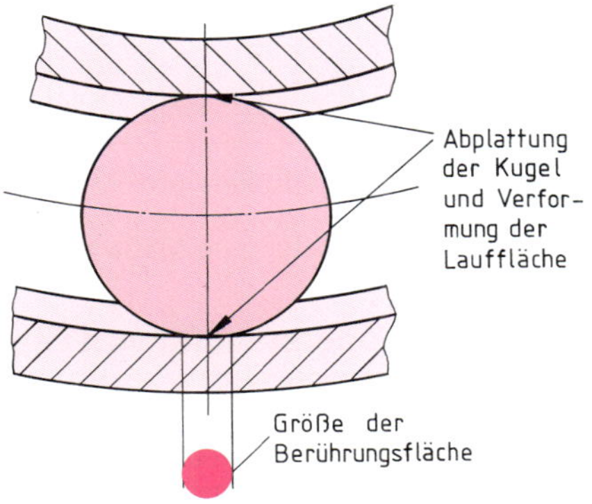

Innenring eines Rillenkugellagers mit fortgeschrittener Schälung

Die Lebensdauer von Wälzlagern ist begrenzt. Sie hängt ab von

- Größe der Lagerbelastung,
- Zahl der Umläufe,
- Lagertemperatur,
- Schmierung.

3.1.2.4 Ausführungsformen von Wälzlagern

Wälzlager werden in verschiedenen Ausführungen für den jeweiligen Verwendungszweck hergestellt.

Nach der Hauptbelastungsrichtung unterscheidet man **Radiallager und Axiallager**.

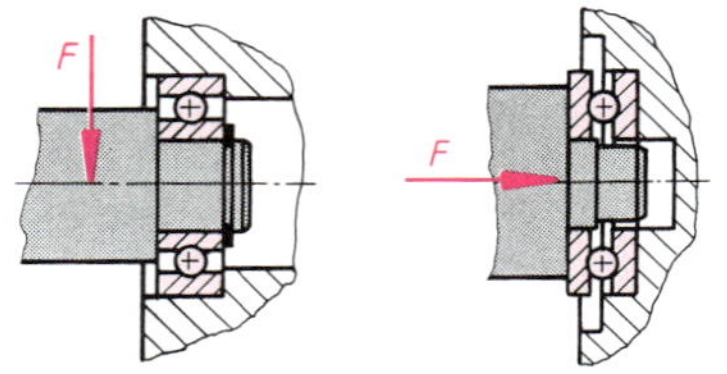

Radiallager **Axiallager**

Übersicht über wichtige Bauformen von Kugellagern

Bezeichnung der Bauform	**Radiallager**					**Axiallager, Axialrillenkugellager**
	Rillen-kugellager	Schrägkugellager einreihig	Schrägkugellager zweireihig	Vierpunkt-lager	Pendel-kugellager	
Belastungs-richtung	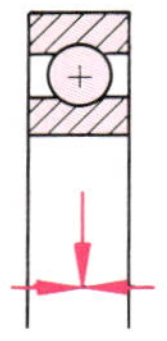	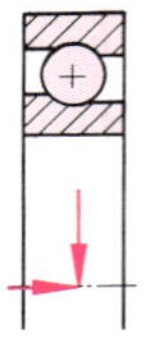	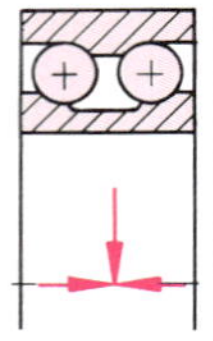	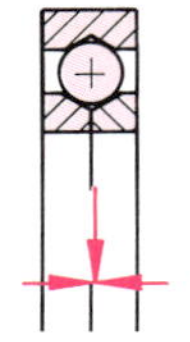	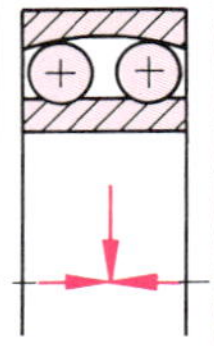	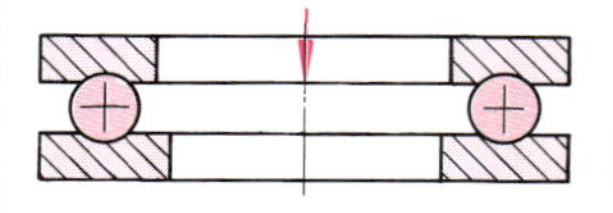

Von den Kugellagern werden bevorzugt Rillenkugellager verwendet, weil sie gut in axialer und radialer Richtung belastbar sind. Darüber hinaus sind diese Lager preiswert.

Übersicht über wichtige Ausführungsformen von Rollen- und Nadellagern

Bezeichnung der Bauform	**Radiallager**				**Axiallager, Axialpendelrollenlager**
	Zylinder-rollenlager	Nadellager	Kegelrollen-lager	Pendelrollen-lager	
Belastungs-richtung	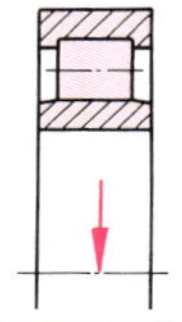	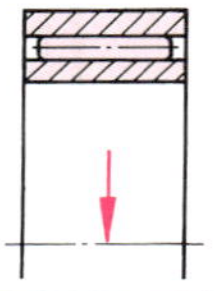	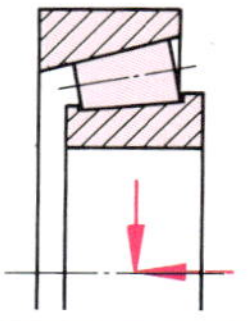	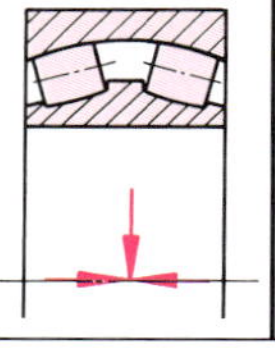	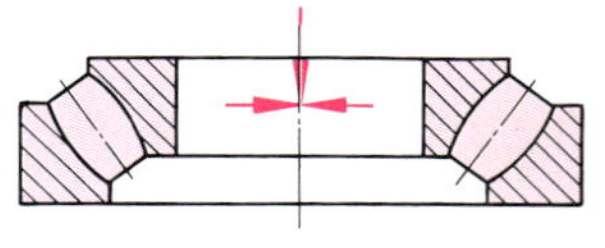

Pendelkugellager, Pendelrollen- und Tonnenlager können bis zu 2° Fluchtfehler ausgleichen.

Weitere Daten und Maße zu Wälzlager sind einem Tabellenbuch zu entnehmen.

3.1.3 Gegenüberstellung von Gleit- und Wälzlagern

	Gleitlager	**Wälzlager**
Reibung beim Anlauf	groß bei Trockenreibung, gering bei Flüssigkeitsreibung	gering
Empfindlichkeit gegen Stöße	unempfindlich, Stöße werden gedämpft	empfindlich, Stöße werden nicht gedämpft
Laufgeräusch	gering	höher
Umdrehungsfrequenz	unbegrenzt hoch, bei hydrodynamisch geschmierten Lagern nach unten begrenzt	nach unten unbegrenzt, nach oben begrenzt
Lebensdauer	bei ständiger Flüssigkeitsreibung unbegrenzt	begrenzt durch Materialermüdung
Schmierstoffverbrauch	hoch	gering
Wartung	ständige Wartung nötig	geringe Wartung
Abdichtung gegen Verunreinigung	gut	weniger gut
Austauschbau	aufwändig	einfach

3.1.4 Montage von Wälzlagern

- **Einbau von Lagern mit zylindrischer Bohrung**

Einbau von nicht zerlegbaren Lagern

Beim Einbau von Lagern mit zylindrischer Bohrung wird zuerst der Lagerring mit der festeren Passung montiert. Damit das Lager nicht verkantet, werden **Schlagkappen** verwendet, welche die Fügekraft gleichmäßig auf den zu montierenden Lagerring übertragen.

Muss ein nicht zerlegbares Lager gleichzeitig auf die Welle und in das Gehäuse gepresst werden, legt man **Montagescheiben** zwischen Lager und Schlagkappe. Dadurch wird die Einbaukraft gleichmäßig auf die Seitenflächen von Innen- und Außenring verteilt.

Die Einbaukräfte können bei kleinen Lagern durch Hammerschläge und bei größeren Lagern durch eine Presse aufgebracht werden. Es ist jedoch stets darauf zu achten, dass die Einbaukräfte **nie** über die Wälzkörper übertragen werden.

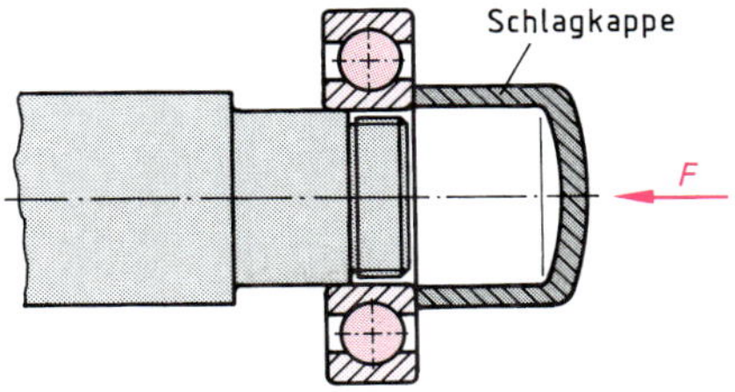

Einbau mit Schlagkappe

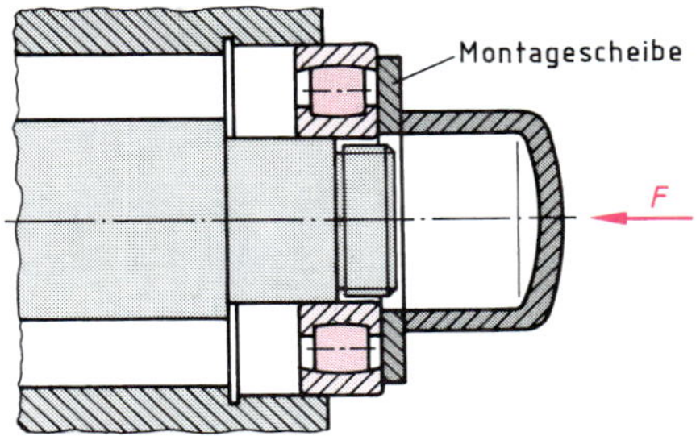

Einbau mit Montagescheibe und Schlagkappe

Nicht zerlegbare Lager mit zylindrischer Bohrung werden mit Hilfe von Schlagkappen und Montagescheiben eingebaut. Einbaukräfte dürfen nie über die Wälzkörper übertragen werden.

Einbau von zerlegbaren Lagern

Bei zerlegbaren Lagern werden die Lagerringe getrennt eingebaut. Der freie Lagerring und der Lagerring mit den Wälzkörpern werden zunächst unabhängig voneinander mit Hilfe von Schlagkappen montiert. Nach dem Einölen der Wälzkörper und der Laufbahn des freien Ringes werden beide Teile unter leichtem Drehen ineinander gefügt. Hierbei ist besonders darauf zu achten, dass zwischen den Lagerringen kein Verkanten eintritt.

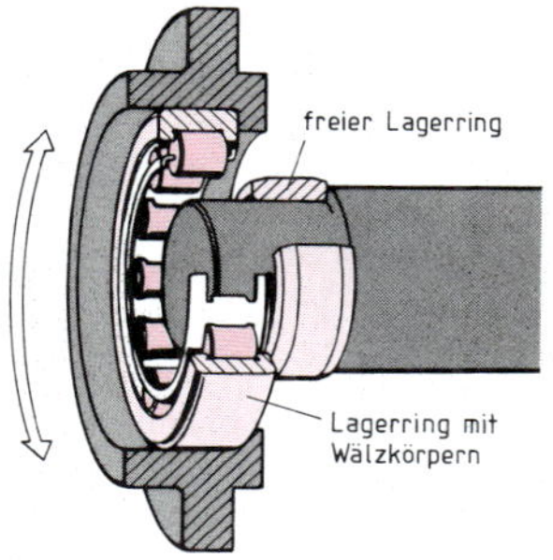

Einbau eines Zylinderrollenlagers

Bei zerlegbaren Lagern mit zylindrischer Bohrung werden die Lagerringe getrennt eingebaut und dann zusammengefügt.

Einbau von großen Lagern

Diese Lager können aufgrund der Einbaukräfte nicht im kalten Zustand montiert werden. Aus diesem Grund erwärmt man das Lager je nach Passungsübermaß und Durchmesser bis etwa 120 °C. Die Erwärmung kann im Wärmeschrank, auf elektrischen Anwärmplatten, im Ölbad oder mit induktiven Erwärmungsgeräten erfolgen.

Induktive Erwärmungsgeräte sind wirtschaftlicher und sauberer als Anwärmplatten oder Ölbäder. Das Lager wird erwärmt und auf der eingestellten Temperatur gehalten. Vor dem Einbau wird es vom Gerät automatisch entmagnetisiert.

Induktives Erwärmungsgerät

Große Lager werden vor dem Montieren in Wärmeschränken, Ölbädern, induktiven Erwärmungsgeräten oder auf elektrischen Anwärmplatten erwärmt.

Einstellung der Lagerluft

Bei Lagern mit kegeliger Bohrung wird *immer* der Innenring mit festem Sitz montiert. Die Einstellung der Lagerluft erfolgt dabei, indem man den Innenring mehr oder weniger aufweitet. Die Fixierung der endgültigen Lage erfolgt durch einen Distanzring.

Die Einstellung der Lagerluft wird durch axiales Verschieben des Lagers auf dem kegeligen Lagersitz erreicht.

Einbau von Lagern auf kegeliger Spannhülse

Spannhülsen ermöglichen die Montage von Lagern auf zylindrische Wellenansätze. Die Radialluft kann durch Anziehen der Spannhülsenmutter eingestellt werden.

Die Radialluft wird mit Hilfe von Fühllehren überprüft. Gemessen wird dabei zwischen Außenring und entlasteter Rolle. Vor dem Messen ist das Lager einige Male zu drehen, damit die Rollen die richtige Lage einnehmen.

Zunächst muss die Radialluft des Pendelrollenlagers im ausgebauten Zustand bestimmt werden. Beim Aufpressen auf den kegeligen Sitz wird laufend die Verminderung der radialen Lagerluft mit Hilfe der Fühllehre gemessen. Richtwerte sind den Tabellen der Wälzlagerhersteller zu entnehmen.

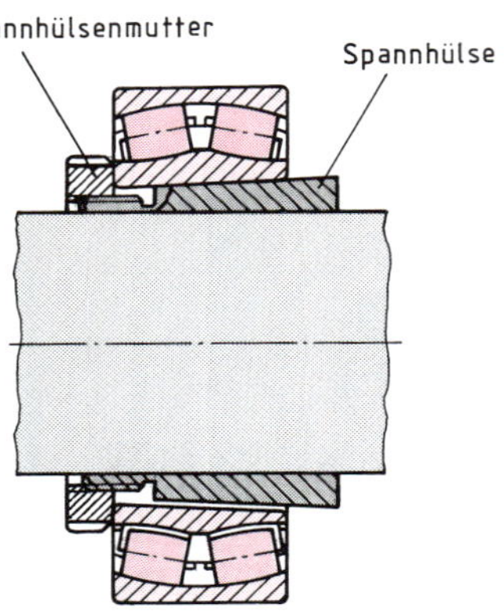

Pendelrollenlager auf kegeliger Spannhülse

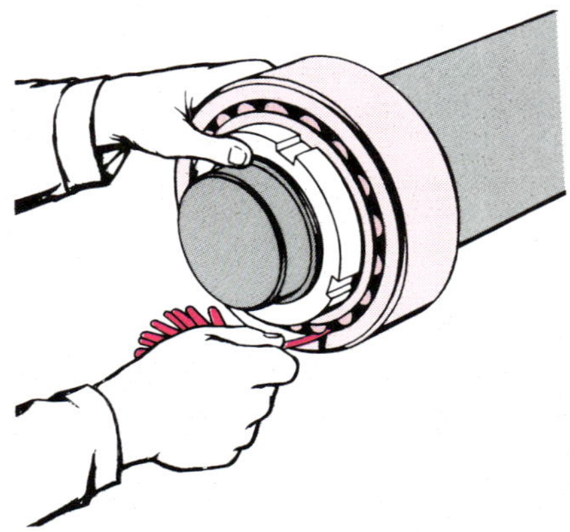

Einstellen der radialen Lagerluft mit Fühllehren

Die Lagerluft wird bei Pendelrollenlagern mit Hilfe von Fühllehren eingestellt.

Einbau von großen Lagern

Beim Einbau großer Lager auf kegelige Wellenzapfen oder auf kegelige Spannhülsen wird der Innenring hydraulisch gedehnt und verschoben.

Bei den **Hydraulikmuttern** wird durch Öldruck ein Ringkolben, der am Innenring anliegt, axial verschoben.

Beim **Druckölverfahren** wird Öl unter hohem Druck, durch Bohrungen in der Welle, zwischen die Lagersitzflächen gepresst. Dabei bildet sich ein Ölfilm, der den Innenring dehnt und so eine leichte axiale Verschiebung des Innenringes möglich macht. Nach dem Aufpressen fließt das Öl wieder ab, und es entsteht metallischer Kontakt zwischen Innenring und kegeligem Lagersitz.

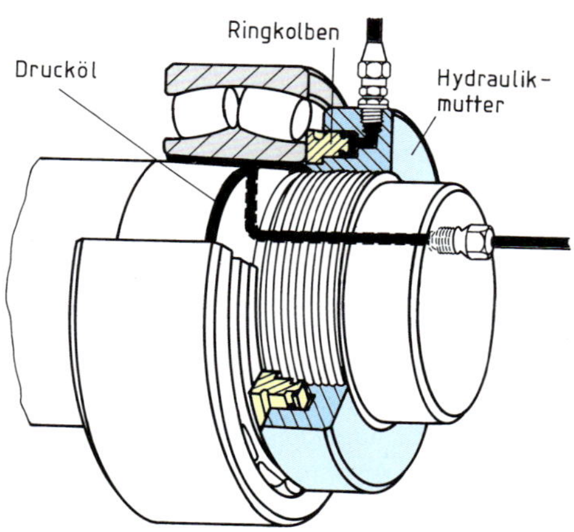

Einbau eines Pendelrollenlagers mit Hilfe des Druckölverfahrens und der Hydraulikmutter

Große Wälzlager mit kegeliger Bohrung werden mit einer Hydraulikmutter und/oder mit dem Druckölverfahren auf den kegeligen Lagersitz aufgepresst.

3.1.5 Geradführungen

Bauelemente, welche geradlinig zu bewegende Maschinenteile, wie z. B. Tische und Schlitten, tragen und zwangsläufig führen, nennt man Geradführungen.

Nach der Art der Reibung in der Führung unterscheidet man

- **Gleitführungen** mit *Gleitreibung* und
- **Wälzführungen** mit *Rollreibung.*

3.1.5.1 Gleitführungen

Bei Gleitführungen bewegen sich die Gleitflächen der Baueinheiten aufeinander. Zur Verringerung der Reibung und zur genaueren Führung werden die Gleitflächen geschliffen oder geschabt. Gute Schmierung gewährleistet Flüssigkeitsreibung und vermindert den Verschleiß. Häufig sind die Gleitflächen gehärtet, wodurch der Verschleiß ebenfalls verringert wird.

Nach dem Querschnitt unterscheidet man folgende Grundformen von Gleitführungen:

- **Flachführungen**
  für schwere Maschinen
- **Schwalbenschwanzführungen**
  für mittelgroße Maschinen
- **V- und Dachführungen**
  für kleine bis mittelgroße Maschinen
- **Zylindrische Führungen**
  für Bohrspindeln, Säulenführungen, Zahnradführungen u. a.

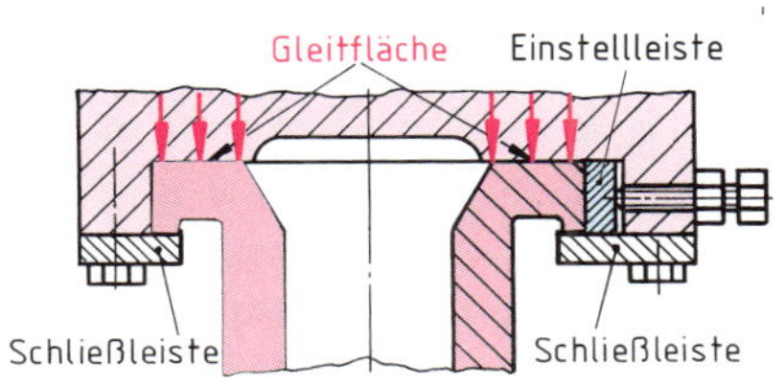

Flachführung

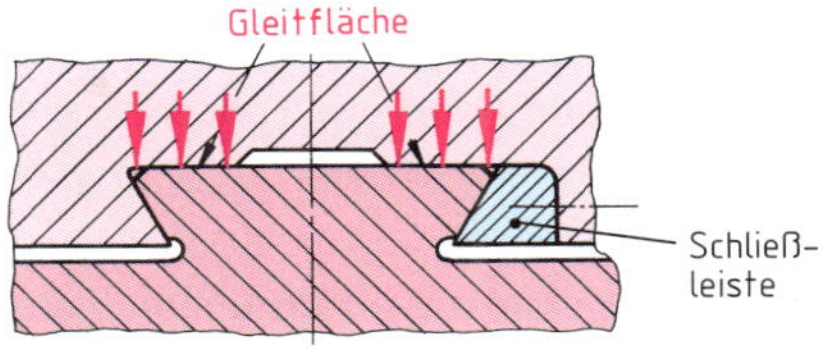

Schwalbenschwanzführung

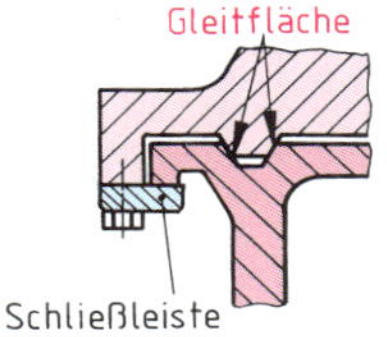

V-Führung

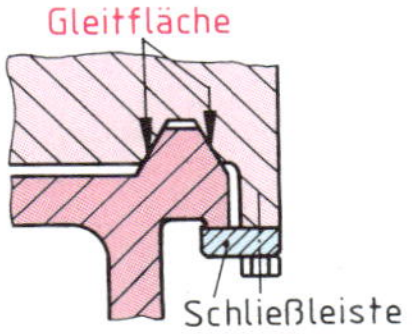

Dachführung

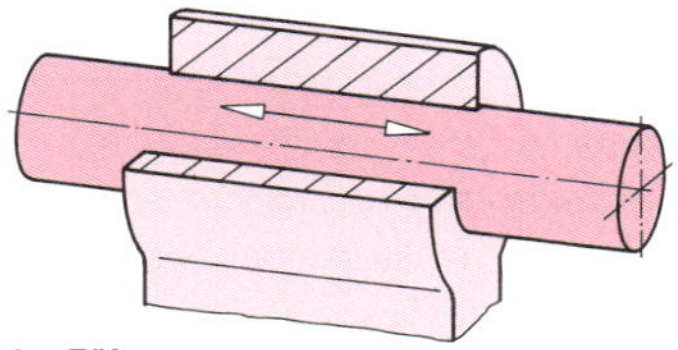
Zylindrische Führung

Grundformen von Gleitführungen sind:

- Flachführungen,
- Schwalbenschwanzführungen,
- V-Führungen und Dachführungen,
- zylindrische Führungen.

Gleitführungen sind leicht herzustellen und gut belastbar. Deshalb werden sie im Maschinenbau, Werkzeugbau und in vielen anderen Bereichen verwendet.

Gleitführungen haben jedoch folgende Nachteile:

- *unterschiedlicher Kraftbedarf:* Hoher Kraftaufwand beim Anfahren durch Haftreibung, geringerer Kraftaufwand beim Gleiten durch Gleitreibung. Die Folge ist ein nicht ruckfreies Anfahren des gleitenden Bauteils, Stick-Slip-Effekt genannt.
- *hoher Schmiermittelverbrauch:* Eine laufende Wartung ist erforderlich.
- *Verschleiß:* Eine ständige Flüssigkeitsreibung kann nicht aufrecht erhalten werden.
- *schwieriger Austauschbau:* Die Teile der Führung müssen meist zueinander passend gefertigt werden.
- *Auftreten von Spiel:* Verschleiß führt zu Spiel. Die Folge ist ein ungenaues Führen. Deshalb müssen Gleitführungen von Zeit zu Zeit nachgestellt werden.

Vor- und Nachteile von Gleitführungen:

- einfache Herstellung,
- hohe Belastbarkeit,
- hoher Schmierstoffverbrauch,
- Verschleiß.
- Stick-Slip-Effekt,

3.1.5.2 Wälzführungen

In Wälzführungen rollen wie bei den Wälzlagern zwischen zwei Laufflächen Wälzkörper ab. Dabei entsteht Rollreibung, die wesentlich geringer ist als Gleitreibung. Wälzführungen sind im Gegensatz zu Gleitführungen Bauelemente, die komplett geliefert werden, wie dies auch bei den Wälzlagern der Fall ist. Insgesamt haben Wälzführungen gegenüber Gleitführungen folgende Vorteile:

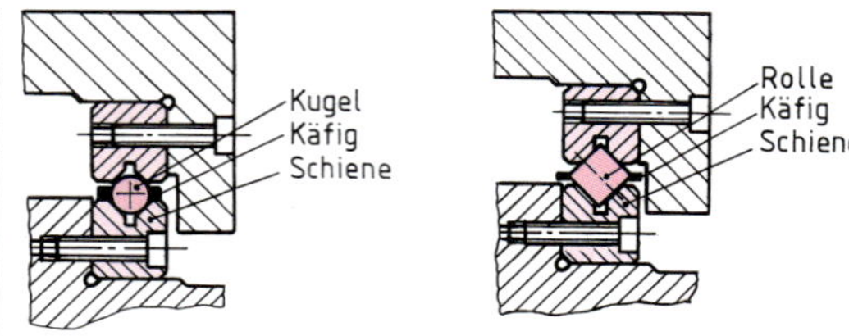

Wälzführungen

- *geringe Reibung,*
- *leichtes und spielfreies Führen,*
- *leichter Austauschbau,*
- *kein Stick-Slip-Effekt,*
- *geringer Schmiermittelverbrauch.*

- **Grundformen**

Man unterscheidet Wälzführungen meist nach der Form der Laufflächen.

Flache Laufflächen	V-förmige Laufflächen	Zylinderförmige Laufflächen
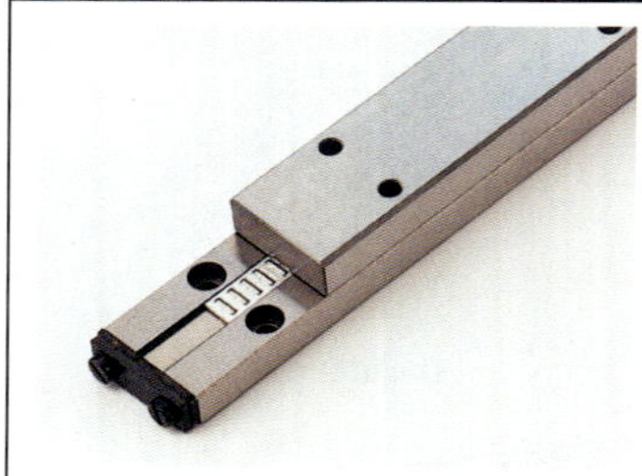	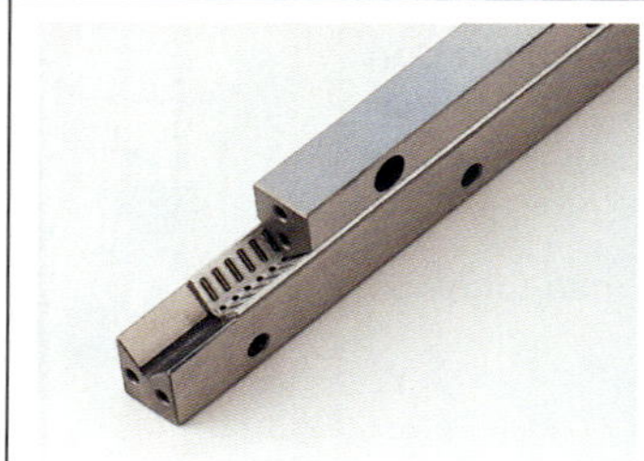	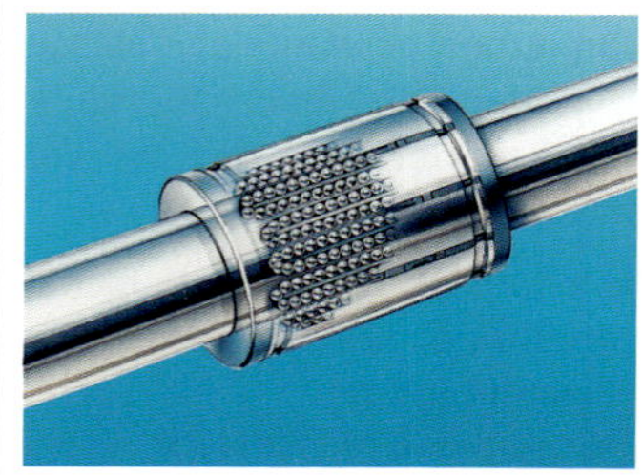

- **Hublängen**

Bei Wälzführungen mit *unbegrenztem Hub* müssen die durchgelaufenen Wälzkörper wieder an den Anfang der Führung zurückgeführt werden. Dies geschieht durch entsprechende Nuten in den Bauelementen oder durch kettenförmige Wälzkörperkäfige.

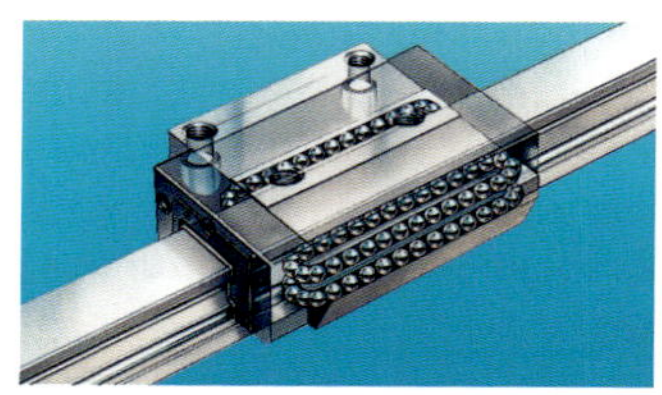
Längsführung mit unbegrenztem Hub

In Längsführungen mit unbegrenztem Hub müssen Wälzkörper zum Anfang des Gleitstücks zurückgeführt werden.

In Wälzführungen nehmen die Wälzkörper infolge des Kraftschlusses mit den Führungsschienen zwangsläufig an der Bewegung teil. Aus diesem Grunde bewegen sich Wälzkörperkäfig und Wälzkörper mit halber Geschwindigkeit gegenüber der Führung weiter. Der Hub des Wälzkörperkäfigs ist daher stets nur halb so groß wie der Hub der Führung.

Bei Wälzführungen, die nur einen begrenzten Hub ausführen, müssen die Käfige mit den Wälzkörpern um die Länge des *halben* Hubes gegenüber der Führungsschiene überstehen. Damit rollt die Führungsschiene stets auf der ganzen Länge auf Wälzkörpern.

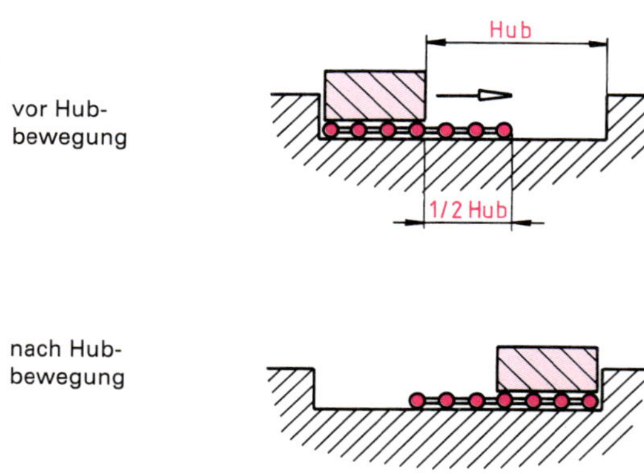

Bewegung von Führung und Käfig bei begrenztem Hub

Der Käfig von Wälzführungen mit begrenztem Hub muss um den halben Hub gegenüber der Führungsschiene vorstehen.

3.1.6 Achsen

Achsen tragen und stützen sich drehende Baueinheiten. Man unterscheidet feststehende Achsen und umlaufende Achsen. Kurze Achsen, welche feststehen, nennt man auch Bolzen. Achsen werden hauptsächlich auf Biegung und nie auf Verdrehung beansprucht.

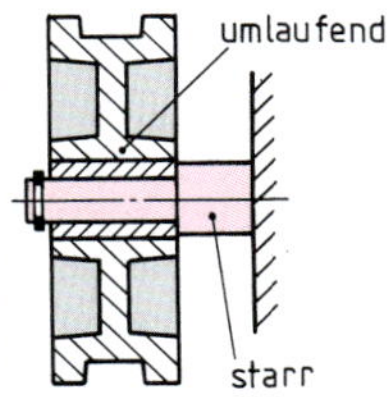

Starre Achse

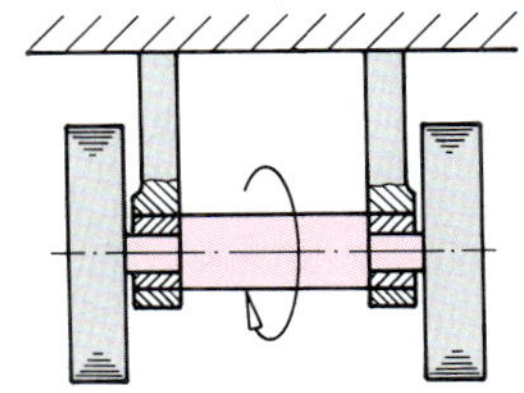

Umlaufende Achse

- **Biegebeanspruchung**

Die Biegebeanspruchung bei Achsen entsteht dadurch, dass die Lagerung der Achse und der Kraftangriff der abgestützten Baueinheit an verschiedenen Stellen der Achse erfolgen.

Damit die Beanspruchung der Achse durch die zu stützende Baueinheit anschaulicher wird, zeichnet man die Achse als Strecke und trägt Größe und Richtung der angreifenden Biegekräfte als Pfeile entsprechend an. Nimmt die Biegekraft zu, so wächst im gleichen Verhältnis die Biegebeanspruchung.

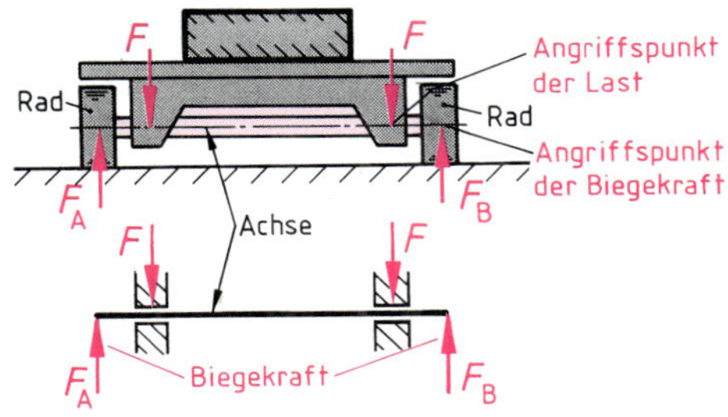

Kräfte an einer Achse

Die Biegewirkung für jede Stelle der Achse hängt ab:

- von der *Größe* der aufgebrachten Kraft,
- von dem *Abstand* zwischen Kraftangriff und Achslagerung.

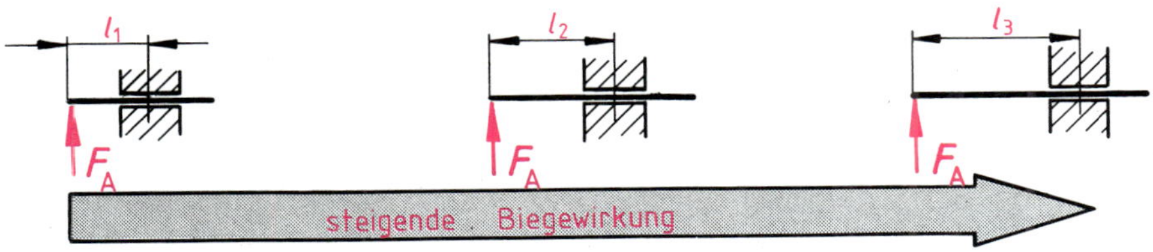

Die größte Biegewirkung tritt bei der skizzierten Achse an der Lagerstelle auf. Sie wird als Produkt aus Kraft und Abstand zwischen Kraftangriff und Lagerstelle berechnet und als **Biegemoment** bezeichnet. Das Biegemoment ist ein Maß für die Biegebeanspruchung.

Biegemoment	=	Kraft	·	Hebelarm
M_b	=	F	·	l

Biegemoment in Nm
Kraft in N
Hebelarm in m

Beispiel **zur Bestimmung eines Biegemoments**

Aufgabe

Es ist das Biegemoment an der Lagerstelle zu ermitteln.

Der Anstieg des Biegemoments vom Kraftangriff zur Lagerstelle ist in einem Diagramm darzustellen.

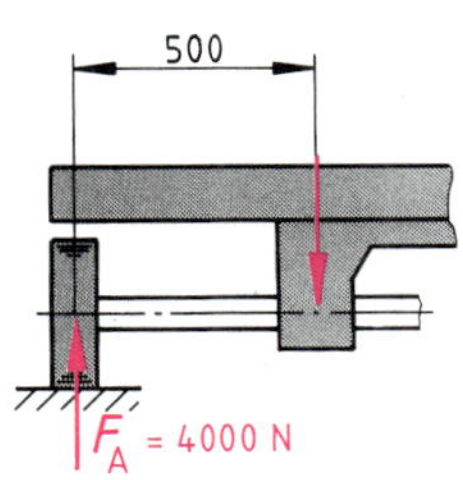

Lösung

$M_b = F_A \cdot l$

$M_b = 4\,000\ \text{N} \cdot 0{,}5\ \text{m}$

$M_b =$ **2 000 Nm**

(Das Biegemoment wächst stetig vom Angriffspunkt der Kraft bis zur Lagerstelle.)

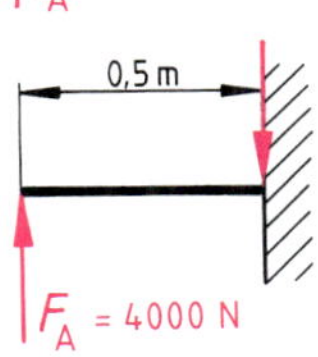

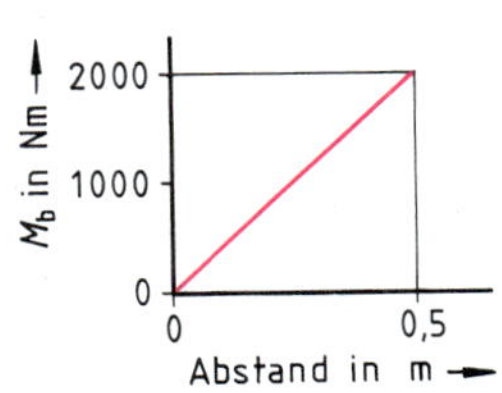

Das Biegemoment M_b ist das Produkt aus Kraft und Abstand zwischen Kraftangriff und Lagerstelle. Das Biegemoment ist ein Maß für die Biegebeanspruchung.

4 Funktionseinheiten zur Energieübertragung

4.1 Wellen

Wellen haben die Aufgabe, mechanische Energie von der Antriebseinheit zum Antriebsort zu leiten. Sie drehen sich dabei und übertragen Drehmomente. Diese werden durch Zahnräder, Kupplungen, Hebel u. a. in die Welle eingeleitet und auch wieder abgeleitet. Dadurch sind *Wellen auf Verdrehung* beansprucht. Gleichzeitig können Wellen durch Kräfte, die senkrecht zur Wellenachse wirken, auf Biegung beansprucht werden.

Weiterleiten mechanischer Energie über Wellen

- **Drehmoment**

Beim Einleiten der Drehbewegung in eine Welle wirkt eine Kraft an einem Hebelarm, z. B. am Teilkreis eines Zahnrades. Dabei ist der Hebelarm der Abstand zwischen Angriffspunkt der Kraft und Drehpunkt.

Die Drehwirkung, welche eine Kraft an einem Hebel ausübt, nennt man Drehmoment (M_d). Das Drehmoment ist das Produkt aus Umfangskraft und Hebelarm. Eine Welle kann ein eingebrachtes Drehmoment nur in gleicher Größe weiterleiten.

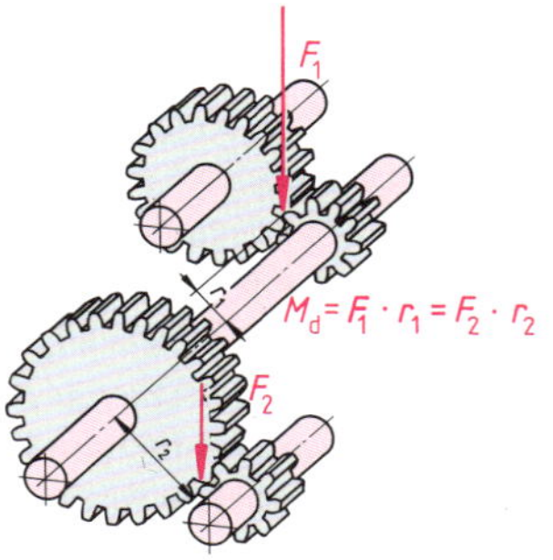

Drehmoment an einer Welle

Wellen übertragen Drehmomente. Ein Drehmoment ist das Produkt aus Umfangskraft und Hebelarm.

- **Torsionsspannung**

Durch das Drehmoment wird auf die Welle eine Verdrehbeanspruchung ausgeübt.

Dadurch entstehen im Werkstoff der Welle Torsionsspannungen (Verdrehspannungen). Die größten Spannungen entstehen außen am Wellenumfang. Sie nehmen stetig nach innen hin ab. In der Mittellinie der Welle sind sie gleich Null.

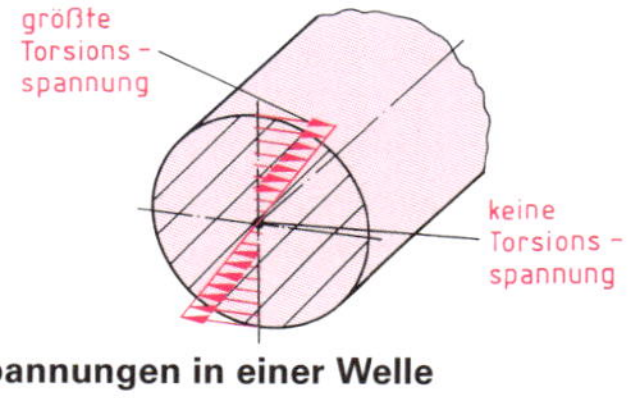

Torsionsspannungen in einer Welle

Das Drehmoment verursacht in der Welle Torsionsspannungen. Diese Torsionsspannungen sind am Umfang der Welle am größten und nehmen zur Mittellinie hin stetig ab.

4.1.1 Lagerzapfen

Achsen und Wellen müssen abgestützt werden. Zur Abstützung benutzt man Lager. Die Stützstelle an den Wellen und Achsen bezeichnet man als **Lagerzapfen**. Je nach Richtung der auftretenden Lagerkräfte unterscheidet man Tragzapfen und Stützzapfen. **Stützzapfen** nehmen Kräfte in *axialer* Richtung auf. **Tragzapfen** nehmen Kräfte in *radialer* Richtung auf.

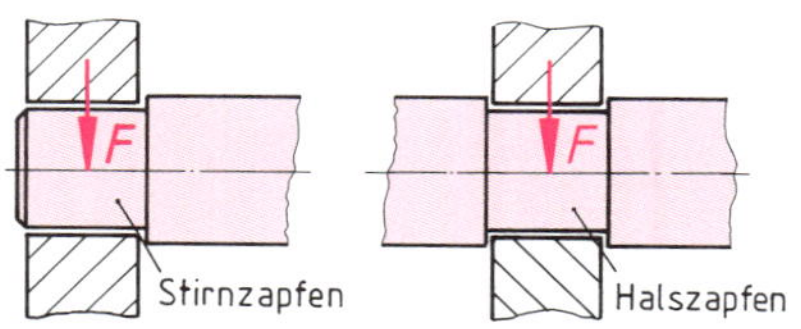

Tragzapfen

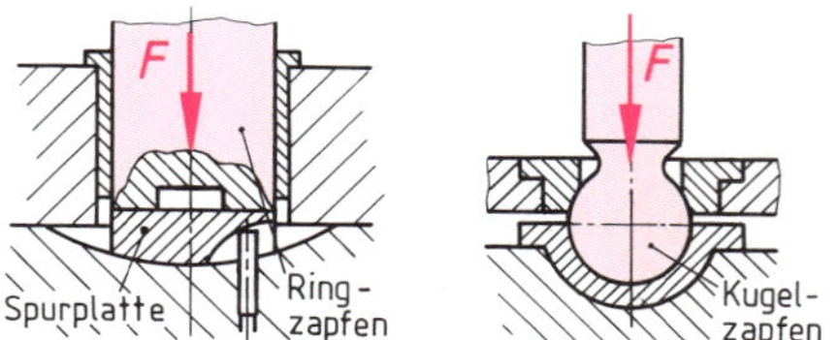

Stützzapfen

Achsen und Wellen werden an Zapfen in Lagern abgestützt. Tragzapfen werden in radialer Richtung und Stützzapfen in axialer Richtung belastet.

4.2 Kupplungen

Kupplungen sind Funktionseinheiten zur Übertragung von Drehmomenten von einer Welle auf eine andere. Sie bestehen daher grundsätzlich aus zwei Bauteilen, die auf unterschiedliche Weise verbunden sind. Die allgemeine Unterteilung der Kupplungen erfolgt in nicht schaltbare Kupplungen, schaltbare Kupplungen und Kupplungen für Sonderfälle.

4.2.1 Nicht schaltbare Kupplungen

Bei diesen Kupplungen ist das Trennen von Antriebswelle und Abtriebswelle während des Betriebes nicht möglich. Nicht schaltbare Kupplungen werden unterteilt in **starre** Kupplungen, **drehstarre** Kupplungen und **elastische** Kupplungen.

Starre Kupplungen	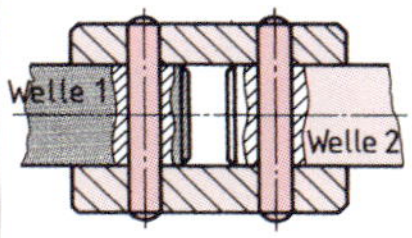 **Stiftkupplung**	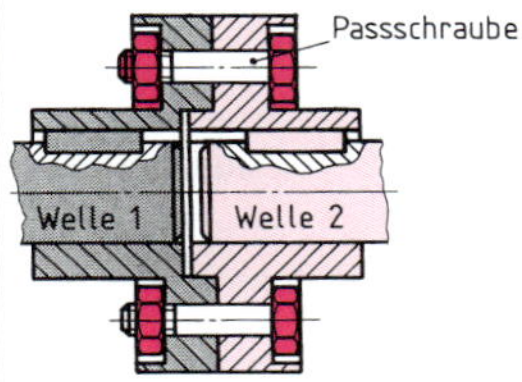 **Scheibenkupplung**	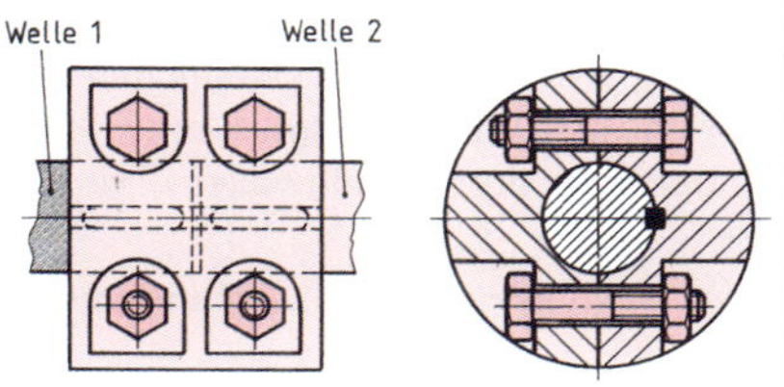 **Schalenkupplung**

Starre Kupplungen dienen der Kraftübertragung zwischen zwei fluchtenden Wellen und können als **formschlüssige** (Stiftkupplung), **kraft- und formschlüssige** (Scheibenkupplung) oder **kraftschlüssige** (Schalenkupplung – mit Sicherung durch Passfeder) Funktionseinheit ausgeführt sein. Sie können keine Abweichungen zwischen den Wellen ausgleichen.

Drehstarre Kupplungen	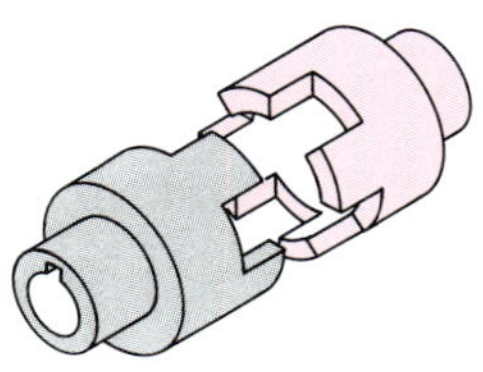 Klauenkupplung (erlaubt nur Längenänderung)	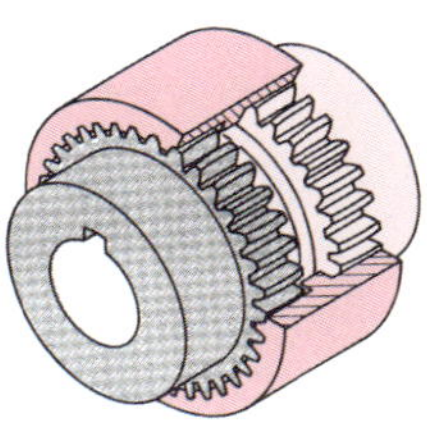 Balligzahn-Kupplung	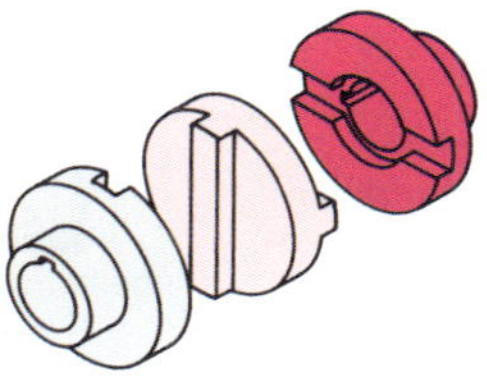 Kreuzscheiben-Kupplung

Drehstarre Kupplungen übertragen die Drehbewegung starr und können nur kleine axiale Verschiebungen und geringen Wellenversatz ausgleichen. Bei erforderlichem größeren Längenausgleich und großem Winkelversatz kommen Gelenkwellen (Kardanwellen) mit zwei Kreuzgelenken und einem Schiebeteil zum Einsatz.

Elastische Kupplungen	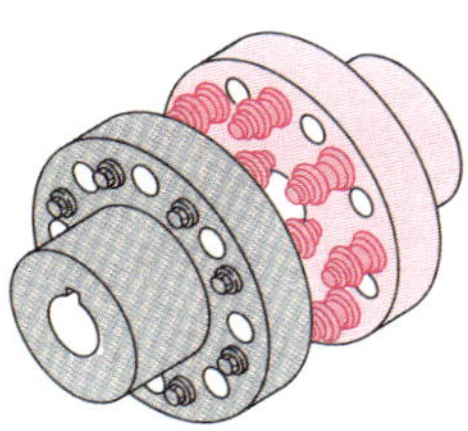 ELCO®-Kupplung mit gummierten Bolzen	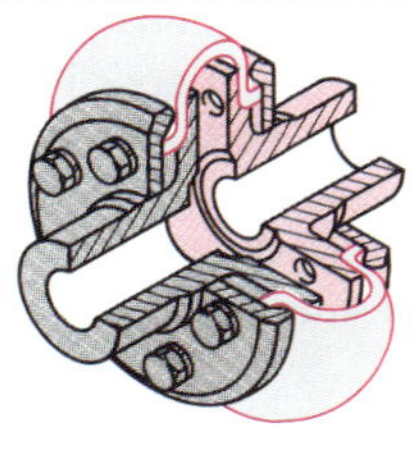 Periflex®-Kupplung mit Gummireifen	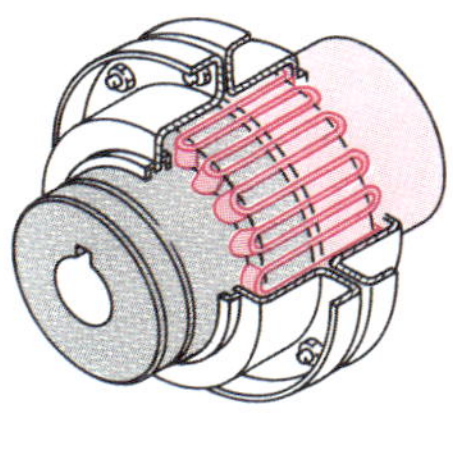 Winflex®-Kupplung mit Stahlband

Elastische Kupplungen können kleinen axialen, radialen und auch winkeligen Wellenversatz ausgleichen. Durch ihre Nachgiebigkeit werden Stöße und Schwingungen gedämpft und erlauben ein behutsames Anfahren. Die Verbindung der beiden Kupplungsteile erfolgt mit Elementen aus Gummi, Metallfedern, Textilgewebe usw.

4.2.2 Schaltbare Kupplungen

Schaltbare Kupplungen erlauben es, die Verbindung zwischen treibenden und getriebenen Baueinheiten einer Maschine zu unterbrechen.

Im Stillstand schaltbare Kupplungen

Nur im Stillstand (oder bei Gleichlauf) schaltbare Kupplungen sind in der Regel formschlüssige Kupplungen. Sie sind während des Betriebes bedingt ausrückbar. Bei formschlüssigen Schaltkupplungen muss eine Hälfte der Kupplung auf der Welle axial verschiebbar sein. Dadurch können die Verbindungselemente (Klauen, Zähne, Bolzen usw.) bei Schaltung ineinander gefügt werden. Die Verbindung zwischen dem beweglichen Teil der Kupplung und der Welle erfolgt durch Gleitfederverbindungen oder durch Profilwellen.

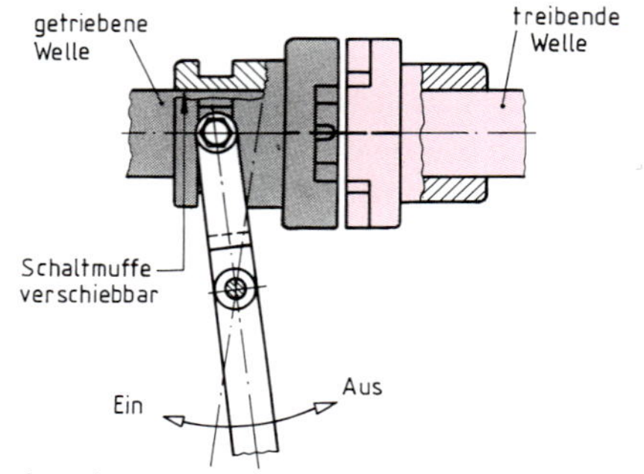

Klauenkupplung

Formschlüssige Schaltkupplungen sind nur im Stillstand (oder bei Gleichlauf) schaltbar.

Während des Betriebes schaltbare Kupplungen

Diese Kupplungen übertragen die Drehmomente durch Kraftschluss. Dabei werden die Reibflächen der beiden Kupplungshälften durch eine Kraft gegeneinander gepresst. Die Reibflächen können als Scheiben, Kegel oder als Backen konstruiert sein. Im Maschinenbau und Kraftfahrzeugbau verwendet man meist Scheibenkupplungen.

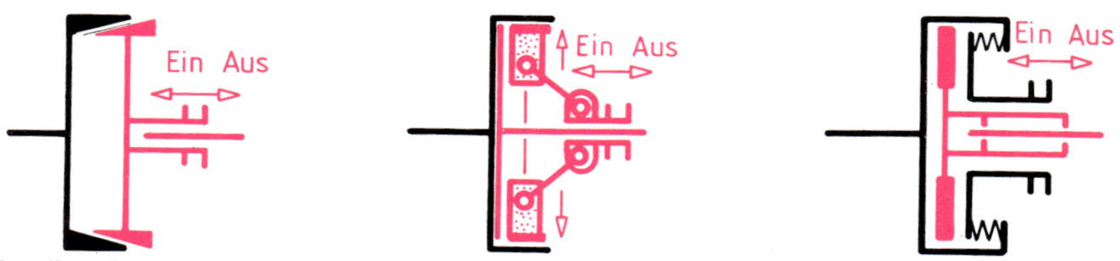

Wirkprinzipien kraftschlüssiger Schaltkupplung Kegelkupplung Backenkupplung Einscheibenkupplung

Scheibenkupplungen

Scheibenkupplungen werden als Einscheibenkupplungen und Mehrscheibenkupplungen (Lamellenkupplungen) hergestellt.

Bei **Einscheibenkupplungen** wird durch Federkraft eine Druckplatte gegen eine axial verschiebbare Scheibe, die sich auf der getriebenen Welle befindet, gepresst. Die Kupplungsscheibe drückt dadurch gegen das Kupplungsgehäuse auf der Antriebswelle. Die Kupplungsscheibe ist auf beiden Seiten mit einem besonderen Reibbelag versehen. Zum Entkuppeln wird die Druckplatte mithilfe von Ausrückhebeln gegen die Federkraft zurückgezogen.

Einscheibenkupplungen werden meist in Kraftfahrzeugen verwendet.

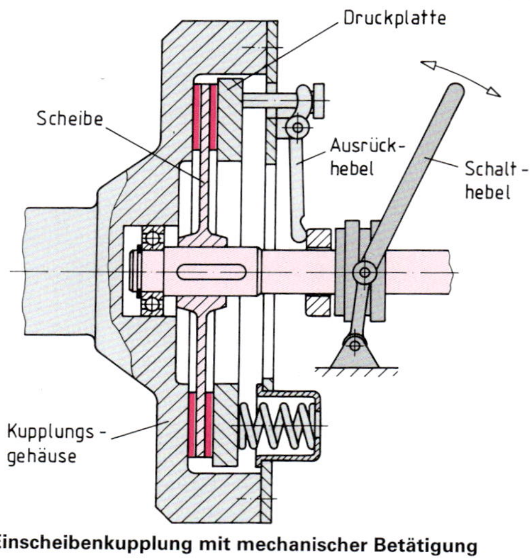

Einscheibenkupplung mit mechanischer Betätigung

Mehrscheibenkupplungen, Lamellenkupplungen genannt, haben mehrere Scheiben bzw. Lamellen. Mit der Anzahl der Lamellen und der Anpresskraft erhöht sich das übertragbare Drehmoment. Dabei unterscheidet man Außen- und Innenlamellen, die abwechselnd angeordnet sind. Die Außenlamellen werden vom Kupplungsgehäuse, die Innenlamellen von der getriebenen Welle in Nuten mitgenommen. Beim Einschalten der Kupplung werden die Lamellen durch Hebel gegeneinander gepresst.
Mehrscheibenkupplungen verwendet man in Werkzeugmaschinen und Getrieben.

Lamellen gekuppelt

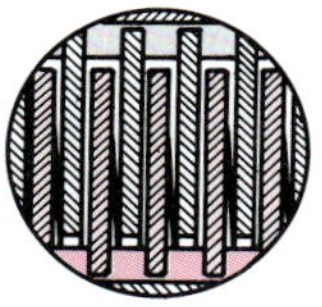
Lamellen entkuppelt

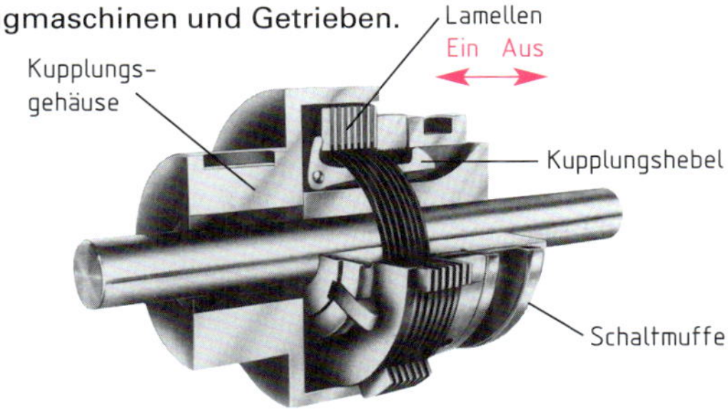

Lamellenkupplung mit mechanischer Betätigung

Zur **Ausführung der Schaltbewegung** bei Kupplungen benötigt man einen Schaltmechanismus. Dieser Schaltmechanismus kann auf verschiedene Weise betätigt werden:
- *mechanisch,*
- *hydraulisch bzw. pneumatisch,*
- *magnetisch.*

Verschiedene Arten der Schaltung einer Lamellenkupplung

mechanisch geschaltet	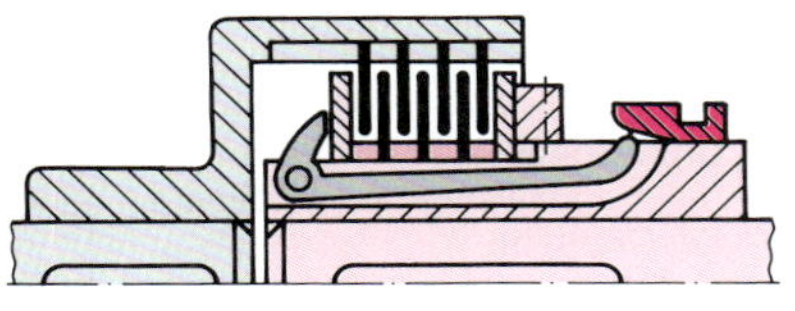	*besondere Merkmale:* feinfühliges Schalten, geringe Schaltgenauigkeit, ungeeignet für Fernbedienung und Programmsteuerung. *Einbaubeispiele:* Werkzeugmaschinen, Bootsgetriebe, Verladegeräte
hydraulisch geschaltet	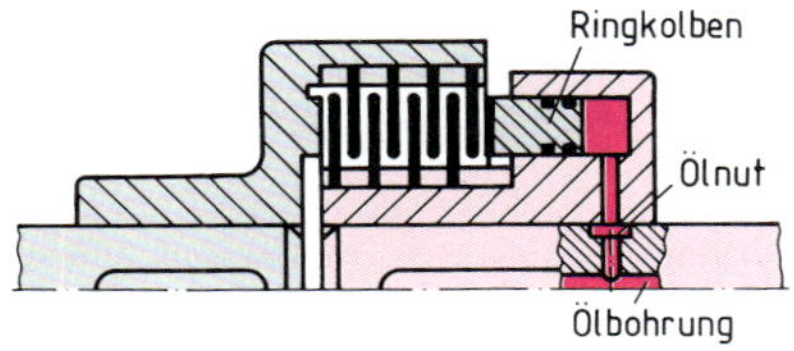	*besondere Merkmale:* sehr kleine und robuste Bauart, Übertragung großer Drehmomente, größere Schaltgenauigkeit als mechanische Schaltung, weitgehende Wartungsfreiheit. *Einbaubeispiele:* Maschinen mit eigener Hydraulik, z. B. Bagger, Baumaschinen, Werkzeugmaschinen
elektrisch geschaltet	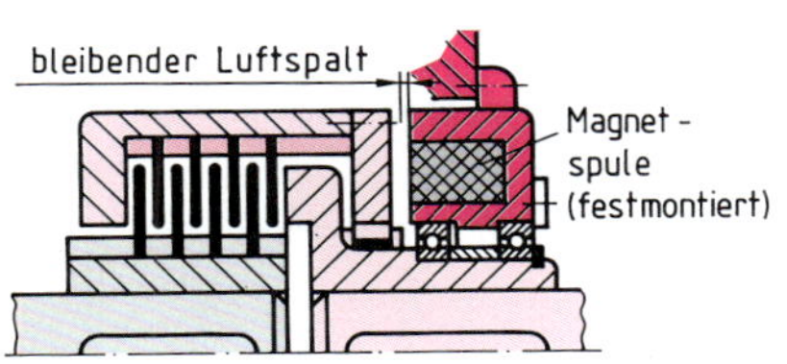	*besondere Merkmale:* sehr hohe Schaltgenauigkeit, sehr gut geeignet für Fernbedienung und Programmsteuerung. *Einbaubeispiele:* fernbediente Förderanlagen, programmgesteuerte Maschinen.

Die **Auswahl der Schaltung,** ob mechanisch, hydraulisch, pneumatisch oder elektromagnetisch, richtet sich nach folgenden Gesichtspunkten:
- *Größe der zu übertragenden Drehmomente,*
- *Größe der Schaltkraft,*
- *geforderte Schaltzeit und Schaltgenauigkeit,*
- *Entfernung der Schaltstelle von der Kupplung,*
- *Baugröße,*
- *Medium, das an der Maschine vorliegt.*

Kraftschlüssige Kupplungen sind im Stillstand und in Betrieb schaltbar.
Der Schaltvorgang kann mechanisch, hydraulisch, pneumatisch oder elektromagnetisch erfolgen.

4.3 Getriebe

Getriebe sind Baueinheiten zwischen Antriebs- und Arbeitseinheit. Sie können folgende Funktionen haben:

- Bewegungsenergie weiterzuleiten,
- Drehzahlen zu ändern,
- Drehrichtung umzukehren,
- Bewegungsart umzuformen.

Antriebseinheit → **Getriebe** → **Arbeitseinheit**

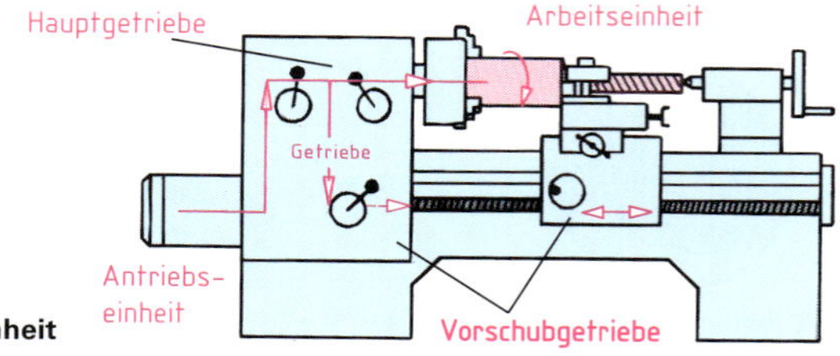

Weiterleiten der Energie von der Antriebseinheit zu der Arbeitseinheit

4.3.1 Einteilung der Getriebe

Entsprechend dem mechanischen Prinzip der Umformung lassen sich verschiedene Getriebearten unterscheiden.

Übersicht über mechanische Getriebe

	Zugmittelgetriebe	**Zahnradgetriebe**	**Schraubengetriebe**
Aufgabe	Übertragung einer Drehbewegung von einer Welle auf eine andere, bei einem großen Achsabstand, meist verbunden mit Änderung der Drehzahl.	Übertragung der Drehbewegung von einer Welle auf eine andere, verknüpft mit der Umkehrung der Drehrichtung, meist angewendet zur Änderung der Drehzahl.	Umwandlung einer Drehbewegung in eine geradlinige Bewegung, wobei die geradlinige Bewegung der Drehbewegung jederzeit proportional ist.
Beispiel	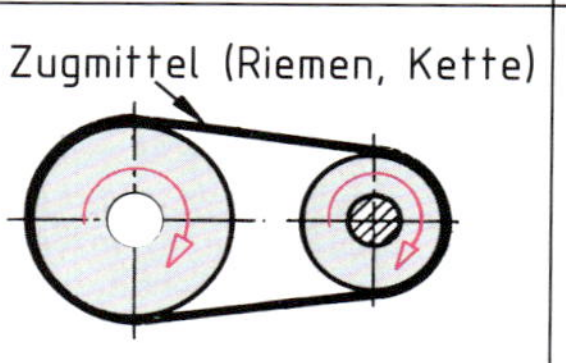 Übertragen der Drehbewegung der Pedale auf das Hinterrad eines Fahrrads.	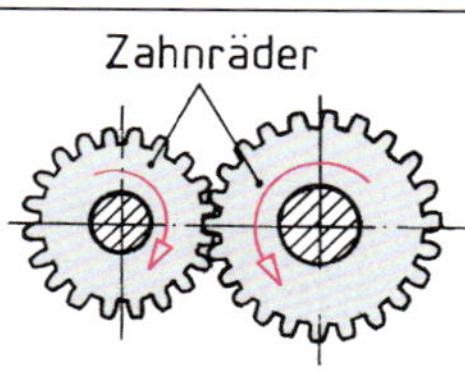 Umformung der Drehzahl und Drehrichtung von der Antriebseinheit auf die Arbeitseinheit in einem Drehmaschinengetriebe.	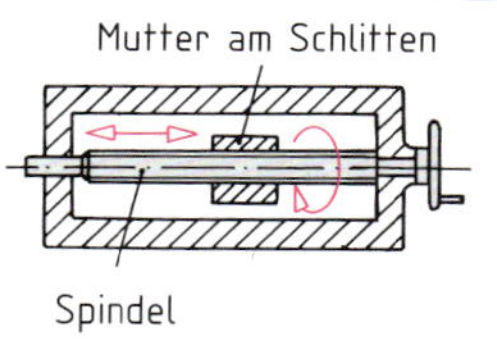 Schlittenbewegung an der Drehmaschine. Umformung der Drehbewegung in geradlinige Bewegung.
	Gelenkgetriebe	**Kurvengetriebe**	**Sperrgetriebe**
Aufgabe	Umwandlung einer Drehbewegung in eine geradlinige Hin- und Herbewegung oder umgekehrt.	Umwandlung einer Drehbewegung in eine geradlinige Bewegung nach bestimmter Gesetzmäßigkeit.	Sperren und Freigeben einer Bewegung in bestimmten Abständen.
Beispiel	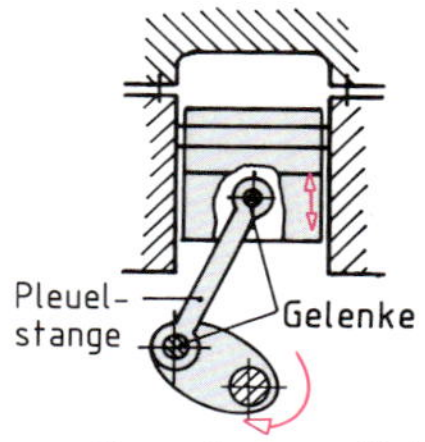 Umwandlung der geradlinigen Kolbenbewegung eines Verbrennungsmotors in die Drehbewegung der Kurbelwelle.	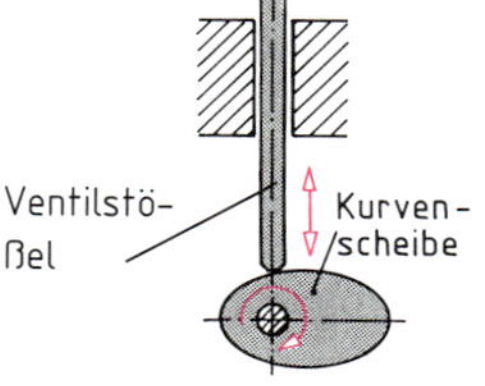 Umwandlung der Drehbewegung der Nockenwelle in geradlinige Hubbewegung der Ventilsteuerung im Kraftfahrzeug.	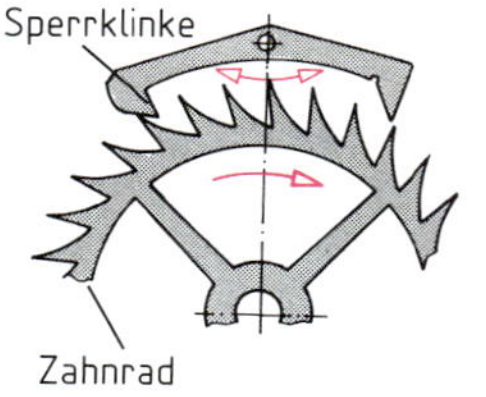 Sperrung der Drehbewegung des Uhrengetriebes in regelmäßigen Zeitabständen.

4.3.2 Zugmittelgetriebe

Bei Zugmittelgetrieben werden die Drehbewegungen vom Antriebsrad durch Riemen oder Ketten als Zugmittel auf das getriebene Rad übertragen.

- **Kraftschlüssige Riemengetriebe**

In Riemengetrieben dient ein elastischer Riemen als Zugmittel zur Übertragung der Drehbewegung. Dabei besteht *Kraftschluss* zwischen Riemen und Riemenscheibe. Die Größe der übertragbaren Kraft hängt von der Reibungskraft ab, die zwischen Riemen und Riemenscheibe wirkt.
Große Bedeutung als kraftschlüssiger Riementrieb hat der Keilriementrieb.

Keilriemen werden aus Gummi hergestellt. Sie werden wegen ihrer Höhe im Wesentlichen auf der Oberseite auf Zug beansprucht und sind dort durch Gewebe verstärkt.
Keilriemen liegen an den Flanken der keilförmig ausgearbeiteten Riemenscheibe an. Dadurch wird die Kraft im Riemen in große Normalkräfte zerlegt, welche auf die Flanken wirken. Daher müssen Keilriemen den gleichen Flankenwinkel wie die Riemenscheiben haben und dürfen am Scheibengrund nicht aufliegen. Wegen der hohen Normalkräfte können große Umfangskräfte übertragen werden.

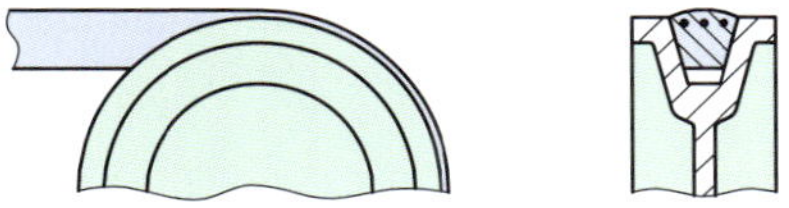

Keilriemen

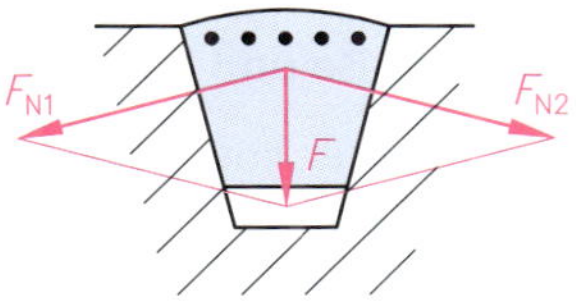

Normalkraft beim Keilriemen

Keilriemen haben Kraftschluss an den Flanken der Riemenscheiben.

- **Formschlüssige Riemengetriebe**

Zahnriemen werden aus Polyamid und Polychloropren mit einer Einlage aus Glasfaser oder Aramid als Zugkörper hergestellt. Durch das Zahnprofil wird zwischen Riemen und Scheibe Formschluss erzeugt. Dadurch ist eine schlupffreie Übertragung der Drehbewegung möglich.
Zahnriemen werden eingesetzt, wenn die Vorteile der Riemengetriebe, z. B. großer Wellenabstand und Stoßminderung, genutzt werden sollen, und keinesfalls Schlupf auftreten darf.

Zahnriemen

Zahnriemen übertragen die Drehbewegung durch Formschluss zwischen Riemen und Scheibe.

- **Kettengetriebe**

In Kettengetrieben dienen Stahlketten als Zugmittel zur Übertragung der Bewegung. Diese Bewegung wird *formschlüssig* übertragen. Es entsteht daher kein Schlupf. Im Maschinenbau verwendet man am häufigsten die Rollenkette.
Rollenketten werden als Einfach- oder als Mehrfachketten mit bis zu zehn Rollen nebeneinander gefertigt.

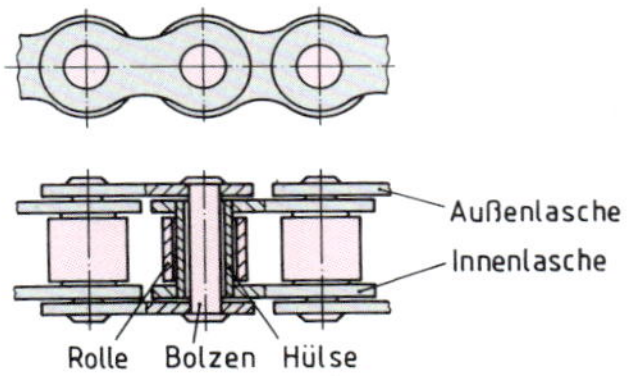

Kettengetriebe

Rollenketten übertragen die Drehbewegung durch Formschluss. Sie übertragen bei geringerer Baubreite größere Kräfte als Riemengetriebe.

4.3.3 Zahnradgetriebe

Mithilfe von Zahnrädern werden Drehbewegungen von einer Welle auf eine andere durch Formschluss und damit ohne Schlupf übertragen. Zahnradgetriebe eignen sich je nach Ausführung zur Übertragung von sehr niedrigen Leistungen, wie z. B. in der Uhrentechnik, bis zu sehr großen Leistungen, wie z. B. bei Walzenantrieben. Neben der Übertragung der Drehbewegung werden meist Drehzahl, Drehmoment oder auch Drehrichtung geändert.

Zahnradgetriebe

4.3.3.1 Zahnradmaße und ihre Berechnung

Als **Teilkreis** bezeichnet man einen gedachten Kreis, auf welchen die Verzahnung konstruiert ist. Der Teilkreisdurchmesser bestimmt den Zahnabstand der Zahnräder und wird mit *d* bezeichnet.

Die **Zahnteilung** *p* ist das Bogenmaß von Zahnmitte zu Zahnmitte auf dem Teilkreis.

Die **Zähnezahl** hat das Kurzzeichen *z*.

Die Zahnteilung lässt sich aus Umfang des Teilkreises ($U = d \cdot \pi$) und der Zähnezahl berechnen:

$$p = \frac{d \cdot \pi}{z}$$

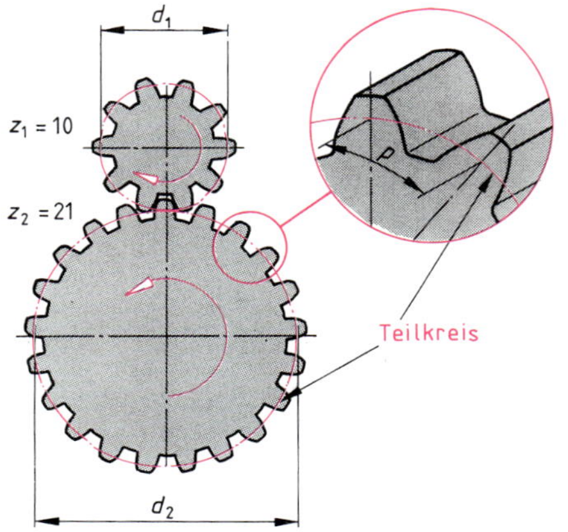

Teilkreisdurchmesser und Teilung

Als **Modul** *m* bezeichnet man das Verhältnis von Teilkreisdurchmesser *d* zur Zähnezahl *z*.

Damit ergibt sich für den Modul:

$$m = \frac{d}{z}$$

Für die Teilung gilt dann:

$$p = m \cdot \pi$$

Durch den Modul werden die meisten Maße eines Zahnrades bestimmt. Zahnräder mit gleichem Modul haben gleiche Zahnteilung und können darum bei gleicher Zahnform miteinander in Eingriff gebracht werden. Die Module sind genormt und in ÖNORM M 6702 festgelegt.

Der Modul ist das Verhältnis von Teilkreisdurchmesser zu Zähnezahl. Er bestimmt die wichtigen Maße eines Zahnrades.

Geht man davon aus, dass sich bei einem Zahnradeingriff die beiden Teilkreise berühren, dann gilt

für den **Achsabstand** *a*: $a = \frac{d_1}{2} + \frac{d_2}{2}$

daraus folgt:

$$a = \frac{m \cdot (z_1 + z_2)}{2}$$

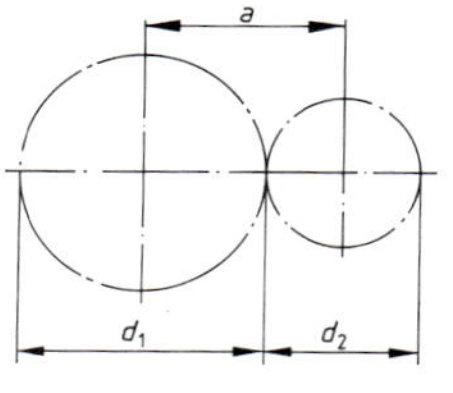

Achsabstand

Die **Kopfhöhe** h_a ist der Abstand vom Teilkreis bis zum Außendurchmesser. Die Kopfhöhe ist genau so groß wie der Modul. Damit ist der Außendurchmesser $d_a = d + 2 \cdot m$.

Der Außendurchmesser wird auch als Kopfkreisdurchmesser bezeichnet.

Die **Fußhöhe** h_f des Zahnes ist der Abstand vom Teilkreis bis zum Zahngrund. Die Fußhöhe beträgt $h_f = 1{,}2 \cdot m$.

Damit ergibt sich für den Fußkreisdurchmesser eines Zahnrades die Beziehung $d_f = d - 2{,}4 \cdot m$.

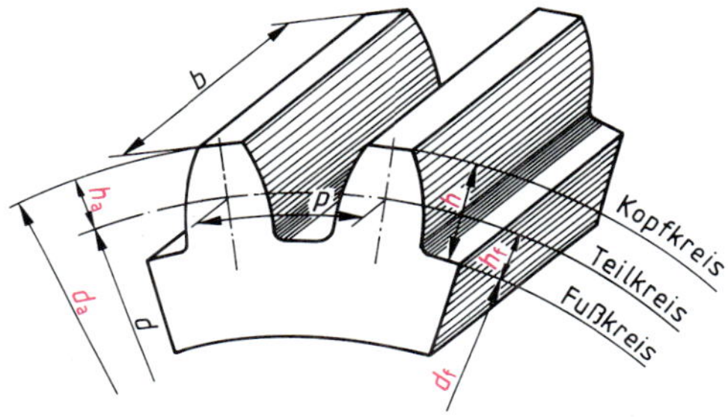

Abmessungen an Geradstirnrädern

Für den Kopfkreisdurchmesser gilt: $d_a = d + 2 \cdot m$, $d_a = m \cdot (z + 2)$
Für den Fußkreisdurchmesser gilt: $d_f = d - 2{,}4 \cdot m$, $d_f = m \cdot (z - 2{,}4)$

4.3.3.2 Zahnflankenformen

Die Übertragung der Drehbewegung durch Zahnräder soll gleichförmig, d. h. ruckfrei und kontinuierlich sowie reibungsarm erfolgen. Fertigungstechnisch müssen Zahnformen verwendet werden, die in Massenfertigung herzustellen sind. Bei der Montage auftretende geringe Achsabstandsfehler dürfen im Betrieb nicht zu Beschädigungen führen.

Evolventenverzahnung

Zähne, welche die Zahnflanken als Evolventenkurve gestaltet haben, erfüllen die an eine Zahnflankenform gerichteten Bedingungen in bestmöglicher Weise.

Eine Evolvente entsteht als Bahnkurve, wenn ein Faden von einem Zylinder abgewickelt wird.

Von dieser Evolventenkurve wird lediglich der Beginn der Abwicklung als Bestandteil für die Zahnflanken verwendet.
Die Evolventenkurve wird im Maschinenbau und im Kfz-Bau als Zahnflankenform verwendet.

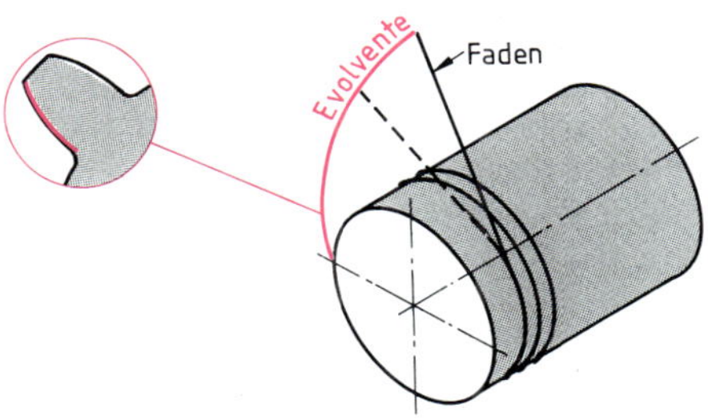

Entstehung einer Evolvente

Im Maschinenbau und im Kfz-Gewerbe verwendet man Zahnräder mit Evolventenverzahnung.

Zykloidenverzahnung

In der Feinwerktechnik, insbesondere in mechanischen Uhren, verwendet man die Zykloidenform als Zahnflankenform. Man spricht von Zykloidenverzahnung.

Eine **Zykloide** entsteht, wenn der Weg eines Punktes auf einer rollenden Scheibe betrachtet wird. Zahnräder mit Zykloidenverzahnungen weisen gutes Abrollverhalten auf und unterliegen deshalb einem geringen Verschleiß der Zahnflanken. Zykloidenverzahnungen sind jedoch schwieriger herzustellen als Evolventenverzahnungen.

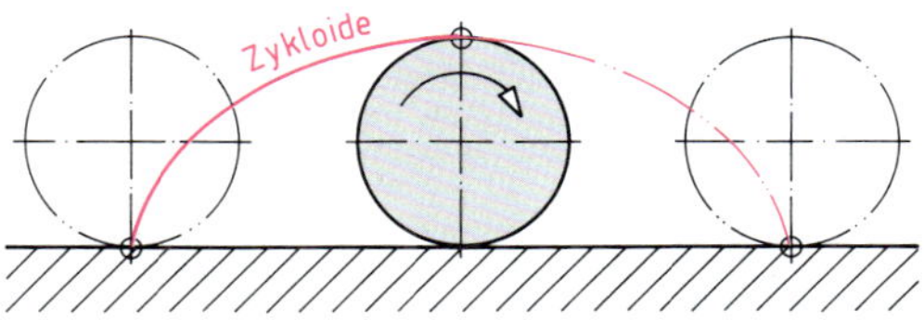

Entstehung einer Zykloide

Zahnräder mit Zykloidenverzahnung werden im Feinwerksbau eingesetzt.

4.3.3.3 Formen von Zahnradgetrieben

Man unterscheidet nach der Lage der Wellen verschiedene Grundformen von Zahnradgetrieben.

Wellen liegen parallel zueinander	Wellen schneiden sich	Wellen kreuzen sich
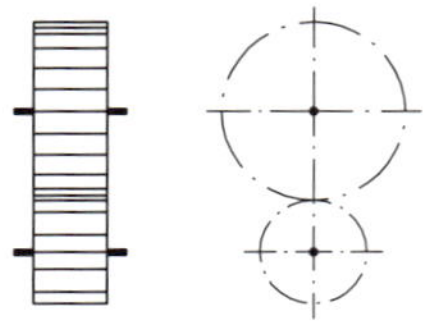 Stirnradtrieb	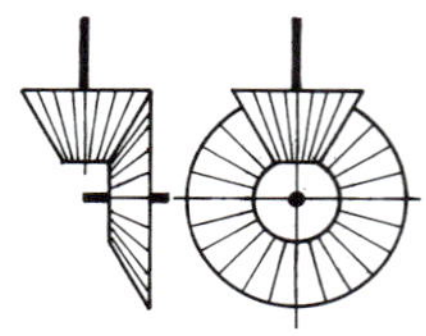 Kegelradtrieb	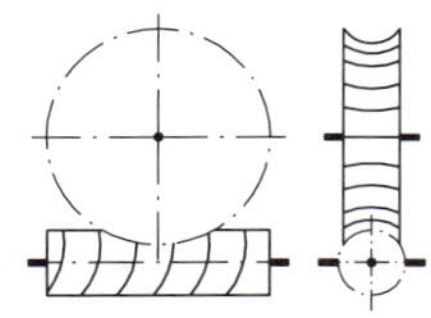 Schneckentrieb

Stirnradgetriebe mit Schrägverzahnung

Stirnradgetriebe

Stirnradgetriebe werden zur Übertragung von Drehmomenten von einer Welle auf eine parallel dazu liegende andere Welle verwendet. Nach der Lage der Zähne zur Drehachse spricht man bei Stirnradgetrieben von Rädern mit Geradverzahnung und Schrägverzahnung.

Bei schräg verzahnten Stirnrädern sind stets mehrere Zähne im Eingriff. Dadurch laufen diese Getriebe ruhiger. Infolge der schrägen Verzahnung treten aber Kräfte in Achsrichtung auf, die von den Lagern aufgenommen werden müssen.

Geradstirnräder gerade verzahnt	Schrägstirnräder schräg verzahnt	pfeilverzahnt	doppelt schräg verzahnt
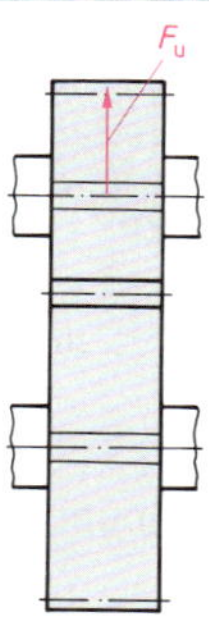	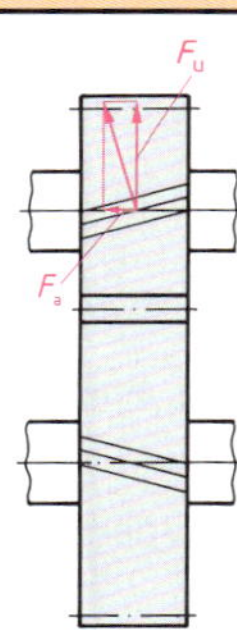	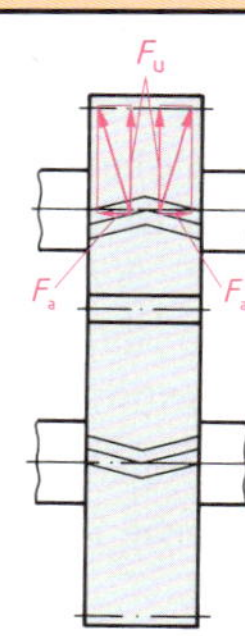	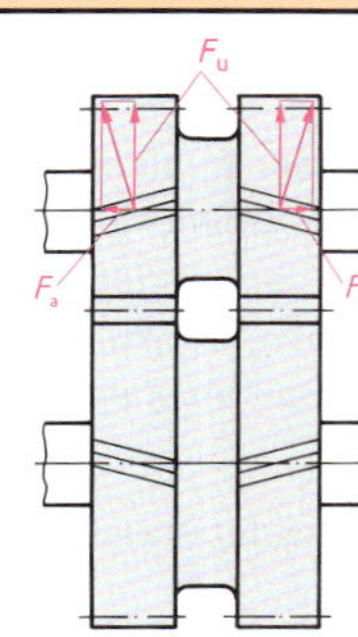
• geringe Reibungsverluste • hohe Geräuschentwicklung • empfindlich gegen Zahnformfehler	• höhere Laufruhe • bessere Eignung für hohe Drehzahlen • geringere Empfindlichkeit gegen Zahnformfehler • Axialkraft, wird durch Pfeil- oder Doppelschrägverzahnung kompensiert		

Schrägverzahnte Stirnräder haben gegenüber geradverzahnten Stirnrädern:

- höhere Laufruhe,
- bessere Eignung für hohe Drehzahlen,
- geringe Empfindlichkeit gegen Zahnformfehler,
- geringeren Wirkungsgrad,
- Schubkraft in Axialrichtung, sie kann durch Doppelschräg- und Pfeilverzahnung aufgehoben werden.

Neben der normalen Ausführung mit Außenverzahnung verwendet man Stirnradgetriebe mit Innenverzahnung. Durch die Innenverzahnung des großen Rades verringert sich der Achsabstand so, dass kleine Abmessungen erreicht werden. Der Drehsinn der Räder bleibt im Gegensatz zur Außenverzahnung gleich.

Kegelradgetriebe

Kegelradgetriebe dienen zur Übertragung von Drehmomenten von einer Welle auf eine andere Welle, die im rechten Winkel dazu steht. Nach der Lage der Zähne zur Kegelspitze unterscheidet man gerade, schräg und bogenverzahnte Kegelräder.

gerade verzahnt	schräg verzahnt	bogenverzahnt
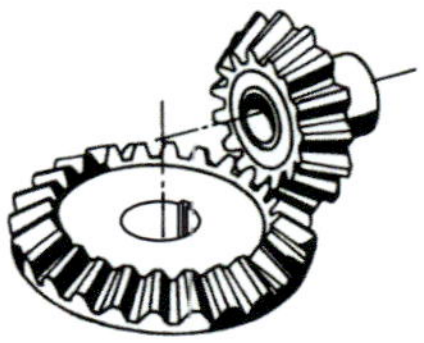	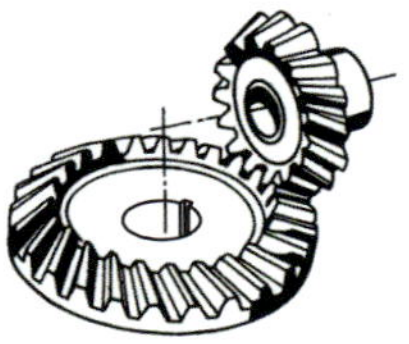	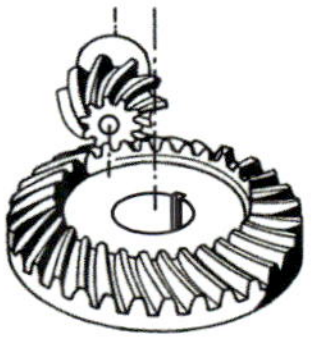

höhere Laufruhe → bessere Eignung für hohe Drehzahlen

Kegelräder mit Bogenverzahnung erlauben eine geringe Verschiebung der Wellen, sodass auch zwischen Wellen, die nicht genau in einer Ebene liegen, die Drehbewegung übertragen werden kann.

Kegelradgetriebe dienen zur Übertragung von Drehbewegungen bei sich schneidenden Wellen.
Man unterscheidet gerad-, schräg- und bogenverzahnte Kegelräder.

Schraubenradgetriebe

Bringt man Schrägstirnräder mit verschiedenen Schrägungswinkeln zusammen, so kreuzen sich die Wellen. Dadurch schieben sich die Zähne wie bei einem Schraubengewinde aneinander vorbei und übertragen so die Drehbewegung. Wegen der geringen Berührungsfläche der Zähne und der starken Gleitreibung können diese Schraubenradgetriebe nur geringe Drehmomente übertragen und weisen hohen Verschleiß auf.

Schraubenradgetriebe

Schraubenradgetriebe dienen zur Übertragung von Drehbewegungen bei sich kreuzenden Wellen. Punktförmige Berührung der Zahnflanken hat zur Folge, dass nur geringe Drehmomente übertragen werden können.

Schneckengetriebe

Wird bei einem Schraubenradgetriebe der Schrägungswinkel der Zähne so groß, dass nur ein Zahn auf dem Radzylinder umläuft, erhält man ein Schneckengetriebe. Dabei bewegt die Schnecke – gleich einem Bewegungsgewinde – bei einer Umdrehung das Schneckenrad um den Betrag der Steigung weiter. Dadurch sind extreme Übersetzungen bis 100 : 1 möglich.

Man unterscheidet (wie bei Schrauben) bei den Schnecken rechts- und linksgängige sowie ein- und mehrgängige Schnecken. Eingängige Schnecken besitzen kleinere Steigungswinkel als mehrgängige. Sie haben dadurch eine höhere Reibung und einen geringeren Wirkungsgrad als mehrgängige Schnecken. Bei kleiner werdendem Steigungswinkel des Schneckenganges tritt bei etwa 5° infolge der Reibung Selbsthemmung ein. Der Schneckentrieb kann dann nur noch von der Schneckenseite angetrieben werden.

Schneckengetriebe laufen geräuscharm und können große Leistungen übertragen. Sie haben aber wegen der Gleitbewegung der Zahnflanken aufeinander einen hohen Verschleiß. Nachteilig sind ferner die hohen Axialkräfte, die in der Schnecke auftreten und von den Lagern aufgenommen werden müssen.

Schneckengetriebe

Schneckengetriebe dienen zur Übertragung von Drehbewegungen bei sich kreuzenden Wellen.
Mit Schneckengetrieben sind extreme Übersetzungen möglich.

4.3.3.4 Verstellbare Getriebe

In verstellbaren Zahnradstufengetrieben sind mehrere Rädergetriebe vereinigt. Mit ihnen lassen sich unterschiedliche Umdrehungsfrequenzen, Drehmomente und Drehrichtungen einstellen.

Schieberadgetriebe

In Schieberadgetrieben werden geradverzahnte Zahnradpaare, Stirnradsätze oder Schiebeblöcke durch axiales Verschieben zum Eingriff gebracht. Die Schiebeblöcke werden meist auf Keilwellen geführt und durch Schaltgabeln in die jeweilige Eingriffsposition geschoben.

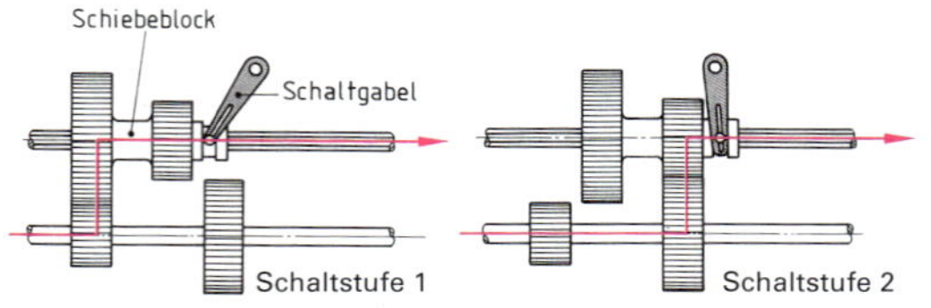

Schieberadgetriebe

Kupplungsgetriebe

Bei Kupplungsgetrieben sind stets alle Zahnräder im Eingriff. Die getriebenen Räder werden jedoch hier mit der Antriebswelle durch eine elektrisch oder mechanisch betätigte Kupplung verbunden. Müssen große Leistungen übertragen werden, verwendet man Lamellenkupplungen.

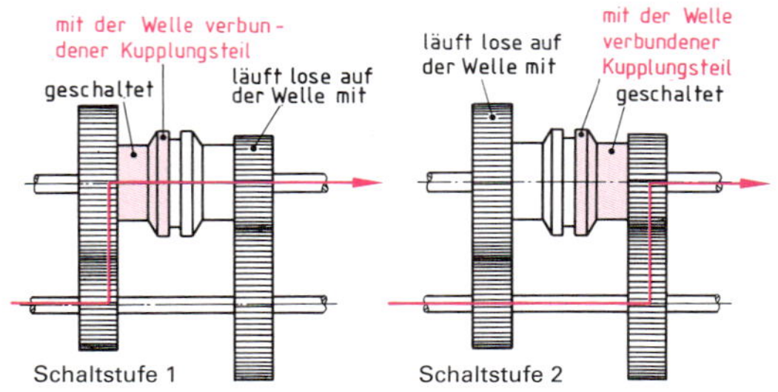

Kupplungsgetriebe (vereinfacht)

4.3.3.5 Umschlingungsgetriebe

Unter den mechanischen, stufenlos verstellbaren Getrieben sind die Umschlingungsgetriebe besonders im mittleren und oberen Leistungsbereich bis etwa 150 kW am stärksten vertreten.

Der Aufbau ist bei allen Umschlingungsgetrieben mit stufenloser Einstellbarkeit der Drehzahl grundsätzlich gleich. Zwei kegelige Scheibenpaare lassen sich auf ihren Wellen axial so verschieben, dass die dadurch entstehenden Keilrillen mehr oder weniger geöffnet bzw. geschlossen werden können. Die so entstehenden unterschiedlichen Laufradien für das Zugmittel bewirken die Drehzahländerung. Diese Getriebe sind meist unter **PIV-Getriebe** bekannt.

Der Wirkungsgrad des Getriebes wird bestimmt von der Festigkeit des Zugstranges, von der Größe der Reibung zwischen Zugstrang und Scheibe sowie von der Anpresskraft der Scheibe gegen den Zugstrang.

Die Anpresskraft der Kegelscheibe gegen den Zugstrang wird durch mechanische oder hydraulische Stelleinrichtungen der zu übertragenden Leistung angepasst. Die Drehzahländerung kann bei kraftschlüssigen und formschlüssigen Ausführungsformen nur während des Laufs vorgenommen werden.

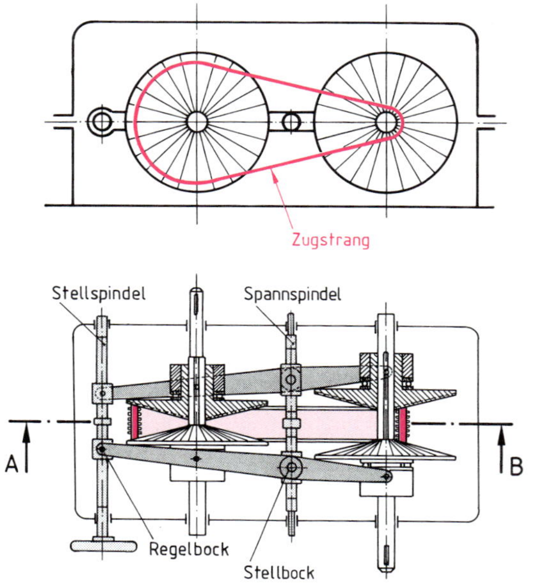

Stufenlos einstellbares Umschlingungsgetriebe mit Lamellenkette

Umschlingungsgetriebe arbeiten mit keilförmigen Zugmitteln, die auf unterschiedlich einstellbaren Durchmessern von Antriebs- und Abtriebsscheibe laufen können.

4.3.3.6 Berechnungsgrundlagen für Getriebe

Umdrehungsfrequenz und Umfangsgeschwindigkeit

Die Zahl der Umdrehungen, die ein Rad eines Getriebes in einer Zeiteinheit (min oder s) ausführt, wird als Umdrehungsfrequenz (Drehzahl) bezeichnet. Meist wird die Drehzahl n mit der Einheit 1/min verwendet. Die Umfangsgeschwindigkeit für die kreisförmige Bewegung wird aus dem Durchmesser und der Drehzahl berechnet:

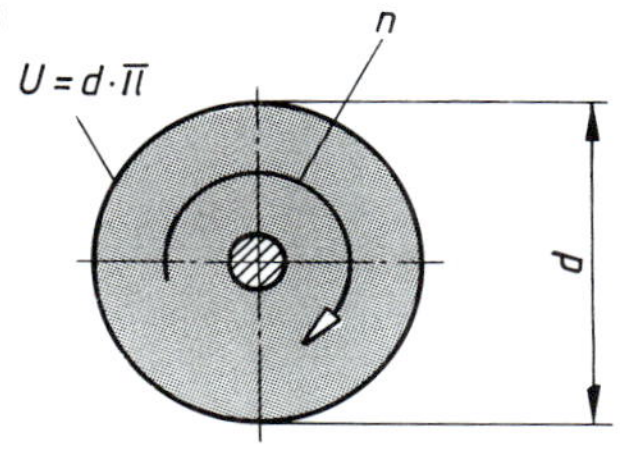

v Umfangsgeschwindigkeit in m/s
d Durchmesser in m
n Drehzahl 1/min

Umfangsgeschwindigkeit = Durchmesser · π · Umdrehungsfrequenz

$$v = \frac{d \cdot \pi \cdot n}{60}$$

Übersetzungsverhältnis

Treibt ein Rad in einem Getriebe ein anderes Rad, ohne dass die Oberflächen aufeinander rutschen, so haben beide Räder die gleiche Umfangsgeschwindigkeit v, auch wenn die Räder unterschiedliche Durchmesser haben.
Es gilt dann die Beziehung:

$$v_1 = v_2$$
$$d_1 \cdot \pi \cdot n_1 = d_2 \cdot \pi \cdot n_2$$

Aus dieser Gleichung ergibt sich durch Umstellen und Kürzen von π das Verhältnis der Drehzahlen.

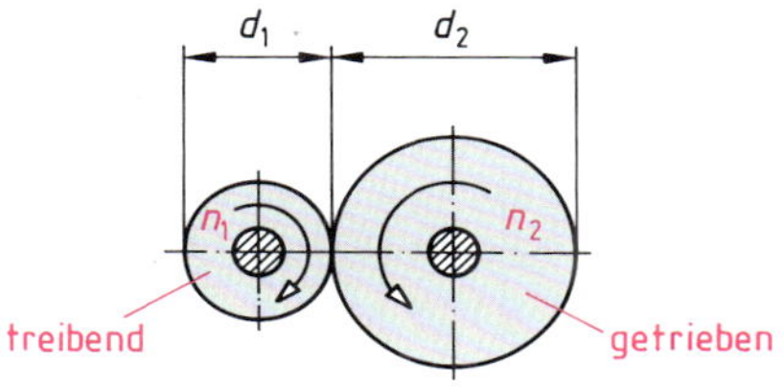

Einstufiges Getriebe

Das Verhältnis der Drehzahl des treibenden Rades zur Drehzahl des getriebenen Rades ist das **Übersetzungsverhältnis** i. Das Übersetzungsverhältnis wird als Bruch angegeben, z. B. $i = 1 : 5$.

$$\text{Übersetzungsverhältnis } i = \frac{\text{Drehzahl des treibenden Rades } n_1}{\text{Drehzahl des getriebenen Rades } n_2} = \frac{\text{Durchmesser des getriebenen Rades } d_2}{\text{Durchmesser des treibenden Rades } d_1} = \frac{\text{Zähnezahl des getriebenen Zahnrads } z_2}{\text{Zähnezahl des treibenden Zahnrads } z_1}$$

$$i = \frac{n_1}{n_2} = \frac{d_2}{d_1} = \frac{z_2}{z_1}$$

Will man die Drehzahl noch weiter verändern, bringt man auf die Welle des getriebenen Rades ein weiteres Rad, das ein viertes Rad auf einer dritten Welle treibt. Man hat nun ein zweistufiges Getriebe.
Kennzeichnung von Durchmessern und Drehzahlen:
- *treibende Räder ungerade Kennzahlen (d_1; d_3; n_1...)*
- *getriebene Räder geradzahlige Kennzahlen (d_2; n_2;...)*

Das Übersetzungsverhältnis eines Getriebes insgesamt (i_{ges}) ist das Verhältnis der Drehzahlen vom ersten treibenden zum letzten getriebenen Rad.

$$i_{ges} = \frac{n_A}{n_E}$$

n_A Drehzahl des ersten treibenden Rades
n_E Drehzahl des letzten getriebenen Rades

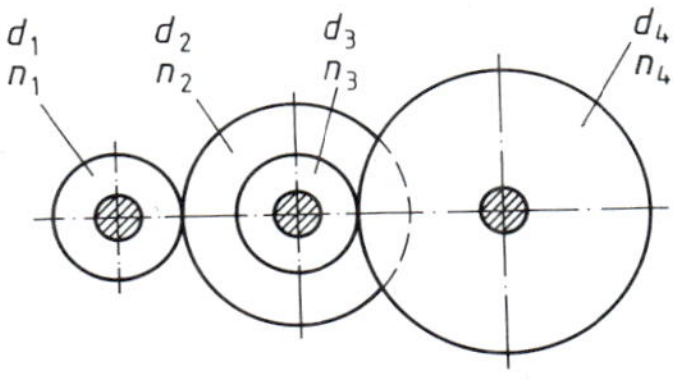

$$i_1 = \frac{n_1}{n_2} \qquad i_2 = \frac{n_3}{n_4}$$

$$n_2 = n_3$$

$$i_{ges} = \frac{n_1}{n_4} = \frac{n_A}{n_E}$$

Zweistufiges Getriebe

Das gesamte Übersetzungsverhältnis kann auch aus dem Produkt der Übersetzungsverhältnisse der einzelnen Stufen berechnet werden, $i_{ges} = i_1 \cdot i_2 \cdot ...$

Bei mehrstufigen Getrieben ist das Gesamtübersetzungsverhältnis das Produkt der Übersetzungsverhältnisse jeder Stufe. Das Gesamtübersetzungsverhältnis lässt sich auch aus dem Verhältnis der Drehzahl des ersten Rades n_A zur Drehzahl des letztes Rades n_E berechnen.

$$i_{ges} = i_1 \cdot i_2 \cdot ... \quad \text{oder} \quad i_{ges} = \frac{n_A}{n_E}$$

5 Festigkeitsberechnungen von Bauelementen

5.1 Grundlagen zur Festigkeitsberechnung

5.1.1 Beanspruchungs- und Belastungsarten

Jedes Bauteil wird beim Gebrauch durch Kräfte beansprucht. Bauteile können auf Zug, Druck, Biegung, Abscherung, Verdrehung oder Knickung beansprucht werden. Tritt an einem Bauelement nur eine dieser Beanspruchungsarten auf, so spricht man von einer *einfachen* Beanspruchung. Treten dagegen mehrere Beanspruchungsarten gleichzeitig auf, spricht man von einer *zusammengesetzten* Beanspruchung. Eine Welle wird z. B. auf Biegung und Verdrehung beansprucht.

- **Einfache Beanspruchungsarten**

Bean-spru-chungs-arten	Zug	Druck	Abscherung	Biegung	Verdrehung	Knickung
	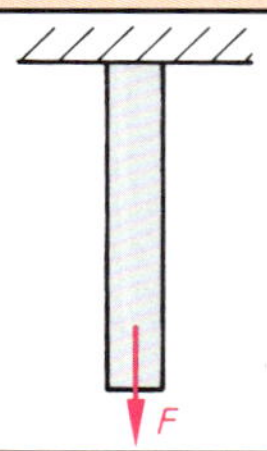	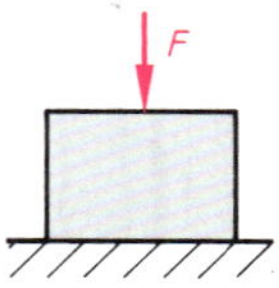	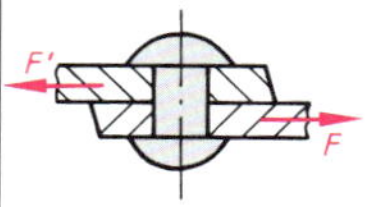	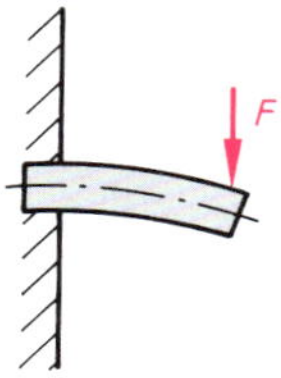	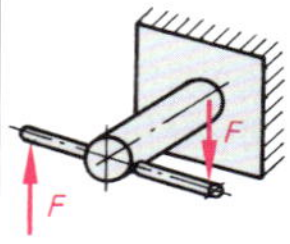	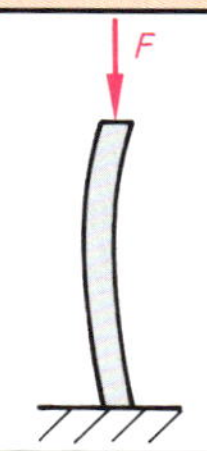
Beispiele	Kranseil Kette	Säule Maschinen-ständer	Niet Bolzen	Träger Achse	Welle Torsions-federstab	Schubstange Gerüststange

Bei Beanspruchungsarten unterscheidet man einfache und zusammengesetzte Beanspruchung.
Einfache Beanspruchungsarten sind:
- Zug,
- Druck,
- Abscherung,
- Biegung,
- Verdrehung,
- Knickung.

- **Belastungsarten**

Nach dem zeitlichen Verlauf der Belastung unterscheidet man statische und dynamische Belastungen.

Belastungsarten	**statisch** ruhend	**dynamisch** schwellend	wechselnd
Zeitlicher Verlauf der Belastung	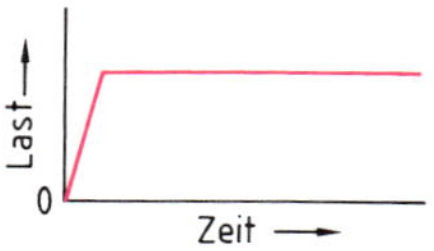 Last bleibt nach Aufbringen konstant	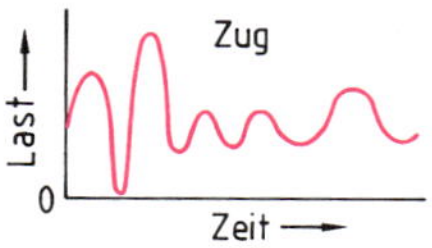 Last schwillt im Bereich zwischen Null und dem Höchstwert	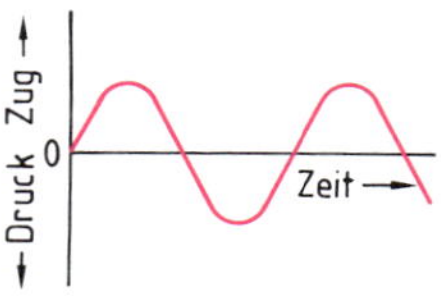 Last wechselt zwischen positivem und negativem Höchstwert
Belastungsfall	I	II	III
Beispiele	Säule, Gebäudefundament	Kranseil, feststehende Achse	Schraubendreher, umlaufende Achse

Nach dem zeitlichen Verlauf einer Belastung werden unterschieden:
- ruhende Belastung, Belastungsfall I,
- schwellende Belastung, Belastungsfall II,
- wechselnde Belastung, Belastungsfall III.

5.1.2 Zugbeanspruchung

Wird ein Stab durch eine Zugkraft F beansprucht, so ruft diese Kraft im Inneren des Stabes, d. h. im Spannungsquerschnitt S, Zugspannungen hervor, die senkrecht zum beanspruchten Querschnitt wirken. Sie werden auch als Normalspannungen bezeichnet.

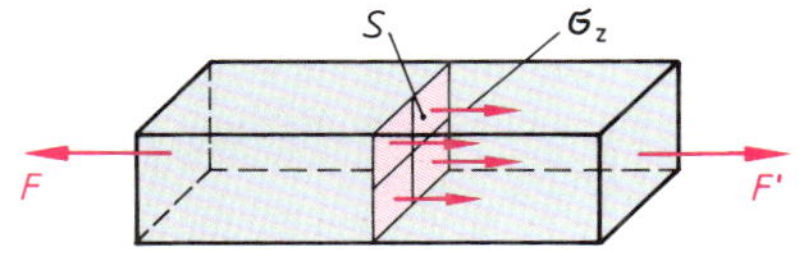

Zugspannungen im Zugstab

Aus der Tatsache, dass sich innere und äußere Kräfte das Gleichgewicht halten, ergibt sich:

$$F = \sigma_z \cdot S$$

σ_z Zugspannung (sigma) in N/mm²
F Zugkraft in N
S beanspruchter Querschnitt in mm²

Diese Zugspannung darf den Wert der zulässigen Spannung $\sigma_{z\,zul}$ nicht überschreiten. Es gilt also die Forderung: $\sigma_z \leq \sigma_{z\,zul}$

Die zulässige Zugspannung von **spröden Werkstoffen**, wie z. B. Gusseisen und Glas, berechnet man aus der Zugfestigkeit.

Da **plastisch verformbare Werkstoffe**, z. B. weicher Stahl und Aluminium, bereits bei Auftreten bleibender Verformungen zerstört sind, berechnet man die zulässige Spannung von diesen Werkstoffen aus der Streckgrenze.
Damit die zulässige Spannung unter der Zugfestigkeit bzw. der Streckgrenze bleibt, führt man eine Sicherheitszahl ν (nü) ein.

Dabei gilt für

- spröde Werkstoffe

$$\sigma_{z\,zul} = \frac{R_m}{\nu}$$

- plastisch verformbare Werkstoffe

$$\sigma_{z\,zul} = \frac{R_{eh}}{\nu}$$

$\sigma_{z\,zul}$ zulässige Zugspannung
R_m Zugfestigkeit
R_{eh} obere Streckgrenze
ν Sicherheitszahl

Die Sicherheitszahl ν liegt je nach Anwendung zwischen 1,5 und 3.
In den meisten Fällen greift man zur Wahl der zulässigen Spannungen auf Tabellenwerte zurück, in denen bereits die Sicherheit enthalten ist.

Zulässige Zugspannungen für Werkstoffe bei verschiedenen Belastungsfällen

Werkstoffe		S235	E295	E360	GS-45	25CrMo4	G-AlSi 12	AlCuMg	Messing
zulässige Spannung $\sigma_{z\,zul}$ in N/mm²	ruhend I	125	175	260	125	325	40	135	150
	schwellend II	80	110	170	80	220	22	60	90
	wechselnd III	55	80	115	55	145	17	45	50

Die zulässige Spannung für Werkstoffe errechnet man entweder aus der Grenzspannung und der verlangten Sicherheit oder man benutzt Tabellenwerte.
Für spröde Werkstoffe ist die Zugfestigkeit die Grenzspannung. Für plastisch verformbare Werkstoffe ist die Streckgrenze die Grenzspannung.

Berechnung des erforderlichen Querschnitts:

$$S_{erf} = \frac{F_{max}}{\sigma_{z\,zul}} \text{ in mm}^2$$

S_{erf} erforderlicher Querschnitt
F_{max} Höchstkraft
$\sigma_{z\,zul}$ zulässige Zugspannung

Beispiel **für die Berechnung eines zugbeanspruchten Querschnittes**

Aufgabe
Eine runde Stange aus E295 wird schwellend durch eine Zugkraft von max. 120 000 N belastet.
Der Durchmesser der Stange ist zu berechnen, $\sigma_{z\,zul}$ siehe Tabelle.

Lösung

$S_{erf} = \frac{F_{max}}{\sigma_{z\,zul}}$ $\quad S_{erf} = \frac{120\,000 \text{ N} \cdot \text{mm}^2}{110 \text{ N}} = 1090{,}9 \text{ mm}^2$ $\quad d = 37{,}2$ mm $\quad d_{gewählt} =$ **38 mm**

5.1.3 Druckbeanspruchung

Eine Druckkraft ruft im *Inneren* eines Werkstoffes bei einem beanspruchten Bauelement als Reaktion **Druckspannungen** σ_d hervor.
Die an der Berührungsfläche zu einem anderen Bauteil infolge Druck entstehenden Spannungen bezeichnet man als **Flächenpressung** p.
Entsprechend der Gleichgewichtsbedingung gilt für das Werkstoffinnere $F = \sigma_d \cdot S$, für die Berührungsfläche $F = p \cdot A$.

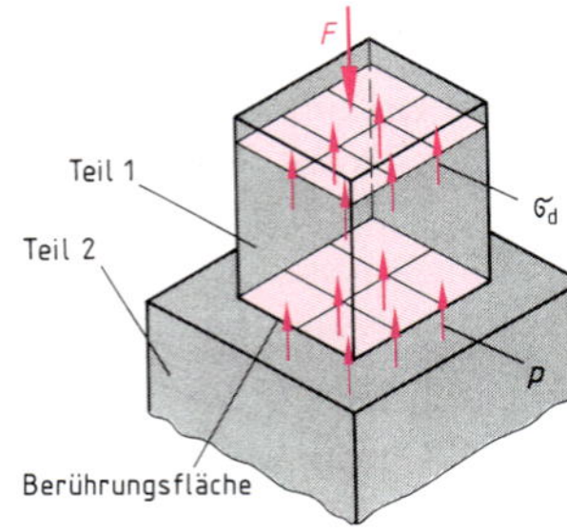

Druckspannungen und Flächenpressung

$$F = \sigma_d \cdot S \quad \text{bzw.} \quad F = p \cdot A$$

S Querschnittsfläche in mm²
A Berührungsfläche in mm²
σ_d Druckspannung in N/mm²
p Flächenpressung in N/mm²

Häufig sind die gepressten Flächen nicht eben, wie zum Beispiel bei Wellen im Lager, bei Gewindegängen und bei Prismenführungen. Die gepresste Fläche ist in solchen Fällen als Projektion der Berührungsfläche auf eine senkrecht zur Kraftrichtung liegende Ebene aufzufassen. Man spricht von *projizierter* Berührungsfläche.

Beispiele für projizierte Berührungsflächen

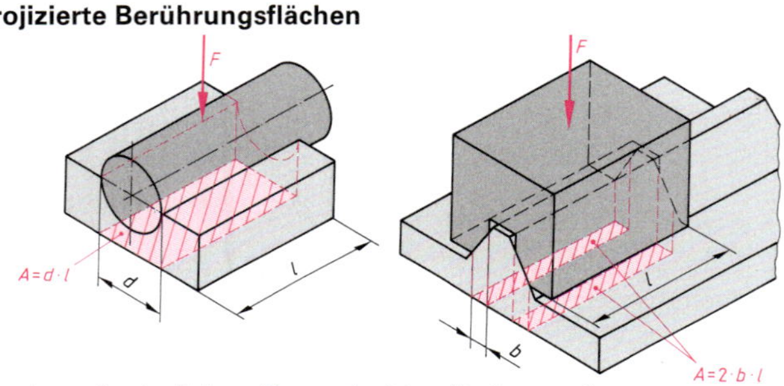

Für die Berechnung der erforderlichen Querschnitte gilt demnach:

$$S_{erf} = \frac{F_{max}}{\sigma_{d\,zul}} \quad \text{bzw.} \quad A_{erf} = \frac{F_{max}}{p_{zul}}$$

Bei der Flächenpressung ist darauf zu achten, dass die zulässige Flächenpressung des *schwächsten* Werkstoffes nicht überschritten werden darf.
Die zulässige Druckspannung entspricht bei Stählen und NE-Metallen der zulässigen Zugspannung. Bei sehr ungleichmäßig aufgebauten Werkstoffen, z. B. Gusseisen, ist die zulässige Druckspannung höher als die zulässige Zugspannung.

Zulässige Flächenpressung für Werkstoffe bei verschiedenen Belastungsfällen sind einem Tabellenbuch zu entnehmen.

5.1.4 Scherbeanspruchung

Im Gegensatz zu den Zug- und Druckspannungen, die als Normalspannungen senkrecht zum beanspruchten Querschnitt stehen, wirken Scherspannungen *im* beanspruchten Querschnitt.
Wird ein Werkstück durch eine Scherkraft beansprucht, so ruft diese Kraft im Inneren des Werkstoffes in der Scherfläche Scherspannungen τ_s (tau) hervor.
Gleichgewicht ergibt sich für:

$$F = \tau_s \cdot S$$

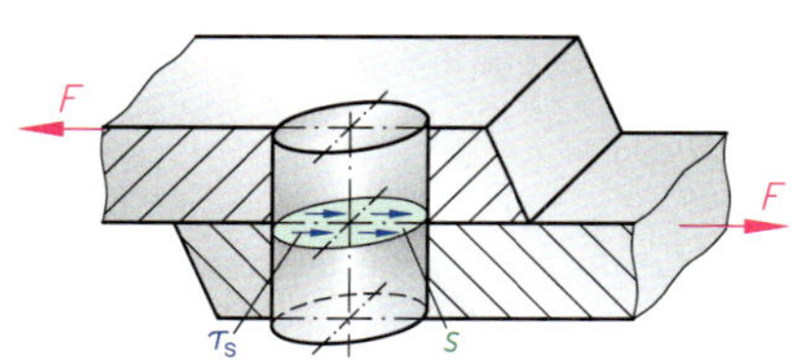

Scherspannungen

F Scherkraft in N
τ_s Scherspannung in N/mm²
S beanspruchter Querschnitt in mm²

Häufig wird bei der Beanspruchung auf Scherung ein Bauelement in *mehreren* Querschnitten gleichzeitig beansprucht.

5.2 Berechnungen von Bauelementen und Verbindungen

5.2.1 Berechnung von Schrauben

- **Berechnung von Schrauben ohne Vorlast**

Wird eine Schraube nur durch *eine* Kraft, z. B. die angehängte Last oder nur durch die Spannkraft infolge des Anziehens belastet, so spricht man von Schrauben ohne Vorlast. Schrauben ohne Vorlast sind z. B. die Schrauben in Spannschlössern.

Die zulässige Spannung $\sigma_{z\,zul}$ errechnet man aus der Streckgrenze des Schraubenwerkstoffs R_{eH} und der Sicherheitszahl ν, die für Schrauben ohne Vorlast mit 2 angenommen wird.

Aus der Betriebskraft F_B und der zulässigen Spannung $\sigma_{z\,zul}$ berechnet man den Spannungsquerschnitt S_s der Schraube.

$$S_s = \frac{F_B}{\sigma_{z\,zul}}$$

$$\sigma_{z\,zul} = \frac{R_{eH}}{\nu}$$

F_B Betriebskraft in N
S_s Spannungsquerschnitt in mm²
$\sigma_{z\,zul}$ zulässige Spannung in N/mm²
R_{eH} Streckgrenze in N/mm²
ν Sicherheitszahl

Mit dem errechneten Spannungsquerschnitt wählt man aus Gewindetabellen den erforderlichen Gewindedurchmesser.

- **Berechnung von Schrauben mit Vorlast**

Werden Schrauben angezogen, so erhalten sie dadurch eine Vorlast. Bei anschließender Belastung durch die Betriebskraft F_B erhöht sich die Belastung der Schraube. Die Gesamtbelastung F_{max} ist in diesem Fall die Summe aus Vorlast und Betriebslast.

In Überschlagsrechnungen berücksichtigt man die Vorlast, indem man als Gesamtbelastung das 1,7fache der Betriebslast annimmt.

$$F_{max} = 1{,}7 \cdot F_B$$

5.2.2 Berechnung von Stiften

Stiftverbindungen sind lösbare Verbindungen, die ausschließlich Scherkräfte aufnehmen können. Die Berechnung der Stifte erfolgt auf Abscheren.

Die zulässige Scherspannung errechnet man aus der zulässigen Zugspannung und einem werkstoffabhängigen Faktor. Für Verbindungsstifte aus Stahl beträgt die zulässige Scherspannung $\tau_{s\,zul} = 0{,}8 \cdot \sigma_{z\,zul}$.

Bei Stiftverbindungen tritt in den Grenzflächen zwischen Bohrung und Stift auch Flächenpressung auf. Es ist zu überprüfen, ob in den Lagerstellen die zulässige Flächenpressung nicht überschritten wird.

5.2.3 Berechnung von Passfedern

Passfedern werden auf Abscheren und Flächenpressung beansprucht. Die Berechnung erfolgt jedoch nur auf Flächenpressung, da die Normmaße für Passfedern so gewählt sind, dass die zulässige Scherbeanspruchung nicht überschritten wird, wenn die zulässige Flächenpressung eingehalten wird. Für Passfedern sind die Maße *b* und *h* in Abhängigkeit vom Wellendurchmesser genormt.

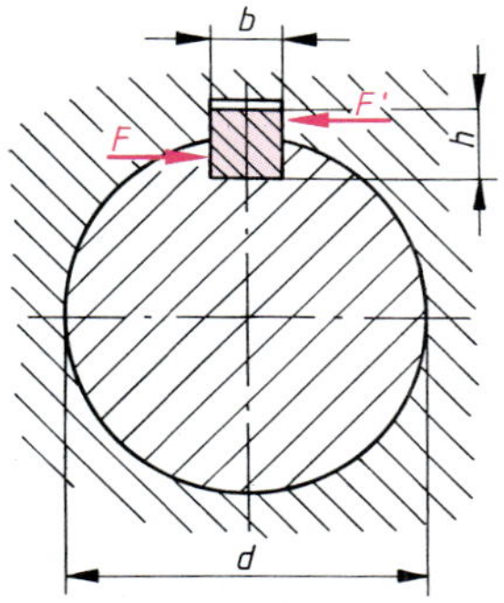

Beanspruchung einer Passfeder

$$M_d = F \cdot \frac{d}{2}$$

F Umfangskraft in N
b Breite der Passfeder in mm
h Höhe der Passfeder in mm
d Durchmesser der Welle in mm
M_d Drehmoment in Nmm

Aus der Forderung $p \le p_{zul}$ des schwächsten Werkstoffs ergibt sich für die Länge l_{erf} der Passfeder:

bei geradstirnigen Passfedern

$$l_{erf} = \frac{4\,M_d}{d \cdot h \cdot p_{zul}}$$

bei rundstirnigen Passfedern

$$l_{erf} = \frac{4\,M_d}{d \cdot h \cdot p_{zul}} + b$$

5.2.4 Berechnung von Klebeverbindungen

Klebeverbindungen sollen ausschließlich auf Scherung beansprucht werden. Hoch beanspruchbare Klebeverbindungen werden daher als Überlappungen oder Schäftungen ausgeführt. Die notwendige Klebefläche A (Überlappungsfläche) wird aus der zulässigen Scherspannung des Klebers errechnet.

$$S = \frac{F}{\tau_{s\ zul}}$$

Die zulässige Scherspannung der Kleber kann aus dem Typenblatt des Klebers entnommen werden. Für überschlägige Berechnungen kann man als zulässige Scherspannung annehmen:

- für Kaltkleber $\tau_{s\ zul} = 6$ bis $12\ N/mm^2$
- für Warmkleber $\tau_{s\ zul} = 10$ bis $20\ N/mm^2$

Die Überlappungslänge ergibt sich aus:

$$l_ü = \frac{F}{\tau_{s\ zul} \cdot b}$$

$l_ü$ Überlappungslänge in mm
F Belastung in N
b Breite der Klebeverbindung in mm
$\tau_{s\ zul}$ zulässige Scherspannung in N/mm^2

Die Überlappungslänge soll das 15fache der Dicke des schwächsten zu verbindenden Teils nicht überschreiten.

Beispiel **für die Berechnung einer Klebeverbindung**

Aufgabe

An ein 1,5 mm dickes Aluminiumblech soll eine 4 mm dicke und 40 mm breite Lasche aus einer Phenolharz-Schichtplatte geklebt werden. Der Kleber hat lt. Herstellerangabe eine zulässige Scherfestigkeit von $12\ N/mm^2$ bei einer vorherigen Reinigung der Flächen.
Die Verbindung soll mit 8000 N belastet werden.
Berechnen Sie die mindesterforderliche Überlappungslänge $l_ü$.

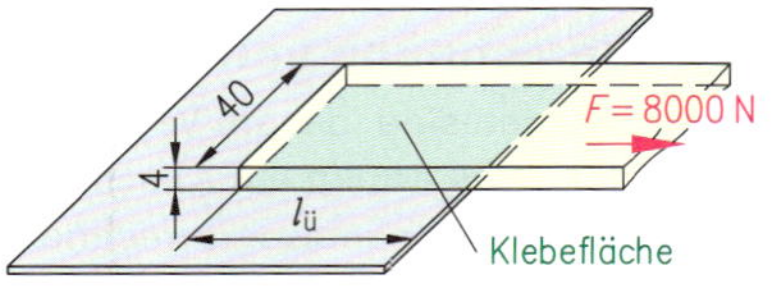

Gegeben	*Gesucht*	**Lösung**
$F = 8\,000\ N$	$l_ü$ in mm	$l_ü = \frac{F}{\tau_{s\ zul} \cdot b}$
$b = 40\ mm$		$l_ü = \frac{8\,000\ N \cdot mm^2}{12\ N \cdot 40\ mm}$
$\tau_{s\ zul} = 12 \frac{N}{mm^2}$		$l_ü =$ **16,6 mm**

5.2.5 Berechnung von Lötverbindungen

Lötverbindungen sollen ebenso wie Klebeverbindungen ausschließlich auf Scherung beansprucht werden. Entsprechend sind auch Lötverbindungen als Überlappungen oder Schäftungen auszuführen.
Die zulässige Scherspannung für Lote beträgt etwa:

- für Hartlote $\tau_{s\ zul} = 70\ N/mm^2$
- für Weichlote $\tau_{s\ zul} = 20\ N/mm^2$

Die zulässige Scherspannung der Weichlote ist stark von der Temperatur der Lötstelle abhängig, bei der das gelötete Werkstück benutzt wird.

Die Überlappungslänge ergibt sich aus:

$$l_ü = \frac{F}{\tau_{s\ zul} \cdot b}$$

$l_ü$ Überlappungslänge in mm
F Belastung in N
b Breite der Lötverbindung in mm
$\tau_{s\ zul}$ zulässige Scherspannung in N/mm^2

Füge- und Trenntechniken

1 Herstellen von Baugruppen

Durch die Fertigungsverfahren des Urformens, Umformens und Trennens werden Werkstücke als Einzelteile hergestellt. Fertigungsverfahren, die dazu dienen, Baugruppen aus Einzelteilen oder vollständige Geräte und Maschinen herzustellen, ordnet man nach Norm den Verfahren des Fügens zu.

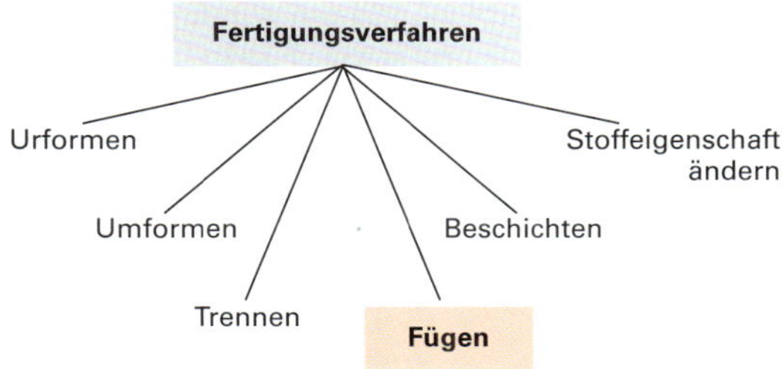

1.1 Einteilung der Fügeverfahren nach dem Schaffen des Zusammenhalts

- **Fügen durch Zusammensetzen,** z. B. durch Einlegen einer Feder,
- **Fügen durch An- und Einpressen,** z. B. durch Anpressen mit Schrauben,
- **Fügen durch Stoffvereinigen,** z. B. durch Schweißen oder Kleben,
- **Fügen durch Umformen,** z. B. durch Falzen,
- **Fügen durch Urformen,** z. B. durch Eingießen.

Einzelteile	Fügeverfahren	Baugruppe
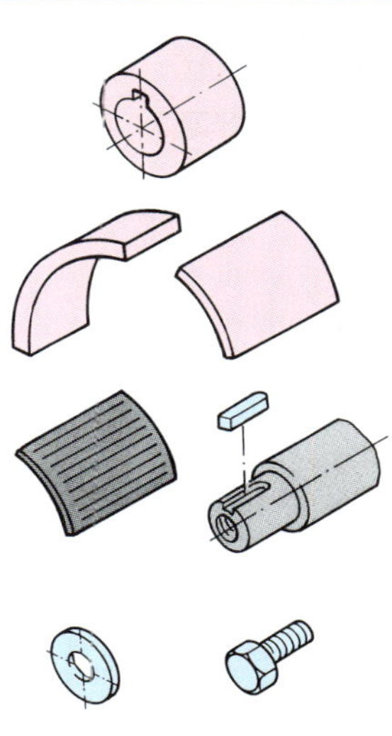	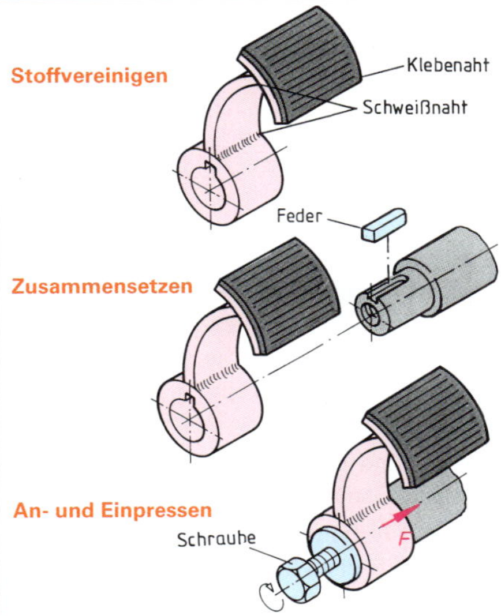	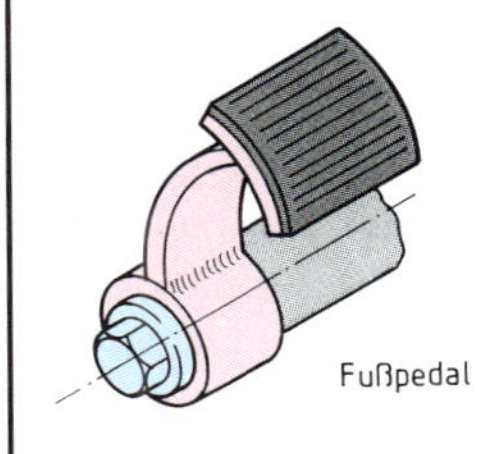

1.2 Einteilung der Fügeverfahren nach der Art der Kraftübertragung

Beim Fügen von Werkstücken kann der Zusammenhalt geschaffen werden durch:

Kraftschluss –	**Reibungskräfte**	– Schrumpfen, Verkeilen, Verklemmen, Verschrauben – siehe auch Seite 137
Formschluss –	**Scherkräfte**	– Verbinden durch Stifte, Bolzen, Nieten, Federn – siehe auch Seite 127
Stoffschluss –	**Kohäsionskräfte** **Adhäsionskräfte**	– Kleben, Löten, Schweißen

2 Fügen durch Stoffschluss

2.1 Fügen durch Kleben

Metallische bzw. nicht metallische Werkstoffe können mithilfe von Klebstoffen gefügt werden. Da die Verbindung durch den Zusatzwerkstoff – den Klebstoff – zustande kommt, ist Kleben ein stoffschlüssiges Fügen. Eine Klebeverbindung kann nur durch Zerstören der Kleberschicht oder der Bauteile gelöst werden, daher ist Kleben ein unlösbares Fügen.

2.1.1 Vor- und Nachteile von Klebeverbindungen

- **Vorteile von Klebeverbindungen**

Bis auf einige wenige Werkstoffe, wie z. B. Polyethylen (PE) und Silikon, lassen sich alle Werkstoffe in beliebiger Kombination miteinander verkleben. Beim Kleben werden die Bauteile bis maximal 180 °C erwärmt. Daher treten keine Gefügeänderungen, kein Verzug der Bauteile und keine Wärmespannungen auf.

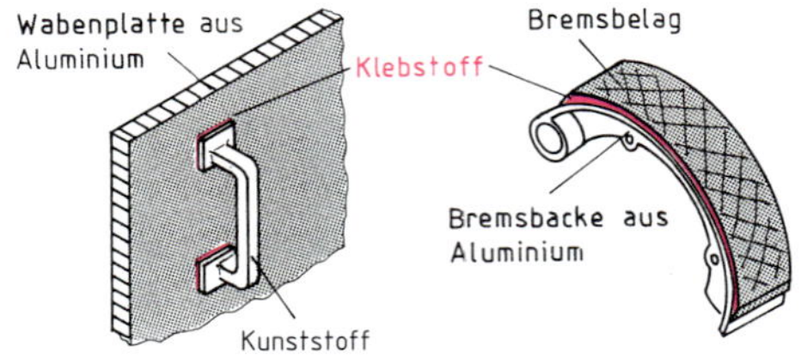

Kleben unterschiedlicher Werkstoffe

Bei Niet- und Schweißverbindungen treten an der Fügestelle unterschiedliche Spannungen auf. Geklebte Bauelemente dagegen haben an der Fügestelle eine gleichmäßige Spannungsverteilung.

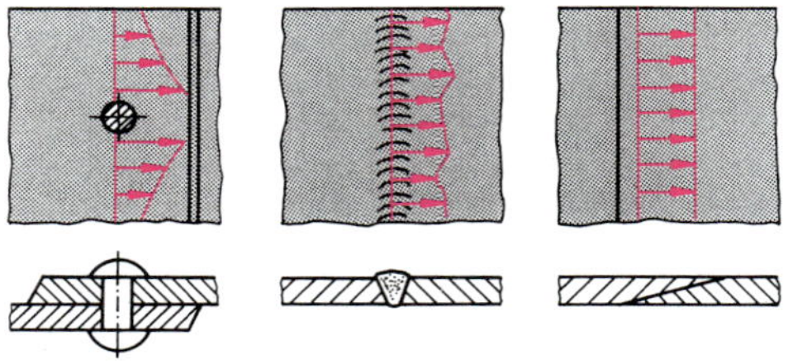
Spannungsverlauf bei gefügten Bauteilen

Klebstoffe leiten den elektrischen Strom nicht. Wegen ihrer Isolierfähigkeit werden sie in der Elektroindustrie als Fügestoffe eingesetzt. Weiterhin wird durch die isolierende Kleberschicht die Kontaktkorrosion verhindert, die sonst bei Verbindungen unterschiedlicher Metalle auftritt.

Durch Kleben gefügte Behälter sind dicht gegen den Austritt von Flüssigkeiten und Gasen.

Durch Kleben können sowohl verhältnismäßig dünne als auch sehr unterschiedlich dicke Bauelemente gefügt werden. Konstruktionen mit Klebeverbindungen können daher gewichts- und werkstoffsparend gestaltet werden. So wird in der Luft- und Raumfahrtindustrie das Metallkleben besonders häufig eingesetzt.

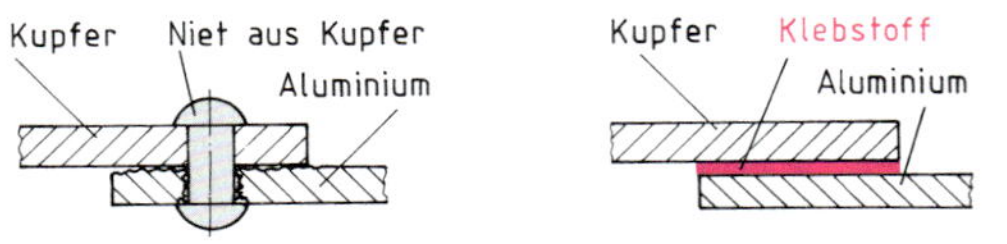

Kontaktkorrosion zerstört Bauteile

Korrosion wird durch Klebstoff verhindert

Klebstoff zur Isolierung

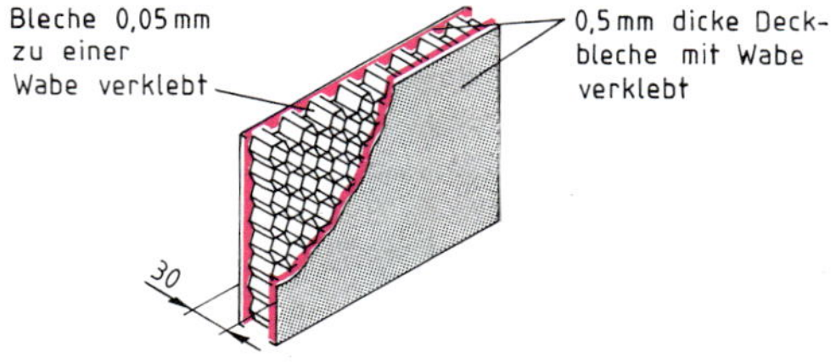

Geklebte Leichtbauplatte

Kleben ist ein stoffschlüssiges Fügen von gleichen oder verschiedenartigen Werkstoffen.
Durch Kleben treten keine Gefügeänderungen und kein Verzug der Bauteile auf.
Klebestoffe wirken isolierend und verhindern Kontaktkorrosion bei unterschiedlichen Metallen.
Kleben ermöglicht Leichtbauweise.

- **Nachteile von Klebeverbindungen**

Klebstoffe weisen eine geringere Festigkeit auf als die Werkstoffe, die gefügt werden sollen. Daher sind Klebeverbindungen nicht so stark belastbar wie Löt- und Schweißverbindungen gleicher Abmessung.
Bei den meisten Klebstoffen beginnt im Bereich von 55 °C bis ca. 120 °C ein Absinken der Festigkeit. Die Temperatur, bei der die Festigkeit erheblich abnimmt, nennt man die Grenztemperatur des Klebers. Die Betriebstemperatur des Klebers muss stets unter der Grenztemperatur liegen.

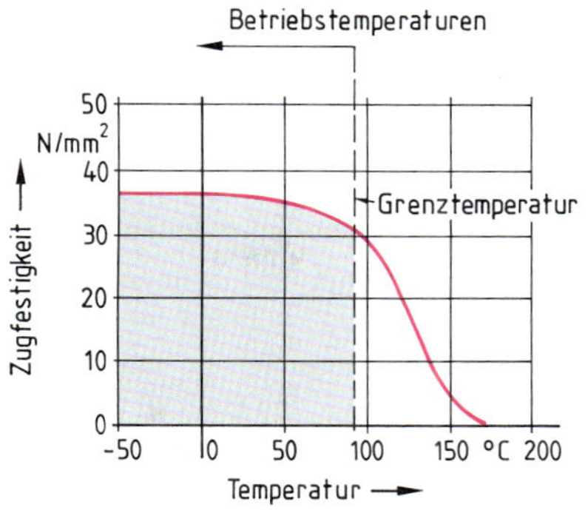

Wärmebeständigkeit eines Epoxidharzes

Klebstoffe haben meist eine geringere Festigkeit und Wärmebeständigkeit als die zu verbindenden Werkstoffe. Diese Nachteile müssen bei der Auswahl des Klebers und der Gestaltung der Klebeverbindung berücksichtigt werden.

2.1.2 Vorgänge beim Kleben

Die Festigkeit von Klebeverbindungen hängt im Wesentlichen von der Größe der Adhäsionskräfte zwischen dem Klebstoff und den Oberflächen der zu verklebenden Werkstücke ab. Diese Adhäsionskräfte sind um so größer, je enger der Kontakt zwischen Klebstoff und Werkstückoberfläche ist. Schon kleinste Mengen an Verunreinigungen senken die Festigkeit einer Klebeverbindung. Darum müssen Klebestellen sehr sorgfältig gereinigt werden.
Zudem hängt die Festigkeit der Klebeverbindung von den Kohäsionskräften zwischen den Klebstoffmolekülen ab. Da die Festigkeit der Klebstoffe nicht sehr hoch ist, sollten dünne Kleberschichten angestrebt werden.

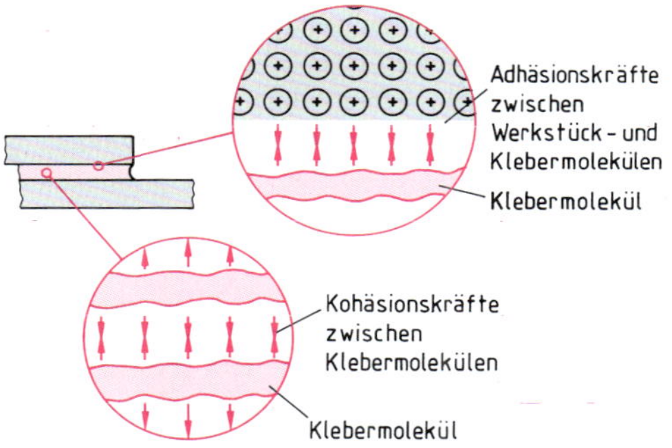

Kräfte in einer Klebeverbindung

Die Belastbarkeit einer Klebeverbindung wird entscheidend durch die Sauberkeit der Klebeflächen bestimmt.

Klebstoffe erhärten nach unterschiedlichen Abbindemechanismen.

- **Physikalische Abbindemechanismen**

- Bei **Nassklebern** verdunstet das Lösungsmittel des Klebers, wenn es durch einen der zu verklebenden Werkstoffe diffundieren kann. Der Klebstoff haftet durch Adhäsion bzw. durch Verklammern mit der Oberfläche.
- Bei **Kontaktklebern** wird auf die Oberflächen der zu fügenden Bauteile getrennt eine Kleberschicht aufgetragen, die zunächst antrocknet. Nur die Oberfläche bleibt noch haftfähig. Nach Zusammendrücken der Bauteile entsteht zwischen den Kleberoberflächen eine feste Verbindung.
- Bei **Aktivierklebern** wird ein fester Kleber meist durch Wärme aktiviert, z. B. geschmolzen. Nach dem Verfestigen verbindet er die Werkstücke.

- **Chemische Abbindemechanismen**

Reaktionskleber härten durch chemische Reaktionen aus. Die meisten Metallkleber sind Reaktionskleber. Bei der Aushärtung können je nach Klebertyp entweder aus Vorprodukten Kunststoffmoleküle gebildet werden oder vorhandene Kunststoffmoleküle vernetzt werden.

Reaktionskleber unterscheidet man nach der Zahl der Komponenten, aus denen der Kleber gebildet wird.

- Bei **Einkomponentenklebern** erfolgt die Reaktion im Kleber durch Reaktion mit dem Luftsauerstoff, mit Luftfeuchtigkeit oder durch Wärme. Einige Einkomponentenkleber härten nur unter Druck von 10 bis 80 N/cm² aus.
- Bei **Zweikomponentenklebern** wird die Reaktion durch Vermischen der beiden Komponenten Binder und Härter unmittelbar eingeleitet.

Nach der Aushärtetemperatur unterscheidet man Kalt- und Warmkleber.

- **Kaltkleber** härten bei Raumtemperatur. Sie sind meist Zweikomponentenkleber.
- **Warmkleber** härten bei Temperaturen zwischen 120 °C und 180 °C aus. Die Temperatur muss über einen Zeitraum von 15 min bis 120 min gehalten werden. Nach dieser Zeit ist die Verbindung fest, aber der Kleber härtet auch in der Folgezeit noch nach. Die Festigkeit von Warmklebern ist höher als die von Kaltklebern.

2.1.3 Gestaltung von Klebeverbindungen

Bei der Gestaltung sind folgende Gesichtspunkte zu berücksichtigen:

- Da die vom Kleber aufzubringenden Adhäsionskräfte meist geringer sind als die Festigkeit der zu verklebenden Werkstoffe, ist eine *große Fügefläche* anzustreben, die häufig nur durch eine Überlappung zu erreichen ist. Die Überlappungslänge sollte etwa das 20-fache bis 30-fache der dünnsten Werkstückdicke der zu verklebenden Bauteile sein.

Überlappungslänge $l_{ü} = 20 \text{ bis } 30 \cdot s_{min}$

Einfachlaschen, Doppellaschen und besonders die Schäftung sind als Überlappungen geeignet. Bei Bauteilen aus Hohlprofilen wird die Überlappung meist durch Einlagen hergestellt.

- Die geringe Festigkeit des Klebers erfordert dünne Klebeflächen von etwa 0,1 mm bis 0,15 mm.
- Biegebeanspruchung, die bei einfachen Überlappungen dünnwandiger Werkstücke auftritt, und besonders Schälbeanspruchung müssen vermieden werden.
- Da Kleber bei dauernder statischer Belastung zum Kriechen neigen, sollte eine formschlüssige Sicherung in Verbindung mit der Verklebung vorgesehen werden.

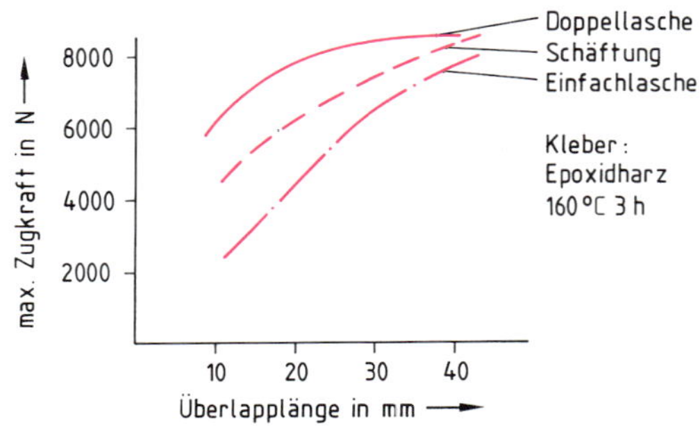

Max. Zugkraft bei verklebten Al-Blechen 12 × 2 mm

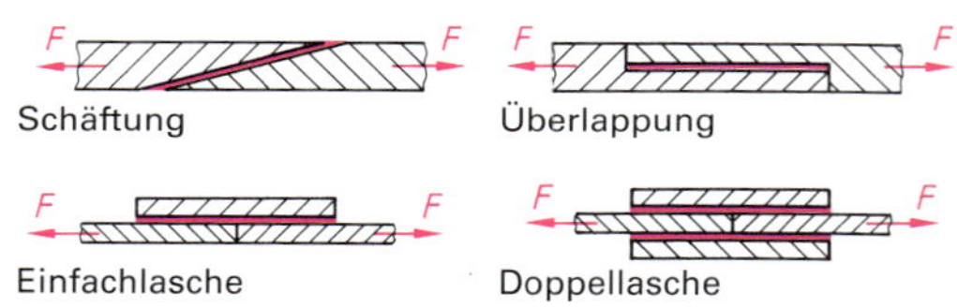

Verbindungen mit Überlappungen

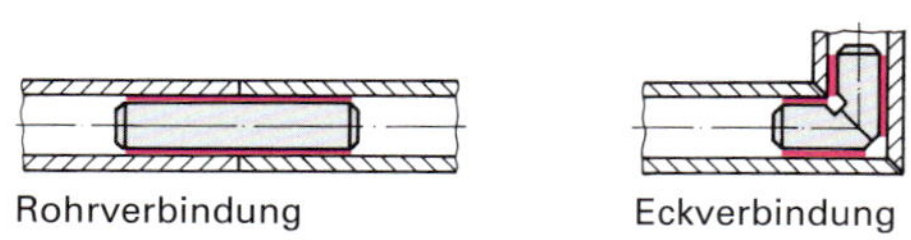

Verbindungen mit Einlagen

Biegung bei einfacher Überlappung

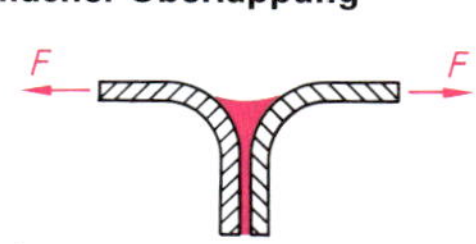

Schälbeanspruchung

Gestaltungsregeln für Klebenähte:

- Zug- und Schälbeanspruchung vermeiden,
- dünne Klebeschichten anstreben,
- großflächig verkleben, $l_{ü} = 20 \text{ bis } 30 \cdot s_{min}$.

2.1.4 Schutzmaßnahmen beim Kleben

Lösungsmittel zum Entfetten, Beizbäder und Klebstoffe im ungehärteten Zustand können gesundheitsschädliche Dämpfe verursachen. Auch ein Kontakt mit der Haut ist zu vermeiden, da manche Klebstoffe Hautverletzungen hervorrufen. Nachdrücklich sei auf die Feuergefährlichkeit von Lösungsmitteln und Lösungsmittelklebstoffen hingewiesen. Beim Kleben darf nicht mit offenen Flammen umgegangen werden, auch Rauchen ist verboten.

Beim Umgang mit Klebern und Lösungsmitteln sind zu beachten:
- Dämpfe nicht einatmen,
- Hautkontakt vermeiden,
- offenes Feuer fernhalten,
- Herstellerhinweise einhalten.

2.1.5 Übersicht zu Klebstoffen

- **Kleben mit physikalisch abbindenden Klebstoffen**

Kleberart	Zusammensetzung	zu verklebende Werkstoffe	Abbindemechanismus	Beispiele
Nasskleber	Kunststoff in feinster Verteilung in Wasser z. B. Vinylacetat-Kunststoffe	• poröse Werkstoffe untereinander, • poröse Werkstoffe mit dichtem nicht metallischem Werkstoff, z. B. Holz mit Phenolharz-Hartpapier	das Dispersionsmittel Wasser verdunstet, der Kunststoff haftet an den Bauteilen (Dispersionskleber)	Ponal® Bindulin® EM-Holz®
	Kunststoffe in organischem Lösungsmittel gelöst, z. B. PVC in Methylenchlorid, Zelluloseacetat in Aceton	• anlösbare Kunststoffe untereinander z. B. PVC mit PVC • anlösbare Kunststoffe mit porösen, nicht lösbaren Werkstoffen, z. B. PVC mit PU-Schaum	zu verklebende Flächen werden angelöst, der Kunststoff im Kleber überbrückt kleine Fugen, das Lösungsmittel verdampft (Lösungsmittelkleber)	Tangit® für PVC Gummilösung
Kontaktkleber	gummiartige Kunststoffe in organischen Lösungsmitteln gelöst	• poröse, nicht anlösbare plattenförmige Werkstoffe miteinander • poröse, nicht anlösbare plattenförmige Werkstoffe mit dichtem Werkstoff	zu verklebende Flächen werden beidseitig eingestrichen und nach einer Ablüftzeit werden die trockenen Klebeflächen unter Druck vereinigt	Pattex®
Aktivierkleber	thermoplastischer Kunststoff, z. B. Polyamid	alle verklebbaren Werkstoffe einschließlich Metalle (nach guter Vorwärmung)	Erstarren des Klebers beim Abkühlen (Schmelzkleber)	

- **Kleben mit chemisch abbindenden Klebstoffen (Reaktionskleber)**

Kleberart	Zusammensetzung	zu verklebende Werkstoffe	Abbindemechanismus	Beispiele
Polymerisationskleber	Polyesterharze + Härter (Peroxide)	Metalle, Duroplaste, Keramik, Holz, Glas, keine weichelastischen Werkstoffe, wie z. B. PVC, Gummi	Vernetzen des Polyesters	Stabilit®
Polyadditionskleber	Epoxidharze + Härter		Kettenbildung und Vernetzung des Klebers	Araldit® Redux® UHU-plus®
	Polyurethanharze + Härter			Desmocol®
Sekundenkleber	Cyan-Acetat	Metalle, Polystyrol, PMMA, Keramik, Glas, Holz, ABS, Hart-PVC	Die kondensierende Feuchtigkeit initiiert die Aushärtereaktion	UHU 1645570, Pattex-Sekundenkleber, Loctite VE = 3g

2.2 Fügen durch Löten

2.2.1 Anwendung des Lötens

Das Löten ist ein Fügeverfahren, bei dem metallische Bauteile unlösbar miteinander verbunden werden. Zwischen die zu fügenden Bauteile wird ein flüssiges Zusatzmetall – Lot genannt – eingebracht. Nach dem Erstarren des Lotes ist die Verbindung fest.
Der Schmelzpunkt des Lotes liegt immer unter den Schmelzpunkten der Fügeteile. Die Fügeteile können aus unterschiedlichen Metallen bestehen. So kann z. B. Stahl mit Hartmetall durch Löten verbunden werden.

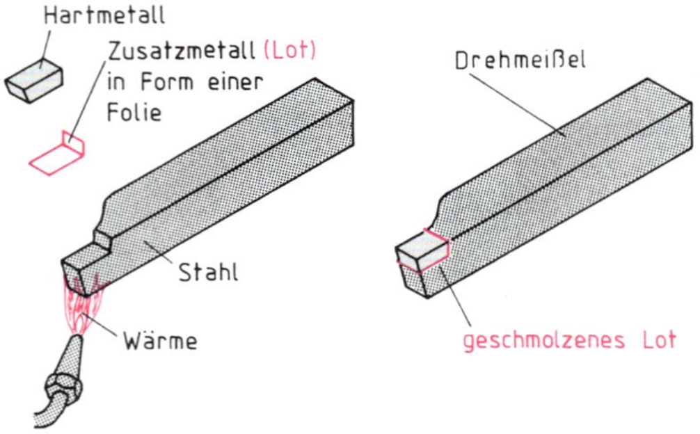

Auflöten einer Hartmetallplatte

Löten ist ein unlösbares Fügen metallischer Bauelemente durch ein geschmolzenes Zusatzmetall, das Lot. Der Schmelzpunkt des Lotes ist niedriger als die Schmelzpunkte der Fügeteile.

Löten findet vorwiegend Anwendung:

- im Rohrleitungsbau, da sich dichte Verbindungen einfach herstellen lassen,
- in der Elektrotechnik, da Lötverbindungen elektrisch gut leiten,
- bei Blecharbeiten im Baugewerbe, da sich die dort verarbeiteten Werkstoffe Kupfer und Zink vor Ort sehr einfach löten lassen,
- im Leichtbau, da sich hochfeste Werkstoffe ohne Gefahr von Gefügeänderungen und Verzug bei verhältnismäßig niedrigen Temperaturen verbinden lassen.

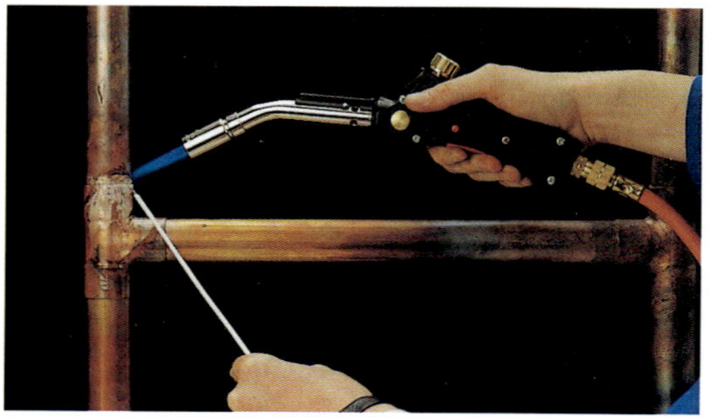
Löten einer Rohrleitung

Nachteilig ist die meist geringe Festigkeit der Lote im Vergleich zur Festigkeit der zu verbindenden Werkstoffe. Darum sollten Lötverbindungen stets überlappt werden – was höheren Materialaufwand bedeutet. Bei Loten auf der Basis von Blei-Zinn[1]) besteht die Gefahr des Kriechens unter Belastung. Lote können in aggressiven Medien korrodieren.

Durch Löten können unterschiedliche Metalle gefügt werden. In den Lötverbindungen treten kaum Gefügeänderungen und nur ein geringer Verzug auf. Sie sind dicht gegenüber Gasen und Flüssigkeiten. Die Fügestelle ist elektrisch gut leitend.

2.2.2 Vorgänge beim Löten

• Legierungsbildung

Beim Lötvorgang werden die Werkstücke erwärmt und das Lot zum Schmelzen gebracht. Dabei wandern Atome des Lotes in die Randschichten der zu verbindenden Bauelemente. Umgekehrt wandern auch Atome aus den Grenzflächen der Bauelemente in das Lot. So entsteht an den Grenzen der Fügeteile eine Legierung zwischen Grundwerkstoff und Lot. Die Festigkeit der Legierung ist höher als die Festigkeit der Legierungsmetalle. Durch die Legierungsbildung ergibt sich an der Lötstelle eine dichte, feste und unlösbare Verbindung. Eine gelötete Verbindung überträgt Kräfte durch **Stoffschluss.**

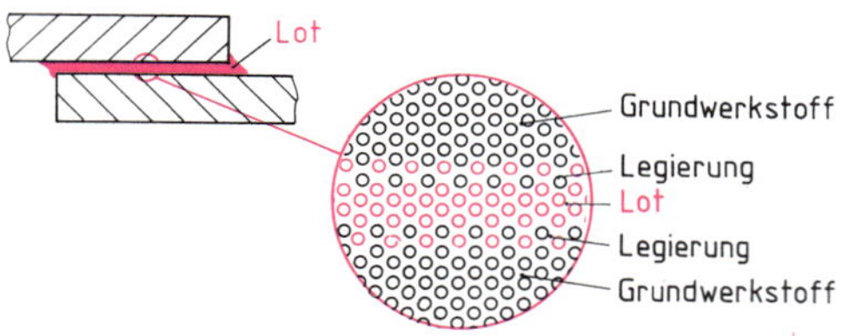

Legierungsbildung in der Lötstelle

Beim Löten legieren sich in den Randschichten die Werkstoffe von Lot und Bauelementen.

[1]) Auf die Einhaltung der gesetzlichen Bestimmungen hinsichtlich Verwendung von bleihaltigen Loten ist zu achten.

• Vorbereitung der Oberflächen zum Löten

Die Legierungsbildung beim Löten ist nur möglich, wenn die Werkstückoberflächen an der Lötstelle metallisch blank sind und während der Lötung metallisch blank bleiben. Metalloxide werden darum vor dem Löten von der Oberfläche abgetragen. Starke Oxidschichten – etwa Rost – entfernt man zunächst mechanisch. Restliche Oxide werden durch chemische Reaktionen mit so genannten **Flussmitteln** in Verbindungen überführt, welche bei der Löttemperatur dünnflüssig und leichter als das Lot sind. Dadurch erhöht sich die Benetzbarkeit der Lötstelle mit dem Lot.

Während des Lötens schwimmen die Verbindungen von Oxiden und Flussmitteln auf dem Lot und verhindern eine neue Oxidbildung. Sie werden durch das Lot aus der Lötstelle gedrängt.

Der Temperaturbereich, in dem ein Flussmittel voll seine Wirkung entfaltet, wird Wirktemperaturbereich genannt. Der Schmelztemperaturbereich des Lotes muss innerhalb des Wirktemperaturbereichs des Flussmittels liegen.

Reste des Flussmittels müssen nach dem Löten entfernt werden, da sie korrodierend wirken.

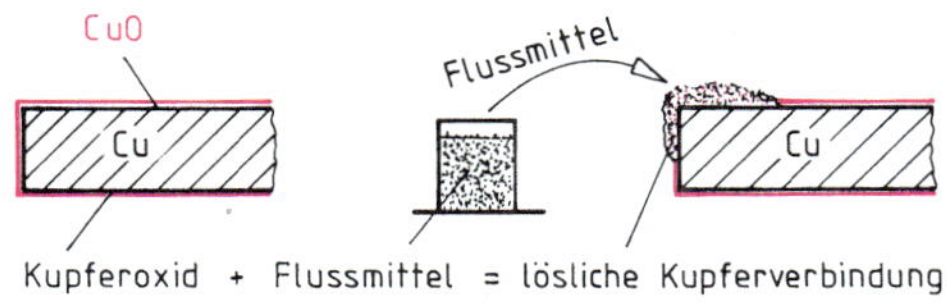

Flussmittel beseitigt Oxidschicht

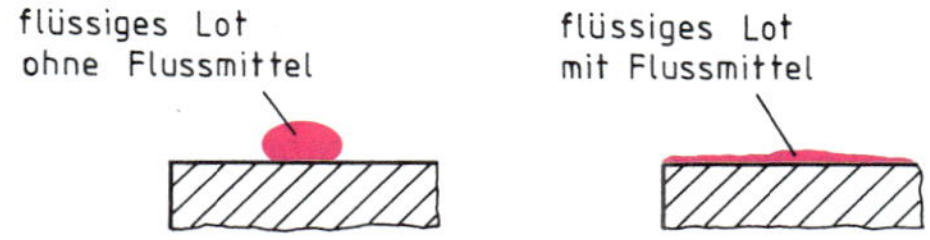

Flussmittel erhöht Benetzbarkeit

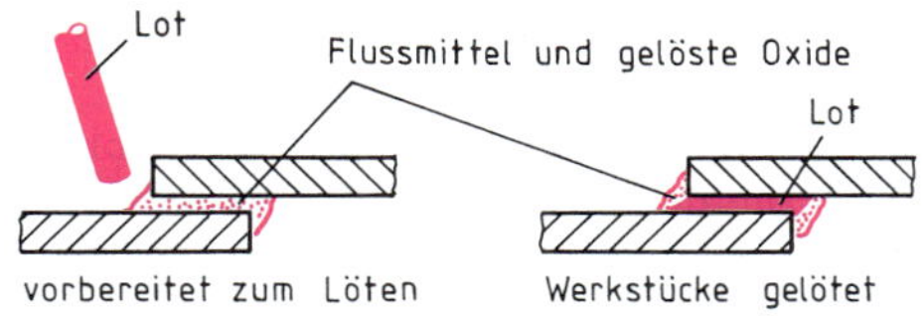

Lot verdrängt Flussmittel und Oxide und legiert mit dem Grundwerkstoff

> Werkstückflächen müssen zum Löten metallisch blank sein.
> Flussmittel haben folgende Aufgaben:
> • sie entfernen Metalloxide durch chemische Reaktionen,
> • sie verhindern die Bildung neuer Metalloxide,
> • sie erhöhen die Benetzbarkeit der Lötstelle mit Lot.

• Einbringen des Lotes

Zur Erzeugung einer sicheren Lötverbindung müssen Lötstelle und Lot auf die zur Legierungsbildung notwendige Temperatur gebracht werden.

Das Lot kann auf unterschiedliche Art an die Lötstelle gebracht werden.

- Als flüssiger Lottropfen kann das Lot vom Lötkolben unmittelbar an die Lötstelle herangeführt werden, wenn die zu verbindenden Werkstücke sehr dünn sind, wie z. B. bei Lötfahnen und Drähten in der Elektroindustrie. Der flüssige Lottropfen heizt dabei die Lötstelle auf und verbindet die Bauteile.
- Als Draht oder Stange kann Lot von außen an die erwärmte Lötstelle herangeführt werden. Es schmilzt dort ab. Diese Technik wird meist im Rohrleitungs- und Behälterbau angewendet.
- Als angepasste Formteile kann Lot in die kalte Lötstelle eingelegt und mit dieser zusammen erwärmt werden. Dieses Verfahren wird häufig in der Serienfertigung eingesetzt.

Damit das Lot an die Lötstelle gelangen kann, muss der Spalt zwischen den Bauelementen möglichst eng sein. Je enger der Lötspalt ist, desto leichter und weiter saugt sich das Lot in den Spalt. Diese Sogwirkung nennt man **Kapillarwirkung.** Sie tritt in dünnen Rohren und engen Spalten auf.

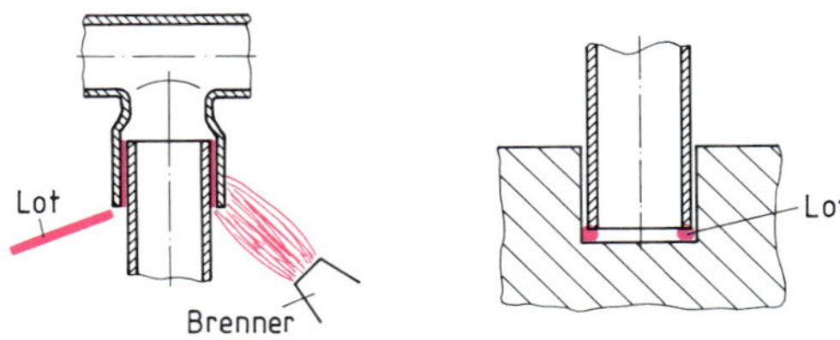

Lotzufuhr

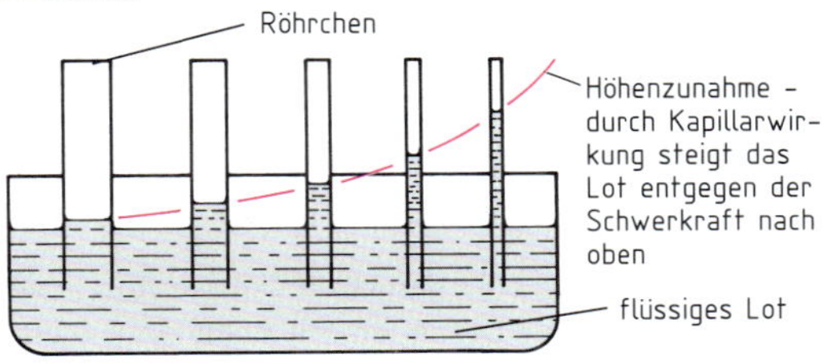

Kapillarwirkung

Wegen der Kapillarwirkung hat sich für Lötverbindungen ein paralleler **Lötspalt** von 0,05 mm bis 0,2 mm als günstig erwiesen. Bei zu kleinem Spalt zwischen dem Bauelementen füllt das Lot wegen seiner Dickflüssigkeit den Lötspalt nicht voll aus. Ist er dagegen zu breit, tritt die Kapillarwirkung nur sehr schwach auf.
Außerdem vermindern sich bei zu breitem Lötspalt die Festigkeitseigenschaften der Lötstelle. Im zu breiten Lötspalt verbleibt nämlich in der Lötstelle zwischen den Bauelementen eine Schicht aus reinem Lot. Diese Schicht hat eine geringere Festigkeit als Legierung und Grundwerkstoff.

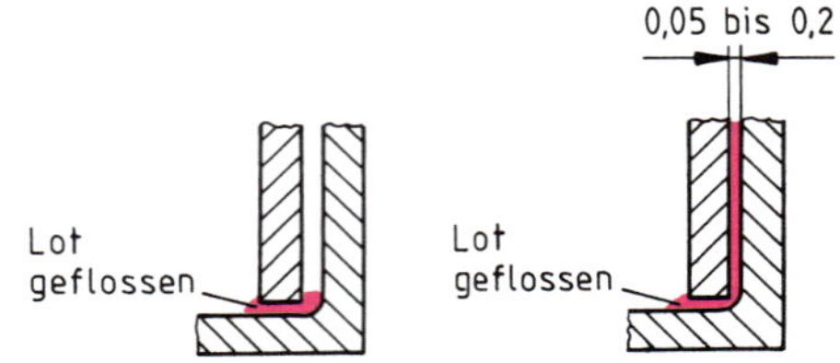

Kapillarwirkung im Lötspalt

Beim Löten soll das geschmolzene Lot durch die Kapillarwirkung in den Lötspalt gesaugt werden. Ein optimaler Lötspalt soll eine Breite von 0,05 – 0,2 mm haben.

- **Wahl der Löttemperatur**

Lote sind Legierungen, die Kristallgemenge bilden. Deshalb schmelzen und erstarren sie in einem Temperaturbereich. Lediglich eutektische Legierungen und reine Metalle, die als Lote verwendet werden, haben einen Schmelzpunkt. Siehe auch Seite 296.
Die niedrigste Temperatur, bei der das Lot fließt und sich mit dem Grundwerkstoff verbindet, wird **Arbeitstemperatur** genannt. Sie liegt im Schmelzbereich des Lotes oder geringfügig darüber.
Bei der höchstzulässigen Löttemperatur darf noch keine Schädigung der beteiligten Werkstoffe erfolgen.
Nach dem Fließen des Lotes soll die Löttemperatur etwa 15 bis 60 Sekunden gehalten werden, damit der Legierungsvorgang stattfindet.

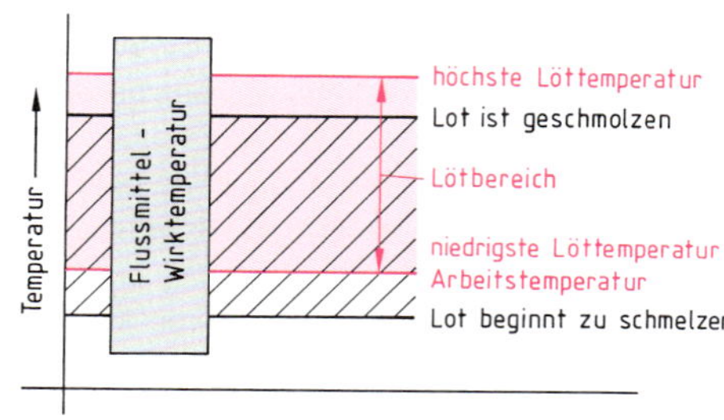

Temperaturen beim Löten

Die niedrigste Löttemperatur wird Arbeitstemperatur genannt. Der Lötvorgang muss im Temperaturbereich zwischen der Arbeitstemperatur und der höchsten Löttemperatur stattfinden.
Der Wirktemperaturbereich des Flussmittels muss größer sein als der Schmelztemperaturbereich des Lotes.

2.2.3 Lötverfahren

- **Einteilung der Lötverfahren**

Die Lötverfahren werden meist nach der Schmelztemperatur der Lote in Weich-, Hart- und Hochtemperaturlöten unterteilt. Für jedes Verfahren sind spezielle Lote und Flussmittel typisch.

Weichlöten	Hartlöten	Hochtemperaturlöten
– Schmelztemperatur der Lote **unter 450 °C** – Lote auf Blei-Zinn-Basis	– Schmelztemperatur der Lote **zwischen 450 °C und 900 °C** – Kupfer-Basislote oder silberhaltige Lote	– Schmelztemperatur der Lote **über 900 °C** – Nickelbasislote
– Flussmittel mit geeignetem Wirktemperaturbereich	– Flussmittel mit geeignetem Wirktemperaturbereich	– Flussmittelfrei im Vakuum oder unter Schutzgas

Die größte Bedeutung haben Weich- und Hartlöten. Das Hochtemperaturlöten findet hauptsächlich in der automatisierten Serienfertigung statt.

- **Wärmequellen**

Beim **Weichlöten** kann die Lötstelle wegen der niedrigen Temperaturen mit:
- Lötkolben,
- Lötbrenner,
- Lötlampe

erwärmt werden.
Die zum **Hartlöten** erforderlichen Temperaturen können mit folgenden Geräten erreicht werden:
- Schweißbrenner, betrieben mit Acetylen-Sauerstoffgemisch,
- Hartlötbrenner, betrieben mit Acetylen-Luftgemisch.

2.2.4 Gestaltung von Lötverbindungen

Bei der Gestaltung von Lötverbindungen ist Folgendes zu berücksichtigen:

- Lote haben meist geringere Festigkeit als die zu verbindenden Werkstoffe.
- Das Lot sollte möglichst nicht auf Zug und keinesfalls auf Schälung beansprucht werden.

Lötverbindungen sollen als Überlappung gestaltet werden, weil dort eine Scherbeanspruchung vorliegt und die Lötfläche groß genug gestaltet werden kann. Sie soll das drei bis fünffache der Wanddicke des dünneren Fügeteils betragen. Lediglich beim Hartlöten und beim Hochtemperaturlöten können wenig belastete Bauteile durch Stumpfnähte verbunden werden.

Die Form der Überlappung richtet sich vornehmlich nach der Funktion der Bauteile. Es kann zwischen Einfachlasche, Doppellasche, Überplattung und Schäftung gewählt werden.

Besonders bei Weichlötungen ist es günstig, die Überlappung durch eine zusätzliche formschlüssige Verbindung zu sichern.

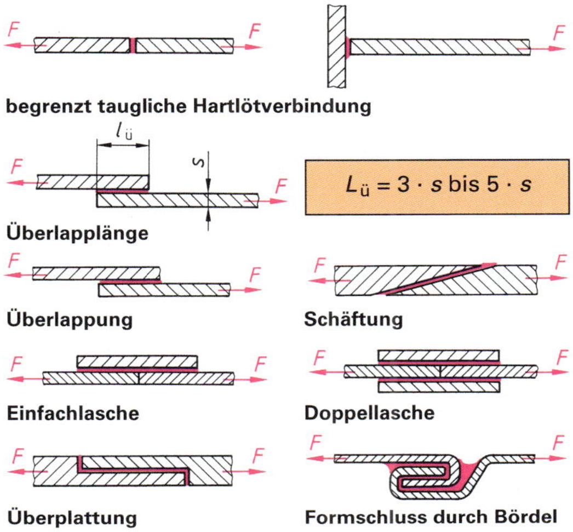

Bei allen maßlichen Festlegungen ist die Breite des Lötspaltes zu berücksichtigen. Sie soll bei Stahl 0,1 mm betragen. Bearbeitungsriefen quer zur Flussrichtung des Lotes sind zu vermeiden. Die gemittelte Rautiefe R_z in Flussrichtung soll kleiner als 0,02 mm sein.

Lötverbindungen sollen als Überlappungen gestaltet werden. Schälbeanspruchung ist zu vermeiden.

2.2.5 Lote und Flussmittel

- **Lote**

Lote unterteilt man wie die Lötverfahren nach der Schmelztemperatur.

Weichlote sind hauptsächlich Legierungen aus Zinn (Sn) und Blei (Pb) in verschiedenen Mischungsverhältnissen. Zur Steigerung der Festigkeit der Lötstelle ist diesen Loten vielfach Antimon (Sb), Kupfer (Cu) oder Silber (Ag) in geringen Mengen zugegeben.

Hartlote sind in der Regel Kupfer-Zink-Legierungen (Kupferbasislote) oder silberhaltige Legierungen mit Silberanteilen von 2 % bis 85 %.

Durch die Auswahl der geeigneten Lote lassen sich alle Schwermetalle und deren Legierungen löten. Zum Weich- und Hartlöten von Aluminiumwerkstoffen sind besondere Lote entwickelt worden.

Nach ÖNORM EN ISO 9453 werden Weichlote mit dem Buchstaben S gekennzeichnet. Hinter jedem Legierungsbestandteil wird der jeweilige Prozentanteil angegeben.

Beispiel **für die Bezeichnung eines Weichlotes** **S-Pb74Sn25Sb1**

- Weichlot — S
- 74 % Blei — Pb74
- 25 % Zinn — Sn25
- 1 % Antimon — Sb1

- **Flussmittel**

Die wesentlichen Eigenschaften eines Flussmittels zum Weichlöten werden nach ÖNORM EN ISO 9454 gekennzeichnet.

Beispiel **für die Bezeichnung eines Flussmittels**

Weichlötflussmittel 1. 1. 3. A

- Harz (Typ) — 1.
- Kolophonium (Basis) — 1.
- ohne Halogene, z. B. Cl, aktiviert (Aktivator) — 3.
- flüssig (Zustand) — A

2.3 Fügen durch Schweißen

Durch Schweißen werden unlösbare Verbindungen hergestellt. Dabei werden die zu verbindenden Bauteile durch Wärme oder durch Druck und Wärme stoffschlüssig gefügt. Vielfach geschieht dies unter Zugabe eines Schweißzusatzwerkstoffes.

Schweißen ist häufig das wirtschaftlichste und technisch günstigste Fügeverfahren, weil

- der Fertigungsaufwand bei Einzelfertigung gering ist,
  z. B. keine Modellherstellung wie beim Gießen,
- der Materialeinsatz gering ist,
  z. B. keine Überlappung und keine Hilfsfügeteile wie beim Fügen durch Nieten oder Schrauben,
- die Fügestelle nahezu die gleiche Festigkeit und Temperaturbeständigkeit wie die zu fügenden Grundwerkstoffe erreicht,
  z. B. keine großen Fügeflächen und Temperaturbegrenzung wie beim Löten und Kleben,
- das Schweißen mechanisierbar ist und automatisiert werden kann und so einfach in den Fertigungsprozess eingegliedert werden kann.

Schweißroboter beim Lichtbogenschmelzschweißen

Nachteile des Schweißens sind die starke Erwärmung an der Schweißstelle, die zu Gefügeänderungen und Wärmespannungen führt. Ferner ist zu beachten, dass nur gleiche oder nahezu gleiche Werkstoffe durch Schweißen gefügt werden können.

Durch Schweißen werden meist gleichartige Werkstoffe im flüssigen oder plastischen Zustand zu einem gemeinsamen Gefüge vereinigt. Schweißen ist ein unlösbares Fügen durch Stoffschluss.

2.3.1 Einteilung der Schweißverfahren

Aufgrund des vielfältigen Aufgabenbereiches von Schweißverbindungen wurden eine Reihe unterschiedlicher Schweißverfahren entwickelt. Sie können grundsätzlich in die beiden Hauptgruppen – Schmelzschweißen und Pressschweißen unterteilt werden.

Schweißen von Metallen

- **Schmelzschweißen**
  - Gasschmelzschweißen
  - Lichtbogenschmelzschweißen
    - Lichtbogenhandschweißen
    - Schutzgasschweißen
    - Unterpulverschweißen
  - Strahlschweißen
    - Elektronenstrahlschweißen
    - Laserstrahlschweißen
- **Pressschweißen**
  - Widerstandspressschweißen
    - Punktschweißen
    - Buckelschweißen
    - Rollennahtschweißen
    - Abbrennstumpfschweißen
  - Ultraschallschweißen
  - Reibschweißen
  - Lichtbogenbolzenschweißen

Europaweit sind wichtige Schweißverfahren nach ÖNORM EN ISO 4063 mit **Kennziffern** belegt worden, damit leichter internationale Vereinbarungen im Bereich Auftragsabwicklung eingehalten werden können.

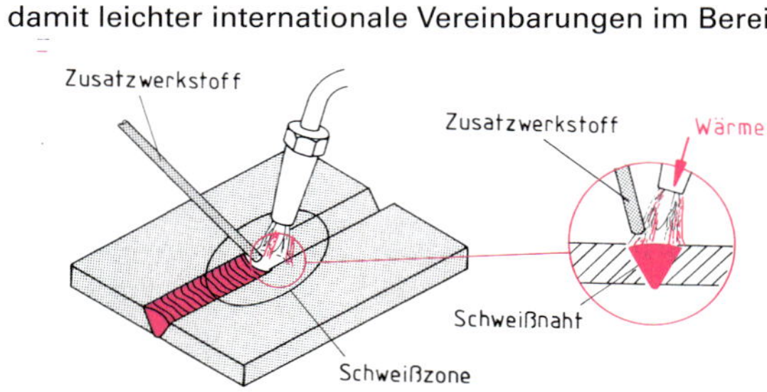

Gasschmelzschweißen

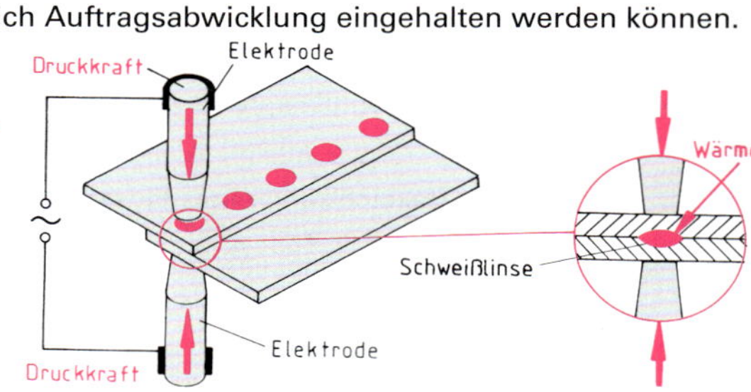

Widerstands-Punktschweißen

2.3.2 Schweißverbindungen

- **Schweißstöße**

Der Bereich, in dem Bauelemente durch Schweißen miteinander verbunden werden, wird Schweißstoß genannt. Die Einzelteile können an der Schweißstelle auf verschiedene Arten aufeinander treffen. Man unterscheidet daher nach der Anordnung der zu fügenden Teile unterschiedliche Schweißstöße.

Beispiele für Schweißstöße

Stumpfstoß	Überlappstoß	T-Stoß	Mehrfachstoß
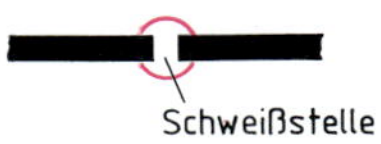		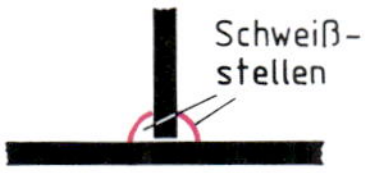	

- **Schweißnahtarten**

Beim Schweißen bezeichnet man die stoffschlüssige Verbindungsstelle der Bauelemente als Schweißnaht. Schweißnähte können durchgehend oder mit Unterbrechungen geschweißt werden. Auch einzelne Schweißpunkte sind üblich. Die Form einer Schweißnaht ergibt sich aus der Art des Schweißstoßes, aus der Werkstückdicke an der Schweißstelle und aus dem Schweißverfahren. Entsprechend der gewählten Nahtart werden die Werkstückkanten vorbereitet. Die Vorbereitung geschieht durch Fräsen, Schleifen oder durch Abtragen mittels Brennschneiden. Dünne Schweißnähte werden in einer Lage geschweißt, dickere Schweißnähte müssen in mehreren Lagen geschweißt werden.

Beispiele für Schweißnahtarten

Schweißnahtarten bei Stumpfstößen

Benennung	**V-Naht** (eine Lage)	**V-Naht** (mehrere Lagen)	**Doppel-V-Naht** (X-Naht)	**U-Naht**	**I-Naht**	**Bördelnaht**
Naht-querschnitt		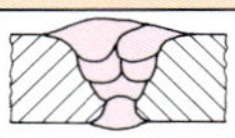	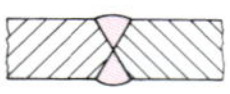	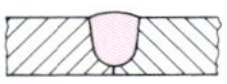	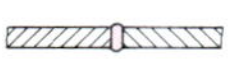	
Symbol	V	V	X	Y	II	

Schweißnahtarten bei T-Stößen

Benennung	**Kehlnaht** (eine Lage)	**Kehlnaht** (mehrere Lagen)	**Doppelkehlnaht**
Naht-querschnitt	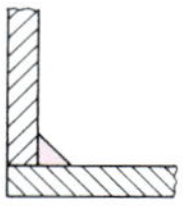	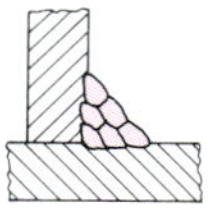	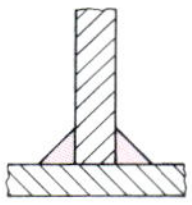
Symbol	◺	◺	

- **Schweißpositionen**

Die Durchführung eines Schweißvorganges hängt u. a. von der Lage der zu verschweißenden Werkstückkanten beim Schweißen ab. Die Lage einer Schweißnaht beim Schweißen bezeichnet man als Schweißposition. Nach ÖNORM EN ISO 6947 sind die folgenden Schweißpositionen festgelegt:

Position A	Position B	Position C	Position D	Position E	Position F	Position G
Wannen-position	**Horizontal-position**	**Querposition**	**Horizontal-/Überkopfposition**	**Überkopf-position**	**Steigposition**	**Fallposition**
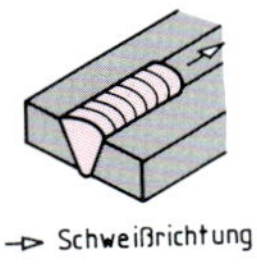	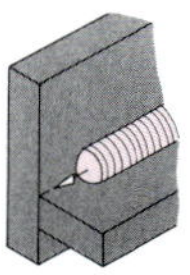	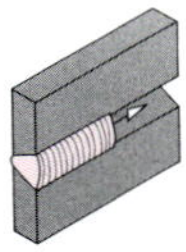	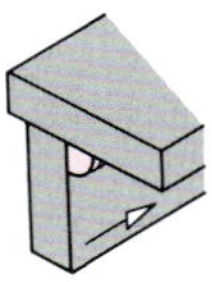	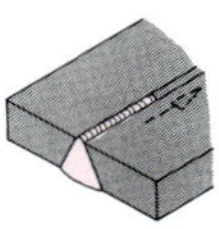	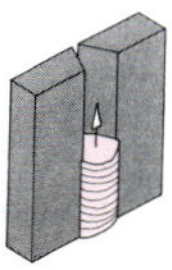	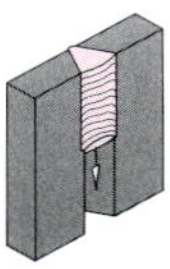
Kurzzeichen: PA	Kurzzeichen: PB	Kurzzeichen: PC	Kurzzeichen: PD	Kurzzeichen: PE	Kurzzeichen: PF	Kurzzeichen: PG

2.3.3 Gasschmelzschweißen, Prozess 311

Beim Gasschmelzschweißen – auch Autogenschweißen genannt – wird der Werkstoff der zu fügenden Bauteile an der Schweißstelle durch die Verbrennungswärme eines Gases geschmolzen.
Das Gasschmelzschweißen wird hauptsächlich in der Installationstechnik angewendet.

Die Vorteile des Verfahrens sind:

- Die Gasschmelzschweißanlage ist ortsunabhängig, benötigt keine weitere Energie und kann problemlos auf Baustellen eingesetzt werden.
- Die Gasschmelzschweißanlage ist auch für Hartlötarbeiten und zum Vorwärmen von Biegeteilen zu nutzen.
- Schweißen ist in allen Positionen möglich, da die Wärmezufuhr sehr gut dosierbar ist.

Nachteile des Verfahrens sind:

- Geringe Wärmekonzentration in der Flamme und damit niedrige Schweißleistung.
- Häufig großer Verzug in der Schweißverbindung.

2.3.3.1 Grundausstattung einer Gasschmelzschweißanlage

1 Flasche mit Acetylenfüllung
1 Flasche mit Sauerstofffüllung
2 Druckregler mit Flaschen- und Arbeitsmanometer
2 Flammenrückschlagsicherungen
2 Schläuche mindestens 3 m lang – mit Handgriff und Schweißbrennereinsatz

Speicherung von Acetylen

Reines Acetylen (C_2H_2) explodiert bereits bei einem Überdruck von ca. 2 bar. Um diese Gefahr auszuschalten, ist in Flaschen und Leitungen nur ein Höchstdruck von 1,5 bar zulässig.
Um Acetylen in größeren Mengen in einer Stahlflasche zur Verfügung zu stellen, muss Acetylen in Aceton gelöst werden. Das Aceton wird in der Flasche von einer hoch porösen Masse aufgenommen.

Flaschenvolumen:	40 l
Acetonmenge:	13 l
Inhaltsdruck:	18 bar Überdruck
Entnahmemenge:	ca. 6 000 l

Damit Aceton bei der Gasentnahme nicht mitgerissen wird, dürfen aus einer Acetylenflasche kurzzeitig nicht mehr als 1 000 l/h entnommen werden.
Bei höherem Verbrauch muss aus mehreren Flaschen gleichzeitig Acetylen entnommen werden.

- **Kennzeichnung von Druckgasflaschen**

Die verbindliche Kennzeichnung des Gasinhaltes einer Gasflasche erfolgt nach ÖNORM EN 1089 auf dem Gefahrgutaufkleber. Dieser wird meist auf der Schulter der Gasflasche angebracht. Neben den Gefahrzeichen enthält er vor allem Informationen über das Produkt und gibt Sicherheitshinweise.
Eine Farbkodierung der Flaschenschulter informiert schon aus größerer Entfernung über die Eigenschaften der Gase.
Gasflaschen, die nach der neuen Norm gegenüber früher eine andere Farbkennzeichnung haben, tragen auf der Schulter den Buchstaben „N" (für Neu).

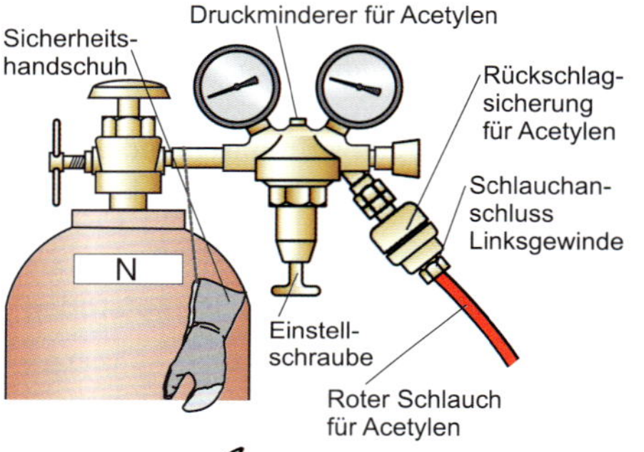

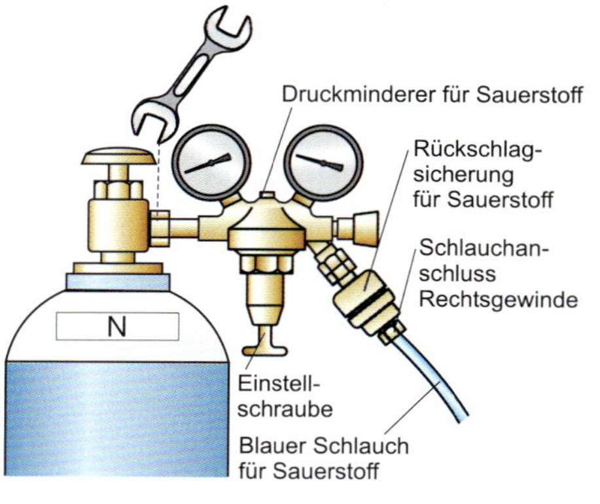

Speicherung von Sauerstoff

Sauerstoff wird in Stahlflaschen abgefüllt.

Normalflasche (N):	40 l Volumen 150 bar Überdruck 6 000 l Entnahmemenge
Leichtflasche (L):	50 l Volumen 200 bar Überdruck 10 000 l Entnahmemenge

Ventile von Sauerstoffflaschen müssen öl- und fettfrei gehalten werden, weil Fette im Sauerstoffstrom leicht entzündlich sind.

2.3.3.2 Schweißbrenner – Schweißflamme

Schweißbrenner

Der zum Schweißen benutzte Brenner besteht aus Griffstück und Schweißeinsatz. Am Griffstück befinden sich die Schlauchanschlüsse und die Absperrventile für Brenngas und Sauerstoff. Der auswechselbare Schweißeinsatz besteht aus Mischdüse, Mischrohr und Schweißdüse. Er wird mit einer Überwurfmutter am Griffstück befestigt.

Bei den am häufigsten verwendeten Saugbrennern (Injektorbrenner) strömt durch eine zentrische Düse Sauerstoff mit hoher Geschwindigkeit in die Mischdüse. In der Engstelle der Mischdüse entsteht als Folge der hohen Geschwindigkeit ein Unterdruck. Dadurch wird das Acetylen angesaugt und mit Sauerstoff gemischt. Um eine genügende Saugwirkung sicherzustellen, muss beim Zünden das Sauerstoffventil zuerst geöffnet werden.

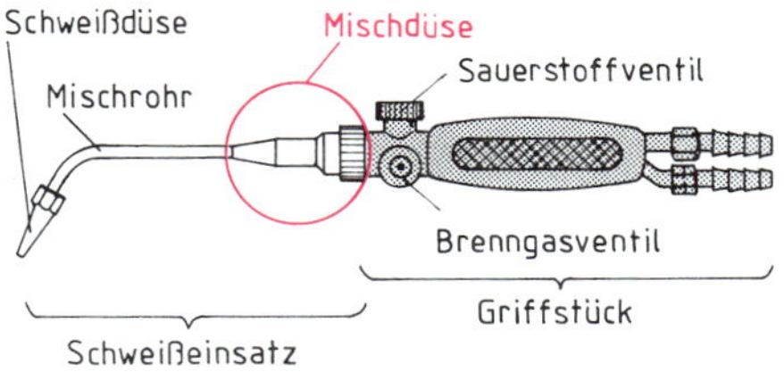

Schweißbrenner (Injektorbrenner = Saugbrenner)

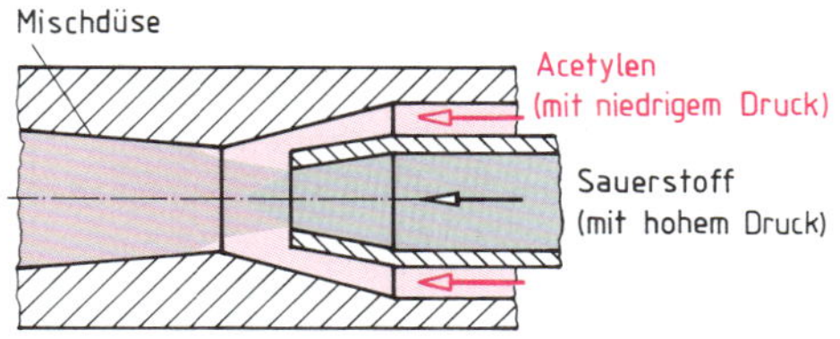

Saugwirkung beim Injektorbrenner

Beim Injektorbrenner wird das Brenngas vom Sauerstoff angesaugt.

Einstellung der Schweißflamme

Eine gute Schweißnaht wird bei Stahl nur erzielt, wenn eine Flamme eingestellt wird, die weder Sauerstoff- noch Acetylenüberschuss hat. Dies ist bei einer **neutralen Flamme** der Fall.

Zur Einstellung der neutralen Flamme werden Sauerstoff und Acetylen im Verhältnis 1:1 gemischt. Das Gemisch verbrennt bei Temperaturen von etwa 3 200 °C. In der Nähe der Schweißdüse verläuft die Verbrennung unvollständig, das ist der Schweißbereich. Zur vollständigen Verbrennung benötigt die Flamme noch Sauerstoff aus der Luft.

Die neutrale Flamme besteht aus:

- Flammenkern mit unverbranntem Gas
- grell weißem Flammenkegel, in dem Acetylen teilweise zerfällt und verbrennt
- Bereich der unvollständigen Verbrennung
- Streuflamme, in der unverbranntes Gas mit Luftsauerstoff verbrennt.

Bei Einstellung einer Flamme mit Acetylenüberschuss – **reduzierende Flamme** – kommt es bei Stahl zur Zufuhr von unverbranntem Kohlenstoff und damit zur Aufhärtung und Versprödung in der Naht.

Leichtmetalle werden mit Acetylenüberschuss geschweißt, da der freie Kohlenstoff zur Reduzierung der Metalloxide beiträgt.

Bei Einstellung einer Flamme mit Sauerstoffüberschuss – **oxidierende Flamme** – kommt es bei Stahl zur Entkohlung der Schweißnaht und zu Oxideinschlüssen.

Eine Flamme mit Sauerstoffüberschuss wird zum Schweißen von Kupfer-Zink-Legierungen (Messing) verwendet, um ein Verdampfen des Zinks zu verhindern.

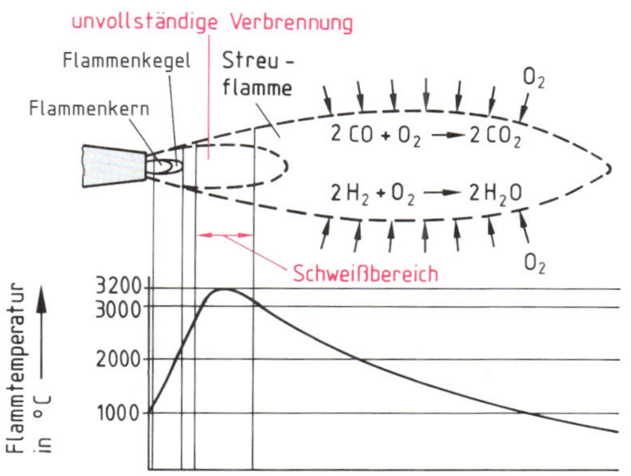

Normale Schweißflamme mit Temperaturverteilung

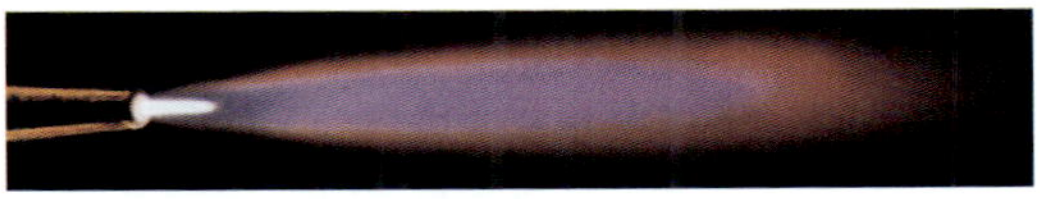
Flamme mit neutraler Einstellung

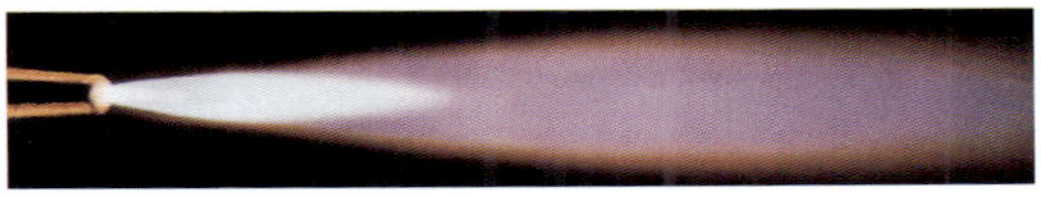
Flamme mit Acetylenüberschuss

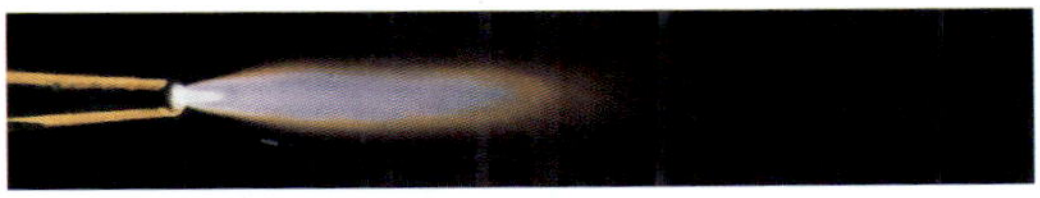
Flamme mit Sauerstoffüberschuss

2.3.3.3 Schweißzusatzwerkstoff

Der Schweißzusatzwerkstoff muss entsprechend dem zu verschweißenden Grundwerkstoff ausgewählt werden. Für die Ausführung von Gasschmelzschweißarbeiten an unlegierten und niedriglegierten Stählen stehen sieben **Schweißstabklassen** zur Auswahl.

Am häufigsten werden Schweißstäbe der Klassen O III und O IV verwendet.

Grundwerkstoffe	Schweißstabklassen OI	OII	OIII	OIV	OV	OVI
...S235	x	x	x	x		
...S275JR		x	x	x		
...S355JR			x	x		
16Mo3				x		
13CrMo4-5					x	
10CrMo9-10						x

Zuordnung der Schweißstabklassen zum Grundwerkstoff

Schweißstäbe sind durch Einprägung der Schweißstabklasse am oberen Ende des Schweißstabes dauerhaft gekennzeichnet.

Die Schweißstäbe der verschiedenen Klassen zeigen auch unterschiedliches Schweißverhalten.

Merkmale für das Schweißverhalten sind:

- Fließverhalten des Schweißzusatzwerkstoffes,
- Porenbildung im Schweißgut,
- Spritzer während der Schweißarbeit.

Der Schweißstabdurchmesser wird in Abhängigkeit von der Dicke des zu verschweißenden Bleches gewählt. Bevorzugt werden Schweißstäbe mit den Durchmessern 2; 2,5; 3; 4 und 5 mm benutzt.

Die Oberfläche der Stäbe muss frei von Rost, Fett und anderen Verunreinigungen sein. Meist sind die Stäbe zum Korrosionsschutz verkupfert.

2.3.3.4 Arbeitsverfahren

Beim Gasschmelzschweißen wird nach zwei Verfahren gearbeitet. In beiden Fällen wird der Brenner mit der rechten Hand und der Schweißstab mit der linken Hand geführt.

Nachlinks-Schweißung

Bei der Nachlinks-Schweißung wird die Schweißnaht von rechts nach links gelegt. Der Schweißstab befindet sich in Schweißrichtung vor der Flamme. Die Flamme ist von der Schweißstelle weg durch die noch offene Fuge gerichtet. Die geschweißte Naht kann schnell abkühlen. Dies ist erwünscht beim Schweißen dünnwandiger Werkstücke bis ca. 3 mm Dicke.

Nachlinks-Schweißen

Zum Verschweißen dünner Werkstücke bis ca. 3 mm Dicke wählt man das Nachlinks-Schweißen.

Nachrechts-Schweißung

Bei der Nachrechts-Schweißung wird die Schweißnaht von links nach rechts gelegt. Der Schweißstab befindet sich in Schweißrichtung hinter dem Brenner. Die Flamme ist auf die Schweißstelle gerichtet. Hier entsteht ein Wärmestau. Ein gutes Durchschweißen ist gewährleistet. Die Nachrechts-Schweißung wird bei Werkstücken über 3 mm Dicke angewendet.

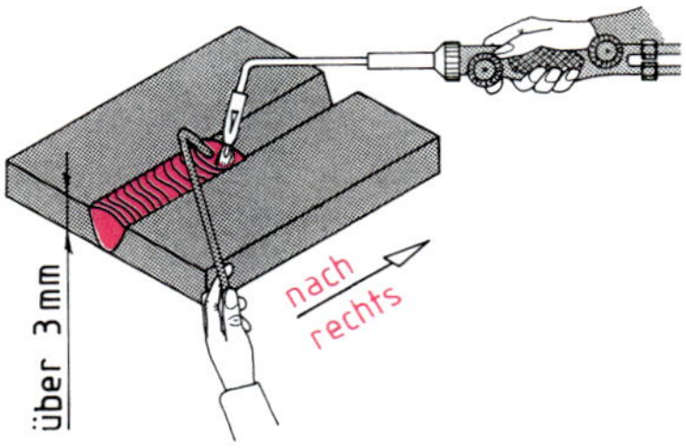

Nachrechts-Schweißen

Regeln für das Gasschmelzschweißen von Stahl:

- Der Schweißeinsatz des Brenners ist entsprechend der Werkstückdicke zu wählen.
- Die Schweißflamme ist neutral einzustellen.
- Die Spitze des Flammenkegels darf das Schweißbad und den Schweißstab nicht berühren.
- Der Brenner muss in einem günstigen Winkel zum Werkstück gehalten werden: anfangs steil, später stärker zur Naht hin geneigt.
- Der Schweißdraht muss ins Schweißbad eintauchen, er darf nicht tropfen und nicht „kleben".
- Längere Schweißstöße sind zunächst zu heften.

2.3.4 Lichtbogenschmelzschweißen

Lichtbogenschmelzschweißverfahren haben in der Fügetechnik große Bedeutung. Sie gliedern sich in

- **Lichtbogenschmelzschweißen**
  - **Metalllichtbogenschweißen**
    - **Lichtbogenhandschweißen**
  - **Schutzgasschweißen**
    - **Metall-Schutzgasschweißen**
    - **Wolfram-Schutzgasschweißen**
  - **Unterpulverschweißen**

2.3.4.1 Schweißstrom

- **Stromkreis beim Lichtbogenschmelzschweißen**

Beim Lichtbogenschmelzschweißen wird mit Hilfe des elektrischen Stromes durch die Wirkung eines Lichtbogens die Schweißtemperatur erzeugt. Dabei bilden während des Schweißvorganges Spannungsquelle, Lichtbogen und Werkstück einen Stromkreis.

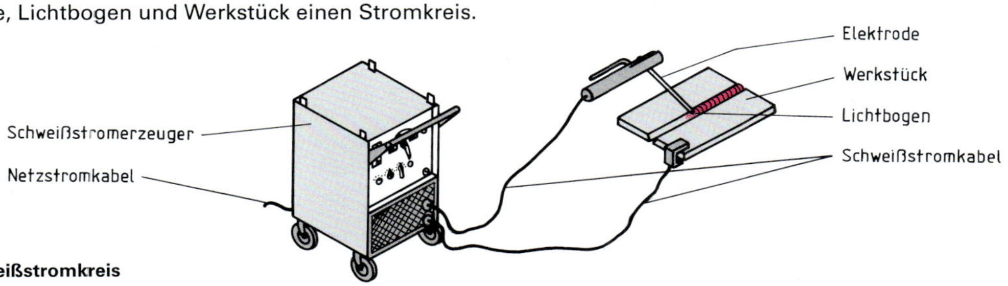

Schweißstromkreis

- **Stromfluss im Lichtbogen**

Wenn die Elektrode das Werkstück berührt, entsteht ein Kurzschluss. Wird die Elektrode abgehoben, so bildet sich ein Lichtbogen. Die Atome der Umgebung werden in elektrisch positiv geladene Ionen und Elektronen aufgetrennt und ermöglichen die Leitung.

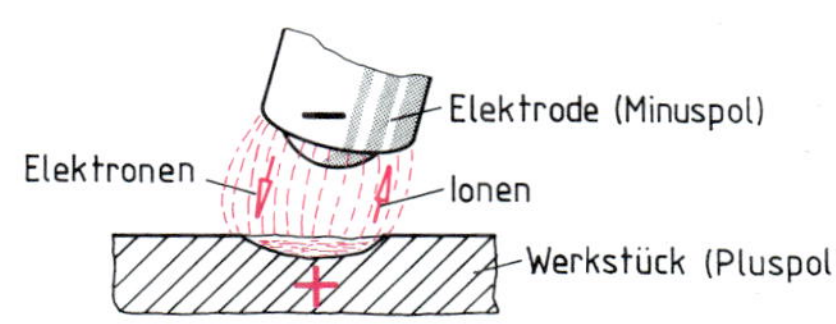

Bewegung der Ladungsträger im Lichtbogen

Durch die elektrische Spannung werden im Lichtbogen die positiv geladenen Ionen von den negativ geladenen Elektronen der Atome getrennt. Ionen und Elektronen ermöglichen den Stromfluss.

Die Elektronen werden im Lichtbogen besonders hoch beschleunigt und geben beim Auftreffen auf den positiven Pol ihre Energie ab. Darum ist beim Schweißen mit Gleichstrom die Temperatur am Pluspol etwa 600 Grad höher als am Minuspol. Beim Schweißen mit Wechselstrom sind die Temperaturen an beiden Ausgangspunkten des Lichtbogens gleich hoch.
Der Lichtbogen brennt beim Schweißen mit Gleichstrom ruhiger als beim Schweißen mit Wechselstrom.

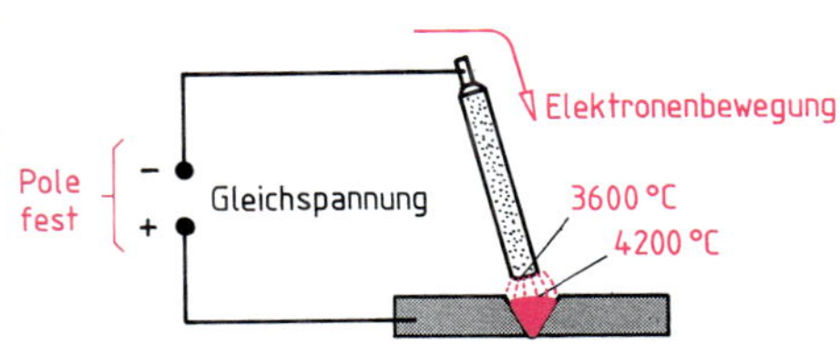

Temperaturen beim Schweißen mit Gleichstrom

Beim Schweißen mit Gleichstrom ist der Pluspol heißer.

Im Lichtbogen entstehen zusätzlich Wärmestrahlung und UV-Strahlung. Haut und Augen müssen durch entsprechende Schutzgläser, Schutzhauben und Schutzkleidung vor dieser Strahlung geschützt werden.

- **Schweißstromquellen**

Die Netzspannungen betragen 230 Volt bzw. 400 Volt. Sie sind lebensgefährlich und zum Schweißen ungeeignet. Daher werden besondere Schweißstromquellen benötigt.

Schweißtransformator

Transformatoren benutzt man für das Wechselstromschweißen. Der Netzstrom mit hoher Spannung und geringer Stromstärke wird im Transformator in einen Wechselstrom von niedriger Spannung und hoher Stromstärke umgeformt.

Der Schweißtransformator hat folgende Vorteile: Geringe Anlagekosten, geringere Stromverluste, kein Wartungsaufwand.
Nachteilig beim Schweißen mit Strom aus dem Schweißtransformator ist die erhöhte Unfallgefahr, weil die Leerlaufspannung 70 Volt beträgt. Daher ist der Schweißtransformator für Schweißarbeiten in feuchten bzw. engen Räumen, wie etwa in Kesseln nicht zugelassen.

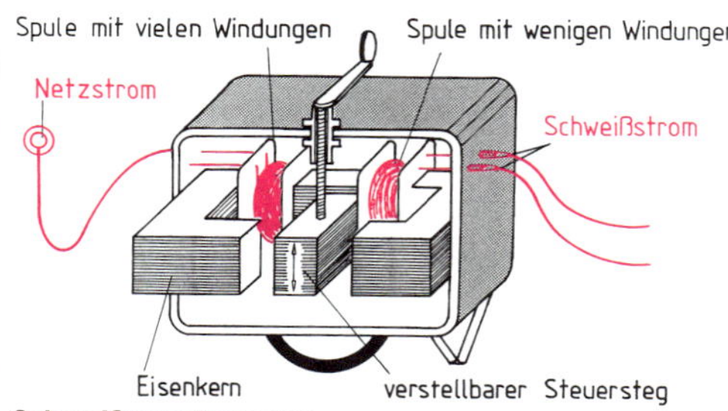

Schweißtransformator

Schweißgleichrichter

Der Schweißgleichrichter besteht aus einem Transformator mit nachgeschalteten Gleichrichtern. Im Transformator wird die Netzspannung in einen Wechselstrom mit geringerer Spannung und hoher Stromstärke umgeformt. Im nachgeschalteten Gleichrichter wird der umgeformte Wechselstrom in Gleichstrom umgewandelt.

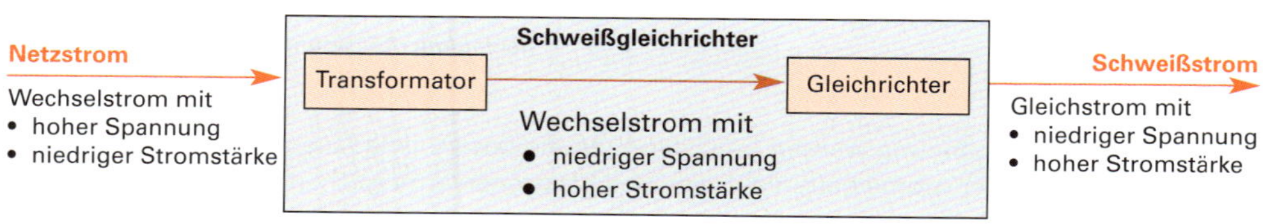

Schweißumformer

Der Schweißumformer besteht aus einem Motor und einem Generator. Sie haben eine gemeinsame Welle. Der Motor wird mit Netzspannung betrieben und treibt den Generator an. Der Generator erzeugt den Schweißstrom. Er liefert in der Regel Gleichstrom mit einer Spannung bis etwa 42 Volt im Leerlauf.
Steht kein Netzstrom zur Verfügung, so dienen Verbrennungskraftmaschinen zum Antrieb.

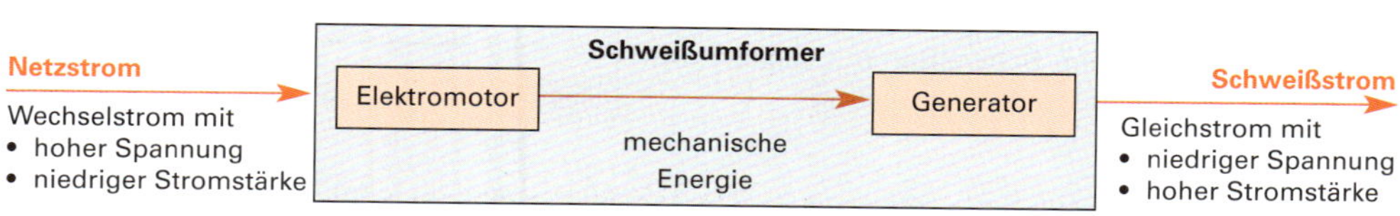

Gleichstromschweißmaschinen haben bessere Zünd- und Schweißeigenschaften, sie erlauben das Verschweißen jeder Elektrodentype und bilden schönere Schweißnähte.

- **Kennlinien für das Lichtbogenschmelzschweißen**

Zur Erzielung einer gleichmäßigen Schweißnaht ist eine *gleich bleibende* Stromstärke erforderlich. Diese Forderung wird vom Verhalten (Kennlinie) der angeführten Schweißstromquellen in unterschiedlicher Weise erfüllt.

Lichtbogenkennlinie

Die Schweißspannung bewirkt, dass durch den Widerstand des Lichtbogens der Schweißstrom fließt. Der elektrische Widerstand des Lichtbogens wächst mit seiner Länge.

Eine höhere Spannung lässt durch einen Lichtbogen mit konstanter Länge einen höheren Strom fließen. Dieser Zusammenhang zwischen Spannung und Strom bei verschiedenen Lichtbogenlängen wird durch Lichtbogenkennlinie dargestellt.

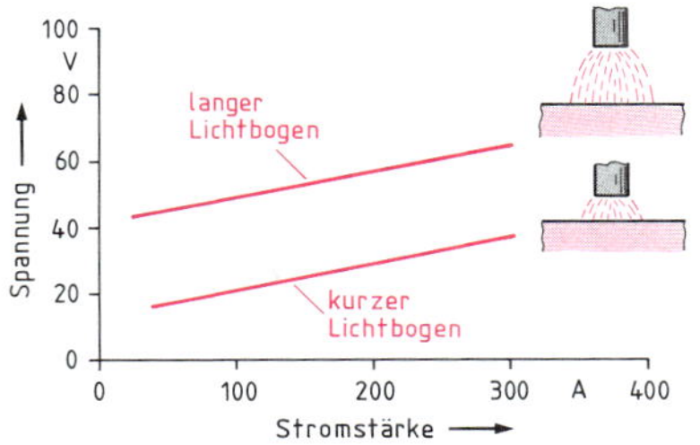

Lichtbogenkennlinien

> Lichtbogenkennlinien kennzeichnen den Zusammenhang zwischen Spannung und Strom eines Lichtbogens.

Stromquellenkennlinien (= Gerätekennlinien)

Die Schweißstromquelle liefert den Schweißstrom in Abhängigkeit von der Schweißspannung. Dieser Zusammenhang lässt sich durch eine Gerätekennlinie darstellen. Durch elektrische bzw. elektronische Schaltungen lassen sich verschiedene Kennlinienformen erzeugen.

Für die verschiedenen Schweißverfahren werden Schweißstromquellen mit unterschiedlichen Gerätekennlinien eingesetzt. Den Schnittpunkt zwischen der jeweils eingestellten Gerätekennlinie und der Lichtbogenkennlinie nennt man den **Arbeitspunkt**.

Stromquellen mit steil fallender Kennlinie haben nur geringe Stromstärkenänderungen ΔI bei einer Änderung der Lichtbogenlänge.

Deswegen eignen sich Stromquellen mit steil fallender Kennlinie besonders zum Lichtbogenhandschweißen und zum Wolfram-Schutzgasschweißen, weil der Schweißer den Lichtbogen nicht ständig auf gleicher Länge halten kann.

Gerätesymbol: 

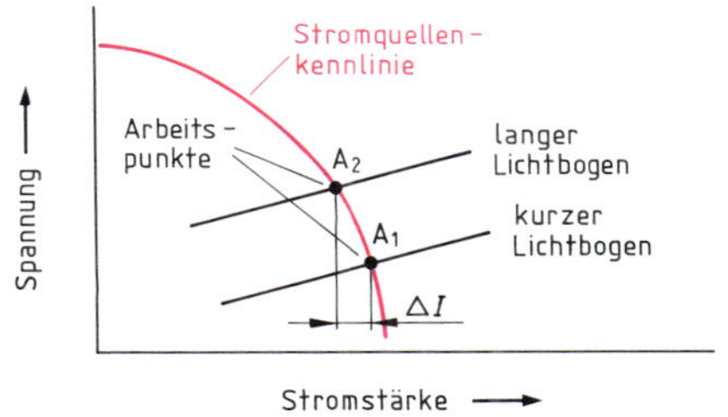

Schweißstromänderung bei steil fallender Stromquellenkennlinie

> Für das Lichtbogenhandschweißen und das Wolfram-Schutzgasschweißen sind Schweißtromquellen mit steil fallender Kennlinie besonders geeignet.

Beim Metall-Schutzgasschweißen werden meist Stromquellen mit flach fallender Kennlinie (Konstantspannungskennlinie) eingesetzt.

Wird bei diesen Stromquellen beim Schweißen der Lichtbogen kürzer, so steigt der Strom stark an. Dadurch schmilzt *mehr* Werkstoff von der mechanisch gleichmäßig zugeführten Drahtelektrode ab, so dass der Lichtbogen wieder länger wird. Die Lichtbogenlänge regelt sich dadurch *selbsttätig* (innere Regelung).

Gerätesymbol: 

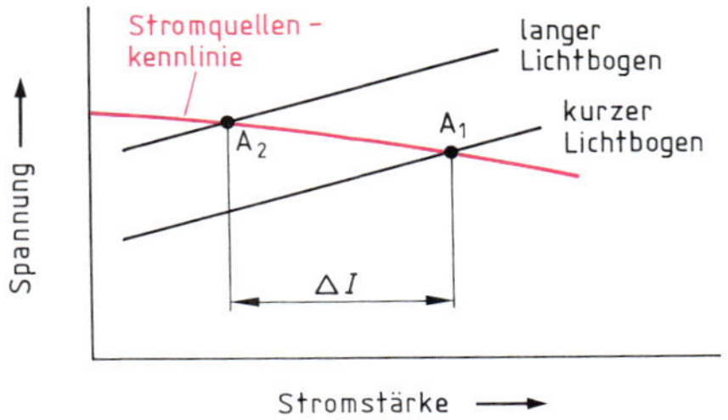

Schweißstromänderung bei flach fallender Stromquellenkennlinie

> Zum Metall-Schutzgasschweißen sind Stromquellen mit flach fallender Kennlinie wegen der selbsttätigen Regelung der Lichtbogenlänge besonders geeignet.

2.3.4.2 **Lichtbogenhandschweißen,** Prozess 111

Beim Lichtbogenhandschweißen brennt der Lichtbogen zwischen einer abschmelzenden Elektrode und dem Werkstück. Lichtbogen und Schmelzbad werden vor dem Zutritt der Atmosphäre nur durch Gase und Schlacken abgeschirmt, die von der Elektrode stammen.

Zur einwandfreien Durchführung einer Lichtbogenhandschweißung muss der Schweißer die folgenden Hilfsmittel sachgerecht auswählen bzw. einstellen:

- Schweißstromquelle (Gerätekennlinie),
- Art der Schweißelektrode (Werkstoff, Umhüllung),
- Durchmesser der Schweißelektrode,
- Schweißstrom.

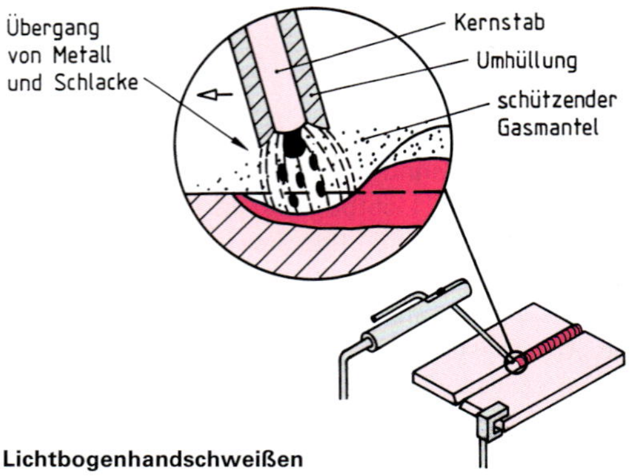

Lichtbogenhandschweißen

- **Wahl der Schweißstromquelle**

Als Schweißstromquellen kommen Schweißtransformatoren, Schweißgleichrichter oder Schweißumformer mit *steil fallender Kennlinie* zum Einsatz.

Schweißstromquellen zum Lichtbogenhandschweißen müssen steil fallende Kennlinien aufweisen.

- **Wahl der Schweißelektrode**

Bei der Auswahl der Elektroden sind zu berücksichtigen:

- Werkstoff der zu verbindenden Bauteile,
- Materialdicke,
- Art des Schweißstromes.
- Schweißpositionen,

Der Kernstab der Elektrode muss die gleiche Zusammensetzung haben wie der Grundwerkstoff.

Der Kernstabdurchmesser der Elektrode richtet sich nach der Dicke der zu fügenden Bauteile. Für Werkstücke bis 4 mm Dicke wählt man den Elektrodendurchmesser gleich der Materialdicke.

Bei dickeren Werkstücken nimmt der Elektrodendurchmesser nicht in gleichem Maße zu. Große Schweißnahtquerschnitte werden daher in mehreren Lagen geschweißt.

Die Umhüllung erfüllt beim Schweißvorgang folgende Aufgaben:

- Schutz der Schweißstelle vor Lufteintritt durch Bildung einer Gashülle.
- Bildung einer Schlacke: Diese nimmt Verunreinigungen aus der Schmelze auf und schützt die Naht vor Lufteintritt und zu schneller Abkühlung.
- Stabilisierung des Lichtbogens.
- Ersetzen oxidierter Elemente, wie z. B. C, Mn.

Die Umhüllungsdicke beeinflusst die Schweißeigenschaften. Je dicker die Umhüllung ist, desto feintropfiger wird der Werkstoffübergang. Dadurch wird das Nahtaussehen gleichmäßiger und die Einbrandtiefe erhöht.

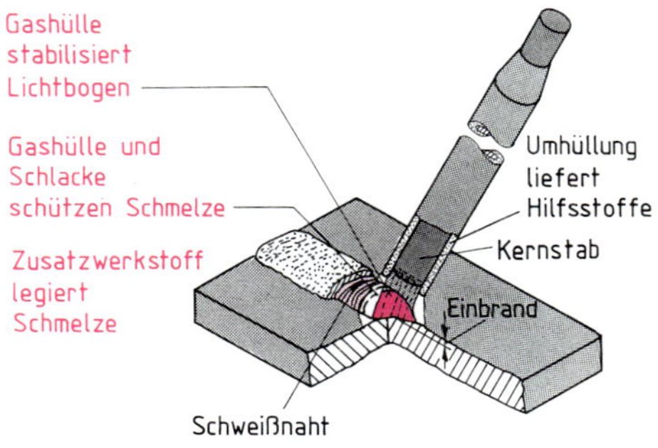

Aufgaben der Umhüllung

Zusammensetzung der Umhüllung

Nach der Zusammensetzung der Umhüllung unterscheidet man folgende Umhüllungstypen:

- Rutil-Elektroden (TiO_2-haltig): Umhüllungstyp **R**
- basische Elektroden ($CaCO_3$-, MgO- und CaF_2-haltig): Umhüllungstyp **B**
- Cellulose-Elektroden: Umhüllungstyp **C**

Darüber hinaus sind Mischtypen, z. B. **AR** = Rutil- und sauer umhüllt, gebräuchlich.
Elektroden mit Celluloseumhüllung werden hauptsächlich zum Fallnahtschweißen verwendet.

Die verschiedenen Umhüllungstypen führen zu unterschiedlichen Schweißeigenschaften:

Umhüllungstyp (dick umhüllt)	Schlackeneigenschaften Entfernbarkeit	Tropfenübergang	Positionsverschweißbarkeit	mechanische Kennwerte des Schweißgutes
sauer A	platzt ab	feintropfig bis sprühregenartig	schlecht in Zwangslagen	mittel
rutil R	gut	mittel- bis feintropfig	alle Positionen	gut
basisch B	schlecht	mittel- bis grobtropfig	alle Positionen	sehr gut

Die Zusammensetzung der Umhüllung beeinflusst Schlackeneigenschaften und Tropfenübergang und wirkt sich auf die Positionsverschweißbarkeit der Elektrode sowie auf die mechanischen Kennwerte des Schweißgutes aus.

Klasseneinteilung der Stabelektroden

Für das Verbindungsschweißen von Stahl sind die Stabelektroden nach ÖNORM EN ISO 2560 in 11 Klassen nach folgenden Gesichtspunkten eingeteilt.

- Eignung für bestimmte Schweißpositionen,
- Verschweißbarkeit an Wechsel- oder Gleichstrom,
- Art der Umhüllung und Umhüllungsdicke.

In der folgenden Tabelle sind Eigenschaften gebräuchlicher Stabelektrodentypen und Empfehlungen für ihren Einsatz gegeben. In der Kennzeichnung bedeuten die

- **Buchstaben** – Zusammensetzung der Umhüllung (—> Grundtypen A, R, B und C) und die
- **Zahlen** – Dicke der Umhüllung (—> 2 = dünn, 3 = mittel, 4–12 = dick).

Stabelektrodentyp	Umhüllung	Eigenschaften/Anwendung
R3	mittel	gute Spaltüberbrückbarkeit, Elektrode zum Heften
C4	dick	kaum Schlacke, für Fallnähte und Pipelines
RR (B) 7	dick	guter Schlackenabgang, sehr gut in Zwangslagen
B 9	dick	grober Tropfenübergang, alle Positionen, geeignet für schwer schweißbare Stähle
RR 12	dick	Hochleistungselektrode, guter Schlackenabgang, besonders für Kehlnähte

- **Wahl der Schweißstromstärke**

Die einzustellende Schweißstromstärke wird nach dem Kernstabdurchmesser festgelegt.
Als Richtwert für die benötigte Stromstärke sind etwa 40 Ampere je Millimeter Elektrodendurchmesser geeignet. Jeder Hersteller gibt für seine Elektroden den geeigneten Schweißstrombereich an.

- **Arbeitstechnik beim Lichtbogenhandschweißen**

Beim Lichtbogenhandschweißen wird die Elektrode leicht schräg angestellt und in Schweißrichtung geneigt. Sie kann dabei eine leicht pendelnde Bewegung ausführen. Die Lichtbogenlänge soll etwa dem Kernstabdurchmesser entsprechen.

Beim Schweißen mit Gleichstrom muss die **Blaswirkung** beachtet werden. Blaswirkung entsteht durch das Magnetfeld, das sich um einen stromdurchflossenen Leiter bildet und dort besonders stark ist, wo Feldlinien gebündelt werden.

Der Lichtbogen wird dabei

- vom Stromanschluss weggedrückt,
- zu großen Stahlmassen hingelenkt,
- an Kanten nach innen gezogen.

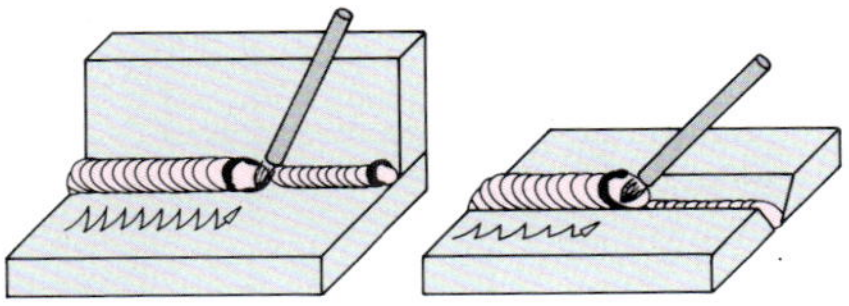

Elektrodenführung

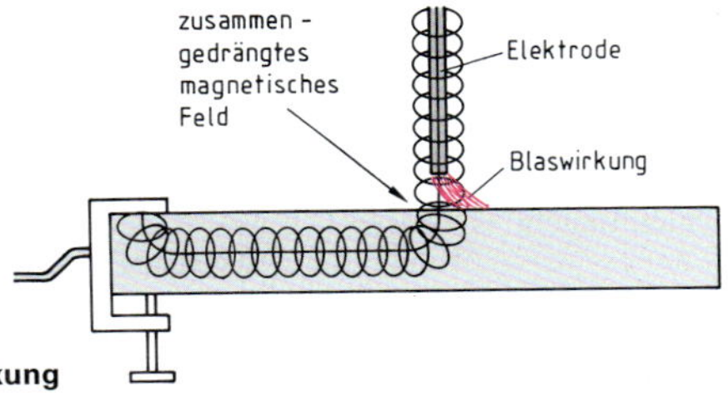

Blaswirkung

Neigen der Elektrode und Verlegen des Masseanschlusses sollen die Blaswirkung ausgleichen.

2.3.4.3 Schutzgasschweißen

Beim Schutzgasschweißen wird die Schweißstelle durch Schutzgase vor schädlichem Luftzutritt abgeschirmt.

Als Schutzgase werden einerseits Edelgase, z. B. Argon und Helium, verwendet. Diese Gase sind als Schutzgase besonders geeignet, weil sie keine chemischen Verbindungen mit dem Schweißgut eingehen. Diese chemisch nicht reagierenden Gase werden als **„inerte"** Gase bezeichnet.

Zum anderen werden Kohlendioxid, Wasserstoff, Stickstoff und Gemische dieser Gase mit Edelgasen verwendet. Diese Gase reagieren chemisch mit Grund- und Zusatzwerkstoff. Man bezeichnet sie deshalb als **„aktive"** Gase.

Art der Schutzgase

- **Inerte Gase**: Argon, Helium
- **Aktive Gase**: Kohlendioxid, Stickstoff
- **Mischgase**: Gemische aus Argon + Kohlendioxid mit unterschiedlichen Argon-Anteilen

- Schutzgase schirmen die Schweißstelle vor Luftzutritt ab.
- Als Schutzgase verwendet man inerte Gase und aktive Gase.

Beim Schutzgasschweißen kann der Lichtbogen entweder zwischen

- einer abschmelzenden Metallelektrode und dem Werkstück oder
- einer nicht abschmelzenden Wolframelektrode und dem Werkstück brennen.

Art der Elektrode

- **Abschmelzende Metallelektrode**
- **Nicht abschmelzende Wolframelektrode**

Je nach verwendeter Elektrode und zugeführter Gasart unterscheidet man mehrere Schutzgasschweißverfahren.

Metall-Schutzgasschweißen		Wolfram-Schutzgasschweißen
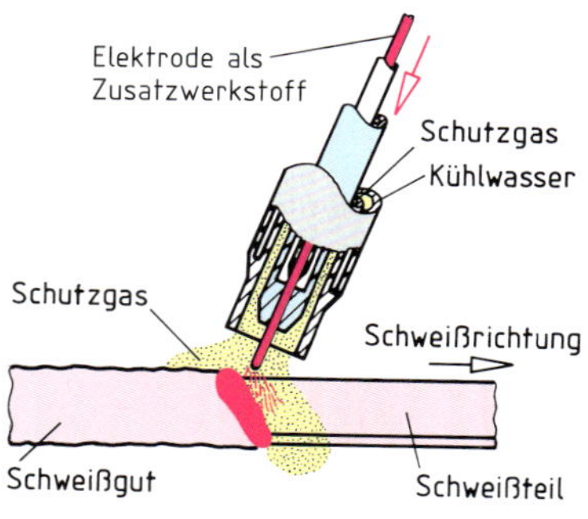		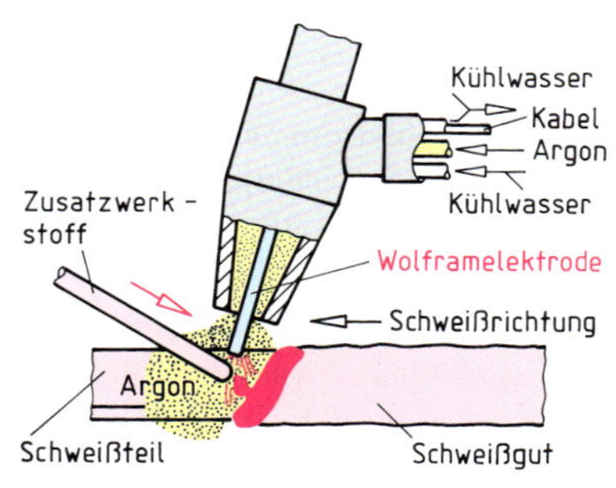
Merkmale: Der Lichtbogen brennt zwischen der abschmelzenden Metallelektrode und dem Werkstück. Die abschmelzende Elektrode liefert den Zusatzwerkstoff zur Bildung der Schweißnaht.		Merkmale: Der Lichtbogen brennt zwischen der nicht abschmelzenden Wolframelektrode und dem Werkstück. Schweißzusatzwerkstoffe werden stromlos zugeführt.
Als Schutzgase werden meist inerte Gase wie Argon, seltener Helium, eingesetzt.	Als Schutzgase werden aktive Gase wie Kohlendioxid, Stickstoff sowie Mischgase verwendet.	Als Schutzgase werden meist inerte Gase wie Argon, seltener Helium, verwendet.
Metall-**I**nert-**G**as-Verfahren **MIG**-Verfahren	**M**etall-**A**ktiv-**G**as-Verfahren **MAG**-Verfahren	**W**olfram-**I**nert-**G**as-Verfahren **WIG**-Verfahren

2.3.4.4 Metall-Schutzgasschweißen (MSG)

Beim Metall-Schutzgasschweißen brennt der Lichtbogen innerhalb einer Schutzgasglocke zwischen einer abschmelzenden Elektrode und dem Werkstück. Nach der Art der Schutzgase unterscheidet man die Verfahren

- Inerte Schutzgase ——> **MIG**-Schweißen (**M**etall-**I**nert**g**as-Schweißen, Prozess 131),
- Aktive Schutzgase ——> **MAG**-Schweißen (**M**etall-**A**ktiv**g**as-Schweißen, Prozess 135).

Beispiel **für eine Metall-Schutzgasschweißanlage**

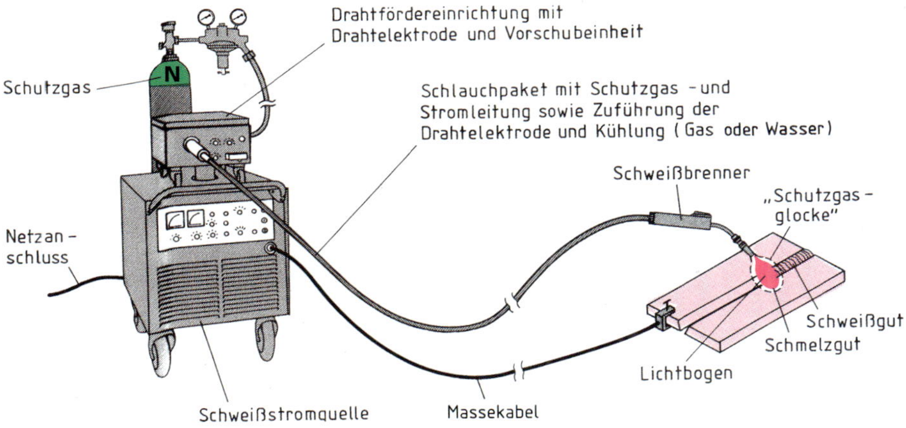

Bei beiden Verfahren, MIG- oder MAG-Schweißen, wird die Drahtelektrode mit eingestellter, gleich bleibender Geschwindigkeit von der Drahtfördereinrichtung transportiert.
Das Metall-Schutzgasschweißen ist bei Werkstückdicken ab 1 mm zum Verbindungsschweißen in allen Positionen sowie zum Auftragsschweißen einsetzbar. Es ist besonders wirtschaftlich wegen seiner hohen Abschmelzleistung und der Möglichkeit zur Mechanisierung.

Zur einwandfreien Durchführung einer Metall-Schutzgasschweißung muss der Schweißer die folgenden Hilfsmittel sachgerecht auswählen bzw. einstellen:

- Schweißstromquelle und Gerätekennlinie,
- Spannungs- und Stromwerte,
- Schweißzusatzwerkstoff,
- Schutzgas.

- **Auswahl der Schweißstromquellen**

Beim Metall-Schutzgasschweißen kommen Gleichstromquellen zum Einsatz. Die abschmelzende *Drahtelektrode* wird dabei *positiv* gepolt. Die Stromquelle für das MIG/MAG-Schweißen arbeitet mit nahezu konstanter Kennlinie. Der *Vorschub* für die Drahtelektrode erfolgt mit *konstanter* Geschwindigkeit.
Beim Schweißen passt sich die Lichtbogenlänge selbstständig an. Bei länger- oder kürzer werdendem Lichtbogen ändern sich Schweißspannung und Schweißstrom. Es wird dann mehr oder weniger Schweißdraht abgeschmolzen.

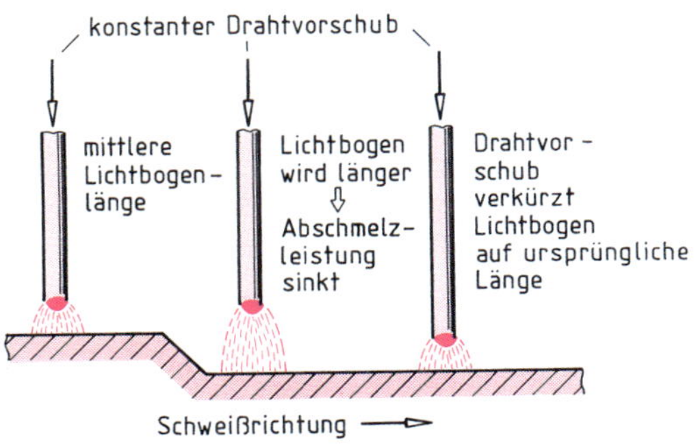

Prinzip der inneren Regelung

Beim Metall-Schutzgasschweißen werden Gleichstromquellen mit nahezu konstanter Kennlinie eingesetzt. Die Lichtbogenlänge regelt sich selbstständig (innere Regelung).

- **Auswahl der Drahtelektrode**

Die Schweißzusatzwerkstoffe werden dem zu verschweißenden Grundwerkstoff angepasst. Je nach der chemischen Zusammensetzung unterscheidet man die Schweißzusatztypen **SG1, SG2** und **SG3** sowie spezielle, dem Grundwerkstoff angepasste Schweißzusätze (z. B. SG CrMo5).
Der Schweißzusatztyp wird bei der Bezeichnung einer Drahtelektrode angegeben.

Die Auswahl des Drahtelektrodendurchmessers erfolgt nach der Dicke der zu verschweißenden Bauteile. Besonders häufig werden Drähte mit den Durchmessern 0,8 mm, 1,0 mm und 1,2 mm angewendet.
Entsprechend dem Durchmesser wird die Stromstärke eingestellt.
Die Drähte sind verkupfert. Dadurch erreicht man nicht nur besseren Korrosionsschutz, sondern auch bessere Gleitfähigkeit in der Drahtvorschubeinrichtung und einen besseren Stromübergang.

Drahtelektrodentypen

Kurzzeichen	Chemische Zusammensetzung		
	C in %	Si in %	Mn in %
SG1	0,06 – 0,12	0,5 – 0,7	1,0 – 1,3
SG2	0,06 – 0,13	0,7 – 1,0	1,3 – 1,6
SG3	0,06 – 0,13	0,8 – 1,2	1,6 – 1,9

Auswahl von Drahtelektrodendurchmesser und Stromstärke

Werkstückdicke in mm	bis 1	1 bis 7	7 bis 15
Genormter Drahtelektrodendurchmesser in mm	0,8	1,0	1,2
Geeignete Stromstärke in A	bis 140	bis 220	bis 300

Die Auswahl der Drahtelektroden erfolgt entsprechend dem zu fügenden Grundwerkstoff und dem Schweißnahtvolumen.

- **Auswahl der Schutzgase**

Als Schutzgase verwendet man je nach Schweißaufgabe drei verschiedene Arten von Gasen:
- *Inerte Gase,* dies sind die Edelgase Argon und Helium, die chemisch nicht reagieren.
- *Aktivgase,* dies ist meist Kohlendioxid, das chemisch reaktionsfähig ist.
- *Mischgase,* dies sind Gemische aus aktiven und inerten Gasen.

Nichteisenmetalle werden unter Einsatz inerter Gase verschweißt. Zum Schweißen von Stählen werden Aktivgase und Mischgase eingesetzt.
Die Mischgase werden je nach Oxidationsgrad in drei Gruppen unterteilt Ar/O_2; Ar/CO_2; $Ar/CO_2/O_2$.

Zuordnung der Schutzgase zu Schweißverfahren und zu verschweißendem Werkstoff

Zu verschweißender Werkstoff		Schutzgase	Gruppe		Schweißverfahren
NE-Metalle		Ar, He, Mischgas Ar/He	I		**MIG**
Stähle	hoch legiert	Mischgase: Ar/O_2	M 1	↓ steigende Oxidationswirkung	**MAG M (1–3)**
	unlegiert und niedrig legiert	Mischgase: Ar/CO_2 $Ar/CO_2/O_2$	M 2 M 3		
Stähle	unlegiert und niedrig legiert	CO_2	C		**MAG C**

- **Werkstoffübergang**

Je nach Spannung, Vorschub und Schutzgas unterscheidet man vier Lichtbogenformen:
- Langlichtbogen, • Kurzlichtbogen, • Sprühlichtbogen, • Impulslichtbogen.

Diese Lichtbogenformen ergeben unterschiedliche Ausbildung des Tropfenüberganges und damit des Anwendungsbereiches.

2.3.4.5 **Wolfram-Inertgas-Schweißen (WIG),** Prozess 141

Beim Wolfram-Inertgas-Schweißen (WIG) brennt der Lichtbogen zwischen einer *nicht abschmelzenden* Wolframelektrode und dem Werkstück im Schutz eines Inertgases. Das Schutzgas verhindert eine Oxidation der Wolframelektrode und schützt das Schweißgut vor Einflüssen aus der Luft.
Der Schweißdraht wird nicht vom Strom durchflossen.

Beispiel **für eine Wolfram-Inertgas-Schweißanlage**

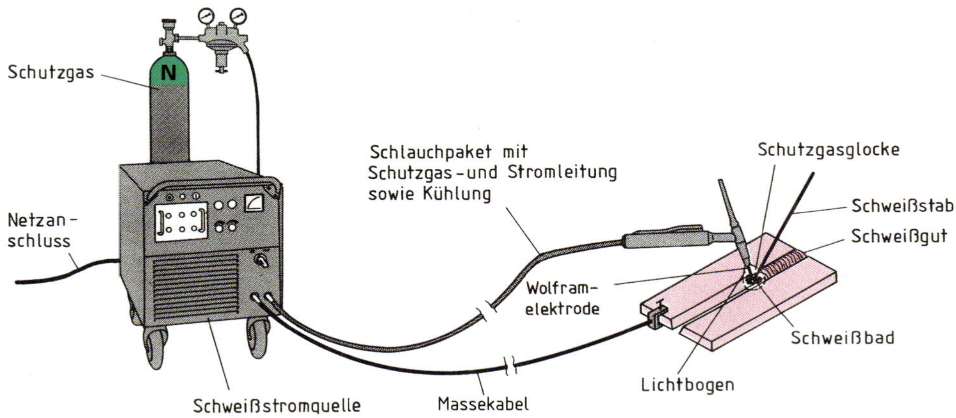

Das wirtschaftliche Einsatzgebiet für dieses Schweißverfahren liegt bei Werkstückdicken zwischen 0,5 mm und 4 mm.

Das Verfahren ist als Verbindungsschweißen geeignet für
- Schweißungen in allen Schweißpositionen,
- unlegierte, niedrig legierte und hoch legierte Stahlsorten,
- Nichteisenmetalle.

Schweißprobleme, z. B. das Schweißen sehr dünner, hoch legierter Stahlbleche, die sich schwer mit den üblichen Verfahren lösen lassen, sind mit dem WIG-Verfahren zu bewältigen.
Die Schweißgeschwindigkeit ist relativ gering, die Qualität der Schweißnaht ist sehr gut. Deshalb wird das WIG-Verfahren auch häufig zum Schweißen von *Wurzellagen* eingesetzt. Bei den *Zwischen- und Decklagen* werden dann leistungsfähigere Schweißverfahren angewendet.

Mit dem WIG-Schweißverfahren lassen sich schwierig zu fügende metallische Werkstoffe verschweißen. Hohe Abschmelzleistungen sind mit dem WIG-Schweißen nicht zu erzielen.

- **Auswahl der Schweißstromart**

Die anzuwendende Stromart ist werkstoffabhängig. Stähle und NE-Metalle außer Aluminium werden mit Gleichstrom geschweißt. Da am Minus-Pol bei gleich bleibender Stromstärke eine niedrigere Temperatur auftritt als am Plus-Pol, wird die Wolframelektrode *negativ* gepolt. Metalle mit hoch schmelzenden Oxidschichten, wie Aluminium und Aluminiumlegierungen, werden mit Wechselstrom geschweißt. Ein Hochleistungszündgerät ermöglicht dabei ein berührungsfreies Zünden des Lichtbogens, und es verhindert beim Wechselstromschweißen das Erlöschen des Lichtbogens, wenn die Spannung auf Null zurückgeht.
WIG-Schweißstromquellen haben eine steil fallende Kennlinie.

Die Wahl der Stromart – Gleich- oder Wechselstrom – ist werkstoffabhängig.

Auswahl der Elektroden

Beim WIG-Schweißen werden zwei Elektrodenwerkstoffe verwendet. Derzeit werden Reinwolframelektroden W und Wolframelektroden mit Thoriumoxid WT mit Nenndurchmessern zwischen 0,5 mm und 8,0 mm in der Schweißtechnik eingesetzt.

Strombelastbarkeit der Wolframelektrode und Auswahl der Gasdüse

Elektrodendurchmesser in mm	Größe	Gasdüsendurchmesser in mm	Gleichstrom in A Minuspol		Wechselstrom in A	
			W	WT	W	WT
1,6	4 bis 6	6,5 bis 9,5	70	150	50 bis 100	70 bis 150
2,4	6 bis 8	9,5 bis 12,7	150	250	100 bis 160	140 bis 235
3,2	7 bis 8	11,2 bis 12,7	250	400	150 bis 210	225 bis 325

Beim WIG-Schweißen nutzen sich auch die Wolframelektroden geringfügig ab. Ursachen dieser Abnutzung sind

- die Wirkungen des Schweißstromes,
- Verunreinigungen infolge Schweißbad- oder Schweißstabberührung.

Die Wolframelektroden werden in der Regel durch Schleifen angespitzt. Die richtige Stromeinstellung ist an der Veränderung der Elektrodenspitze beim Schweißen zu erkennen.
Wird die Spitze der Elektrode durch Berühren mit dem Schweißstab oder dem Schweißbad verunreinigt, so ist dieser Teil der Elektrode vollständig abzuschleifen, denn die verunreinigten Teile schmelzen ab. Diese abgeschmolzenen Teile wirken später in der Schweißnaht wie Kerben.

Einfluss des Stromes auf die Elektrodenspitze

Stromart	Elektrode	Schweißstrom zu niedrig	richtig	zu hoch
Gleichstrom	WT	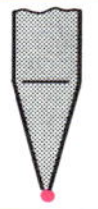	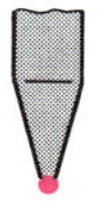	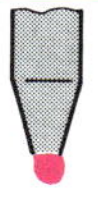
Wechselstrom	WT		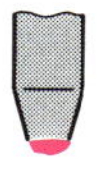	

Auswahl des Schweißzusatzwerkstoffes

Der Schweißzusatzwerkstoff wird artgleich dem zu verschweißenden Werkstoff ausgewählt.

Richtwerte für das WIG-Schweißen

Werkstoff	Blechdicke in mm	Schweißstabdurchmesser in mm	Schutzgasverbrauch in l/min	Stromstärke in A
Aluminium	2,0 5,0	2,4 3,2	12 16	130 bis 150 250 bis 320
unlegierter Stahl	1,2 2,2	1,6 1,6	4 5	100 bis 125 140 bis 170
legierter Stahl	1,5 5,0	1,6 3,2	5 6	80 bis 120 150 bis 275

2.3.5 Gefügeänderungen beim Metallschweißen

Beim Schweißen bildet sich in der Schweißnaht ein neues Gefüge. Auch in der Wärmeeinflusszone verändert sich wegen der örtlich unterschiedlichen Wärmewirkung das Gefüge mehr oder weniger stark. Die Schweißnaht und der aufgeschmolzene Grundwerkstoff bilden ein Gussgefüge.
Die angrenzenden stark erhitzten Zonen haben ein grobkörniges Gefüge, das mit zunehmender Entfernung von der Schweißnaht feinkörniger wird und schließlich in das unbeeinflusste Gefüge des Grundwerkstoffs übergeht.
Jede dieser Gefügezonen hat unterschiedliche Eigenschaften. Besonders Härte und Zähigkeit sind gegenüber dem Grundgefüge stark verändert.
Durch Normalglühen können die durch Schweißen hervorgerufenen Gefügeveränderungen weitgehend beseitigt werden.

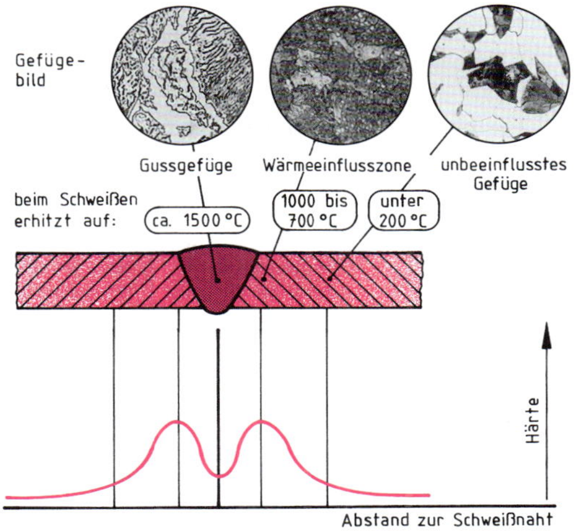

Gefügezonen und Eigenschaften einer Schweißnaht

Beim Schweißen treten Gefügeänderungen auf. Besonders Härte und Zähigkeit werden nachteilig verändert. Durch Normalglühen können die Gefügeänderungen weitgehend beseitigt werden.

2.3.6 Fehler beim Metallschweißen

Die Folgen einer nicht sorgfältig ausgeführten Schweißung haben eine Schwächung der Fügestelle zur Folge.
Man unterscheidet bei den Schweißfehlern äußere und innere Fehler. Äußere Fehler können durch Sichtprüfung mit dem bloßen Auge, der Lupe oder Anwendung des Farbeindringverfahrens festgestellt werden. Innere Fehler sind an Proben durch zerstörende Prüfverfahren, z. B. Biegeversuch bis zum Bruch, zu erkennen. An fertigen Werkstücken sind sie durch zerstörungsfreie Fehlersuchverfahren, z. B. Röntgenprüfung oder Ultraschallverfahren, zu orten.

Beispiele **für Schweißnahtfehler**

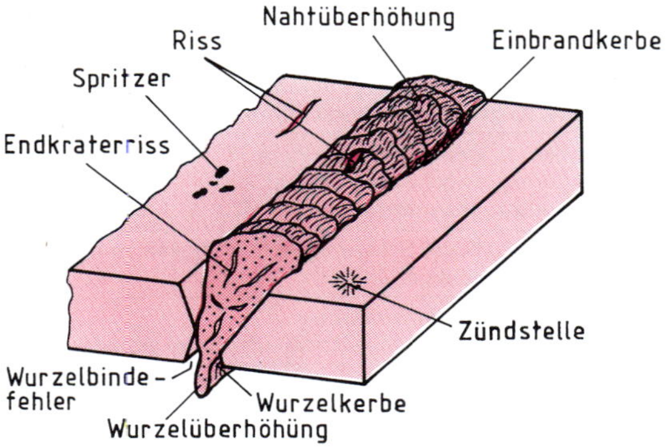

Äußere Fehler

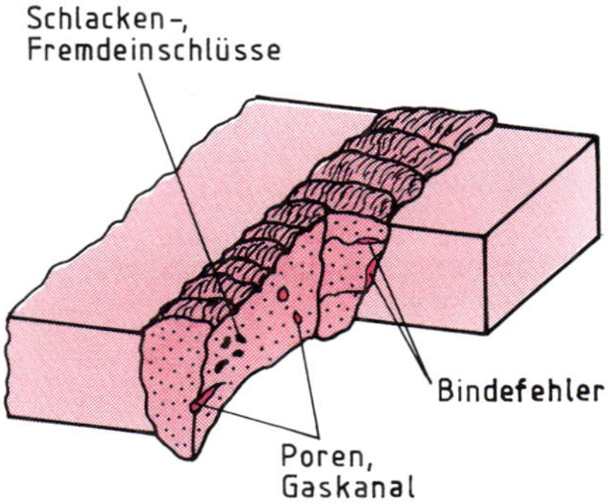

Innere Fehler

- **Fehler beim Gasschmelzschweißen**

Fehler		mögliche Ursachen
Einbrandkerbe		ungenügendes Ausfüllen des Schmelzbades mit Schweißzusatzwerkstoff falsche Brennerneigung, harte Flamme
Poren		Luftsauerstoff im Schmelzbad, Flamme mit O_2-Überschuss Unsauberkeiten an Werkstück oder Schweißstab
Bindefehler	**einseitig**	falsche Brennerhaltung – einseitige Erwärmung zu großer Flammenabstand, weiche Flamme
	Lage	untere Lage nicht aufgeschmolzen Vorlaufen der Schmelze
Wurzelfehler	**ungenügend durchgeschweißt**	Nahtgrund nicht erfasst, Stabdurchmesser zu groß Stegabstand zu gering
	durchhängend	zu viel Wärme, Schweißgeschwindigkeit zu gering zu steile Brennerhaltung, zu große Schweißdüse
Ansatzfehler („Kaltstellen")		ungenügendes Aufschmelzen der Nahtabschnitte zu geringe Vorwärmung

- **Fehler beim Lichtbogenhandschweißen**

Fehler	mögliche Ursachen
Einbrandkerben	zu langer Lichtbogen, Stromstärke zu hoch Elektrode zu dick, falsche Elektrodenführung
Endkraterriss	Elektrode zu schnell weggezogen
Schlackeneinschluss	ungenügendes Entfernen der Schlacke beim Mehrlagenschweißen verunreinigte Fugen, Stromstärke zu gering Lichtbogen zu lang, falsche Elektrodenart Schweißgeschwindigkeit zu groß
Poren	Feuchtigkeit aus der Luft gelangte in das flüssige Schweißgut falscher Umhüllungstyp, ungenügende Trocknung basischer Elektroden
Bindefehler	ungenügendes Aufschmelzen der Flanken bzw. Lagen vorlaufendes Schweißbad, mangelhafte Nahtvorbereitung
Spritzer	Lichtbogen zu lang, Stromstärke zu hoch, Schweißstelle zu feucht

- **Fehler beim Metall-Schutzgasschweißen**

Fehler	mögliche Ursachen
Poren	Schutzgasmenge zu groß oder zu gering Brennerneigung zu flach, Brennerabstand zu groß, Zugluft Gasdüse durch Spritzer verunreinigt, Werkstück verschmutzt
Bindefehler	mangelnde Nahtvorbereitung (kleiner Öffnungswinkel, große Steghöhe, Kantenversatz, überwölbte Raupen) vorlaufendes Schweißbad, fehlerhafte Brennerführung, Stromstärke zu gering

- **Fehler beim Wolfram-Inertgas-Schweißen**

Fehler	mögliche Ursachen
Poren	Werkstück verschmutzt, undichte Wasserkühlung zu große oder zu kleine Gasmenge, Zugluft zu kleine Gasdüse, zu großer Brennerabstand
Bindefehler	Nahtöffnungswinkel zu klein, Steghöhe zu groß Stegabstand zu gering, zu schnelles Schweißen ungünstige Schweißraupenanordnung
Endkraterrisse	Schweißstromstärke zu hoch, Schweißgeschwindigkeit zu niedrig Endkrater nicht ausreichend gefüllt
Wolframeinschlüsse	Stromüberlastung der Wolframelektrode Berührung der Elektrode mit Schweißstab oder Schweißbad
Oxideinschlüsse	Fuge nicht metallisch rein, oxidüberzogene Schweißstäbe ungenügendes Bürsten nach jeder Raupe Schweißstab außerhalb der Schutzgasströmung ungenügende Nahtvorbereitung

2.3.7 Pressschweißen

Unter Pressschweißen versteht man die Fügetechnik, bei der Werkstücke an den Verbindungsstellen im teigigen Zustand nur durch Einwirkung von Kraft ohne Zusatzwerkstoff verbunden werden.

2.3.7.1 Widerstandspressschweißen

Die zum Schweißen erforderliche Wärme wird durch elektrischen Strom unter Nutzung des elektrischen Widerstandes in der Schweißzone erzeugt. Er wird über Elektroden zugeführt. Die Werkstücke werden unter Druck geschweißt.
An den Stoßstellen zweier Werkstücke tritt bei Stromdurchgang ein elektrischer Übergangswiderstand auf. Das elektrische Widerstandsschweißen erfolgt mit geringer Schweißspannung von 2 bis 10 Volt und sehr hoher Stromstärke bis 50 000 Ampere. Die hohe Stromstärke bedeutet eine große Anzahl von bewegten Elektronen. An den Stoßstellen wird die Bewegung der Elektronen besonders stark gehemmt, wodurch sich ein Teil der Bewegungsenergie sehr rasch in die notwendige Schweißwärme umsetzt. Durch Zusammenpressen verschweißen die Stoßstellen.

- **Punktschweißen** ist ein Verfahren zum Fügen von Blechen. Die Teile werden zwischen zwei wassergekühlten Kupferelektroden zusammengepresst, dann wird der Strom eingeschaltet. An der Druckstelle bildet sich durch den elektrischen Widerstand des Werkstoffes eine Schweißlinse. Ein Schweißzeitbegrenzer schaltet ab.
- **Buckelschweißen** ist ähnlich dem Punktschweißen. Ein Blechteil hat mehrere eingedrückte Buckel, mit denen es am anderen Blechteil anliegt. Durch Druck mit plattenförmigen Kupferelektroden und beim Stromdurchfluss verschweißen die Blechteile an den Buckeln (Berührungspunkten).
- **Rollennahtschweißen**. Bei der Rollennahtschweißmaschine befinden sich an Stelle der Stiftelektroden Rollenelektroden aus Kupfer (eine Rolle meist angetrieben). Man erhält eine glatte und dichte, nicht unterbrochene Schweißnaht, weil ein Schweißpunkt dicht an den anderen gesetzt wird.
- **Abbrennstumpfschweißen**. Die in Spannbacken gehaltenen Werkstücke werden an den Stirnflächen in leichter Berührung gehalten, wodurch sich bei eingeschaltetem Strom ein Lichtbogen bildet (Bild a). Erreichen die Stoßstellen die Schweißtemperatur, wird der Strom abgeschaltet und die Schweißflächen werden mit kräftigem Druck zusammengestoßen (Bild b). Es bildet sich ein Schweißgrat. Das Verfahren eignet sich für hochgekohlten Stahl.

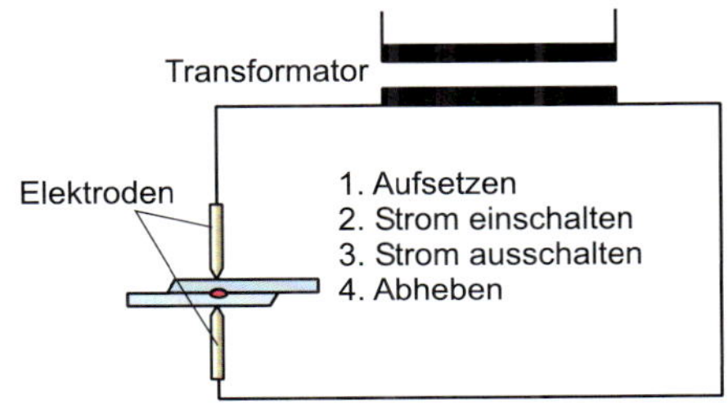

Punktschweißen

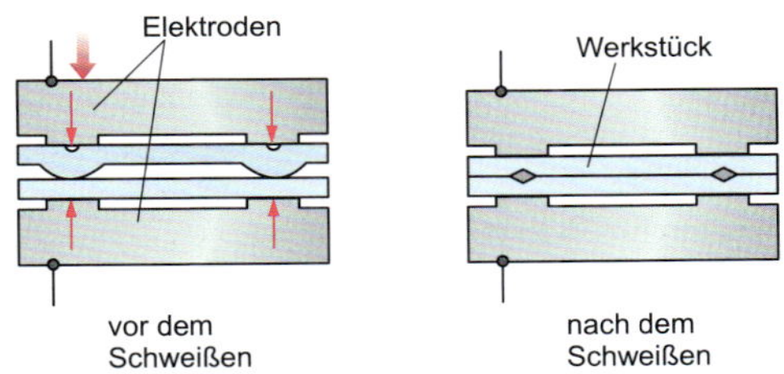

Buckelschweißen

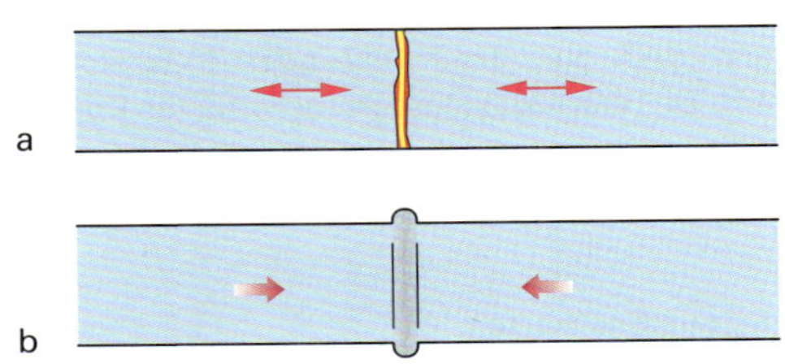

Abbrennstumpfschweißen

2.3.7.2 Lichtbogenbolzenschweißen

Das Lichtbogenbolzenschweißen dient zum Anschweißen von Schraubenbolzen auf Profilen, Blechen und anderen Stahlbauteilen.
Der Bolzen wird mit einer Schweißpistole auf den Bauteil gesetzt, kurz abgehoben und ein Lichtbogen gezündet. Nach einer kurzen Brenndauer (bis 1 s) wird das angeschmolzene Bolzenende in das Schmelzbad des Werkstückes gedrückt, wo es verschweißt.
Geschweißt wird mit Gleichstrom. Ein Keramikring schützt die Schweißstelle vor der umgebenden Luft.

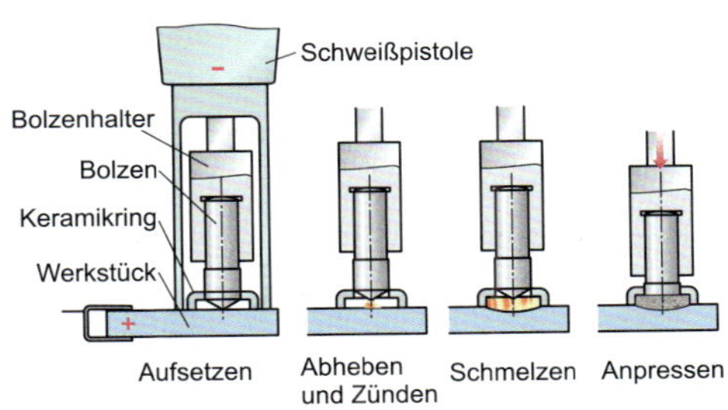

Lichtbogenbolzenschweißen

2.4 Kunststoffschweißen

Beim Kunststoffschweißen werden Bauteile aus *thermoplastischem* Kunststoff mit oder ohne Schweißzusatzwerkstoff gefügt.
Man unterscheidet nach der Art der Wärmezufuhr:

- Warmgasschweißen,
- Heizelementschweißen,
- Hochfrequenzschweißen
- Ultraschallschweißen
- Reibschweißen,
- Strahlschweißen.

Von diesen Verfahren werden das Warmgasschweißen und das Heizelementschweißen in der handwerklichen Fertigung am häufigsten eingesetzt.

Durch Schweißen können nur thermoplastische Kunststoffe gefügt werden.

2.4.1 Warmgasschweißen

- **Schweißgeräte**

Beim Warmgasschweißen werden der Grundwerkstoff und der Zusatzwerkstoff durch erhitzte Luft in den plastischen Zustand übergeführt und meist unter geringem Druck verbunden. Die Luft wird durch Gasbrenner oder elektrische Heizeinrichtungen erwärmt.

Beispiel **für ein Warmgasschweißgerät**

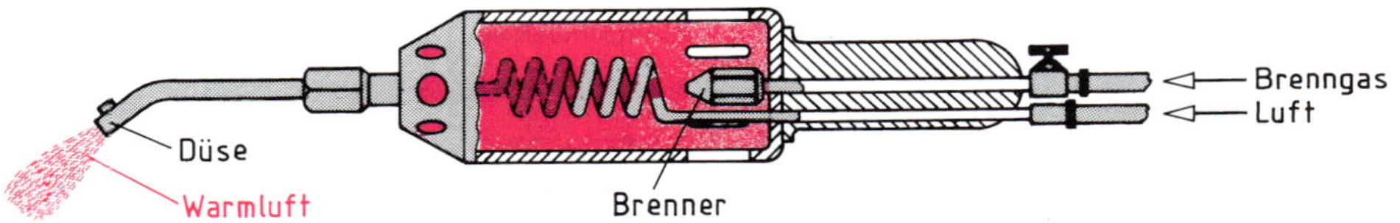

Warmgasschweißgerät mit Gasbrenner

- **Warmgastemperaturen beim Schweißen**

Die Schweißgeräte sind mit Temperaturregelungen versehen. Die Warmgastemperatur wird entsprechend dem zu verschweißenden Werkstoff gewählt. Die Warmgastemperatur wird zur Kontrolle mit einem Temperaturmessgerät 5 mm vor der Düse gemessen.

Warmgastemperatur in Abhängigkeit vom Werkstoff

Hart-Polyvinylchlorid	**PVC hart**	200 °C
Polyethylen niederer Dichte	**ND-PE**	200 °C
Polyethylen hoher Dichte	**HD-PE**	230 °C
Polypropylen	**PP**	240 °C

- **Schweißnahtarten**

Stumpfstöße

- I-Nähte sind nur zum Fügen sehr dünner Platten bis etwa 1,5 mm geeignet.
- V-Nähte werden zum Verschweißen dünner Platten über 1,5 mm bis 8 mm Dicke gewählt.

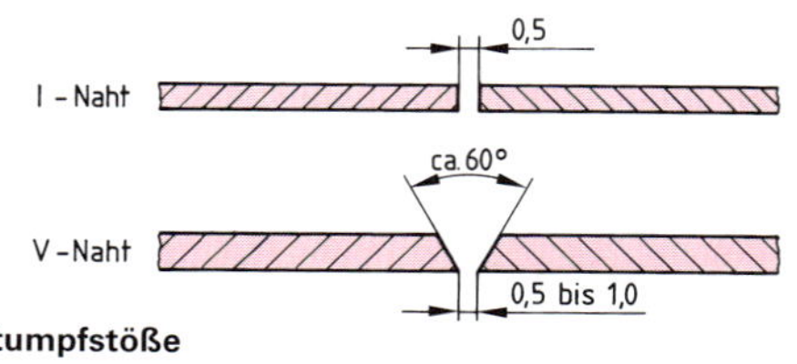

Stumpfstöße

T-Stöße

T-Stöße sollen als K-Nähte in Doppelkehlnahtform ausgeführt werden, da beim Verschweißen eines stumpf aufstehenden Stoßes der Kraftfluss ungünstig ist und auch eine Kerbwirkung am nicht verschweißten Grund der Naht auftritt.

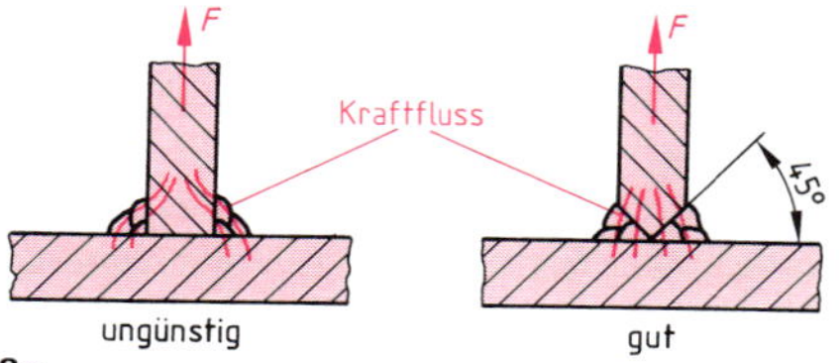

T-Stöße

Vorbereiten der Schweißverbindung

Der Schweißstoß wird durch Sägen, Fräsen oder Feilen in die gewünschte Form gebracht. Vor dem Schweißen werden die Flanken des Schweißstoßes und gegebenenfalls auch der Schweißzusatzwerkstoff durch Abziehen mit einer Ziehklinge oder einem Schaber mechanisch gesäubert und mit einem Lösungsmittel, zum Beispiel Methylenchlorid – *giftig, nicht einatmen* – gesäubert. (Siehe auch Seiten 117 und 269).

> Einwandfrei saubere Flächen des Schweißstoßes und des Zusatzwerkstoffes sind Voraussetzung für hochfeste Schweißverbindungen.

Schweißvorgang

Mittels Runddüse oder Schnellschweißdüse werden der zuvor leicht angeschrägte Schweißstab und der Grundwerkstoff mit leicht pendelnder Düsenbewegung gleichmäßig erwärmt. Sobald das Material plastisch wird und eben zu fließen beginnt, wird der Schweißstab mit leichtem Druck in die Schweißfuge gedrückt. Es ist darauf zu achten, dass der Schweißstab bei der Bewegung in Nahtrichtung nicht gestreckt oder gestaucht wird.

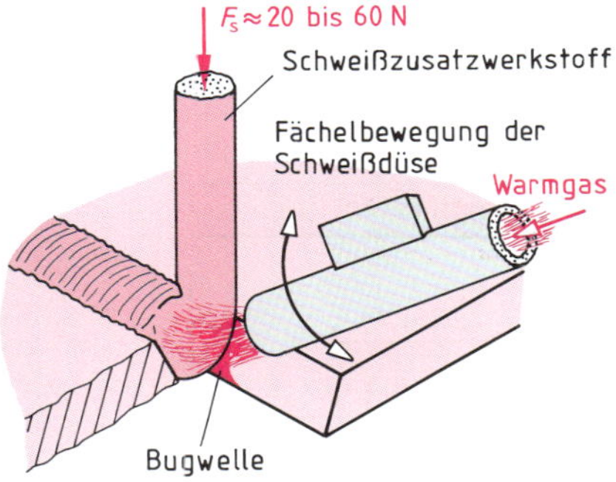

Fächelschweißen mit Runddüse

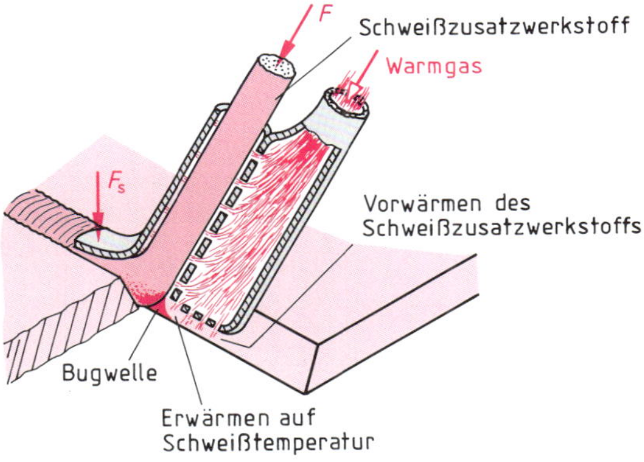

Ziehschweißen mit der Schnellschweißdüse

Die richtig eingestellte Warmgastemperatur und die korrekte Schweißstabhaltung sind beim Schweißen mit der Runddüse daran zu erkennen, dass
- keine Zersetzungen des Kunststoffes an den Schweißnahträndern auftreten und
- eine kleine „Bugwelle" aus geschmolzenem Werkstoff am Nahtgrund erkennbar ist.

> Beim Warmgasschweißen wird der Schweißzusatzwerkstoff mit geringem Druck unter Erwärmung in die Schweißfuge eingeführt.

Schweißfehler beim Warmgasschweißen

Fehler	mögliche Ursachen
zersetzter Kunststoff an Grund- und/oder Zusatzwerkstoff	zu hohe oder zu lange Erwärmung
ungenügende Bindung	mangelhafte Erwärmung von Grund- und/oder Zusatzwerkstoff schlechte Nahtvorbereitung bei mehrlagigen Nähten
Kerben im Übergang Grundwerkstoff – Zusatzwerkstoff	unsaubere Nahtflanken, unsaubere Wurzel schlechte Nahtfüllung
Verstreckungen in der Naht	Zusatzwerkstoff wurde zu stark gezogen oder geschoben (max. 8 %)

2.4.2 Heizelementschweißen

Heizelementschweißen wird vornehmlich zum Verschweißen von Profilen und Rohren aus thermoplastischen Kunststoffen angewendet.

- **Schweißgeräte**

Als Heizelemente werden meist elektrisch beheizte Platten, Ringe o. a. aus Aluminium oder Stahl verwendet. Die Heizelemente sind häufig mit Polytetrafluorethylen (PTFE), z. B. Teflon, beschichtet, damit das Ankleben der zu verschweißenden Kunststoffe an den Heizelementen vermieden wird.

Beispiele **für Heizelemente zum Kunststoffschweißen**

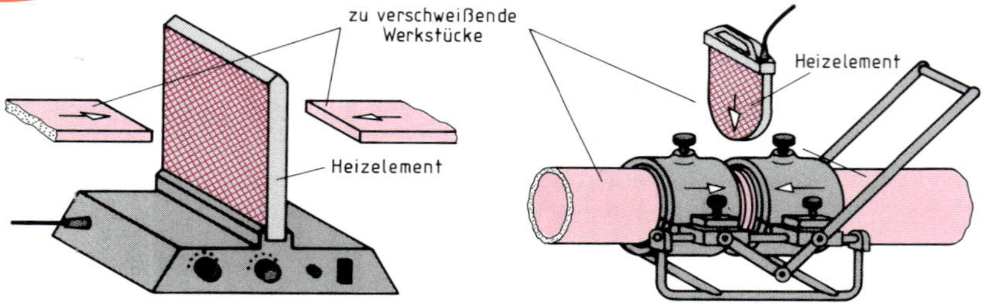

Handschweißgerät **Rohrschweißgerät**

- **Schweißvorgang**

1. Schritt: Anwärmen	2. Schritt: Zusammenpressen
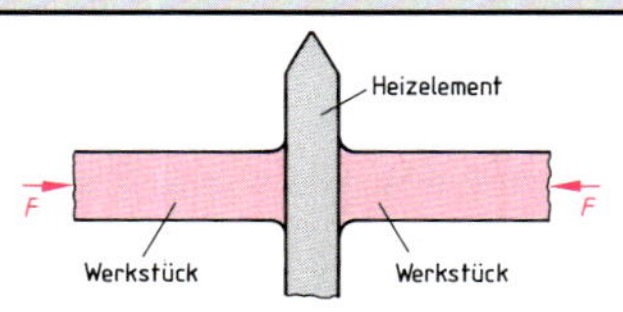	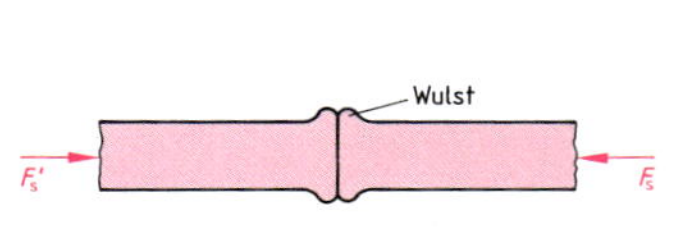

Die anschließende Abkühlzeit muss bei teilkristallinem Kunststoff möglichst lang sein, damit sich kristalline Zonen ausbilden können. Bei amorphen Kunststoffen ist dies weniger wichtig. Die Abkühlzeit ist von der Werkstoffdicke abhängig. Man errechnet sie aus dem Zahlenwert der Materialdicke und einem Faktor.

- **Kennwerte für das Heizelementschweißen**

Werkstoff		Schweißtemperatur in °C	Schweißdruck in N/cm²	Mindestabkühlzeit in min
Polyethylen niederer Dichte	**PE-LD**	220	5	$0{,}5 \cdot s$ [1])
Polyethylen hoher Dichte	**PE-HD**	240	20	$0{,}7 \cdot s$
Polypropylen	**PP**	250	20	$0{,}8 \cdot s$
Polyvinylchlorid-hart	**PVC-hart**	260	40	$0{,}8 \cdot s$

[1]) s = Zahlenwert der Materialstärke in mm

- **Schweißfehler beim Heizelementschweißen**

Fehler	mögliche Ursachen
ungenügende Bindung	zu niedrige Heizelementtemperatur, zu hoher Andruck am Heizelement zu niedriger Schweißdruck, zu hoher Schweißdruck zu lange Zeit zwischen Anwärmen und Schweißen, unsaubere Fügeflächen
zu großer Wulst	zu langes Vorwärmen, zu hoher Andruck am Heizelement, zu hoher Schweißdruck
zersetzter Kunststoff	zu hohe Heizelementtemperatur

2.5 Trennverfahren

2.5.1 Autogenes Brennschneiden

Beim autogenen Brennschneiden wird der Werkstoff an der Trennstelle im Sauerstoffstrahl oxidiert (verbrannt) und durch die Bewegungsenergie des Strahles aus der Trennfuge herausgeblasen.
Der Brennschneidvorgang wird durch Vorwärmen der Trennstelle mit einer Heizflamme auf Reaktionstemperatur eingeleitet. Sodann wird Sauerstoff zugegeben – der Werkstoff oxidiert, und es entsteht aus dem Werkstoff an der Trennstelle eine flüssige Schlacke.

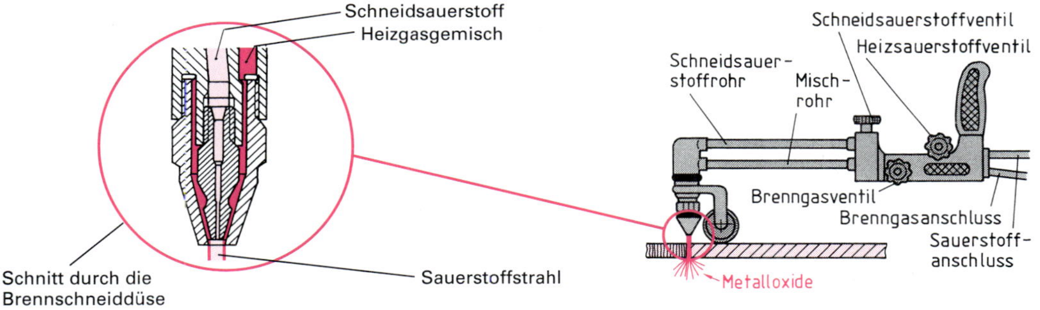

Autogenes Brennschneiden

> Zum Brennschneiden sind unlegierte Stähle mit einem C-Gehalt bis 0,4 % geeignet.
> Legierte Stähle und Stähle mit höheren C-Gehalten sind begrenzt brennschneidbar.

Brennschneiden von Hand

Zum Ablängen von Halbzeugen setzt man *frei* geführte Brennschneidgeräte ein. Wegen der ungenauen Brennerführung sind auch bei sorgfältigster Ausführung keine hohe Schnittgüten erreichbar.

Schnitte an Blechen werden entlang von Anrissen oder Führungsschienen mit Hilfe von Führungswagen durchgeführt. Der Führungswagen sorgt für stets gleich bleibenden Abstand zwischen Düse und Werkstück.

Maschinelles Brennschneiden

Tragbare Brennschneidmaschinen bestehen aus einem elektrisch angetriebenen Führungswagen, an dem stufenlos die Vorschubgeschwindigkeit eingestellt werden kann, und dem Brenner. Die Führung dieser Maschinen geschieht von Hand oder mechanisch entlang von Führungsschienen oder mit Kreisschneideeinrichtungen.

Maschinelles Brennschneiden geschieht auf größeren Anlagen unter Einsatz numerischer Steuerungen. Dabei werden gleiche Konturen meist unter Einsatz mehrerer gleich laufender Brenner nebeneinander ausgeschnitten. Diese Arbeitsweise erhöht erheblich die Wirtschaftlichkeit des Verfahrens.

- **Schnittfehler und ihre Ursachen**

unebener Schnitt	starke Anschmelzungen	starker Riefennachlauf	Kolkung	Unterbrechung des Schnitts	festhaftender Schlackenbart
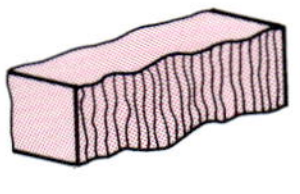	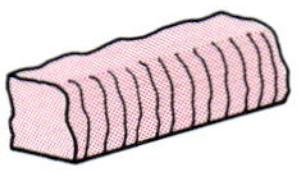	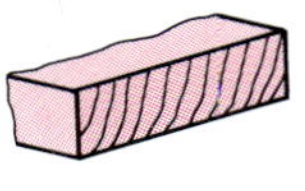	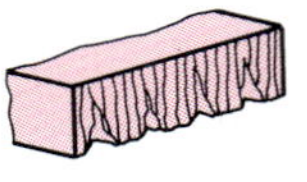	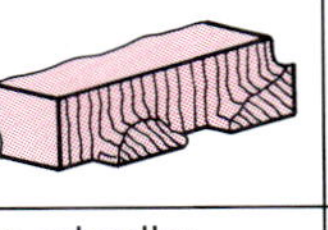	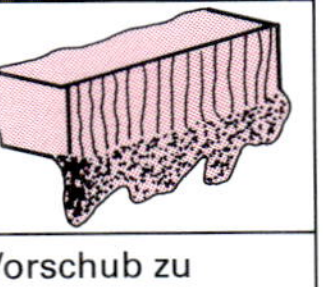
unsaubere Schneiddüse	zu große Heizflamme oder zu langsamer Vorschub	zu schneller Vorschub	zu langsamer Vorschub	zu schneller Vorschub oder Düse verstopft	Vorschub zu langsam oder Sauerstoffdruck zu gering

2.5.2 Laserstrahlschneiden

Eigenschaften der Laserstrahlung

Laserstrahlen[1]) sind Licht- oder Wärmestrahlen mit besonderen Eigenschaften:

- Die Strahlen eines Lasers haben alle gleiche Wellenlänge, sie enthalten also nur eine bestimmt Farbe des Lichtes.
- Sie verlaufen fast genau parallel, die Abweichung beträgt weniger als 1/3600 Grad.
- Sie sind gut auf einen Punkt – den Brennfleck – zu konzentrieren, z. B. beim Rubinlaser auf einem Fleck unter 0,005 mm Durchmesser.
- Laserstrahlen haben sehr hohe Leistungsdichte. Dies ist die Leistung bezogen auf die Fläche.

Aufgrund dieser Eigenschaften eignen sich Laserstrahlen zum Trennen mit hoher Geschwindigkeit bei sehr schmaler Schnittfuge und geringer Wärmeeinflusszone.

> Die Strahlen eines Lasers haben folgende Eigenschaften:
> - gleiche Wellenlänge,
> - fast genau parallelen Verlauf,
> - auf eine sehr kleine Fläche konzentrierbar,
> - hohe Leistungsdichte.

Erzeugung von Laserstrahlen

Ein Laser ist ein Lichtverstärker. Er besteht im einfachsten Falle aus folgenden Baugruppen:

- einem System zur Energiezufuhr,
- einem aktiven Medium, in dem die Lichtverstärkung erzeugt wird,
- einem optischen System aus total reflektierendem und teilweise durchlässigem Spiegel zum Herausführen des Laserstrahls.

Verfahren des Laserstrahlschneidens

	Laserstrahl-Schmelzschneiden	Laserstrahl-Brennschneiden
Verfahren	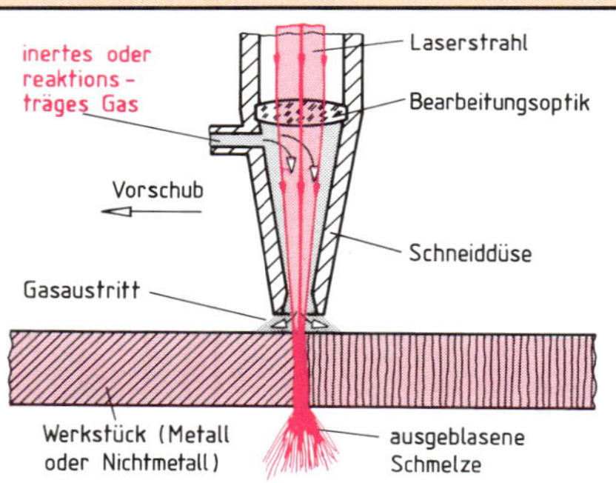	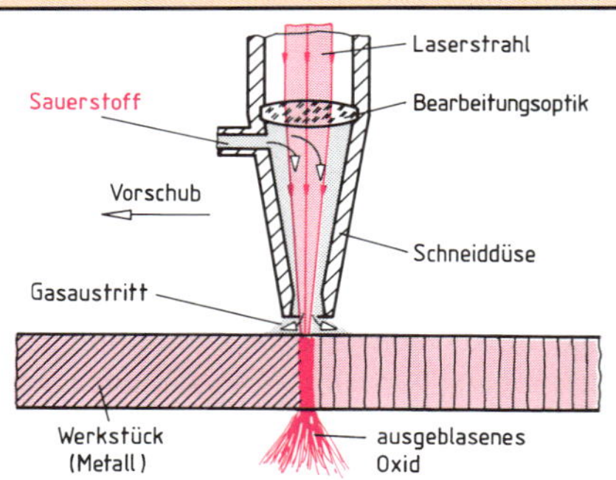
Prinzip	– Laserstrahl schmilzt Werkstoff in der Trennfuge – geschmolzener Werkstoff wird durch inertes Gas aus der Trennfuge geblasen.	– Laserstrahl erwärmt Werkstoff in der Trennfuge auf Entzündungstemperatur – Werkstoff wird im Sauerstoffstrahl oxidiert – Oxide werden vom Sauerstoff aus der Trennfuge geblasen.
Anwendung	Kunststoffe, Keramik, metallische Werkstoffe mit Schmelztemperatur unter der Entzündungstemperatur	Metallische Werkstoffe mit Entzündungstemperatur unter der Schmelztemperatur, z.B. unlegierter Stahl.

In der Fertigung werden Laserschneideinrichtungen ausschließlich zum maschinellen Schneiden eingesetzt. Dabei werden ebene Blechteile ausgeschnitten und umgeformte Werkstücke aus Blech mit räumlich verlaufender Schnittkante besäumt.

[1]) Laser = Light amplification by stimulated emission of radiation, Lichtverstärker durch stimulierte Entsendung von Strahlen

2.5.3 Plasmaschneiden

- **Plasma**

Ein Plasma ist physikalisch gesehen ein *besonderer* Aggregatzustand, der aus dem gasförmigen Zustand durch Temperaturerhöhung erreicht werden kann.

Plasma hat besondere Eigenschaften, die von den Eigenschaften der Gase abweichen:
- es ist elektrisch leitend,
- es sendet starke Lichtstrahlen aus,
- es bewirkt durch seine hohe Temperatur chemische Umsetzungen, z. B. die Reaktion von Luft (Stickstoff und Sauerstoff) zu Stickoxiden.

- **Entstehung der Plasmas**

Der Plasmastrahl zum Plasmaschneiden entsteht im Lichtbogen des Plasmabrenners. Der Brenner besitzt in der Mitte eine Wolframelektrode. Diese Elektrode wird vom Arbeitsgas, welches in den Plasmazustand überführt werden soll, umströmt. Ein meist wassergekühlter Kupfermantel bildet unterhalb der Wolframelektrode eine Düse, durch die das Arbeitsgas gepresst wird.

Mit einer Hilfsstromquelle wird zunächst zwischen der Kupferdüse und der Wolframelektrode ein Lichtbogen erzeugt.

Zum Schneiden von Metallen legt man den Plus-Pol der Schneidstromquelle an das Werkstück und den Minus-Pol an die Wolframelektrode. Wird nun mit dem Flammenkegel des Plasmas, welches durch den Pilotlichtbogen entsteht, das Werkstück berührt, so springt der Lichtbogen von der Brennerdüse auf das Werkstück über. Im Plasmastrahl, der in der Düse scharf eingeschnürt wird, herrschen Temperaturen von 10 000 °C bis 30 000 °C.

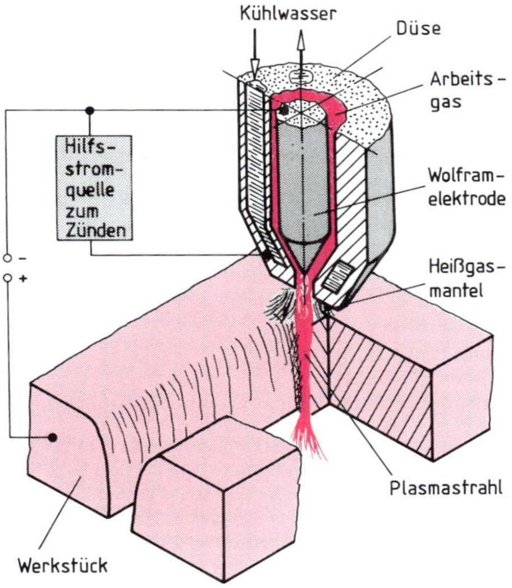

Schneiden mit dem Plasmabrenner

Beim Plasmaschneiden geschieht der Trennvorgang durch Schmelzen oder Verdampfen des Werkstoffes und Herausblasen aus der Schnittfuge. Die entstehende Schnittfläche ist geringfügig schräg.

Obwohl sich alle Gase in den Plasmazustand überführen lassen, sind zum Schneiden Argon, Helium, Druckluft, Stickstoff und Wasserstoff sowie Gasgemische besonders geeignet.

Zur Erzielung optimaler Schneidbedingungen müssen Stromstärke, Düsenbohrung und Volumenstrom des Plasmagases je nach zu schneidendem Werkstoff, nach der Werkstoffdicke und Vorschubgeschwindigkeit festgelegt werden. Die Leerlaufspannungen betragen bis 400 V, die Arbeitsspannungen liegen bei 100 bis 150 V.

Die **Vorteile** des Plasmaschneidens liegen in der Anwendung bei legierten Stählen, Nichteisenmetallen und Nichtmetallen bis zu Werkstoffdicken von 100 mm, wobei hohe Schneidgeschwindigkeiten und saubere Schnittgüte erzielt werden.

Die **Nachteile** sind die erforderlichen Schutzeinrichtungen gegen Lärm, Staub und vor allem gegen giftige Gase, die abgesaugt werden müssen. Auch die intensive ultraviolette Strahlung erfordert entsprechende Schutzmaßnahmen.

Beispiel **für Einstellwerte einer Plasmaschneidanlage (Herstellerangaben)**

Plasmagas: Druckluft mit 5 bar bis 7 bar **Vorschub:** von Hand

Werkstoff	Werkstückdicke mm	Strom stärke A	Düsenbohrung mm	Vorschubgeschwindigkeit m/min	Volumenstrom des Plasmagases l/min
Stahl unlegiert und niedrig legiert	0,8 bis 8 8 bis 12 12 bis 20	30 60 90	1,0 1,4 1,4	2,5 bis 0,1 2,7 bis 0,3 3,0 bis 0,1	12 bis 18 16 bis 20 20 bis 24
Cr-Ni-Stahl rost- und säurebeständig	0,8 bis 1 2 bis 8 8 bis 18	30 60 90	1,0 1,4 1,4	2,2 bis 1,0 2,5 bis 0,4 3,0 bis 0,2	12 bis 18 16 bis 20 20 bis 24
Aluminium und Al-Legierungen	0,8 bis 2 2 bis 6 6 bis 12	30 60 90	1,0 1,4 1,4	2,0 bis 1,0 2,2 bis 0,6 2,4 bis 0,4	12 bis 18 16 bis 20 20 bis 24

Für das Schneiden von Hand werden im Karosserie-, Behälter- und Maschinenbau Plasmaschneidanlagen mit Druckluft als Plasmagas eingesetzt.

2.5.4 Wasserstrahlschneiden

Ein dünner Wasserstrahl mit einer Geschwindigkeit von ca. 900 m/s trennt Werkstoffe bis zu 200 mm, ohne sie zu erwärmen.

Wasserstrahlschneiden ist besonders geeignet für

- stark wärmeleitende Werkstoffe, wie Kupfer, Aluminium, Titan und deren Legierungen,
- Verbundwerkstoffe,
- Laminate und
- beschichtete Metalle.

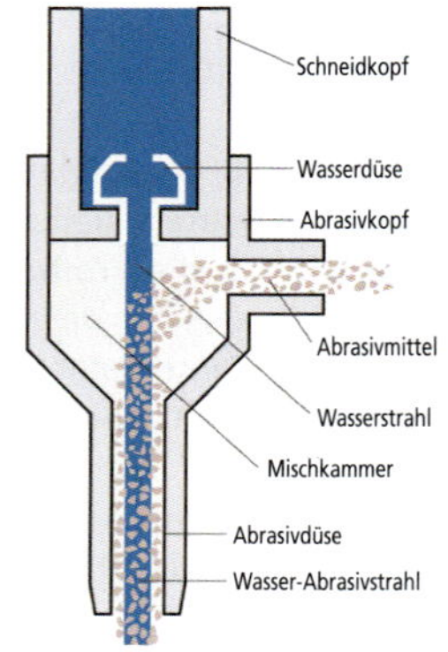

Schneiddüse im Schnitt

Arbeitsweise einer Wasserstrahl-Schneidanlage

Beim Start eines Schneidvorganges schaltet sich die Hochdruckpumpe ein und erzeugt einen Druck bis zu 4000 bar. Das Führungssystem leitet das gespannte Wasser von der Hochdruckpumpe zum Schneidkopf. In einer schnellen Bewegung wird der Schneidkopf über der Einstichstelle positioniert. Ein Ventil, das oberhalb des Schneidkopfes angebracht ist, regelt den Wasserstrahl. Eine **Saphir- oder Rubindüse** mit einem Durchmesser von 0,08 bis 0,5 mm bildet den Abschluss der Hochdruckleitung im Schneidkopf. In dieser Düse wird das Wasser entspannt, der Wasserstrahl entsteht. In der Mischkammer des Schneidkopfes wird dem Wasserstrahl ein Abrasivmittel (feiner Granatstaub) beigemischt und in einer zweiten Düse – der Abrasivdüse – fokussiert.

Über der Einstichstelle beschreibt der Schneidkopf eine Kreis- oder Pendelbewegung. Der Wasser-Abrasivstrahl bohrt sich durch das Werkstück. Hat der Strahl das Werkstück durchdrungen, fährt der Schneidkopf die programmierte Kontur ab. Am Ende der Kontur schließt sich das Ventil und der Schneidkopf hebt ab.

Die Restenergie des 4000-bar-Strahles wird vom unter dem Werkstück mitfahrenden Strahlfänger – dem Catcher – absorbiert.

Die Entscheidung, ob mit Laserstrahl oder Wasserstrahl geschnitten werden soll, liegt nur in der Wirtschaftlichkeit. Beide Trennverfahren zeigen eine exakt gratfreie und senkrechte Schnittfuge, ebenso fallen bei beiden Verfahren keine Werkzeugkosten, kein Werkzeugverschleiß und auch keine Verlustzeiten durch Werkzeugwechsel an. Vorteilhaft ist beim Wasserstrahlschneiden die Möglichkeit des mehrlagigen Schneidens, fehlende Staubentwicklung bei Steinschnitten, keine Veränderung des Gefüges durch kalten Schnitt und keine gefährliche und giftige Gasentwicklung beim Schneiden von Kunststoff.

Trotz dieser Vorteile ist – wenn keinerlei Fertigungsvorschriften vorliegen – das Laserstrahlschneiden zu bevorzugen, da das Wasserstrahlschneiden durch die höheren Betriebskosten und die geringere Schneidleistung teurer ist.

Fertigen mit Computerunterstützung

1 Grundlagen der CNC-Technik

1.1 CNC-Werkzeugmaschinen

1.1.1 Datenfluss in CNC-Maschinen

Bei der Bearbeitung von Werkstücken auf Werkzeugmaschinen müssen der Werkstückrohling und das Werkzeug so geführt werden, dass ein Werkstück in der vorgegebenen Form entsteht.
In der herkömmlichen Fertigung werden die Wege des Werkzeuges vom Maschinenbediener gesteuert, Bewegungen (z. B. Vorschub, Umdrehungsfrequenz) geschaltet und der Ablauf überwacht. In modernen Werkzeugmaschinen werden all diese Informationen als Programm, bestehend aus Buchstaben und Zahlen, eingegeben. Ein Computer verarbeitet dieses und gibt entsprechende Stellbefehle an die Steuerung der Maschinenantriebe. Gleichzeitig überwacht der Computer die Ausführung der Befehle. Man bezeichnet darum Maschinen mit solchen Steuerungen als „computerüberwacht und zahlenwertgesteuert" – engl. **c**omputerized **n**umerical **c**ontrol – als CNC-Maschinen.

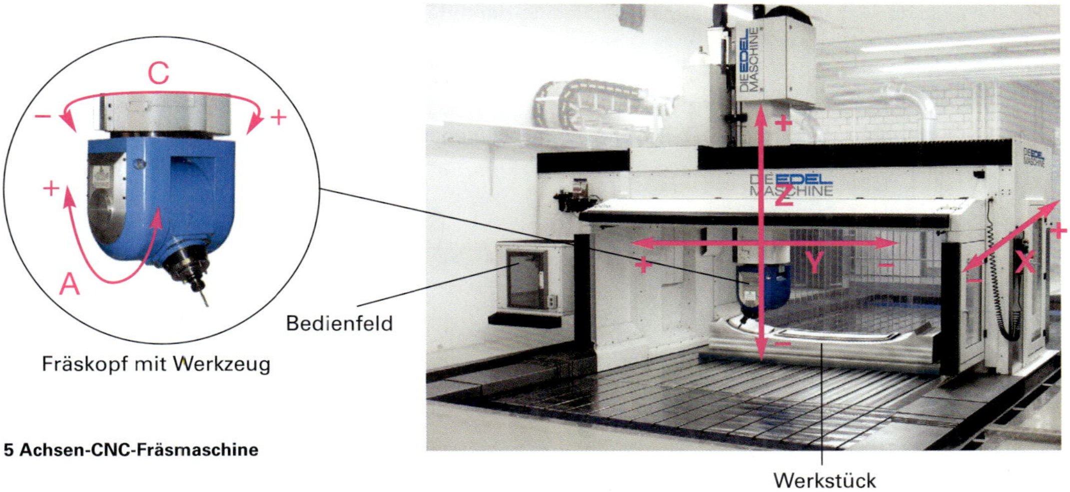

5 Achsen-CNC-Fräsmaschine

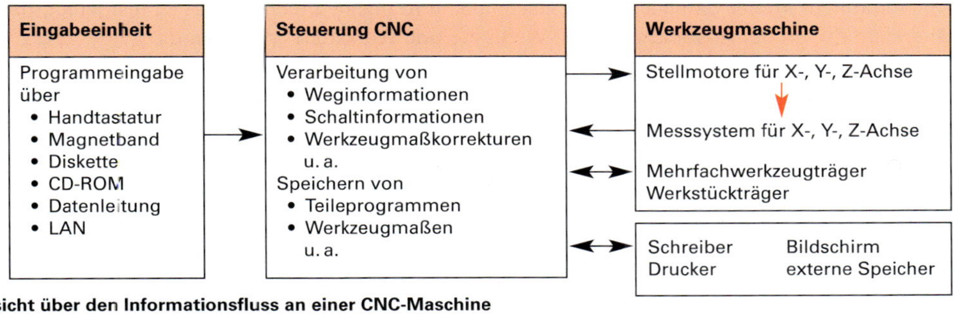

Übersicht über den Informationsfluss an einer CNC-Maschine

CNC-Maschinen sind Fertigungsmaschinen, die mit einer computergeführten Steuerung ausgestattet sind. Sie führen entsprechend einem aus Zahlen und Buchstaben bestehenden Programm einen selbstständigen Fertigungsablauf durch.

Eine CNC-Maschine besteht aus der eigentlichen Werkzeugmaschine und der Steuerung. Die Steuerung erhält Informationen durch Eingabeeinheiten und vom Messsystem der Maschine. Sie kann Befehle an die Werkzeugmaschine und Informationen an Anzeige- und Dokumentationseinrichtungen weitergeben.

1.1.2 Koordinatensysteme

Jeder Punkt eines Werkstücks, der bei der Bearbeitung auf einer Maschine angefahren wird, muss eindeutig festgelegt sein. Diese Festlegung geschieht im Sprachgebrauch z. B. durch die Angabe von Länge, Breite und Höhe. Für eine Bearbeitung auf CNC-Maschinen ist diese Angabe zu unpräzise, darum stellt man sich jedes Werkstück in einem rechtwinkligen Koordinatensystem vor und gibt die Abstände der Bearbeitungspunkte in X-, Y- und Z-Richtung an. Die Lage dieser Achsen zueinander ist in DIN 66217 festgelegt und wird durch die **„Rechte-Hand-Regel"** anschaulich gemacht.

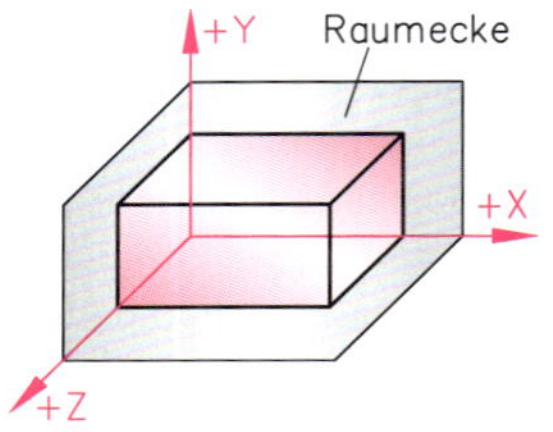

Dreiachsiges Koordinatensystem

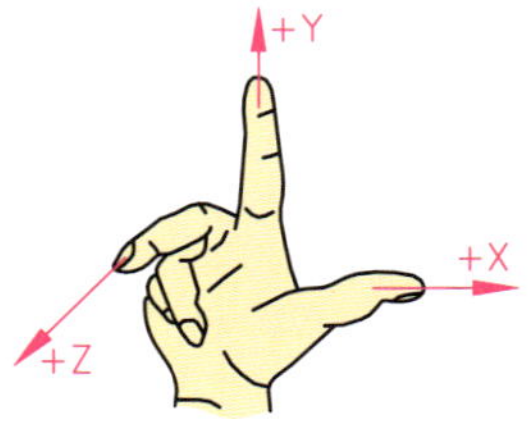

Rechte-Hand-Regel

Daumen in + **X**-Richtung
Zeigefinger in + **Y**-Richtung
Mittelfinger in + **Z**-Richtung

In einem X-, Y-, Z-Koordinatensystem ist die Lage jedes Punktes im Raum eindeutig bestimmt.
Für die Lage der Achsen zueinander gilt die „Rechte-Hand-Regel".

Die richtige Lage des Koordinatensystems am Werkstück richtet sich nach dem Bearbeitungsvorgang und ist für jeden Werkzeugmaschinentyp genormt.

Beispiele **für die Achsrichtungen bei Werkzeugmaschinen nach DIN 66217**

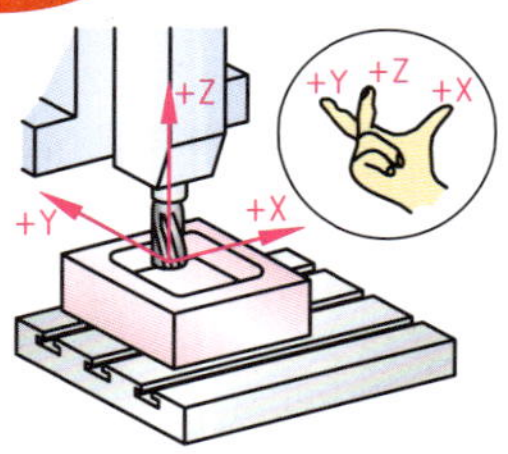

Fräsmaschine

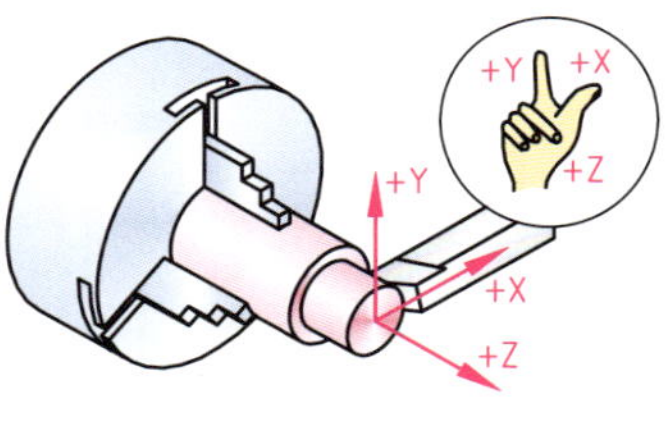

Meißel hinter der Drehmitte

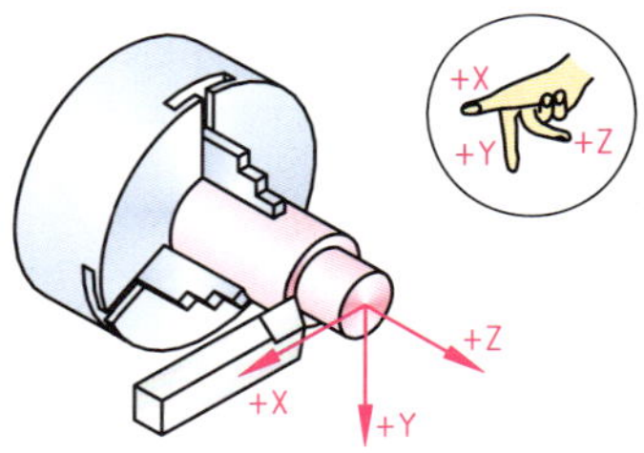

Meißel vor der Drehmitte

Die Festlegung der Achsrichtungen erfolgt immer parallel zu den Führungsbahnen der Maschine; sie ist jedoch stets im Zusammenhang mit dem aufgespannten Werkstück zu sehen.
Die Z-Richtung liegt immer parallel zur Arbeitsspindel. Ihre positive Richtung ist so festgelegt, dass mit zunehmendem Z-Wert der Abstand zwischen Werkzeug und Werkstück größer wird.

Die Achsrichtungen einer Werkzeugmaschine ergeben sich aus der Lage von Führungsbahnen und Werkzeugbewegung.
Die Achsrichtungen sind im Handbuch der jeweiligen Werkzeugmaschine angegeben.

Zur Bearbeitung komplizierter Konturen und Hinterschneidungen in hoher Oberflächengüte sowie zur Betätigung angetriebener Werkzeuge reichen Werkzeugbewegungen allein in Richtung der drei Achsen nicht aus. Erst durch Schwenkbewegungen um die einzelnen Achsen wird eine optimale Erreichbarkeit jeder Werkstückposition möglich.
Die Schwenkbewegungen werden mit **A**, **B** und **C** gekennzeichnet. A ist die Bewegung um die X-Achse, B um die Y-Achse und C um die Z-Achse. Die positive Drehrichtung liegt vor, wenn in Achsrichtung gesehen die Drehung im Uhrzeigersinn erfolgt.

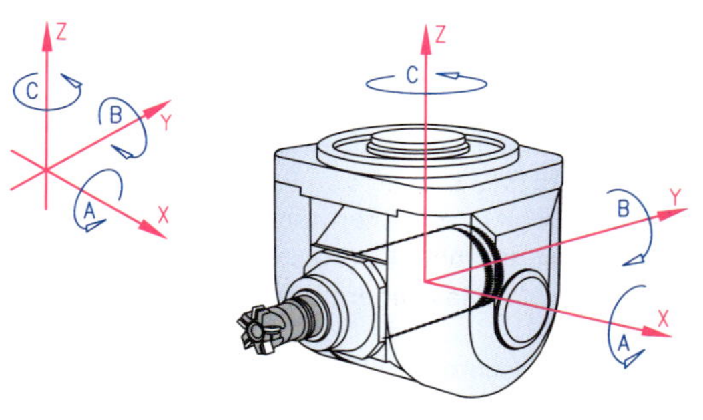

Schwenkachsen A, B und C

1.1.3 Lageregelung an CNC-Maschinen

• Lageregelkreis

Die programmgemäße Bewegung von Werkstück und Werkzeug erfolgt in einem **Lageregelkreis**. Dabei misst das zu einer Achsrichtung gehörende Messsystem in jedem Augenblick den Istwert der Lage der jeweiligen Achse. Eine elektronische Regeleinrichtung vergleicht ihn mit dem Sollwert und gibt einen entsprechenden Stellbefehl an den Stellmotor. Dies wird so lange fortgeführt, bis der Istwert – innerhalb festgesetzter Grenzen – mit dem Sollwert übereinstimmt.

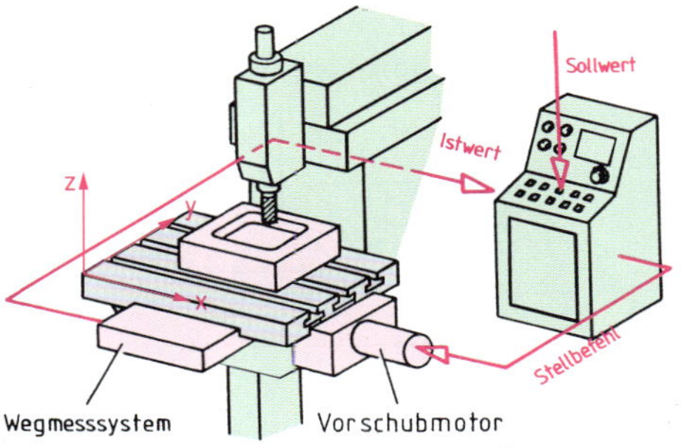

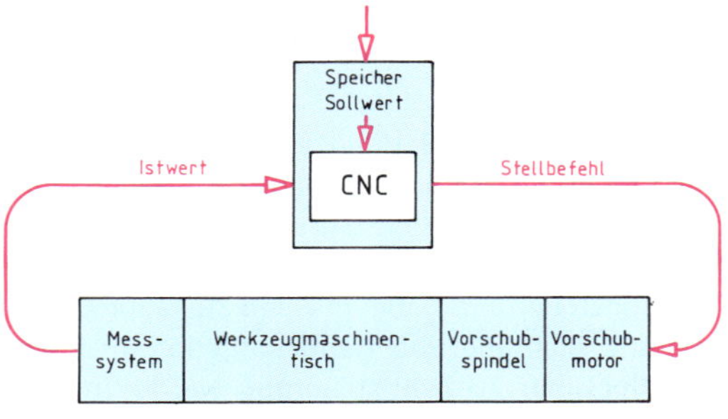

Lageregelung an einer CNC-Maschine

• Messverfahren zur Lageregelung

Inkrementales Messen geschieht, wenn man einen neuen Standort jeweils *vom letzten Standort aus* bestimmt, z. B. 30 mm nach rechts, von dort 20 mm zurück nach links, dann von dort 40 mm nach links. Man verwendet an Werkzeugmaschinen zum inkrementalen Messen in 0,001 mm geteilte Glaslineale, die von einer Lichtquelle beleuchtet werden. Eine Fotozelle zählt die bei einer Bewegung auftretenden Lichtreflexe und meldet ihre Zahl an den Rechner der Maschine. Dieser ermittelt dann aus dieser Zahl die Positionsänderung gegenüber dem letzten Standort.

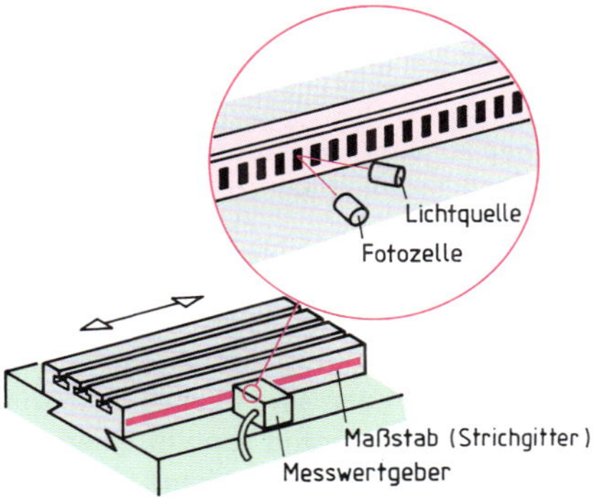

Inkrementales Messen der x-Achse

Inkrementale Messverfahren erfassen den Messwert in Schritten vom jeweils letzten Standort aus.

Absolutes Messen liegt vor, wenn alle Standorte von einem *festen Nullpunkt* aus gemessen werden, z. B. nach rechts auf 120 mm vom Nullpunkt, zurück auf 80 mm vom Nullpunkt, wieder nach links auf 200 mm vom Nullpunkt.

Man verwendet zum absoluten Messen in 0,001 mm geteilte Code-Lineale, auf denen jeder Punkt ein ganz bestimmtes Hell-Dunkel-Muster aufweist.

Zur genauen Bestimmung der Maschinentischposition wird dieses Muster von Fotozellen aufgenommen und an den Rechner der Maschine weitergeleitet. Daraus ermittelt der Rechner die genaue Position auf dem Maschinentisch.

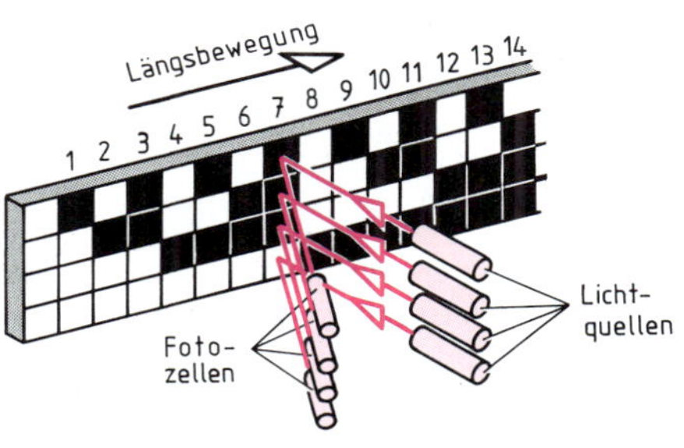

Direktes absolutes Messen mit Code-Lineal

Bei absoluten Messverfahren kann jeder Punkt auf der Messstrecke sofort zahlenmäßig bestimmt werden, weil er ein für die Messstrecke nur einmal auftretendes Signal liefert.

1.1.4 Bahnsteuerungen an CNC-Maschinen

Mit einer Bahnsteuerung können in einer Ebene oder im Raum beliebige Schrägen oder Kurven gesteuert werden, das Werkzeug ist während der Bewegung im Eingriff. Beliebige Bahnen erreicht man durch das gleichzeitige Zusammenwirken von zwei oder mehreren Vorschubmotoren.

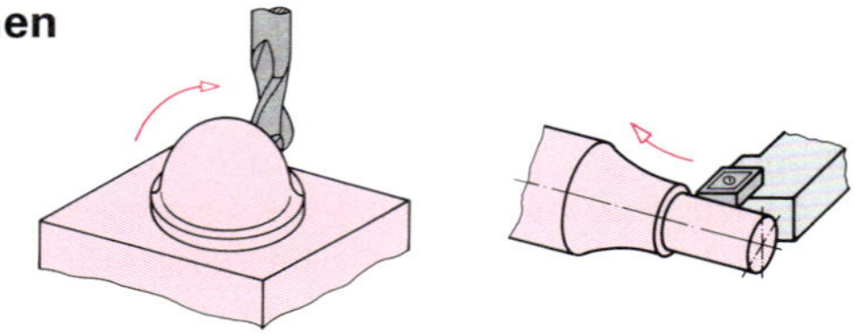

Bahnsteuerung

Bei Bahnsteuerungen erfolgt die Bearbeitung auf räumlichen Geraden oder Kurven, bei denen mehrere Achsen gleichzeitig mit voneinander unabhängigen Geschwindigkeiten gesteuert werden.

• 2D-Bahnsteuerung

Die Steuerung einer Senkrechtfräsmaschine, mit der nur in der X-Y-Ebene Geraden, Kreisbögen und beliebige Kurven gefahren werden, nennt man eine 2D-Bahnsteuerung. Dabei müssen Zustellbewegungen in Z-Richtung von Hand vorgenommen werden. Bei einer 2D-Bahnsteuerung werden nur die Bewegungen in X- und Y-Richtung programmiert.
An Fräsmaschinen werden 2D-Bahnsteuerungen nur an Maschinen zur Schriftgravur eingesetzt.
Bei Drehmaschinen können in der X-Z-Ebene Geraden, Kreisbögen und Kurven gefahren werden.

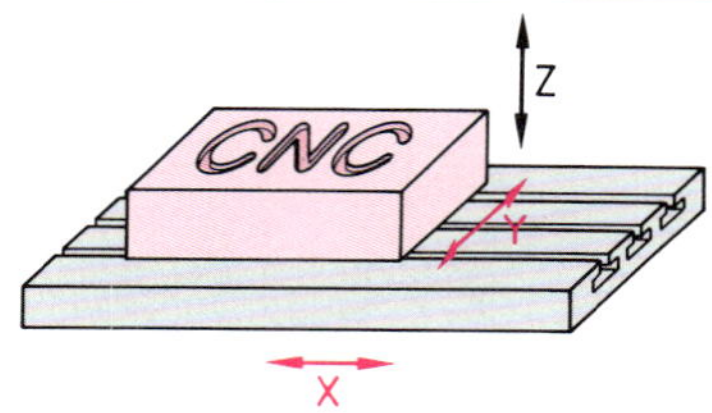

2D-Bahnsteuerung an Senkrechtfräsmaschine

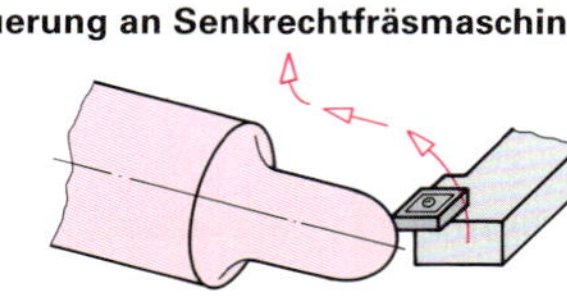

2D-Bahnsteuerung an Drehmaschine

Bei einer 2D-Bahnsteuerung erfolgt eine Steuerung in zwei Achsrichtungen. Alle Drehmaschinen sind mit einer 2D-Bahnsteuerung ausgestattet.

• $2^1/_2$D-Bahnsteuerung

Eine Steuerung, die zwar in jeder beliebigen Ebene Geraden, Kreisbögen und Kurven fahren kann, jedoch gleichzeitig immer nur in zwei Achsrichtungen, nennt man eine $2^1/_2$D-Bahnsteuerung. Die beiden steuerbaren Achsrichtungen sind in allen Ebenen möglich.
Eine $2^1/_2$D-Bahnsteuerung kann in einem Satz nur in zwei Achsrichtungen programmiert werden, z. B. in der X-Y-Ebene oder der X-Z-Ebene oder der Y-Z-Ebene.

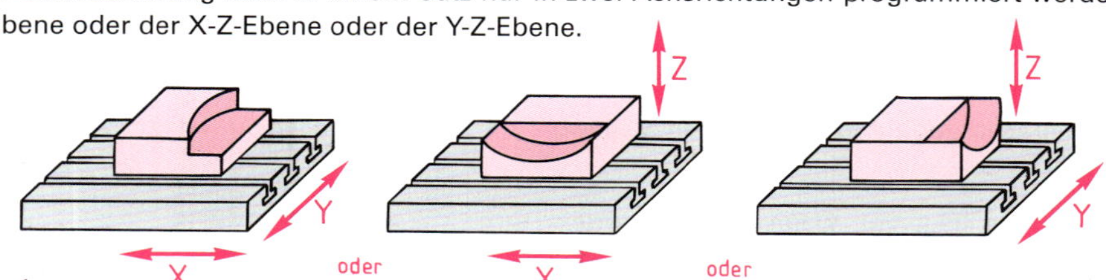

$2^1/_2$D-Bahnsteuerung

Bei einer $2^1/_2$D-Bahnsteuerung sind die drei Achsen steuerbar, gleichzeitig können jedoch stets nur zwei Achsen gesteuert werden.

• 3D-Bahnsteuerung

Die Steuerung einer Werkzeugmaschine, bei der alle drei Achsen gleichzeitig vom Computer aus steuerbar sind, nennt man eine 3D-Bahnsteuerung.
Bei einer 3D-Bahnsteuerung können in einem Satz gesteuerte Bewegungen in X-, Y- und Z-Richtung programmiert werden, d. h. es können beliebige räumliche Bewegungen ausgeführt werden.

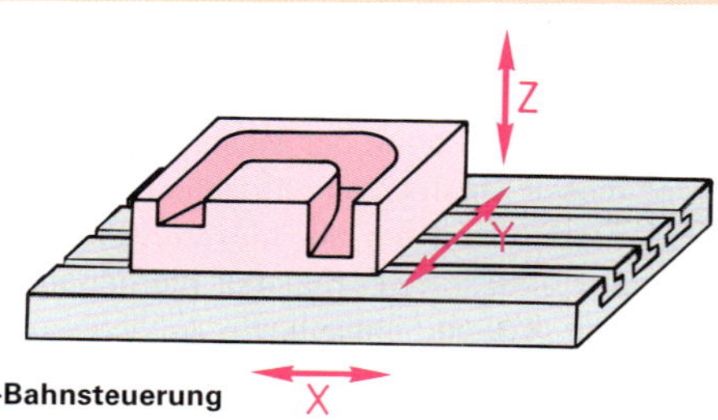

3D-Bahnsteuerung

Bei einer 3D-Bahnsteuerung können alle drei Achsen gleichzeitig gesteuert werden.

1.2 Grundlagen zur manuellen Programmierung

1.2.1 Wahl des Werkstücknullpunktes

Bei der Programmierung werden die Werkstückabmessungen als Koordinaten erfasst, um die erforderlichen Bearbeitungswege programmieren zu können. Daher bezieht man das Koordinatensystem immer auf das Werkstück; als Nullpunkt des Systems wählt man einen charakteristischen Punkt des Werkstücks.

Diesen frei gewählten Bezugspunkt bezeichnet man als Werkstücknullpunkt. In Zeichnungen trägt man ihn durch das abgebildete Symbol ein. Bei Werkstücken mit dreidimensionaler Ausdehnung muss die Nullpunktfestlegung sich auf alle drei Achsen erstrecken.

Symbol für Werkstücknullpunkt

Beispiele **für die Lage von Werkstücknullpunkten**

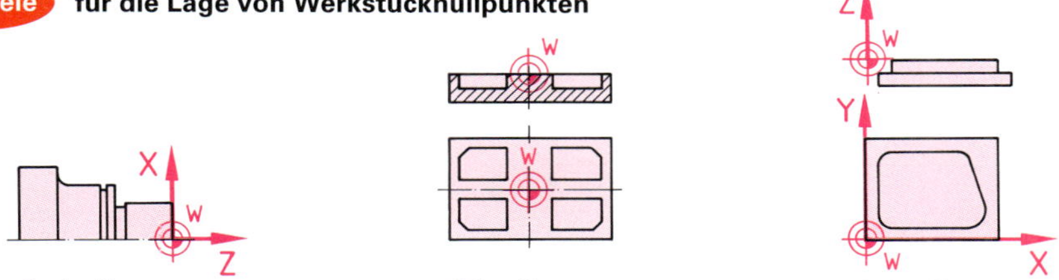

Drehteil **Frästeil** **Frästeil**

Als Ursprung des Werkstück-Koordinatensystems wählt man einen sinnvollen Punkt des Werkstücks als Werkstücknullpunkt. Der Werkstücknullpunkt wird in der Zeichnung durch ein Symbol angegeben.

1.2.2 Bemaßungsarten für die Programmierung

- **Absolutbemaßung – Absolutmaßprogrammierung G90**

In den meisten Fällen gibt man der Steuerung von CNC-Maschinen alle Maße so ein, dass sie sich auf den Werkstücknullpunkt beziehen. Die Maßangaben sind in diesem Falle Absolutmaße. Da der Werkstücknullpunkt jedoch nicht immer einem Eckpunkt entspricht, können sich Werkstückbereiche nach allen Seiten vom Nullpunkt aus erstrecken.

Beispiel **für eine Konturbeschreibung durch Absolutmaße**

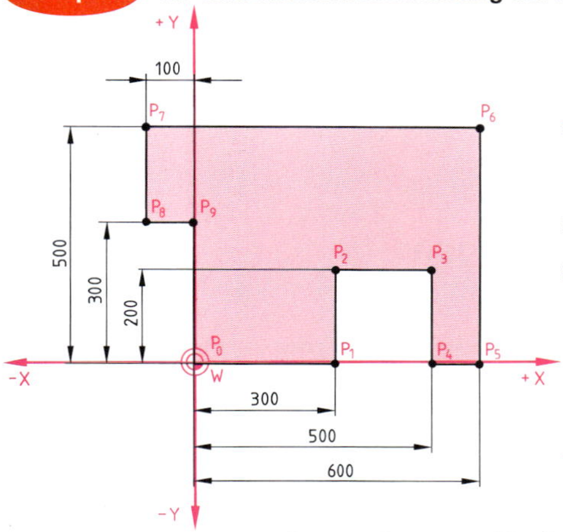

Absolutbemaßung als Parallelbemaßung

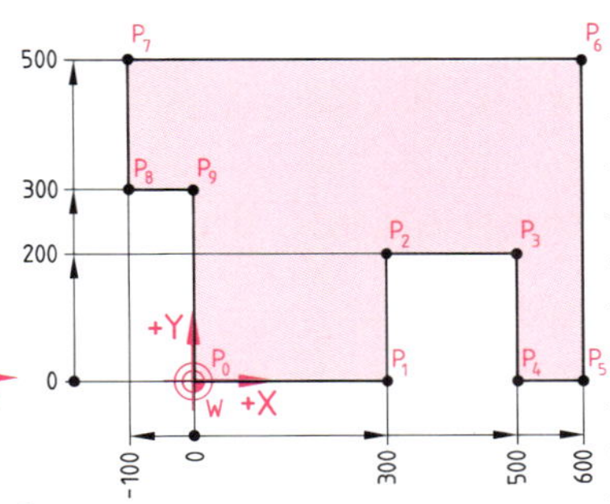

Absolutbemaßung als steigende Bemaßung

G90

	X	Y
P_0	X 0	Y 0
→ P_1	X + 300	Y 0
→ P_2	X + 300	Y + 200
→ P_3	X + 500	Y + 200
→ P_4	X + 500	Y 0
→ P_5	X + 600	Y 0
→ P_6	X + 600	Y + 500
→ P_7	X – 100	Y + 500
→ P_8	X – 100	Y + 300
→ P_9	X 0	Y + 300
→ P_0	X 0	Y 0

Koordinaten

CNC-Maschinen befinden sich nach dem Einschalten im Modus der **Absolutmaßprogrammierung,** sodass kein zusätzlicher Befehl eingegeben werden muss. Wenn jedoch innerhalb eines Programmes von einer anderen Art der Maßangabe in die Absolutprogrammierung umgeschaltet werden soll, ist **G90** einzugeben.

- Die Steuerung wird durch G90 auf Absolutmaßprogrammierung eingestellt.
- Absolutmaße sind die tatsächlichen Abstände zum Werkstücknullpunkt.

- **Inkrementalbemaßung – Inkrementalmaßprogrammierung G91**

Aus fertigungstechnischen Gründen kann es vorteilhaft sein, dass die Steuerung jeden angefahrenen Punkt als Startpunkt für die nachfolgende Bewegung ansieht. In diesem Falle muss die Entfernung und die Bewegungsrichtung von einem Punkt zum nächsten angegeben werden.
Die Abstände werden durch die Koordinaten in X-, Y- und Z-Richtung angegeben. Die Bewegungsrichtung wird entsprechend den Achsrichtungen des Koordinatensystems mit Vorzeichen gekennzeichnet. Das Pluszeichen braucht als Vorzeichen nicht geschrieben zu werden.
Die Bewegungen von Punkt zu Punkt erreicht man durch die erforderliche Anzahl von Verstellschritten. Da man den kleinsten Wegabschnitt (meist 1 µm) als Inkrement bezeichnet, nennt man diese Art, die Steuerung zu programmieren, die **Inkrementalmaßprogrammierung.**
Dies wird der Steuerung durch **G91** eingegeben.

Beispiel **für eine Konturbeschreibung durch Inkrementalmaße**

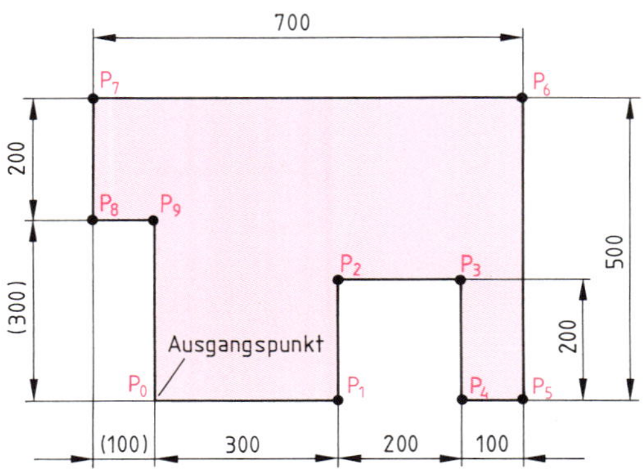

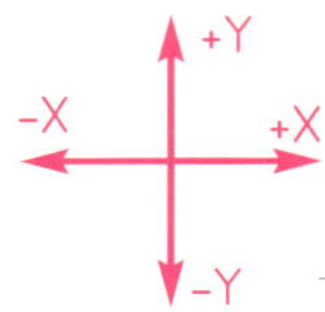

Bewegungsrichtungen

G91

	weiterzufahrende Strecke in **X**-Richtung	weiterzufahrende Strecke in **Y**-Richtung
P_0	Ausgangspunkt	
→ P_1	X + 300	Y 0
→ P_2	X 0	Y + 200
→ P_3	X + 200	Y 0
→ P_4	X 0	Y – 200
→ P_5	X + 100	Y 0
→ P_6	X 0	Y + 500
→ P_7	X – 700	Y 0
→ P_8	X 0	Y – 200
→ P_9	X + 100	Y 0
→ P_0	X 0	Y – 300

Die Steuerung wird durch G91 auf Inkrementalmaßprogrammierung eingestellt.
Bei Inkrementalmaßprogrammierung gibt man die Entfernungen vom letzten bis zum nächsten Punkt in den jeweiligen Achsrichtungen an.

- **Gemischte Maßangaben**

In einzelnen Programmiersystemen können Absolut- und Kettenmaße auch in einem Satz gemischt eingegeben werden.

Beispiel **für die Kennzeichnung von Absolut- und Inkrementalmaßen (nach PAL)**

XA40   YI-20   d. h. X + 40 absolut und Y – 20 inkremental

1.3 Programmierung von Bahnbewegungen

1.3.1 Bearbeitungsrichtung

Bei der Fertigung können die Anfahr- und Bearbeitungswege vom Werkzeug oder vom Werkstück ausgeführt werden. Die Bearbeitungsrichtung ändert sich jedoch dadurch nicht. Man betrachtet nur die relative Bewegung des Werkzeugs gegenüber dem Werkstück. Um keine Missverständnisse aufkommen zu lassen, hat man deshalb vereinbart, bei der Programmierung so vorzugehen, als stünde das Werkstück fest und es würde nur das Werkzeug bewegt.

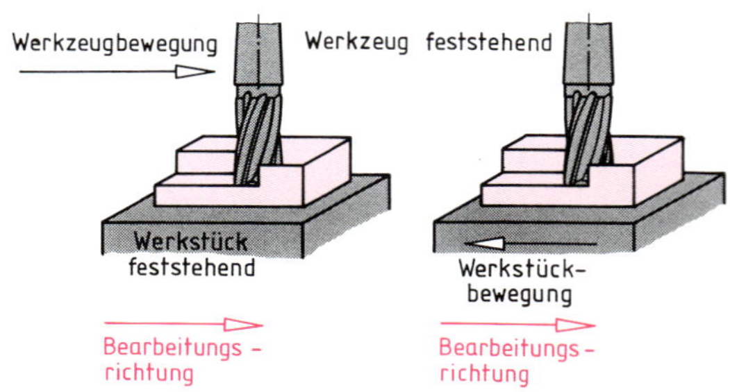

Bearbeitungsrichtung

Beim Programmieren geht man immer davon aus, dass sich das Werkzeug bewegt und das Werkstück stillsteht, auch wenn die Bearbeitung an der Maschine anders erfolgt.

1.3.2 Bewegungen im Eilgang

Wenn ein Werkzeug, das nicht im Eingriff ist, von einem Punkt zu einem anderen verfahren werden soll, erwartet man, dass diese Bewegung möglichst schnell ausgeführt wird. Die Vorschubmotoren werden dann in jeder Achse den Werkzeug- oder Werkstückträger im Eilgang bewegen. Sobald das Werkzeug in die Nähe des anzufahrenden Punktes kommt, wird es abgebremst und am Zielpunkt genau gestoppt. Der Zielpunkt wird auf einer unbestimmten Bahn angefahren. Der Maschinensteuerung gibt man den Befehl, einen Punkt im Eilgang anzusteuern, durch **G00** (vereinfacht G0) ein. Es folgen die Koordinaten des Zielpunktes.

Beispiel **für die Beschreibung einer Eilgangbewegung bei Absolutmaßprogrammierung**

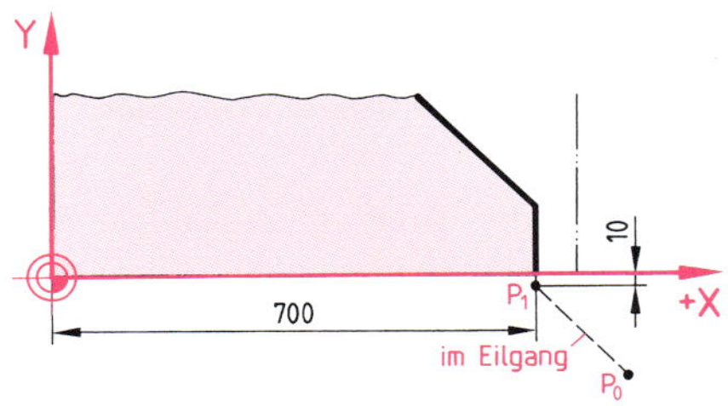

G00

	Wegbedingung	X	Y
	G 90		
→ P_1	G 00	X 700	Y – 10

Das exakte Ansteuern eines Punktes im Eilgang auf nicht vorgegebener Bahn wird durch G00 (auch G0) eingegeben.

1.3.3 Geradlinige Arbeitsbewegungen

Soll die Steuerung von einem bestimmten Anfangspunkt aus eine geradlinige Arbeitsbewegung zu einem Endpunkt hin ausführen, so ist dazu **G01** (vereinfacht G1) erforderlich. Es ist gleichgültig, ob die Bewegungsrichtung achsparallel oder schräg verläuft. Hat man den Befehl zur geradlinigen Bewegung und die Koordinaten des Bewegungsendpunktes eingegeben, dann ermittelt der Rechner die erforderliche Bahn.

Beispiel **für die Beschreibung geradliniger Arbeitsbewegungen bei Absolutmaßprogrammierung**

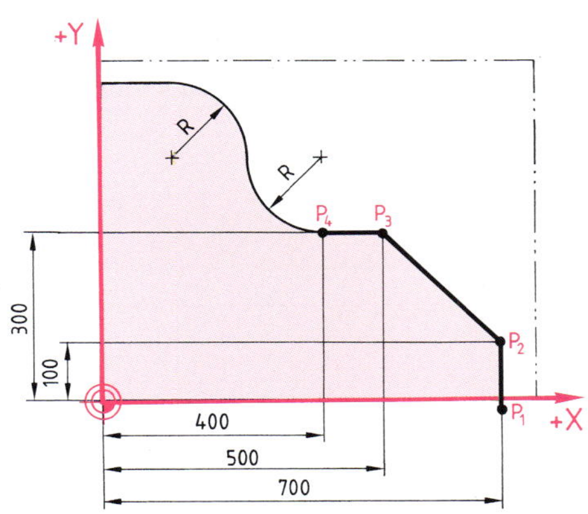

G01

	Wegbedingung	X	Y
	G 90		
→ P_1	G 00	X 700	Y – 10
→ P_2	G 01	X 700	Y 100
→ P_3	G 01	X 500	Y 300
→ P_4	G 01	X 400	Y 300

Der Wegbefehl G01 bleibt in der Steuerung so lange wirksam, bis er durch einen anderen Wegbefehl aufgehoben wird. Es genügt daher in einem Programm mit mehreren aufeinanderfolgenden geradlinigen Bewegungen G01 nur im ersten Satz einzugeben.

Geradlinige Arbeitsbewegungen mit vorgegebenem Vorschub werden durch G01 ausgeführt.

1.3.4 Kreisförmige Arbeitsbewegungen

Zur eindeutigen Durchführung einer kreisförmigen Arbeitsbewegung sind neben den Zielkoordinaten auch Angaben zur Bewegungsrichtung und zur Lage des Kreismittelpunktes erforderlich.

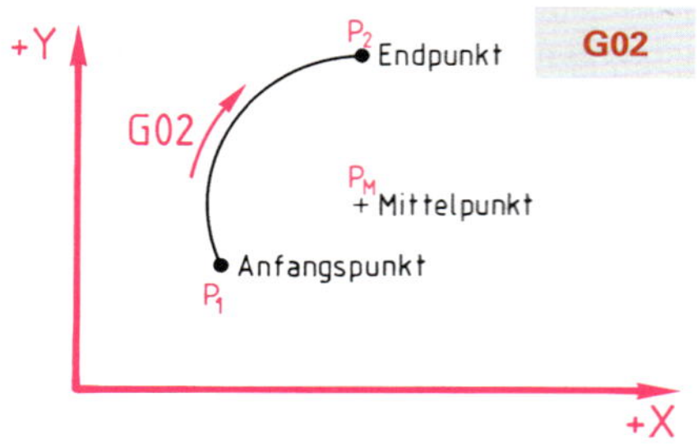

Kreisbewegung im Uhrzeigersinn

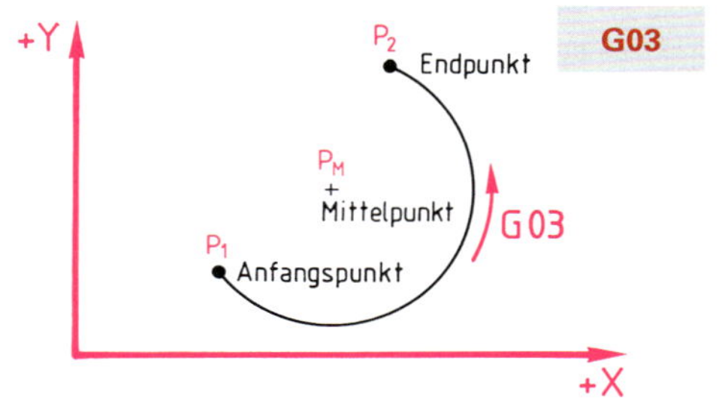

Kreisbewegung im Gegenuhrzeigersinn

Kreisförmige Arbeitsbewegungen im Uhrzeigersinn werden durch den Befehl G02 ausgeführt, kreisförmige Arbeitsbewegungen im Gegenuhrzeigersinn erfolgen durch den Befehl G03.

Bei einer Bahnbeschreibung ist der Kreismittelpunkt im Gegensatz zum Anfangs- und Endpunkt ein Punkt, der außerhalb der Bewegungsbahn liegt; er dient der Steuerung lediglich als Information über Lage und Größe des Kreises. Daher gibt man die Koordination des Kreismittelpunkts – meist auch bei Absolutmaßprogrammierung – inkremental als Abstand vom Anfangspunkt in das Programm. Nähere Angaben findet man im Handbuch der entsprechenden Steuerung.

Die Kreismittelpunktkoordinaten bekommen die Adressbuchstaben:

I für den Abstand vom Anfangspunkt auf der **X-Achse,**
J für den Abstand vom Anfangspunkt auf der **Y-Achse,**
K für den Abstand vom Anfangspunkt auf der **Z-Achse.**

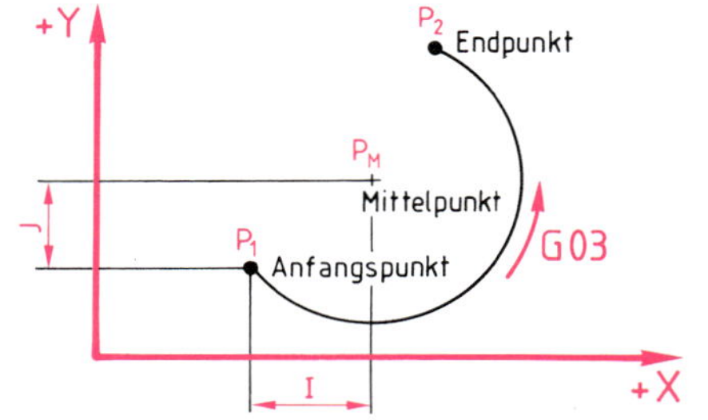

Inkrementale Mittelpunktbemaßung

Beispiel **für die Beschreibung einer Kontur mit kreisförmiger Bewegung bei Absolutmaßprogrammierung**

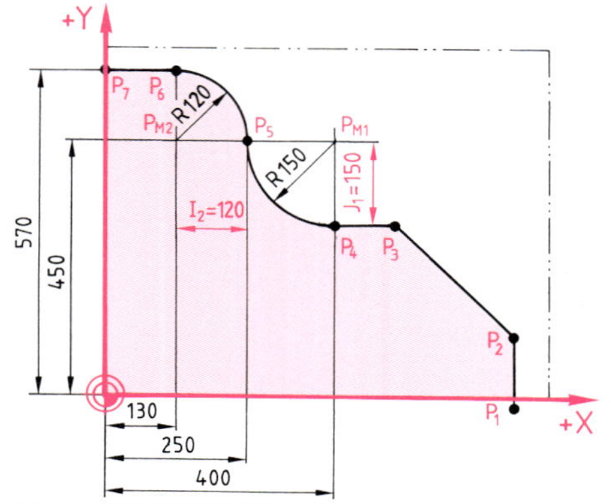

	Wegbedingung	X	Y	I	J
	G 90				
→ P_1	G 00	X 700	Y – 10		
→ P_2	G 01	X 700	Y 100		
→ P_3	G 01	X 500	Y 300		
→ P_4	G 01	X 400	Y 300		
→ P_5	G 02	X 250	Y 450	I 0	J 150
→ P_6	G 03	X 130	Y 570	I - 120	J 0
→ P_7	G 01	X 000	Y 570		

Bei einer kreisförmigen Arbeitsbewegung werden die Koordinaten des Kreismittelpunkts inkremental vom Anfangspunkt des Kreisbogens mittels Kreisparameter I, J, K programmiert.

1.4 Grafische Konturerstellung (GKE)

1.4.1 Konturerstellung extern am Computer

Für maschinelles Programmieren wurden so genannte höhere NC-Programmiersprachen geschaffen. Bei dieser Technik werden in einem steuerungsunabhängigen Quellenprogramm die Zeichnungsdaten, die Geometrie, eingegeben. Meist wird hier erst die Zeichnungsrohkontur und dann in einem zweiten Gang die Feinkontur über so genannte Piktogramme erstellt. Hierin werden im Dialog mit dem Bediener Maße und Angaben für Details, wie Fasen, Einstiche, Gewindefreistiche usw. erfragt und von diesem eingegeben.

Nach Auswahl der Maschine und der Werkzeuge sowie der Eingabe der technologischen Daten wird nun durch ein spezielles Programm (Postprozessor) ein Arbeitsplan vorgeschlagen, der angenommen oder geändert werden kann. Anschließend wird ein fertiges CNC-Programm für die eingesetzte Maschine ausgegeben. Alle notwendigen Berechnungen, wie fehlende Kontur- und Hilfspunkte und Schnittaufteilungen werden vom Computer vorgenommen.

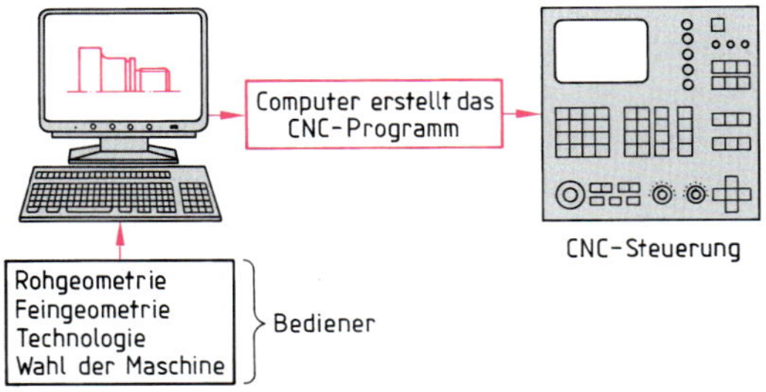

Ablauf der grafischen Konturerstellung am Computer

Die Ausgabe erfolgt über Magnetband, Diskette, CD-ROM oder LAN an die CNC-Maschine. Für maschinelles Programmieren wird allerdings für jeden Maschinensteuerungstyp ein eigener Postprozessor benötigt, der das passende Programm erzeugt.

Beim maschinellen Programmieren wählt der Programmierer die Maschine aus, gibt die Werkstückgeometrie und Technologie ein. Der Rechner erstellt daraufhin automatisch das komplette CNC-Programm.

1.4.2 Konturerstellung mit automatischer Programmerstellung an CNC-Maschinen – Dialogsteuerung

Für zweidimensionale Bearbeitungen, wie z. B. Drehen oder Brennschneiden, gibt der Anwender an der CNC-Maschine zunächst die Rohteilkontur und die Lage des Werkstücknullpunktes ein. Danach zeichnet er mithilfe einfacher Symbole (Piktogramme) im Dialog mit der Steuerung die Werkstückumrisse auf dem Bildschirm.
Die fehlenden Koordinaten von Konturpunkten errechnet die Steuerung mithilfe eingegebener Geometrie-Programme automatisch.

Durch die Anwahl des „Automatischen Verarbeitungsprozesses" wird der Fertigungsablauf von der Steuerung in einer bestimmten Reihenfolge festgelegt.
Nach dem Eingeben des Werkstoffes werden dem Anwender auf dem Bildschirm entsprechend dem Werkzeugkatalog des Speichers die Werkzeuge mit den Schnittdaten angezeigt.

Der Anwender kann diese Werkzeug- und Schnittwerteauswahl bestätigen oder abändern.
Nach Betätigung der Starttaste für die Simulation werden die vorher angezeigten Bearbeitungsschritte in der angegebenen Reihenfolge auf dem Bildschirm ausgeführt. Unterhalb der Bildschirmgrafik erscheint der normgerechte Satz für den jeweiligen Fertigungsschritt. Falls der Anwender den erstellten Fertigungsablauf akzeptiert, speichert er diese Daten in der NC-Steuerung unter einer gewählten Programmnummer ab. Im anderen Falle können über die Tastatur Korrekturen vorgenommen werden.

1.5 Programmierung von Schaltinformationen

1.5.1 Programmierung von Technologiedaten

- **Schaltinformationen für die Vorschubbewegung**

Die Vorschubbewegung wird nach dem Adressbuchstaben **F** als Vorschub in mm (je Umdrehung) oder als Vorschubgeschwindigkeit in mm/min eingegeben.

Vorschubbewegung	Befehl	Beispiel
in mm/min in mm	G94 G95	G94 F100 bedeutet $v_f = 100$ mm/min G95 F0,25 bedeutet $f = 0{,}25$ mm (je Umdrehung)

- **Schaltinformationen für die Schnittbewegung**

Die Schnittbewegung wird beim Drehen entweder mit konstanter Schnittgeschwindigkeit oder konstanter Umdrehungsfrequenz mit dem Adressbuchstaben **S** eingegeben.
Beim Fräsen wird nur mit konstanter Umdrehungsfrequenz gearbeitet.

Schnittbewegung	Befehl	Beispiel
konstante Schnittgeschwindigkeit konstante Umdrehungsfrequenz	G96 G97	G96 S40 bedeutet $v_c = 40$ m/min G97 S900 bedeutet $n = 900$ 1/min

Beim Drehen ist eine konstante Schnittgeschwindigkeit programmierbar. Die Steuerung stellt entsprechend dem programmierten X-Wert die Umdrehungsfrequenz ein. Damit beim Plandrehen in Nähe der Werkstückmitte nicht extreme Umdrehungsfrequenzen auftreten, kann ein Höchstwert eingegeben werden, z. B. bedeutet bei PAL der Befehl G 92 S2000 höchste Umdrehungsfrequenz 2000 $^1/_{\text{min}}$.

1.5.2 Programmierung von Werkzeugeinsatz und Zusatzfunktionen

- **Schaltinformationen für den Werkzeugeinsatz**

Die benötigten Werkzeuge sind in einem Mehrfach-Werkzeugträger oder Magazin abgelegt und durch Nummerierung gekennzeichnet. Durch den Adressbuchstaben **T** werden die Schaltbefehle zum Werkzeugeinsatz erteilt. Das **T-Wort** enthält als Zahlenwert die Nummer des verlangten Werkzeugs.

T03 Einsatzbefehl für Werkzeug Nr. 3

Bei vielen Steuerungen löst allein der Buchstabe **T** einen Werkzeugwechsel aus. Aus Kollisionsgründen muss *vor* jedem Werkzeugwechsel eine sichere Werkzeugwechselposition angefahren werden.

Mehrfachwerkzeugträger: Revolverkopf mit angetriebenen Werkzeugen

- **Schaltinformationen für Zusatzfunktionen**

Zusatzfunktionen werden durch M-Wörter eingegeben.

M 00 Programmierter Halt
M 03 Spindel EIN, Rechtslauf
M 04 Spindel EIN, Linkslauf
M 17 Unterprogrammende
M 30 Programmende mit Rücksprung auf Satz 1
M 06 Werkzeugwechsel
M 08 Kühlmittel EIN
M 09 Kühlmittel AUS

Die Spindeldrehrichtung wird folgendermaßen beschrieben:

- Bei Drehmaschinen blickt man von der Antriebsseite auf die Werkstückeinspannung.
- Bei Fräsmaschinen blickt man von der Arbeitsspindel auf die Werkstückeinspannung.

Dreht sich die Spindel im Uhrzeigersinn, so ist das ein Rechtslauf, der mit M03 zu programmieren ist. Dreht sich die Spindel im Gegenuhrzeigersinn, so ist das ein Linkslauf mit dem Befehl M04.

1.6 Zusammenstellung von Programmdaten zu Sätzen

In das CNC-Programm werden alle Daten eingegeben, welche die Steuerung benötigt, um am Werkstück einen Arbeitsschritt ausführen zu können. Dabei werden zusammengehörige Befehle zu Sätzen zusammengefasst. Die Sätze nummeriert man nach der Abfolge der Arbeitsschritte in Einer- oder Zehnerstufen.

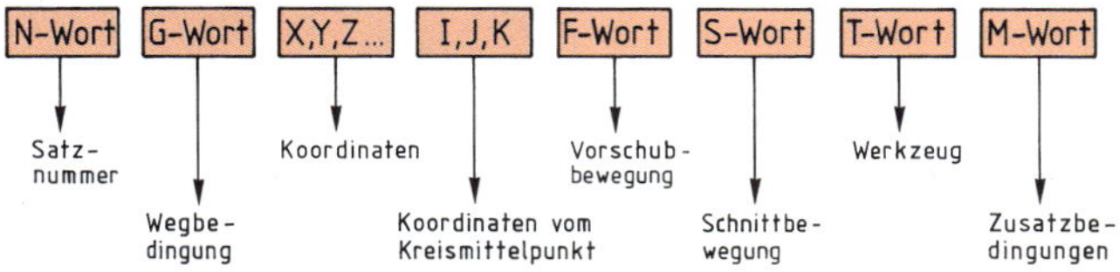

In einem Satz können Befehle und Wegangaben entfallen, die für den jeweiligen Arbeitsablauf nicht notwendig oder bereits wirksam sind. Man nennt solche Programmworte **modal** wirksam oder **selbst haltend**.

Beispiel **für die Programmierung eines ebenen Werkstücks (nach PAL)**

Aufgabe: Die unten bemaßte Nut soll in einem Schnitt durch Schruppen gefräst werden. Der Werkstückwerkstoff ist S235. Der Schaftfräser aus HSS mit einem Durchmesser von 4 mm hat zwei Schneiden.

Zeichnung

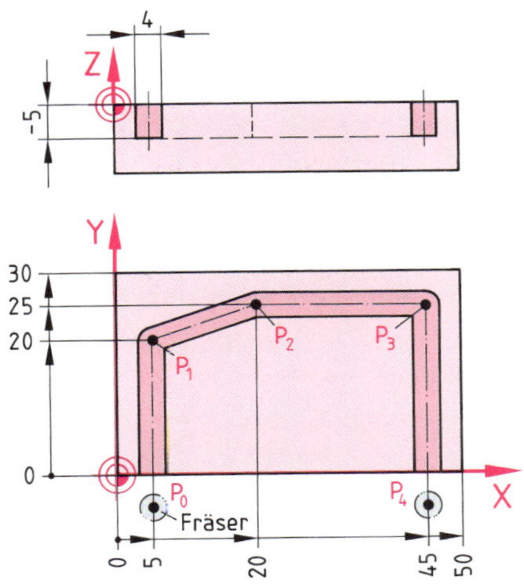

Programm
(mit Eintragung modal wirksamer Programmwerte)

N	G	X	Y	Z	F	S	T	M
N010	G90							
N020	G94				F540			
N030						S2700		M03
N040							T0100	M08
N050	G00	X5	Y-10	Z2				
N060	G01	(X5)	(Y-10)	Z-5				
N070	(G01)	(X5)	Y20					
N080	(G01)	X20	Y25					
N090	(G01)	X45	(Y25)					
N100	(G01)	(X45)	Y-10					
N110	G00	(X45)	(Y-10)	Z50				M09
N120	G00	X-50	Y-20					M30

Die Werte in Klammern sind modal wirksam.
Sie werden normalerweise wegen Gefahr der Falscheingabe und zur Verbesserung der Übersichtlichkeit fortgelassen.

Erklärung

N010 Absolutmaße gelten bis auf Widerruf für alle Sätze
N020 Vorschub wird in mm/min angegeben, vorgesehen werden 540 mm/min
N030 Spindel soll im Uhrzeigersinn drehen, Umdrehungsfrequenz 2700 1/min
N040 Werkzeug T0100 einwechseln, Kühlschmiermittel einschalten
N050 Im Eilgang auf X5, Y-10, Z2 fahren
N060 Mit Vorschubgeschwindigkeit (540 mm/min) geradlinig auf Z-5 herunterfahren
N070 Mit Vorschubgeschwindigkeit geradlinig bis Y20 fräsen
N080 Mit Vorschubgeschwindigkeit geradeaus bis X20 Y25 fräsen
N090 Mit Vorschubgeschwindigkeit geradeaus bis X45 (Y25) fräsen
N100 Mit Vorschubgeschwindigkeit geradeaus bis (X45) Y-10 fräsen
N110 Im Eilgang auf Z50 fahren, Kühlschmiermittel ausschalten
N120 Im Eilgang auf X-50, Y-20 fahren, Ende des Programms

1.7 Erprobung und Optimierung von NC-Programmen an CNC-Werkzeugmaschinen

1.7.1 Simulation von NC-Programmen

Nach Erstellung der NC-Programme erfolgt die Überprüfung durch Simulation am Bildschirm des Programmierplatzes bzw. der Werkzeugmaschine. Dabei werden die Werkstückform und eventuelle Kollisionen von Werkzeug mit Werkstück bzw. Werkstückeinspannung überprüft. Auf dem Bildschirm wird eine Kollision als „Crash“ bildlich dargestellt. Ein Crash ereignet sich, wenn z. B. ein Werkzeug in die Einspannung fährt oder das Werkzeug im Eilgang zum Schnitt kommt.
Gleichzeitig kann bereits mit der Simulation die tatsächliche Bearbeitungszeit (Echtzeit) ermittelt werden.

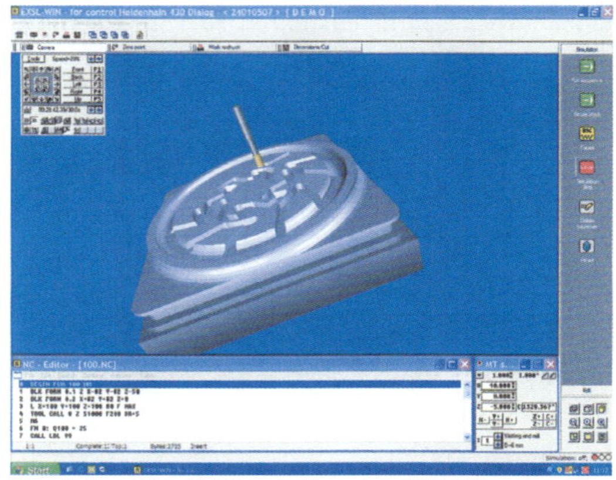

Simulation einer Fräsbearbeitung am Bildschirm

1.7.2 Überwachte Probefertigung

Mit einem neu erstellten NC-Programm wird die erste Fertigung eines Werkstücks unter großen Vorsichtsmaßnahmen durchgeführt, weil Programmierfehler zu Kollisionen, Werkzeugbruch und zu falschen Werkstückabmessungen führen können.

Mögliche Vorsichtsmaßnahmen sind:

- *Verminderung der Vorschubgeschwindigkeit*
  Mit einem Vorschub-Korrekturschalter reduziert man den programmierten Vorschub. Durch diese Vorschubbegrenzung erleichtert sich der Bediener die Beobachtung des Bearbeitungsvorgangs und ermöglicht ein schnelles Abschalten.

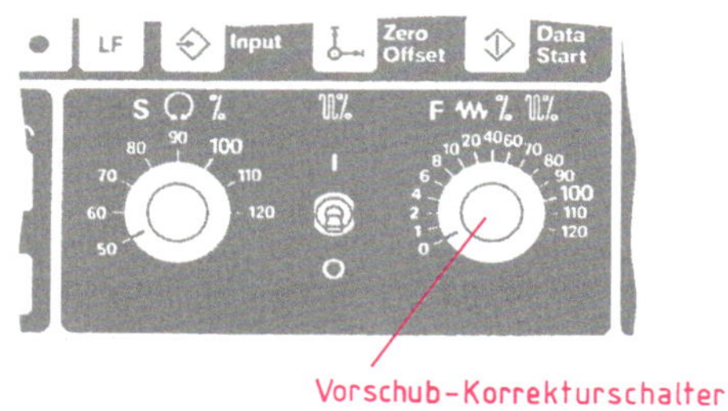

Prozentuale Schnittwertregulierung

- *Programmabarbeitung im Einzelsatzbetrieb*
  Die Taste „Single“ der Betriebsartentastatur aktiviert die satzweise Bearbeitung eines Werkstücks. Der Bediener kontrolliert schrittweise den Arbeitsablauf. Der nachfolgende Satz wird erst nach einem Tastendruck abgearbeitet.

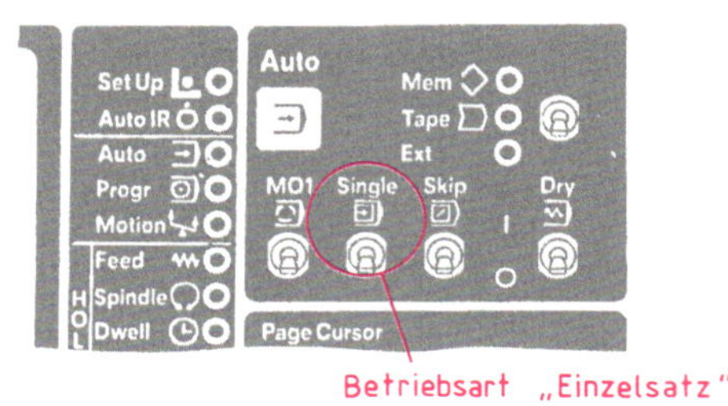

Betriebsartentastatur

- *Probefertigung eines Werkstückes aus einem Ersatzwerkstoff*
  Räumlich komplizierte, große Werkstücke können aus einem preiswerten, leicht zu bearbeitenden Werkstoff probeweise gefertigt werden. Der Ablauf der Arbeitsbewegungen eines Fertigungsvorgangs kann auch ohne Werkstück überprüft werden (Luftschnitte).

Nach der überwachten Probefertigung und erfolgten Programmkorrekturen erfolgt die Fertigung erst nach einer abschließenden Probe.

Eine Probefertigung führt man mit verminderter Vorschubgeschwindigkeit, im Einzelsatzbetrieb oder an Ersatzwerkstücken aus.

2 Fertigung mit CNC-Drehmaschinen

2.1 Programmieren der Weginformationen beim Drehen

2.1.1 Koordinatensysteme

Drehmaschinen werden mit Werkzeugträgern gebaut, bei denen das Werkzeug vom Bediener gesehen vor oder hinter der Drehmitte angeordnet ist. Im Gegensatz zu herkömmlichen Drehmaschinen werden CNC-Maschinen bevorzugt als Schrägbettmaschinen ausgeführt, mit Werkzeugträgern, die sich hinter dem Werkstück befinden. Daher muss je nach Bauform der Maschine zum Programmieren eine andere Lage des Koordinatensystems berücksichtigt werden. In beiden Fällen entspricht die Werkstückachse der Z-Achse.

Die positive X-Achse weist immer vom Drehteil aus in radialer Richtung auf das Werkzeug. Damit ergibt sich für beide Werkzeuganordnungen, dass größere Z-Werte eine größere Werkstücklänge und größere X-Werte einen größeren Werkstückdurchmesser zur Folge haben.

Drehmeißel vor der Drehmitte	Drehmeißel hinter der Drehmitte
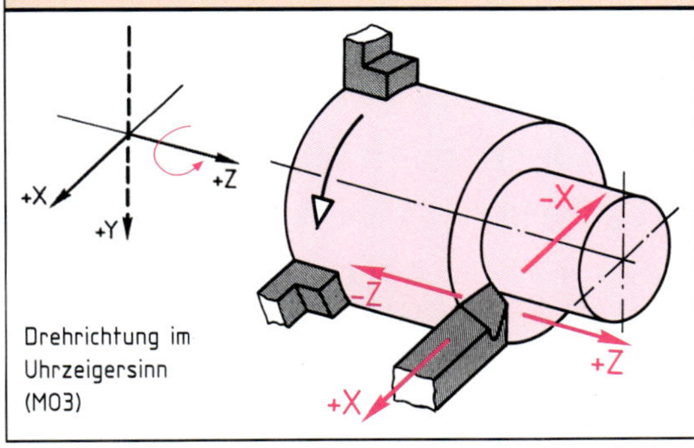	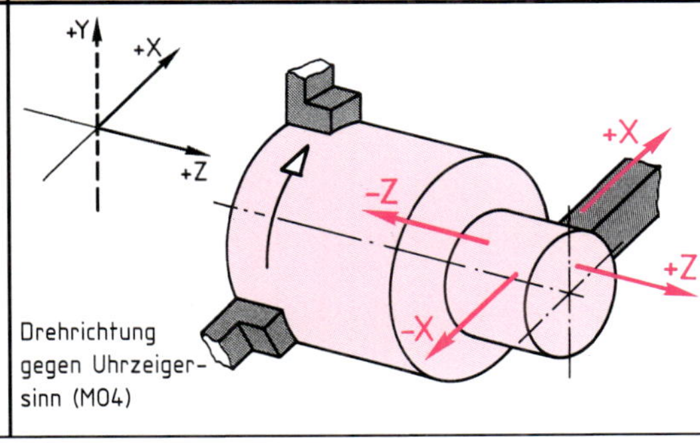

Die Z-Achse ist immer Drehachse des Werkstücks. Größerer Z-Wert bedeutet längeres Werkstück. Die X-Achse verläuft rechtwinklig zur Z-Achse auf das Drehwerkzeug zu. Größerer X-Wert bedeutet größerer Werkstückdurchmesser.

2.1.2 Nullpunkte und Bezugspunkte

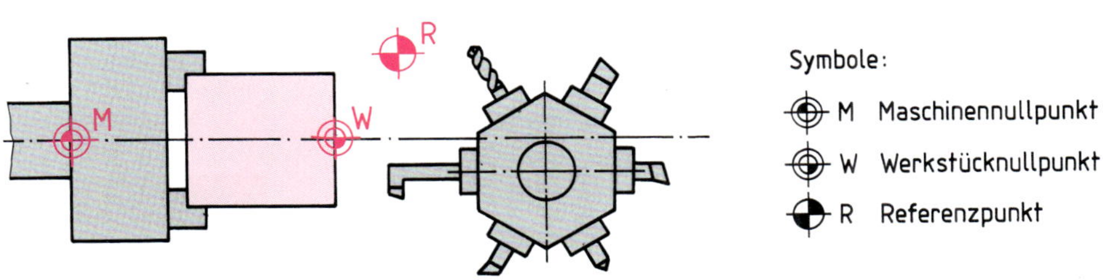

Nullpunkte und Bezugspunkte an einer Drehmaschine

Der **Maschinennullpunkt** ist vom Maschinenhersteller im Zentrum an der Spindelplanfläche festgesetzt, dort ist auch der Ursprung des Maschinenkoordinatensystems.

Der **Referenzpunkt** ist ein festgelegter Punkt im Arbeitsbereich inkremental messender CNC-Drehmaschinen, welcher einen genau bestimmten Abstand zum Maschinennullpunkt hat. Der Referenzpunkt wird zum Nullsetzen des Messsystems angefahren, da der Maschinennullpunkt meist nicht angefahren werden kann.

- **Werkstücknullpunkt**

Der Werkstücknullpunkt ist vom Programmierer frei wählbar. Meist legt man ihn auf die rechte Planfläche des Werkstücks.

Beispiel **für mögliche Lagen von Werkstücknullpunkten**

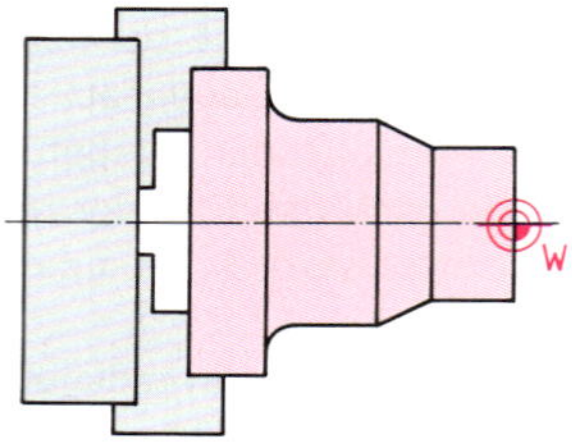

Werkstücknullpunkt auf rechter Planfläche

Ist zunächst eine Werkstückaußenbearbeitung an der rechten Planfläche und danach eine Innenbearbeitung an der linken Planfläche erforderlich, muss das Werkstück umgespannt werden. In solchen Fällen legt man zwei Nullpunkte fest.

Beispiel **für Umspannvorgang und Werkstücknullpunktlage**

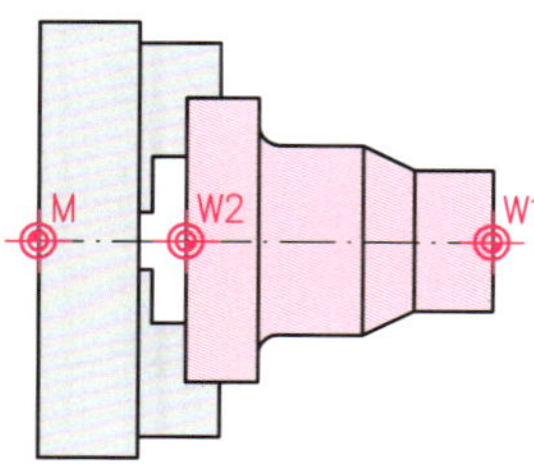

1. Aufspannung

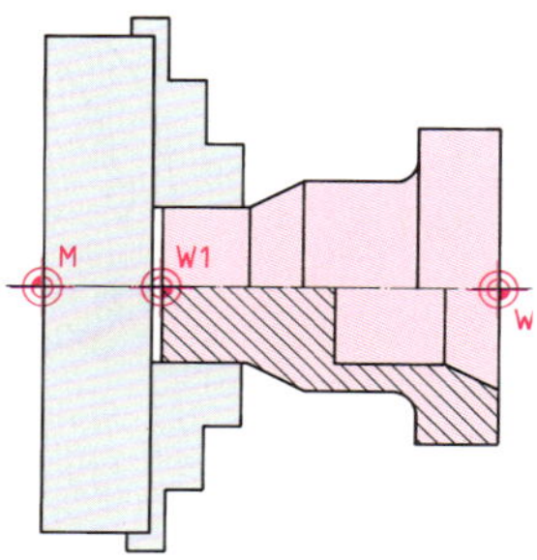

2. Aufspannung

Der Programmierer legt den Werkstücknullpunkt entsprechend der Bearbeitungsaufgabe an der linken oder rechten Planfläche fest. Bei Werkstücken, für die ein **Umspannvorgang** benötigt wird, werden zwei Werkstücknullpunkte angegeben.

2.1.3 Drehteile mit geradliniger Kontur

Geradlinige Drehteilkonturen werden mit dem Wegbefehl G01 programmiert. Der anzufahrende Endpunkt wird in X-Richtung nicht mit dem Radius, sondern mit dem Durchmesser programmiert. Abstände in Z-Richtung werden auf den Werkstücknullpunkt bezogen.

Beispiel **für die Konturbeschreibung eines Drehteils**

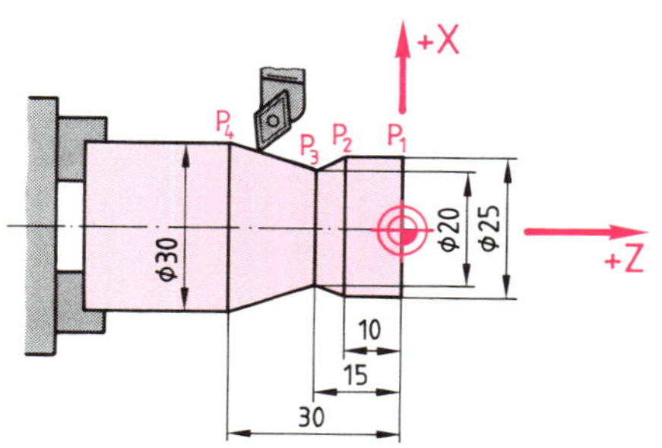

	Wegbedingung	X	Y
→ P_1	G 90		
→ P_2	G 01	X 25	Z – 10
→ P_3	(G 01)	X 20	Z – 15
→ P_4	(G 01)	X 30	Z – 30

Bei Drehteilen werden in X-Richtung Durchmesser und in Z-Richtung Längen programmiert.

2.1.4 Drehteile mit kreisförmiger Kontur

Zur Festlegung des Richtungssinns von kreisförmigen Bewegungen muss ein Betrachter immer in Richtung der negativen Y-Achse auf die X-Z-Ebene blicken. Soll sich – aus dieser Sicht – der Meißel in Vorschubrichtung im Uhrzeigersinn bewegen, so ist das durch einen G02-Befehl zu programmieren, soll er sich im Gegenuhrzeigersinn bewegen, so ist ein G03-Befehl zu programmieren.

Werkzeug vor der Drehmitte	**Werkzeug hinter der Drehmitte**
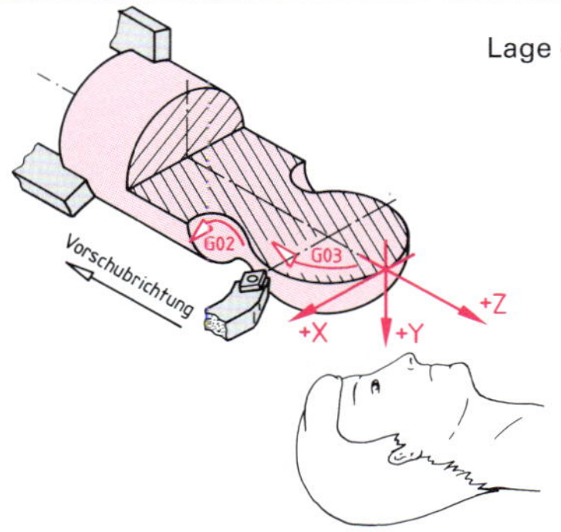	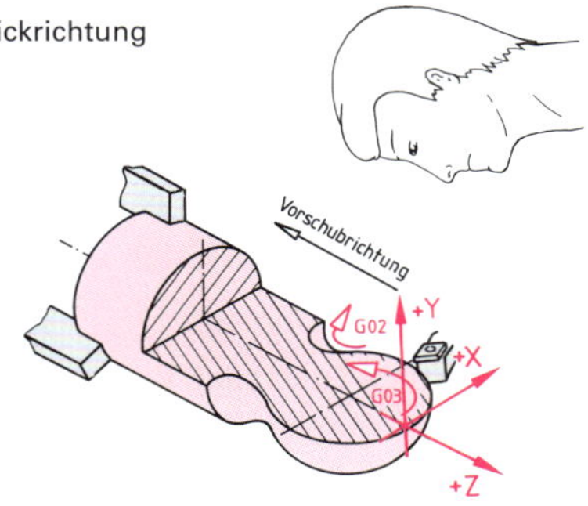

Lage der Achsen und Blickrichtung

Sowohl für den Werkzeugeinsatz „Drehmeißel vor der Drehmitte" als auch für den Werkzeugeinsatz „Drehmeißel hinter der Drehmitte" sind die Programme gleich.

Zur Beurteilung des Richtungssinns für die Wegbedingungen G02 und G03 blickt man bei einer Stellung des Drehmeißels **vor** der Drehmitte **von unten** auf das Werkstück,
bei Stellung des Drehmeißels **hinter** der Drehmitte **von oben** auf das Werkstück.

- **Kreisprogrammierung mit Angabe der Kreisparameter I und K**

Bei der Programmierung kreisförmiger Bahnbewegungen des Werkzeuges in der X-Z-Ebene werden die Koordinaten des Endpunktes und die Mittelpunktkoordinaten angegeben. Die Mittelpunktkoordinaten oder Kreisparameter werden immer inkremental vom Anfangspunkt der kreisförmigen Arbeitsbewegung des Werkzeuges programmiert. Der Abstand des Mittelpunktes in X-Richtung hat dabei den Adressbuchstaben **I** und der Abstand in Z-Richtung den Adressbuchstaben **K.**

Beispiel **für die Programmierung von Radien mit Kreisparameter**

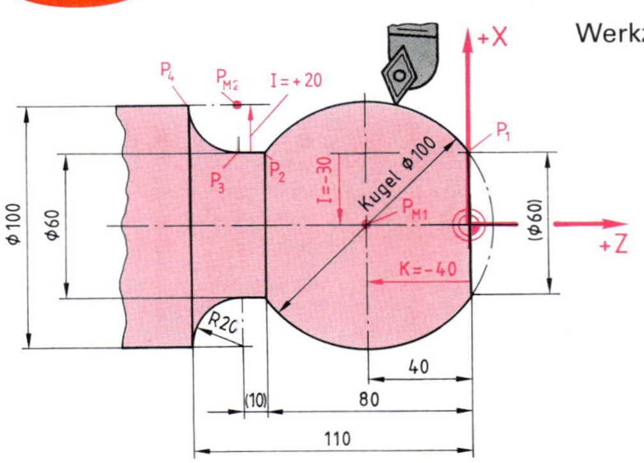

Werkzeug hinter der Drehmitte

	Wegbedingung	X	Z	I	K
	G 90				
→ P_1		X 60	Z 0		
→ P_2	**G 03**	X 60	Z – 80	I – 30	K – 40
→ P_3	G 01	X 60	Z – 90		
→ P_4	**G 02**	X 100	Z 110	I + 20	K 0

Angaben bei kreisförmiger Arbeitsbewegung mit Kreisparametern:
- Richtungssinn mit G02 im Uhrzeigersinn oder G03 im Gegenuhrzeigersinn
- Endpunktkoordinaten der Kreisbewegung mit X; Z
- Mittelpunktkoordinaten der Kreisbewegung mit I und K inkremental
  I für den Abstand vom Anfangspunkt auf der X-Achse
  K für den Abstand vom Anfangspunkt auf der Z-Achse

• **Kreisprogrammierung mit Angabe des Radius**

Bei komplizierten Konturen ist es einfacher, statt der Kreisparameter den Radius der Werkzeugbewegung zu programmieren. Bei der Programmierung wird der Endpunkt mit seinen Koordinaten X und Z und der Radius mit der Adresse **R** in das Programm eingesetzt. Fast alle CNC-Maschinensteuerungen bieten beide Möglichkeiten der Kreisprogrammierung.

Angaben bei kreisförmiger Arbeitsbewegung mit Radiusangabe:
- Richtungssinn mit G02 oder G03
- Endpunktkoordinaten der Kreisbewegung
- Radius der Kreisbewegung mit R

2.2 Programmierhilfen

2.2.1 Zyklen beim Drehen

Bei der Bearbeitung von Drehteilen sind häufig sich wiederholende, gleichartige Arbeiten in Teilbereichen durchzuführen, die aufwändig zu programmieren sind. Solche Arbeitsabläufe fasst man in Unterprogrammen zusammen, die bereits in der Steuerung der CNC-Drehmaschinen als Zyklen vorhanden sind. Diese Zyklen vereinfachen die Programmierung erheblich.

• **Konturschruppzyklen**

Konturschruppzyklen sind an unterschiedlichen Konturen möglich. Man unterscheidet je nach Zustellung beim Drehen einen Längs- und einen Planschruppkonturzyklus. Mit beiden Zyklen wird zunächst der Werkstoff entweder parallel zur Drehachse bzw. senkrecht zur Drehachse mit einer Bearbeitungszugabe abgearbeitet. Anschließend erfolgt eine Schlichtbearbeitung parallel zur Kontur.
Konturschruppzyklen beginnen mit dem G-Wort zum Aufruf des Zyklus. Es folgen auf das G-Wort die notwendigen Angaben zur Technologie der Bearbeitung. In den folgenden Sätzen wird die Kontur beschrieben. Diese Beschreibung kann auch durch den Aufruf eines Unterprogramms, das die Konturbeschreibung enthält, erfolgen. Die Konturbeschreibung endet mit einem Satz, in dem G80 den Zyklus abschließt.

Beispiele **für Konturschruppzyklen** (PAL-Codierung)

Längsschruppzyklus G81	**Planschruppzyklus G82**
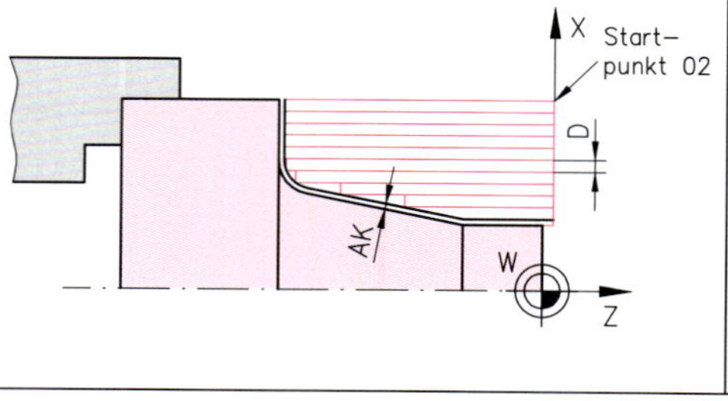	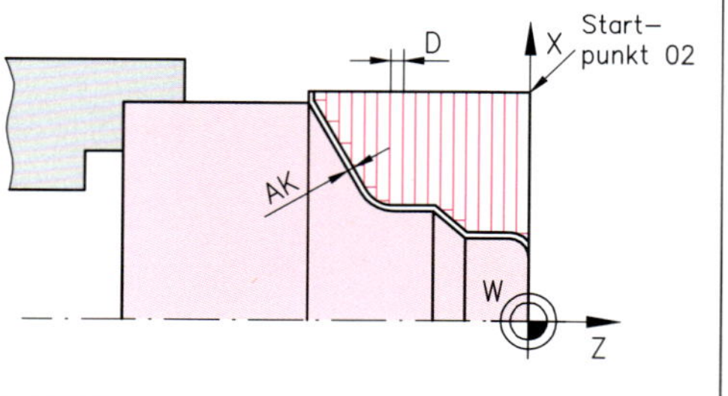

NC-Satz (verkürzt): G81/G82 D [H1, H3...] [AK] [O] [E] [F] [S] [M]   **[ ] optionale Adressen**

Adressbuchstaben:

D	**Zustellung pro Schruppschnitt**	E	Eintauchvorschub
H1	Schruppen der Kontur, 45° abheben	F	Aktueller Vorschub
AK	Konturparalleles Aufmaß auf die Kontur	S	Drehzahl/Schnittgeschwindigkeit
H3	Wie H1 mit zusätzlichem Konturschnitt am Ende	M	Drehrichtung/Kühlmittel
O2	Bearbeitungsstartpunkt an der Kontur		

• Gewindezyklus

Der Gewindezyklus wird zum Drehen beliebiger Gewinde mit speziellen Drehmeißeln eingesetzt. Durch das Werkzeug wird festgelegt, ob ein **Innen-** oder **Außengewinde** geschnitten wird. Die Drehrichtung der Spindel im Zusammenhang mit der Vorschubrichtung bestimmt, ob **Rechts-** oder **Linksgewinde** entstehen.

Nach Aufruf des **Gewindezyklus** wird mit **X** der Gewindedurchmesser, mit **Z** der Gewindeendpunkt, mit **F** die Steigung und mit **D** die Gewindetiefe in einem Satz eingegeben. Die **X**-Koordinaten von Gewindestart- und Gewindeendpunkt sind immer gleich dem Gewindedurchmesser.

Beispiel **für einen Gewindezyklus** (nach PAL)

Gewindezyklus G31 (bei aktivem G90)

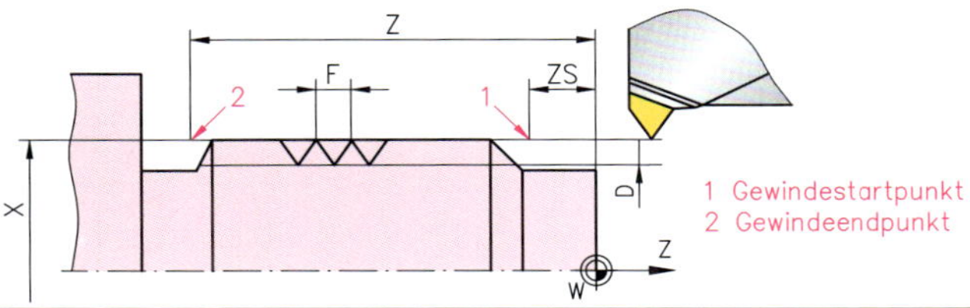

NC-Satz (verkürzt): G31 Z X F D [ZS] [H1../..H4] **[...] optionale Adressen**

Adressbuchstaben:

X	X-Koordinate des Gewindeendpunktes	**D**	Gewindetiefe
Z	Z-Koordinate des Gewindeendpunktes	ZS	Z-Koordinate des Gewindestartpunktes
F	Steigung in Gewinderichtung	H1...H4	Zustellart

H1
Radiale Zustellung

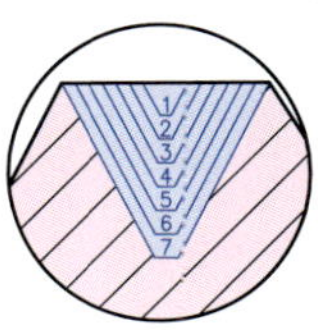

H2
Zustellung linke Flanke

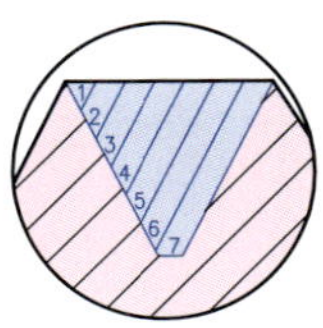

H3
Zustellung rechte Flanke

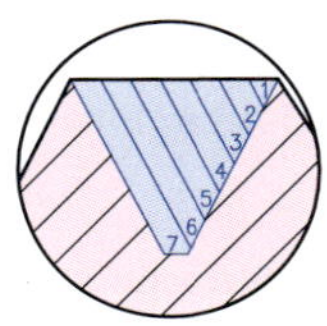

H4
Zustellung wechselseitig

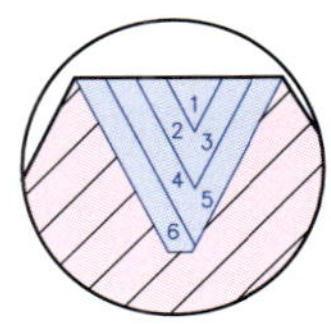

Beispiel **für die Anwendung des Gewindezyklus G31** (nach PAL)

Auf den dargestellten Zapfen soll ein Rechtsgewinde M20 x 1,5 geschnitten werden.
Das Werkzeug befindet sich hinter der Drehmitte. Wechselseitige Zustellung.

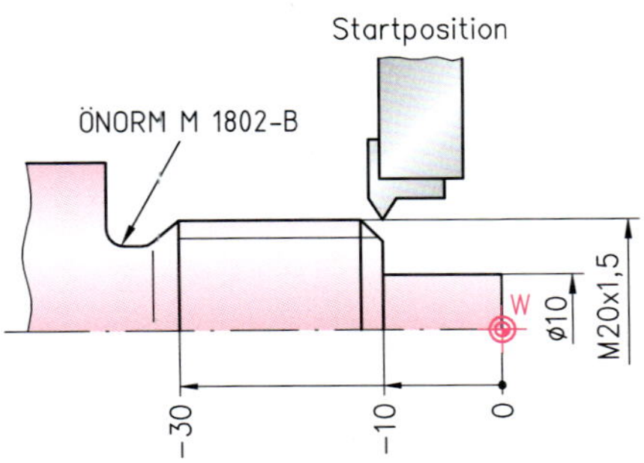

CNC-Programmausschnitt (nach PAL)

```
N60 T600 M0
N70 G97 S300 M04
N80 G0 X20 Z-7
N90 G1 Z-10
N100 G31 X20 Z-30 F1,5 D0,92 H4
N110 G0 X25
N120 Z80
```

Der Gewindezyklus nach PAL wird mit G31 aufgerufen.
Zur Gewindeherstellung sind mindestens die Koordinaten des Gewindeendpunktes, die Steigung und die Gewindetiefe einzugeben.

2.2.2 Unterprogramme

- **Unterprogramme mit festen Zahlenwerten**

Für gleiche Bearbeitungsabläufe, die in der Fertigung an unterschiedlichen Stellen eingesetzt werden, werden Unterprogramme erstellt. Diese Unterprogramme können an jeder beliebigen Stelle eines Hauptprogramms aufgerufen werden.

Beispiel **für ein Unterprogramm mit festen Zahlenwerten** (nach PAL)

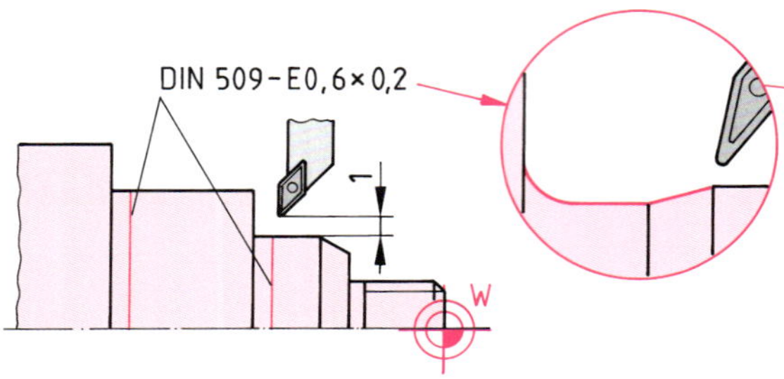

Unterprogramm Freistich
L 22

N	G	X	Z	I	K	M
N1	G91					
N2	G01	−1				
N3	G42					
N4	G01	−0.18	−0.671			
N5	G02	−0.02	−0.154	0.58	−0.154	
N6	G01		−0.575			
N7	G02	0.6	−0.6	0.6	0	
N8	G40					
N9	G01	0.2	2			
N10	G90					
N11						M17

Erklärungen:

L 22 01
- 01 – Zahl der Durchläufe: 1
- 22 – Unterprogrammnummer: 22
- L – Unterprogrammaufruf

M17 Unterprogrammende

Hinweis zum Programm: Das Werkzeug wird im Hauptprogramm jeweils 1 mm vor den Durchmessern platziert. Darum wird hier im 2. Satz X-1 programmiert.

Unterprogramme sind durch den Buchstaben L vor der Programmnummer gekennzeichnet. Das Unterprogrammende wird im letzten Satz mit M17 abgeschlossen.

- **Unterprogramme mit Parametertechnik**

Für Bearbeitungsvorgänge, bei denen ähnliche Formen mit unterschiedlichen Maßen vorkommen, werden statt der Maße Parameter programmiert. Parameter werden von den Steuerungsherstellern unabhängig von Normen mit unterschiedlichen Buchstaben benannt – zum Beispiel **R**.

Beispiel **für ein Unterprogramm mit Parametertechnik (steuerungsabhängiges Beispiel)**

Werkstück Nr. 1

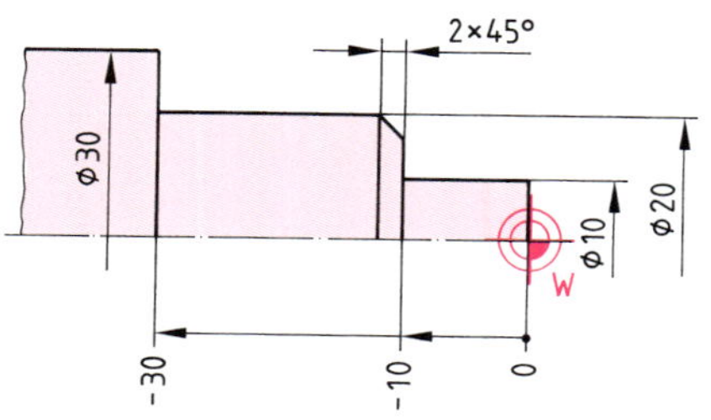

Werkstück Nr. 2

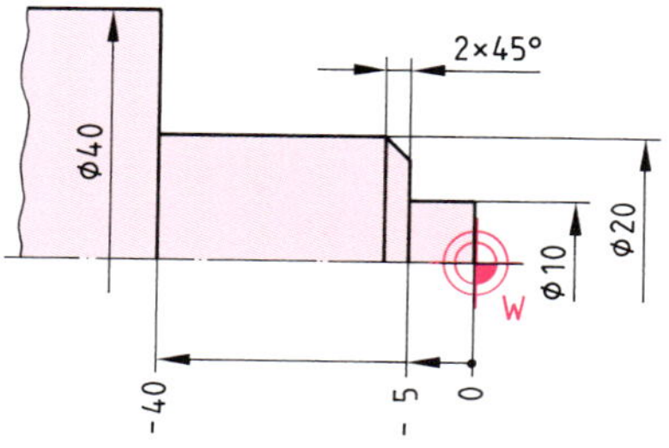

Werkstück Nr. 1 und Nr. 2 unterscheiden sich in der Länge ihrer zylindrischen Ansätze und im Wert des letzten Durchmessers. Es soll trotzdem ein gemeinsames Programm geschrieben werden. Dies geschieht dadurch, dass die unterschiedlichen Werte mit den Parametern R1, R2 und R3 belegt werden. Soll Werkstück Nr. 1 gefertigt werden, müssen *vor* Programmbeginn die Parameter mit den Werten von Werkstück Nr. 1 belegt werden; entsprechend wird bei Werkstück Nr. 2 vorgegangen.

2.3 Werkzeuge und Werkzeugmaße beim Drehen

2.3.1 Aufbau von Drehwerkzeugen

Auf CNC-Drehmaschinen setzt man ausschließlich Drehmeißel mit auswechselbaren Wendeschneidplatten ein. Der Drehmeißel wird in den Werkzeughalter eingesetzt. Werkzeughalter sind meist mit genormten Schäften nach DIN 69880 ausgestattet, mit denen sie in entsprechend gestaltete Mehrfachwerkzeugträger (Werkzeugrevolver) eingesetzt werden.

Beispiel **für einen Werkzeughalter mit Schaft und einen Werkzeugrevolver einer CNC-Drehmaschine**

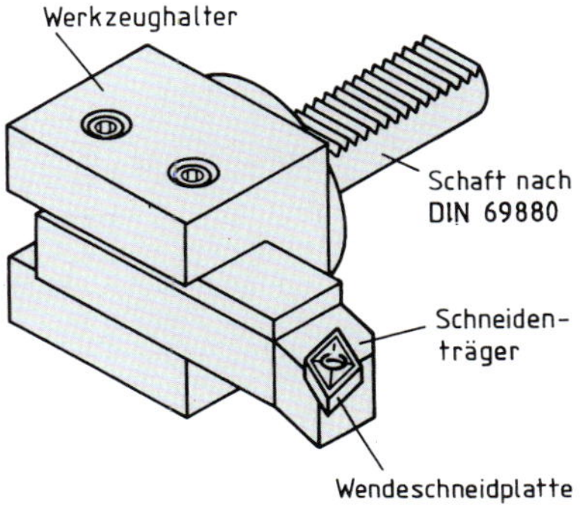

2.3.2 Werkzeugmaße

Der Steuerung müssen die Maße der eingesetzten Werkzeuge eingegeben werden. Das zur Programmierung benutzte CAM-System benötigt diese Maße ebenfalls zur sicheren Simulation, damit Kollisionen und zu große Spanabnahme sicher erkannt werden können. Bezugspunkt für die Ermittlung der Werkzeugmaße ist der sogenannte **Werkzeugeinstellpunkt.**

Der Werkzeugeinstellpunkt ist ein der Steuerung bekannter Punkt, der bei allen Werkzeugpositionen an der dem Futter zugewandten Seite des Revolvers liegt.

Zur Eingabe in den Werkzeugspeicher der Steuerung benötigt man folgende Daten des Werkzeugs:

- **Werkzeuglänge *L***
  Dies ist der Abstand der Schneidenspitze vom Werkzeugeinstellpunkt in Z-Richtung.
- **Querlage *Q***
  Dies ist der Abstand der Schneidenspitze vom Werkzeugeinstellpunkt in X-Richtung.
- **Schneidenradius *R***
  Dies ist die Rundung der Werkzeugschneide.

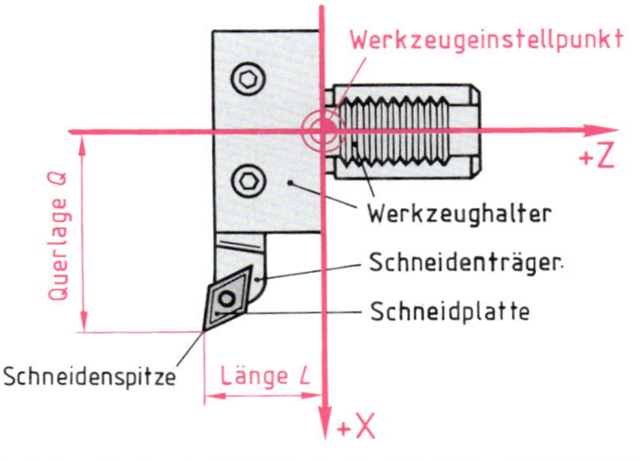

Für den Einsatz der Werkzeuge werden folgende Daten in den Werkzeugspeicher eingegeben:
- die Länge *L*
- die Querlage *Q*
- der Schneidenradius *R*.

- **Manuelle Ermittlung von Werkzeugmaßen an der Maschine**

Zuerst wird ein beliebiger Durchmesser angedreht und in Z-Richtung freigefahren. Nach dem Messen des Zylinderdurchmessers wird dieser Wert in die Steuerung eingegeben. Sie errechnet sich daraus die Querlage *Q*. Anschließend wird eine Planfläche angedreht und in X-Richtung freigefahren. Nach dem Ausmessen der Werkstücklänge wird dieser Wert ebenfalls der Steuerung eingegeben. Die Steuerung errechnet daraus die Werkzeuglänge *L*.

Aus der Eingabe des angedrehten Werkstückdurchmessers und der Werkstücklänge errechnet sich die Steuerung die Querlage *Q* und die Länge *L*.

- **Optische Ermittlung von Werkzeugmaßen an der Maschine**

Eine optische Messeinrichtung wird in die dafür vorgesehene Aufnahme an der Maschine eingesetzt. Das Werkzeug wird so unter die Einrichtung verfahren, dass die Schneide im Fadenkreuz der Optik liegt. Der Nullpunkt des Fadenkreuzes wurde vom Maschinenhersteller genau mit dem Werkzeugeinstellpunkt am Werkzeughalter ausgemessen und der Steuerung unveränderbar eingegeben. Mit dem Verfahrweg des Werkzeugs auf das Fadenkreuz wird die Querlage *Q* und die Länge *L* des Werkzeugs ermittelt. Nun können diese Daten über einen Befehl in den Werkzeugspeicher übernommen werden.

Beispiel **für die optische Ermittlung der Werkzeugmaße an der Maschine**

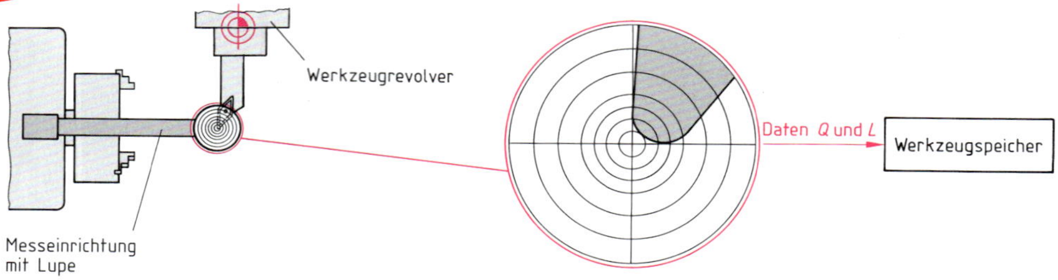

Nach dem Einrichten der Schneide in das Fadenkreuz der Lupe errechnet sich die Steuerung die Querlage *Q* und die Länge *L* des eingespannten Werkzeugs.

- **Ermittlung von Werkzeugmaßen mit Werkzeugvoreinstellgeräten außerhalb der Maschine**

Mit Werkzeugvoreinstellgeräten wird die Lage der Schneide zum Werkzeugeinstellpunkt außerhalb der Maschine gemessen. Das Werkzeug wird im genormten Werkzeughalter in das Voreinstellgerät eingesetzt und ein Messtaster ermittelt die Maße der Querlage *Q* und der Länge *L*.

Die Übergabe der Werkzeugdaten an die Steuerung der CNC-Maschine kann unterschiedlich erfolgen,

- direkt durch die Datenleitung an die Steuerung,
- durch Speichern in einen Chip am Werkzeug und Datenübernahme beim Einwechseln des Werkzeugs oder
- durch Handeingabe der Werkzeugdaten in den Werkzeugspeicher der CNC-Maschine.

Identifikationssysteme mit einem Chip als Datenträger haben den Vorteil, dass die Dateneingabe vor jedem Werkzeugwechsel mit Angabe der Reststandzeit erfolgt. Verwechslungen sind somit ausgeschlossen.

Beispiel **für die Datenübertragung der Werkzeugmaße vom Werkzeugvoreinstellgerät in den Werkzeugspeicher**

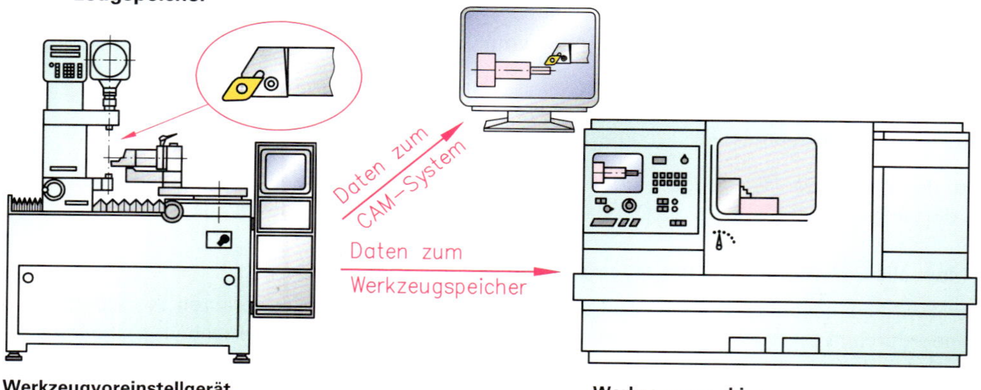

Mit Werkzeugvoreinstellgeräten werden die Querlage *Q* und die Länge *L* gemessen. Diese Daten werden entweder einem Chip auf dem Werkzeug oder mit einer Datenleitung in den Werkzeugspeicher übertragen.

2.3.3 Schneidenradiuskompensation

Die Schneide eines Drehmeißels endet nie in einer punktförmigen Schneidenspitze, sondern ist stets mit einem kleinen Radius versehen. Dadurch erhöht sich die Standzeit des Werkzeugs und die Oberflächenqualität des Werkstücks verbessert sich. Die Schneidenradien betragen etwa 0,2 bis 2 mm. Beim Drehen zylindrischer Werkstücke verursacht ein Schneidenradius keinen Fehler. Beim Drehen kegeliger Werkstücke und beim Drehen von Radien muss der Schneidenradius berücksichtigt werden. Dabei ist der Weg, den ein Meißel mit *punktförmiger* Schneidenspitze zur Erzeugung der programmierten Kontur zurücklegen würde, nicht gleich dem Weg einer *gerundeten* Schneidenecke. In der Praxis würde das gefertigte Werkstück nicht die vorbestimmte Form haben, sondern eine Formabweichung aufweisen.

Beispiele für die Entstehung von Konturfehlern durch einen Schneidenradius

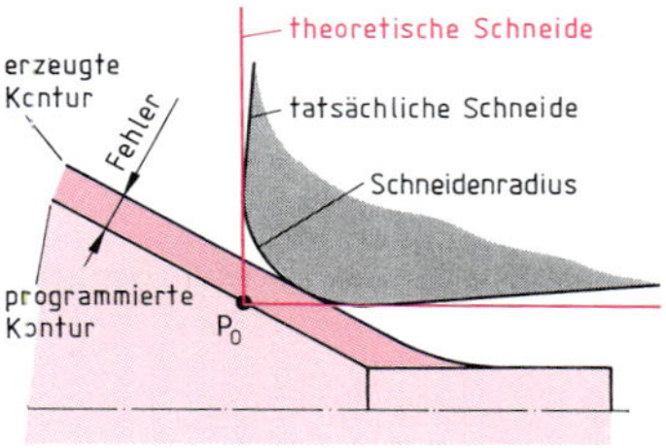

Fehler an Schrägen

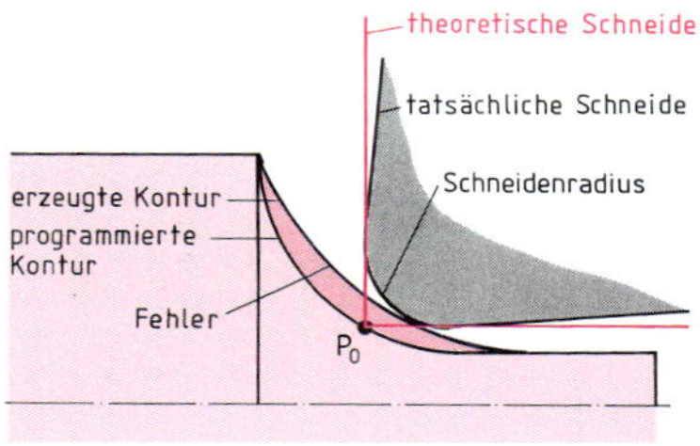

Radiusfehler

Beim Drehen mit Meißeln mit gerundeter Schneidenecke entstehen an Schrägen und Radien Konturfehler, falls keine Korrekturen vorgenommen werden.

Um eine Schneidenradiuskompensation ausführen zu können, benötigt die Steuerung folgende Angaben:

- Lage der Schneide zur Werkstückkontur in Vorschubrichtung – G41 oder G42 – und
- Schneidenradius und Stellung der Schneide zum Werkstück (L1 bis L8).

- **Lage der Schneide zur Werkstückkontur in Vorschubrichtung**

Bei dem Befehl **G41** erfolgt die Korrektur für ein Werkzeug, das links von der Kontur arbeitet – *betrachtet in Vorschubrichtung.*

Bei dem Befehl **G42** erfolgt die Korrektur für ein Werkzeug, das rechts von der Kontur arbeitet – *betrachtet in Vorschubrichtung.*

Die Schneidenradiuskompensation bleibt so lange wirksam, bis mit dem Befehl **G40** die vorherige Anweisung zur Werkzeugkorrektur aufgehoben wird.

Beispiele für die G-Funktionen zur Schneidenradiuskompensation bei Drehteilen

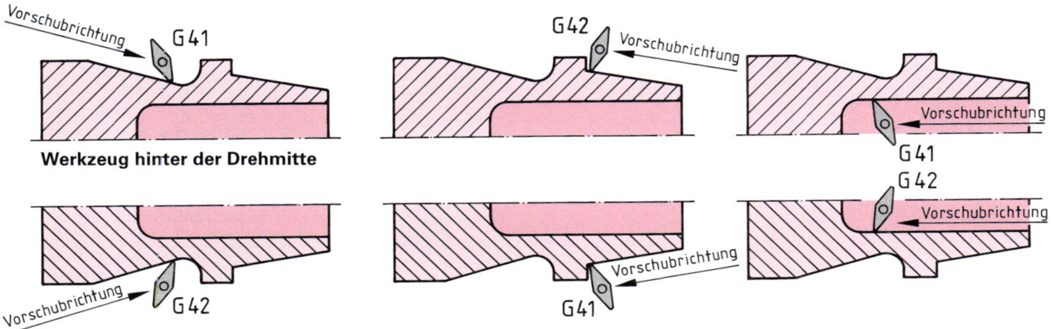

Werkzeug hinter der Drehmitte

Werkzeug vor der Drehmitte

Schneidenradiuskompensation:	G41 Werkzeug in Vorschubrichtung links von der Kontur, G42 Werkzeug in Vorschubrichtung rechts von der Kontur, G40 für das Aufheben der Schneidenradiuskompensation.

- **Schneidenradius und Stellung der Schneide zum Werkstück**

Bei der Schneidenradiuskompensation muss der Schneidenradius und die Lage der theoretischen Schneidenspitze zum Werkstück eingegeben werden, damit die Steuerung die Korrektur in der richtigen Weise berechnen kann.

Häufig wird hierzu der sogenannte „Werkzeugquadrant" für die Festlegung der Schneidenlage verwendet. Hierbei soll das weiße Quadrat in der Mitte des Bildes das Werkstück darstellen. Je nachdem wie die Schneidenlage zum Werkstück (weißes Quadrat) gerichtet ist, kann die der Lage zugeordnete Zahl entnommen werden. Diese wird dann im Werkzeugspeicher unter einer Adresse angegeben.

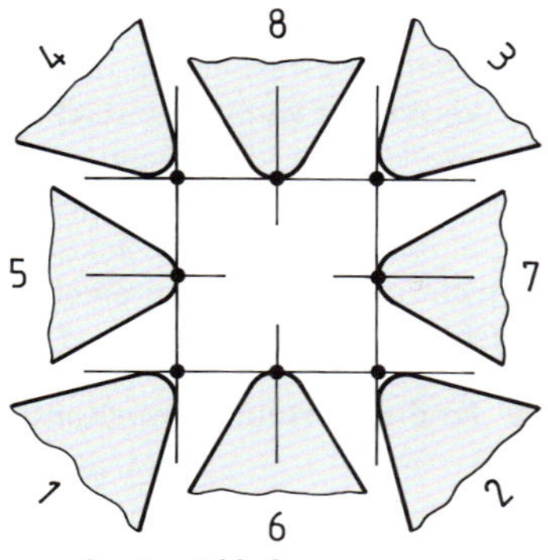

Werkzeugquadranten 1 bis 8

Beispiele **für die Festlegung der Schneidenlage (steuerungsabhängig, hier: Sinumerik)**

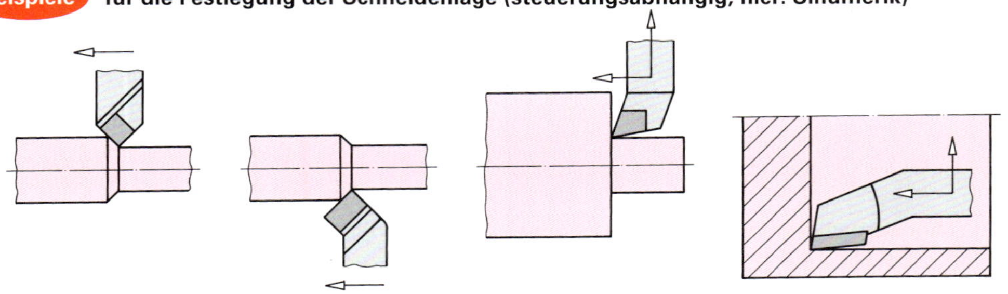

Schneidenlage L8 **Schneidenlage L6** **Schneidenlage L3** **Schneidenlage L3**

- **Eingaben von Schneidenradius und Stellung der Schneide in Programm und Werkzeugspeicher**

Zur Berücksichtigung des Schneidenradius bei der Fertigung sind folgende Daten einzugeben:

- Ins Programm werden Werkzeugnummer und Nummer der Werkzeugkorrektur eingegeben.
- In den Werkzeugspeicher werden unter der Werkzeugnummer die Maße, die Korrekturen, der Schneidenradius und seine Lage im Werkzeugquadranten angegeben.

Beispiele **für Eingaben in den Werkzeugspeicher (steuerungsabhängig)**

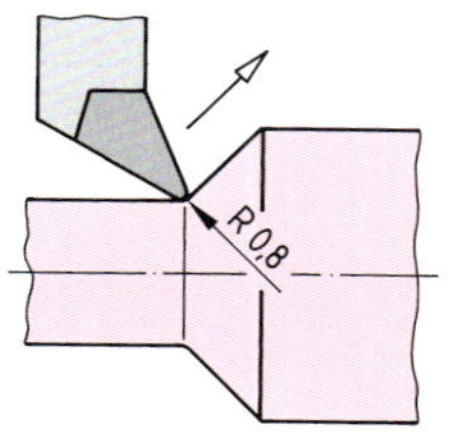

Werkzeugnummer: **T0101**
Schneidenlage (Werkzeugtyp): **L4**
Radius: **0,8**

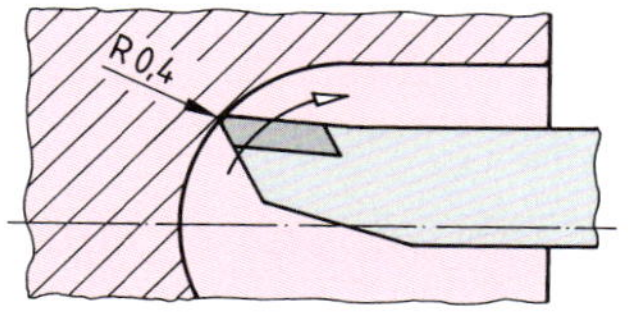

Werkzeugnummer: **T0808**
Schneidenlage (Werkzeugtyp): **L2**
Radius: **0,4**

Schneidenradius und die Schneidenlage zum Werkstück müssen im Werkzeugspeicher angegeben werden.

3 Fertigung mit CNC-Fräsmaschinen

3.1 Programmieren von Weginformationen beim Fräsen

3.1.1 Koordinaten an Fräsmaschinen

Bei Fräsmaschinen unterscheidet man nach der Lage der Arbeitsspindel Senkrechtfräsmaschinen und Waagrechtfräsmaschinen.

Senkrechtfräsmaschine

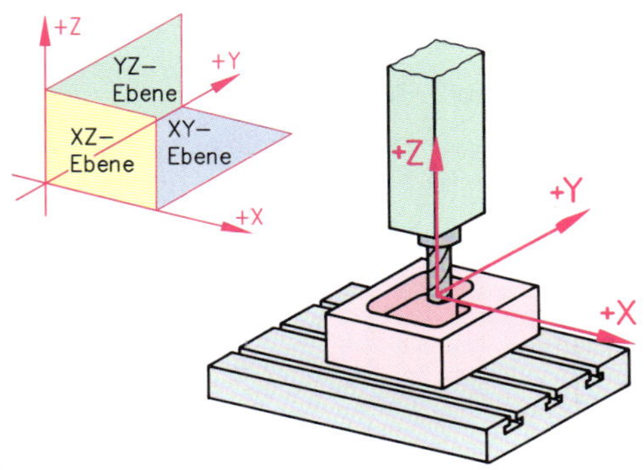

Waagrechtfräsmaschine

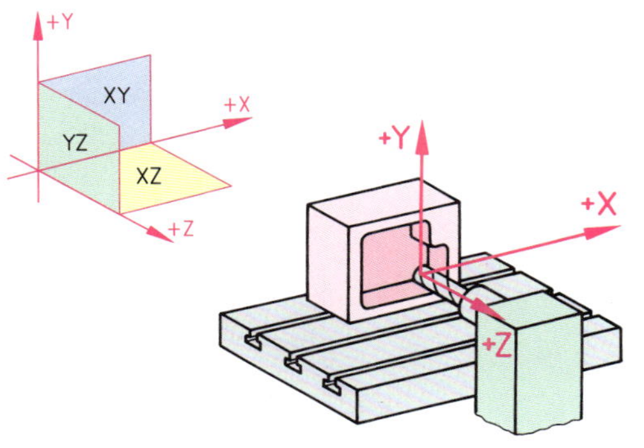

Zur Fertigung komplizierter Werkstücke müssen Fräsmaschinen über zusätzliche Bewegungsrichtungen verfügen. Solche Maschinen bezeichnet man als Bearbeitungszentren.

Zum Programmieren der Schwenkbewegungen um die drei Achsen sind Adressbuchstaben festgelegt, die durch Winkelangaben ergänzt werden.

Dabei bezeichnet der Buchstabe

A eine Schwenkbewegung um die **X-Achse,**
B eine Schwenkbewegung um die **Y-Achse,**
C eine Schwenkbewegung um die **Z-Achse.**

Die Bewegungen sind dann positiv, wenn sie in Richtung der positiven Achse gesehen im *Uhrzeigersinn* erfolgen.

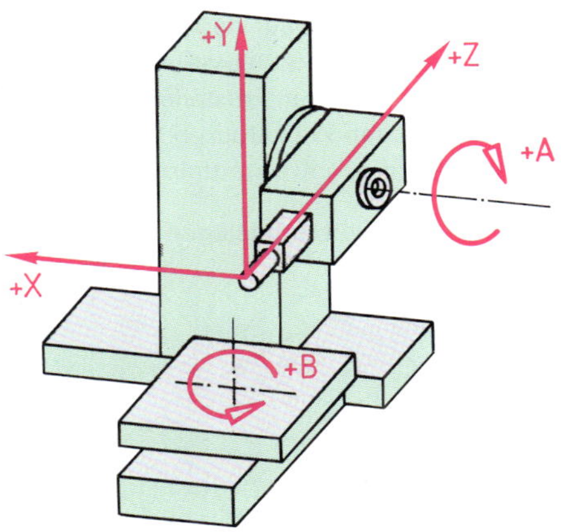

Waagrecht-Bohr-Fräsmaschine mit schwenkbarem Spindelkopf und Drehtisch

Programmgesteuerte Schwenkbewegungen um die X-, Y- und Z-Achse werden mit A, B und C bezeichnet. Die Bewegungen sind positiv, wenn sie sich in Richtung der positiven Achse gesehen im Uhrzeigersinn drehen.

3.1.2 Maschinennullpunkt und Referenzpunkt

Der Maschinennullpunkt ist der Ursprung des Koordinatensystems. Er liegt bei CNC-Fräsmaschinen an der Grenze des Arbeitsbereiches. Bei Fräsmaschinen mit inkrementalen Messsystemen muss beim Einschalten der Maschine der Referenzpunkt angefahren werden. Dadurch werden die Messsysteme dort in allen Achsrichtungen auf Null gesetzt. An Fräsmaschinen sind Referenzpunkt und Maschinennullpunkt vielfach identisch. Zum Anfahren des Referenzpunktes sind auf allen Maßstäben der Bewegungsachsen Markierungen (Referenzmarken) vorhanden.

Kann bei einer Fräsmaschine der Maschinennullpunkt nicht angefahren werden, so wird ein Referenzpunkt ersatzweise an anderer Stelle im Arbeitsbereich festgelegt.

Beispiel **für die Lage von Maschinennullpunkt und Referenzpunkt an Fräsmaschinen**

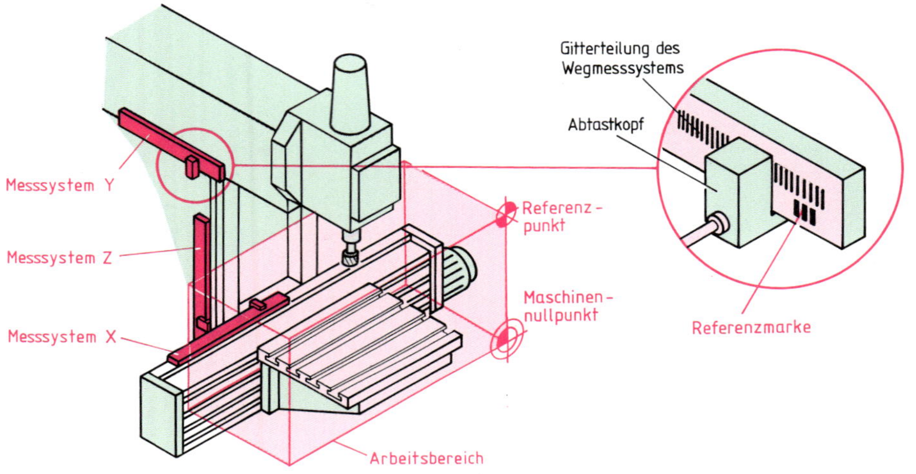

3.1.3 Werkstücknullpunkte

- **Wahl des Werkstücknullpunktes**

Der Werkstücknullpunkt wird vom Programmierer frei gewählt. Die Festlegung erfolgt jedoch so, dass alle Werkstückmaße leicht auf den Nullpunkt zurückgerechnet werden können. Ferner muss nach dem Aufspannen des Werkstückes eine einfache Lagebestimmung des Nullpunktes möglich sein. Zweckmäßig wählt man bei einfachen Frästeilen den Werkstücknullpunkt an einer Werkstückecke.

Bei symmetrischen Werkstücken legt man den Werkstücknullpunkt auf die Symmetrieachse, bei radialen Anordnungen in den Kreismittelpunkt.

Beispiele **für Nullpunktslagen an einfachen Frästeilen**

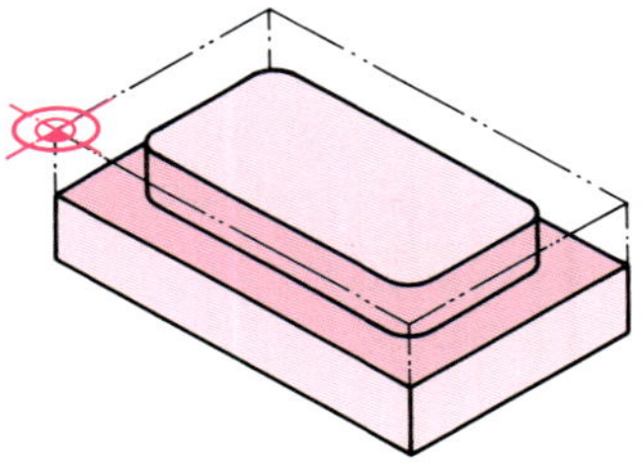

Werkstücknullpunkt an einem Werkstückeckpunkt

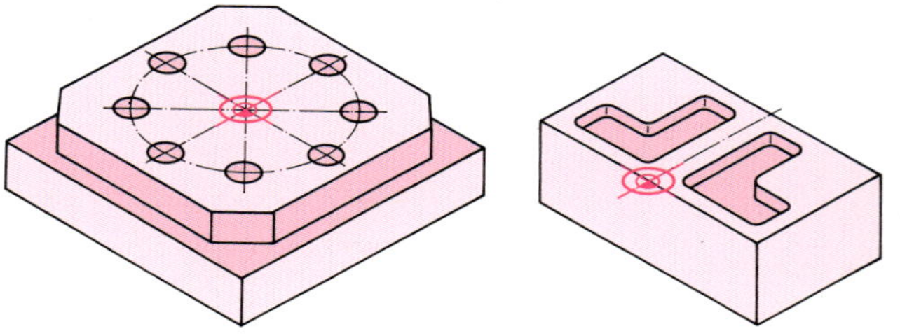

Werkstücknullpunkt in der Symmetrieachse

Den Werkstücknullpunkt legt man bei einfachen Werkstücken an einen Werkstückeckpunkt, bei symmetrischen Werkstücken auf die Symmetrieachse.

- **Verschiebung des Werkstücknullpunktes**

Für die Bearbeitung auf CNC-Maschinen kann es vorteilhaft sein, den Werkstücknullpunkt innerhalb eines längeren Fertigungsprozesses zu verlegen. Dies geschieht mit dem Befehl **G59** (PAL). Der Befehl **G53** hebt die Verschiebung wieder auf.

Beispiel **für eine Nullpunktverschiebung mit dem Befehl G59** (nach PAL)

Eine programmierte Grundkontur kann mithilfe einer Nullpunktverschiebung an die gewünschte Stelle übertragen werden. Die Verschiebung wird mit dem Befehl G59 aufgerufen und durch die Angabe der Absolutmaße für die Nullpunktverschiebung programmiert. Weitere Verschiebungen können mit der Absolutbemaßung auf den neuen Nullpunkt programmiert werden.

```
N... G59 X120 Y100
```

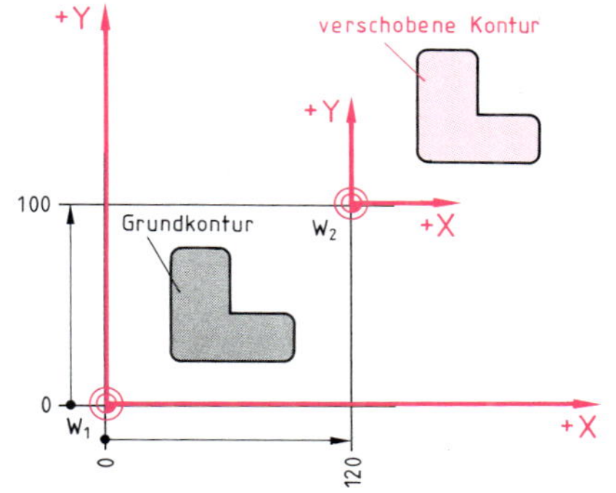

Für die Bearbeitung komplizierter Werkstücke können nacheinander mehrere Werkstücknullpunkte gesetzt werden. Die Verschiebung des Werkstücknullpunktes wird mit dem Befehl G59 programmiert. G53 hebt die Verschiebung wieder auf.

3.1.4 Werkzeugbahnkorrekturen

Die erforderliche Werkzeugbewegung für eine Fräsarbeit entspricht theoretisch der Bahn des Fräsermittelpunktes parallel zu der zu fertigenden Werkstückkontur. Der Abstand dieser Fräsermittelpunktsbahn von der Werkstückkontur entspricht dem Fräserradius.

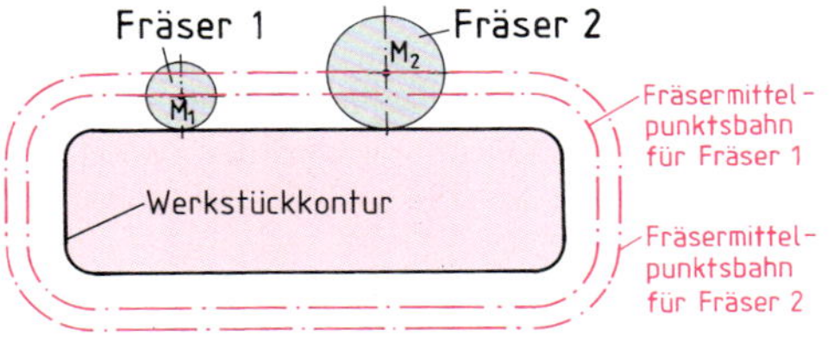

Lage der Fräsermittelpunktsbahn

Soll das Werkzeug in Vorschubrichtung links von der gewünschten Kontur arbeiten, dann ruft man die Korrektur durch den Wegbefehl **G41** auf.

Soll das Werkzeug in Vorschubrichtung rechts von der gewünschten Kontur arbeiten, dann ruft man die Korrektur durch den Wegbefehl **G42** auf.

Der Befehl **G40** hebt die Bahnkorrektur wieder auf.

Beispiele **zu Werkzeugbahnkorrekturen mit den Befehlen G41 und G42**

Fräser rechts der Kontur G42

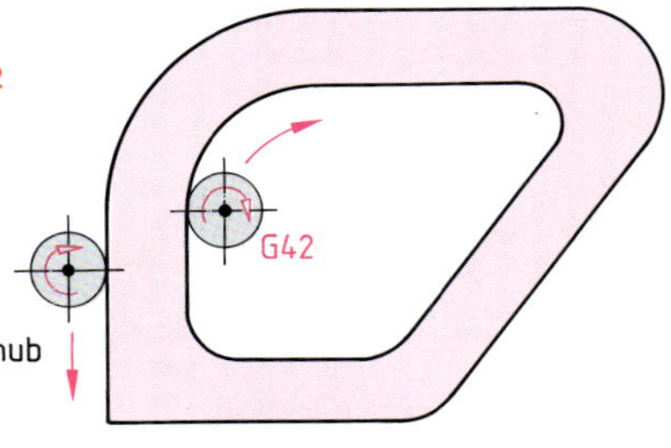

Gegenlauffräsen – vermeiden

Fräser links der Kontur G41

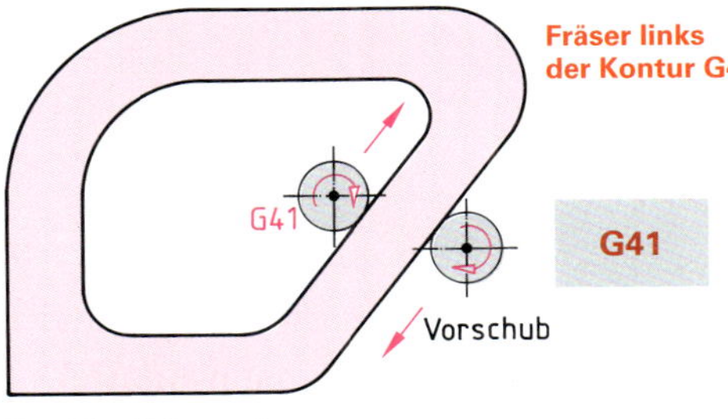

Gleichlauffräsen – bevorzugen

G41 korrigiert bei der Stellung des Werkzeugs in Vorschubrichtung links von der Kontur.
G42 korrigiert bei der Stellung des Werkzeugs in Vorschubrichtung rechts von der Kontur.
G40 hebt Korrekturen wieder auf.

Bei Fräsern mit der Schnittrichtung rechts (M03) führt G42 immer zu Gegenlauffräsen und G41 zu Gleichlauffräsen.

3.2 Programmierhilfen

3.2.1 Zyklen beim Fräsen

Häufig sind bei Arbeiten auf Fräsmaschinen sich wiederholende, gleichartige Bearbeitungen durchzuführen, die in vielen Einzelschritten programmiert werden müssen. Man fasst diese Arbeiten in Zyklen zusammen, die in einem Satz programmiert werden.
Wichtige Zyklen für die Fräsbearbeitung sind:

- *Bohrzyklen:* Durchbohren, Tiefbohren, Gewindebohren, Lochmusterbohren
- *Konturzyklen:* Taschenfräsen, Zapfenfräsen, Fasenfräsen, Eckenrunden
- *An- und Ausfahrzyklen:* sanftes Anfahren an die Kontur

Beispiele **für zyklisch zu programmierende Vorgänge:**

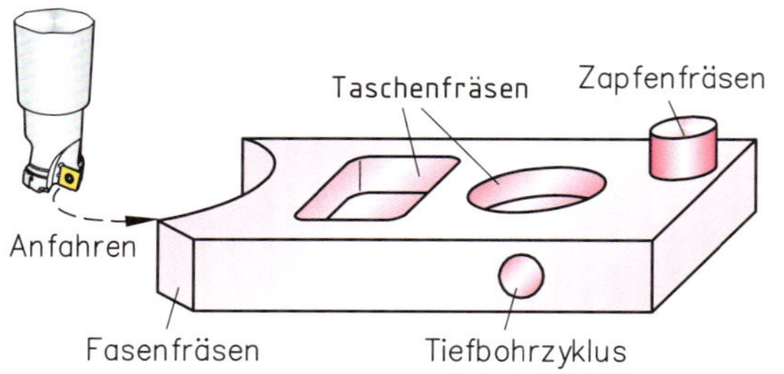

- **Tieflochbohrzyklus mit Spänebrechen G82**

Zum Bohren tiefer Bohrungen wird der Zyklus G82 verwendet. Die Vorschubbewegung des Bohrers wird nach Erreichen der programmierten Zwischenbohrtiefe angehalten, anschließend wird das Werkzeug um einen bestimmten Betrag angehoben, um die Späne zu brechen.

Beispiel **für einen Tieflochbohrzyklus**

Tieflochbohrzyklus mit Spänebrechen G82 (PAL-Codierung)

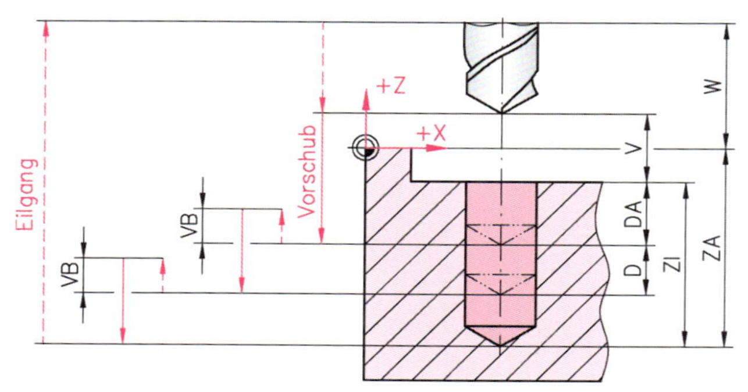

NC-Satz
G82 ZI/ZA D V [W] [DA] [VB] [O1] [F] [S] [M] **[ ] optionale Adressen**

Adressbuchstaben:

ZI	**Tiefe der Bohrung inkremental ab Bohrungsoberkante oder**
ZA	**Tiefe der Bohrung absolut ab Werkstückoberfläche**
D	**Zustelltiefe**
V	**Höhe der Rückzugsebene von der Materialoberfläche**
W	Höhe der Rückzugsebene absolut in Werkstückkoordinaten
DA	inkrementale Anbohrtiefe der ersten Zustellung ab Bohrungskante
VB	Rückzugsabstand nach jeder Zustelltiefe vom jeweiligen Bohrungsgrund
O1	Verweildauer in Sekunden

- **Rechtecktaschenfräszyklus G72**

Zum Fräsen von Rechtecktaschen wird der Zyklus G72 verwendet. Der Startpunkt für das Werkzeug liegt oberhalb des Taschenmittelpunkts. Die Tasche wird konturparallel vom Mittelpunkt her ausgeräumt.
Als Pflichtparameter sind Länge, Breite und Tiefe der Rechtecktasche einzugeben, außerdem die maximale Zustelltiefe und der Sicherheitsabstand des Fräsers von der Taschenoberkante. Für die Schlichtbearbeitung können Bearbeitungsaufmaße für Taschenwandung und Taschenboden programmiert werden.

Beispiel **für einen Rechtecktaschenzyklus**

Rechtecktaschenzyklus G72 (PAL-Codierung)

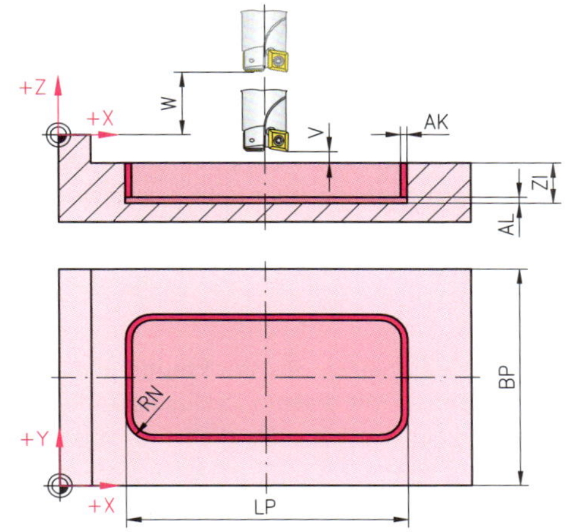

NC-Satz
G72 LP BP ZI/ZA D V [W] [RN] [AK] [AL] [F] [S] [M]   **[ ] optionale Adressen**

Adressbuchstaben:
LP **Länge der Rechtecktasche in X-Richtung**
BP **Breite der Rechtecktasche in Y-Richtung**
ZI **Tiefe der Rechtecktasche inkremental ab Taschenoberkante oder**
ZA **Tiefe der Rechtecktasche absolut ab Werkstückoberfläche**
D **Maximale Zustelltiefe**
V **Abstand der Sicherheitsebene von der Taschenoberfläche**
W Höhe der Rückzugsebene absolut in Werkstückkoordinaten
RN Eckenradius (Voreinstellung RN0, damit ist der erzeugte Eckenradius gleich dem Werkzeugradius)
AK Aufmaß auf die Taschenwandung
AL Aufmaß auf den Taschenboden

Beispiel **für den Einsatz eines Rechtecktaschenfräszyklus** (nach PAL)

Mit einem Schaftfräser von 20 mm Durchmesser ist die dargestellte Rechtecktasche zu fräsen.
Es ist der Programmteil zum Fräsen der Tasche zu schreiben.

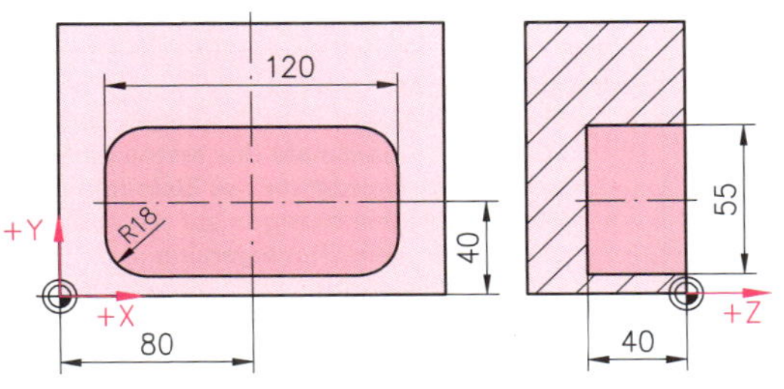

Lösung:

N70 G72 LP120 BP55 Zi-40 D4 V3 RN18

Beschreibung der Tasche, die mit zuvor programmierten Schnittdaten auszuräumen ist.
Auf Taschenmittelpunkt fahren, Tasche ausräumen

3.2.2 Zyklenaufrufe auf verschiedenen Startpositionen

Zyklenaufrufe dienen bei mehrfacher Wiederholung eines Zyklus, z. B. einer Abfolge von Bohrungen, zum Positionieren der Bohrungen an der gewünschten Stelle.

Beispiele **für Zyklusaufrufe**

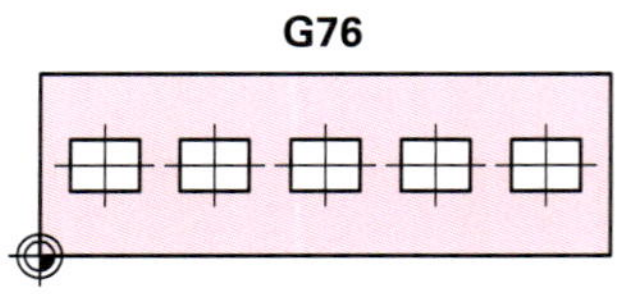

Zyklusaufruf auf einer Linie

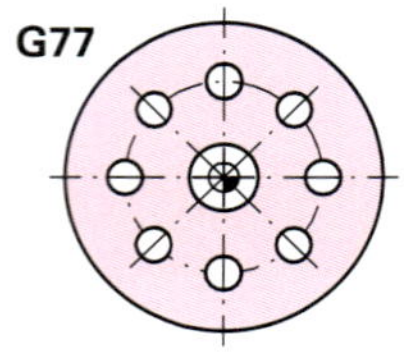

Zyklusaufruf auf einem Lochkreis

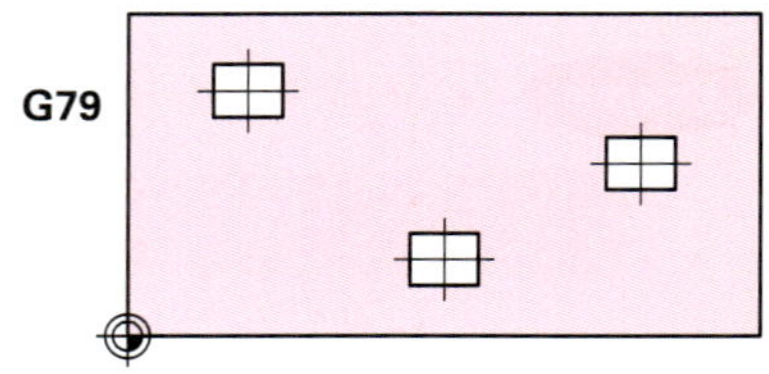

Zyklusaufruf an einem Punkt

An den programmierten Aufrufpunkten (Setzpunkten) wird der aktive Bohr- oder Fräszyklus automatisch abgearbeitet. Die Parameter für den Bearbeitungszyklus müssen vorher festgelegt werden. Die Bearbeitung des Zyklus endet auf der Rückzugsebene über dem zuletzt bearbeiteten Objekt. Im Programm nach PAL steht der Zyklusaufruf mit der Angabe der anzufahrenden Startpositionen hinter dem Satz, in dem die Parameter des Zyklus angegeben wurden.

- **Zyklusaufruf auf einer Linie G76**

Der Zyklusaufruf G76 wird zum Positionieren des Werkzeugs und damit des aktuell aktiven Fräszyklus, z. B. des Taschenfräszyklus, verwendet. Mit diesem Zyklusaufruf kann die zu fräsende Kontur um einen Winkel zur positiven X-Achse gedreht werden oder mehrfach auf einer Linie in einem bestimmten Abstand gefräst werden.

Beispiel **für einen Zyklusaufruf auf einer Linie**

Zyklusaufruf auf einer Linie G76 (PAL-Codierung)

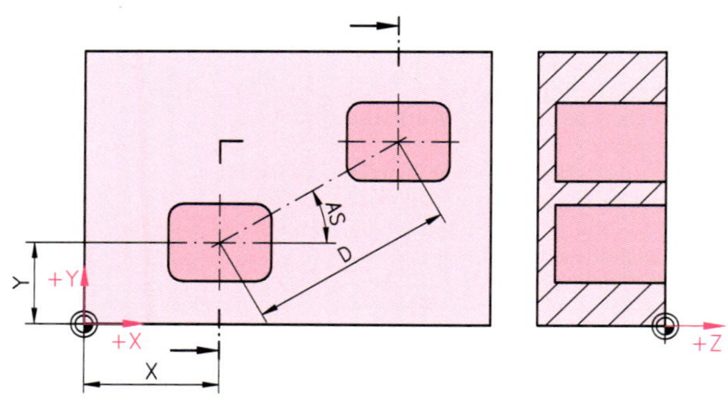

NC-Satz: **G76 X Y Z AS O D** [W] [V] [H1] [F] [S] [M]   **[ ] optionale Adressen**

Adressbuchstaben:

X	**absolute X-Koordinate des ersten Linienpunktes**
Y	**absolute Y-Koordinate des ersten Linienpunktes**
Z	**Absolute Z-Koordinate des Zielpunktes**
AS	**Winkel der Linie bezogen auf die positive X-Achse** **+ entgegen dem Uhrzeigersinn** **– im Uhrzeigersinn**
O	**Anzahl der zu bearbeitenden Objekte**
D	**Abstände der Objekte auf der Linie** (inkremental, d. h. ohne Vorzeichen)
AR	Drehwinkel des zu bearbeitenden Objektes bezogen auf die positive X-Achse
W	Höhe der Rückzugsebene absolut in Werkstückkoordinaten
V	Höhe der Sicherheitsebene absolut in Werkstückkoordinaten
H1	nach der Bearbeitung eines Objekts wird die Sicherheitsebene V angefahren und nach dem letzten die Sicherheitsebene W

- **Zyklusaufruf auf einem Teilkreis G77**

Der Zyklusaufruf G77 wird zum Positionieren des Werkzeuges und damit des aktuellen aktiven Fräszyklus für die zu bearbeitenden Objekte verwendet, die auf einem Teilkreis mit konstantem Mittelpunktswinkel liegen. Die Mittelpunktskoordinaten des Teilkreises werden absolut programmiert. In der folgenden Zeichnung werden Bohrungen mit einem Bohrzyklus angeordnet.

Beispiel **für einen Zyklusaufruf auf einem Teilkreis**

Zyklusaufruf auf einem Teilkreis G77 (PAL-Codierung)

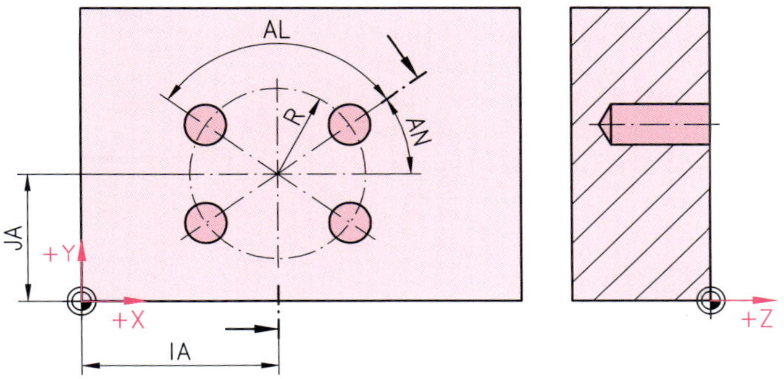

NC-Satz:
IA JA AN AI R O [Z] [W] [V] [H1] **[ ] optionale Adressen**

Adressbuchstaben:
IA **absolute X-Koordinate des Teilkreismittelpunktes**
JA **absolute Y-Koordinate des Teilkreismittelpunktes**
AN **Startwinkel des ersten Objektes**
AI **konstanter Mittelpunktswinkel des Teilkreises**
R **Radius des Teilkreises**
O **Anzahl der zu bearbeitender Objekte auf dem Teilkreis**
Z absolute Z-Koordinate des Teilkreismittelpunktes (Oberkante des zu bearbeitenden Objektes)
W Höhe der Rückzugsebene absolut in Werkstückkoordinaten
V Höhe der Sicherheitsebene absolut in Werkstückkoordinaten
H1 nach der Bearbeitung eines Objekts wird die Sicherheitsebene V angefahren. Nach dem letzten gefrästen Objekt erfolgt Rückzug auf die Rückzugebene.

Beispiel **für einen Zyklusaufruf auf einem Teilkreis**

In 8 mm dicke Scheiben aus S235 sollen Gewindebohrungen von 8 mm Durchmesser gebohrt werden. Die Zyklen und die Zyklenaufrufe sollen geschrieben werden.

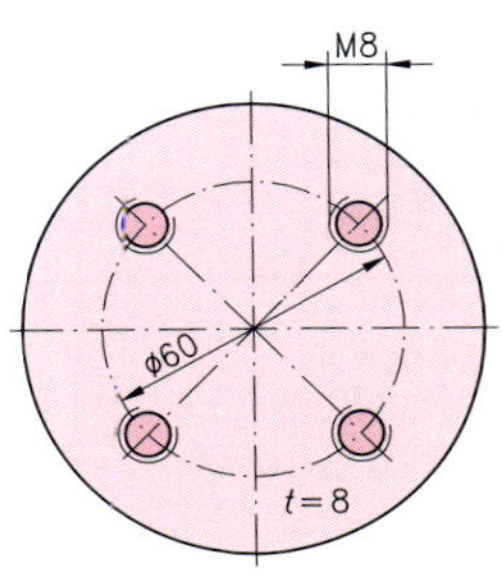

Lösung:

```
N... G81 Z-16 V2                            Bohrzyklus
N... G77 I0 J0 AN45 AI90 R30 O4             Zyklusaufruf
N...
.
.
N... G84 ZA-16 F1,25 M3 V2 S200             Gewindebohrzyklus
N... G77 I0 J0 AN45 AL90 R30 O4             Zyklusaufruf
```

3.2.3 Manipulation von Programmteilen

Der Programmieraufwand kann erheblich vermindert werden, wenn eine Grundkontur mithilfe von Befehlen in ihrer Lage, Form und Größe verändert werden kann. Vorgänge, mit denen solche Veränderungen wie *Verschieben*, *Drehen* und *Spiegeln* o. Ä. bewirkt werden, nennt man **Manipulationen.** Die Programmierung von Manipulationen ist nicht genormt und daher steuerungsabhängig.

Beispiel **für eine programmierbare Nullpunktverschiebung und -drehung mit Polarkoordinaten** (nach PAL)

Eine in einem Unterprogramm programmierte Kontur kann mit dem Befehl G58 zu einem neuen Nullpunkt im Abstand von RP verschoben und gleichzeitig mit z. B. AP20 um einen Winkel von 20° gedreht werden.
Die Winkelangabe wird in Gegenuhrzeigerrichtung mit *positiven* und in Uhrzeigerrichtung mit *negativen* Vorzeichen versehen. Der Winkel 0° liegt auf der positiven waagerechten Achse des ursprünglichen Koordinatensystems.

Programmierung:

```
N... G58 RP180 AP20
```

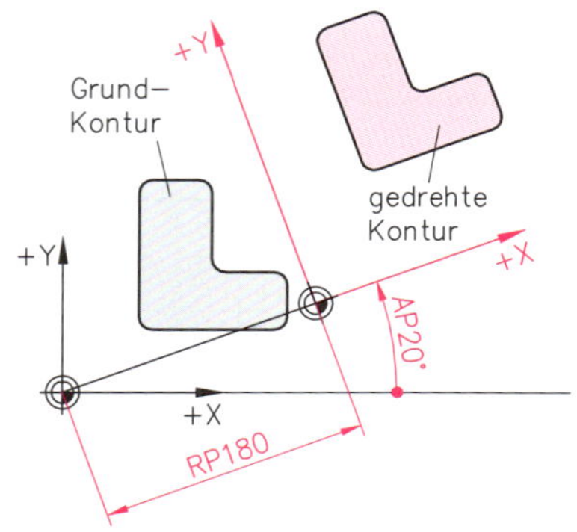

Beispiele **für Spiegelungen einer Grundkontur** (nach PAL)

Eine in einem Unterprogramm programmierte Kontur kann mit einem festgelegten Befehl, z. B. mit G66 und Angabe der Spiegelachse gespiegelt werden. Die Spiegelung ist um eine Achse oder um zwei Achsen möglich. G66 ohne Achsangabe hebt die Spiegelung auf.

Programmierung:

N... G22 L35 H1	Fräsen in I
N... G66 Y	Spiegeln in II
N... G22 L35 H1	Fräsen in II
N... G66	Spiegeln aufheben
N... G66 XY	Spiegeln I auf III
N... G22 L35 H1	Fräsen in III

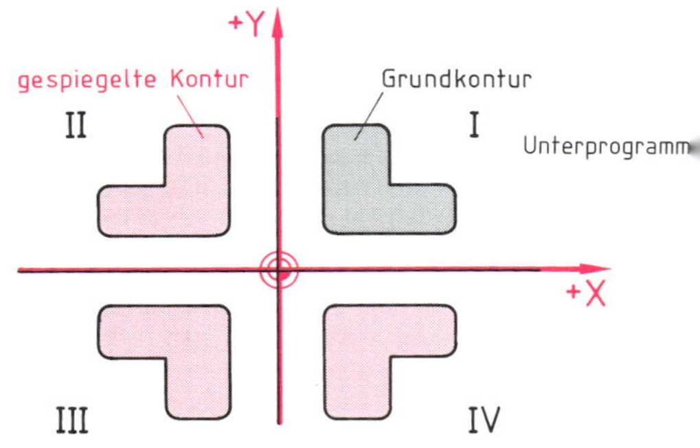

Beispiele **für Vergrößerung einer Grundkontur** (nach PAL)

Die Abmessungen einer Kontur, die in einem Unterprogramm programmiert ist, können mit dem Befehl G67 vergrößert oder verkleinert werden. Die Umwandlung der Längen wird mit SK programmiert und die Größenveränderung mit einem Faktor angegeben. So wird eine Längenänderung auf 150 % mit SK1.5 programmiert.

Programmierung:

```
N... G67 SK1.5
```

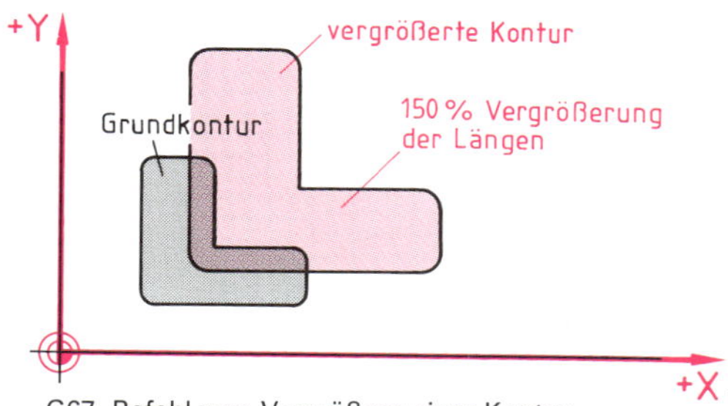

G67 Befehl zum Vergrößern einer Kontur
SK Angabe des Vergrößerungsfaktors

Eine in einem Unterprogramm programmierte Grundkontur kann mit kurzen Befehlen vielfach manipuliert werden. Häufige Manipulationen sind Verschiebung, Drehung, Spiegelung und Größenveränderung von Grundkonturen.

3.2.4 Unterprogramme

- **Unterprogramme mit festen Zahlenwerten**

Gleiche Bearbeitungsabläufe, die in der Fertigung an unterschiedlichen Stellen eingesetzt werden, können als Unterprogramm geschrieben werden. Diese Unterprogramme können an jeder beliebigen Stelle eines Hauptprogramms aufgerufen werden.

Beispiel **für ein Unterprogramm mit festen Zahlenwerten** (nach PAL)

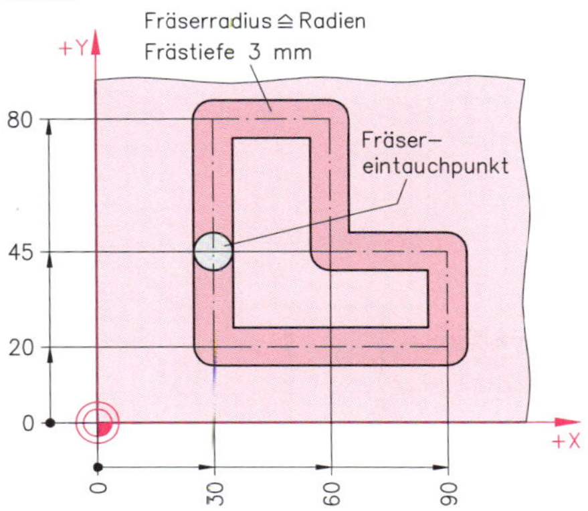

HSS Fräser T10 mit Ø10 mm

L 42		Unterprogramm Fräsen einer Gravur			
N10	G90	G97	G95	S1500	T10
N20	G00	X30	Y45	Z3	M3
N30	G01			Z-3	F25
N40			Y80		F50
N50		X60			
N60			Y45		
N70		X90			
N80			Y20		
N90		X30			
N100			Y80		
N110				Z3	
N120	G00	X-90	Y0	Z90	M19
N130	M17				

Erklärungen: L 42 H1

- H1 – Zahl der Durchläufe: 1
- 42 – Unterprogrammnummer: 42
- L – Unterprogramm
- M 17 – Unterprogrammende

Das Unterprogramm wird im Hauptprogramm mit G22 aufgerufen: N... G22 L42 H1

- **Unterprogramme mit Parametertechnik**

Für Bearbeitungsvorgänge, bei denen ähnliche Formen mit unterschiedlichen Maßen vorkommen, werden statt der Maße Parameter programmiert. Parameter werden von den Steuerungsherstellern unabhängig von Normen mit unterschiedlichen Buchstaben benannt, zum Beispiel **R**.

Beispiel **für ein Unterprogramm mit Parametertechnik** (steuerungsabhängiges Beispiel)

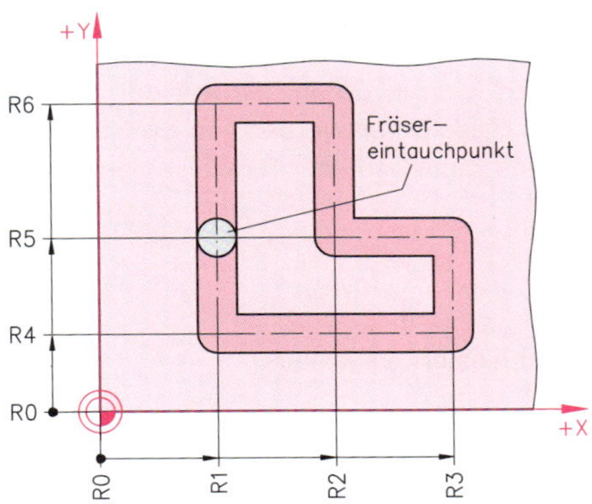

HSS Fräser T10 mit Ø10 mm

L 43		Unterprogramm mit Parametertechnik Fräsen einer Gravur			
N10	G90	G97	G95	S1500	T10
N20	G00	X=R1	Y=R5	Z=R7	M3
N30	G01			Z=R7	F25
N40			Y=R6		F50
N50		X=R2			
N60			Y=R5		
N70		X=R3			
N80			Y=R4		
N90		X=R1			
N100			Y=R6		
N110				Z=R7	
N120	G00	X=R3	Y=R0	Z=R3	M19
N130	M17				

Parameterverschlüsselung: R0=0 R1=30 R2=60 R3=90 R4=20 R5=45 R6=80 R7=3 R8=10

Unterprogramme werden für häufig vorkommende Konturen mit festen Zahlenwerten oder für ähnliche Konturen in Parametertechnik programmiert.

3.3 Werkzeuge und Werkzeugmaße beim Fräsen

3.3.1 Aufbau des Werkzeugsystems

Zum Werkzeugsystem einer komplett ausgerüsteten CNC-Fräsmaschine gehören

- die Werkzeuge mit angearbeiteten Schneiden oder mit eingesetzten Schneidplatten,
- die Werkzeugaufnahme zum Einsetzen des Werkzeugs in die Arbeitsspindel,
- das Werkzeugmagazin, in dem die Werkzeuge gespeichert sind und
- die Werkzeugwechseleinrichtung.

Als Werkzeugaufnahmen werden vorwiegend Systeme verwendet, die in die kegelige Bohrung der Arbeitsspindel eingezogen werden (siehe Seite 100).

3.3.2 Fräswerkzeuge im Einsatz

Die Planflächenebene der Frässpindel ist die Bezugsebene für die Angabe der Werkzeuglängen. In dieser Ebene legt man den Werkzeugeinstellpunkt auf die Drehachse der Spindel.

Als Abmessungen der Fräswerkzeuge werden Fräserdurchmesser, Fräserlänge und evtl. weitere Maße, z. B. bei Formfräsern, erfasst. Die Werkzeugabmessungen werden unter der Werkzeugadresse in der Werkzeugdatei und im Speicher der Werkzeugmaschine abgelegt.

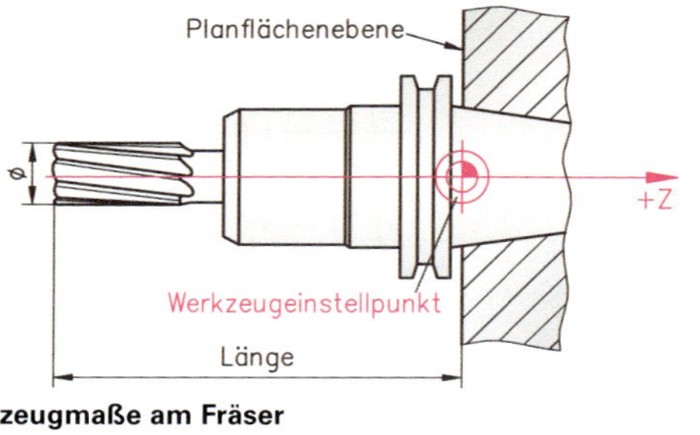

Werkzeugmaße am Fräser

Als Folge von Werkzeugabnutzung im Laufe der Standzeit, durch Nachschleifen der Schneiden oder durch Wechsel der Wendeschneidplatten können geringfügige Maßabweichungen gegenüber den im Werkzeugspeicher abgelegten Maßen auftreten.

Mithilfe von Tastsystemen können diese Abweichungen am stehenden oder rotierendem Werkzeug (Rotation gegen die Schneidrichtung) ermittelt werden.

Festgestellte Maßabweichungen werden in den Werkzeugkorrekturspeicher eingegeben, damit die Steuerung sie bei der weiteren Verwendung des Werkzeugs ausgleicht.

3D-Tastsystem zum Vermessen von Werkzeugen

Außer den Standarddaten zu Länge und Durchmesser können weitere Daten, die mit der Nutzung zusammenhängen, in den Werkzeugspeicher eingegeben werden. Diese Daten werden von der Steuerung unmittelbar genutzt oder geben dem Programmierer und dem Maschinenbediener Hinweise beim geplanten Einsatz. Wichtige Daten dieser Art sind

- maximale Eintauchwinkel beim Eintauchen ins Volle,
- maximale Standzeit,
- verfügbare Standzeit,
- Standarddaten zu Länge, Durchmesser und Nummer des Schwesternwerkzeugs.

Beispiele **für Eintauchwinkel ins Volle**

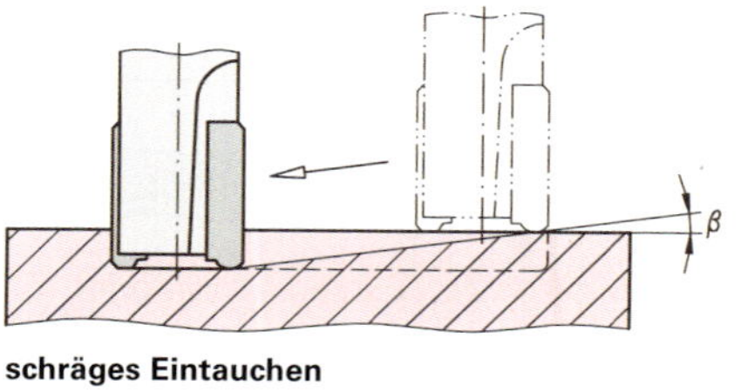

schräges Eintauchen

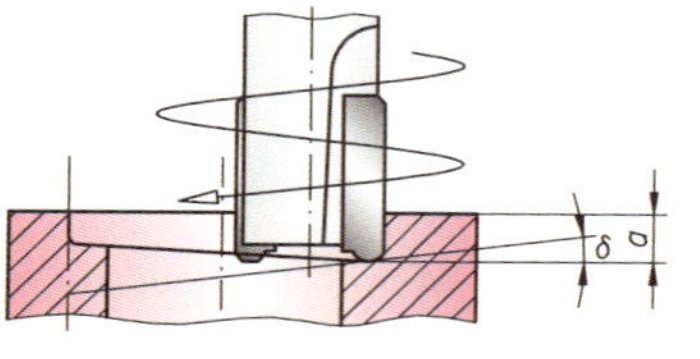

Helix = Eintauchen entlang einer Schraubenlinie

4 CAD/CAM-Systeme

4.1 Einsatzmöglichkeiten für CAD-Systeme

Im Werkzeug-, Formen- und Maschinenbau werden CAD/CAM-Systeme in Entwurf und Fertigung eingesetzt.

CAD bedeutet = **C**omputer **A**ided **D**esign (Berechnen und Konstruieren mit dem Computer).
CAM bedeutet = **C**omputer **A**ided **M**anufacturing (Fertigen mit Unterstützung des Computers).

Beispiele **für CAD/CAM-Anwendungen**

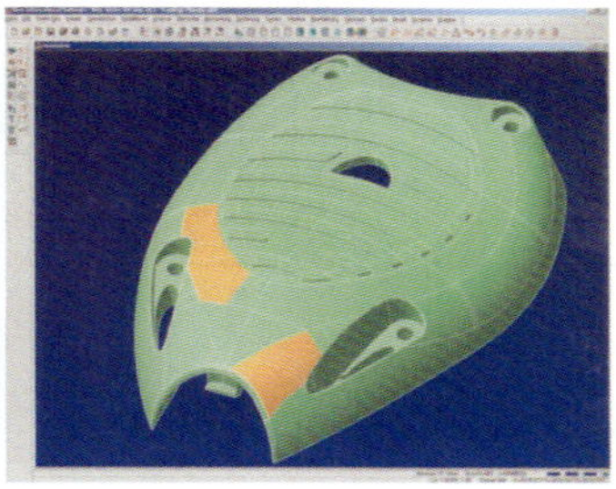

3D-Modellierung durchführen

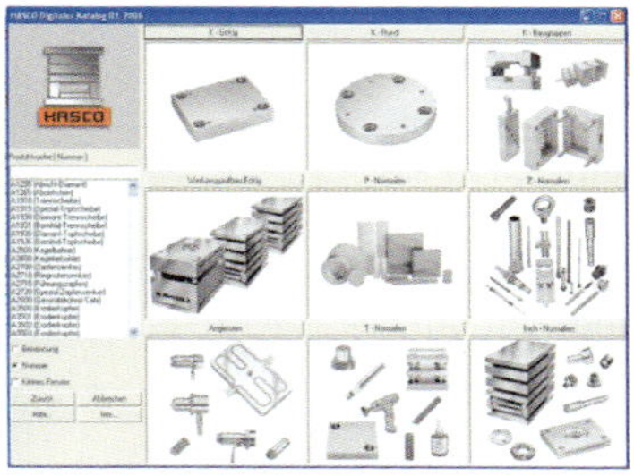

Normalien auswählen

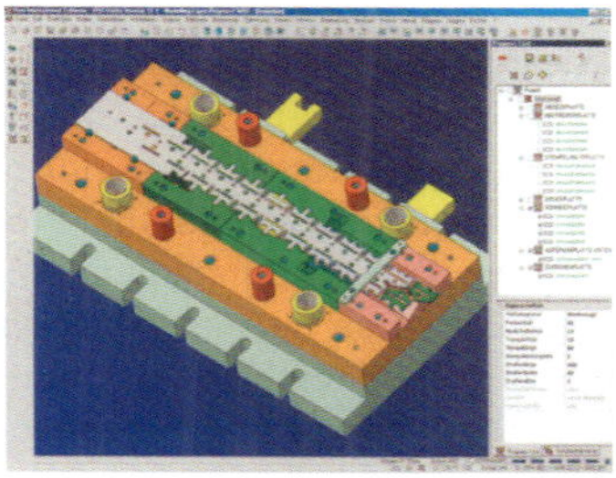

Werkzeuge konstruieren

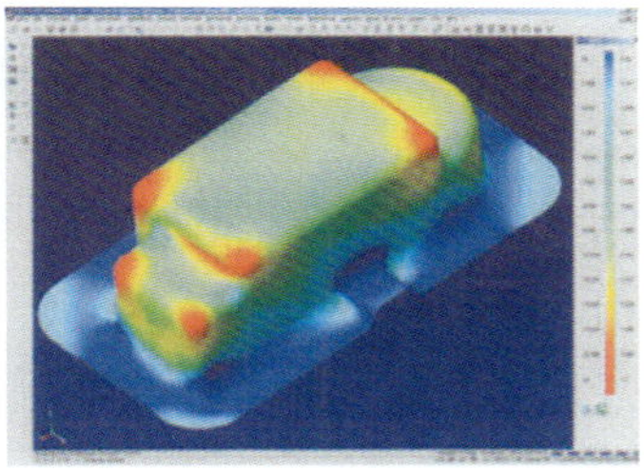

Konstruktion analysieren

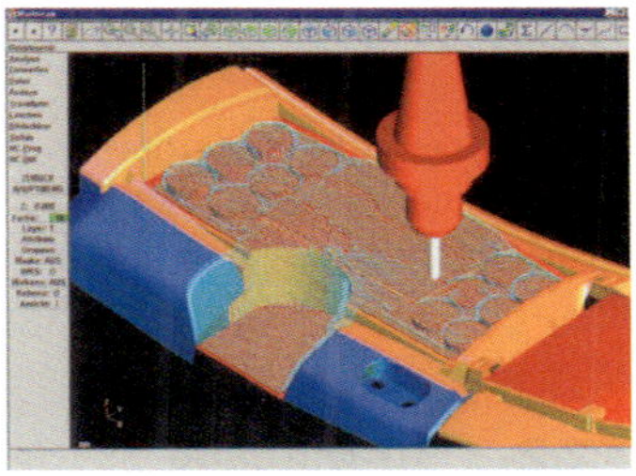

Fertigung planen

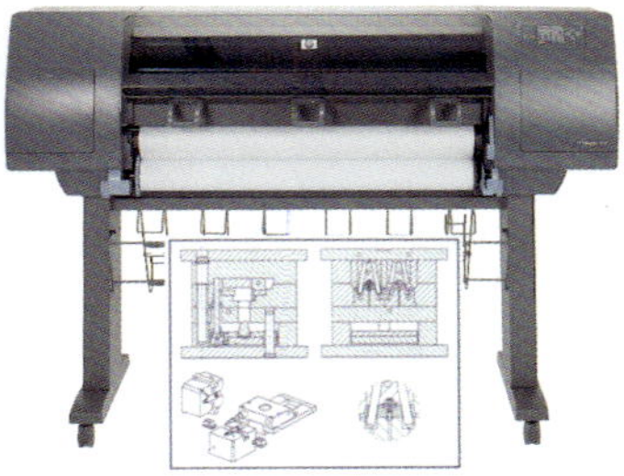

Zeichnungen ausdrucken

Daten an Werkzeugmaschinen weitergeben

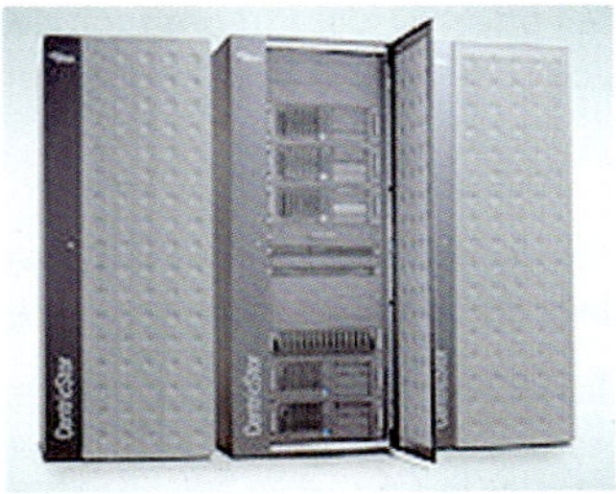

Daten der Konstruktion und Fertigung speichern

Tätigkeiten an CAD/CAM-Systemen:

- 3D-Modellieren von Werkstücken und Bauteilen
- Erstellen von Baugruppen
- Berechnen und Konstruieren von Werkzeugen
- Simulieren und Analysieren von Konstruktionen
- Bereitstellen der Konturdaten für die NC-Fertigung
- Ableiten von 2D-Zeichnungen

4.2 Rechnerinterne Darstellungen von Werkstücken in CAD-Systemen

Die rechnerinterne Modellbildung dient der Verarbeitung und Speicherung des gezeichneten Bauteils im CAD-System. Die grafischen Eingaben des Zeichners werden in rechnerverständliche digitale Datenstrukturen umgewandelt und dargestellt.

4.2.1 2D-Darstellung

Werden die Bauteile im CAD-System nur in der Ebene dargestellt, wie sie mit herkömmlichen Zeichnungen auf Papier vorliegt, so spricht man von einer 2D-Darstellung.

In der 2D-Darstellung werden nur X- und Y- Koordinaten gespeichert. Daten, die aus 2D-CAD-Zeichnungen stammen, können nur bei einfachen Konturen zur Erzeugung von NC-Programmen genutzt werden. Die 2D-Darstellung findet in modernen CAD-Systemen nur noch Anwendung, um entweder aus 3D-Konstruktionen normgerechte technische Zeichnungen abzuleiten oder als Konstruktionshilfsmittel, bei dem aus ebenen Werkstückkonturen durch Rotation oder Extrusion 3D-Modelle gebildet werden.

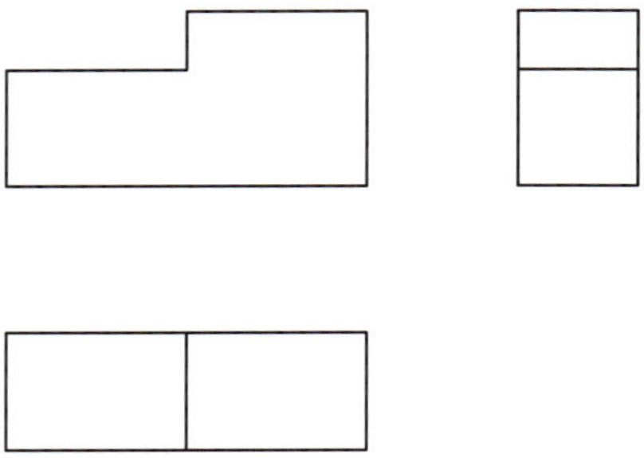

2D-Darstellung

In 2D-Darstellung werden nur X- und Y-Koordinaten gespeichert. Anwendung findet die 2D-Darstellung in der Erzeugung von Papierzeichnungen aus den CAD-Daten und als Konstruktionshilfsmittel im CAD-System.

4.2.2 3D-Modelle

Bei 3D-Modellen werden die Bauteile einer Konstruktion im CAD-System als räumliche Darstellung gespeichert. Diese räumliche Darstellung kann, je nach CAD-System als 3D-Kantenmodell, 3D-Flächenmodell oder 3D-Volumenmodell dargestellt und abgespeichert werden. Die Darstellungsarten unterscheiden sich hinsichtlich ihrer benötigten Rechenleistung und Aussagekraft.

- **3D-Kantenmodell**

Das Werkstück wird nur durch seine Kanten abgebildet. Man spricht auch von Drahtmodellen, da das Modell aus Eckpunkten besteht, welche durch Drähte miteinander verbunden werden.

Das 3D-Kantenmodell besitzt den geringsten Informationsgehalt und die geringste Aussagekraft, da z. B. Durchdringungen von dem Kantenmodell nicht erkannt oder verarbeitet werden können.
Aufgrund der geringen benötigten Rechenleistung wird das Drahtmodell zur schnellen Darstellung der Konstruktion am Bildschirm angewandt.
Weiterhin kann es zur Gewinnung von Daten für die Wegprogrammierung in der NC-Fertigung genutzt werden.

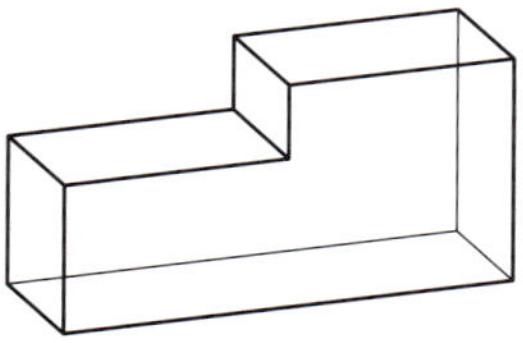

3D-Kantenmodell

3D-Kantenmodelle (3D-Drahtmodelle) bilden das Werkstück nur durch Kanten ab.

- **3D-Flächenmodell**

Das Bauteil wird nur durch seine Begrenzungsflächen dargestellt. Der Informationsgehalt des 3D-Modells steigt, da Durchdringungen erkannt und berechnet werden können. Der Rechner speichert nur die reinen Oberflächen des Bauteils.

Dem CAD-System ist nicht bekannt, auf welcher Seite einer Fläche sich Material befindet. Das Flächenmodell bietet ein hohes Maß an Modellierungsmöglichkeiten von Oberflächen. Auch komplizierte Freiformoberflächen können dargestellt werden.

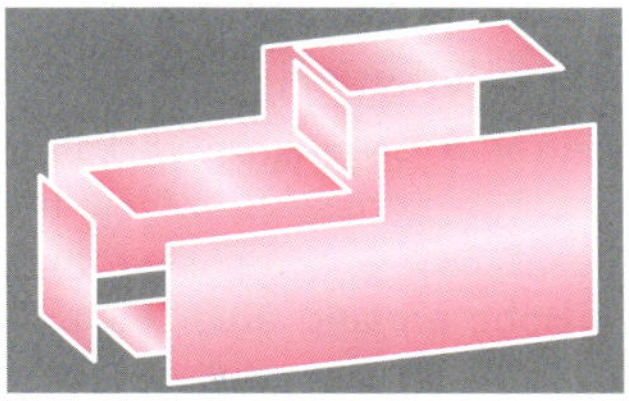

3D-Flächenmodell

Erzeugung von Freiformflächen (NURBS)

Hochkomplexe 3D-Freiformflächen werden mithilfe von NURBS (Non-Uniform Rational B-Splines) dargestellt.

Spline-Linien sind mathematisch berechnete Kurven, die durch eine vorgegebene Anzahl von Stützpunkten verlaufen. Gedanklich lässt sich die Spline-Linie als ein von den Stützpunkten frei gebogener Federstahldraht vorstellen.

Um eine Spline-Linie zu erzeugen, muss der Zeichner nur die Stützpunkte festlegen, worauf das CAD-System eine Linie mit gerundeten Übergängen berechnet und darstellt.

NURBS-Flächen stellen eine Erweiterung der Spline-Linien zu einem Gittergeflecht dar. Durch Angabe von Stützpunkten errechnet das CAD-System ein frei verformtes Drahtgitternetz. Die von dem Gitternetz aufgespannten Flächen werden vom CAD-System mit weichen, abgerundeten Übergängen aneinandergefügt und als Bauteiloberfläche im CAD-System gespeichert.

Die 3D-Oberfläche kann einfach verändert werden, indem einzelne Stützpunkte verschoben oder ergänzt werden.

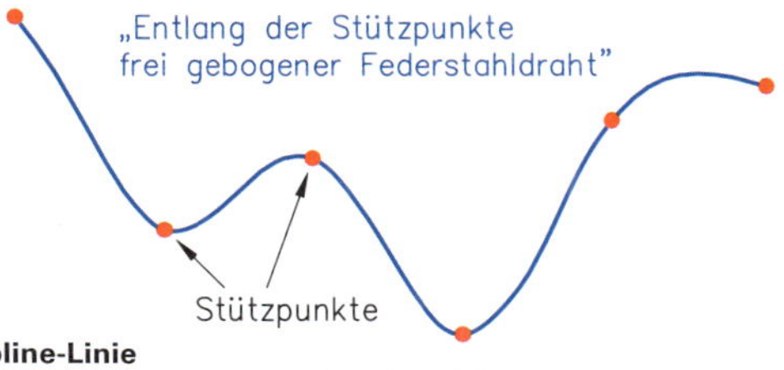

Spline-Linie

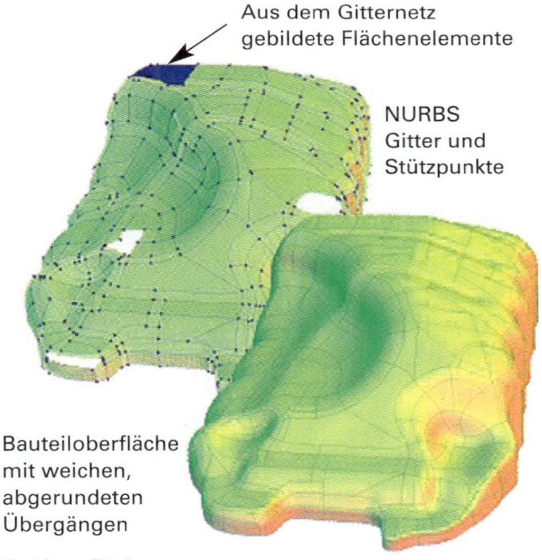

Freiformfläche

- **3D-Volumenmodell**

Das Bauteil wird in seinem vollständigem Volumen abgebildet. Sowohl die Oberfläche als auch Materialbereiche des Bauteils sind im CAD-System gespeichert. Ein als Volumenmodell dargestelltes Bauteil setzt sich meist aus verschiedenen Volumenelementen zusammen, welche durch sogenannten Boolesche Operationen zu einem Volumenteil addiert oder auch aus einem Volumenelement heraussubtrahiert werden.

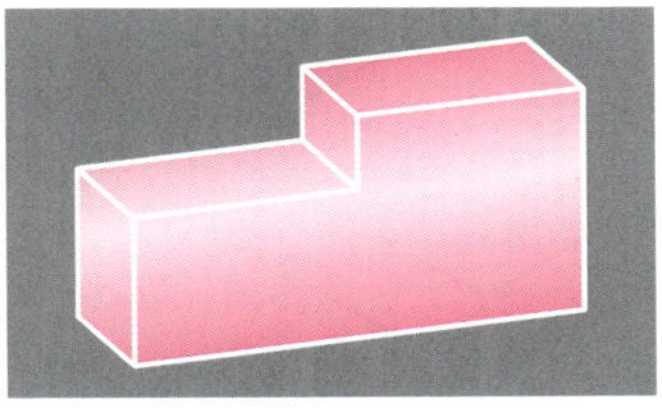

3D-Volumenmodell

3D-Volumenmodelle bilden das Bauteil in seiner gesamten Materialzusammensetzung ab.
3D-Modelle eines Bauteils werden im CAD durch schrittweise Addition und Subtraktion von geometrischen Grundkörpern erzeugt.

4.3 Arbeiten mit CAD/CAM-Systemen

4.3.1 Erstellen von 3D-Modellen

- **3D-Modell aus Extrusion**

Die Erzeugung von Grundkörpern kann durch die Extrusion eines Grundrisses erfolgen. In einer Ebene wird eine 2D-Skizze erstellt, welche durch die Angabe der Höhe entlang einer Richtung bewegt wird und so ein Volumenmodell des Formelements bildet.

Die Extrusion muss nicht geradlinig verlaufen, sondern kann auch entlang einer gekrümmten Linie geführt werden.

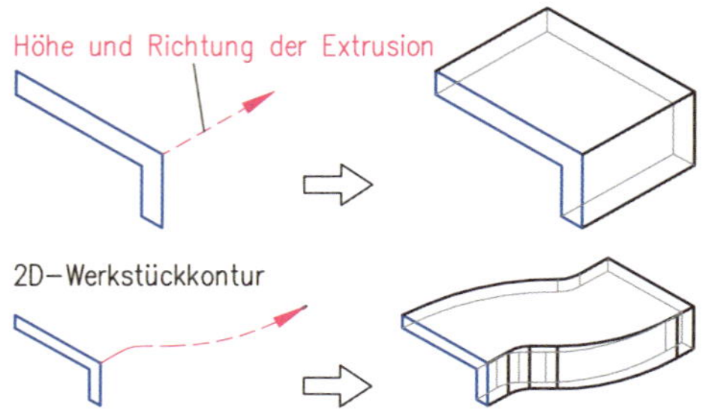

Extrusion einer 2D-Werkstückkontur

- **3D-Modell aus einer Rotation**

Zylindrische Grundkörper werden aus einer 2D-Skizze erzeugt, indem man diese um eine Achse rotieren lässt. Je nach Angabe des Rotationswinkels kann ein vollzylindrisches oder teilzylindrisches Formelement erzeugt werden.

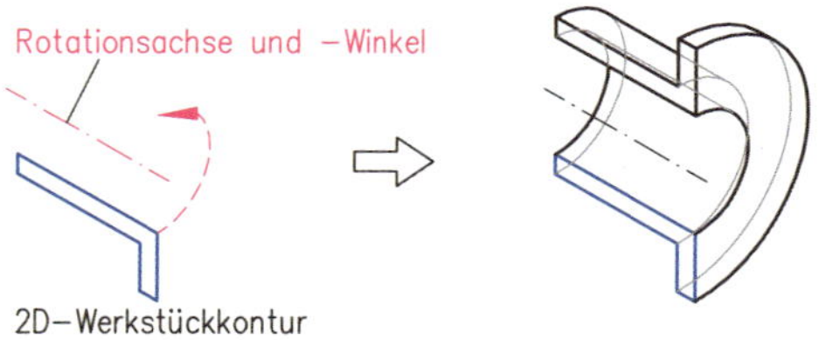

Rotation einer 2D-Werkstückkontur

- **Anfügen und Ausschneiden von Formelementen**

Um ein kompliziertes 3D-Modell zu erstellen, müssen vielfach mehrere Formelemente aneinandergefügt oder auch aus einem Grundkörper herausgeschnitten werden. Hierzu bedient sich der Zeichner je nach CAD-System sogenannter Boole'scher Operationen oder Formelementoperationen. Durch Vereinigungs-, Differenz- und Schnitt-Operationen kann Material zu dem Grundkörper hinzugefügt oder aus ihm entfernt werden.

Beispiel **für Vereinigungs- und Differenzoperationen**

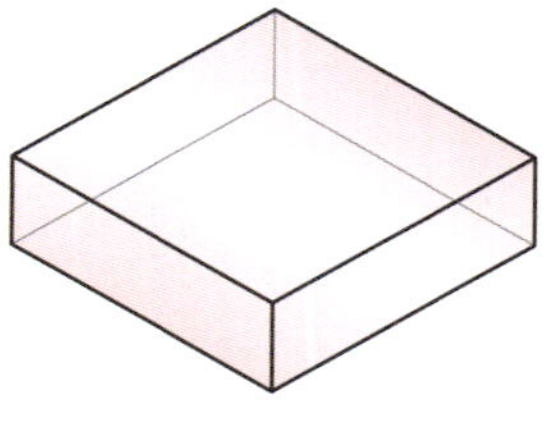

Grundkörper

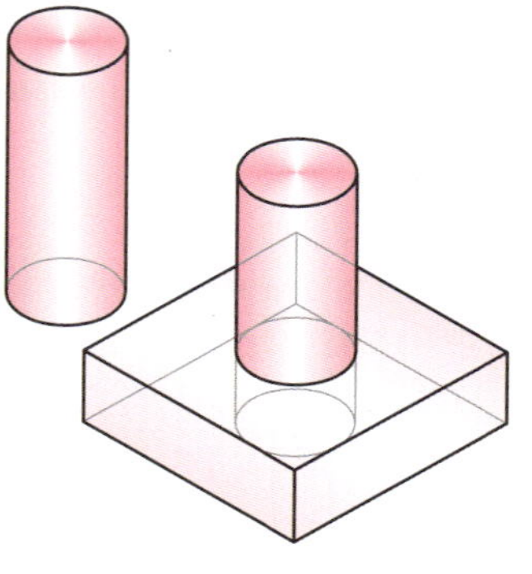

Ein weiteres Formelement wurde auf dem Grundkörper positioniert und mit ihm zu einem Bauteil vereinigt

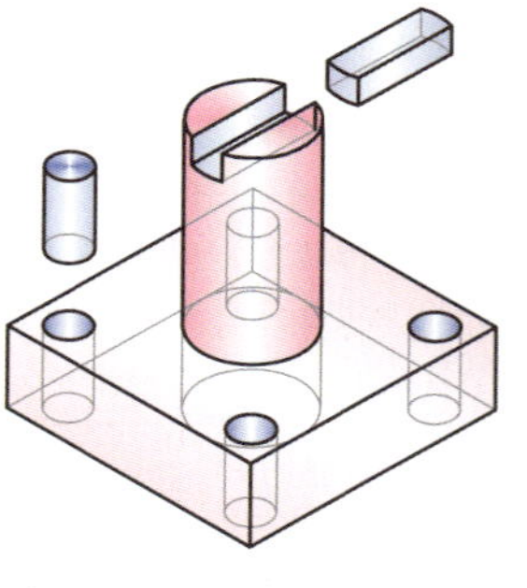

Bohrungen und Nut werden auf dem Bauteil positioniert und schneiden mit einer Differenzoperation das Material aus dem Grundkörper heraus.

Beispiel **für die Erstellung eines 3D-Modells**

Die 3D-Modellierung eines Bauteils beginnt mit der Erzeugung eines Grundkörpers.

In diesem Fall wird eine 2D-Skizze der projizierten Auflagefläche gezeichnet, um aus ihr durch eine Extrusion den dreidimensionalen Grundkörper zu erzeugen.

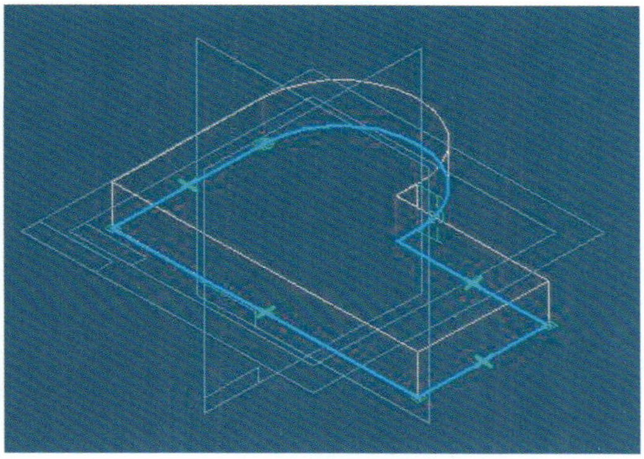

Extrusion der projizierten Grundfläche

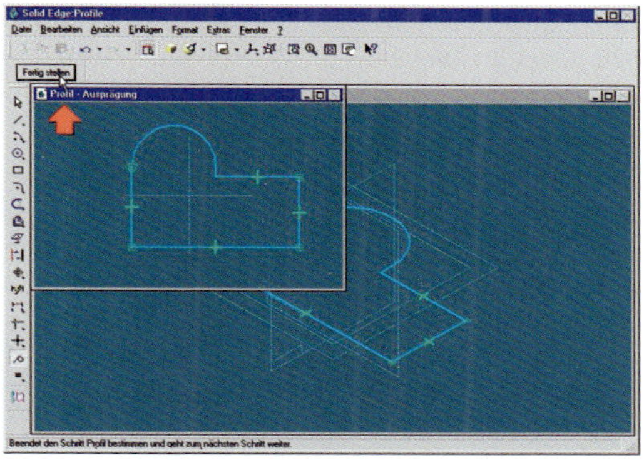

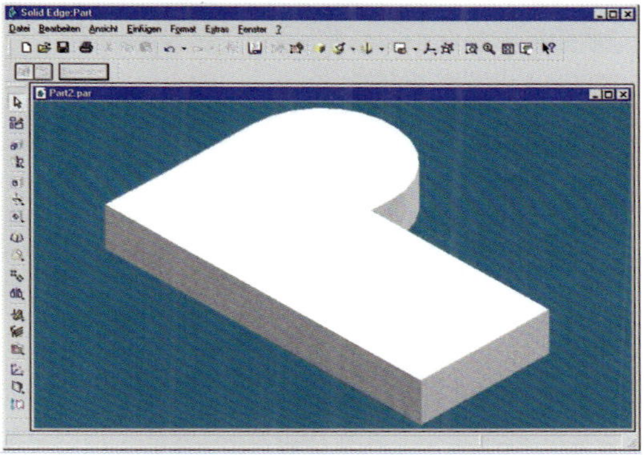

Aus dem Grundelement wird nun ein dünnwandiges Formelement, indem man das innere Volumen durch eine Boole'sche Operation aus dem Teil entfernt bzw. subtrahiert.

CAD-Systeme bieten hierfür spezielle Werkzeuge an, bei denen aus dem vollvolumigen Grundkörper nach Angabe der Wandstärke und der offen bleibenden Teilflächen automatisch ein dünnwandiger Körper erzeugt wird.

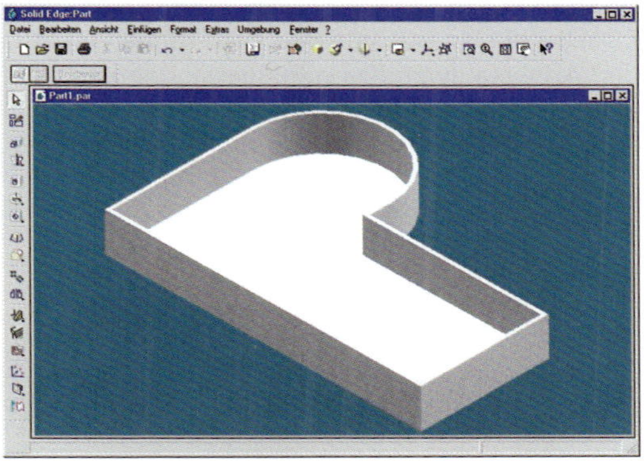

Die Kantenübergänge des 3D-Modells werden unter Angabe der Kante und des Rundungsradius mithilfe eines Bearbeitungswerkzeugs des CAD-Systems verrundet.

Als nächstes werden für das Bauteil die Rippen modelliert, an den vorhandenen Grundkörper angesetzt und mit ihm zu einem Volumenkörper vereinigt. Um den Ausschnitt zu bilden, subtrahiert das CAD-System den zu entfernenden Volumenbereich aus dem 3D-Modell.

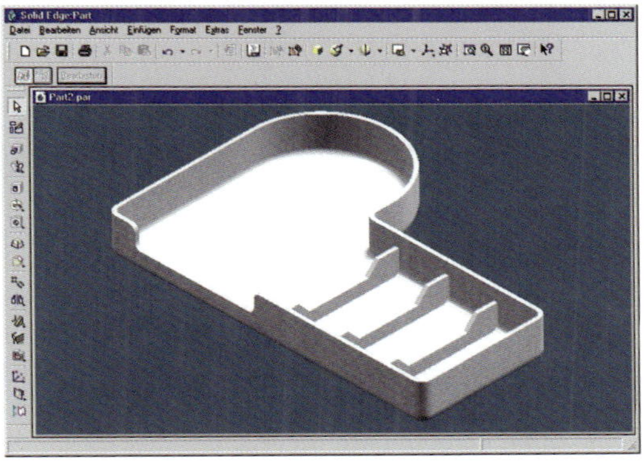

CAD-Systeme bieten in Katalogen 3D-Modelle von Normteilen, Bohrungen, Gewinden usw. an. In diesem Fall wird mithilfe des CAD-Systems ein Bohrbild erzeugt, welches die Volumenbereiche der Bohrungen aus dem Grundkörper entfernt.

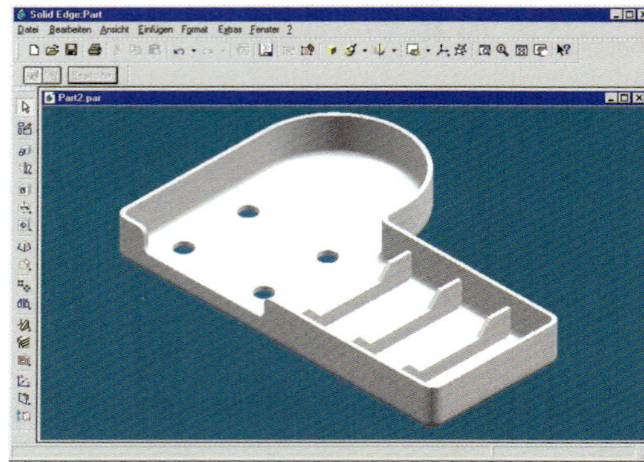

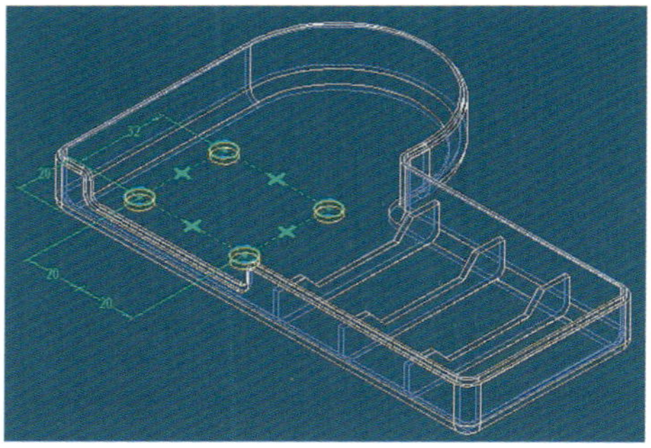

Erzeugung des Bohrbildes

Das zylindrische Formelement wird als Rotationskörper modelliert und mit dem Bauteil vereinigt. Die Konstruktion wird abgeschlossen, indem mithilfe eines Manipulationswerkzeuges des CAD-Systems an der äußeren Kante eine Lippe erzeugt wird.

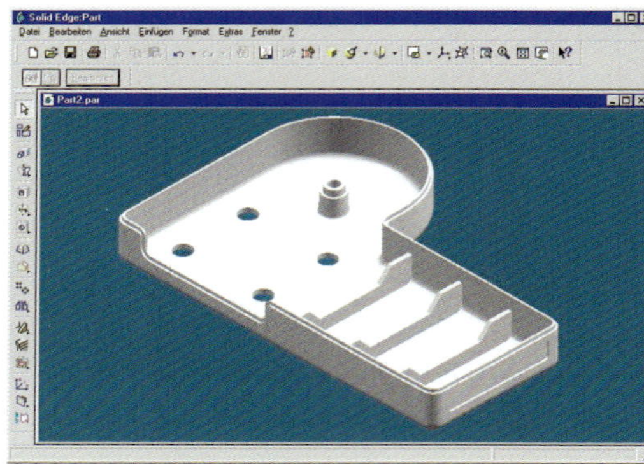

4.3.2 Erstellen von Baugruppen

Einzelne 3D-Modelle von Bauteilen können im CAD-System zu Baugruppen zusammengefügt werden. Um den Arbeitsaufwand zu minimieren, bieten CAD-Systeme vorgefertigte 3D-Modelle von Normalien an, welche in die bestehende Konstruktion integriert werden können. Weiterhin stellen Zulieferfirmen in CAD-Modulen ihre Erzeugnisse als 3D-Modelle für die CAD-Konstruktion zur Verfügung.

Beispiel **für Normalien und Baugruppen aus CAD-Modulen**

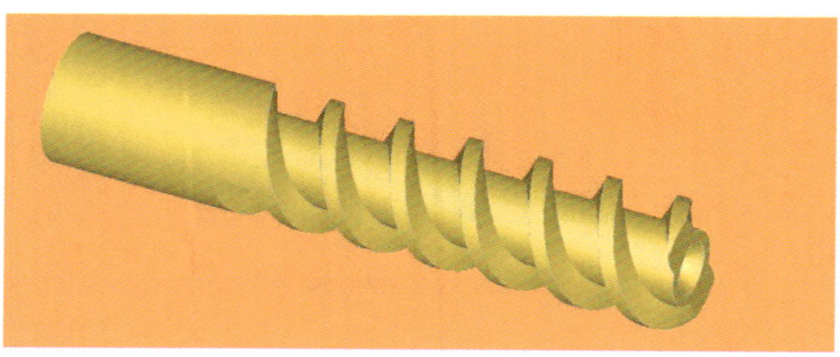

3D-Modell eines Wendeleinsatzes (HASCO)

Für die 3D-Modellierung eines Werkzeugs lädt und positioniert der Zeichner den vom Zulieferer angebotenen Wendeleinsatz als Bauteil in die CAD-Konstruktion des Formeinsatzes.

Für die Zusammenstellung einer Spritzgussform werden z. B. die gesamten zugekauften Grundbauteile eines Backenwerkzeugs in das CAD-System geladen und dann mit Formeinsatz, Temperiersystem, Auswerfersystem usw. komplettiert.

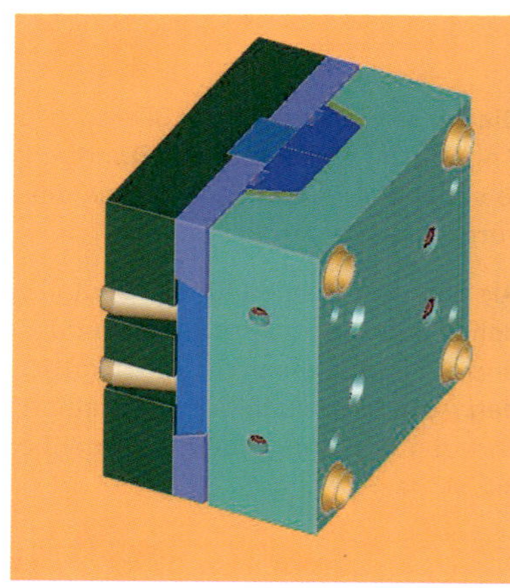

3D-Modell einer Spritzgussform

4.3.3 Programmierung der Fertigungsmaschine (NC-Fräsen)

Um die Fertigung von komplizierten Bauteilen mit Freiformflächenanteilen zu ermöglichen, bieten CAM-Systeme spezielle Module zur Unterstützung bei der Programmierung der Fräsbearbeitung an.

Im CAM-System werden neben den CAD-Daten des Bauteils auch der Maschinentyp der Bearbeitungsmaschine sowie Werkzeugauswahl, Rohteillage und Sicherheitsbereiche abgebildet.
Der Programmierer wählt zum Erstellen des Fräsprogramms zunächst das Rohteil aus. Dann bestimmt er für die einzelnen Teile der Kontur die zu verwendenden Werkzeuge in Zusammenhang mit einer geeigneten Schruppstrategie. Die **Schruppstrategie** ergibt sich aus Überlegungen zum wirtschaftlichen Fräsen der groben Kontur. Mit der Schruppstrategie bestimmt der Programmierer auch Bearbeitungsrichtung, Rückzugsbewegungen, An- und Abfahrtsbewegungen sowie Schnittdaten.

Beispiele **für Werkzeugweg – Typen zur Schruppbearbeitung**

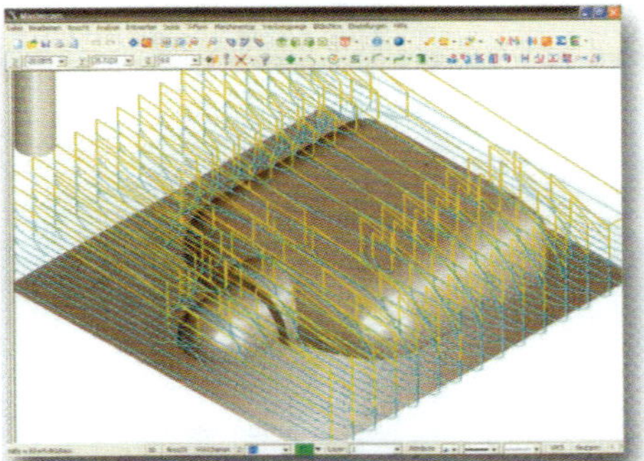

3D-Parallelschruppen
Schruppen mit parallelen Verfahrwegen und Kontrolle der Eintauchbewegung in Z-Richtung.

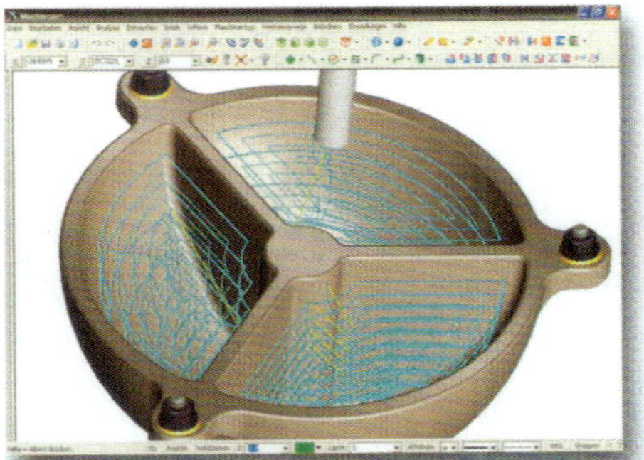

3D-Taschenschruppen
Z-konstantes Taschenschruppen mit spiralförmiger Abarbeitung der Konturen.

Für das nachfolgende Schlichten bestimmt der Programmierer neben Werkzeugen und Schnittdaten die optimale **Schlichtstrategie**. Diese kann z. B. je nach Kontur ein konturparalleles Schlichten oder ein Arbeiten auf gleichen Höhenschichten (Z-konstant) sein.

Beispiele **für Werkzeugweg – Typen zur Schlichtbearbeitung**

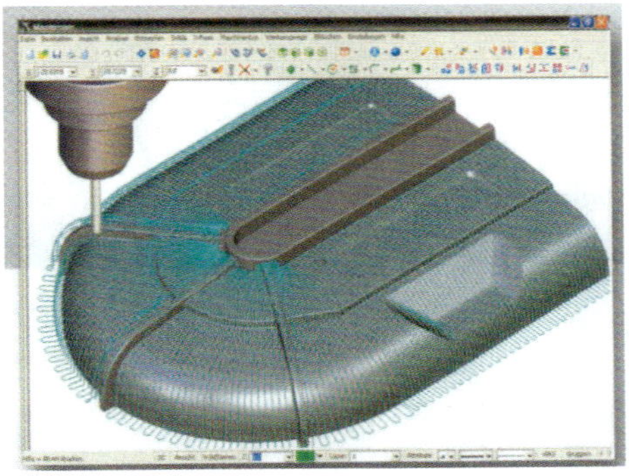

3D-Parallel- und Radialschlichten
Radialschlichten erzeugt Werkzeugwege, die von einem gewähltem Punkt aus strahlenförmig nach außen verlaufen.

Hohlkehlschlichten
Restmaterial wird entfernt, indem die gesamte Kontur des Bauteils in logische Segmente unterteilt und abgearbeitet wird.

5 Rapid Prototyping/Rapid Tooling

Mit **Rapid Prototyping** werden alle Urformverfahren bezeichnet, durch die unmittelbar aus 3D-CAD-Daten Anschauungsteile und Funktionsmodelle erzeugt werden. Nutzt man dieses Verfahren zur Herstellung von Feingussmodellen, Formen oder Formeinsätzen so spricht man vom **Rapid Tooling**.
In der Rapid-Prototyping-Anlage wird das 3D-Modell in aufeinanderfolgende dünne Schichten zerlegt, die nach Erzeugung und „Stapelung" das Werkstück ergeben.
Alle Verfahren erfordern zunächst eine Konstruktion in einem 3D-CAD-System.

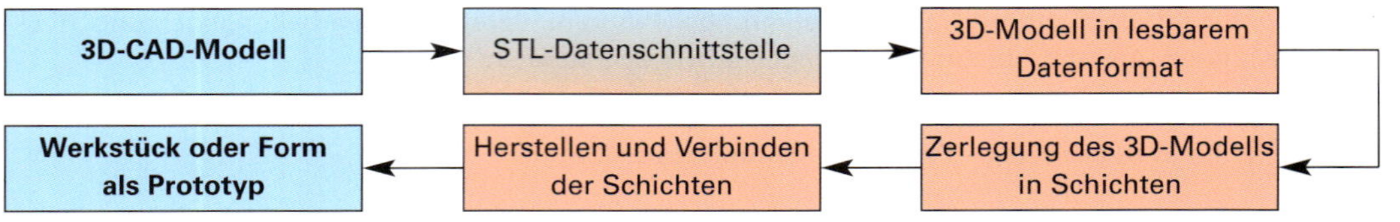

5.1 Stereolithographie-Verfahren

Im Stereolithographie-Verfahren wird die Kontur durch schichtweises Aushärten von Kunststoff mittels Laserstrahl erzeugt. Verwendet wird dabei z. B. Epoxidharz. Die entstehenden Bauteile sind von hoher Genauigkeit und Oberflächengüte. Die Festigkeit ist jedoch relativ gering. Dadurch werden mit der Stereolithographie hauptsächlich Anschauungsmodelle oder Urmodelle für Gießformen erzeugt.

Zur Herstellung von Formeinsätzen wird aus dem 3D-CAD-Modell mithilfe des Stereolithographie-Verfahrens ein Urmodell des Positivteils erzeugt. Das Urmodell wird in einem vorbereiteten Formrahmen mit Formmasse umgossen und nach deren Aushärtung entfernt.

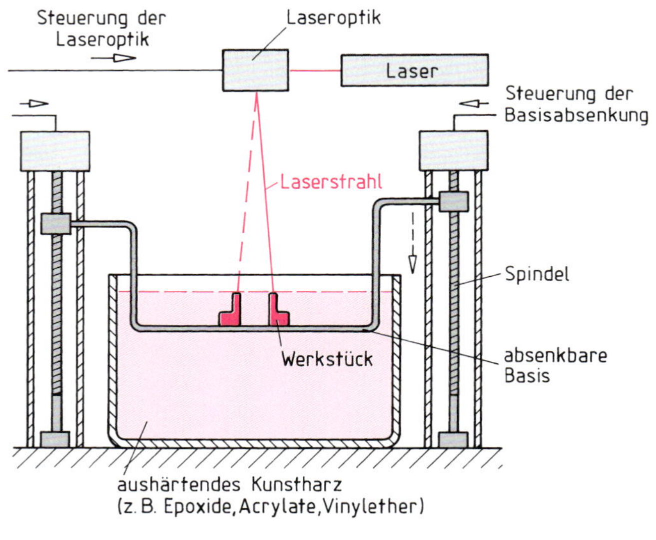

Schema einer Stereolithographie-Anlage

Beispiel für Rapid-Tooling mithilfe des Stereolithographie-Verfahrens

Formeinsätze für Lüfterklappen

Lüfterklappe

5.2 Laser-Sintern

Beim Laser-Sinterverfahren wird Kunststoffpulver oder Metallpulver schichtweise mit dem Laser gesintert. Das Pulver wird in dünnen Schichten von einem Verteiler auf die Unterlage aufgetragen. Der Laser verschmilzt an der projizierten Fläche der Werkstückschicht das Pulver, sodass ein fester Formkörper entsteht. Das gesinterte Werkzeug bzw. Bauteil wird schrittweise, Schicht für Schicht mit der Bauplattform ababgesenkt, bis der Bauvorgang abgeschlossen ist.
Der Vorteil des Laser-Sinterns ist der Einsatz von unterschiedlichen pulverförmigen Werkstoffen, wie zum Beispiel Polyamid, Polystyrol, Wachsmaterialien, Metall- und Keramikpulver oder auch Quarz-Sand.

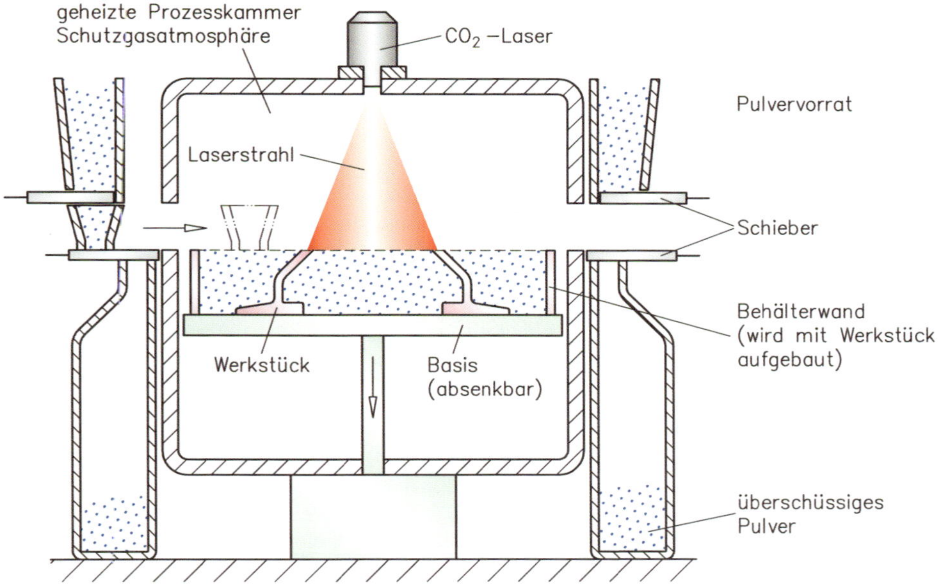

Schema einer Laser-Sinter-Anlage

Beispiel **für ein Direkt-Metall-Laser-Sintern (DMLS) von Formeinsätzen**

Im Laserverfahren werden Stahleinsätze für Prototypenwerkzeuge auf der Basis von 3D-CAD-Daten gefertigt.

Die Herstellung der Bauteile erfolgt durch das schichtweise Versintern eines feinen Metallpulvers. Hohlräume können problemlos in das Bauteil integriert werden. Die Genauigkeit der Bauteile beträgt +/– 20 µm +/– 0,03 % des Nennmaßes. Die Schichtstärke beträgt 20 µm oder 40 µm. Die minimal herstellbaren Wandstärken liegen bei ca. 0,8 mm. Max. Abmaße eines einteilig hergestellten Bauteils: 240 x 40 x 180 mm.

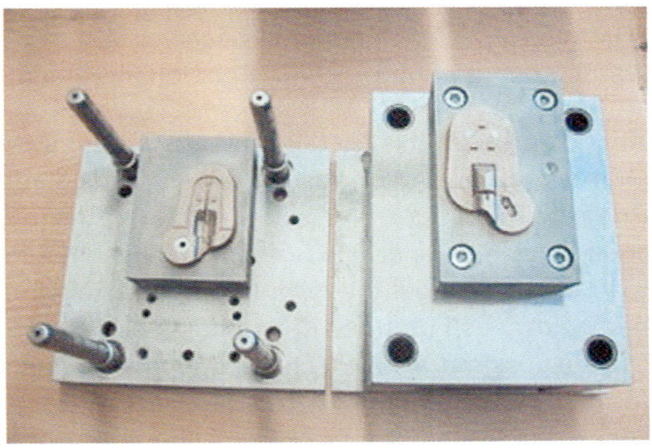

Lasergesinterter Formeinsatz

5.3 LOM-Verfahren (Laminated-Object-Manufacturing)

Bei diesem Verfahren werden aus einseitig mit Heißschmelzkleber beschichteten Bahnen, wie zum Beipiel Papier- oder Kunststofffolien, Werkstücke erzeugt.
Eine heiße Laminierrolle klebt dabei die erste Lage auf die Basis. Danach werden mit einem Laserstrahl die Umrisse der entsprechenden Schicht ausgeschnitten. Sodann wird die nächste Lage aufgelegt, geklebt und geschnitten. Sind alle Lagen gefertigt, erhält man einen Block, in dem das gewünschte Teil enthalten ist. Damit das Werkstück nach dem Ende des Bauvorganges leicht aus dem Block gelöst werden kann, wird das nicht zum Werkstück gehörende Material bei jeder Lage vom Laser kreuzförmig geschnitten.

Beispiel **für die Arbeitsweise einer LOM-Anlage**

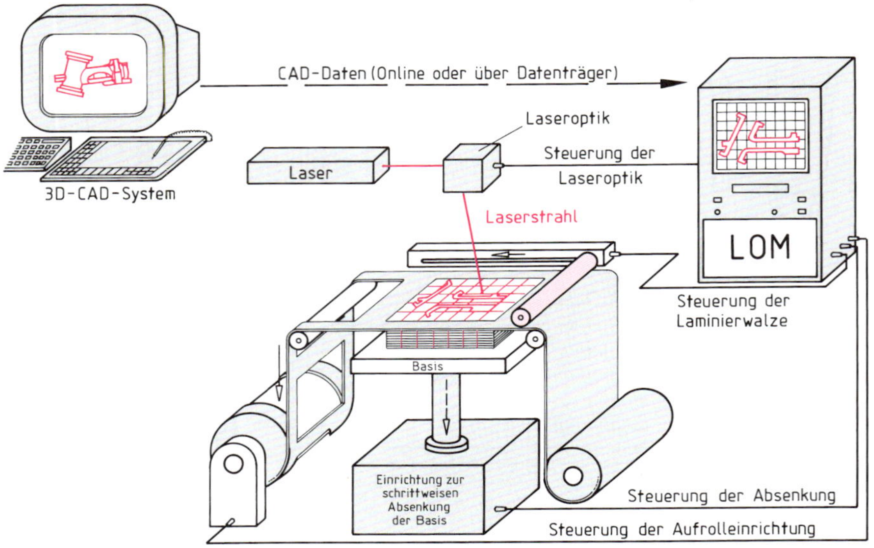

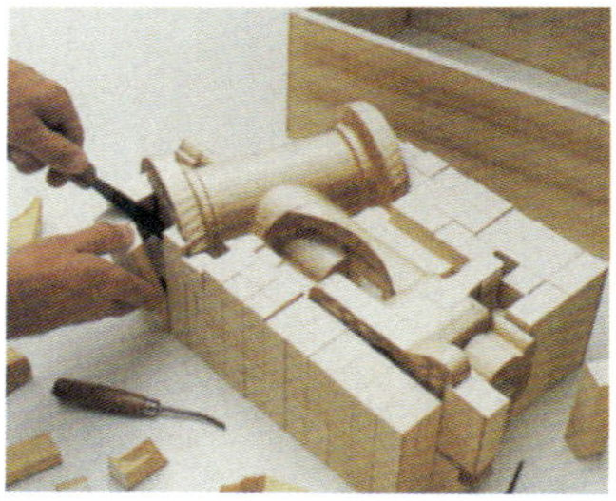

Bauteile, die nach dem LOM-Verfahren erzeugt werden, haben etwa die Festigkeit von Holz. Sie können durch Beschichten in der Oberfläche optimiert werden. Die Maßgenauigkeit liegt bei etwa ± 0,15 mm. Sie werden durch Infiltration von Epoxidharz wesentlich fester und erhalten gut schleifbare Oberflächen.

Ähnlich arbeitet das **Metall-LOM-Verfahren**. Dabei werden funktionsfähige Prototypen oder Kleinserienwerkzeuge aus LASER-geschnittenen Metallplatten zusammengesetzt.
Ausgangspunkt der Werkzeugherstellung nach dem Metal-LOM-Verfahren ist das 3D-CAD-Modell, welches durch eine spezielle Software in einzelne dünne Schichten zerlegt wird.
Ein Laser schneidet die Konturen der einzelnen Schichten aus speziellen Blechtafeln aus, welche mit einem warmaushärtenden Epoxidharz beschichtet sind.
Die ausgeschnittenen Blechtafeln werden gestapelt und bilden dadurch die dreidimensionale Werkzeugform. Die mit einem warmvernetzendem Epoxidharzsystem beschichteten Bleche werden nun unter Druck und Temperatur verbacken. Um die Form haltbarer zu machen, wird diese zusätzlich mit Zugankern verstärkt.

Feinbearbeitungstechniken

1 Fertigen durch Abtragen

Die abtragenden Fertigungsverfahren sind Trennverfahren, bei denen Stoffteilchen nicht mechanisch, sondern durch thermische, chemische oder elektrochemische Einwirkung abgetrennt werden.

Bei der Werkzeug- und Formenherstellung werden zur Bearbeitung von elektrisch leitenden Werkstoffen hauptsächlich thermische Abtragverfahren, wie funkenerosives Senken und Schneiden, eingesetzt. International werden die Funkenerosionsverfahren unter der Kurzbezeichnung **EDM** (engl. **E**lectro-**D**ischarge-**M**achining) geführt.

Durch funkenerosives Schneiden hergestellte Formteile

Neben der Funkenerosion kommt im Werkzeugbau auch das Abtragen durch Laserstrahl zur Anwendung.

Die Vorteile der Herstellung von Bauteilen durch Abtragen gegenüber einer Fertigung durch Spanen sind:

- leichte Bearbeitung von Werkstoffen mit hoher Härte,
- äußerst geringe Einwirkung von äußeren Kräften auf das Werkstück und
- Herstellung komplizierter Konturen in einem Arbeitsgang.

Die im Werkzeugbau angewendeten Verfahren sind zudem automatisierbar und ermöglichen so einen selbsttätigen Fertigungsverlauf.

1.1 Funkenerosives Senken und Schneiden

1.1.1 Wirkprinzip

Der Werkstoffabtrag wird durch Schmelzen und Verdampfen räumlich begrenzter Werkstückbereiche mithilfe von Wärme erzielt, die durch Funkenentladung erzeugt wird. Der Vorgang geschieht in einer elektrisch nichtleitenden Flüssigkeit, dem Dielektrikum. Das Dielektrikum spült den Werkstoffabtrag aus dem Arbeitsbereich heraus.

Auf der Grundlage dieses Prinzips beruhen das funkenerosive Senken und das funkenerosive Schneiden.

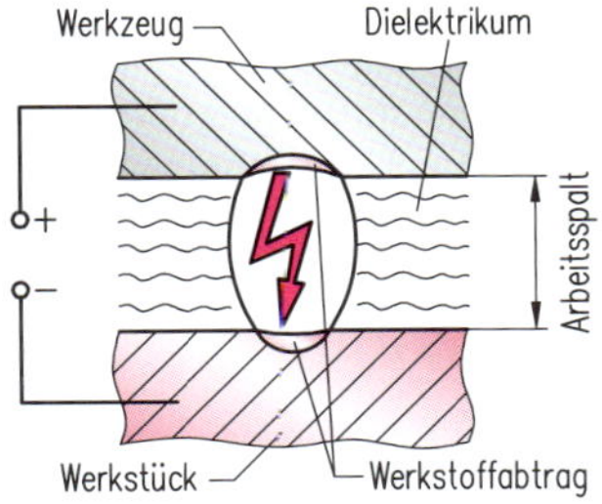

Wirkprinzip

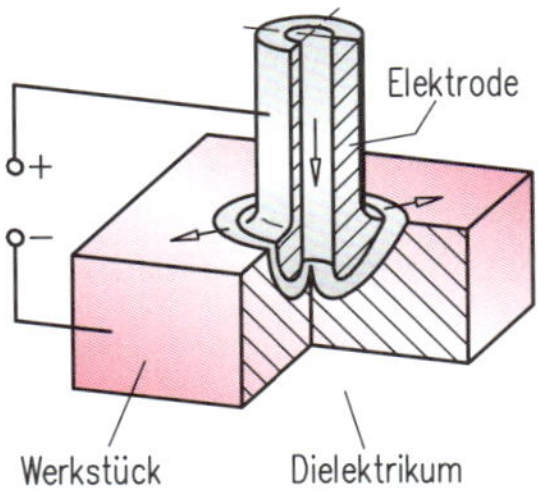

Funkenerosives Senken

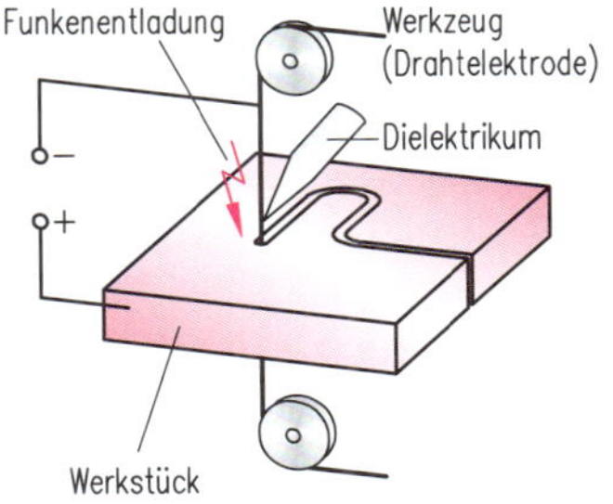

Funkenerosives Schneiden

1.1.2 Physikalische Grundlagen

Beim funkenerosiven Senken und Schneiden wird eine Gleichspannung an das Werkstück und die Elektrode angelegt, die Spannung in schneller Folge ein- und abgeschaltet. Die Einschaltdauer liegt zwischen 10 µs und 200 µs. Die Vorgänge innerhalb dieser kurzen Einschaltzeit lassen sich in vier Phasen einteilen. Jede dieser Phasen zeichnet sich durch einen bestimmten, zeitabhängigen **Stromspannungsverlauf** aus. Der Vorgang selbst ist in dem engen Arbeitsspalt nicht direkt beobachtbar.

Die vier Phasen sind:

- der **Aufbau eines elektrischen Feldes** beim Anlegen der Spannung,
- das **Zünden** des Lichtbogens,
- das **Entladen**,
- der **Abbau des Feldes** bei Abschalten der Spannung.

1.1.3 Technologische Grundlagen

Der **Werkstoffabtrag** erfolgt bei der Funkenerosion durch das millionenfache Aneinanderreihen von einzelnen Entladevorgängen, bei denen jeweils nur einige Milligramm Werkstoff abgetragen werden. Durch diese Art des Werkstoffabtrags entsteht eine geraute, kraterförmige Werkstückoberfläche. Das Bearbeitungsergebnis hängt entscheidend ab von:

- der Generatoreinstellung,
- dem Dielektrikum und der Spülmethode,
- der Elektrodenpolarität und der Auswahl des Elektrodenwerkstoffs.

Entladevorgänge im Arbeitsspalt

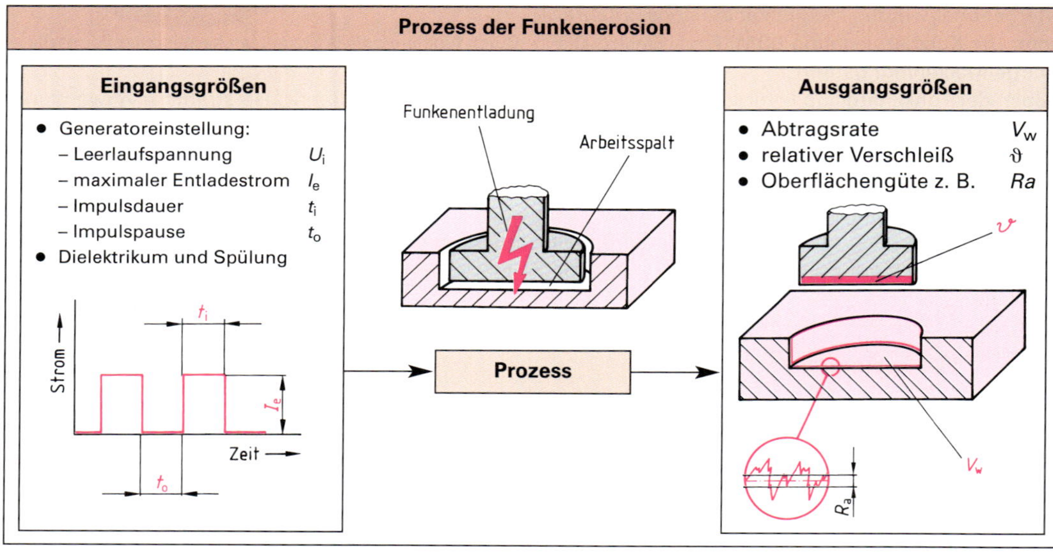

- **Einstellgrößen am Generator**

Der Generator erzeugt und steuert die für den Erodierprozess notwendigen Stromspannungsverläufe. Dazu formt er die vom Netz kommenden Wechselspannungen und -ströme in rechteckige Spannungs- und Stromimpulse um. Für das Bearbeitungsergebnis besonders wichtig ist dabei die Impulsdauer während des Entladevorgangs sowie die Pause zwischen zwei Entladungen.

Leerlaufspannung

Die *Leerlaufspannung* U_i tritt an der Entladestrecke als Maximalwert auf, wenn kein Strom fließt. Sie leitet den Entladevorgang ein und beeinflusst wesentlich die Größe des sich einstellenden Arbeitsspalts. Eine Erhöhung der Leerlaufspannung führt zu einem größeren Arbeitsspalt, der wiederum verbessert die Spülbedingungen zwischen Werkstück und Elektrode. Ein großer Arbeitsspalt verringert jedoch die Abbildungsgenauigkeit. Die Arbeitsspaltbreiten liegen je nach Bearbeitungsvorgang zwischen einigen zehntel Millimeter bis zu einigen tausendstel Millimeter.

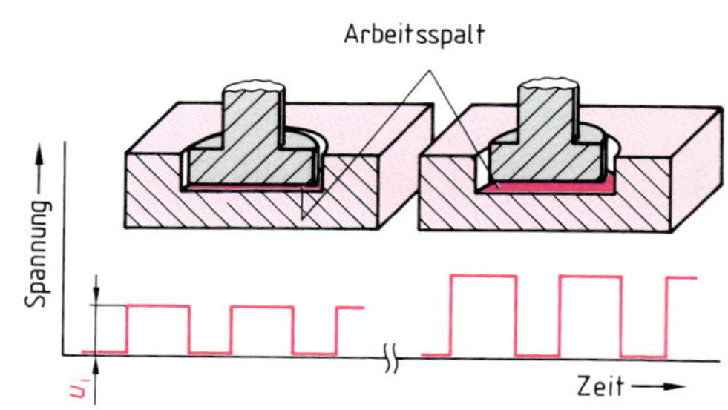

Einfluss der Leerlaufspannung auf die Größe des Arbeitsspalts

Die Höhe der Leerlaufspannung beeinflusst die Größe des Arbeitsspalts. Dabei gilt, je größer der Arbeitsspalt, desto günstiger die Spülbedingungen; dies jedoch auf Kosten der Abbildungsgenauigkeit.

Entladestrom

Eine der wichtigsten Kenngrößen des Erodierprozesses ist der *Entladestrom* i_e. Der Entladestrom ist der Strom, der während einer Entladung durch die Entladestrecke fließt. Der **maximale Entladestrom** I_e ist durch die Leistungsfähigkeit des Generators begrenzt und lässt sich in Stufen einstellen. Je größer der Entladestrom gewählt wird, desto mehr Material wird während des Entladevorgangs an den Elektrodenoberflächen geschmolzen.
Dies führt zu:

- einer Erhöhung der Abtragsrate V_W,
- einer Vergrößerung des relativen Verschleißes ϑ,
- einer Vergrößerung der Rauheitskenngröße *Ra*.

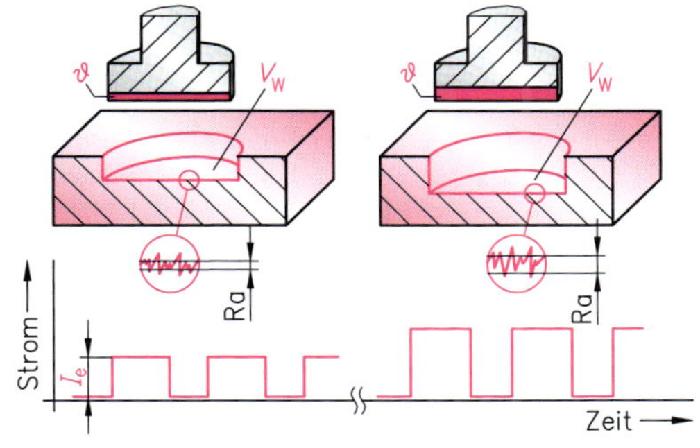

Einfluss des Entladestroms auf die Abtragsrate, den relativen Elektrodenverschleiß und den Mittenrauwert

Die **Abtragsrate** V_W ist ein Maß für die Erodiergeschwindigkeit und wird aus dem abgetragenen Werkstückvolumen V pro Zeit t berechnet.

> Der Entladestrom ist die wichtigste Kenngröße des Erodierprozesses. Bei seiner Erhöhung nehmen die Abtragsrate sowie der relative Elektrodenverschleiß zu und die Oberflächengüte ab.

Impulsdauer

Die *Impulsdauer* t_i ist die Länge des Zeitintervalls des eingeschalteten Spannungsimpulses. Je größer die Impulsdauer gewählt wird, desto länger fließt der Entladestrom. Dies führt zur:

- Erhöhung der Abtragsrate
- Verringerung der Oberflächengüte und
- Verringerung des relativen Elektrodenverschleißes.

Die Abtragsrate steigt bei einer Erhöhung der Impulsdauer bis zu einem Maximalwert an. Wird eine zu hohe Impulsdauer eingestellt, so fällt die Abtragsrate aufgrund von Wärmeableitungen in das Dielektrikum und die Werkstückrandzone wieder ab.

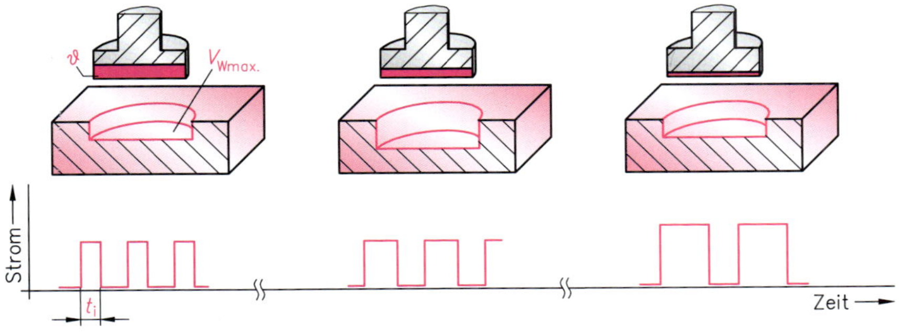

Zusammenhang zwischen Impulsdauer, Abtragsrate und relativem Elektrodenverschleiß

- **Dielektrikum**

Der Erodierprozess findet in einem Behälter statt, der mit einer nichtleitenden Flüssigkeit gefüllt ist. Die Flüssigkeit wird als Dielektrikum bezeichnet. Je nach Abtragsverfahren werden unterschiedliche Dielektrika eingesetzt:

- synthetische Öle (Kohlenwasserstoffprodukte) beim funkenerosiven Senken und
- deionisiertes Wasser für die Feinstbearbeitung, z. B. beim funkenerosiven Schneiden.

Auf Kombimaschinen, z. B. zum Schleifen und Rotationserodieren, werden Multifunktionsfluide (z. B. IONOGRIND®) eingesetzt, die für beide Verfahren gleichermaßen geeignet sind.

- **Aufgaben des Dielektrikums**

Das Dielektrikum hat im Rahmen des Erodierprozesses mehrere Aufgaben zu erfüllen:

Isolation

Das Werkstück und die Elektrode müssen gegeneinander isoliert werden, um eine hohe Leerlaufspannung bei möglichst kleinem Arbeitsspalt zu erreichen. Hohe Leerlaufspannung und kleiner Arbeitsspalt haben zur Folge:
- eine große Abtragsrate und
- eine gute Abbildungsgenauigkeit

Begrenzung und Deionisierung

Das Dielektrikum muss:
- die Größe des Entladekanals begrenzen, um eine hohe Energiedichte zu erzielen und
- für schnelle Deionisierung nach dem Feldabbau sorgen, damit jeweils die nächste Entladung an einer anderen Stelle stattfindet, um so einen flächendeckenden Abtrag zu erzielen.

Dielektrikum

Kühlung

Bei der Funkenentladung entstehen Temperaturen von über 8 000 °C. Das Werkstück und die Elektrode müssen deshalb gekühlt werden, um:
- einen hohen Elektrodenverschleiß und
- eine thermische Schädigung der Werkstückoberfläche zu vermeiden.

Abtransport der Abtragpartikel

Die beim Erodierprozess entstehenden Abtragpartikel müssen weggespült werden, damit Prozessstörungen, wie Leerlaufimpulse, Kurzschlussströme und Lichtbogenentladungen, vermieden werden. Folgen der Prozessstörungen sind:
- Verminderung der Abtragsrate und
- Oberflächen- und Randzonenschädigung.

- **Ökologische Hinweise zum Dielektrikum:**

Dielektrika und Erodierschlämme gehören zu den wassergefährdenden Stoffen. Deshalb sind Maßnahmen zu treffen, die das Versickern oder Ablaufen in Abwasserkanäle verhindern. Die Stoffe sind den Vorschriften entsprechend zu entsorgen.

Das Dielektrikum erfüllt im Rahmen des Erodierprozesses folgende Aufgaben:
- Isolation von Werkstück und Elektrode,
- Begrenzung und Deionisierung des Entladekanals,
- Kühlung von Werkstück und Elektrode,
- Abtransport der Abtragpartikel.

Dielektrika sind den Vorschriften entsprechend zu entsorgen.

1.2 Funkenerosives Senken

Das funkenerosive Senken wird in zwei Verfahrensvarianten durchgeführt:

Bei den **formabbildenden Verfahren** werden speziell hergestellte Formelektroden zur Erzeugung von Gravuren und Durchbrüchen eingesetzt. Die Formelektrode führt dabei eine Vorschubbewegung in einer Richtung aus.

Die **formerzeugenden Verfahren** arbeiten meist mit *einfachen Elektrodenformen* und erzeugen die gewünschte Werkstückform durch eine Elektrodenbewegung, die in mehreren Richtungen gesteuert werden kann. Bei beiden Verfahrensvarianten wird der gesamte Werkstoff, der zur Erzeugung einer bestimmten Werkstückform abgetrennt werden muss, durch Funkenentladungen abgetragen.

Funkenerosives Senken (formabbildend)

1.2.1 Funkenerosives Senken mit abbildenden Verfahren

Bei den formabbildenden Verfahren können die Formelektroden die komplette Form der zu erzeugenden Kontur oder Teilbereiche der Kontur enthalten. Im Falle einer Aufteilung der Kontur in Teilbereiche, die nacheinander eingesetzt werden, spricht man von segmentierten Elektroden. Der wirtschaftliche Vorteil der Segmentierung liegt in der Möglichkeit, handelsübliche Elektrodenformen (Elektrodenrohlinge bzw. Normalien) z. B. Rund- und Quadratstäbe, einzusetzen. Diese sind preisgünstiger als speziell angefertigte Elektroden.

Beispiele **für die Konturerzeugung mit abbildenden Elektroden**

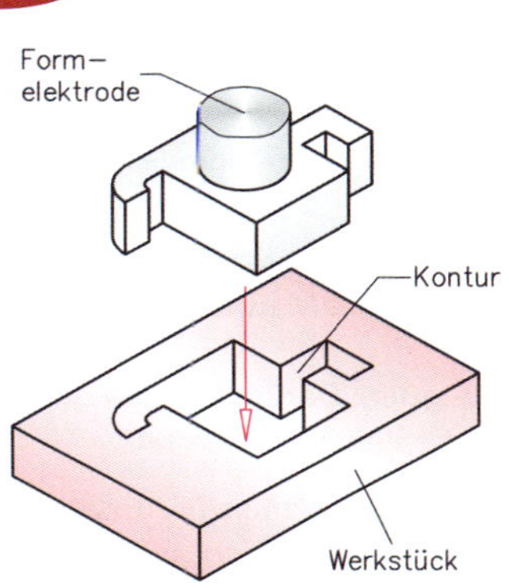

Einsatz einer speziell gefertigten Formelektrode

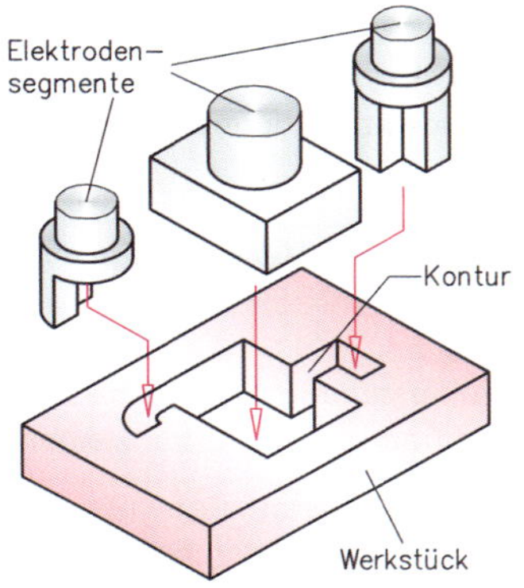

Elektrodensegmentierung

Beim funkenerosiven Senken mit abbildenden Elektroden hat die Elektrode die Form der zu erzeugenden Kontur. Beim Arbeiten mit segmentierten Elektroden bilden die Elektrodenformen Teilbereiche der Kontur, die nacheinander eingearbeitet werden.

1.2.2 Funkenerosives Senken mit formerzeugenden Verfahren (Planetärerosion)

Bei den formerzeugenden Verfahren werden einfache Elektroden ähnlich den Bewegungen eines Fräsers so geführt, dass die gewünschte Kontur entsteht. Man nennt das Verfahren **Planetärerosion**. Für häufig vorkommende Konturen sind in den Steuerungen der Erodiermaschinen entsprechend **Bearbeitungszyklen** gespeichert.

Beispiele **für die Planetärerosion mit Bearbeitungszyklen und mit einfachen Elektrodenformen**

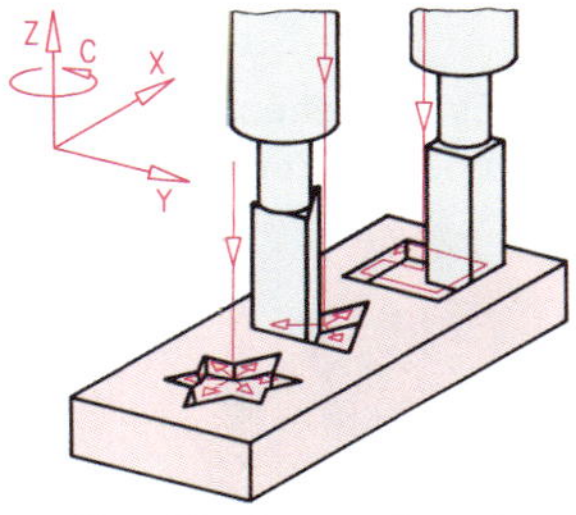

Sternförmiges und quadratisches Planetär-Aufweiten

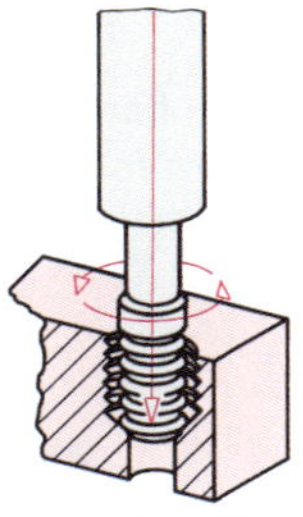

Kreisendes planetäres Aufweiten in einer oder zwei Hauptebenen.

Planetärerosion mit Bearbeitungszyklen

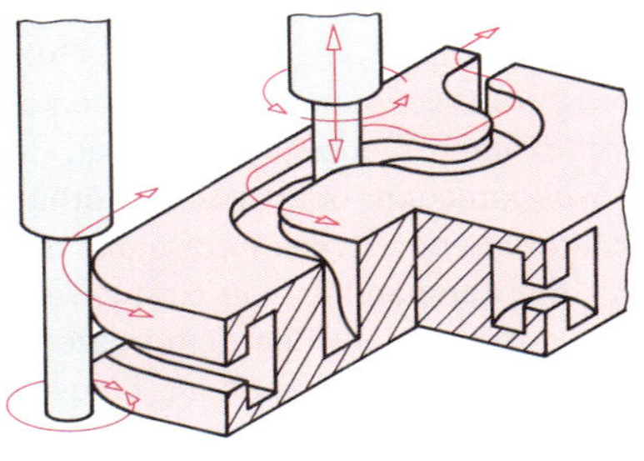

Planetärerosion mit einfacher Elektrodenform

Bei der Planetärerosion wird die Kontur durch Elektrodenbewegungen in den verschiedenen Maschinenachsen (X, Y, Z und C) erzeugt.

Eine gesteuerte C-Achse macht es möglich, Drehbewegungen um die Z-Achse auszuführen.

1.2.3 Elektroden zum funkenerosiven Senken

• Elektrodenwerkstoffe

Erodierkupfer ist fast reines Kupfer (99,90 %) mit geringem Sauerstoffgehalt. Es wird wegen seiner guten spanenden Bearbeitbarkeit, seiner sehr guten elektrischen Leitfähigkeit und der Möglichkeit, Elektroden auch durch Umformen und Ätzen herzustellen, häufig verwendet. Im Erodierprozess ergeben Kupferelektroden meist bessere Oberflächenqualität, weisen aber auch höheren Elektrodenverschleiß auf. Die relativ hohe Wärmedehnung des Kupfers beeinträchtigt ebenfalls die maßgenaue Fertigung.

Mehrkanal- und Einkanal-Rohrelektroden aus Kupfer
(Quelle: Precitec GmbH, Teltow)

Wolframkupfer ist ein Sinterwerkstoff aus Wolfram mit ca. 20 % Kupfer zur Verbesserung der Leitfähigkeit. Dieser Elektrodenwerkstoff ist sehr teuer. Er weist im Erodierprozess hohe Maßbeständigkeit und geringen Verschleiß auf.
Bei der Elektrodenherstellung muss seine Sprödigkeit berücksichtigt werden. Darum werden dünnwandige Konturen in Wolframkupfer nur mit kleinen Vorschüben bzw. durch Schleifen bearbeitet.

Grafit ist fast reiner Kohlenstoff. Er ist bis über 3 000 °C stabil, weist geringe thermische Ausdehnung auf und kann mit hohen Stromdichten belastet werden. Für den Erodierprozess ergibt sich daraus, dass hohe Abtragsraten und hohe Genauigkeiten mit Grafitelektroden zu erreichen sind.
Elektrodengrafit wird heißgepresst und weist darum eine Porenstruktur auf. Je feinkörniger der Grafit ist, desto geringer ist der Elektrodenverschleiß.

• Fertigen von Elektroden

Für die **Elektrodenherstellung** können eine Reihe von Fertigungsverfahren eingesetzt werden. Die Auswahl richtet sich nach dem Elektrodenwerkstoff und der Elektrodengröße.

Fertigen von Kupferelektroden

Kleine bis mittlere Elektroden aus Kupfer werden hauptsächlich durch Zerspanen oder funkenerosives Schneiden hergestellt.
Bei der Herstellung großer Elektroden wird nur die äußere Schicht aus Kupfer gefertigt, der Rest besteht aus unterschiedlichen Trägermaterialien. Durch Gesenkbiegen werden z. B. Hohlkörper aus Kupferblech hergestellt, die die äußere Schicht der Elektrode bilden. Durch Galvanoformen werden Kupferschichten mit bestimmter Dicke auf einem Modell aus Kunststoff oder Metall erzeugt.

Fertigen von Grafitelektroden

Grafitelektroden können in allen Größen durch Spanen hergestellt werden. Es entstehen aber im Gegensatz zur Zerspanung von Metallen keine Späne, sondern feiner Staub. Darum ist bei Zerspanung auf herkömmlichen Werkzeugmaschinen der Einsatz von Absauganlagen oder Wasservorhängen zur Abschirmung der Zerspanungsstelle notwendig.
Für die Zerspanung von Grafit werden auch speziell ausgestattete Bearbeitungszentren zur Hochgeschwindigkeitszerspanung eingesetzt. Als Werkzeuge haben sich dort mit polykristallinen Diamant bestückte Schneiden als vorteilhaft erwiesen.
Grafit ist elektrisch leitend. Darum können Grafitelektroden auch durch Drahterodieren hergestellt werden.
Grafitelektroden können mit Cyanacrylatkleber (Sekundenkleber) aus Teilen zusammengeklebt werden.

Elektrodenrohlinge aus Grafit
(Quelle: Precitec GmbH, Teltow)

1.2.4 Spülung beim funkenerosiven Senken

Der Erosionsprozess findet in einem Behälter statt, der mit Dielektrikum gefüllt ist. Zusätzlich wird eine Spülung benötigt, welche die bei der funkenerosiven Bearbeitung entstehenden Abtragpartikel aus dem Arbeitsspalt spült. Ist die Spülung unzureichend, können die Abtragpartikel eine leitende Brücke zwischen Elektrode und Werkstück bilden. Die Folge sind Kurzschlüsse bzw. Lichtbögen, die große Krater in die Elektrode und das Werkstück brennen. Je geringer die Viskosität des Dielektrikums ist, desto besser kann die Spülaufgabe bewältigt werden, weil die Flüssigkeit leichter durch den Arbeitsspalt fließen kann.

Spülvorgang beim funkenerosiven Senken

- **Offene Spülung**

Als offene Spülung bezeichnet man eine Spülmethode, bei der Dielektrikum über eine Spüldüse in den Arbeitsspalt gefördert wird. Der Anstellwinkel der Düse variiert je nach Einsenktiefe. Dabei gilt: Je größer die Einsenktiefe, desto steiler die Düsenstellung. Die offene Spülung wird am häufigsten eingesetzt. Bei zu großen Einsenktiefen oder komplizierten Werkstückformen ist sie allerdings nicht mehr wirkungsvoll.

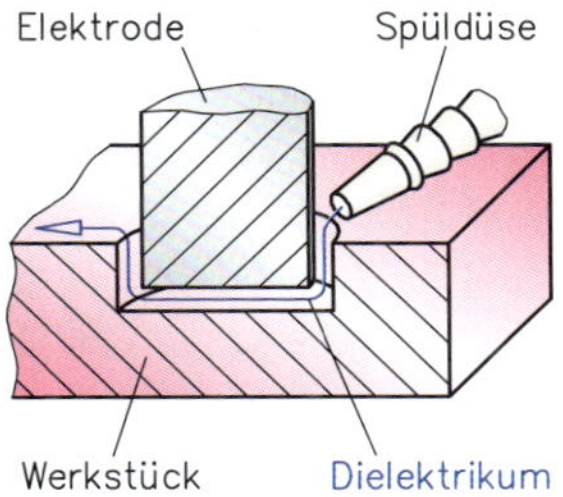

Offene Spülung

- **Druckspülung**

Lässt die Elektroden- bzw. Werkstückgröße eine Spülbohrung zu, so wird die Druckspülung eingesetzt. Dabei wird die Spülflüssigkeit entweder von oben durch die Elektrode oder von unten durch das Werkstück gedrückt.

Bei der Druckspülung ist die Durchflussmenge wichtiger als der Spüldruck. Spülbohrungen erleichtern den Spülvorgang erheblich, weil durch die günstigeren Strömungsverhältnisse im Erosionsbereich der Abtransport der Abtragspartikel erleichtert wird. Die bei der Druckspülung aufsteigenden Abtragpartikel bewirken im *lateralen* Spalt eine ständige Erosion. Dieser Werkstoffabtrag führt zu Abbildungsfehlern. Die Abbildungsfehler müssen durch eine erweiterte Untermaßberechnung kompensiert werden.

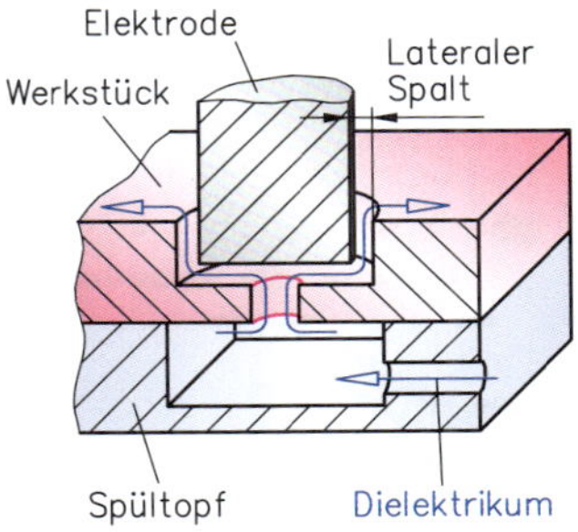

Druckspülung durch das Werkstück

- **Intervallspülung**

Bei der Intervallspülung wird der Erosionsvorgang kurzzeitig unterbrochen (0,1 s – 10 s) und die Elektrode zurückgefahren (0,02 mm – 10 mm), um den Spülvorgang bei kleinen Elektrodenabmessungen, tiefen Einsenkungen oder bei der Schlichtbearbeitung mit engen Arbeitsspalten zu verbessern. Der durch das Abheben vergrößerte Arbeitsspalt erleichtert den Abtransport der Abtragpartikel. Das sich periodisch wiederholende Zurückfahren bzw. Zustellen der Elektrode führt zu einer *Saug-* bzw. *Pumpwirkung*, wodurch die Spülung verbessert wird.

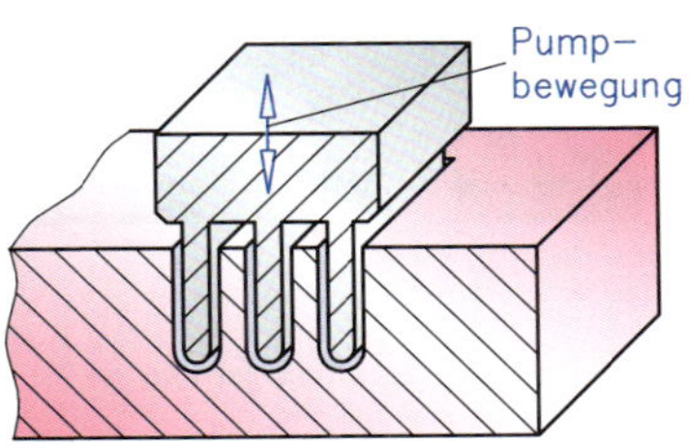

Intervallspülung

1.2.5 Einsatzmöglichkeiten des funkenerosiven Senkens

In der Werkzeug- und Formentechnik wird das funkenerosive Senken hauptsächlich eingesetzt zur Fertigung von:

- Spritzgießwerkzeugen,
- Druckgießwerkzeugen,
- Schmiedegesenken,
- Hartmetallwerkzeugen zum Spanen und
- Schneidwerkzeugen.

Beispiele **für durch funkenerosives Senken hergestellte Werkzeuge**

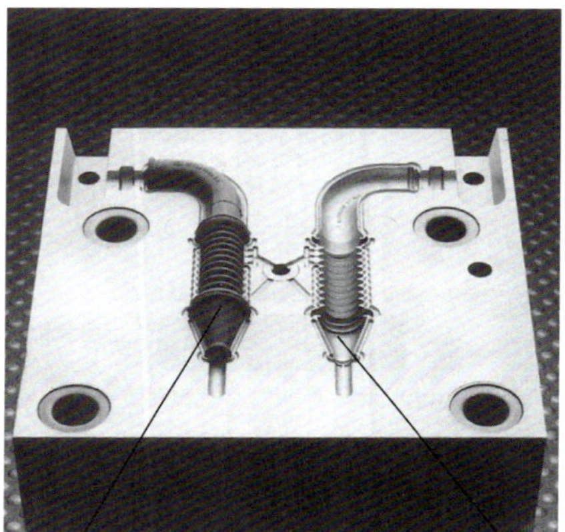

Teil eines Spritzgießwerkzeugs

Hartmetallwerkzeug (Walzenfräser)

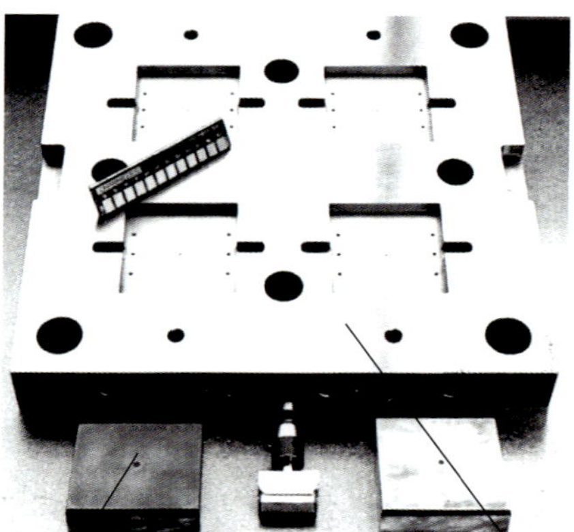

Werkzeug für Kunststoffschachteln

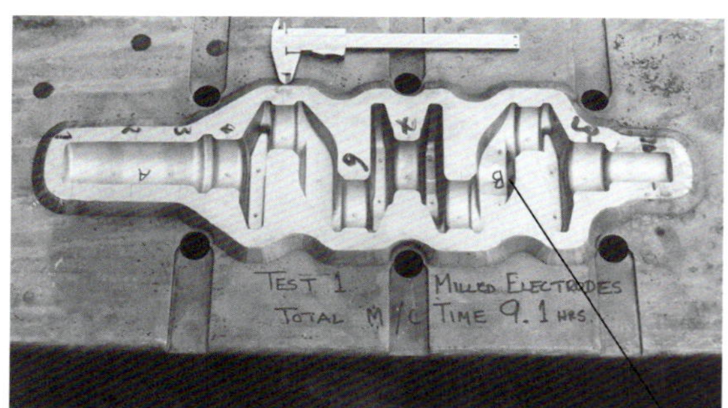

Teil eines Schmiedegesenks

Das funkenerosive Senken wird hauptsächlich zur Herstellung von Formwerkzeugen und Gravuren in Gesenken eingesetzt.

1.3 Funkenerosives Schneiden

Das funkenerosive Schneiden ist ein formerzeugendes Verfahren, bei dem ein Draht als Elektrode eingesetzt wird. Um den Verschleiß der Drahtelektrode auszugleichen, wird mithilfe einer Transporteinrichtung ständig Draht von einer Rolle abgewickelt und durch den **Schnittspalt** geführt.

Die gewünschte Werkstückform wird durch eine Drahtbewegung erzeugt, die in mehreren Richtungen gesteuert werden kann. Dabei entsteht meist ein Schnitt, der ein bestimmtes Werkstückvolumen umschließt. Das umschnittene Werkstückvolumen wird als **Ausfallteil** bezeichnet. Als Werkstück kann sowohl das Ausfallteil als auch das Einspannteil vorgesehen werden.

Ist das Ausfallteil als Werkstück vorgesehen, so muss die **Startbohrung** zur Drahteinfädelung und der **Anschnitt** zwischen Startbohrung und Werkstückkontur im Bereich des Einspannteils liegen.

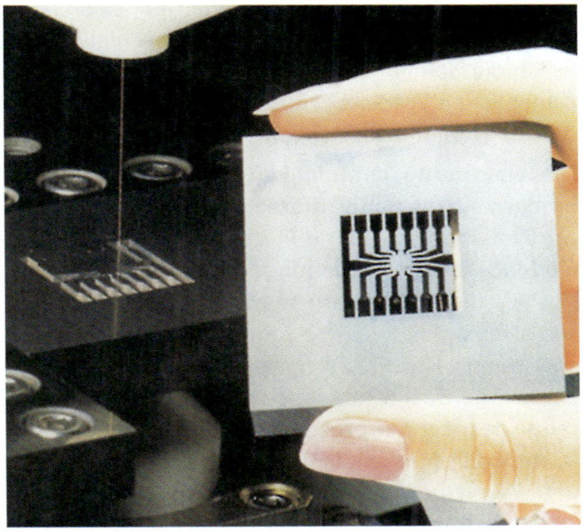

Funkenerosives Schneiden

Beispiele **für die Erzeugung einer Werkstückkontur durch funkenerosives Schneiden**

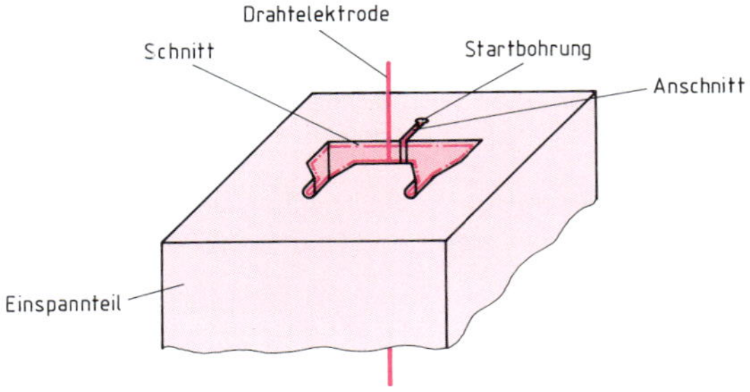

Einspannteil mit Startbohrung und Anschnitt

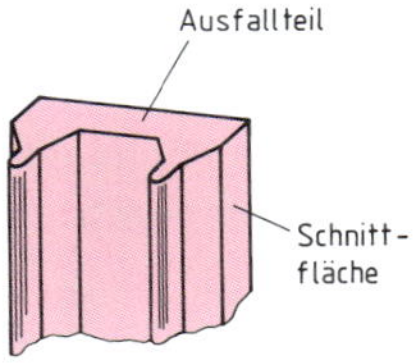

Ausfallteil wird als Schnittstempel benötigt

Ein wesentlicher Vorteil des funkenerosiven Schneidens gegenüber dem funkenerosiven Senken ist, dass nicht der gesamte Werkstoff des Einspannteils durch Funkenentladungen abgetragen werden muss, sondern nur der Werkstoff im Schnittspalt.

Durch funkenerosives Schneiden sind Schnittflächen zu erzeugen, die sowohl zylindrisch (parallel) als auch konisch verlaufen können.

Beispiele **für Werkzeuge mit unterschiedlichen Schnittflächenverläufen**

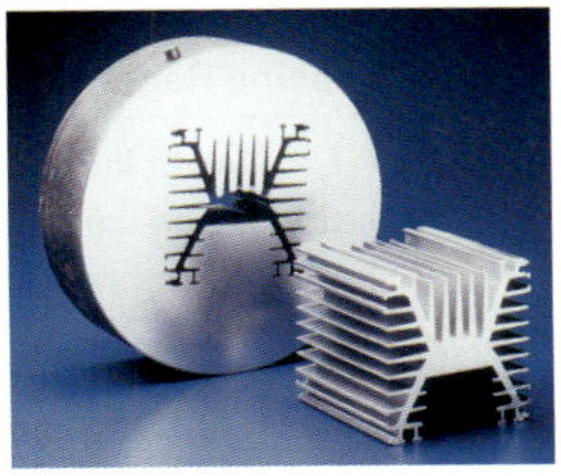

Strangpressmatrize
(zylindrischer Schnittflächenverlauf)

Schneidwerkzeug
(zylindrischer Schnittflächenverlauf)

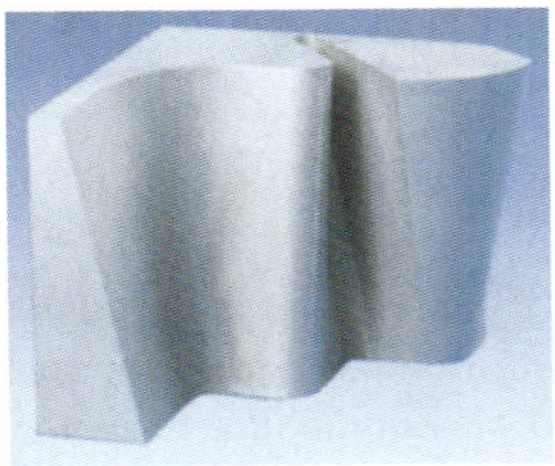

Werkzeugeinsatz
(konischer Schnittflächenverlauf)

Das funkenerosive Schneiden ist ein formerzeugendes Verfahren, bei dem die Werkstückform durch die gesteuerte Bewegung einer Drahtelektrode erzeugt wird. Die dabei entstehende Schnittfläche kann sowohl zylindrisch als auch konisch verlaufen.

1.3.1 Elektroden zum funkenerosiven Schneiden

Die beim funkenerosiven Schneiden eingesetzten **Drahtelektroden** werden im Bereich der Erodierzone kontinuierlich erneuert. Der Elektrodenverschleiß spielt deshalb bei diesem Verfahren eine untergeordnete Rolle. Für die vielfältigen Bearbeitungsmöglichkeiten des funkenerosiven Schneidens werden Drähte aus unterschiedlichen Werkstoffen und mit verschiedenen Durchmessern eingesetzt. Die wichtigsten Kriterien bei der Auswahl des Elektrodenwerkstoffs sind die elektrische Leitfähigkeit und die Zugfestigkeit.

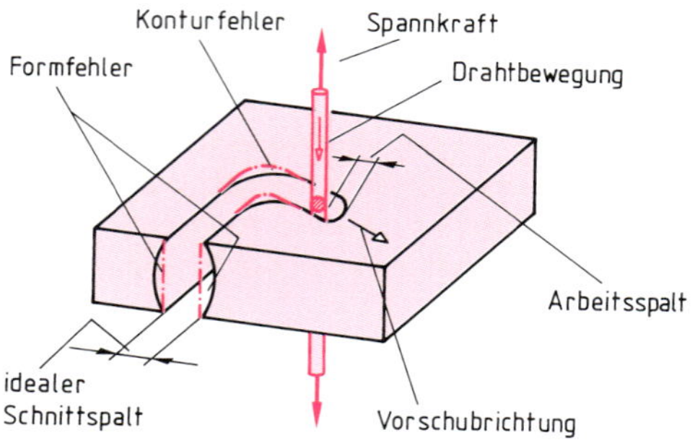

Form- und Konturfehler beim funkenerosiven Schneiden

Die **elektrische Leitfähigkeit** hat entscheidenden Einfluss auf die **Schneidrate.** Die Schneidrate ist die pro Zeiteinheit erodierte Fläche in mm^2/min. Sie ist ein Maß für die Bearbeitungsgeschwindigkeit, ähnlich wie die Abtragsrate beim funkenerosiven Senken. Die **Zugfestigkeit** begrenzt die mögliche Drahtspannung. Der Draht wird gespannt, um eine eindeutige Bearbeitungsposition des Drahtes während des Erodierprozesses sicherzustellen. Die Drahtposition wird nicht durch die Berührung mit dem Werkstück beeinflusst, sondern durch elektrostatische und elektromagnetische Kräfte, die beim Erodierprozess wirksam werden. Da die Kräfte entsprechend der eingegebenen Impulse periodisch auftreten, wird der Draht in Schwingung versetzt. Die auftretenden Kräfte führen insbesondere bei Werkstückkonturen mit starken Richtungsänderungen zu **Konturfehlern**. Die ebenfalls auftretenden Schwingungen führen zu **Formfehlern** im Schnittspalt. Die auftretenden Fehler sind umso größer, je höher die Schneidrate gewählt wird. In modernen Schneiderosionsanlagen wird deshalb die Drahtlage fortlaufend vermessen und korrigiert.

Zum funkenerosiven Schneiden werden Drahtelektroden mit guter elektrischer Leitfähigkeit und hoher Zugfestigkeit eingesetzt. Die Drahtelektroden werden während des Erodierprozesses kontinuierlich erneuert.

Beispiele **für Eigenschaften und Anwendungen unterschiedlicher Drahtwerkstoffe**

Drahtwerkstoff	Eigenschaften Zugfestigkeit in N/mm²	 elektrische Leitfähigkeit in m/Ω · mm²	Übliche Drahtdurchmesser in mm	Anwendung
Messing	400 – 900	13,5	0,2 – 0,3	universell
Molybdän	1 900	18,5	0,025 – 0,125	Präzisionsschnitte, komplizierte geometrische Formen und kleine Radien
Wolfram	2 500	18,2	0,025 – 0,125	Erodieren kleiner Eckradien mit kleinen Drahtdurchmessern

Zur Erhöhung der Schneidrate beschichtet man Messingdrähte mit Zink. Das Zink verdampft und verbessert die Zündfähigkeit. Der entstehende Oxidfilm erschwert gleichzeitig das Zusammenklumpen der abgetragenen Werkstoffpartikel. Ähnlich wirkende Beschichtungen werden auch bei Molybdän und Wolframdrähten eingesetzt.

Zum funkenerosiven Schneiden werden Drahtelektroden eingesetzt, die während des Erodierprozesses kontinuierlich erneuert werden. Die eingesetzten Drahtwerkstoffe sollten eine gute elektrische Leitfähigkeit und eine hohe Zugfestigkeit besitzen.

1.3.2 Bearbeitungstechniken

Die Verfahrensvarianten des funkenerosiven Schneidens (Vollschneiden – zur Erzeugung einer neuen Kontur und Nachschneiden – zur Nacharbeitung einer vorhandenen Kontur) werden in unterschiedlichen Bearbeitungstechniken eingesetzt:

- **Stapelschnitt**

Beim Stapelschnitt werden mehrere Werkstückrohlinge gleichen Werkstoffs zu einem Block zusammengelegt und durch Schrauben, Schweißen oder Löten fest zusammengefügt. Anschließend wird der gesamte Block bearbeitet. Durch den Stapelschnitt werden z. B. Schneidplatten, Extrudiermatrizen oder Formteile kostengünstiger hergestellt als durch viele Einzelschnitte.

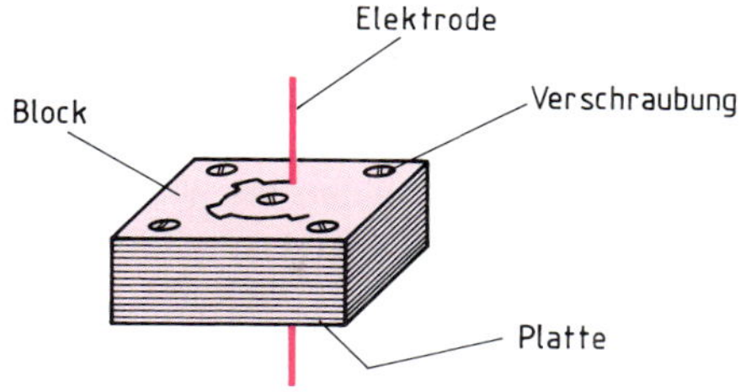

Formteilherstellung im Stapelschnitt

- **Verbundschnitt**

Der Verbundschnitt wird zur Bearbeitung von Werkstücken eingesetzt, die aus zusammengefügten Einzelteilen bestehen. Die Werkstoffe der Einzelteile sind unterschiedlich. Durch den Verbundschnitt werden z. B. Schneidplatten und -stempel, Formdrehmeißel oder Ziehmatrizen hergestellt, die aus unterschiedlichen Werkstoffen bestehen.

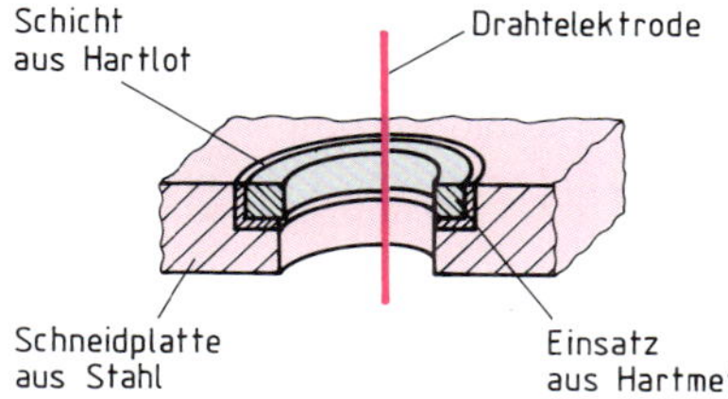

Nachschneiden im Verbundschnitt

- **Vollabtragstechnik**

Zur Herstellung von Formteilen oder Matrizen mit kleinen Abmessungen wird die Vollabtragstechnik eingesetzt. Durch den Einsatz dieser Technik soll verhindert werden, dass es bei einer Überlagerung der **Schnittspuren** zu ungewollten Ausfallteilen kommt. Die Ausfallteile können den Erodierprozess, z. B. durch Verklemmen des Drahtes im Schnittspalt, stören. Bei dieser Bearbeitungstechnik werden die einzelnen Schnittspuren so aneinander gereiht, dass das gesamte zu entfernende Volumen durch Funkenentladungen abgetragen wird.

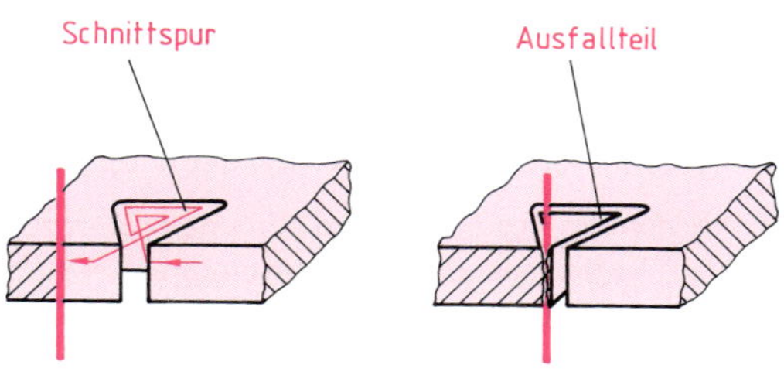

Vergleich zwischen Vollabtrag und Schnitt mit Ausfallteil

Formteile oder Matrizen mit kleinen Abmessungen werden mithilfe der Vollabtragstechnik hergestellt. Dabei wird das gesamte zu entfernende Volumen durch Funkenentladungen so abgetragen, dass kein Ausfallteil entsteht.

- **Simultanschnitt**

Durch den Simultanschnitt werden Stempel und Schneidplatte eines Schneidwerkzeugs in einem Schnitt gefertigt. Der Schnittflächenverlauf ist konisch auszuführen, um die Schnittspaltbreite so weit auszugleichen, dass der gewünschte Schneidspalt entsteht. Der Simultanschnitt wird hauptsächlich zur Herstellung von großen Werkzeugen mit geringen Toleranzanforderungen eingesetzt.

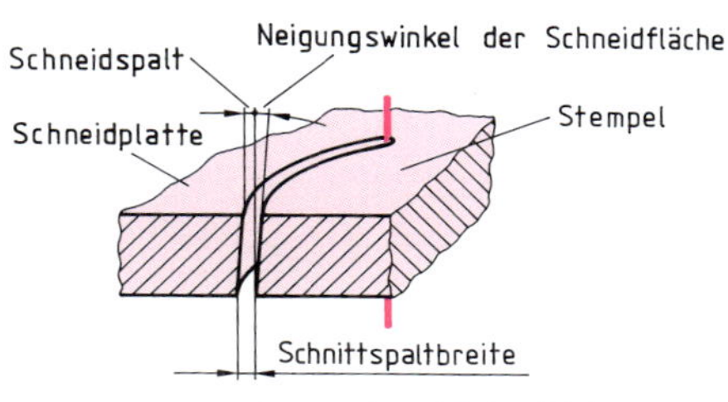

Simultanschnitt von Stempel und Schneidplatte

Durch einen Simultanschnitt können Stempel und Schneidplatte eines Schneidwerkzeugs in einem Schnitt gefertigt werden.

- **Bahnverlagerung (Offset)**

Durch die Verlagerung einer programmierten Bahn nach außen oder innen ist es möglich, in zwei Schnitten eine beliebige Passung zwischen einem Innenteil, z. B. einem Stempel, und einem Außenteil, z. B. einer Schneidplatte, herzustellen. Dabei wird zunächst die Schneidplatte durch Verlagerung nach außen und anschließend der Stempel durch Verlagerung nach innen geschnitten. In einem gesonderten Programm kann die Schneidplatte anschließend noch konisch nachgeschnitten werden.

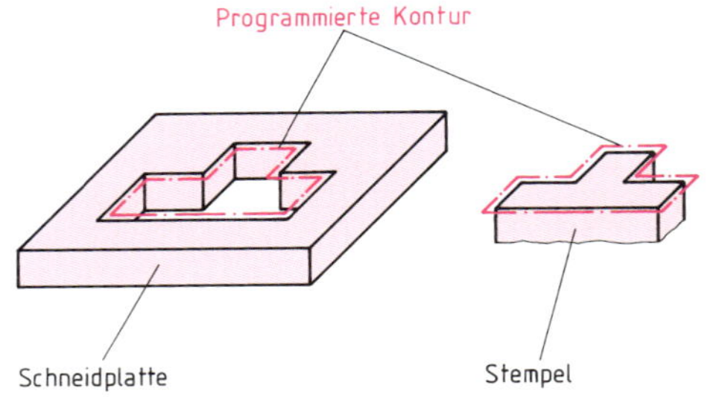

Herstellung von Schneidplatte und Stempel durch Bahnverlagerung

Die Möglichkeit der Bahnverlagerung wird auch genutzt, um bei einer Konturerstellung in mehreren Schnitten, wie z. B. bei geringen Maß- und Formtoleranzen oder hohen Anforderungen an die Oberflächengüte praktiziert wird, den Abstand zur Fertigkontur nach jedem Schnitt zu verändern. Die jeweiligen Schnitte werden mit unterschiedlichen Technologiedaten, z. B. mit verringerter Schneidrate und höherer Drahtspannung durchgeführt, um die geforderte Werkstückqualität zu erreichen.

Die Bahnverlagerung wird zur Herstellung von Passungen zwischen zwei Bauteilen und bei der Konturerstellung in mehreren Schnitten eingesetzt.

1.3.3 Schnittverlauf

- **Anschneiden**

Eigenspannungen innerhalb der Rohlinge können zu Verzug führen, wenn die Schnitte nicht so gelegt werden, dass nach dem Ausschneiden ein geschlossener „Rahmen" erhalten bleibt. Aus diesem Grund wird der Anschnitt von einer **Startbohrung** ausgehend ausgeführt, die innerhalb des Rohlings und abseits der Werkstückkontur liegt. Ihr Durchmesser beträgt je nach Drahtdurchmesser, Werkstückdicke und Präzision der Maschine zwischen 0,05 mm und 1 mm über dem Drahtdurchmesser. Die Startbohrung wird durch Bohren oder funkenerosives Senken erzeugt.

Damit sich der Erodierprozess nach dem Start zunächst stabilisieren kann und Bahnkorrekturen wirksam werden, liegt zwischen Startbohrung und Konturbeginn ein **Anschnitt**. Die Anschnittlänge richtet sich im Wesentlichen nach der Werkstückhöhe. Die Startbohrung und der Anschnitt sollten möglichst dicht am Schwerpunkt des Ausfallteils positioniert werden, damit freigeschnittene Werkstücke möglichst geringe Kräfte ausüben und es nicht zu elastischen Verformungen durch Lageabweichungen kommt. Aus diesem Grund wird auch möglichst nur ein Bauteil von einer Startbohrung aus geschnitten.

Beispiele **für die Ermittlung von Startbohrungsposition und Anschnittlänge**

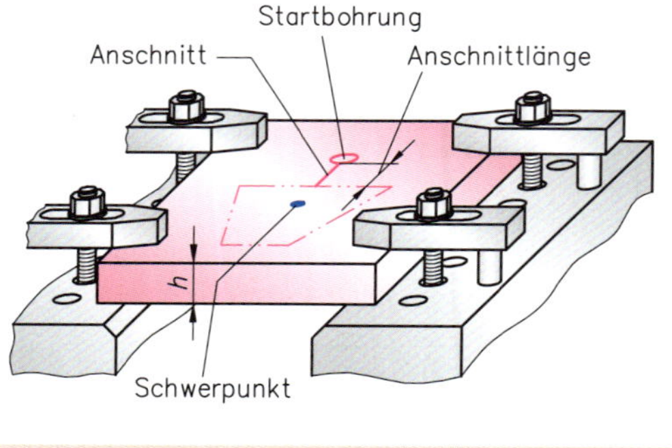

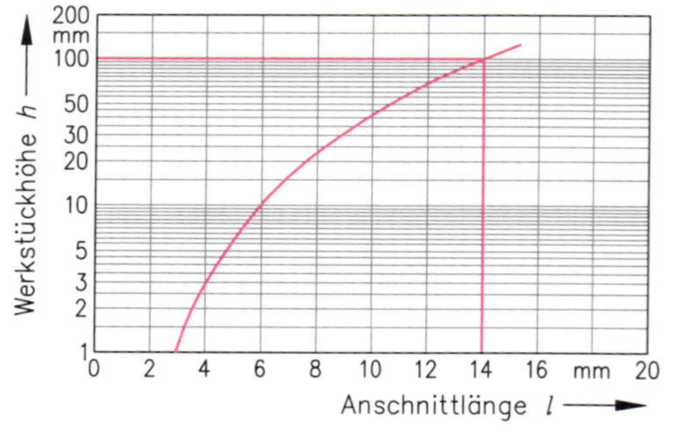

Beim funkenerosiven Schneiden beginnt der Schneidevorgang nicht direkt auf der zu fertigenden Kontur, sondern von einer Startbohrung aus. Die Strecke zwischen Kontur und Startbohrung wird als Anschnitt bezeichnet. Er sollte möglichst dicht am Werkstückschwerpunkt positioniert werden.

- **Schnittende**

Am Ende des Schnittes lösen sich Ausfallteile und ausgeklinkte Werkstücke vom fest eingespannten Rest. Sie können dabei verkanten und zu Beschädigungen führen. Darum müssen sich lösende Teile gesichert werden. Dies geschieht vor dem völligen Durchtrennen durch Klemmen, aufgeklebte Laschen oder bei magnetischen Werkstoffen durch Magnete. Wenn mannlos, d. h. ohne Maschinenbediener erodiert wird, muss der Schneidvorgang vor dem völligen Durchtrennen abgebrochen werden, damit ein **Haltesteg** als Anbindung stehen bleibt. Der Haltesteg wird möglichst nicht an Funktionsflächen positioniert, sondern z. B. an Stellen, die ein späteres Durchtrennen im Schnellschnitt zulassen.

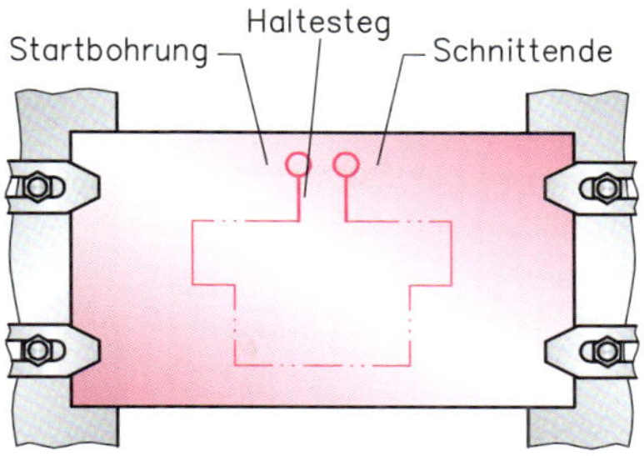

Bauteil mit Haltesteg

Zwischen Startbohrung und Schnittende muss bei mannloser Schicht ein Haltesteg zwischen Ausfallteil und Restrohling als Anbindung stehen bleiben, um Beschädigungen zu vermeiden. Der Haltesteg sollte nicht an Funktionsflächen positioniert werden.

1.3.4 Spülung beim funkenerosiven Schneiden

Der Erosionsprozess beim funkenerosiven Schneiden findet meist in einem Spülstrahl statt, der den Draht koaxial umschließt. Ist eine vollständige koaxiale Umspülung nicht möglich, wie z. B. bei konischen Schnittflächenverläufen oder bei der Erosion von Hohlkörpern, so wird der Erosionsprozess in einem Behälter durchgeführt, der mit Dielektrikum gefüllt ist. Als Dielektrikum wird **deionisiertes Wasser** eingesetzt. Unter deionisiertem Wasser versteht man in diesem Fall Leitungswasser, das in einem Dielektrikumsaggregat entsalzt worden ist. Die Leitfähigkeit des Dielektrikums sollte so gewählt werden, dass keine Prozessstörungen wie Kurzschlüsse oder Lichtbögen auftreten.

Damit es nicht zu Prozessstörungen kommt, muss auch bei der Erosion in einem gefüllten Dielektrikumsbehälter zusätzlich eine Spülung eingesetzt werden, welche die Abtragpartikel aus dem Arbeitsspalt spült. Die Spülung wird durch die Werkstückhöhe beeinflusst. Dabei gilt: je höher das zu erodierende Werkstück ist, desto schwieriger sind die Spülaufgaben zu bewältigen.

Für die verschiedenen Schnittbedingungen sind eine Reihe von Spülmethoden entwickelt worden, die den Draht im Bereich der Erodierzone umspülen. Je nach Spülanordnung wird unterschieden zwischen den **Spülarten:**

- Strahlspülung (Druckspülung),
- Saug-, Druckspülung,
- Koaxialspülung (einseitig) und
- Koaxialspülung (zweiseitig).

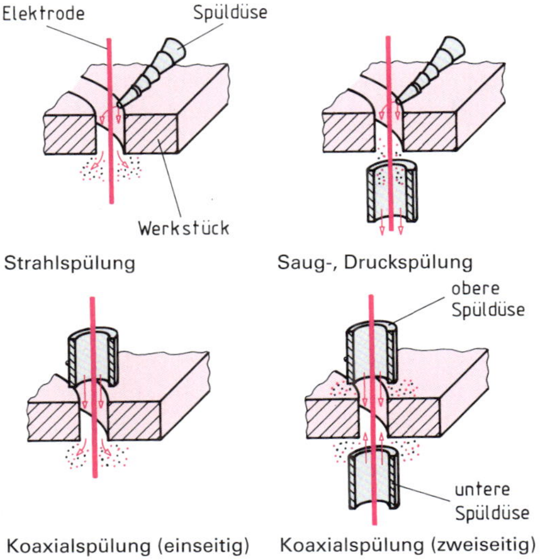

Spülarten beim funkenerosiven Schneiden

Beim funkenerosiven Schneiden wird deionisiertes Wasser als Dielektrikum verwendet. Das von einem Dielektrikumsaggregat aufbereitete Wasser umspült den Draht während des Erodierprozesses. Durch eine gute Spülung werden Prozessstörungen vermieden und wird die Schneidrate erhöht.

2 Anlagen zum funkenerosiven Abtragen

2.1 Baueinrichtungen einer Funkenerosionsanlage

Für das funkenerosive Abtragen werden spezielle Funkenerosionsanlagen eingesetzt. Wichtige Baueinrichtungen an Funkenerosionsanlagen sind:

- Arbeitskopf mit Vorschubregelung,
- Generator,
- Steuerung,
- Dielektrikumsgerät.

Die Funkenerosionsanlagen werden im Werkzeug- und Formenbau zur Fertigung von Werkstücken mit engen Toleranzen eingesetzt. Dieser Einsatz setzt eine Werkzeugmaschine voraus, die mit hoher Präzision hergestellt wurde und sich durch hohe Steifigkeit sowie thermische Stabilität auszeichnet.

Anlage zum funkenerosiven Senken

Für den Einsatz im Werkzeug- und Formenbau stehen unterschiedliche Anlagentypen in verschiedenen Größen zur Verfügung. Typisch für Funkenerosionsanlagen sind die Baueinrichtungen: Arbeitskopf mit Vorschubregelung, Generator, Steuerung und Dielektrikumsgerät.

2.2 Die Funkenerosionsanlage als technisches System

Die nachfolgende Darstellung zeigt eine Funkenerosionsanlage als technisches System mit den unterschiedlichen Teilsystemen in ihren Funktionszusammenhängen.

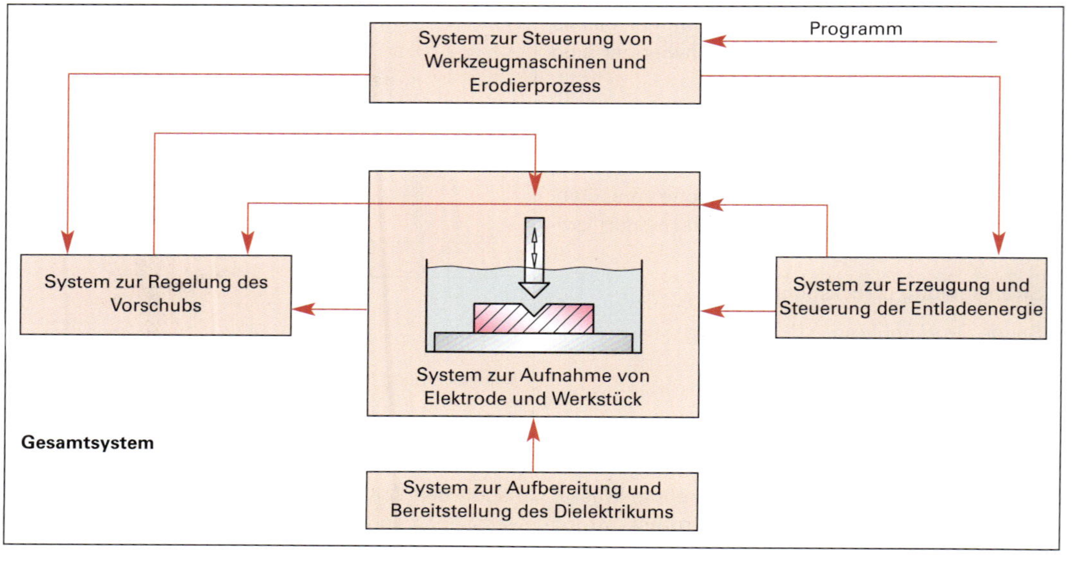

2.2.1 System zur Erzeugung und Steuerung der Entladeenergie

Zur Erzeugung und Steuerung der Entladeenergie wird ein Generator eingesetzt. Der Generator besteht aus folgenden Baueinheiten:

- Spannungsquelle,
- Taktgenerator,
- elektronischer Leistungsschalter,
- Widerstand zur Strombegrenzung.

Die *Spannungsquelle* liefert eine Gleichspannung in Höhe der gewünschten Leerlaufspannung. Der *Taktgenerator* wandelt die erzeugte Gleichspannung in Spannungsimpulse um, indem er den *Leistungsschalter* steuert. Der Leistungsschalter wird so gesteuert, dass sich am Arbeitsspalt die gewünschte Impulsdauer und die gewünschte Impulspause einstellen. Der verstellbare *Widerstand* dient zur Begrenzung der maximalen Entladestromstärke.
Durch das Parallelschalten mehrerer Generatorstromkreise lassen sich unterschiedliche Entladestromstärken realisieren.

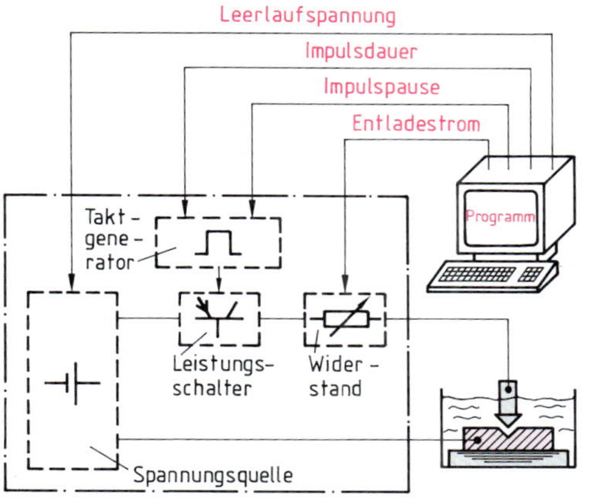

Baueinheiten im Generator

Zur Erzeugung und Steuerung der Entladeenergie wird ein Generator eingesetzt. Nach einem vorgegebenen Programm werden vom Generator die gewünschten Prozesskenngrößen (Leerlaufspannung, Impulsdauer, Impulspause, maximaler Entladestrom) am Arbeitsspalt eingestellt.

2.2.2 System zur Steuerung von Maschine und Prozess

Die Anlagen zum funkenerosiven Abtragen sind mit CNC-Steuerungen ausgestattet. Nach einem vorgegebenen Programm werden die Werkzeugmaschinen und der Erodierprozess gesteuert.

Die **Maschinensteuerung** schließt u. a. die Steuerung der Achsbewegungen ein. Für die Achsbewegungen setzt man unterschiedliche Steuerungsarten ein. Gesteuert werden:

- *Senkerosionsanlagen* mit 3D-Bahnsteuerungen und
- *Schneiderosionsanlagen* mit 5D-Bahnsteuerungen.

Häufig werden Senkerosionsanlagen noch mit einer steuerbaren C-Achse ausgestattet, um die Bearbeitungsmöglichkeiten zu erweitern. Mit einer gesteuerten **C-Achse** ist es möglich, Drehbewegungen um die Z-Achse auszuführen.
Die **Prozesssteuerung** wird über den Generator vorgenommen. Bei Senkerosionsanlagen kommt noch die Intervallsteuerung hinzu. Sie sorgt für die Unterbrechung des Erodierprozesses während der Zurückfahr- und Zustellbewegung der Elektrode bei der Intervallspülung.

Senkerosionsanlage mit 3D-Bahnsteuerung und gesteuerter C-Achse

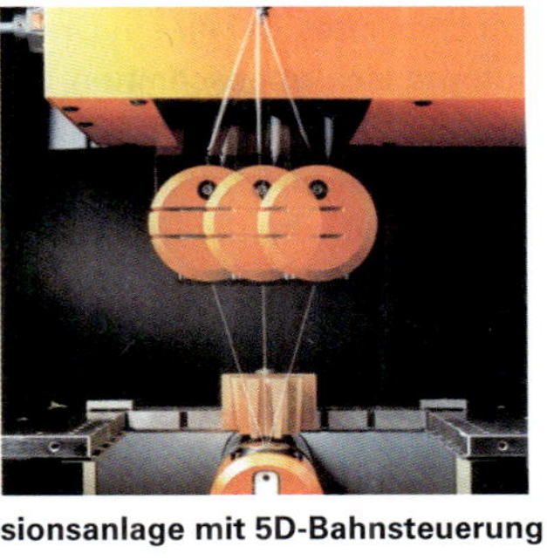
Schneiderosionsanlage mit 5D-Bahnsteuerung

Funkenerosionsanlagen sind mit CNC-Steuerungen ausgestattet, die sowohl den Erodierprozess als auch die Werkzeugmaschine steuern. Der Erodierprozess wird hauptsächlich über die Generatoreinstellung gesteuert. Für die Achsbewegung werden Bahnsteuerungen eingesetzt.

2.3 Spezielle Einrichtungen an der Werkzeugmaschine

2.3.1 Einrichtungen zur Aufnahme von Elektrode und Werkstück

Die Einrichtungen zur Elektroden- und Werkstückaufnahme müssen eine genaue Positionierung und Einspannung von Elektrode und Werkstück ermöglichen. Diese Fixierung muss insbesondere im Werkzeug- und Formenbau schnell und flexibel erfolgen, um im Kleinserienbau bzw. bei der Einzelteilfertigung kürzere Rüstzeiten zu erreichen. Aus diesem Grund werden Elektrode und Werkstück meist in gesonderten Spannsystemen aufgenommen. Ein weiterer Vorteil der Spannsysteme liegt in der Möglichkeit, die Elektroden- und Werkstückaufspannung außerhalb der Erosionsanlage vornehmen zu können. Das Aufspannen außerhalb der Maschine erhöht die Maschinennutzungszeiten.

Werkstück- und Elektrodeneinspannung mit System beim funkenerosiven Senken

Werkstückeinspannung mit System beim funkenerosiven Schneiden einer Elektrode

2.3.2 Einrichtungen für das Drahtsystem bei Schneiderosionsanlagen

Die bei Schneiderosionsanlagen eingesetzte Drahtelektrode wird während des Erodierprozesses kontinuierlich von einer Spule abgewickelt und über Rollen und Drahtführungseinrichtungen zur Schneidzone transportiert. Gleichzeitig wird die notwendige mechanische Drahtspannung erzeugt.

Die gewünschte **Drahtgeschwindigkeit** und die **Drahtspannung** können über die Steuerung der Anlage eingegeben werden. Die maximalen Drahtgeschwindigkeiten liegen bei etwa 250 mm/s und die Spannkräfte zwischen 2 N und 25 N. Die Höhe der Spannkraft ist u. a. vom Drahtwerkstoff und dem Drahtdurchmesser abhängig.

Für den Fall des Drahtbruchs, sind die Schneiderosionsanlagen mit einer automatischen **Drahteinfädeleinrichtung** ausgestattet. Bei einem Drahtbruch wird der Draht automatisch abgeschnitten und aus dem Schnittspalt entfernt. Für den Einfädelvorgang fährt die Anlage wieder zur Startbohrung zurück und fädelt neu ein. Anschließend wird der Draht mit einem mittleren Tischvorschub durch die Schnittspur zur Bruchstelle bewegt und der Erodierprozess fortgesetzt.

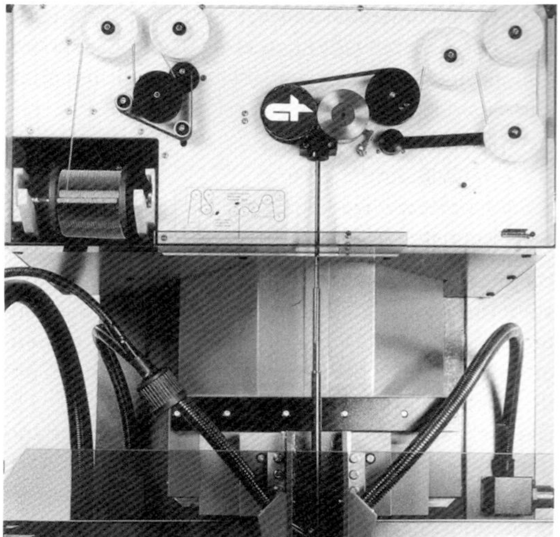

Drahtführung in einer Schneiderosionsanlage

Die automatische Drahteinfädelung wird auch zur Bearbeitung von Werkstücken eingesetzt, bei denen mehrere Konturen erodiert werden müssen, die jeweils eigene Startbohrungen besitzen. In diesem Fall wird der Draht nach der Fertigstellung der 1. Kontur automatisch abgeschnitten und aus dem Werkstückbereich entfernt. Die Anlage fährt dann zur Startbohrung der 2. Kontur und fädelt den Draht automatisch wieder ein. Auf diese Weise werden z. B. Schneidplatten von Folgeschneidwerkzeugen oder Formplatten im Automatikbetrieb bearbeitet.

2.4 Sicherheitsmaßnahmen bei Funkenerosionsanlagen

Der Werkzeugmechaniker muss die **Vorschriften für die Arbeitsräume** sowie die **Betriebsvorschriften** für Funkenerosionsanlagen kennen, um Schäden zu vermeiden.

Vorschriften für Arbeitsräume mit Funkenerosionsanlagen

- Werden leicht entzündliche Dielektrika eingesetzt, muss die Elektroinstallation den Bedingungen für feuergefährliche Betriebsstätten genügen.
- Im Bereich der Funkenerosionsanlagen ist der Umgang mit offenem Feuer und Licht sowie das Rauchen verboten.
- Die Arbeitsräume müssen ausreichend belüftet sein, damit sich keine gesundheitsschädlichen oder entzündbaren Dämpfe bilden können. Reicht die Belüftung nicht aus, so sind Absauganlagen zu installieren.

Maßnahmen zur Arbeitssicherheit

Betriebsvorschriften für den Einsatz von Funkenerosionsanlagen

- Funkenerosionsanlagen dürfen nur von Personen bedient werden, die vom Unternehmer eingewiesen und beauftragt sind. Bei den in regelmäßigen Abständen durchzuführenden Unterweisungen ist besonders auf Gefahren und Sicherheitsmaßnahmen einzugehen.
- Funkenerosionsanlagen, besonders aber die Sicherheitseinrichtungen, müssen regelmäßig einer Funktionsprüfung unterzogen werden. Werden Sicherheitsmängel festgestellt, ist die Anlage stillzulegen, bis die Mängel beseitigt sind.
- Jeder unnötige Hautkontakt mit Dielektrikum ist zu vermeiden.
- Der Dielektrikumsspiegel muss beim Betrieb der Anlage über der Funkenstrecke liegen.
- Die Temperaturüberwachung des Dielektrikums muss so eingestellt sein, dass bei einer Temperatur von 15 °C unter dem Flammpunkt die Dielektrikumspumpe abgeschaltet wird.
- Funkenerosionsanlagen dürfen nur dann ohne Aufsicht (z. B. nachts) betrieben werden,
  - wenn die Arbeitsspannung abgeschaltet wird, sobald die Wirkfläche der Elektrode sich weniger als 30 mm unterhalb des Dielektrikumspiegels befindet.
  - wenn zwei voneinander unabhängige Sicherheitssysteme zur Überwachung des Dielektrikumspiegels sowie der Dielektrikumstemperatur vorhanden sind.
  - wenn automatische Feuerlöscheinrichtungen installiert sind.

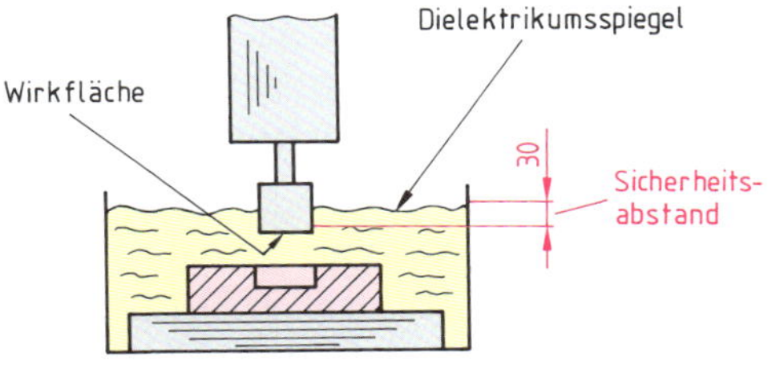

Dielektrikumsspiegel und Elektrodenwirkfläche

Beim Einsatz von Funkenerosionsanlagen sind die Vorschriften für die Arbeitsräume und die Betriebsvorschriften zu beachten. Die Anlagen dürfen nur von Personen bedient werden, die vom Unternehmer eingewiesen und beauftragt worden sind.

3 Hochgeschwindigkeitsfräsen

Hochgeschwindigkeitsbearbeitung (**h**igh-**s**peed-**c**utting) wird dort eingesetzt, wo hohe Zerspanleistung im Zerspanungsprozess bei gleichzeitig hoher Oberflächenqualität des Produkts erwartet werden. Im Werkzeug- und Formenbau wird vorwiegend das Hochgeschwindigkeitsfräsen (HSC-Fräsen) eingesetzt.

3.1 Grundlagen

3.1.1 Prinzip der Hochgeschwindigkeitsbearbeitung

Bei herkömmlichen Zerspanungsverfahren steigen mit wachsender Schnittgeschwindigkeit die Temperaturen am Werkstück, an der Werkzeugschneide und in den Spänen. Als Folge der Temperaturerhöhung sinkt die Standzeit der Werkzeuge.

Erhöht man aber Vorschub- und Schnittgeschwindigkeit der Werkzeugschneide auf das 5- bis 10-fache der üblichen Werte, so ist die Geschwindigkeit an der Schneide der Werkzeuge höher als die Geschwindigkeit, mit der sich die Wärme im Werkstück ausbreitet.

Beispiele **für die Wärmeausbreitung bei herkömmlichem Fräsen und beim HSC-Fräsen (Schema)**

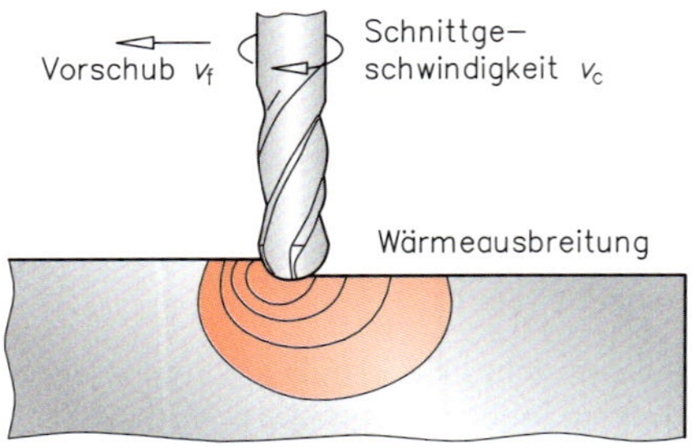

Herkömmliches Fräsen

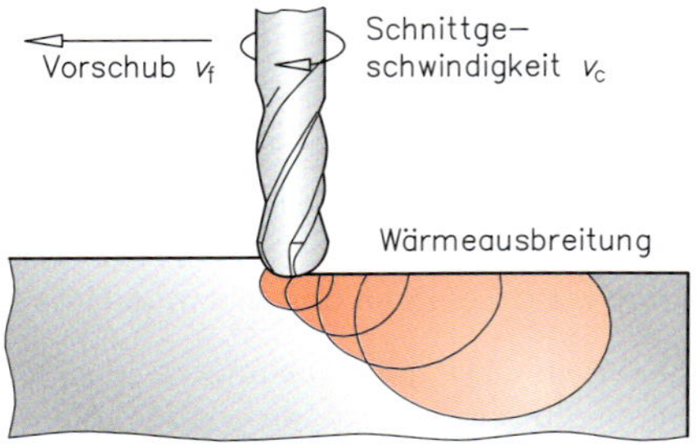

Hochgeschwindigkeitsfräsen

Die in der Kontaktzone der Werkzeugschneide beim Zerspanen durch Reibung entstehende Wärme geht wegen der hohen Geschwindigkeiten von v_f und v_c weitgehend in den Span über und senkt den Widerstand der abgetrennten Werkstoffteilchen gegen die Verformung. Dadurch fließt der Span leichter über die Spanfläche ab und krümmt sich sehr stark. Weil nur ein kleiner Teil der entstehenden Wärme in das Werkzeug fließt, bleibt die Werkzeugschneide länger schneidhaltig.

Bei der Hochgeschwindigkeitsbearbeitung ist die Geschwindigkeit der Spanabnahme höher als die Ausbreitungsgeschwindigkeit der Wärme. Deshalb geht die Zerspannungswärme weitgehend an den Span über.

3.1.2 Vorteile des Hochgeschwindigkeitsfräsens

Der Einsatz des Hochgeschwindigkeitsfräsens im Werkzeug und Formenbau bringt gegenüber dem herkömmlichen Fräsen erhebliche Vorteile:

- Infolge der hohen Schnitt- und Vorschubgeschwindigkeit steigt die Zerspanleistung um bis zu 50 % gegenüber dem herkömmlichen Fräsen. Dies verkürzt die Bearbeitungszeiten erheblich.
- Die Schnittkräfte sind gegenüber der herkömmlichen Bearbeitung erheblich geringer. Darum sind sehr dünne Stege auch in spröden Werkstoffen, z. B. Grafit, problemlos zu fräsen.
- Die geringen Schnittkräfte erlauben den wirtschaftlichen Einsatz von Fräsern mit kleinem Durchmesser. Dadurch sind feine Konturen sauber und schnell auszuarbeiten. Die stabilisierende Wirkung der hohen Umdrehungsfrequenzen erlaubt auch die Verwendung langer Fräser mit geringem Durchmesser.

HSC-Fräsen feiner Konturen
(Quelle: Fraunhofer IPT)

- Die schnelle Wärmeabfuhr, die fast ausschließlich über den Span erfolgt, ermöglicht mit beschichteten Fräsern das Bearbeiten von Werkstoffen mit Härten bis etwa 68 HRC. Damit können Wärmebehandlungen vor die Zerspanung gelegt werden und damit evtl. Verzug und Nacharbeit vermieden werden.
- Durch geringe Zustellung und hohe Schnittgeschwindigkeit werden sehr gute Oberflächen erzielt und damit Kosten für Nacharbeit, z. B. Polieren, erheblich gesenkt.

Vorteile des HSC-Fräsens:
- Bearbeitung feiner Konturen auch in spröden Werkstoffen,
- Erzielung hoher Oberflächenqualität,
- hohe Zerspanleistung,
- Bearbeitung harter Werkstoffe.

3.2 HSC-Fräsmaschinen und Fräswerkzeuge

3.2.1 HSC-Fräsmaschinen

HSC-Fräsmaschinen arbeiten mit sehr hohen Umdrehungsfrequenzen bis ca. 80 000 1/min und sehr hohen Vorschubgeschwindigkeiten.

Die hohen Vorschubgeschwindigkeiten verursachen bei Geschwindigkeits- und Richtungsänderungen hohe Beschleunigungs- bzw. Bremskräfte. Die hohen Umdrehungsfrequenzen haben hohe Fliehkräfte zur Folge. Diese Arbeitsbedingungen stellen an die Konstruktion der Maschine besondere Anforderungen.

Die Maschinen besitzen

- hohe Steifigkeit und Schwingungsdämpfung. Es werden gegossene und zum Teil auch mit Mineralguss gefüllte Grundgestelle eingesetzt;
- geringe Massen von Spindelantrieben. Es werden mit Hochfrequenz arbeitende Motoren ohne Zwischengetriebe verwendet;
- geringe Massen für Vorschubantriebe. Bevorzugt werden Linearmotoren als Vorschubantriebe benutzt;
- gekapselte Arbeitsbereiche, da die Späne hohe Temperaturen besitzen und fast die Geschwindigkeit eines Geschosses haben können;
- Staubabsaugung, um feine Spanartikel und Stäube (z. B. Grafitstaub) von Führungen und den Werkstückoberflächen fern zu halten.

3.2.2 Steuerung der HSC-Fräsmaschine

HSC-Fräsmaschinen verfügen über mindestens 5 unabhängig voneinander gesteuerte Achsen. Zur Steuerung der Maschine sind darum hohe Datenmengen zu verarbeiten. Die hohe Vorschubgeschwindigkeit in jeder Achsrichtung erfordert für die Bearbeitung dieser Datenmengen hohe Rechengeschwindigkeiten:

- Zum Einlesen der Programmdaten und dem Berechnen der Verschiebungswege jeder einzelnen Achse zur Erreichung des nächsten Bahnpunktes stehen extrem kurze Zeiten zur Verfügung. Für eine in allen Raumrichtungen verlaufende Bahnkurve sind oft mehr als 100 NC-Sätze in nur einer Millisekunde zu verarbeiten.
- Die Steuerung muss vorausschauend die Fräserbahn berechnen, damit vor scharfen Änderungen der Bahn rechtzeitig der Vorschub verringert und anschließend wieder hochgefahren wird. Man nennt diese vorausschauende Berechnung **„Look-ahead-Funktion"**. Durch sie werden auch Schleppfehler weitgehend vermieden.
- Die Steuerung soll möglichst eine dynamische Kollisionsüberwachung durchführen, damit bei der Bearbeitung kein Zusammenstoß zwischen einzelnen Teilen der Maschine eintritt. Bei den hohen Verfahrgeschwindigkeiten – bei 60 m/min ist dies 1 Meter in einer Sekunde – und den unvorhersehbaren Bahnbewegungen im Formenbau kann kein Überwachungspersonal die Maschine vor dem Crash schützen. (Die Kollisionskontrolle mit dem Werkstück geschieht bei der Programmierung.)

3.2.3 Fräswerkzeuge und Spannmittel

Für das HSC-Fräsen werden spezielle Fräser eingesetzt. Bis etwa 20 mm Durchmesser werden die Fräser komplett aus Feinstkornhartmetall (Korngröße ≤ 0,5 µm) gefertigt. Die Fräser sind ausnahmslos beschichtet. Der am häufigsen verwendete Beschichtungsstoff ist Titan-Aluminium-Nitrid (TiAlN).

- Da nur ein relativ kleines Spanvolumen in einem Schnitt abgetrennt wird, haben Vollhartmetallfräser für das HSC-Fräsen kleinere Spannuten und damit einem größeren Kerndurchmesser als herkömmliche Fräser und sind entsprechend stabiler.
- Durch spezielle Schneidengeometrie und Formung von Spanleitstufen an Wendeschneidplatten sind die Fräser an die zu bearbeitenden Werkstoffe angepasst. Die Schneiden der Werkzeuge werden feinst bearbeitet.
- Um möglichst glatte Oberflächen auch an Schrägen und Radien zu erzeugen, werden im Werkzeugbau häufig Kugelfräser oder torische Fräser eingesetzt.

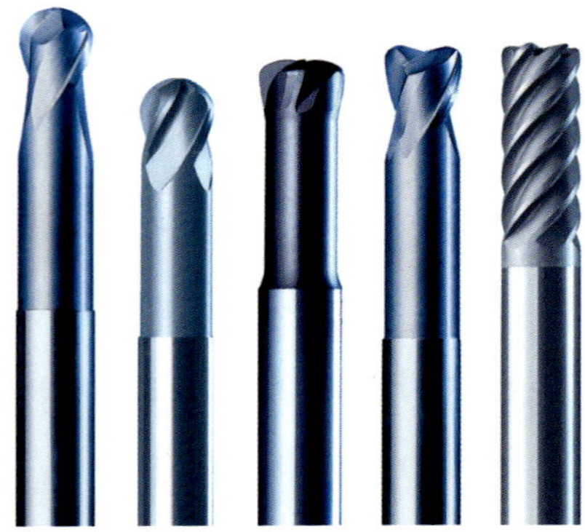

HSC-Fräser
(Quelle: Hartmetall-Werkzeugfabrik Paul Horn GmbH)

- Da kleinste Unwuchten zu ungleichmäßiger Schneidenbelastung und damit zu höherem Werkzeugverschleiß und schlechterer Oberflächenqualität führen, müssen HSC-Fräser mit größtmöglicher Rundlaufgenauigkeit gefertigt und dynamisch ausgewuchtet sein.
- Die Werkzeugaufnahmen müssen minimale Unwucht, hohes übertragbares Drehmoment, hohe Rundlaufgenauigkeit, hohe Wiederholgenauigkeit beim Wechseln, hohe Steifigkeit und Sicherheit bei hohen Umdrehungsfrequenzen aufweisen.

HSC-Fräser sind aus beschichtetem Feinstkornhartmetall. Sie haben genauen Werkzeugrundlauf und meist auf den zu zerspanenden Werkstoff abgestimmte Schneidengeometrie.

3.3 Programmierung von HSC-Fräsmaschinen

Programme für das HSC-Fräsen werden ausschließlich mit CAM-Systemen erstellt. Diese Systeme bieten für das Schruppen, das Vorschlichten, das Schlichten und die Bearbeitung des Restmaterials Strategien an, die das HSC-Fräsen möglichst optimal begünstigen.
Ebenso sind in den CAM-Systemen oft auch Strategien zur Fertigung komplizierter Bauteile enthalten, z. B. Strategien für das Fräsen von Grafitelektroden mit Folgen von Taschen, zwischen denen sehr dünne Stege stehen bleiben.
Alle CAM-Systeme erlauben die Simulation der Bearbeitung und die Kollisionskontrolle zwischen Werkzeug und Werkstück.

3.3.1 Gleichlauf- und Gegenlauffräsen

Beim HSC-Fräsen von Metallen sollte Gleichlauffräsen eingesetzt werden. Gegenüber dem Gegenlauffräsen und Pendelfräsen wird eine deutlich bessere Oberfläche erzielt und der Werkzeugverschleiß wird vermindert.
Für die Bearbeitung von Modellwerkstoffen und Grafit wird vorteilhaft das Gegenlauffräsen eingesetzt.

Beim HSC-Fräsen werden Metalle vorwiegend im Gleichlauf gefräst. Für Kunststoffmodellwerkstoffe und Grafit wird Gegenlauf eingesetzt.

3.3.2 Schruppstrategien

Durch Schruppen soll in möglichst kurzer Zeit eine konturnahe Oberfläche erzeugt werden. Der Schwerpunkt der Schruppbearbeitung liegt damit auf hoher Zerspanleistung und weniger auf präziser Abbildung der Kontur. Strategien für den Werkzeugweg beim Schruppen sind:

- Die Werkzeugschneide soll möglichst stetig im Eingriff sein und das spezifische Spanvolumen, also das Spanvolumen je Zeiteinheit, soll konstant bleiben.
- Die Werkzeugbahn soll gerundete Kurven und keine abrupten Richtungsänderungen aufweisen.
- Scharfe Ecken werden durch „Loopings" erzeugt.
- Vollschnitte, bei denen der Fräser über seinen gesamten Durchmesser schneidet, müssen ebenso vermieden werden wie enge Nuten, die kaum den Fräserdurchmesser überschreiten.
- Falls Schnitte unterbrochen werden, ist vorsichtiges, bogenförmiges Anfahren an die Kontur zu gewährleisten. Durch kreisförmige Bewegungen des Werkzeugs, die teilweise im Material und teilweise außerhalb des Materials verlaufen – nach der Bahnkurve **trochoidales Fräsen** genannt – kann dabei die Schneidenbelastung verringert werden.

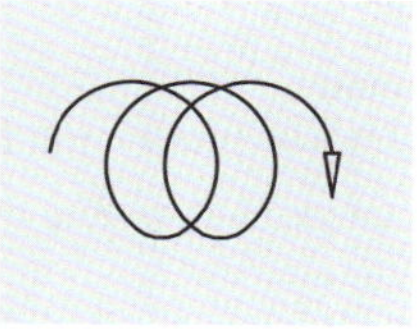

Trochoidales Fräsen

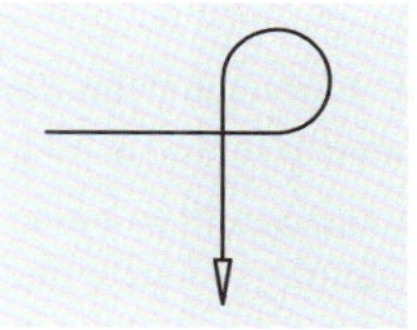

„Looping"

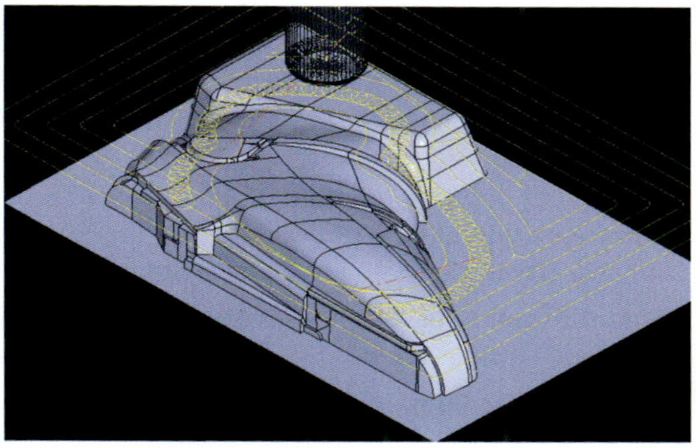

Schruppstrategien

Um den späteren Aufwand zum Schlichten gering zu halten, werden meist nach dem Schruppen mit großem Werkzeugdurchmesser Nacharbeiten mit kleineren Schruppwerkzeugen durchgeführt.

3.3.3 Schlichtstrategien

Durch Schlichten sollen hohe Oberflächenqualität und hohe Maßgenauigkeit erzielt werden. Aus diesem Grund sind Schlichtstrategien weitgehend an der Kontur orientiert.

Beispiele für verschiedene Schlichtstrategien und Restmaterialbearbeitung (Sescoi WorkNC)

Paralleles Schlichten (Kopieren)

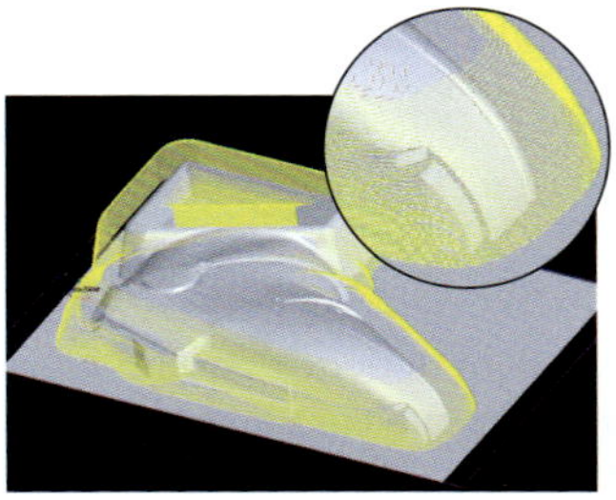

Schlichten entlang einer Führungskurve

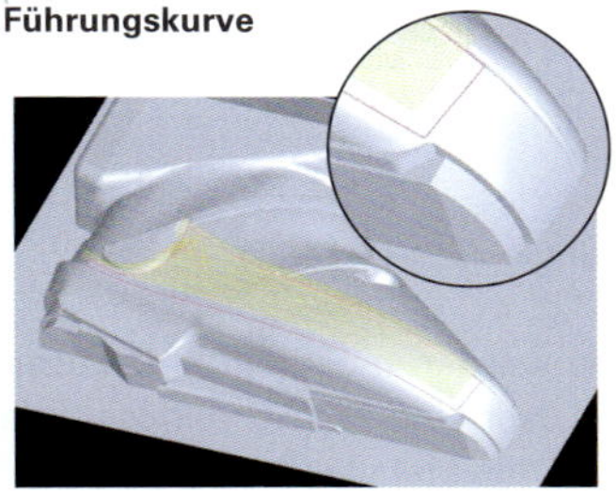

Restmaterialbearbeitung

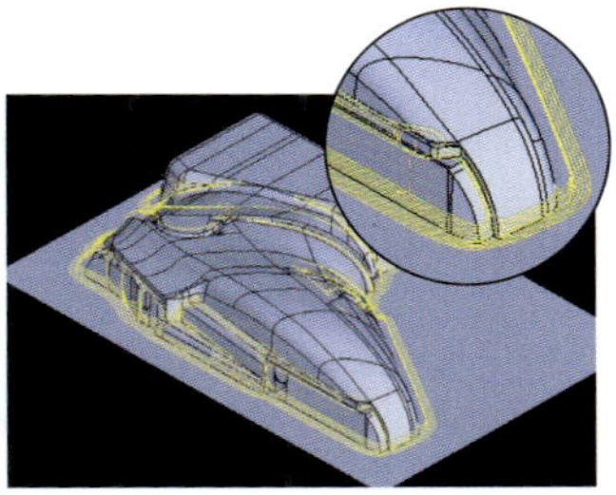

Beim **parallelen Schlichten** nähert sich der Fräser der Kontur auf Bahnen, die parallel zu einer Ebene liegen, z. B. zur X-Y-Ebene.

Beim Schlichten **entlang einer Führungskurve** verläuft die Fräserbahn stets parallel zu einer vorgegebenen Kurve, z. B. zur Kontur der Draufsicht.

Abwärtsschlichten ist eine Strategie zur Erzeugung guter Oberflächen an hohen senkrechten oder nahezu senkrechten Wänden.

Bei der **Restmaterialbearbeitung** werden mit kleinem Fräserdurchmesser Hohlkehlen und andere feine Konturen präzise ausgearbeitet.

4 Laserabtragen (Lasercaving)

Durch Abtragen mit Laserstrahlen können unterschiedlichste Materialien, wie Metall, Keramik, Grafit und Hartmetall spanlos geformt werden. Im Werkzeug- und Formenbau werden Laserstrahlen zur Herstellung von Formnestern, Gravuren, Reliefs, Stempeln, Logos u. a. eingesetzt.

Eigenschaften der Laserstrahlen

Laserstrahlen sind Licht- oder Wärmestrahlen mit besonderen Eigenschaften:

- Die Strahlen eines einzelnen Lasers haben alle die gleiche Wellenlänge, sie enthalten also nur eine bestimmte Farbe des Lichtes.
- Laserstrahlen verlaufen fast genau parallel, die Abweichung beträgt weniger als 1/3600 Grad.
- Die Strahlen sind gut auf einen Punkt – den Brennfleck – zu konzentrieren, z. B. beim Rubinlaser auf einem Fleck von 0,005 mm Durchmesser.
- Laserstrahlen haben eine sehr hohe Leistungsdichte. Dies ist die Leistung bezogen auf die Fläche. So bringt ein Laserstrahl aus einem CO_2-Laser von 1 kW Leistung auf einer Stelle von 0,3 mm Durchmesser eine Leistungsdichte von fast 1500 W/mm^2. (Die Sonne bringt im Durchschnitt nur 1,5 milliardstel Watt auf einen Quadratmillimeter der Erde.)

Erzeugen von Laserstrahlen

Ein Laser ist ein Lichtverstärker. Er besteht im einfachsten Falle aus folgenden Baugruppen:

- einem **System zur Zufuhr von Energie,** die das Lasermedium angeregt und zum Teil in Energie des Laserstrahls umgesetzt wird. Die Energiezufuhr kann durch Lampen oder Dioden erfolgen.
- dem **Lasermedium,** in dem die Laserstrahlung durch Lichtverstärkung erzeugt wird. Lasermedien zum Laserabtragen sind Festkörper (z. B. Rubin-Kristall) oder Gase (z. B. CO_2).
- einem **Resonator.** Dieser besteht aus einem total reflektierendem und einem teilweise durchlässigen Spiegel zum Auskoppeln des Laserstrahls. Zwischen den Spiegeln schwingen die „Lichtteilchen" so lange hin und her, bis sie eine bestimmte Stärke erreicht haben und alle im Gleichtakt schwingen. Ein Teil des so verstärkten Lichtes wird über den halbdurchlässigen Spiegel ausgekoppelt.

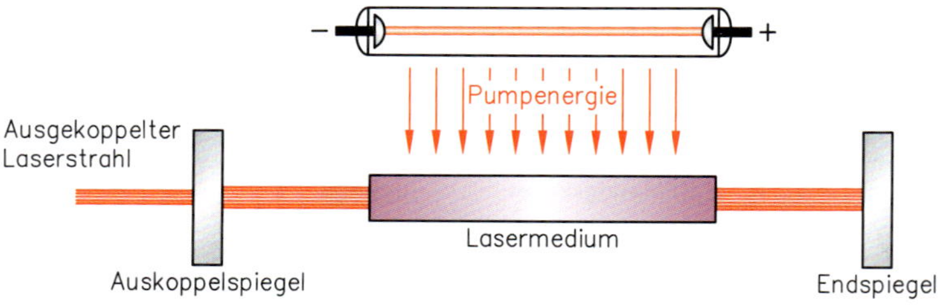

Aufbau eines lampengepumpten Festkörperlasers (Schema)

Zum Laserabtragen im Formenbau werden meist **Nd:YAG-Laser** (**N**eodym **d**otierter **Y**ttrium-**A**luminium-**G**ranat-Laser) eingesetzt. Nd:YAG-Laser sind Festkörperlaser, die als Lasermedium einen Granat-Kristall enthalten, der mit geringen Mengen des Metalles Neodym durchsetzt ist.
Durch eine Blitzlampe oder Dioden wird dem Lasermedium Energie zugeführt. Das Resonatorsystem aus einem total reflektierendem und einem halbdurchlässigen Spiegel bewirkt, dass erst bei einer bestimmten Menge an Energie, die durch die Blitzlampe „eingepumpt" wird, ein energiereicher impulsartiger Laserstrahl von 2 µs bis 10 µs Dauer durch den halbdurchlässigen Spiegel austritt. Das Laserlicht ist beim **Nd:YAG-Laser** eine infrarote Stahlung mit der Wellenlänge von 1 064 nm.

Im Festkörperlaser wird Energie, die durch Blitzlampen oder Dioden zugeführt wird, im festen aktiven Medium in Laserstrahlung umgesetzt. Nd:YAG-Laser geben infrarotes Licht ab.

- **Steuerung des Laserstrahls zur Konturerzeugung**

Der ausgekoppelte Laserstrahl wird zur besseren Fokussierbarkeit zunächst in einer Optik aufgeweitet. Zur Positionierung des Laserstrahls auf kleinen Flächen in X- und Y-Richtung wird der Strahl über ein Spiegelsystem aus zwei NC-gesteuerten Spiegeln zum Objektiv geleitet. Dort wird er fokussiert und auf die abzutragende Stelle des Werkstücks gerichtet.

Die Steuerung in Z-Richtung geschieht durch Verschieben des Werkstücks oder der Einheit zur Strahlerzeugung.

Zum Laserabtragen größerer Werkstücke wird die Laserquelle mit der zugehörigen Optik wie eine Fräseinheit auf einem NC-gesteuerten 3-Achs-Portal verschoben.

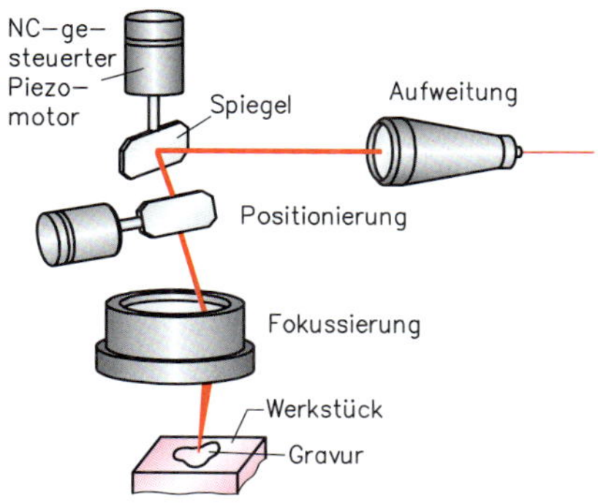

Steuerung des Laserstrahls

- **Abtragende Wirkung des Laserstrahls**

Durch den impulsartig auf das Werkstück treffenden Laserstrahl entstehen an der Auftreffstelle Temperaturen von mehreren tausend Grad Celsius. Dadurch gehen Teile der belichteten Randschicht sofort vom festen in den gasförmigen Zustand über und werden abgesaugt. Es entsteht ein Laserkrater. Dieser ist je nach abzutragendem Werkstoff und Energie es Strahles zwischen 1 µm und 12 µm tief.

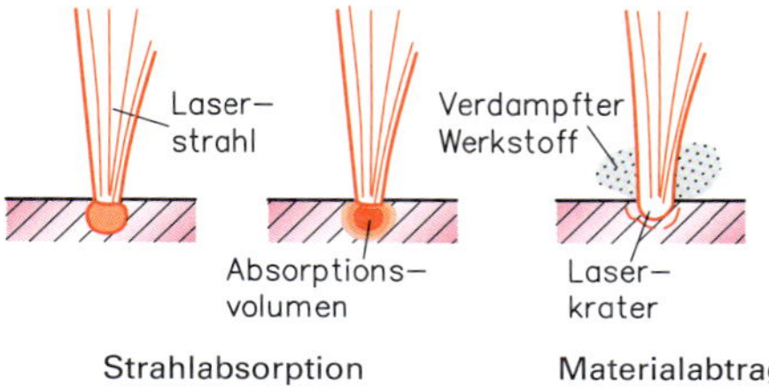

Abtragprozess

Aufgrund des sehr feinen Strahldurchmessers im Brennfleck mit einer Feinheit bis zu 0,01 mm und durch zeilenweises Verfahren des Laserstrahls und seine Positionierung in der Tiefe lassen sich sehr filigrane 2D- oder 3D-Konturen erzeugen.

5 Festklopfen von Formoberflächen

Das Festklopfen von Oberflächen wurde speziell für den Formenbau entwickelt. Es dient zur Verbesserung der Oberflächenqualität und zur Erhöhung der Härte und Verschleißfestigkeit der Oberfläche.

Das Klopfwerkzeug ist eine Hartmetallkugel, die mit einer Schwingungszahl von 30 000 Schlägen pro Minute auf die Oberfläche aufschlägt.

Beim Festklopfen können Kugeldurchmesser, Schlagkraft und Schlagfrequenz sowie der Hub des Klopfwerkzeuges in gewissen Grenzen dem Werkstoff und der gewünschten Oberflächenqualität angepasst werden.

Das Festklopfen erfolgt unmittelbar nach dem Feinschlichten der Oberfläche in einer Aufspannung mit der Fräsbearbeitung. Dazu wird in die Spindel der CNC-Fräsmaschine das Klopfwerkzeug eingesetzt. Das Werkzeug fährt eine Bahn ab, die aus der zuletzt durchgeführten Schlichtbearbeitung errechnet wurde.

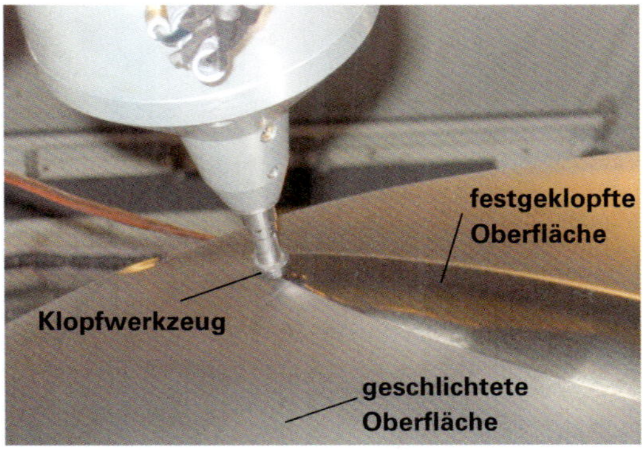

Festklopfen einer Werkzeugoberfläche

Durch das Festklopfen wird die Randschicht des Werkzeugs verdichtet. Es entstehen Druckspannungen in der Grenzfläche, die zu einer Erhöhung der Härte führen. Die Härtesteigerungen der Randschicht können in speziellen Fällen Wärmebehandlungen und Beschichtungen der Oberfläche entfallen lassen. Festgeklopfte Oberflächen sind auch ein guter Untergrund für harte Beschichtungen. Diese werden vom festgeklopften Untergrund bei Druckbelastung besser abgestützt und brechen nicht so leicht wie bei einem weicheren Untergrund. Durch das Festklopfen der Oberfläche wird die Oberflächenqualität erheblich verbessert. Es sind Ra-Werte unter 0,1 µm erzielbar. Durch unterschiedliche Kugelgrößen und Schlagabstände lassen sich auch besonders strukturierte Oberflächenformen erzielen.

6 Honen

Honen ist ein spanendes Feinbearbeitungsverfahren. Durch Honen werden Werkstückoberflächen endbearbeitet, die vor allem durch Bohren oder Innen- und Außenrunddrehen vorgearbeitet sind. Ziel ist es, die Oberflächengüte, die Maß- und Formgenauigkeit und weniger die Lagegenauigkeit zu verbessern. Bei Sinterteilen kann durch Honen der Endzustand ohne weitere spanende Vorbearbeitung erreicht werden.

Honbearbeitung setzt man ein, um

- die Passgenauigkeit zu verbessern,
- den Reibungswiderstand von Führungselementen zu verringern,
- an beweglichen Führungselementen eine Verschleißminderung zu erzielen,
- die Dosiergenauigkeit von Einspritzdüsen zu steigern,
- eine Lärmreduzierung in Getrieben herbeizuführen.

6.1 Honverfahren

Die Werkstoffabtragung erfolgt durch Honsteine. Sie bestehen aus einer großen Anzahl feiner Schleifkörner, die durch Bindemittel zusammengehalten werden. Während des Honvorgangs befinden sich die Honsteine im ständigen Kontakt mit der zu bearbeitenden Werkstückfläche.

Nach der Lage der zu bearbeitenden Flächen am Werkstück unterscheidet man *Innenhonen* und *Außenhonen*. Nach der Art der Arbeitsbewegungen und der Länge des ausgeführten Arbeitshubes wird das Innenhonen als Langhubhonen und das Außenhonen als Kurzhubhonen ausgeführt.

Innenhonen als Langhubhonen	**Außenhonen als Kurzhubhonen**
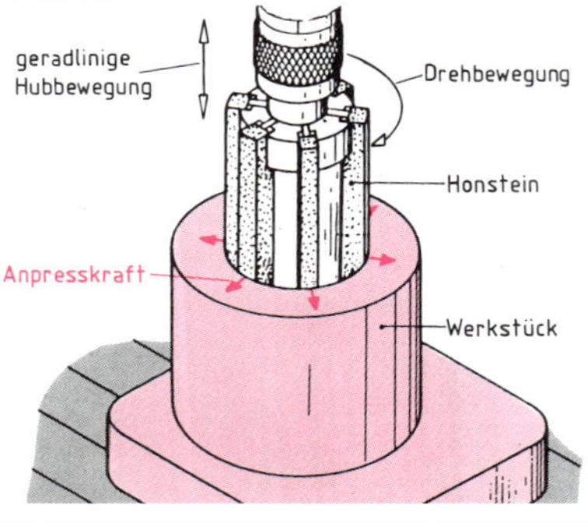 Gehont wird mit einer der Werkstücklänge angepassten großen Hubbewegung.	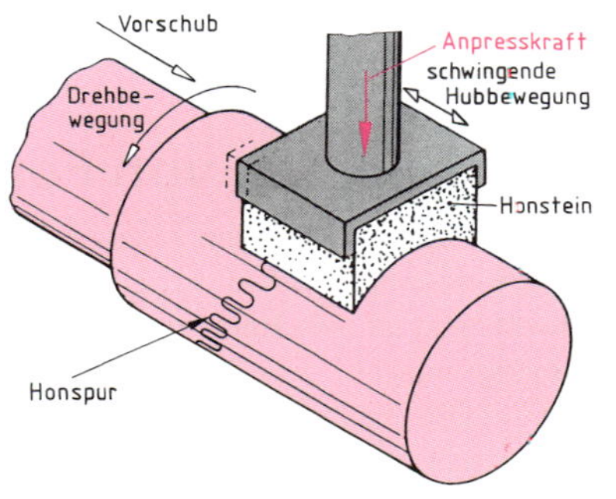 Zum Honen wird zusätzlich zu den übrigen Bewegungen ein kurzer Schwinghub ausgeführt.
Erforderliche Bewegungen: • Gleichförmige Drehbewegung – von Werkzeug oder Werkstück – mit einer Geschwindigkeit von etwa 15 bis 40 m/min. • Geradlinige Hubbewegung – von Werkzeug oder Werkstück – mit einer Geschwindigkeit von etwa 12 bis 15 m/min.	**Erforderliche Bewegungen:** • Gleichförmige Drehbewegung – von Werkzeug oder Werkstück – mit einer Geschwindigkeit von etwa 15 bis 25 m/min. • Geradlinige Vorschubbewegung – von Werkzeug oder Werkstück – mit einer Geschwindigkeit von etwa 8 bis 12 m/min. • Schwingender Hub des Werkzeugs in einer Hublänge von 1 bis 6 mm bei ca. 700 bis 2 500 Schwingungen pro Minute

Der Zerspanvorgang kommt durch die Überlagerung von zwei oder drei Bewegungen zustande. Dabei sind die Honsteine gleichzeitig im Eingriff, sie werden mit einem Anpressdruck von 20 bis 200 N/cm^2 gegen die Werkstückoberfläche gedrückt. Die abgetragenen Werkstoffteilchen und die stumpfen, ausgebrochenen Schleifkörner werden durch eine Spülflüssigkeit, dem Honöl, weggeschwemmt.

6.2 Bearbeitungsmittel und Werkzeuge

• Schleifmittel und Bindemittel

Honleisten bestehen, wie Schleifsteine, aus einem Schleifmittel, welches mit geeigneten Bindemitteln zu einem Schleifkörper geformt ist. Honleisten werden für die Kleinserienfertigung aus keramischen Schleifmitteln, Korund und Siliziumkarbid oder für die moderne Großserienfertigung aus kubischem Bornitrid (CBN) oder Diamantbelag hergestellt.

Die Schleifmittel Korund und Siliziumkarbid werden in Keramik- oder Kunststoff gebunden.
Bornitrid- und Diamantschleifmittel werden in metallischer Bindung eingebettet. Diese Schleifmittel haben eine große Härte und erfordern wegen der geringen Abnutzung ein festeres Bindemittel. Damit erfüllen diese Honleisten wegen ihrer langen Standzeit eine gute Voraussetzung, um in Fertigungsprozessen mit hohem Automatisierungsgrad eingesetzt zu werden.

Diamantkörner in metallischem Bindemitel

Schleifmittel	Werkstoff der Werkstücke
Normalkorund	unlegierte Stähle, Werkstoffe mit niedriger Festigkeit
Elektrokorund (Al_2O_3)	legierte oder gehärtete Stähle, Hartchrom, Werkstoffe mit hoher Festigkeit
Siliziumkarbid (SiC)	nitrierte Stähle, Gusswerkstoffe
Bornitrid (CBN)	hoch legierte Stähle, gehärtete Stähle
Diamant	unlegierte oder niedrig legierte Stähle, Gusswerkstoffe

• Honwerkzeuge

Honleisten

Die Abmessungen der Honleisten sind auf die Anforderungen der Honwerkzeuge abgestimmt. Es werden kleine Leisten mit Querschnitten im Millimeterbereich und Längen bis etwa 10 mm und große Leisten bis zu Querschnitten von 20 mm x 20 mm und Längen bis zu 150 mm geliefert.
Meist befindet sich der Schneidenteil einer Honleiste auf einem Stahlfuß, der zum direkten Einbau in den Werkzeugkörper geeignet ist.

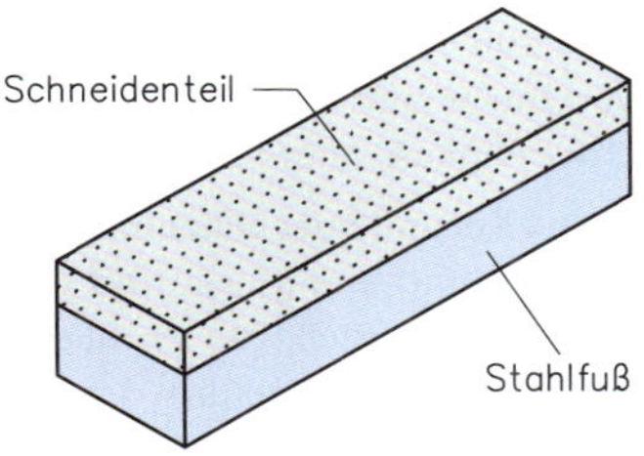

Honleiste auf Stahlfuß

Im Anlieferzustand haben Honleisten eine ebene Arbeitsfläche, die vor dem Einsatz auf die Werkstückkrümmung vorgearbeitet wird.

> Honleisten sind Schleifkörper aus feinen unbestimmten Schleifkörnern, die durch verschiedenartige Bindemittel zusammengehalten werden.

Honleisten werden in Trägerwerkzeuge eingebaut. Dabei unterscheidet man Einsteinhonwerkzeuge und Mehrsteinhonwerkzeuge. Die Arbeitsbewegungen werden vom Maschinenantrieb auf das Honwerkzeug übertragen.

• Einleistenhonwerkzeuge

Beim Honen von Bohrungen mit geringen bis mittleren Durchmessern werden Einleistenhonwerkzeuge eingesetzt, wenn sehr hohe Anforderungen an die Formgenauigkeit gestellt werden.
Die Werkzeuge enthalten nur eine schneidende Honleiste, die einstellbar ist. Sie wird auf der gesamten Länge durch eine keilförmige Auflage unterstützt und beim Vorlauf gegen die Werkstückoberfläche gepresst. Der Rückhub erfolgt jeweils ohne Anpressdruck. Das Werkzeug weist eine hohe Stabilität auf.
Die Führung bzw. Abstützung des Werkzeugs erfolgt über asymmetrisch angeordnete Hartmetallleisten oder – bei kleinen Durchmessern – durch verschleißfeste Flächenanteile am Werkzeugrücken.

Beispiel für den Aufbau eines Einleisten-Honwerkzeugs

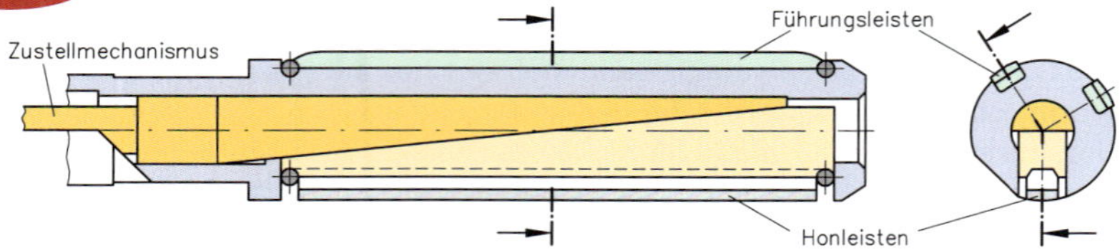

- **Mehrleistenhonwerkzeuge**

Bei Mehrleistenhonwerkzeugen werden die radial angeordneten Honleisten durch einen im Werkzeuginneren befindlichen Zustellmechanismus voreingestellt. Die Kompensation des Werkzeugverschleißes erfolgt automatisch während des Arbeitsprozesses. Gesteuert wird das Nachstellen durch eine pneumatische Messeinrichtung mit den im Honwerkzeug integrierten Messdüsen. Am Ende des Honvorgangs bewirken die Rückstellfedern eine größere Rückholung der Honleisten.

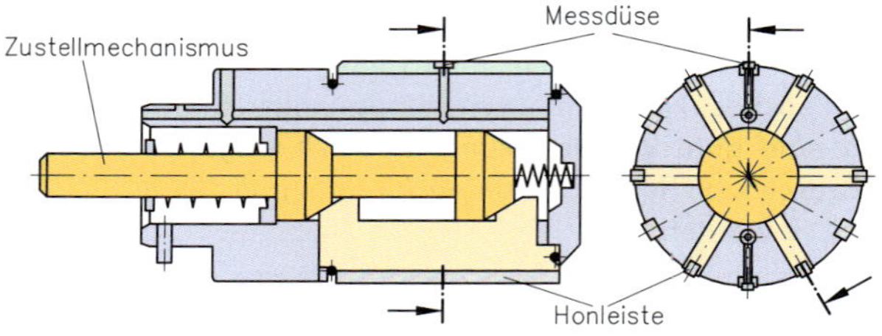

Mehrleistenhonwerkzeug

Mehrleistenhonwerkzeuge werden zur Bearbeitung von Durchgangsbohrungen und Grundlochbohrungen in unterschiedlicher Ausführung eingesetzt. Für Grundlochbohrungen schließen die Honsteinkanten mit der Werkzeugunterkante ab.

- **Anpassen und Schärfen von Honwerkzeugen**

Honwerkzeuge stehen mit eingesetzten, zustellbaren Leisten oder auch mit Vollmantel- und Segmentschneidenteil zur Verfügung. Auch solche auf das Passmaß einer Bohrung fest eingestellte, sogenannte Reibhonwerkzeuge gewinnen an Bedeutung. Mit diesen werden Bohrungen mit der sonst üblichen Umfangsgeschwindigkeit, aber sehr niedriger Vorschubgeschwindigkeit in ein bis drei Hüben bearbeitet.

Honleisten aus Korund oder Siliziumkarbid müssen vor dem Einsatz meist durch mechanischen Abtrag der Werkstückkrümmung angepasst und geschärft werden. Dies ist bei breiten Honleisten und kleinen Bohrungen immer erforderlich. Der Profiliervorgang erfolgt in Egalisierhülsen aus gehärtetem Stahl.

Danach müssen sie nachgeschärft werden. Dazu kann man kurzzeitig den Anpressdruck erhöhen oder die schwingende Hubgeschwindigkeit steigern. Durch Verschleiß abgestumpfte Honleisten werden in gleicher Weise geschärft, wenn die Selbstschärfung im weiteren Einsatz nicht ausreicht.

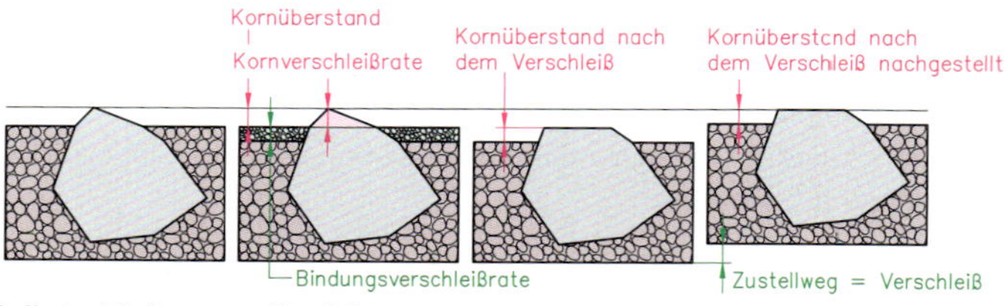

Selbstschärfung von Honleisten

Honleisten aus Bornitrid- oder Diamantschleifmittel müssen immer der Werkstückform angepasst werden. Das erfolgt durch Schleifen mit Siliziumkarbid- oder Edelkorundscheiben. Danach mütssen diese Honwerkzeuge duch einen Läppvorgang mit losen Schleifkörnern in feuchtem Zustand schneidfähig gemacht werden.

Honleisten werden vor dem Einsatz durch Abtrag an die Werkstückkrümmung angepasst. Das Schärfen von Honleisten aus Siliziumkarbid erfolgt durch Steigerung von Anpressdruck und Hubgeschwindigkeit oder, bei Bornitrid, durch einen Läppvorgang mit losen Schleifkörnern.

- **Honöle**

Honöle haben hauptsächlich die Aufgabe, die abgetrennten Werkstoffteilchen und den Werkzeugabrieb aus dem Bearbeitungsbereich zu spülen. Darüber hinaus wirken sie kühlend und schmierend. Das Honöl muss daher dünnflüssig und in hohem Maße spülfähig sein. Außerdem muss es leicht zu reinigen sein.

7 Läppen

Das Läppen ist ein Feinbearbeitungsverfahren an vorgearbeiteten Werkstücken zur Verbesserung der Ebenheit, der Maßhaltigkeit und der Oberflächengüte. Eine größere Anzahl paralleler, gleich hoher Werkstücke wird gleichzeitig auf einer Läppmaschine bearbeitet.

Die Werkstücke werden in mehrere Aufnahmeringe gelegt, die sich auf einer waagerechten runden Läppscheibe bewegen. Zum Läppen werden lose feinkörnige Schleifmittel eingesetzt, die in einer Trägerflüssigkeit verteilt sind. Aufgrund der Rotation der Läppscheibe findet eine Relativbewegung zwischen den Werkstücken und der Läppscheibe statt. Die Abtragung kleinster Werkstoffpartikel erfolgt bei leichtem Anpressdruck durch die Läppkörner.

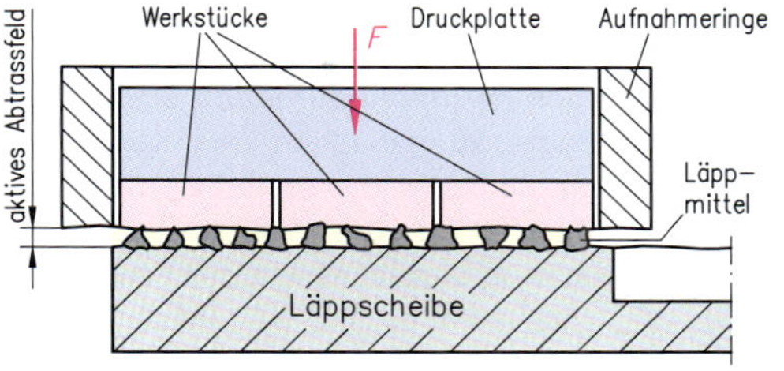

Aubau einer Läppanlage

7.1 Läppvorgang

Das Läppgemisch wird auf die Läppscheibe aufgetragen oder aufgespült und gelangt beim Läppvorgang zwischen Läppscheibe und Werkstück. Der eigentliche Abtrag wird durch eine vielfach überlagerte Roll- und Gleitbewegung der unzähligen Läppkörner erreicht.
Die Oberflächenbearbeitung erfolgt auf zweifache Weise. Einerseits dringen während der Rollbewegung Kornspitzen der Läppkörner in die Werkstückoberfläche ein. Dabei werden kleinste Werkstoffteilchen eingeebnet oder teilweise abgetragen. Andererseits kommt es zum Festsetzen anderer Läppkörner in der porigen Läppscheibe. Diese fixierten Körner trennen, ähnlich wie beim Schleifen, Werkstoffpartikel aus der Oberfläche ab.

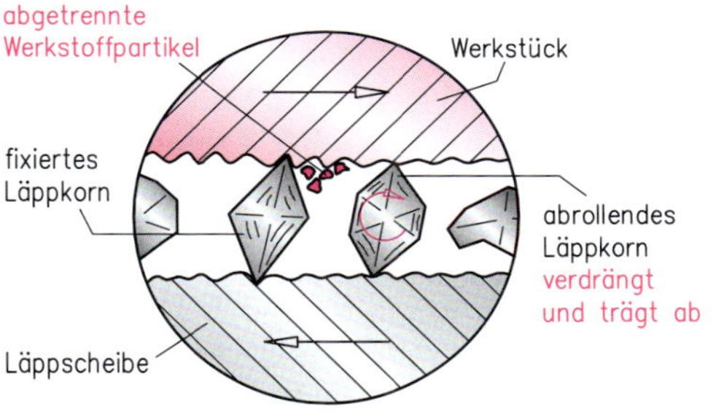

Wirkungsweise der Läppkörner (Schema)

Das Läppen ist ein spanabhebendes Fertigungsverfahren, bei dem durch ein feinkörniges Schleifmittel kleinste Werkstoffpartikel aus der Werkstückoberfläche abgetragen werden.
Durch Läppen werden ebene und planparallele Werkstücke mit hoher Oberflächengüte bearbeitet.

7.2 Läppmittel

Die Läppmittel bestehen aus Gemischen von Läpppulver und Trägerflüssigkeiten. Als **Trägerflüssigkeiten** kommen wässrige Lösungen mit chemischen Zusätzen zur Steigerung der Benetzbarkeit und der Tragfähigkeit oder ölige Lösungen aus Gemischen von Öl, Paraffin, Vaseline und Petroleum zur Erhöhung des Rostschutzes zum Einsatz.
Die Auswahl eines **Läpppulvers** trifft man nach der Werkstoffart und der Härte der Werkstücke. Nach der verlangten Oberflächengüte werden die Korngröße, die Gleichmäßigkeit der Körner und die Art und Anzahl der Kornschneiden ausgewählt.
Läpppulver und Trägerflüssigkeiten werden in unterschiedlichen Konzentrationen gemischt. Zum **Schruppläppen** mischt man etwa 80 bis 100 g Läpppulver in 1 l Flüssigkeit und beim **Feinstläppen** etwa 65 bis 80 g Läpppulver in Läppöl. Bei der Verwendung von Trägerflüssigkeiten auf Wasserbasis muss die Menge des Läpppulvers beim Feinstläppen um das Drei- bis Vierfache erhöht werden.

Läppmittel bestehen aus feinen Schleifkörnern gleicher Größe in einer Trägerflüssigkeit. Beide Bestandteile werden in unterschiedlichen Zusammensetzungen und Konzentrationen auf den Läppvorgang abgestimmt.

8 Polieren

Das Polieren ist ein dem Läppen verwandtes Feinbearbeitungsverfahren, das dazu dient, ebene oder gewölbte Werkstückoberflächen in ihrer Oberflächengüte weiter zu verbessern. Zweck des Polierens ist es, hochglänzende Oberflächen mit extrem geringer Rauheit zu erzeugen. Besonders im Formenbau werden Formhohlräume mit ebenen oder gewölbten Begrenzungsflächen und Konturübergängen poliert. Dabei ist das erste Ziel die Verbesserung der Oberflächengüte. Von untergeordneter Bedeutung ist eine Verbesserung der Formgenauigkeit.

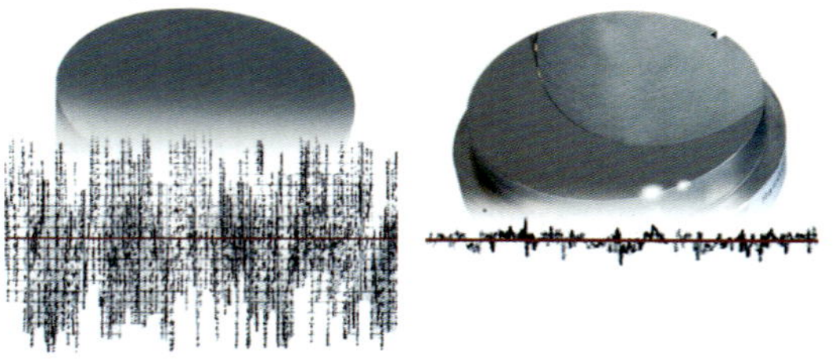

Oberflächengüten durch Feinbearbeitung

8.1 Poliervorgang

Zum Polieren wirken sehr feine Schleifmittel in einem elastischen Trägerkörper, z. B. aus Filz, auf die Werkstückoberfläche ein. Ähnlich wie beim Läppen befinden sich die Schleifkörner in einem flüssigen bzw. pastenförmigen Trägermedium, das auf den Trägerkörper aufgetragen ist. Die erforderlichen Arbeitsbewegungen werden von Hand oder maschinell aufgebracht.

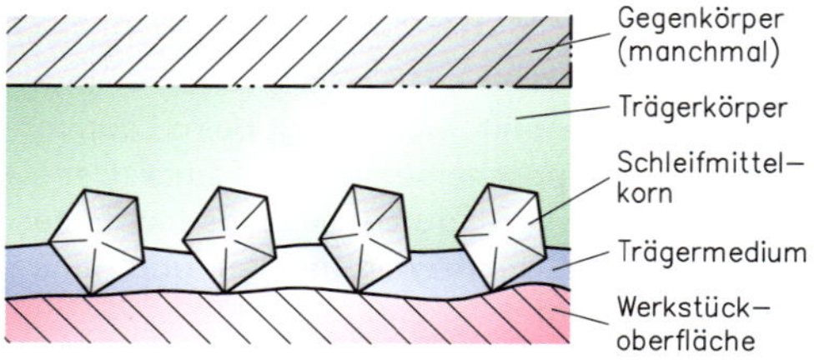

Prinzip des Poliervorgangs

Als Poliermaschinen dienen meist kleine Handgeräte, die mit Elektroantrieb oder Druckluft betrieben werden. Sie führen Rotationsbewegungen oder oszillierende Bewegungen aus, wobei der Bediener das Polierwerkzeug mit dem erforderlichen Druck an der Werkstückoberfläche entlang bewegt.

Polieren ist ein Feinbearbeitungsverfahren, in dem durch sehr feinkörnige Schleifmittel in elastischen Trägerkörpern ebene oder gewölbte Oberflächen mit extrem hoher Oberflächenqualität erzeugt werden.

8.2 Poliermittel und Poliermittelträger

Poliermittel in Form von Lösungen oder Pasten werden gleichmäßig auf einen Poliermittelträger aufgetragen. Die Poliermittel haften locker auf dem Trägerkörper. Durch die Arbeitsbewegungen vom Trägerkörper mit dem Poliermittel wird der Werkstoffabtrag erreicht. Der Trägerkörper unterstützt den Vorgang, indem er als elastischer, stabiler Gegenkörper das Poliermittel auf die Werkstückoberfläche drückt und sich der Werkstückform anpasst.

Es kommen weiche, elastische Poliermittelträger, wie Filzmatten oder Filzstifte, zum Einsatz, und härtere Poliermittelträger aus harten Filzen oder Hart- bzw. Weichholz. Teilweise werden Poliermittelträger durch formstabile Grundkörper unterstützt, z. B. Polierscheiben.

Harte, formstabile Politurträger werden zur Vorpolitur eingesetzt, wenn großer Werkstoffabtrag erreicht werden soll. Weiche werden mit geeigneter Paste zur Hochglanzpolitur verwendet.

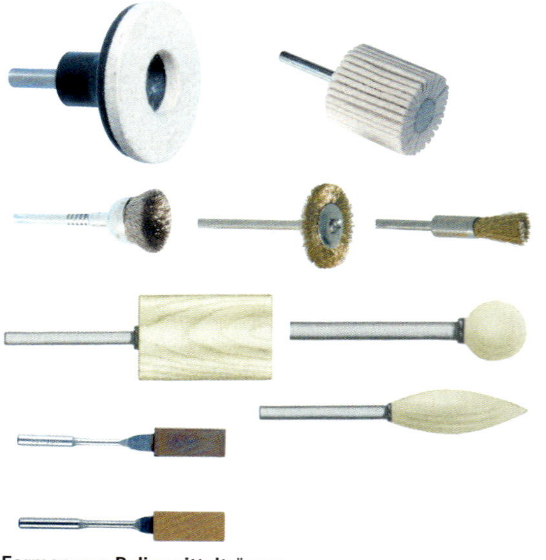
Formen von Poliermittelträgern

Instandhalten technischer Systeme

1 Instandhaltung

1.1 Aufgaben der Instandhaltung

Die Instandhaltung hat die Aufgabe, eine störungsfreie und sichere Benutzung von Maschinen, Anlagen und Gebrauchsgegenständen zu gewährleisten. Der Ausfall oder die Beeinträchtigung der Funktion von solchen Systemen bedeutet wirtschaftlichen Schaden, Qualitätsminderung von Produkten und Gefährdung von Personen.

1.2 Begriffe der Instandhaltung

Die Instandhaltung umfasst die Bereiche Wartung, Inspektion, Instandsetzung und Verbesserung. Durch gut geplante Arbeiten in diesen Bereichen der Instandhaltung wird sichergestellt, dass geforderte Qualitätsmerkmale in der Produktion über die gesamte Fertigung erhalten bleiben und dass bei Gebrauchsgütern Nutzung und Sicherheit gewährleistet sind.

Unter **Wartung** versteht man alle Maßnahmen, die dazu dienen, den Sollzustand an einem System zu bewahren.
Bei der **Inspektion** werden alle Maßnahmen ergriffen, die zur Feststellung und Beurteilung des Istzustandes an einem System notwendig sind.
Die **Instandsetzung** umfasst alle Maßnahmen, welche dazu dienen, den Sollzustand in einem System wieder herzustellen.
Verbesserung kombiniert alle Maßnahmen zur Steigerung der Funktionssicherheit, ohne die von ihr geforderte Funktion zu ändern.

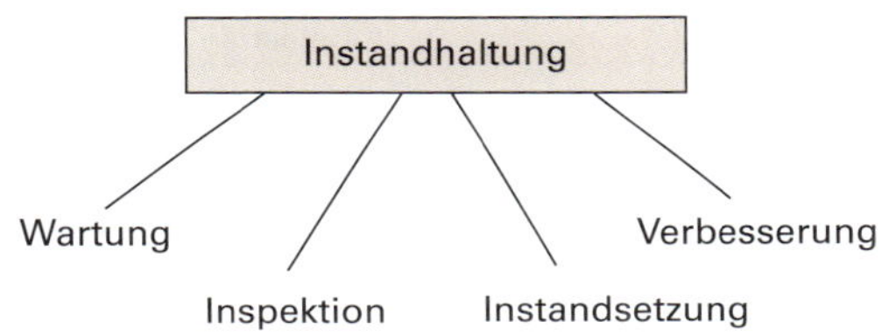

Bereiche der Instandhaltung

Beispiele für Instandhaltungen

Wartung	Inspektion	Instandsetzung	Verbesserung
	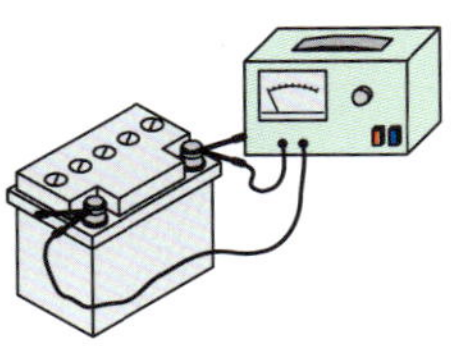		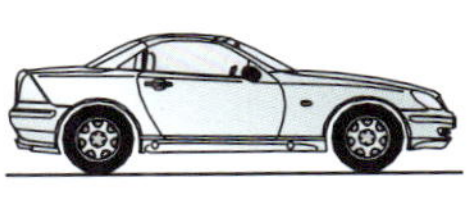
Karosserie säubern und wachsen	Ladezustand der Batterie prüfen	Bremsbeläge ausbauen und erneuern	Reifen der Jahreszeit anpassen, z. B. Winterreifen

1.3 Maßnahmen der Instandhaltung

Instandhaltung diente lange Zeit nur dazu, plötzliche Ausfälle durch Verschleiß oder Bruch zu beheben. Man bezeichnet diese Art des Vorgehens als **Crash-Methode**. Heute vermeidet man störungsbedingte Ausfälle durch planmäßige und vorbeugende Instandhaltung.
Bei der Fertigung auf Großanlagen und bei der Nutzung von gekoppelten Maschinensystemen führen Störungen zu erheblichen Produktionsausfällen. Ein „Bandabriss" in der Automobilproduktion kann je nach Dauer mehrstellige Millionenbeträge kosten.
Zur vorbeugenden Instandhaltung nutzt man auch computergesteuerte Überwachungssysteme. Man erhält zuverlässige Störanalysen und Warnmeldungen bereits vor einer Störung. Beispielsweise zeigen Verschleißüberwachungseinrichtungen das Stumpfwerden von Schneidwerkzeugen an und veranlassen den notwendigen Werkzeugwechsel rechtzeitig.

2 Instandhaltungsmaßnahmen durch Wartung

2.1 Übersicht über Wartungsarbeiten

Durch Wartung sollen Maschinen, Anlagen und Geräte in ihrem Sollzustand erhalten bleiben. Zumindest aber möchte man den unvermeidlichen Abnutzungsprozess verlangsamen und weiterhin einen sicheren Umgang gewährleisten. Arbeiten im Rahmen von Wartung sind ihrer Art nach Erhaltungsmaßnahmen und lassen sich in mehrere Aufgabenbereiche unterteilen.

Wartungsarbeiten	vorzunehmende Tätigkeiten
Reinigen	Fremdstoffe oder belastete Hilfsstoffe entfernen
Konservieren	Systeme gegen Fremdeinflüsse durch Schutzmaßnahmen haltbar machen
Schmieren	Reibstellen im System Schmierstoffe zuführen, um die Gleitfähigkeit zu erhöhen
Nachstellen	Mithilfe von Korrektureinrichtungen beseitigt man Abweichungen von einem Sollzustand
Ergänzen	System wird mit erforderlichen Hilfsstoffen aufgefüllt
Auswechseln	Kleinteile oder Hilfsstoffe durch einfache und kurzfristig durchführbare Tätigkeiten ersetzen

Wartungsarbeiten dienen der Erhaltung des Sollzustands und somit der Bewahrung der Funktionsfähigkeit und der Werterhaltung von technischen Systemen.
Wartung erfolgt durch Reinigen, Konservieren, Schmieren, Ergänzen, Auswechseln und Nachstellen.

2.2 Reinigen und Konservieren

- **Reinigen**

Verschmutzungen an Maschinen und Geräten lassen diese nicht nur unschön aussehen, sondern führen auch zu höherem Verschleiß bewegter Teile, zu erhöhter Reibung und damit zu einer Leistungsminderung. Deshalb müssen je nach Verschmutzungsgrad und Benutzungshäufigkeit Schmutzteilchen, Späne und Abriebteilchen sowie verschmutzte Fette, Öle und Hilfsstoffe in bestimmten Zeitintervallen entfernt werden.

Wichtige Reinigungsarbeiten im Fertigungsbetrieb:

- Das Entfernen von Spänen und losen Partikeln von Maschinen sollte täglich durchgeführt werden.
- Das Säubern von Sieben und Filtern in Kühlschmiereinrichtungen muss abhängig vom Verschmutzungsgrad erfolgen. Die anfallenden Abfallstoffe sind fachgerecht zu entsorgen.
- Bei Instandsetzungen von Maschinen sind vielfach Bauteile zu demontieren. Sie sind zur näheren Untersuchung zunächst von Ölen und Fetten zu reinigen. Nur so kann festgestellt werden, ob eine Wiederverwendung oder ein Auswechseln erforderlich ist. Vor der anschließenden Montage müssen auch die Aufnahmebereiche für neue Teile gereinigt werden. Dazu verwendet man chemische Reinigungsmittel, wie Waschbenzin, Verdünnungen usw.

Reinigen eines ausgebauten Wälzlagers

Durch Reinigungsmaßnahmen entfernt man schädliche Verschmutzungen aus dem Fertigungsprozess.

- **Konservieren**

Durch Konservieren mit Beschichtungsstoffen schützt man die Oberflächen von Bauteilen vor schädlichen Umwelteinflüssen, die zur Korrosion führen. Als Beschichtungsstoffe verwendet man Öle, Fette, Wachse und Anstriche.

- Blanke Maschinenteile, wie z. B. die Säule oder der Arbeitstisch einer Bohrmaschine sowie Gleitbahnen und Bettführungen von Werkzeugmaschinen, werden zum kurzzeitigen Korrosionsschutz gefettet.
- Mess- und Prüfzeuge sowie Anreißplatten werden zum kurzzeitigen Schutz gereinigt und anschließend geölt oder gefettet.
- Blanke Maschinenteile aus Stahl werden für längere Versandwege mit Wachs oder einem Schutzlack beschichtet. Auch ein Verpacken solcher Teile mit ölhaltigem Papier ist üblich.
- Verzinkte Bauteile, an denen eine Beschädigung der Schutzbeschichtung eingetreten ist, werden mit Zinkspray nachverzinkt, um wieder einen ausreichenden Schutz herzustellen.

Hilfsstoffe mit konservierender Wirkung

Konservierende Maßnahmen werden durchgeführt, um die Oberflächen von Bauteilen vor schädlichen Umwelteinflüssen (Korrosion) zu schützen.

- **Sicherheitshinweise zum Umgang mit Reinigungs- und Konservierungsmitteln**

Beim Reinigen mit chemischen Reinigungsmitteln und der Benutzung von Konservierungsmitteln müssen die Sicherheitshinweise beachtet werden. Die Sicherheitshinweise müssen sich auf den Behältern befinden. Neben Textinformationen geben Sicherheitskennzeichen notwendige Informationen.

- Ätzende Reinigungsmittel sind haut- und augenschädlich.
- Dämpfe von Reinigungsmitteln sollen nicht eingeatmet werden, Reinigungsarbeiten sind daher in gut durchlüfteten Räumen oder im Freien durchzuführen.
- Hautkontakte sind zu vermeiden, weil die Haut durch Reinigungsmittel entfettet wird.
- Reinigungsmittel dürfen nicht in die Augen gelangen. Bei Unfällen müssen die Augen sofort mit viel Wasser ausgewaschen werden. Meist muss auch der Augenarzt aufgesucht werden.
- Sprühstäube von Sprays dürfen nicht eingeatmet werden.
- Konservierungsstoffe enthalten auch Anteile von Lösungsmitteln und Zusätzen, die nicht mit Lebensmitteln in Berührung kommen dürfen.

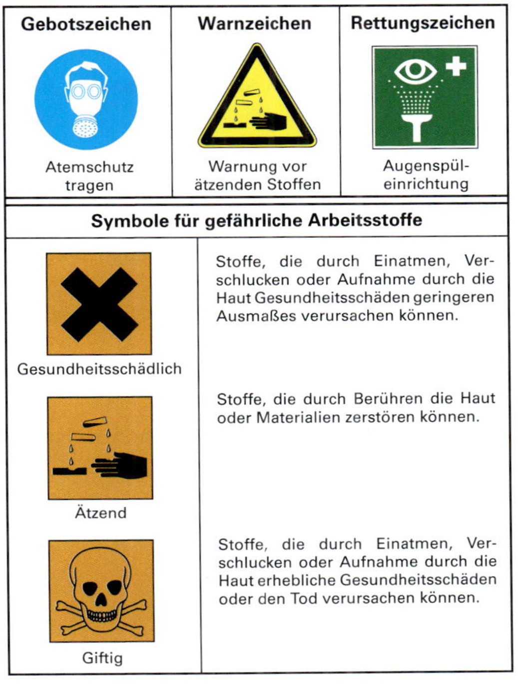

Auswahl von Sicherheitskennzeichen

2.3 Schmieren

- **Aufgaben des Schmierens**

Durch Schmieren von Maschinen, Geräten und Anlagen erreicht man Folgendes:

- Energieverluste infolge von Reibungsvorgängen werden vermindert.
- Verschleiß an Bauteilen, die sich gegeneinander bewegen, wird verringert.
- Oberflächen können vor schädlichen Umwelteinflüssen geschützt werden.

Besonders wichtig ist die Schmierung von Lagern und Führungen. Die Schmierstoffe verhindern, dass sich die aufeinander gleitenden oder abrollenden Bauteilflächen direkt berühren.
Schmierung verringert die Beanspruchung der Oberflächen und verlängert die Einsatzzeit von Bauteilen, wie z. B. Kugellagern.

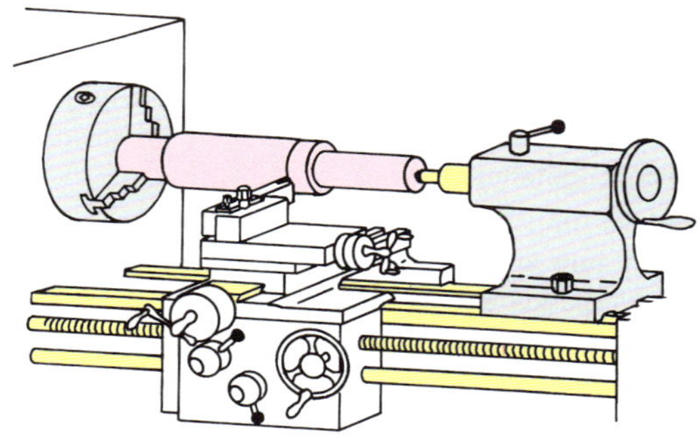

Gleitflächen an einem Drehmaschinenbett

Durch Schmieren vermindert man in technischen Systemen Energieverluste, verringert Verschleiß und schützt Oberflächen vor Korrosion.

- **Schmieranweisungen**

Schmieren erfolgt nach festen Vorgaben des Herstellers einer Maschine, eines Gerätes oder einer Anlage. Die Vorgaben berücksichtigen vor allem die Einsatzbedingungen der Maschinen bzw. Anlagen im Produktionsprozess.
Die Schmieranweisung muss gemäß Normvorgaben Folgendes enthalten:

- eine **Schmierstoffübersicht** mit den empfohlenen Schmierstoffen und ihren genormten Bezeichnungen,
- einen **Schmierstellenplan**, in dem die einzelnen Schmierstellen und die vorgesehenen Schmierintervalle eingetragen sind,
- die Angaben über die jeweiligen **Schmierstoffmengen**,
- die Art des jeweiligen **Schmierverfahrens**, mit dem der Schmierstoff einzubringen ist.

- **Schmierplan**

Im Betrieb werden die Anweisungen des Herstellers in den Instandhaltungsplan eingebracht. Es wird ein entsprechender Schmierplan aufgestellt, nach welchem der Fachmann die Schmierung vorzunehmen und zu bestätigen hat. Der Schmierplan enthält:

- die Bezeichnung der Schmierstellen in sinnvoller Reihenfolge
  (wo?),
- die eindeutige Bezeichnung der zuzuführenden Schmierstoffe
  (was?),
- die Menge des beim jeweiligen Schmiervorgang einzubringenden Schmierstoffes
  (wie viel?),
- die Beschreibung der notwendigen Arbeitsmittel
  (womit?),
- das Intervall, nach dem jeder der beschriebenen Arbeitsgänge regelmäßig auszuführen ist. Das Intervall kann in Zeitabständen, Stückzahlen o.a. gemessen sein
  (wann?),
- die Arbeitszeitvorgabe
  (wie lange?),
- die Hinweise zur Koordinierung der Arbeiten mit dem Betriebsablauf, z. B. *„in Betrieb ausführen"* oder *„bei Stillstand auszuführen"*
  (wobei?).

Beispiele **für einen Schmierplan**

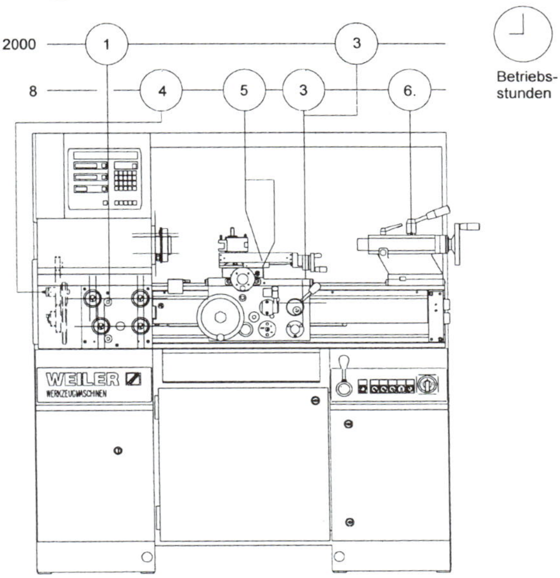

Eingriffsstelle	Nr.	Art des Eingriffs Füllmenge (*l*)	Betr.-Std. (h)
Vorschubgetriebe	1	1,2 l Austauschen	2000
Schlosskasten	3	0,5 l Prüfen Auffüllen	8
	3	1,0 l Austauschen	2000
Wechselradgetriebe	4	Abschmieren	8
Oberschlitten	5		
Reitstock	6		
Schmierstoff DIN 51502-CLP 46			

Der Schmierplan ist vom Fachpersonal aus folgenden Gründen genau einzuhalten:

- Viele Schmierstoffe vertragen sich nicht untereinander, deswegen darf man keine eigenmächtigen Änderungen hinsichtlich der *Art des Schmierstoffes* vornehmen.
- Übergroße Schmierstoffmengen führen zu erhöhter Bewegung und Erwärmung des Schmierstoffes. Daher muss die *Schmierstoffmenge* eingehalten werden.
- Das *Arbeitsmittel* zum Einbringen des Schmierstoffes ist festgelegt, damit der notwendige Einpressdruck aufgebracht werden kann.

Genaue Angaben über die Schmierung einer Maschine oder Anlage sind dem Schmierplan zu entnehmen.

- **Einbringen von Schmierstoffen**

Im Betrieb werden zum Schmieren von Hand meist Öl- und Fettpressen verwendet. Maschinen werden meist nur an wenigen Stellen von Hand geschmiert, weil größere Systeme mit einer automatisch arbeitenden Zentralschmiereinrichtung ausgerüstet sind. Anders ist es bei der Montage, dort werden die Bauteile vor dem Einbau meist von Hand geschmiert.

Einfetten der Wälzlager von Hand

Unsachgemäßes Schmieren kann zu erheblichen Schäden in Maschinenteilen und Anlagenbereichen führen. Schmierpläne müssen eingehalten werden.

3 Schmierstoffe

Bei der Montage und der Wartung von Bauteilen ist darauf zu achten, dass eine ausreichende und dem Einsatzgebiet angepasste Schmierung erfolgt.

Aufgaben von Schmierstoffen:

- Bildung eines Schmierfilms zwischen sich bewegenden Teilen,
- Verringerung von Reibung und Verschleiß,
- Schutz gegen Korrosion,
- Abdichtung bestimmter Bereiche gegen Staub und Feuchtigkeit.

Auswahlkriterien für Schmierstoffe:

- Einsatzgebiet — z. B. Hydraulikanlagen, Gleitlager,
- Betriebsbedingungen — z. B. Drehfrequenzen, Betriebstemperatur, Belastung
- Umgebung — z. B. erhöhte Explosionsgefahr.

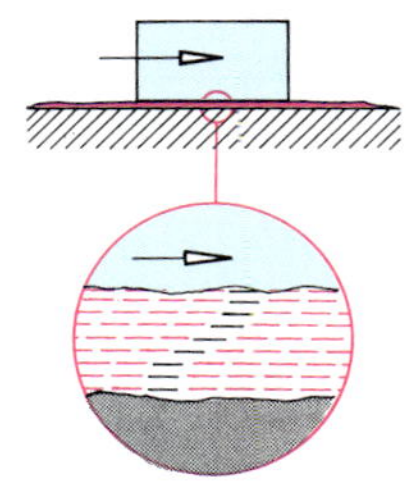

Wirkungsweise der Schmierung

Die Auswahl der Schmierstoffarten richtet sich im Wesentlichen nach: • Belastung, • Drehfrequenzen, • Betriebstemperaturen, • Gleitgeschwindigkeiten und • Umwelteinflüssen.

3.1 Schmieröle

3.1.1 Schmieröleigenschaften

- **Viskosität**

Der wichtigste Kennwert eines Schmieröles ist seine Viskosität. Ein Öl mit niedriger Viskosität ist dünnflüssig, ein Öl mit hoher Viskosität ist zähflüssig. Die Viskosität beeinflusst zum Beispiel die Schmierfilmdicke in Lagern, die Leckverluste in Hydraulikanlagen, die Reibungsverluste in Schmierölleitungen.

Beim Messen im Kapillarviskosimeter lässt man eine bestimmte Ölmenge bei Prüftemperatur durch ein langes dünnes Rohr, die Kapillare, laufen. Aus der Auslaufzeit ermittelt man die kinematische Viskosität. Wasser hat bei 20 °C eine kinematische Viskosität von etwa 1 mm²/s.

Industrieöle werden nach ISO in 18 Klassen unterteilt. Die ISO-Klassifikation wird in Viskositätsgraden (ISO-VG) angegeben. Sie ist zahlenmäßig an der Viskosität bei 40 °C orientiert.

Beispiel **für die Klassifikation eines Öles**

ISO – VG 220

- VG 220: Viskositätsgrad zwischen 198 und 242 mm²/s
- ISO: Schmieröl nach ÖNORM EN ISO 6743

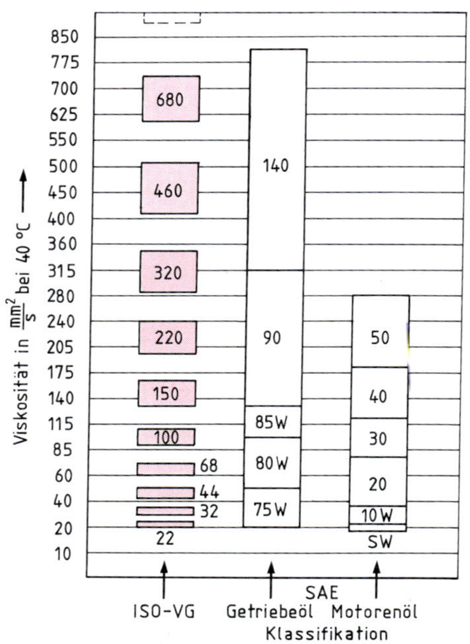

Vergleich wichtiger Ölklassen

Kfz-Öle werden gemäß der amerikanischen Society of Automative Engineers (SAE) gekennzeichnet. Die Kennzeichnung stimmt nicht mit der Einteilung nach ISO überein. Auch die Bezugstemperatur ist unterschiedlich, die SAE-Klassen haben je nach Klasse unterschiedliche Bezugstemperaturen.

Industrie-Öle werden nach ISO in 18 Klassen gegliedert.
Die Klassifikationsnummer bezieht sich auf die kinematische Viskosität in mm²/s, bei 40 °C.

Die für eine bestimmte Aufgabe notwendige Viskosität wird zum Teil nach *Erfahrungswerten* gewählt.

Die Viskosität ist stark von der Temperatur abhängig. Mit steigender Temperatur sinkt die Viskosität. Da Maschinen häufig bei unterschiedlichen Temperaturen beansprucht werden, ist das Viskositäts-Temperatur-Verhalten von Schmierstoffen von großer Bedeutung. Am günstigsten sind Öle, die bei niedrigen Temperaturen noch so dünnflüssig sind, dass Maschinen leicht anfahren, und bei der Betriebstemperatur noch eine ausreichend hohe Viskosität besitzen, damit der Schmierfilm bei Belastung nicht abreißt. Die Temperaturabhängigkeit der Viskosität lässt sich durch Zusätze verbessern. Die zugesetzten Stoffe enthalten fadenförmige Großmoleküle, die sich mit steigender Temperatur entknäulen und so den Viskositätsabfall verringern.

Die Viskosität eines Öles sinkt mit steigender Temperatur.

- **Flammpunkt, Pourpoint**

Der Flammpunkt eines Öles gibt die Temperatur an, bei der über der Ölfläche brennbare Gase entstehen. Die Kenntnis dieses Punktes ist wichtig für die Einordnung eines Öles entsprechend der **Gefahrenklasse**. Bei Flammpunkten über 100° C sind keine besonderen Vorschriften – außer im Bergbau – zu beachten. Für die Schmiertechnik ist dieser Punkt ohne Bedeutung.

Der Pourpoint (früher Stockpunkt genannt) gibt an, bei welcher Temperatur das Öl seine Fließfähigkeit verliert und nicht mehr schmiert.

Der Pourpoint wird beeinflusst durch
- Zunahme der Viskosität mit sinkender Temperatur.
- Paraffinausscheidung mit sinkender Temperatur.

Pourpointerniedriger wirken nur der Paraffinausscheidung entgegen.

Der Flammpunkt bestimmt die Einordnung eines Öles in eine Gefahrenklasse.
Der Pourpoint gibt an, bei welcher Temperatur ein Öl eben noch fließt.

- **Schaumverhalten und Luftabgabevermögen**

Durch bewegte Teile werden Öle stark mit Luft durchmischt und können schäumen. Schäume, die von der Ölpumpe angesaugt werden, können zu schweren Störungen in der Schmierstoffversorgung führen, z. B. Luftblasen in Ölleitungen.

Das Luftabgabevermögen (LAV) eines Öles gibt nach DIN ISO 9120 die Zeit an, in der eine von Luft durchströmte Ölprobe nach dem Abschalten der Luft nur noch 0,2 % Luft enthält.

Durch geringe Zusätze, zum Beispiel von Silikonölen, kann das Schaumverhalten verbessert werden. Bei Hydraulikanlagen hat das Luftabgabeverhalten eines Öles besondere Bedeutung, da mit steigendem Luftanteil die Kompressibilität steigt.

Zur Aufrechterhaltung eines festen Schmierfilmes muss Öl ein hohes Luftabgabevermögen besitzen.

- **Alterungsneigung**

Durch Verunreinigungen, zum Beispiel Abrieb, verschlechtern sich die Öleigenschaften. Ein weiteres Absinken der Eigenschaften tritt ein durch Bildung von
- Säuren infolge Oxidation,
- harz- und asphaltartigen Stoffen im Öl infolge Bildung größerer Moleküle.

Den größten Einfluss auf die Alterung von Ölen hat die Temperatur. Nur 10 Kelvin Temperaturerhöhung verkürzen die Zeit zum Altern auf die Hälfte.
Metalle können die Alterungsreaktionen beschleunigen. Hier fördert Kupfer den Alterungsprozess besonders stark. Aus diesem Grunde sollen Schmierölleitungen möglichst *nicht* aus Kupfer hergestellt werden.
Durch Zusätze von Alterungsschutzadditiven (Antioxidantien, Oxidationsinhibitoren) wird ein gewisser Alterungsschutz erreicht.

Öle altern besonders bei höheren Temperaturen und bei kupferhaltigen Werkstoffen im Ölkreislauf.

- **Synthetische Flüssigschmierstoffe**

Synthetische Flüssigschmierstoffe werden aus einfachen einheitlichen Kohlenstoff-Wasserstoff-Verbindungen oder Silizium-Verbindungen durch chemische Synthese aufgebaut. Deshalb sind diese Flüssigschmierstoffe in ihrem chemischen Aufbau besonders einheitlich und völlig frei von schädlichen Beimengungen. Synthetische Flüssigschmierstoffe zeichnen sich durch eine nahezu gleich bleibende Viskosität in einem großen Temperaturbereich aus. Darüber hinaus sind sie schwer entflammbar und beständig gegen Säuren und Laugen. Man verwendet sie außer zur Schmierung auch als hochwertige Hydrauliköle.

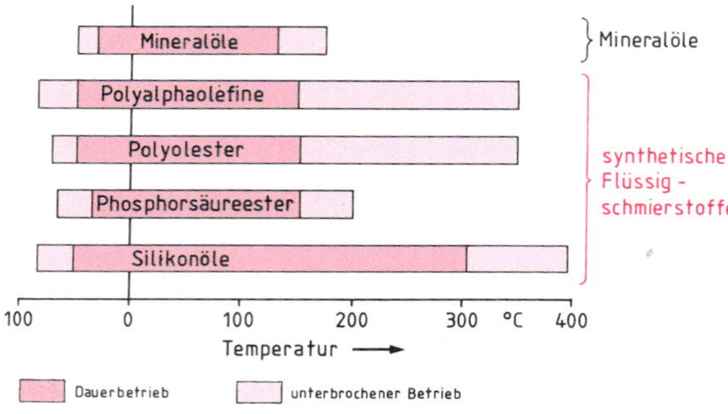

Temperatur-Einsatzgrenzen von Schmierstoffen

Neben den Flüssigschmierstoffen aus reinen Kohlenwasserstoffen werden auch phosphorhaltige Kohlenwasserstoffe und Silikone als synthetische Schmierstoffe verwendet.
Synthetische Flüssigschmierstoffe und Mineralöle dürfen nicht miteinander vermischt werden.

Synthetische Flüssigschmierstoffe werden aus einfachen Verbindungen synthetisch aufgebaut. Sie sind einheitlich im Aufbau und frei von schädlichen Beimengungen, aber teurer als Mineralöle.

3.1.2 Kennzeichnung von Schmierölen

Das Schmieröl für einen bestimmten Einsatzfall wählt man nach seinen Eigenschaften aus.
Die Bestandteile der Schmieröl-Kennzeichnung haben folgende Bedeutung:

- *geometrisches Symbol* für die Art der Erzeugung, z. B. Mineralöl, Syntheseöl,
- *Kennbuchstaben* für das Einsatzgebiet des Öles, z. B. Hydrauliköl,
- *weitere Kennbuchstaben* für die Zusätze – Additive -, z. B. Alterungsschutz,
- *Kennzahlen* für die Ölklasse durch den Viskositätsgrad, z. B. Viskositätsgrad 100 mm²/s.

Beispiel **für die Auswahl eines Schmieröles für eine Umlaufschmierung**

Bei einer Drehmaschine kommt es häufig vor, dass Bauteile aus dem Stand unter Last angefahren werden, dabei tritt Mischreibung mit der Gefahr eines hohen Verschleißes auf.
Das einzusetzende Schmieröl ist deshalb so auszuwählen, dass es mit verschleißmindernden Additiven versehen ist. Das gewählte Schmieröl hat die Kennzeichnung **CLP 68**.

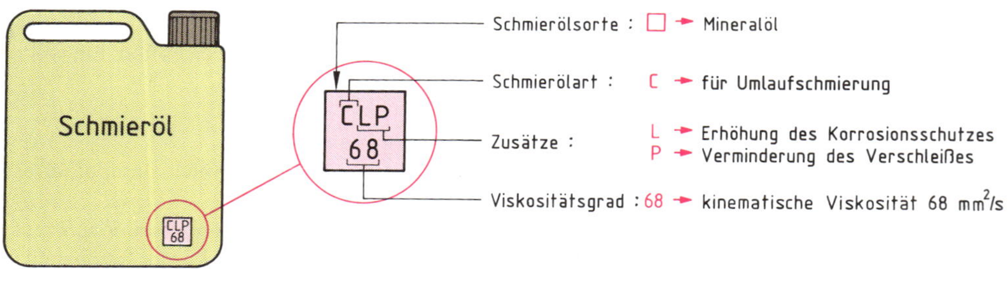

Die Kennzeichnung der Schmieröle gibt Auskunft über:
- Schmierölart, • Additive im Schmieröl und • Viskositätsgrad.

3.2 Schmierfette

Für viele Anwendungsfälle sind flüssige Schmiermittel wenig geeignet, weil sie von der Schmierstelle wegfließen, z. B. bei frei stehenden Lagern. Hier werden Schmierfette verwendet. Sie haften an der Schmierstelle und gewähren den geschmierten Lagerstellen guten Schutz gegen das Eindringen von Wasser und Verunreinigungen.
Der Verbrauch von Schmierfetten beträgt nur etwa 2 % des Mineralölverbrauchs.

3.2.1 Aufbau von Schmierfetten

Schmierfette bestehen aus einem Eindickmittel, in das Mineralöle und Zusätze (Additive) eingemischt sind. Als Eindickmittel werden Metallsalze von Fettsäuren, Metallseifen genannt, verwendet. Die Metallseifen bilden ein Gerüst, in dem das Öl sehr fein verteilt wird. Man bezeichnet das Fett nach der Art des Eindickmittels.
Mehr als die Hälfte der verwendeten Schmierfette sind mit Lithiumsalzen von Fettsäuren eingedickt – man nennt diese Schmierfette lithiumverseifte Fette. Für Sonderfälle gibt es ein metallfreies Eindickmittel, ein Gel.

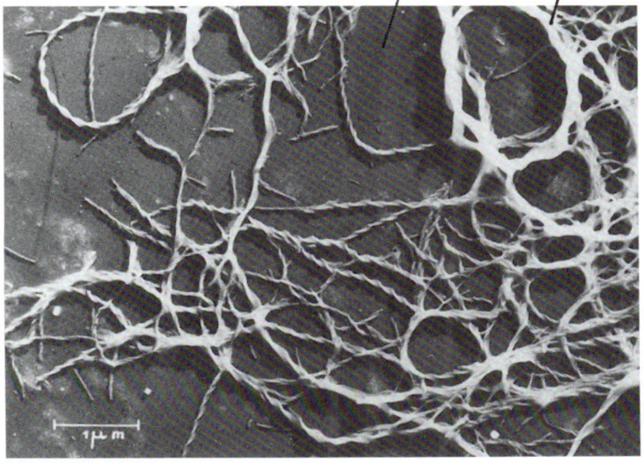

Elektronenmikroskopische Aufnahme eines Schmierfettes

3.2.2 Klassifizierung

- **Klassifizierung von Schmierfetten nach dem Eindickmittel**

Eindickmittel	Gebrauchstemperaturbereich in °C	Verhalten gegenüber Wasser
Lithiumseife	– 30 bis + 140	beständig
Calciumseife	– 30 bis + 60	abweisend
Natriumseife	– 30 bis + 100	nicht beständig
Lithiumkomplexseife	– 30 bis + 160	beständig
Gel	– 20 bis + 160	beständig

Schmierfette bestehen aus Mineralöl und einem Eindickmittel sowie Additiven.
Das Eindickmittel bestimmt stark das Verhalten des Fettes gegenüber Wasser.

- **Klassifizierung der Schmierfette nach der Konsistenz**

Fette zeigen je nach Gehalt an Eindickmitteln und Temperatur unterschiedlich starken Zusammenhalt beim Verschmieren (Konsistenz), sie reicht von einem Verhalten wie dickes Öl über salbenartig bis zu fast wachsartig.
Am häufigsten werden Schmierfette der Konsistenzklasse 2 verwendet.

Konsistenz-klassen	Konsistenz	Verwendung
000 00 0	ähnlich sehr dickem Öl halb fließend sehr weich	Getriebefette
2 3 4	salbenartig beinahe fest fest	Wälzlagerfette Gleitlagerfette Gleitlagerfette
5 6	sehr fest sehr fest	Blockfette

Schmierfette werden nach ihrer Konsistenz in Klassen von 000 bis 6 eingeteilt. Mit steigender Nummer wächst die Konsistenz.

3.2.3 Kennzeichnung von Schmierfetten

Fettschmierung wird bei mittleren und *niedrigen Umdrehungsfrequenzen* und *niedrigen Gleitgeschwindigkeiten* eingesetzt.

Fettschmierungen erlauben aufgrund des Haftvermögens der Fette einfache, kostengünstige Konstruktionen. Fettschmierung bietet einen Schutz gegen Feuchtigkeit und Verunreinigungen.
Das Schmierfett für einen bestimmten Einsatzfall wählt man anhand seiner Eigenschaften aus.
Die Bestandteile der Schmierfett-Kennzeichnung haben folgende Bedeutung:

- *Geometrisches Symbol* für die Schmierfettbasis, z. B. Mineralölbasis.
- *Kennbuchstaben* für das Einsatzgebiet des Fettes, z. B. Gleit- und Wälzlagerfett.
- *Weitere Kennbuchstaben* für die Einsatztemperatur, z. B. –20 °C bis +80 °C.
- *Kennzahlen* für die Konsistenzklasse, z. B. Klasse 3 für beinahe festes Wälzlagerfett.

Beispiel **für die Auswahl eines Schmierfettes für Wälzlager**

Im Rahmen einer Wartung sind u. a. auch die Wälzlager eines Elektromotors zu fetten. Die Betriebstemperatur überschreitet +70 °C nicht. Der Motor ist in einem feuchten, staubigen Raum installiert.
Somit ist ein Schmierfett auf Mineralölbasis mit Lithiumseife als Dichtungsmittel anzuwenden. Das gewählte Schmierfett hat die Kennzeichnung **K 3 E.**

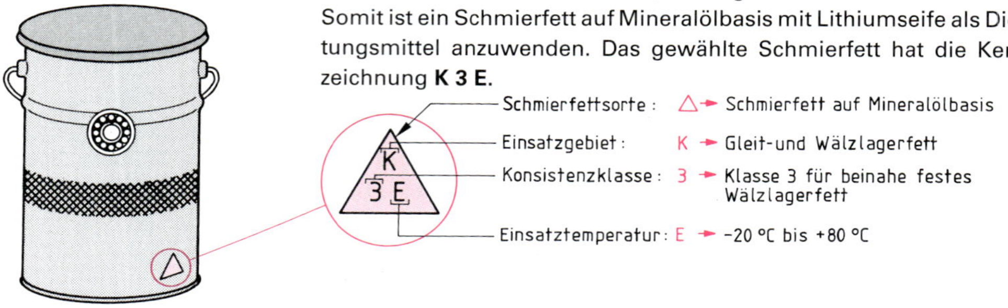

Die Kennzeichnung der Schmierfette gibt Auskunft über:
- Schmierfettart,
- Einsatzgebiet mit Temperaturbereich,
- Konsistenzklasse.

3.3 Festschmierstoffe

Trockene Schmiermittel sind pulverförmige Stoffe, die aus besonders feinen Plättchen bestehen. Zu diesen Schmiermitteln gehört z. B. Grafit. Die Schmierwirkung trockener Schmiermittel entsteht dadurch, dass die sehr feinen Plättchen des Schmierstoffes im Schmierspalt wie Karten eines Kartenspiels aufeinander gleiten. Wichtige Trockenschmiermittel im Maschinenbau sind Grafit und Molybdänsulfid (Molykote).

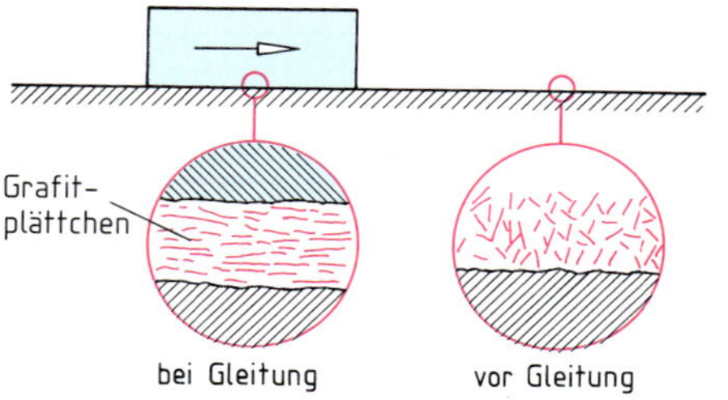

Trockenschmierung mit Grafit

Eigenschaften von Grafit und Molybdänsulfid

Eigenschaften	Grafit	MoS_2
Dichte in g/cm^3	2,4	4,8
Reibwert bei trockenem Stahl auf Stahl	0,1 bis 0,2	0,04 bis 0,08
Temperaturgrenzen an Luft in °C	–18 bis +450	–180 bis +400
Schmierfähigkeit im Vakuum	versagt	gut

Festschmierstoffe werden dann eingesetzt, wenn aufgrund der Bedingungen an der Schmierstelle keine Flüssigkeitsreibung erreicht werden kann.

4 Systembeurteilung durch Inspektion

Inspektionen dienen dazu, regelmäßig den Zustand von Geräten, Maschinen oder Anlagen zu überprüfen bzw. die Qualität der Arbeitsweise festzustellen. Insbesondere müssen an sehr komplexen technischen Systemen wie Flugzeugen, Lokomotiven oder Produktionsanlagen entsprechende Inspektionen durchgeführt werden.

4.1 Inspektionsintervalle

Inspektionen sind nach vorgeschriebenen Zeitabständen durchzuführen. Die Zeitabstände zwischen den jeweiligen Inspektionen richten sich nach der Belastung:

- Bei Fahrzeugen wird meist die gefahrene Strecke zugrunde gelegt; z. B. für PKW alle 15 000 km.
- Für kontinuierlich arbeitende Maschinen, Pumpen, Produktionsanlagen wird die Betriebszeit als Basis gewählt; z. B. alle 500 Betriebsstunden.
- Produzieren Maschinen ständig den gleichen Artikel, so wird häufig nach einer bestimmten Produktionszahl eine Inspektion vorgenommen; z. B. nach 10 000 Stück.

Inspektionen werden in festgelegten Intervallen durchgeführt. Die Intervalle richten sich nach der Belastung des jeweiligen Systems.

4.2 Inspektion durch Sinneswahrnehmung

Bei Inspektionen werden Eigenschaften oder Zustände von Systemen beurteilt, die oft schon mit unseren Sinnen unmittelbar erfasst werden können. Solche subjektiven Wahrnehmungen reichen meist aus, um gegebenenfalls notwendige Instandhaltungsmaßnahmen einzuleiten.

Beispiele **für Inspektionen durch Sehen, Hören und Fühlen**

Vorschrift	Inspektion	Beispiel
Am Kfz alle 15 000 km mit der Hand Zahnriemenspannung prüfen und äußeren Zustand begutachten.	Prüfen der Riemenspannung durch Fühlen und Kontrolle des Riemens auf Risse durch Sehen.	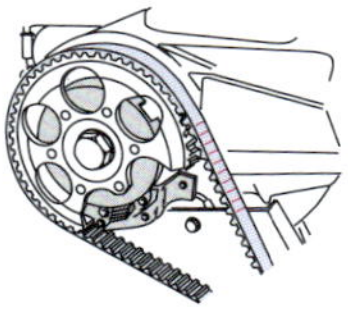
Eine Druckluftanlage bei Arbeitsbeginn täglich auf Druckluftverlust prüfen.	Überwachen der Anlagenteile und Leitungen auf Druckluftverluste infolge Lecks durch Abhören (Zischgeräusche)	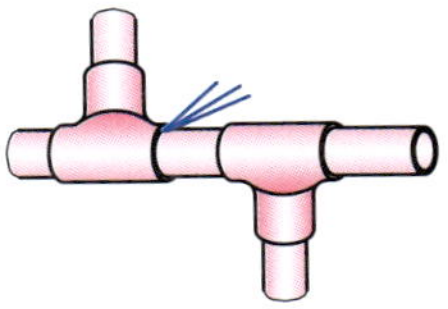

4.3 Inspektion mit Messgeräten

Inspektionen mit Messgeräten sind meist aussagefähiger als Inspektionen durch Sinneswahrnehmungen, denn zu beurteilende Eigenschaften werden objektiv erfasst und können entsprechend bewertet werden.

Beispiel **für eine Inspektion zur vorbeugenden Instandhaltung von Wälzlagern**

Verschleiß verursacht in den Abrollzonen der Lagerringe eine Welligkeit, die beim Lauf Stoßimpulse hervorruft. Diese Impulse werden mit einem Mikrofon aufgenommen, in einem Rechner ausgewertet und angezeigt. Die Stärke der Stoßimpulse ermöglicht Rückschlüsse auf den Lagerzustand.

Die Beurteilung des Lagerzustandes erfolgt mithilfe von Vergleichsdaten.
Bei Messwerten ab etwa 40 dB liegen Lagerschäden vor.
Ein Austausch des Wälzlagers kann geplant werden, der Zeitpunkt wird so gewählt, dass die Betriebsstörung gering ist.

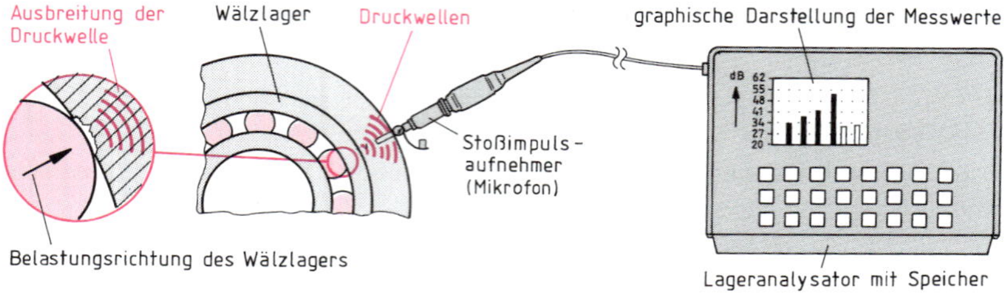

4.4 Kontinuierliche Inspektion

Zwischen den Inspektionen unterliegen Maschinen, Anlagen und Geräte weiterhin dem Verschleiß und es besteht die Gefahr von Betriebsstörungen. Intervallmäßige Inspektionen erfordern auch störende Unterbrechungen der Nutzung. Deshalb wird versucht, die Inspektionen während des Betriebes kontinuierlich durchzuführen und Meldung ausgeben zu lassen, wenn Teile der Maschine oder Anlage in einen kritischen Zustand kommen, z. B. wenn Lager zu heiß werden, wenn Werkzeuge abstumpfen oder Motoren überhitzen. Kontinuierliche Inspektion verlängert die Zeit zwischen zwei Instandsetzungen, weil erst bei drohendem Betriebsausfall eingeschritten werden muss.

Beispiel **für eine Einrichtung zur kontinuierlichen Inspektion durch Überwachung der Vorschubkraft**

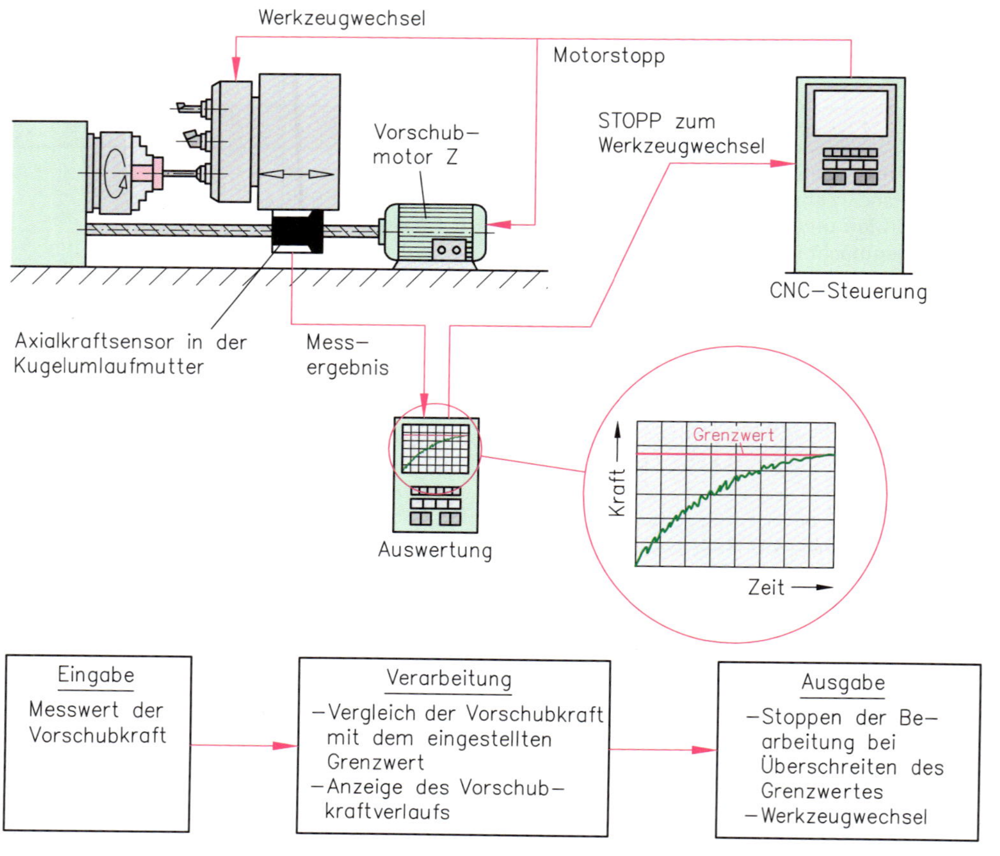

5 Maschinenschaden

5.1 Verschleiß

Gleiten Oberflächen aufeinander, so werden vor allem wegen der Unebenheiten der Oberflächen laufend Teilchen aus ihnen herausgetrennt – man spricht von **Verschleiß.** Er tritt z. B. in Lagern, an Führungen, in Fördereinrichtungen, Getrieben, Düsen u. a. auf. Verschleiß ist eine der Hauptursachen für Bauteilschädigung und den damit verbundenen Ausfall von Maschinen und Geräten. Die Verringerung von Verschleiß ist darum eine wesentliche Möglichkeit, die Lebensdauer von Maschinen und Geräten zu erhöhen und damit Kosten und Rohstoffe einzusparen.
Man nennt den Bereich der Technik, die sich mit Reibung und Verschleiß befasst, **Tribologie.**

5.1.1 Einflussgrößen auf Verschleiß

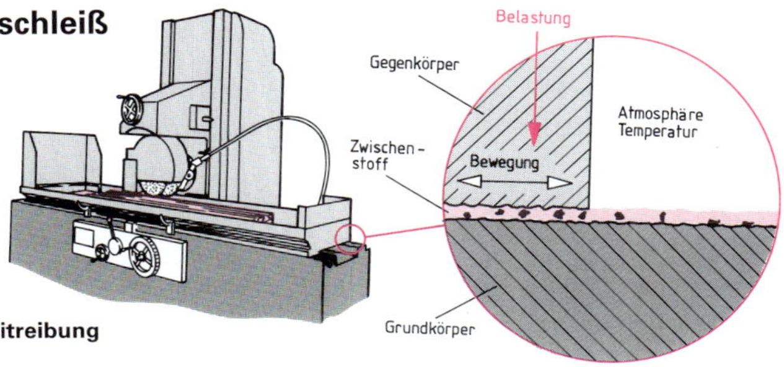

Einflüsse bei Gleitreibung

Die Höhe des Verschleißes wird von vielen Faktoren bestimmt:

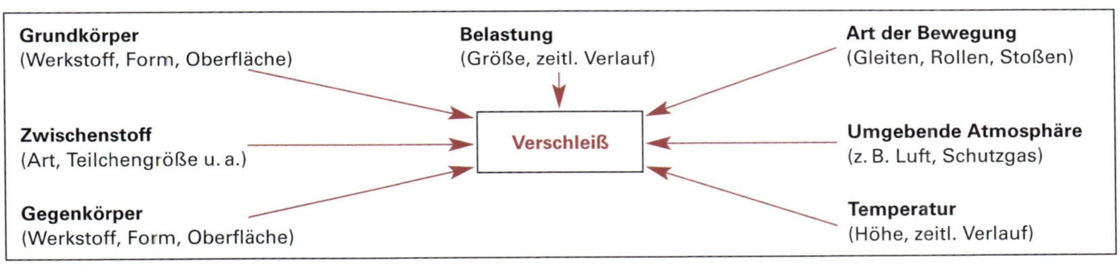

Einflussgrößen auf den Verschleiß

5.1.2 Verschleiß beim Rollen und Wälzen

Rollen Körper unter Belastung über Flächen, wie zum Beispiel Räder über Schienen, Wälzkörper über Lagerringe, so treten an den Berührungsstellen hohe Flächenpressungen auf. Diese führen zu Spannungen an der belasteten Stelle und schließlich zur Rissbildung dicht unter der Oberfläche. Die Risse breiten sich im Inneren der Randschicht aus und führen schließlich zum Abschälen einzelner Teilchen. So entstandener Verschleiß wird als **Rollverschleiß** bezeichnet. Die Ursache ist die Oberflächenzerrüttung oder Materialermüdung. Die abgeschälten Teilchen bleiben häufig in der Zwischenschicht und verursachen dann abrasiven Verschleiß.

Innenring eines Rillenkugellagers mit fortgeschrittener Schälung

In ähnlicher Weise entsteht auch der **Wälzverschleiß,** zum Beispiel an Zahnflanken. Wegen des Gleitanteils, der hier auftritt, geht der Anriss vorzugsweise von der Oberfläche aus.

Roll- und Wälzverschleiß beruht im Wesentlichen auf Oberflächenzerrüttung, verbunden mit Abrasion.

Gegen Roll- und Wälzverschleiß hilft Schmierung nur sehr begrenzt.
Als Werkstoffe gegen Roll- und Wälzverschleiß haben sich hochlegierte und vergütete Stähle bewährt, allerdings sollten diese im Gebrauchszustand nicht kaltverformt sein, da dies zu vorzeitiger Ermüdung führt.

5.1.3 Verschleiß durch strömende Medien

- **Verschleiß durch Feststoffteilchen in strömenden Medien**

Feststoffteilchen, z. B. Sandkörner, Späne, die an einem festen Körper entlang gleiten, verursachen Verschleiß.

Wenn das Transportmittel der Teilchen ein Gas ist, spricht man von **Strahlverschleiß.** Beim Teilchentransport durch eine Flüssigkeit spricht man von **hydroabrasivem Verschleiß.**

Durch diese Verschleißarten sind besonders pneumatische und hydraulische Fördereinrichtungen, Sand- und Stahlstrahlanlagen, aber auch Leitungen, in denen mit Spänen oder Werkstoffabrieb verunreinigte Kühl- oder Schmiermittel gefördert werden, gefährdet.

Verschleiß durch Feststoff-Teilchen

Eine Werkstoffauswahl bei Beanspruchung durch Festkörperteilchen in Gasen und Flüssigkeiten ist schwierig, da alle Werte, die in Versuchen ermittelt wurden, nur für diesen speziellen Fall zutreffen.

Feststoffteilchen, die von strömenden Medien mitgeführt werden, verursachen Verschleiß. Die Höhe des Verschleißes hängt ab von

- der Art und Form der Feststoffteilchen,
- der Art des Transportmittels,
- den Strömungsverhältnissen,
- dem Werkstoff des angestrahlten Bauteils.

- **Kavitation**

In schnell strömenden Flüssigkeiten und Gasen kann Unterdruck entstehen. Da die Siedetemperatur von Flüssigkeiten mit sinkendem Druck geringer wird, können in einer schnell strömenden Flüssigkeit infolge des Unterdrucks Dampfblasen entstehen. Diese Dampfblasen werden wenige Augenblikke später schlagartig wieder zu Flüssigkeit.

Durch die stete Bildung von Dampfblasen und ihre schlagartige Umwandlung wieder zur Flüssigkeit entstehen heftige Schläge auf die Oberfläche der Bauteile, wodurch die Werkstoffteilchen aus der Oberfläche herausgerissen werden können. Diese Art der Beanspruchung nennt man **Kavitation.** Der entstandene Schaden wird als **Kavitationserosion** bezeichnet.

Kavitationsschäden an einem Turbinenrad

Kavitationserosion kann an Düsen, in Gleitlagern, an Rührwerken, Propellerschaufeln u. a. auftreten.

Schnell strömende Flüssigkeiten verursachen Kavitationserosion, wenn sich infolge niedrigen Druckes Dampfblasen bilden, welche sich schlagartig wieder verflüssigen.

Kavitationserosion an Bauteilen kann vermindert werden durch

- weniger kavitationsempfindlichen Werkstoff.

hochlegierter Stahl X10CrNi18-8	Polyamid PA 66	hochfeste Al-Legierung EN AW-AlCu4Mg1	Gusseisen EN-GJL250	Weich-PVC	Acrylglas PMMA	Glas

→ zunehmende Kavitationsempfindlichkeit

- geringe Anteile an niedrig siedenden Bestandteilen in der Flüssigkeit, z. B. in Ölzusätzen.
- Absenken der Strömungsgeschwindigkeit, zum Beispiel durch niedrigere Drehzahlen von Pumpen oder größere Rohrquerschnitte.

5.2 Maschinenbruch

Bruch an Bauteilen kann zwei Ursachen haben: *Überlastung oder schwingende Beanspruchung.* Überlastung kann zu **Gewaltbrüchen,** schwingende Beanspruchung zu **Dauerbrüchen** führen.

5.2.1 Gewaltbruch

Ein Bauteil darf sich beim Betrieb nicht plastisch verformen. Es darf nur im elastischen Bereich beansprucht werden – bei Zugbeanspruchung ist dies unterhalb der Streckgrenze. Steigt die Belastung weiter an, so tritt bei Überschreiten der Festigkeit der Bruch ein. Man nennt einen solchen, durch Überbelastung verursachten Bruch, einen Gewaltbruch.
Ein Gewaltbruch an einem zähen Werkstoff hat eine zerklüftete Bruchfläche, die an den Rändern verformt ist. An spröden Werkstoffen ist die Gewaltbruchfläche samtartig glatt und zeigt keine Verformungen.

Beispiele **für Gewaltbrüche an Schrauben**

Bruch unter Kopf **Bruch unter Gewinde**

- Gewaltbrüche entstehen durch Überlastung.
- Gewaltbrüche sind an der Bruchfläche und den Bruchkanten zu erkennen.

Häufig treten Gewaltbrüche auf, obwohl rechnerisch die Spannung im Werkstück die Streckgrenze nicht erreicht und der Werkstoff demnach nicht überlastet scheint. Hier ist die ungleichmäßige Spannungsverteilung infolge ungünstiger Konstruktion die Ursache. An jeder Querschnittsveränderung eines belasteten Bauteils, z. B. an Übergängen von Wellenzapfen, treten höhere Spannungen auf als im übrigen Querschnitt – im Durchschnitt entsprechen die Spannungen jedoch den rechnerischen Werten. Je scharfkantiger und spitzer nun ein solcher Übergang ist, desto höher sind die Spannungsspitzen. Man nennt diese Auswirkung von Querschnittsübergängen **Kerbwirkung**. Wenn die Spannung an der Kerbe die Festigkeit des Werkstoffes übersteigt, entsteht an dieser Stelle ein Gewaltbruch.

Beispiele **für eine Spannungsverteilung an Querschnitten verschieden gekerbter Zugproben**

Ungekerbt **Schwach eingezogen** **Gerundete Kerbe** **Spitze Kerbe**

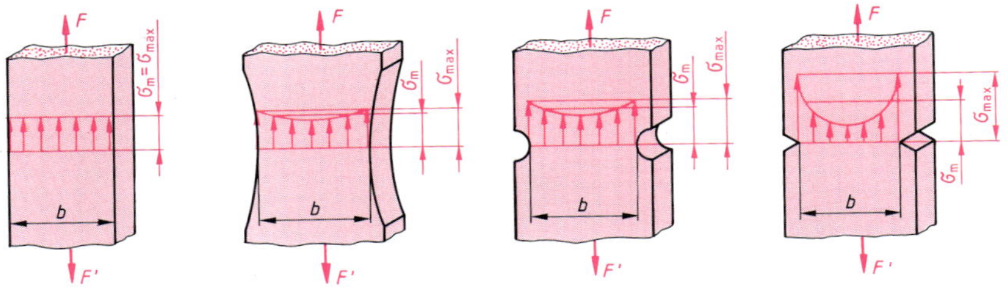

An Kerben treten erhöhte Spannungen auf. Diese Kerbwirkung erhöht die Bruchgefahr.

Gewaltbrüche können durch Einsatz von Bauteilen mit größeren tragenden Querschnitten oder durch Verwendung von Werkstoffen mit höherer Festigkeit vermieden werden. Falls Spannungsspitzen durch Kerbwirkung die Ursache einer örtlichen Überlastung sind, kann die Gefahr von Gewaltbrüchen durch veränderte Gestaltung der Bauteile begrenzt werden.

5.2.2 Dauerbruch

Im Maschinen- und Fahrzeugbau werden Bauteile häufig schwellenden und wechselnden Belastungen ausgesetzt. Dabei kann schon bei Belastungen *weit unterhalb* der Streckgrenze ein Bruch auftreten.

- **Entstehung des Dauerbruches**

Dieser Bruch beginnt meist an Fehlerstellen der Oberfläche, reißt etwas weiter, verlangsamt sich, hält einige Zeit mit Weiterreißen inne und setzt dann wieder ein. Durch die schwingende Beanspruchung reiben die Bruchflächen gering aneinander und es entsteht, auch durch Oxidation, eine glatte Bruchfläche mit typischen Rastlinien. Man nennt diesen Teil der Bruchfläche die Dauerbruchfläche. Sobald durch diesen Dauerbruch der Querschnitt so geschwächt ist, dass er die Last nicht mehr tragen kann, bricht er. Der gebrochene Restquerschnitt zeigt die typischen Merkmale eines Gewaltbruchs.

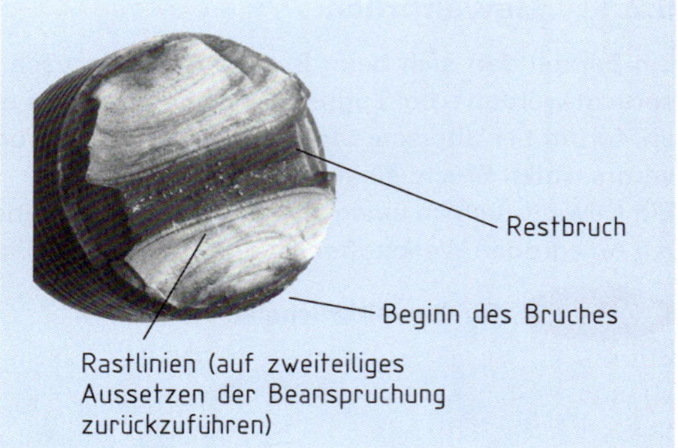

Dauerbruch im Gewinde einer Schraube mit ausgeprägten Rastlinien

Ein Dauerbruch ist an der Bruchfläche deutlich erkennbar. Die Bruchfläche zeigt
- die Dauerbruchfläche mit Rastlinien und
- die Restbruchfläche als Gewaltbruch.

Die Dauerbruchfläche macht wichtige Aussagen über die Entstehung des Dauerbruches und die aufgetretenen Belastungen:
- Die *Art der Belastung* ist an der Lage von Dauer- und Gewaltbruchfläche zueinander erkennbar. So liegt z. B. bei schwellender Biegebeanspruchung die Dauerbruchfläche einseitig, bei wechselnder Biegebeanspruchung oberhalb und unterhalb des Restbruches und bei umlaufender Biegebeanspruchung als Kranz um die Restbruchfläche.
- Der *Beginn des Anrisses,* also die eigentliche Ursache des Dauerbruches, kann durch den Beginn der Rastlinien bestimmt werden.
- Die *Höhe der Gesamtbelastung* ist an der Größe der durch Gewaltbruch entstandenen Restbruchfläche abzuschätzen – je höher die Belastung war, desto größer ist die Gewaltbruchfläche.

Beispiele für Dauerbruchflächen aufgrund unterschiedlicher Biegebeanspruchung

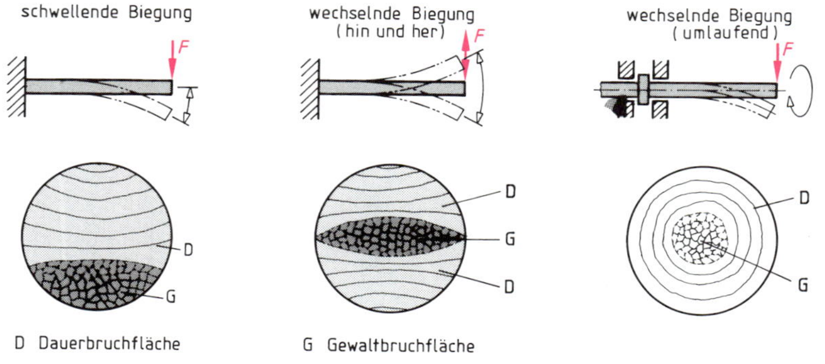

Die Bruchfläche eines Dauerbruches gibt
- mit der Lage der Restbruchfläche Auskunft über die Art der Beanspruchung,
- mit der Größe der Restbruchfläche Auskunft über die Höhe der Belastung,
- mit der Lage der Rastlinien Auskunft über den Beginn des Anrisses.

Ausgangsstellen von Dauerbrüchen sind meist Kerben an der Oberfläche des Bauteils. Diese Kerben können entsprechend ihrer Ursache in drei Gruppen eingeordnet werden:

- *Konstruktiv bedingte Kerben,* z. B. Gewindegänge, scharfkantige Übergänge an Wellen.
- *Kerben durch Fehler bei der Bearbeitung,* z. B. Riefen durch Anreißen mit scharfen Reißnadeln, Bearbeitungsriefen, Schleifrisse, Härterisse.
- *Kerben durch Werkstofffehler, z. B. Schlackeneinschlüsse, Korrosionsstellen, Kristallbaufehler.*

Ausgangsstellen für Dauerbrüche sind meist Kerben.

Maßnahmen zur Verhinderung von Dauerbrüchen

Zur Einschränkung von Dauerbrüchen kommen alle Maßnahmen in Frage, durch die entweder entsprechende Fehlerstellen am Werkstück verhindert werden oder der Werkstoff weniger dauerbruchempfindlich gemacht wird.

Konstruktive Maßnahmen

- Vermeiden von scharfkantigen Übergängen.
- Vermeiden von Bearbeitungsriefen durch Schleifen und Polieren.
- Einbringen von Druckspannungen in die Randschicht, welche die Entstehung von Werkstofftrennungen behindern, z. B. durch Einbringen von Fremdatomen beim Nitrieren.
- Erzeugen von Druckspannungen in der Randschicht durch Kaltumformen, z. B. durch Kugelstrahlen.

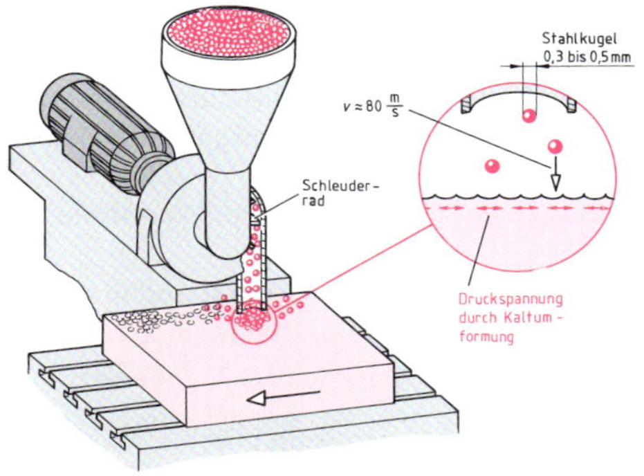

Kugelstrahlen einer Werkstückoberfläche

Maßnahmen bei der sachgerechten Inbetriebnahme

- Durch vorsichtige schwingende Beanspruchung eines Bauteiles unterhalb der normalen Belastung laufen Kristallbaufehler zu Stellen, an denen sie sich gegenseitig blockieren und damit unschädlich machen. Man nennt eine solche vorsichtige Beanspruchung des Bauteiles zur Erzeugung höherer Dauerschwingfestigkeit das **Trainieren** des Werkstoffs. Das Einfahren von Maschinen dient neben dem Einlaufen auch zum Trainieren des Werkstoffs.
- Die schwingende Beanspruchung eines Bauteils soll beim Betrieb in Grenzen gehalten werden. Darum sollen z. B. umlaufende Maschinenteile gut ausgewuchtet werden, damit zusätzliche Vibrationen vermieden werden.

Jedes schwingungsfähige Bauteil schwingt beim Anstoß in seiner Eigenfrequenz. Am deutlichsten wird diese Erscheinung bei Glocken und Musikinstrumenten. Wird ein Bauteil, z. B. von einem Motor, ständig in dieser Frequenz angeregt, so schaukeln sich die Schwingungen auf und können zur Zerstörung des Bauteils führen. Man nennt die Drehzahl einer Maschine, durch welche diese in ihrer Eigenfrequenz angeregt wird, die **kritische Drehzahl**. Diese kritische Drehzahl muss bei Maschinen schnell durchfahren werden, da sonst die Gefahr von Dauerbrüchen extrem anwächst.

Dauerbruchgefahr wird verringert durch
- Werkstückgestaltung ohne scharfkantige Übergänge,
- Bearbeitung unter Vermeidung von Riefen und Rissen,
- Erzeugen von Druckspannungen in der Randschicht,
- vorsichtiges Einfahren von Maschinen und Vermeiden von Schwingungen (kritische Drehzahl).

6 Korrosion und Korrosionsschutz

Werkstoffe von Maschinen und Anlagen sind ständig äußeren Einflüssen durch chemisch wirksame Stoffe, z. B. Feuchtigkeit, Luftsauerstoff, Verbrennungsgase, ausgesetzt. Die Zerstörung metallischer Werkstoffe infolge chemischer Reaktionen mit den umgebenden Medien nennt man **Korrosion**.

6.1 Chemische Korrosion

Trockene Gase, welche sich chemisch sehr leicht mit Metallen verbinden, wie z. B. Sauerstoff und Chlor, greifen die Oberfläche der Metalle an. Dabei bilden sich auf der Oberfläche chemische Verbindungen des Metalles mit dem Gas. Diese Art der Korrosion bezeichnet man als **chemische Korrosion**.
Chemische Korrosion tritt meist als Oxidation auf. Da diese Reaktion bei höherer Temperatur besonders intensiv verläuft, oxidieren Auspuffrohre von Kraftfahrzeugen, Ofenroste, Einsatzkästen und andere Bauelemente aus Eisen oder Stahl, die bei höheren Temperaturen verwendet werden, sehr schnell.

Chemische Korrosion wird vorwiegend durch trockene Gase verursacht.
Die Geschwindigkeit der Korrosion steigt mit steigender Temperatur.

• Korrosionsschutz bei chemischer Korrosion

Die chemische Korrosion, die durch trockene und reaktionsfreudige Gase hervorgerufen wird, kann nur durch
- Einsatz korrosionsbeständiger Werkstoffe oder
- Beschichten weitgehend unterbunden werden.

Als korrosionsbeständige Stähle werden meist Cr-Ni-Stähle, z. B. X10CrNiMoTi18-7 eingesetzt.

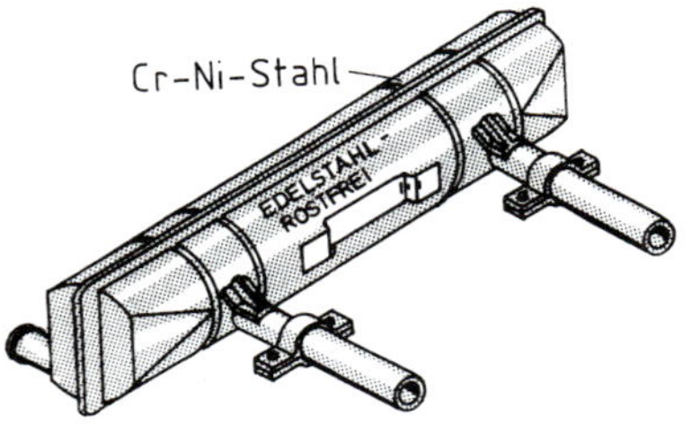

Gegen chemische Korrosion geschützter Auspuff

Chemische Korrosion kann durch Einsatz korrosionsbeständiger Werkstoffe oder Beschichten verhindert werden.

6.2 Elektrochemische Korrosion

• Grundlagen

Zwischen unterschiedlichen Metallen, die durch eine leitende Flüssigkeit (Elektrolyt) verbunden sind, entsteht eine Spannung, die bei einer Berührung einen Stromfluss bewirkt.
Die Höhe der Spannung kann aus dem Abstand der Metalle in der Spannungsreihe ermittelt werden.

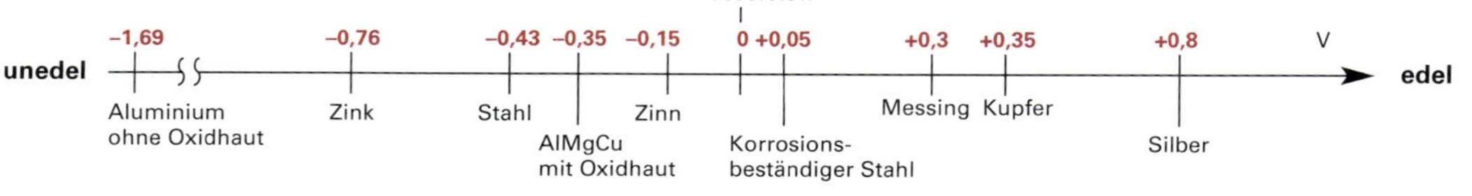

Fügt man Metalle, die in der elektrochemischen Spannungsreihe weit auseinander liegen, so ist die Gefahr groß, dass Bauelemente durch Korrosion beschädigt werden. Unter Zutritt einer elektrisch leitenden Flüssigkeit (Säure, Lauge oder Salzlösung) löst sich das unedlere Metall auf und verbindet sich mit dem Elektrolyt. Eine solche Zerstörung von Metallen, bei der sich über einen Elektrolyt ein Stromkreis bildet, heißt **elektrochemische Korrosion**.

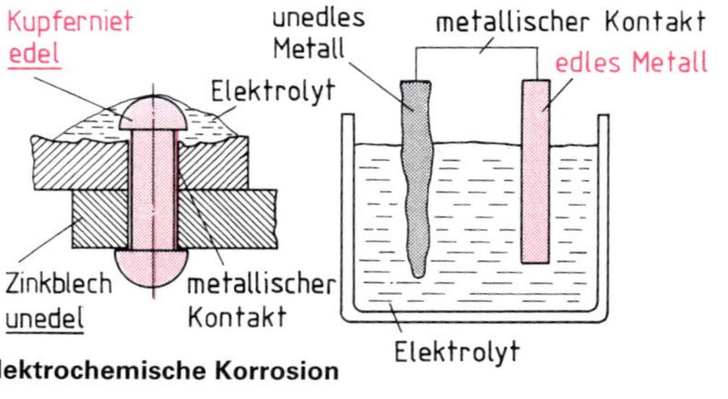

Elektrochemische Korrosion

Elektrochemische Korrosion entsteht, wenn sich unterschiedliche Metalle berühren und durch eine elektrisch leitende Flüssigkeit zusätzlich verbunden werden. Das unedlere Metall wird zerstört.

• Erscheinungsformen der elektrochemischen Korrosion

Tritt die elektrochemische Korrosion dadurch ein, dass in einem Bauelement oder in einer Konstruktion durch Fügen verschiedene Metalle einander berühren, so spricht man von **Kontaktkorrosion.**

Beispiel für Kontaktkorrosion an einem Aluminiumniet

Werden Kupferplatten mit Aluminiumnieten gefügt, so werden die Aluminiumniete bei Anwesenheit eines Elektrolyten langsam aufgelöst, weil sie das unedlere Metall darstellen. Die Verbindung ist untauglich.

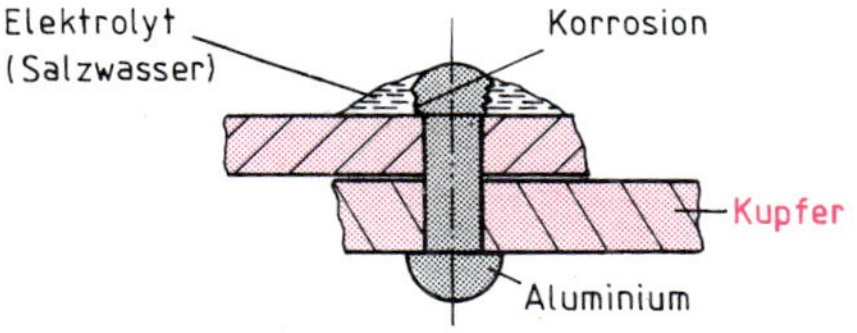

Kontaktkorrosion ist elektrochemische Korrosion, welche beim Zusammenbau verschiedener Metalle bei Anwesenheit eines Elektrolyten auftritt.

In Legierungen können die Bestandteile im festen Zustand Gemenge bilden. Zwischen den verschiedenartigen Körnern wirkt an den Korngrenzen bei Vorhandensein eines Elektrolyten eine elektrochemische Korrosion. Diese Zersetzung setzt sich entlang der Korngrenze fort, der Zusammenhalt der Körner wird weitgehend aufgehoben. Man spricht von **interkristalliner Korrosion.**

Beispiel für interkristalline Korrosion an Cr-Ni-Stahl

Beim Schweißen an korrosionsbeständigen Cr-Ni-Stählen verarmt der Bereich an der Korngrenze an Chrom, weil sich chromreiche Chromkarbide bilden. Dadurch besteht ein Konzentrationsunterschied zwischen Korngrenze und Kornmitte, und es kommt bei Zutritt eines Elektrolyten zur Korrosion.

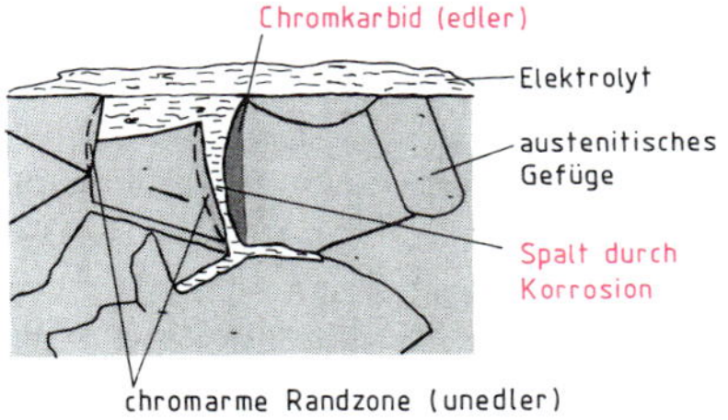

Interkristalline Korrosion ist elektrochemische Korrosion, welche bei Legierungen mit Konzentrationsunterschieden an Korngrenzen in Anwesenheit eines Elektrolyten auftritt.

• Korrosionsschutz bei elektrochemischer Korrosion

Elektrochemische Korrosion kann durch unterschiedliche Maßnahmen in erträglichen Grenzen gehalten werden:

- Man soll nach Möglichkeit nur Bauelemente aus gleichen Metallen miteinander verbinden.
- Bei der Werkstoffauswahl sollen Legierungen mit Mischkristallgefüge vorgezogen werden.
- Beim Fügen von Bauelementen aus unterschiedlichen Metallen kann der Stromfluss durch Isolierzwischenlagen verhindert werden.
- Durch Beschichten kann der Zutritt eines Elektrolyten verhindert werden.
- Durch das Anbringen von Zusatzteilen aus sehr unedlen Metallen können Konstruktionen ebenfalls vor elektrochemischer Korrosion geschützt werden. Bei diesem Verfahren wird die Korrosion von unedlen Konstruktionsteilen auf die noch unedleren Zusatzteile verlegt. Man bezeichnet die Zusatzteile darum als **Opferanoden** oder Schutzanoden.

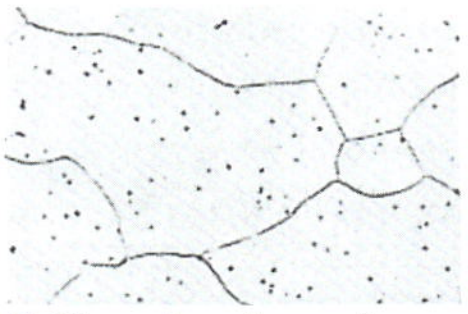

Gefüge eines korrosionsbeständigen Stahles

Gefüge eines nicht korrosionsbeständigen unlegierten Stahles

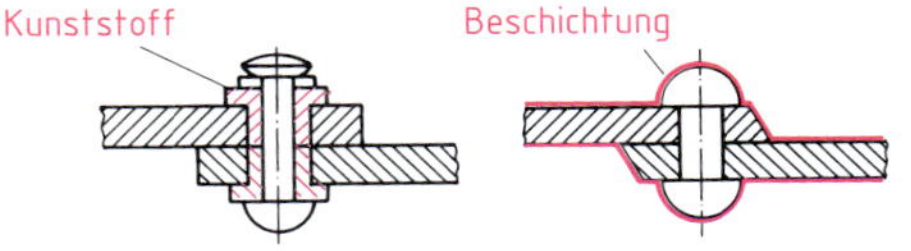

Korrosionsschutz durch Kunststoffzwischenlagen und Anstrich

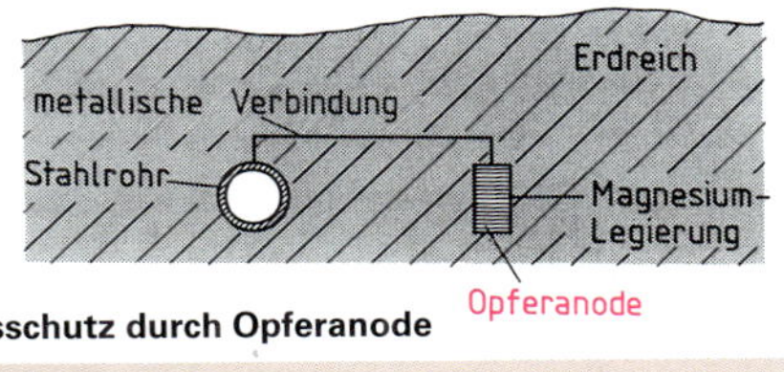

Korrosionsschutz durch Opferanode

Elektrochemische Korrosion kann verhindert werden durch:
• richtige Werkstoffauswahl • Zwischenlagen aus Isolierstoffen • Beschichtung • Opferanoden.

7 Wartungsanleitungen

Der Hersteller einer Anlage händigt dem Betreiber bei Übergabe eine Wartungsanleitung aus. Er erstellt die Wartungspläne, da er den Aufbau seiner Anlagen kennt und um die Notwendigkeit bestimmter Pflegemaßnahmen weiß.

Wartungspläne – meist in Tabellenform oder übersichtlichen Listen – enthalten für die Baugruppen einer Anlage die erforderlichen Wartungsarbeiten mit den zugehörigen zeitlichen Intervallen. Die Ausführung der Arbeiten zu den vorgegebenen Zeitpunkten ist Voraussetzung dafür, dass die Herstellergarantie nicht erlischt.

Die Auflistung der Wartungsarbeiten in den Plänen kann nach verschiedenen Gesichtspunkten gegliedert werden. Man ordnet die Wartungsschritte nach:

- den **Wartungsintervallen** – diese werden meist steigend in Betriebsstunden angegeben, zum Beispiel: nach 8, nach 50, nach 200 Betriebsstunden usw.,
- oder den **Baugruppen der Anlage**, zum Beispiel: Gehäuse, Führungsbahnen, Bedienpult, Kühlmitteleinrichtung usw.,
- oder der **Zweckmäßigkeit des Arbeitsablaufes** der Gesamtmaßnahme, zum Beispiel: Stellen Sie den Hauptschalter auf AUS und schalten Sie die Zuleitung zur Maschine spannungsfrei, öffnen Sie die Verschlussklappe zum ..., usw.

Beispiel **für den Wartungsplan einer Fräsmaschine (nur Auszüge!)**

Die Nummern geben die laufende Nummer im Wartungsplan an.

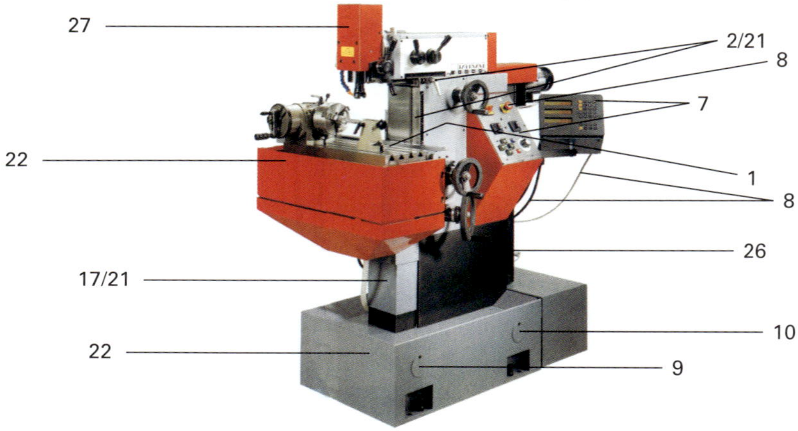

Lfd. Nr.	Wartungs-/Inspektionsmaßnahme	Intervall in Betriebs-Std.	Bemerkungen
1	**Frästisch** reinigen, auf Beschädigungen kontrollieren und leicht fetten	8	Nur Pinsel und Putzlappen verwenden
2	Alle **Schlittenführungen** reinigen	8	Keine Pressluft einsetzen!
7	**Maschinengehäuse, Steuerung** und **Bedienpult** reinigen	40	
8	**Elektrozuleitungen** und **Schalter** auf Beschädigugen sorgfältig kontrollieren	40	Alle Schäden sofort melden!
9	**Füllmenge** der Kühlschmiereinrichtung prüfen und bei Bedarf auffüllen	40	Kühlschmierstoff E 8 %
10	**Füllmenge** der Zentralschmiereinrichtung prüfen und bei Bedarf auffüllen	40	Ölsorte: CL 68
26	Spannung u. Verschleiß des **Keilriemens** vom Hauptantrieb sowie des **Zahnriemens** vom Vorschubantrieb prüfen, evtl. nachstellen	1000	
27	Lagerspiel der **Frässpindel** prüfen und bei Toleranzüberschreitung nachstellen	5000	Zul. Rundlaufabweichung Max. t = 0,03 mm

Werkstofftechnik

1 Einteilung und Eigenschaften der Werkstoffe

1.1 Einteilung der Werkstoffe

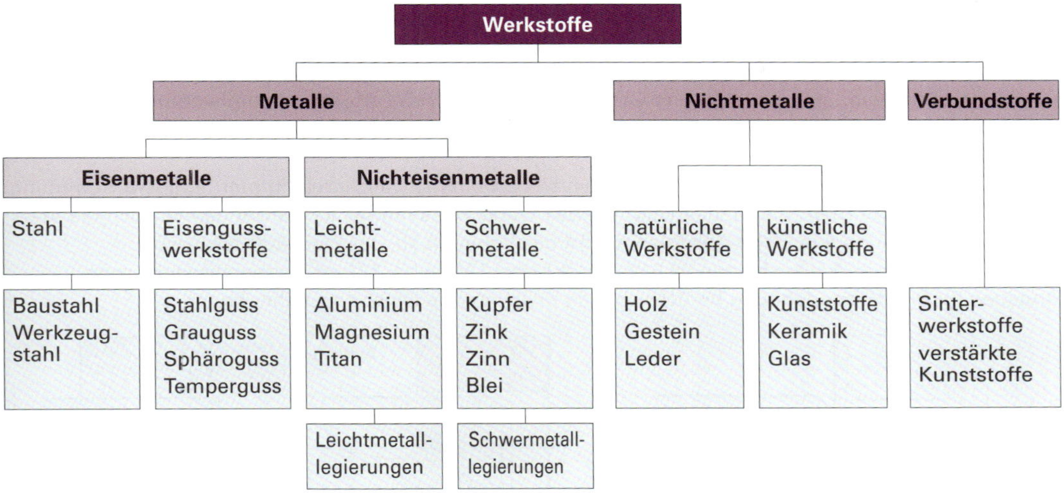

Grundsätzlich muss der eingesetzte Werkstoff die an ihn gestellten Anforderungen erfüllen. Zum Beispiel müssen Bauteile für Schweißkonstruktionen aus schweißbaren Stählen, härtbare Teile aus härtbaren Stählen gefertigt werden. Weiters kann noch die Festigkeit, Zerspanbarkeit, Zähigkeit, Korrosionsbeständigkeit, Umweltverträglichkeit usw. von Bedeutung sein.

Hilfsstoffe sind Stoffe, die zur Bearbeitung der Werkstoffe und zum Antrieb der Bearbeitungsmaschinen erforderlich sind. So benötigt man z. B. zum Bohren ein Kühlschmiermittel, um die Reibung an den Schneiden zu verringern, und zur Verminderung der Lagerreibung geeignete Schmierstoffe. Auch die elektrische Energie zum Antreiben einer Maschine kann als Hilfsstoff betrachtet werden.

Die Auswahl von Werkstoffen erfolgt nach folgenden Kriterien:

- chemische Eigenschaften
- fertigungstechnische Eigenschaften
- Umweltverträglichkeit
- physikalische Eigenschaften
- mechanisch-technologische Eigenschaften

1.2 Eigenschaften der Werkstoffe

1.2.1 Chemische Eigenschaften

- **Korrosionsbeständigkeit**

Durch chemische Vorgänge können metallische Werkstoffe von der Oberfläche her unter Einwirkung von Luft, Wasser, Säuren oder anderen Stoffen zerstört werden. Diese Zerstörung bezeichnet man als **Korrosion.** Metalle, die sich durch Einflüsse ihrer Umgebung chemisch nicht verändern, sind korrosionsbeständige Werkstoffe.

Details zur Thematik „Korrosion und Korrosionsschutz“ siehe auch Seite 284.

- **Verzunderungsbeständigkeit**

Diese chemische Eigenschaft der Werkstoffe beschreibt die Wirkung bei Einfluss von hohen Temperaturen. Besonders zu beachten ist bei der Auswahl und Anwendung die **Brennbarkeit** von Werkstoffen, dies gilt vor allem bei Kunststoffen.

1.2.2 Physikalische Eigenschaften

- **Dichte**

Jeder Werkstoff hat eine für ihn kennzeichnende Dichte ϱ (rho). Diese erhält man, wenn man die Masse eines Körpers durch sein Volumen dividiert.

$$\text{Dichte} = \frac{\text{Masse}}{\text{Volumen}} \qquad \varrho = \frac{m}{V}$$

Einheiten der Dichte: $\frac{t}{m^3}$; $\frac{kg}{dm^3}$; $\frac{g}{cm^3}$

In der Technik wird die Dichte eines Stoffes meist in kg/dm^3 angegeben.
Die Dichte ist bei der Auswahl von Werkstoffen, z. B. für den Fahrzeug- und Flugzeugbau, von Bedeutung. Um Gewicht zu sparen, werden z. B. Flugzeugkonstruktionen aus Aluminiumlegierungen, Felgen für PKW aus Magnesiumlegierungen, Motor- und Getriebegehäuse für PKW aus Aluminiumlegierungen gefertigt.

- **Wärmedehnung**

Bei steigender Erwärmung eines Stoffes geraten seine kleinsten Teilchen in immer heftigere Bewegung. Sie benötigen dafür mehr Raum, das Volumen des Werkstoffes nimmt zu. Darum dehnen sich die Werkstoffe bei Erwärmung aus. Beim Abkühlen nimmt das Volumen ab, der Werkstoff schrumpft.
Bei Stahl beträgt die Wärmedehnung 0,012 mm je Meter Länge bei 1 Grad Temperatursteigerung.
Angaben für die Wärmedehnung berücksichtigen meist nur die Längenausdehnung.

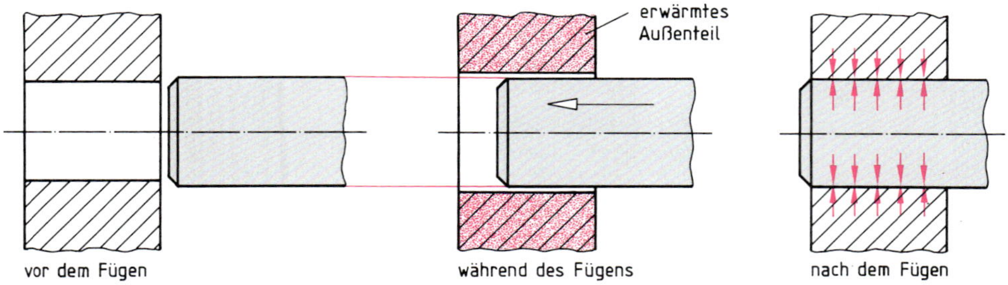

Herstellung einer Schrumpfverbindung

- **Wärmeleitfähigkeit**

Die Geschwindigkeit, mit der beim Erwärmen eines Stoffes die Wärmeenergie von einem Teilchen auf das nächste weitergeleitet wird, bestimmt die Wärmeleitfähigkeit.
Metalle sind Stoffe mit hoher Wärmeleitfähigkeit. Man verwendet sie darum als Werkstoffe für Wärme abgebende und Wärme aufnehmende Flächen, z. B. in Heiz- oder Kühlanlagen. Schlechte Wärmeleiter sind Kunststoffe, Glas, Holz u. a. Man verwendet sie deshalb zur Wärmedämmung.

Wärmeleitfähigkeit verschiedener Werkstoffe im Vergleich zur Wärmeleitfähigkeit von Glas

Kupfer	**320**fach	**Kesselstein**	**1** bis **3**fach
Stahl	**43**fach	**Styropor**	**0,02**fach

- **Schmelzpunkt**

Als Schmelzpunkt bezeichnet man die Temperatur, bei der ein Stoff beginnt zu schmelzen, d. h. vom festen in den flüssigen Aggregatzustand übergeht. Der Schmelzpunkt kann in Grad Celsius (°C) oder in Kelvin (K) angegeben werden. Nur reine Metalle – die jedoch in der Praxis kaum verwendet werden – haben genaue Schmelzpunkte.

Schmelztemperaturen der Werkstoffe im metallverarbeitenden Bereich (gerundet)

Aluminium	660 °C	**Eisen**	1 535 °C	**Zink**	419,5 °C
Blei	327 °C	**Chrom**	1 900 °C	**Zinn**	232 °C
Kupfer	1 083 °C	**Nickel**	1 452 °C	**Wolfram**	3 390 °C

1.2.3 Fertigungstechnische Eigenschaften

Die fertigungstechnischen Eigenschaften beschreiben das Verhalten der Werkstoffe bei der Verarbeitung.

- **Gießbarkeit**

Die Eignung eines Werkstoffes, durch Gießen in Formen eine vorgegebene Gestalt anzunehmen, bezeichnet man als Gießbarkeit. Gut gießbare Stoffe sind im flüssigen Zustand dünnflüssig und neigen bei der Erstarrung und Abkühlung nicht zu Fehlern wie z. B. zu Rissen und Blasen.

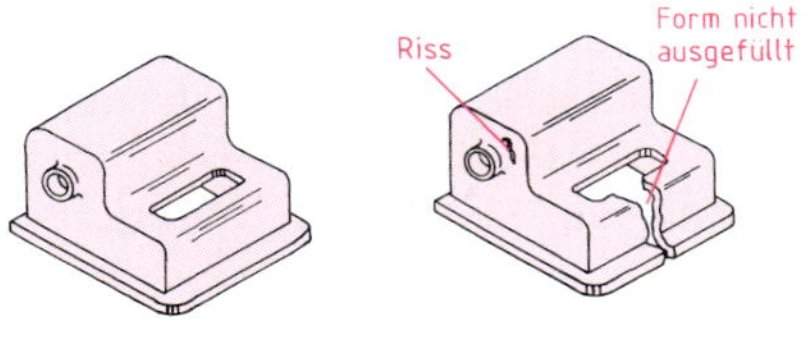

Gießbarkeit

- **Umformbarkeit**

Die Eignung eines Werkstoffes, durch Umformen in eine andere Form gebracht zu werden, bezeichnet man als seine Umformbarkeit. Durch Walzen, Schmieden und andere Umformverfahren werden Werkstücke in ihrer Form bleibend geändert. Gut umformbare Werkstoffe sind plastisch leicht formbar.

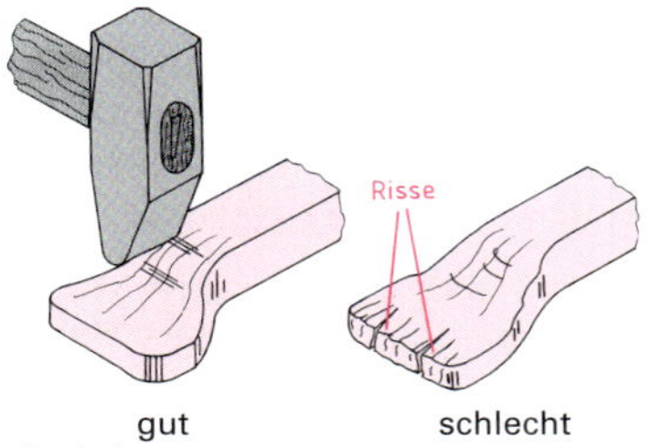

Umformbarkeit

- **Zerspanbarkeit**

Die Eignung eines Werkstoffes zum Zerspanen bezeichnet man als seine Zerspanbarkeit. Durch spanende Bearbeitung, wie z. B. durch Drehen, Fräsen und Bohren, werden Werkstücke in ihrer Form geändert. Gut zerspanbare Werkstoffe zeigen glatte Oberflächen nach der Zerspanung und ergeben Späne, die den Fertigungsablauf nicht behindern.

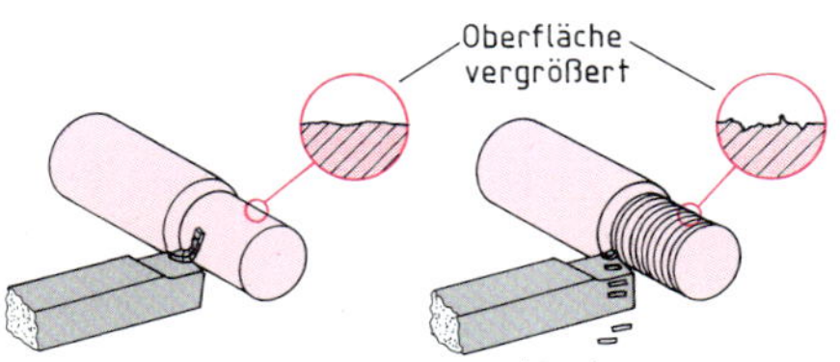

Zerspanbarkeit

- **Schweißbarkeit**

Die Eignung oder auch Nichteignung eines Werkstoffes zum thermischen Fügen wird durch die Schweißbarkeit ausgedrückt. Sehr gute Schweißeigenschaften zeigen unlegierte und niedrig legierte Stähle mit niedrigem Kohlenstoffgehalt.
Mit Sonderschweißverfahren sind aber auch hochlegierte Stähle sowie Nichtmetalle und deren entsprechende Legierungen gut schweißbar.

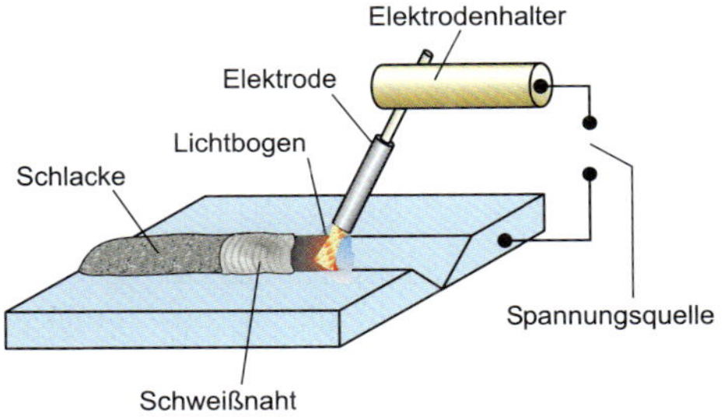

Lichtbogenhandschweißen

- **Härtbarkeit**

Darunter versteht man die Eigenschaft eines Werkstoffes, durch Wärmebehandlung eine Veränderung bezüglich Festigkeit und Härte zu erzielen. Vor allem im Werkzeugbau und für hoch beanspruchte Maschinenteile ist die Härtbarkeit von besonderer Bedeutung.
Details zum Härten siehe Seite 317.

1.2.4 Mechanisch-technologische Eigenschaften

• Festigkeit

Die kleinsten Teilchen eines Werkstoffes werden untereinander durch Kräfte zusammengehalten. Diese Kräfte bezeichnet man als Zusammenhangskräfte oder **Kohäsionskräfte** eines Werkstoffes. Wird ein Werkstoff belastet, so verhindern die Kohäsionskräfte die Trennung der Werkstoffteilchen. Sobald jedoch die Belastung die Kohäsionskräfte übersteigt, werden die Werkstoffteilchen voneinander getrennt.

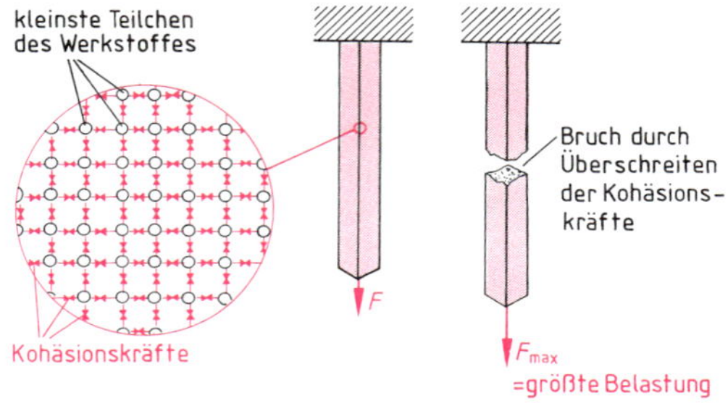

Kohäsionskräfte und Wirkung äußerer Kräfte

Die Kraft zur Überwindung der Kohäsionskräfte hängt vom Werkstoff und vom Querschnitt des belasteten Körpers ab. Mit größer werdendem Querschnitt kann ein Körper eine größere Belastung aufnehmen. Damit verschiedene Werkstoffe miteinander verglichen werden können, rechnet man die zur Überwindung der Kohäsionskräfte notwendige äußere Belastung auf einen Quadratmillimeter des Querschnitts um. Man spricht dann von der Festigkeit σ (sigma) des Werkstoffes.

$$\text{Festigkeit} = \frac{\text{größtmögliche Belastung}}{\text{Querschnitt}}$$

$$\sigma = \frac{F}{A}$$

σ in N/mm²
F in N
A in mm²

Die Werkstoffe zeigen bei den einzelnen Beanspruchungen unterschiedlichen Widerstand gegen eine Trennung der kleinsten Teilchen. Man unterscheidet darum verschiedene **Festigkeitsarten.**

- Zugfestigkeit
- Biegefestigkeit
- Knickfestigkeit
- Scherfestigkeit
- Druckfestigkeit
- Verdrehfestigkeit

• Härte

Werkstoffe können unterschiedlich hart sein. Diese Eigenschaft lässt sich nur durch Vergleich mehrerer Werkstoffe ermitteln. Harte Werkstoffe ritzen weiche. Den Widerstand, den ein Werkstoff dem Eindringen eines anderen in seine Oberfläche entgegensetzt, nennt man Härte. Bei der Auswahl von Werkstoffen für Werkzeugschneiden ist die Härte von besonderer Bedeutung.

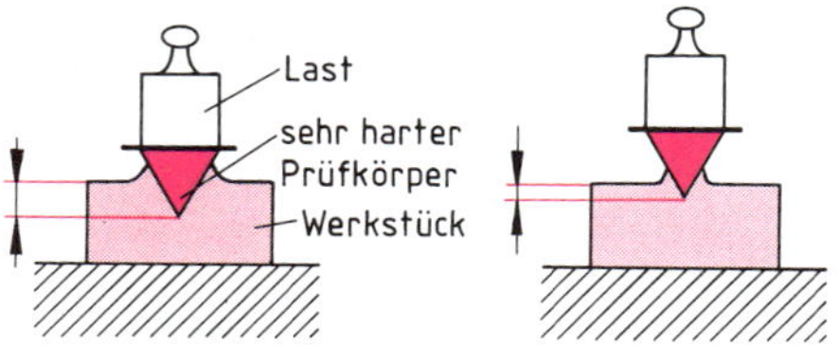

Weicher Werkstoff **Harter Werkstoff**

• Plastizität

Wird ein Werkstoff so belastet, dass er nach Entlastung *nicht* in seine ursprüngliche Form zurückgeht, so ist er bleibend umgeformt. Man spricht von **plastischer Formänderung.** Werkstoffe mit hoher Plastizität lassen sich mit geringem Kraftaufwand stark umformen.

Bei Metallen nimmt die Plastizität mit steigender Temperatur zu.

Werkstoffe, die bei Belastung ohne nennenswerte plastische Verformung zu Bruch gehen, bezeichnet man als spröde.

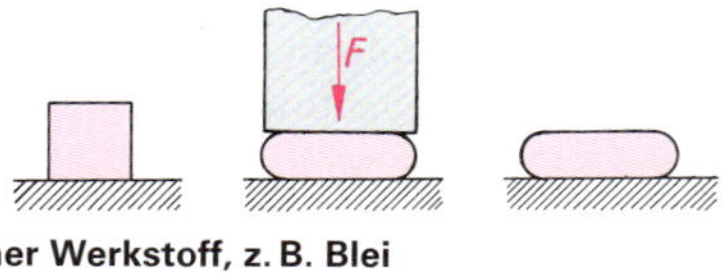

Plastischer Werkstoff, z. B. Blei

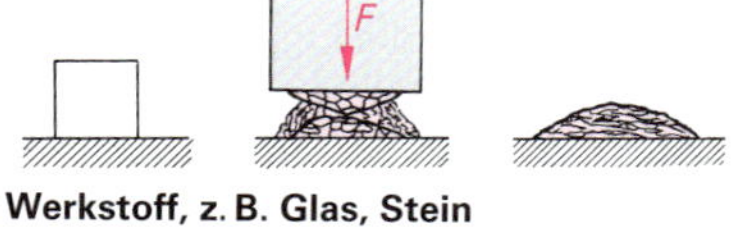

Spröder Werkstoff, z. B. Glas, Stein

- **Elastizität**

Wirken Kräfte auf ein Werkstück, so werden die Abstände zwischen den Werkstoffteilchen um ein geringes Maß vergrößert oder verkleinert. Das Werkstück ändert dadurch seine äußere Form. Nach Entlastung gehen die Teilchen wieder auf ihre Ausgangsplätze zurück. Das Werkstück nimmt seine ursprüngliche Form wieder ein. Diese Eigenschaft bezeichnet man als Elastizität.
Hohe Elastizität des Werkstoffes ist z. B. bei Federn besonders wichtig.

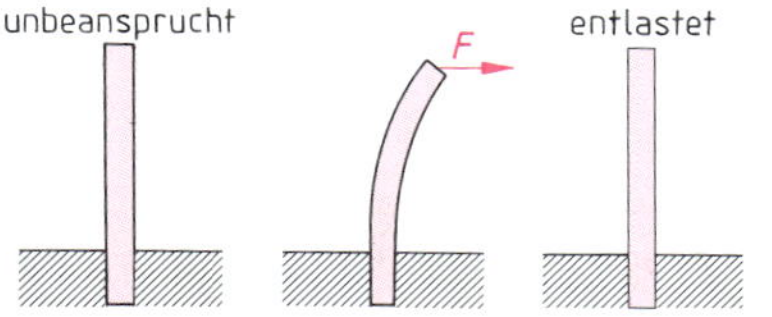

Elastischer Werkstoff

- **Verschleißfestigkeit**

Die Verschleißfestigkeit ist die Widerstandsfähigkeit eines Werkstoffes gegenüber mechanischem Abrieb. Verschleiß tritt immer zwischen sich gegenseitig oder einseitig bewegenden Bauteilen, wie Welle und Lager auf. Sie ist abhängig von Bewegungsart, Werkstoffpaarung, angreifender Kraft, Temperatur, Dauer der Bewegung, Schmierung usw.
Die Verschleißfestigkeit kann bei Metallen durch gehärtete oder beschichtete Oberflächen verbessert werden.

Gleitlager

1.2.5 Umweltverträglichkeit [1])

Sie ist ein Maß für die Auswirkungen einer durch den Menschen hervorgerufenen Veränderung, bezogen auf Wasser, Luft, Klima, Menschen, Tiere und Pflanzen.
Daher soll von Werk- und Hilfsstoffen bei ihrer Herstellung und beim Gebrauch keine umweltschädigende Wirkung ausgehen. Die in der Metallbranche am häufigsten verwendeten Stoffe, wie Stahl, Aluminium, Kupfer und deren Legierungen sind umweltverträglich unbedenklich, da sie meist sortenrein gesammelt und der Wiederverarbeitung zugeführt werden.
Bedenklich jedoch sind giftige Stoffe, vor allem Cadmium-, Blei- und Zinkdämpfe, die als Feinstaub eingeatmet werden. Ähnliches gilt für gesundheitsschädliche Stoffe, wie Kühlschmierstoffe, Farben, Verdünnungen, Reinigungsmittel usw. Sollte auf diese Stoffe nicht verzichtet werden können, sind sie nur unter besonderer Vorsicht zu verwenden.

Schweißen mit Absaugvorrichtung

[1]) siehe auch Seiten 117, 118 und 269

2 Aufbau der Stoffe

2.1 Chemische Elemente [1])

• Vorkommen und Einteilung

Alle Stoffe auf der Erde, z. B. Wasser, Stein, Holz, Stahl, Kunststoff, sind aus Grundstoffen aufgebaut. Diese Grundstoffe nennt man chemische Elemente. In der Natur gibt es 92 Elemente. Zu diesen kommen noch Elemente, die mit Mitteln der modernen Atomphysik erzeugt werden. Diese künstlich hergestellten Elemente sind bislang jedoch technisch bedeutungslos.

Auf der Erde sind die Elemente in sehr unterschiedlichen Mengen vorhanden. So bestehen z. B. 50,5 % der Erdrinde aus dem Element Sauerstoff, 27,5 % aus Silizium. Zu dem Restanteil von 1,4 % zählen so wichtige Elemente wie Kupfer, Zink, Nickel, Kohlenstoff usw..

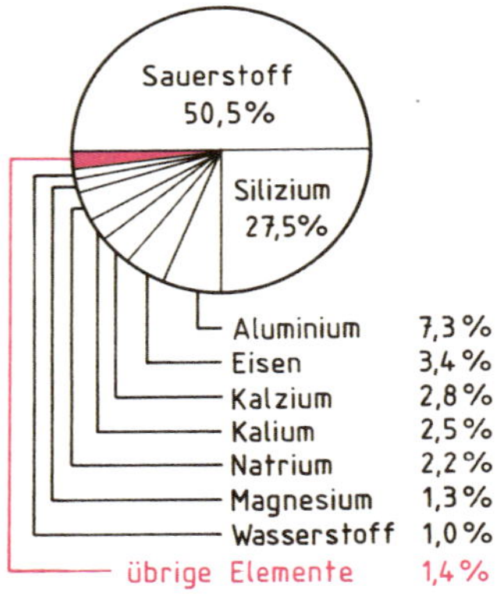

Verteilung der Elemente in der Erdrinde

Alle Stoffe bestehen aus Grundstoffen, den chemischen Elementen. Chemische Elemente lassen sich mit üblichen Trennverfahren nicht in einfachere Stoffe zerlegen.

Jedes Element hat einen Namen, der durch ein international gültiges Symbol abgekürzt wird. Das Symbol besteht aus einem oder zwei Buchstaben des lateinischen Namens des Elementes.

Eisen	= **Fe**rrum	⇒	**Fe**
Sauerstoff	= **O**xygenium	⇒	**O**
Kohlenstoff	= **C**arboneum	⇒	**C**
Stickstoff	= **N**itrogenium	⇒	**N**

Etwa 70 Elemente zeigen als gemeinsame Merkmale besonderen Glanz, gute Wärmeleitfähigkeit, elektrische Leitfähigkeit und gute Umformbarkeit. Sie werden als **Metalle** bezeichnet. Die übrigen Elemente bezeichnet man als **Nichtmetalle**.

Kennzeichen der Metalle:
- glänzende Oberfläche,
- gute elektrische Leitfähigkeit,
- gute Wärmeleitfähigkeit,
- gute Umformbarkeit.

Die Metalle werden nach der Dichte in **Leichtmetalle** und **Schwermetalle** unterteilt. Leichtmetalle haben eine Dichte unter 5 g/cm^3.

• Aufbau der Elemente

Das Atom ist das kleinste Teilchen eines chemischen Elementes. Jedes Element hat anders aufgebaute Atome. Bausteine der Atome sind das **Proton,** das **Neutron** und das **Elektron.** Sie unterscheiden sich von einander durch ihre Masse, ihre elektrische Ladung und ihren Platz im Atom.

Protonen sind elektrisch positiv geladen. Elektronen sind elektrisch negativ geladen. Neutronen sind elektrisch neutral.

Protonen und Neutronen haben etwa gleiche Masse und bilden den Atomkern.

Das Elektron hat nur etwa 1/2000 der Masse eines Protons. Die Elektronen bilden die Hülle des Atoms.

Die Elektronen bewegen sich auf unterschiedlichen Energieniveaus (Schalen) um den Atomkern.

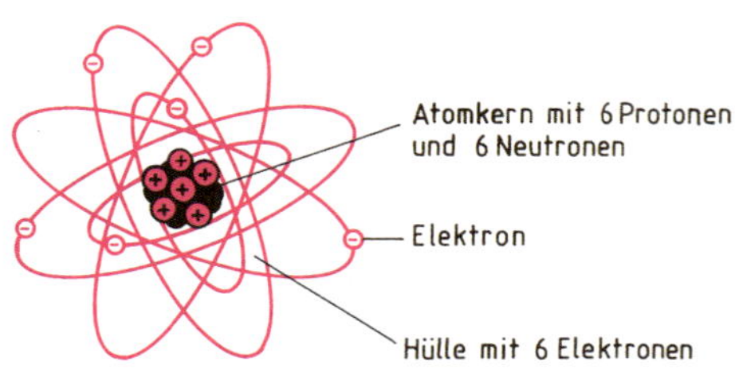

Kohlenstoffatom

[1]) „Periodensystem der Elemente" siehe letzte Buchseite.

2.2 Aufbau von Metallen

2.2.1 Metallbindung

Metallatome geben die Elektronen der äußeren Schalen ab. Dadurch entstehen aus neutralen Atomen elektrisch positiv geladene Teilchen, die man als **Metallionen** bezeichnet.
Die abgegebenen Elektronen bleiben ungebunden und können sich zwischen den Metallionen frei bewegen. Durch ihre negative Ladung bewirken sie den Zusammenhalt der Metallionen. Es entsteht ein **kristalliner Aufbau** – ein Metallkristall.
Bei starker Vergrößerung ist an polierten Metallflächen die Kristallform erkennbar.

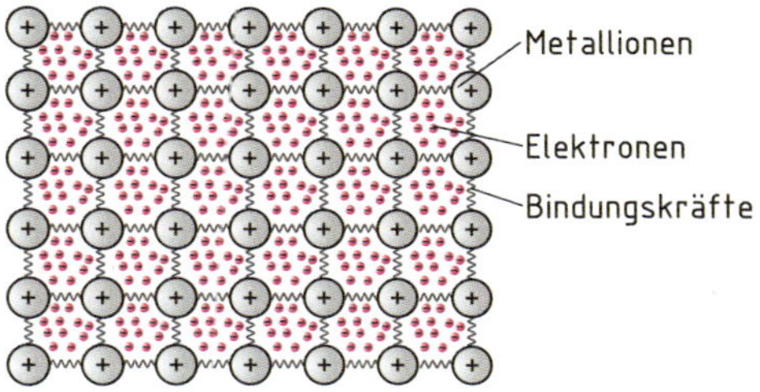

Schema eines Metallkristalls

10 000fache Vergrößerung

Foto einer Aluminiumoberfläche

Wirken Kräfte auf einen Metallkristall, so können die Schichten innerhalb des Metallkristalls leicht gegeneinander verschoben werden, ohne dass der Gesamtzusammenhang verloren geht. Die Folge ist eine gute **Umformbarkeit** der Metalle.

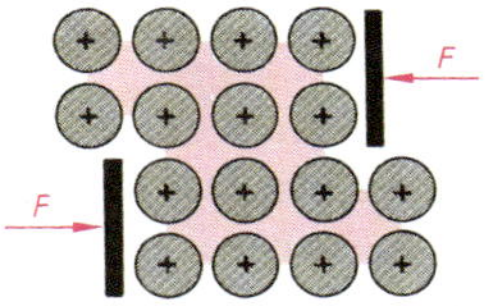

Metallkristall bei Umformung

Bildet man mit einem Metalldraht an einer Batterie einen geschlossenen Stromkreis, so fließen Elektronen. Die Elektronen strömen vom Minuspol durch den Draht zum Pluspol. Die leichte Verschiebbarkeit der freien Elektronen in Metallen ist die Ursache für die gute elektrische Leitfähigkeit der Metalle.

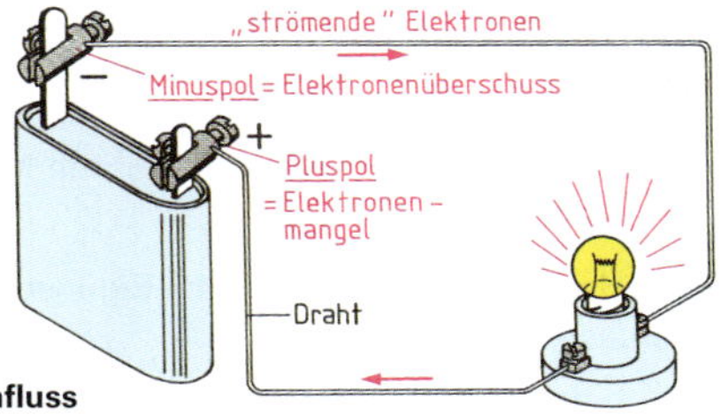

Stromfluss

2.2.2 Schmelzverhalten von Metallen

Erwärmt man reines Metall, so steigt die Temperatur im Werkstoff zunächst gleichmäßig an. Dabei behalten die kleinsten Teilchen des Metallgefüges ihre Plätze im Metallkristall bei. Sie werden jedoch mit steigender Temperatur in immer stärkere Schwingungen versetzt. Schließlich lösen sich nacheinander Teilchen aus dem Gitter und bewegen sich frei – das Metall beginnt flüssig zu werden.
Zum Übergang vom festen in den flüssigen Zustand benötigen die Teilchen sehr viel Wärme. Die Temperatur im Werkstoff steigt deswegen nicht weiter, obwohl ständig Wärme zugeführt wird. Erst wenn das ganze Metall geschmolzen ist, steigt die Temperatur wieder stetig an.

Beispiel **für das Schmelzen eines Metalles**

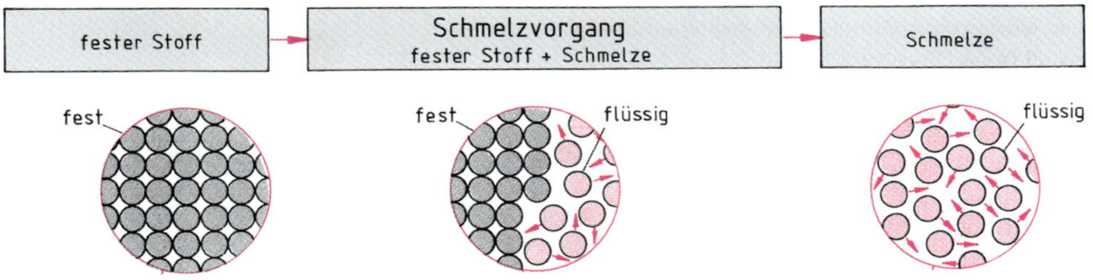

2.2.3 Metallgefüge

Die Entstehung des kristallinen Aufbaus eines Metalls lässt sich am besten am Erstarrungsvorgang einer Metallschmelze verstehen.

In einer Metallschmelze bewegen sich Metallionen durcheinander. Kühlt die Schmelze ab, so wird die Bewegung der Metallionen langsamer. Bei Erreichen der **Erstarrungstemperatur** lagern sich die Ionen gleichzeitig an vielen Stellen der Schmelze zusammen. Es entstehen viele einzelne Kristalle, die während des Erstarrungsvorganges durch „Andocken" weiterer Ionen an der Schmelze wachsen.

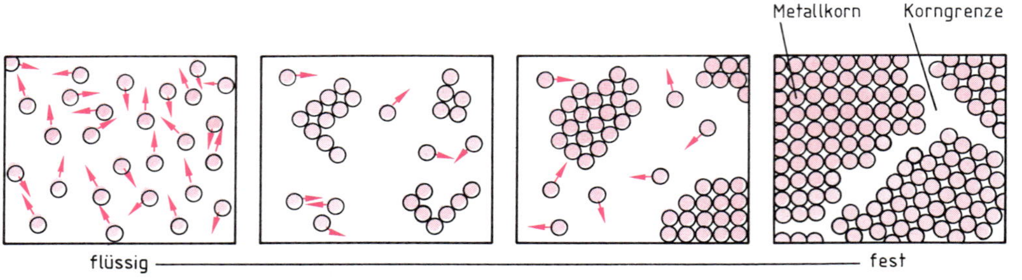

Entstehung des Metallgefüges

Bei der Erstarrung einer Metallschmelze lagern sich Metallionen zu Kristallen zusammen.

Gegen Ende der Erstarrung stoßen die Kristalle aneinander. Die so entstandenen und gegeneinander gewachsenen Kristalle nennt man **Körner.** Die Grenzen zwischen den Körnern werden als **Korngrenzen** bezeichnet. Körner und Korngrenzen sind an polierten und mit Säure behandelten Metallproben unter dem Mikroskop zu erkennen. Diesen unter dem Mikroskop sichtbaren Aufbau des Metalls nennt man **Metallgefüge.**

Die Größe der Körner beeinflusst die Eigenschaften eines Metalls:

- grobkörnige Gefüge sind leichter zerspanbar,
- feinkörnige Gefüge sind zäher.

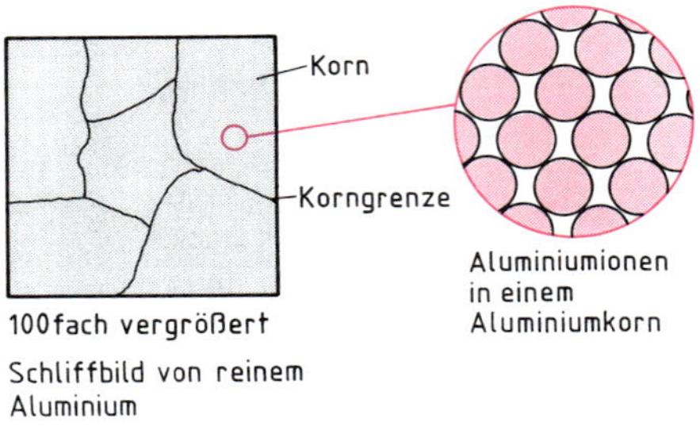

Gefüge von Aluminium

Das Metallgefüge besteht aus vielen gegeneinander gewachsenen Kristallen.
Man nennt diese Kristalle Körner.
Feinkörnige Gefüge sind zäher, grobkörnige Gefüge sind besser zerspanbar.

Die Art, wie die Metallionen innerhalb eines Kornes angeordnet sind, ist bei den einzelnen Metallen unterschiedlich. Zur Kennzeichnung dieser Ordnung denkt man sich die Mitten der benachbarten Metallionen miteinander verbunden. Man erkennt dann ein immer wiederkehrendes, räumliches Gebilde. Dieses räumliche Gebilde bezeichnet man als **Gitter.**

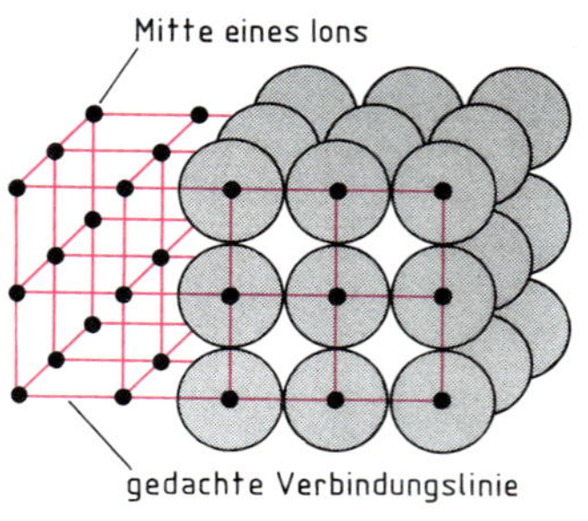

Gitteraufbau

Die Anordnung der Metallionen im Metallkristall wird durch das Gitter beschrieben.

2.2.4 Gittertypen

Kubisch-raumzentriertes Gitter (krz-Gitter)

Beim kubisch-raumzentrierten Gitter sind acht Metallionen räumlich so angeordnet, dass die Verbindungen ihrer Mitten einen Würfel ergeben. Ein weiteres Metallion befindet sich in der Mitte – im Zentrum – des Würfels.
Metalle mit kubisch-raumzentriertem Gitteraufbau sind z. B. Chrom, Molybdän und Eisen (bei niedrigen Temperaturen).

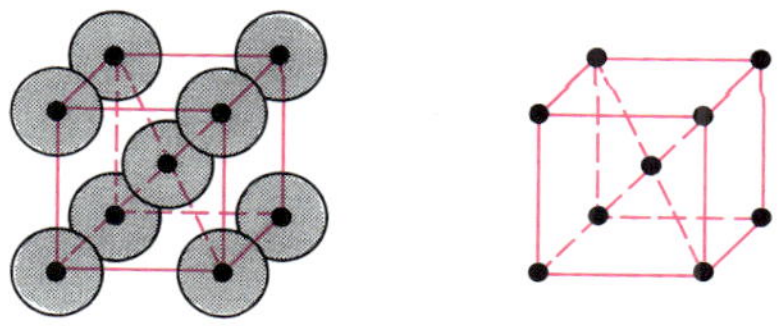

Kubisch-raumzentrierter Gitteraufbau

Kubisch-flächenzentriertes Gitter (kfz-Gitter)

Beim kubisch-flächenzentrierten Gitter sind ebenfalls acht Metallionen räumlich so angeordnet, dass die Verbindungen ihrer Mitten einen Würfel bilden. Weitere sechs Metallionen befinden sich in den Mitten jeder Würfelfläche.
Metalle mit kubisch-flächenzentriertem Gitteraufbau sind z. B. Aluminium, Kupfer, Blei und Eisen (bei höheren Temperaturen).

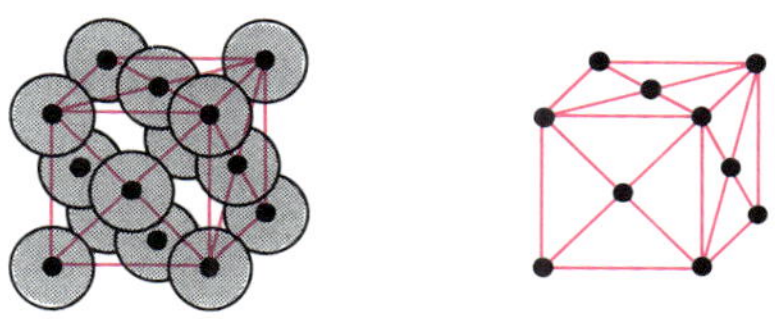

Kubisch-flächenzentrierter Gitteraufbau

Hexagonales Gitter (hex-Gitter)

Beim hexagonalen Gitter bilden die Verbindungslinien benachbarter Metallionen einen Körper mit sechseckiger Grundfläche und Deckfläche. In der Mitte dieser beiden Flächen befindet sich je ein weiteres Metallion. Zwischen Grund- und Deckfläche haben zusätzlich drei Metallionen Platz.
Metalle mit hexagonalem Gitteraufbau sind z. B. Magnesium, Titan und Zink.

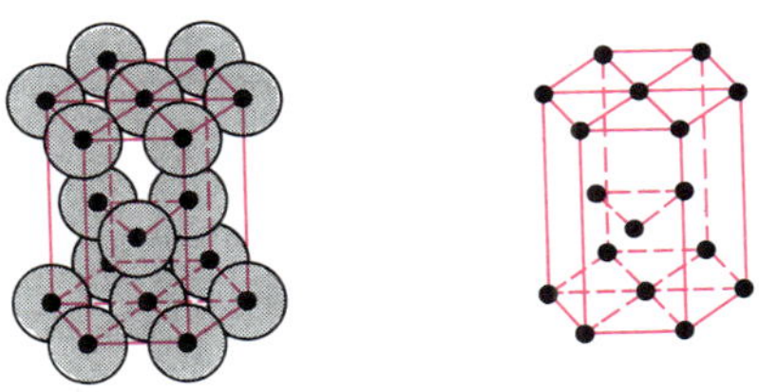

Hexagonaler Gitteraufbau

Metalle kristallisieren hauptsächlich in
- kubisch-flächenzentrierten Gittern,
- kubisch-raumzentrierten Gittern oder
- hexagonalen Gittern.

Aus den unterschiedlichen Gittertyen ergeben sich jeweils andere Eigenschaften:
Metalle mit hexagonalem Gitter – wie z. B. Magnesium – lassen sich schlechter umformen.
Metalle mit kubisch-flächenzentriertem Gitter – wie z. B. Blei – lassen sich gut umformen.

Auch für die Wärmebehandlung von Werkstoffen, z. B. beim Härten von Stahl, ist der Gittertyp von Bedeutung.

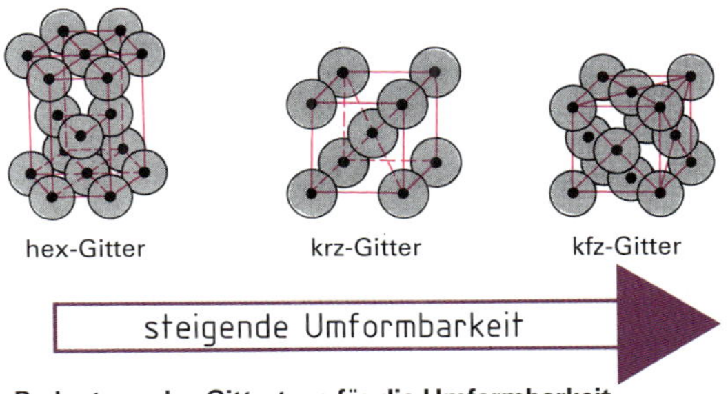

Bedeutung des Gittertyps für die Umformbarkeit

Am besten umformbar sind Metalle mit kfz-Gitter, am schlechtesten Metalle mit hex-Gitter.

2.3 Legierungen

Reine Metalle haben im Maschinenbau und in der Fertigungstechnik nur geringe Bedeutung. Die reinen Metalle erfüllen nicht die vielseitigen Anforderungen, die an die Werkstoffe von Bauteilen gestellt werden. Zur Änderung der Eigenschaften werden darum Metalle mit anderen Metallen oder Nichtmetallen im flüssigen Zustand gemischt. Ein solches Gemisch ist eine **Legierung**.

Häufig verwendete Legierungen haben einen besonderen Namen wie z. B. Stahl, Gusseisen, Messing.
Stahl ist eine Sammelbezeichnung für schmiedbare Legierungen aus Eisen und höchstens 2,06 % Kohlenstoff. Für besondere Anforderungen legiert man andere Elemente zu.
Gusseisen ist eine Sammelbezeichnung für nicht schmiedbare Legierungen aus Eisen und 3 bis 5 % Kohlenstoff.
Messing ist eine Sammelbezeichnung für Legierungen aus Kupfer (mehr als 50 %) und Zink.

Eine Legierung ist ein Gemisch von Metallen bzw. Metallen mit Nichtmetallen, das aus einer gemeinsamen Schmelze erstarrt.

Entscheidend für die Eigenschaften legierter Werkstoffe ist das Verhalten der Legierungsbestandteile zueinander im festen Zustand.
Man unterscheidet grundsätzlich zwei Legierungstypen, Legierungen mit **Mischkristallen** und Legierungen mit **Kristallgemengen**.

2.3.1 Legierungen mit Mischkristallen

- **Aufbau und Eigenschaften**

Sind die Bestandteile einer Legierung am Aufbau des Kristallgitters gemeinsam beteiligt, so spricht man von einem **Mischkristall**.
Die Legierungsbestandteile sind im Korn gemischt.
Legierungen mit Mischkristallbildung sind unter dem Mikroskop von den reinen Metallen nicht zu unterscheiden, da man im einzelnen Korn die verschiedenen Elemente nicht erkennen kann.

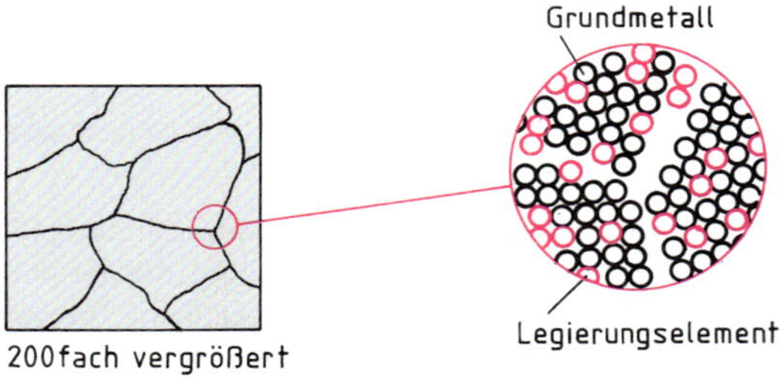

Gefüge von Mischkristallen

Legierungen bilden Mischkristalle, indem die Bestandteile gemeinsame Gitter bilden.

2.3.2 Legierungen mit Kristallgemengen

- **Aufbau und Eigenschaften**

Liegen in einem Werkstoff die einzelnen Legierungsbestandteile im festen Zustand getrennt nebeneinander vor, so spricht man von **Kristallgemengen.**
Die verschiedenen Kristallarten sind aufgrund ihrer Größe nur unter dem Mikroskop deutlich zu erkennen. Weil sich die Atome von Grundmetall und Legierungselement bei Kristallgemengen meist im Durchmesser und im Gittertyp der gebildeten Kristalle unterscheiden, ist das Gefüge uneinheitlich.

Beispiel **für das Gefüge einer Legierung mit Kristallgemenge**

Aluminiumatome haben einen Durchmesser von $3 \cdot 10^{-10}$ m, Siliziumatome haben dagegen einen Durchmesser von $2{,}3 \cdot 10^{-10}$ m.
Aluminium erstarrt im kfz-Gitter, Silizium nicht. In einer Legierung mit 12 % Si ist Aluminium das Grundmetall, in das Siliziumkörner eingelagert sind.

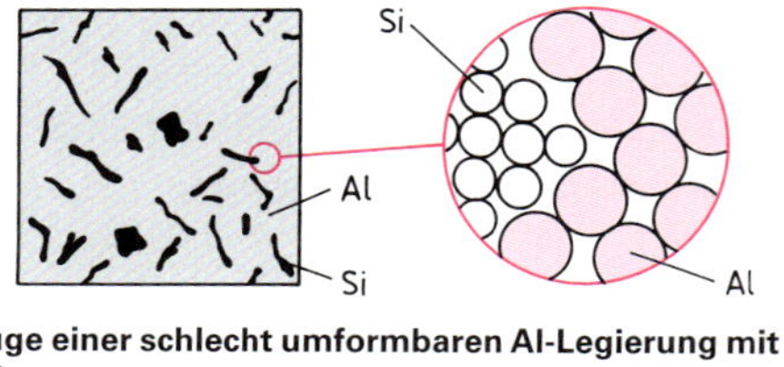

Gefüge einer schlecht umformbaren Al-Legierung mit 12 % Silizium

Legierungen bilden Kristallgemenge, indem die Legierungsbestandteile nebeneinander eigene Kristalle bilden.

3 Eisenmetalle

Der Weg vom Abbau der Eisenerze bis zur großen Palette der technisch verwendeten Eisenwerkstoffe erfolgt über mehrere Stufen:

3.1 Roheisenerzeugung

- **Eisenerz**

Eisenerze sind Gemenge aus chemischen Verbindungen des Eisens mit nicht eisenhaltigen Gesteinen (taubem Gestein). Die chemischen Verbindungen des Eisens im Eisenerz sind im Wesentlichen Eisenoxide, d. h. chemische Verbindungen zwischen Eisen und Sauerstoff. In geringen Mengen werden auch Eisenerze verhüttet, in denen das Eisen mit Schwefel oder einigen anderen Elementen verbunden ist.

- **Aufbereitung der Eisenerze**

Nach dem Abbau werden die Eisenerze in einer ersten Stufe der Verarbeitung bereits an den Fundorten vom größten Teil des tauben Gesteins getrennt. Anschließend erfolgt das Zerkleinern im Kugel- oder Backenbrecher. Im folgenden Aufbereitungsschritt wird das Eisenerz gemahlen und mit Wasser vermischt. Das fertig vermahlene Gut wird dann durch Flotation über Magnetabscheider in Gangart und Eisenerz getrennt und zu Eisenerzpellets verarbeitet.

- **Reduktion der Eisenerze im Hochofen**

Im Hochofenprozess wird dem Eisenoxid durch chemische Reaktion mit Kohlenstoff und Kohlenmonoxid der Sauerstoff entzogen. Man nennt diese Reaktion, bei der Sauerstoff entzogen wird, eine **Reduktion.** Im Hochofen werden auch andere Oxide, z. B. Manganoxid und Siliziumoxid, reduziert. Ferner nimmt das Eisen Kohlenstoff auf. Darum entsteht im Hochofenprozess kein reines Eisen, sondern **Roheisen,** das mit Kohlenstoff, Silizium, Mangan, Phosphor und Schwefel verunreinigt ist.
Man unterscheidet **weißes** Roheisen, das zu Stahl und **graues** Roheisen, das zu Gusseisen weiterverarbeitet wird.

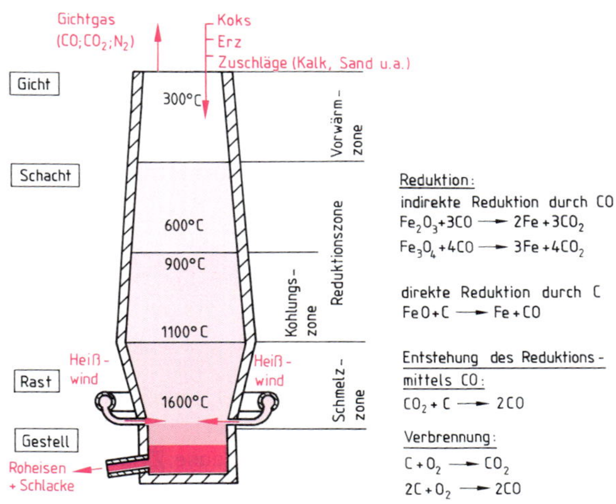

Hochofen – schematische Darstellung

3.2 Eigenschaften von Roheisen

Weißes und graues Roheisen haben einen Kohlenstoffgehalt von ca. 4 %, sind sehr spröde, nicht schmiedbar und auch nicht schweißbar. Aus diesem Grund kann Roheisen nicht direkt weiterverwendet werden. Hauptursache für diese ungünstigen Eigenschaften sind der hohe Kohlenstoffgehalt sowie die Verunreinigungen durch Silizium, Phosphor und Schwefel.
Die Bezeichnung „weißes Roheisen“ leitet sich von seiner hellen Bruchfläche ab, weil durch den höheren Mangangehalt im Roheisen der Kohlenstoff als Eisenkarbid gebunden wird. Bei höherem Siliziumgehalt hingegen erfolgt die Ausscheidung des Kohlenstoffes als Grafit, wodurch die Bruchfläche des „grauen Roheisens“ dunkler erscheint.

3.3 Eisen-Gusswerkstoffe

Im Gießereischachtofen werden die Ausgangsstoffe Gießereiroheisen, Gussbruch, Kreislaufmaterial der Gießerei, Stahlschrott sowie Ferrolegierungen und Legierungselemente zu Eisen-Gusswerkstoffen verschmolzen.
Gussteile aus Stahl werden aus schon fertigem Stahl vergossen.

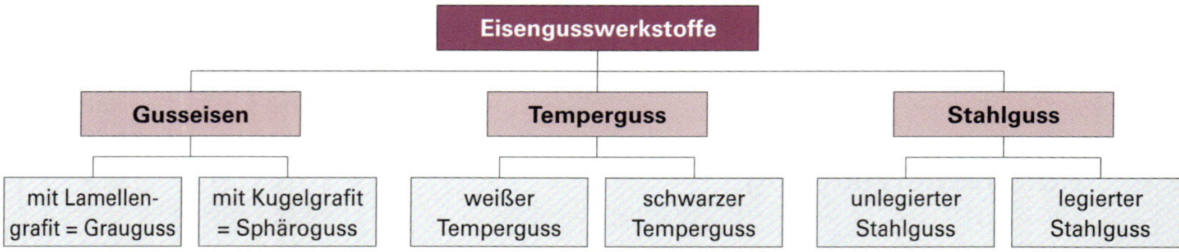

Durch Gießen lassen sich Werkstücke in beliebiger Gestalt herstellen. Für Werkstücke mit komplizierten Formen ist Gießen das wirtschaftlichste Fertigungsverfahren. Gießen erfordert vom Werkstoff bestimmte Eigenschaften:

- **Gutes Formfüllungsvermögen und Dünnflüssigkeit,** damit der flüssige Gusswerkstoff die gesamte Gießform auch in kleinsten Querschnitten ausfüllt.
- **Niedriger Schmelzpunkt,** damit Energiekosten gespart werden und die Gießform nicht unnötig durch hohe Temperaturen belastet wird.
- **Geringe Schwindung,** damit beim Übergang vom flüssigen in den festen Zustand keine Schwindungshohlräume – Lunker – entstehen.

Verdichtergehäuse

3.3.1 Gusseisen mit Lamellengrafit

Dieser Gusswerkstoff wird aus grauem Roheisen im Kupolofen erschmolzen. Der Kohlenstoff wird als Grafitlamelle ausgeschieden.
Eigenschaften: nicht schmiedbar, gut gießbar, schwingungsdämpfend, gute Zerspanbarkeit, gute Gleiteigenschaften, Zugfestigkeit bis 400 N/mm², geringe Bruchdehnung ca. 1 %. Die Druckfestigkeit beträgt bis zum 4fachen der Zugfestigkeit.
Verwendung: Maschinenständer, Gehäuse, Zylinder usw.

Lamellengrafit
Schliffbild

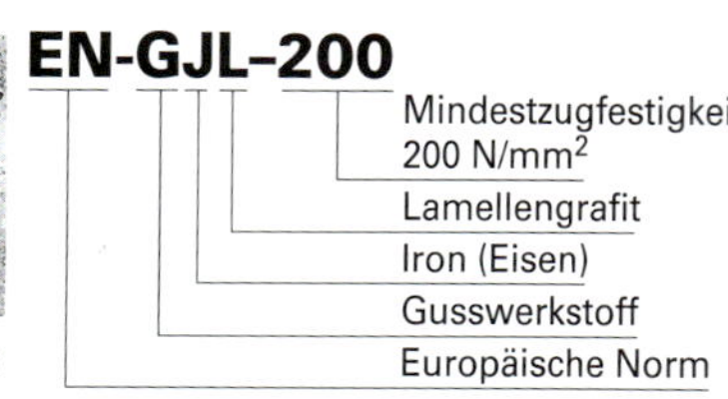

3.3.2 Gusseisen mit Kugelgrafit (Sphäroguss)

Wird dem flüssigen Gusseisen in der Gusspfanne Magnesium oder Cer beigemengt, lagert sich der Kohlenstoff in kugeliger Form ab. Nach einer zusätzlichen Wärmebehandlung (Vergüten) erhält der Gusswerkstoff ähnliche Eigenschaften wie Stahl.
Eigenschaften: hohe Verschleißfestigkeit, härtbar, gute Zerspanbarkeit, Bruchdehnung bis 22 %, Zugfestigkeit bis 900 N/mm²
Verwendung: Rohre, Bremsscheiben, Zahnräder, hoch beanspruchte Maschinenteile usw.

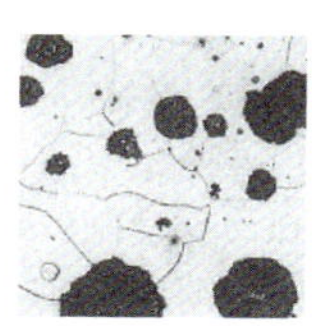
Kugelgrafit
Schliffbild

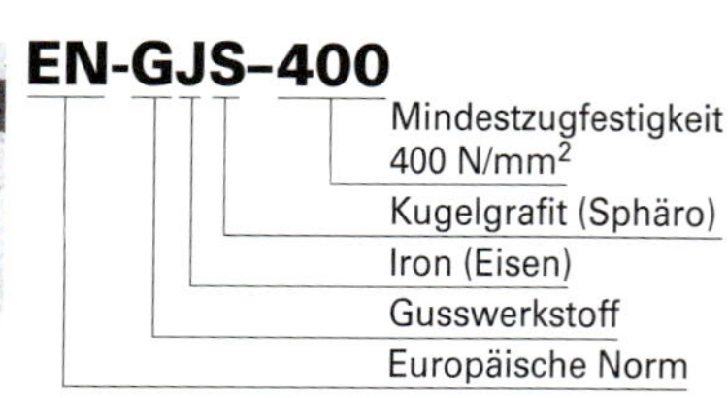

3.3.3 Weißer Temperguss

Durch Langzeitglühen – bis 80 Stunden bei ca. 1 000 °C – in oxidierenden Mitteln erhält der entkohlend geglühte Temperguss stahlähnliche Eigenschaften mit unterschiedlichem Gefüge.
Die Bruchfläche erscheint bis in eine Tiefe von einigen Millimetern weiß, darunter verbleiben kugelförmige Grafitablagerungen.
Eigenschaften: schmiedbar, gut zerspanbar, hohe Zähigkeit, schlagunempfindlich
Verwendung: Rohrleitungsverbindungen (Fittings), Schlüsselrohlinge, Räder, Hebel usw.

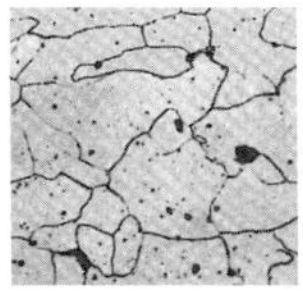

Grafitablagerungen
Schliffbild

EN-GJMW-350

- Mindestzugfestigkeit 350 N/mm²
- weiß
- Temperkohle
- Iron (Eisen)
- Gusswerkstoff
- Europäische Norm

3.3.4 Schwarzer Temperguss

Durch Wärmebehandlung in neutralen Mitteln (Quarzsand, Schutzgas) und sehr langsames Abkühlen entsteht beim nicht entkohlend geglühten Temperguss ein gleichmäßiges Gefüge.
Die Bruchfläche erscheint schwarz.
Eigenschaften: sehr gut zerspanbar, schmiedbar, hohe Festigkeit
Verwendung: Bauteile für den Maschinenbau, Kettenglieder, Bremstrommeln, Schaltgabeln, Kurbelwellen usw.

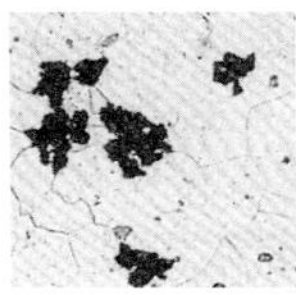

flockiger Grafit
Schliffbild

EN-GJMB-750

- Mindestzugfestigkeit 750 N/mm²
- schwarz (black)
- Temperkohle
- Iron (Eisen)
- Gusswerkstoff
- Europäische Norm

3.3.5 Stahlguss

Beim Stahlguss sind die vorteilhaften Eigenschaften des Werkstoffes Stahl mit der gießtechnischen Formgebung vereinigt. Er hat zwar ungünstige Gießeigenschaften, weist aber sehr gute mechanische Eigenschaften auf und lässt sich auch bestens spanend und spanlos bearbeiten.
Unlegierter Stahlguss hat einen Kohlenstoffgehalt bis 0,5 %, einen Siliziumgehalt bis zu 0,6 % und bis zu 1 % Mangangehalt. Legierter Stahlguss enthält zusätzlich Anteile an Legierungselementen, wie Chrom, Nickel, Molybdän und andere.
Stahlguss ist vor allem bei der Herstellung anspruchsvoller als andere Eisengusswerkstoffe.
Ein Nachteil ist die hohe Schmelztemperatur, die zu einer wesentlich höheren Gießtemperatur (ca. 1 600 °C) als beim Gusseisen führt. Da Stahlgusswerkstücke spröde und grobkörnig erstarren, müssen diese Teile einer Wärmebehandlung (Glühen) unterzogen werden.
Stahlguss neigt stark zur Bildung von Lunkern, daher muss ein höheres Schwindmaß als beim Gusseisen berücksichtigt werden.
Eigenschaften: hohe Festigkeit, schweißbar, härtbar, vergütbar, großes Schwindmaß, Lunker- und Gasblasenbildung
Verwendung: hoch beanspruchte Maschinenteile, Zahnräder, Turbinengehäuse, Getriebegehäuse, Pumpengehäuse, Schaufelräder usw.

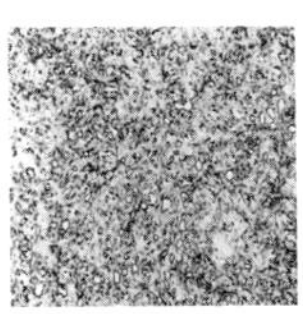

Kohlenstoff chemisch gebunden als Eisenkarbid
Schliffbild

GS200

- Mindeststreckgrenze von 200 N/mm²
- **unlegierter** Stahlguss

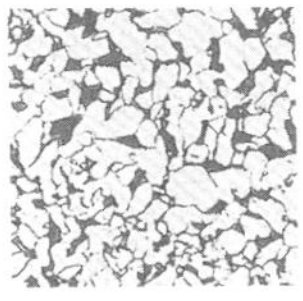

Schliffbild

GX40Cr17

- 17 % Chrom
- Legierungselement
- 40/100 = 0,4 % C
- legierter Stahlguss

3.4 Stahlherstellung

Grundsätzlich ist die Stahlherstellung ein Frischvorgang, bei dem durch Sauerstoffzufuhr der Kohlenstoff und die unerwünschten Eisenbegleiter im weißen Roheisen vermindert werden. Dadurch wird der wichtigste Werkstoff in der Metallbranche schmied-, schweiß- und mechanisch sehr gut bearbeitbar. Man unterscheidet eine Reihe unterschiedlicher Stahlherstellungsverfahren.

3.4.1 Sauerstoffaufblasverfahren

Das bekannteste Sauerstoffaufblasverfahren ist das **LD-Verfahren.** Es wurde von den Vereinigten Österreichischen Eisen- und Stahlwerken in **L**inz und **D**onawitz entwickelt.
Beim LD-Verfahren wird die Roheisenschmelze in einen schwenkbaren Tiegel mit einem Fassungsvermögen von etwa 300 t gegeben.

Von oben wird in diesen Tiegel ein wassergekühltes Rohr (Lanze) eingeführt. Durch das Rohr wird reiner Sauerstoff auf die Schmelze aufgeblasen. Dabei oxidieren die Eisenbegleiter, weil sie ein stärkeres Verbindungsbestreben zu Sauerstoff haben als Eisen. Die gasförmigen Oxide gehen über Filter in die Atmosphäre; die übrigen Oxide bilden mit der Kalkzugabe eine Schlacke auf der Schmelze. Bei der Oxidation und Verschlackung der Eisenbegleiter wird eine erhebliche Wärmemenge frei. Dadurch steigt die Temperatur im Tiegel von etwa 1250 °C auf mehr als 1600 °C. Diese Temperaturerhöhung ist unbedingt erforderlich, da die kohlenstoffarme Stahlschmelze einen Schmelzpunkt von ca. 1500 °C hat, im Gegensatz zu Roheisen, das etwa bei 1150 °C schmilzt.

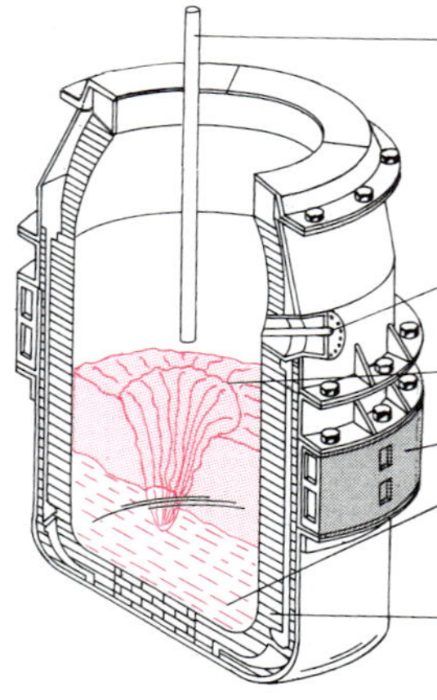

Tiegel für Sauerstoffaufblasverfahren

Die Eisenbegleiter reagieren mit dem aufgeblasenen Sauerstoff entsprechend folgenden Reaktionsgleichungen:

$Si + O_2 \rightarrow SiO_2 + \text{Wärme}$ $\qquad$ $C + O_2 \rightarrow CO_2 + \text{Wärme}$

$2\,Mn + O_2 \rightarrow 2\,MnO + \text{Wärme}$ $\qquad$ $4\,P + 5\,O_2 \rightarrow 2\,P_2O_5 + \text{Wärme}$

Die bei der Oxidation frei werdende Wärmemenge ist größer als erforderlich und würde zur Überhitzung der Schmelze führen. Deshalb gibt man zur Kühlung einen erheblichen Anteil an Stahlschrott in die Schmelze. Je nach gewünschter Zusammensetzung des Stahles werden am Ende des Blasvorganges oder beim Abfüllen in die Gießpfanne Legierungselemente zugesetzt.

3.4.2 Elektrostahlverfahren

Beim Elektrostahlverfahren wird sowohl Stahl erzeugt als auch Stahl veredelt. Der Elektroofen ist ein runder, schwenkbarer Ofen, der mit schon fertigem Stahl, mit Stahlschrott als auch mit flüssigem Roheisen beschickt werden kann. Der Einsatz wird durch elektrische Lichtbögen aufgeschmolzen. Diese Lichtbögen brennen zwischen Kohleelektroden und dem Schmelzgut und erreichen Temperaturen bis zu 3500 °C. Durch diese hohen Temperaturen und den elektrischen Strom als sauberen Energieträger lassen sich Stähle hoher Reinheit herstellen. Zur Verbesserung der Eigenschaften werden Elektrostähle meist legiert. Im Elektroofen ist das Legieren auch mit hoch schmelzenden Legierungselementen wie Chrom, Wolfram, Molybdän und anderen möglich.

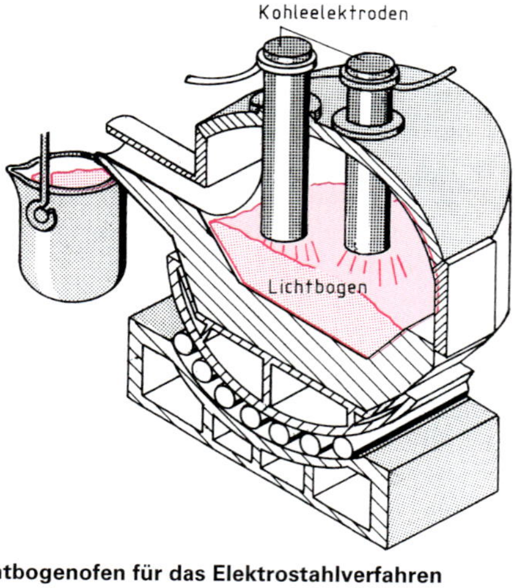

Lichtbogenofen für das Elektrostahlverfahren

3.4.3 Nachbehandlung des Stahles

Flüssiger Stahl kann bei seiner Herstellung neben anderen Gasen beachtliche Mengen Wasserstoff aufnehmen. Bei der Abkühlung des Stahles bis zur Erstarrung kann nur ein Teil des gelösten Wasserstoffes aus der Schmelze entweichen. Der im Stahl verbliebene Wasserstoff kann unter hohem Druck stehen und Risse – **Flockenrisse** genannt – verursachen. Diese Risse führen zu einer Schädigung des Werkstoffes. So kann z.B. ein Turbinenläufer, der mit Flockenrissen durchsetzt ist, bei hohen Drehzahlen explosionsartig zerspringen. Um Wasserstoff und andere gelöste Gase aus der Stahlschmelze zu entfernen, wird hochwertiger Stahl durch Vakuumbehandlung entgast.

3.5 Weiterverarbeitung des flüssigen Stahles

Der über das Sauerstoffaufblasverfahren oder das Elektrostahlverfahren fertiggestellte flüssige Stahl wird durch Strangguss, Blockguss oder Formguss in feste Stahlprodukte übergeführt.

Beim **Strangguss** wird der Stahl fortlaufend in nach unten geöffnete, wassergekühlte Hohlformen aus Kupfer gegossen. Dabei erstarrt der Stahl an den Wänden der Kokille und wird als Strang aus der Form gezogen. Außerhalb der Form wird der Strang zusätzlich mit Wasser gekühlt und durch Brenner auf gewünschte Längen geschnitten. Die Strangquerschnitte können so klein gewählt werden, dass die Walzarbeit im Blockwalzwerk entfällt. Das Gefüge eines Stranges ist zudem gleichmäßiger als das eines Blockes. Bedingt durch diese Vorteile verdrängt der Strangguss weitgehend den Blockguss.

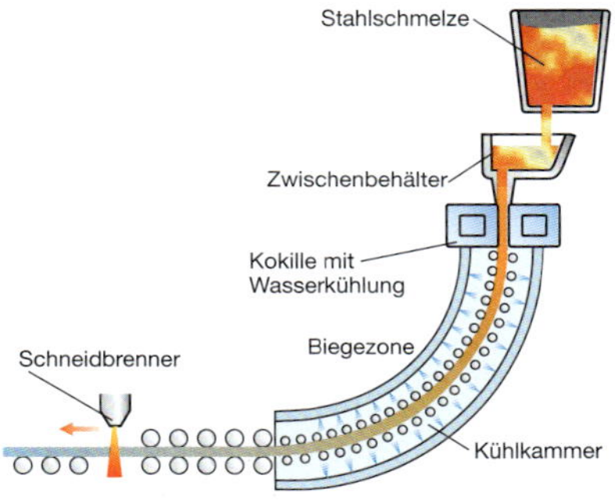

Strangguss

Beim **Blockguss** wird flüssiger Stahl in Dauerformen – den sogenannten Kokillen – vergossen. Nach dem Erstarren des gegossenen Blockes wird die in der Innenform konische Kokille abgehoben und der glühende Stahlblock im Tiefglühofen auf Walztemperatur gehalten.

Beim Blockguss unterscheidet man zwischen unberuhigt und beruhigt vergossenem Stahl. Ein beruhigt vergossener Stahl hat eine gleichmäßigere Zusammensetzung, was einer besseren Stahlqualität gleichkommt. Die im Gussblock gelösten Gase, wie Wasserstoff, werden durch Zugabe von Ferrosilizium oder Aluminium gebunden.

Die Blockformen werden zu Grobblechen, größeren Profilformen und zu Schmiedestücken weiterverarbeitet.

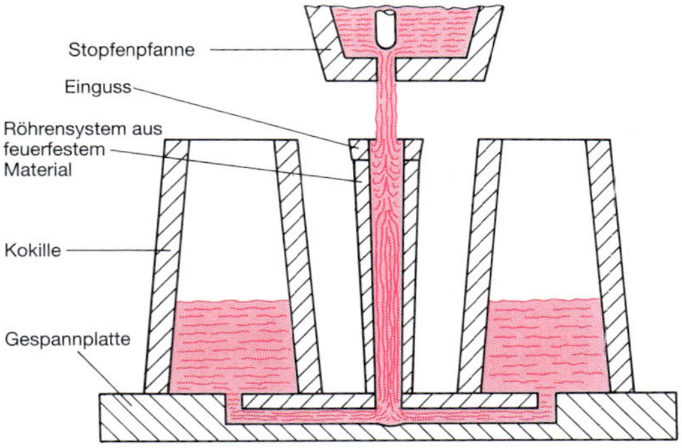

Blockguss

Komplizierte Maschinen- und Bauteile, die durch mechanische Fertigung zu zeit- und kostenaufwändig wären, werden durch **Formguss** hergestellt. Dabei lassen sich sowohl Massenteile mit geringem Stückgewicht als auch tonnenschwere Gussteile sehr wirtschaftlich herstellen.

Das Formgießen kann auf unterschiedlichste Weise erfolgen, und zwar vom einfachen Sandguss mit verlorener Form im Unter- und Oberkasten, über geteilte Dauerformen oder Kokillen sowie durch Schleuderguss.

3.6 Übersicht der Verarbeitung des Stahles zu Halb- und Fertigerzeugnissen

Der im Strangguss oder zu Blöcken vergossene Stahl kann durch folgende Fertigungsverfahren in die gewünschte Form gebracht werden:

- Schmieden
- Walzen
- Ziehen
- Strangpressen

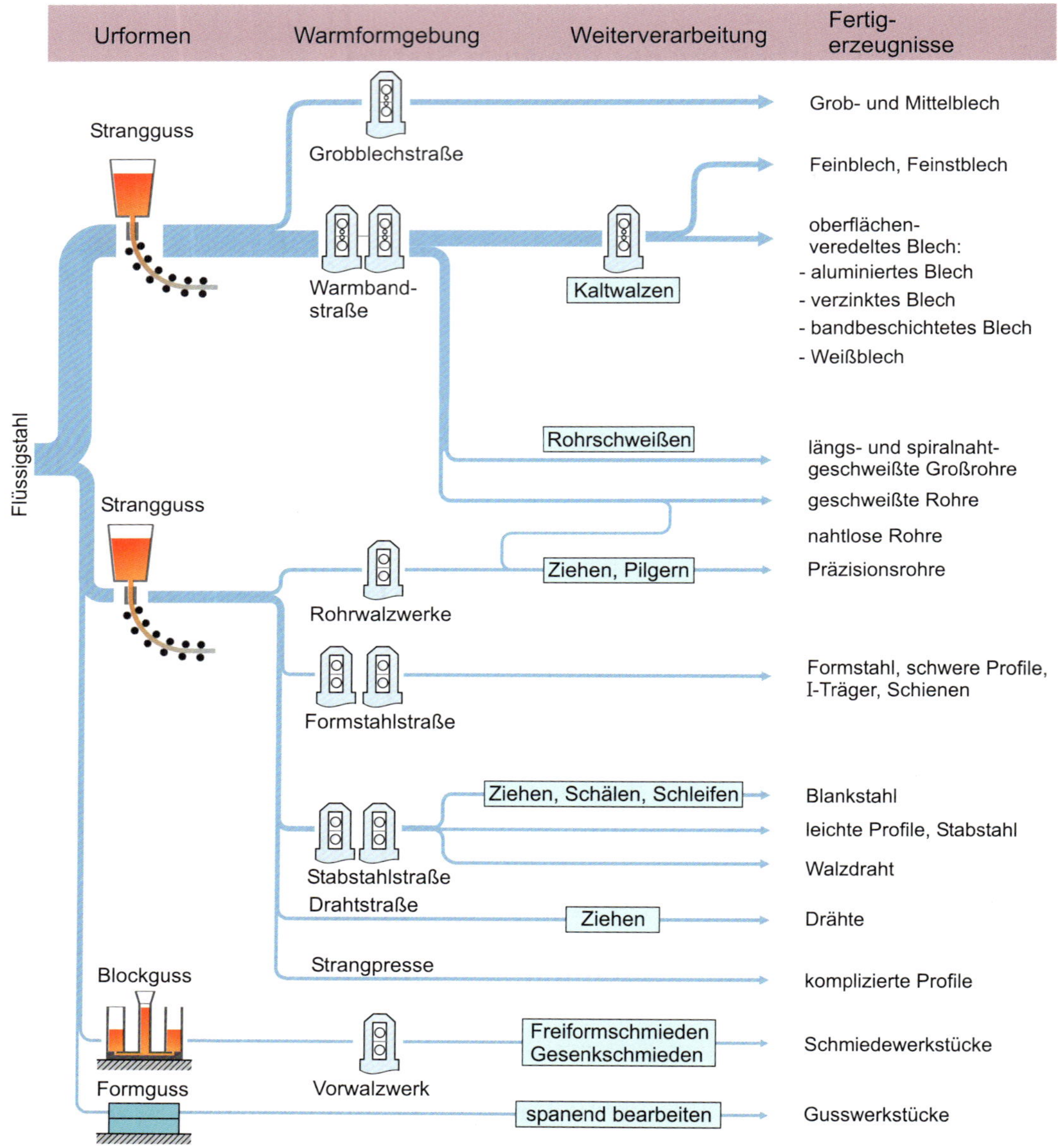

Verarbeitung des Stahles zu Halb- und Fertigerzeugnissen

4 Stähle

In der Metalltechnik verarbeitet man neben Nichteisenmetallen eine Vielzahl von Stählen. Dabei werden unterschiedliche Stahlsorten wie unlegierter Stahl, legierter Stahl, Baustahl, Werkzeugstahl, Edelstahl, Qualitätsstahl, Automatenstahl, Federstahl, Einsatzstahl verwendet.

4.1 Einteilung der Stähle nach der Werkstattpraxis

- **nach der Handelsform**

Durch Walzen, Ziehen und Strangpressen wird Stahl in die gewünschte Form gebracht. Diese Halbzeuge kommen in genormten Formen in den Handel.
Es wird unterschieden zwischen Formstählen, Stabstählen, Drähten, Blechen, Rohren usw.

Form		Benennung, Abmessung und Werkstoff	Beispiele für Bezeichnungen
Stabstähle und Formstähle		Warm gewalzter mittelbreiter I-Träger, Höhe 200 mm, Breite 100 mm aus S235JR	I-Profil ÖNORM EN 10034 – IPE 200 – S235JR
		Warm gewalzter U-Stahl, Höhe 140 mm, Breite 60 mm aus S235JO	U-Profil ÖNORM EN 10279 – U140 – S235JO
	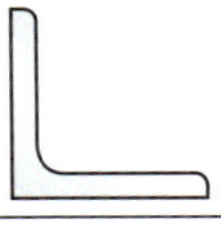	Warm gewalzter gleichschenkeliger Winkelstahl, Schenkelbreite 40 mm, Schenkeldicke 5 mm aus S235JO	L-Profil ÖNORM EN 10056 – 40 x 40 x 5 – S235JO
	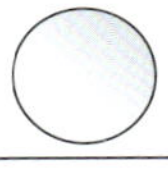	Warm gewalzter Rundstahl, Durchmesser 20 mm aus S 235JR	Rund ÖNORM EN 10060 – Rd 20 – S235JR
		Warm gewalzter Flachstahl, Breite 45 mm und Dicke 20 mm aus S275JO	Flach ÖNORM EN 10058 – FL 45 x 20 – S235JO
		Blanker Vierkantstahl, Seitenlänge 10 mm aus S235JR	Vierkant ÖNORM EN 10278 – 10kt – S235JR
Drähte	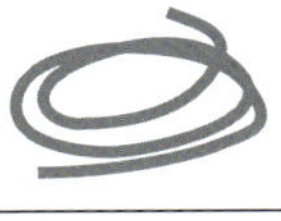	Stahldraht kaltgezogen, Durchmesser 2 mm, aus C4D – unlegierter Stahl nach ÖNORM EN 10218	Draht ÖNORM EN 10218-2 – Draht2 – C4D
Hohlprofile	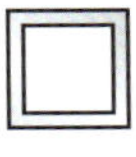	Quadratisches Hohlprofil, 40 mm breit, Wanddicke 3 mm, aus unlegiertem Baustahl S275JOH	Hohlprofil ÖNORM EN 10210 – 40 x 40 x 3 – S275JOH
Rohre		Nahtloses Stahlrohr, Außendurchmesser 33,7 mm und 2,6 mm Wanddicke aus S275JR	Rohr ÖNORM EN 10220 – 33,7 x 2,6 – S275JR
Bleche	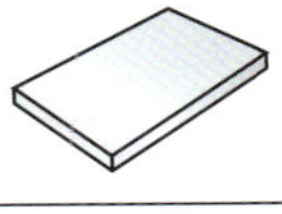	Stahlblech aus Stahlband geschnitten, 1,2 mm Dicke, 1500 mm Walzbreite, 2000 mm geschnittene Länge, matt, kalt gewalzt	Band ÖNORM EN 10130 – Blech 1,2 x 1500 x 2000 – DC04
Bänder		Warm gewalztes Stahlblech, 3,5 mm dick, aus S235JO, 2000 mm breit, 4500 mm lang	Band ÖNORM EN 10029 – 3,5 x 2000 x 4500 – S235JO

- **nach dem Kohlenstoffgehalt**
  - in nicht härtbare Stähle mit einem Kohlenstoffgehalt bis ca. 0,2 %
  - in härtbare Stähle mit einem Kohlenstoffgehalt von ca. 0,25 bis 2 %

Mit steigendem Kohlenstoffgehalt nehmen Zugfestigkeit, Streckgrenze, Härte, Härtbarkeit und Verschleißwiderstand zu, hingegen nehmen Bruchdehnung, Kerbschlagarbeit, Eignung zu spanender Bearbeitung, Kalt- und Warmumformbarkeit sowie Schweißeignung ab.

- **nach den Legierungsbestandteilen**
  - in unlegierte Stähle und
  - in legierte Stähle

Damit der Stahl die erwünschten Eigenschaften erhält, werden ihm im flüssigen Zustand Legierungselemente wie Wolfram, Molybdän, Titan, Kobalt, Chrom, Vanadium usw. beigefügt.
Kohlenstoff zählt nicht zu den Legierungselementen.

- **nach dem Lieferzustand**

  blank (kalt gewalzt)
  verzundert (warm gewalzt)
  beschichtet (verzinnt, verzinkt usw.)

- **nach dem Verwendungszweck**

  Unlegierter Baustahl
  Vergütungsstahl
  Einsatzstahl
  Nitrierstahl
  Automatenstahl
  Nichtrostender Stahl
  Wetterfester Baustahl
  Kaltarbeitsstahl
  Warmarbeitsstahl
  Schnellarbeitsstahl

4.2 Einteilung der Stähle nach der Europäischen Stahlnorm

Da die Europäische Stahlnorm sehr umfangreich und vielschichtig ist, können die hier dargebotenen Ausführungen nicht vollständig sein. Weitere Informationen müssen daher den Normblättern oder Stahlkatalogen entnommen werden.
Grundsätzlich gibt es drei Möglichkeiten der Stahlnormung.

- Einteilung der Stähle nach **Hauptgüteklassen** (a)
- Einteilung der Stähle nach **Werkstoffnummer** (b)
- Einteilung der Stähle nach **Hauptgruppen** (c)

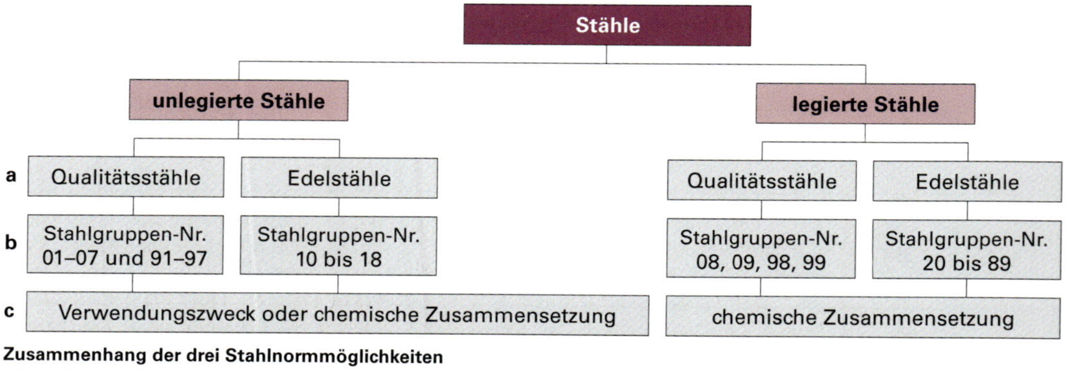

Zusammenhang der drei Stahlnormmöglichkeiten
a Hauptgüteklassen, b Werkstoffnummer, c Hauptgruppen

4.2.1 Einteilung der Stähle nach der Hauptgüteklasse

In dieser Norm sind lediglich Begriffsbestimmungen aufgelistet, wobei nur in wenigen Einzelfällen punktuelle Festlegungen vorgeschrieben sind.

Die wichtigsten Definitionen lauten:

Stahl ist ein Eisenwerkstoff, der im Allgemeinen weniger als 2 % Kohlenstoff aufweist und andere Elemente enthält.

Unlegiert ist ein Stahl, der geringe Mengen an Legierungsmetallen aufweist, aber keines dieser Elemente den nach der Norm festgesetzten Grenzwert überschreitet (siehe nebenstehende Tabelle).

Legiert ist ein Stahl, wenn mindestens eines der Legierungselemente (siehe nebenstehende Tabelle) den nach Norm festgelegten Grenzwert überschreitet.

Titan	0,1 %	Nickel	0,3 %
Aluminium	0,3 %	Chrom	0,3 %
Kobalt	0,3 %	Kupfer	0,4 %
Wolfram	0,3 %	Blei	0,4 %
Molybdän	0,1 %	Silicium	0,6 %
Vanadium	0,1 %	Mangan	1,6 %
und andere			

Qualitätsstähle sind unlegierte oder legierte Stahlsorten, die

- bei Wärmebehandlung kein gleichmäßiges Verhalten garantieren,
- keinen Reinheitsgrad bezüglich nichtmetallischer Einschlüsse erfüllen und
- im Vergleich zu Grundstählen zusätzliche Anforderungen erfüllen müssen.

Edelstähle sind unlegierte oder legierte Stahlsorten, die

- gegenüber Qualitätsstählen einen höheren Reinheitsgrad bezüglich nichtmetallischer Einschlüsse aufweisen,
- meist für eine Vergütung oder Oberflächenhärtung bestimmt sind und
- aufgrund der genauen chemischen Zusammensetzung sowie der Prüf- und Herstellungsbedingungen alle an sie gestellten Anforderungen erfüllen.

Nichtrostender Stahl ist ein legierter Stahl, der neben anderen Elementen bis zu 1,2 % C und mindestens 10,5 % Cr enthält.

Schnellarbeitsstahl ist ein legierter Stahl, der neben anderen Elementen mindestens 0,6 % C und mindestens zwei von den drei Elementen Wolfram, Molybdän und Vanadium mit insgesamt 7 % enthalten muss.

4.2.2 Einteilung der Stähle nach Werkstoffnummern

Werkstoffe können auch nach einem Nummernsystem eingeteilt werden. Dieses System gilt nicht nur für Eisenwerkstoffe, sondern auch für andere Metalle und für Nichtmetalle.

Die folgenden Ausführungen beziehen sich auf die **ÖNORM EN 10027-2**, die nur für **Stähle** gilt.

Die **Werkstoffhauptgruppennummern** haben die Kennzahlen 0 bis 9 und werden gegen die Stahlgruppennummer durch einen Punkt getrennt.

Wichtige Werkstoffhauptgruppennummern sind:

1 für Stahl und Stahlguss
2 für Schwermetalle außer Werkstoffe der Nummer 1
3 für Leichtmetalle

Die zweistellige **Stahlgruppennummer** unterteilt die **Stähle** in unlegierte und legierte. Dabei gelten die Nummern in der nebenstehenden Tabelle.

Aufbau der Werkstoffnummern

1. XX XX(XX)

Zählnummer
Die in Klammer wiedergegebenen Stellen sind für einen möglichen zukünftigen Bedarf vorgesehen
Stahlgruppennummer
Werkstoffhauptgruppennummer

01	bis	07	für unlegierte Qualitätsstähle
91	bis	97	für unlegierte Qualitätsstähle
08	und	09	für legierte Qualitätsstähle
98	und	99	für legierte Qualitätsstähle
10	bis	18	für unlegierte Edelstähle
20	bis	89	für legierte Edelstähle

Die zweistellige **Zählnummer** (kann bei Bedarf auf vier Stellen erweitert werden) listet die einzelnen Stahlarten innerhalb der Stahlgruppennummer auf. Ist die Werkstoffnummer bekannt, so können andere genormte Bezeichnungen (Festigkeitswerte, chemische Zusammensetzungen usw.) ermittelt werden. Der Vorteil der Werkstoffnummer gegenüber anderen Bezeichnungen ist die fixe Zahlenfolge der Stahlart, die die elektronische Datenverarbeitung erheblich vereinfacht. Der Nachteil besteht darin, dass das System zu wenig anschaulich ist und eine eindeutige Identifikation eines Stahles nur mit Hilfe von Tabellen möglich ist.

4.2.3 Bezeichnung der Stähle mit Kurznamen nach ÖNORM EN 10027-1

Die **Kurznamen** der Stähle werden nach folgenden Kategorien eingeteilt:

Kategorie 1: Einteilung in Kurznamen, die auf die Verwendung und die physikalischen oder mechanischen Eigenschaften der Stähle hinweisen.

Kategorie 2: Einteilung in Kurznamen, die die chemische Zusammensetzung erläutern.
Die **Kurznamen** können sich entweder
– nur aus dem **Hauptsymbol** (S185),
– aus dem **Hauptsymbol und den Zusatzsymbolen für Stähle** (S235JR),
– aus dem **Hauptsymbol, den Zusatzsymbolen für Stähle und den Zusatzsymbolen für Stahlerzeugnisse** (S355J2+N) zusammensetzen.

Buchstaben und Zahlen des **Hauptsymbols** und der **Zusatzsymbole für Stähle** werden ohne Leerzeichen **zusammenhängend** geschrieben, die **Zusatzsymbole für Stahlerzeugnisse** werden mit einem **Plus-Vorzeichen** angefügt.

Stähle der Kategorie 1 mit Hinweisen auf Verwendungszweck und Eigenschaften:

Hauptsymbol			**Zusatzsymbol für Stähle**		**Zusatzsymbol für Stahlerzeugnisse**	
①		②	③	④	⑧	
bei Gusswerkstoff	Kennbuchstabe	Mindeststreckgrenze	Gruppe 1	Gruppe 2	Art des Überzuges	Behandlungszustand
G	S, P, E ...	235, 355 ...	JR, J2, K2 ...	M, W, H ...	+A, +Z, +S ...	+AR, +U, +C, +N ...

Das Hauptsymbol beginnt immer mit einem **Kennbuchstaben**, der auf den Verwendungszweck hinweist und einer darauf folgenden dreistelligen Zahl.

① Wichtige **Kennbuchstaben** sind:

S Stähle für den Stahlbau
E Maschinenbaustahl
B Betonstähle
D Flachstähle zum Kaltumformen
L Stähle für den Rohrleitungsbau
P Stähle für Druckbehälter usw.

Ist dieser Stahl vergossen, so wird dem Kennbuchstaben ein G vorgesetzt, z. B. GE, GS, GL usw.

② Die darauf folgende – **immer dreistellige Zahl** – entspricht der **Mindeststreckgrenze** in **MPa** (1 MPa = 1 N/mm^2). Die einfachsten aller Kurznamen für Stähle haben die Stahlsorten S185, E295, E335 und E360, denn für diese sind keine Zähigkeitswerte vorgesehen.

③ Die **Zusatzsymbole für Stähle** werden in zwei Gruppen unterteilt. Bei der Buchstaben/Zahlenkombination der **Gruppe 1** steht an erster Stelle entweder der Buchstabe J für eine Kerbschlagarbeit von 27 J, der Buchstabe K (für 40 J) oder der Buchstabe L (für 60 J). Die zweite Stelle weist auf die Prüftemperatur hin, wobei R (für Raumtemperatur = +20 °C), 0 (für = 0 °C), 2 (für -20 °C), 3 (für -30 °C) bis hin zu 6 (für -60 °C) steht. So steht z. B. JR für eine Kerbschlagarbeit von 27 J bei Raumtemperatur, K2 für eine Kerbschlagarbeit von 40 J bei einer Prüftemperatur von -20 °C usw.

Wenn die Zusatzsymbole der Gruppe 1 für die Beschreibung des Stahles nicht ausreichen, werden die Symbole der Gruppe 2 – **nur** in Verbindung mit den Symbolen der Gruppe 1 – **direkt** an diese angehängt.

④ Wichtige **Zusatzsymbole der Gruppe 2** für **Stahlbaustähle** (Auszug):

C mit besonderer Kaltumformbarkeit
D für Schmelztauchüberzüge
F zum Schmieden
H für Hohlprofile
L für tiefe Temperaturen
M warm gewalzt
N normalgeglüht
Q vergütet
T für Rohre
W wetterfest usw.

Für andere Stahlgruppen (E, P, B usw.) sind die **Zusatzsymbole für Stähle** der Gruppen 1 und 2 den entsprechenden Stahlnormen zu entnehmen.

Stähle der Kategorie 2 mit Hinweisen auf die chemische Zusammensetzung:

	Hauptsymbol				Zusatzsymbol		
	Kennbuchstabe	Kohlenstoffgehalt	chemisches Zeichen der Legierungselemente	Prozentsatz der Legierungselemente	Gruppe 1	Gruppe 2	Beispiele
unlegierte Stähle < 1 % Mn ohne Automatenstähle	① C	② 35	– –		⑦	⑧	C35, C35E, C15+QT
unlegierte Stähle ≥ 1 % Mn, unlegierte Automatenstähle sowie legierte Stähle, sofern der Gehalt der einzelnen Legierungselemente < 5 % ist	–	① ② 21	③ CrMo	④ 10	nicht vorgesehen	⑧	21CrMo10 100CrV3 42CrMo4+QT
nichtrostende und andere legierte Stähle, sofern der Gehalt mindestens eines Legierungselementes ≥ 5 % ist, ausgenommen Schnellarbeitsstähle	① X	② 10	③ CrNiS	⑤ 18-8	nicht vorgesehen	⑧	X10CrNiS18-8 X42Cr13
Schnellarbeitsstähle	HS	–	–	⑥ 12-1-4-5	nicht vorgesehen	⑧	HS12-1-4-5 HS3-3-2 HS18-0-1

Grundsätzlicher Aufbau der Kurznamen für Stähle der Kategorie 2

Das **Hauptsymbol** kann beginnen

① • mit einem Kennbuchstaben, der auf die chemische Zusammensetzung des Stahles hinweist oder
• mit einer Zahl, die nach Umrechnung den Kohlenstoffgehalt angibt.
Ist der Stahl vergossen, so wird dem Kennbuchstaben ein G vorgesetzt, z. B. GC oder G oder GX.

② Die Zahl entspricht dem 100fachen des Kohlenstoffgehaltes in Prozent, z. B. 35 = 0,35 % C.
Vergütungsstahl z. B.: C35

③ chemisches Zeichen der enthaltenen Legierungselemente

④ Die Zahl entspricht **nicht** dem Prozentgehalt der Legierungselemente, sie muss erst mittels Tabelle umgerechnet werden, um den tatsächlichen %-Gehalt festzustellen, z. B. Ni10 = 10/4 = 2,5 % Ni.
Einsatzstahl z. B.: 21CrMo10

Faktoren für die Ermittlung der tatsächlichen Prozentanteile der Legierungselemente:

Element	Faktor
Cr, Co, Mn, Ni, Si, W	4
Al, Be, Cu, Mo, Nb, Pb, Ta, Ti, V	10
C, N, P, S	100
B	1000

⑤ Die Zahl entspricht dem **tatsächlichen** Prozentgehalt an Legierungselementen in der Reihenfolge der angegebenen Elemente
Nichtrostender Stahl z. B.: X60CrNiTi18-10

⑥ Die Zahl entspricht dem **tatsächlichen** Prozentgehalt an Legierungselementen in der festgelegten Reihenfolge Wolfram, Molybdän, Vanadium, Kobalt
Schnellarbeitsstahl z. B.: HS12-1-4-5

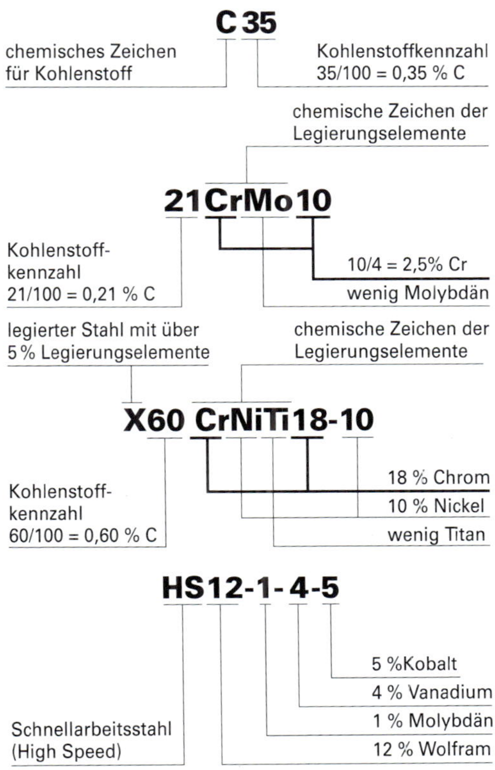

⑦ **Zusatzsymbole der Gruppe 1 für Stähle der Kategorie 2** werden mit einem Buchstaben untenstehender Bedeutung benannt und direkt dem Hauptsymbol angefügt.

C	mit besonderer Kaltumformbarkeit
E	vorgeschriebener maximaler S-Gehalt
R	vorgeschriebener Bereich des S-Gehaltes
G	andere Merkmale
S	für Federn
U	für Werkzeuge
W	für Schweißdraht usw.

⑧ Darüber hinaus gibt es noch eine Reihe von zusätzlichen Abkürzungen für besondere Anforderungen an **Stahlerzeugnisse**, für die Eignung eines speziellen Überzuges und für den Behandlungszustand. Diese Symbole werden mit einem + an die Kurzbezeichnung der Stähle angefügt, wie

+H	mit normaler Härtbarkeitsanforderung
+Z	feuerverzinkt
+ZE	elektrolytisch verzinkt
+S	feuerverzinnt
+QT	vergütet
+N	normalgeglüht usw.

4.3 Einteilung der Stähle nach der Verwendung

Unlegierte Baustähle – ÖNORM EN 10025-2

werden aufgrund ihrer mechanischen Eigenschaften und ihrer Schweißeignung im gesamten Stahl- und Maschinenbau verwendet. Sie sind nicht für eine Wärmebehandlung vorgesehen, außer Normal- und Spannungsarmglühen. Aus diesen Stählen werden durch Warmwalzen Form- und Stabstähle, Walzdrähte und Flacherzeugnisse hergestellt, die für die Verwendung bei geschweißten und geschraubten Bauteilen vorgesehen sind. Die Stähle werden in unterschiedlichen Gütegruppen hergestellt, die durch ihre Kerbschlagarbeitswerte gekennzeichnet werden. Qualitätsstähle dieser Werkstoffgruppe haben bessere Verformbarkeit, eine geringe Sprödempfindlichkeit und noch bessere Schweißeigenschaften. Stähle der Gütegruppen JR, JO, J2+N lassen sich nach allen Verfahren schweißen. Verwendet im Hoch- und Tiefbau sowie im Behälter-, Fahrzeug- und Maschinenbau. **Werkstoffe** – S185, E335, S235JR usw.

Vergütungsstähle – ÖNORM EN 10083

können wie Einsatzstähle als unlegierte Qualitätsstähle sowie unlegierte und legierte Edelstähle hergestellt werden. Sie sind beruhigt vergossen, haben einen Kohlenstoffgehalt von 0,25 % bis 0,65 % und erhalten erst durch Vergüten ihre Zähigkeit und Festigkeit. Verwendet für Bauteile hoher Festigkeit und dynamischer Beanspruchung wie Turbinenteile, Zahnräder, Kurbelwellen, Kugelbolzen, Schrauben usw.
Werkstoffe – C22, 25CrMo4, 27MnCrB5-2+H

Einsatzstähle – ÖNORM EN 10084

können unlegierte Qualitätsstähle mit einem Kohlenstoffgehalt <0,3 % oder unlegierte und auch legierte Edelstähle sein. Sie eignen sich für Bauteile, die nach der Einsatzhärtung eine verschleißfeste Randschicht aufweisen, dabei aber einen zähen Kern beibehalten. Verwendet für Wellen, Bolzen, Zahnräder, Prüfmittel, Nockenwellen usw. **Werkstoffe** – C15E, 18CrMo4, 20MnCrS5+H

Nitrierstähle – ÖNORM EN 10085

sind Stähle, die mit Titan, Aluminium oder Chrom legiert sind und sich daher besonders zur Oberflächenhärtung mit Stickstoff eignen. Dauer- und Warmfestigkeit sowie Verschleißfestigkeit zeichnen diese Stähle besonders aus. Verwendung finden sie für Kolbenstangen, Kolbenbolzen, Spindeln, Nockenwellen usw.
Werkstoffe – 34CrAlNi7, 31CrMo12

Automatenstähle – ÖNORM EN 10087

sind unlegierte Qualitätsstähle mit einem Kohlenstoffgehalt von 0,1 % bis 0,5 %, die durch erhöhten Schwefelgehalt besonders für die spanende Verarbeitung geeignet sind. Durch Beifügen von Blei können die Spanbrüchigkeit und die bearbeitete Oberflächengüte verbessert werden. Automatenstähle sind nicht schweißgeeignet. Verwendet für spanend zu verarbeitende Maschinenteile geringerer Festigkeit wie Wellen, Stifte, Bolzen usw. **Werkstoffe** – 10S20, 11SMn30, 44SMnPb28

Nichtrostende Stähle – ÖNORM EN 10088

sind legierte Edelstähle, die durch hohen Chrom- und Nickelgehalt korrosionsbeständig gegenüber Luftfeuchtigkeit, Wasser und auch gegen die meisten Säuren und Laugen beständig sind. Teilweise sind diese harten Stähle zur Zerspanung geeignet und auch gut schweiß- und formbar. Verwendung grundsätzlich für alle chemisch beanspruchten Bauteile in der Nahrungsmittelindustrie, Medizin, im Haushalt, im Kfz-Bereich, aber auch für Geländer, Fassadenteile, Türen, Fenster usw. **Werkstoffe** – X2CrNi12, X12CrNiCuMo17-11-3-2

Wetterfeste Baustähle – ÖNORM EN 10025-5
haben die Eigenschaft, dass sie auf der Oberfläche eine fest haftende Oxidschicht bilden und somit den Grundwerkstoff vor Rost schützen. Dies wird erreicht durch Zugabe von geringen Mengen an Kupfer, Chrom, Nickel und Molybdän. Die mechanischen Eigenschaften und die Schweißeignung entsprechen denen der unlegierten Baustähle. Verwendet für Behälter, Träger, Stützen, Streben. **Werkstoffe** – S235JOW, S355J2W
Daneben gibt es noch eine Reihe von Stählen, die für besondere Anwendungen bestimmt sind.
Sie weisen meistens einen hohen Prozentsatz an Legierungselementen auf, um speziellen Anforderungen gerecht zu werden.

4.4 Werkzeugstähle

Werkzeugstähle erfüllen in besonderem Maße die Bedingungen, die an den Werkstoff von Werkzeugen gestellt werden.
Dies sind
- hohe Bruchfestigkeit bei Betriebstemperatur,
- keine bleibende Verformung während der Beanspruchung,
- hohe Verschleißfestigkeit und Korrosionsbeständigkeit der Oberfläche.

Je nach Einsatz werden diese Bedingungen durch unterschiedlich legierte Stähle optimal erfüllt.

Man unterscheidet die Werkzeugstähle entsprechend dem typischen Einsatz in folgende große Verwendungsgruppen:

Kaltarbeitsstähle
Anwendungsbeispiele
- Spritzgusswerkzeuge
- Kaltfließpresswerkzeuge
- Kaltumformwerkzeuge
- Schmiedewerkzeuge

Warmarbeitsstähle
Anwendungsbeispiele
- Schmiedegesenke
- Warmwalzen
- Druckgussformen
- Strangpresswerkzeuge

Schnellarbeitsstähle
Anwendungsbeispiele
- Zerspanungswerkzeuge
- Schmiedewerkzeuge
- Kaltumformwerkzeuge

4.4.1 Einfluss der Legierungselemente

Die Eigenschaften von Stahl und Gusseisen hängen weitgehend von den metallischen und nichtmetallischen Eisenbegleitern (C, Si, Mn, P, S) und den absichtlich zugesetzten Legierungselementen ab. Gibt man die Elemente Silizium, Mangan, Phosphor und Schwefel bei Stählen und Gusswerkstoffen gezielt hinzu, so gelten sie ebenfalls als Legierungselemente.

Legierungselemente beeinflussen die Eigenschaften der Stähle.
Der Einfluss wird bestimmt durch
- den prozentualen Anteil des Legierungselementes,
- das Zusammenwirken des Legierungselementes mit anderen Legierungselementen.

Die Wirkung der Legierungselemente beruht auf Einlagerungen der Legierungsatome im Kristallgitter und auf Gefügeänderungen. Die laut Fe-C-Diagramm zu erwartenden Umwandlungen verschieben sich zu anderen Temperaturen und anderen Konzentrationen.

Legierungselemente ändern Gefüge und Eigenschaften der Stähle. Eine Übersicht der Wirkung von Begleit- oder Legierungselementen im Stahl sind dem Tabellenbuch zu entnehmen.

Besonders Chrom verschiebt die Umwandlungspunkte und Linien so weit zu niedrigeren Kohlenstoffgehalten, dass in hoch legierten und kohlenstoffreichen Stählen ein Eutektikum aus Austenit und Fe_3C vorliegen kann. Dieses Eutektikum heißt **Ledeburit.** Der Austenit des Ledeburit ist bei Raumtemperatur zu Perlit zerfallen.
Stähle, die Ledeburit enthalten, also sehr reich an dem harten Zementit sind, nennt man **ledeburitische Stähle**. Diese Stähle sind besonders hart und verschleißfest.

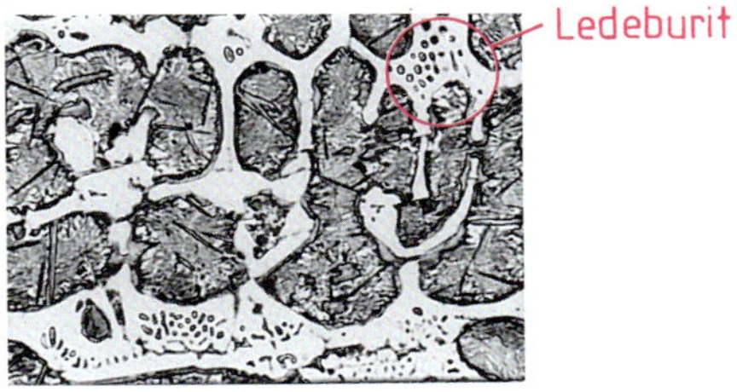

Weiße Flächen: Fe_3C
Graue Flächen: Perlit

Ledeburit mit Perlit

4.4.2 Kaltarbeitsstähle

- **Einteilung der Kaltarbeitsstähle**

Kaltarbeitsstähle werden für Schmiede- und Umformwerkzeuge sowie für Formen in der Kunststoffverarbeitung eingesetzt. Die Verwendungstemperatur soll etwa 250 °C nicht überschreiten.
Kaltarbeitsstähle kann man in drei Gruppen unterteilen.

Gruppe 1

Zu dieser Gruppe gehören neben unlegierten Stählen sehr niedrig legierte Stähle, die durchweg Wasserhärter sind. Diese Stähle härten in größeren Wanddicken nicht durch. Sie haben deshalb nach dem Härten eine harte Randschicht und einen zähen Kern. Sie können daher Biegespannungen besser aufnehmen als die höher legierten Stähle der Gruppen 2 und 3.
Wegen des geringen Karbidgehaltes unter 5 % sind jedoch die Verschleißfestigkeit und die Druckfestigkeit bei hohen Anforderungen nicht ausreichend.

Beispiel **für einen Kaltarbeitsstahl der Gruppe 1**

Kurzname	Werkstoffnr.	Verwendung	Härte in HRC
100V1	1.2833	Matrizen für Kaltfließpressen	60 bis 64
		Werkzeuge zum Umformen von Schraubenwerkstoffen	58 bis 62

Gruppe 2

Diese Gruppe umfasst Stähle mit Karbidgehalten von etwa 5 bis 10 %. Je nach Menge an Legierungselementen liegen Fe_3C und/oder Karbide der Legierungselemente, z. B. Chromkarbid, vor.
Gegenüber Stählen der Gruppe 1 ist die Verschleißfestigkeit erheblich höher.

Beispiele **für Kaltarbeitsstähle der Gruppe 2**

Kurzname	Werkstoffnr.	Verwendung	Härte in HRC
60WVCr7	1.2550	Schermesser	56 bis 58
		Schneidstempel, Matrizen	54 bis 58
55NiCr10	1.2718	Prägewerkzeuge	54 bis 58
		Armierungen	48 bis 52
X42Cr13	1.2083	Korrosionsbeständiger Formenstahl für Kunststoffe	56

Gruppe 3

Hoch kohlenstoff- und chromhaltige Kaltarbeitsstähle werden hauptsächlich für die Kaltumformung benötigt. Diese Stähle sind meist ledeburitisch und haben demgemäß über 10 % Karbide.

Beispiele **für Kaltarbeitsstähle der Gruppe 3**

Kurzname	Werkstoffnr.	Verwendung	Härte in HRC
X155 CrVMo12-1	1.2379	Schermesser	58 bis 62
		Stempel für Kaltfließpressen	58 bis 62
		Gewindewalzen	60 bis 62
X210 CrW12	1.2436	Schermesser	58 bis 62
		Schneidstempel, Matrizen	58 bis 63

- **Wärmebehandlung der Kaltarbeitsstähle**

Kaltarbeitsstähle werden vom Hersteller meist weichgeglüht angeliefert. Die Wärmebehandlung nach der Fertigung wird grundsätzlich in gleicher Weise durchgeführt, wie die Behandlung unlegierter Stähle. Das Fe-Fe_3C-Diagramm kann wegen des höheren Anteils an Legierungselementen zur Bestimmung der Daten für die Wärmebehandlung nicht mehr zugrunde gelegt werden. Diese Daten müssen daher den Werkstoffblättern der Stahlhersteller entnommen werden.

4.4.3 Warmarbeitsstähle

- **Einteilung der Warmarbeitsstähle**

Warmarbeitsstähle werden zur Herstellung von Formen für das Ur- und Umformen von Metallen weit oberhalb von 300 °C eingesetzt. Kennzeichnende Eigenschaften der Warmarbeitsstähle sind

- hohe Anlassgeschwindigkeit, d. h. Gefüge- und Eigenschaftsänderungen treten erst bei hohen Temperaturen auf,
- gute Warmfestigkeit,
- hohe Zähigkeit,
- guter Widerstand gegen Verschleiß bei hoher Temperatur,
- Unempfindlichkeit gegen Rissbildung bei wechselnden Temperaturen,
- ausreichende Wärmeleitfähigkeit.

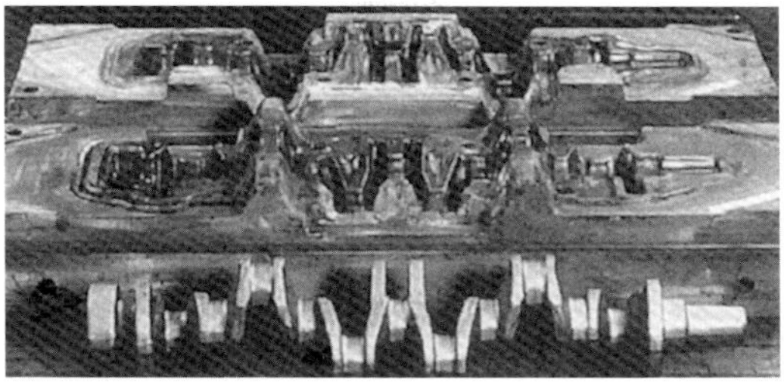

Gesenk mit geschmiedeter Kurbelwelle

Eine grobe Einteilung der Warmarbeitsstähle ist nach den Legierungselementen möglich.

Cr-Mo-V-Stähle, z. B. X38CrMoV5-1, können thermische Wechselbeanspruchung gut vertragen. Sie neigen nicht zu Warmrissen. Sie haben auch gute Wärmeleitfähigkeit und zeigen bis 650 °C keinen Zähigkeitsabfall. Sie werden darum vorwiegend für Druckgussformen, Kokillen, Strangpressmatrizen u. a. eingesetzt.

Ni-Cr-Mo-Stähle, z. B. 55NiCrMoV6, sind besonders zäh und ertragen leichter schlagartige Beanspruchung und hohe Drücke. Sie werden bevorzugt zur Herstellung von Gesenken verwendet.

Austenitische Stähle, z. B. X5NiCrTi26-15, haben ein Gefüge aus γ-Mischkristallen, die sich auch bei hohen Temperaturen nicht umwandeln. Sie werden darum bei besonders hoher Temperaturbeanspruchung eingesetzt.

> Cr-Mo-V-Stähle werden vorwiegend für Formen verwendet, Ni-Cr-Mo-Stähle sind besonders für Gesenke geeignet. Austenitische Stähle werden bei besonders hoher Temperaturbeanspruchung eingesetzt.

Die Beanspruchung der Werkstoffe ist je nach Verfahren sehr unterschiedlich. Besonders starke Temperaturschwankungen belasten die Werkstückoberfläche. Die hohen Spannungen beim Erhitzen der Randschicht führen zu Verformungen, sodass beim Abkühlen örtlich Zugspannungen entstehen können.

Diese Spannungen bewirken an Verunreinigungen im Stahl so genannte **Thermoschock-** oder **Brandrisse.** Beim Eindringen von Schmelzen und durch Kerbwirkung geht von diesen Rissen dann die Zerstörung aus. Aus diesem Grunde wird für thermisch sehr hoch beanspruchte Formen Stahl von sehr hoher Reinheit und Zähigkeit verwendet. Für Sonderfälle setzt man pulvermetallurgisch hergestellte Stähle ein.

Brandrisse an einer Werkzeugkante

> Die Beständigkeit gegen Thermoschock- oder Brandrisse wächst mit der Reinheit und der Zähigkeit eines Stahles. Pulvermetallurgisch erzeugte Stähle haben besondere Reinheit.

- **Wärmebehandlung der Warmarbeitsstähle**

Die Hersteller von Warmarbeitsstählen liefern den Werkstoff meist weich geglüht. Für weitere Wärmebehandlungen entnimmt der Verarbeiter die Daten den Werkstoffblättern der Stahlhersteller.

Die Angaben enthalten bei Warmarbeitsstählen zusätzlich Warmfestigkeitsschaubilder, aus denen die Festigkeitswerte bei verschiedenen Temperaturen entnommen werden können.

4.4.4 Schnellarbeitsstähle (siehe auch Seite 78)

- **Einteilung der Schnellarbeitsstähle**

Schnellarbeitsstähle sind hoch legierte Werkzeugstähle, die besonders für spanende Werkzeuge, aber auch in der Stanz- und Umformtechnik verwendet werden.

Schnellarbeitsstähle haben hohe Verschleißfestigkeit und sind bis ca. 600 °C anlassbeständig. Da bei dieser hohen Temperatur Martensit nicht mehr beständig ist, werden als Härteträger feinkörnige Karbide von Cr, W, Mo und V eingesetzt. Der Karbidanteil liegt in Schnellarbeitsstählen nach der Wärmebehandlung bei etwa 20 %.

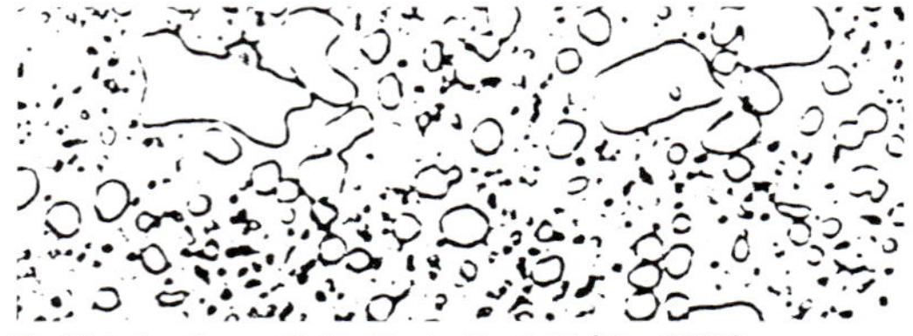
Karbide in einem Schnellarbeitsstahl (V = 1000)

Im Kurznamen von Schnellarbeitsstählen gibt man hinter dem Buchstaben HS die Prozentgehalte von W, Mo, V und Co in der vorliegenden Reihenfolge an. Die Prozentzahlen werden durch Bindestriche getrennt. Der Kohlenstoffgehalt liegt zwischen 0,8 und 1,5 %, der Chromgehalt bei etwa 4 %. Beide Elemente werden im Kurznamen nicht erwähnt.

Beispiele für Schnellarbeitsstähle

Kurzname W-Mo-V-Co	Werkstoffnummer	Zusammensetzung in %						Verwendung	Härte nach Anlassen in HRC
		C	Cr	W	Mo	V	Co		
HS6-5-2-5	1.3243	0,92	4,15	6,35	4,95	1,85	4,75	Drehmeißel, Bohrer, Fräser, Stanz- und Umformwerkzeuge	64 bis 66
HS12-1-4-5	1.3202	1,37	4,15	12,0	0,85	3,75	4,75	Drehmeißel, Bohrer, Fräser, Formteile für Formen für Kunststoffe	65 bis 67

- **Wärmebehandlung der Schnellarbeitsstähle**

Schnellarbeitsstähle werden vom Hersteller nach dem Gießen geschmiedet, um den Ledeburit zu zerstören und feine, kugelige Karbide zu erzeugen. Anschließend werden die Stähle weich geglüht und in diesem Zustand in den Handel gebracht.

Das weichgeglühte Material wird durch Spanen zu Zerspanungswerkzeugen oder Stanz- und Umformwerkzeugen verarbeitet.

Das Härten beginnt mit sehr vorsichtigem Erwärmen auf bis zu 1300 °C. Dabei lösen sich etwa die Hälfte der Karbide auf. Bei dieser Temperatur wird der Stahl gehalten. Temperatur und Haltezeit bedingen einander – ca. 15 K niedrigere Haltetemperatur bedeutet doppelt so lange Haltezeit – um die gleiche Karbidauflösung zu erreichen wie bei der höheren Temperatur.

Nach dem Abkühlen in Öl liegen Karbide (10 bis 15 % des Gefüges) in einer Grundmasse aus Martensit (60 bis 70 % des Gefüges) und Restaustenit (20 bis 30 % des Gefüges) vor. Je höher die Härtetemperatur, desto höher ist die Härte.

Beim anschließenden Anlassen scheiden sich bei Temperaturen um 500 °C Karbide der Legierungselemente aus. Die Härte steigt dadurch stark an.

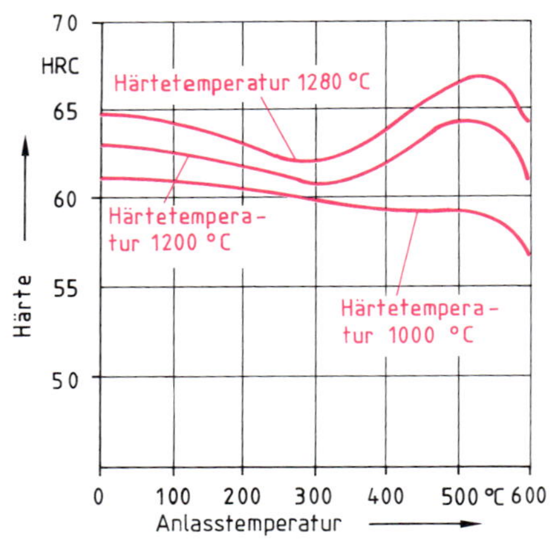

Einfluss der Anlasstemperatur auf die Härte

Zur Erreichung höchster Härte werden Schnellarbeitsstähle von möglichst hoher Temperatur ausgehärtet und anschließend bei etwa 500 °C angelassen.

5 Wärmebehandlung der Stähle

Die vielseitige Verwendung von Stahl erfordert unterschiedliche Werkstoffeigenschaften. Durch die Wahl des Kohlenstoffgehaltes und eine entsprechende Wärmebehandlung können Stähle erzeugt werden, die den unterschiedlichsten Anforderungen genügen. Die Eigenschaften der Stähle und die Möglichkeiten, sie zu ändern, lassen sich am Gefügeaufbau erklären. Die Entstehung und Veränderung des Gefüges von Eisen-Kohlenstoff-Legierungen werden durch das Zustandsdiagramm Eisen-Kohlenstoff veranschaulicht. Stähle haben höchstens 2,06 % Kohlenstoff.

Für gering beanspruchte Bauelemente im Formenbau, dem Bau von Stanz- und Umformwerkzeugen sowie für Vorrichtungen können unlegierte Stähle, meist C45 bis C110, als Kaltarbeitsstähle verwendet werden. Für einsatzgehärtete Führungen u. Ä. werden vereinzelt auch unlegierte Einsatzstähle, z. B. C20, in Werkzeuge eingebaut.

5.1 Gefügearten

- **Austenit**

Stahlschmelzen jeder Zusammensetzung erstarren zunächst als Mischkristalle. Die Kohlenstoffatome sind in Gitterlücken zwischen den Eisenatomen eingelagert. Die Eisenatome bilden bei der Erstarrung ein **kubisch-flächenzentriertes Gitter.** Man bezeichnet das Gefüge des Mischkristalls aus kubisch-flächenzentriertem Eisen- und eingelagerten Kohlenstoffatomen als **Austenit.**

Austenit ist zäh und gut umformbar.

Das Eisen-Kohlenstoff-Diagramm zeigt wegen der Mischkristallbildung im oberen Bereich den für Mischkristalle typischen Verlauf.

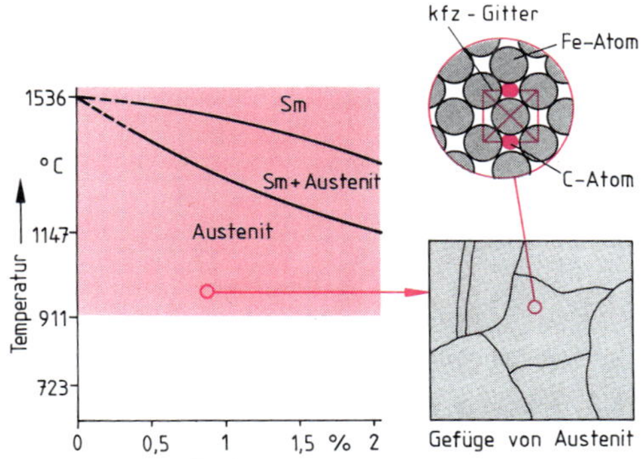

Austenit im Eisen-Kohlenstoff-Diagramm

Austenit ist das Gefüge von Mischkristallen aus kubisch-flächenzentriertem Eisen mit Kohlenstoffatomen in den Gitterlücken. Austenit ist zäh und gut umformbar.

- **Ferrit**

Kühlt man reines Eisen langsam ab, lagern sich die Eisenatome um. Aus dem kubisch-flächenzentrierten Gitter des Eisens entsteht ein kubisch-raumzentriertes Gitter. Dieses Eisen mit dem kubisch-raumzentrierten Gitter bezeichnet man als **Ferrit.** In den Gitterlücken des Ferrits haben die Kohlenstoffatome keinen Platz. Ferrit ist weich und leicht umformbar.

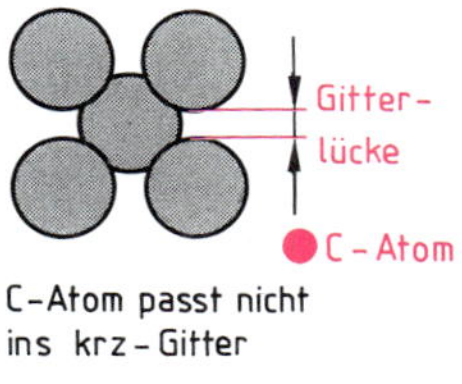

Gitterlücke im krz-Gitter

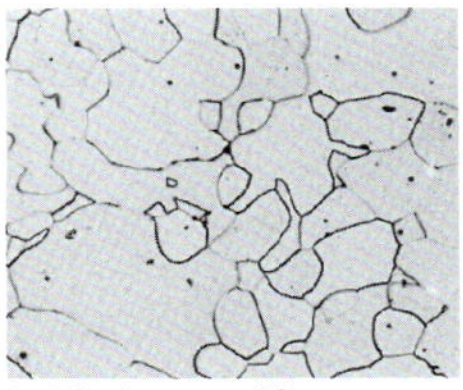

200fach vergrößert
Ferrit

Ferrit ist das Gefüge von reinem Eisen mit kubisch-raumzentriertem Gitteraufbau.
Ferrit ist weich und leicht umformbar.

- **Zementit**

Kohlenstoffatome können mit Eisenatomen die Verbindung Fe_3C bilden. Diese Verbindung Fe_3C nennt man **Zementit.** Zementit besitzt hohe Festigkeit, ist aber hart und spröde.

Zementit ist das Gefüge, das aus der chemischen Verbindung des Eisens und des Kohlenstoffs mit der Formel Fe_3C besteht. Zementit ist hart und spröde.

- **Perlit**

Kühlt man Austenit mit 0,8 % Kohlenstoff ab, so bleibt bei 723 °C die Temperatur für eine gewisse Zeit konstant, weil ein neues Gefüge entsteht. Das Gitter des Eisens wandelt sich vom kubisch-flächenzentrierten in ein kubisch-raumzentriertes Gitter um. Weil die Gitterlücken im kubisch-raumzentrierten Gitter sehr klein sind, kann dieses Gitter keinen Kohlenstoff aufnehmen.
Die Kohlenstoffatome wandern darum geringe Strecken und bilden mit einem Teil des Eisens die Verbindung Fe_3C. Es entsteht so ein lamellenartiges Gefüge aus kubisch-raumzentriertem Eisen und Fe_3C. Man bezeichnet dieses Gefüge als **Perlit.**
Perlit hat ein eutektoides Gefüge aus einheitlichen Ferrit-Zementit-Mischkristallen. Dieses Gefüge entsteht bei 0,8 % C – wenn die Schmelze mit Kohlenstoff gesättigt ist.

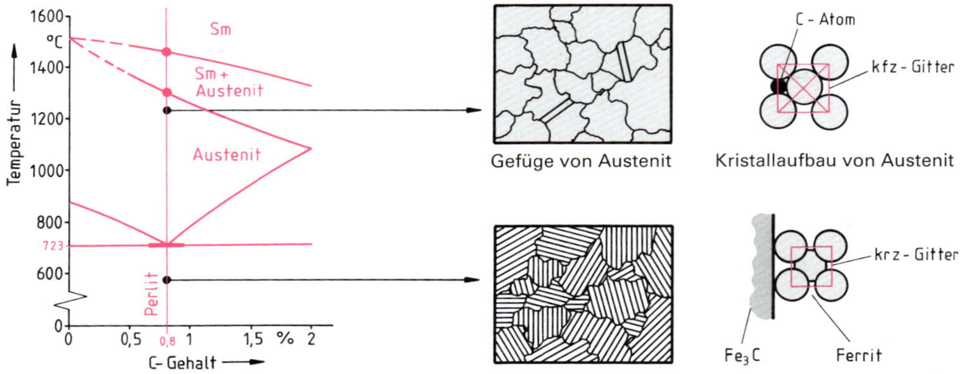

Stahlseite des Eisen-Kohlenstoff-Diagramms | Gefüge von Austenit | Kristallaufbau von Austenit | Gefüge von Perlit | Kristallaufbau von Perlit

Entstehung von Perlit

> Austenit mit 0,8 % Kohlenstoff wandelt sich bei 723 °C in Perlit um.
> Perlit besteht aus Mischkristallen mit lamellenartig gelagertem Ferrit und Zementit.

- **Gefüge untereutektoider Stähle**

Legierungen mit weniger als 0,8 % Kohlenstoff haben gegenüber dem Perlit zu viel Eisen. Das überschüssige Eisen wandelt sich bei der Abkühlung in einem Temperaturbereich in Ferrit um. Der Kohlenstoff aus diesem Eisen wandert von den Stellen, an denen der Ferrit entstanden ist, zu den noch vorhandenen Mischkristallen. Sobald diese Mischkristalle 0,8 % Kohlenstoff erreicht haben, entsteht aus ihnen Perlit. Stähle mit weniger als 0,8 % Kohlenstoff bestehen darum aus Ferritkörnern und Perlit.

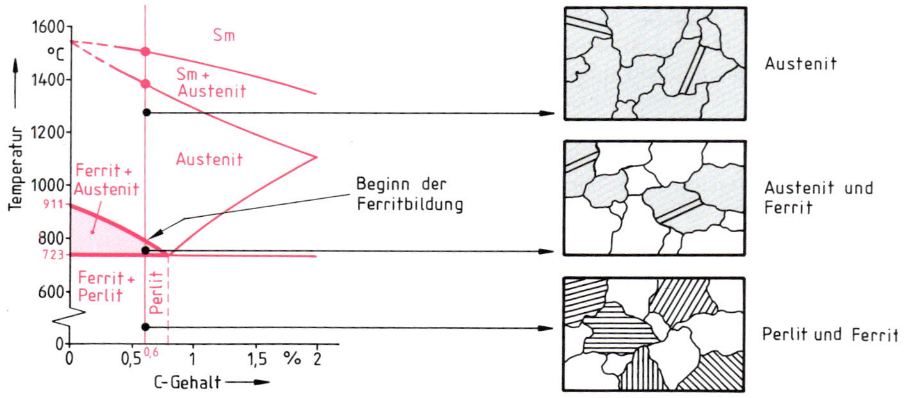

Stahlseite des Eisen-Kohlenstoff-Diagramms | Gefüge von Stahl mit 0,6 % C

Entstehung des Gefüges untereutektoider Stähle

> Gefüge von unlegierten Stählen mit Kohlenstoffgehalten unter 0,8 % bestehen bei Raumtemperatur aus Ferrit und Perlitkörnern. Je höher der Anteil an Kohlenstoff, desto mehr Perlitkörner.

- **Gefüge übereutektoider Stähle**

Legierungen mit mehr als 0,8 % Kohlenstoff haben gegenüber dem Perlit zu viel Kohlenstoff. Darum bildet sich bei diesen Legierungen während der Abkühlung in einem Temperaturbereich zunächst Zementit. Die Mischkristalle werden dadurch ärmer an Kohlenstoff. Sobald die noch vorhandenen Mischkristalle 0,8 % Kohlenstoffgehalt erreicht haben, entsteht aus ihnen Perlit. Stähle mit mehr als 0,8 % Kohlenstoff bestehen darum aus Zementit, der schalenförmig an den Korngrenzen vorliegt, und Perlit.

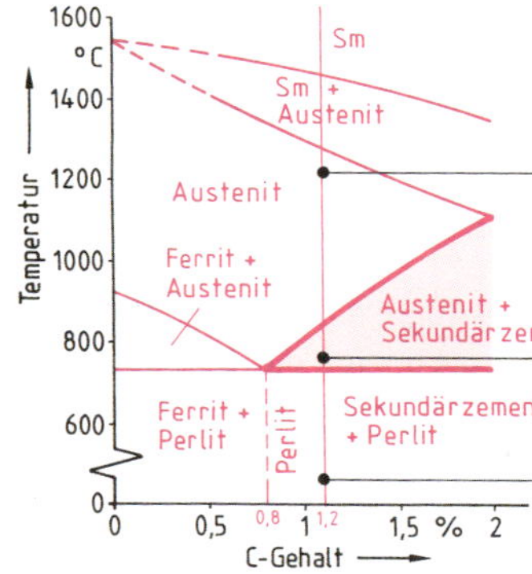

Stahlseite des Eisen-Kohlenstoff-Diagramms

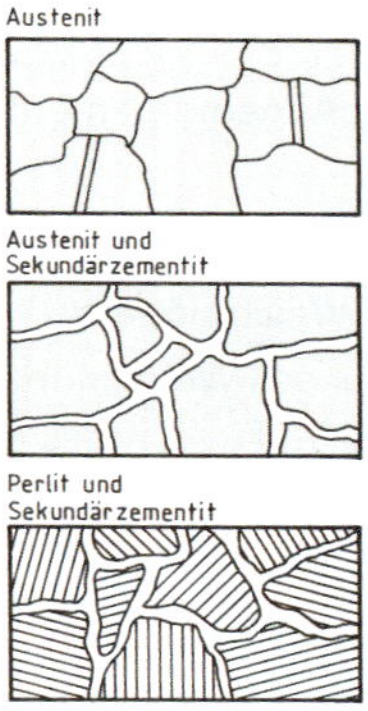

Gefüge von Stahl mit 1,2 % C

Entstehung des Gefüges übereutektoider Stähle

Gefüge von unlegierten Stählen mit Kohlenstoffgehalten über 0,8 % bestehen bei Raumtemperatur aus Perlitkörnern und Sekundärzementit an den Korngrenzen.

- **Zusammenfassung wichtiger Begriffe zu Gefügen von Stählen**

Gefüge	Erklärung
Austenit	Mischkristalle mit einem kubisch-flächenzentrierten Gitter. Bei 1147 °C löst es bis zu 2,06 % Kohlenstoff.
Ferrit	Eisen mit einem kubisch-raumzentrierten Gitter. Ferrit löst nahezu keinen Kohlenstoff.
Zementit	Eine chemische Verbindung zwischen Eisen und Kohlenstoff – Fe_3C. Fe_3C liegt bei Stählen mit mehr als 0,8 % Kohlenstoff als Schalenzementit vor.
Perlit	Eutektoides Gefüge aus Ferrit und Zementit entsteht bei 723 °C und 0,8 % C.

5.2 Eigenschaften der Stähle in Abhängigkeit vom Gefüge

Aus der Kombination Ferrit/Zementit ergeben sich unterschiedliche Eigenschaften der Stähle.
Je höher der Gehalt an Zementit wird, desto härter und fester wird der Stahl. Seine Umformbarkeit und Zähigkeit sinken. Das Auftreten von Korngrenzenzementit (Sekundärzementit) führt zu besonders starkem Abfall der Zähigkeit. Die Härtbarkeit der Stähle verbessert sich mit steigendem Kohlenstoffgehalt.

C-Gehalt	**0 %**	**0,4 %**	**0,6 %**	**0,8 %**	**1,2 %**
Perlitanteil	**0 %**	**50 %**	**75 %**	**100 %**	**93 %**
Gefüge	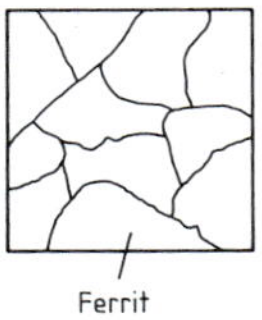 Ferrit	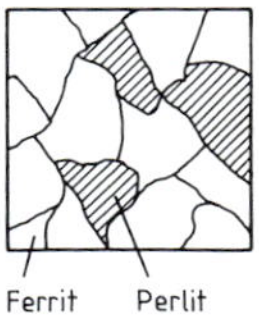 Ferrit Perlit	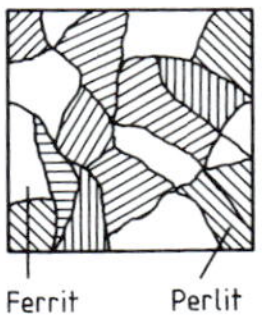 Ferrit Perlit	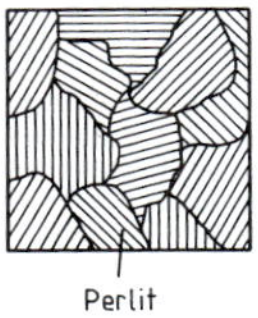 Perlit	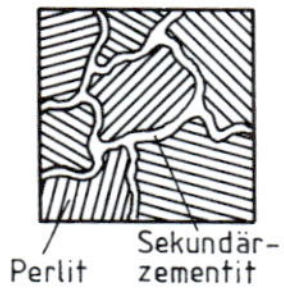 Perlit Sekundärzementit
Zugfestigkeit	ca. 200 N/mm²	ca. 700 N/mm²	ca. 850 N/mm²	ca. 950 N/mm²	ca. 1000 N/mm²
Härte	ca. 150 HB	ca. 180 HB	ca. 220 HB	ca. 240 HB	ca. 260 HB
Härtbarkeit	bis 0,2 % C nicht härtbar	**steigende Härtbarkeit** →			

Mit steigendem Gehalt eines Stahles an Zementit wachsen Härte, Festigkeit, Verschleißfestigkeit und Härtbarkeit. Die Zähigkeit und der Widerstand gegen Rissbildung sinken.

5.3 Arten der Wärmebehandlung

Im Allgemeinen unterscheidet man zwischen Glühen, Härten, Vergüten, Einsatzhärten und Nitrieren.

5.3.1 Glühen

- **Weichglühen**

Ziel des Weichglühens ist ein Gefüge, das spanend besser bearbeitet werden kann als das Ausgangsgefüge. Im Perlit muss die Werkzeugschneide die Zementitlamellen zerbrechen und stumpft dabei schnell ab. Durch Weichglühen überführt man die Zementitlamellen des Perlits in Kugeln, die leicht vom Werkzeug aus der Ferritmasse herausgehoben oder zur Seite gedrängt werden können. Dadurch wird die Schneide weniger beansprucht.

Bei untereutektoiden Stählen glüht man viele Stunden lang unterhalb von 723 °C. Bei übereutektoiden Stählen formt man zunächst durch eine mehrstündige Glühung bei etwa 750 bis 780 °C den schalenförmigen Zementit an den Korngrenzen zu Kugeln um. Danach glüht man unter 723 °C weiter, um Perlit mit kugelförmigem Zementit zu erhalten.

Beispiel **für Weichglühen**

Ausgangszustand → **Weichglühen** → **Endzustand**

Lamellarer Zementit des Perlits

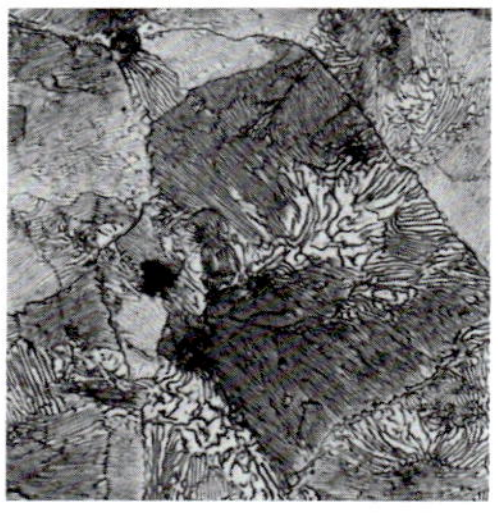

Zugfestigkeit: $950 \frac{N}{mm^2}$
Bruchdehnung: 9 %
Härte: 240 HB

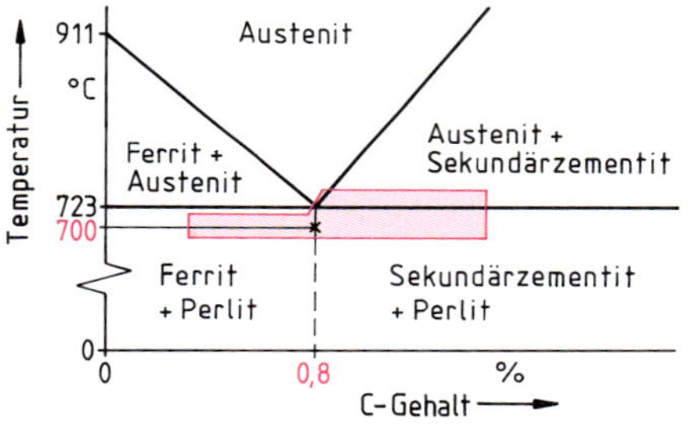

Glühtemperatur: 700 °C
Glühzeit: 5 Stunden
Abkühlung: im Ofen

Kugeliger Zementit des Perlits

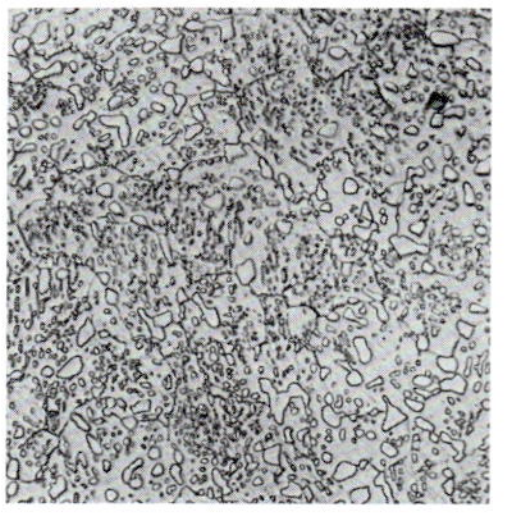

Zugfestigkeit: $520 \frac{N}{mm^2}$
Bruchdehnung: 27 %
Härte: 150 HB

Weichglühen dient zur Verbesserung der Zerspanbarkeit und Umformbarkeit.
Beim Weichglühen wird lamellarer Zementit in Kugelform überführt.

- **Spannungsarmglühen**

Durch ungleichmäßige Abkühlung nach Gießen, Schmieden, Schweißen, Härten u. a. sowie auch durch spanendes Bearbeiten treten Spannungen im Werkstück auf. Dadurch kann es zu Verformungen und bei Belastung unter Umständen zum Bruch kommen. Diese Spannungen sollen durch Spannungsarmglühen vermindert werden.

Damit keine Gefügeänderungen auftreten, muss die Spannungsarmglühung unter der Temperatur erfolgen, bei der eine Gefügeänderung zu erwarten ist. Dies kann bei vergüteten Stählen bereits bei 400 °C sein. Die Obergrenze der Glühtemperatur liegt bei nicht wärmebehandelten Stählen bei 600 bis 650 °C.

Der Spannungsabbau erfolgt dadurch, dass bei höherer Temperatur Atome wandern können und so die Spannungen abgebaut werden. Die Glühzeit beträgt mehrere Stunden. Die Abkühlung muss sehr langsam erfolgen. Am besten ist Abkühlung im abgeschalteten Glühofen.
Spannungsarmglühen soll vor der letzten mechanischen Bearbeitung erfolgen.

Durch Spannungsarmglühen werden Spannungen, die nach der Abkühlung und Formgebung im Werkstück auftreten, abgebaut.

- **Normalglühen**

Häufig muss das Gefüge gehärteter oder geschweißter Bauteile wieder in den Zustand, den es nach dem Fe-Fe_3C-Diagramm haben müsste, zurückgeführt werden. Dies geschieht durch Normalglühen. Gleichzeitig wird beim Normalglühen ein feinkörniges und damit zähes Gefüge erzeugt.

Normalglühen geschieht dadurch, dass man die Stähle bis in den Austenitbereich erhitzt. Es entsteht ein neues Gefüge. Man glüht etwa 15 Minuten je 10 mm Wanddicke. Danach kühlt man an ruhender Luft ab. Bei übereutektoiden Stählen glüht man den Stahl meist vorher weich, sodass der Sekundärzementit in Kugelform überführt wird. Danach führt man die Normalglühung bei etwa 750 °C durch.

Beispiel **für das Normalglühen einer 20 mm dicken Platte aus C35**

Ausgangszustand → **Normalglühen** → **Endzustand**

Gefüge nach der Reparaturschweißung an einem Werkstück
Plattendicke: 20 mm

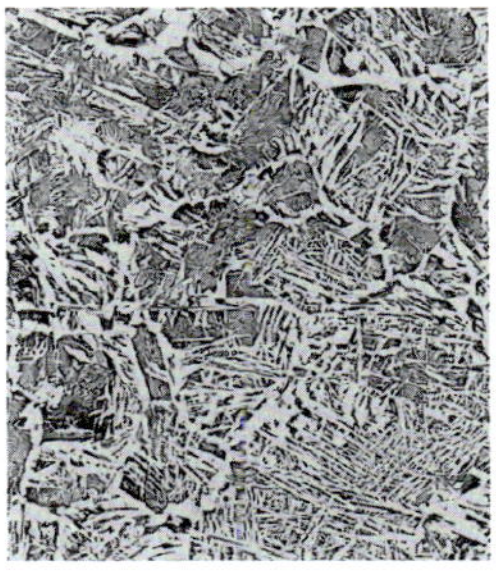

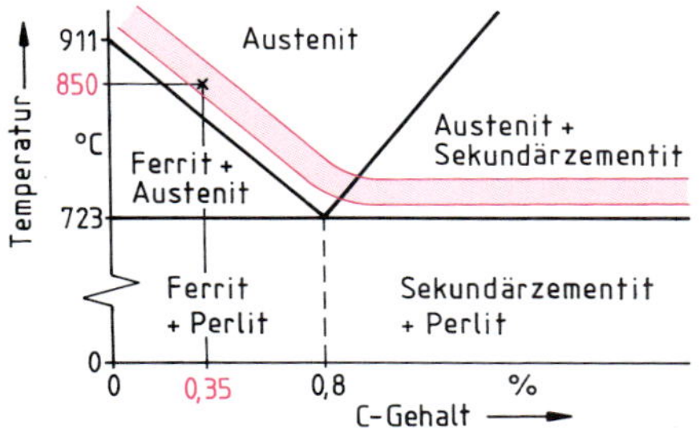

Glühtemperatur: 850 °C
Glühzeit: 30 Minuten
Abkühlung: an ruhender Luft

Ferrit-Perlit-Gefüge, feinkörnig

Beim Normalglühen erhitzt man den Stahl kurzzeitig in den Austenitbereich und kühlt anschließend an der Luft ab. Normalglühen geschieht zur Erzeugung eines feinkörnigen und gleichmäßigen Gefüges.

- **Rekristallisationsglühen**

Beim Kaltumformen tritt durch die Streckung der Gefügekörner eine Kaltverfestigung ein, die den Werkstoff in seinen Eigenschaften verändert. Festigkeit und Härte nehmen zu, die Dehnbarkeit nimmt ab. Um Stähle nach einer Kaltumformung wieder umformbar zu machen, glüht man sie bei einer Temperatur um 700 °C. Dabei tritt eine Kornneubildung – eine Rekristallisation – ein. Das Gefüge lässt sich nun wieder umformen.

Rekristallisationsglühen geschieht zum Zweck der Kornneubildung nach Kaltumformen. Beim Rekristallisationsglühen wird ein kalt verfestigtes Gefüge durch Kornneubildung wieder umformbar.

5.3.2 Härten

Härte und Verschleißfestigkeit werden durch Härten erhöht. Zum Härten wird das Werkstück zunächst bis in den Austenitbereich erhitzt. Dabei geht aller Kohlenstoff in Lösung, d. h. er befindet sich dann in Gitterlücken des kubisch-flächenzentrierten Gitters.

Beim Abschrecken haben die Kohlenstoffatome keine Zeit zum Wandern und zur Bildung von Fe_3C. Das Gitter klappt vom kubisch-flächenzentrierten Gitter ins kubisch-raumzentrierte um. Die Kohlenstoffatome werden auf Zwischengitterplätzen eingeschlossen und verspannen das kubisch-raumzentrierte Gitter. Der Werkstoff wird hart, aber spröde. Das Gefüge, welches sich nach dem Abschrecken einstellt, heißt **Martensit**.

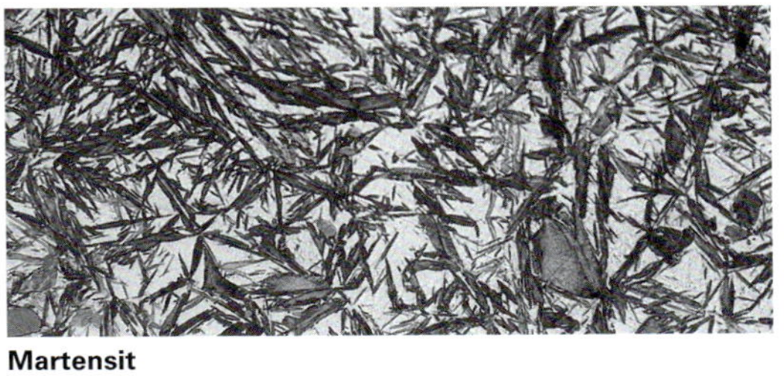

Martensit

Beispiel für Gefüge und Kristalländerung beim Härten eines C60

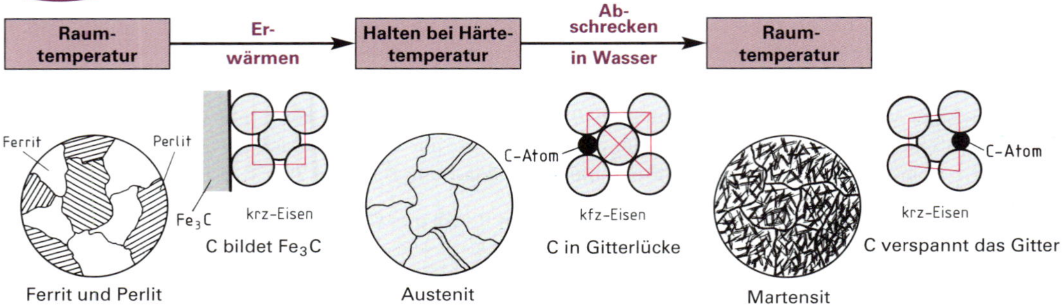

Härten ist Erwärmen in den Austenitbereich mit anschließendem Abschrecken, damit die Kohlenstoffatome zwangsweise im Gitter gehalten werden. Das entstandene Gefüge ist Martensit.

Beim Abschrecken kühlt das Werkstück außen am schnellsten ab. Nach innen hin verringert sich die Abkühlungsgeschwindigkeit. Dicke Werkstücke härten daher nur bis zu der Tiefe, in der die notwendige Abkühlungsgeschwindigkeit erreicht wird.
Die Einhärtetiefe kann durch Legierungselemente vergrößert werden.

Bei der Durchführung der Härtung ist Folgendes zu beachten:

Erwärmen

Damit Wärmespannungen und Verzug in Werkzeugen gering bleiben, müssen die Werkstücke langsam erwärmt werden. Zweckmäßig geschieht dies in Stufen, z. B. zunächst bis 400 °C erhitzen und dort bis zur völligen Durchwärmung halten, danach weiteres Erwärmen auf Härtetemperatur. Die Haltezeit auf jeder Stufe ist 1/2 min je mm Wanddicke.

Halten bei Härtetemperatur (Austenitisieren)

Die Temperatur, auf die Stähle zu erhitzen sind, damit sie bei entsprechender Abkühlung Härtegefüge aufweisen, nennt man Härtetemperatur. Sie ist dem Fe-Fe_3C-Diagramm zu entnehmen.
Für untereutektoide Stähle liegt sie im Austenitbereich und bei übereutektoiden Stählen bei etwa 780 °C.

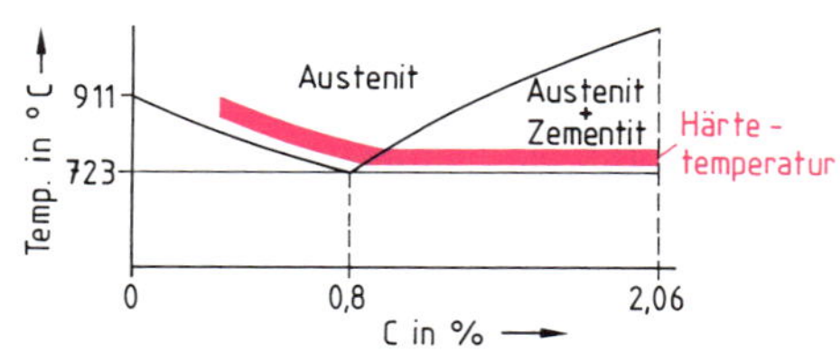

Härtetemperatur

Nach völliger Durchwärmung wird das Werkstück noch etwa 20 Minuten bei Härtetemperatur gehalten.

Abschrecken

Nach dem Austenitisieren werden die Werkstücke abgeschreckt. Die erreichbare Härte wird durch die Abkühlungsgeschwindigkeit und durch die Art und Temperatur des Abschreckmittels bestimmt. Darum können unlegierte Stähle nur in begrenzten Wanddicken durchgehärtet werden.

Die Abkühlungsgeschwindigkeit richtet sich nach dem Kohlenstoffgehalt der Stähle. Je höher der Kohlenstoffgehalt eines Stahles ist, desto mehr behindern sich die Kohlenstoffatome gegenseitig bei der Wanderung. Als Folge genügt eine geringere Abkühlgeschwindigkeit für die Martensitbildung.

Die Atome der Legierungselemente Chrom, Mangan, Wolfram und Vanadium behindern ebenfalls die Wanderung der Kohlenstoffatome. Bei hohen Gehalten an diesen Elementen ist auch bei langsamer Abkühlung keine Wanderung der Kohlenstoffatome möglich. Darum bildet sich bei legierten Stählen auch bei geringer Abkühlungsgeschwindigkeit ein Härtegefüge.

Durch unterschiedliche Abschreckmittel erreicht man verschiedene Abkühlungsgeschwindigkeiten. Entsprechend den einsetzbaren Abschreckmitteln unterscheidet man:

- **Wasserhärter**: Unlegierte Stähle, z. B. C60,
- **Ölhärter:** Legierte Stähle, z. B. 34Cr4,
- **Lufthärter**: Speziell legierte Stähle, z. B. 60CrNiMo8.

Beim Abschrecken muss das Werkstück im Abschreckmittel so bewegt werden, dass es ständig vom Abschreckmittel umgeben ist, denn die Bildung isolierender Dampfblasen führt zu weichen Stellen. Sobald die zu härtenden Teile beim Abschrecken eine Oberflächentemperatur von 150 °C bis 100 °C erreicht haben, werden sie in einem Temperaturausgleichsofen so lange gehalten, bis sich über den Querschnitt eine gleichmäßige Temperatur eingestellt hat. Dann erst wird auf Raumtemperatur abgekühlt. Anschließend erfolgt das Anlassen.

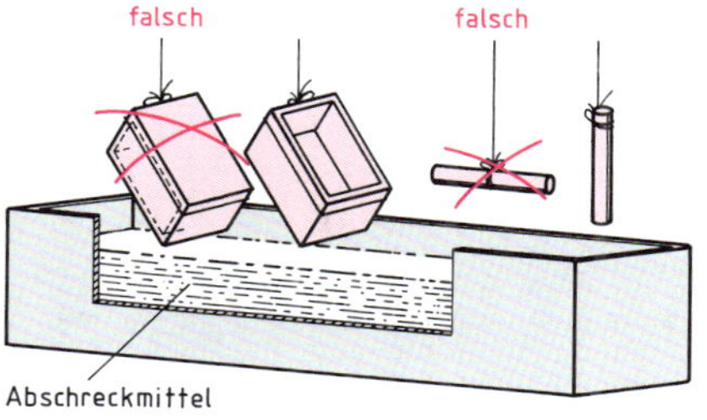

Richtiges und falsches Eintauchen der Werkstücke in ein Abschreckmittel

Arbeitsfolge beim Härten:
- Vorsichtiges Erwärmen, möglichst in Stufen,
- Halten ca. 20 Minuten nach vollständiger Durchwärmung,
- Abschrecken bis zur Ausgleichstemperatur.

- **Anlassen bei niederen Temperaturen**

Durch Erwärmen auf niedrige Temperaturen von etwa 180 bis 250 °C können Kohlenstoffatome auf günstigere Zwischengitterplätze umgelagert werden. Dieses Erwärmen bezeichnet man als **Anlassen** bei niedrigen Temperaturen. Es führt zu einer unbedeutenden Minderung der Härte. Die Neigung zu Spannungsrissen nimmt jedoch *erheblich* ab. Darum werden alle Werkzeuge nach dem Härten etwa 1 Stunde je 20 mm Wanddicke, mindestens aber 2 Stunden lang, angelassen. Das Anlassen geschieht in Öfen oder Ölbädern. Die Abkühlung erfolgt an der Luft oder in Öl.

Die Anlasstemperatur wird dem notwendigen Widerstand gegen Rissneigung und der Stahlqualität angepasst. Je geringer die Gefahr der Rissentstehung ist, desto geringer sind die Anlasstemperaturen.

Beispiele für Anlasstemperaturen

Messzeuge, Lehren	100 bis 200 °C	Bohrer, Gewindebohrer	bis 250 °C
Stanzwerkzeuge	bis 280 °C	Messer, Äxte	bis 300 °C

Je geringer die Gefahr der Rissbildung, desto niedriger die Anlasstemperatur.

5.3.3 Vergüten

Vergüten ist Härten mit anschließendem Anlassen auf höhere Temperaturen, zwischen 400 und 700 °C. Durch das Anlassen sinken gegenüber dem gehärteten Zustand die Festigkeit, die Streckgrenze und die Härte. Die Dehnbarkeit und die Zähigkeit nehmen stark zu.

Durch die richtige Wahl der Anlasstemperatur können vorgegebene Werte von Zugfestigkeit, Streckgrenze u. a. eingestellt werden. Für die verschiedenen zur Wärmebehandlung bestimmten Stähle ist der Zusammenhang zwischen erreichbaren Festigkeitswerten und Anlasstemperatur in Vergütungsdiagrammen festgehalten.

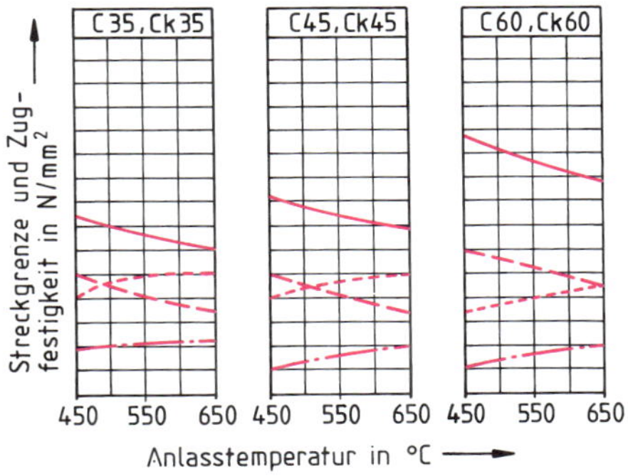

Vergütungsdiagramm

Die Vergütungsgefüge weisen bei niederen Anlasstemperaturen ein nadeliges Gefüge auf, das noch dem Martensit ähnelt. Mit steigender Anlasstemperatur kommt es zur Bildung feinster Fe_3C-Ausscheidungen, die bei höheren Anlasstemperaturen als kleine kugelige Karbide im Lichtmikroskop sichtbar werden.

Vergüten ist ein Härten mit Anlassen bei höheren Temperaturen.

5.3.4 Einsatzhärten

Zur Erzeugung einer harten und verschleißfesten Randschicht werden Einsatzstähle zunächst durch Einbringen von Kohlenstoff in die Randschicht aufgekohlt (eingesetzt) und danach abschreckgehärtet.

Beispiel **für Verfahrensablauf und Gefüge beim Einsatzhärten**

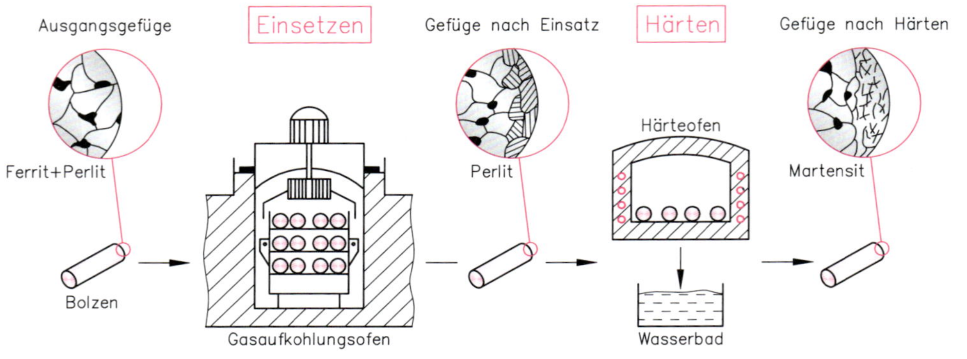

- **Stähle zum Einsatzhärten**

Einsatzstähle sind wegen des geringen Kohlenstoffgehaltes gut umformbar und eignen sich deshalb besonders für Zahnräder, Pleuel usw. sowie zur Formenherstellung durch Kalteinsenken.

Beispiele **für Einsatzstähle im Werkzeug- und Formenbau**

Kurzname	Werkstoff-nummer	Zusammen-setzung	Eigenschaften	Verwendung
21MnCr5	1.2162	0,21 % C 1,3 % Mn 1,2 % Cr	gut polierbar kalteinsenkbar	hochglanzpolierte Kunststoffformen Führungssäulen
X6CrMo4	1.2341	0,06 % C 3,8 % Cr 0,5 % Mo	sehr gut polierbar sehr gut kalteinsenkbar	Kunststoffformen mit kalteingesenkter Gravur
X19NiCrMo4	1.2764	0,19 % C 1,3 % Cr 4,1 % Ni	hohe Festigkeit im Kern gut polierbar	hoch beanspruchte Kunststoffformen

Einsatzstähle werden vorwiegend für Kunststoffformen verwendet. Die Formherstellung kann bei Stählen mit geringer Festigkeit des Kernes durch Kalteinsenken erfolgen.

- **Aufkohlen (Einsetzen)**

Gas-Aufkohlen geschieht in einer Gasatmosphäre, die Kohlenmonoxid, Kohlendioxid, Kohlenwasserstoffe (Methan, Propan) u. a. enthält. Durch entsprechende Einstellung von Temperatur und Gaszusammensetzung laufen an der Werkstückoberfläche chemische Reaktionen ab, in denen Kohlenstoff frei wird, der in die Randschicht eindiffundiert. Je nach Einstellung ist ein genau vorherbestimmter Kohlenstoffgehalt in der Randschicht zu erreichen.

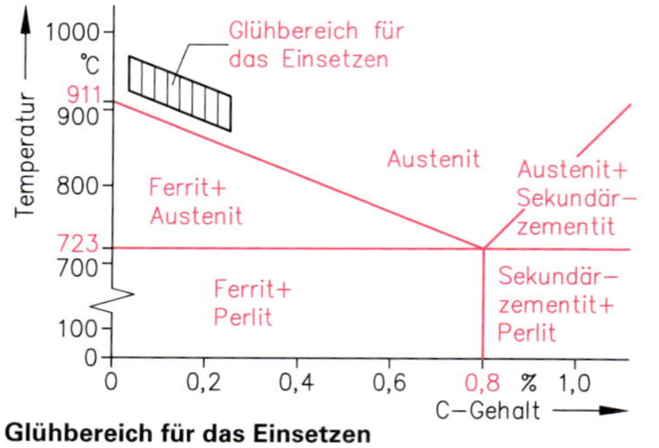

Glühbereich für das Einsetzen

Nach dem Einsetzen werden die Werkstücke nicht sofort abgeschreckt. Wegen der Verzuggefahr wird möglichst im Warmbad bei ca. 200 °C abgekühlt, um Spannungen und Verzug niedrig zu halten. Anschließend erfolgt Zwischenglühung bei 620 bis 650 °C ca. 3 Stunden lang, um ein gleichmäßiges Gefüge zu erhalten.

- **Härten nach dem Einsetzen**

Das Härten geschieht nach erneutem Erwärmen in den Austenitbereich für die Randschicht. Als Abschreckmittel wird Öl oder besser das Warmbad mit ca. 200 °C verwendet.
Für den X19NiCrMo4 genügt zur Härtung eine Abkühlung an der Luft.

Härten nach dem Einsatz geschieht nach Erwärmen in den Austenitbereich für die Randschicht. Das anschließende Abschrecken erfolgt im Warmbad oder Öl.

Beispiel **für den Ablauf von Einsatzhärtungen**

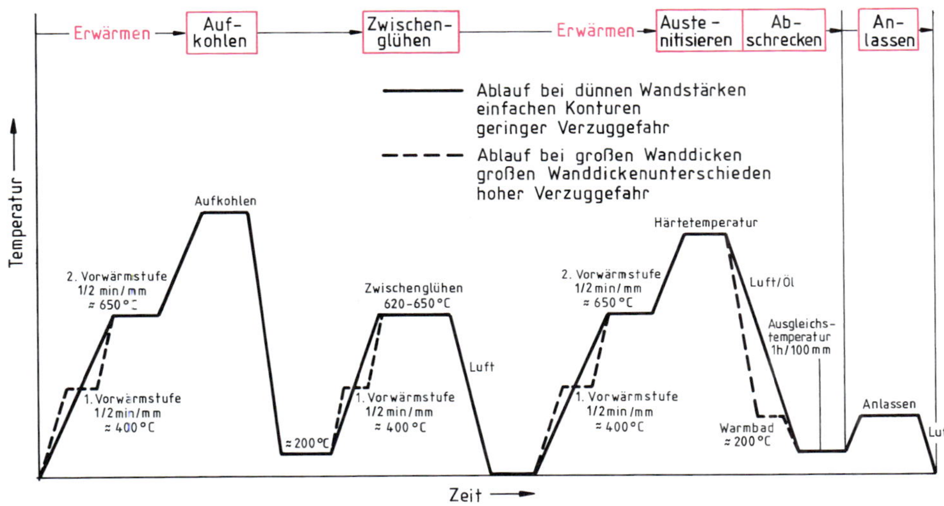

5.3.5 Nitrieren

Beim Nitrieren wird durch Einbringen von Stickstoff in die Randschicht eine harte verschleißfeste Schicht aus Nitriden der Legierungselemente (Al, Cr, V, Mo) des Eisens gebildet.
Im Werkzeugbau wird das Nitrieren z. B. bei Spritzgusswerkzeugen, Extruderschnecken u. a. eingesetzt. Von der Werkstoffseite her stellt das Verfahren keine besonderen Ansprüche. Nitrierstähle und alle Werkzeugstähle sind wegen ihres hohen Chromgehaltes gut nitrierbar.
Nitrieren geschieht in der Gasatmosphäre, im Plasma oder im Salzbad.

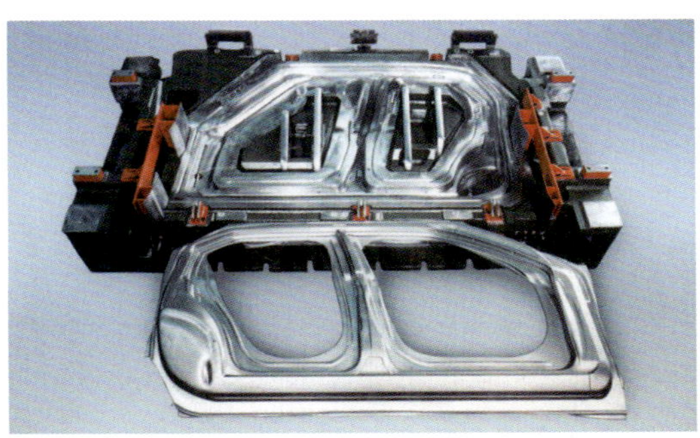

Nitriertes Ziehwerkzeug für eine Pkw-Türrahmen

Gegenüber dem Einsetzen hat das Nitrierhärten folgende Vorteile:

- Alle Werkzeugstähle sind nitrierbar.
- Nitrieren erfolgt bei ca. 500 °C, deshalb ist Vergüten vor dem Nitrieren möglich.
- Nitrieren erfolgt ohne Sauerstoff, deshalb keine Zunderbildung.
- Nitrieren erfolgt ohne abzuschrecken, deshalb kein Verzug.

- **Gasnitrieren**

Beim Gasnitrieren werden die Werkstücke in einer Ammoniakatmosphäre auf 500 bis 550 °C erhitzt. Das Ammoniak (NH_3) zerfällt am Werkstoff in Wasserstoff- und Stickstoffatome. Diese Stickstoffatome dringen in die Randschicht und verbinden sich dort mit den Eisenbegleitern zu sehr harten Nitriden (bis 70 HRC). Die Behandlungsdauer beträgt mehrere Tage. Dabei werden Nitriertiefen von etwa 0,5 mm erzielt.
Werden die Werkstücke vor dem Nitrieren vergütet, dann sollte die Vergütungstemperatur 50 K über der Nitriertemperatur liegen.

Beispiele **für die Härte und Nitriertiefe gasnitrierter Werkzeugstähle**

Kurzname	**Werkstoff-nummer**	**Außenhärte** in HV	**Kernhärte** in HV	**Nitrierhärtetiefe** in mm
X40CrMoV5-1	1.2344	950 – 1100	400 – 500	0,35 – 0,45
56NiCrMoV7	1.2714	550 – 690	330 – 430	0,4 – 0,6
X210Cr12-1	1.2080	700 – 900	440 – 540	0,2 – 0,3
X165CrMoV12-1	1.2601	900 – 1050	450 – 550	0,15 – 0,25

Gasnitrieren geschieht in einer Ammoniakatmosphäre bei ca. 550 °C.
In der Randschicht entstehen harte Nitride der Legierungselemente des Stahles.

- **Plasma-Nitrieren**

Beim Plasma-Nitrieren wird das Werkstück in einem stickstoffhaltigen Teilvakuum von 1 bis 10 mbar bei 420 bis 500 °C nitriert. Das Werkstück bildet die Kathode, die Behälterwand die Anode. Nach Anlegen einer Spannung von 600 bis 1 000 V entsteht eine Glimmentladung. Dabei werden Stickstoffionen mit hoher kinetischer Energie auf das Werkstück geschleudert und erwärmen es. Eisenatome der Randschicht bilden in der Entladezone chemische Verbindungen mit dem Stickstoff. Es entstehen Eisennitride. Alle Werkzeugstähle eignen sich zum Plasma-Nitrieren.

Blick in die Vakuumkammer während der Plasmabehandlung

Beim Plasma-Nitrieren wird durch Glimmentladung im Teilvakuum Stickstoff in die Randschicht eingebracht.

- **Nitrieren mit anschließendem Oxidieren**

Zur Verbesserung der Verschleißbeständigkeit und der Korrosionsbeständigkeit wird häufig an das Nitrieren ein Oxidieren angeschlossen. Dabei wird durch den Zerfall einzelner Eisennitride und anschließende Oxidation des freigewordenen Eisens eine dünne, chemisch hoch beständige Fe_3O_4-Schicht erzeugt, die auch evtl. vorhandene Poren schließt. Darum ist das Nitrieren mit anschließendem Oxidieren besonders für Bauteile, die durch Chlor und Chlorverbindungen beansprucht werden, zu empfehlen.

Die so erzeugte Oxidschicht hat ein anthrazitfarbenes Aussehen.

6 Nichteisenmetalle

Leichtmetalle	Schwermetalle
Dichte < 5 kg/dm^3	Dichte ⩾ 5 kg/dm^3

Die meisten reinen Metalle besitzen nur eine geringe Festigkeit. Durch das Legieren mit anderen Metallen wird diese erhöht, gleichzeitig werden andere mechanische, physikalische und chemische Eigenschaften verbessert. Die Legierungen der Nichteisenmetalle unterteilt man in Knet- und Gusslegierungen. Knetlegierungen lassen sich im kalten und warmen Zustand umformen.
Produkte aus Knetlegierungen sind Stangen, Bleche, Rohre, Drähte und Profile.
Gusslegierungen werden wegen der günstigen Gießeigenschaften zu Gussteilen vergossen.

6.1 Leichtmetalle

6.1.1 Aluminium – ÖNORM EN 573

Chemisches Zeichen	Al
Dichte	2,7 kg/dm^3
Schmelzpunkt	658 °C

Aluminium kommt in der Natur in reiner Form nicht vor. Es wird mit hohem Energieaufwand im Elektrolyseverfahren aus Bauxit (aluminiumreiches Mineral) gewonnen.
Aluminium lässt sich schmieden, walzen (bis zu dünnen Folien), ziehen, strangpressen, zerspanen, gießen, schweißen und löten. Aluminium bildet mit dem Luftsauerstoff eine schützende Oxidschicht.

Aluminiumlegierungen
Wichtige Legierungselemente sind Kupfer, Silicium, Magnesium, Mangan und Zink.
Die Legierungselemente Magnesium und Mangan ergeben mit Aluminium eine Mischkristallbildung. Hierbei sind die gelösten Fremdatome Hindernisse für die Bewegung von Versetzungen und bewirken dadurch eine Verfestigung des Aluminiums. Man bezeichnet diese als **nicht aushärtbare** Aluminiumlegierungen. Bei **warm aushärtbaren** Aluminiumlegierungen wird durch Glühen (ca. 5 Stunden bei 200 °C bis 400 °C) eine Festigkeitssteigerung erreicht. **Kalt aushärtbare** Aluminiumlegierungen werden nach einem Glühvorgang bei ca. 510 °C in Wasser abgeschreckt und anschließend bei Raumtemperatur gelagert. Die Festigkeitssteigerung tritt erst nach Tagen ein.

6.1.2 Magnesium – ÖNORM EN 1753

Chemisches Zeichen	Mg
Dichte	1,74 kg/dm^3
Schmelzpunkt	650 °C

Das reine Magnesium wird wie Aluminum durch Elektrolyse gewonnen. Dabei wird der Sauerstoff vom Magnesium getrennt.
Verwendung in der Pyrotechnik (Feuerwerk), als Desoxidationsmittel, Blitzlicht.

Magnesiumlegierungen
Magnesium wird wegen seiner Brennbarkeit und geringen Festigkeit nur legiert verwendet.

Brennende Magnesiumspäne sind mit Sand zu löschen.

Magnesiumlegierungen sind leichte metallische Konstruktionswerkstoffe. Die häufigsten Legierungsbestandteile beeinflussen folgende Eigenschaften:

- Mangan erhöht die Korrosionsbeständigkeit
- Aluminium verbessert das mechanische Verhalten
- Zink erhöht die Dehnung und steigert die Festigkeit

Wie bei den Aluminiumlegierungen sind Knet- und Gusslegierungen genormt. **Verwendung** dieser Legierungen für Motorenteile, Kurbelgehäuse, Nockenwellengehäuse, Kameragehäuse und Bauteile mit geringem Gewicht.

6.1.3 Titan – ÖNORM EN 2545

Chemisches Zeichen	Ti
Dichte	4,5 kg/dm^3
Schmelzpunkt	1660 °C

Titan ist ein leichter Werkstoff mit großer Härte und Zähigkeit.

Titanlegierungen
Titan wird hauptsächlich mit Aluminium und Vanadium legiert.
Bei der Zugfestigkeit von 980 bis 1160 N/mm^2 ist die Titanlegierung 43 % leichter als hochfester Stahl, besitzt hohe Warmfestigkeit, hohe Korrosionsbeständigkeit und gute Dauerfestigkeit.
Verwendung im Flugzeug- und Triebwerksbau, Motorenbau, für Pleuel, Dehnschrauben usw.

6.2 Schwermetalle

6.2.1 Kupfer – ÖNORM M 3400 bis 3409

Chemisches Zeichen	Cu
Dichte	8,9 kg/dm³
Schmelzpunkt	1080 °C

Kupfer besitzt eine hohe Wärmeleitfähigkeit und sehr gute elektrische Leitfähigkeit. An feuchter Luft bildet es mit dem Kohlendioxid eine schützende Oberflächenschicht von braungrünem Kupfercarbonat (Patina). Hingegen bildet Kupfer in Verbindung mit Säuren den giftigen Grünspan. Kupfer lässt sich schmieden, walzen, treiben, ziehen, zerspanen, gießen und schweißen. Bei Kaltumformung, z. B. beim Biegen, wird das Kristallgitter verformt, wodurch Härte und Festigkeit steigen, Bruchdehnung und Zähigkeit jedoch abnehmen. Durch Zwischenglühen bei etwa 600 °C beseitigt man die entstandene Kaltverfestigung.

Kupfer-Knetlegierungen

Hauptlegierungselemente sind Zink, Nickel, Zinn und Aluminium. Halbzeugarten aus Kupferlegierungen sind Bänder, Bleche, Rohre, Stangen, Drähte, Pressprofile, Schmiedestücke.

Kupfer-Zink-Legierungen (Messing)

Legierungen mit hohem Zinkanteil sind durch Tiefziehen, Drücken, Treiben, Hämmern und Prägen gut kalt umformbar. Festigkeit und Zerspanbarkeit nehmen mit höherem Zinkanteil und weiteren Legierungselementen wie Blei, Zinn, Aluminium zu.

Kupfer-Nickel-Legierungen

Diese Legierungen mit hohem Nickelanteil haben ausgezeichneten Widerstand gegen Korrosion (insbesondere Meerwasser), sind kaltumformbar und schweißbar.

Kupfer-Nickel-Zink-Legierungen

Diese Legierungen werden durch ihre silbrige Farbe auch Neusilber genannt. Sie haben gute Festigkeitseigenschaften. Im Metallbau werden die Legierungen CuNi12Zn24 und CuNi25Zn15 für Baubeschläge, Zylinderschlüssel und für dekorative Türen und Geländer verwendet.

Kupfer-Zinn-Legierungen (Bronze)

Kennzeichnende Eigenschaften dieser Legierungen mit hohem Zinnanteil sind hohe Abriebfestigkeit und gute Korrosionsbeständigkeit. Diese Legierung wird vor allem für Kunstguss, Glocken und Gleitlager verwendet.

Kupfer-Aluminium-Legierungen

Das Kupfer bildet mit dem Aluminium Mischkristalle, wodurch Härte, Korrosionsbeständigkeit und Festigkeit gesteigert werden. Kupfer-Aluminium-Legierungen werden für hochbelastete Gleitlager und Schneckenräder verwendet.

6.2.2 Zinn – ÖNORM EN 610 und 611

Chemisches Zeichen	Sn
Dichte	7,3 kg/dm³
Schmelzpunkt	232 °C

Zinn ist korrosionsfest gegenüber Luft, Wasser, vielen Laugen und Säuren. Es ist ungiftig und gut verformbar.

Zinn ist weich und lässt sich deshalb gut walzen, treiben und hämmern. Es lassen sich dadurch Folien bis unter 0,01 mm Dicke herstellen (Stanniol).

Zinn ist sehr dünnflüssig und daher gut gießbar. Anwendung als Überzugsmetall, z. B. Weißblech, wenn Bleifreiheit – wie im Lebensmittelbereich – gefordert wird.

Zinnlegierungen mit geringem Anteil an Kupfer, Blei und Antimon werden vorwiegend als Ziergegenstände und Lötwerkstoff verwendet.

6.2.3 Blei – ÖNORM EN 12588

Chemisches Zeichen	Pb
Dichte	11,4 kg/dm³
Schmelzpunkt	327 °C

Blei ist korrosionsbeständig und säurebeständig, hat aber geringe Festigkeit, Härte und Elastizität.

Verwendung: Säurebehälter, Strahlungsschutz usw.

Bleilegierungen

Legierungselemente sind Zinn und Antimon. Bleilegierungen mit ca.10 % Zinn werden als Lagermetall oder Akkumulatorplatten verwendet. Antimon macht die Legierung hart.

Vorsicht: Blei ist giftig!

6.2.4 Zink – ÖNORM EN 988

Chemisches Zeichen	Zn
Dichte	7,2 kg/dm³
Schmelzpunkt	420 °C

Zink wird als Korrosionsschutz und als Legierungselement verwendet (siehe auch Seite 284).

Zinklegierungen

Zinklegierungen sind dünnflüssig und finden in der Druckgusstechnik Anwendung.

6.3 Nichteisenmetalle im Werkzeug- und Formenbau

6.3.1 Aluminiumlegierungen im Werkzeugbau

Im Werkzeugbau werden zunehmend hochfeste Aluminiumlegierungen für kleinere und mittlere Serien eingesetzt.

Die Vorteile des Aluminiums liegen bei der Werkzeugherstellung in

- *Gewichtsersparnis*
  Das Gewicht eines Aluminiumwerkzeuges ist ca. 50 % geringer als das eines Stahlwerkzeuges. Dieses erleichtert die Handhabung.
- *Zeitersparnis bei der mechanischen Bearbeitung:*
  beim Schrupperodieren ca. 90 %,
  beim Schlichterodieren ca. 70 %,
  beim mechanischen Polieren ca. 60 %,
  beim Fräsen ca. 70 %.
- *geringe Verzug- und Bruchgefahr*
  Gegenüber Stahl ist das Aluminium nahezu frei von Eigenspannungen lieferbar.

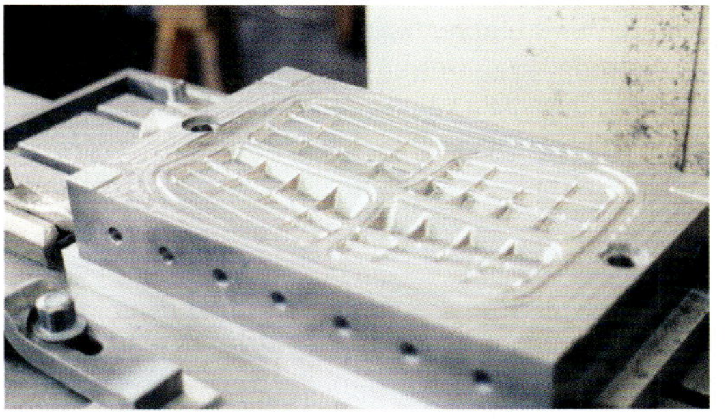

Schäumform

Beim Einsatz als Formwerkstoff wirkt sich in der Kunststoffverarbeitung die hohe Wärmeleitfähigkeit des Aluminiums in der Produktion sehr positiv aus, denn
- die Aufheizzeiten der Form werden kürzer,
- die Abkühlung der Werkstücke erfolgt gleichmäßiger, wodurch Spannungen und Verzug vermindert werden,
- die Abkühlungszeit in der Form sinkt, dadurch sind schnellere Fertigungszyklen möglich.

Nachteilig ist beim Einsatz von Aluminium die geringe Verschleißfestigkeit, die nur in Grenzen durch Beschichten verbessert werden kann. Einem Einsatz bei höheren Temperaturen steht die niedrige Schmelztemperatur des Aluminiums (660 °C) entgegen.

Im Formenbau hat das Aluminium folgende Vorteile:
- geringes Gewicht,
- leichte Bearbeitung,
- geringe Spannungen,
- hohe Wärmeleitfähigkeit.

Von Nachteil sind seine geringe Verschleiß- und Warmfestigkeit.

Als Aluminiumlegierung kommt im Werkzeug- und Formenbau fast ausschließlich die hochfeste, warmaushärtende Legierung EN AW-AlZnMgCu1,5 (Werkstoffnummer 3.4365) zum Einsatz.

Kurzname	Werkstoffnummer	Zusammensetzung	Zugfestigkeit N/mm²	Bruchdehnung %	Härte HB
EN AW-AlZnMgCu1,5	3.4365	5 bis 6 % Zn; 2 bis 3 % Mg; 1,2 bis 2 % Cu; 0,4 % Si	530	5	140

Die Legierung wird warmausgehärtet geliefert.
Die relativ geringe Verschleißfestigkeit der Aluminiumlegierung kann durch Beschichten oder Stoffeigenschaftändern der Oberfläche erheblich verbessert werden. Als Beschichtung wird vorwiegend Vernickeln gewählt.

Stoffeigenschaft ändern der Oberfläche erfolgt durch Verstärken der Oxidschicht durch anodisches Oxidieren. Die Schicht wächst dabei etwa zur Hälfte nach innen und außen. Dies muss bei der Fertigung berücksichtigt werden.

Für den Werkzeug- und Formenbau wird eine warmausgehärtete AlZnMgCu-Legierung verwendet. Durch Behandlung der Oberfläche kann eine harte und verschleißfeste Randschicht erzeugt werden.

- **Anwendung**

Stanzwerkzeuge

Schneidwerkzeuge – mit Ausnahme der Schneideinsätze, Stempel, Schrauben und Stifte – werden aus Aluminiumplatten hergestellt. Die Gewichtsersparnis gegenüber Stahl erleichtert nicht nur Herstellung und Einbau, sondern schont die Maschinen. Wegen der geringen zu bewegenden Masse können unter Umständen höhere Stückzahlen je Stunde erreicht werden.

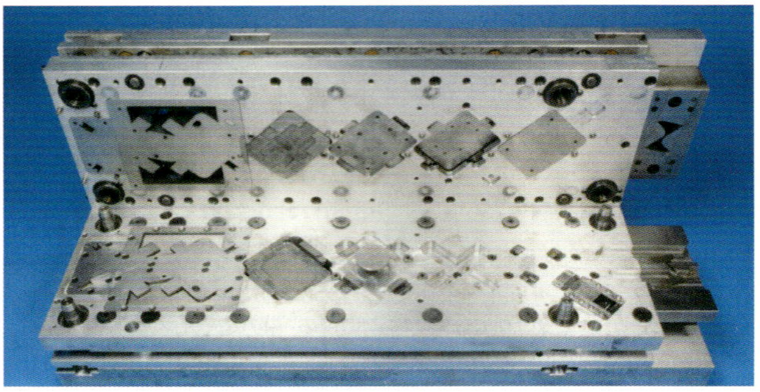

Folgeverbund-Stanzwerkzeug aus AlZnMgCu1,5 mit Stahleinsätzen

Spritzgießformen

Für Spritzgießformen, in denen nicht schleifend wirkende Werkstoffe gegossen werden, ist Aluminium ebenfalls gut geeignet. Schwieriger ist die Verarbeitung von Kunststoffen mit hohen Anteilen an Gesteinsmehl, Glasfasern oder anderen abrasiv wirkenden Stoffen. Durch entsprechende Oberflächenbehandlung sind auch hier größere Serien herstellbar.

Schäumformen

Für Schäumformen eignet sich Aluminium besonders gut, da hier keinerlei Abrieb zu erwarten ist. Es sind nahezu unbegrenzte Stückzahlen aus einer Form zu entnehmen.

6.3.2 Kupfer und Wolframkupfer im Werkzeugbau

Kupfer mit mindestens 99,9 % Cu und etwa bis 0,04 % Sauerstoff, das eine Mindestleitfähigkeit von 57 m/Ωmm^2 (Erodierkupfer ECu 57) besitzt, wird zur preiswerten und schnellen Herstellung von Elektroden verwendet. Normalienhersteller liefern dieses Material in Form verschiedenster Profile und Gewinde mit und ohne Spülkanäle.

Gesinterte Gemische aus Wolfram und Kupfer mit 70 bis 90 % Wolfram, werden als Wolframkupfer bezeichnet. Erodierelektroden aus diesem Werkstoff weisen hohe Maßbeständigkeit auf und zeigen niedrige Abnutzung im Gebrauch. Sie erlauben ferner hohe Abtragsraten. Wolframkupfer ist sehr gut mit Hartmetallwerkzeugen zu bearbeiten. Es neigt aber bei hohem Schnittdruck zum Ausbrechen. Darum muss bei der Elektrodenherstellung mit hoher Schnittgeschwindigkeit und geringem Vorschub gearbeitet werden, z. B. $v_c = 100$ m/min, $f_{max} = 0{,}3$ mm.

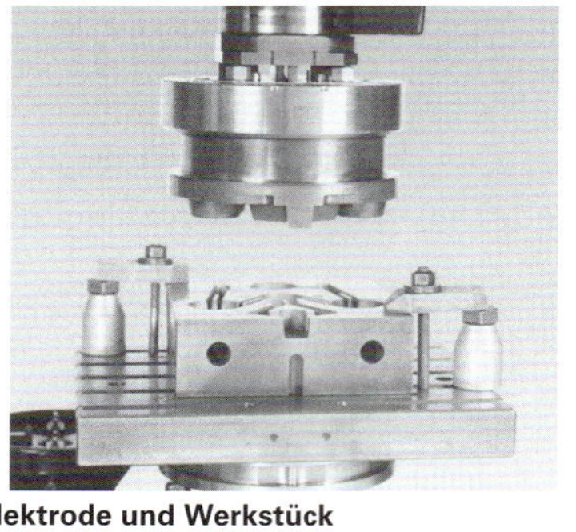

Erodierelektrode und Werkstück

Bei der Herstellung großer Elektroden wird nur die äußere Schicht aus Kupfer gefertigt, der Rest besteht aus unterschiedlichen Trägermaterialien. Durch Umformen werden z. B. Hohlkörper aus Kupferblech hergestellt, die die äußere Schicht der Elektrode bilden. Eine andere Möglichkeit zur Herstellung großer Elektroden ist das Galvanoformen. Dabei werden durch Galvanisieren Kupferschichten mit bestimmter Dicke auf einem Modell aus Kunststoff oder Metall erzeugt.

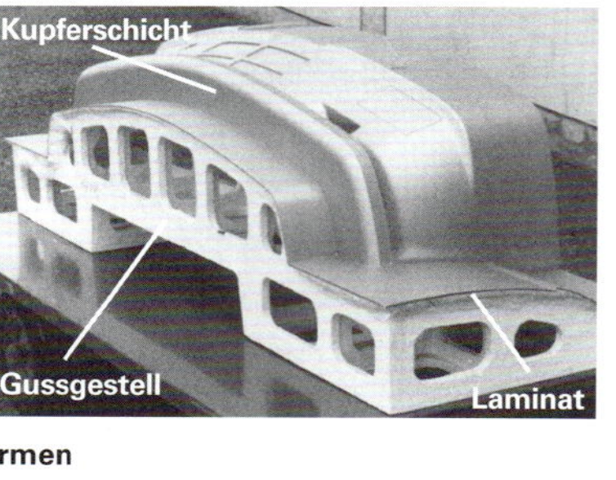

Galvanoformen

7 Hartmetalle (siehe auch Seite 78)

In der Stanz- und Umformtechnik werden Stempel, Matrizen und stark verschleißbeanspruchte Teile von Werkzeugen aus Hartmetall gefertigt. Sie werden aber auch als Schneidstoffe von Zerspanungswerkzeugen eingesetzt.

7.1 Aufbau von Hartmetallen

Die Ausgangsstoffe für die Hartmetalle sind chemische Verbindungen aus Metallen und Kohlenstoff. Diese Verbindungen bezeichnet man als **Metallkarbide.** Wolframkarbid (WC), Titankarbid (TiC), Borkarbid (B_4C) haben eine Härte, die um ein Vielfaches über der Härte von Stahl liegt. Gleichzeitig besitzen sie Schmelztemperaturen über 2 000 °C.

Eigenschaften		WC	TiC	TiN
Dichte	g/cm³	15,7	4,93	5,21
Schmelzpunkt	°C	2776	3067	2950
Oxidationsbeständigkeit		mäßig	gut	sehr gut
Vickershärte	HV10	1800	3200	2450
Druckfestigkeit	N/mm²	400	300	
Biegebruchfestigkeit	Nmm²	550	350	

Nach der Zusammensetzung unterscheidet man zwei Gruppen von Hartmetallen:

- Hartmetalle, in denen vorwiegend Wolframkarbid der Härteträger und Kobalt das Bindemittel ist, werden als **Hartmetalle HW** gekennzeichnet.
- Hartmetalle, in denen die Härteträger Mischungen aus Karbiden und Nitriden von Tantal, Titan u. a. sind und ein Gemisch aus Nickel, Kobalt und Molybdän das Bindemittel ist, werden als **Hartmetalle HT** bezeichnet. Man nennt diese Hartmetalle auch **Cermets** (**cer**amics + **met**als).

Beschichtete Hartmetalle, gleich welcher Art, werden mit HC gekennzeichnet.

Hartmetalle **HW**:	Härteträger: WC	Bindemittel: Co
Hartmetalle **HT**: (Cermets)	Härteträger: Karbide und Nitride von Ta, Ti, W, Nb	Bindemittel: Ni, Co, Mo

Die *Herstellung von Formkörpern,* z. B. Platten, aus Hartmetallen geschieht durch Sintern. Dazu werden die Metallpulver mit den Karbidpulvern zunächst gemischt und durch Pressen, Aufschütten u. Ä. in eine Vorform – den Grünling – gebracht. Die Grünlinge werden anschließend bei 1 300 °C bis 1 600 °C bei erhöhtem Druck gesintert. Dabei nimmt das Volumen des Körpers erheblich ab und es entsteht ein fester Körper aus einem Gemenge von Karbiden, die durch Kobalt gebunden sind.

Hartmetall G20 mit Wolframkarbid und Kobalt als Binder, Vergrößerung 1500:1

Zur weiteren Verbesserung der Festigkeitseigenschaften werden Formkörper aus Hartmetall, die für den Werkzeugbau bestimmt sind, meist heißisostatisch verpresst (HIP-Prozess). Bei diesem Prozess wird das Hartmetall in Druckkammern nahe der Sintertemperatur erhitzt und gleichzeitig allseitig einem Gasdruck von 500 bis 1 000 bar ausgesetzt. Dabei werden etwa vorhandene Poren restlos beseitigt. Als Folge steigt die Biegefestigkeit, sie kann bis zu 40 % durch das heißisostatische Nachverdichten verbessert werden.

Hartmetalle für die Stanz- und Umformtechnik bestehen vorwiegend aus Wolframkarbid mit Kobalt als Bindemittel.
Schritte des Herstellungsverfahrens sind:
Pulverherstellung → Formgebung → Sintern → heißisostatisches Nachverdichten.

Die Eigenschaften der verschiedenen Hartmetallsorten und die damit verbundenen Einsatzmöglichkeiten ergeben sich aus den unterschiedlichen Bindemittelanteilen (3 bis 30 %) und den unterschiedlichen Korngrößen der Karbide (1 bis 10 µm).
Höherer Kobaltgehalt bewirkt höhere Biegefestigkeit und Bruchzähigkeit, jedoch geringere Härte, Druckfestigkeit und höhere Wärmedehnung.
Größere Korngröße bewirkt ebenfalls höhere Biegefestigkeit und Bruchzähigkeit, senkt aber Härte und Druckfestigkeit.

7.2 Anwendung von Hartmetallen in der Stanz- und Umformtechnik

Hartmetalle der Sorten P, M und K werden als Schneidstoffe von Zerspanungswerkzeugen eingesetzt.
In der Stanz- und Umformtechnik werden Stempel, Matrizen und stark verschleißbeanspruchte Teile von Werkzeugen aus Hartmetall der Sorten K und G gefertigt.
Werkzeuge aus Hartmetall sind wirtschaftlich, wenn hohe Stückzahlen und gleich bleibende Qualität der Produkte gefordert sind. Außerdem ist Hartmetalleinsatz zwingend notwendig, wenn

- außerordentlich hohe Schneid- und Umformkräfte zu erwarten sind,
- Werkstoffe mit starker Aufschweißneigung verarbeitet werden sollen,
- hohe Maßhaltigkeit der Teile gefordert wird.

Sorte	Korngröße des Wolframkarbids	Verlauf der Eigenschaften innerhalb der Gruppe	Anwendung der Hartmetallgruppe
K10 bis K40	feinkörnig bis ca. 2 µm	↓ Steigender Co-Gehalt, steigende Biegefestigkeit, abnehmende Härte, höhere Wärmedehnung	Umformwerkzeuge zum Ziehen, Tiefziehen und Abstrecken von NE-Metallen und niedrig gekohlten Stählen
G15 G20 bis G60	mittlere Korngröße bis ca. 4 µm	↓ Steigender Co-Gehalt, steigende Biegefestigkeit, abnehmende Härte, höhere Wärmedehnung	Umformwerkzeuge zur Massivumformung höher gekohlter legierter Stähle Matrizeneinsätze für hoch belastete Werkzeuge Einsätze für Scherwerkzeuge nach HIP-Behandlung: hoch belastete Stempel für Blech- und Massivumformung

Die Auswahl des geeigneten Hartmetalles innerhalb der Sorten geschieht entsprechend der Beanspruchung und der Steifigkeit der für den Einsatz des Werkzeuges vorgesehenen Stanz- oder Umformmaschine.

Man kann etwa als Regeln ansetzen:

- Je dicker die Bleche und je höher die Festigkeit des zu verarbeitenden Werkstoffes, desto zäher muss das Hartmetall sein. Dies wird durch höhere Kobaltgehalte erreicht.
- Je biegesteifer die Maschine ist, desto härter und damit verschleißfester kann das verwendete Hartmetall sein. Das bedeutet hohe Anteile an Wolframkarbid und niedrige Kobaltgehalte.

Für Werkzeuge werden vorwiegend Hartmetalle der Sorten K und G eingesetzt, die sich in der Karbidkorngröße unterscheiden.
Höhere Beanspruchung durch den zu verarbeitenden Werkstoff und durch geringe Präzision der Maschine erfordern höhere Kobaltgehalte.

Für den Werkzeugbau werden Hartmetallplatten geliefert, die durch Funkenerosion zu Teilen von Werkzeugen verarbeitet werden. Diese Hartmetallplatten sind problemlos bis 30 mm Dicke zu bearbeiten. Bei größeren Dicken können innere Spannungen zu Rissbildungen führen. Ursache dafür ist die unterschiedlich starke Schwindung von Kobalt und Wolframkarbid bei der Sinterung, denn Kobalt und Wolframkarbid haben stark unterschiedliche Wärmeausdehnung.

Die Rissneigung kann vom Hersteller der Hartmetallplatten durch geeignete Korngrößenzusammenstellung und Doppelsinterung etwas vermindert werden. Am sichersten ist es für den Werkzeughersteller Hartmetallplatten mit Ausnehmungen nahe der späteren Endkontur herstellen zu lassen. Mindestens sollten aber an Stellen des Hartmetallwerkzeuges, die nicht konturgebend sind, *Entlastungsbohrungen* einerodiert werden.

Schneidplatte mit Ausnehmung

7.3 Beschichten mit nitridischen Hartstoffen auf Titanbasis

Schneid- und Umformwerkzeuge sowie Formen werden häufig mit Titannitrid (TiN), Titancarbonitrid (TiCN) oder Titanaluminiumnitrid (TiAlN) beschichtet.
Diese Schichten haben folgende Eigenschaften:

- hohe Härte und damit geringe Verschleißneigung
- geringe Reibung
- gute Haftfestigkeit
- hohe chemische Beständigkeit und
- geringe Klebeneigung

Schicht	TiN	TiCN	TiAlN
Farbe	gold	violett – dunkelgrau	anthrazit
Schichtdicke in µm	1 – 5	1 – 5	1 – 5
Mikrohärte HV 0,05	2300	3000	3000
Oxidationstemperatur in °C	> 450	> 350	> 700

Die Schichten werden durch Abschneiden aus der Dampfphase nach dem PVD-Verfahren erzeugt (**P**hysical **V**apor **D**eposition) erzeugt. Im PVD-Verfahren wird das Ausgangsmaterial für die Schichten mithilfe elektrischer Energie in die Dampfphase überführt und anschließend am zu beschichtenden Werkstück wieder kondensiert.

Beispiel **für eine Beschichtungsanlage zum Beschichten mit Titannitrid**

Das am meisten angewendete PVD-Verfahren für die Werkzeugbeschichtung ist das **Ionenplattieren.**

Zwischen Titankathoden und der Kammerwand brennt beim Ionenplattieren ein Lichtbogen. An der Kathode verdampft Titan und geht sogar in Ionenform über, sodass positiv geladene Titanionen entstehen. Diese werden in Richtung des Werkstückes beschleunigt. Sie reagieren mit dem in die Kammer eingelassenen Stickstoff zu Titannitrid, TiN, dringen in die Grenzschicht ein beziehungsweise schlagen sich als TiN auf der Randschicht nieder.

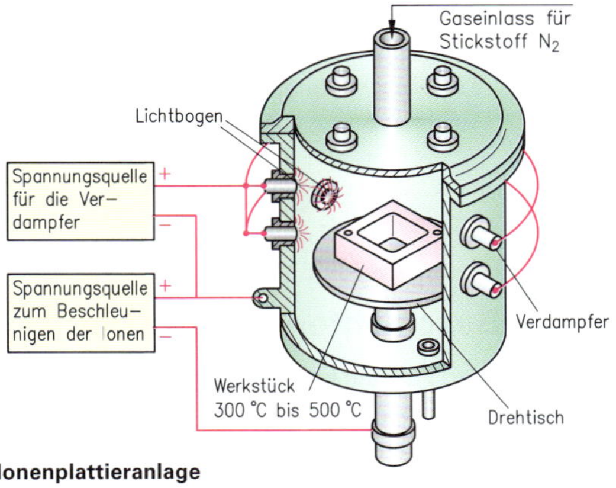

Ionenplattieranlage

7.4 Beschichten mit Kobaltlegierungen

Werkzeuge und Gesenke zum Warmumformen werden häufig durch Auftragsschweißen oder Metallspritzen mit Kobaltlegierungen beschichtet. Zum Beschichten besonders geeignete Kobaltlegierungen sind unter dem Handelsnamen **Stellite**® bekannt. Sie zeichnen sich durch folgende Eigenschaften aus:

- hoch hitzebeständig,
- härtebeständig bis ca. 815 °C,
- temperaturwechselbeständig,
- abriebfest,
- schlagfest,
- gut bearbeitbar und polierbar.

Schmiedegesenk an Verschleißkanten auftraggeschweißt

Beispiel **für eine Kobaltlegierung zum Beschichten von Gesenken**

Handels-bezeichnung	Härte in HRC	Lieferform	Zusammensetzung in %					
			C	Cr	Mn	Fe	W	Co
Stellite 6	40	Stäbe (blank) Elektroden, Draht Pulver, Röhrchen	1,1 bis 1,4	27 bis 28	1,5 bis 2	3 bis 5	4 bis 5	Rest

Kobaltlegierungen werden wegen ihrer hohen Beständigkeit bei hohen Temperaturen und ihrer Schlagfestigkeit besonders zum Beschichten von Werkzeugen und Gesenken zum Warmumformen eingesetzt.

Der Auftrag der Beschichtung kann durch verschiedene Verfahren erfolgen. Häufig werden WIG-Auftragsschweißen und das Plasma-Lichtbogen-Auftragsschweißen eingesetzt.

WIG-Auftragsschweißen (WIG = **W**olfram-**I**nert-**G**as) ist ein Schutzgasschweißverfahren. Zwischen einer Wolframelektrode und dem Werkstück wird ein Lichtbogen erzeugt. In diesem Lichtbogen wird der von Hand zugeführte Schweißzusatzwerkstoff angeschmolzen. Ein Schutzgasmantel aus Argon schützt die Schmelze vor der Oxidation (siehe auch Seite 185).

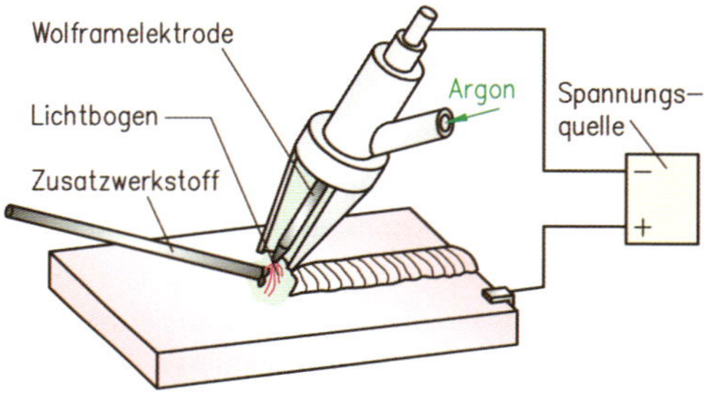

WIG-Auftragsschweißen

7.5 Beschichten mit Wolframkarbid

Werkzeuge und Formen können an stark verschleißbeanspruchten Stellen auch mit Wolframkarbid beschichtet werden. Dickere Schichten werden durch **Plasmapulverspritzen** aufgetragen. Das Wolframkarbid wird als Pulver in einen Plasmalichtbogen eingeblasen. Dort schmilzt es bei Temperaturen über 10 000 °C auf und wird vom Trägergas beschleunigt. Es trifft dann mit hoher Geschwindigkeit auf das zu beschichtende Werkstück auf und verschweißt mit ihm. Der Vorteil des Metallspritzens gegenüber Auftragsschweißen liegt darin, dass dem Grundwerkstoff nur geringe Wärmemengen zugeführt werden. Somit wird ein starkes Erhitzen vermieden, sodass nur geringer Verzug eintritt. Gefügeumwandlungen des Grundwerkstoffes, die auf Erhitzen zurückzuführen sind, unterbleiben weitgehend.

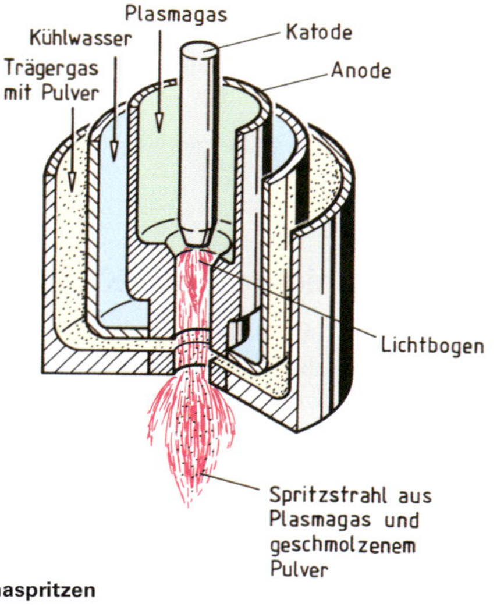

Plasmaspritzen

Dicke Schichten Wolframkarbid können durch Plasmaspritzen aufgetragen werden. Beim Plasmaspritzen wird Wolframkarbidpulver im Plasmastrahl aufgeschmolzen, durch Trägergas gegen die vorbereitete Oberfläche geschleudert und verschweißt mit ihr.

8 Sinterwerkstoffe

Sinterwerkstoffe nach **ÖNORM EN ISO 4498** sind Verbundwerkstoffe, die durch Sintern hergestellt werden und vorwiegend aus Metallpulvern oder aus Metallpulver und nichtmetallischen Komponenten bestehen. Erzeugnisse aus Sinterwerkstoffen werden durch Pressen geformt und anschließend einer Wärmebehandlung (Glühprozess), die als Sintern bezeichnet wird, unterzogen.

8.1 Fertigungsstufen

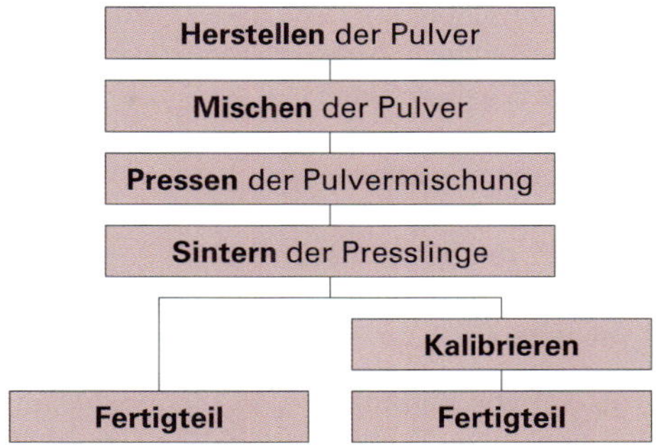

Die **Herstellung der Metallpulver** erfolgt durch Mahlen, Verdüsen oder Zerstäuben von Metallschmelzen.

Die Korngröße der Eisen- und Kupferpulver beträgt 20 bis 300 µm, die von Wolfram-, Molybdän- und Kobaltkarbidpulver usw. unter 10 µm.

Durch **Mischen der Metallpulver** werden Sinterlegierungen mit jeder gewünschten Zusammensetzung hergestellt. Die Zugabe von pulverförmigen Gleitmitteln erleichtert das Pressen.

Die Formgebung und Verdichtung erfolgen durch **Pressen der Pulver** mit mechanischen oder hydraulischen Pressen (bis zu 6000 bar). Durch das Pressen werden die Porenräume verkleinert und die Berührungsflächen der Pulverkörner vergrößert. Beim **Sintern** werden die Presslinge in Durchlauföfen einer von Temperatur und Zeit gesteuerten Wärmebehandlung unterzogen.
Bei **Einstoffpulvern** liegt die Sintertemperatur knapp unterhalb der Schmelztemperatur.
Bei **Sinterlegierungen** kann die Temperatur so gewählt werden, dass der Schmelzpunkt des Mischungsanteiles mit der niedrigsten Temperatur überschritten wird (Sintern mit flüssiger Phase).
Werden an die Sinterteile **keine** besonderen Anforderungen bezüglich Oberflächenqualität und Maßgenauigkeit gestellt, so sind die Teile nach dem Sintern gebrauchsfertig.
Andernfalls werden besondere Anforderungen durch **Kalibrieren** erreicht (z. B. Maßgenauigkeit).

8.2 Verwendung von Sinterwerkstoffen

- Hartmetalle
- Schneidkeramik
- Maschinenteile (Gleitlager, Filter, Zahnräder, Beschlagteile, Waffenteile usw.)
- Gesinterter Werkzeugstahl (Gewindebohrer, Dreh- und Fräswerkzeuge)

Vorteile der Sintertechnik:

- kostengünstige Herstellung von einbaufertigen Massenteilen
- geringer Materialverlust
- geforderte Werkstoffeigenschaften können über die Pulvermischung erreicht werden
- Legierungen, die durch Erschmelzen nicht herstellbar sind, z. B. metallische mit nicht metallischen Werkstoffen (Kupfer-Grafit), können durch Sintern erzeugt werden
- der Porenanteil des Sinterwerkstoffes kann durch unterschiedliche Korngröße und variablen Pressdruck gesteuert werden; z. B. werden Filter mit großer Korngröße und geringem Pressdruck, Maschinenteile und Schneidstoffe hingegen mit kleiner Korngröße und großen Drücken gefertigt.

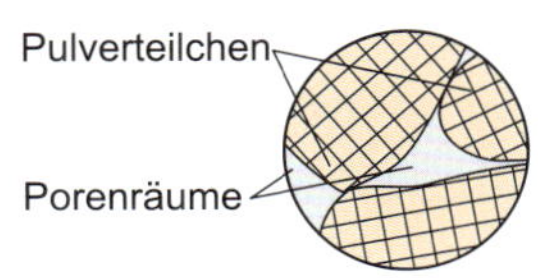

a vor dem Pressen

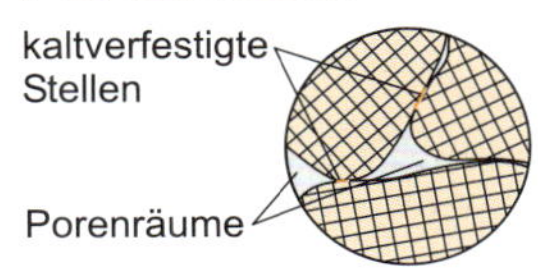

b nach dem Pressen

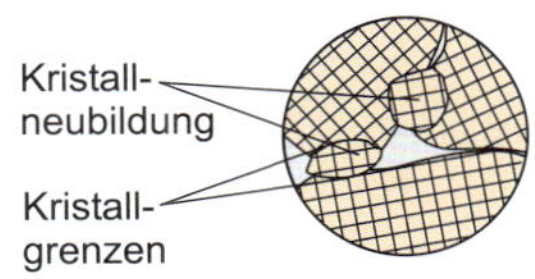

c nach dem Sintern

Nachteile der Sintertechnik:

- hohe Werkzeugkosten für die Pressformen
- kostenintensive Pressen
- eingeschränkte Formgebung (Hinterschneidungen sind nicht möglich)
- begrenzte Werkstückgröße

Angaben über die Werkstoffzusammensetzung und Eigenschaften der Sinterwerkstoffe sind einem Tabellenbuch zu entnehmen.

9 Keramische Werkstoffe

Keramische Werkstoffe sind Sinterwerkstoffe. Die meisten technischen Keramiken sind Verbindungen von Metallen oder Halbmetallen mit Sauerstoff, Kohlenstoff oder Stickstoff. Man unterscheidet demnach *oxidische* und *nicht oxidische* Keramiken. Die im Maschinenbau und in der Fertigungstechnik eingesetzten technischen Keramiken haben drei besondere Eigenschaften:

- Sie sind *nicht metallisch* und unterscheiden sich dadurch von Metallen.
- Sie sind *anorganisch* und unterscheiden sich dadurch von den Kunststoffen.
- Sie sind zu *mindestens 30 % kristallin* und unterscheiden sich so von den Gläsern.

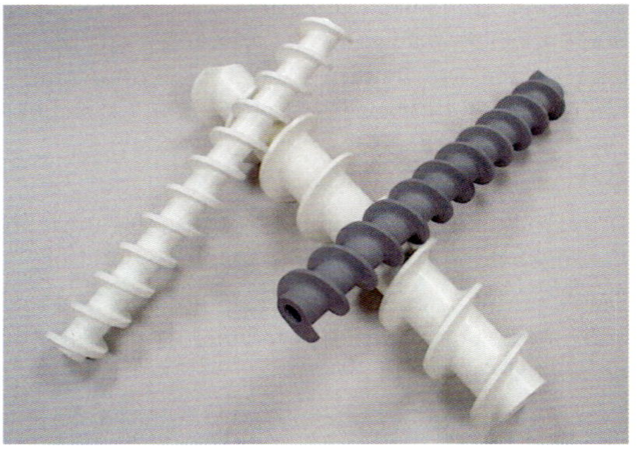

Extruderschnecken aus Keramik

Technische Keramiken sind Sinterwerkstoffe aus chemischen Verbindungen von Metallen mit Nichtmetallen. Sie sind nicht metallisch, anorganisch und mindestens teilweise kristallin.

Man unterscheidet Keramiken nach ihrem Anteil an Oxiden.

Technische Keramik

Oxidkeramik	**Mischkeramik** (Oxide + Nichtoxide)	**Nichtoxidkeramik**
Beispiele: – reines Aluminiumoxid (Al_2O_3) – Oxidgemisch aus Aluminiumoxid und Zirkonoxid ($Al_2O_3 + ZrO_2$)	**Beispiele:** – Aluminiumoxid + Titancarbid (Al_2O_3 + TiC) – Aluminiumoxid + Titancarbid + Titannitrid (Al_2O_3 + TiC + TiN) – Aluminiumoxid + Wolframkarbid (Al_2O_3 + WC)	**Beispiele:** – kubisches Bornitrid CBN – Siliziumnitrid (Si_3N_4) – polykristalliner Diamant PKD

Übersicht über Eigenschaften und Verwendung technischer Keramiken

Eigenschaften und Verwendung	**Aluminiumoxid Al_2O_3**	**Zirkonoxid ZrO_2**	**Siliziumkarbid SiC**	**Siliziumnitrid Si_3N_4**	**kub. Bornitrid CBN**	**polykristalliner Diamant PKD**
Biegefestigkeit in N/mm^2	bis 350	bis 800	350 kalt gepresst 700 heiß gepresst	750 heiß gepresst	550	1100
Druckfestigkeit in N/mm^2	bis 3 500	bis 2 000	1 200	3 000	–	–
Härte in HV	3 000	2 800	3 500	4 200	6000	7000
Ausdehnungskoeffizient in 1/K	0,000 008	0,000 011	0,000 004	0,000 003	0,000 004	0,000 001
obere Verwendungstemperatur in °C	1 700	2 300	1 400	1 400	ca. 1000	800
Verwendung im Maschinen- und Motorenbau und in der Fertigungstechnik	Armaturenteile Schneidplatten Ziehkonen Pumpenkolben	Ventilteile Lagerteile Ziehkonen	Gleitringe Lagerteile Wellenschutzhülsen	Turboladerrotoren Düsen Motorenteile	Schneidplatten	Beschichtungen von Schneidplatten

10 Verbundwerkstoffe

Als Verbundwerkstoffe bezeichnet man Werkstoffe, bei denen zwei oder mehr Einzelstoffe zu einem neuen Werkstoff zusammengefügt werden, um dessen chemische und oder physikalische Eigenschaften zu ändern. Durch richtige Zusammensetzung der Einzelstoffe lassen sich Verbundwerkstoffe mit Eigenschaften herstellen, die exakt den erwünschten Anforderungen entsprechen.

Glasfaser- und kohlenstofffaserverstärkte Verbundwerkstoffe

Die Verstärkung erfolgt durch

- **Fasermatten**, die in Kunstharz getränkt schichtweise übereinander gelegt und ausgehärtet (laminiert) werden oder
- **Glasfasern**, die zerschnitten und mit Kunstharz mittels einer Spritzpistole aufgespritzt werden (Faserharzspritzen).

Die Herstellung kann durch Handlaminieren oder maschinell durch Formpressen, Spritzgießen, Spritzpressen, Profilziehen und für Rohre auch durch Nasswickeln erfolgen.

Diese Verbundwerkstoffe werden z. B. in der Sportartikelindustrie, für Tanks, für Bootskörper, im Karosseriebau, für Verkleidungen aber auch im Maschinen- und Anlagenbau verwendet.

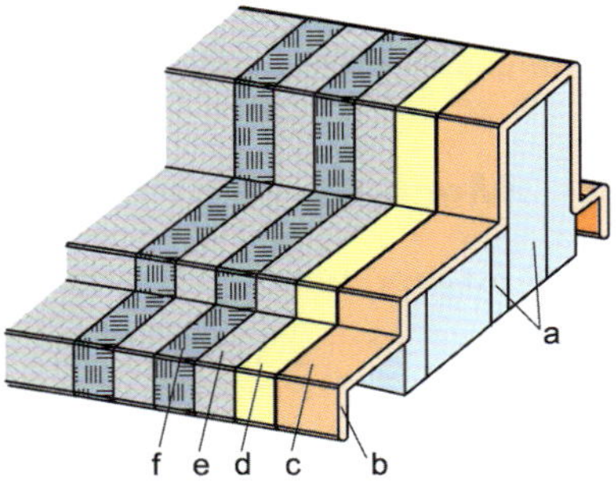

Verbundwerkstoff
a Versteifung, b Form, c Trennmittel, d Feinschicht, e Glasfasermatte, f Glasfasergewebe

Teilchenverstärkte Verbundwerkstoffe

In eine als Bindung wirkende Grundmasse aus Kunststoff werden pulver-, körner- oder **kurzfaserige Fremdstoffe** (z. B. Gesteinsmehl, Holzfasern, Papierbahnen) als Füll- oder Verstärkungsstoffe beigemengt und gepresst.

Schicht- und Strukturverbunde

Diese Verbundwerkstoffe werden auch als Mehrlagenwerkstoffe bezeichnet.

- **Gips/Schaumstoff-Verbundplatten** besitzen gute Wärmedämmung und ergeben tapezierfähige Innenwandoberflächen.
- **Wärmedämmplatten und Wärmedämmbahnen** aus Steinwolle haben gute Wärmedämmung und sind gleichzeitig wasserdampfdicht.
- **Dachpappe**, teilweise mit Sand bestreut, ist ein Baustoff aus mehreren bitumengetränkten Papier- und Filzlagen.
- **Sandwich-Bauteile** bestehen aus zwei Decklagen, zwischen die eine versteifende Fülllage aus Kunststoffwaben eingeklebt ist. Diese Bauteile sind extrem leicht, formsteif sowie wärme- und kältedämmend. Ihr Einsatz erfolgt als Fassadenelemente oder zur Raumabtrennung.
- **Plattierte Bleche** bestehen aus wirtschaftlich günstigerem Grundwerkstoff, auf dem eine dünne Schicht eines hochwertigen Werkstoffes aufgewalzt ist. Verwendet werden diese Bleche meist im chemischen Apparatebau.
  Auch **Bimetalle** sind plattierte Bleche, wobei die beiden aufeinandergewalzten Werkstoffe unterschiedliche Wärmedehnungswerte aufweisen und dadurch bei Thermometern als Bimetallspiralen oder als Schaltkontakte Verwendung finden.
- **Strukturbauteile** wie bei einem Pkw-Stoßfänger sind ein Verbund aus verschiedenen Werkstoffen. Die Kunststoffschale bildet die Außenhaut, der Schaumstoff den Füllstoff und die Stahleinlage leitet die anfallenden Kräfte weiter.

Weitere Verbundwerkstoffe

- Faserverstärkter Zement (Eternit) für Rohre, Behälter und Dachabdeckplatten.
- Polymerbeton ist ein Gemisch aus reaktionsfähigen Kunststoffen wie Epoxidharz, ungesättigter Polyester, Polyurethan usw. mit Füllstoffen wie z. B. Quarzsand, Glasbruch, Kies.
- Stahlbeton – die in Beton eingegossenen Betoneisen erhöhen die Zugfestigkeit des Bauteiles
- Hartmetalle – siehe Seite 78
- Schleifmittel – siehe Seite 110

11 Werkstoffprüfung

Damit die verschiedenen Eigenschaften der Werkstoffe untersucht werden können, sind viele Prüfverfahren entwickelt worden.

- **Mechanische Prüfverfahren** dienen der Ermittlung von Festigkeitskennwerten des Werkstoffs. Besonders wichtig unter diesen Prüfverfahren sind die Prüfung der Zugfestigkeit und der Härte.
- **Technologische Prüfverfahren** dienen zur Ermittlung des Werkstoffverhaltens bei der Verarbeitung. Wichtige technologische Prüfverfahren sind die Verfahren zur Prüfung der Umformbarkeit.
- **Metallografische Prüfverfahren** geben Auskunft über das Gefüge der Werkstoffe.
- **Zerstörungsfreie Prüfverfahren** dienen zur Fehlersuche an fertigen Werkstücken.

11.1 Mechanische Prüfverfahren

11.1.1 Zugversuch

Der Zugversuch nach ÖNORM EN 10 002 ist einer der wichtigsten Versuche zur Prüfung von Metallen. Man ermittelt im Zugversuch das Werkstoffverhalten unter Zugbeanspruchung. Dabei werden als wichtige Werkstoffkennwerte Zugfestigkeit, Streckgrenze und Dehnbarkeit des Werkstoffes festgestellt.
Als Proben für den Zugversuch werden genormte Rund- oder Flachproben verwendet. Ausschnitte aus dickwandigen Werkstücken und Gussteilen werden zu Rundproben gedreht. Aus Blechen werden Flachproben gefertigt.

Für die Probenabmessung gilt:

- Rundproben $L_0 = 5 \cdot d_0$
- Flachproben $L_0 = 5 \cdot 1{,}13 \cdot \sqrt{S_0}$

d_0 Anfangsdurchmesser
L_0 Anfangsmesslänge
S_0 Anfangsquerschnitt

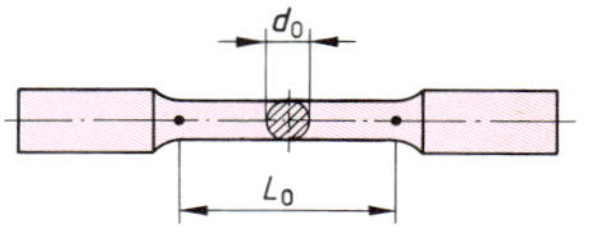

Rundprobe

Diese Werkstoffproben werden auf einer Universalprüfmaschine einer stetig wachsenden Zugbelastung ausgesetzt. Als Prüfmaschinen verwendet man meist Universalprüfmaschinen, die neben dem Zugversuch auch die Durchführung von Biege-, Scher- und Druckversuchen erlauben.
Die Aufbringung der Prüfkraft auf die Zugprobe erfolgt hydraulisch, wobei die jeweils wirkende Kraft durch einen Kraftmesser angezeigt wird. Ein Schreibgerät zeichnet die Verlängerung der Probe in Abhängigkeit von der wirkenden Kraft auf. Es entsteht ein Spannungs-Dehnungs-Diagramm.

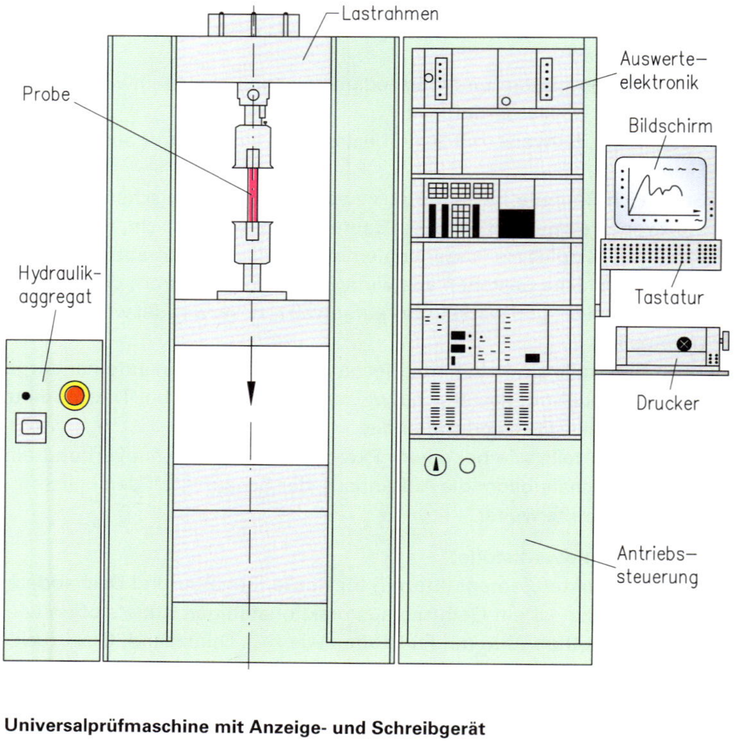

Universalprüfmaschine mit Anzeige- und Schreibgerät

Durch die Umrechnung der Kraft- und Verlängerungswerte ergibt sich das Spannungs-Dehnungs-Diagramm des geprüften Werkstoffes. Dieses Diagramm zeigt das Verhalten eines Werkstoffes unter Zugbelastung. Aus dem **Spannungs-Dehnungs-Diagramm** können wichtige Kennwerte des Werkstoffes entnommen werden.
Im Zugversuch ist die **Spannung** (sigma σ) das Verhältnis zwischen Zugkraft und Anfangsquerschnitt der Probe.

$$\text{Spannung} = \frac{\text{Kraft}}{\text{Anfangsquerschnitt}} \qquad \sigma = \frac{F}{S_0}$$

Die **Dehnung** (epsilon ε) ist die prozentuale Längenänderung, bezogen auf die Anfangsmesslänge.

$$\text{Dehnung} = \frac{\text{Verlängerung}}{\text{Anfangsmesslänge}} \cdot 100\,\% \qquad \varepsilon = \frac{L - L_0}{L_0} \cdot 100\,\%$$

- **Spannungs-Dehnungs-Diagramm eines unlegierten Baustahls**

Unlegierte Baustähle werden für Stahlkonstruktionen verwendet. Sie werden nach ihrem Verhalten unter Zugbelastung beurteilt.
Die Spannungs-Dehnungs-Kurve eines unlegierten Baustahles zeigt z. B. folgenden Verlauf:

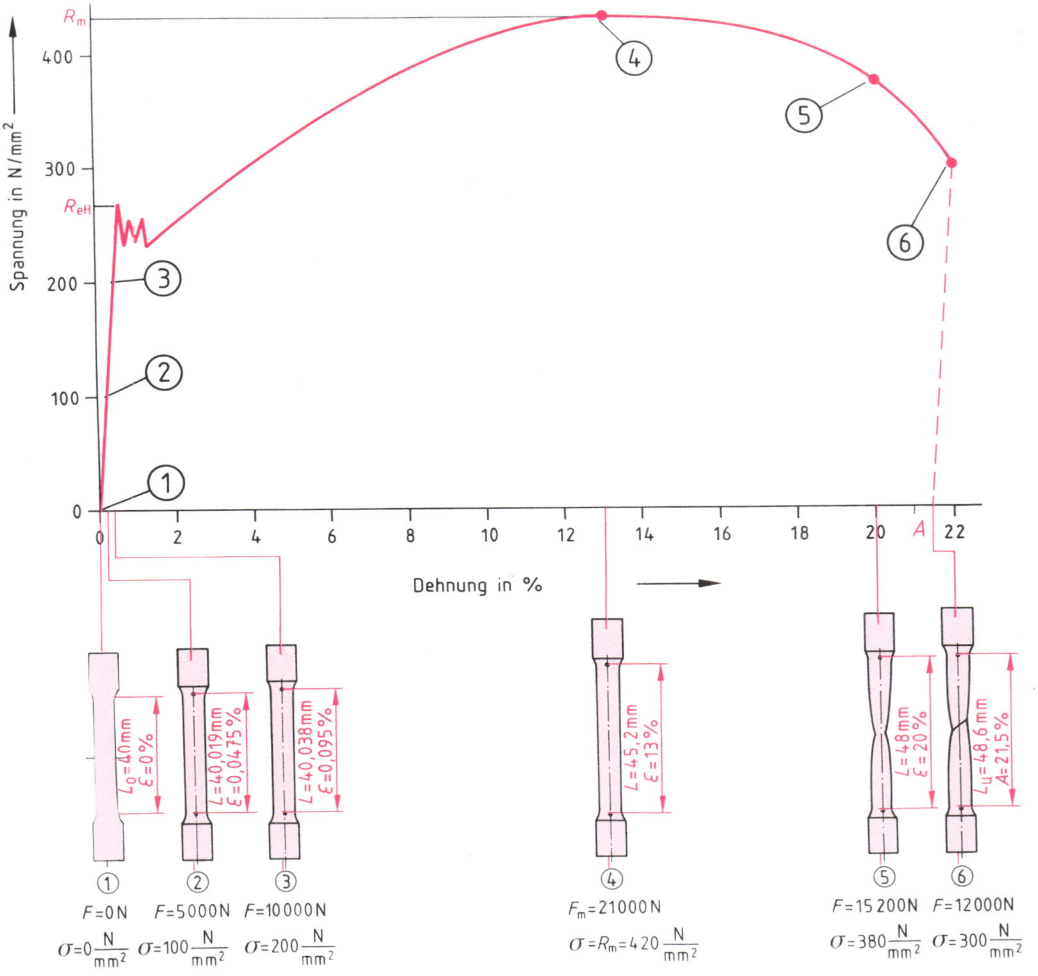

- **Wichtige Bereiche und Kennwerte**

Das Spannungs-Dehnungs-Diagramm zeigt im Anfangsbereich eine ansteigende Gerade (Hooke'sche Gerade). Spannung und Dehnung sind hier einander proportional. Der Werkstoff verhält sich in diesem Bereich **elastisch**.

- Die obere **Streckgrenze** (R_{eH}) ist die Spannung, bei der erstmals eine plastische Verformung ohne Anstieg der Belastung auftritt. Bei gut dehnbaren Werkstoffen wird die in Bauteilen zulässige Spannung aus der Streckgrenze berechnet.
- Die **Zugfestigkeit** (R_m) ist die höchste Spannung, die der Werkstoff im Zugversuch ertragen hat. Bei spröden Werkstoffen wird die in Bauteilen zulässige Spannung aus der Zugfestigkeit berechnet.

$$\text{Zugfestigkeit} = \frac{\text{größte Zugkraft}}{\text{Anfangsquerschnitt}} \qquad R_m = \frac{F_m}{S_0}$$

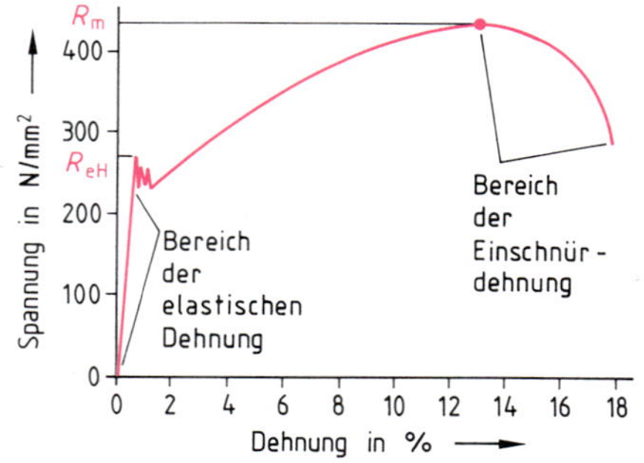

Spannungs-Dehnungs-Diagramm eines unlegierten Baustahls

Nach Erreichen der Zugfestigkeit schnürt die Probe an einer Stelle ein. Dadurch fällt die Spannung bis zum Bruch ab.

- Die **Bruchdehnung** (A) ist die bleibende Längenänderung nach dem Bruch bezogen auf die Anfangsmesslänge. Die Längenänderung wird nicht aus dem Diagramm entnommen, sondern an den zusammengelegten Probenteilen ermittelt.

$$\text{Bruchdehnung} = \frac{\text{Verlängerung}}{\text{Anfangsmesslänge}} \cdot 100\,\%$$

$$A = \frac{L_u - L_0}{L_0} \cdot 100\,\%$$

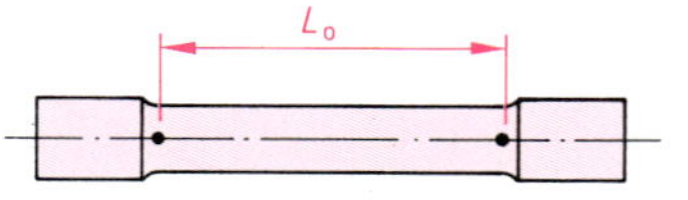

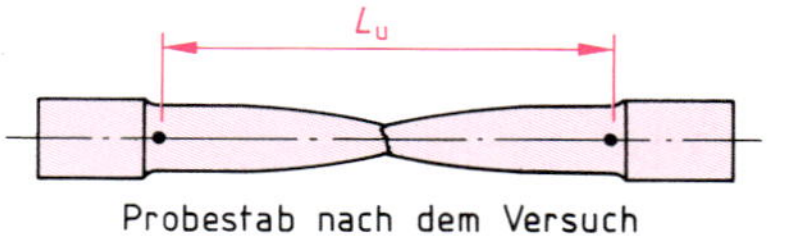

Die Bruchdehnung dient zur Beurteilung der Verformungsfähigkeit eines Werkstoffes.

Wichtige Kennwerte des Zugversuchs sind
- Streckgrenze,
- Zugfestigkeit,
- Bruchdehnung.

11.1.2 Härteprüfung

Neben dem Zugversuch ist die Prüfung der Werkstoffe auf ihre Härte ein wichtiges Prüfverfahren.

Als Härte bezeichnet man den Widerstand, den ein Werkstoff dem Eindringen eines Körpers in seine Oberfläche entgegensetzt.

Die Ergebnisse von Härteprüfungen sind zum Beispiel erforderlich, um
- die zur Zerspanung geeigneten Schneidstoffe bzw. Werkzeuge auszuwählen,
- den Erfolg einer Wärmebehandlung an Werkstoffen zu kontrollieren,
- in der automatisierten Fertigung Werkstücke mit ungeeigneter Härte zu ermitteln und von der Weiterverarbeitung auszuschließen.

Die bei der Härteprüfung ermittelten Werte, z. B. HB, HRC, HV, sind lediglich Vergleichswerte. Sie können nicht als Grundlage zur Berechnung von Konstruktionen verwendet werden. Die durch verschiedene Härteprüfverfahren erhaltenen Werte sind nur bedingt miteinander vergleichbar.

• Härteprüfung nach Brinell (ÖNORM EN ISO 6506)

Die Härteprüfung nach Brinell dient zur Bestimmung der Härte von

- weichen Werkstoffen, z. B. unlegiertem Baustahl, Aluminiumlegierungen und
- Werkstoffen mit ungleichmäßigem Gefüge, z. B. Gusseisen.

Bei dem Härteprüfverfahren nach Brinell wird eine gehärtete Stahlkugel oder eine Hartmetallkugel mit einer genormten Prüfkraft in die Oberfläche des zu prüfenden Werkstückes gedrückt.
Nach einer Belastungszeit von mindestens zehn Sekunden wird der Durchmesser *d* des bleibenden Eindrucks im Werkstück gemessen. Aus diesem Durchmesser wird die Oberfläche des Eindrucks bestimmt. Das Verhältnis von Prüfkraft zur Eindruckoberfläche multipliziert mit dem Faktor 0,102 bezeichnet man als die Brinellhärte.
Bei Einsatz einer Hartmetallkugel wird der Härtewert mit **HBW,** bei einer Stahlkugel mit **HBS** gekennzeichnet.

$$HB = 0{,}102 \cdot \frac{F}{A} \qquad HB = 0{,}102 \cdot \frac{2\,F}{D \cdot \pi\,(D - \sqrt{D^2 - d^2})}$$

F Prüfkraft in N
A Oberfläche des bleibenden Eindruckes in mm²
D Durchmesser der Prüfkugel in mm
d Durchmesser des Eindruckes in mm
(In die Gleichungen werden nur die Zahlenwerte ohne Einheiten eingesetzt.)

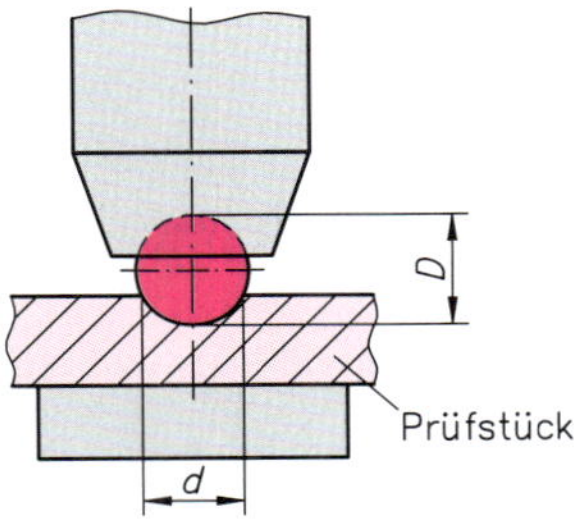

Härteprüfung nach Brinell (Schema)

Die Brinellhärte eines Werkstoffes ergibt sich aus dem Verhältnis von Prüfkraft zur Eindruckoberfläche, die von einer Prüfkugel erzeugt wurde.

Die Zugfestigkeit allgemeiner Baustähle lässt sich näherungsweise aus der Brinellhärte errechnen.

$$R_m \approx 3{,}5 \cdot HB \text{ in N/mm}^2$$

Beispiel **für die Berechnung der Zugfestigkeit aus dem HBS-Wert**

gemessene Härte: 200 HBS
Zugfestigkeit $R_m = 3{,}5 \cdot 200$ N/mm²
$\boldsymbol{R_m = 700 \cdot}$ **N/mm²**

• Härteprüfung nach Vickers (ÖNORM EN ISO 6507)

Die Härteprüfung nach Vickers dient zur Prüfung harter und gleichmäßig aufgebauter Werkstoffe.
Dieses Verfahren wird auch zur Härteprüfung an dünnwandigen Werkstücken und Randzonen eingesetzt.
Bei der Härteprüfung nach Vickers wird eine Diamantpyramide mit einer genormten Prüfkraft in das Werkstück eingedrückt. Aus den Diagonalen *d* des bleibenden Eindrucks wird die Eindruckoberfläche errechnet. Das Verhältnis von Prüfkraft zur Eindruckoberfläche ergibt mit dem Faktor 0,102 multipliziert die Vickershärte (HV).

$$HV = \frac{0{,}102 \cdot F}{A} = \frac{0{,}1891 \cdot F}{d^2}$$

F Prüfkraft in N
A Oberfläche des bleibenden Eindrucks in mm²
d Länge der Eindruckdiagonale in mm

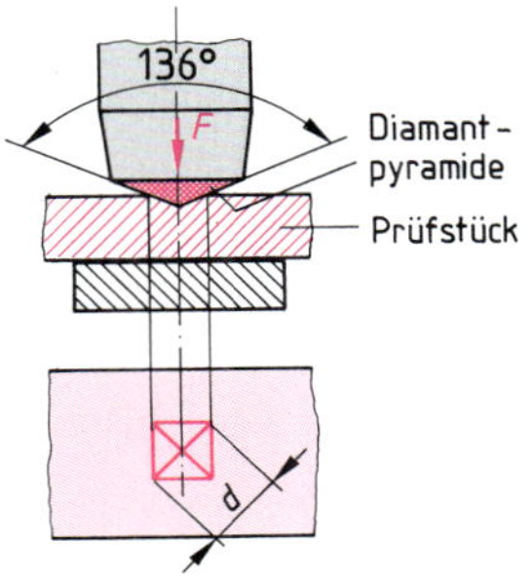

Härteprüfung nach Vickers (Schema)

Die Vickershärte ergibt sich aus dem Verhältnis von Prüfkraft zur Eindruckoberfläche, die durch einen pyramidenförmigen Prüfkörper aus Diamant erzeugt wurde.

- **Härteprüfung nach Rockwell-C (ÖNORM EN ISO 6508)**

Dieses Verfahren dient zur Bestimmung der Härte bei sehr harten Werkstoffen. Als Prüfkörper wird ein Diamantkegel mit einem Spitzenwinkel von 120° verwendet. Dieser wird mit der genormten Prüfvorkraft von 98 N in die Probe gedrückt, danach die Messuhr bzw. Messeinrichtung auf 0 gestellt. Anschließend wird der Diamantkegel zusätzlich mit einer Prüfkraft von 1373 N belastet und danach wieder entlastet. Die bleibende Eindringtiefe t_b wird direkt an der in Rockwell-Einheiten geeichten Messuhr (bzw. am Display) abgelesen. Das Härteprüfergebnis besteht aus dem Härtewert und der Angabe des Verfahrens, also z. B. 58 HRC.

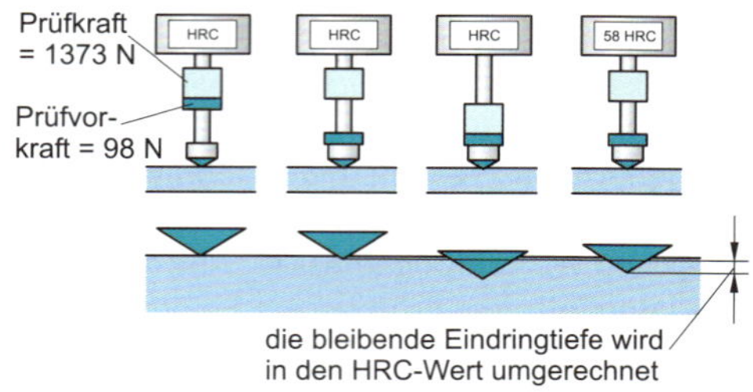

Härteprüfung nach Rockwell-C

Die Rockwellhärte HRC eines Werkstoffes ergibt sich aus der bleibenden Eindringtiefe eines kegelförmigen Prüfkörpers aus Diamant.

11.1.3 Kerbschlag-Biegeversuch

Der Kerbschlag-Biegeversuch nach ÖNORM EN 10 045 dient zur Beurteilung der Zähigkeit eines Werkstoffes. Der Versuch liefert keinen Kennwert für die Festigkeitsberechnung.
Beim Versuch wird eine genormte, V- oder U-förmig gekerbte Probe, die zwischen zwei Widerlagern liegt, auf einem Pendelschlagwerk mit einem einzigen Schlag entweder durchgebrochen oder durch die Widerlager gezogen. Die dabei verbrauchte Schlagarbeit ist die **Kerbschlagarbeit.** Die Kerbschlagarbeit (K) in Joule, im Zusammenhang mit der Angabe der verwendeten Probe, ist der im Kerbschlag-Biegeversuch ermittelte Kennwert eines Werkstoffes.

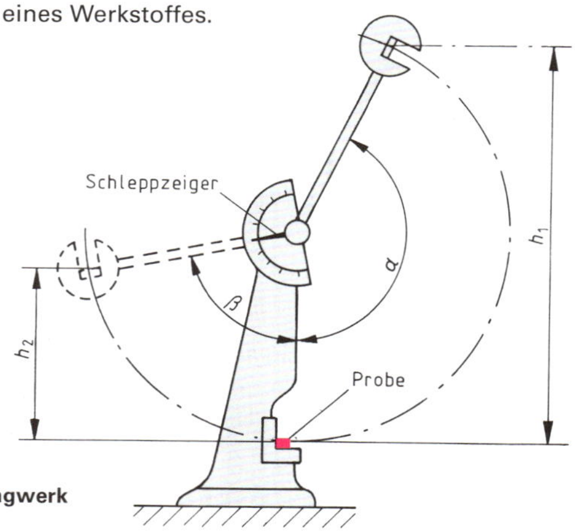

Pendelschlagwerk (Schema)

$$K = F_G \cdot (h_1 - h_2)$$

K Kerbschlagarbeit
F_G Gewichtskraft des Hammers
h_1 Fallhöhe
h_2 Steighöhe

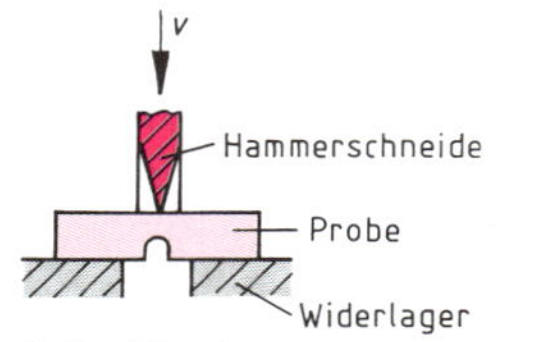

Auftreffen der Hammerschneide auf die Probe

Je nach Temperatur verhält sich ein Werkstoff zäh oder spröde. Mit Kerbschlagbiegeversuchen bei unterschiedlichen Temperaturen ermittelt man die Übergangstemperatur zwischen zähem und sprödem Verhalten unter den Versuchsbedingungen.

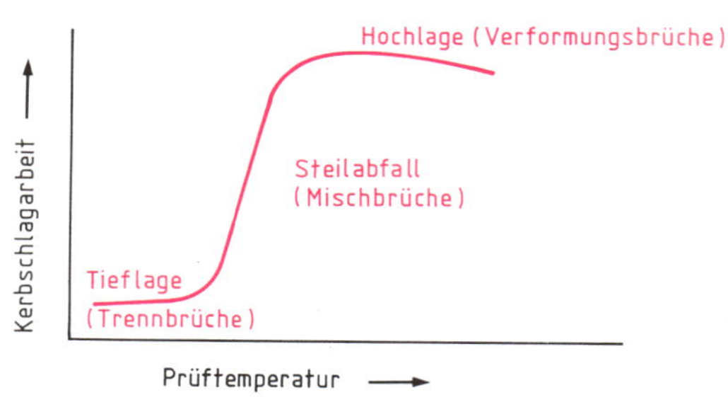

Kerbschlagarbeit in Abhängigkeit von der Prüftemperatur

Der Kerbschlag-Biegeversuch dient zur Beurteilung der Zähigkeit eines Werkstoffes.

11.2 Technologische Prüfverfahren

Technologische Prüfverfahren untersuchen das Verhalten der Werkstoffe bei der Verarbeitung. Demzufolge sind die Prüfverfahren sehr zahlreich. Die entsprechenden Prüfverfahren sind meist genormt.

- **Ausbreitprobe**

Die Ausbreitprobe dient zur Ermittlung der Schmiedbarkeit eines Werkstoffes. Ein Flachstab wird bei Schmiedetemperatur soweit ausgeschmiedet (ausgebreitet), bis Risse an den Kanten auftreten. Ein gut schmiedbarer Werkstoff soll auf das Doppelte bis Dreifache der Ausgangsbreite ausschmiedbar sein.

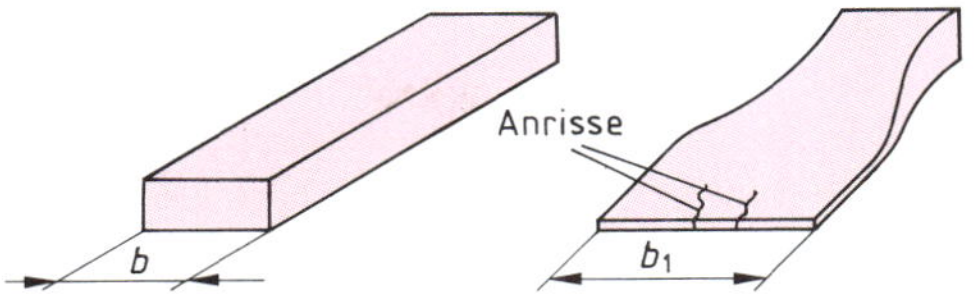

Ausbreitprobe

- **Biegeversuch (Faltversuch)**

Der Biegeversuch nach ÖNORM EN ISO 7438 dient zur Ermittlung der Faltbarkeit eines Werkstoffes. Dabei wird eine Probe stetig bis zum Auftreten von Rissen gebogen. Der Winkel, bei dem die ersten Risse auf der Zugseite auftreten, ist ein Maß für die Faltbarkeit eines Werkstoffes. Gut faltbare Werkstoffe sollen sich ganz zusammenfalten lassen.

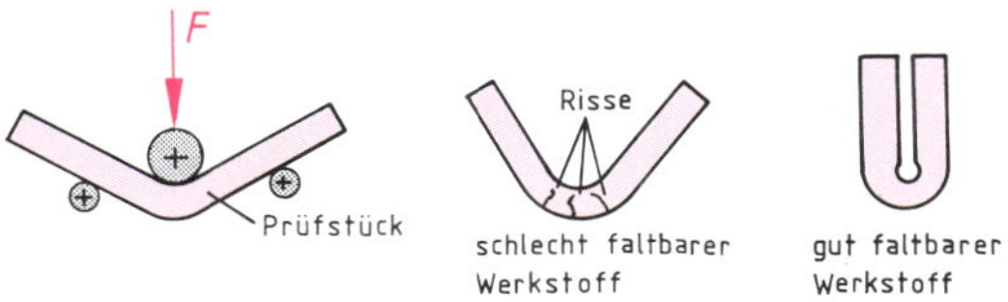

Faltversuch

- **Tiefungsversuch nach Erichsen**

Der Tiefungsversuch nach ÖNORM EN ISO 20 482 dient zur Ermittlung der Tiefziehfähigkeit von Blechen. Dabei wird das Probeblech mithilfe einer Stahlkugel von 20 mm Durchmesser in einer Matrize so lange getieft, bis der erste Riss auftritt. Die Tiefung bis zu diesem Anriss dient zur Beurteilung des Werkstoffes.

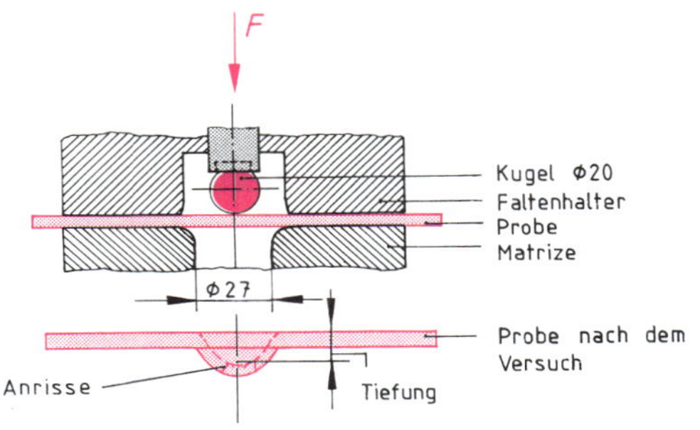

Tiefungsversuch nach Erichsen

In technologischen Prüfverfahren wird das Verhalten des Werkstoffes bei der Verarbeitung untersucht.

11.3 Metallografische Prüfverfahren

Bei der metallografischen Prüfung wird das Gefüge des Werkstoffes sichtbar gemacht, um Aufschluss über Gefügeaufbau und Gefügefehler zu erhalten.

- **Mikroskopische Untersuchungsverfahren**

Durch die Metallmikroskopie ist es möglich, das Gefüge einer Werkstoffprobe insgesamt oder nur einzelne Gefügebestandteile sichtbar zu machen. Die Werkstoffprobe wird zunächst geschliffen und poliert. Um die für die Beurteilung des Gefüges wesentlichen Bestandteile untersuchen zu können, wird der Schliff geätzt. Je nach dem Ziel der Untersuchung verwendet man unterschiedliche Ätzmittel. Das Gefüge von Stählen und die Korngrenzen von reinen Metallen werden z. B. mit einer 1%igen Salpetersäure geätzt.

Einzelne Gefügebestandteile können auch durch entsprechende Beleuchtung, z. B. durch schräg einfallendes Licht oder durch farbiges Licht, hervorgehoben werden.

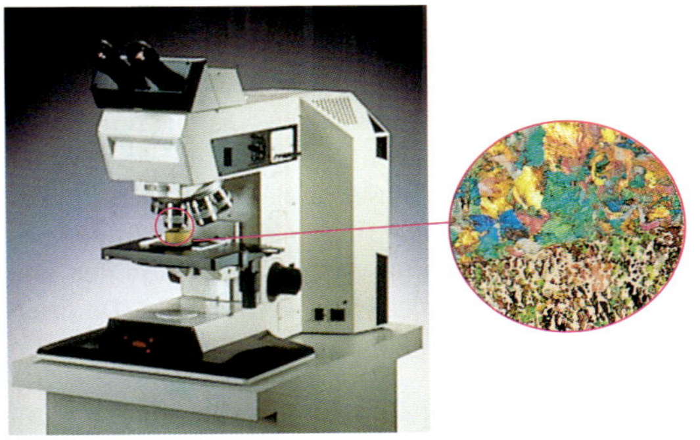

Lichtmikroskop zur Metalluntersuchung

11.4 Zerstörungsfreie Prüfverfahren

Ein fertiges Werkstück kann versteckte Fehler wie Lunker, Risse oder Schlackeneinschlüsse aufweisen. Die Fehler können bei einer Verwendung des Werkstückes zu Gefahrenquellen für Menschen und Geräte werden. Es ist Aufgabe der zerstörungsfreien Werkstoffprüfung, solche Fehler ohne Beschädigung des Bauteils ausfindig zu machen.

- **Prüfung mit Röntgen- oder Gammastrahlen**

Röntgenstrahlen sind wie das sichtbare Licht elektromagnetische Wellen. Sie durchdringen lichtundurchlässige Körper und schwärzen den dahinter befindlichen Film.

Röntgenstrahlen sind sehr schädlich für den menschlichen Organismus. Darum darf die Durchstrahlungsprüfung nur von Fachpersonal durchgeführt werden.

Mithilfe der Röntgenstrahlen werden in der zerstörungsfreien Werkstoffprüfung Schlackeneinschlüsse, Gasblasen, Lunker und andere größere Werkstofffehler sichtbar gemacht. Das zu prüfende Werkstück wird zwischen eine Röntgenröhre und einen Film gebracht. Die Röntgenstrahlen werden durch die Werkstofffehler weniger abgeschwächt als durch das fehlerfreie Metall. Die Strahlen schwärzen darum den Film hinter dem Fehler stärker als an den anderen Stellen. Damit werden die Werkstofffehler auf dem Film deutlich.

Ähnlich verfährt man bei der Werkstoffprüfung mit Gammastrahlen. Hier hat man jedoch statt einer Röntgenröhre einen radioaktiven Stoff, der ständig Strahlen aussendet.

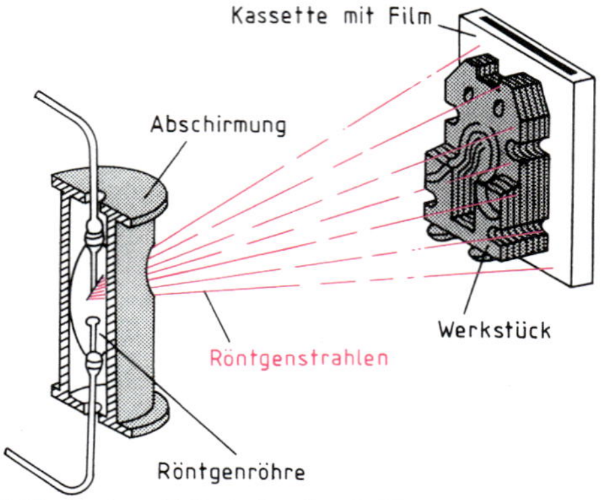

Prüfung eines Zylinderkopfs mit Röntgenstrahlen

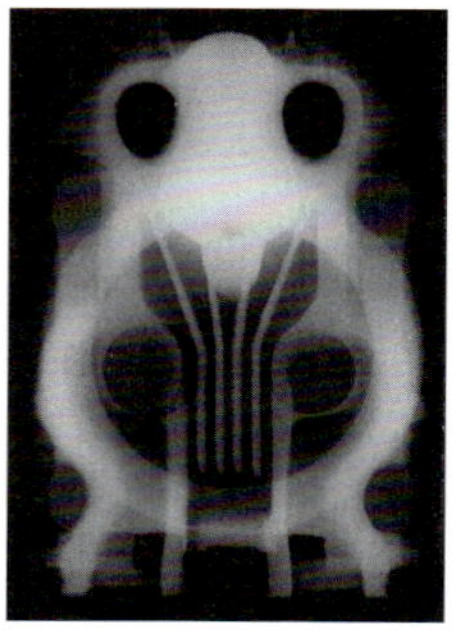

Foto und Röntgenbild eines Zylinderkopfs

Mithilfe von Röntgenstrahlen können Werkstofffehler wie Lunker, Schlackeneinschüsse u. a. in Werkstoffen aller Art aufgefunden werden.

- **Prüfung mit Magnetpulver**

Mit dem Magnetpulverprüfverfahren können Risse, Lunker und andere Fehlerstellen, die dicht unter der Oberfläche von Werkstücken aus Stahl liegen, erkannt werden.

Bei diesem Verfahren wird das Werkstück durch einen Elektromagneten magnetisiert. Die magnetischen Feldlinien, welche das Werkstück durchdringen, stoßen an den Fehlerstellen auf einen Widerstand, den sie außerhalb des Werkstückes umgehen. Eisenpulver, das mit Petroleum auf das Prüfstück geschlämmt wird, haftet infolge der austretenden Feldlinien an der Fehlerstelle. Dadurch ist die Fehlerstelle erkennbar.

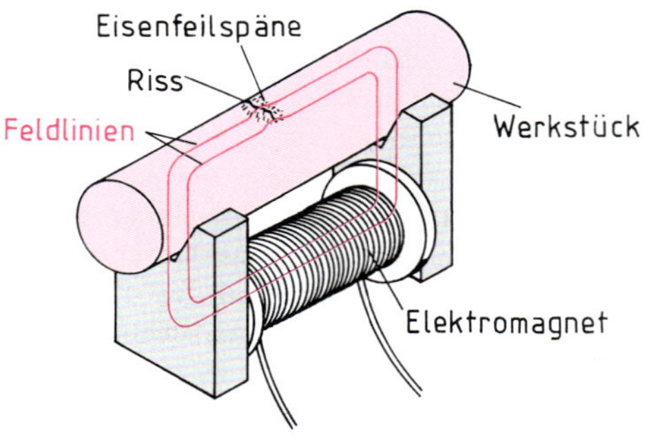

Magnetpulverprüfung

Mithilfe der Magnetpulverprüfung können Werkstofffehler in der Nähe der Oberfläche von ferromagnetischen Werkstoffen aufgefunden werden.

• Prüfung mit Kapillarverfahren

Durch Kapillarverfahren werden feinste Risse, sogenannte Haarrisse, Poren und andere Werkstofffehler, die mit der Oberfläche des Werkstücks in Verbindung stehen, sichtbar gemacht.

Viele Flüssigkeiten steigen aufgrund von Anhaftkräften (Adhäsionskräften) und Kräften in der Oberfläche (Oberflächenspannung) in engen Spalten hoch. Man nennt enge Röhren Haarröhrchen oder Kapillare und spricht entsprechend von Kapillarwirkung.

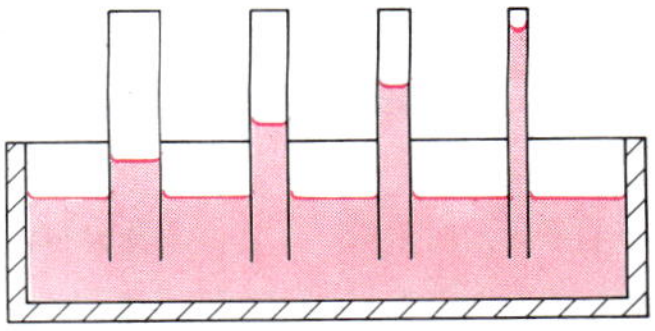

Kapillarwirkung

Bei allen Kapillarverfahren wird zunächst eine meist rote Kapillarflüssigkeit auf das Werkstück gesprüht. Diese Flüssigkeit dringt infolge der Kapillarwirkung in die Fehlerstellen ein. Nach Abwischen der Werkstückoberfläche wird ein weißer Entwickler aufgesprüht. Die rote Flüssigkeit, die noch in den Fehlerstellen geblieben ist, wird durch die poröse Schicht des getrockneten Entwicklers aus den Fehlerstellen gesogen und färbt diesen rot. Die Fehlerstellen sind so mit bloßem Auge erkennbar.

Beispiel **für die Arbeitsfolge bei einem Kapillar-Verfahren**

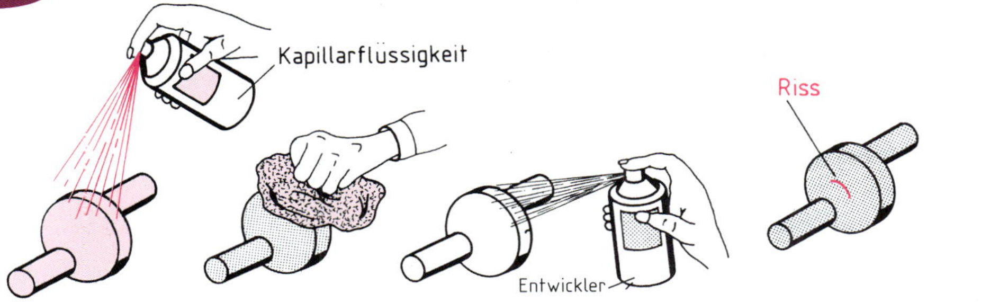

① **Aufsprühen der Kapillarflüssigkeit** ② **Säubern der Oberfläche von Kapillarflüssigkeit** ③ **Aufsprühen des Entwicklers** ④ **Betrachtung der Fehlerstellen**

Mithilfe von Kapillarverfahren können Werkstofffehler wie Risse, Lunker u. a. aufgespürt werden.

• Prüfung mit Ultraschall

Durch die Prüfung mit Ultraschall können Werkstücke bis zu mehreren Metern Dicke auf Fehler untersucht werden.

Bei der Werkstoffprüfung mit Ultraschall wird ein Schallkopf, der als Sender und Empfänger arbeitet, auf das zu prüfende Werkstück gesetzt. Für einige Mikrosekunden sendet der Schallkopf Ultraschall. Er wird dann auf Empfang geschaltet. Der Schall durchläuft das Werkstück, wird an der gegenüberliegenden Werkstückoberfläche zurückgeworfen und kehrt als Echo zum Schallkopf zurück. Die Laufzeit des Schalles wird auf einem Bildschirm als Abstand von Eingangsecho und Rückwandecho sichtbar gemacht. Befindet sich ein Fehler im Werkstück, so wird ein Teil des Schalles bereits von dort zum Schallkopf zurückgeworfen. Da dieses Echo früher im Empfänger ist als das Rückwandecho, zeichnet sich der Fehler auf dem Bildschirm zwischen Eingangs- und Rückwandecho ab.

Fehlersuche mit Ultraschall

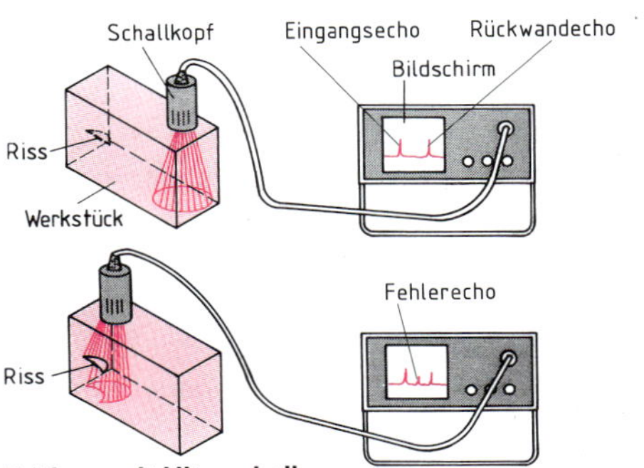

Prüfung mit Ultraschall

Mithilfe der Ultraschallprüfung können in metallischen Werkstoffen Fehler in beliebiger Tiefenlage im Werkstück aufgefunden werden.

12 Kunststoffe

12.1 Aufbau, Eigenschaften und Einteilung der Kunststoffe

Erdöl und Erdgas sind die wichtigsten Rohstoffe für die Herstellung von Kunststoffen. Kunststoffe sind sehr vielfältig in ihrem Aufbau und ihren Eigenschaften. Sie können nach verschiedensten Gesichtspunkten gegliedert werden, z. B. nach

- dem *Molekülaufbau,*
- der *Molekülstruktur* und dem *thermischen Verhalten,*
- der *Art der Erzeugung.*

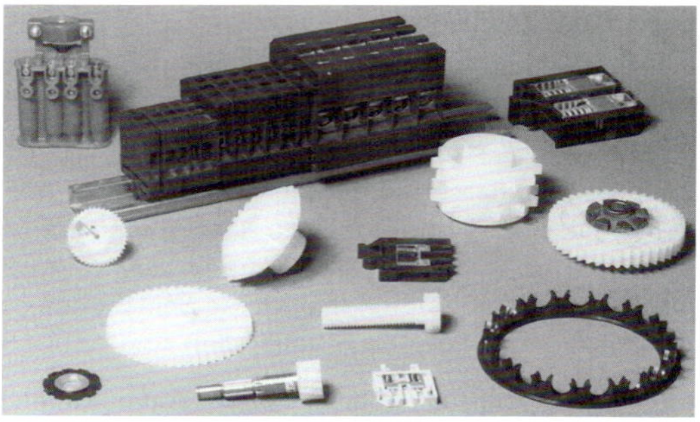

Werkstücke aus Kunststoffen

- **Einteilung nach dem Molekülaufbau**

Kunststoffe bestehen aus sehr großen Molekülen, von denen jedes aus vielen tausend Atomen gebildet wird. Man nennt diese großen Moleküle **Makromoleküle.** Die Makromoleküle haben die Form von langen Ketten, die auch verzweigt sein können.

Das Grundgerüst der Makromoleküle, die Kette, wird bei den Kunststoffen auf Kohlenstoffbasis durch Kohlenstoffatome gebildet.

Bei Kunststoffen auf Siliziumbasis, den Silikonen, bilden Silizium- und Sauerstoffatome das Grundgerüst der Makromoleküle.

Beispiele **für den unterschiedlichen Molekülaufbau von Kunststoffen**

Kunststoff auf Kohlenstoffbasis:
Polyvinylchlorid (PVC)

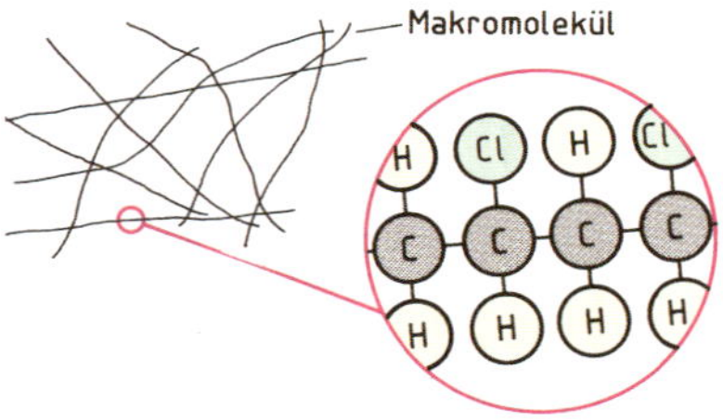

Kunststoff auf Siliziumbasis:
Silikonkautschuk

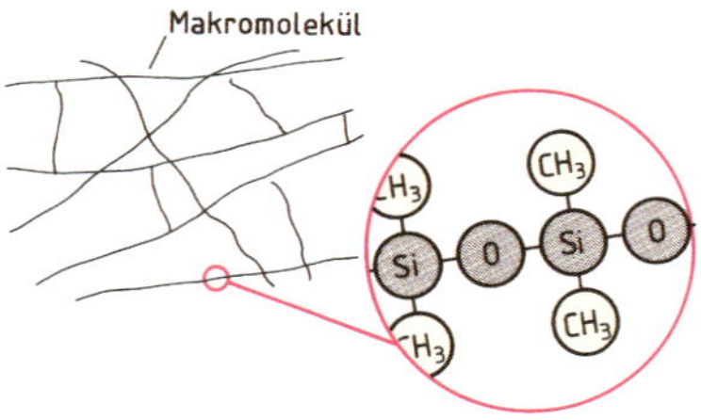

- **Einteilung nach der Struktur und dem thermischen Verhalten**

Die fadenförmigen Makromoleküle eines Kunststoffes können unvernetzt oder vernetzt sein. Dies bestimmt entscheidend das Verhalten des Kunststoffes beim Erwärmen.

Unvernetzte Makromoleküle

In unvernetzten Kunststoffen liegen die Makromolküle miteinander *verknäult* vor. Bei Erwärmen sind die Makromoleküle sehr leicht gegeneinander verschiebbar. Darum sind Kunststoffe mit unvernetzten Makromolekülen in der Wärme schmelzbar und plastisch formbar. Sie werden als **Thermoplaste** bezeichnet (z. B. PVC).

Unvernetzte Makromoleküle können sowohl völlig ungeordnet verknäult sein als auch in Teilbereichen parallel geordnet vorliegen. Sind die Makromoleküle ungeordnet, so spricht man von einem **amorphen** Kunststoff. Sind die Makromoleküle in Teilbereichen parallel geordnet, so nennt man den Kunststoff **teilkristallin.** Teilkristalline Kunststoffe erzeugt man durch besonders langsame Abkühlung oder durch Strecken des Kunststoffes.

In amorphen Kunststoffen sind die Makromoleküle räumlich ungeordnet verknäult.
In teilkristallinen Kunststoffen sind die Makromoleküle in Teilbereichen parallel geordnet.

Hinweise	amorphe Thermoplaste	teilkristalline Thermoplaste
Struktur	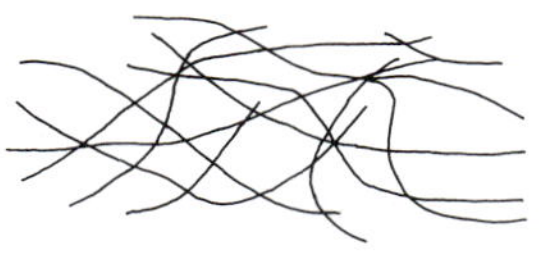	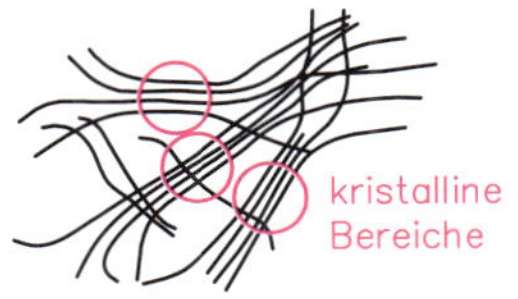
Zustand in Abhängigkeit von der Temperatur	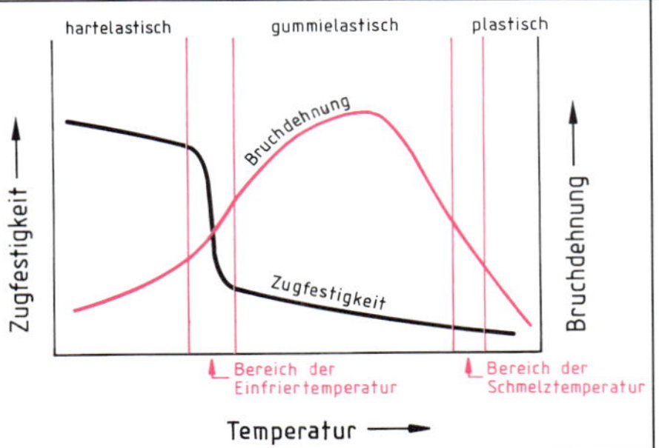	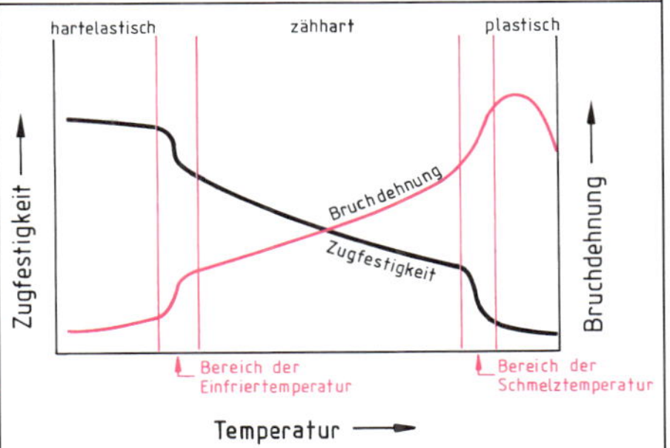
Eigenschaften	– transparent (außer PS-Mischpolymerisaten) – klebbar mit Lösungsmittelklebern – starkes Absinken der Festigkeit im Bereich der Einfriertemperatur – Gebrauchstemperatur bis etwa zur Einfriertemperatur – hohe elastische Komprimierbarkeit in der gummielastischen Phase, darum Absenken des Nachdrucks beim Spritzgießen – geringe Werkzeugtemperatur beim Spritzgießen	– milchig (opak) wegen Lichtstreuung an kristallinen Bereichen – beständiger gegen Reibverschleiß und gegen Lösungsmittel – geringes Absinken der Festigkeit im Bereich der Einfriertemperatur, weil nur die amorphen Bereiche „gummielastisch“ werden – Gebrauchstemperatur bis dicht vor Schmelztemperatur – höhere Gesamtschwindung, besonders, wenn das Werkstück in der Form nicht voll auskristallisiert ist – höhere Werkzeugtemperatur beim Spritzgießen

Vernetzte Makromoleküle

In vernetzten Kunststoffen bilden die Makromoleküle infolge chemischer Verknüpfung ein mehr oder weniger dichtes, *räumliches Netzwerk.* Die Makromoleküle können auch beim Erwärmen nicht mehr gegeneinander verschoben werden. Darum sind Kunststoffe mit vernetzten Makromolekülen auch nach Erwärmen nicht mehr umformbar.

Weitmaschig vernetzte Makromoleküle bilden ein elastisches Netzwerk. Sie verhalten sich gummielastisch und werden deshalb als **Elastomere** bezeichnet.

Kunststoffe, in denen die Makromoleküle ein engmaschiges, räumliches Netzwerk bilden, sind hart, fest und wenig elastisch. Diese Kunststoffe bezeichnet man als **Duroplaste** oder **Duromere.**

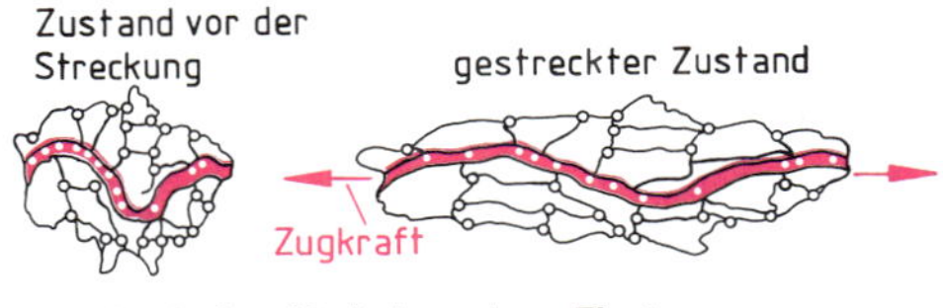

Gummielastisches Verhalten eines Elastomer

- **Einteilung nach der Art der Erzeugung**

Erzeugt werden die Makromoleküle der Kunststoffe vollsynthetisch durch Verbinden kleiner Moleküle von chemisch erzeugten Stoffen. Die Verfahren, nach denen die kleinen Ausgangsmoleküle zu Makromolekülen verknüpft werden, geben den so erzeugten Kunststoffgruppen ihre Bezeichnung:

- Erzeugung durch Polymerisation liefert **Polymerisate.**
- Erzeugung durch Polykondensation liefert **Polykondensate.**
- Erzeugung durch Polyaddition liefert **Polyaddukte.**

12.2 Kunststoffe durch Polymerisation

12.2.1 Polymerisationsvorgang

Bei der Polymerisation werden kleine Moleküle, welche zwischen zwei Kohlenstoffatomen eine Doppelbindung enthalten, zu Makromolekülen verbunden.
Die Ausgangsmoleküle nennt man **Monomeren** – die durch Polymerisation daraus entstehenden Makromoleküle bezeichnet man als **Polymeren.**
Bei der Polymerisation wird die Doppelbindung in den Monomeren aufgespalten und die einzelnen Monomere verbinden sich zu kettenförmigen Polymeren. Je nach Art der Monomere entstehen durch die Polymerisation Kunststoffe mit unterschiedlichen Eigenschaften.

Beispiel **für eine Polymerisation**

Ausgangsmoleküle,
(Monomere)

Verknüpfung der aktivierten Ausgangsmoleküle zu Makromolekülen
(Polymer)

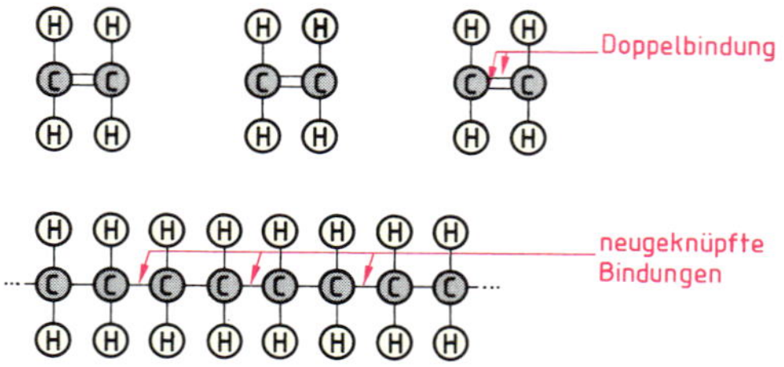

Kleine Ausgangsmoleküle mit Doppelbindung zwischen C-Atomen werden durch Polymerisation zu Makromolekülen verbunden.

12.2.2 Polymerisate

- **Polyethylen (PE)**

Polyethylen ist ein thermoplastischer Kunststoff, der mit unterschiedlichen Dichten erzeugt wird. Polyethylen niedriger Dichte (ca. 0,915 g/cm^3) wird durch das Kurzzeichen **PE-LD** gekennzeichnet.
Dieser Werkstoff wird hauptsächlich zu Folien verarbeitet.
Polyethylen hoher Dichte (ca. 0,96 g/cm^3) wird durch das Kurzzeichen **PE-HD** gekennzeichnet. Es wird zu Bauteilen und Behältern verarbeitet, da es höhere Festigkeit, Härte und Formbeständigkeit bei Erwärmen aufweist als Polyethylen niederer Dichte.

Eigenschaften:

Eigenschaft	PE-LD	PE-HD
Zugfestigkeit in N/mm^2	10 bis 20	20 bis 30
Reißdehnung in %	50 bis 500	100 bis 800
Dichte in g/cm^3	ca. 0,915	ca. 0,96
Wärmeausdehnungskoeffizient in 1/K	0,0002	0,0001

Polyethylen ist beständig gegen Säuren, Laugen und Lösungsmittel. Kraft- und Schmierstoffe können einige PE-Sorten besonders bei Temperaturen über 50 °C zum Anquellen bringen.
Polyethylen ist nicht klebbar.

Verwendung:
Laufräder, Laufrollen, Behälter, Führungen.

Handelsnamen (Beispiele):
Holstalen®, Vestolen®, Lupolen®.

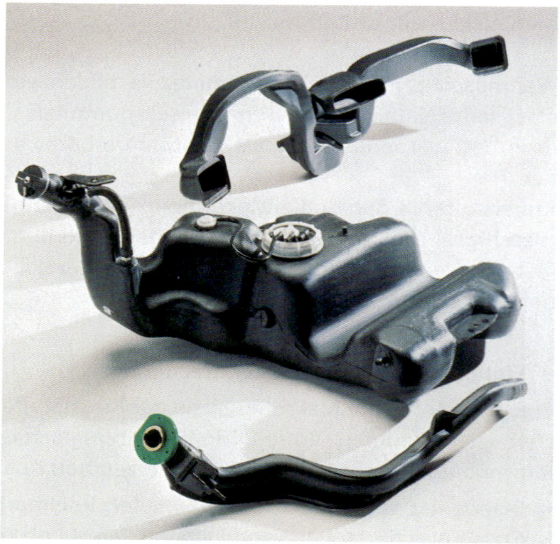

Bauteile aus PE

• **Polypropylen (PP)**

Polypropylen ist ein thermoplastischer, teilkristalliner Kunststoff. Seine Eigenschaften entsprechen denen hochfester Polyethylensorten. Durch Faserverstärkung können die mechanischen Eigenschaften und die Formbeständigkeit von Polypropylen erhöht werden.

Eigenschaften:

Zugfestigkeit	in N/mm^2	21 bis 35
Reißdehnung	in %	20 bis 100
Dichte	in g/cm^3	ca. 0,9
Wärmeausdehnungs-koeffizient	in 1/K	0,0001

Sicherheitsgasventile aus PP

Polypropylen ist beständig gegen Säuren, Laugen und Lösungsmittel.
Polypropylen ist nicht klebbar.

Verwendung:
Laufräder, Laufrollen, Behälter, Rohrleitungen, Ventile.

Handelsnamen (Beispiele):
Holstalen®, Novolen®.

• **Polyvinylchlorid (PVC)**

Polyvinylchlorid ist ein thermoplastischer Kunststoff, der als Hart- oder Weich-PVC eingesetzt wird. Für industrielle Zwecke verwendet man meist Hart-PVC, das nur aus dem Polymer des Vinylchlorids besteht. Im Bauwesen, für Haushaltsgegenstände, Spielwaren und Folien verwendet man Weich-PVC. Die Weichmachung des PVC kann auf zwei Arten erfolgen. Entweder werden die Moleküle des PVC durch eingelagerte Moleküle eines Weichmachers auf Abstand gebracht, oder es werden andere Monomere in die Makromoleküle des PVC eingebaut.

Eigenschaften von Hart-PVC:

Zugfestigkeit	in N/mm^2	50 bis 60
Reißdehnung	in %	1 bis 3
Dichte	in g/cm^3	1,38
Wärmeausdehnungs-koeffizient	in 1/K	0,00007

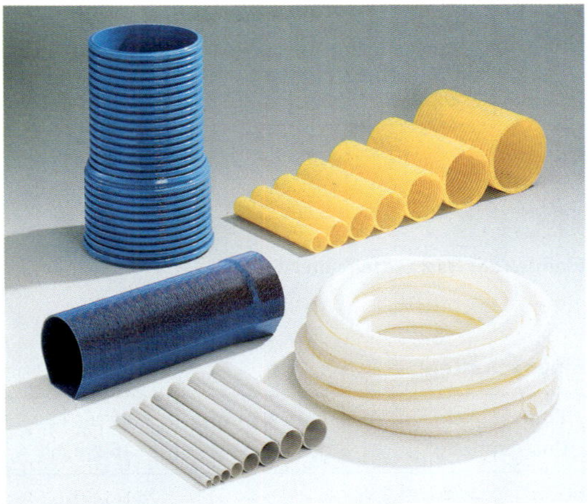

Rohre und Schläuche aus PVC

Polyvinylchlorid ist beständig gegen Säuren, Laugen und Öle, aber unbeständig gegen viele organische Lösungsmittel.

Verwendung:
Rohre, Profile, Verkleidungen, Schläuche.

Handelsnamen (Beispiele):
Vinnolit®, Vestolit®, Vinoflex®.

• **Polytetrafluorethylen (PTFE)**

Polytetrafluorethylen ist ein teilkristalliner Kunststoff mit sehr großen Molekülängen. Deshalb ist er schwer in der Wärme umzuformen. Formteile werden darum aus diesem Kunststoff vorwiegend durch Drucksintern hergestellt.

Eigenschaften:
PTFE ist bis etwa 450 °C temperaturbeständig.
PTFE führt auf Gleitflächen in Kombination mit anderen Werkstoffen zu sehr niedrigen Reibungsverlusten.

PTFE ist gegen Säuren, Laugen und Lösungsmittel beständig.

Verwendung:
Dichtungen, Gleitbeschichtungen, wartungsfreie Lager, Gleitringe für Zylinder.

Handelsnamen (Beispiele):
Teflon®, Hostaflon®, Fluon®.

Bauteile aus PTFE

- **Styrolpolymerisate (PS, ABS)**

Polystyrol-Hartschäume werden zur Wärmedämmung verwendet. Diese Schäume sind sehr empfindlich gegen Lösungsmittel, aber beständig gegen Wasser, Säuren und Laugen. Bekanntester Handelsname ist Styropor®.
Für Werkstoffe des Maschinenbaus setzt man dem Styrol die Monomere Acrylnitril und Butadien zu. Je nach Höhe der Zusätze kann man die Eigenschaften unterschiedlich beeinflussen. Man nennt den Werkstoff **Acrylnitril-Butadien-Copolymerisat** oder kurz ABS.

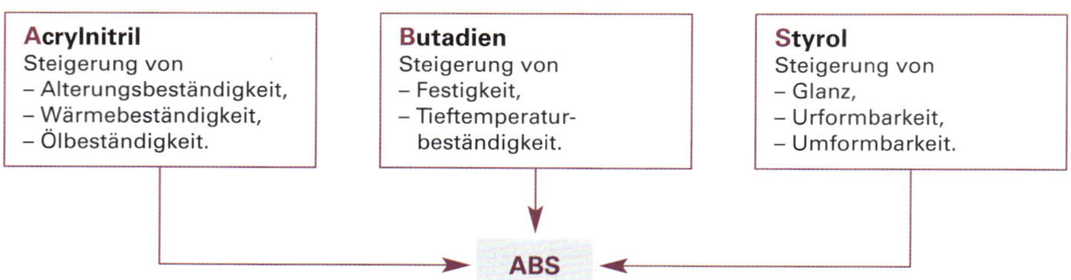

Einfluss der Bestandteile im ABS

Eigenschaften:

Zugfestigkeit	in N/mm^2	32 bis 45
Reißdehnung	in %	15 bis 30

ABS wird von organischen Lösungsmitteln und Bezin bei längerer Einwirkung angegriffen.

Verwendung:
Gehäuse von Kleinmaschinen.

Handelsnamen (Beispiele):
Hostyren®, Luran®, Trolitul®, Vestyron®, Novodur®.

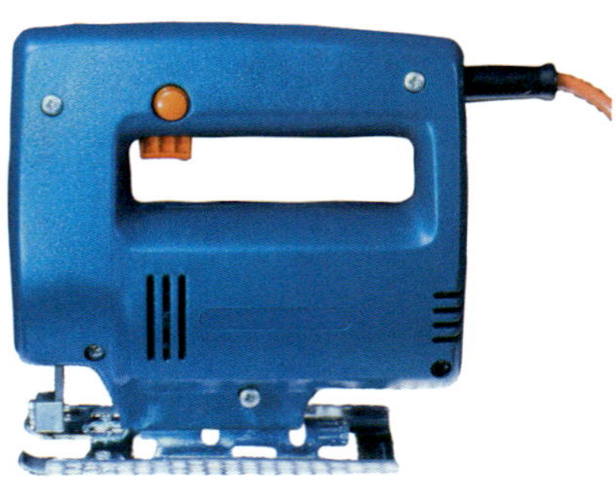

Maschinengehäuse aus ABS

12.3 Kunststoffe durch Polykondensation

12.3.1 Polykondensationsvorgang

Bei der Polykondensation reagieren kleine Moleküle von Ausgangsstoffen zu Großmolekülen unter Abspaltung von Wasser.

Beispiel für eine Polykondensation

Das Polykondensat Polyamid entsteht durch Reaktion von Molekülen, die an den Enden Amino-Gruppen tragen, mit Molekülen, die an den Enden Säure-Gruppen tragen.

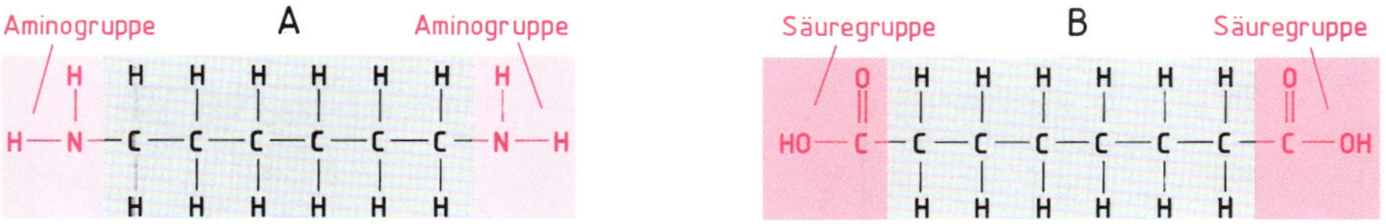

Molekül A mit 2 Aminogruppen **Molekül B mit 2 Säuregruppen**

Bei der Verbindung der Moleküle zum Kunststoff Polyamid wird gleichzeitig an jeder Verbindungsstelle aus einem Wasserstoffatom der Aminogruppe und der OH-Gruppe der Säure ein Wassermolekül gebildet.

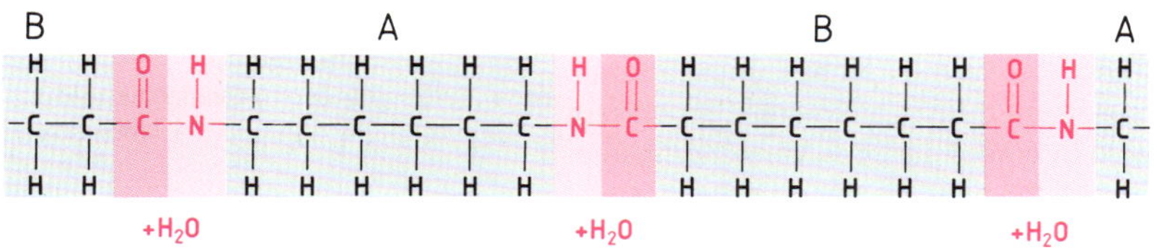

Polykondensation ist die Verbindung kleiner Moleküle zu Makromolekülen unter Abspaltung von Wasser.

12.3.2 Polykondensate

Wichtige Polykondensate sind: • Polyester und • Polyamide.

- **Polyester**

Thermoplastische Polyester

Polyester, die aus langen, verknäulten Fadenmolekülen bestehen, sind thermoplastisch und teilkristallin. Sie werden zu Textilfasern und Formteilen verarbeitet.

Formteile werden oft mit kleinen Fasern verstärkt. Dadurch steigen die dynamische Belastbarkeit, die Wärmebeständigkeit und die Abriebfestigkeit.

Verwendung:

Pumpengehäuse, Zahnräder, Riemenscheiben.

Handelsnamen (Beispiele):

Pocan®, Diolen®.

Ungesättigte Poyester (UP)

Im Maschinenbau werden auch Polyester als Flüssigkunststoffe zusammen mit langfaserigen Verstärkungsstoffen, z. B. Glasfasern, zur Herstellung von Verkleidungen u. Ä. verwendet. Diese Polyester werden vom Hersteller als **Flüssigkunststoffe** geliefert. Gibt man *Härter* zu diesem Gemisch, so entsteht ein **Duroplast.**

Verbindungen mit Doppelbindungen zwischen C-Atomen bezeichnet man in der Chemie als ungesättigte Verbindungen. Aus diesem Grunde nennt man Polyester, die als Flüssigkunststoffe verarbeitet werden, **ungesättigte Polyester (UP).**

Beispiele **für die Vernetzung eines ungesättigten Polyesters (UP)**

Makromoleküle eines ungesättigten Polyesters nach Polykondensation

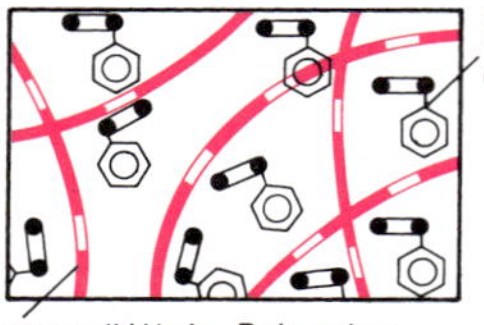

ungesättigte Polyestermoleküle nach Lösen in Styrol

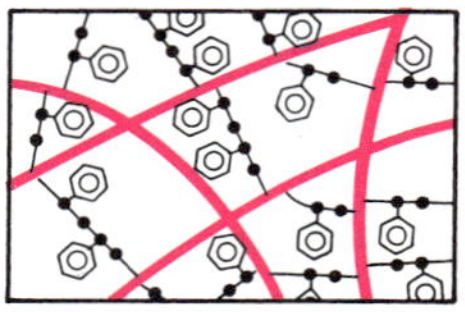

vernetzte Polyestermoleküle nach Aushärtung

Die Herstellung von Formteilen aus ungesättigten Polyestern geschieht durch Laminieren. Bei diesem Verfahren wird in einer Form das Verstärkungsmaterial, das als Matte oder Gewebe vorliegt (siehe auch Seite 333*)*, mithilfe von Pinseln und Rollen mit dem Polyester, dem Härter und Beschleuniger zugefügt wurden, getränkt.

Bei mechanischer Fertigung werden Glasfaserstränge in einer Spritzpistole geschnitzelt und zusammen mit einem Polyester-Härter-Gemisch in die Form gespritzt.

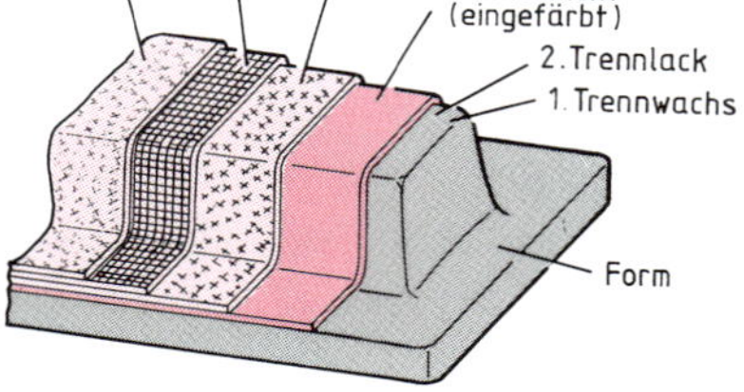

Schichtaufbau bei Laminaten aus UP

Eigenschaften:

Zugfestigkeit	in N/mm²	80 bis 350
Dichte	in g/cm³	1,7 bis 1,9
Wärmeausdehnungskoeffizient	in 1/K	0,00001

Mit steigendem Anteil an Verstärkungsstoffen und Ausrichtung der Fasern des Verstärkungsstoffes in Belastungsrichtung wächst die Festigkeit.

Duroplastische Polyester sind beständig gegen Säuren, Laugen und Lösungsmittel.

Verwendung:
Verkleidungen, Gehäuse, Behälter, Metallkleber, Spachtelmassen.

Handelsnamen (Beispiele):
Leguval®, Palatal®, Vestopal®, Stabilit®, Prestolith®.

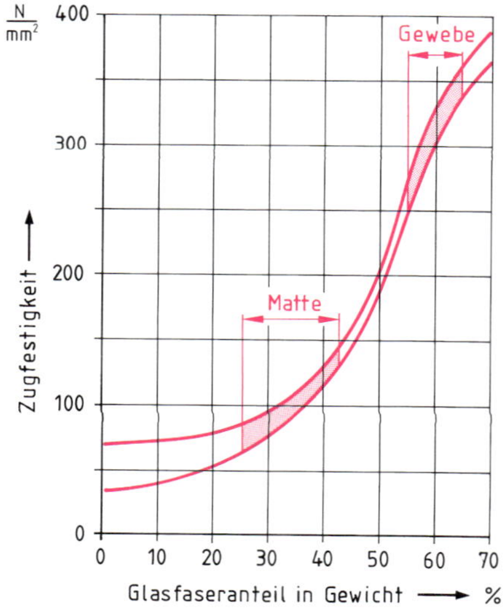

Zugfestigkeit in Abhängigkeit vom Glasfaseranteil

- **Polyamide (PA)**

Polyamide gehören zu den wichtigsten Kunststoffen im Maschinenbau. Sie besitzen hohe Festigkeit, Zähigkeit, Verschleißfestigkeit und Schwingungsdämpfung.

Eigenschaften:

Zugfestigkeit	in N/mm^2	60 bis 120
Reißdehnung	in %	40 bis 230
Dichte	in g/cm^3	1,07 bis 1,3
Wärmeausdehnungskoeffizient	in 1/K	0,0001

Maschinenteile aus PA

Polyamide sind chemikalienbeständig, außer gegen Säuren und starke Laugen.

Verwendung:
Zahnräder, Lüfterräder, Lager, Wälzlagerkäfige, Schrauben, Dübel, Dichtungen, Gehäuse, Griffe, Führungen, Rollen, PA-Fasern versponnen zu Seilen und Geweben.

Handelsnamen (Beispiele):
Ultramid®, Vestamid®, Durethan®, Perlon®, Nylon®.

12.4 Kunststoffe durch Polyaddition

12.4.1 Polyadditionsvorgang

Bei der Polyaddition reagieren kleine Moleküle, die bestimmte Gruppen am Molekülende haben, zu Makromolekülen. Die Bindung wird durch Umlagerung *eines* Wasserstoffatoms von einem Molekül auf das andere ermöglicht. Daher entsteht bei dieser Art der Bildung von Makromolekülen **kein Nebenprodukt**.

12.4.2 Polyaddukte

- **Polyurethane**

Beim Polyurethan entsteht die Bindung, indem das H-Atom des Alkohols an das Stickstoffatom der Zyanatgruppe wandert. Damit wird die Doppelbindung zwischen dem Kohlenstoffatom und dem Stickstoffatom gelöst und das Kohlenstoffatom der Zyanatgruppe kann sich mit dem Sauerstoffatom des Alkohols verbinden.

Polyurethane können je nach Ausgangsstoffen unterschiedliche Eigenschaften aufweisen:

Eigenschaften:
Wegen der Vielfalt der Ausgangsstoffe sind die mechanischen Eigenschaften der Polyurethane in weiten Grenzen veränderbar. Die im Maschinenbau verwendeten Polyurethane haben etwas bessere mechanische Eigenschaften als Polyamide.

Polyurethane sind weitgehend beständig gegen Chemikalien.

Kupplungsteile aus Polyurethan

Verwendung:
Zahnriemen, Dichtringe, Getriebeteile, Isolierschäume, Kleber, Gehäuse

Handelsnamen (Beispiele):
Vulkollan®, Desmopan®, Adipren®.

- **Epoxidharze**

Epoxidharze werden wie ungesättigte Polyester zusammen mit Verstärkungsstoffen verarbeitet. Besonders hohe Festigkeiten werden durch Einlaminieren von Kohlenstofffasern erzielt. Diese kohlenstofffaserverstärkten Kunststoffe (CFK) werden in der Luft- und Raumfahrt verwendet. Sie dringen aber auch in den Maschinenbau vor. Vorwiegend werden jedoch im Maschinenbau hochwertige Kleber auf der Basis von Epoxidharzen verwendet.

Eigenschaften von kohlenstofffaserverstärktem Epoxidharz:

Zugfestigkeit	in N/mm^2	1930 bei 62 % Faser
Reißdehnung	in %	1,5
Dichte	in g/cm^3	1,6

Epoxidharze sind chemikalienbeständig.

Verwendung:
Kleber, Modelle, Vergussmassen, Maschinenteile

Handelsnamen (Beispiele):
Araldit®, Epoxin®, Lekutherm®, UHU-plus®.

Hauptspindel einer Werkzeugmaschine aus kohlenstofffaserverstärktem Epoxidharz

12.5 Unterscheiden von Kunststoffen

Nach dem Aussehen und der Dichte sind Kunststoffe, im Gegensatz zu Metallen, nur sehr schwer zu unterscheiden. Die Kunststoffe sind in den meisten Fällen eingefärbt und mit Füllmaterialien wie zum Beispiel Holzschnitzel, Papier u. a. versetzt. Ferner sind besonders unter den Polymerisaten Kunststoffe aus verschiedenen Monomeren auf dem Markt, welche sich nur sehr schwer von anderen Kunststoffen unterscheiden lassen.

Die besten Möglichkeiten zum Unterscheiden von Kunststoffen sind die Schmelz- und Brennprobe. Bei der **Schmelzprobe** wird eine kleine Probe des Kunststoffes so hoch erhitzt, bis sie entweder weich wird oder sich als nicht schmelzbar erweist. Auf diese Art können Thermoplaste und Duroplaste unterschieden werden.

Zur **Brennprobe** hält man ein kleines Stück des Kunststoffes in die Flamme. Dabei beobachtet man das Verhalten des Kunststoffes in der Flamme und nach dem Herausnehmen aus der Flamme. Charakteristisch für den einzelnen Kunststoff ist auch der Geruch der bei der Brennprobe entstehenden Gase. Diese Gase können auch mit einem feuchten Stück Indikatorpapier auf ihre Reaktion, basisch oder sauer, überprüft werden.

Kunststoffe	**ursprüngliche Farbe des Kunststoffs**	**Brennprobe**				**Schmelzverhalten**
		Flammenfärbung	Geruch der Gase	Reaktion der Gase	sonstige Merkmale	
Polyethylen	milchig-weiß	bläulich	paraffinartig	–	tropft	schmilzt
Polystyrol	glasklar	gelb	süßlich	–	rußt	schmilzt
Polyvinylchlorid	glasklar	gelblich	salzsäureartig	sauer	tropft selten	schmilzt
Polyamid	milchig-weiß	bläulich	hornartig	basisch	zieht Fäden	schmilzt
Polyester (GFK)	farblos bis gelblich	gelblich	süßlich	–	rußt, bildet Rückstand	nicht schmelzend
Polyurethane	gelb-braun	gelblich	stechend	–	–	evtl. schmelzend

Automatisierungstechnik

1 Grundlagen der Steuerungstechnik

Gesteuerte Maschinen, Anlagen und Vorrichtungen zeichnen sich durch den Einsatz unterschiedlicher Technologien aus. Die Kombination von mechanischen und elektronischen Bauteilen mit pneumatischen oder hydraulischen Systemen schafft die Voraussetzung für die Automatisierung.

Beispiel für Messungen an einer elektro-pneumatischen Steuerung

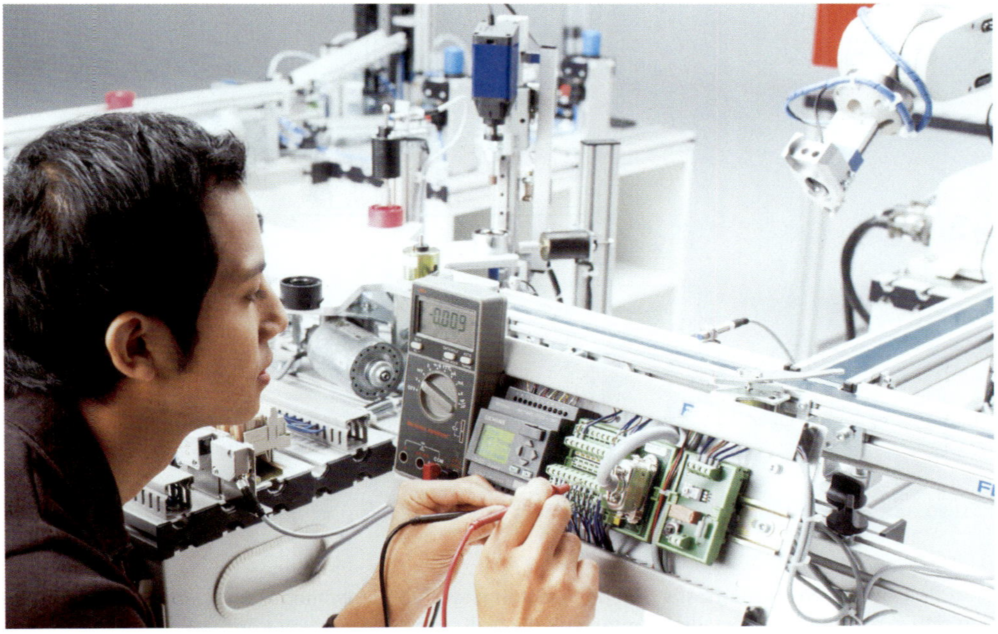

Die Technologien, die sich mit der Umformung, Übertragung und Steuerung von Kräften und Bewegungen befassen, nennt man nach den jeweiligen Informations- und Energieträgern:
– Elektrotechnik/Elektronik (Elektronen), – Pneumatik (Luft), – Hydraulik (Flüssigkeit).

1.1 Steuerungs- und Leistungsteil gesteuerter Anlagen

Gesteuerte Anlagen bestehen aus mehreren Teilsystemen. Im einfachsten Fall kann man einen Steuerungsteil und einen Leistungsteil in der Anlage unterscheiden. Im Steuerungsteil werden die Bedingungen überprüft, bei deren Erfüllung an den Leistungsteil die Anweisung zur Arbeit gegeben wird. Der Leistungsteil verrichtet sodann die Arbeit.

Im Steuerungsteil wird nur wenig Energie zum Betrieb benötigt. Hier arbeitet man wegen des geringen Energiebedarfs meist elektrisch, elektronisch oder pneumatisch.
Im Leistungsteil wendet man elektrisch höhere Spannungen und Stromstärken an oder man arbeitet pneumatisch bzw. hydraulisch.

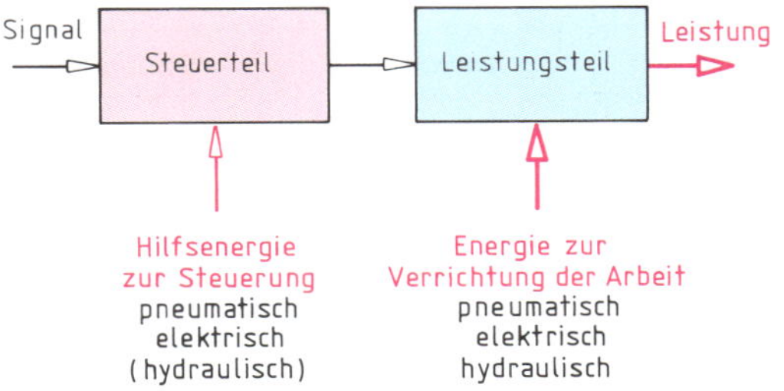

Teilsysteme gesteuerter Anlagen

Zum Steuerungsteil einer Anlage gehören die Bauteile und Baugruppen, die Signale empfangen, verarbeiten und weiterleiten. Der Leistungsteil einer Anlage besteht aus den Arbeitsgliedern und den Bauteilen, welche die Energiezufuhr zum Arbeitsglied bewirken.

Beispiel **Technologieschema für Steuerungs- und Leistungsteil in einer gesteuerten Einrichtung (Zuführeinrichtung einer Bohrvorrichtung)**

In der dargestellten Anlage werden nach Drücken des Auslösetasters Werkstücke aus einem Fallmagazin durch einen Pneumatikzylinder in die Bohrvorrichtung geschoben. Der Vorschub darf jedoch nur erfolgen, wenn die Bohrvorrichtung frei ist und noch ein Werkstück im Magazin liegt.

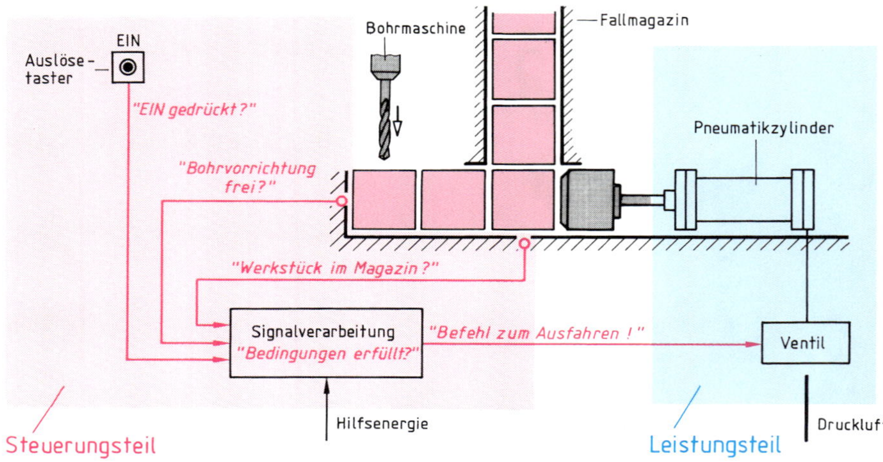

Gesteuerte Einrichtungen bestehen aus einem Steuerungsteil und einem Leistungsteil.

Zum Betrieb des Steuerungsteils und des Leistungsteils von Maschinen, Anlagen und Vorrichtungen haben sich je nach Aufgabenstellung unterschiedliche Kombinationen von Informations- und Energieträgern bewährt.

Steuerungsteil	Leistungsteil	Anwendung bei ...
pneumatisch	**pneumatisch**	– einfachen Steuerungen mit kurzen Verbindungsleitungen und mäßigem Kraftaufwand im Leistungsteil, z. B. bei Spannvorrichtungen.
elektrisch elektronisch	**pneumatisch**	– aufwändigen Steuerungen mit mäßigem Kraftaufwand im Leistungsteil, langen Verbindungswegen, und einer Vielzahl von zu verarbeitenden Informationen, z. B. bei ferngesteuerten Transporteinrichtungen.
elektrisch elektronisch	**hydraulisch**	– Steuerungen für Anlagen mit hohen Kräften im Leistungsteil, langen Leitungswegen, z. B. Schleusentore.
elektrisch elektronisch	**elektrisch**	– Steuerung von Anlagen, in denen vornehmlich Drehbewegungen ausgeführt werden oder elektrisch erwärmt wird, z. B. Krananlagen, Elektroöfen.
hydraulisch	**hydraulisch**	– einfachen Steuerungen mit kurzen Verbindungsleitungen und hohem Kraftbedarf im Leistungsteil, z. B. Bagger.

In gesteuerten Systemen können der Steuerungsteil und der Leistungsteil mit unterschiedlichen Energieträgern betrieben werden.

1.2 Logikpläne von Steuerungen

Für die Funktion einer Steuerung ist es unerheblich, mit welcher Energieart das System betrieben wird. Die Entscheidung darüber wird unter wirtschaftlichen und wartungstechnischen Gesichtspunkten gefällt. Unabhängig von der eingesetzten Energie kann man Steuerungen auf ihre wesentlichen Zusammenhänge zwischen Eingangsgrößen und Ausgangsgrößen – auf ihre Logik – untersuchen.

Beispiel **für den logischen Zusammenhang zwischen Eingangs- und Ausgangsgrößen einer Steuerung (Technologieschema mit Schaltzeichen aus der Elektrotechnik)**

In der dargestellten Vorrichtung sollen Werkstücke nur dann unter den Bohrer geschoben werden, wenn Schalter S 1 UND S 2 gedrückt sind, und S 3 NICHT durch ein Werkstück gedrückt ist.

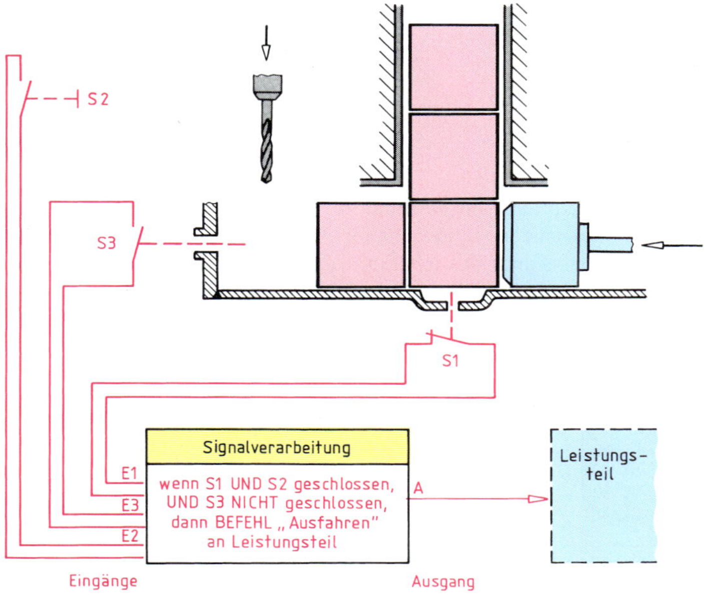

Zuführeinrichtung einer Bohrvorrichtung

In der Steuerung dieser Vorrichtung sind die logischen Funktionen UND sowie NICHT enthalten.

Im Steuerungsteil von Systemen werden Informationen logisch miteinander verknüpft.

1.2.1 Logische Grundfunktionen

Zu den logischen Grundfunktionen, mit denen **alle** Verknüpfungsschaltungen aufgebaut werden können, gehören:

- die UND-Verknüpfung,
- die ODER-Verknüpfung,
- die NICHT-Verknüpfung.

Eine logische Funktion wird dargestellt durch ein Rechteck mit einem Zeichen für die Art der Verknüpfung. Der Buchstabe **E** kennzeichnet die Eingänge, der Buchstabe **A** den Ausgang des Logiksymbols.

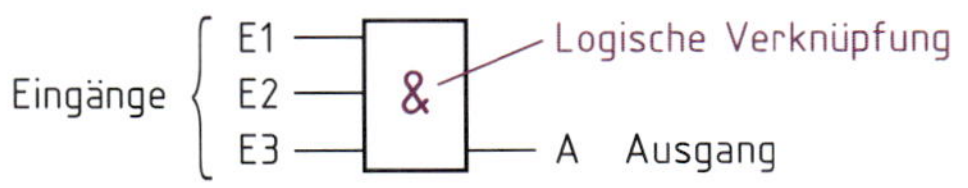

Aufbau von Logistiksymbolen

Für die Funktionsweise der einzelnen Schaltungen gilt folgende Festlegung:

- **0-Signal** → „Keine Spannung vorhanden",
- **1-Signal** → „Spannung vorhanden".

In der Funktionstabelle werden die Ausgangszustände in Abhängigkeit der Eingänge dargestellt.

- **UND-Verknüpfung**

Die UND-Verknüpfung ist vergleichbar mit der Reihenschaltung von Schaltern. Der Ausgang hat nur dann Signal – die Lampe ist dann eingeschaltet –, wenn die in Reihe geschalteten Schalter gleichzeitig geschlossen sind. Der Ausgang einer UND-Verknüpfung führt nur dann 1-Signal, wenn alle Eingänge 1-Signal führen. In allen anderen Fällen führt der Ausgang 0-Signal.

Beispiel **für eine UND-Verknüpfung**

Technologieschema

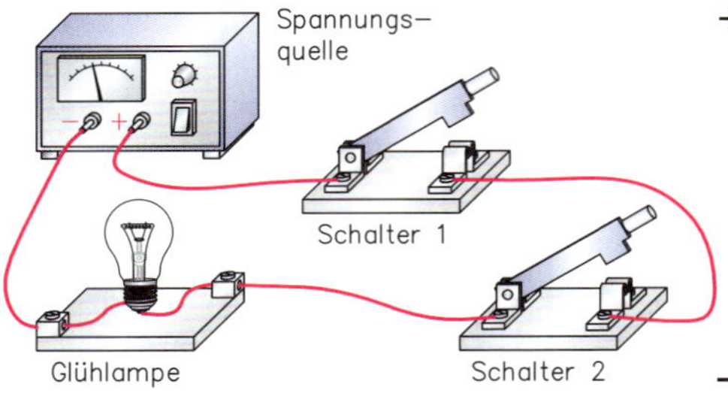

Stromlaufplan

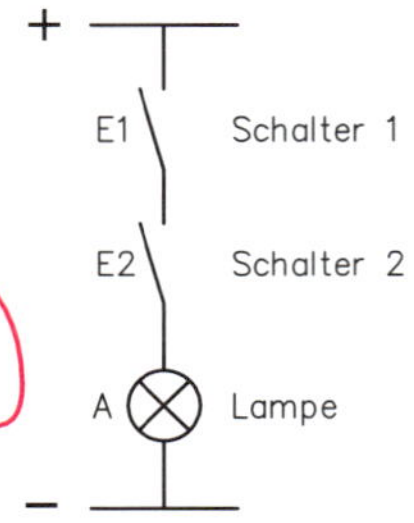

Logiksymbol

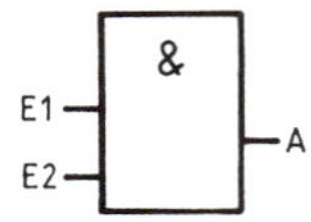

Funktionstabelle

E1	E2	A
0	0	0
0	1	0
1	0	0
1	1	1

- **ODER-Verknüpfung**

Die ODER-Verknüpfung ist vergleichbar mit der Parallelschaltung von Schaltern. Der Ausgang hat nur dann Signal – die Lampe ist dann eingeschaltet –, wenn mindestens einer der beiden parallel geschalteten Schalter geschlossen ist. Signal ist auch dann vorhanden, wenn beide Eingänge Signal führen. Der Ausgang einer ODER-Verknüpfung führt nur dann 1-Signal, wenn mindestens ein Eingang 1-Signal führt. Nur wenn alle Eingänge 0-Signal führen, führt auch der Ausgang 0-Signal.

Beispiel **für eine ODER-Verknüpfung**

Technologieschema

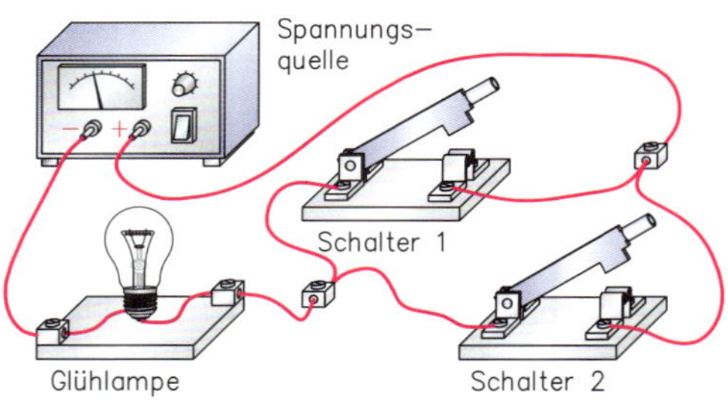

Stromlaufplan

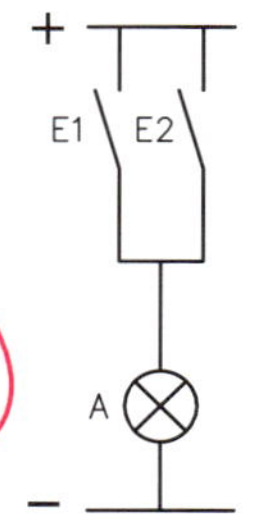

Logiksymbol

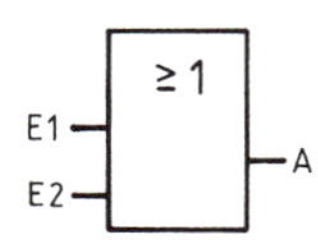

Funktionstabelle

E1	E2	A
0	0	0
0	1	1
1	0	1
1	1	1

- **NICHT-Verknüpfung**

Die NICHT-Verknüpfung ist vergleichbar mit einem Schalter, der bei Betätigung öffnet. Der Ausgang hat dann Signal – die Lampe ist dann eingeschaltet –, wenn der Schalter nicht betätigt wurde. Der Ausgang einer NICHT-Verknüpfung führt dann 1-Signal, wenn der Eingang 0-Signal führt.

Beispiel **für eine NICHT-Verknüpfung**

Technologieschema

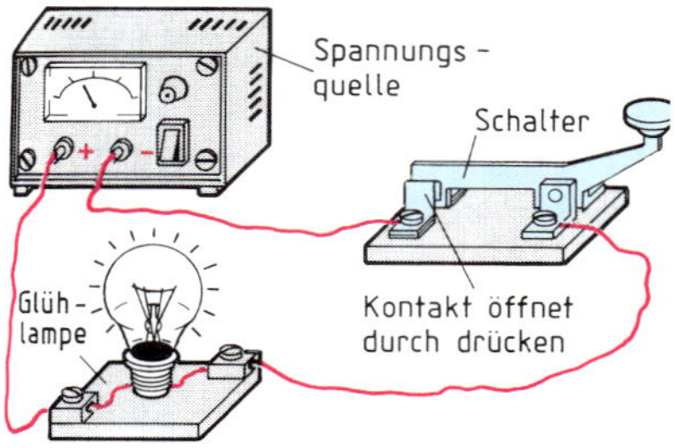

Stromlaufplan

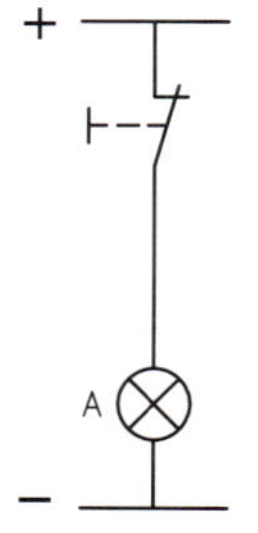

Logiksymbol

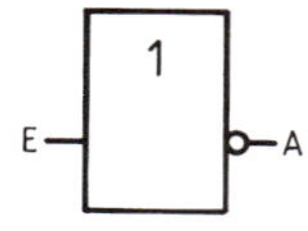

Funktionstabelle

E	A
0	1
1	0

Das Symbol für die Nicht-Verknüpfung kann auch mit anderen Symbolen zusammengefasst werden, sodass vereinfachte Darstellungen entstehen.

Beispiel **für eine Verknüpfung des NICHT-Symbols**

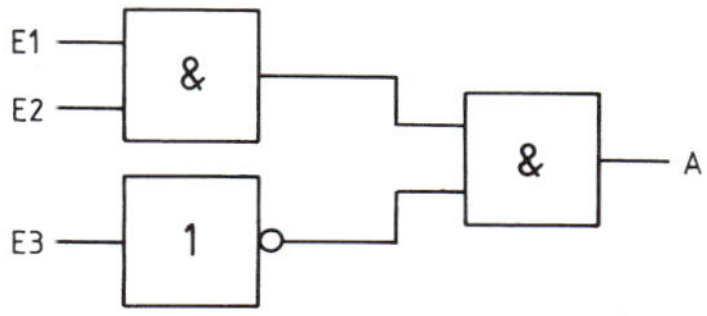

vereinfacht:

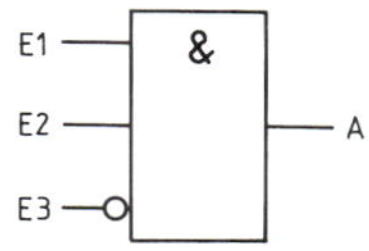

- **Verwirklichung von logischen Grundfunktionen in verschiedenen Technologien**

Bezeichnung	Logiksymbol	Funktionstabelle	Beispiel für die Verwirklichung	
			pneumatisch	elektrisch
Identität	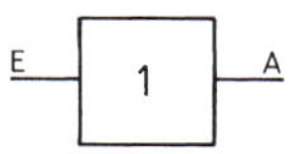	**E** / **A**: 0 / 0; 1 / 1	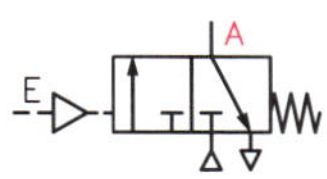	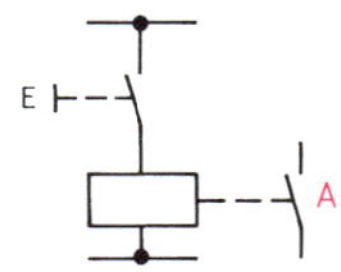
UND	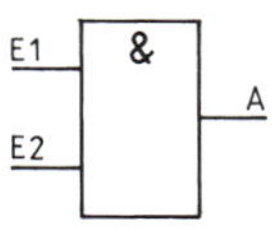	**E1** / **E2** / **A**: 0 / 0 / 0; 0 / 1 / 0; 1 / 0 / 0; 1 / 1 / 1	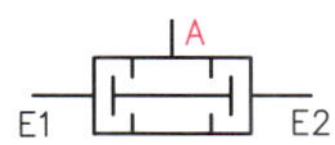	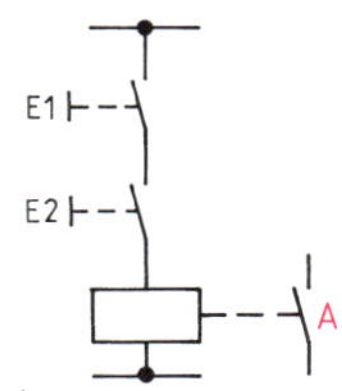
ODER	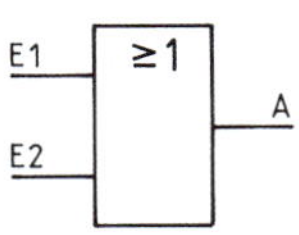	**E1** / **E2** / **A**: 0 / 0 / 0; 0 / 1 / 1; 1 / 0 / 1; 1 / 1 / 1	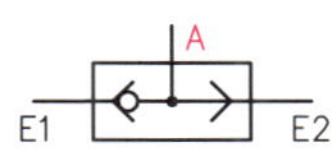	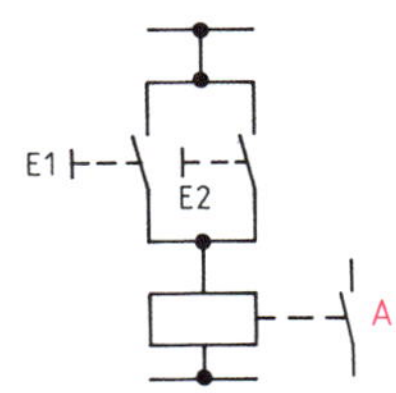
NICHT	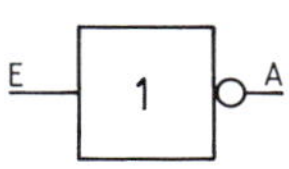	**E** / **A**: 0 / 1; 1 / 0	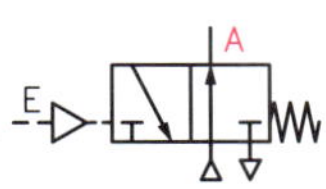	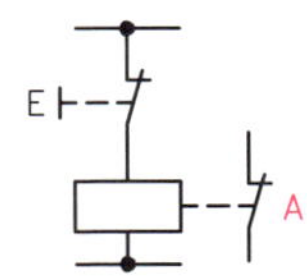

Erklärung der Schaltzeichen siehe Seite 380 und Seite 428.

Logische Funktionen werden durch Logiksymbole dargestellt. Mit ihrer Hilfe kann man unabhängig von der gewählten Technologie die Logik der Steuerung erläutern. Funktionstabellen schaffen eine Übersicht über die Arbeitsbedingungen der Steuerung.

1.2.2 Darstellung von Steuerungen

Die Darstellung von Steuerungen kann verschiedene Elemente enthalten. In einer genauen Aufgabenstellung muss die Steuerungsaufgabe möglichst eindeutig und vollständig beschrieben sein. Ergänzt wird diese Beschreibung meist mit einem Technologieschema. Das Technologieschema verdeutlicht insbesondere die Lage der Elemente und Baugruppen zueinander in vereinfachter Form.

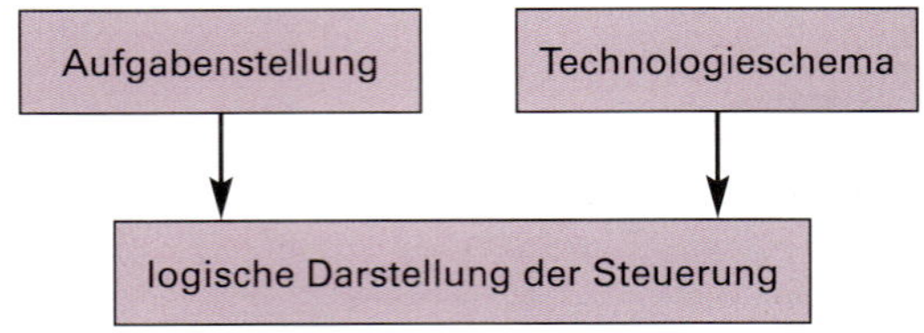

Planungsgrundlagen für Steuerungen

Mithilfe der Logiksymbole kann man die Funktion der Steuerung unabhängig von der Technologie, in der die Steuerung verwirklicht werden soll, darstellen.

Beispiel **für die Darstellung von Steuerungsfunktionen mithilfe von Logiksymbolen**

Aufgabenstellung

Mit der dargestellten Vorrichtung werden Lagerbuchsen in Laufrollen eingepresst. Der Einpressvorgang soll nur dann erfolgen, wenn:

- mit den Händen die Handtaster 1S 1 **und** 1S 2 gleichzeitig gedrückt sind,

oder wenn:

- der Fußtaster 1S 3 gedrückt wird **und** der Taster 1B 4 für das Schutzgitter **nicht** gedrückt ist, weil das Schutzgitter vollständig herabgelassen ist.

Technologieschema

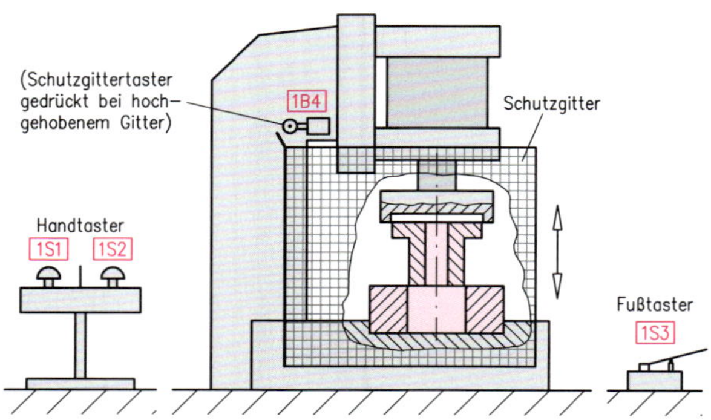

Funktionstabelle

E1	E2	E3	E4	A
0	0	0	0	0
0	0	0	1	0
0	0	1	0	1
0	0	1	1	0
0	1	0	0	0
0	1	0	1	0
0	1	1	0	1
0	1	1	1	0
1	0	0	0	0
1	0	0	1	0
1	0	1	0	1
1	0	1	1	0
1	1	0	0	1
1	1	0	1	1
1	1	1	0	1
1	1	1	1	1

Zuordnungsliste

Eingang	Taster 1S 1 gedrückt	E1 = 1
	Taster 1S 2 gedrückt	E2 = 1
	Taster 1S 3 gedrückt	E3 = 1
	Taster 1B 4 gedrückt	E4 = 1
Ausgang	Zylinder ausgefahren	A = 1

Logikplan

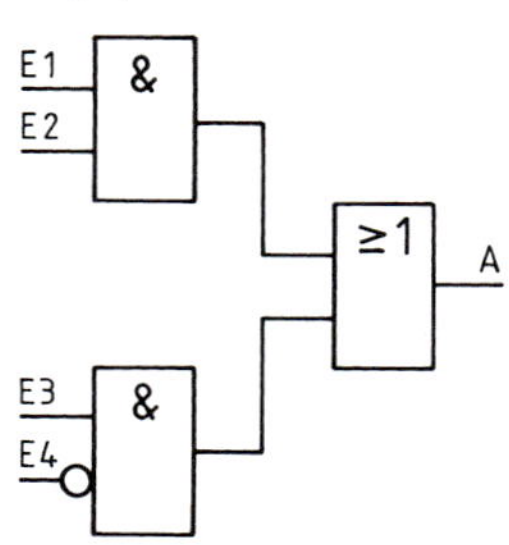

2 Grundlagen für pneumatische Steuerungen

2.1 Druck

Übt man über einen Kolben eine Kraft auf ein Gas oder eine Flüssigkeit aus, entsteht ein Druck. Der Druck p wird größer, wenn die Kraft größer und/oder die Fläche kleiner wird.

$$\text{Druck} = \frac{\text{Kraft}}{\text{Fläche}} \quad \text{bzw.} \quad p = \frac{F}{A}$$

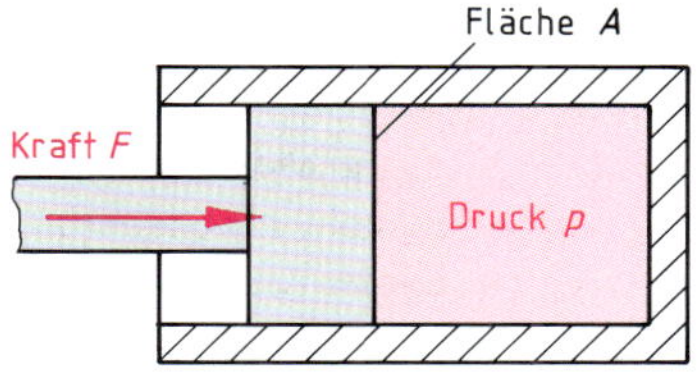

Druck, Kraft und Fläche

- **Einheit des Druckes**

Im internationalen Einheitensystem (SI-Einheiten) ist die Einheit des Druckes Newton je Quadratmeter. Ein Newton je Quadratmeter ist ein Pascal (Einheitenzeichen: Pa). Die Einheit Pa ist für Angaben in der Pneumatik und in der Hydraulik zu klein. Deshalb wurde die Druckeinheit Bar (Einheitenzeichen: bar) eingeführt.

Im internationalen Einheitensystem sind als Druckeinheiten das Pascal und das Bar festgelegt.

$1\ \text{Pa} = 1\,\frac{\text{N}}{\text{m}^2}$ $\quad$ 1 bar = 100 000 Pa = 100 kPa = 0,1 MPa $\quad$ $1\ \text{bar} = 10\,\frac{\text{N}}{\text{cm}^2}$

- **Atmosphärischer Druck**

Die Lufthülle der Erde erzeugt aufgrund ihres Eigengewichtes einen atmosphärischen Druck (Formelzeichen: p_{amb}). Der atmosphärische Druck ändert sich mit der Höhe der Luftsäule. Als mittlerer atmosphärischer Jahresdruck wurden p_{amb} = 1,013 bar gemessen und festgelegt.

Als mittlerer atmosphärischer Jahresdruck wurden p_{amb} = 1,013 bar gemessen und festgelegt.

Schließt man z. B. einen Zylinder an eine Druckerzeugungsanlage an, so kann der absolute Druck der Druckluft nicht voll genutzt werden. Der atmosphärische Druck (p_{amb}) wirkt am Arbeitskolben gegen den absoluten Druck. Daher ist nur der Druckunterschied wirksam, den man als Überdruck bezeichnet (Formelzeichen: p_e).

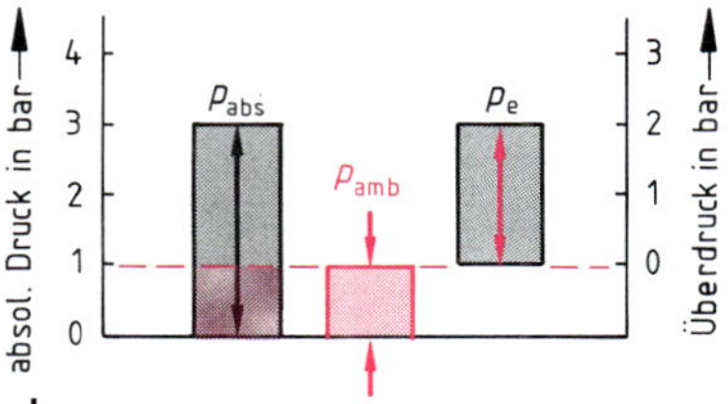

Überdruck p_e

Der Überdruck p_e ist der Druckunterschied zwischen dem absoluten Druck p_{abs} und dem atmosphärischen Druck p_{amb}. Messgeräte für die Fluidtechnik zeigen den Überdruck an.

$$p_e = p_{abs} - p_{amb}$$

- **Druckausbreitung**

Wirkt in einem Gerät auf einen Kolben mit der Fläche A_1 die Kraft F_1, so entsteht an jeder Stelle der Flüssigkeit der Überdruck p_e. Dieser Überdruck wirkt über ein Verbindungsrohr auf einen größeren Kolben mit der Fläche A_2. Angeschlossene Messgeräte zeigen überall den gleichen Druck an. Wegen der größeren Fläche am großen Kolben wirkt dort auf ihn eine größere Kraft F_2 als auf den kleineren Kolben.

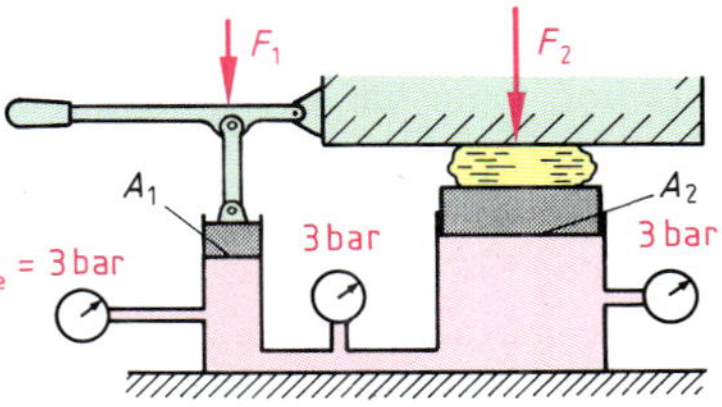

Druckausbreitung

Der Überdruck ist innerhalb eines geschlossenen Systems in allen Richtungen wirksam und überall gleich groß.

2.2 Einheiten zur Bereitstellung der Druckluft

Mithilfe der Pneumatik werden vor allem Steuerungen im Bereich des Maschinenbaues, des Vorrichtungsbaues und der Montagetechnik verwirklicht. Jede pneumatische Anlage besteht aus folgenden drei Teilsystemen:

- System zur Druckluftbereitstellung.
- System zur Steuerung,
- System zur Arbeitsverrichtung.

Beispiel **für die Teilsysteme einer Pneumatikanlage** (Schema)

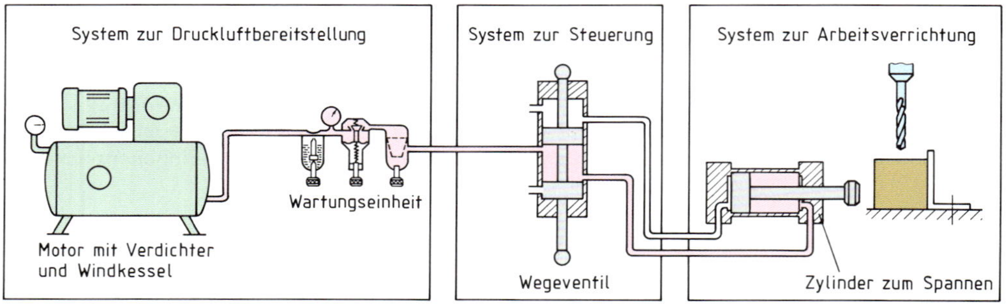

2.2.1 Verdichter (Kompressoren)

- **Grundlagen**

Drückt man Luft zusammen, so spricht man von Verdichten bzw. Komprimieren. Entsprechende Geräte heißen Verdichter oder Kompressoren. Bei Verdichtungsvorgängen wird ein vorhandenes Ansaugvolumen V_1 mit dem Eingangsdruck p_1 zu einem kleineren Volumen V_2 zusammengepresst. In dem kleineren Volumen V_2 herrscht ein erhöhter Druck p_2.

Für Verdichtungsvorgänge gilt bei konstant bleibender Temperatur das Boyle-Mariottesche Gesetz. Bei der Anwendung dieses Gesetzes ist darauf zu achten, dass p_1 und p_2 **absolute Drücke** sind.

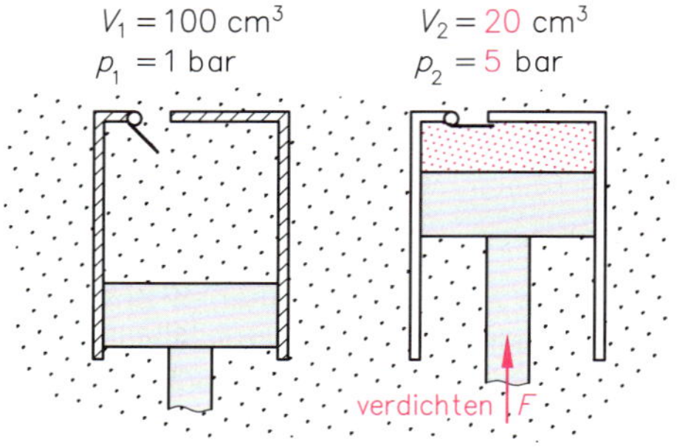

$100\ \text{cm}^3 \cdot 1\ \text{bar} = 20\ \text{cm}^3 \cdot 5\ \text{bar}$

allgemein gilt: $V_1 \cdot p_1 = V_2 \cdot p_2$

Gesetz von Boyle-Mariotte

Alle Druckangaben bei pneumatischen Anlagen beziehen sich jedoch auf den Überdruck p_e gegenüber dem atmosphärischen Druck. Andernfalls werden Druckangaben besonders gekennzeichnet.

Beispiel **für eine Druckberechnung**

Aufgabe

Ein Verdichter saugt je Hub 200 cm³ Luft an, die einen Druck von 1 bar hat. Er verdichtet auf ein Volumen von 50 cm³.

a) Auf welchen absoluten Druck wird die Luft verdichtet?

b) Welchen Druck zeigt das Messgerät in der Druckleitung an?

Lösung

a) Druck im Verdichter

$$p_2 = \frac{p_1 \cdot V_1}{V_2} = \frac{1\ \text{bar} \cdot 200\ \text{cm}^3}{50\ \text{cm}^3}$$

$p_2 =$ **4 bar** (absoluter Druck im Verdichter)

b) $p_e =$ **3 bar** (angezeigter Druck vom Messgerät)

Druckangaben in der Pneumatik beziehen sich auf den Überdruck.
Druckmessgeräte in der Pneumatik sind auf Überdruck eingestellt.

- **Bauformen von Verdichtern**

Verdichter unterscheidet man nach der Art der Drucklufterzeugung. Werden in einem Verdichter die Luftteilchen, z. B. durch einen Kolben, verdrängt und dabei das Luftvolumen verkleinert, so benutzt man das Verdrängungsprinzip zur Erzeugung der Druckluft. Im Hinblick auf den erreichbaren Druck und die gewünschte Liefermenge haben sich in der Pneumatik Verdichter nach dem Verdrängungsprinzip durchgesetzt.

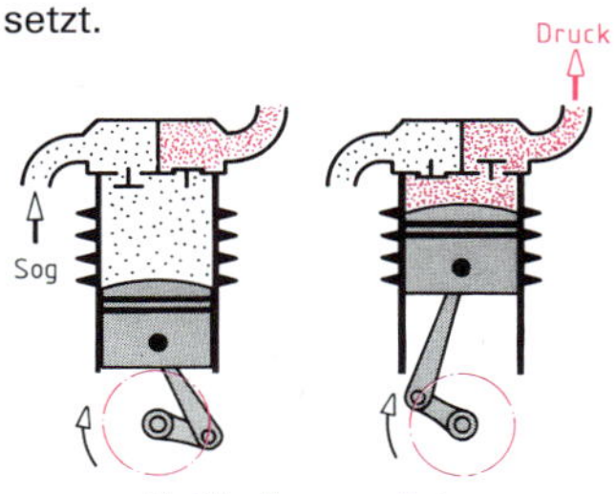

Hubkolbenverdichter

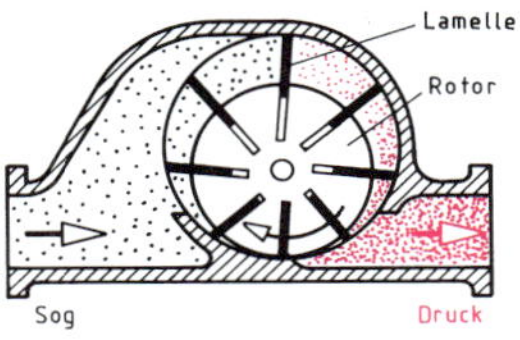

Lamellenverdichter

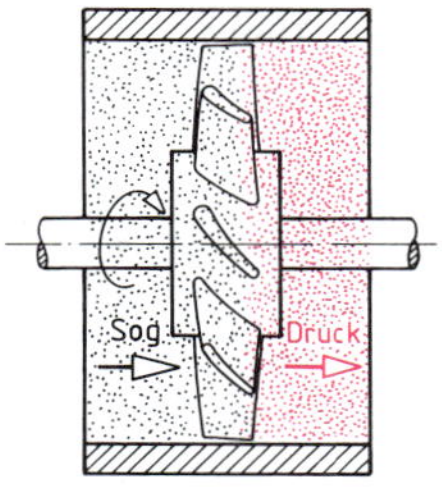

Axialverdichter

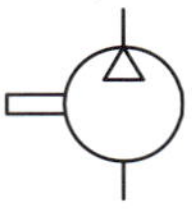

Symbol für Verdichter

Hubkolbenverdichter und Lamellenverdichter arbeiten nach dem Verdrängerprinzip.
Axialverdichter arbeiten nach dem Strömungsprinzip.

- **Liefermenge und Betriebsdruck**

Zur Kennzeichnung eines Verdichters dienen der erreichbare Druck und die Liefermenge. Die Liefermenge wird bei kleinen Anlagen in Liter/min, sonst in m³/min angegeben.
Pneumatische Anlagen arbeiten in der Regel mit einem Druck von 6 bar; als untere Grenze werden 3 bar und als obere 15 bar angesehen.

2.2.2 Druckluftverteilung

Druckluftbehälter

In Druckluftverteilungsanlagen wird die Luft aus dem Verdichter zunächst in einen Behälter geleitet. Zwischen Verdichter und Druckluftbehälter befinden sich ein Kühler und ein Wasserabscheider.

Die Aufgaben des Druckluftbehälters sind:
- *Ausgleich* der Druckstöße vom Verdichter,
- *Speicherung* von Druckluft,
- *Abkühlung* der Druckluft mit Kondensatausscheidung.

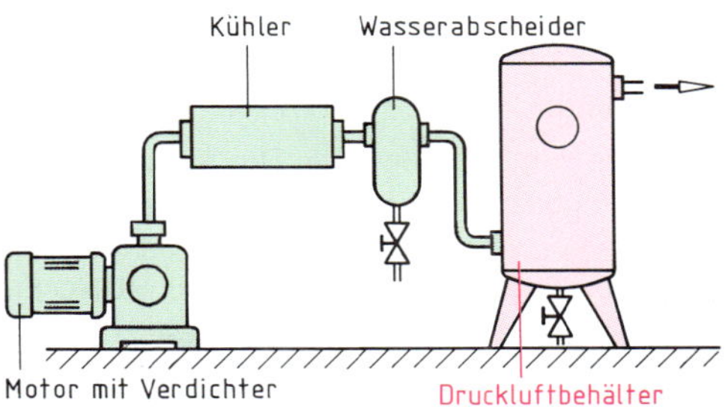

Druckluftanlage (Schema)

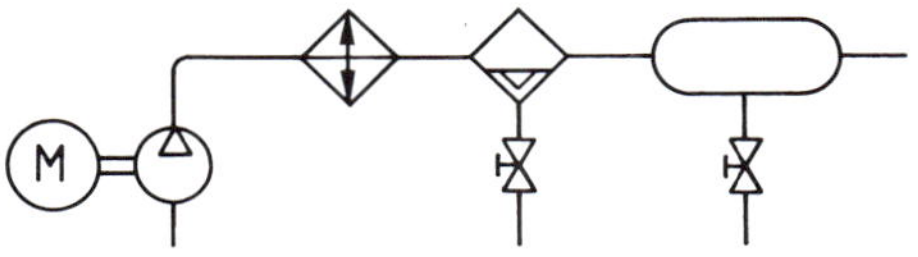

Druckluftanlage (symbolische Darstellung)

2.2.3 Aufbereitung der Druckluft

Aufgabe der Wartungseinheit

Die Druckluft aus dem Rohrleitungsnetz darf nicht unmittelbar den Pneumatikelementen zugeführt werden. Sie wird wie folgt aufbereitet:
- *Reinigen* und *Abscheiden* von Kondensat in einem Filter mit Abscheider,
- *Regeln* durch ein Druckreduzierventil mit Überdruckmessgerät,
- *Anreichern mit Ölnebel* in einem Öler.

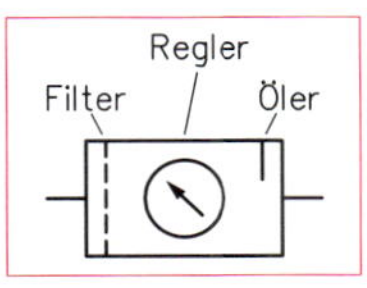

vereinfachtes Symbol

Symbol für Wartungseinheit (vereinfacht)

Diese drei Aufbereitungsvorgänge werden in einem kombinierten Gerät – der Wartungseinheit – durchgeführt.

2.3 Einheiten zum Steuern der Druckluft

In einer pneumatischen Anlage benötigt man Bauteile, welche die Druckluft steuern. Solche Bauteile nennt man Ventile. Die Ventile unterteilt man nach ihrer Funktion wie folgt:

2.3.1 Übersicht über pneumatische Ventile

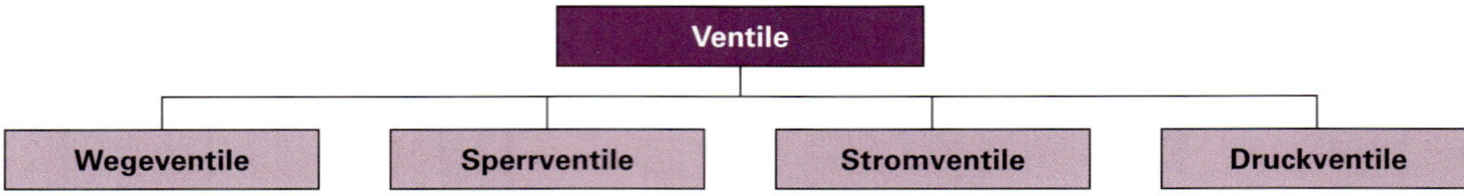

2.3.2 Bauformen pneumatischer Ventile

- **Wegeventile**

Wegeventile öffnen und schließen Durchflusswege des Luftstromes. Bei den Wegeventilen unterscheidet man Sitz- und Schieberventile. Sitzventile dichten durch Kugeln oder Teller, Schieberventile durch Kolben.

Sitzventile haben eine kurze Ansprechzeit, sind unempfindlich gegen Schmutz, haben wenig Verschleißteile, erfordern jedoch eine große Betätigungskraft.

- **Sperrventile**

Ventile, die den Durchfluss der Druckluft richtungsmäßig beeinflussen, bezeichnet man als Sperrventile. Als Sperrventile werden das Wechselventil (ODER-Element), das Zweidruckventil (UND-Element) und das Rückschlagventil eingesetzt.

- **Stromventile**

Stromventile beeinflussen die Durchflussmenge der Druckluft. Als Stromventile werden hauptsächlich das Drosselrückschlagventil, das Verzögerungsventil und das Schnellentlüftungsventil eingesetzt.

- **Druckventile**

Druckventile beeinflussen den Druck in einer Anlage. Das Druckbegrenzungsventil sichert die Anlage vor Überlastung.

Das Druckregelventil hält den Ausgangsdruck unabhängig vom Eingangsdruck und dem Verbrauch konstant.

Schnittbild eines 3/2-Wege-Schiebeventils

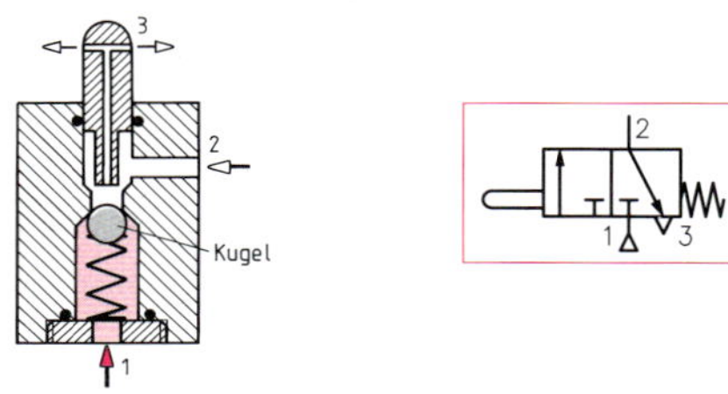

Kugelsitzventil (3/2-Wegeventil)

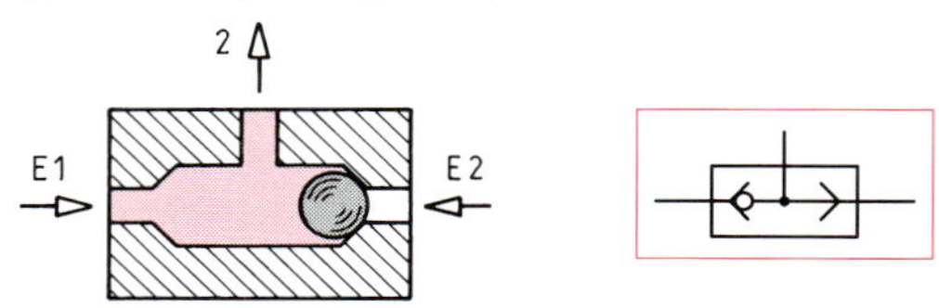

Wechselventil (ODER)

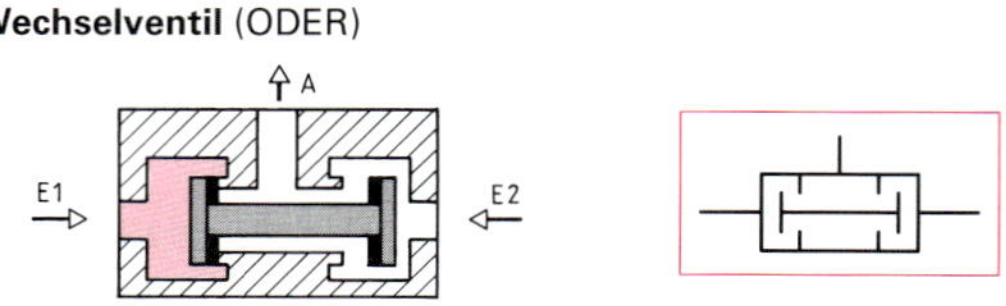

Zweidruckventil (UND)

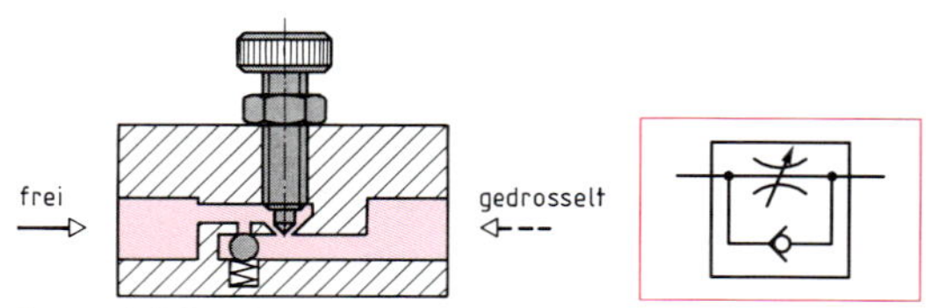

Drosselrückschlagventil

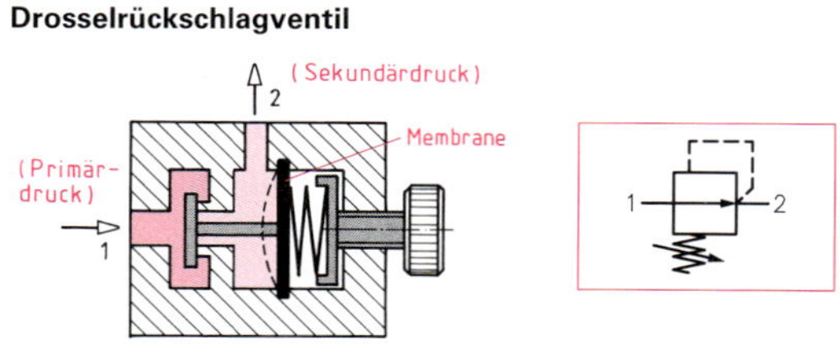

Druckregelventil

2.3.3 Wegeventile

- **Symbole für Wegeventile**

Vereinfacht werden die Wegeventile durch Quadrate dargestellt. Pfeile in den Quadraten kennzeichnen die Durchflusswege. Die Sperrung wird durch „T"-Zeichen gekennzeichnet. Bei Wegeventilen wird jede Schaltstellung durch ein eigenes Quadrat dargestellt. Die Schaltstellung kennzeichnet man durch Buchstaben oder Zahlen. Die Anzahl der Quadrate entspricht somit der Anzahl der Schaltstellungen. Die Rohranschlüsse zeichnet man nur an jenes Quadrat, welches die Ausgangsstellung zeigt. Den Anschluss ins Freie symbolisiert man durch ein Dreieck. Rechts und links trägt man an die Quadrate die Symbole für die Betätigung an. Die einzelnen Schaltstellungen stellt man sich durch Verschieben der Quadrate vor. Die Rohranschlüsse werden dabei nicht verschoben.

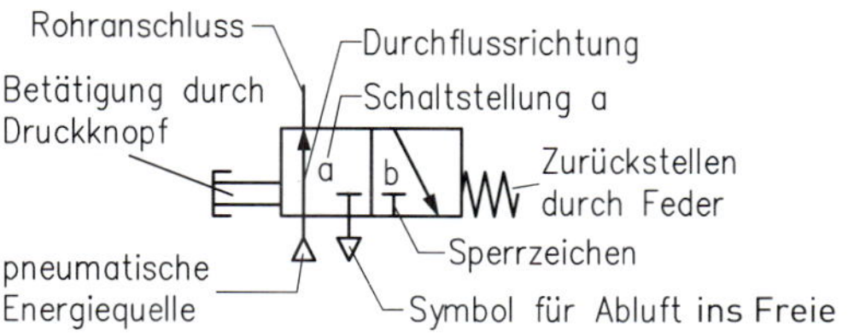

3/2-Wegeventil (Pneumatik)

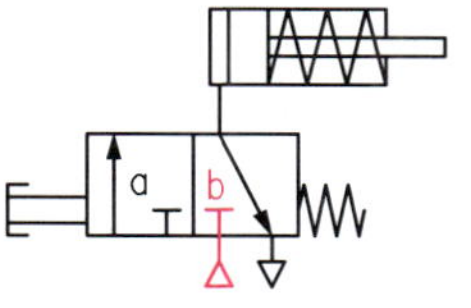

Ventil in Schaltstellung b (Ausgangsstellung)

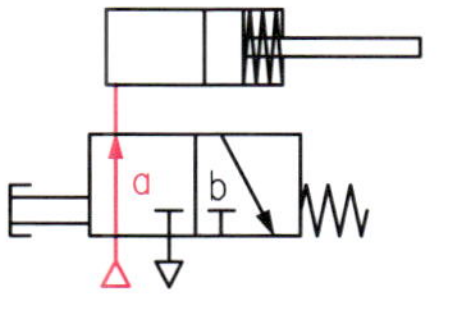

Ventil in Schaltstellung a (Verschoben)

Grafische Symbole von Wegeventilen enthalten u. a.:
- für jede Schaltstellung ein Quadrat mit Kennzeichen für Durchflusswege und Sperrstellungen,
- Zeichen für die Anschlüsse an der Ausgangsstellung des Ventils,
- Kennzeichen für die Betätigung des Ventils.

- **Benennung von Wegeventilen**

Man bezeichnet ein Ventil nach der Anzahl der Anschlüsse und der Zahl der möglichen Schaltstellungen. So hat z. B. ein 4/3-Wegeventil 4 Anschlüsse und 3 Schaltstellungen (1; 0; 2).

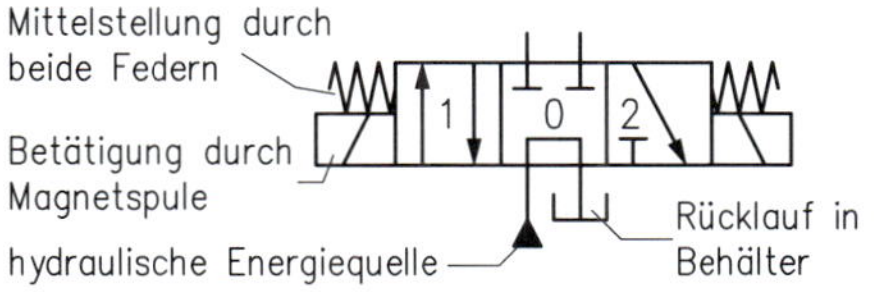

4/3-Wegeventil (Hydraulik)

Wegeventile werden nach Anschlusszahl und Zahl der Schaltstellungen benannt.

- **Kennzeichnung der Anschlüsse von Ventilen**

Die Anschlüsse an Ventile in der Pneumatik werden durch Zahlen gekennzeichnet. Da noch über längere Zeit ältere Ventile im Einsatz sind, soll auch die ältere Bezeichnung mit Buchstasben bekannt sein.

Beispiele **für die Kennzeichnung von Anschlüssen in der Pneumatik**

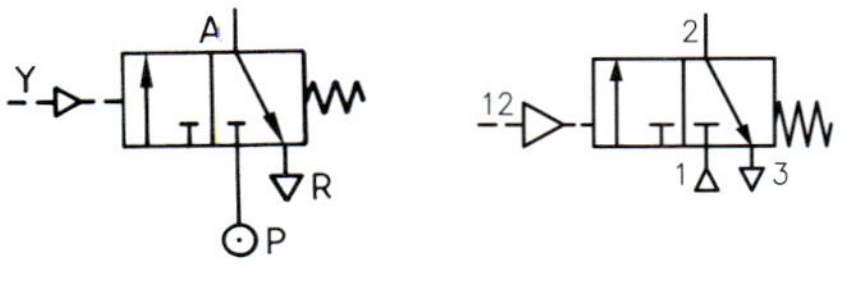

alte Norm DIN ISO 5599

3/2-Wegeventil

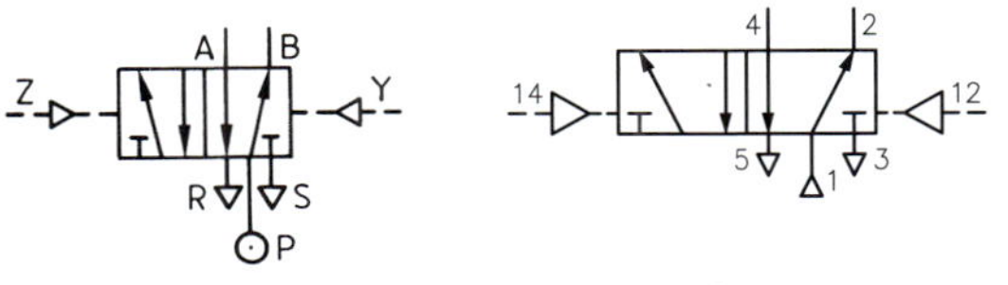

alte Norm DIN ISO 5599

5/2-Wegeventil

Erklärung der Kennzeichnung nach DIN ISO 5599

Der in Ausgangsstellung versorgte Arbeitsanschluss bei 4/2- und 5/2-Wegeventilen erhält die Ziffer 2.
Signal an Steueranschluss 12 bedeutet: Druckleitung 1 wird mit Arbeitsleitung 2 verbunden.
Signal an Steueranschluss 14 bedeutet: Druckleitung 1 wird mit Arbeitsleitung 4 verbunden.

2.3.4 Betätigungsarten von Wegeventilen

Das Symbol für die Betätigung wird bei Wegeventilen an das Quadrat jener Schaltstellung gezeichnet, für welches diese Betätigung gilt. Betätigungen können auch parallel oder hintereinander kombiniert werden.

Betätigungsarten (Auswahl)

Muskelkraftbetätigung	mechanische Betätigung	sonstige Betätigung
– allgemein	– durch Stößel	– durch Druckbeaufschlagung
– durch Drücken	– durch Feder	– 2-stufige Betätigung durch pneumatisch-hydraulische Vorsteuerstufe
– durch Hebel	– durch Rolle	– durch Elektromagnet mit 1 Wicklung
– allgemein, mit Raste	– durch Rolle, nur in einer Richtung arbeitend	– zwei Betätigungsrichtungen durch 2 Wicklungen im E-Magnet

Im Ausgangszustand gedrückte Ventile kennzeichnet man durch das Betätigungsglied mit angesetztem Symbol für die Steuerschiene.

Beispiel **für die parallele Betätigung von Wegeventilen**

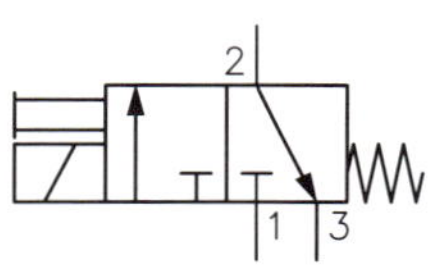

Beispiel **für ein Ventil, das im Ausgangszustand betätigt ist**

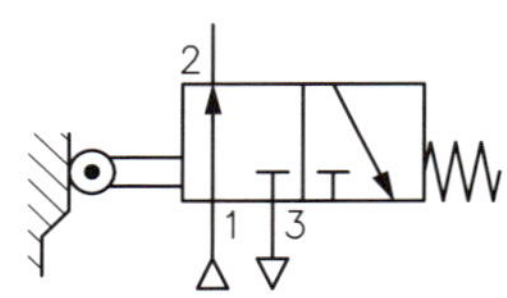

2.4 Arbeitseinheiten in der Pneumatik

2.4.1 Aufbau von Zylindern

Einfach wirkende Zylinder benötigen nur für eine Bewegungsrichtung Druckluft. Sie können Kräfte nur in einer Richtung übertragen und haben begrenzte Baulängen.
Doppelt wirkende Zylinder benötigen für zwei Bewegungsrichtungen Druckluft. Sie übertragen Kräfte in beide Richtungen. Ihre Baulänge kann den gestellten Anforderungen weitgehend angepasst werden.

Beispiele **für Pneumatikzylinder**

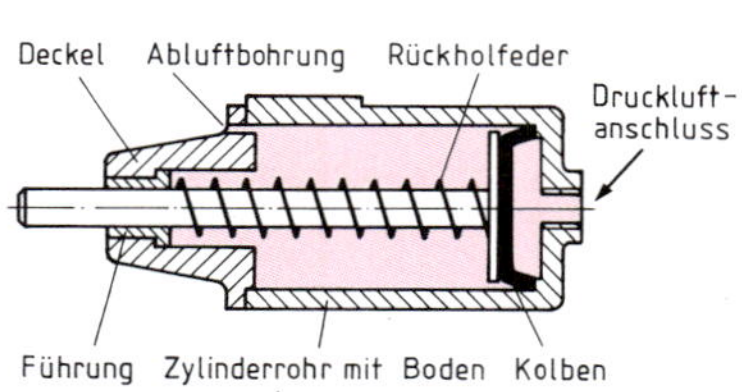

Einfach wirkender Zylinder

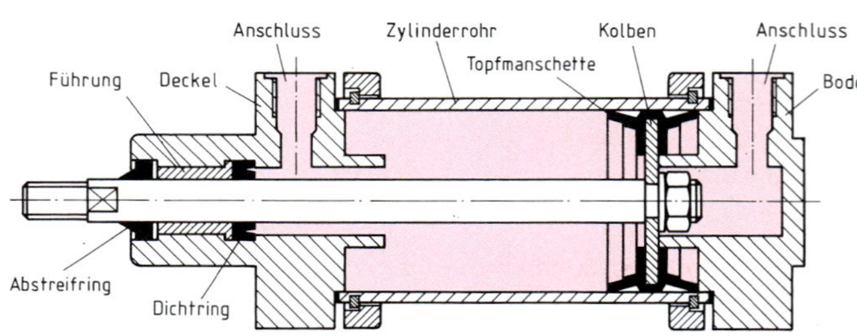

Doppelt wirkender Zylinder

2.4.2 Kolbenkraft

Die Druckluft oder das Drucköl erzeugen im Zylinder eine Kraft auf den Kolben. Sie wird Kolbenkraft F genannt. Die Kolbenkraft ist abhängig von dem herrschenden Arbeitsdruck p_e und der Größe der beaufschlagten Kolbenfläche A.
Die rechnerisch ermittelte Kolbenkraft kann nicht voll wirksam werden. Reibungsverluste vermindern diese Kraft.

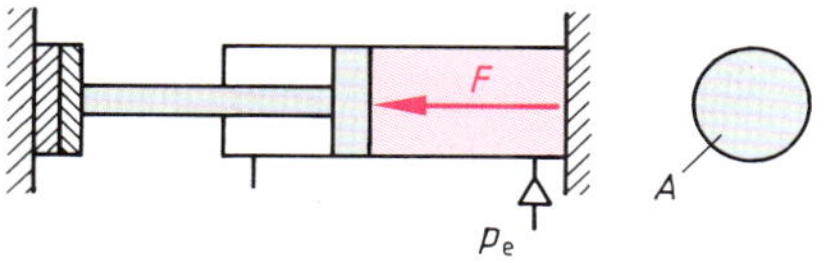

F in N
p in N/cm²
A in cm²

Kolbenkraft	$F = p_e \cdot A$
Wirksame Kolbenkraft	$F_w = F - F_{Verlust}$

Kolbenkraft

Die wirksame Kolbenkraft F_w ist stets kleiner als die theoretische Kolbenkraft F.

- **Kolbenkraft am einfach wirkenden Zylinder**

Bei einfach wirkenden Zylindern wird beim Ausfahren die gesamte Kolbenfläche mit Druck beaufschlagt. Der Vorhub erfolgt gegen die Kraft der eingebauten Feder. Die wirksame Kolbenkraft F_w – auch effektive Kolbenkraft genannt – ergibt sich dann aus der Druckkraft, vermindert um die Reibungsverluste F_v und die Federkraft F_F. Für Überschlagsrechnungen können die Verluste durch Reibungs- und Federkraft bei Druckluftzylindern mit etwa 25 % angesetzt werden.

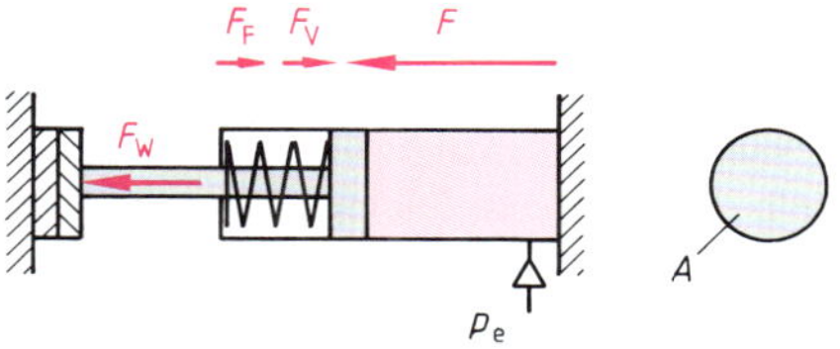

$$F_w = F - F_v - F_F$$
$$F_w \approx 0{,}75 \cdot F$$

Wirksame (effektive) Kolbenkraft

Beispiel **für die Berechnung der wirksamen Kolbenkraft**

Aufgabe

In einem einfach wirkenden Zylinder mit Federrückstellung herrscht ein Arbeitsdruck von 6 bar. Der Kolbendurchmesser beträgt 80 mm. Wie groß ist die Druckkraft F_w an der Kolbenstange bei Berücksichtigung von 25% Verlust?

Lösung

$$F_w \approx 0{,}75 \cdot F$$

$$F_w \approx 0{,}75 \cdot p_e \cdot \frac{d^2 \cdot \pi}{4}$$

$$F_w \approx \frac{0{,}75 \cdot 60\ \text{N} \cdot (8\ \text{cm})^2 \cdot 3{,}14}{\text{cm}^2 \cdot 4}$$

$F_w \approx$ **2,3 kN** (wirksame Kraft)

Die Kolbenkraft wird bei einfach wirkenden Zylindern durch die Reibungskraft und die Federkraft vermindert.

- **Kolbenkraft am dopppelt wirkenden Zylinder**

Kolbenkraft im Vorhub

Beim Ausfahren der Kolbenstange wird die volle Kolbenfläche von der Druckluft beaufschlagt. Die wirksame Kolbenkraft im Vorhub F_{vor} ergibt sich nach Abzug der Reibungskraft. Für Überschlagsrechnungen können die Reibungsverluste mit etwa 20 % angesetzt werden.

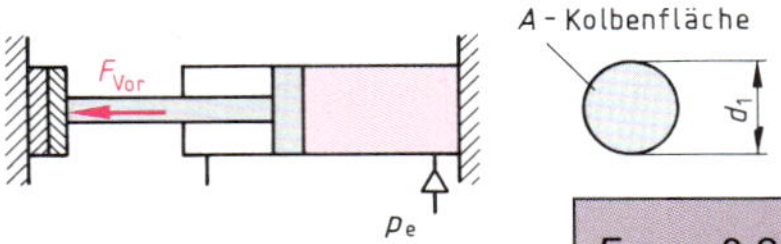

$$F_{vor} = 0{,}8 \cdot p_e \cdot d_1^2 \frac{\pi}{4}$$

Kolbenkraft beim Vorhub

Kolbenkraft im Rückhub

Beim Einfahren ist die Kolbenfläche um den Querschnitt der Kolbenstange kleiner. Für Berechnungen kann man daher nur die verbleibende Ringfläche berücksichtigen.

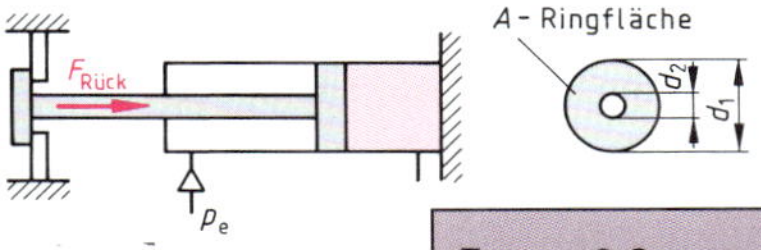

$$F_{rück} = 0{,}8 \cdot p_e \cdot \frac{\pi}{4} (d_1^2 - d_2^2)$$

Kolbenkraft im Rückhub

Wegen der unterschiedlichen Kolbenflächen ist beim doppelt wirkenden Zylinder die Kolbenkraft im Vorhub größer als im Rückhub.

2.4.3 Dämpfung

Bewegt sich der Kolben in einem Druckluftzylinder mit hoher Geschwindigkeit, so trifft er mit großer Wucht auf den Deckel oder Boden des Zylinders auf. Damit bei größeren Massen keine Beschädigungen auftreten und die Geschwindigkeit des Kolbens allmählich abgebaut wird, haben Zylinder vielfach eine eingebaute Abbremsvorrichtung, die man als Dämpfung bezeichnet. Die Dämpfung kann konstant sein oder verändert werden.

Die einstellbare Dämpfung beruht darauf, dass das schnelle Ausströmen der Luft aus dem Zylinder in dem Augenblick behindert wird, in dem sich der Kolben kurz vor Erreichen seiner Endlage befindet. Diese Drosselung der Abluft bewirkt man dadurch, dass der Kolben kurz vor der Endlage mit einem Zapfen in eine Bohrung des Deckels bzw. des Bodens eintaucht und den Ausströmquerschnitt verringert. Vor dem Kolben baut sich dann ein Luftpolster auf und bremst den Kolben ab. Über ein verstellbares Drosselventil wird die Luft abgelassen, bis der Kolben die Endlage erreicht.

Soll der Kolben wieder in Gegenrichtung anfahren, so kann die zuströmende Druckluft die gesamte Kolbenfläche sofort beaufschlagen, weil ein Rückschlagventil durch die Druckluft geöffnet wird.

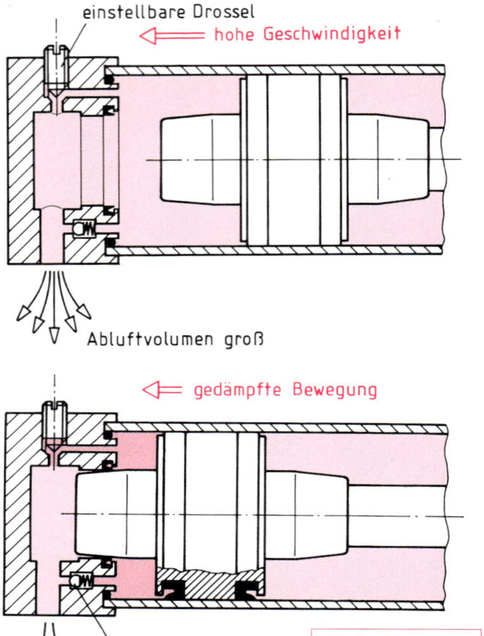

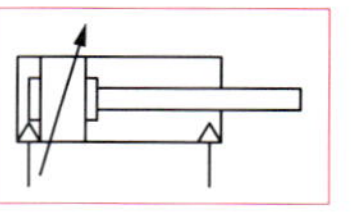

Dämpfung der Endlagen

3 Schaltpläne in der Pneumatik

3.1 Aufbau

Die pneumatischen bzw. hydraulischen Symbole werden im Schaltplan in Wirkrichtung von unten nach oben und von links nach rechts in folgender Reihenfolge angeordnet:

- Energiequellen: unten links
- Steuerungselemente: aufwärts und von links nach rechts
- Antriebe: oben und von links nach rechts.

Im Schaltplan müssen die Symbole für die Bauteile in der Ausgangsstellung der Anlage dargestellt werden. Unter Ausgangsstellung versteht man in der Pneumatik den Schaltzustand der Anlage, der bei Druckbeaufschlagung vor Betätigung des Startsignales vorliegt.

3.2 Kennzeichnungsschlüssel

Die Kennzeichnung der Bauteile erfolgt auf dem Schaltplan in der Nähe des jeweiligen Symboles nach einem besonderen Kennzeichnungsschlüssel. Diese Kennzeichnung wird mit einem Rahmen versehen und besteht aus mehreren Elementen.

Beispiel **für die Kennzeichnung von Bauteilen in der Fluidtechnik**

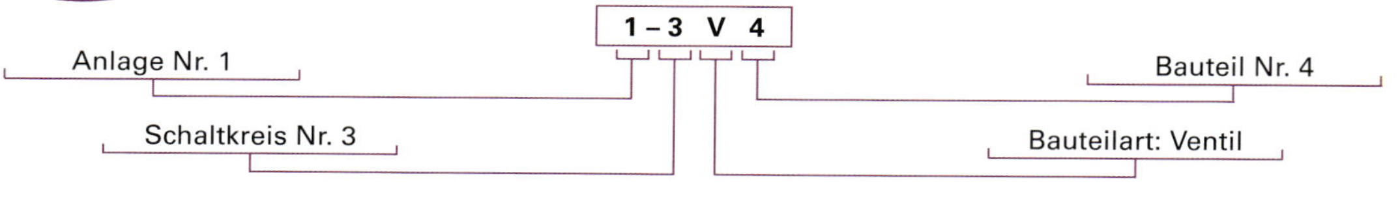

Anlagen-Nummer	Schaltkreis-Nummer	Bauteilart-Bezeichnung	Bauteil-Nummer
Diese Kennzeichnung besteht aus Ziffern, beginnend mit 1. Die Anlagenummer muss angewendet werden, wenn der gesamte Schaltkreis aus mehr als einer Anlage besteht.	Diese Kennzeichnung besteht aus Ziffern. Die 0 ist vorgesehen für alle Zubehörteile, die zur Druckversorgung gehören. Für die verschiedenen Fluid-Schaltkreise werden fortlaufende Ziffern vergeben.	Jeder Bauteilart wird ein Buchstabe zugeordnet: • Pumpen und Kompressoren P • Antriebe A • Antriebsmotor, Betätigungsspule M • Sensoren allgemein, Positionsschalter u.a. B • Signalgeber, manuell S • Ventile V • andere Bauteile Z	Diese Kennzeichnung besteht aus Ziffern, beginnend mit 1. Jedes Bauteil in dem betrachteten Schaltkreis wird fortlaufend nummeriert. Bei Endlagensignalgebern am Zylinder sind der Signalgeber an der eingefahrenen Kolbenstange mit 1, an der ausgefahrenen Kolbenstange mit 2 bezeichnet.

3.3 Beispiel für einen Pneumatikschaltplan

In einer Bohrvorrichtung sollen Werkstücke pneumatisch gespannt werden. Der Spannvorgang muss durch Knopfdruck von zwei verschiedenen Stellen ausgelöst werden können. Das Lösen soll über einen Fußschalter vorgenommen werden. Aus Sicherheitsgründen muss gewährleistet sein, dass die Spannvorrichtung nur gelöst wird, wenn die Bohrspindel zurückgefahren ist.

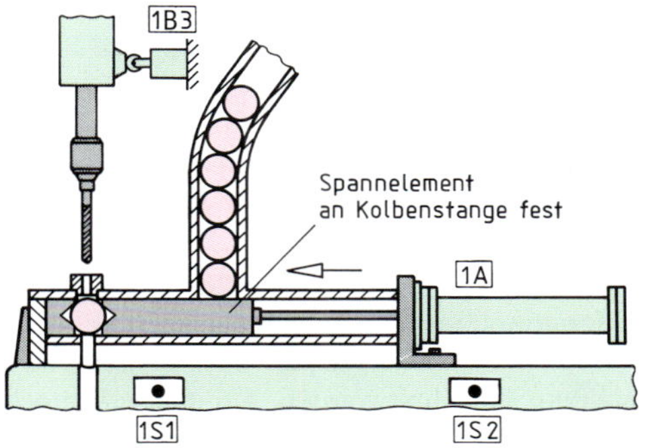

Bohrvorrichtung (gespannter Zustand)

Lösung

Steuerkette

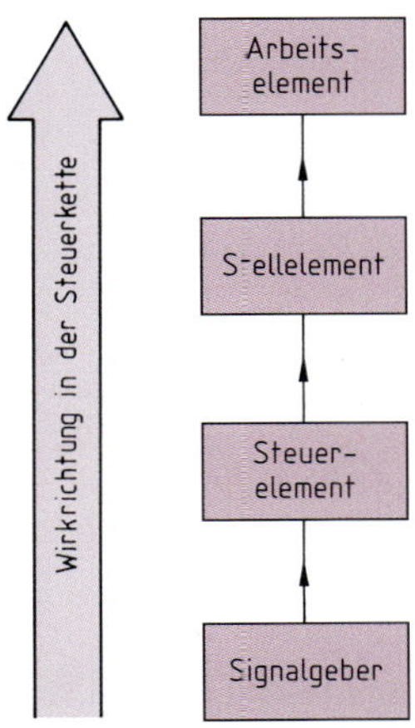

Schaltplan

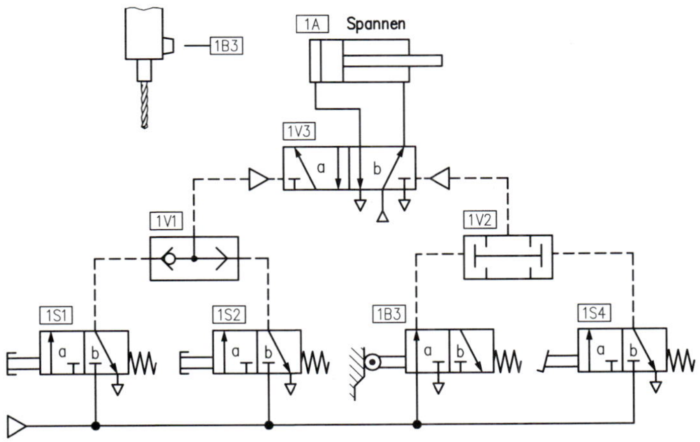

Funktionsbeschreibung
- Der Spannvorgang wird eingeleitet durch Bedienung von Handtaster 1S1 oder Handtaster 1S2.
- Über das Wechselventil 1V1 wird das Signal zum Umsteuern des Wegeventils 1V3 weitergeleitet.
- Die Kolbenstange von Zylinder 1A fährt in ihre Spannstellung vor.
- Der Spannvorgang wird gelöst durch Betätigung von Endschalter 1B3 und Fußschalter 1S4.
- Über das Zweidruckventil 1V2 wird das Signal zum Umsteuern des Wegeventils 1V3 weitergeleitet.
- Die Kolbenstange von Zylinder 1A fährt in ihre Ausgangslage zurück.

3.4 Funktionsdiagramme

Die zeitlichen und funktionellen Abläufe in Steuerungen verdeutlicht man in Funktionsdiagrammen. Die Grundlage für den Aufbau der Diagramme bildet die Gliederung des zeitlichen Ablaufes der Steuerung in einzelne Schritte. Für die Untersuchung des Bewegungsablaufes der Arbeitselemente kennt man **Weg-Zeit-Diagramme** bzw. **Weg-Schritt-Diagramme**. Soll das Zusammenwirken zwischen den Arbeitselementen und Schaltelementen einer Steuerung dargestellt werden, so zeichnet man **Zustands-Schritt-Diagramme**.

• Weg-Zeit-Diagramm

Im Weg-Zeit-Diagramm wird der Bewegungsablauf von Arbeitselementen in Abhängigkeit von Weg und Zeit dargestellt. An dem Beispiel einer pneumatischen Bohrvorrichtung wird diese Darstellungsweise gezeigt.

1. Schritt: Zylinder 1 A fährt aus
– Spannen des Werkstückes

2. Schritt: Zylinder 2 A fährt schnell aus
– Eilzustellung des Bohrers

3. Schritt: Zylinder 2 A fährt langsam aus
– Bohrvorschub

4. Schritt: Zylinder 2 A fährt schnell ein
– Eilrückstellung des Bohrers

5. Schritt: Zylinder 1 A fährt ein
– Lösen des Werkstückes

Im Diagramm trägt man auf der senkrechten Achse den Weg auf, dabei kann auf eine maßstäbliche Darstellung verzichtet werden. Auf der waagerechten Achse wird die zeitliche Zuordnung der Schritte vorgenommen.

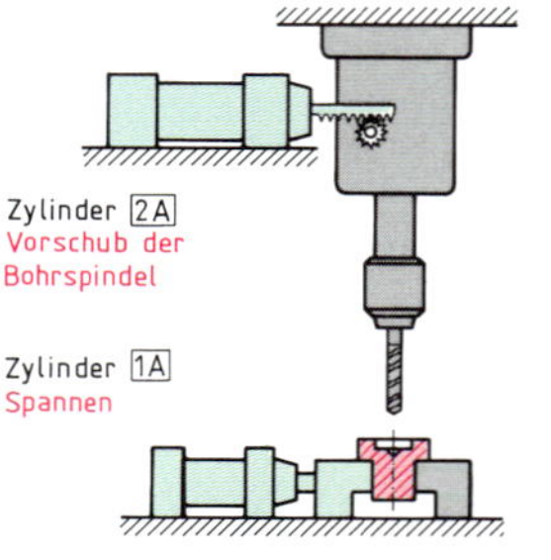

Technologieschema für eine Bohrvorrichtung

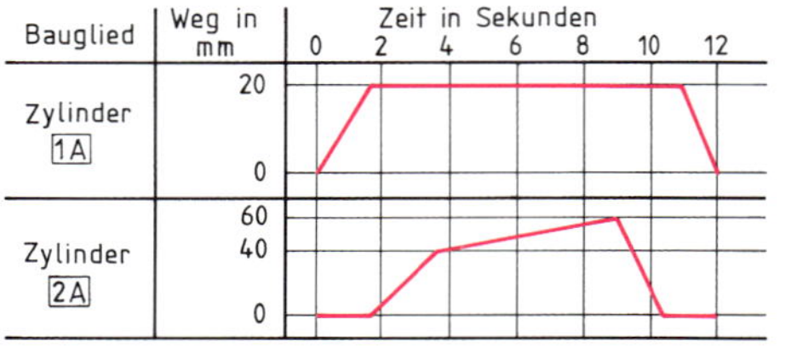

Weg-Zeit-Diagramm

Weg-Zeit-Diagramme dienen zur Untersuchung der Bewegungsabläufe von Arbeitselementen.

• Weg-Schritt-Diagramm

Übersichtlicher und unabhängig von der Zeiteinteilung ist ein Weg-Schritt-Diagramm. In ihm werden auf der waagerechten Achse die Schaltschritte in zeitlicher Reihenfolge eingetragen. Für jeden Schaltschritt wird der gleiche Abstand gewählt. Will man in einem solchen Diagramm Zeiten kennzeichnen, so können diese Angaben zwischen den jeweiligen Schritten zusätzlich eingetragen werden. Auf der senkrechten Achse wird der Weg aufgetragen. Auch hier kann auf maßstäbliche Darstellung verzichtet werden.

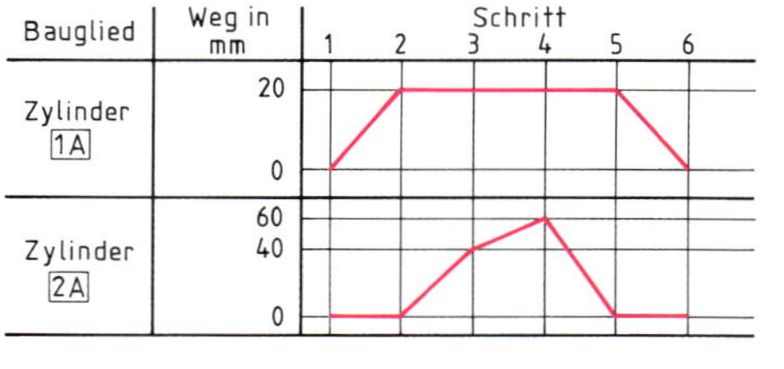

Weg-Schritt-Diagramm

Bei einfachen Steuerungen bilden Weg-Schritt-Diagramme in Verbindung mit den jeweiligen Schaltplänen die Grundlage für die Wartung und die Instandsetzung pneumatischer Steuerungen.

• Zustands-Schritt-Diagramm

Das Zusammenwirken zwischen den Arbeitselementen und den Schaltelementen einer Steuerung kann am zweckmäßigsten im Zustands-Schritt-Diagramm erfasst werden. Auch in diesem Funktionsdiagramm wird die Steuerung in ihren einzelnen aufeinander folgenden Schritten dargestellt. Auf der senkrechten Achse werden statt der Wege die Zustände der Elemente gekennzeichnet. Bei Zylindern kann man die beiden Zustände „eingefahren“ und „ausgefahren“ unterscheiden.

Den Steuerelementen und Signalgebern ordnet man den jeweiligen Schaltzustand durch die Buchstaben **a, b** und **0** zu. Bei Ventilen mit zwei Schaltstellungen bedeutet **b** Ruhestellung und **a** Schaltstellung. Bei Ventilen mit drei Schaltstellungen bedeutet **0** Ruhestellung; **a** und **b** sind dann Schaltstellungen.

- **Signallinien**

Eine zusätzliche Orientierungshilfe im Zustands-Schritt-Diagramm können **Signallinien** sein. Sie verdeutlichen, welche zeitliche und logische Verbindung zwischen den einzelnen Elementen einer Steuerung besteht. Die Signallinien gehen von dem Element aus, von dem der Schaltschritt ausgelöst wird. Sie weisen mit ihrem Pfeil auf das Element, welches betätigt wird.

Beispiel **für ein Zustands-Schritt-Diagramm mit Signallinien**

Aufgabenstellung

Ein Rüttler soll das Sieb in Schwingungen halten, damit das Schüttgut durch das Sieb fällt. Der Rüttelvorgang soll so lange anhalten, wie das Ventil 0 V betätigt ist.

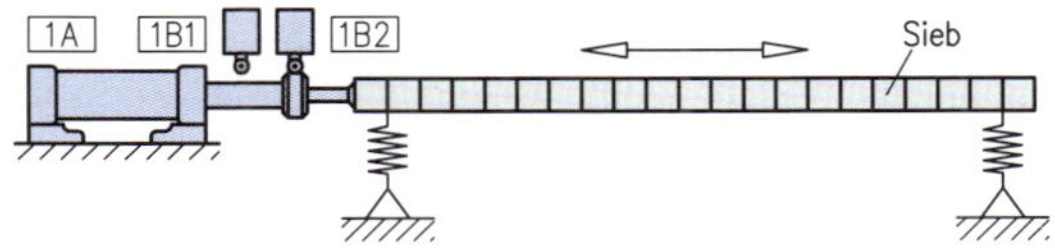

Technologieschema Rüttler

Lösung

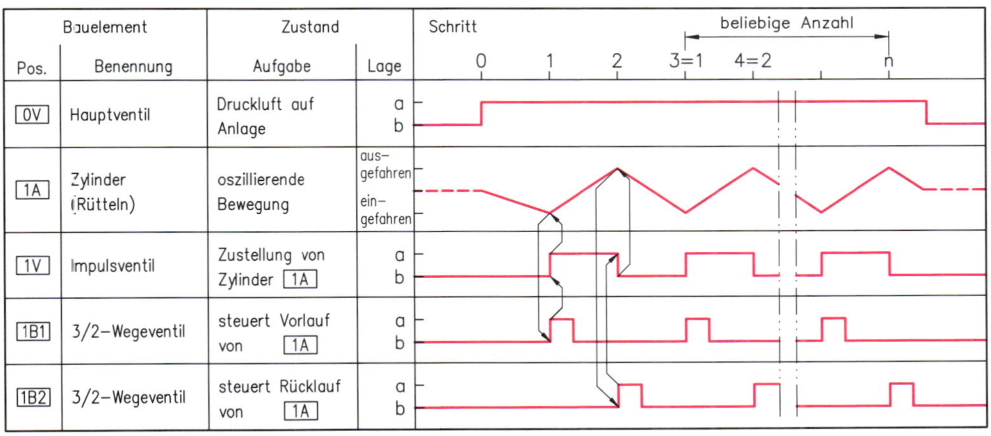

Zustands-Schritt-Diagramm

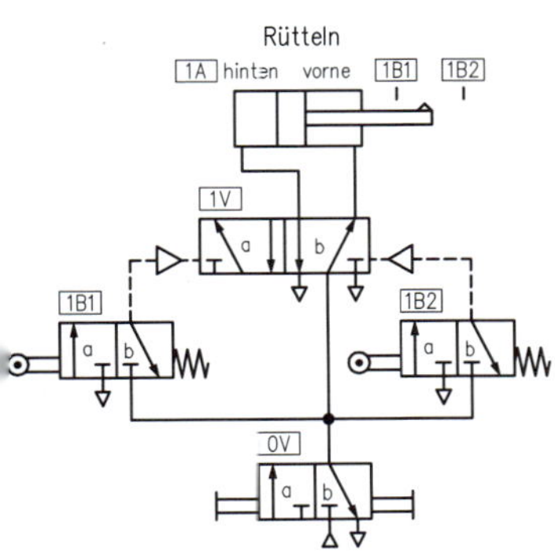

Ausgangszustand

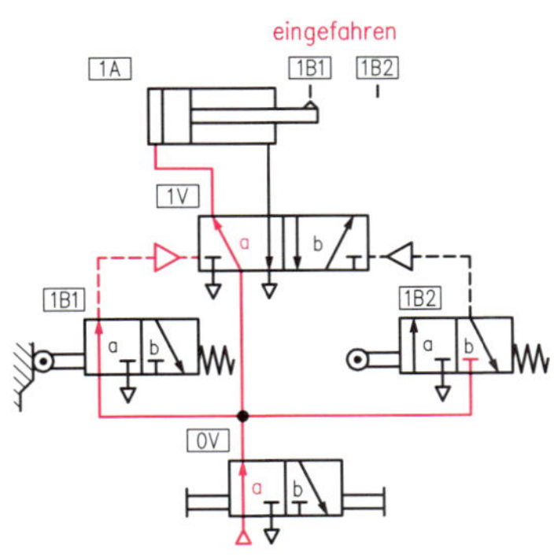

Schaltschritt 1 und 3

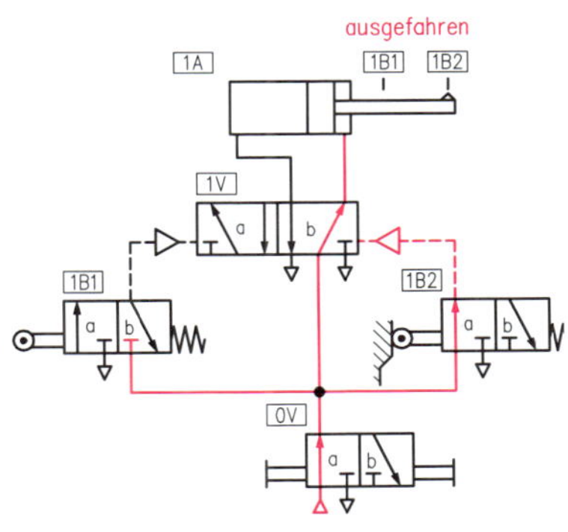

Schaltschritt 2 und 4

Schaltzustände

- **Zeichnerische Darstellung von Signalgebern und Signallinien**

Symbole für die Handbetätigung von Signalgebern		
EIN	Automatik EIN	Wahlschalter
AUS	Tippen	Not-AUS

Darstellung handbetätigter Signalgeber

Handbetätigungen werden durch einen Kreis gekennzeichnet und durch zusätzliche Symbole im Kreis voneinander unterschieden. Diese handbetätigten Signalgeber werden im Weg-Schritt-Diagramm oberhalb der Weg-Schritt-Linie eingezeichnet. Die Richtung des Signalflusses wird in einer Steuerung durch Pfeile an den Signallinien gekennzeichnet.

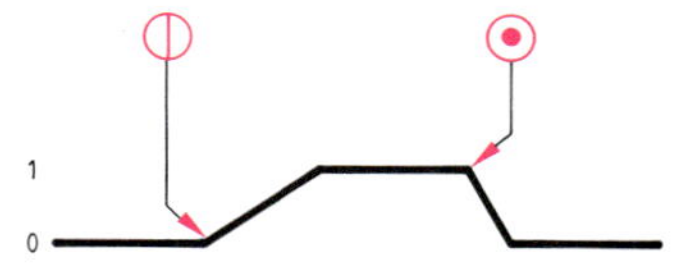

Darstellung mechanisch betätigter Signalgeber (keine Handbetätigung)

Mechanische Betätigungen werden durch einen Punkt auf der Weg-Schritt-Linie an der Stelle eingezeichnet, an der sie geschaltet werden. Mechanisch betätigte Signalgeber erhalten zusätzlich im Diagramm die dem Schaltplan entsprechende Bezeichnung, z. B. 1S1, 1S2. Signal 1S1 wird kurzzeitig beim Überfahren des Sensors betätigt; Signal 1S2 wird in Endlage betätigt und bleibt bestehen, solange der Aktor im Zustand 1 ist.

Eine NICHT-Betätigung eines Signalgebers (vergleichbar einem Öffner) wird durch einen waagerechten Querstrich über der Kennzeichnung angegeben, z. B. $\overline{1S3}$.

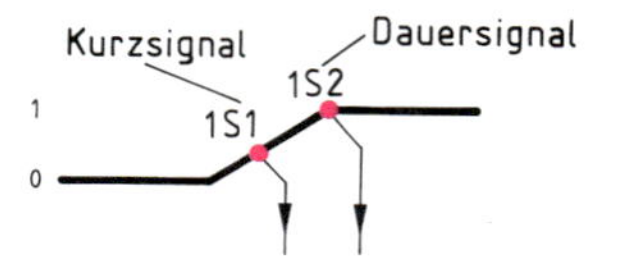

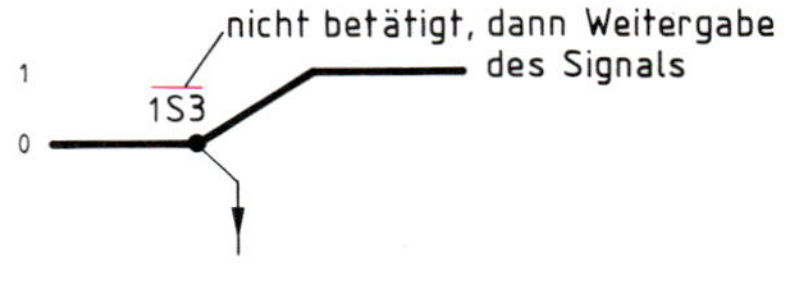

Darstellung von Verknüpfungen, Verzweigungen und Verzögerungen

Für **UND-Verknüpfungen** von Signalen werden die Signallinien zusammengeführt und durch einen breiten Querstrich unter 45° an der Verbindungsstelle dargestellt.

Für **ODER-Verknüpfungen** führt man die Signallinien zusammen und kennzeichnet die Verbindungsstelle durch einen Punkt.

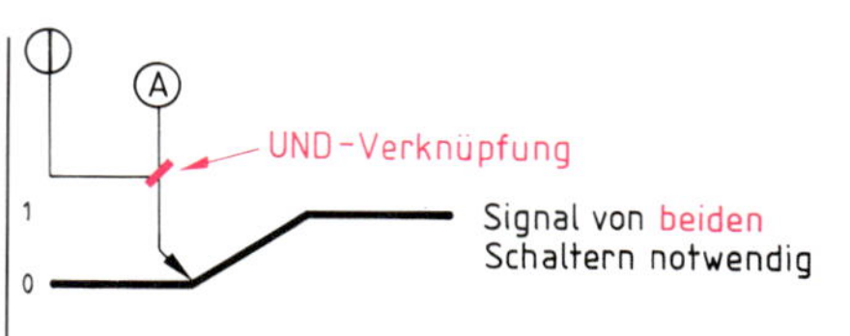

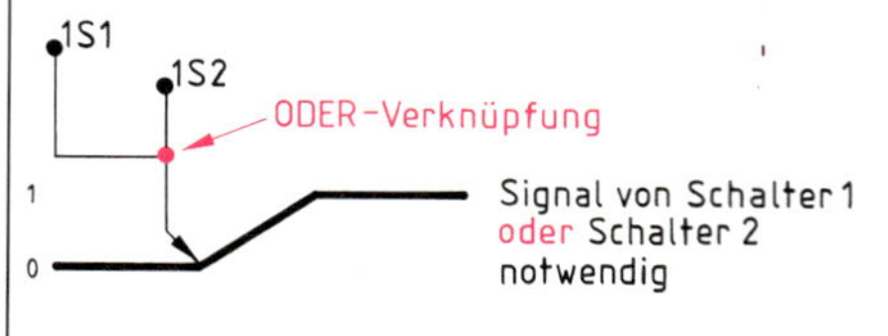

Wird von einem Sensor ein Signal an mehrere Aktoren geleitet, so tritt eine Verzweigung des Signales ein. **Signalverzweigungen** werden an den Verzweigungsstellen durch einen Punkt gekennzeichnet.

Zeitverzögerte Signale stellt man durch eine Linie dar, die parallel zu den Weg-Schritt-Linien verläuft. In diese Signallinie wird ein Rechteck mit dem Funktionszeichen *t* eingezeichnet. Verzögerungszeiten werden über das Rechteck geschrieben.

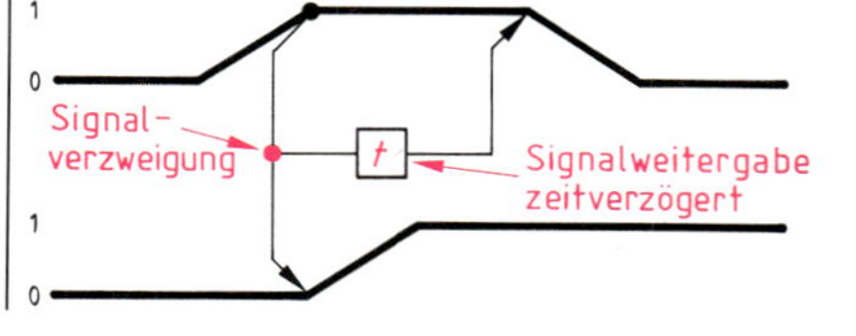

4 Pneumatische Steuerungen

4.1 Grundschaltungen

Jede noch so umfangreiche und aufwändige pneumatische Steuerung setzt sich aus einzelnen Grundschaltungen zusammen, für die es nur wenige Veränderungsmöglichkeiten gibt.

- **Steuerung einfach wirkender Zylinder**

Einfach wirkende Zylinder werden unabhängig von der Betätigungsart direkt über ein 3/2-Wegeventil als Stellelement gesteuert.
Zur Ansteuerung eines großvolumigen Zylinders benutzt man ein Stellglied mit großer Nennweite, das möglichst nahe am Zylinder montiert ist. Das Stellglied kann dann von einem Ventil mit kleiner Nennweite von einem entfernteren Betätigungsort bedient werden. Mit dieser indirekten Steuerung können Energiekosten verringert werden, da lange und großvolumige Steuerleitungen entfallen.

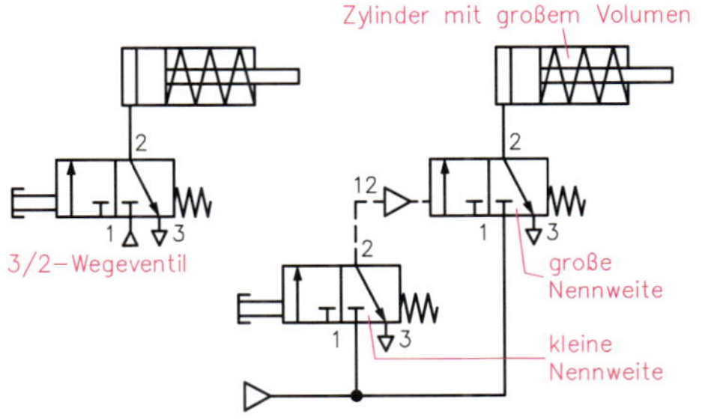

Direkte und indirekte Steuerung einfach wirkender Zylinder

Ein einfach wirkender Zylinder wird über ein 3/2-Wegeventil als Stellelement gesteuert.

- **Steuerung doppelt wirkender Zylinder**

Doppelt wirkende Zylinder steuert man in der Pneumatik häufig mit 5/2-Wegeventilen. In umfangreichen Schaltungen werden diese Ventile fast immer impulsbetätigt ausgeführt. Mit 4/3-Wegeventilen können doppelt wirkende Zylinder ebenfalls angesteuert werden. In der Mittelstellung des hier gezeigten Ventiles sind z. B. beide Zylinderanschlüsse entlüftet, der Kolben ist daher frei beweglich (Schwimmstellung). Auch bei einem doppelt wirkenden Zylinder wird das Stellelement möglichst nah an dem Zylinder montiert.

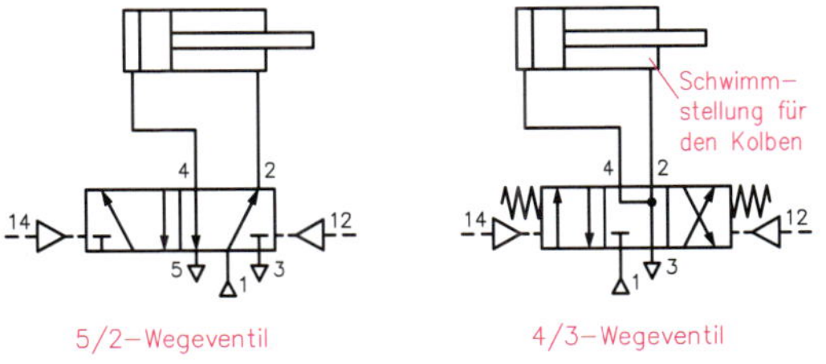

Steuerung doppelt wirkender Zylinder

Ein doppelt wirkender Zylinder wird über ein 5/2- oder 4/2-Wegeventil gesteuert.

- **Steuerung der Kolbengeschwindigkeit**

Sehr oft ist es notwendig, die Kolbengeschwindigkeit zu beeinflussen. Soll die Geschwindigkeit reduziert werden, so setzt man Drosselrückschlagventile ein. Möglich ist dabei die Drosselung der Zuluft oder der Abluft. Die Drosselung der Abluft ist günstiger, weil der Kolben zwischen zwei Luftpolstern gespannt ist und dadurch eine gleichmäßigere Bewegung erzielt werden kann.

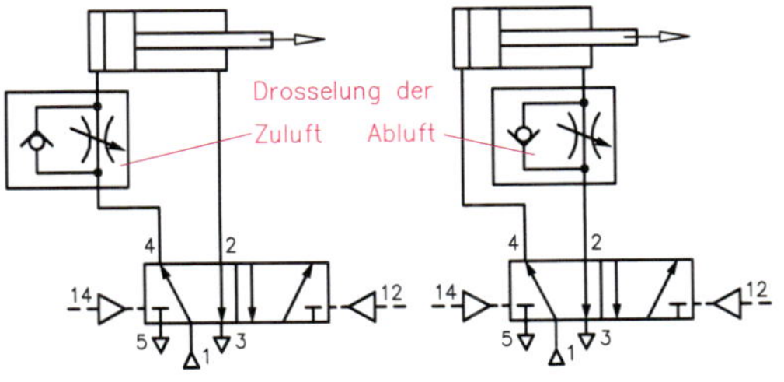

Steuerung der Kolbengeschwindigkeit beim Ausfahren

Die Kolbengeschwindigkeit wird am günstigsten durch die Abluftdrosselung gesteuert.

Soll die Kolbengeschwindigkeit in beiden Richtungen reduziert werden, so kann die Steuerung mithilfe von zwei Drosselrückschlagventilen verwirklicht werden. Auch hier verwendet man die Abluftdrosselung. Eine Beeinflussung ins Langsame beim Vorlauf und ins Schnelle beim Rücklauf ist ebenfalls möglich. Den Vorlauf steuert man über ein Drosselrückschlagventil in der Abluftleitung, den Rücklauf über ein Schnellentlüftungsventil ebenfalls in der Ablulftleitung.

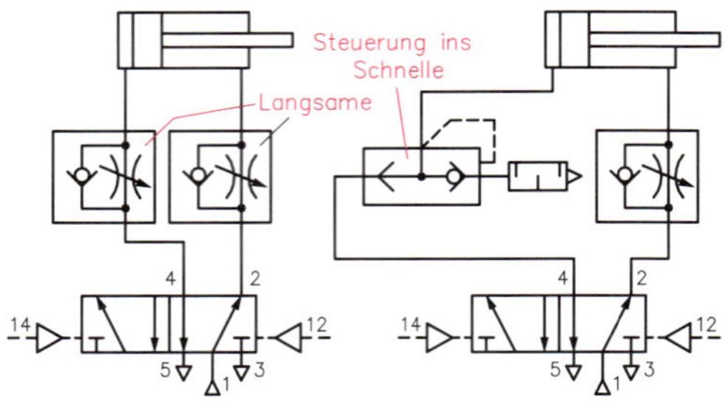

Steuerung der Kolbengeschwindigkeit bei Vor- und Rücklauf

Die Kolbengeschwindigkeit wird mit Drosselrückschlagventilen reduziert.
Die Kolbengeschwindigkeit wird mit Schnellentlüftungsventilen beschleunigt.
Durch Drosselventile wird bei Druckluftmotoren die Drehfrequenz (Drehzahl) beeinflusst.

4.2 Grundsteuerungen

Der Steuerungsteil einer Anlage muss mit dem Arbeitsteil logisch verknüpft sein. Es werden entsprechend der Verknüpfung folgende Grundsteuerungen unterschieden:

- willensabhängige Steuerungen,
- wegeabhängige Steuerungen,
- zeitabhängige Steuerungen,
- kombinierte Steuerungen.

- **Willensabhängige Steuerungen**

Bei willensabhängigen Steuerungen werden alle Start- und Steuersignale vom Bediener eingegeben. Dabei wird der Vor- und Rücklauf der Zylinder bzw. der Rechts- und Linkslauf der Motoren einzeln angesteuert. Soll das Antriebselement nur so lange angesteuert werden, wie der Signalgeber betätigt wird, verwendet man als Stellelemente Ventile mit Federrückstellung; in diesen Ventilen wird das Signal nicht gespeichert.

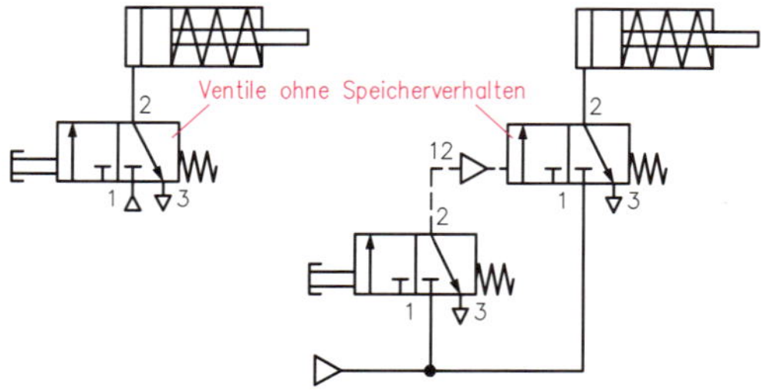

Willensabhängige Steuerungen ohne Speicherverhalten

Soll das Antriebselement dagegen so lange angesteuert bleiben, bis es durch ein entgegengesetztes Signal wieder die Ausgangsstellung einnimmt, so verwendet man als Stellelemente Ventile ohne Federrückstellung. Üblich sind hierbei entweder handgesteuerte 3-Stellungsventile oder über Impuls angesteuerte 2-Stellungsventile; in diesen Ventilen wird das Signal gespeichert.

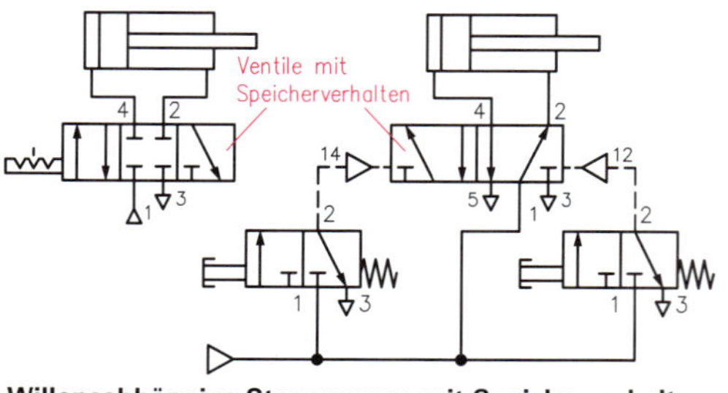

Willensabhängige Steuerungen mit Speicherverhalten

Willensabhängige Steuerungen sind nur für sehr einfache Aufgaben – etwa Spannvorgänge – geeignet. Bei umfangreichen pneumatischen Steuerungen ist die willensabhängige Steuerung erforderlich zum Start und als NOT-Aus bei automatisierten Steuerungen.

Willensabhängige Steuerungen sind vom Menschen als Bediener abhängig.

- **Wegeabhängige Steuerungen**

Bei wegeabhängigen Steuerungen werden die Signalgeber von dem Antriebselement betätigt. Dabei schaltet ein Nocken an der Kolbenstange die Ventile in Abhängigkeit vom zurückgelegten Weg. Für die Signalgeber setzt man Ventile ein, die entweder über Taster und Tastrollen oder über Tastrollen mit Leerrücklauf betätigt werden. Taster und Tastrollen geben die Signale weiter, wenn die Ventile erreicht oder überfahren werden. Bei Tastrollen mit Leerrücklauf wird das Signal nur in einer Anfahrrichtung wirksam.

In pneumatischen Schaltplänen wird die Lage von wegeabhängig betätigten Ventilen jeweils durch einen Markierungsstrich beim zugehörigen Arbeitselement gekennzeichnet. Die Betätigungsrichtung wird, falls erforderlich, durch einen Richtungspfeil dargestellt. In Richtung der Pfeilspitze erfolgt die Betätigung, also entweder nur beim Vorhub oder nur beim Rückhub.

Durch die Lagekennzeichnung der Signalgeber kann man in Schaltplänen die Darstellungsform der Steuerkette beibehalten und dennoch die Wegeabhängigkeit der Signale erkennen.

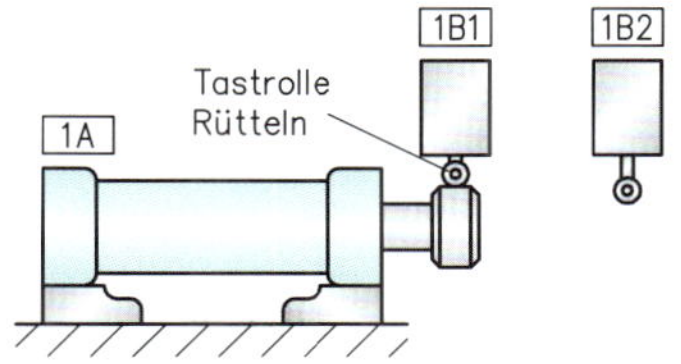

Einbaulage der 3/2-Wegeventile 1B1 und 1B2

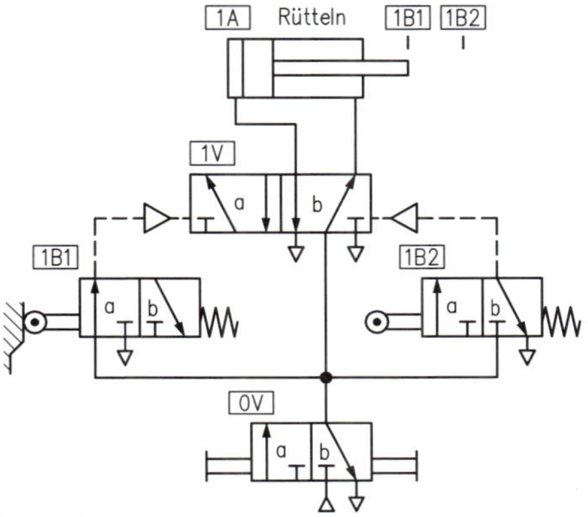

Schaltplan

Wegeabhängige Steuerungen werden durch die Bewegungen des Kolbens (des Antriebselementes) gesteuert.

- **Zeitabhängige Steuerungen**

In der Pneumatik kann man zeitabhängige Steuerungen mit Verzögerungsventilen verwirklichen. Die Verzögerungszeit zwischen dem Signaleingang und dem Auslösen der Steuerung (Signalausgang) kann über eine Drossel stufenlos eingestellt werden.

Durch den nachgeschalteten Speicher dauert es eine gewisse Zeit, bis sich der notwendige Schaltdruck für das 3/2-Wegeventil aufgebaut hat. Mit Drossel und Speicher lassen sich Verzögerungszeiten von mehreren Minuten erreichen.

Zeitverzögerte Druckversorgung

Der Durchgang von 1 nach 2 wird nach einer bestimmten, einstellbaren Zeit nach Beaufschlagen des Eingangssignals 12 geöffnet.

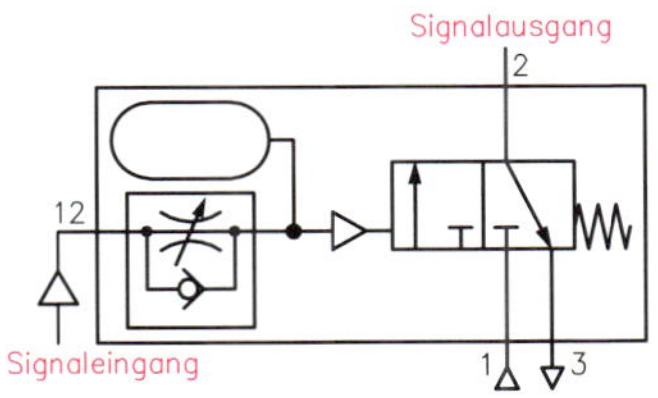

Zeitverzögerte Druckversorgung

Zeitverzögerte Druckabschaltung

Der Durchgang von 1 nach 2 wird nach einer bestimmten, einstellbaren Zeit nach Beaufschlagen des Eingangssignals 10 geschlossen.

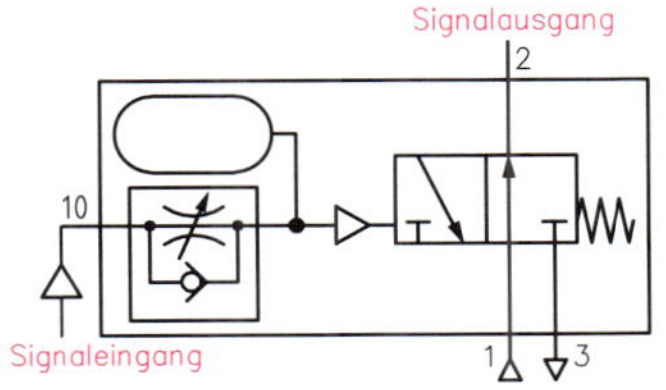

Zeitverzögerte Druckabschaltung

Für zeitabhängige Steuerungen verwendet man Verzögerungsventile.
Die Verzögerungszeit wird über eine Drossel eingestellt.

4.3 Beispiele von pneumatischen Steuerungen

4.3.1 Steuerung mit einfachwirkendem Zylinder

In einer Presse werden Lagerbuchsen in Laufrollen eingepresst. Die Laufrollen und die Lagerbuchsen werden von Hand in die Pressvorrichtung eingelegt. Der Pressvorgang soll in folgenden Schritten ablaufen:

Schritt	Beschreibung des Ablaufes	Kurzzeichen
1	Pressen; Zylinder fährt aus	1A +
2	Lösen; Zylinder fährt ein	1A –

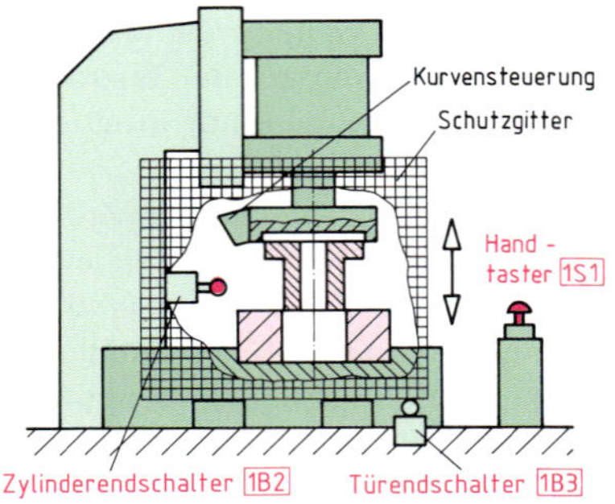

Technologieschema Presse

Zusatzbedingungen:

- Der Presszylinder soll dann ausfahren und ausgefahren bleiben, wenn das Schutzgitter über dem Endschalter 1B3 geschlossen ist und der Handtaster 1S1 betätigt wird.
- Im ausgefahrenen Zustand betätigt der Zylinder den Endschalter 1B2, dieser soll das Stellelement so umschalten, dass der Zylinder einfährt.

Zuordnungsliste

Eingang	Handtaster 1S1 betätigt:	**E1 = 1**
	Endschalter 1B2 betätigt:	**E2 = 1**
	Endschalter 1B3 betätigt:	**E3 = 1**
Ausgang	Zylinder 1A +; somit Stellelement 1V2 in a:	**A1 = 1**
	Zylinder 1A –; somit Stellelement 1V2 in b:	**A2 = 1**

Logikplan für das Ausfahren des Zylinders

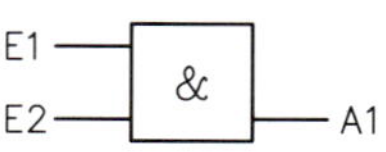

Logikplan für das Einfahren des Zylinders

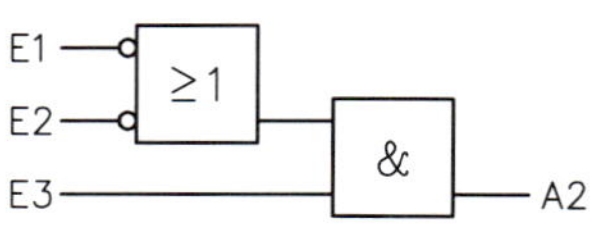

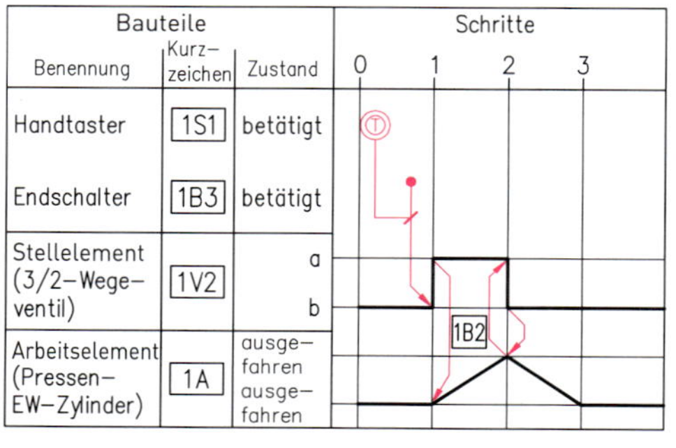

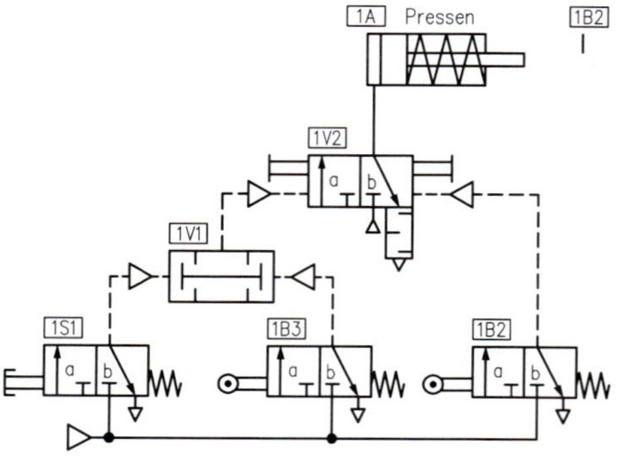

4.3.2 Steuerung mit doppeltwirkendem Zylinder

In einer Klebepresse werden zwei Bauteile aufeinander gepresst. Die Bauteile werden von Hand in die Presse gelegt und justiert. Der Pressvorgang soll in folgenden Schritten ablaufen:

Schritt	Beschreibung des Ablaufes	Kurzzeichen
1	Pressen; Zylinder fährt aus	1A +
2	Pressvorgang dauert an, Türendschalter 1B3 gibt kein Signal	**E3 = 0**
3	Lösen; Zylinder fährt ein	1A –

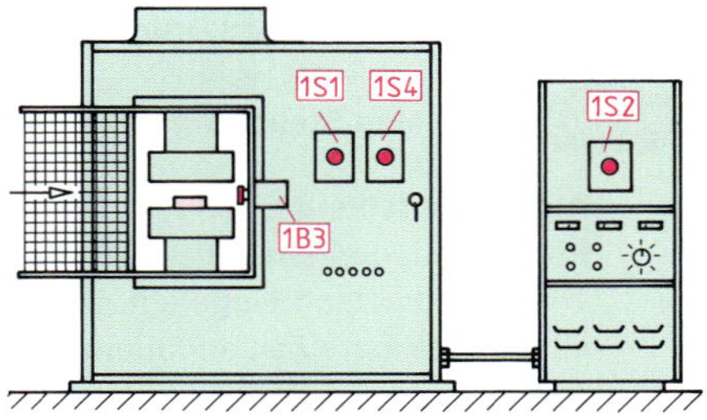

Technologieschema Klebepresse

Zusatzbedingungen:

- Der Pressvorgang soll nur dann möglich sein, wenn das Schutzgitter geschlossen ist.
- Der Pressvorgang wird entweder über die Handtaster 1S1 und 1S4 an der Maschine eingeleitet oder über den etwas entfernt liegenden Taster 1S2 an der Steuersäule.
- Der Presszylinder fährt immer dann ein, wenn das Schutzgitter geöffnet wird.

Zuordnungsliste

Eingang	Handtaster 1S1 betätigt:	**E1 = 1**
	Handtaster 1S2 betätigt:	**E2 = 1**
	Endschalter 1B3 betätigt:	**E3 = 0**
	Handtaster 1S4 betätigt:	**E4 = 1**
Ausgang	Zylinder 1A +; somit Stellelement 1V 2 in a:	**A1 = 1**
	Zylinder 1A –; somit Stellelement 1V 2 in b:	**A2 = 1**

Logikplan für das Ausfahren des Zylinders

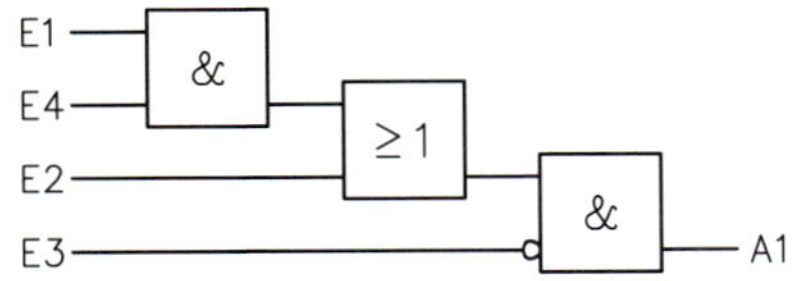

Logikplan für das Einfahren des Zylinders

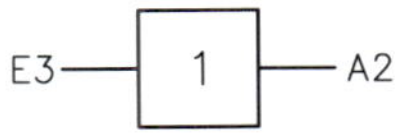

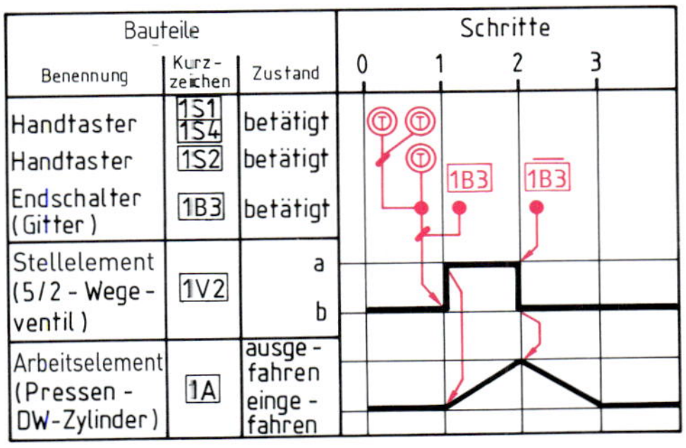

Funktionsdiagramm

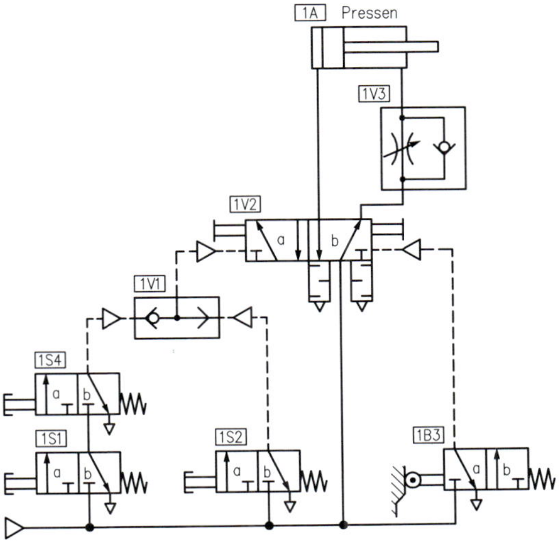

Pneumatikschaltplan

4.3.3 Steuerung mit Verzögerungsventil

In Steuerungen mit Verzögerungsventilen werden die eingegebenen Signale zeitlich verzögert weitergeleitet. Die Verzögerungszeit ist stufenlos einstellbar. Je nach dem Aufbau eines Verzögerungsventiles unterscheidet man Ventile, die den Druck zeitverzögert zuschalten oder den Druck zeitverzögert abschalten.

Beispiel **für eine Steuerung mit Verzögerungsventil**

Aufgabenstellung

In einer Klebepresse drücken drei Pneumatikzylinder Kunststoffplatten aufeinander. Die Platten werden von Hand eingelegt. Der Pressvorgang soll mit einem Handtaster eingeleitet werden und eine einstellbare Zeit andauern.

Schritt	Beschreibung des Ablaufes
1	Zylinder 1A fährt aus, Anpressen der Platten
2	Zylinder 2A1 und 2A2 fahren aus, pressen
3	Pressvorgang dauert eine einstellbare Zeit an
4	Alle drei Zylinder fahren ein

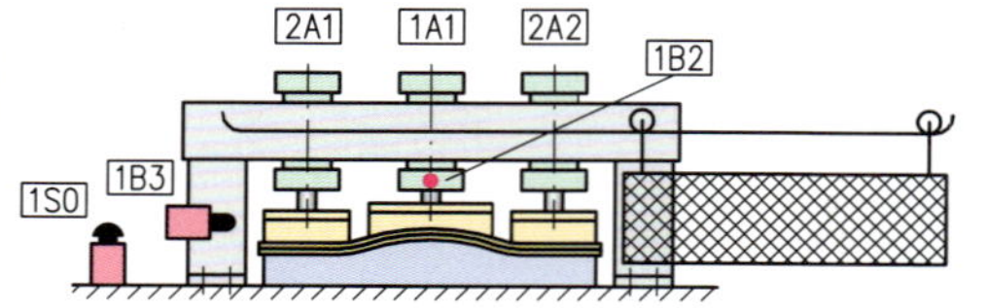

Technologieschema Kunststoffpresse

Anmerkungen:

- Die Anlage wird über ein Schutzgitter abgesichert; der Start ist nur möglich, wenn das Schutzgitter geschlossen ist (Endschalter 1B3).
- Der mittlere Presszylinder 1A soll dann ausfahren, wenn der Starttaster 1S0 betätigt wurde.
- Erst wenn Zylinder 1A seine Endlage erreicht hat, sollen die beiden anderen Zylinder ausfahren.
- Alle drei Zylinder bleiben eine einstellbare Zeit ausgefahren und pressen die Platten. Danach sollen die Zylinder einfahren.

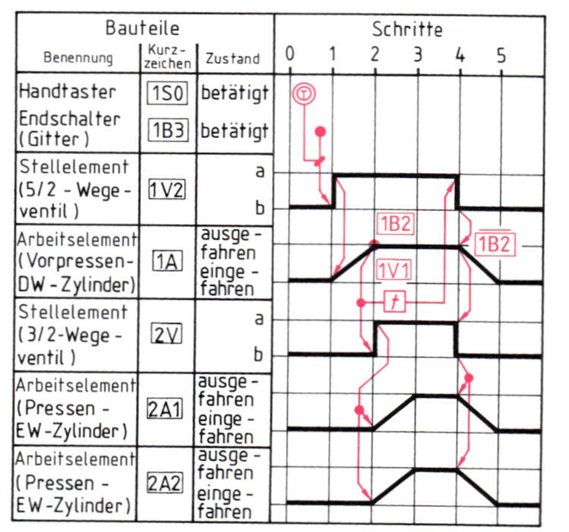

Funktionsdiagramm

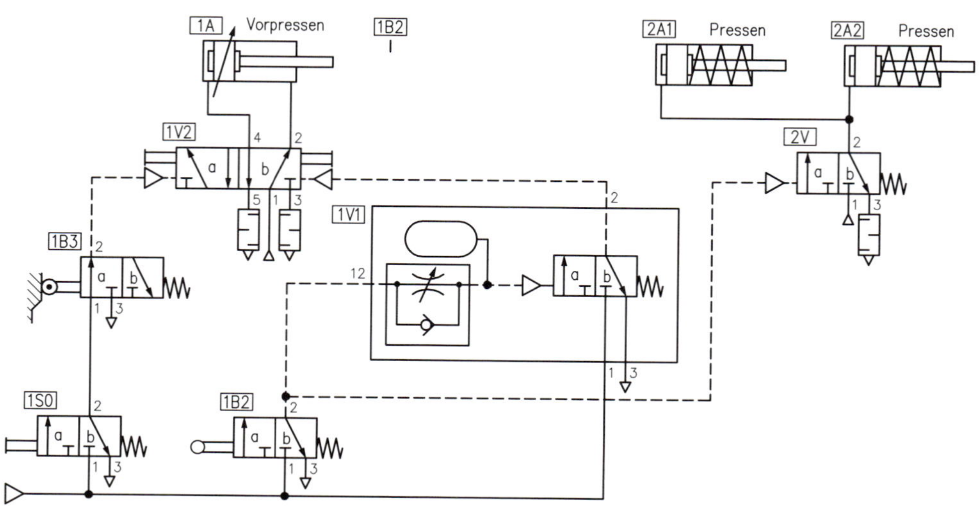

Pneumatikschaltplan

4.3.4 Steuerung mit Zweihand-Sicherheitsschaltung

Beispiel **für eine kombinierte Steuerung**

Aufgabenstellung

In einer Vorrichtung sollen Lagerbuchsen in Laufrollen eingepresst werden. Die Laufrollen werden von Hand eingelegt und gespannt. Der Arbeitshub der Pressmaschine darf aus Sicherheitsgründen nur durch die gleichzeitige Betätigung von zwei Handtastern eingeleitet werden. Nach dem Pressvorgang soll der Pressenstößel selbsttätig in die Ausgangslage zurückfahren. Die Geschwindigkeit für den Arbeitshub soll einstellbar sein.

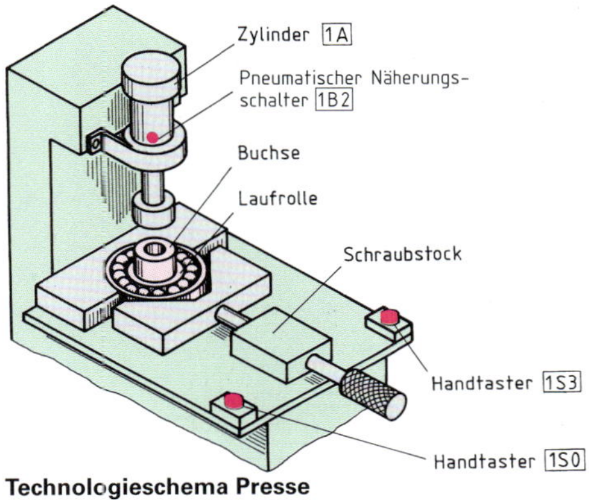

Technologieschema Presse

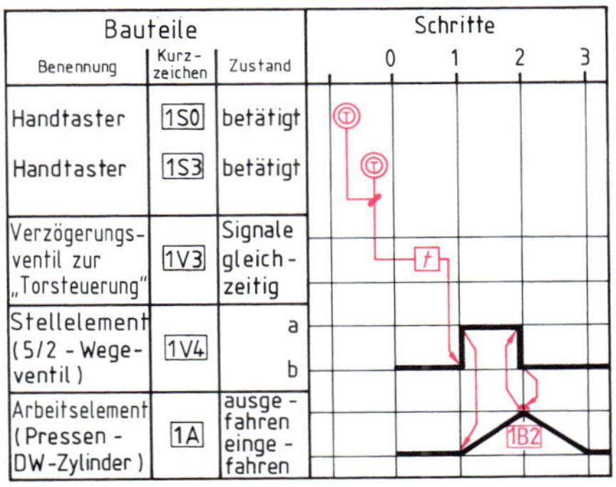

Funktionsdiagramm

Anmerkungen:

- Die Vorrichtung wird über eine Zweihand-Schaltung abgesichert. Nur durch das fast gleichzeitige Drücken der Handtaster 1S0 und 1S3 beginnt der Pressvorgang.
- Werden beide Handtaster nicht innerhalb einer kurzen Zeit gedrückt, so schaltet das Zeitglied 1V3 die Steuerleitung zum Stellglied 1V4 ab.
- Eine Manipulation der Handtaster ist durch die Schaltung unterbunden.
- Der Zylinder fährt ein, sobald der pneumatische Näherungsschalter 1B2 betätigt wurde.

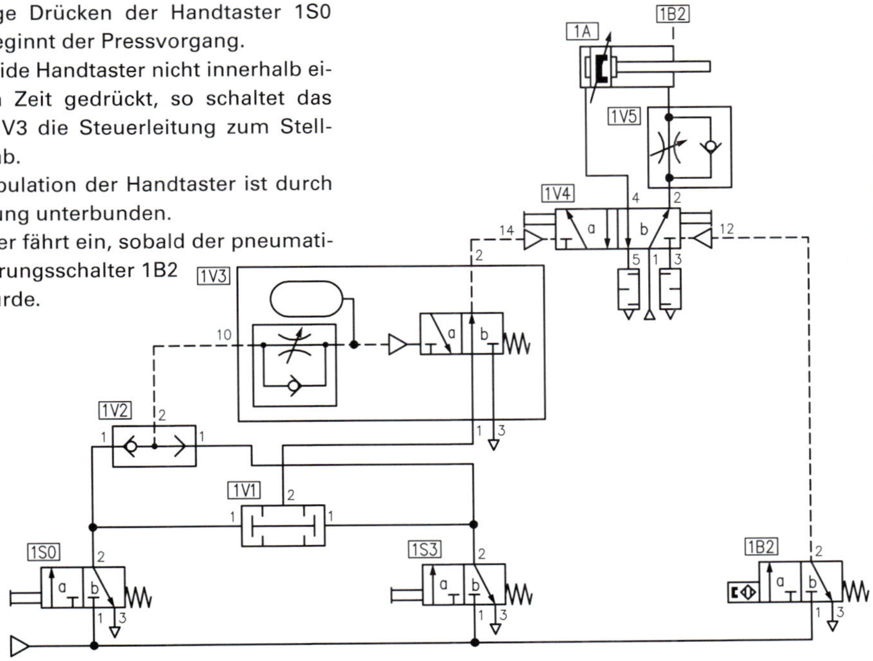

Pneumatikschaltplan

Eine Zweihand-Sicherheitsschaltung kann man durch die Kombination von UND-, ODER- und Verzögerungsventilen erreichen.

5 Elektropneumatik

In der Elektropneumatik steuern elektrische Signale den Energiefluss in pneumatischen Systemen. Im Steuerteil wird elektrische Energie benutzt. Im Leistungsteil setzt man Druckluft als Energieträger ein. Durch geeignete Bauteile werden die beiden Energiekreise verknüpft.

5.1 Bauteile in elektropneumatischen Anlagen

5.1.1 Magnetventil

- **Wirkungsweise**

Die elektromagnetische Betätigung eines Ventils über ein elektrisches Signal stellt die Verknüpfung zwischen dem Stromkreis und dem Druckluftkreis dar. Magnetventile nennt man auch **EP-Wandler**.
Schaltet man den Strom ein, wird die Magnetspule erregt und der Anker in die Spule hineingezogen. Dadurch öffnet sich das Ventil und Druckluft kann von 1 nach 2 strömen.
Schaltet man den Strom ab, ist die magnetische Wirkung erloschen und die Federkraft schließt das Ventil. Die Abluft kann dann von 2 über 3 ausströmen.
Elektromagnetische Ventile können direkt angesteuert oder als vorgesteuerte Ventile betätigt werden.

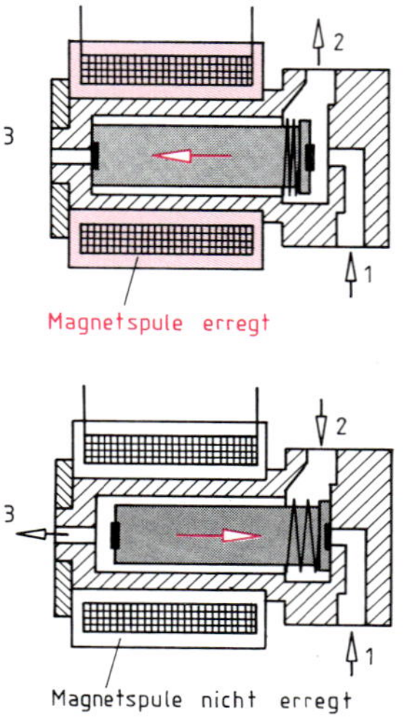

Elektropneumatisches Magnetventil

- **Symbole für Ventile**

Das elektromagnetische Betätigungselement wird im Pneumatikschaltplan und im Stromlaufplan mit einem ähnlichen Symbol dargestellt. In beiden Plänen erhält es die gleiche Ordnungsnummer (z. B. 2M1).
Das Symbol für das Ventil selbst wird in beiden Plänen unterschiedlich dargestellt. Für den Elektroschaltplan gelten ÖVE/ÖNORM/EC 60617 und ÖNORM EN 61346-2 als Grundlage, für den Pneumatikschaltplan ist ÖNORM ISO 1219-2 anzuwenden.

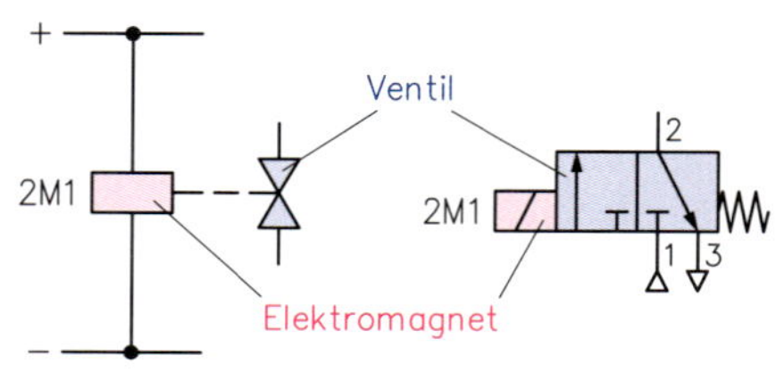

Symbole für Schaltpläne der Elektropneumatik

- **Vorsteuerung und Handhilfsbetätigung von Magnetventilen**

Wird an die Magnetspule eines Magnetventils ein elektrisches Signal angelegt, so entsteht ein Magnetfeld. In diesem Feld wird auf einen Stößel eine Magnetkraft ausgeübt. Die Magnetkraft öffnet das Ventil gegen eine Federkraft und gibt den Durchfluss für die Druckluft frei. Aus der erforderlichen Magnetkraft ergibt sich die Leistung der Magnetspule.

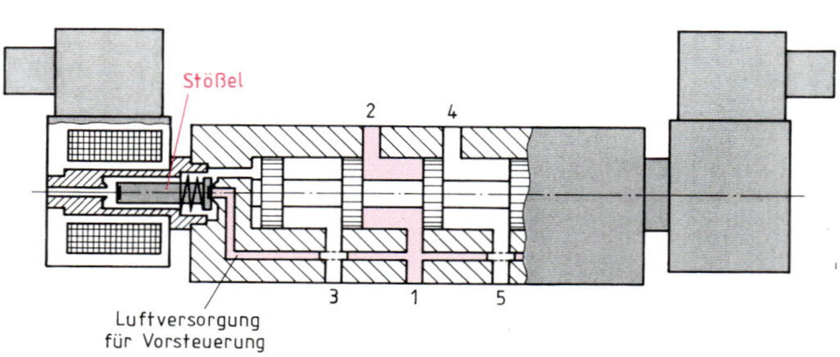

Magnetventil mit Vorsteuerung

Das Bestreben nach niedrigen Leistungsdaten für Magnetspulen hat zum Vorsteuerprinzip bei diesen Ventilen geführt. So haben auch Ventile mit großen Nennweiten eine geringe Leistungsaufnahme. Es können beispielsweise Ventile mit 14 mm Nennweite und einem Normal-Nenndurchfluss von 4000 l/min mit Leistungen von unter 5 W geschaltet werden.

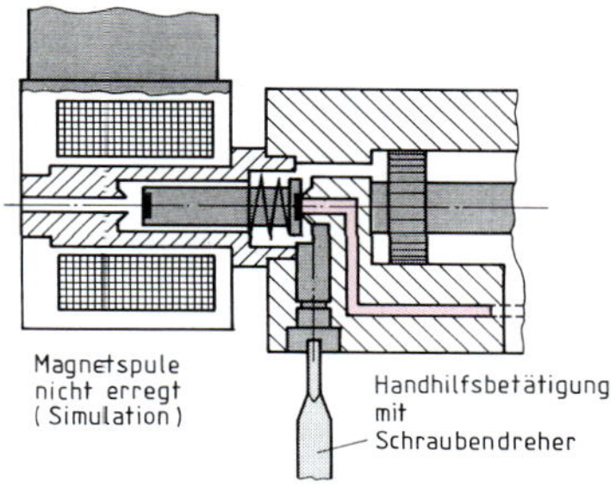

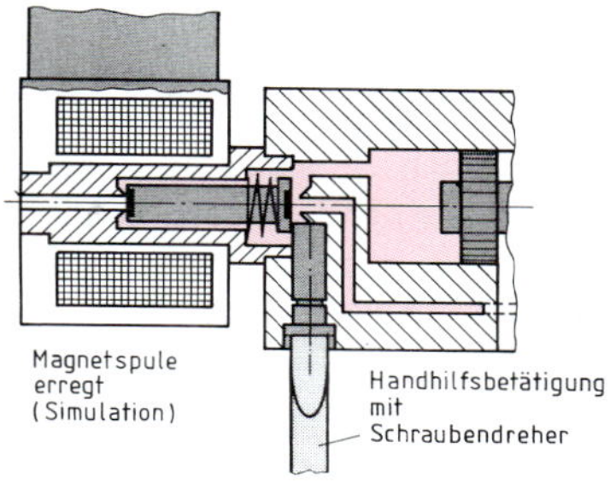

Magnetventil mit Handhilfsbetätigung

Auch bei Magnetventilen sind Handhilfsbetätigungen üblich. Die Handhilfsbetätigung dient zur Funktionskontrolle des Ventils und zum Einrichten der Anlage.

Die elektromagnetische Betätigung im Magnetventil stellt das Verbindungsglied zwischen dem Stromkreis und dem Druckluftkreis dar.
In dieser Schnittstelle findet die Signalumwandlung von der **E**lektrik zur **P**neumatik statt, deswegen nennt man Magnetventile auch **EP-Wandler**.

5.1.2 Druckschalter

Müssen in elektropneumatischen Steuerungen pneumatische Signale in elektrische Signale umgewandelt werden, so benutzt man **pneumatische Druckschalter,** die auf einen elektrischen Mikroschalter wirken.
Steigt der Druck in der Steuerleitung des Druckschalters, so wird über eine Membrane ein kleiner Stößel gegen eine Federkraft betätigt. Bei genügend großem Betätigungsdruck schaltet dieser Stößel über einen Hebel den angebauten elektrischen Schalter.
Sinkt der Steuerdruck unter den eingestellten Wert, so drückt die Feder den Stößel mit dem Hebel zurück und das elektrische Signal wird umgeschaltet.
In dieser *Schnittstelle* findet die Signalumwandlung von der Pneumatik zur Elektrik statt. Aus diesem Grunde nennt man pneumatisch-elektrische Druckschalter auch **PE-Wandler.**

Je nach Kontaktanordnung ist der elektrische Schalter ein Öffner, Schließer oder Wechsler. Für die Auswahl der elektrischen Kenngrößen von Druckschaltern sind die Hinweise, die bei den Magnetventilen gemacht werden, zu beachten.

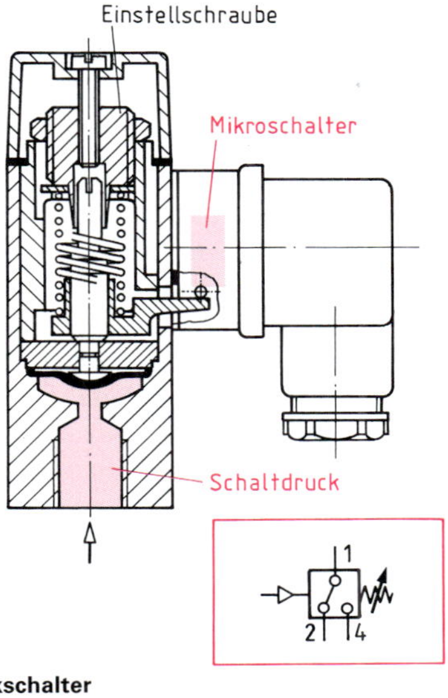

Druckschalter

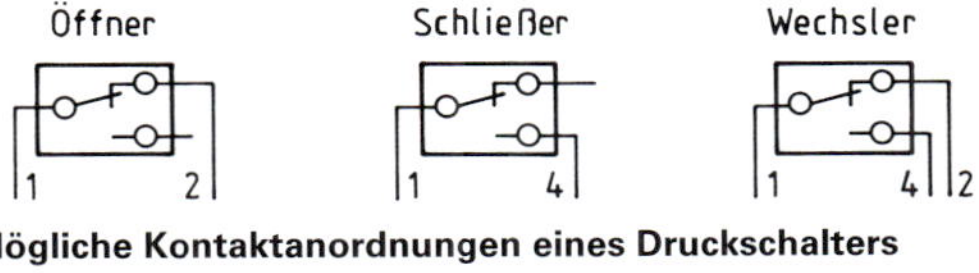

Mögliche Kontaktanordnungen eines Druckschalters

Der Druckschalter stellt ein Verbindungsglied zwischen dem Druckluftkreis und dem Stromkreis dar.
Pneumatisch-**e**lektrische Druckschalter sind **PE-Wandler**.

5.1.3 Schutzbeschaltung

Beim Abschalten einer Magnetspule bricht das bestehende Magnetfeld schlagartig zusammen. Ein sich änderndes Magnetfeld erzeugt durch Induktion eine Spannung. Diese Induktionsspannung ist wegen des kurzen Abschaltaugenblickes besonders hoch. Es entstehen somit Gefahren für den Bediener, und der Verschleiß der Kontakte wird erheblich erhöht.

Beispiel **für Schutzbeschaltung eines Magnetventiles**

Die einfachste Schutzmaßnahme ist die Parallelschaltung eines Kondensators, **C-Glied,** zum Schalter. Um zu vermeiden, dass sich die Kondensatorladung beim erneuten Einschalten voll über die Kontakte entlädt, ist ein Widerstand, **R-Glied,** erforderlich. Dieser Widerstand wird in Reihe geschaltet und hält den Entladestrom klein. Dieses Element wird auch als **RC-Glied** bezeichnet.

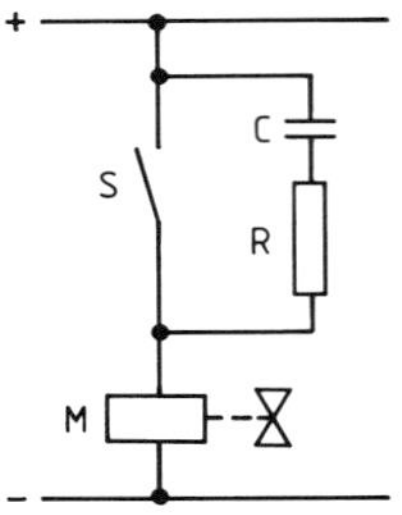

S Schalter
C Kondensator
R Widerstand
M Magnetspule

Schutzbeschaltung durch RC-Glied

5.1.4 Schutzarten

Magnetspulen sind elektrische Betriebsmittel, die wie alle elektrischen Betriebsmittel in Schutzarten eingeteilt werden. Dadurch werden dem Anwender die Einsatzmöglichkeiten und Einsatzgrenzen aufgezeigt. Die Norm ÖNORM EN 60529 umfasst unter anderem den Schutz für:

- **Personen,**
- **Betriebsmittel.**

Die Schutzarten werden durch ein Kurzzeichen angegeben, das sich aus den zwei stets gleich bleibenden Kennbuchstaben IP und zwei Kennziffern für den Schutzgrad zusammensetzt. Die **Kennbuchstaben IP** kommen von **I**nternational **P**rotection und weisen so auf übernationale Vereinbarungen im Bereich der Schutzarten hin.

Die *erste Kennziffer* zwischen **0** und **6** kennzeichnet die Schutzgrade gegen Berühren und gegen Eindringen von Fremdkörpern. Damit wird der Schutz von Personen gegen Berühren von Teilen, die unter Spannung stehen, beschrieben. Zusätzlich beschreibt man den Schutz des Betriebsmittels gegen das Eindringen von festen Fremdkörpern.

Die *zweite Kennziffer* zwischen **0** und **8** bezeichnet die Schutzgerade gegen das Eindringen von Wasser in das Betriebsmittel.

Schutzart IP ... nach ÖNORM EN 60529			
erste Ziffer: Schutz gegen das Eindringen von festen Körpern		**zweite Ziffer:** Schutz gegen das Eindringen von Wasser	
0	kein Schutz	**0**	kein Schutz
1	größer 50 mm Durchmesser	**1**	Tropfwasser senkrecht
2	größer 12 mm Durchmesser	**2**	Tropfwasser 15° schräg
3	größer 2,5 mm Durchmesser	**3**	Sprühwasser 60° schräg
4	größer 1 mm Durchmesser	**4**	Spritzwasser von überall
5	gegen Staubablagerungen	**5**	Strahlwasser von überall
6	absolut staubdicht	**6**	starkes Strahlwasser
	–	**7**	kurzzeitiges Druckwasser
	–	**8**	dauerndes Druckwasser

Beispiel **für Schutzart an Magnetventilen**

IP 65	in nassen Räumen verwendbar, geschützt gegen Strahlwasser aus allen Richtungen, absolut staubdicht **(übliche Schutzart für Magnetventile)**

5.1.5 Auswahlkriterien für Magnetventile

Beim Einsatz von Magnetventilen muss man pneumatische und elektrische Gesichtspunkte beachten. Der Leistungsteil der Anlage bestimmt die Auswahlkriterien für die Wegeventile in Bezug auf Bauart und Nennweite. Die Auswahlkriterien für die elektrischen Elemente werden wesentlich vom Einsatzbereich her festgelegt. Neben den Schutzarten sind noch weitere Gesichtspunkte zu beachten.

Kriterien	Beschreibung	Hinweise
Einschaltdauer	Die Zeit, die ein Gerät eingeschaltet ist, bezeichnet man als Einschaltdauer. Die heute übliche Einschaltdauer beträgt 100 % und wird mit **ED 100 %** angegeben. Dies bedeutet, das Gerät darf dauernd eingeschaltet sein.	Umgebungstemperatur für Magnetventile nach Europa-Norm bei ED 100 % beträgt max. 50 °C
Stromart	Magnetventile gibt es sowohl für Gleichstrom als auch für Wechselstrom.	Anlagen über 24 V dürfen nur von autorisiertem Fachpersonal montiert werden
Spannung	Übliche Spannungen sind 24 V Gleich- oder Wechselspannung bzw. 230 V Wechselspannung.	
Frequenz	Die übliche Frequenz beträgt 50 Hz, in Sonderfällen auch 60 Hz.	
Explosionsgefahr	Für besonders explosionsgefährdete Räume gibt man nach ÖVE den Schutz durch die Buchstaben Eex, Kurzzeichen der verwendeten Zündschutzart, Betriebsmittelgruppe und Temperaturklasse an.	

5.1.6 Grenztaster

Mit Grenztastern werden Hubkolben, Werkzeugschlitten und andere Maschinenteile beim Erreichen von Endlagen ein- bzw. ausgeschaltet. Dabei ist das genaue Einhalten der Position auch nach mehrmaligem Schalten sehr wichtig. In der Elektropneumatik stehen neben Grenzschaltern auch berührungslose Grenztaster zur Verfügung, die nach verschiedenen physikalischen Prinzipien arbeiten. In der Übersicht sind die im Handel erhältlichen Grenztaster aufgeführt.

Name des Grenztasters und Art des Kontaktes	Erklärung der Funktion	Schaltzeichen
Magnet-Grenztaster mit Reedkontakt magnetisch geschaltet	Ein Permanentmagnet fährt mit der Hubbewegung über die Kontakte und öffnet bzw. schließt so den Stromkreis berührungslos über das Magnetfeld. Vorteilhaft ist, dass der Schaltmagnet in den Zylinder selbst eingebaut werden kann.	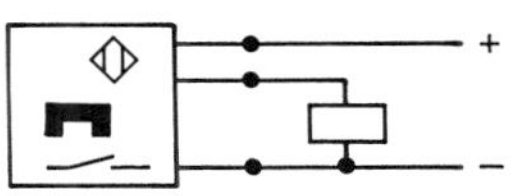
Fotoelektronische Grenztaster geschaltet über Lichtschranke	Bei fotoelektronischen Grenztastern ist der Stromkreis über eine Lichtschranke zwischen Sender und Empfänger geschlossen. Fährt der Hubkolben in seine Endlage, wird die Lichtschranke durchfahren und der Stromkreis ist unterbrochen.	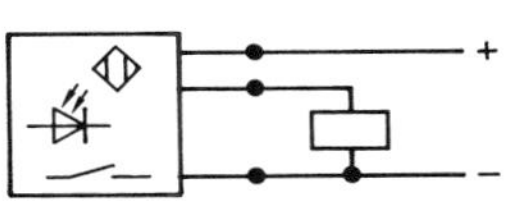
Näherungsschalter als Grenztaster induktiv geschaltet	Beim induktiven Näherungsschalter wird durch den Metallstößel des Hubkolbens ein elektromagnetisches Wechselstromfeld gestört und so der Schaltvorgang ausgelöst.	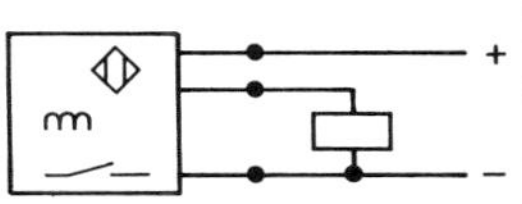
kapazitiv geschaltet	Beim kapazitiven Näherungsschalter wird durch die Hubbewegung die elektrische Kapazität von Kondensatoren gestört und dadurch ein Schaltvorgang ausgelöst. Kapazitive Näherungsschalter können durch jeden beliebigen Werkstoff geschaltet werden.	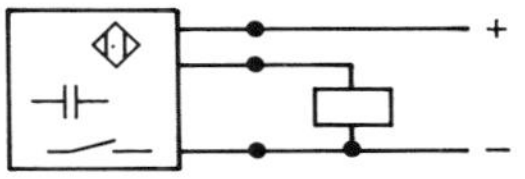

5.1.7 Schütz und Relais

Schütze und Relais sind Tastschalter, die durch Fernbetätigung elektromagnetisch schalten.
Wird z. B. eine Schützspule eingeschaltet, so wird der Anker mit den Kontakten in die Spule gezogen und die Kontakte werden geschaltet. Schütze und Relais schalten in der Regel mehrere Kontakte gleichzeitig. Der Unterschied zwischen Schütz und Relais liegt in der Schaltleistung.

- Schütze haben eine Schaltleistung von 1 kW bis 500 kW.
- Relais liegen mit der Schaltleistung wesentlich darunter – wenige mW bis 1 kW.

Zeitrelais schalten zeitverzögert. Ein ansprechverzögertes Zeitrelais schaltet verzögert ein, während ein rückfallverzögertes Zeitrelais verzögert ausschaltet.

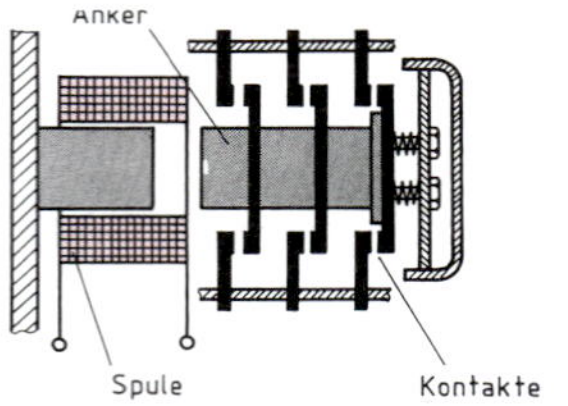

Schütz mit 3 Kontakten

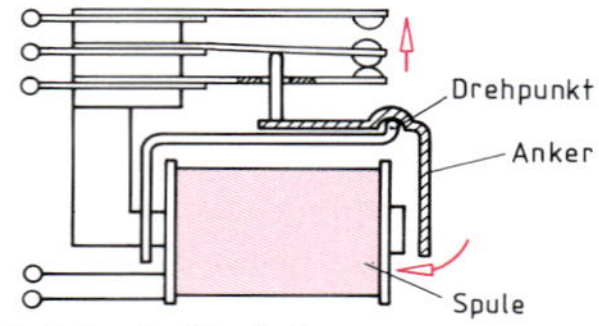

Relais als Wechsler

Schütz und Relais sind Schaltglieder, in denen durch die Magnetkräfte des Steuerstromes Kontakte im Leistungsstromkreis betätigt werden.

5.1.8 Anschlusskennzeichen an Relais

Anschlüsse an Relais und Schütze werden durch zweistellige Zahlen- bzw. Buchstabenkombinationen gekennzeichnet. Die Plusseite der Spule wird mit A1 und die Minusseite mit A2 gekennzeichnet. Für die Kontakte gilt folgendes: Die erste Ziffer kennzeichnet die Kontaktbahn, die zweite Ziffer kennzeichnet die Schalterart. Dabei steht 1–2 für Öffnerkontakte und 3–4 für Schließerkontakte.

Beispiel **für Anschlusskennzeichen am Relais**

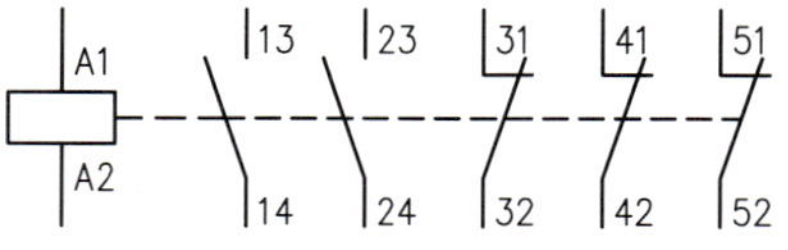

Schaltzeichen mit Anschlusskennzeichen

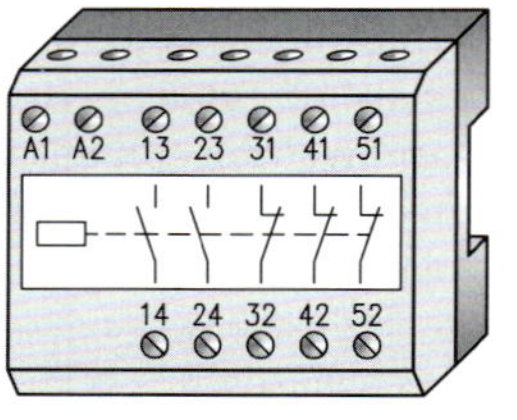

Bauteil

5.1.9 Schaltzeichen für elektrische Bauteile

Schaltzeichen für wichtige elektrische Bauteile in elektropneumatischen Anlagen (Beispiele)

elektrisches Bauteil (Funktion)	Erklärung	Schaltzeichen nach ÖVE/ÖNORM IEC 60617
Grenztaster (Wechsler)	Die Betätigung erfolgt über Kolbenhub mechanisch durch eine Rolle. Wechsler können sowohl als Öffner als auch als Schließer verwendet werden.	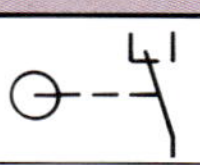
Zeitrelais (Schließer)	Nach Betätigung erfolgt der Schaltvorgang mit einstellbarer Verzögerung – hier Ansprechverzögerung.	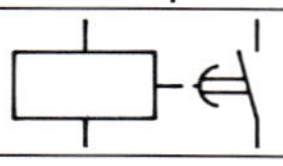
Zeitrelais (Öffner)	Nach Betätigung erfolgt der Schaltvorgang mit verstellbarer Verzögerung – hier Rückfallverzögerung.	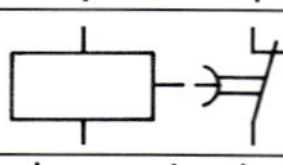
Schütz bzw. Relais (2 Schließer, 1 Öffner)	Die Betätigung mehrerer Schalter erfolgt elektromagnetisch, Fernbedienung und unterschiedliche Kombination von Schaltern sind möglich.	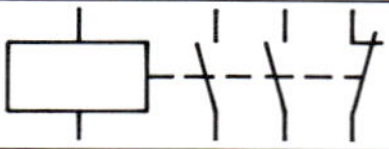
Elektromagnet (Ansprechverzögerung)	Nach Betätigung erfolgt der Schaltvorgang erst nach einer bestimmten einstellbaren Zeit. Über einen Widerstand und einen Kondensator wird die Schaltspannung zeitverzögert erreicht.	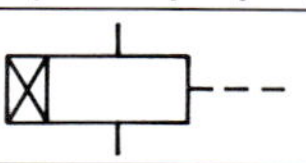
Elektromagnet (Rückfallverzögerung)	Wird das Eingangssignal gelöscht, d. h. ausgeschaltet, bleibt für eine einstellbare Zeit der Elektromagnet angezogen bzw. eingeschaltet.	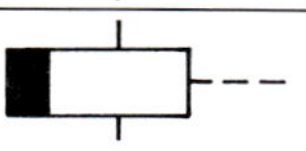

5.2 Elektropneumatische Steuerungen

5.2.1 Pneumatikschaltplan und Stromlaufplan

In der Industrie hat sich zunehmend eine Verknüpfung von Pneumatik und Elektrik durchgesetzt. Dabei übernimmt die Elektrik die Signalgebung und Signalweiterleitung – **Signalfluss** –, während die Pneumatik die Druckluft als Energie für Maschinen und Vorrichtungen bereitstellt – **Energiefluss** –. In der zeichnerischen Darstellung elektropneumatischer Anlagen werden der Signalfluss durch Stromlaufpläne und der Energiefluss durch Pneumatikschaltpläne getrennt dargestellt.

Der Stromfluss wird im **Stromlaufplan** von oben (+) nach unten (–) angenommen. Die Bauteile sind durch genormte Schaltzeichen dargestellt und in der Reihenfolge des Stromdurchganges angeordnet. Die tatsächliche Lage der Bauteile in der Anlage oder in der Maschine ist aus dem Stromlaufplan nicht ersichtlich.

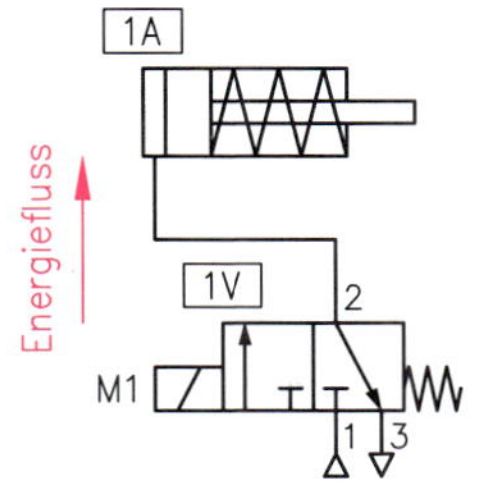

Auszug aus einem Pneumatikschaltplan

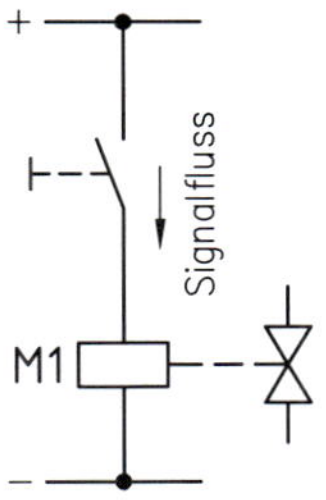

Auszug aus einem Stromlaufplan

Schaltpläne in der Elektropneumatik

In der Elektropneumatik werden pneumatisch angetriebene Systeme durch elektrische Signale gesteuert. Als Schaltpläne dienen der Pneumatikschaltplan und der Stromlaufplan.

- **Kennzeichnung der Betriebsmittel**

Weil in der Elektropneumatik verschiedene Technologien ineinander greifen, hat man aus jedem Teilgebiet die entsprechenden Normen zu beachten. Für die Darstellung des pneumatischen Teils ist vor allem die Norm ÖNORM ISO 1219-2 anzuwenden, während für die Kennzeichnung elektrischer Betriebsmittel auch im Pneumatikschaltplan die ÖNORM EN 61346-2 berücksichtigt werden muss. Die Kennzeichnung der Betriebsmittel muss im Pneumatikschaltplan und im Stromlaufplan einheitlich sein.

Im Pneumatikschaltplan werden die Arbeitselemente mit den zugehörigen Stellelementen dargestellt. Die lagemäßige Zuordnung der Sensoren zu den Arbeitselementen wird hier ebenfalls erfasst. Durch entsprechende Betätigungssymbole kennzeichnet man die elektromagnetische Betätigung der Stellelemente.

Kennbuchstabe	Art des Betriebsmittels (Beispiele)
B	Sensoren allgemein, Positionsschalter, Näherungsschalter usw.
F	Sicherungen, Schutzeinrichtungen, Druckwächter
H	Signalhorn, Lichthupe
K	Relais
Q	Schütz (für Last)
M	Antriebe (Stellantrieb, Betätigungsspule, Elektromotor, Linearmotor)
R	Widerstand
S	Signalgeber manuell, Tastschalter, Wahlschalter usw.
A	Zylinder
A+	ausfahrende Zylinder
A–	einfahrende Zylinder

- **Schaltgliedertabelle**

Weil in umfangreichen Steuerungen ein Relais mehrere Schließer und Öffner in verschiedenen Strompfaden betätigt, erleichtert eine **Schaltgliedertabelle** die Übersicht. Schaltgliedertabellen zeichnet man unterhalb des Strompfades, in dem das entsprechende Relais ist. Vereinbarungsgemäß stehen unter dem Buchstaben S die Pfadnummern, in denen sich Schließer befinden, und unter dem Buchstaben Ö die Pfadnummern mit Öffner.

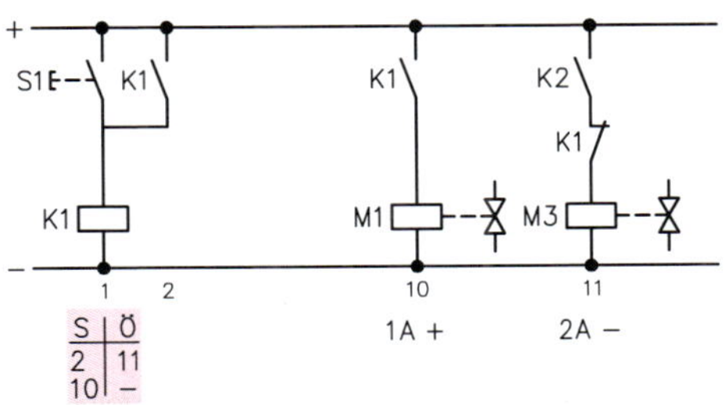

Schaltplanauszug mit Schaltgliedertabelle

Die Schaltgliedertabelle gibt darüber Aufschluss, in welchen Strompfaden sich Schließer bzw. Öffner des über der Tabelle gezeichneten Schützes befinden.

5.2.2 Reihen- und Parallelschaltung

Für die Ansteuerung von Ventilen können unterschiedliche Bedingungen gefordert sein. Es kann erforderlich sein, ein Ventil von verschiedenen Stellen aus zu schalten; es kann aber auch erforderlich sein, dass erst mehrere Schalter bedient werden müssen, um ein Ventil zu betätigen. Im Hinblick auf die Ansteuerung unterscheidet man zwei Arten von Schaltungen.

Die **Reihenschaltung** ist eine **UND**-Schaltung. Ein Spannzylinder soll beispielsweise erst spannen, wenn das Werkstück eingelegt worden ist und die Schutzvorrichtung geschlossen wurde. Erst wenn **beide Bedingungen** erfüllt sind, darf das Magnetventil für den Spannzylinder betätigt werden. Schalter S1 und Schalter S2 sind also in Reihe geschaltet. In umfangreichen Schaltplänen wird die Darstellung durch Logikzeichen bevorzugt.

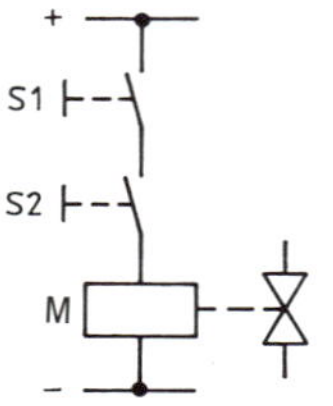

Stromlaufplan einer Reihenschaltung

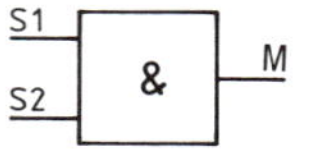

Logikzeichen einer UND-Schaltung

Die **Parallelschaltung** ist eine **ODER**-Schaltung. Mit einer solchen Schaltung kann man z. B. ein Ventil von verschiedenen Stellen aus schalten. **Entweder** wird der Stromkreis für die Ventilbetätigung über den Schalter S1 **oder** den Schalter S2 geschlossen. Die Schalter sind also parallel angeordnet.

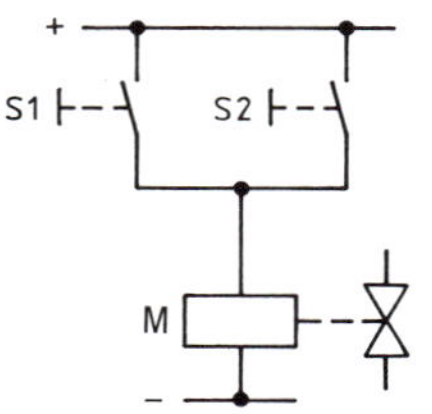

Stromlaufplan einer Parallelschaltung

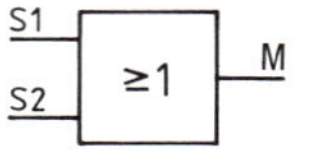

Logikzeichen einer ODER-Schaltung

Elektropneumatische Ventile können angesteuert werden durch:
- Reihenschaltung (UND-Schaltung)
- Parallelschaltung (ODER-Schaltung)

5.2.3 Ansteuerung von Wegeventilen

- **Ventil mit Speicherverhalten durch Permanentmagnete**

Ist z. B. ein 5/2-Wegeventil von beiden Seiten ansteuerbar, so bleibt die geschaltete Stellung erhalten, bis das Gegensignal erfolgt, denn in den Endlagen des Ventils sind Permanentmagnete eingebaut, die die jeweilige Lage der Ventilstellung sichern. Wird das Ventil beispielsweise zum Ansteuern eines Spannzylinders eingesetzt, so bleibt das Werkstück nach dem Spannvorgang so lange gespannt, bis der elektrische Taster zum Lösen betätigt wird.
Vorgesteuerte 5/2-Wegeventile lassen sich mit geringer elektrischer Energie schalten.

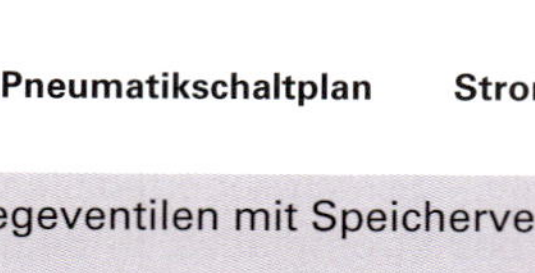

Pneumatikschaltplan

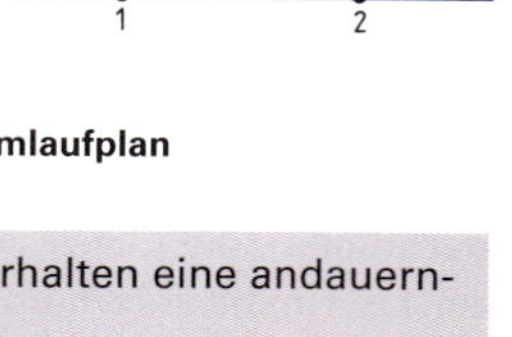

Stromlaufplan

Impulssignale bewirken in elektropneumatischen Wegeventilen mit Speicherverhalten eine andauernde Umschaltung des Ventiles.

- **Ventil mit Speicherverhalten durch Relais und Selbsthaltung**

Schütze und Relais sind fernbetätigte elektromagnetische Schalter, die als Schließer, Öffner oder Wechsler entsprechend der Gesamtaufgabe ausgebildet sind.
Die Ansteuerung eines Wegeventiles mithilfe eines Relais erlaubt eine Daueransteuerung des Ventiles, obwohl das Signalglied nur angetippt zu werden braucht (Taster).

Ein solches Speicherverhalten in der Steuerung kann man durch eine besondere elektrische Schaltung erreichen.
Von dem Relais wird eine Kontaktbahn genutzt, damit das Relais eingeschaltet bleibt. Man spricht von Selbsthaltung. Erst wenn über einen zusätzlichen Schalter der Steuerkreis unterbrochen wird, kann die Selbsthaltung des Relais aufgehoben werden.

Beispiel **für ein Ventil mit Selbsthaltung mittels Relais**

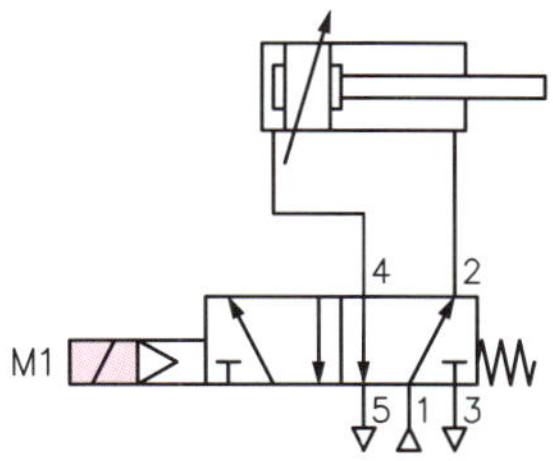

Pneumatikschaltplan

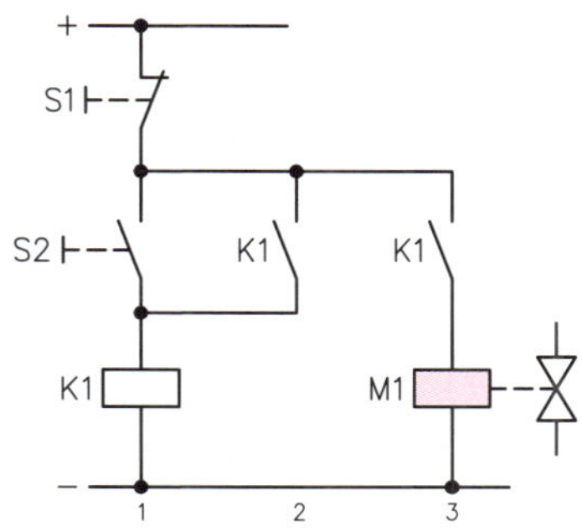

Stromlaufplan

Funktionsbeschreibung

Durch die Betätigung des Schließers S2 wird das Relais an den Stromkreis geschlossen und schaltet seinerseits elektromagnetisch gleichzeitig zwei Schließer des Relais K1 in den Strompfaden 2 und 3. Wird S2 durch Loslassen des Tasters wieder geöffnet, so bleibt das Relais jedoch über K1 im Strompfad 2 an den Stromkreis angeschlossen. Das Relais K1 fällt also nicht ab, sondern hält sich selbst **(Selbsthaltung eines Relais)**.
Der geschlossene Kontakt K1 im Strompfad 3 bewirkt die elektromagnetische Betätigung des 5/2-Wegeventiles. Das Ventil schaltet und die Kolbenstange fährt aus. Die Selbsthaltung des Relais hat zur Folge, dass die Kolbenstange ausgefahren bleibt. Wird der Taster S1 betätigt, so ist der gesamte Stromkreis unterbrochen. Das Relais fällt ab und seine Kontakte K1 öffnen sich. Dadurch wird die Magnetspule M1 stromlos und das Ventil stellt sich durch die Feder in die Ausgangsstellung zurück. Der Weg von 1 nach 2 im Ventil öffnet sich und die Kolbenstange fährt ein.

Impulssignale lassen sich mithilfe von Relaisschaltungen in Dauersignale umwandeln. Wegeventile werden dadurch so lange angesteuert, bis die Spannung abgeschaltet wird.

5.2.4 Wegabhängige Steuerungen

In wegabhängigen Steuerungen werden die Bauelemente in Abhängigkeit vom zurückgelegten Kolbenweg geschaltet. Mit Grenztastern und Relaissteuerungen lassen sich solche Schaltungen elektropneumatisch einfach verwirklichen. Grenztaster können Sensoren oder Endschalter sein.

Beispiel **für eine wegabhängige Steuerung**

Aufgabenstellung

Ein doppelt wirkender Zylinder soll aus einem Magazin Bauteile zur weiteren Bearbeitung bereitstellen. Ist das Bauteil verschoben, so soll die ausgefahrene Kolbenstange einen Grenztaster betätigen, der das Einfahren bewirkt.

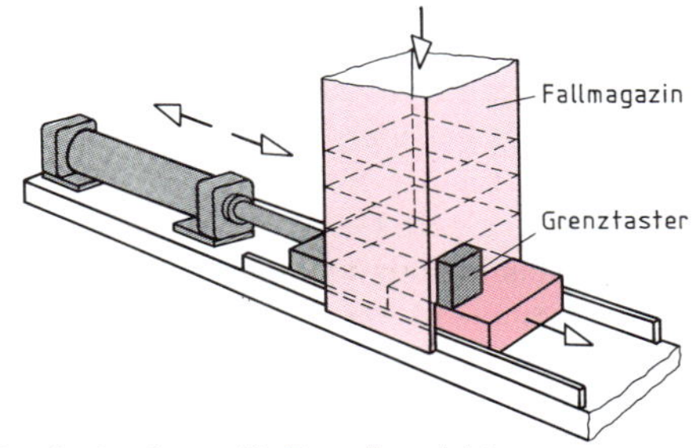

Technologieschema für Zustellvorrichtung

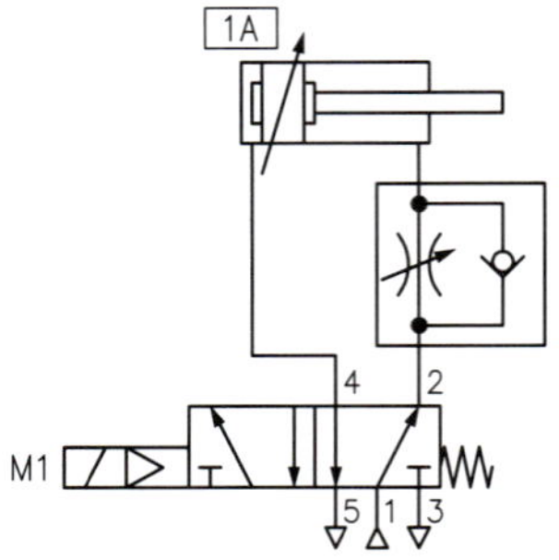

Pneumatikschaltplan

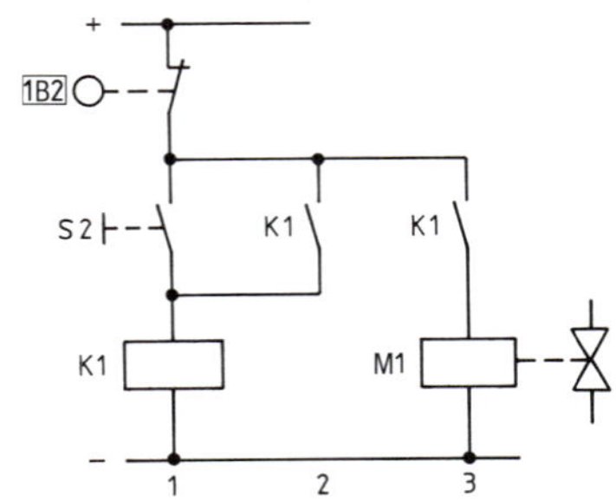

Stromlaufplan

Funktionsbeschreibung

Einschalttaster S2 gibt Strom auf Relais K1; daraus folgt Selbsthaltung von K1 und Spannung auf Magnetspule M1. Die Kolbenstange fährt aus und betätigt in der Endlage Taster 1B2. Relais K1 und dadurch Spule M1 werden spannungsfrei, das Ventil schaltet in die Ausgangsstellung, die Kolbenstange fährt ein.

Wegabhängige Steuerungen verwirklicht man in der Elektropneumatik vor allem über Grenztaster (Sensoren, Endschalter) mit Relaissteuerungen.

5.2.5 Weg- und zeitabhängige Steuerungen

Zeitabhängige Steuerungen können in der Elektropneumatik mit Hilfe von Zeitrelais verwirklicht werden. Im Zeitrelais wird über einen verstellbaren Widerstand ein Kondensator aufgeladen. Erst wenn der Kondensator aufgeladen ist, werden alle Schalter des Relais betätigt.
In einer Klebevorrichtung soll beispielsweise der Spannvorgang für eine bestimmte Zeit aufrechterhalten werden.

Beispiel **für eine weg- und zeitabhängige Steuerung**

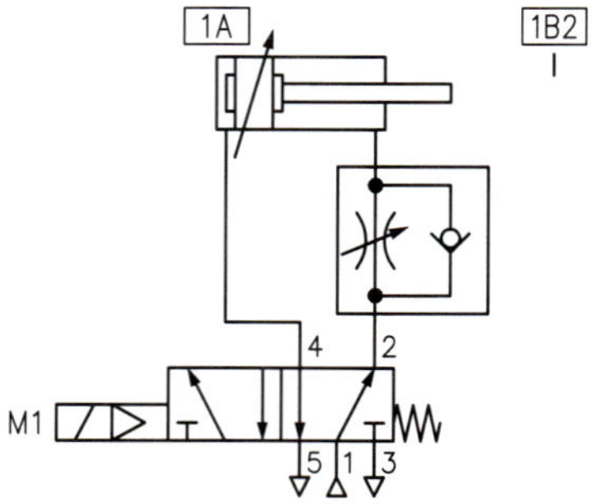

Pneumatikschaltplan

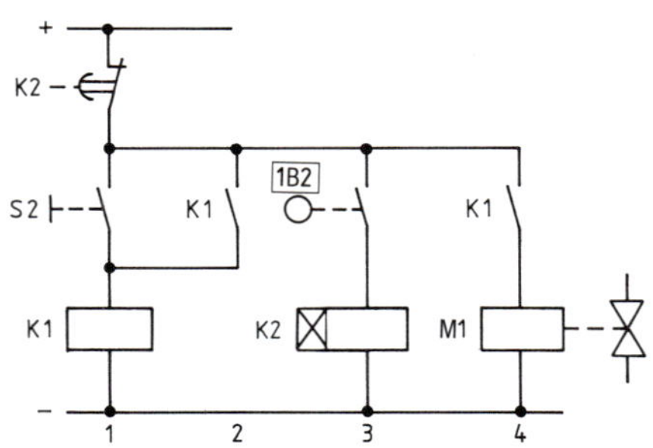

Stromlaufplan

Funktionsbeschreibung

Nach Betätigung von Taster S2 schaltet das Relais die Kontakte K1 in den Strompfaden 2 und 4 und schließt den Stromkreis. Das Relais K1 hält sich selbst. Das Ventil wird betätigt, und die Kolbenstange des Zylinders fährt aus. In der Endlage der Kolbenstange betätigt diese den Grenztaster 1B2, wodurch für das Relais K2 der Stromkreis geschlossen wird. Dieses Relais schaltet jedoch ansprechverzögert. Der Spannvorgang bleibt aufrechterhalten. Nach der eingestellten Zeitspanne öffnet Relais K2 den Kontakt K2 im Strompfad 1. Alle Relais in der Anlage werden stromlos, und die Magnetspule M1 ist spannungsfrei. Die Feder schaltet das Ventil zurück, die Kolbenstange fährt ein.

Zeitabhängige Steuerungen verwirklicht man in der Elektropneumatik vor allem über Zeitrelais, die Signale ansprech- oder rückfallverzögert weitergeben.

6 Speicherprogrammierbare Steuerungen (SPS)

6.1 Steuerungstechnische Grundlagen

6.1.1 Merkmale von VPS und SPS

Steuerungen unterteilt man in verbindungsprogrammierbare Steuerungen und in speicherprogrammierbare Steuerungen.

- **Merkmale von verbindungsprogrammierbaren Steuerungen (VPS)**

In verbindungsprogrammierbaren Steuerungen verwirklicht man das Steuerprogramm durch *feste Verbindungen.* Die Sensoren (z. B. Endschalter) werden über Stell- und Steuerelemente mit den Aktoren (z. B. Zylinder) durch Druckleitungen oder durch elektrische Leitungen verbunden. Jede Änderung des Steuerungsablaufes oder jede Erweiterung der Steuerungsaufgabe bedeutet oft eine *aufwändige Veränderung* von Bauteilen und deren Verschlauchung bzw. Verdrahtung.

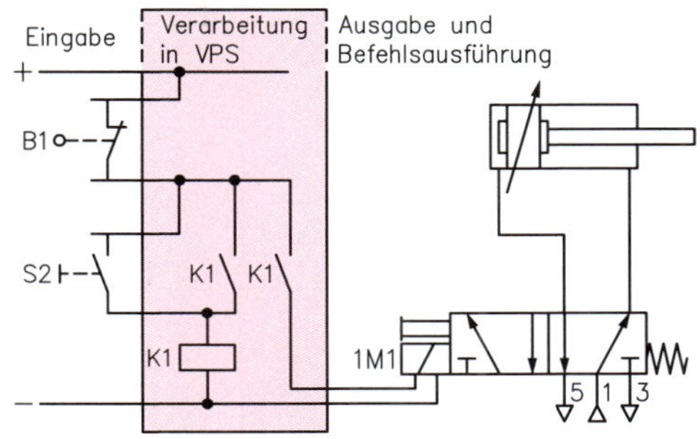

Steuerung – verbindungsprogrammiert

In verbindungsprogrammierbaren Steuerungen werden Programme durch die Art der Bauteile und durch deren Verbindung vorgegeben. Programmänderungen sind aufwändig und kostenintensiv.

- **Merkmale von speicherprogrammierbaren Steuerungen (SPS)**

In speicherprogrammierbaren Steuerungen werden die Signale von den Sensoren an einen Mikroprozessor gegeben. Dieser verarbeitet die Eingangssignale in einem Programm zu den vorgesehenen Ausgangssignalen. Mit den Ausgangssignalen werden die Aktoren gesteuert.
Für die Funktion der SPS ist vereinbart, dass die Eingänge bzw. Ausgänge jeweils das *Signal 1* führen, wenn *Spannung vorhanden* ist, und das *Signal 0* führen, wenn *keine Spannung* vorhanden ist.
Jede Änderung des Steuerungsablaufes bedeutet in der SPS lediglich eine Programmänderung, die *einfacher* und *wirtschaftlicher* zu verwirklichen ist, als eine Änderung der Verdrahtung.

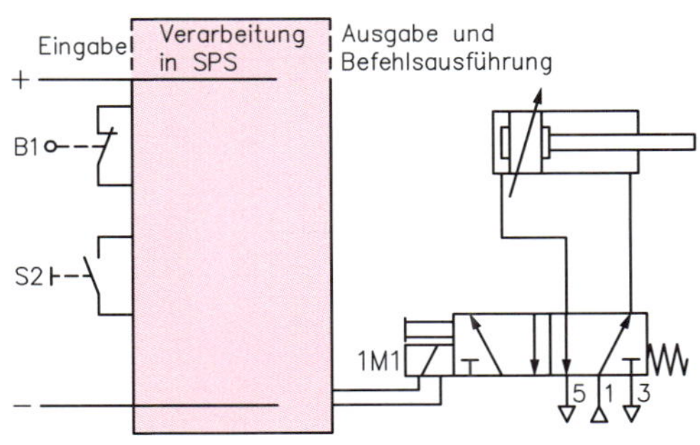

Steuerung – speicherprogrammiert

Programmänderungen können über die Änderung des Computerprogrammes oder durch den Austausch eines elektronischen Speicherbausteines erfolgen. Man unterscheidet daher *frei programmierbare* und *austauschprogrammierbare* Steuerungen.

In speicherprogrammierbaren Steuerungen werden die Programme in Programmspeichern abgelegt. Man unterscheidet frei programmierbare und austauschprogrammierbare Steuerungen. Programmänderungen sind einfach durchzuführen.

6.1.2 Logikpläne von Steuerungen

Von der Funktion her ist es unwichtig, mit welcher Energieart eine Steuerung betrieben wird. Die Entscheidung darüber wird unter wirtschaftlichen und wartungstechnischen Aspekten gefällt. Unabhängig von dieser Entscheidung kann man Steuerungen auf ihre wesentlichen Zusammenhänge zwischen Eingangs- und Ausgangsgrößen – auf ihre Logik – untersuchen. Das Verständnis der Steuerungslogik ist notwendig für die Entwicklung und das Analysieren von Programmen für Steuerungen.

Zusammenfassung logischer Grundfunktionen

	Logiksymbol	Funktionstabelle	Beispiele für die Verwirklichung pneumatisch	elektrisch
Identität	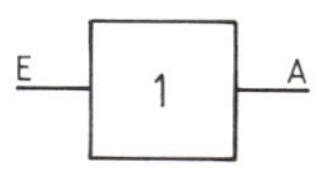	E | A 0 | 0 1 | 1	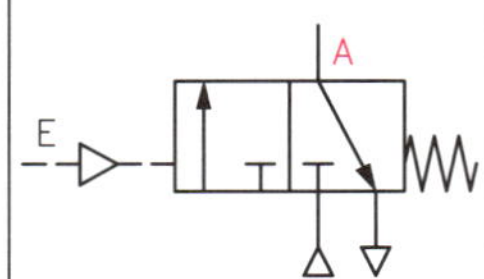	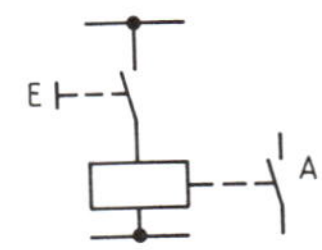
NICHT	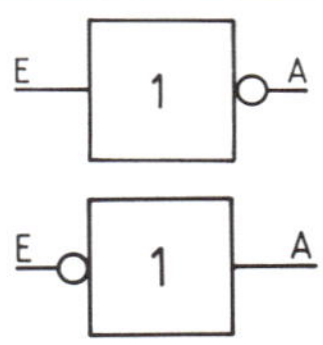	E | A 0 | 1 1 | 0	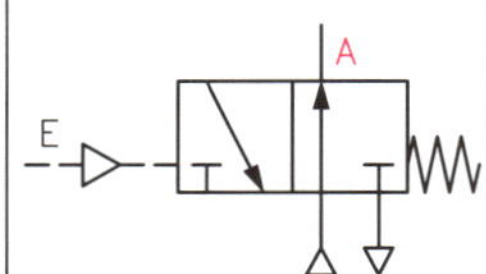	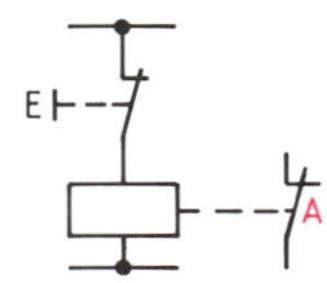
UND	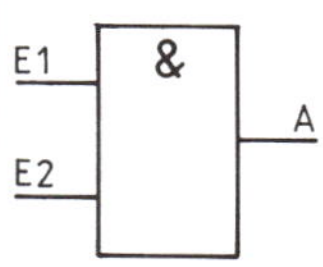	E1 | E2 | A 0 | 0 | 0 0 | 1 | 0 1 | 0 | 0 1 | 1 | 1	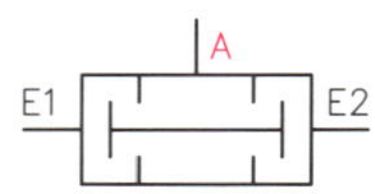	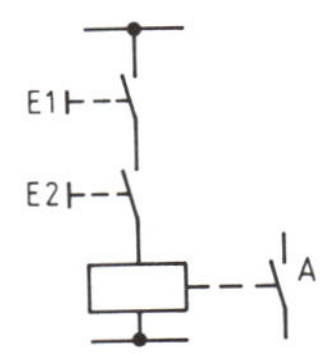
ODER	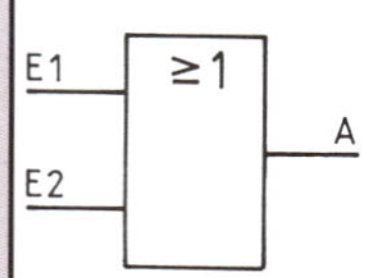	E1 | E2 | A 0 | 0 | 0 0 | 1 | 1 1 | 0 | 1 1 | 1 | 1	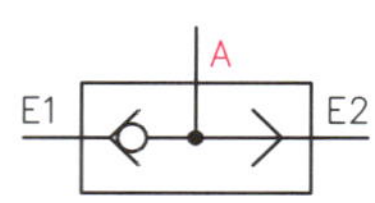	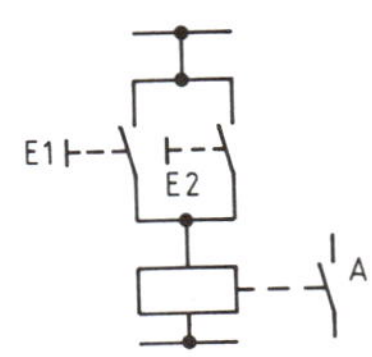
Speicher mit vorrangigem Rücksetzen	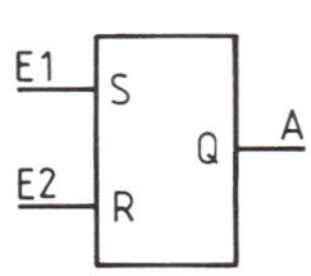 S – Setzen R – Rücksetzen Q – Quittieren	E1 | E2 | A 0 | 0 | * 0 | 1 | 0 1 | 0 | 1 1 | 1 | 0 * bisheriger Zustand bleibt erhalten	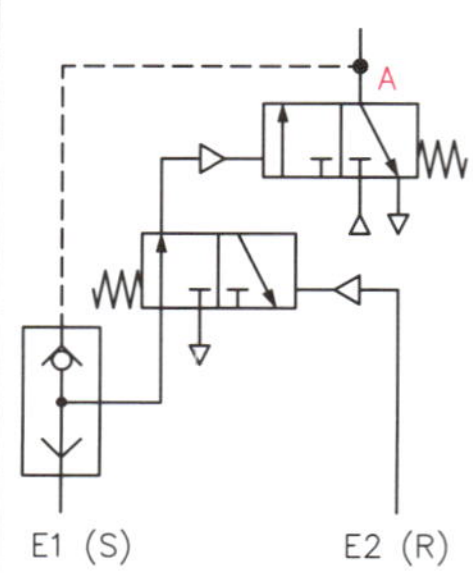	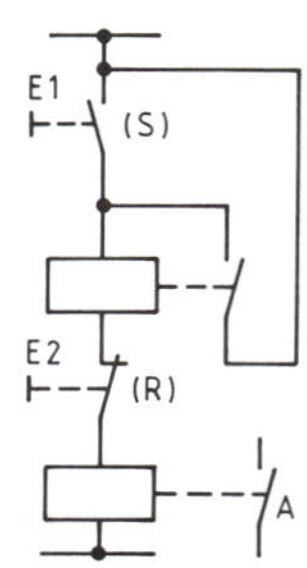

6.1.3 Funktionspläne von Steuerungen

Ausgangspunkt für die Planung einer Steuerung ist neben der Aufgabenstellung und dem Technologieschema das Funktionsdiagramm. Um den geforderten Steuerungsprozess für die SPS aufzubereiten, veranschaulicht man den Prozess in einem Funktionsplan. Der Funktionsplan nach DIN EN 60848 stellt die Steuerungsaufgabe grafisch dar.

6.2 Gerätetechnischer Aufbau der SPS (Hardware)

In der SPS unterscheidet man die Bereiche Hardware und Software. Zur Hardware gehören:

- **Programmiergeräte,** mit denen man die Steuerprogramme erstellt,
- **Automatisierungsgeräte,** die für die Abarbeitung der Steuerprogramme notwendig sind.

Zusätzlich gibt es Speicherbausteine, so genannte **Speichermodule**, in denen die Steuerprogramme gespeichert sind. Zum Betrieb werden diese Speichermodule in das Automatisierungsgerät gesteckt.

Beispiel **für den Grundaufbau einer SPS mit Programmiermöglichkeit**

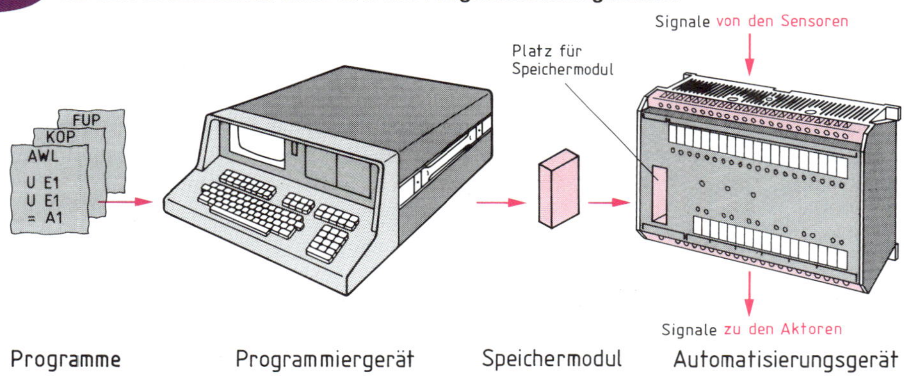

6.2.1 Programmiergeräte

Programme für Steuerungen werden mit Programmiergeräten in Speicher eingegeben. Die Eingabe von Programmen ist möglich im: • *Online-Betrieb,* • *Offline-Betrieb.*

Beim **Online-Betrieb** erfolgt die Programmeingabe vom Programmiergerät über ein Kabel in den Speicher des Automatisierungsgerätes.

Der Online-Betrieb ist notwendig, wenn in Anlagen z. B. Testläufe, Fehlersuche oder Programmänderungen durchgeführt werden.

Beim **Offline-Betrieb** besteht bei der Programmeingabe keine unmittelbare Verbindung mit dem Automatisierungsgerät, denn das Programm wird bei dieser Betriebsart *außerhalb* des Automatisierungsgerätes in einen Speicherbaustein geschrieben. Den programmierten Speicherbaustein nimmt man aus dem Programmiergerät und steckt ihn in das Automatisierungsgerät.

Neben der Programmerstellung und -eingabe dienen Programmiergeräte dazu, Programme zu testen, abzuändern, zu erweitern und zu archivieren.

Online-Programmierung

6.2.2 Programmspeicher

Mit Programmiergeräten werden Programme geschrieben. Die fertigen Programme überträgt man in Programmspeicher.
Als Programmspeicher setzt man ein:

- frei programmierbare Speicher im Automatisierungsgerät – *RAM,*
- austauschprogrammierbare Speicher in Speichermodulen – *EPROM* oder *EEPROM*:

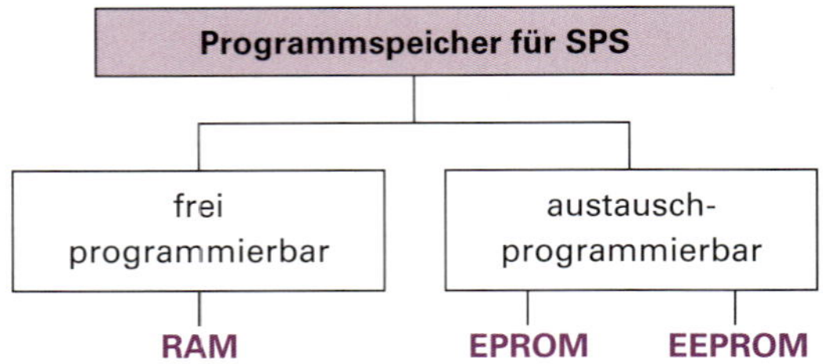

RAM-Speicher sind frei programmierbare Speicher. In ihnen lassen sich Programme leicht verändern und dem Steuerungsprozess optimal anpassen. Damit die RAM-Speicher ihre Daten bei Stromausfall oder beim Abschalten nicht verlieren, sind die Automatisierungsgeräte mit Batterien ausgerüstet.
Ausgetestete Steuerungsprogramme, die im Wechsel mit anderen Programmen wiederholt benutzt werden sollen, überschreibt man in Festwertspeicher. Diese Speichermodule werden mit Hilfe des Programmiergerätes geladen und dann in das Automatisierungsgerät gesteckt.

Bei diesen austauschprogrammierbaren Speichern unterscheidet man EPROM-Speicher und EEPROM-Speicher.

EPROM-Speicher sind nur dadurch neu programmierbar, dass man das bestehende Programm in besonderen Geräten mit UV-Licht löscht. Die Programme in EPROM-Speichern sind somit besonders geschützt. Ein unabsichtliches Löschen oder Verändern des Programmes ist daher *nicht* möglich.

EEPROM-Speicher sind ebenfalls veränderbare Programmspeicher. Sie lassen sich elektrisch löschen und sind anschließend wieder verwendbar.

6.2.3 Automatisierungsgerät

Das zentrale Gerät für die Signalverarbeitung in der SPS ist das **Automatisierungsgerät**.

Auf die Eingänge des Automatisierungsgerätes werden die elektrischen Leitungen von den Sensoren gelegt. Die Ausgänge des Gerätes verbindet man über elektrische Leitungen mit den Aktoren. In der Pneumatik bzw. Hydraulik benutzt man als Aktoren meist Magnetventile. Die Ventile schalten die Druckenergie auf die Arbeitselemente.

Die Stromversorgung (meist 24 V Gleichstrom) für die Sensoren und die Magnetventile wird ebenfalls von dem Automatisierungsgerät übernommen. Dadurch vereinfachen sich der Montage- und Geräteaufwand erheblich.

Der Stromkreis der Sensoren und der Aktoren ist von dem Stromkreis der Verarbeitungseinheit getrennt, weil diese Baueinheiten mit unterschiedlichen Spannungen und Strömen arbeiten. Die Trennung der Stromkreise erreicht man durch besondere elektronische Bauelemente.

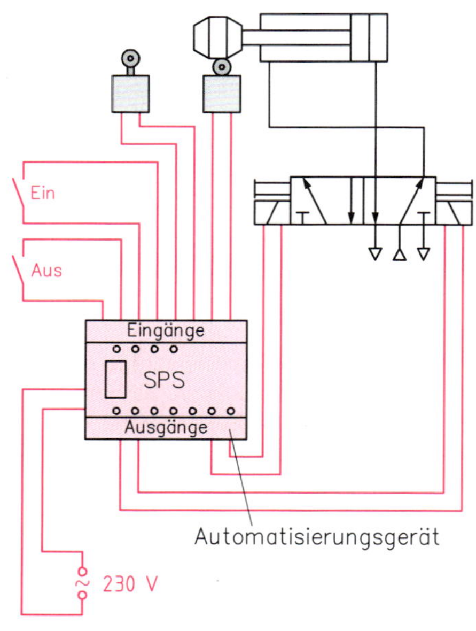

Automatisierungsgerät in einer Anlage

6.3 Arbeitsweise der SPS

- **Datenverarbeitung im Automatisierungsgerät**

Das Automatisierungsgerät der SPS besteht aus

- den **Eingängen**, die mit den Sensoren verbunden werden,
- dem **Mikroprozessor**, der die Verarbeitung durchführt,
- den **Speichereinheiten** zum Speichern des Betriebssystems und des eingegebenen Steuerprogramms sowie dem Prozessabbildspeicher zum Zwischenspeichern von Daten.
- den **Ausgängen**, die mit den Aktoren verbunden werden.

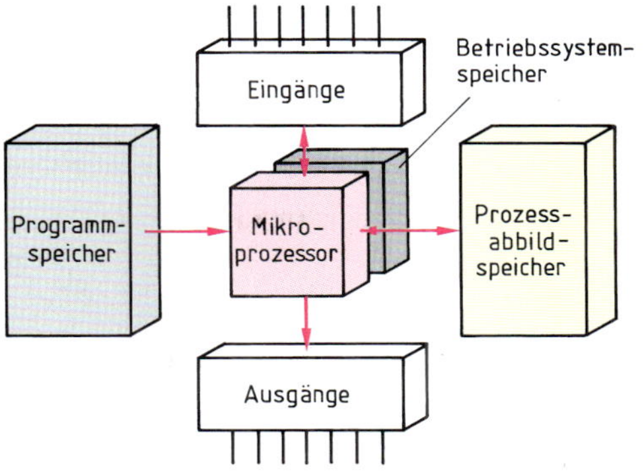

Innerer Aufbau eines Automatisierungsgerätes (SPS)

- **Arbeitsschritte in einem Zyklus**

Der Mikroprozessor in der SPS wird durch das Programm des Betriebssystemes so gesteuert, dass er ständig eine Schleife von drei Schritten durchläuft. Diese Schritte sind:

- das *Abfragen* der Eingänge,
- das *Verarbeiten* der Daten nach den Anweisungen des Steuerprogrammes,
- das *Belegen* der Ausgänge.

Dieser Ablauf wird immer wieder in der gleichen Reihenfolge vorgenommen. Die Zeit, in der diese Schleife durchlaufen wird, nennt man die **Zykluszeit**. Sie beträgt nur wenige Millisekunden.

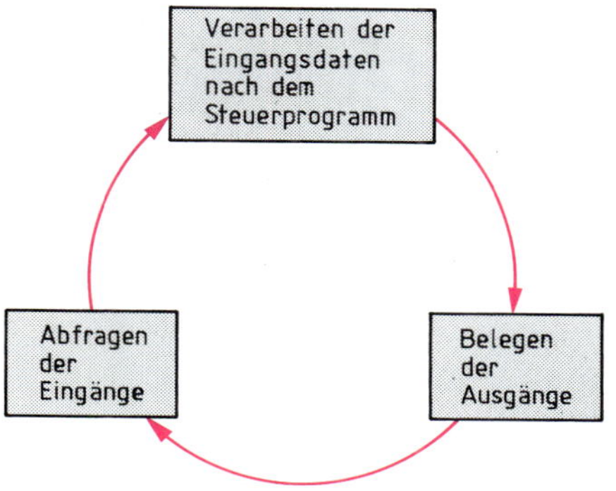

Zyklische Arbeitsweise in der SPS

- **Ablauf eines Zyklus**

1. Schritt: Abfragen der Eingänge

Das Betriebssystem veranlasst den Mikroprozessor, die Signalzustände der Eingänge abzufragen. Sie werden als Abbild der Eingänge in den Prozessabbildspeicher übernommen.

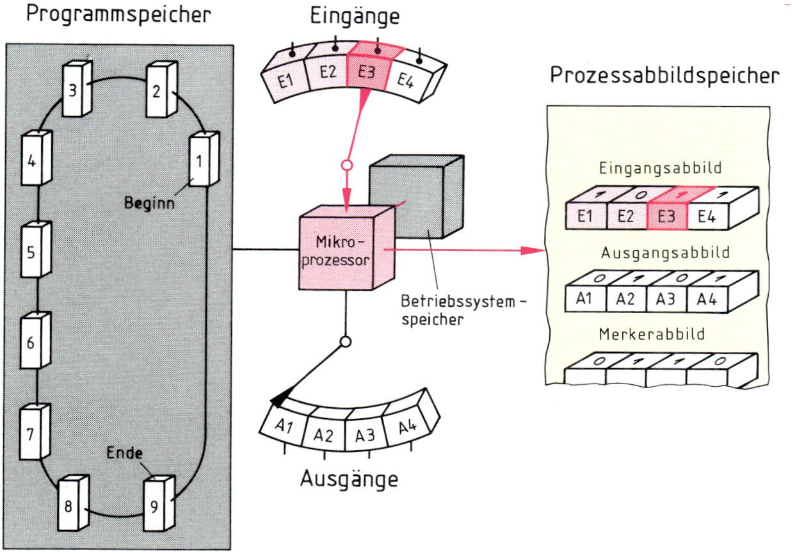

2. Schritt: Verarbeiten der Daten nach den Anweisungen des Steuerprogrammes

Das eingegebene Steuerprogramm wird gestartet. Das Programm wird Anweisung für Anweisung abgearbeitet. Die dabei anfallenden Ergebnisse zur Beschaltung der Ausgänge und die Zwischenergebnisse werden in den Prozessabbildspeicher übernommen. Am Ende des Programmzyklus liegt im Prozessabbildspeicher ein vollständiges Abbild der Ausgänge vor.

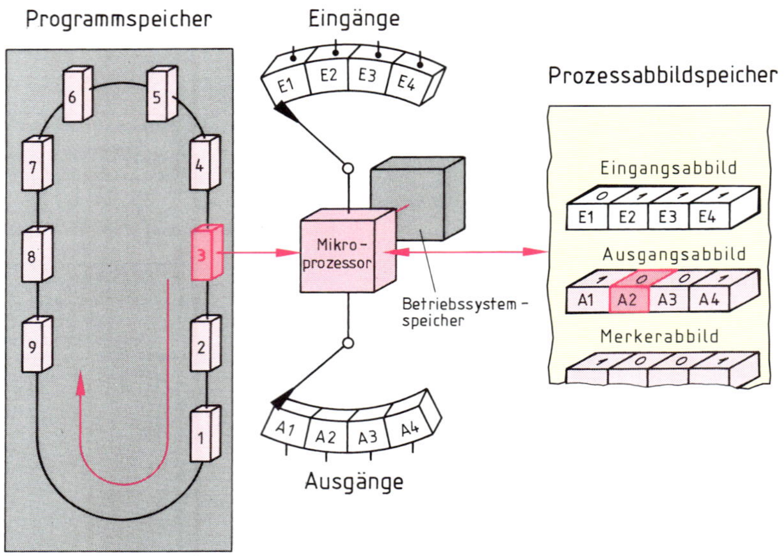

3. Schritt: Belegen der Ausgänge

Entsprechend dem im Prozessabbildspeicher vorliegenden Abbild werden die Ausgänge mit den vorgesehenen Signalen belegt. Die Signale an den Ausgängen bleiben so lange gespeichert, bis sie in einem nächsten Zyklus entweder gelöscht oder neu gesetzt werden.

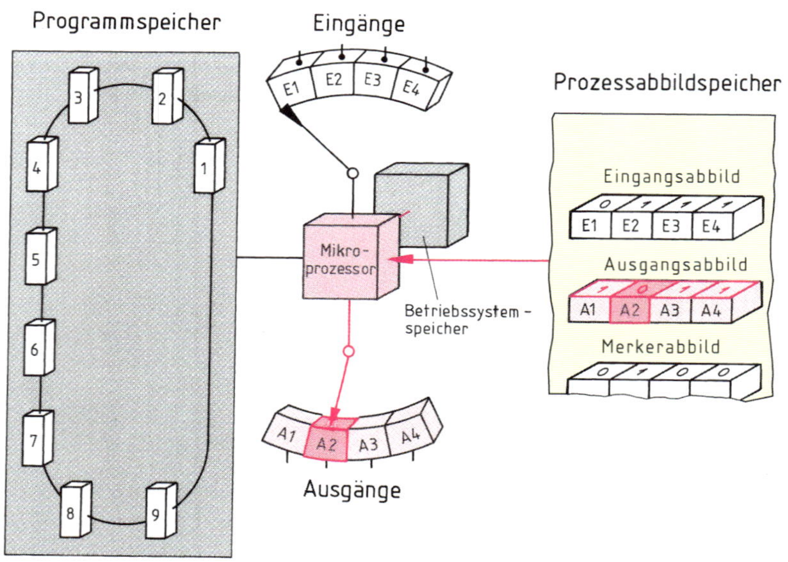

In der SPS werden die Programme zyklisch abgearbeitet. Dabei fragt der Mikroprozessor die Signalzustände der Eingänge ab und verknüpft sie entsprechend der Logik des Programmes. Die Signale werden erst dann an die Ausgänge gesetzt, wenn ein ganzer Zyklus abgearbeitet ist.

6.4 Programmieren von speicherprogrammierbaren Steuerungen

6.4.1 Anweisungsliste (AWL)

Die Anweisungsliste ist eine Programmiersprache, die in ihrer Art der Arbeitsweise des Mikroprozessors stark angepasst ist. Steueranweisung für Steueranweisung wird nacheinander abgearbeitet.

Hat man in der Elektro-Pneumatik eine UND-Verknüpfung zu verwirklichen, so steht das Ausgangssignal A1 nur an, wenn die Eingangssignale E1 und E2 vorhanden sind. Diesen logischen Zusammenhang kann man auch durch einen Text beschreiben. In der Anweisungsliste wird diese Textbeschreibung verkürzt erfasst. Für UND schreibt man z.B. U und für das Ergebnis einer logischen Zuordnung das Gleichheitszeichen.

Schaltplan

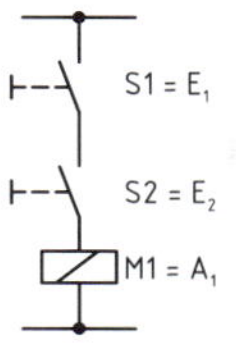

Textbeschreibung	Anweisungsliste	
Und Eingang 1	U	E1
Und Eingang 2	U	E2
ergibt Ausgang 1	=	A1

Vom Schaltplan zur Anweisungsliste

- **Vereinbarung für Steueranweisungen**

Das Programm einer speicherprogrammierbaren Steuerung besteht aus einer Folge von Steueranweisungen. Eine Steueranweisung gliedert sich in einen *Operationsteil* und einen *Operandenteil.*

Steueranweisung

Operationsteil | **Operandenteil**

Im **Operationsteil** der Steueranweisung wird festgelegt, *was zu tun ist.* Es wird also in diesem Teil der Steueranweisung die Signalverarbeitung oder die Programmorganisation vereinbart.
Der Operationsteil enthält z.B. die Anweisung, dass eine **UND**-Verknüpfung vorzunehmen ist.

Vereinbarungen im Operationsteil			
UND	**U**	Zuweisung	**=**
ODER	**O**	Klammer auf	**(**
NICHT	**N**	Klammer zu	**)**
Laden	**L**	Nulloperation	**NOP**
Setzen	**S**	Rücksetzen	**R**

Zu den Operationen, die in der Steuerungstechnik meist verwendet werden, gehören die **UND-**, die **ODER-** sowie die **NICHT**-Verknüpfung. Mit diesen Grundverknüpfungen, Zuweisungen und Klammern lassen sich auch aufwändige Steuerungen verwirklichen.
Die Art der Operationen wird durch entsprechende Zeichen in der Anweisungsliste angegeben.

Der **Operandenteil** enthält Angaben darüber, *womit etwas zu tun ist,* im Operandenteil der Anweisung stehen die Daten, die für die Ausführung der Operation notwendig sind.
Der Operandenteil enthält z.B. die Anweisung, dass die UND-Verknüpfung mit dem Eingang E1 durchgeführt werden soll.

Vereinbarungen im Operandenteil			
Eingang	**E**	Konstante	**K**
Ausgang	**A**	Zeitglied	**T**
Merker	**M**	Programmbaustein	**P**
Zähler	**Z**	Funktionsbaustein	**F**

Im Operandenteil der Steueranweisung stehen Angaben darüber, welche Eingänge (z.B. Signale von den Sensoren) mit welchen Ausgängen (z.B. Signale an die Stellglieder) verknüpft werden. Dazu benötigt man in der Anweisungsliste u.a. Zeichen für *Eingänge, Ausgänge und Zwischenspeicher,* so genannte **Merker**.

Beispiel **für eine Steueranweisung**

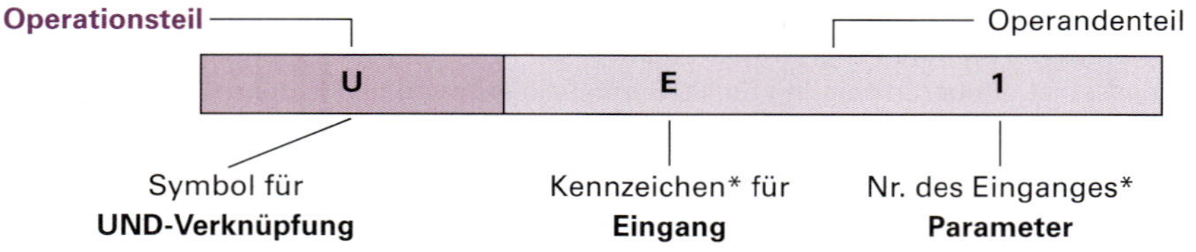

* Die Art der Kennzeichnung im Operandenteil ist von Hersteller zu Hersteller verschieden, möglich sind auch E0.1 oder I1 bzw. A0.1 oder Q1

Eine Steueranweisung besteht aus dem Operationsteil und dem Operandenteil. Der Operationsteil enthält Angaben darüber, was zu tun ist. Der Operandenteil gibt Auskunft, womit etwas zu tun ist.

- **Satzaufbau in Steueranweisungen**

Für eine logische Verknüpfung in einem Programm ist eine Folge von Steueranweisungen notwendig, die eine Einheit bilden. Eine solche Folge wird als **Satz** bezeichnet.
Ein Satz besteht mindestens aus einem Satzanfang, einem Operanden und einer Zuweisung.

```
U  E1 }            U  M1 }
U  E2 } Satz 1     O  E3 } Satz 2
=  M1 }            =  A1 }
```

Sätze in Steueranweisungen

Beispiel **für einen Satz in der Anweisungsliste**

Aufgabe
Ein doppelt wirkender Zylinder soll über ein 4/2-Wegeventil so angesteuert werden, dass die Kolbenstange nur dann ausfährt, wenn beide Schalter gleichzeitig betätigt sind.

Lösung
Sind beide Schalter S1 und S2 betätigt, so liegt an beiden Eingängen des Automatisierungsgerätes Spannung an. Die Signale E0 und E1 sind also vorhanden. Durch die UND-Verknüpfung in der SPS wird dem Ausgang A1 ein Signal zugeordnet, d. h. an dem Ausgang liegt Spannung an. Die Magnetspule zieht an und der Zylinder fährt aus.

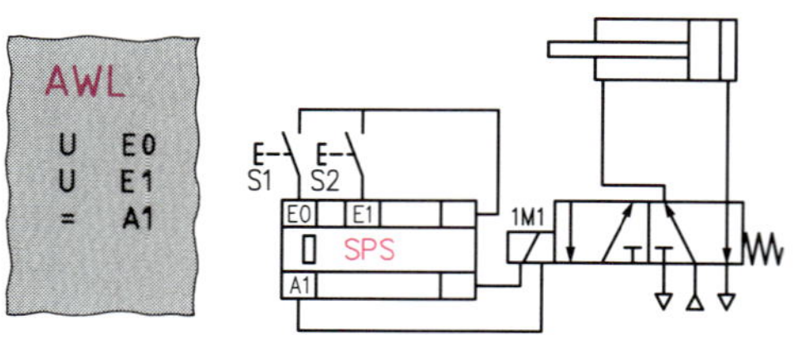

Anweisungsliste und Anschlussschema

- **Adressen in Steueranweisungen**

Die Steueranweisungen werden in dem Programmspeicher unter Adressennummern abgelegt. Oft werden daher in den Anweisungslisten die Adressen mit angegeben.

Beispiel **für einen Satz in der Anweisungsliste mit Adressen**

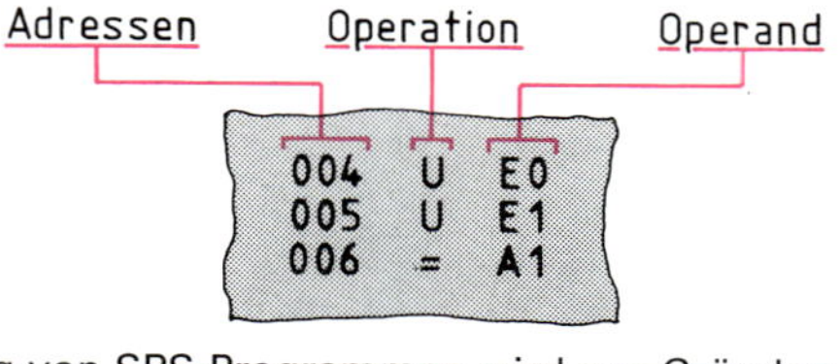

(Bei der weiteren Behandlung von SPS-Programmen wird aus Gründen der Übersichtlichkeit auf die Eintragung von Adressen verzichtet.)

6.4.2 Kontaktplan (KOP)

Die Programmiersprache *Kontaktplan* wurde *aus dem Stromlaufplan* entwickelt. Wird der Stromlaufplan in die Waagerechte gedreht und dann gespiegelt, so erhält man die Form des Kontaktplans. Weil der Kontaktplan mit der Tastatur eines Computers geschrieben wird, hat er besondere Symbole für Schalter und Relais.

Beispiel **für die Entwicklung des Kontaktplans einer Selbsthaltung aus dem Stromlaufplan**

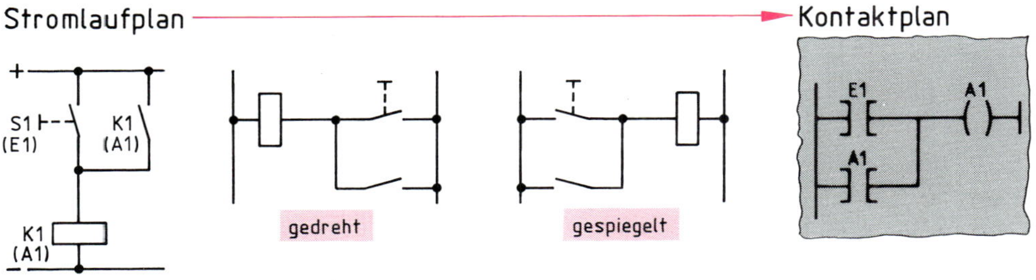

Der Kontaktplan ist eine grafische Programmiersprache, die aus dem Stromlaufplan entwickelt wurde. Der Kontaktplan wird im Programmiergerät durch Übersetzerprogramme in die Anweisungsliste umgeschrieben.

6.4.3 Funktionsbausteinsprache (FBS)

In der Funktionsbausteinsprache wird die Aufgabenstellung angelehnt an den GRAFCET-Plan in ein Steuerungsprogramm umgeschrieben.

Die Funktionsbausteinsprache wird mit Hilfe der üblichen Logiksymbole erstellt, die u. a. auch im GRAFCET-Plan verwendet werden.

Die Bezeichnungen für die Operanden werden im Hinblick auf die eingesetzte Steuerungseinheit in der konkreten Anlage ausgewählt. Je nach Hersteller und Stand der Anlage können z. B. Eingänge mit „E1 ... E33 oder E1.0 ... E3.3 oder I1... I33“ zur Verfügung stehen. Für die Belegung und Bezeichnung der Ausgänge gilt entsprechendes; man findet z. B. „A1 ...A22 oder A1.0 ...A2.2 oder Q1...Q22“.
Die Programmierung erfolgt satzweise. Das auf dem Bildschirm erstellte Programm wird intern im Programmiergerät in die Anweisungsliste übersetzt.

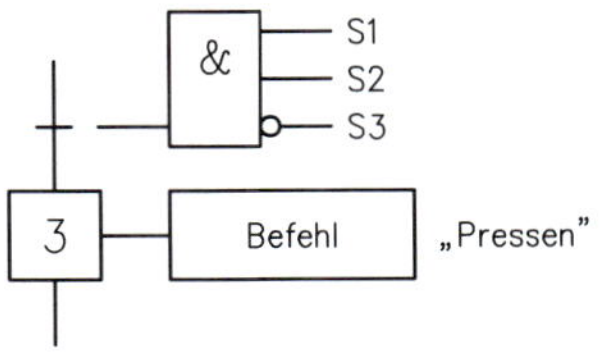

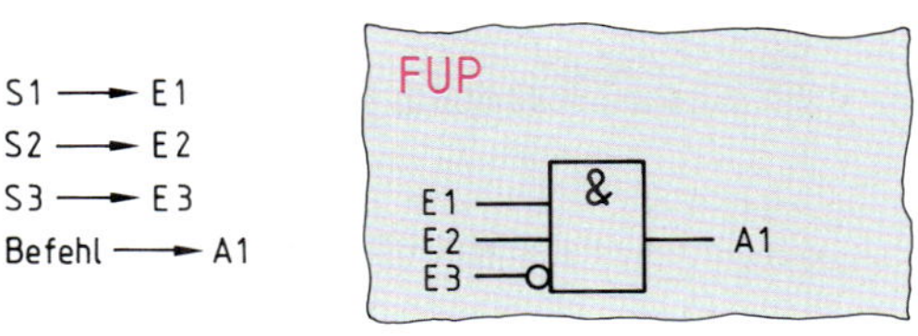

Funktionsplan als Planungsunterlage und als Programmiersprache

Programmieren mit der Funktionsbausteinsprache erfordert umfangreiche grafische Bildschirmunterstützung. Der Funktionsplan wird im Programmiergerät durch Übersetzerprogramm in die Anweisungsliste umgeschrieben.

6.4.4 Grundverknüpfungen in der SPS

Die Darstellung der logischen Verknüpfungen und die grundsätzlichen Regeln für die verschiedenen Programmiersprachen in der SPS werden an Beispielen verdeutlicht.

Beispiel **für die Programmierung von UND-Verknüpfungen**

Aufgabe

Der Biegevorgang in einer Presse soll erst dann beginnen, wenn das Schutzgitter geschlossen ist und mit jeder Hand gleichzeitig ein Taster betätigt wird.
Die Programmierung soll nur für den Biegevorgang erfolgen.

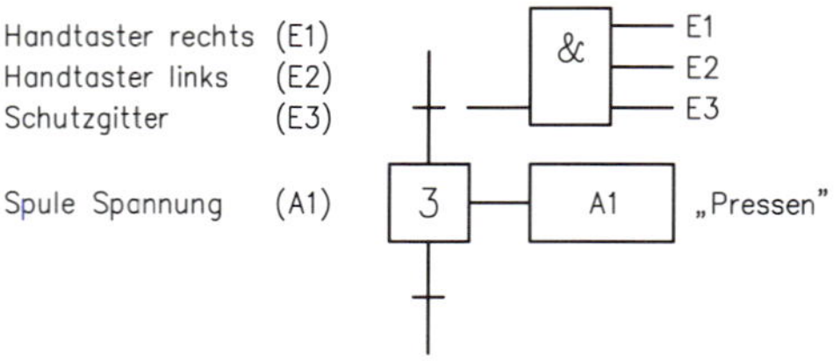

Lösung

In der Lösung werden die drei möglichen Programmiersprachen gegenübergestellt.

FBS	Kontaktplan	Anweisungsliste
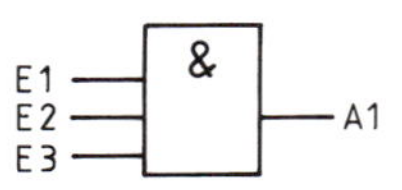	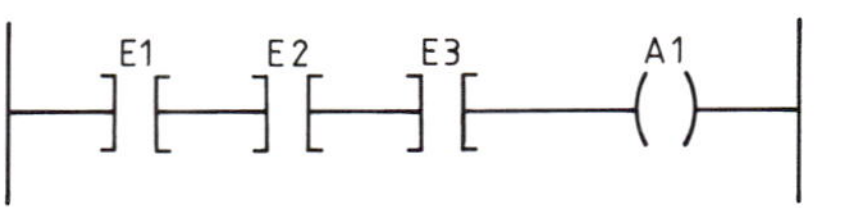	U E1 U E2 U E3 = A1

Anmerkung: Ist Signal A1 vorhanden, so erhält die Magnetspule des Stellelements für den Zylinder Spannung und schaltet das Stellelement um; der Zylinder fährt aus.

Beispiel **für die Programmierung von ODER-Verknüpfungen**

Aufgabe

In einem Werkstoffprüflabor muss aus sicherheitstechnischen Gründen das Ventil für die Brenngaszufuhr mehrfach abschaltbar sein. Verlöscht z. B. die Flamme am Brenner, so wird über einen Thermofühler die Gaszufuhr abgeschaltet. Außerdem muss das Gas über einen Ausschalter am Arbeitsplatz sowie über einen Zentralschalter abgestellt werden können.

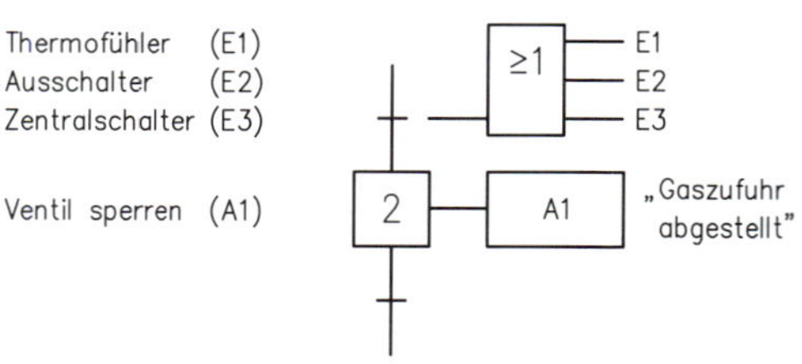

Lösung

In der Lösung werden die drei möglichen Programmiersprachen gegenübergestellt.

FBS	Kontaktplan	Anweisungsliste
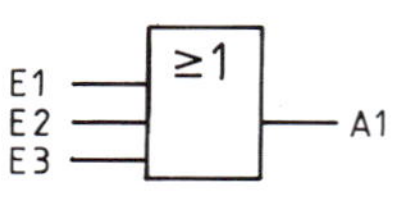	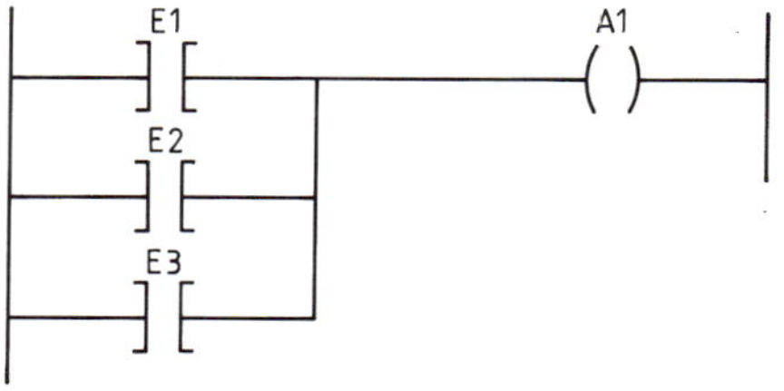	O E1 O E2 O E3 = A1

Anmerkung: Ist Signal A1 vorhanden, so tritt das Abschaltventil in Funktion und sperrt die Gaszufuhr ab.

Beispiel **für die Programmierung einer NICHT-Verknüpfung**

Aufgabe

In einer Bohrvorrichtung soll ein Spannzylinder so lange das Werkstück eingespannt halten, bis die Bohrspindel vollständig zurückgefahren ist. Die Endlage der Bohrspindel muss also mit einem Endtaster versehen sein. Solange der Endtaster nicht betätigt wird, wird der Spannzylinder druckbeaufschlagt.

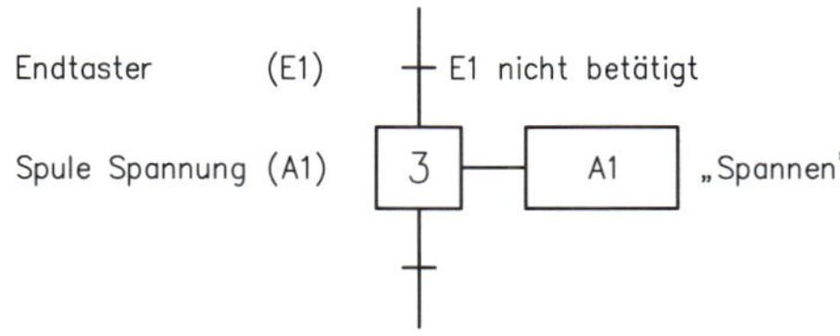

Lösung

In der Lösung werden die drei möglichen Programmiersprachen gegenübergestellt.

Funktionsplan

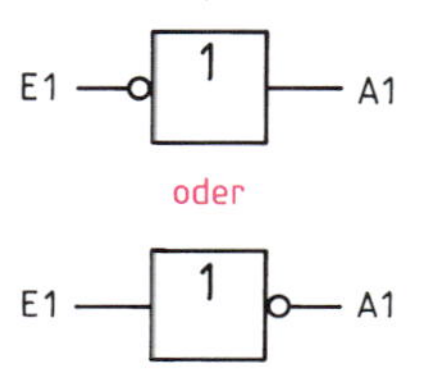

Kontaktplan

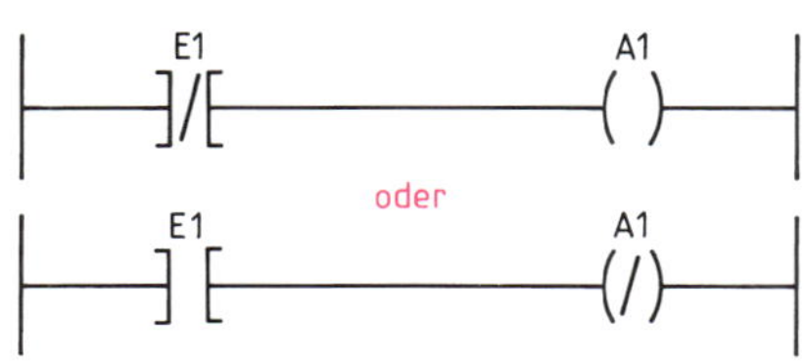

Anweisungsliste

```
UN  E1
=   A1
```

oder

```
U   E1
=N  A1
```

Anmerkung: Für die NICHT-Verknüpfung sind zwei Lösungen möglich.

6.4.5 Kombinierte Verknüpfungen in der SPS

- **Merker**

Einfache und übersichtliche Programme erhält man, wenn bei der Programmierung nach einzelnen Schritten Zwischenergebnisse gebildet werden. Diese Zwischenergebnisse werden jeweils Merkern zugeordnet, die in nachfolgenden Schritten weiterverknüpft werden können. Beim Programmieren behandelt man Merker wie Aushänge. Die Signalzustände von Merkern treten jedoch nur im Automatisierungsgerät selbst auf, sie sind in internen Speichern abgelegt. Der Merker wird mit dem Buchstaben **M** gekennzeichnet.

Beispiel **für eine kombinierte Verknüpfung mit Merkern in Funktionsplan und Anweisungsliste**

Verknüpfung ohne Merker

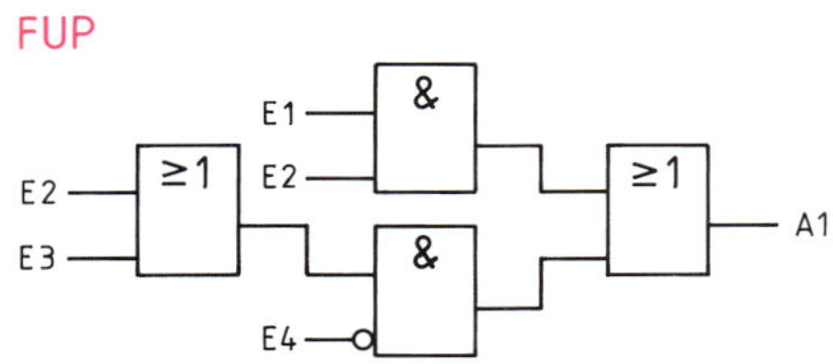

Verknüpfung mit Merker

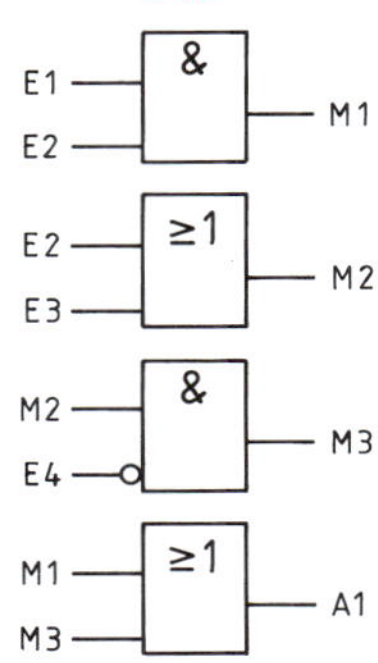

AWL

```
U  E1
U  E2
=  M1
---------
O  E2
O  E3
=  M2
---------
U  M2
UN E4
=  M3
---------
O  M1
O  M3
=  A1
```

Merker fassen Zwischenergebnisse zusammen. Merker sind Operanden, die in allen Programmiersprachen der SPS verwendet werden können.

- **Zuordnungsliste**

Ein Programm für eine vorhandene SPS kann nur dann erstellt werden, wenn die gerätebedingten Kennzeichen für Eingänge, Ausgänge und sonstige Operanden benutzt werden.

In einer Zuordnungsliste erfasst man die Eingangs- bzw. Ausgangsvariablen der Bauteile in der Steuerung. Man ordnet den Betriebsmittelkennzeichen die Operanden der jeweils benutzten SPS zu. Den möglichen Befehlsvorrat und die erlaubten Parameter entnimmt man den Bedienungsanleitungen für die Programmier- und Automatisierungsgeräte der einzelnen Firmen. Weiterhin werden in dieser Liste die logischen Signalzustände den Bauteilen zugeordnet.

Beispiel **für die Programmierung einer kombinierten Verknüpfung mit Zuordnungsliste**

Aufgabe

Der Biegevorgang in einer Presse soll erst dann beginnen, wenn folgende Bedingungen erfüllt sind:

- Zwei Handtaster S1 und S2 müssen gleichzeitig gedrückt sein.
- Statt der Handtaster kann auch ein entfernt liegender Fußtaster S3 betätigt werden.
- Das Schutzgitter, kontrolliert durch den Schalter B4, muss geschlossen sein.
- Eine Lichtschranke B5 darf nicht unterbrochen sein.

Betriebsmittel		Operand mit Signalzuordnung und Funktion
Handtaster	S1	E1 = 1 Taster gedrückt
Handtaster	S2	E2 = 1 Taster gedrückt
Fußtaster	S3	E3 = 1 Taster gedrückt
Schutzgitter	B4	E4 = 1 Gitter geschlossen
Lichtschranke	B5	E5 = 0 Licht nicht unterbrochen E5 = 1 Licht unterbrochen
Magnetspule 1M1		A1 = 1 Spule Spannung (1A+)

Zuordnungsliste

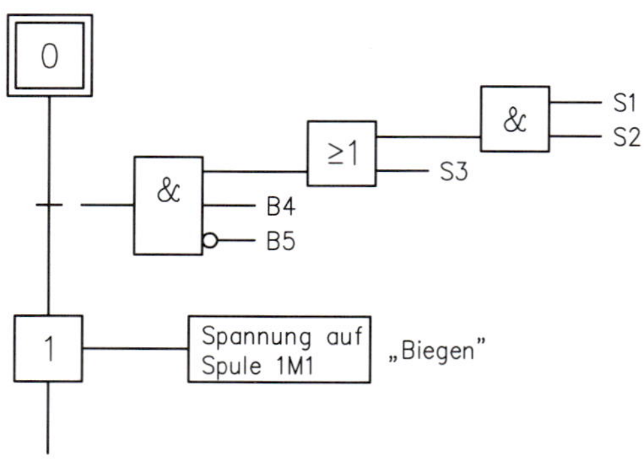

GRAFCET-Plan (Ausschnitt)

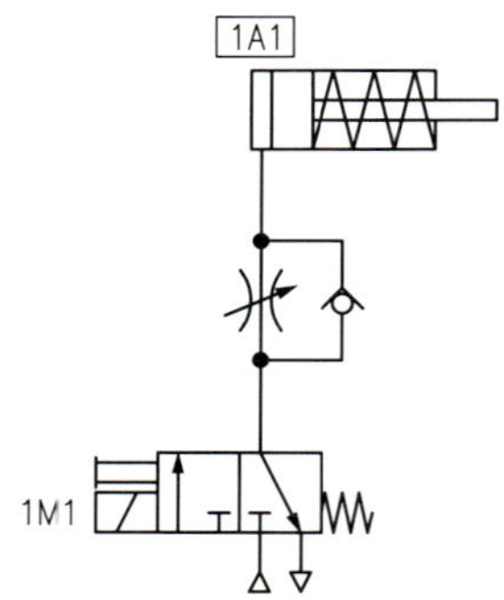

Pneumatikschaltplan

FBS	FBS mit Merkern	AWL mit Klammern	AWL mit Merkern
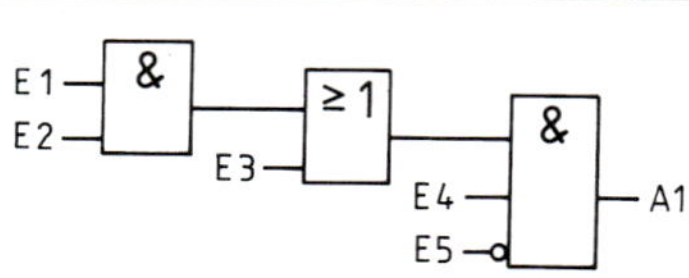	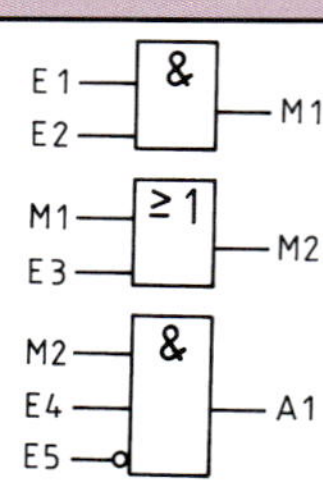	U(U E1 U E2) O E3 U(U E4 UN E5) = A1	U E1 U E2 = M1 O M1 O E3 = M2 U M2 U E4 UN E5 = A1

Programme für die SPS

6.4.6 Ablaufsteuerungen in der SPS

Sichere Ablaufsteuerungen sind Steuerungen mit erzwungenem schrittweisen Ablauf. In solchen Steuerungen erfolgt der jeweils nächste Schaltschritt erst, wenn von dem vorhergehenden Schritt ein Weiterschaltsignal vorliegt. Die Probleme der Abschaltung von Dauersignalen und der Signalüberschneidung werden in der SPS durch interne Speicher gelöst.

- **Speicherfunktion im Programmablauf der SPS**

Speicher in der SPS werden mit besonderen Befehlen gesetzt und zurückgesetzt. Das Eingangssignal wird dabei als **Setzsignal** auf den Speicherbaustein gegeben. Dieses Signal bleibt am Ausgang des Speicherbausteines so lange wirksam, bis ein entsprechendes **Rücksetzsignal** als Gegensignal erfolgt.

Wird in einer Steuerung beispielsweise durch das kurzzeitige Betätigen eines Tasters das Eingangssignal E1 im Speicherbaustein M1 wirksam, so wird S gesetzt (wenn E2 nicht betätigt ist). Am Ausgang liegt dadurch ein Dauersignal A1 gespeichert vor. Der Ausgang A1 behält so lange den Signalwert 1, bis das Gegensignal von E2 als Rücksetzsignal erfolgt. Durch dieses Rücksetzsignal R bekommt der Ausgang A1 des Speicherbausteines M1 den Signalwert 0.

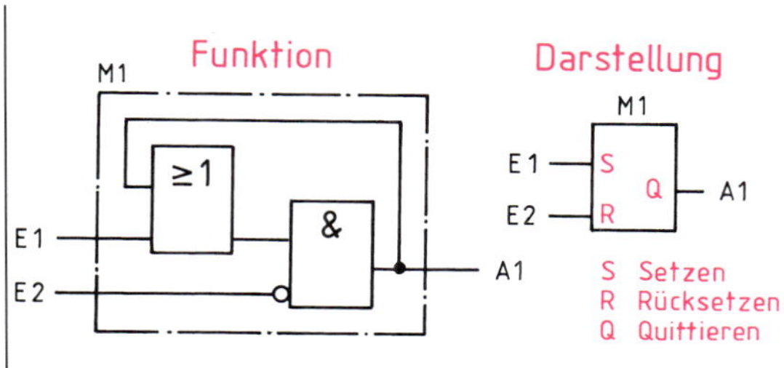

Speicherbaustein

Beispiel **für die Programmierung von Speicherfunktionen mit dominanten Signalen**

Der Ausgang A1 eines Speichers M1 soll das Signal 1 führen, wenn gleichzeitig die Eingangssignale E1 *und* E2 vorliegen. Der Ausgang soll das Signal 0 führen, wenn entweder das Eingangssignal E3 *oder* E4 vorhanden ist.

Berücksichtigt man die zyklische Abarbeitung des Programmes in der SPS, so wird bei Signal 1 auf allen Eingängen der Ausgang der Speicherfunktion zunächst gesetzt und sofort wieder in dem nächsten Satz zurückgesetzt. Dadurch führt der Ausgang das Signal 0. Im geschilderten Beispiel ist das Rücksetzsignal das ausschlaggebende, das **dominante Signal**.

Will man erreichen, dass das Setzsignal dominant ist, so muss man in der *AWL* die Sätze vertauschen. Auch im *FUP* wird eine Änderung in der Darstellung des Speicherbausteines vorgenommen. Der dominante Eingang steht unten im Speichersymbol.

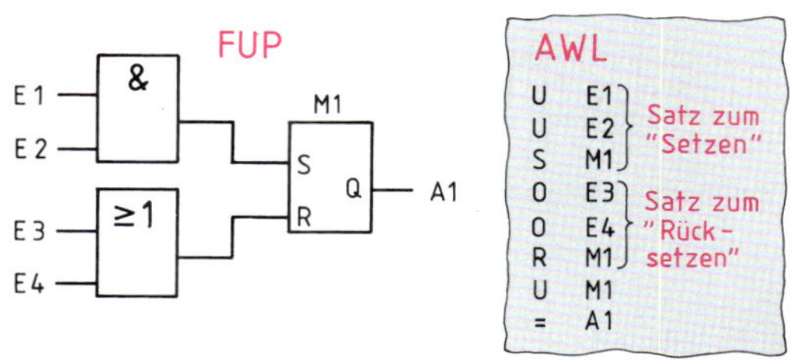

Speicherprogrammierung mit dominantem Rücksetzsignal

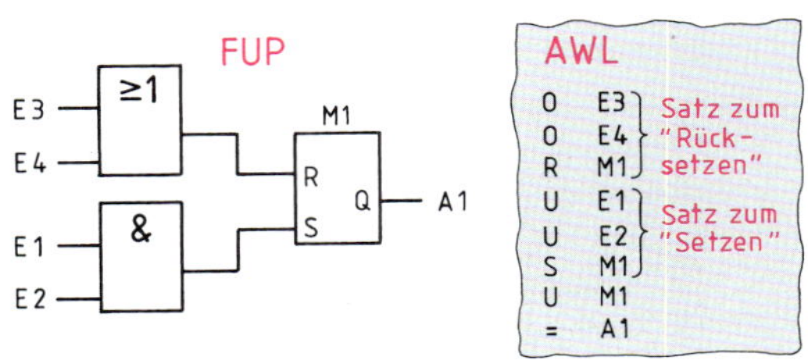

Speicherprogrammierung mit dominantem Setzsignal

Für sichere Ablaufsteuerungen in der SPS benutzt man interne Speicher. Der Ausgang an einem Speicher wird durch ein Setzsignal eingeschaltet und durch ein Rücksetzsignal abgeschaltet. Liegen am Speichereingang beide Signale gleichzeitig an, so hat der im Speicher unten stehende Eingang Vorrang, das spätere Signal ist dominant.

6.5 Beispiel für die Steuerung einer Bohrvorrichtung

Aufgabenstellung

Der Bohrvorrichtung wird das Werkstück von Hand zugeführt. Drückt man auf den Ein-Taster S0, spannt Zylinder 2A das Werkstück pneumatisch. Anschließend treibt Zylinder 3A den Bohrvorschub an.

Nach dem Bohrvorgang fährt zunächst Zylinder 3A ein. Erst wenn Zylinder 3A ganz eingefahren ist, löst Zylinder 2A automatisch die Spannbacken. Das Werkstück wird von Hand aus der Vorrichtung genommen.

(Auf die automatische Werkstückzufuhr wird verzichtet, damit das Programm in der SPS überschaubar bleibt.)

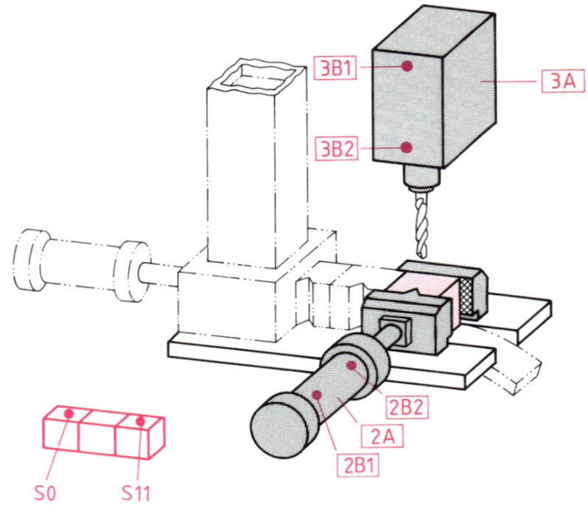

Technologieschema Bohrvorrichtung

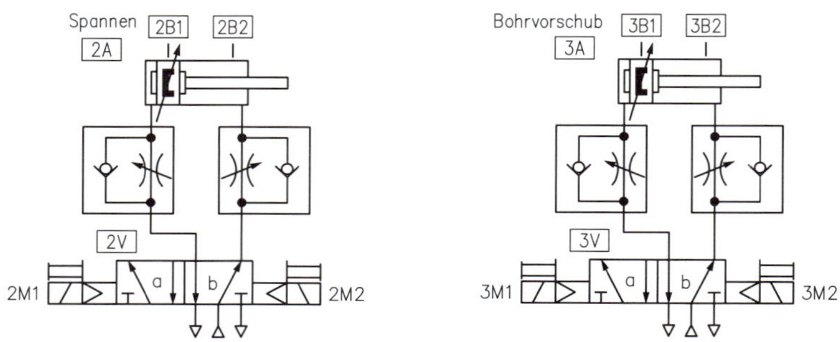

Pneumatikschaltplan

Bauglieder Benennung	Kurz-zeichen	Zustand	
Ein-Taster	S0	betätigt	
Endschalter	2B1 3B1	betätigt	
Halt-Taster	S11	nicht betätigt	
Doppeltwirkender Zylinder (Spannen)	2A	2A	+
		2A	–
Doppeltwirkender Zylinder (Bohrvorschub)	3A	3A	+
		3A	–
5/2-Wege-Ventil (Stellglied)	2V	(2M1)	a
		(2M2)	b
5/2-Wege-Ventil (Stellglied)	3V	(3M1)	a
		(3M2)	b

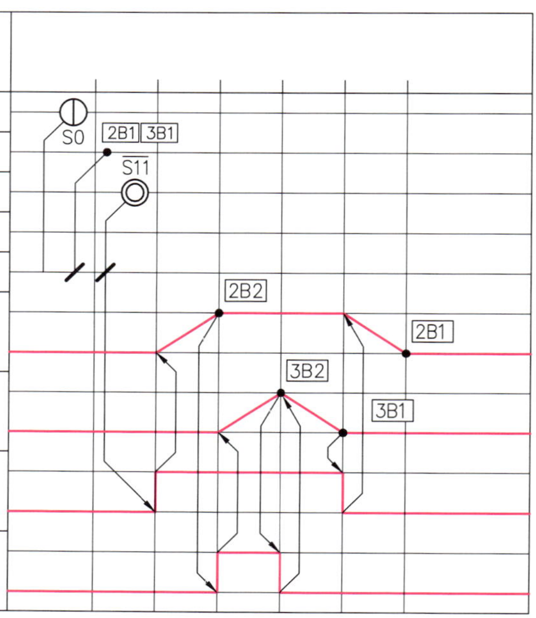

Funktionsdiagramm

7 Hydraulik

7.1 Leistungsumwandlung und Leistungsübertragung in der Hydraulik

Die Hydraulik ist ein Teilgebiet der Antriebstechnik und Steuerungstechnik. In der Antriebstechnik werden Kräfte und Wege in gewünschter Weise an den dafür vorgesehenen Funktionseinheiten einer Maschine wirksam.

Hydraulische Maschinenantriebe sind in erster Linie Funktionseinheiten für die Leistungsumwandlung und Leistungsübertragung.

In der Zerspanungstechnik werden hydraulische Funktionseinheiten zum Spannen und Handhaben von Werkstücken eingesetzt.

Beispiel **für eine hydraulische Spannvorrichtung für ein Bearbeitungszentrum**

In der Spannvorrichtung können vier Hebel gleichzeitig gespannt und nacheinander an den Augen und Bohrungen bearbeitet werden. Im vorliegenden Foto ist zur Verdeutlichung nur ein Hebel aufgelegt. Zur Nutzung der hydraulischen Spannvorrichtung sind zusätzlich eine Hydraulikpumpe und eine Steuerung zur Übertragung der hydraulischen Leistung notwendig.

Die Leistungsumwandlung und -übertragung bei hydraulischen Antrieben erfolgt in drei Teilsystemen.

- Von außen wird der Maschine oder Anlage Leistung zugeführt. Diese Leistung wird z. B. über die Koppelung von Elektromotor und Hydraulikpumpe in hydraulische Leistung umgewandelt.
- Über Leitungen und Ventile überträgt man diese hydraulische Leistung in Hydraulikzylinder und Rotationsmotoren.
- In den Zylindern und Rotationsmotoren wird die hydraulische Leistung in die gewünschte mechanische Leistung der Maschine oder Anlage umgewandelt.

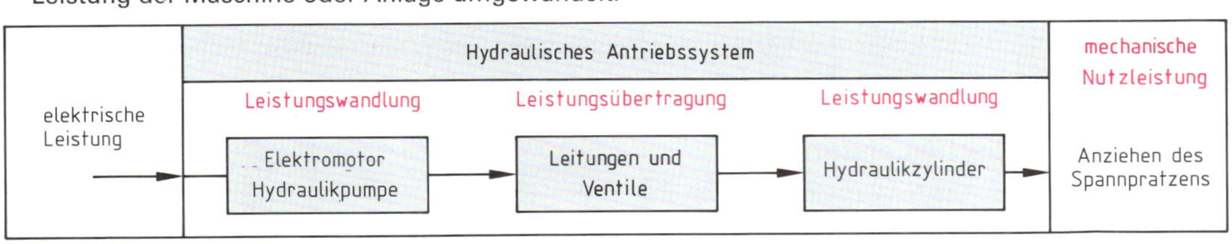

Hydraulisches Antriebssystem in einem hydraulischen Spannsystem

Fluidtechnische Systeme eignen sich besonders dafür, elektrische Signale aufzunehmen und so zu verarbeiten, dass die mechanische Leistung der Maschine in gewünschter Weise erreicht wird. Diese Signalverarbeitung wird mithilfe der Steuerungstechnik durchgeführt.

7.2 Physikalische Grundlagen

7.2.1 Druck

Wird der geförderten Flüssigkeit in einer Hydraulikanlage kein Widerstand entgegengebracht, so arbeitet die Pumpe fast drucklos. In der Anlage entsteht nur dann ein Druck, wenn der geförderten Flüssigkeit ein Widerstand entgegengesetzt wird. Der Druck steigt so lange an, bis der Widerstand überwunden ist.
Druck p ist das Verhältnis der Kraft F zur Kolbenfläche A.

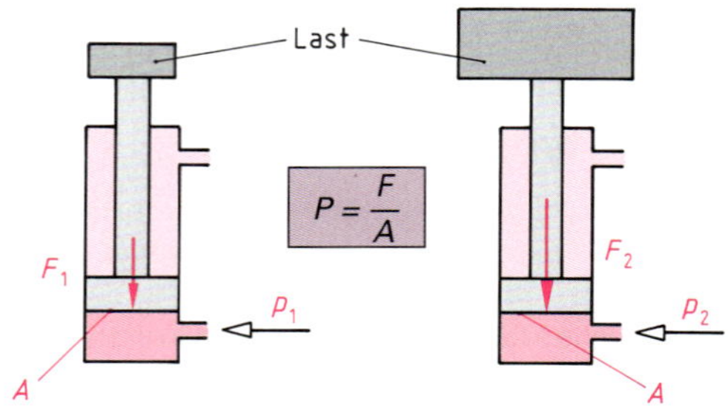

$$P = \frac{F}{A}$$

Druck in Hydraulikanlagen

In einer Hydraulikanlage entsteht ein Flüssigkeitsdruck dadurch, dass der geförderten Flüssigkeit ein Widerstand entgegengesetzt wird.

7.2.2 Volumenstrom

In einer Hydraulikanlage fördert die Pumpe die Flüssigkeit aus einem Vorratsbehälter in die Druckleitung der Anlage. Das durchfließende Volumen V errechnet man aus dem gefüllten Querschnitt A der Druckleitung und dem Weg s, den die Flüssigkeit in der Leitung zurücklegt.
Das Volumen, das in einer bestimmten Zeit t durch einen Querschnitt A fließt, bezeichnet man als den Volumenstrom Q. Der Volumenstrom wird meist in Liter pro Minute angegeben.

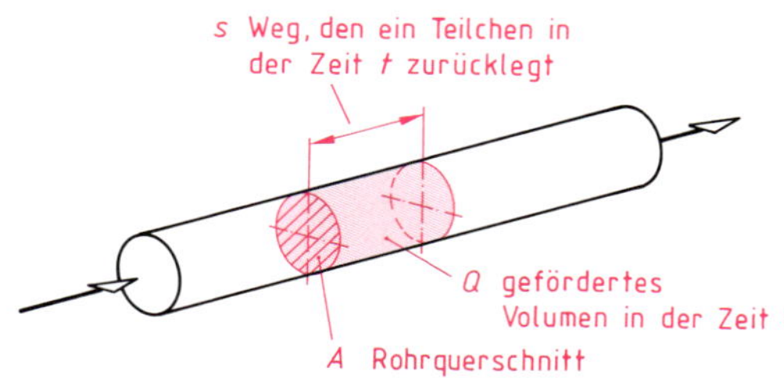

$$V = A \cdot s$$

$$Q = \frac{V}{t} \Rightarrow Q = \frac{A \cdot s}{t} = A \cdot v$$

Volumenstrom in Hydraulikanlagen

Der Volumenstrom ist das Volumen der Druckflüssigkeit, das je Zeiteinheit durch einen Leitungsquerschnitt fließt.

7.2.3 Durchflussgesetz

Die Flüssigkeit in einer Hydraulikanlage durchströmt Rohre und Ventile mit unterschiedlichen Querschnitten. In gleichen Zeitabständen müssen gleiche Volumenströme durch diese unterschiedlichen Querschnitte der Anlage fließen. Daher muss der Volumenstrom vor einer Engstelle, in einer Engstelle und danach gleich groß sein. Der Volumenstrom passt sich durch unterschiedliche Strömungsgeschwindigkeiten den Querschnitten an. Je kleiner der Querschnitt ist, desto größer ist die Strömungsgeschwindigkeit.

$$A_1 \cdot V_1 = A_2 \cdot V_2$$

Kontinuitätsgleichung

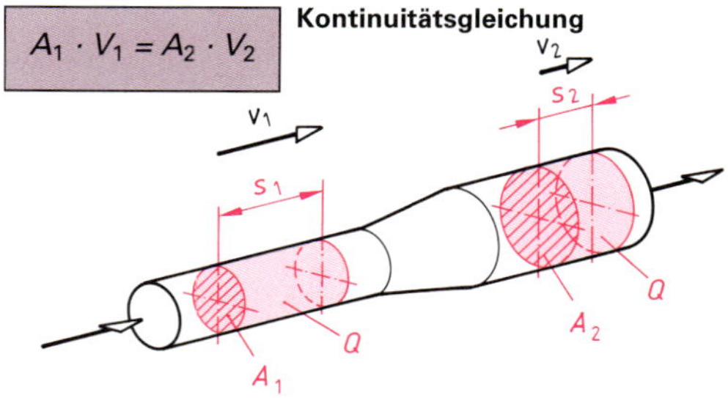

Volumenstrom an verschiedenen Rohrquerschnitten

In hydraulischen Leitungen und Ventilen ist der Volumenstrom unabhängig vom Querschnitt an allen Stellen gleich groß. Die Strömungsgeschwindigkeit ist in kleineren Querschnitten höher als in größeren Querschnitten.

7.2.4 Hydraulische Leistung

Bei der mechanischen Leistung P wird eine Last F in einer bestimmten Zeit t um eine Strecke s angehoben. Diese mechanische Leistung wird in einem Hydrauliksystem von der Hydraulikpumpe aufgebracht. Die Leistung im Hydraulikkreislauf wird von dem vorhandenen Druck p und dem Volumenstrom Q bestimmt.

$$P = \frac{F \cdot s}{t}$$

$$P = \frac{F}{A}$$

$$P = p \cdot Q$$

Leistung in Anlagen

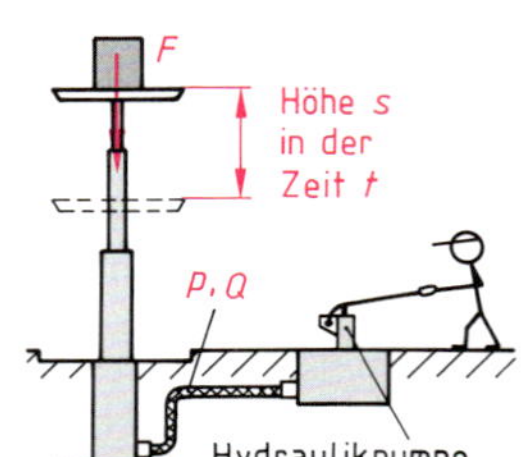

7.3 Aufbau und Wirkungsweise einer Hydraulikanlage

7.3.1 Aufbau einer Hydraulikanlage

An einem einfachen Hydraulikantrieb sollen grundlegende Bauelemente einer hydraulischen Anlage dargestellt werden. Der Hydraulikantrieb ist als schematischer Halbschnitt und als Schaltplan nach ÖNORM ISO 1219-2 gezeichnet.

Beispiel **für Hydraulikantrieb**

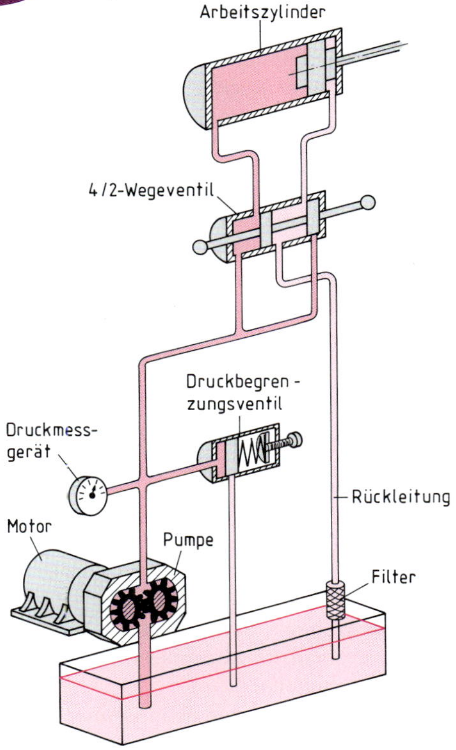

Schema für Hydraulikantrieb

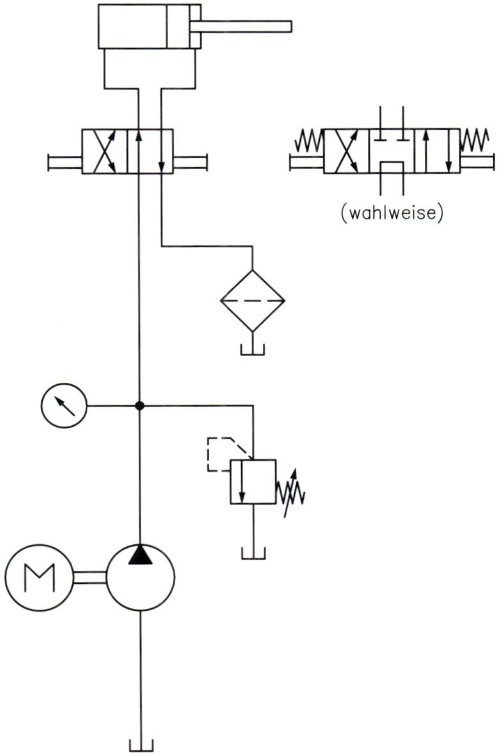

Schaltplan für Hydraulikantrieb

Funktionsbeschreibung

Die Hydraulikpumpe wird von einem Elektromotor angetrieben. Sie saugt aus einem Behälter die Hydraulikflüssigkeit an und fördert sie durch Leitungen über ein 4/2-Wegeventil zum Hydraulik-Linearmotor (Zylinder). In der dargestellten Schaltstellung ist die Kolbenstange des Zylinders ausgefahren. Man sagt auch: „Der Zylinder hat die Bewegungsrichtung Ausfahren“.
Nach dem Umschalten des Wegeventiles fährt die Kolbenstange des Zylinders ein. Man sagt: „Der Zylinder hat die Bewegungsrichtung Einfahren“.
Wenn der Zylinder ohne Last fährt, baut sich erst in den jeweiligen Endlagen der Kolbenstange ein Druck auf. Dieser Druck nimmt dann den Maximaldruck an, den man am Druckbegrenzungsventil eingestellt hat. Die Pumpe fördert den gesamten Volumenstrom gegen den Maximaldruck über das Druckbegrenzungsventil in den Behälter.
Die zugeführte Leistung setzt sich dabei in Wärme um. Um solche Verluste zu vermeiden, wird oft ein 4/3-Wegeventil gewählt, das bei Mittelstellung einen freien Umlauf des Volumenstromes ermöglicht. Ein Filter im Rücklauf hält die Verschmutzung der Hydraulikflüssigkeit weitgehend zurück.
Ein besonders wichtiges Bauteil in Hydraulikanlagen ist das Druckbegrenzungsventil, das als Sicherheitsventil unbedingt notwendig ist. Ohne Druckbegrenzungsventil würden unzulässig hohe Drücke auftreten, die zu Schäden in der Anlage führen würden. Das Druckbegrenzungsventil wird unmittelbar nach der Pumpe eingebaut.

7.3.2 Vergleich zwischen Pneumatik- und Hydraulikanlagen

Hydraulische Anlagen sind ähnlich wie pneumatische Anlagen aufgebaut. Man muss jedoch beachten, dass bei der Hydraulik nur mit geschlossenen Kreisläufen gearbeitet werden kann, weil die Flüssigkeit wieder in den Vorratsbehälter zurückgeführt werden muss.
Ein weiterer Unterschied liegt darin, dass in der Hydraulik wesentlich höhere Drücke und damit auch höhere Leistungen genutzt werden als in der Pneumatik.
Die Bildzeichen in der Hydraulik entsprechen weitgehend denen in der Pneumatik. In beiden Fluid-Technologien gilt die Norm ÖNORM ISO 1219-2. Das Zeichen für die Art des Druckmittels wird anders dargestellt. Die Druckluft wird durch ein offenes Dreieck (△) symbolisiert. Für Flüssigkeiten gilt ein ausgefüllte Dreieck (▲). Die Pläne für hydraulische Anlagen haben außerdem Bildzeichen für Bauteile, die in pneumatischen Anlagen nicht vorkommen. Solche Bauteile sind z. B.: Behälter, Rückleitungen und Leckleitungen.

Beispiel **für die Ähnlichkeit von pneumatischen und hydraulischen Schaltplänen**

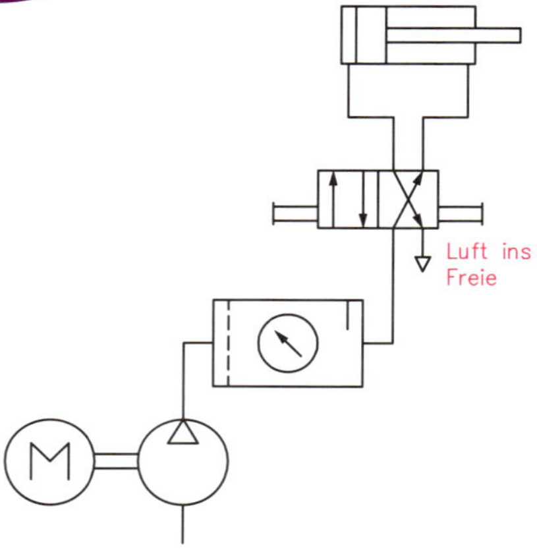

Pneumatikschaltplan

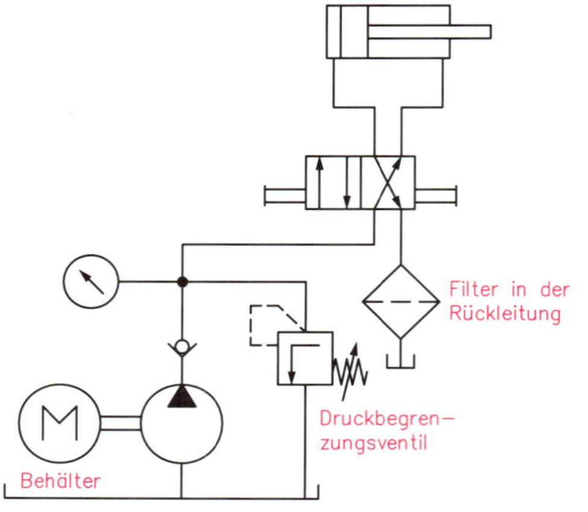

Hydraulikschaltplan

Werden hydraulische Steuerungen mit elektrisch betriebenen Wegeventilen betätigt, so spricht man von **elektrohydraulischen Steuerungen**. Beide Steuerungen weisen einen, im Wesentlichen gleichen hydraulischen Leistungsteil auf, unterschiedlich ist hingegen der Signalsteuerteil.
Dieser wird bei der hydraulischen Steuerung im wesentlichen vom Menschen übernommen, hingegen ist bei der elektrohydraulischen Steuerung der Signalsteuerteil mit elektrischen Komponenten, wie elektrische Näherungsschalter, Eingabetaster, Druckschalter, Relais usw. aufgebaut.

7.4 Teilsystem zur Leistungsbereitstellung (Antriebsaggregat)

7.4.1 Hydropumpen

In Hydropumpen wird die von außen zugeführte Leistung eines Elektromotors oder Verbrennungsmotors in hydraulische Leistung umgewandelt und für die Anlage bereitgestellt. Hydropumpen fördern einen Volumenstrom. Der Druck in der Anlage entsteht, wenn dem Volumenstrom ein Widerstand entgegengesetzt wird. Hydropumpen unterteilt man nach ihrem Aufbau in Zahnradpumpen, Flügelzellenpumpen und Kolbenpumpen. Weiterhin unterscheidet man sie nach der Arbeitsweise in Konstantpumpen und Verstellpumpen.

- **Konstantpumpen**

In Konstantpumpen ist das Fördervolumen je Umdrehung konstant. Laufen sie mit konstanter Drehzahl, so ist auch der Volumenstrom konstant. Wird in Arbeitspausen keine Druckflüssigkeit benötigt, so kann über das 4/3-Wegeventil mit freiem Umlauf die Flüssigkeit fast drucklos in den Tank zurückgepumpt werden.

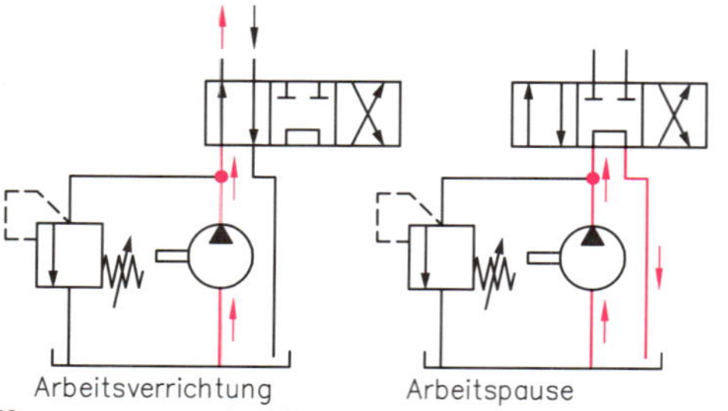

Konstantpumpe im Einsatz

- **Verstellpumpen**

An Verstellpumpen kann das Fördervolumen je Umdrehung verändert werden. Somit lässt sich der Volumenstrom in der Anlage beeinflussen. Über einen angeschlossenen Regler lassen sich Verstellpumpen so einrichten, dass die Geschwindigkeit des Arbeitshubes an Zylindern bzw. die Drehzahl an Rotationsmotoren den gewünschten Wert annimmt. Ebenso ist es möglich, die Pumpe so zu beeinflussen, dass der Druck konstant bleibt, ohne dass Druckflüssigkeit verlustreich über das Druckbegrenzungsventil in den Tank zurückgepumpt wird.

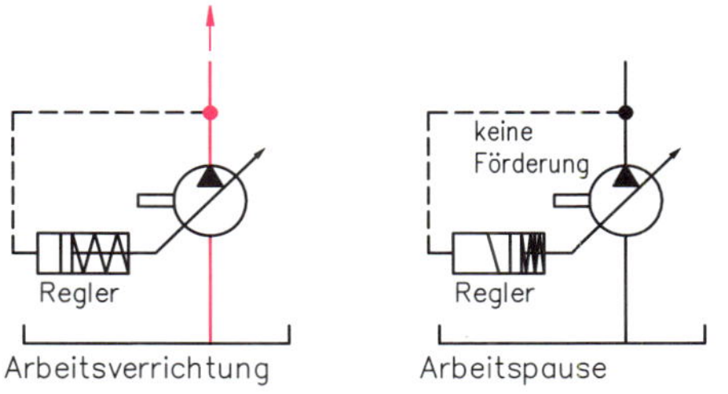

Verstellpumpe als Regelpumpe

In Konstantpumpen ist das spezifische Fördervolumen konstant. In Verstellpumpen kann das spezifische Fördervolumen verändert werden. Geregelte Verstellpumpen liefern gegebenenfalls nur so viel Druckflüssigkeit wie nötig ist, oder sie halten den Druck ohne Förderung konstant.

- **Zahnradpumpen**

Auf der Saugseite der Zahnradpumpe wird die Flüssigkeit aus dem Vorratsbehälter angesaugt und in den Zahnlücken auf der Außenseite der Zahnräder zur Druckseite transportiert.
Beim Ansaugen der Flüssigkeit nutzt man den atmosphärischen Druck aus (maximal 1 bar). Dreht nun die Pumpe schneller als Flüssigkeit nachfließen kann, so werden die Zahnlücken nicht mehr vollständig gefüllt. Es treten Kavitationsschäden auf und zerstören die Pumpe.

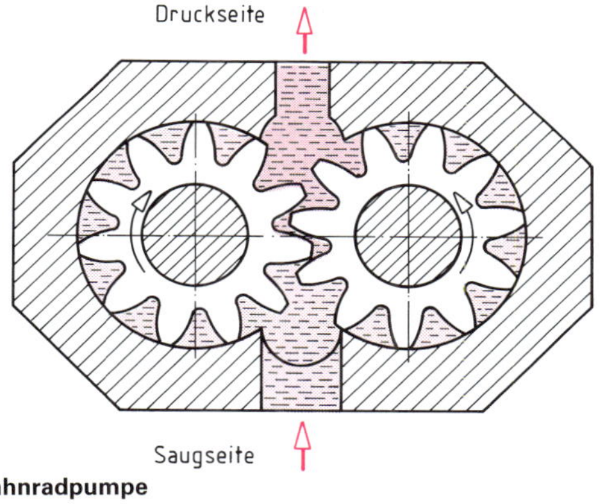

Zahnradpumpe

Zahnradpumpen fördern den Volumenstrom über Zahnlücken von der Saugseite zur Druckseite. In falsch installierten Pumpen, z. B. bei zu kleinen Saugquerschnitten, treten Kavitationsschäden auf.

Die Konstantpumpen liefern einen nahezu konstanten Volumenstrom, der sich aus dem Verdrängungsvolumen je Umdrehung und der Antriebsfrequenz errechnet. Zahnradpumpen sind aufgrund ihrer Konstruktion Konstantpumpen.
Da die beweglichen Teile der Pumpe Spiel aufweisen, ist der tatsächlich geförderte Volumenstrom geringer als der theoretisch mögliche Volumenstrom. Es treten Leckverluste auf, weil Flüssigkeit von der Hochdruckseite zur Niederdruckseite fließt. Bei höherem Druck nimmt der Volumenstrom etwas ab, weil mehr Flüssigkeit zwischen den beweglichen Teilen der Pumpe zurückgequetscht wird. Die Abhängigkeit des Volumenstromes vom Druck ist eine kennzeichnende Eigenschaft jeder Hydropumpe. Sie wird als **Pumpenkennlinie** dargestellt.

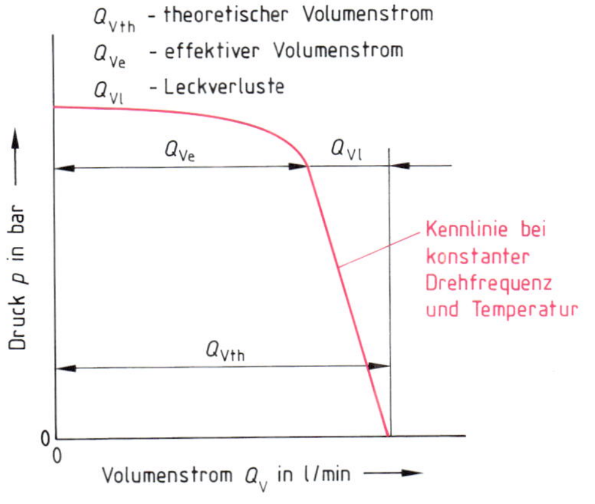

Pumpenkennlinie

Die Pumpenkennlinie einer Pumpe zeigt die Abhängigkeit des Volumenstromes vom Druck. Verschleiß in der Pumpe kann durch entsprechende Messungen festgestellt werden.

7.4.2 Druckbegrenzungsventil

Das Druckbegrenzungsventil hat die Aufgabe, den Maximaldruck in einer Anlage auf einen bestimmten Wert zu begrenzen, um Bauteile und Leitungen vor Überlastung und Beschädigung zu schützen. Deshalb muss das Druckbegrenzungsventil in der Nähe der Pumpe und parallel zu ihr eingebaut werden. Druckbegrenzungsventile können direkt gesteuert oder vorgesteuert sein.

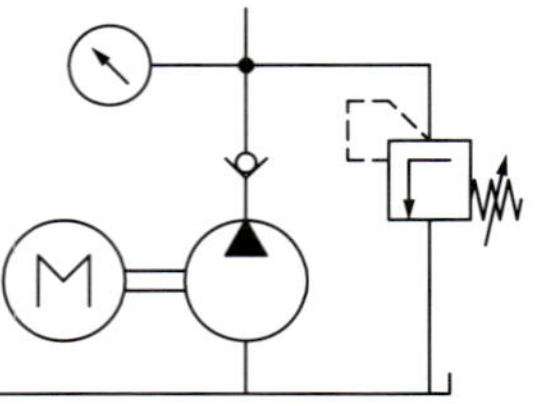

Druckbegrenzungsventil – Einbau

Beim direkt gesteuerten Druckbegrenzungsventil wirkt der Druck p aus der Anlage auf die Fläche A des Ventilkörpers. Die entstehende Druckkraft $F = p \cdot A$ wirkt der Federkraft entgegen, die mit einer Stellschraube verändert werden kann. Steigt der Druck in der Anlage so hoch an, dass die Druckkraft größer als die Federkraft ist, so öffnet das Ventil. Dieser Offenhaltedruck ist vom durchfließenden Volumenstrom abhängig.

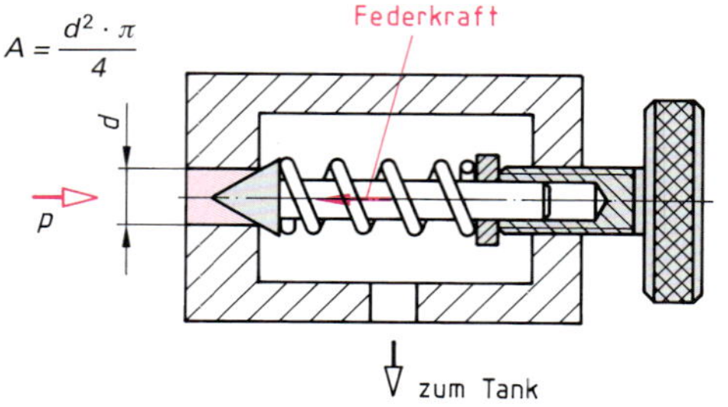

Druckbegrenzungsventil – Aufbau

Die Kennlinie eines direkt gesteuerten Druckbegrenzungsventiles zeigt die Abhängigkeit zwischen dem Druck, der das Ventil öffnet (Offenhaltedruck) und dem durchfließenden Volumenstrom.

Im Idealfall sollte der Offenhaltedruck unabhängig vom durchfließenden Volumenstrom sein. Tatsächlich steigt jedoch der Offenhaltedruck an, wenn der Volumenstrom größer wird.

Erklären kann man sich diesen Zusammenhang wie folgt:

Ein größerer Volumenstrom öffnet das Druckbegrenzungsventil weiter. Dadurch wird die Feder im Ventil mehr zusammengedrückt und die Federkraft erhöht sich. Durch die Erhöhung der Federkraft baut sich ein höherer Druck auf.

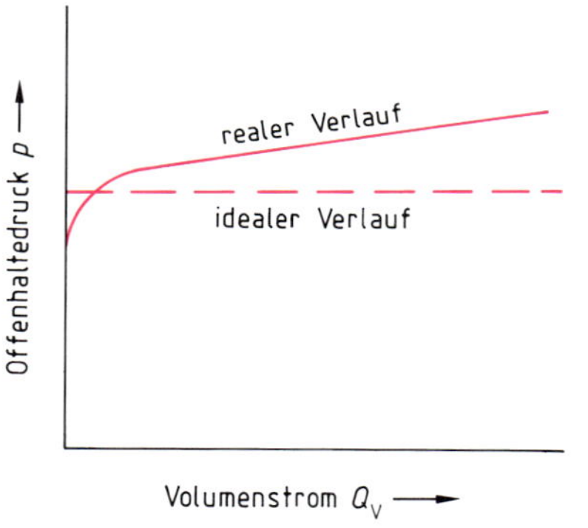

Druckbegrenzungsventil – Kennlinie

Es ist also notwendig, das Druckbegrenzungsventil bei maximalem Volumenstrom einzustellen. Wird der Maximaldruck bei kleinem Volumenstrom, z. B. im unteren Bereich einer Verstellpumpe eingestellt, so erfüllt das Druckbegrenzungsventil seine Aufgabe nicht mehr in der gewünschten Weise. In der Anlage entstehen dann bei größeren Volumenströmen unzulässig große Drücke.

> Der Maximaldruck am Druckbegrenzungsventil muss stets bei maximalem Volumenstrom eingestellt werden.

7.4.3 Druckflüssigkeitsbehälter

Jede Hydraulikanlage hat einen eigenen Druckflüssigkeitsbehälter. Die Flüssigkeit wird im Kreislauf durch die Anlage in den Tank zurückgeführt; auch die Leckflüssigkeit leitet man in den Tank.

Im Antriebsaggregat bilden der Druckflüssigkeitsbehälter, die Pumpe und der Motor eine Einheit. Die Pumpe wird möglichst tief eingebaut, damit die Flüssigkeit nicht zusätzlich nach oben angesaugt werden muss. Man montiert die Pumpe möglichst seitlich in den Behälter oder setzt sie direkt in den Behälter unter dem Flüssigkeitsspiegel. Mit einer Flüssigkeitsanzeige lässt sich der Flüssigkeitsstand überwachen.

7.4.4 Druckflüssigkeiten

Die Druckflüssigkeit hat die Aufgabe, Kräfte und Bewegungen und somit Leistung zu übertragen. Darüber hinaus soll die Flüssigkeit für Schmierung und Korrosionsschutz sorgen. Durch die Reibung in den Bauteilen der Anlage entsteht Wärme, die von der Flüssigkeit abgeführt werden muss.

Die Druckflüssigkeit muss daher entsprechende Eigenschaften haben:

- möglichst geringe Änderung der Viskosität über einen größeren Temperaturbereich,
- gute Schmierwirkung und damit Schutz vor Reibung und Verschleiß,
- guter Korrosionsschutz gegenüber Bauelementen aus unterschiedlichen Metallen,
- Verträglichkeit gegenüber Dichtungen und anderen Kunststoffelementen,
- alterungsbeständig, d.h. geringe Neigung zur Verharzung bzw. Säurebildung,
- gutes Luftabscheidevermögen und geringe Neigung zur Schaumbildung.

Für Hydraulikflüssigkeiten setzt man vor allem Druckflüssigkeiten auf Mineralölbasis und schwer entflammbare Druckflüssigkeiten ein.

Mineralöle sind die am meisten verwendeten Druckflüssigkeiten. Sie werden mit entsprechenden Wirkstoffen vermischt, damit die gewünschten Eigenschaften erreicht werden.

Schwer entflammbare Druckflüssigkeiten weisen eine erheblich höhere Zündtemperatur als Mineralöle auf. Sie haben jedoch im Vergleich zu den Mineralölen geringere Schmierfähigkeit, schlechteres Korrosionsverhalten und niedrigere Viskosität.

Art	Einsatz
	Mineralöl
HL	Industriehydraulik; Druckbereich bis 250 bar
HLP	Industriehydraulik; Druckbereich über 250 bar
	schwer entflammbare Flüssigkeiten
HFC	in feuergefährdeten Anlagen; mäßige Drücke (Lösung mit 35 bis 55 % Wasser)
HFD	in feuergefährdeten Anlagen; hohe Drücke (synthetische wasserfreie Flüssigkeit)

Auswahl von Druckflüssigkeiten

7.4.5 Filter

Schmutzteilchen verursachen Störungen in der Hydraulikanlage. Staub, Späne oder Schweißrückstände, die bei der Montage der Anlage nicht entfernt worden sind, gelangen in die Hydraulikflüssigkeit. Durch den Verschleiß bewegter Teile bzw. durch Rostpartikel wird die Flüssigkeit ebenfalls verschmutzt. Auch durch den Fertigungsprozess dringen Verunreinigungen, wie Schleifstaub oder Gusssand, in die Hydraulikflüssigkeit ein. Die Schmutzteilchen selbst verursachen auch wieder Verschleiß oder sie verstopfen Ventilbohrungen bzw. verklemmen Kolben. Man setzt deshalb in Hydraulikanlagen Filter ein. Filter werden je nach Anforderungen an die Druckflüssigkeit in die Saugleitung, in die Hochdruckseite, in den Rücklauf oder in einem gesonderten Kreislauf eingebaut.

Rücklauffilter werden am häufigsten verwendet.

Hochdruckfilter baut man in hochwertige Anlagen zum Schutz für Proportional- bzw. Servoventile ein.

Saugfilter sind grobmaschig und dienen dazu, beim Pumpeneinlauf größere Verunreinigungen zurückzuhalten, sie ersetzen aber keinesfalls den Rücklauffilter.

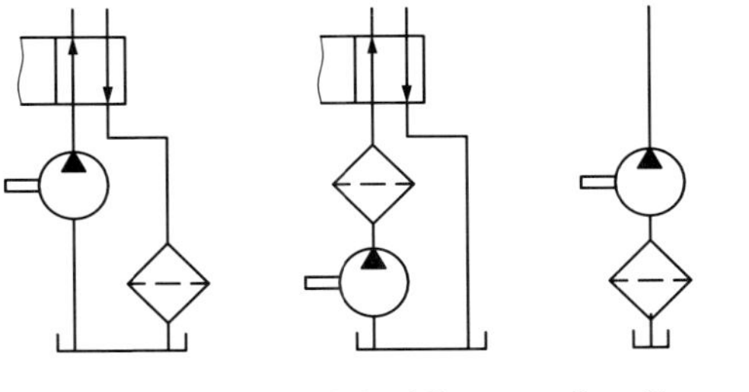

Einsatz von Filtern

Filter sind für die Funktion einer Hydraulikanlage notwendig, sie verringern die Störanfälligkeit und verlängern die Lebensdauer der Bauteile in der Anlage.

Die Feinheit des Filters (Porenweite) wird in Mikrometer angegeben. In der Mobil- und Industriehydraulik verwendet man z. B. Filter mit einer Porenweite zwischen 10 µm und 60 µm. In der Servohydraulik dagegen beträgt die Porenweite etwa 5 µm.
Je nach der Filterwirkung unterscheidet man Oberflächenfilter und Tiefenfilter.

Oberflächenfilter halten die Schmutzteilchen nur an der Oberfläche des Filters zurück. Sie haben kleine Baugrößen, können leicht gereinigt werden, verschmutzen jedoch verhältnismäßig schnell.

Tiefenfilter filtern über den gesamten Querschnitt, sie können mehr Schmutz aufnehmen, lassen sich jedoch schlechter reinigen.

Filter bewirken in der Hydraulikanlage einen Druckabfall. Der Druckabfall ist vom Verschmutzungsgrad des Filters abhängig und wird messtechnisch zur Filterüberwachung genutzt.
Damit bei zugesetztem Filter die Anlage nicht überlastet wird, baut man eine Umgehungsleitung ein. Diese Leitung öffnet sich bei zugesetztem Filter über ein federbelastetes Rückschlagventil (Bypassventil).

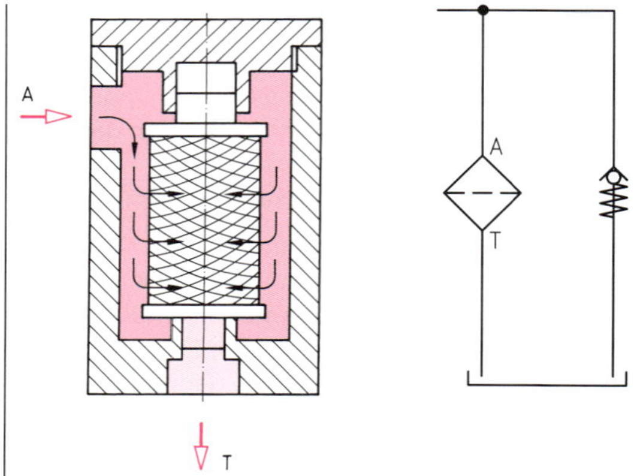

Rücklauffilter und Bypass

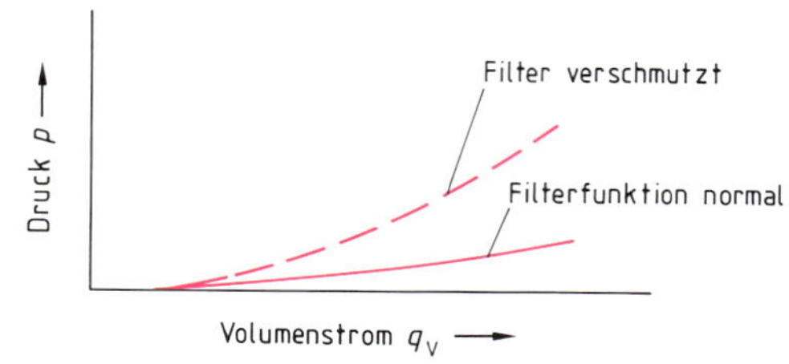

Filter – Kennlinie

Der Verschmutzungsgrad eines Filters wird in der Betriebspraxis meist durch eine am Filter angebrachte Druckmesseinrichtung angezeigt.

7.4.6 Hydrospeicher

In Hydraulikanlagen kann Druckflüssigkeit in begrenztem Maße in Behältern unter Druck gespeichert werden. Diese Behälter bezeichnet man als Hydrospeicher. Am häufigsten wird der gasbelastete Blasenspeicher eingesetzt. Ein **Blasenspeicher** besteht aus einem hochfesten Stahlbehälter, in den eine elastische Kunststoff- oder Gummiblase eingebaut ist. Diese Blase kann über ein Ventil mit Druckgas – meist Stickstoff – gefüllt werden. Leitet man von unten Druckflüssigkeit in den Behälter, so wird je nach Flüssigkeitsvolumen die Gasblase mehr oder weniger zusammengedrückt. Die gespeicherte Druckflüssigkeit kann bei Bedarf an die Anlage abgegeben werden.
Neben dem Blasenspeicher setzt man noch den Membranspeicher und den Kolbenspeicher ein.

Blasenspeicher

Sicherheitsmaßnahmen
Da gasbelastete Hydrospeicher mit hohem Gasdruck beaufschlagt sind, ist bei ihnen erhöhte Sorgfalt geboten:
- *Füllung mit Sauerstoff* ist wegen der Explosionsgefahr (Öl und Sauerstoff) *verboten.*
- An *Speicherflaschen* dürfen *keine Nacharbeiten* vorgenommen werden. Weder Schweißen, Löten noch mechanische Nacharbeitung sind zulässig.
- Ein Speicher kann eine Hydraulikanlage lange unter Druck halten. *Vor Eingriff* in die Anlage muss sie *druckfrei* gemacht werden, um zu verhindern, dass bei abgeschalteter Pumpe noch Bewegungen ausgeführt werden.

7.5 Teilsystem zur Leistungsübertragung

7.5.1 Leitungen und Verbindungen

Durch Rohrleitungen, Schläuche und Verbindungen werden die hydraulischen Bauelemente zu einem geschlossenen System gefügt. Als Rohrleitungen verwendet man fast ausschließlich nahtlose Präzisionsrohre aus Stahl bzw. aus nicht rostendem Stahl. Die Leitungen sind nach Möglichkeit gerade, bzw. in großen Radien zu verlegen. Dadurch werden die Strömungsverluste gering gehalten. Der Rohrquerschnitt ist so groß zu wählen, dass die maximalen Strömungsgeschwindigkeiten die Richtwerte nicht überschreiten.

Richtwerte für Strömungsgeschwindigkeiten:

- Saugleitungen : 0,5 bis 1,5 m/s
- Druckleitungen : 1,5 bis 7 m/s
- Rücklaufleitungen : 2 bis 4 m/s

Als Verbindung hat sich die **Schneidringverschraubung** bewährt. Bei der Schneidringverschraubung wird eine Überwurfmutter angezogen. Dadurch wird der Schneidring durch den Innenkegel verjüngt und der Ring schneidet sich in das Rohr ein. Am Rohr entsteht ein sichtbarer Bund. Die Verschraubung bleibt auch nach mehrmaligem Lösen und Fügen dicht.

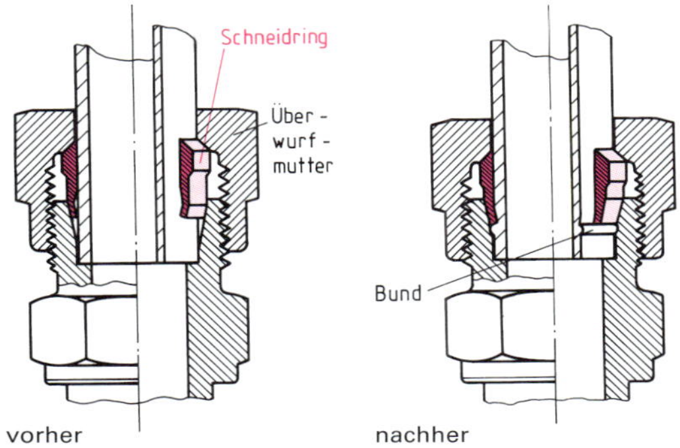

Schneidringverschraubung

Rohrleitungen verbinden die fest stehenden Bauteile in einer Hydraulikanlage. Schneidringverschraubungen benutzt man häufig als Verbindungselement zwischen den Geräten und Rohren.

Über **Schläuche** wird die Druckflüssigkeit beweglichen Arbeitselementen zugeführt. Schläuche verwendet man auch, wenn hydraulische Antriebssysteme wiederholt gewechselt werden müssen.

Schläuche werden außerdem dann eingesetzt, wenn in einer Anlage störender Körperschall auftritt und seine Weiterleitung vermieden werden soll.

Schlauchleitungen bestehen aus ölfesten Kunststoffen, die mit Textil- und Metallgeflechten verstärkt sind. Ihr Einsatz ist zeitlich begrenzt, da sie altern. Scharfe Biegungen, Impulsbelastungen und Torsionsbeanspruchungen verringern ebenfalls die Lebensdauer. Besonders sorgfältig muss der Einbau der Schläuche geplant und durchgeführt werden. Grundsätzlich ist darauf zu achten, dass die Schläuche genügend Bewegungsfreiheit haben.

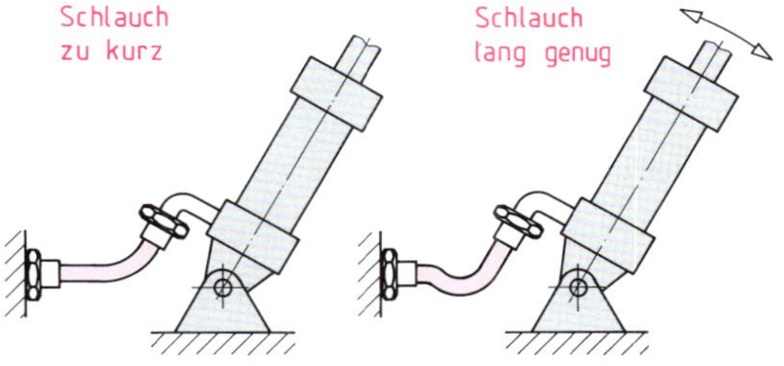

Schlauchverbindung zu Zylindern

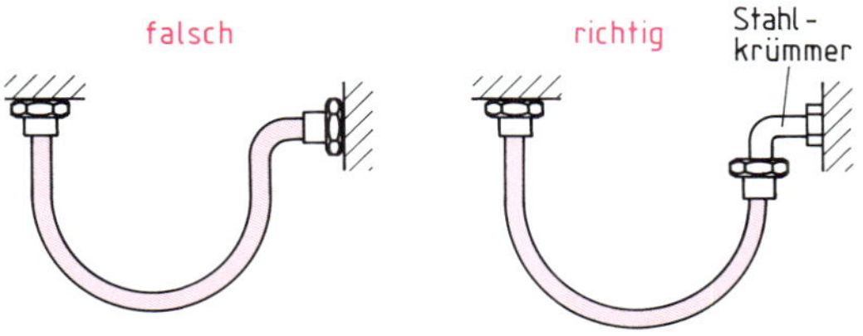

Einbaubeispiel für Schläuche

Schnelltrennkupplungen erlauben in drucklosem Zustand einen einfachen Wechsel von Einzelgeräten bzw. ganzen Baugruppen, wenn man sie mit Schlauchleitungen kombiniert. In Schnelltrennkupplungen tritt jedoch während des Betriebes ein zusätzlicher Druckabfall auf; weiterhin haben sie den Nachteil, dass sie beim Entkuppeln Restöl verlieren.

Schlauchleitungen verbinden bewegliche Bauteile in einer Hydraulikanlage. Werden Antriebssysteme häufig gewechselt, so schließt man die Schläuche mit Schnelltrennkupplungen an die Geräte an.

7.5.2 Wegeventile

Wegeventile sind für die Hydraulik in Bezug auf Bauformen und Funktionen in großer Vielfalt entwickelt worden. Vorwiegend werden Kolbenschieberventile – meist 4/3-Wegeventile – eingesetzt.

Als Beispiel wird der Aufbau und die Funktion eines vorgesteuerten 4/3-Wegeventiles beschrieben.

Die Längsbohrung für den Kolben im Hauptventil hat fünf Ringkanäle. Diese sind mit den Anschlüssen P, A, B und T verbunden. Dem Anschluss T ist über eine Zusatzbohrung ein zweiter Ringkanal zugeordnet, damit das Rücköl in beiden Arbeitsstellungen zum Tank geführt werden kann. Das Vorsteuerventil wird über das Hauptventil mit Druckflüssigkeit versorgt. Die Arbeitsleitungen des Vorsteuerventiles führen auf die Steuerseiten des Hauptkolbens. Eingebaute Druckfedern halten die Kolben in beiden Ventilen in Nullstellung (Mittellage).

Wird das Vorsteuerventil beispielsweise auf der rechten Seite elektromagnetisch betätigt, so verschiebt sich der Vorsteuerkolben nach rechts und verbindet die rechte Arbeitsleitung des Vorsteuerventiles mit dem Druckanschluss. Somit wirkt auf die rechte Seite des Hauptventiles die Druckflüssigkeit. Der Hauptkolben wird nach links umgeschaltet und versorgt die Arbeitsleitung A mit Arbeitsdruck. Die Rückleitung B öffnet sich gleichzeitig zum Tank hin.

Soll dagegen die Leitung B mit Arbeitsdruck versorgt werden, so muss der Elektromagnet auf der linken Seite des Vorsteuerventiles betätigt werden.

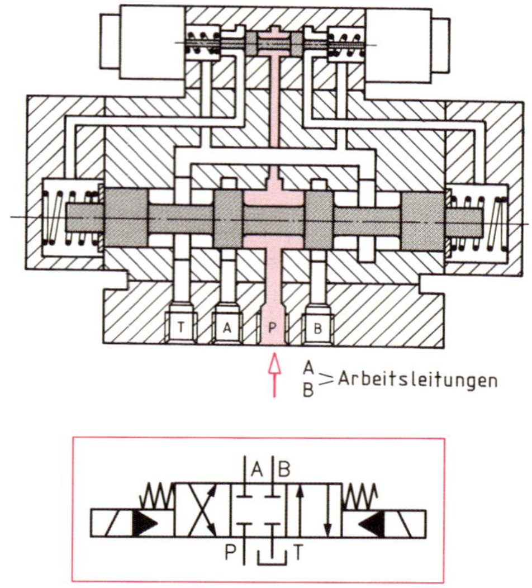

4/3-Wegeventil – Nullstellung

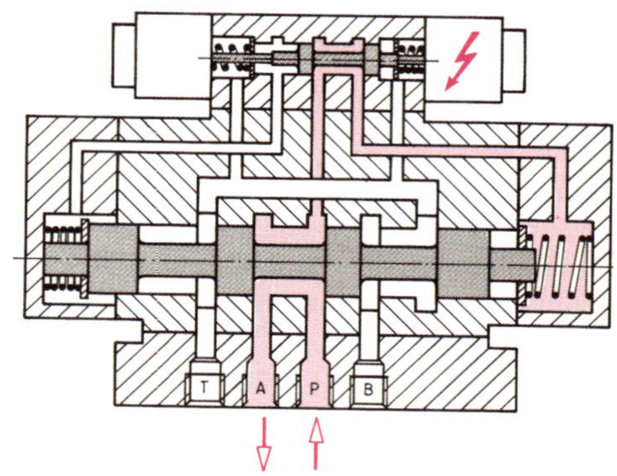

4/3-Wegeventil – Arbeitsstellung

Wegeventile haben in erster Linie die Aufgabe, die Richtung des Volumenstromes zu steuern. Je nach Ventilausführung haben Wegeventile auch die Aufgabe, den Volumenstrom abzusperren.

7.5.3 Druckventile

Hydraulische Druckventile benutzt man entweder als Druckbegrenzungsventile (siehe auch Seite 360) oder als Druckminderventile.

Druckminderventile werden eingesetzt, wenn in einem Teil der Hydraulikanlage ein geringerer, aber konstanter Druck herrschen soll als in der Gesamtanlage. Die Wirkung des Druckminderventiles beruht auf dem Vergleich der einstellbaren Federkraft zur Druckkraft aus dem gewünschten Druck p_2.

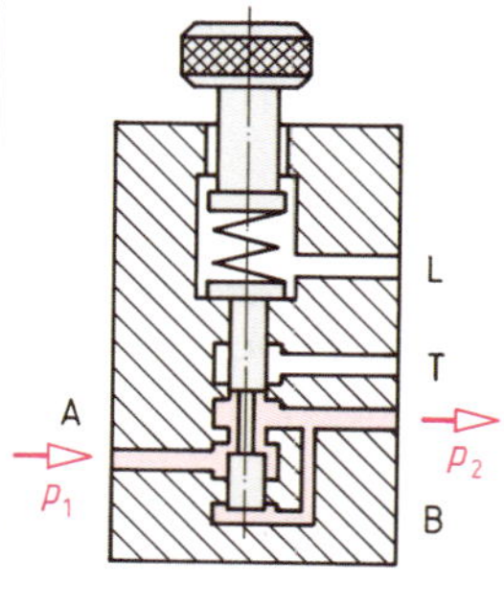

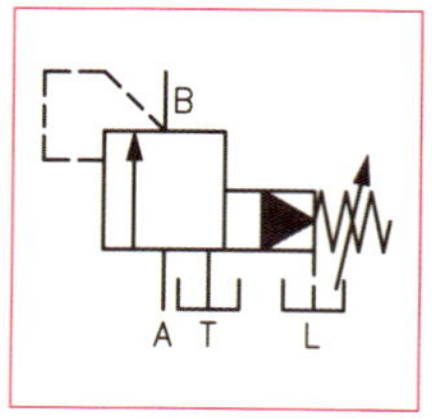

7.5.4 Stromventile

Will man den durchfließenden Volumenstrom in einer Hydraulikanlage beeinflussen, so können Stromventile eingesetzt werden. Durch die richtige Anordnung der Stromventile lässt sich die Geschwindigkeit von Zylindern bzw. die Drehfrequenz von Hydromotoren verändern.

- **Drosselventil**

In einem verstellbaren Drosselventil wird z. B. ein kegeliger Bolzen in den Strömungsquerschnitt geschraubt. Fördert die Pumpe einen Volumenstrom durch das Drosselventil, so steigt der Druck vor der Drosselstelle (dem Widerstand) an. Der gesamte Volumenstrom fließt jedoch durch das Drosselventil. Erst wenn der Widerstand am Drosselventil so groß wird, dass der Druck vor der Drosselstelle den Öffnungsdruck des parallel geschalteten Druckbegrenzungsventiles erreicht, teilt sich der Volumenstrom auf. Ein Teil des Volumenstromes fließt durch die Drosselstelle, während der Reststrom über das Druckbegrenzungsventil abfließt. Die Wirkung des Drosselventiles setzt also erst dann ein, wenn das Druckbegrenzungsventil öffnet und eine *Stromaufteilung* möglich ist.

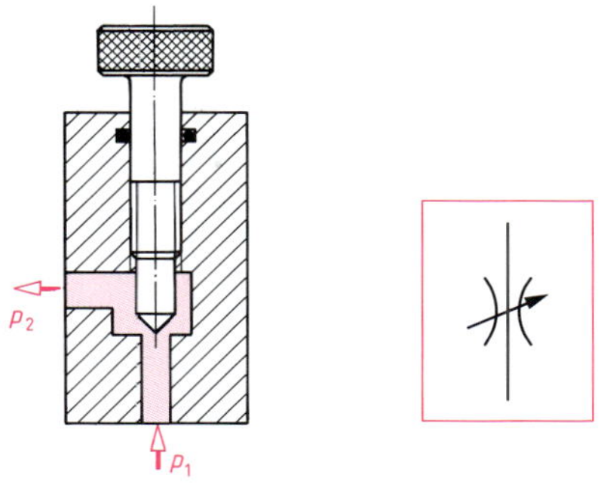

Drosselventil – Aufbau

Der Volumenstrom, der durch eine Drosselstelle fließen kann, ist abhängig von dem Druck vor der Drossel (p_1) und dem Druck nach der Drossel (p_2).
Man bezeichnet den Unterschied zwischen diesen Drücken als Druckdifferenz ($\Delta p = p_1 - p_2$).
Je kleiner die Druckdifferenz ist, desto geringer ist der Volumenstrom, der durch die Drossel fließt, wenn eine Stromaufteilung vorliegt.
Verändern sich die Betriebsbedingungen in einer Anlage, wie z. B. durch Lasterhöhung, so nimmt der Druck nach der Drosselstelle zu. Die Druckdifferenz in der Drossel wird geringer und es verringert sich der Volumenstrom, der durch die Drossel fließt.

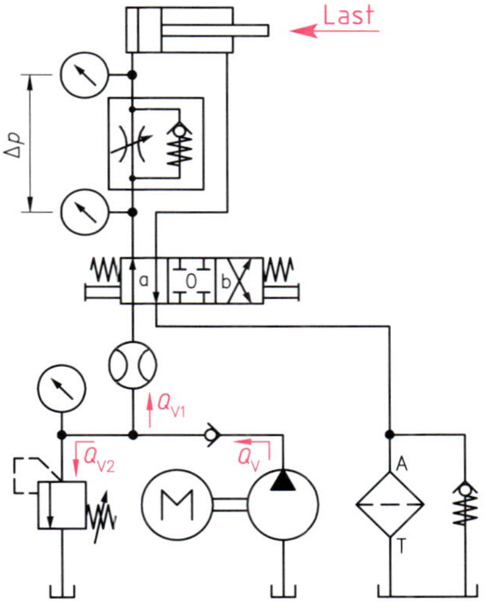

Drosselventil und Stromaufteilung

Wegen der Stromaufteilung fließt jetzt ein größerer Anteil des Volumenstromes über das Druckbegrenzungsventil ab.
Lastschwankungen verursachen daher auch Geschwindigkeitsschwankungen der Arbeitselemente. Drosselventile werden deswegen nur dann eingesetzt, wenn kein genauer Volumenstrom notwendig ist, wie z. B. bei Hebebühnen und Spannvorrichtungen.

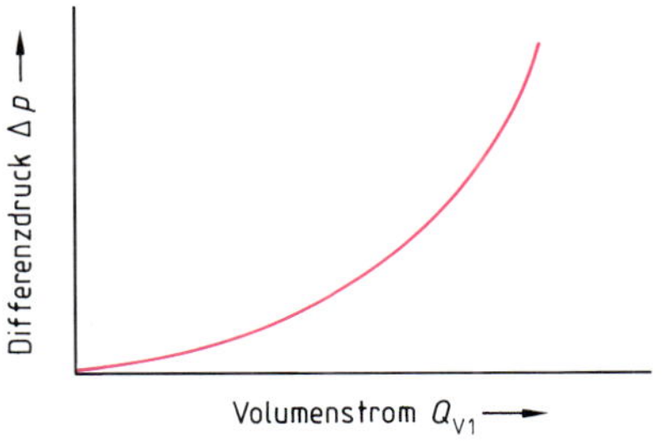

Drosselventil – Kennlinie

Das Drosselventil ist ein hydraulischer Widerstand, vor dem sich ein Druck aufbaut. Die Stromaufteilung und damit die Wirkung des Drosselventiles tritt erst dann auf, wenn sich das parallel geschaltete Druckbegrenzungsventil öffnet.

- **Stromregelventile**

Benötigt man an einem Arbeitselement eine konstante Geschwindigkeit, z. B. bei einer Vorschubbewegung, die unabhängig von der auftretenden Last sein muss, so setzt man Stromregelventile ein. Man unterscheidet Zweiwege-Stromregelventile und Dreiwege-Stromregelventile.

Zweiwege-Stromregelventil

Durch das Zweiwege-Stromregelventil fließt unabhängig von Druckschwankungen in der Anlage ein weitgehend konstanter Volumenstrom. Eine Stromaufteilung ist notwendig und erfolgt meist über das Druckbegrenzungsventil.
Über eine verstellbare Drossel wird der Querschnitt und somit die Größe des durchfließenden Volumenstromes eingestellt. Vor der Drossel herrscht der höhere Druck p_2, dahinter der kleinere Druck p_3. Nur die Druckdifferenz Δp zwischen p_2 und p_3 ist für die Größe des durchfließenden Volumenstromes maßgebend. Durch die vorgeschaltete Druckwaage wird die Druckdifferenz auch bei Druckänderung konstant gehalten. Wird z. B. an der Arbeitsseite der Druck p_3 verringert, so verringert sich gleichzeitig der Druck auf der linken Kolbenfläche der Waage. Der Kolben wandert etwas nach links; dadurch ändert sich der Einströmquerschnitt und somit auch der Druck p_2 vor der Drossel. Hierdurch wird die ursprüngliche Druckdifferenz zwischen p_2 und p_3 beibehalten.

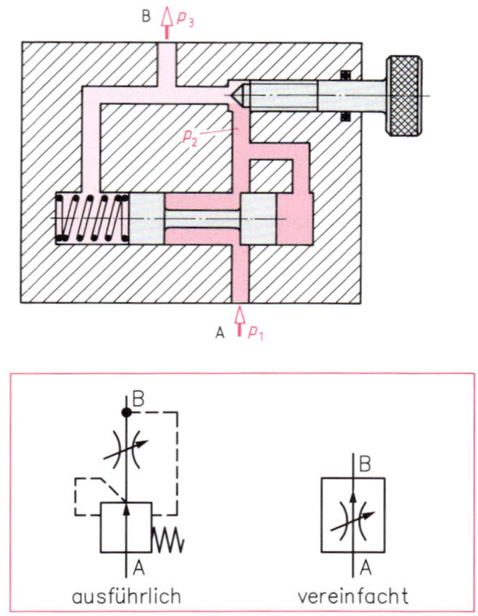

Zweiwege-Stromregelventil

7.5.5 Sperrventile

Sperrventile haben die Aufgabe, den Volumenstrom in einer Richtung zu sperren und in der anderen Richtung freien Durchfluss zu gestatten. In der Hydraulik werden vor allem das Rückschlagventil und das entsperrbare Rückschlagventil eingesetzt.

- **Rückschlagventil**

Das Rückschlagventil ist ein Sitzventil, dessen Abschlusselement als Kegel oder Kugel ausgeführt sein kann. Normalerweise wird das Abschlusselement durch eine schwache Feder in den Ventilsitz gedrückt. Die Feder hat den Vorteil, dass das Ventil in beliebiger Einbaulage montiert werden kann und dass es in seiner Ruhestellung geschlossen ist.
Der Öffnungsdruck eines Rückschlagventiles hängt von der gewählten Feder ab und ist gegenüber den übrigen Widerständen in einem Hydrauliksystem meist vernachlässigbar klein.

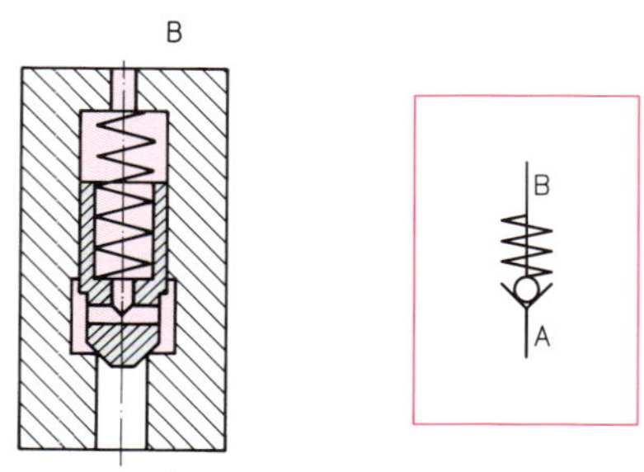

Rückschlagventil

- **Entsperrbares Rückschlagventil**

Wird in einem Rückschlagventil Durchfluss unter bestimmten Bedingungen auch in Sperrstellung gefordert, so steuert man das Rückschlagventil entsprechend an. Die Ansteuerung erfolgt hydraulisch über einen zusätzlichen Kolben, der bei Druckbeaufschlagung den Ventilsitz entgegen der Schließkraft aus seiner Schließstellung hoch hebt. Eingesetzt wird das entsperrbare Rückschlagventil in Verbindung mit einem Wegeventil in Kolbenschieberausführung, wenn eine schwere Last gegen unerwünschtes Absinken über längere Zeit sicher gehalten werden muss.

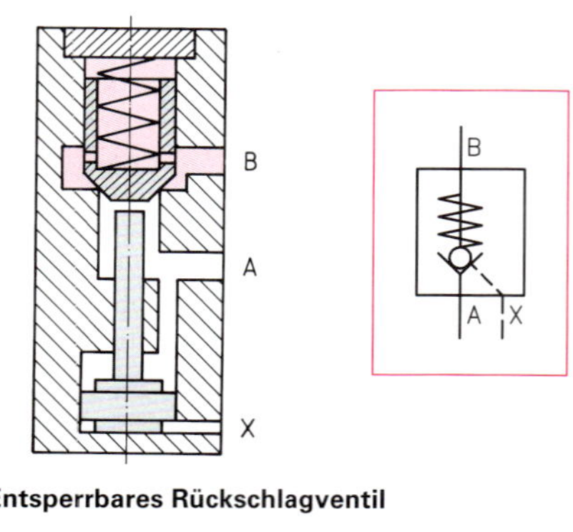

Entsperrbares Rückschlagventil

7.6 Teilsystem zur Leistungswandlung (Motorgruppe)

Die hydraulische Leistung wird mit Arbeitselementen in mechanische Leistung umgewandelt. Je nach Art der Umwandlung unterscheidet man Hydraulikzylinder und Hydraulikmotoren.

7.6.1 Hydraulikzylinder

Hydraulikzylinder, die auch Linearmotore genannt werden, dienen dazu, in Achsrichtung wirkende Kräfte auszuüben. Der Vorteil der Hydraulikzylinder besteht darin, dass sie für sehr große Kräfte verwendet werden können, ohne dass man mechanische Übersetzungssysteme benötigt.

- **Aufbau**

Ein Hydraulikzylinder besteht grundsätzlich aus einem Zylinderrohr, einem Kolben mit Kolbenstange, den Zylinderdeckeln und den Dichtungen und Schmutzabstreifern. Entlüftungs- und Prüfanschlüsse sollten möglichst nah am Zylinder angebracht sein. Die Maße der Zylinder, die Anschlüsse und die verwendeten Druckbereiche sind genormt.

Beispiel **für Maße am Zylinder**

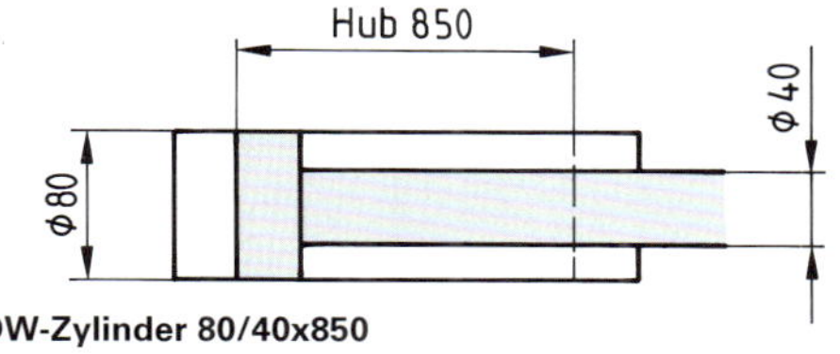

DW-Zylinder 80/40x850

Beispiel **für den Aufbau eines doppelt wirkenden Hydraulikzylinders**

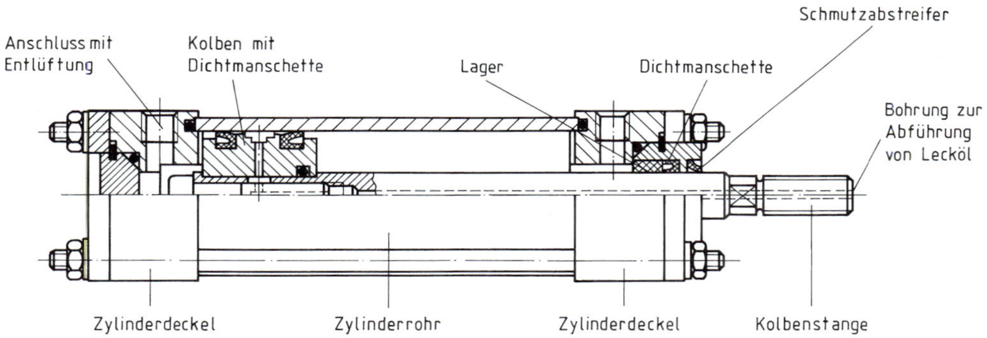

Hinweise:
Bei dem dargestellten Hochdruckzylinder ist der Raum zwischen den Dichtungen am Kolben mit einer Leckölleitung verbunden, die durch die Kolbenstange führt. Je nach Einbaulage sieht man für den Zylinder an der höchstgelegenen Stelle Entlüftungsanschlüsse vor.

- **Wirkungsgrad bei Hydraulikzylindern**

In Hydraulikzylindern mit elastischen Dichtungen sind die Leckverluste vernachlässigbar klein. Bei einwandfreien Dichtungen beträgt der volumetrische Wirkungsgrad nahezu 100 %. Durch die gute Dichtwirkung ergeben sich an den Zylindern jedoch erhöhte Reibungskräfte, die den hydraulisch mechanischen Wirkungsgrad vermindern. Lufteinschlüsse sind schädlich, weil es durch die zusammengepressten Luftbläschen zu Zerstörungen an den Dichtungen kommt. Deshalb müssen die Zylinder sorgfältig entlüftet werden.

7.6.2 Hydraulikmotor

Hydraulikmotoren als Rotationsmotoren dienen dazu, die hydraulische Leistung in Drehmomente und Drehbewegungen umzuwandeln. Hydraulische Rotationsmotoren lassen meist in beide Richtungen eine stufenlose Änderung der Drehfrequenz zu. Gegenüber den Elektromotoren haben sie folgende Vorteile: sehr kleine Baugröße, Überlastschutz und große Drehmomentenübertragung auch bei kleinen Drehfrequenzen. Die hydraulischen Rotationsmotoren unterscheidet man nach ihrem Aufbau in Axialkolbenmotoren, Radialkolbenmotoren, Flügelzellenmotoren und Zahnradmotoren.

7.7 Grundsteuerungen in der Hydraulik

In den Schaltplan für Hydraulikanlagen wird meist das Teilsystem der Leistungswandlung und Leistungsbereitstellung mit eingerechnet. Zu diesem Teilsystem gehören u.a. Pumpe mit Motor (Elektromotor oder Verbrennungsmotor), Druckbegrenzungsventil, Filter mit Bypass, Druckmessgerät, Temperaturmessgerät und Prüfanschlüsse für Druck- und Volumenstrommessungen.

Da dieser Teil der Anlage in allen hydraulischen Steuerungen durchweg gleich ist, wird er in den folgenden Steuerungsbeispielen nicht mehr gezeichnet.

Beispiel **für Schaltplanausschnitt (Leistungswandlung und Leistungsbereitstellung)**

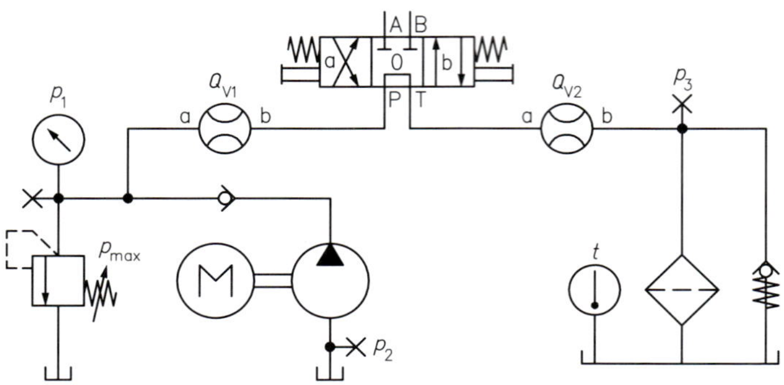

Messanschlüsse für Druckmessungen

Mess-stelle	Erklärung
p_1	Fest eingebautes Druckmessgerät für die Einstellung des Maximaldruckes mit zusätzlichem Anschluss für ein Prüfmanometer
p_2	Prüfanschluss für die Unterdruckmessung an der Pumpensaugleitung
p_3	Prüfanschluss am Rücklauffilter
Q_{V1}	Volumenstrom-Messgerät im Zulauf des Hydraulikkreislaufes
t	Fest eingebautes Temperaturmessgerät zur Messung der Öltemperatur

Steuerungen in der Hydraulik haben meist ein eigenes Antriebsaggregat. Jede Anlage in der Hydraulik muss über ein Druckbegrenzungsventil abgesichert sein.

7.7.1 Richtungssteuerung durch Wegeventile

- **Steuerung mit 4/2-Wegeventil**

Ein doppelt wirkender Zylinder kann mit einem 4/2-Wegeventil angesteuert werden. Die Druckflüssigkeit wird dabei wahlweise auf die eine oder andere Seite des Kolbens gegeben und bewirkt ein Aus- bzw. Einfahren des Kolbens. In beliebigen Zwischenstellungen kann der Kolben nicht gehalten werden, da stets auf einer Seite der Volumenstrom wirkt. Nach dem Aufbau des am Druckbegrenzungsventil eingestellten Druckes öffnet dieses, und die Flüssigkeit fließt in den Tank. Der Maximaldruck wird erreicht, wenn die Kolbenstange in die Endlage fährt oder wenn die Last zu groß ist.

Rotationsmotoren lassen sich ebenfalls mit 4/2-Wegeventilen steuern. Beim Umschalten ist nur die gegenläufige Drehbewegung möglich.

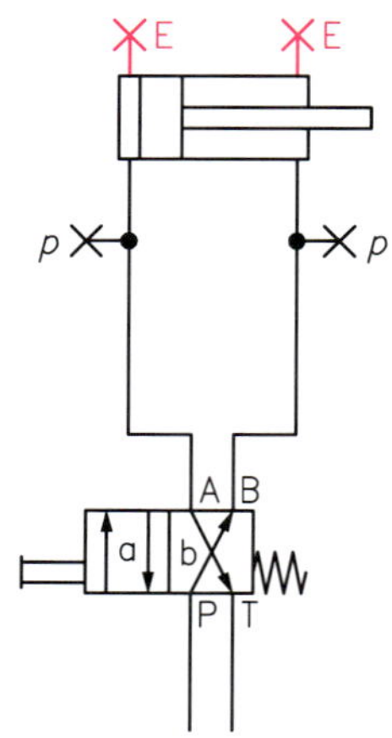

X Entlüftungsstelle (E)
X Messanschluss, Druck (p)

Richtungssteuerung durch ein 4/2-Wegeventil

4/2-Wegeventile dienen zur Richtungsänderung von Volumenströmen und damit auch zur Steuerung der Bewegungen von Hydraulikmotoren.

- **Steuerung mit 4/3-Wegeventil**

4/3-Wegeventile dienen zur Sperrung oder zur Richtungsänderung von Volumenströmen. Doppelt wirkende Zylinder oder Rotationsmotoren können somit auch über 4/3-Wegeventile angesteuert werden. Das 4/3-Wegeventil hat eine Mittelstellung (0), die unterschiedliche Funktionen haben kann.
Bei der *Umlaufmittelstellung* wird die Hydraulikflüssigkeit mit freiem Umlauf in den Tank zurückgepumpt. Der Hydraulikzylinder bleibt bei der Mittelstellung des 4/3-Wegeventiles in der Position stehen, die er beim Umschalten hat. Wirkt jedoch auf den Zylinder eine äußere Last, so verändert die Kolbenstange durch Lecköl am Kolbenschieber des Wegeventils langsam ihre Stellung.
Das genaue Festhalten des Zylinders unter Belastung in jeder Position wird beispielsweise durch den Einsatz eines Rückschlagventiles erreicht. Damit die Kolbenstange einfahren kann, wird das Rückschlagventil entsperrt.

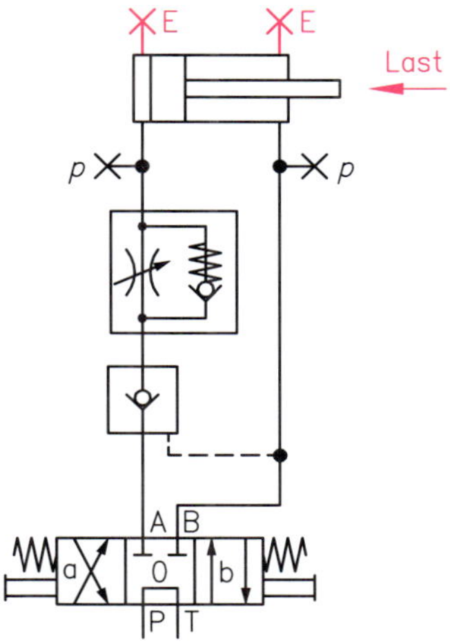

Richtungssteuerung durch ein 4/3-Wegeventil

Durch die unterschiedliche Gestaltung der Mittelstellung bei 4/3-Wegeventilen können unterschiedliche Funktionen im Hydraulikkreislauf verwirklicht werden.

Beispiele **für Gestaltung von Mittelstellungen in 4/3-Wegeventilen**

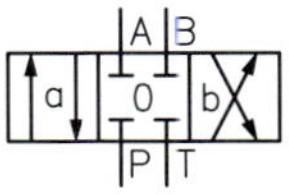
Sperr-Mittelstellung

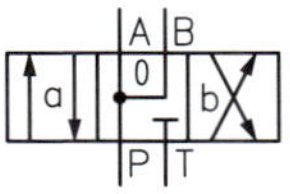
Differenzial-Mittelstellung (Eilgang-Mittelstellung)

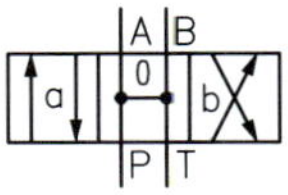
Schwimm-Mittelstellung

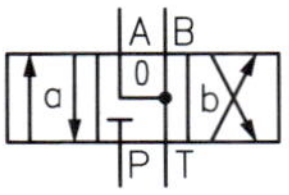
Freigang-Mittelstellung (Schwimm-Ruhestellung)

7.7.2 Geschwindigkeitssteuerung

- **Geschwindigkeitssteuerung im Zulauf**

Die Geschwindigkeitssteuerung im Zulauf ist nur dann möglich, wenn eine Stromaufteilung erfolgt. Erst wenn der Druck in der Anlage den Öffnungsdruck am Druckbegrenzungsventil erreicht, tritt diese Stromaufteilung ein. Bleibt der Druck in der Anlage niedriger als der Druck, der am Druckbegrenzungsventil eingestellt wurde, so wird die Ausfahrgeschwindigkeit des Zylinders nur vom Pumpenförderstrom bestimmt. Sobald das Druckbegrenzungsventil öffnet, wird bei weiterem Anstieg der Last die Abhängigkeit der Steuerung von der Last sichtbar.
Für die praktische Anwendung bedeutet diese Art der Geschwindigkeitssteuerung über Drosselventile eine Abnahme der Geschwindigkeit bei Lastzunahme bzw. eine Zunahme der Ausfahrgeschwindigkeit bei Lastabnahme.

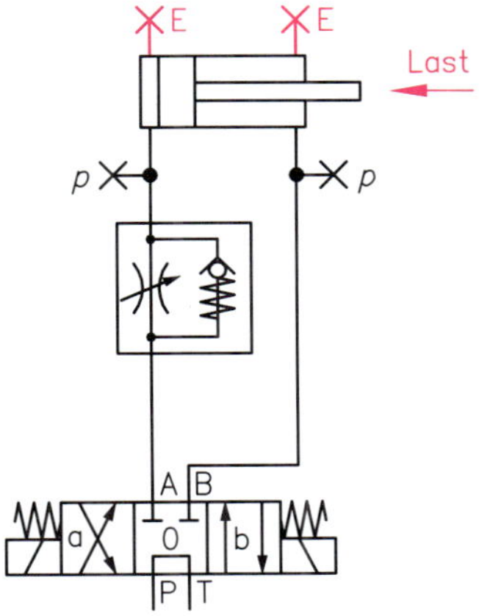

Geschwindigkeitssteuerung im Zulauf

- **Geschwindigkeitssteuerung im Ablauf**

Die Geschwindigkeitssteuerung im Ablauf ist ebenfalls nur möglich, wenn eine Stromaufteilung erfolgt. Der Druck im Kolbenringraum kann jedoch durch die Druckübersetzung unzulässig hoch ansteigen. Die Druckübersetzung entsteht wegen der unterschiedlichen Flächen auf der Kolbenseite und der Kolbenringseite. Deshalb muss bei der Einstellung des Druckbegrenzungsventiles dieser Zusammenhang berücksichtigt werden.
Die Geschwindigkeitssteuerung im Ablauf mit Drosselventilen ist ebenfalls lastabhängig. Die Geschwindigkeit nimmt bei Lastzunahme ab, bei Lastabnahme erhöht sich die Geschwindigkeit. Im Gegensatz zur Geschwindigkeitssteuerung im Zulauf erlaubt der Einbau der Drossel im Ablauf auch eine kontrollierte Bewegung, wenn Lastrichtung und Bewegungsrichtung übereinstimmen.

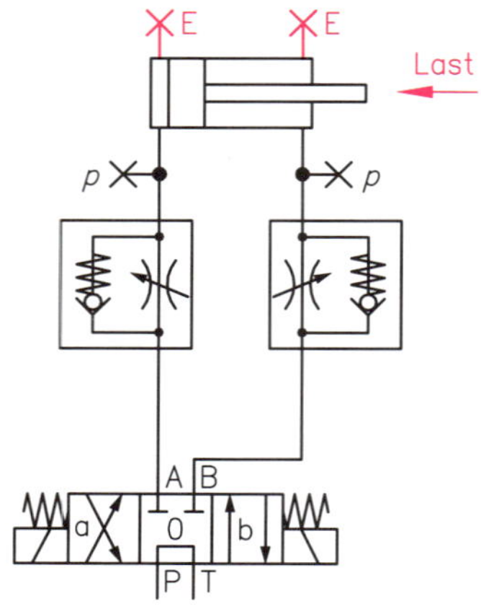

Geschwindigkeitssteuerung im Ablauf

7.7.3 Eilgang-Vorschub-Steuerung

Eine typische Anwendung der Hydraulik in der Fertigungstechnik ist die Eilgang-Vorschub-Steuerung von Werkzeugschlitten. Dabei führt die Hydraulik folgende Bewegungen aus:

- Das Werkzeug wird im Eilgang an das Werkstück herangefahren.
- Der Spanungsvorgang wird mit einem einstellbaren Vorschub durchgeführt.
- Nach dem Spanen wird das Werkzeug mit dem Werkzeugschlitten im Eilrücklauf in die Ausgangsstellung zurückgefahren.

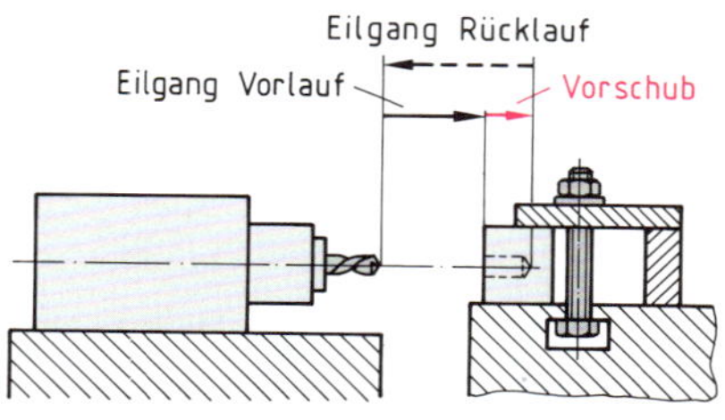

Bewegungen eines Werkzeugschlittens

Aufbau der vereinfachten Steuerung

Vom Antriebsaggregat wird die Anlage mit Druckflüssigkeit versorgt. In der Ausgangsstellung ist der Zylinder eingefahren. Die Anlage ist über das Druckbegrenzungsventil abgesichert. Schaltet man das 4/3-Wegeventil in Schaltstellung a, so fährt der Kolben des Zylinders im Eilgang aus, da das Rücköl über das geöffnete 2/2-Wegeventil ungedrosselt zum Tank abfließen kann. Sobald die Kolbenstange den induktiven Sensor erreicht, wird über ein elektrisches Signal das 2/2-Wegeventil in die Stellung b geschaltet. Das Rücköl kann deshalb nur über das Zweiwege-Stromregelventil in den Tank zurückfließen. Diese ablaufseitige Regelung des Volumenstromes ermöglicht eine einstellbare langsame Vorschubbewegung. Die notwendige Stromaufteilung erfolgt über das Dreiwege-Stromregelventil im Zulauf. Ist der Spanungsvorgang beendet, wird das 4/3-Wegeventil in die Schaltstellung b umgeschaltet; die Kolbenstange fährt schnell ein.

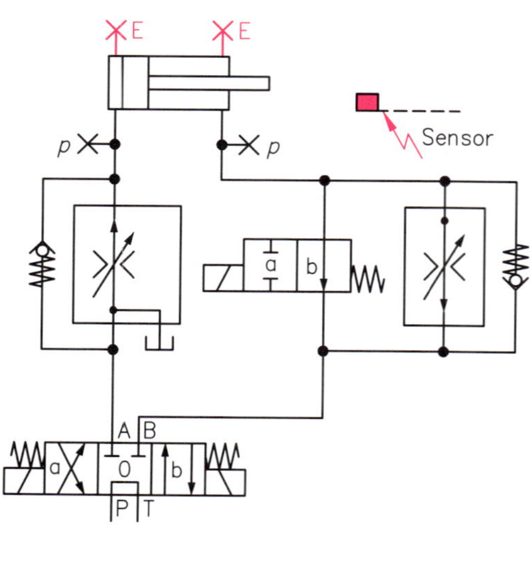

8 Inbetriebnahme, Wartung und Fehlersuche bei Steuerungen

8.1 Inbetriebnahme von elektropneumatischen Steuerungen

Bei der Inbetriebnahme einer neuen, reparierten oder geänderten Anlage ist nicht auszuschließen, dass ein Arbeitselement eine unvorhergesehene Bewegung ausführt. Dies kann zu Verletzungen führen oder die Zerstörung von Bauteilen und Werkzeugen zur Folge haben. Es ist daher wichtig, bei der Inbetriebnahme von Steuerungen besondere Sicherheitsmaßnahmen einzuhalten und in einer bestimmten Reihenfolge vorzugehen.

- **Sicherheitsmaßnahmen (Personenschutz) bei Inbetriebnahme**
  - Im Hubbereich von Zylinderbewegungen die Betätigungen von Sensoren nur mit Hilfsmitteln vornehmen.
  - Druckleitungen nur lösen, wenn die Anlage drucklos ist.
  - Leitungsenden beim Lösen festhalten – Restdruck.
  - Änderungen im elektrischen Teil der Anlage nur im Niederspannungsbereich und nur im spannungslosen Zustand durchführen.
  - Für sonstige Aufgaben im elektrischen Anlagenteil autorisiertes Fachpersonal anfordern.

- **Reihenfolge der Schritte zur Inbetriebnahme**

1. Schritt: Anlage in Grundeinstellung bringen
- Anlage drucklos und spannungslos schalten.
- Aktoren in Grundstellung bringen.
- Ventile in Ausgangsstellung setzen.
- Drosselventile schließen.
- Sicherheitsventile auf niedrigst zulässigen Betriebsdruck einstellen.

2. Schritt: Anlage anfahren
- Spannung anlegen und Arbeitsdruck langsam erhöhen.
- Leckstellen und Undichtigkeiten in der Anlage beheben.
- Ventile mit Speicherverhalten – eventuell über Handhilfsbetätigungen – einstellen.
- Funktion der Anlage in Schritten prüfen und dabei Drosselventile nacheinander langsam öffnen.
- Probelauf ohne Werkzeug und Werkstück durchführen.

3. Schritt: Anlage hochfahren
- Probelauf mit Werkzeug und Werkstück vornehmen.
- Druckeinstellungen und Geschwindigkeiten optimieren.
- Testlauf mit allen geforderten Daten durchführen.

Bei der Inbetriebnahme von Steuerungen treten erhöhte Gefährdungen auf. Die einschlägigen Vorschriften für den Personenschutz und die Schrittfolge der Inbetriebnahme sind einzuhalten.

8.2 Inbetriebnahme von hydraulischen Anlagen

Bei der Inbetriebnahme von hydraulischen Anlagen sind grundsätzlich die entsprechenden Sicherheitsmaßnahmen wie bei anderen steuerungstechnischen Anlagen einzuhalten. Besonderheiten sind

- für das Druckmedium,
- für die Einstellung des Druckbegrenzungsventils und
- bei dem Einsatz von Hydrospeichern

zu beachten.

- **Verunreinigungen im Hydrauliksystem**
  Schmutz und Luft in der Druckflüssigkeit sind die Hauptursache für den Ausfall von Hydrauliksystemen. Bei der Inbetriebnahme muss daher der Schmutz ausgefiltert, gegebenenfalls das Öl ausgetauscht und die Anlage entlüftet werden.

- **Einstellung des Druckbegrenzungsventils**
  Das Druckbegrenzungsventil ist als Sicherheitsventil unmittelbar nach der Pumpe eingebaut und ist notwendig, damit in der Anlage keine unzulässig hohen Drücke auftreten. Damit der maximal zulässige Druck in der Hydraulikanlage nicht überschritten wird, muss das Druckbegrenzungsventil bei maximalem Volumenstrom in der Anlage eingestellt werden. Würde z. B. der Druck bei einer Verstellpumpe im unteren Förderbereich eingestellt, so erfüllte das Druckbegrenzungsventil seine Aufgabe nicht mehr in der gewünschten Weise. In der Anlage entstünden bei größeren Volumenströmen unzulässig hohe Drücke.

- **Sicherheitsmaßnahmen bei Hydrospeichern**
  Da gasbelastete Hydrospeicher mit hohem Gasdruck beaufschlagt werden, ist bei ihnen erhöhte Sorgfalt geboten. Ein Speicher kann eine Hydraulikanlage lange unter Druck halten. Vor dem Eingriff in eine Anlage muss sie druckfrei gemacht werden, um zu verhindern, dass bei abgeschalteter Pumpe noch Bewegungen ausgeführt werden.

Bei der Inbetriebnahme von Hydraulikanlagen müssen Verunreinigungen aus dem Druckmedium entfernt werden, darf man das Druckbegrenzungsventil nur bei vollem Volumenstrom einstellen und muss man besondere Sicherheitsmaßnahmen bei Hydrospeichern einhalten.

8.3 Wartung von Steuerungen

Steuerungsanlagen müssen in vorgeschriebenen Zeitintervallen systematisch gewartet werden, damit lange Betriebszeiten gewährleistet sind und die Anlage wirtschaftlich arbeitet. Die systematische Wartung und Kontrolle einer Steuerung wird erleichtert, indem man die Anlage so unterteilt, dass einzelne Teilbereiche unter besonderen Wartungsgesichtspunkten betrachtet werden können. Bei der Wartung kann man die Teilbereiche Druckversorgung, Leitungssystem und Bauelemente unterscheiden.

8.3.1 Wartung im Bereich der pneumatischen Druckversorgung

Für Druckluft gilt, dass sie möglichst wasser-, staub- und schmutzfrei ist. Die Wartungseinheiten sind regelmäßig zu kontrollieren. Angesammeltes Kondensat muss abgelassen werden.

Die Filter in der Wartungseinheit halten Staubteilchen und Kondensat zurück. Deshalb müssen sie in bestimmten Zeitabständen gesäubert oder ausgewechselt werden.

Bei stark beanspruchten Anlagen kann die Druckluft nach Bedienungsvorschrift mit Öl angereichert werden. Branchenspezifische Vorschriften sind dabei zu beachten (z. B. die Hygienevorschriften in der Lebensmittelindustrie). Wegen der Umweltbelastung durch Ölnebel in der Abluft ist bei neueren Pneumatikbauteilen eine Anreicherung der Luft mit Öl nicht mehr vorgesehen.

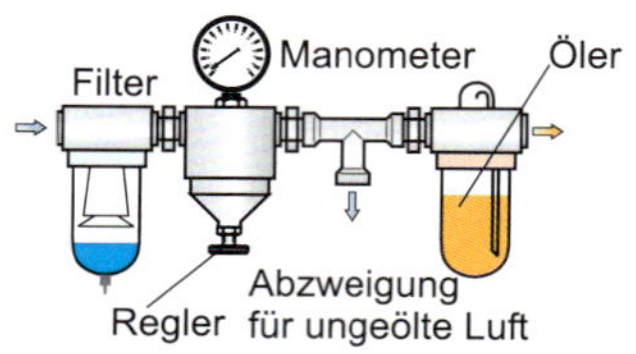

Wartungseinheit

8.3.2 Wartung pneumatischer Leitungssysteme

Vorbeugende Maßnahmen verhindern Störungen in der Versorgung der Anlagen mit Druckluft. Hierzu gehört vor allem die richtige Verlegung der horizontal verlaufenden Rohrleitungen mit Gefälle (ca. 3 %) in Richtung Kondensat-Entleerung. Insbesondere ist darauf zu achten, dass Abzweigungen von der Hauptleitung zur Luftentnahme *nach oben* erfolgen und dass die Abzweigungen für die Kondensatenleerung nach unten angebracht werden.

Bei der Montage von Leitungen oder Anschlüssen ist unbedingt darauf zu achten, dass in den Rohren oder Schläuchen keine Schmutzteilchen oder Späne zurückbleiben.

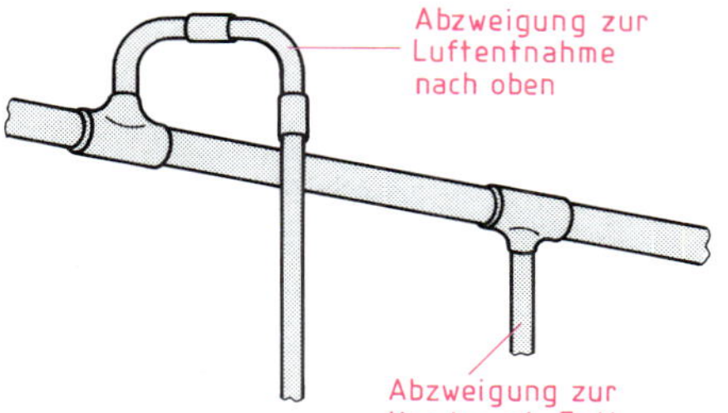

Montage von Druckluftleitungen

Während des Betriebes müssen die Druckluftleitungen und die Anschlüsse regelmäßig auf Dichtigkeit überprüft werden. Schadhafte Leitungen und undichte Anschlüsse in einer Anlage können hohe Verluste verursachen.

Wartungsintervall	Maßnahmen
Täglich	Kondensat ablassen (bei nicht automatischen Geräten). Öler in der Wartungseinheit kontrollieren.
Wöchentlich	Funktion der Signalglieder überprüfen. Druckmesser nachprüfen. Ölmenge im Öler prüfen.
Vierteljährlich	Leitungen und Anschlüsse auf Dichtigkeit prüfen. Filterpatronen reinigen. Funktionsprüfungen am automatischen Kondensatablass. Befestigungen der Bauteile überprüfen.
Halbjährlich	Kolbenstangenführungen auf Verschleiß untersuchen. Abstreifringe und Dichtungen gegebenenfalls erneuern.

8.3.3 Wartung von hydraulischen Anlagen

Hydraulische Anlagen müssen mit sauberem Öl betrieben werden. Durch vorbeugende Instandhaltung kann die Zahl hydraulikbedingter Ausfälle in einer Anlage erheblich gesenkt werden. Die Lebensdauer der Hydraulikkomponenten und die Betriebssicherheit werden durch die Qualität des Druckmediums entscheidend beeinflusst.

Filterwechsel nach der Einlaufphase sind für einen einwandfreien Betrieb notwendig. Je nach Belastung ist auch das Öl in der Einlaufphase auszutauschen.

Filterelemente in einer Hydraulikanlage sammeln den Schmutz aus dem Druckmedium. Mit zunehmender Verschmutzung des Filters steigt die Druckdifferenz im Filter. Wartungsanzeigen optischer oder elektrischer Art, die diese Druckdifferenz auswerten, weisen auf den Verschmutzungsgrad des Filterelementes hin.

Eine langfristige Sicherheit für den Betrieb von hochwertigen Hydraulikanlagen, wie sie z. B. in Werkzeugmaschinen zu finden sind, erreicht man durch regelmäßige Aufzeichnungen über den Zeitpunkt des Wechsels der Filterelemente und durch Ölanalysen.

Ölprobenentnahme

8.4 Fehlersuche in Steuerungen

In Steuerungen können unterschiedliche Fehler auftreten. Diese Fehler haben sehr unterschiedliche Ursachen. Es ist daher nicht möglich, für jeden Fall konkrete Hinweise zu geben. Die Fehlersuche wird jedoch durch sorgfältige Planung und Dokumentation der Anlage sowie durch die zweckmäßige Auswahl und Montage der Bauelemente erleichtert.

Grundvoraussetzung für die Fehlersuche und die daraus folgende Instandsetzung in komplexen Steuerungen ist das Verständnis für das vorgegebene technische System. Der Fachmann muss den Soll-Zustand eines Systems kennen. Bei Störungsmeldungen wird der Ist-Zustand in dem System festgestellt und mit dem Soll-Zustand verglichen.

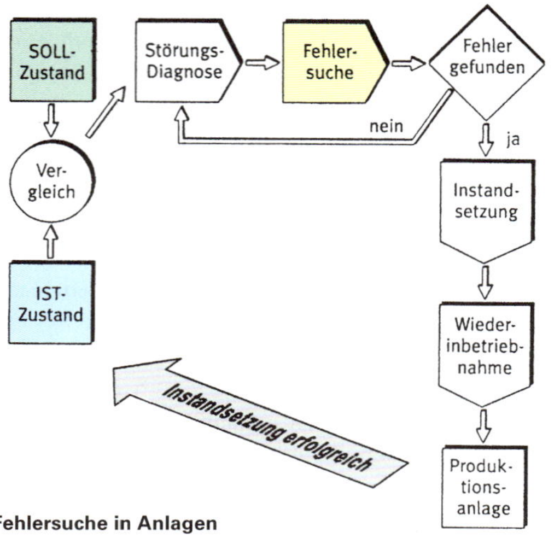

Fehlersuche in Anlagen

8.4.1 Maßnahmen zur Vereinfachung der Fehlersuche

- **Übersichtliche Planungsunterlagen**
  - Schaltpläne, Funktionspläne und Funktionsdiagramme müssen nach einheitlichen Gesichtspunkten aufgebaut sein.
  - Bauteile, Rohrleitungen und Anschlüsse sollen sowohl in den Konstruktionsunterlagen als auch in der Anlage eindeutig und gleich gekennzeichnet sein.
- **Zweckmäßige Auswahl der Bauteile**
  - Bei elektrischen Bauteilen solche bevorzugen, die ihre Signalzustände durch Leuchtdioden anzeigen (LED-Anzeige).
  - Pneumatische bzw. hydraulische Ventile mit Druckanzeigen auswählen, sodass die jeweilige Schaltstellung von außen ersichtlich ist.
  - Bei größeren Anlagen Anzeigegeräte zur zentralen Überwachung von Prozessdaten und Prozesszuständen auf Schalttafeln vorsehen.
- **Übersichtliche Anordnung der Bauelemente**
  - Geräte mit gleichen Funktionen sind möglichst nach dem gleichen Aufbauschema anzuordnen.
  - Leitungen mit der gleichen Funktion kennzeichnet man durch gleiche Farbgebung.
  - Bauteile und ihre Anschlüsse werden möglichst so montiert, dass eine Demontage mit normalen Werkzeugen ohne großen Aufwand erfolgen kann.

8.4.2 Fehlersuche mithilfe von Fehlerursachen-Tabellen

Mithilfe von Fehlerursachen-Tabellen in der Betriebsanleitung können mögliche Fehler in einer Anlage eingegrenzt werden. Man vergleicht die beschriebene Art der Störung mit den Beobachtungen im Ist-Zustand. Die Hinweise zur Fehlerbehebung führen zu entsprechenden Instandsetzungsarbeiten.

Elektrotechnik

1 Wirkungen und Einsatz elektrischer Energie

- **Wärmewirkung**

Elektrische Energie kann in Wärmeenergie umgewandelt werden. Dies geschieht z. B. im Elektroofen, beim Lichtbogenschweißen und beim Schmelzen einer Schmelzsicherung.

Beispiel für die Umwandlung von elektrischer Energie in Wärmeenergie

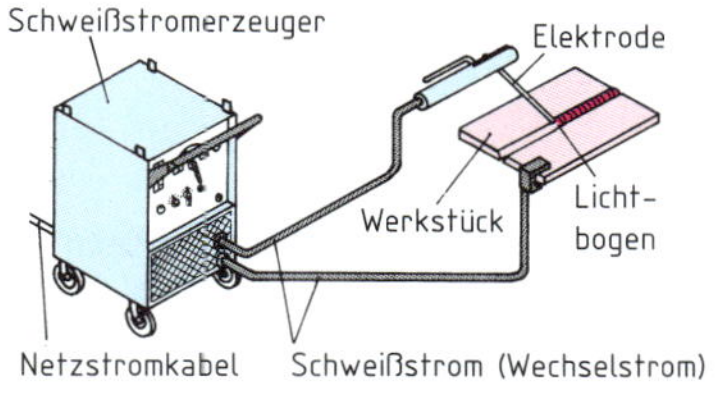

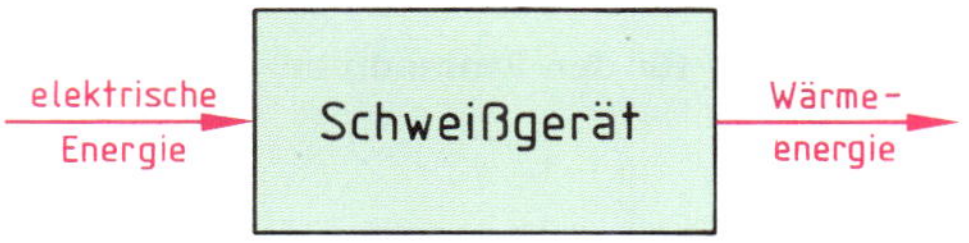

- **Magnetische Wirkung**

Elektrische Energie wird in Elektromagneten in Energie eines magnetischen Feldes umgewandelt. Dies geschieht z. B. in Hubmagneten und Elektromotoren.

Beispiel für die Umsetzung elektrischer Energie in Energie eines Magnetfeldes

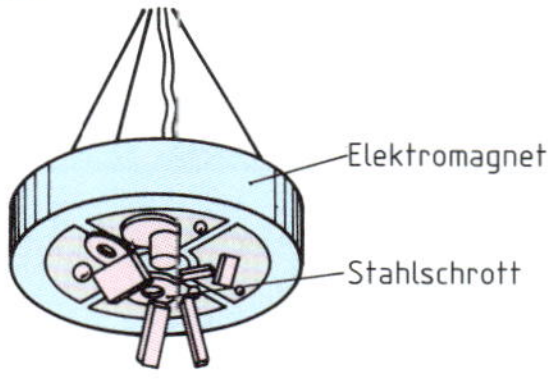

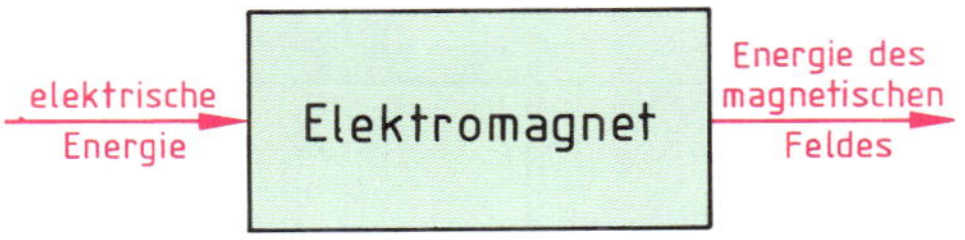

Die magnetische Wirkung des elektrischen Stromes wird in Elektromotoren ausgenutzt.

Beispiel für die Nutzung elektrischer Energie zur Erzeugung von Bewegungsenergie

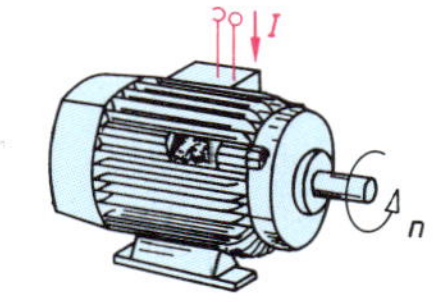

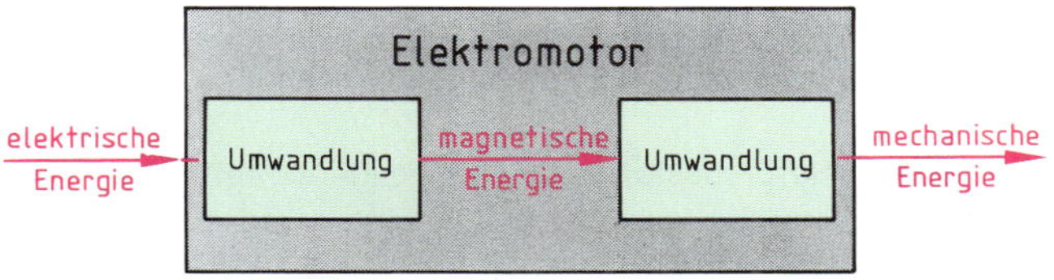

- **Chemische Wirkung**

Zur Auslösung und Fortführung vieler chemischer Reaktionen benötigt man Energie. Sie wird oft in Form elektrischer Energie zugeführt, z. B. in galvanischen Anlagen und zum Laden von Akkus.

Beispiel für die Nutzung elektrischer Energie bei chemischen Prozessen

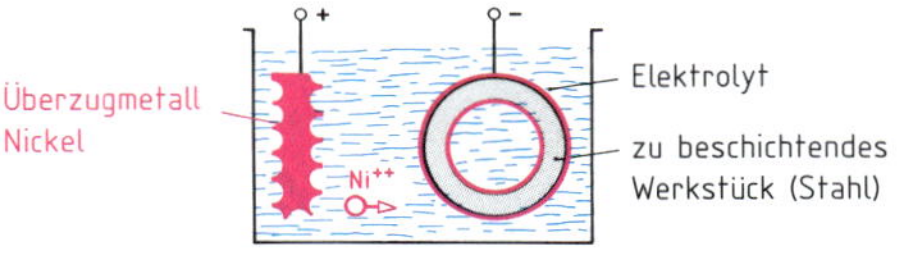

In der Metalltechnik werden folgende Wirkungen des elektrischen Stromes genutzt:
- Wärmewirkung,
- magnetische Wirkung,
- chemische Wirkung.

2 Physikalische Grundlagen

2.1 Elektrische Ladung

- **Atomaufbau**

Die Atome aller Elemente haben einen Kern und eine Hülle. Der Atomkern enthält als wichtigste Bausteine die **Protonen** und die **Neutronen**. Protonen und Neutronen haben etwa die gleiche Masse.
Die Hülle wird von elektrisch negativ geladenen Teilchen, den **Elektronen,** gebildet. Diese Elektronen bewegen sich mit sehr hoher Geschwindigkeit um den Kern, so dass sich die Vorstellung einer Elektronenhülle ergibt. Elektronen haben nur etwa $^1/_{2\,000}$ der Masse eines Protons.
Protonen sind elektrisch positiv, Elektronen sind negativ geladen. Neutronen sind neutral.

Beispiele für den Atomaufbau

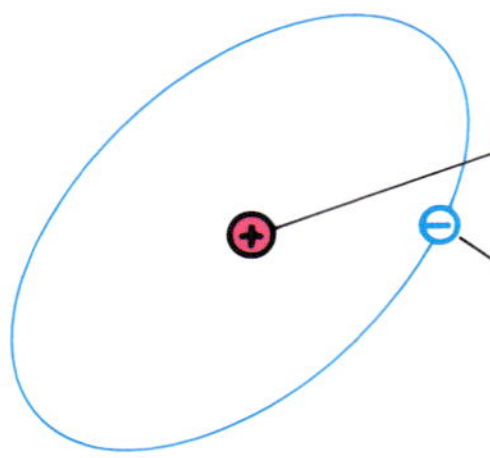

Wasserstoffatom

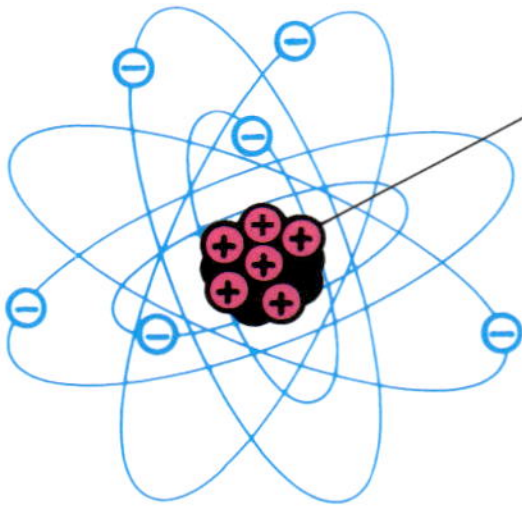

Kohlenstoffatom

Teilchenart	Symbol	Ladung	Masse	Massenverhältnis
Proton	p^+	positiv	$1{,}7 \cdot 10^{-24}$ g	1
Neutron	n	neutral	$1{,}7 \cdot 10^{-24}$ g	1
Elektron	e^-	negativ	$9{,}1 \cdot 10^{-28}$ g	$\approx \frac{1}{2\,000}$

- **Elementarladung**

Die Ladung eines Elektrons ist die kleinste Ladungseinheit. Deshalb bezeichnet man diese Ladung als Elementarladung, und da das Elektron negativ geladen ist, als *negative Elementarladung.*
Die gleich große Ladung eines Protons bezeichnet man als *positive Elementarladung.*

- Jedes Elektron besitzt eine negative Elementarladung.
- Jedes Proton besitzt eine positive Elementarladung.

- **Kräfte zwischen Ladungen**

Unterschiedliche elektrische Ladungen können durch Einsatz von Energie getrennt werden.

Beispiel für Ladungstrennung

Beim Reiben eines Kunststoffstabes mit einem Wolltuch gehen Elektronen des Wolltuches auf den Kunststoffstab über, und es entsteht dort ein Elektronenüberschuss. Der Kunststoffstab erhält dadurch eine negative Ladung. Das Wolltuch weist hingegen Elektronenmangel auf und ist dadurch positiv geladen.

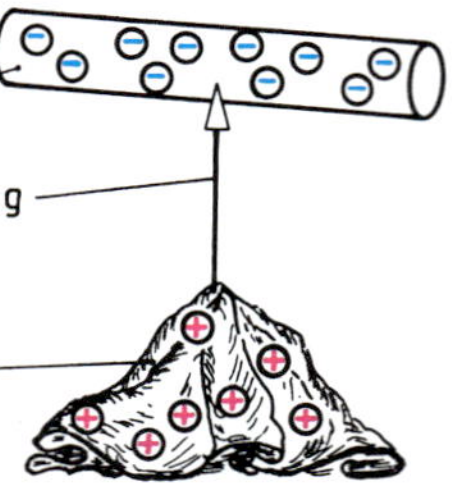

Zur Trennung elektrischer Ladungen ist Energie erforderlich.

Hat man unterschiedliche Ladungen voneinander getrennt, so bestehen zwischen Teilen mit unterschiedlicher elektrischer Ladung *anziehende* Kräfte und zwischen Teilen mit gleicher elektrischer Ladung *abstoßende* Kräfte.

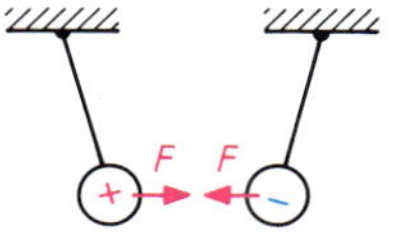

Anziehung ungleicher Ladungen

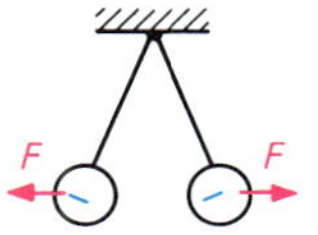

Abstoßung gleicher Ladungen

Teile mit unterschiedlicher elektrischer Ladung ziehen sich gegenseitig an.
Teile mit gleicher elektrischer Ladung stoßen sich gegenseitig ab.

2.2 Elektrischer Strom

In elektrischen Leitungen können Elektronen weiter bewegt werden. Diesen Fluss von Elektronen bezeichnet man als den elektrischen Strom. Wenn durch den Leiterquerschnitt in einer Sekunde $6{,}25 \cdot 10^{18}$ Elektronen strömen, so fließt ein elektrischer Strom (***I***) von **1 Ampere (A).**

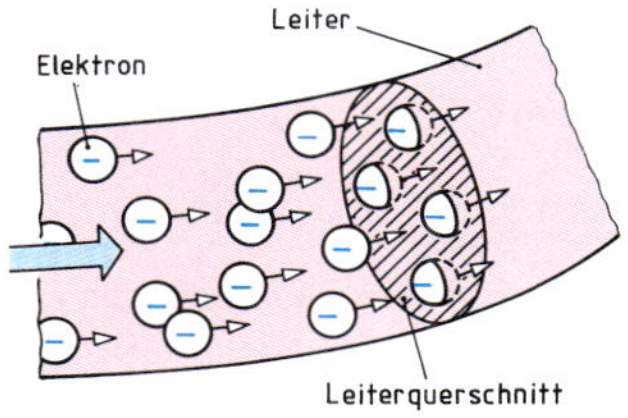

Elektronenstrom

Der elektrische Strom in Leitern ist der Fluss von Elektronen.

Bewegt sich der Elektronenstrom stets in die gleiche Richtung, so spricht man von **Gleichstrom**. Stellt man in einem Diagramm den Strom in Abhängigkeit von der Zeit dar, so zeigt das Diagramm eine parallele Linie zur Zeitachse. Batterien und Akkumulatoren liefern Gleichstrom.

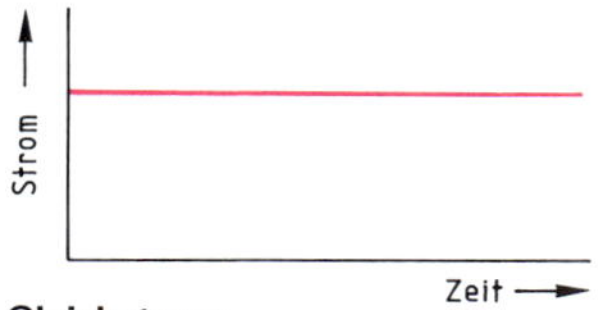

Gleichstrom

Symbol für Gleichstrom: ⎓ oder DC

(DC von **D**irect **C**urrent)

Ändert der Elektronenstrom in regelmäßigen Zeitabständen (periodisch) seine Größe und seine Richtung, so nennt man diesen Strom **Wechselstrom.** Stellt man in einem Diagramm den Strom in Abhängigkeit von der Zeit dar, so zeigt das Diagramm eine Wellenlinie (Sinuskurve) um die Nulllinie. Die Anzahl dieser Schwingungen bezeichnet man als Frequenz, sie wird in Hertz (Hz) angegeben. Die Elektroversorgungsunternehmen liefern einen Wechselstrom mit einer Frequenz von 50 Hz.

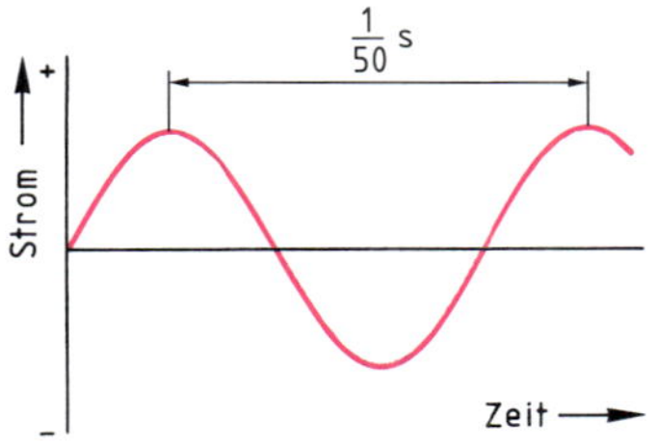

Wechselstrom

Symbol für Wechselstrom: ~ oder AC

(AC von **A**ltering **C**urrent)

2.3 Elektrische Spannung

- **Prinzip der Spannungserzeugung**

Durch die Trennung elektrischer Ladungen erhält man Bereiche mit Elektronenüberschuss und solche mit Elektronenmangel.
Der Bereich mit *Elektronenüberschuss* ist der **Minuspol,** der Bereich mit dem *Elektronenmangel* der **Pluspol.**
Wegen der Anziehungskräfte zwischen den unterschiedlichen Ladungen besteht das Bestreben, einen Ausgleich zwischen den beiden Polen herzustellen. Dieses Ausgleichsbestreben nennt man die elektrische **Spannung (*U*)**, sie wird in **Volt (V)** angegeben.

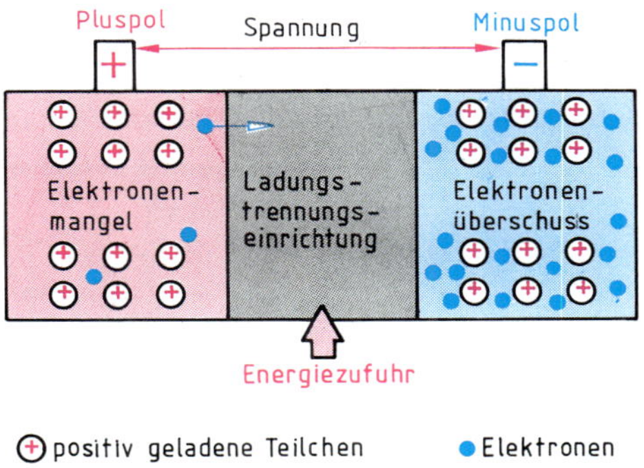

Prinzip einer Spannungsquelle

Spannung besteht zwischen getrennten elektrischen Ladungen.

- **Spannungsquellen**

Generator
In Generatoren wird Spannung durch Aufwenden mechanischer Energie erzeugt.
Diese Art der Spannungserzeugung wird von den Elektroversorgungsunternehmen betrieben. Generatoren im kleineren Maßstab sind der Dynamo am Fahrrad und die „Lichtmaschine" im Kraftfahrzeug.

Batterie und Akkumulator
In Batterien und Akkumulatoren wird Spannung durch chemische Prozesse erzeugt.
Man verwendet diese Spannungsquellen zur Versorgung nicht ortsgebundener Maschinen und Geräte.

Solarzellen
In Solarzellen erfolgt die Ladungstrennung durch Lichteinwirkung.
Die Anwendung von Solarzellen beschränkt sich im Wesentlichen auf die Spannungsversorgung nicht ortsgebundener Elektrogeräte mit geringem Energieumsatz z. B. Taschenrechnern und Parkscheinautomaten.

Thermoelemente
In Thermoelementen geschieht die Ladungstrennung unmittelbar durch Wärmeenergie.
Man verwendet Thermoelemente zum Speisen von Zündsicherungen in Erwärmungsanlagen und zur Temperaturmessung.

Beispiele für Spannungsquellen

Generator

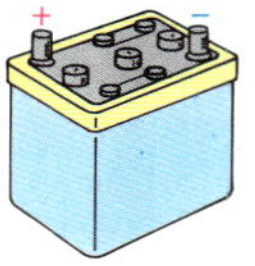

Akkumulator

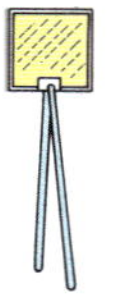

Solarzelle

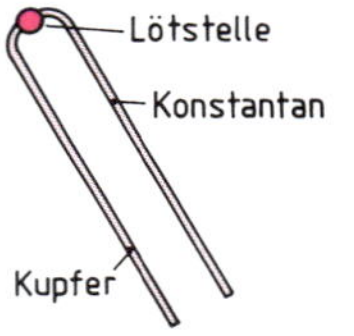

Thermoelement

Spannungserzeugung geschieht in:
- Generatoren,
- Batterien und Akkumulatoren,
- Solarzellen,
- Thermoelementen.

2.4 Elektrischer Widerstand

Im Stromkreis wird der Fluss der Elektronen gehemmt. Diese Erscheinung bezeichnet man als **elektrischen Widerstand (*R*)**. Er wird in **Ohm (Ω)** angegeben.

Der elektrische Widerstand eines Leiters ist abhängig von:
- Leiterlänge,
- Leiterquerschnitt,
- Leiterwerkstoff,
- Temperatur des Leiters.

In den meisten Fällen ist der Einfluss der Temperatur auf den Leiter unbedeutend. Daher wird bei Berechnungen die Temperatur mit 20 °C als konstant angesetzt.

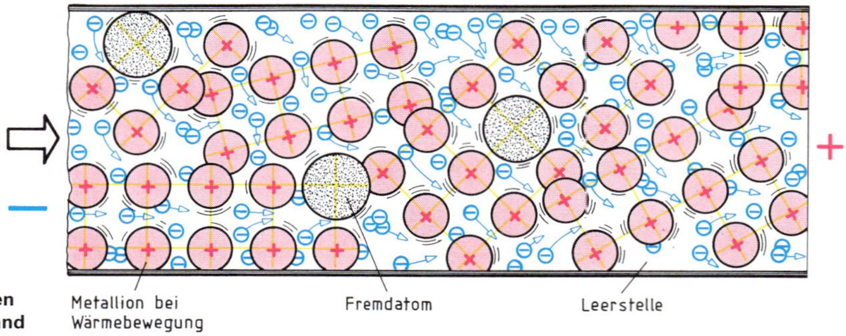

Einflussgrößen auf den elektrischen Widerstand

Die verschiedenen Einflussgrößen auf den elektrischen Widerstand haben folgende Auswirkungen:

- Mit *steigender Leiterlänge* wächst der Widerstand, weil die Elektronenbewegung auf dem längeren Weg stärker behindert wird.
- Mit *kleinerem Leiterquerschnitt* wird der Widerstand größer, weil die Durchtrittsfläche kleiner wird.
- Mit *sinkender Zahl* freier Elektronen und *stärkerer Behinderung durch Fremdatome* im Kristallgitter steigt der elektrische Widerstand. Diese Werkstoffabhängigkeit des Widerstandes drückt man durch den **spezifischen Widerstand** ϱ (rho) aus.

Der Zusammenhang zwischen den Einflussgrößen und dem elektrischen Widerstand R bei 20 °C wird in folgender Gleichung angegeben:

$$R = \frac{\varrho \cdot l}{A}$$

R Widerstand in Ω
l Leiterlänge in m
A Leiterquerschnitt in mm^2
ϱ spezifischer Widerstand in $\frac{\Omega\, mm^2}{m}$ bei 20 °C

Werkstoff	Spezifischer Widerstand in $\frac{\Omega\, mm^2}{m}$ bei 20 °C
Silber	0,0159
Kupfer	0,0175
Aluminium	0,0278
Eisen	0,1

Der Widerstand eines Leiters hängt bei konstanter Temperatur ab von:
- Länge,
- Querschnitt,
- Werkstoff.

$$R = \frac{\varrho \cdot l}{A}$$

Der elektrische Widerstand ist **nicht** erwünscht bei der elektrischen Energieübertragung durch Kabel und Leitungen, daher verwendet man hier Kupfer als Leitermaterial.

Anders verhält es sich beim Verbraucher, hier ist der Widerstand notwendig, um die gewünschte Wirkung zu erzielen, z. B. beim Wolframdraht in der Glühlampe.

2.5 Elektrischer Stromkreis

Verbindet man die Pole einer Spannungsquelle über eine elektrisch leitende Verbindung mit einem Verbraucher (Widerstand), so fließen Elektronen vom Minuspol (–) der Spannungsquelle über Leiter und Verbraucher zum Pluspol (+).

Die in sich geschlossene Anordnung von Spannungsquelle, Leiter und Verbraucher bezeichnet man als *elektrischen Stromkreis.*

Aus historischen Gründen hat man als Stromrichtung eine Bewegung vom Pluspol zum Minuspol festgelegt. Diese Festlegung wird als **technische Stromrichtung** bezeichnet.

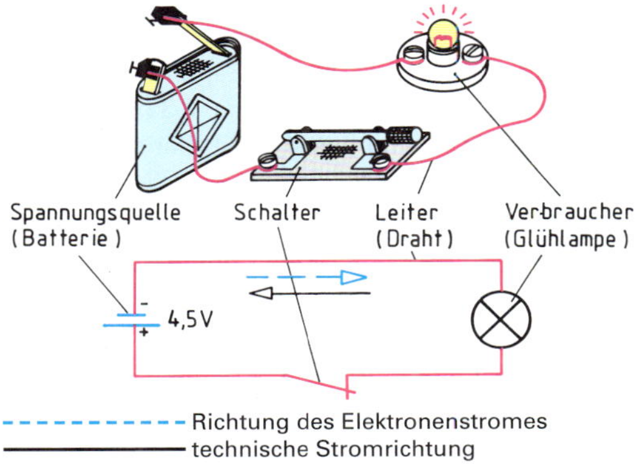

Stromkreis

Der geschlossene Stromkreis besteht aus Spannungsquelle, Leiter und Verbraucher (Widerstand).
Technische Stromrichtung: vom Pluspol zum Minuspol.
Pole von Spannungsquellen **NIE** direkt verbinden (= Kurzschluss)!

2.6 Messung von elektrischer Stromstärke und elektrischer Spannung

- **Strommessung**

Strommessung ist Durchflussmessung, deshalb müssen **Strommessgeräte** direkt in den Stromkreis eingesetzt werden. Sie stehen in einer Reihe mit dem Verbraucher – sie sind *in Reihe geschaltet.* Strommessgeräte zeigen die Stromstärke in Ampere an, man nennt sie auch Amperemeter.

Strommessgeräte dürfen nur zusammen mit einem Verbraucher (Widerstand) zum Einsatz kommen, da sonst ein extrem hoher Strom fließt, den man in der Technik als **Kurzschlussstrom** bezeichnet.

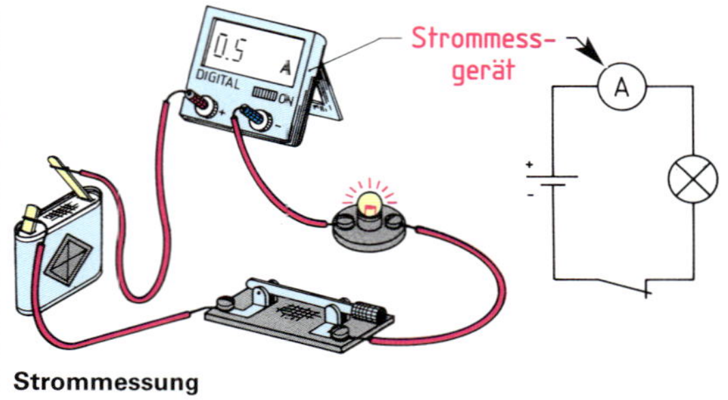

Strommessung

Der Strommesser wird immer mit dem Verbraucher in Reihe geschaltet.

- **Spannungsmessung**

Spannungsmessung ist die Messung eines Unterschiedes. Spannungen müssen immer zwischen zwei Punkten eines Stromkreises gemessen werden, z. B. zwischen den beiden Polen einer Spannungsquelle oder zwischen dem Eingangs- und Ausgangspunkt eines Verbrauchers.

Das **Spannungsmessgerät** wird *parallel zum Verbraucher* angeschlossen. Spannungsmesser zeigen die Spannung in Volt an, man bezeichnet sie auch als Voltmeter.

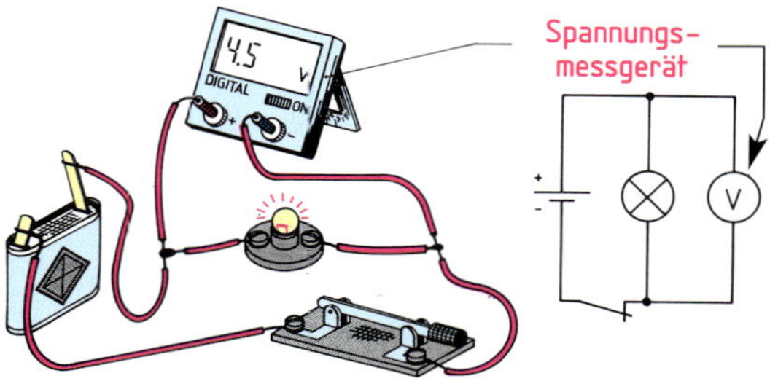

Spannungsmessung

Der Spannungsmesser wird immer zum Verbraucher parallel geschaltet.

2.7 Leiter und Nichtleiter

- **Metallische Leiter**

Metalle sind gute elektrische Leiter. Die Ursache dafür sind frei bewegliche Elektronen im Metall. Sobald mit einem metallischen Leiter ein Stromkreis geschlossen wird, setzen sich diese in Richtung Pluspol in Bewegung.

Elektronen treten am Minuspol der Spannungsquelle in den Leiter ein, und am Pluspol treten dafür andere heraus. Obwohl sich die Elektronen nur mit sehr geringer Geschwindigkeit (ca. 0,3 m/h) im Leiter in Stromrichtung bewegen, pflanzt sich der „Stoß“, der durch das Eintreten von Elektronen in den Leiter entsteht, mit hoher Geschwindigkeit fort.

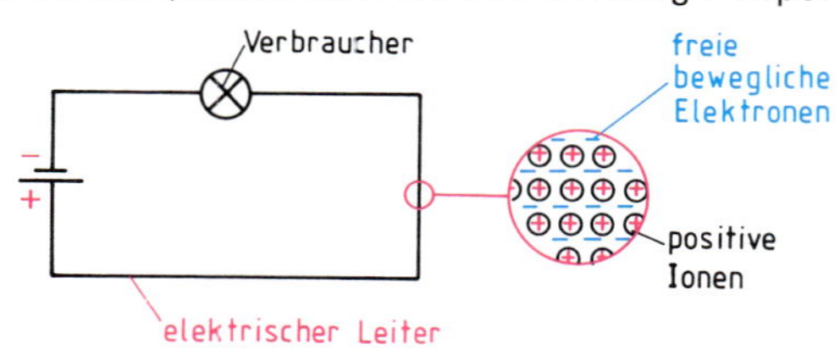

Metall als elektrischer Leiter

Freie Elektronen sind die Ursache für die gute elektrische Leitfähigkeit eines Metalles.

- **Nichtleiter**

Stoffe ohne bewegliche Ladungsträger leiten den elektrischen Strom nicht. Solche Stoffe sind z. B. Gummi, Kunststoffe, Glas, trockene Luft und chemisch reines Wasser. Man verwendet diese Stoffe zur Isolierung von elektrischen Leitern und Geräten. Deshalb bezeichnet man sie als **Isolierstoffe** oder **Nichtleiter**.

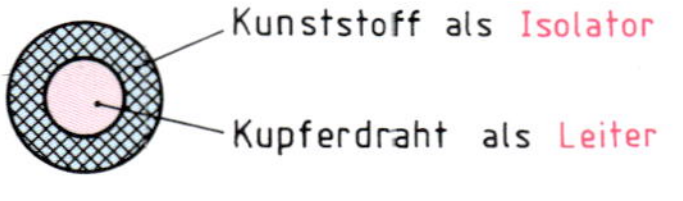

Querschnitt einer isolierten Kupferleitung

Stoffe, in denen Ladungen nicht bewegt werden können, werden als Nichtleiter oder Isolierstoffe bezeichnet.

2.8 Ohm'sches Gesetz

Den gesetzmäßigen Zusammenhang der elektrischen Größen **Spannung, Stromstärke** und **Widerstand** in einem elektrischen Stromkreis erforschte Georg Simon Ohm.

Er stellte folgende Abhängigkeiten fest:

1. Steigert man die Spannung bei gleich bleibendem Widerstand, so steigt die Stromstärke im gleichen Verhältnis wie die Spannung.
2. Erhöht man den Widerstand bei gleich bleibender Spannung, so nimmt die Stromstärke im gleichen Verhältnis ab, wie der Widerstand zunimmt.

Aus diesen beiden Abhängigkeiten ergibt sich das **Ohm'sche Gesetz:**

Spannung = Stromstärke · Widerstand

$$U = I \cdot R$$

Beispiel **für einen Versuch zum Nachweis des Ohm'schen Gesetzes**

Man führt eine Versuchsreihe mit 0,98 m Konstantandraht mit einem Querschnitt von 1 mm² durch, indem man verschiedene Spannungen anlegt und dabei die verschiedenen Stromstärken misst.

Versuchsaufbau:

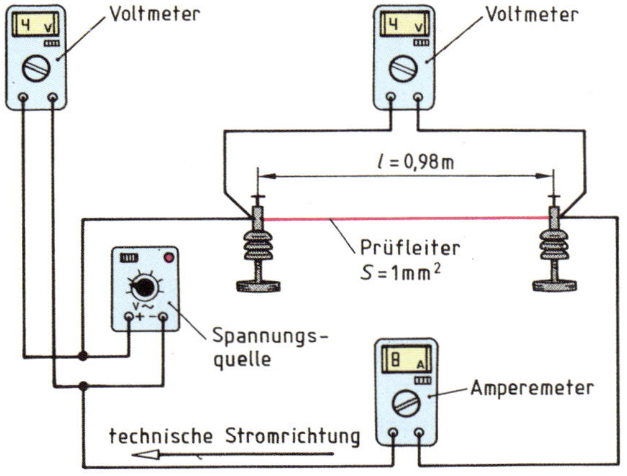

Messergebnis:

Spannung U in Volt	**Stromstärke I in Ampere**
1	2
2	4
3	6
4	8

Versuchsauswertung:

Aus den Messwerten und dem Verlauf des Grafen im Spannungs-Stromstärken-Schaubild ergibt sich, dass Spannung und Stromstärke stets in gleichem Verhältnis stehen. Das Verhältnis aus Spannung und Strom ist der Widerstand.

Der Versuch zeigt, dass z. B. eine Spannung von 1 V in einem Konstantandraht von 0,98 m Länge und 1 mm² Querschnitt einen Strom von 2 A fließen lässt. Der Widerstand des Drahtes ist demnach:

$$R = \frac{U}{I} = \frac{1\,\text{V}}{2\,\text{A}} = 0{,}5\,\Omega$$

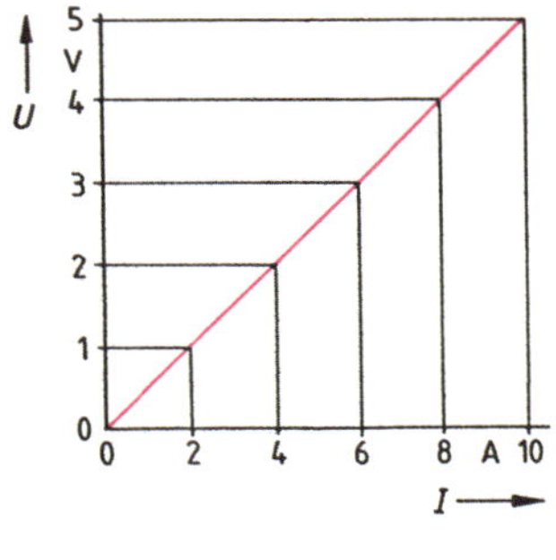

Das Spannungs-Stromstärken-Schaubild verdeutlicht die Abhängigkeit zwischen Spannung und Strom in einem Stromkreis.

3 Grundschaltungen

3.1 Reihenschaltung

In einer Reihenschaltung liegen alle Verbraucher (Widerstände) hintereinander im Stromkreis und werden vom gleichen Strom durchflossen. Die Reihenschaltung findet z. B. bei Lichterketten für Weihnachtsbäume Verwendung. Man rechnet hier mit den elektrischen Widerständen der Glühlampen (Verbraucher). Der Widerstand der Kupferleitungen wird vernachlässigt.

Reihenschaltung von Glühlampen

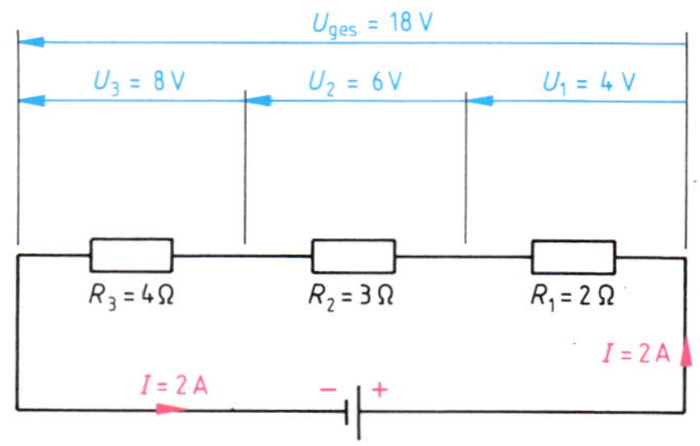

Reihenschaltung mit Widerständen

Für die Reihenschaltung gilt:

1. Der Strom ist an allen Stellen gleich.
   $I_{ges} = I_1 = I_2 = I_3 = \ldots$
2. Der Gesamtwiderstand ist gleich der Summe der Einzelwiderstände.
   $R_{ges} = R_1 + R_2 + R_3 + \ldots$
3. Der Spannungsbetrag, der notwendig ist, um den Strom durch den einzelnen Widerstand zu treiben – Spannungsabfall am Widerstand – ist nach dem Ohmschen Gesetz:
   $U_1 = I \cdot R_1 \quad U_2 = I \cdot R_2 \quad U_3 = I \cdot R_3 \ldots$
   Die Gesamtspannung ist gleich der Summe der Teilspannungen.
   $U_{ges} = U_1 + U_2 + U_3 + \ldots$

Reihenschaltung: $I_{ges} = I_1 = I_2 = I_3 = \ldots \quad R_{ges} = R_1 + R_2 + R_3 + \ldots \quad U_{ges} = U_1 + U_2 + U_3 + \ldots$

3.2 Parallelschaltung

In einer Parallelschaltung liegen die Verbraucher parallel zueinander. An allen Verbrauchern liegt die gleiche Spannung an.
Die Geräte am Stromnetz sind parallel geschaltet.

Parallelschaltung von Glühlampen

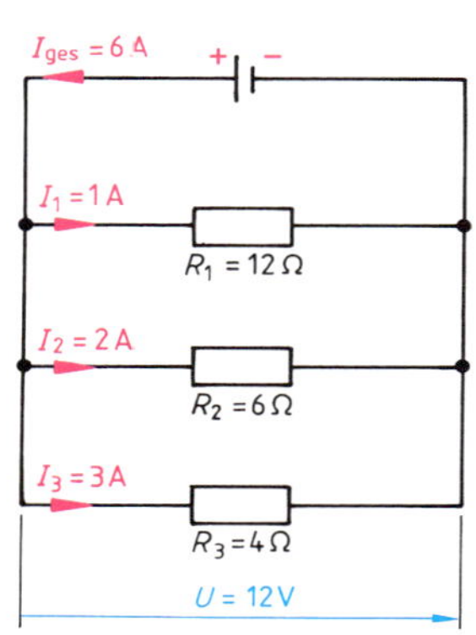

Parallelschaltung von Widerständen

Für die Parallelschaltung gilt:

1. Die Spannung ist an allen Verbrauchern gleich.
   $U_{ges} = U_1 = U_2 = U_3 = \ldots$
2. Der Strom, welcher durch den einzelnen Widerstand fließt, ist
   $I_1 = \frac{U}{R_1} \qquad I_2 = \frac{U}{R_2} \qquad I_3 = \frac{U}{R_3}$
   Der Gesamtstrom ist gleich der Summe der Teilströme.
   $I_{ges} = I_1 + I_2 + I_3 + \ldots$
3. Den Gesamtwiderstand errechnet man aus
   $\frac{1}{R_{ges}} = \frac{1}{R_1} + \frac{1}{R_2} + \frac{1}{R_3} + \ldots$

Parallelschaltung: $U_{ges} = U_1 = U_2 = U_3 = \ldots \quad I_{ges} = I_1 + I_2 + I_3 + \ldots \quad \frac{1}{R_{ges}} = \frac{1}{R_1} + \frac{1}{R_2} + \frac{1}{R_3} + \ldots$

4 Schaltzeichen für elektrische Bauelemente und Schaltpläne

4.1 Bauteile in der Elektrotechnik

Sehr viele elektrische Schaltungen bestehen im Prinzip aus folgenden Bauelementen:

Spannungsquelle **Schalter** **Verbraucher** (z. B. Lampe) **Leitungen**

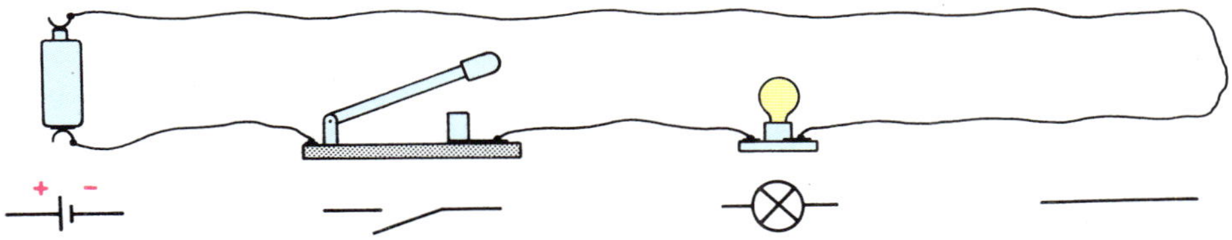

Diese Bauteile werden **Betriebsmittel** genannt. Betriebsmittel werden durch Symbole dargestellt. Die Symbole heißen **Schaltzeichen**. Schaltzeichen enthalten die allgemeinste Information über Art und Funktion des Betriebsmittels. Alle Schaltzeichen sind genormt.

Beispiele **für Betriebsmittel und Schaltzeichen**

Betriebsmittel	Beispiele für Bauformen	Schaltzeichen
chemische Spannungsquellen	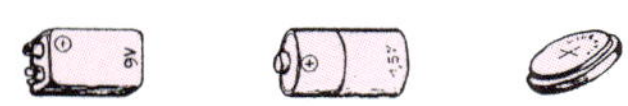	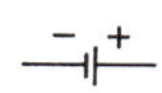
Schalter	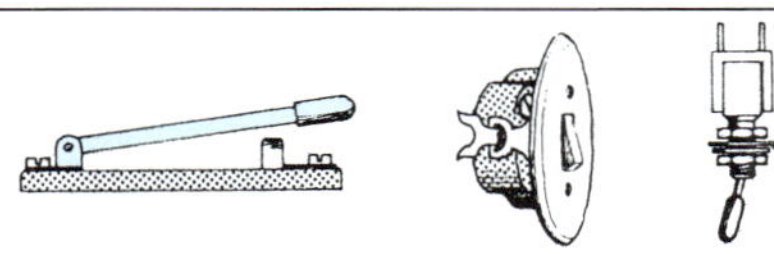	
Lampen		
Leitungen	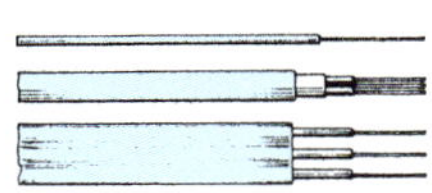	

Schaltzeichen enthalten die allgemeinste Information über Art und Funktion des elektrischen Bauelementes.

4.2 Elektrische Schaltpläne

Schaltzeichen werden zu **Schaltplänen** zusammengefasst. Verschiedene Schaltpläne (z. B. Stromlaufplan oder Installationsplan) sollen verschiedene Sachverhalte einer Schaltung deutlich machen. Damit keine Missverständnisse entstehen, ist auch die Ausführung (die Darstellungsweise) der Schaltpläne genormt.

Schaltpläne enthalten Informationen über

- die Anordnung der Betriebsmittel in einer Schaltung,
- die elektrischen Verbindungen in einer Schaltung,
- die Wirkungsweise einer Schaltung.

In Stromlaufplänen kommt es ausschließlich auf die Wirkungsweise einer Schaltung an. Deshalb müssen in Stromlaufplänen die einzelnen Stromwege übersichtlich dargestellt werden.

Beispiele für Stromlaufpläne

1. Zusammenhängende Darstellung

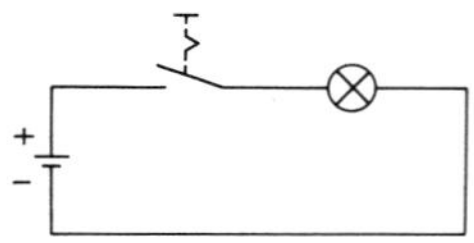

Bei der zusammenhängenden Darstellung werden alle Schaltzeichen der elektrischen Betriebsmittel **zusammenhängend** – als Einheit – gezeichnet.

2. Aufgelöste Darstellung

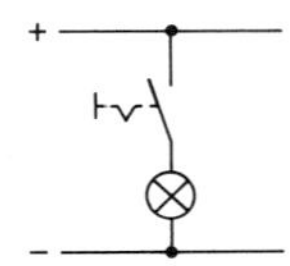

Bei der aufgelösten Darstellung werden die Schaltzeichen so angeordnet, dass geradlinige Stromwege entstehen.

In allen Stromlaufplänen werden die Verbindungslinien waagerecht oder senkrecht gezeichnet, ganz gleich, wie die Leitungen in der ausgeführten Schaltung tatsächlich liegen.

In Schaltplänen werden Schaltzeichen mit elektrischen Leitern verbunden dargestellt, sie zeigen die Arbeitsweise der elektrischen Schaltung.

4.3 Auswahl von Schaltzeichen für Stromlaufpläne

Spannungsquellen, Umrichter				
Primärelement Akkumulator	Primärelement mit Spannungsangabe (1,5 V)	Batterie von Primärelementen	Stromversorgungsgerät (Gleichrichter)	Stromversorgungsgerät (Transformator)

Messgeräte	
Spannungsmesser	Strommesser

Schaltglieder			
Einschaltglied (Schließer)	Ausschaltglied (Öffner)	Umschaltglied (Wechsler)	Wechsler mit Mittelstellung „Aus“

Schaltglied ohne selbstständigen Rückgang		Schaltglieder mit selbstständigem Rückgang	
Schließer	Öffner	Wechsler	Wechsler mit Mittelstellung „Aus“

Antriebe für Schalter			
Handbetrieb		Kraftbetrieb	Elektromagnetischer Antrieb
allgemein	drücken	allgemein	allgemein

Betätigte Schalter	
betätigter Schließer	betätigter Öffner

Verbraucher					
Lampe, Leuchtmelder allgemein	Widerstand allgemein	veränderbarer Widerstand	Wechselstrommotor	Drehstrommotor	Gleichstrommotor

Leiter				
Leiter, allgemein	Leiter, bewegbar	Leiterverbindungen	Erdung	Masseanschluss

Sicherung
Sicherung allgemein

5 Maßnahmen zur Unfallverhütung

Die Gefahren des elektrischen Stromes können mit den menschlichen Sinnen nicht wahrgenommen werden, so dass viele der Unfälle aus Unkenntnis, Unachtsamkeit oder auch aus Leichtsinn geschehen.

- **Kontrolle und Instandsetzung elektrischer Bauelemente**

Alle elektrischen Leitungen und Bauelemente an Anlagen und Maschinen sind ständig auf Beschädigung zu überprüfen. Beschädigungen an Schaltern, Steckern, Steckdosen, Zuleitungen, Verlängerungen und Kabeltrommeln bilden eine Gefahr. Die Anlagen mit beschädigten elektrischen Bauteilen sind durch Betätigung des Hauptschalters spannungsfrei zu schalten. Die beschädigten Bauteile müssen durch einen Fachmann ausgetauscht werden.

- **Gefährliche Wirkungen des elektrischen Stromes**

Der menschliche Körper leitet den elektrischen Strom. Daher kann bei einer Berührung eines stromdurchflossenen Leiters oder eines schadhaften Gerätegehäuses durch den Menschen Strom fließen. Die Größe der Stromstärke ist abhängig von der anliegenden Spannung und dem Gesamtwiderstand des Menschen. Der Gesamtwiderstand setzt sich dabei zusammen aus

- dem Übergangswiderstand zwischen Leiter bzw. schadhaftem Gerät und Mensch,
- dem Körperinnenwiderstand,
- dem Übergangswiderstand zwischen Mensch und dem zweiten Leiter, bzw. zwischen Mensch und Erde.

Der Körperinnenwiderstand ist gegenüber dem Hautwiderstand vernachlässigbar klein. Feuchte Hände oder Feuchtigkeit zwischen Füßen und Boden verringern den Übergangswiderstand erheblich. Nach dem Ohmschen Gesetz steigt die Stromstärke mit abnehmendem Gesamtwiderstand. Daher besteht eine besondere Gefährdung in Feuchträumen und auf feuchtem Untergrund im Freien, wo der Übergangswiderstand sehr gering sein kann.

Bereits Wechselspannungen über 50 V und Stromstärken von 40 mA sind lebensgefährlich, d. h. es ist beim Umgang mit Elektrogeräten und Elektroanlagen mit größter Vorsicht vorzugehen, da diese meist mit der Netzspannung von 230 V bzw. mit 400 V betrieben werden.

Daher Vorsicht auch beim elektrischen Lichtbogenhandschweißen: Den Elektrodenhalter niemals unter den Arm klemmen!

Viele Körperfunktionen werden elektrisch über Nervenbahnen gesteuert. So kann unter dem Einfluss eines durch den Körper fließenden Stroms eine Fehlsteuerung eintreten. Diese kann zur Muskelverkrampfung, zu Herzkammerflimmern oder zum Herzstillstand führen.

Schäden durch übermäßige Erwärmung

Bei großen Stromstärken führt die Wärmewirkung des elektrischen Stroms an den Ein- und Austrittsstellen zu Verbrennungen. Es kann zur Verkohlung von Körperteilen kommen, wenn an den Übergangsstellen ein Lichtbogen entsteht.

Zersetzen der Körperflüssigkeit

Bei längerer Einwirkung des elektrischen Stroms zersetzt sich die Körperflüssigkeit (Blut u. a.) elektrolytisch. Dies kann zu Vergiftungserscheinungen führen. Da diese Folgeerscheinungen erst nach einigen Tagen auftreten, sollte ein Arzt bei Unfällen mit Elektrizität aufgesucht werden, damit dieser vorbeugend das Unfallopfer behandeln kann.

ERSTE HILFE bei Unfällen mit Elektrizität

Eine gute und schnelle Hilfe bei Unfällen mit Elektrizität kann lebensrettend sein. Anleitungen zur ersten Hilfe bei Unfällen müssen in allen elektrischen Betriebsräumen aushängen.

Erste Maßnahmen sind:

- Stromkreis unterbrechen oder Verunglückten von Kontaktstelle entfernen, ohne ihn direkt zu berühren.
- Bewusstlosen in Seitenlage bringen und Atemwege frei machen.
- Wiederbelebung mit Atemspende und Herzmassage.
- Sofortige Benachrichtigung eines Arztes zur weiteren Versorgung veranlassen.

- **Allgemeine Schutzmaßnahmen**
- Alle spannungsführenden Teile müssen mit Isolierungen oder Abdeckungen versehen sein.
- Alle Anlagen und Geräte mit einer Spannung über 50 Volt Wechselspannung bzw. 120 Volt Gleichspannung müssen mit Maßnahmen zum Schutz für den Bediener versehen sein, wenn ein Defekt an den Isolierungen auftreten sollte – **ÖVE-Bestimmungen**. Das *ÖVE-Zeichen* garantiert die Einhaltung der geltenden Schutzvorschriften für die Bauart dieses Gerätes.
- Arbeiten an unter Spannung stehenden Anlagen sind strengstens verboten.
- Arbeiten an elektrischen Anlagen sind nur von Fachkräften auszuführen.

ÖVE-Zeichen

Nur autorisierte Fachkräfte dürfen an elektrischen Anlagen arbeiten. Es besteht ein strenges Verbot, an Anlagen, die Spannung führen, zu arbeiten.

5.1 Leitungs- und Geräteschutzeinrichtungen

- **Leitungsquerschnitte nach ÖVE-Bestimmungen**

Elektrogeräte und elektrische Leitungen können bei Überlastung durch eine zu hohe Stromstärke beschädigt oder zerstört werden, da sich die Strom führenden Teile erwärmen.
In den ÖVE-Bestimmungen ist z. B. festgelegt, dass sich Leitungen mit PVC-Isolierungen bei gängiger Verlegeart wie in Installationsrohren oder Kanälen bis maximal 70° C erwärmen dürfen. Die Erwärmung eines Leiters wächst mit steigender Stromstärke und sinkendem Leiterquerschnitt. Aus diesem Grund ist für jeden Leiterquerschnitt die maximal zulässige Stromstärke in den ÖVE-Bestimmungen festgelegt.

Mindestquerschnitt für 2 belastete Cu-Leitungen in mm^2	Nennstrom der Sicherungen in A
1,5	13
2,5	16
4	25
6	35

Auszug aus den ÖVE-Bestimmungen für Mehraderleitungen verlegt in Installationsrohren

Leitungsquerschnitte werden entsprechend der maximalen Stromstärke ausgewählt.

- **Schmelzsicherungen**

Schmelzsicherungen werden als schwächstes Glied am Anfang eines Stromkreises eingebaut. Die auswechselbare Sicherungspatrone ist mit einem dünnen Schmelzdraht im Sandbett versehen. Der Gesamtstrom fließt durch diesen Schmelzdraht, so dass dieser bei einer Überschreitung der zulässigen Stromstärke schmilzt. Damit wird der Stromfluss unterbrochen.
Schmelzsicherungen werden entsprechend dem vorhandenen Leiterquerschnitt eingebaut. Um eine Verwendung zu starker Sicherungen zu erschweren, hat der Fußkontakt der Sicherungspatrone einen festgelegten Durchmesser, der in einen Passring des Sicherungssockels passen muss.
Ein farbiges Signalplättchen, welches von einer Feder herausgedrückt wird, zeigt an, ob der Schmelzdraht durchgebrannt ist. *Schmelzsicherungen dürfen nicht geflickt werden.*
Anstelle von Schmelzsicherungen werden häufig Leitungsschutzschalter verwendet.

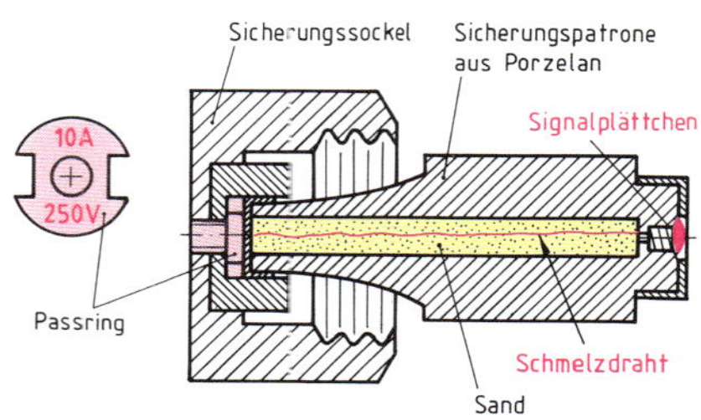

Sicherungspatrone im Sicherungssockel

Nennstrom ≙ Höchststrom	Kennfarbe für Sicherung u. Passring
6 Ampere	grün
10 A	rot
16 A	grau
20 A	blau
25 A	gelb

Schmelzsicherungen und ihre Kennfarben

Schmelzsicherungen müssen auf den verwendeten Leiterquerschnitt abgestimmt sein. Sie dürfen nicht überbrückt oder geflickt werden.

5.2 Schutzmaßnahmen gegen gefährliche Körperströme

Die Schutzmaßnahmen, die den menschlichen Körper gegen gefährliche Ströme schützen sollen, lassen sich in zwei Gruppen unterteilen:

Schutzmaßnahmen

Schutz gegen direktes Berühren (Basisschutz)

Der Schutz ergibt sich durch
- Isolierung
- Abdeckung (Gehäuse)
- Montage außer Handbereich

Schutz bei indirektem Berühren (Fehlerschutz)

- Schutzisolierung
- Fehlerstromschutzschaltung
- Schutz- und Funktionskleinspannung
- Schutztrennung
- Nullung
- Isolationsüberwachungssystem
- Schutzerdung

- **Schutzisolierung**

Ortsveränderliche Betriebsmittel – z. B. eine Handbohrmaschine – sind mit einer Schutzisolierung versehen.
Eine Auskleidung des Maschinengehäuses mit einer Isolierschicht bzw. ein Gehäuse aus Kunststoff verhindert, dass im Falle eines Fehlers Gehäuseteile unter Spannung geraten.
Das Gerät muss bei dieser Isolierung mit einem Profilstecker ohne Schutzkontakt ausgestattet werden. Die Anschlussleitung ist mit dem Stecker fest verbunden. Schutzisolierung wird angewendet bei Elektrowerkzeugen (z. B. Handbohrmaschine), Haushaltsgeräten, Leuchten und Kleingeräten (z. B. Elektrorasierern).

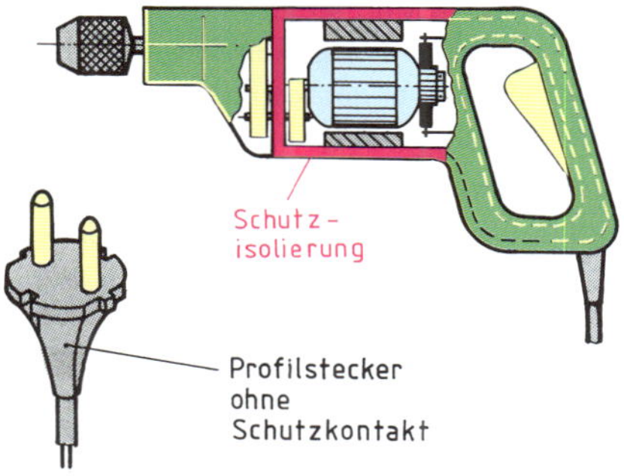

Handbohrmaschine mit Schutzisolierung

> Schutzisolierung verhindert Fehlerspannung an Betriebsmitteln.
> Betriebsmittel mit Schutzisolierung haben Flachstecker oder Profilstecker ohne Schutzkontakt.

- **Schutzkleinspannung**

Als Schutzkleinspannung bezeichnet man Wechselspannungen bis 50 V. Einem Verbraucher wird ein Transformator vorgeschaltet, oder dieser ist ein fest installierter Bestandteil des Gerätes.
Der Trafo formt die Netzspannung in die Kleinspannung um. Die Sekundärseite, an die der Verbraucher angeschlossen ist, hat keine leitende Verbindung zum Netz. Dies und die niedrige Spannung sind eine wirksame Schutzmaßnahme. Geräte mit Schutzkleinspannung dürfen auf der Sekundärseite keine Anschlussklemme für einen Schutzleiter besitzen.

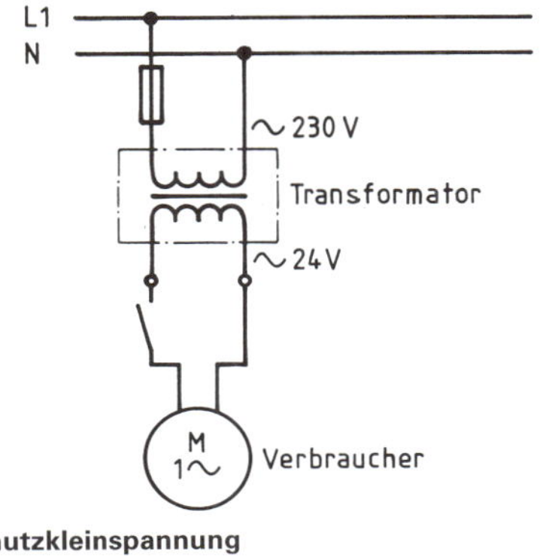

Schutzkleinspannung

> Eine Schutzkleinspannung bis 50 V Wechselspannung erzeugt man durch einen dem Verbraucher vorgeschalteten Transformator.
> Die Kleinspannungsseite hat keine leitende Verbindung zum Stromnetz.

- **Schutzmaßnahme mit Schutzleiter – Beispiel Fehlerstromschutzschaltung**

Hin- und Rückleitung des Stromkreises werden durch den „Summenstromwandler" (ringförmiger Eisenkern) des FI-Schutzschalters geführt (siehe Bild).

Jeder stromdurchflossene Leiter erzeugt um sich ein Magnetfeld. Im Regelfall fließt dieselbe Stromstärke hin und zurück, wodurch die Magnetfelder einander aufheben. Im Fehlerfall steht durch einen Isolationsfehler ein Gerätegehäuse unter Spannung (Blitzzeichen). Es fließt nun ein Teil des Stromes durch den an das Gerätegehäuse angeschlossenen Schutzleiter (gelb/grün) zum Anlagenerder und von dort direkt durch das Erdreich zum Betriebserder des versorgenden Transformators zurück. Da in diesem Moment durch den Summenstromwandler mehr Strom hin als zurück fließt, entsteht ein Magnetfeld, welches in der Auslösespule eine Spannung induziert. Dadurch wird das Schaltschloss angeregt und unterbricht den Stromkreis binnen Sekundenbruchteilen.

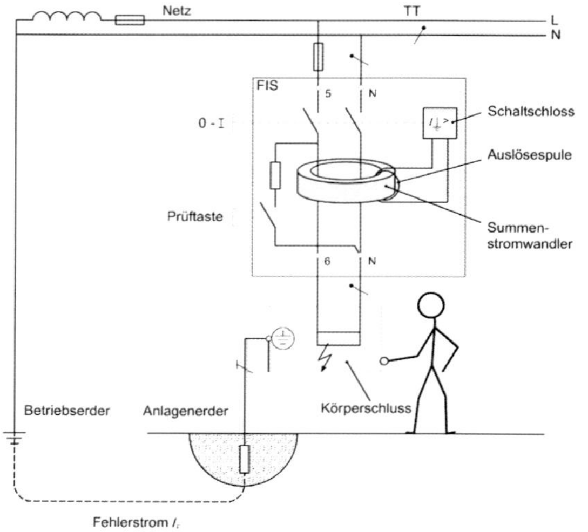

Fehlerstromschutzschaltung (FI-Schaltung)

Der Schutzkontakt ist in allen Steckvorrichtungen vorhanden und so ausgebildet, dass beim Abziehen des Steckers der Schutzleiter als letzter unterbrochen wird. Das Symbol (⏚) ist an jenen Stellen angebracht, wo der Schutzleiter durch eine ausgebildete Fachkraft anzuschließen ist. Das unbefugte Lösen (Abklemmen) von Schutzleiterverbindungen bewirkt im Fehlerfall Lebensgefahr und ist daher verboten.

Fehlerstromschutzschalter dienen dem Personenschutz. Nach Abschalten durch einen Fehlerstromschutzschalter ist das Wiedereinschalten des Betriebsmittels nur nach Beseitigung der Störungsursache möglich.

5.3 Kennzeichnung elektrischer Geräte

Die technischen Daten eines elektrischen Gerätes kann man dem Leistungsschild auf dem Gerät entnehmen. Die richtige Deutung der Kennzeichnung kann lebenswichtig sein, besonders, wenn das Gerät bei der Benutzung feucht werden kann. Manche Geräte sind auch nur für Kurzzeitbetrieb geeignet.

Schutzsymbole

Symbole	Bedeutung	Symbole	Bedeutung
ÖVE	ÖVE-geprüft auf Sicherheit		strahlwassergeschützt
	schutzisoliert		spritzwassergeschützt
	funkentstört		wasserdicht
		 ...bar	druckwasserdicht
Ex	explosionsgeschützte Ausführung		staubgeschützt
	regengeschützt		staubdicht

Normalien für den Werkzeugbau

1 Normalien als Maschinenelemente im Werkzeugbau

Normalien sind Bauelemente für Formen und Werkzeuge. Diese Bauelemente sind in ihren Ausführungen und Eigenschaften vereinheitlicht und typisiert. Normalienhersteller liefern sowohl Bauelemente, die nach internationalen Normen festgelegt sind, als auch Bauelemente bzw. Baugruppen für die Werksnormen bestehen.
Werksgenormte Normalien werden in Anlehnung an offizielle Normen hergestellt und ergänzen das Angebot für den Werkzeugbau.

Beispiel **für einen Bausatz von Normalien für Spritzgießwerkzeuge**

Mit Normaliensätzen, den normalisierten Zubehörteilen und den üblichen Normelementen, hat der Konstrukteur und der Werkzeugmechaniker heute maschinenbauähnliche Möglichkeiten für die Zusammenstellung individueller Werkzeugaufbauten.

Die Konstruktion und die Fertigung von Werkzeugen werden durch den Einsatz von Normalien wirtschaftlich. Die standardisierte Konstruktion von Werkzeugen im Baukastenprinzip mithilfe von Datenbanken für die CAD-Konstruktion und der Wegfall von vorbereitenden Fertigungsschritten im Werkzeugbau verringern die Produktionszeiten und -kosten.

Mit Normalien und normalisiertem Zubehör konstruiert und baut man Werkzeuge und Formen schneller, preiswerter und risikoloser.

2 Normalien für den Aufbau von Spritzgießwerkzeugen

Die Normalienprogramme für Spritzgießwerkzeuge sind auf der Grundlage der DIN 16749 aufgebaut, entsprechende Normen sind in den Katalogen berücksichtigt.
Die Anwendungsgebiete der Werkzeugnormalien sind demgemäß in den Katalogen wie folgt unterteilt:

- **Werkzeugaufbau** – Platten, Konstruktionswerkstoffe
- **Allgemeine Werkzeugbauteile** – Führen und Zentrieren, Spannen, Isolieren usw.
- **Angießsystem** – Angießbuchsen, Heißkanaldüsen und -verteilerblöcke, Zubehör
- **Entformungssystem** – Auswerfer, Schieberelemente, Kern- und Klinkenzüge
- **Regelungstechnik** – Messen, Steuern, Regeln, Heizelemente, Drucksysteme
- **Temperiersystem** – Kupplungen, Schläuche, Dichtungen, Umlenkungen
- **Zubehör** – Bearbeitungswerkzeuge, Hilfsmittel, Betriebsstoffe

2.1 Normalienauswahl für den Werkzeugaufbau

Ein Spritzgießwerkzeug wird ausgehend von der Artikelgeometrie, der Anzahl der Formnester und dem Formstofftyp konstruiert. Für die Festlegung der Größe des Werkzeuges sind dann weiterhin die erforderlichen Fahrwege, die Arbeitsdrücke, die Arbeitstemperaturen sowie die Einbauverhältnisse an der Spritzgießmaschine maßgebend.
Der Konstrukteur des Werkzeuges bestimmt aus den Vorgaben zunächst die Größe der notwendigen Arbeitsfläche und die Dicke der Formplatten. Mit diesen Daten sucht er aus dem Sortiment der Normalienhersteller entsprechend große Plattensysteme aus.

Die Platten haben Bohrungen, Einsenkungen und Gewinde, die symmetrisch mittig zu den Außenkanten liegen. Das Plattenangebot umfasst planparallel geschliffene Ronden und eckige Platten, die bis zu einer Dicke von 246 mm nach Norm gestaffelt sind. Die eckigen Platten sind winklig geschliffen und werden in vielen Formaten zwischen 95 x 95 mm und 796 x 996 mm angeboten.
Die nutzbare Arbeitsfläche der Formplatten liegt zwischen den Bohrungen für den Werkzeugaufbau.

Beispiel **für die Maßauswahl von Formplatten im Spritzgießwerkzeug**

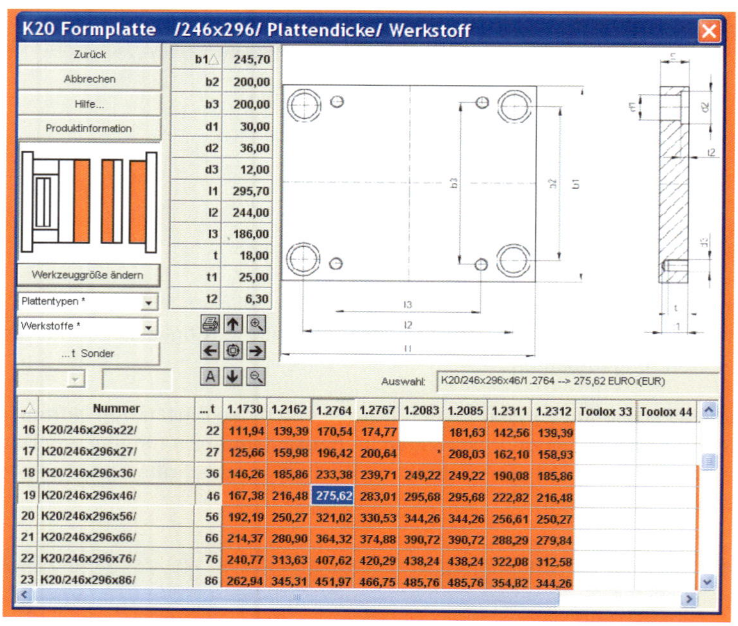

b1	245,70
b2	200,00
b3	200,00
d1	30,00
d2	36,00
d3	12,00
l1	295,70
l2	244,00
l3	186,00
t	18,00
t1	25,00
t2	6,30

..	Nummer	...t	1.1730	1.2162	1.2764	1.2767	1.2083	1.2085	1.2311	1.2312	Toolox 33	Toolox 44
16	K20/246x296x22/	22	111,94	139,39	170,54	174,77		181,63	142,56	139,39		
17	K20/246x296x27/	27	125,66	159,98	196,42	200,64	*	208,03	162,10	158,93		
18	K20/246x296x36/	36	146,26	185,86	233,38	239,71	249,22	249,22	190,08	185,86		
19	K20/246x296x46/	46	167,38	216,48	275,62	283,01	295,68	295,68	222,82	216,48		
20	K20/246x296x56/	56	192,19	250,27	321,02	330,53	344,26	344,26	256,61	250,27		
21	K20/246x296x66/	66	214,37	280,90	364,32	374,88	390,72	390,72	288,29	279,84		
22	K20/246x296x76/	76	240,77	313,63	407,62	420,29	438,24	438,24	322,08	312,58		
23	K20/246x296x86/	86	262,94	345,31	451,97	466,75	485,76	485,76	354,82	344,26		

Die Normalienhersteller halten die vielen verschieden Platten für den Werkzeugbau in unterschiedlichen Werkstoffen vorrätig. So werden im Formenbau neben den Platten aus unlegierten Werkzeugstählen auch solche aus Edelstählen oder Aluminium-Knetlegierungen verwendet. In den Katalogen sind daher auch die Werkstoffqualitäten mit Verwendungszweck angegeben.

Beispiele **für die Angabe von Stahlqualitäten im Werkzeugbau**

Werkstoff-Nr.	**1.1730**	**1.2083**
Normbezeichnung	C45W	X42Cr13
Richtanalyse (%)	C 0,45; Si 0,30; Mn 0,70	C 0,42; Si 0,40; Mn 0,30; Cr 13,0
Festigkeit bei Anlieferung	max. 640 N/mm²	max. 780 N/mm²
Charakteristik	Unlegierter Werkzeugstahl	Korrosionsbeständiger Durchhärterstahl
Verwendung	Ungehärtete Bauteile im Formen-, Werkzeug- und Vorrichtungsbau	Formplatten und Einsätze für die Kunststoffverarbeitung, vorwiegend bei Verarbeitung chemisch aggressiver Kunststoffe

Werkstoff-Nr.	**1.2162**	**1.2311**
Normbezeichnung	21MnCr5	40CrMnMo7
Richtanalyse (%)	C 021; Si 0,25; Mn 1,25; Cr 1,2	C 0,40; Si 0,30; Mn 1,50; Cr 1,90; Mo 0,20
Festigkeit bei Anlieferung	max. 710 N/mm²	max. 1080 N/mm²
Charakteristik	Standardeinsatzstahl	Vorvergüteter Werkzeugstahl
Verwendung	Formplatten und Einsätze für die Kunststoffverarbeitung	Formplatten und Einsätze für die Kunststoffverarbeitung, gut polierbar, Fotoätzen und Strukturerodieren möglich

2.2 Zusammenstellung von Plattensätzen

Die Werkzeugbauteile kann man sich, ausgehend von einem gewählten Werkzeugaufbau, zu Sätzen zusammenstellen. Zunächst wird die Plattengröße (Länge und Breite bzw. Durchmesser) gewählt. Danach sucht man sich die einzelnen Platten aus. Für jede Platte legt man – soweit erforderlich – dabei die Dicke und den Werkstoff fest. Ist in der Datenbank des Normalienanbieters ein Stücklistenmodul und ein Gesamtmodul hinterlegt, so erhält man mit der Auswahl aller Platten gleichzeitig alle notwendigen Bauteile zum Führen und Zentrieren für das Werkzeug sowie die notwendigen Verschraubungen.

Beispiel **für die Auswahl von Plattensätzen mit Zusatzbauteilen**

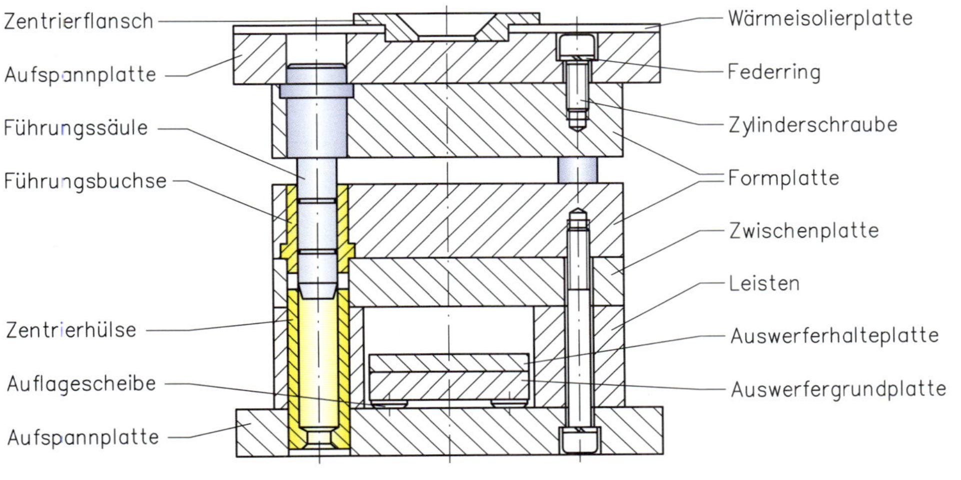

2.3 Normalien zum Führen, Zentrieren und Verschrauben

Entscheidend für den baukastenähnlichen Aufbau von Formen mit Normalien ist, dass alle Platten eines Werkzeuges mit durchgängigen Bohrungen vom gleichen Durchmesser mit gleicher Tolerierung vorgesehen sind. Diese sogenannte Systembohrung mit dem Durchmesser d_3 hat die Bohrungspassung H7. Je nach Werkzeuggröße ändert sich die Größe dieser Systembohrung.

Die Führungs- und Zentrierelemente haben innerhalb einer Werkzeuggröße die gleichen Aufnahmedurchmesser d_3 wie die Platten. Dieser Durchmesser hat für den Einbaubereich in die Formplatten die Toleranz k6 und führt dort mit der Bohrungstoleranz H7 zu einer Übergangspassung.
Der Bund an der Säule bzw. an der Buchse dient zur axialen Fixierung des Bauteiles. Der Ansatz – ebenfalls mit dem Durchmesser d_3 – dient zur Zentrierung der nächstfolgenden Platte. Dieser jeweilige Ansatz hat die Toleranz e7 und führt mit der Bohrungstoleranz H7 zu einer Spielpassung. Die Zentrierhülse hat durchgängig die Tolerierung k6.

Beispiel **für den Aufbau eines Führungssystems in einem Gießwerkzeug**

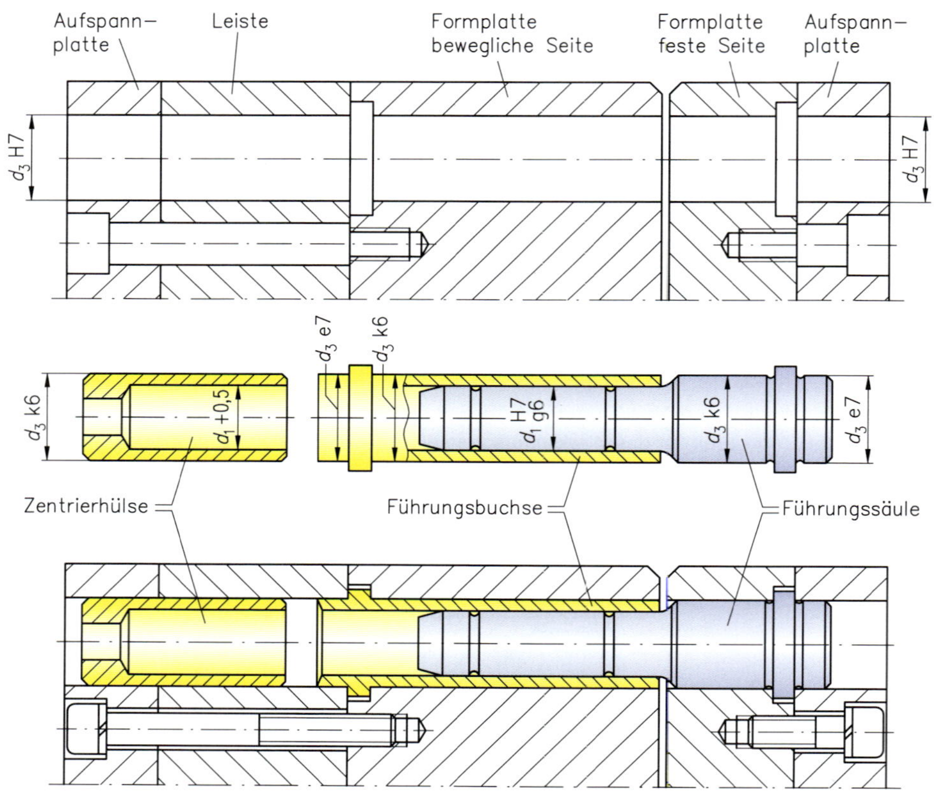

Die Führungselemente sind aus Stahl hergestellt, in den Oberflächen vergütet und feingeschliffen. Die Führungsdurchmesser d_1 sind H7/g6 toleriert. Säulen und Buchsen gleiten ineinander und verschleißen. Eine konsequente Schmierung verlängert die Standzeit. Die Führungselemente können wegen der normierten Vorgaben bei Bedarf ausgetauscht werden. Wartungsfreie Führungsbuchsen gibt es in gleichen Abmessungen auch aus Lagerbronze mit Festschmierstoffdepots.

Systemverschraubungen am Werkzeugplattensystem
Die Werkzeugplatten-Systemverschraubung befindet sich in der Regel in unmittelbarer Nähe zur Systemführung. Die durchgesteckte Schraubenlänge muss so bemessen sein, dass eine ausreichend wirksame Gewindelänge für die Grundlochgewinde in den Formplatten vorhanden ist.

Man wählt die Gewindelänge daher > 1,5 bis 2 x Nenndurchmesser. In Großformen mit extremen Kantenlängen und in Formen mit hohen dynamischen Belastungen werden zusätzlich zu den Verschraubungen bei den Systemführungen weitere Verschraubungen vorgesehen.
Für Normaufbauten werden Zylinderschrauben nach ÖNORM EN ISO 4762 in den Festigkeitsklassen 10.9 verwendet. Sie sollen gegen willkürliches Lösen vorzugsweise mit Sperrkantenringen gesichert sein. Diese besonderen Schraubensicherungen haben sich bei hochfesten Verbindungselementen bewährt.

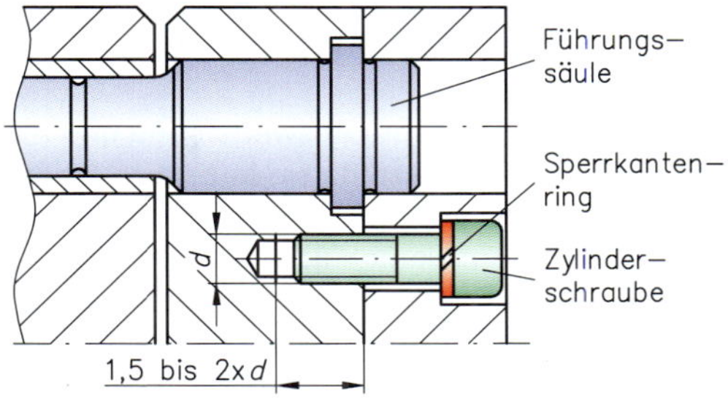

Plattenverschraubung

2.4 Normalien für den Angussbereich

Im Bereich der Kunststoffverarbeitung spielt das Angusssystem in einem Werkzeug eine wichtige Rolle. Die Entscheidung für ein bestimmtes Angusssystem wird unter Berücksichtigung technischer und kaufmännischer Gesichtspunkte getroffen. Manchmal ist es kostengünstiger, durch einfache Angusssysteme eine geringe mechanische Nacharbeit an den Artikeln in Kauf zu nehmen, als eine aufwändige Anspritztechnologie für relativ kleine Stückzahlen einzusetzen.
Neben den Normalienherstellern, die den gesamten Normalienbereich abdecken, haben sich auch Spezialfirmen für die Herstellung von Normalien nur für den Angussbereich entwickelt.

Beispiel **für die Auswahl von Normalien im Angussbereich**

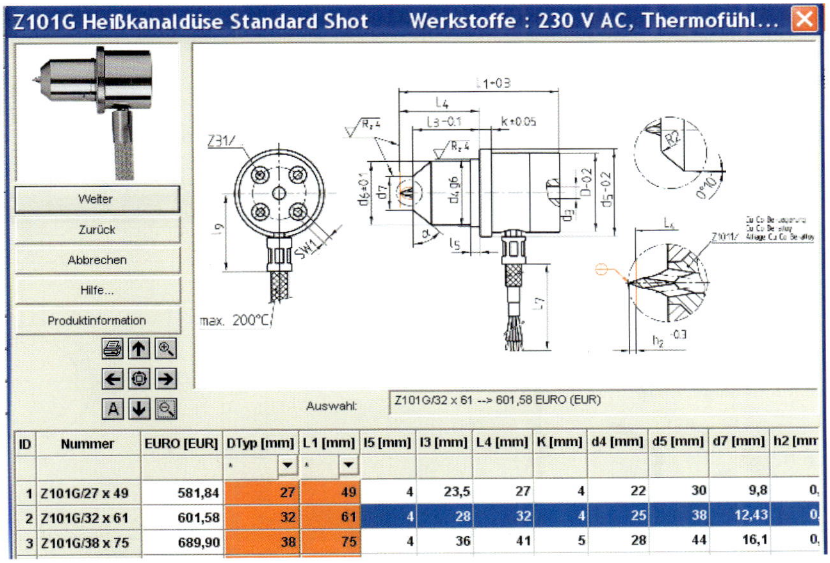

ID	Nummer	EURO [EUR]	DTyp [mm]	L1 [mm]	l5 [mm]	l3 [mm]	L4 [mm]	K [mm]	d4 [mm]	d5 [mm]	d7 [mm]	h2 [mm
1	Z101G/27 x 49	581,84	27	49	4	23,5	27	4	22	30	9,8	0,
2	Z101G/32 x 61	601,58	32	61	4	28	32	4	25	38	12,43	0,
3	Z101G/38 x 75	689,90	38	75	4	36	41	5	28	44	16,1	0,

Angusssysteme mit mechanischem Verschluss sind die technisch besten, aber auch aufwändigsten Lösungen. Der Querschnitt für den Anguss lässt sich bei solchen Systemen günstig auslegen, sodass der Kunststoff ohne Schädigung in das Formnest gelangt und der Nachdruck genau eingestellt werden kann.

2.5 Normalien zum Entformen

Schon bei der Formteilgestaltung von Spritzgießteilen muss man die Entformungsmöglichkeiten berücksichtigen. Das Aussehen und die Maßhaltigkeit der Teile werden durch die gewählte Entformungsstrategie beeinflusst. Die Werkzeugkosten sind nicht unerheblich, wenn aufwändige Entformungssysteme angewendet werden.

- **Auswerfer**

Häufig werden genormte Auswerferstifte und Auswerferhülsen eingesetzt, da sie in großen Maßbereichen vorliegen und sicher in ihrer Funktion sind. Auswerfer und Auswerferhülsen sind Verschleißteile. Auch deswegen bietet es sich an, möglichst diese Elemente bei der Konstruktion einzusetzen. Angelehnt an die genormten Auswerfer werden von den Normalienherstellern auch Spezialauswerfer angeboten.

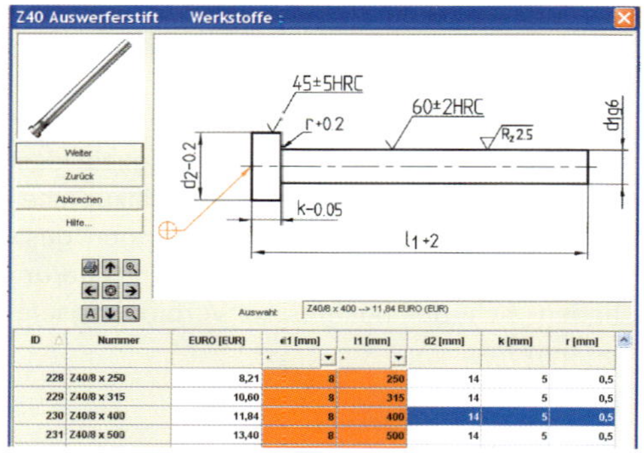

ID	Nummer	EURO [EUR]	d1 [mm]	l1 [mm]	d2 [mm]	k [mm]	r [mm]
228	Z40/8 x 250	8,21	8	250	14	5	0,5
229	Z40/8 x 315	10,60	8	315	14	5	0,5
230	Z40/8 x 400	11,84	8	400	14	5	0,5
231	Z40/8 x 500	13,40	8	500	14	5	0,5

Auswahl von Auswerfern

- **Sondersysteme zum Entformen**

Mit Klinkenzügen und Zweistufenauswerfern lassen sich Artikel in zwei Stufen entformen. Solche Baugruppen werden in verstärktem Maße auch als Normalien angeboten.

Zum Entformen von Teilen mit Innengewinde, wie sie z. B. an Verschlusskappen für Behälter vorkommen, sind in den Werkzeugen kleine Getriebe erforderlich, um die Kerne aus den Teilen auszuschrauben. Der Antrieb kann über Steilgewindespindeln erfolgen. Hierbei wird die Drehbewegung aus der Öffnungsbewegung des Werkzeuges abgeleitet. Die Bauteile für solche Getriebe – vom Zahnrad bis zum Kugellager – sind ebenfalls katalogmäßig verfügbar. Bevor die Auswahl durchgeführt werden kann, sind jedoch umfangreiche Berechnungen notwendig.

Beispiel **für die Auswahl von Normalien zum Entformen von Teilen mit Innengewinde**

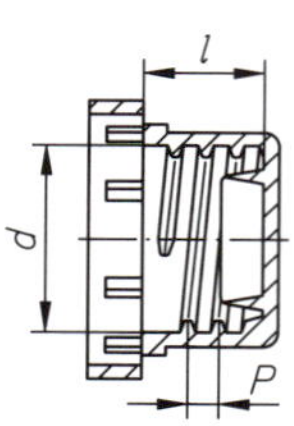

Artikel mit Innengewinde

Getriebe im Werkzeug

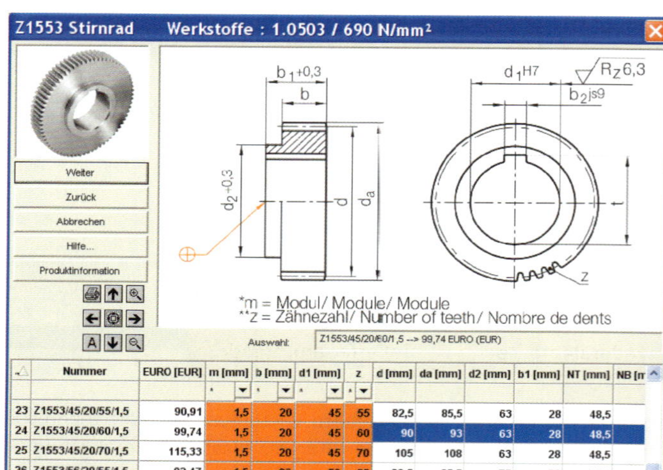

	Nummer	EURO [EUR]	m [mm]	b [mm]	d1 [mm]	z	d [mm]	da [mm]	d2 [mm]	b1 [mm]	NT [mm]	NB [m
23	Z1553/45/20/55/1,5	90,91	1,5	20	45	55	82,5	85,5	63	28	48,5	
24	Z1553/45/20/60/1,5	99,74	1,5	20	45	60	90	93	63	28	48,5	
25	Z1553/45/20/70/1,5	115,33	1,5	20	45	70	105	108	63	28	48,5	
26	Z1553/56/20/55/1,5	92,47	1,5	20	56	55	82,5	85,5	75	28	59,8	

2.6 Normalien zur Temperierung

Die Temperatur des Werkzeuges während der Produktion ist für die Qualität der Artikel und für die Zykluszeit von Bedeutung. So muss z. B. bei der Verarbeitung von Thermoplasten der Werkzeugbereich, der bis zur Anspritzstelle reicht, erwärmt bleiben, damit die Schmelze nicht erstarrt. Andererseits muss die Kavität (auszufüllende Hohlform) gekühlt werden, damit das Spritzteil erstarrt und entformt werden kann.

Die Hersteller von Normalien bieten systematisch aufeinander abgestimmte Elemente zur optimalen Auslegung von Temperierkreisläufen in Spritzgieß- und Druckgießwerkzeugen an. Bei der Auswahl sollte man besonders darauf achten, für welches Medium – Luft, Wasser, Öl – und bei welchen Drücken die Bauteile eingesetzt werden dürfen. Die Verbindung zwischen dem Temperiergerät an der Spritzgießmaschine und dem Spritzgießwerkzeug wird meist durch flexible Schläuche hergestellt. Diese Schlauchleitungen sind so zu wählen, dass sie den Belastungen bei Druck und Temperatur standhalten, aber auch den mechanischen Beanspruchungen müssen sie über längere Zeit gewachsen sein.

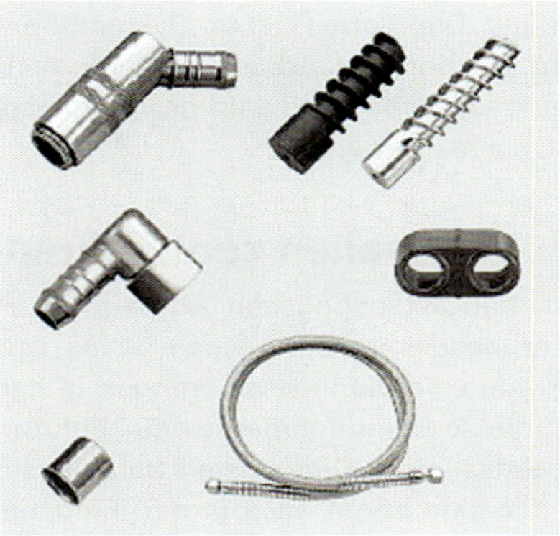
Normalien zur Temperierung

Im Niederdruckbereich werden PVC-Schläuche mit Gewebeeinlagen verwendet. Bei Druckwasseranlagen sind mit Drahtgeflecht ummantelte Vitonschläuche bis zu Temperaturen von 150 °C im Einsatz, bei höheren Temperaturen bis 260 °C solche Schläuche aus Teflon. Wellschläuche aus Metall sind bei Temperaturen bis 300 °C und für Netzdrücke bis zu 30 bar verfügbar.

Besonders wichtig für die Temperaturführung in einem Spritzgießwerkzeug ist die Temperierung von Kernen, weil beim Erstarren der Schmelze in der Form das Material auf den Kern aufschrumpft. In diesem Bereich muss die Wärmeenergie in möglichst kurzer Zeit abgeführt werden. Für diese Aufgaben sind von den Normalienherstellern besondere Kühlsysteme entwickelt. Sie werden mit entsprechenden Einbauhinweisen angeboten.

3 Normalien für Stanz- und Umformwerkzeuge

Die Normalienprogramme für Stanz- und Umformwerkzeuge sind auf der Grundlage der internationalen Normen aufgebaut, entsprechende Normen sind daher in den Katalogen berücksichtigt.
Die Anwendungsgebiete der Werkzeugnormalien sind demgemäß in den Katalogen wie folgt unterteilt:

- **Säulengestelle** – Gestelle, Platten, Konstruktionswerkstoffe
- **Führungselemente** – Führungssäulen, Führungsbuchsen, Führungsplatten
- **Schneidelemente** – Stempel, Schneidbuchsen, Auswerferstifte
- **Federelemente** – Tellerfedern, Gasdruckfedern, Schraubenfedern, Gummifedern
- **Zubehör** – Bearbeitungswerkzeuge, Hilfsmittel, Betriebsstoffe

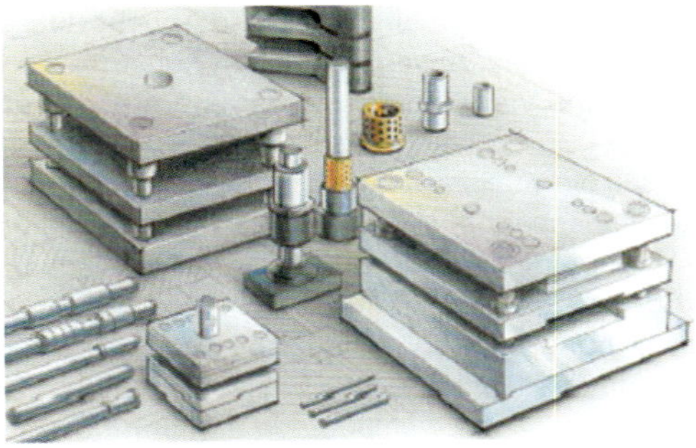
Normalien für Stanzwerkzeuge

3.1 Normalien für Gestelle und Platten

Bei der Auswahl der Platten und Gestelle für ein Stanzwerkzeug muss zunächst festliegen, ob das herzustellende Endprodukt in einem Einverfahrenwerkzeug oder in einem Mehrverfahrenwerkzeug gefertigt werden soll. Durch die Größe des Schnittteils bzw. durch die Breite des Schnittstreifens und die Anzahl der Fertigungsstufen wird dann der Bereich der Arbeitsfläche im Werkzeug festgelegt.
Mithilfe dieser Vorgaben wählt der Konstrukteur dann für das Werkzeug die notwendigen Gestelle und Platten aus. Die Platten haben Systembohrungen für die zugehörigen Führungssäulen und Führungsbuchsen. Die nutzbare Arbeitsfläche für die Breite des Schnittstreifens liegt zwischen den Bohrungen für den Werkzeugaufbau und wird besonders angegeben, da die Schultern von den Buchsen den Arbeitsbereich etwas begrenzen.

3.2 Normalien zum Führen

Für den baukastenähnlichen Aufbau von Platten und Führungselementen in einem Stanz- bzw. Biegewerkzeug sind die Innenbohrungen in den Platten auf die Außendurchmesser der Führungselemente abgestimmt. Die meisten Bauteile sind genormt. Sie sind somit auch in den Einbaumaßen kompatibel zu den entsprechenden Produkten unterschiedlicher Hersteller.
Bei den Führungselementen unterscheidet man Führungssäulen, Säulenlager, Führungsbuchsen und Rollenkäfige für axiale Bewegungen. Führungsplatten ergänzen das Angebot.

Führungselemente

3.3 Normalien zum Schneiden

Für Schneidelemente mit einfachen Formen gibt es entsprechende Normteile bzw. Normalien. In den Datenblättern werden die Schneidstempel mit verschiedenen Kopfformen mit den zugehörigen Schneidbuchsen in unterschiedlichen Materialien angeboten.
Stempelführungsbuchsen, Auswerferstifte und Aufnahmeplatten für Schnellwechsel- und Zylinderkopfschneidstempel ergänzen das Programm.

Schneidelemente

3.4 Auswahl von Federelementen

Federn dienen in Stanz- und Umformwerkzeugen dazu, Niederhalter abzufedern, Ausstoßer und Abhebestifte zu betätigen und Werkstücke auszuwerfen. Für den Konstrukteur von Werkzeugen steht eine Vielzahl von Federarten und Federgrößen zur Verfügung.
In den Normalienkatalogen werden die Federn entweder als Einzelelemente oder als Systemfedereinheiten angeboten. Hat man sich für eine bestimmte Federnart entschieden, z. B. Schraubendruckfeder, so muss man den Typ gemäß der Höhe der Beanspruchung auswählen. So gibt es z. B. Schraubendruckfedern für mittlere Belastung. Sie haben die Kennfarbe Blau.
Die weiteren Auswahlkriterien entnimmt man den Katalogblättern oder Tabellenbüchern.

Federelemente

Systeme des Formenbaues

1 Spritzgießen

1.1 Werkzeuge zum Spritzgießen

In Spritzgießwerkzeugen werden Artikel aus Kunststoff in entsprechend gestalteten Formhohlräumen hergestellt. Dies geschieht in einem Arbeitsgang, dem *Spritzzyklus.* Dabei wird der Kunststoff unter Druck in den Formhohlraum gespritzt und erstarrt dort während einer bestimmten Zeit. Nach dem Spritzvorgang muss über die Bewegung der Spritzgießmaschine das geschlossene Werkzeug so geöffnet werden, dass sich der fertige Artikel ohne Beschädigung aus der Form nehmen lässt.

Weitere Merkmale für Spritzgießwerkzeuge ergeben sich aus der Materialzuführung und der Temperierung. Alle Spritzgießwerkzeuge sind von ihrer Funktion her so aufgebaut, dass die jeweiligen Teilaufgaben durch entsprechende Teilsysteme erfüllt werden. Das technische System „Spritzgießwerkzeug" kann in folgende Teilsysteme untergliedert werden:

- Im **System zur Formgebung** wird aus der Schmelze der fertige Artikel.
- Das **Angusssystem** führt die Schmelze zu und verteilt sie.
- Das **Temperiersystem** dient in den meisten Fällen dazu, die Schmelze kontrolliert abzukühlen. Bei Kunststoffen, die unter Wärme aushärten, wird über das Temperiersystem Wärme zugeführt.
- Das **Entformungssystem** dient dazu, das fertige Formteil auszuwerfen. Das Entformungssystem ist mit einem System der Bewegungsübertragung verbunden.
- Das **System zur Führung und Zentrierung** der Werkzeughälften ist notwendig, damit der Formhohlraum ohne Versatz gebildet werden kann.
- Das **Spannsystem** dient dazu, das Werkzeug auf die Spritzgießmaschine zu spannen.

Beispiel **für Teilsysteme an einem Spritzgießwerkzeug**

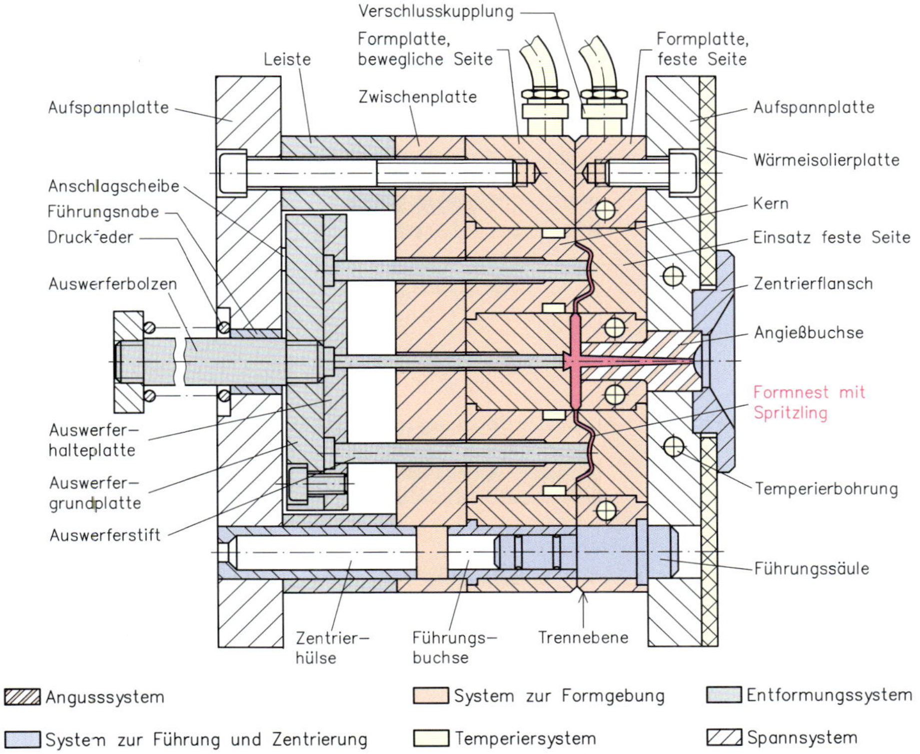

1.2 Einteilung der Spritzgießwerkzeuge

Die zunehmende Bedeutung der Spritzgießtechnik hat zur Folge, dass eine immer größer werdende Zahl von verschiedenen Spritzgießwerkzeugen entstanden ist. Die unterschiedlichen Anforderungen an den jeweiligen Artikel, die Losgröße und verfahrenstechnische Gesichtspunkte haben zu einer Vielfalt von Spritzgießwerkzeugen geführt.

Man teilt die Spritzgießwerkzeuge nach folgenden Gesichtspunkten ein:

- Anzahl der Formhohlräume/Formnester (Formfachzahl)
- Art des Angusssystems
- Anzahl der Trennebenen
- Art der Entformung

- **Einteilung der Werkzeuge nach der Anzahl der Formnester (Kapitel 1.3)**

- **Einteilung der Werkzeuge nach der Art des Angusssystems (Kapitel 1.4)**

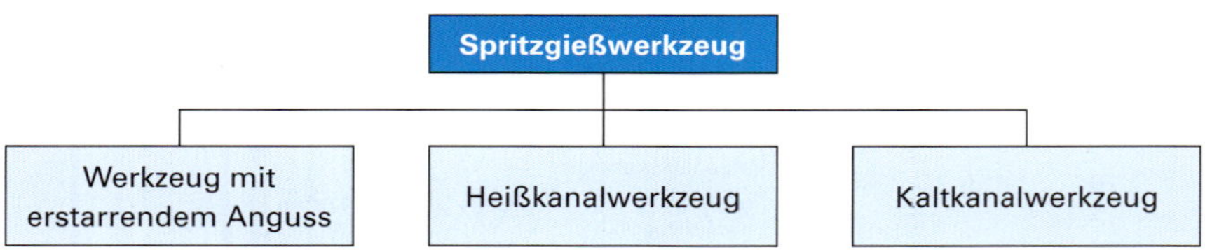

- **Einteilung der Werkzeuge nach der Anzahl der Trennebenen (Kapitel 1.3.2)**

- **Einteilung der Werkzeuge nach der Art der Entformung (Kapitel 1.6)**

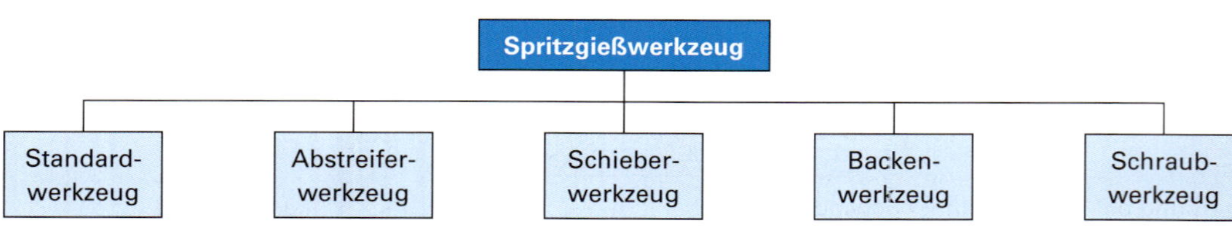

Die gezeigten Unterscheidungsmerkmale werden durchweg kombiniert. So kann z. B. ein Spritzgießwerkzeug als Mehrfachwerkzeug mit Heißkanalsystem und Abstreiferplatte ausgeführt sein.

1.3 Formgebungssystem

Die Festlegung der Anzahl der Formnester in einem Werkzeug hängt sowohl von technischen als auch von wirtschaftlichen Überlegungen ab.
Die technischen Daten der eingesetzten Spritzgießmaschine beeinflussen wesentlich die Abmessungen des Werkzeuges. Außerdem muss man die Größe des Formteiles berücksichtigen. Bei kleinen Artikeln können mehr Formnester als bei großen Artikeln angelegt werden.
Große Stückzahlen erlauben teurere Mehrfachwerkzeuge.
Außerdem beeinflussen die geforderte Qualität des Artikels und der Liefertermin die Entscheidung, ob ein Einfachwerkzeug oder ein Mehrfachwerkzeug hergestellt wird.

Spritzgussteile aus Einfach- und aus Mehrfachwerkzeugen

Nach der Anzahl der Formnester unterscheidet man Einfach- und Mehrfachwerkzeuge. Mehrfachwerkzeuge sind teuer; große Stückzahlen wiegen jedoch die Herstellungskosten für das Werkzeug auf.

1.3.1 Formteilung

Im Spritzgießwerkzeug ist die Trennebene (Formteilung) so zu wählen, dass beim Öffnen des Werkzeuges das Spritzteil entformt werden kann. Durch die Wahl der Formteilung wird zwangsläufig die Richtung der Ausformschrägen festgelegt. Die Vielzahl der Artikel und die unterschiedlichen Ausführungsformen der Werkzeuge zwingen dazu, bei neuen Artikeln jeweils neue individuelle Lösungen zu suchen. Die Erfahrung mit ähnlichen Artikeln erleichtert die Entscheidung.

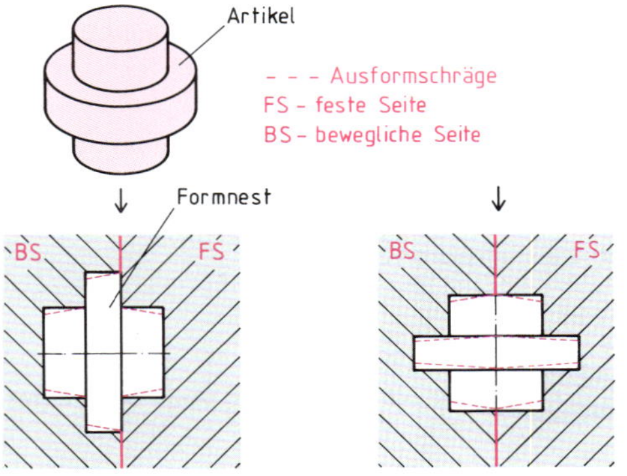

Mögliche Formteilungen

1.3.2 Anzahl und Anordnung der Formnester

- **Ring- und Sternverteilung**

Bei Mehrfachwerkzeugen müssen Anzahl und Anordnung der Formnester bestimmte Bedingungen erfüllen. Man ordnet die Formnester so an, dass sie gleichzeitig mit Schmelze gefüllt werden. Außerdem wird das Angusssystem so gewählt, dass die Fließwege möglichst kurz sind. Diese Anforderungen werden durch eine entsprechende Ring- oder Sternverteilung der Formnester erfüllt. Besonders vorteilhaft ist die Ring- bzw. Sternverteilung für die Entformung bei Teilen mit Innengewinden.

Nachteilig ist die beschränkte Anzahl der Formnester. Bei Formteilen mit Schiebern bzw. Kernzügen sind Ring- oder Sternverteilung nicht geeignet.

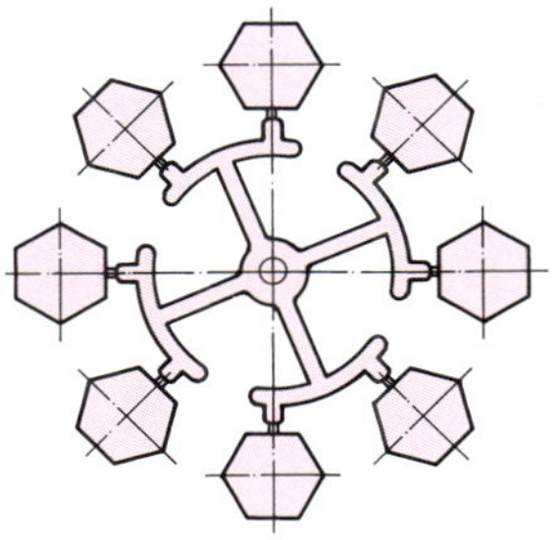

Ringverteilung (unterbrochen)

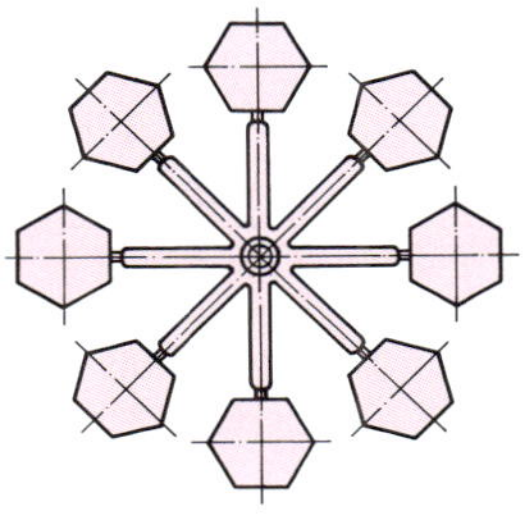

- **Reihenverteilung und Symmetrieverteilung**

Die Geometrie der Formnesteranordnung wird auch durch die Art der Entformung beeinflusst. Die Reihenverteilung ist besonders geeignet für Artikel mit Hinterschneidungen, bei denen Kernzüge oder Schieber in den Werkzeugen notwendig sind. Außerdem lassen sich bei der Reihenverteilung mehr Formnester unterbringen als bei der Ring- oder Sternverteilung.

Nachteilig bei der Reihenverteilung sind unterschiedlich lange Fließwege zu den einzelnen Formnestern. Die gleichzeitige Füllung der Formnester erreicht man durch unterschiedlich gestaltete Kanäle. Die Reihenverteilung mit Symmetrieanordnung führt zu gleich langen Fließwegen, erfordert jedoch ein großes Angussvolumen.

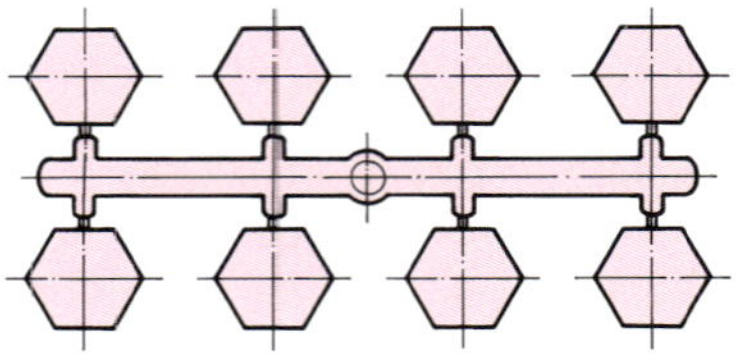

Reihenverteilung

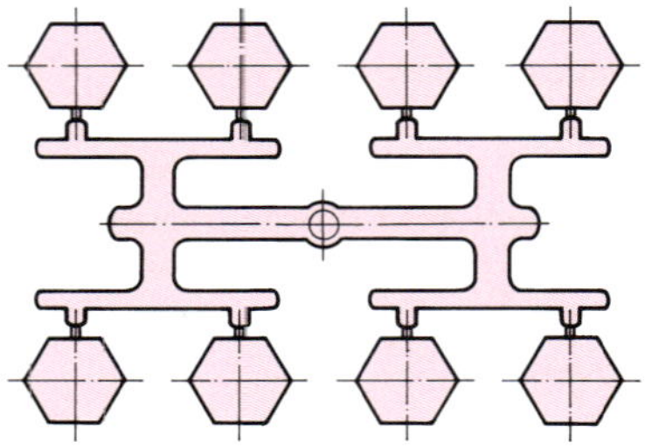

Symmetrieverteilung

In Mehrfachwerkzeugen müssen die Formnester so angeordnet sein, dass alle Formhohlräume möglichst gleichzeitig mit Schmelze gleicher Temperatur gefüllt werden. Man verwendet für die Anordnung der Formnester die Sternverteilung, Ringverteilung, Reihenverteilung und Symmetrieverteilung.

Die Festlegung der Formnester nach der Anzahl und der Anordnung in einem Spritzgießwerkzeug erfolgt vor allem unter fertigungstechnischen und wirtschaftlichen Gesichtspunkten. Darüber hinaus beeinflussen jedoch auch die verwendeten Werkstoffe, die Formteilgestaltung und Gesichtspunkte der Endmontage die Formnesteranordnung.

Beispiel **für die Anordnung von Formnestern unter Montagegesichtspunkten**

In dem gezeigten Beispiel werden die Tastenführungen für die Eingabestation an einem PC in einem Werkzeug mit 58 Formnestern gespritzt. Die Formnester sind entsprechend der Endmontage angeordnet. Die einzelnen Formnester sind lagegerecht so in das Werkzeug eingearbeitet, wie die Tastenführungen in der Eingabestation positioniert sind.

Der komplette Spritzling, bestehend aus Tastenführungen und Verteilerkanälen, wird bei der Montage mit dem Tastenfeld zusammengeführt. Alle Tasten werden in einem Arbeitsgang gleichzeitig durch Aufpressen montiert. Dabei werden die Verteilerkanäle von den einzelnen Tastenführungen getrennt und die Tastatur ist funktionsfähig.

Die Voraussetzung für eine solche Gestaltung des Werkzeuges ist ein sehr leicht fließender Kunststoff. Eingesetzt wurde hier ein besonderer Typ aus Polyacetal (POM) mit dem Handelsnamen Hostaform C 32021.

Tastenfeld und Spritzling für Tastenführung

- **Anzahl der Trennebenen**

Ein anderer Gesichtspunkt für die Einteilung von Werkzeugen ist die Anzahl der Trennebenen.

Das Standardwerkzeug hat nur eine Trennebene. Formteil und Anguss werden gemeinsam entformt. Schieber-, Backen- und Schraubenwerkzeuge haben in der Regel ebenfalls nur eine Trennebene **(2-Plattenwerkzeuge).**

Zwei Trennebenen sind dann notwendig, wenn der Anguss beim Entformungsvorgang automatisch vom Formteil getrennt werden soll. Das so eingerichtete Werkzeug ist ein **3-Plattenwerkzeug.** Man bezeichnet es nach dem Entformungsprinzip als Abreißwerkzeug.

Mehrere Trennebenen setzt man auch dann ein, wenn die Formteile übereinander in Etagen angeordnet sind. Ein solches Werkzeug nennt man **Etagenwerkzeug.**

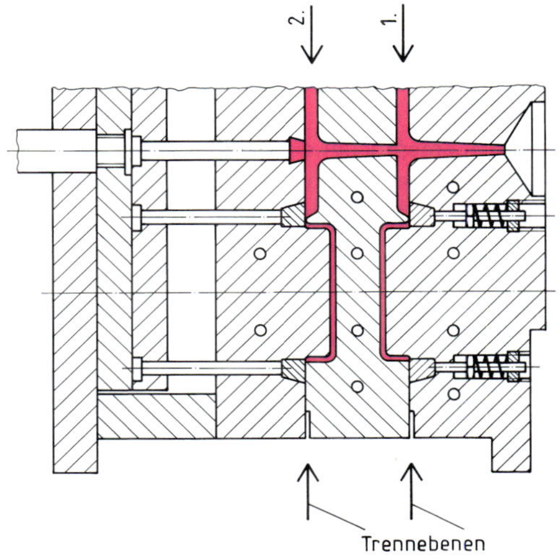

Etagenwerkzeug

Nach der Anzahl der Trennebenen unterscheidet man 2-Plattenwerkzeuge, 3-Plattenwerkzeuge und Etagenwerkzeuge.

1.3.3 Formeinsätze und Einsatzbaukastensystem

- **Formeinsätze**

Die Formnester werden häufig in sogenannte Formeinsätze eingearbeitet. Die Formeinsätze selbst werden meist in den Formplatten gehalten. Die Sicherung der Einsätze geschieht über Schraubverbindungen oder über Schultern an den Einsätzen und Gegenplatten.

Beispiele für Formeinsätze

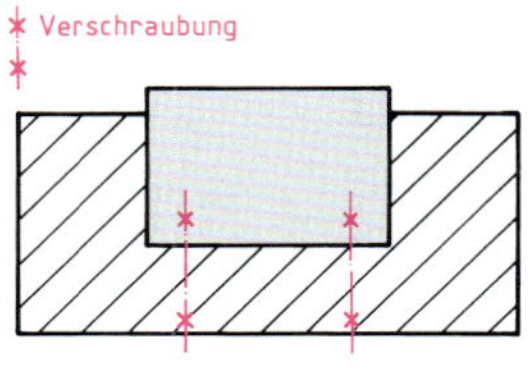

Einsatz im Rahmen

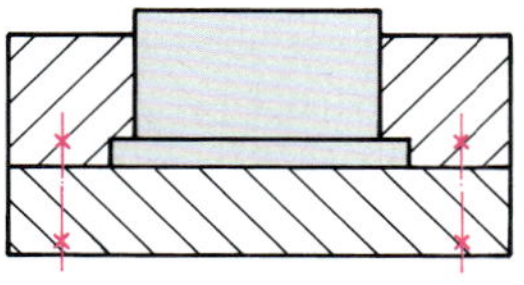
Einsatz mit Schulter

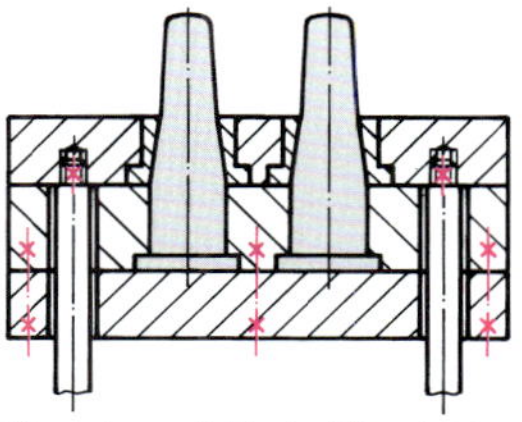
Einsatz und Abstreifbuchse

Der Einbau von Formeinsätzen hat verschiedene Vorteile:

- Der Formeinsatz ist wegen seiner geringen Größe verhältnismäßig leicht zu bearbeiten; für die Fertigung kann man kleinere Werkzeugmaschinen benutzen.
- Da nur der jeweilige Formeinsatz direkt mit dem Spritzmaterial in Berührung kommt, lässt sich die Formplatte aus preiswerterem Material herstellen.
- Die Wärmebehandlung von Einsatz und Formplatte kann getrennt vorgenommen werden; Verzugserscheinungen lassen sich minimieren.
- Für ähnliche Konturen von Formteilen verwendet man austauschbare Formeinsätze, die in das gleiche Stammwerkzeug eingebaut werden.
- Änderungen oder Reparaturen sind an Formeinsätzen verhältnismäßig leicht durchführbar.
- Ist das Formnest wegen Abnutzung nicht mehr maßhaltig genug, so braucht nur der Formeinsatz erneuert zu werden.
- Einsätze erlauben besondere konstruktive Möglichkeiten im Hinblick auf die gezielte Temperierung des Formnestes und die Entformung von Spritzlingen.

- **Einsatzbaukastensystem**

Für viele Teile an Spritzgießwerkzeugen werden heute *„Normalien"* angeboten, welche die Kosten bei der Fertigung kalkulierbar machen. Zu dem Plattensystem für den Grundaufbau der Form, erhält man auch entsprechend abgestimmte Einsätze.
Durch die systematische maßliche Abstufung sind die Formeinsätze beliebig kombinierbar.
Die Formplatte besteht aus vergütetem Stahl und ist gehärtet. Die Aufnahmen für die Einsätze sind allseitig in engen Toleranzen geschliffen.
Die Formeinsätze haben als Schleifzugabe zum Einpassen etwas Übermaß und bestehen meist aus hochpolierfähigem Stahl entweder als Einsatzstahl oder als Durchhärterstahl. Für Kleinserienwerkzeuge oder für Prototypen benutzt man für die Formeinsätze auch warm ausgehärtetes Aluminium.

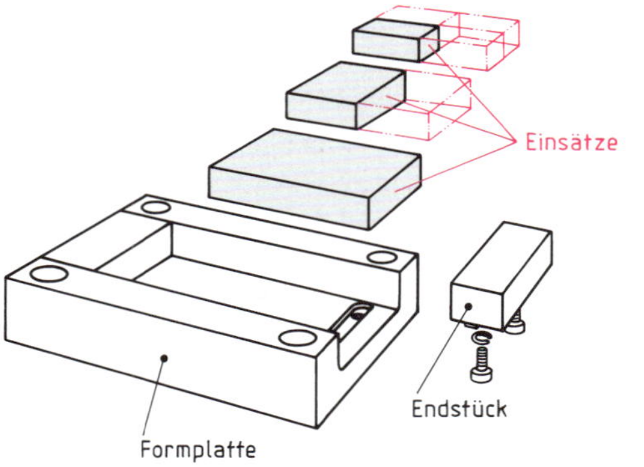

Einsatzbaukastensystem

Beispiel **für ein Mehrfachwerkzeug zur Herstellung von Bechern mit verschiedenen Einsätzen**

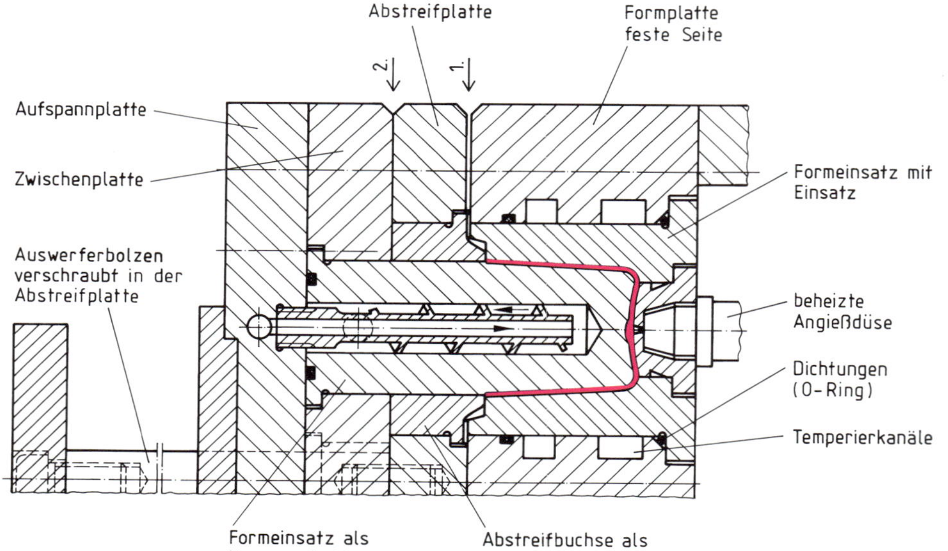

1.3.4 Entlüftung des Formhohlraumes

Beim Spritzgießprozess wird der Formhohlraum mit plastifiziertem Kunststoff ausgefüllt. Der Kunststoff verdrängt während des Füllvorganges die Luft aus dem Formhohlraum. Die Luft muss vollständig entweichen. Kann sie nicht entweichen, so bildet sich durch die Verdichtung ein *Luftpolster*. Die Luft erhitzt sich durch das plötzliche Zusammenpressen so sehr, dass der Kunststoff im Grenzbereich verbrennt. Man bezeichnet diesen Vorgang als **Dieseleffekt**.

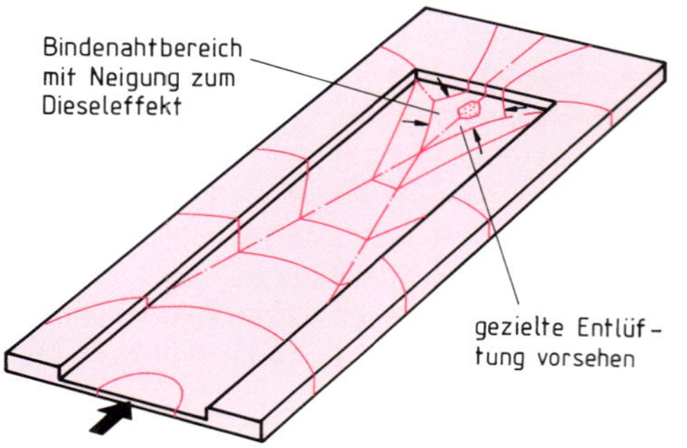

Formteil mit Fehlstellen

Tritt der Dieseleffekt auf, so zeigen die Spritzgießteile an den Brandstellen dunkle Verfärbungen. Selbst wenn es nicht zu Brandstellen kommt, tritt im Bereich der Bindenähte ein schlechtes Verschmelzen des Kunststoffes ein. Eine Verminderung der Festigkeit ist die Folge. Durch hohe Füllgeschwindigkeit vergrößert sich die Gefahr des Dieseleffektes. Mit verschiedenen Maßnahmen wird die notwendige Entlüftung erreicht. Manche Entlüftungsmaßnahmen hinterlassen auf den Artikeln Markierungen. Bei der Konstruktion von Artikeln und Werkzeug sorgt man dafür, dass diese Markierungen nicht störend wirken.

Fehlerfreie Artikel können beim Spritzgießen nur hergestellt werden, wenn der Formhohlraum entlüftet wird. Der Dieseleffekt führt zu Verbrennungsspuren am Artikel.

- **Entlüftung über die Werkzeugtrennebene**

Bei Spritzgießwerkzeugen mit flachen Konturen kann die Luft über die Werkzeugtrennebenen entweichen. Durch Planschleifen dieser Ebenen mit einer grobkörnigen Schleifscheibe erreicht man die notwendige Entlüftung.
Besonders günstig für die Entlüftung ist es, wenn man die düsenseitige und schließseitige Werkzeugplatte jeweils diagonal und um 90 Grad versetzt schleift.

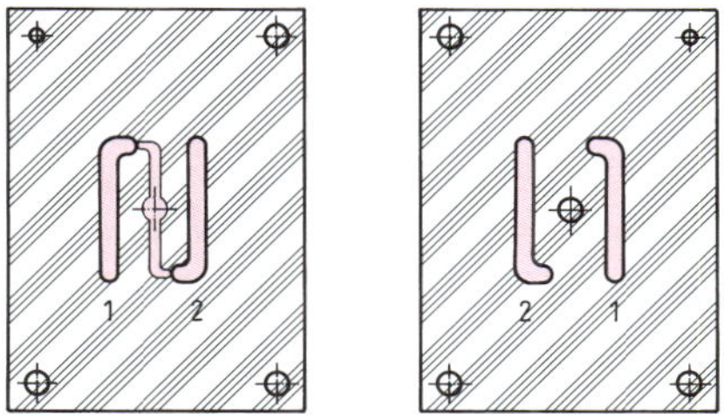

Werkzeugentlüftung über Schliffstruktur

- **Entlüftungskanäle**

Eine zusätzliche Möglichkeit zur Entlüftung besteht darin, in die Werkzeugtrennflächen besondere Entlüftungskanäle zu schleifen. Die Entlüftungskanäle sind etwa 0,01 bis 0,03 mm tief und haben etwa eine Breite von 3 mm. Der so dimensionierte Kanal ist nur 1,5 bis 2,5 mm lang und erweitert sich nach außen. Die entweichende Luft kann somit unmittelbar hinter dem Formnest expandieren.

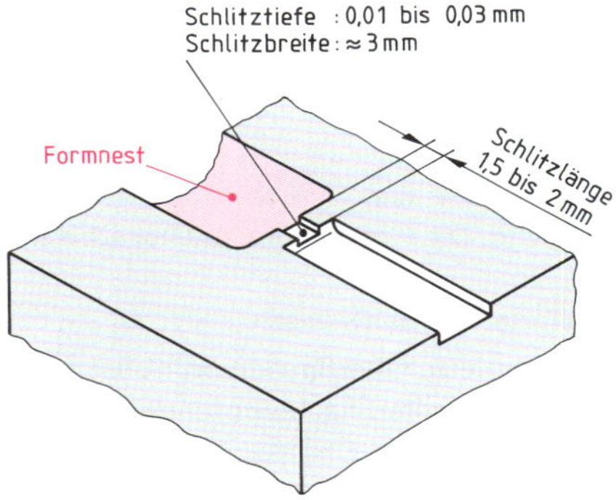

Werkzeugentlüftung über Kanäle

Der Hauptanteil der Luft aus dem Formhohlraum wird über die Werkzeugtrennebenen abgeführt. Durch gesondert eingearbeitete Entlüftungskanäle verbessert man die Entlüftung.

- **Entlüftung über Auswerfer und Einsätze**

Die Entlüftung von tieferen Konturen kann auch über das Auswerfersystem erfolgen. Die Auswerferelemente sind mit Spielpassung eingebaut. Die Passflächen dienen der Entlüftung. Kann nicht genügend Luft über die Passflächen entweichen, so werden an die Stifte oder Hülsen besondere Profile angeschliffen.

Auch über die Passflächen von Einsätzen, die in das Formnest hineinragen, können taschenförmige Werkzeugkonturen gezielt entlüftet werden. Verwendet man Sintermetalle als Einsätze oder für Stifte, so erreicht man eine Entlüftung durch die Poren im Sinterwerkstoff.

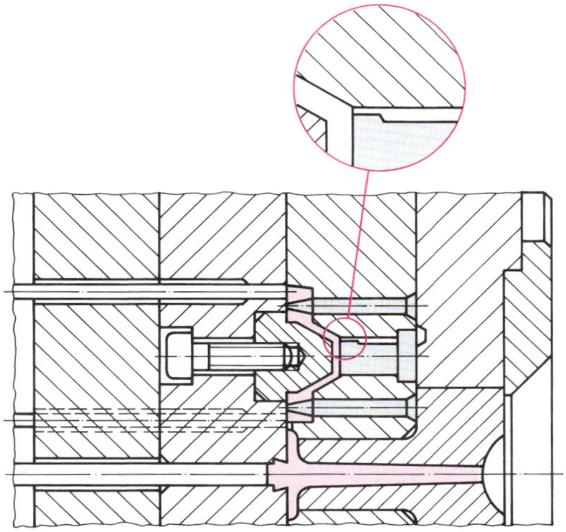
Werkzeugentlüftung über Auswerfer und Einsätze

1.3.5 Formnestoberflächen

Der optische Eindruck eines Artikels aus Kunststoff wird neben der Form und der Farbe vor allem durch seine Oberfläche bestimmt. Diese Oberfläche ist annähernd das Spiegelbild der Formnestoberfläche im Spritzgießwerkzeug.
Man unterscheidet hochglänzende und strukturierte Oberflächen.

- **Hochglänzende Oberflächen**

Vor allem transparente Artikel erhalten hochglänzende Oberflächen. Die Formnestoberfläche wird nach Funkenerosion oder einem anderen spanenden Verfahren zunächst grob und dann fein geschliffen. Durch anschließendes Polieren mit *Diamantpaste* erreicht man eine spiegelklare Oberfläche.
Will man nur eine glänzende Oberfläche bei nichttransparenten Kunststoffartikeln erreichen, so genügt ein Feinschleifen mit einer Körnung von 400.
Darf die Strichpolitur auf dem Artikel sichtbar sein, so schleift man mit einer Körnung von 280 bis 320.

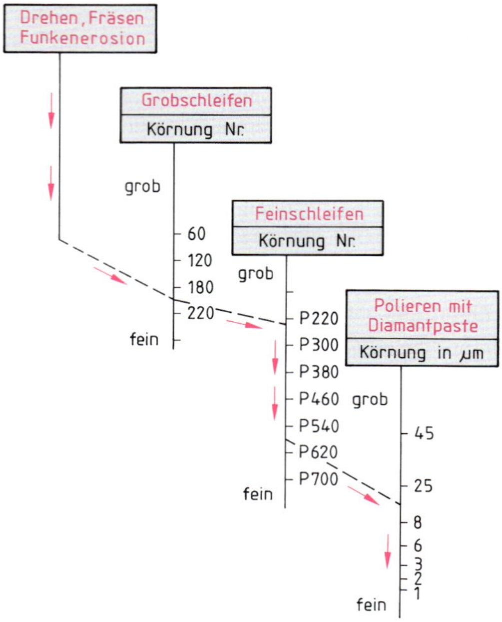

Übliche Arbeitsschritte bei der Herstellung von Stahl-Hochglanzpolituren

Transparente Artikeloberflächen erreicht man dadurch, dass die Formnestoberfläche mit Diamantpaste poliert wird. Die Herstellung solcher Oberflächen ist verhältnismäßig teuer.

- **Strukturierte Oberflächen**

Grob strukturierte Oberflächen an Kunststoffartikeln sind heute immer beliebter, weil solche Flächen natürlichen Werkstoffen nachempfunden werden.
So hat eine erodierte Oberfläche eine narbenartige Struktur, die einer Apfelsinenschale vergleichbar ist. Formeinsätze mit erodierten Oberflächen sind nie frei von Mikrorissen und unterliegen daher einem erhöhten Verschleiß. Will man hohe Werkzeugstandzeiten erreichen, so poliert man die erodierten Oberflächen zunächst vor und bringt die gewünschten Strukturen dann durch *Ätzen* ein.

Strukturierte Artikeloberflächen erreicht man durch Funkenerodieren oder durch Funkenerodieren mit anschließendem Vorpolieren und Ätzen.

- **Polieraufwand**

Polierarbeiten sind zeitaufwändige Tätigkeiten, die vielfach noch manuell durchgeführt werden müssen. *Handgeführte Poliermaschinen* erleichtern diese Arbeiten. *Polierautomaten* setzt man bei zweidimensionalen Konturen ein. Die Herstellung von Oberflächen mit zunehmender Qualität durch Polieren verteuert die Fertigung. Das Polieren ist jedoch in vielen Fällen aus Entformungsgründen nicht zu umgehen. Man spricht auch von der sogenannten *„Entformungspolitur"*.
Das Fließverhalten der Kunststoffe im Angussbereich erfordert dort ebenfalls eine Oberflächeneinebnung durch Polieren. Sollen Formnestbereiche mit Chrom, Nickel o. Ä. beschichtet werden, so müssen diese Flächen sogar auf Hochglanz poliert werden.

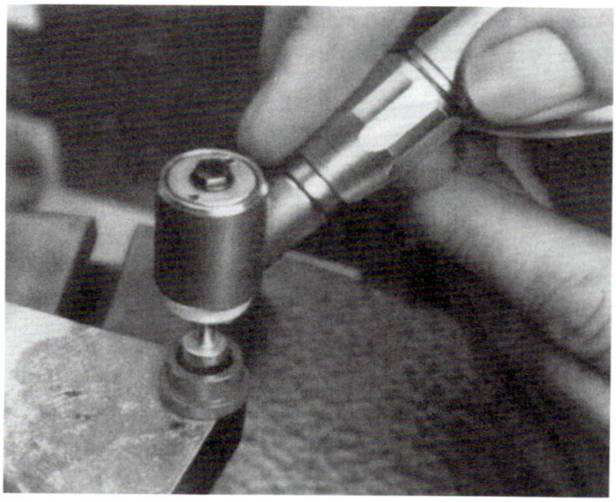

Polierarbeiten

1.3.6 Schwindung – Verzug – Toleranzen

- **Schwindung und Verzug**

Im Spritzgießwerkzeug wird plastifizierter Kunststoff zum Erstarren gebracht. Beim Abkühlen des Formteiles setzt eine *maßliche Verkleinerung* ein, die man als Schwindung bezeichnet. Die Schwindung kann Verzug an dem Kunststoffartikel bewirken.

Kunststoffe haben im Unterschied zu Metallen ein anderes Schwindungsverhalten. Der Kunststoff schwindet noch weiter, obwohl das Bauteil schon Raumtemperatur besitzt. Deshalb unterteilt man bei Kunststoffen die Gesamtschwindung in Verarbeitungsschwindung und Nachschwindung.

Verarbeitungsschwindung *VS*

Nach DIN 16 901 bezieht sich die Verarbeitungsschwindung auf den maßlichen Unterschied zwischen dem kalten Werkzeug L_W und dem erkalteten Formteil L_F.

Gemessen wird bei (23±2) °C frühestens 24 h, spätestens 168 h nach der Entformung. Die Schwindung wird in Prozent angegeben.

$$VS = \frac{L_W - L_F}{L_W} \cdot 100\ \%$$

Nachschwindung *NS*

Die Schwindung der meisten Kunststoffteile ist mit der Verarbeitungsschwindung noch nicht abgeschlossen. Die Schwindung setzt sich fort und nähert sich schließlich einem Endwert L_1. Diese sogenannte Nachschwindung wird durch Kristallisationsvorgänge im Kunststoff verursacht. Die Nachschwindung kann durch erhöhte Lagerungstemperatur beschleunigt werden.

$$NS = \frac{L_F - L_1}{L_F} \cdot 100\ \%$$

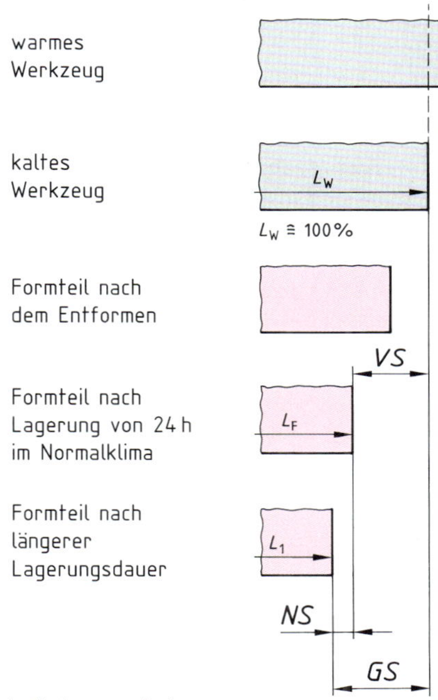

Schwindungsverhalten von Kunststoffen

Bei Kunststoffen ergibt sich die Gesamtschwindung aus der Verarbeitungsschwindung und der Nachschwindung. Die jeweilige Schwindung wird in Prozent angegeben; Vergleichsmaß ist dabei das Maß des kalten Werkzeuges.

Die Schwindung ist eine stoffspezifische Größe. Bei manchen Kunststoffen ist die Nachschwindung so gering, dass sie maßlich vernachlässigt werden kann. Man sagt, diese Kunststoffe haben praktisch keine Nachschwindung. Die Höhe der Schwindung ist von der Art des Kunststoffes, aber auch von den Verarbeitungsbedingungen wie Spritzdruck und Nachdruck, von der Spritztemperatur und der Werkzeugtemperatur, der Einspritzgeschwindigkeit und den Angussverhältnissen abhängig (siehe auch Seite 495).

Richtwerte für die Verarbeitungsschwindung *VS*

Name des Kunststoffes	Kurzzeichen	*VS* in % g = glasfaserverstärkt
Polyamid	PA	0,7 bis 2,0 g 0,2 bis 0,8
Polycarbonat	PC	0,6 bis 0,8 g 0,2 bis 0,5
Polyethylen	PE	1,2 bis 2,8
Polyoxymethylen	POM	1,8 bis 3,0 g 0,2 bis 0,6
Polyvinylchlorid	PVC-hart	0,4 bis 0,7

Die Schwindung in einem Kunststoffartikel führt zu Eigenspannungen. Sind diese Spannungen zu groß, so verzieht sich der Artikel. Dieser Verzug an einem Kunststoffteil kann in der Fertigung größere Probleme bereiten als die Schwindung selbst. Durch geeignete konstruktive Maßnahmen bzw. durch den Wechsel des Werkstoffes verringert man den Verzug (siehe auch Seite 495).

• Toleranzen

Die Maßhaltigkeit als Qualitätsmerkmal bei Spritzgießteilen unterliegt besonderen Bedingungen. Fertigungsbedingte Maßabweichungen sind abhängig vom Zustand des Werkzeuges und der Streuung der Prozessgrößen während der Verarbeitung.

Das Schwindungsverhalten des jeweiligen Kunststoffes, die Stabilität des Werkzeuges, der Werkzeugverschleiß und die Einstellung an der Spritzgießmaschine beeinflussen die Maßhaltigkeit erheblich.

Nach DIN 16 901 unterscheidet man bei den Maßen **werkzeuggebundene Maße** und **nicht werkzeuggebundene** Maße. Für jede Maßart sind in der Norm eigene Toleranzen vorgesehen, weil ihre Zuordnung zu den entsprechenden Nennmaßen anderen Gesetzmäßigkeiten unterliegt als es bei den ISO-Grundtoleranzen der Fall ist.

Werkzeuggebunden sind die Maße, die durch die *Kontur an einem Werkzeugteil* gegeben sind.

Nichtwerkzeuggebunden sind die Maße, die durch das *Zusammenwirken beweglicher Werkzeugteile* entstehen. Dies können Wanddicken, Bodenstärken oder Maße sein, die durch bewegliche Bauteile beeinflusst sind.

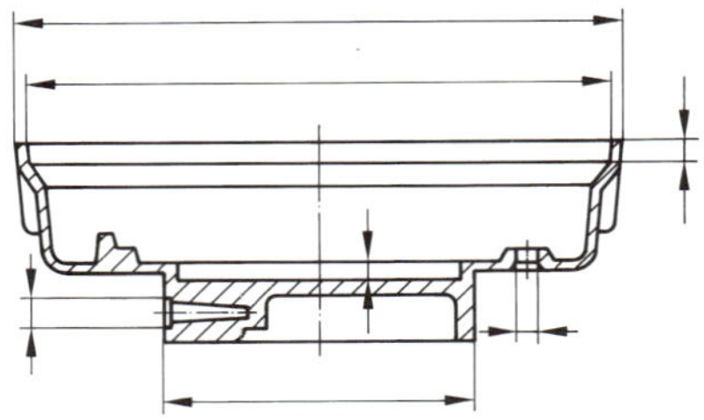

Werkzeuggebundene Maße

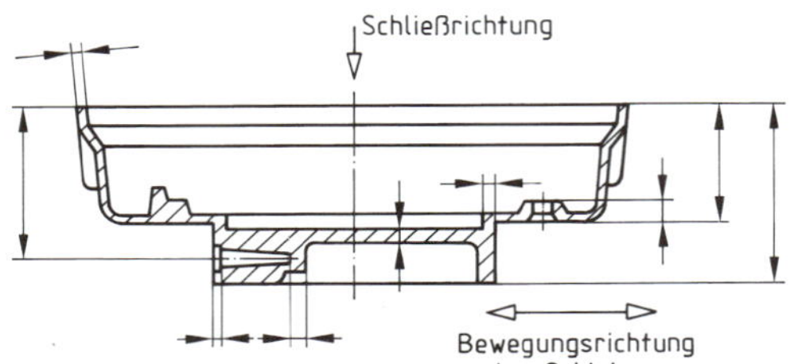

Nichtwerkzeuggebundene Maße

Die Toleranzen für die nichtwerkzeuggebundenen Maße sind größer als die Toleranzen für werkzeuggebundene Maße, da die beweglichen Werkzeugteile beim Schließen des Werkzeuges nicht immer die gleiche Endlage erreichen.

Werkzeuggebundene Maße sind jeweils Maße im gleichen Werkzeugteil. Nichtwerkzeuggebundene Maße sind Maße, die durch das Zusammenwirken beweglicher Werkzeugelemente geformt werden.

• Toleranzgruppen und Kunststoffe

Da die Schwindung auch eine stoffspezifische Größe ist, hat man den Kunststoffen Toleranzgruppen zugeordnet, die durch Kennzahlen festgelegt sind. Man unterscheidet **Allgemeintoleranzen** und **Maße mit direkt eingetragenen Abmaßen**. Die Toleranzen der Reihe 2 erfordern einen höheren Fertigungsaufwand. Die Toleranzen der Reihen 1 und 2 werden nach den technischen Erfordernissen in die oberen und die unteren Abmaße aufgeteilt.

Festlegung der Toleranzgruppen

Name des Kunststoffes	Kurzzeichen	Toleranzgruppen für Allgemeintoleranzen	Maße mit direkt eingetragenen Abmaßen Reihe 1	Reihe 2
Polyamid	PA	130	120	110
Polycarbonat	PC	130	120	110
Polyethylen	PE	150	140	130
Polyoxymethylen	POM	140	130	120
Polypropylen	PP	150	140	130
Polyvinylchlorid	PVC-hart	130	120	110

Referat am 20.1

1.3.7 Ausformschräge

Der Spritzling muss sicher und ohne Beschädigung entformt werden. Aus diesem Grunde haben alle Konturen, die in Entformungsrichtung liegen, Ausformschrägen. Solche Ausformschrägen haben auch Konturen an Schiebern, Backen oder Kernzügen, die seitlich entformt werden.
In der Artikelzeichnung sind alle Nennmaße mit Abmaßen eingetragen. Deshalb muss auch aus der Zeichnung hervorgehen, an welcher Stelle der Ausformschräge das Nennmaß gilt.
Wird die Ausformschräge zum Nennmaß dazugerechnet, so hat man eine Materialzugabe zur Formteil-Nenngestalt; die Ausformschräge ist *„plus“*.
Wird die Ausformschräge vom Nennmaß abgezogen, so besteht Materialabzug gegenüber der Formteil-Nenngestalt; die Ausformschräge ist *„minus“*.

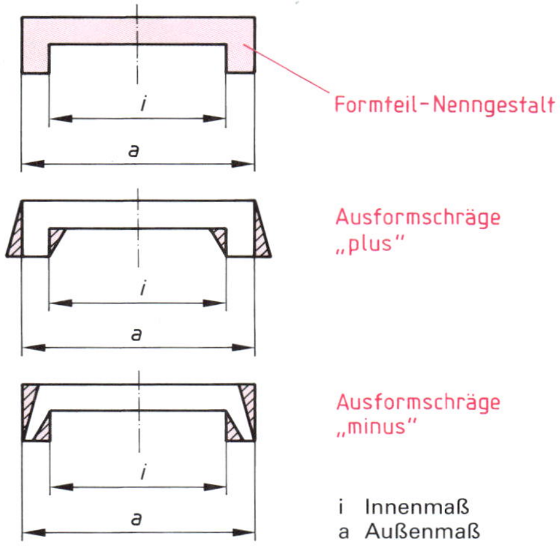

Ausformschräge und Nennmaße

Die Ausformschräge bezieht sich auf die Formteil-Nenngestalt des Artikels. Die Ausformschräge ist „plus“, wenn Materialzugabe erfolgt. Die Ausformschräge ist „minus“, wenn Materialabzug erfolgt.

Die Ausformschräge wird im Allgemeinen in Grad angegeben. Sie richtet sich vor allem nach dem verwendeten Kunststoff und nach der Tiefe des Artikels. Die Abhängigkeit zwischen dem zu verarbeitenden Kunststoff und der Artikeltiefe wird in Tabellen erfasst.
Die Ausformschräge richtet sich auch nach der Oberflächenqualität des Artikels. Je glatter die Oberfläche ist, desto geringer kann die Ausformschräge gewählt werden. Aus konstruktiven Gründen kann es notwendig sein, eine möglichst geringe oder gar keine Ausformschräge zuzulassen. Liegen diese Konturen im Außenbereich, d. h. schwinden sie von der Werkzeugwand weg, so kann man je nach Werkstoff mit einer Ausformschräge von fast Null auskommen. Geringe Ausformschrägen bei Innenkonturen bedingen in der Regel einen zusätzlichen konstruktiven Aufwand.

1.3.8 Kräfte im Formhohlraum

- **Auftreibkraft und Schließkraft**

Beim Spritzgießen entsteht im geschlossenen Werkzeug durch den Spritzdruck eine sehr hohe Kraft, die das Werkzeug auftreibt. Die entstehende Kraft bezeichnet man als **Auftreibkraft**, sie wird manchmal auch *Sprengkraft* genannt. Die Auftreibkraft muss eine genügend große **Schließkraft** durch die Spritzgießmaschine entgegenwirken. Die Schließkraft wirkt über die Säulen und Werkzeugplatten der Spritzgießmaschine auf das Werkzeug. Die Schließkraft wird entweder über eine Kniehebelschließeinheit oder über eine direkt hydraulisch arbeitende Schließeinheit erzeugt.

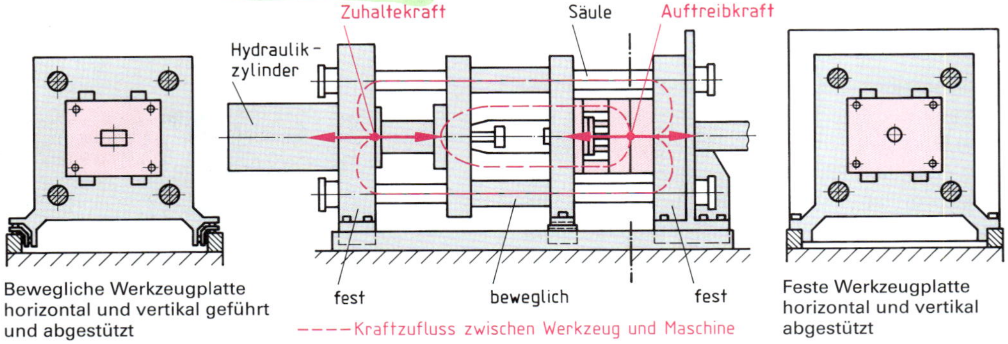

Kräfte im Werkzeug und in der Spritzgießmaschine

Die Auftreibkraft entsteht durch den Spritzdruck im Werkzeug, ihr entgegen wirkt die Schließkraft der Spritzgießmaschine.

- **Berechnung der Auftreibkraft**

Die Auftreibkraft berechnet man überschlägig aus dem höchsten Spritzdruck und der belasteten Fläche in der Trennebene.

Der Druck im Werkzeug erreicht während der Kompressionsphase seinen höchsten Wert. Dieser Druck ist vor allem von dem zu verarbeitenden Kunststoff abhängig. Für die Berechnung der Auftreibkraft benötigt man außerdem noch die druckbelastete Fläche in der Trennebene, die so genannte *Spritzteilfläche*. Diese Fläche ergibt sich als die Projektionsfläche des Spritzlings in der Trennebene. Zur Berechnung berücksichtigt man alle Formnester und das Angusssystem.

Richtwerte für die Berechnung der Auftreibkraft beim Spritzgießen

Kunststoff Kurzzeichen	Werkzeuginnendruck in kN/cm²	bar
PA	**3,5** bis **8,0**	**350** bis **800**
PC	**3,5** bis **7,0**	**350** bis **700**
PE	**2,5** bis **5,0**	**250** bis **500**
POM	**7,0** bis **12,0**	**700** bis **1200**
PP	**3,5** bis **8,0**	**350** bis **800**
PS	**1,8** bis **5,0**	**180** bis **500**

Beispiel für die Berechnung der Auftreibkraft

Spritzgießteil (direkt angespritzt)

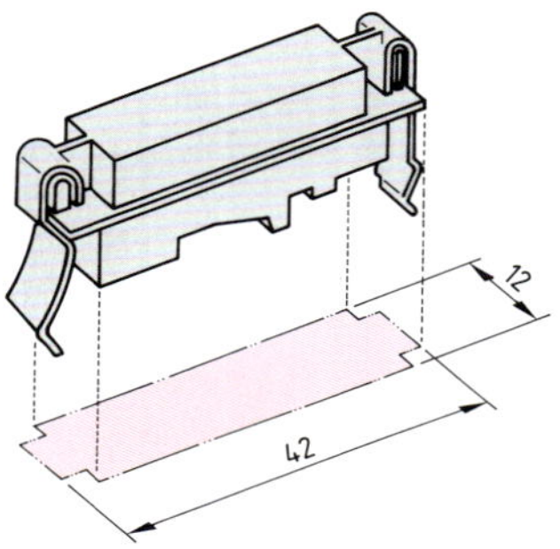

Lampenträger aus POM im 4-fach-Werkzeug

Auftreibkraft
4fach-Werkzeug
Innendruck für POM = 12 $\frac{kN}{cm^2}$
Projektionsfläche
(aus Sicherheit den Größtwert)

$F_A = 4 \cdot p \cdot A$

$F_A = 4 \cdot 12\ \frac{kN}{cm^2} \cdot 1{,}2\ cm \cdot 4{,}2\ cm$

$F_A =$ **242 kN**

Die Auftreibkraft beträgt **242 kN.**

Die Auftreibkraft berechnet sich überschlägig aus dem höchsten Spritzdruck und der Projektionsfläche des Spritzlings in der Trennebene.

- **Genaue Ermittlung der Schließkraft**

Über die errechnete Auftreibkraft bestimmt man die Schließkraft und somit die Maschinengröße. Beim Anfahren eines neuen Werkzeuges beginnt man mit der errechneten Schließkraft und vermindert sie schrittweise so weit, dass gerade keine *Überspritzungen* auftreten. Überspritzungen liegen dann vor, wenn sich das Werkzeug aufgrund des Innendruckes zu sehr aufgeweitet hat. Überspritzte Artikel sind zu groß und weisen *Filmhäute* oder *Gratbahnen* auf. Die Schließkraft sollte so klein wie möglich sein, weil sich das Werkzeug besser entlüftet und der Energiebedarf geringer ist.

- **Stabilität des Werkzeuges**

Für die Funktionssicherheit des Werkzeuges und die Einhaltung der Toleranzen am Formteil ist es notwendig, dass das Spritzgießwerkzeug stabil gebaut ist und dass die Dichtflächen genügend groß sind. Stabile Formplatten und lange Führungen für Schieber sind vorteilhafter als Anbauten. Sind die Stützweiten für die Formplatten zu groß und besteht die Gefahr unzulässig großer Durchbiegungen, so muss man gesonderte Abstützungen vorsehen oder die Plattendicken größer wählen.

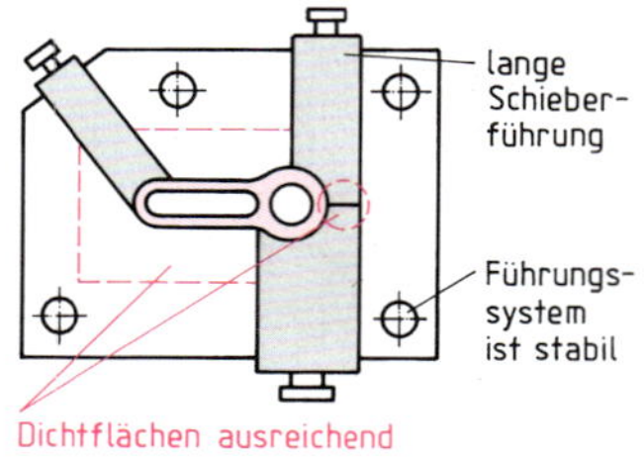

Auslegung des Werkzeuges

Die Stabilität des Werkzeuges und die richtige Schließkraft sind entscheidend dafür, dass die Toleranzen am Artikel eingehalten werden können.

- **Angriffspunkt von Auftreibkraft und Schließkraft**

Die Auftreibkraft und die entgegenwirkende Schließkraft müssen möglichst im Zentrum des Werkzeuges angreifen. Dadurch erreicht man, dass das Werkzeug während des Spritzgießvorganges gleichmäßig geschlossen bleibt und die Säulen der Spritzgießmaschine gleichmäßig belastet werden.
Mit einer entsprechenden Anordnung der Formnester oder durch einen Kräfteausgleich durch Zwischenplatten erreicht man, dass die Kräfte zentral angreifen.

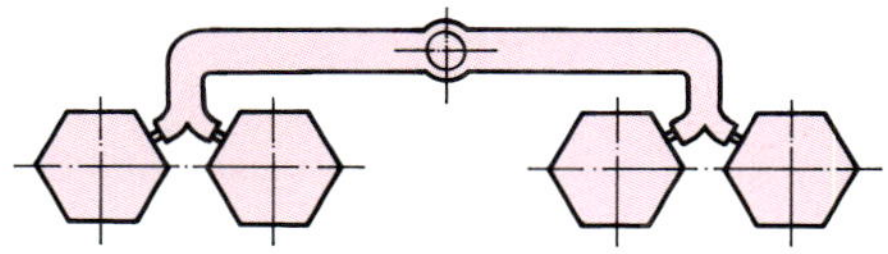

Exzentrische Lage von Anguss und Formnestern

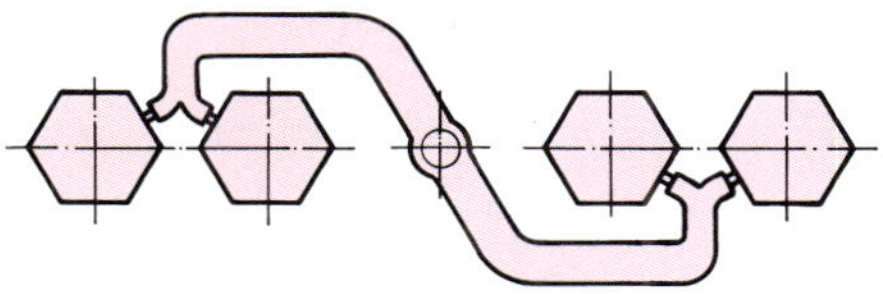

Zentrische Lage von Anguss und Formnestern

Die Formnester werden möglichst zentrisch zum Angusskegel angeordnet, damit Werkzeug und Schließeinheit während des Spritzgießprozesses gleichmäßig belastet werden.

1.4 Angusssystem

Aus der Spritzeinheit der Spritzgießmaschine wird die plastifizierte Formmasse über die Düse und die Angießbuchse dem Werkzeug zugeführt. Die Spritzeinheit endet maschinenseitig in der Düse; die Angießbuchse ist ein Teil des Werkzeuges.
Über das Angusssystem wird der Formhohlraum mit Schmelze gefüllt. Das Angusssystem besteht meist aus dem *Angusskegel*, den *Angusskanälen*, *den Verteilerkanälen* und den *Anschnitten*.

Bei den Spritzgießwerkzeugen beeinflussen Anguss und Anschnitt die wirtschaftliche Fertigung des Artikels und die erreichbare Qualität.

Bei den Angusssystemen unterscheidet man grundsätzlich Systeme mit *erstarrendem Anguss* und Systeme, bei denen der *Anguss nicht erstarrt*.
Die nichterstarrenden Angüsse, die man auch als *„angusslose Angusssysteme"* bezeichnet, werden in Heißkanalsysteme und Kaltkanalsysteme unterteilt.

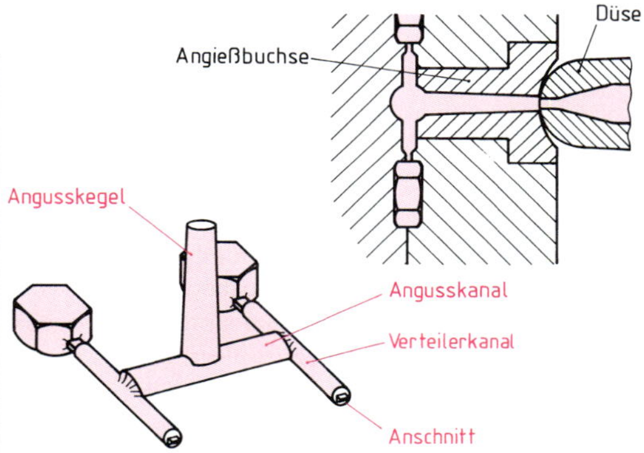

Angusssystem (Abbild)

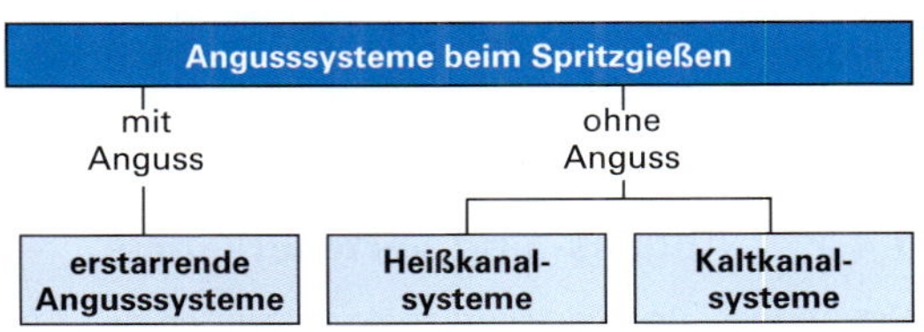

Beispiel **für Angusssystem mit automatischer Trennung von Artikel und Anguss durch Druckluft**

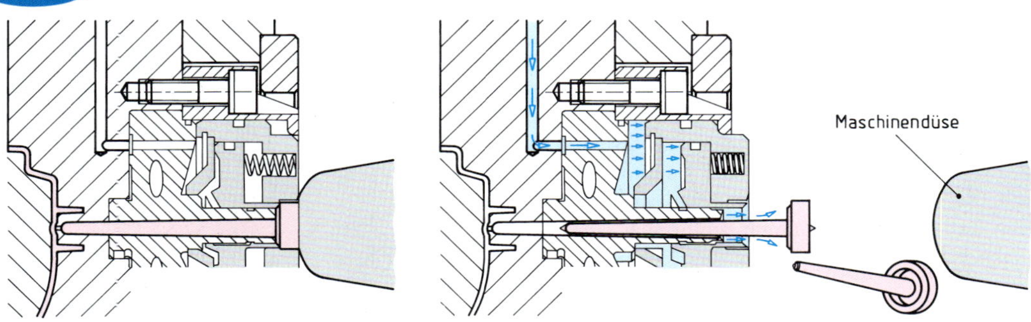

Art und Ausführung des Angusssystems beeinflussen die Wirtschaftlichkeit des Spritzgießens und die Qualität der Artikel.

1.4.1 Angießbuchse

Der Übergang zwischen maschinenseitiger Düse und werkzeugseitiger Angießbuchse muss so gestaltet sein, dass die plastifizierte Formmasse ohne Druck- und Temperaturverlust in das Werkzeug eingespritzt werden kann. Während des Spritzvorganges muss die Düse mit einem hohen Anpressdruck auf die Angießbuchse gepresst werden, damit die Übergangsstelle abgedichtet bleibt.

Ebene Kontaktflächen erfordern einen höheren Anpressdruck zum Abdichten als gekrümmte Kontaktflächen.
In Heißkanalwerkzeugen bevorzugt man jedoch ebene Kontaktflächen, weil die Wärmedehnung zwischen Werkzeug und Maschine besser ausgeglichen werden kann.
Bei den gekrümmten Kontaktflächen ist in die Angießbuchse eine kugelförmige Vertiefung gedreht. Der Kugelradius ist etwas größer als der Kugelradius an der Düse. So wird eine gute Abdichtung gewährleistet. Ist jedoch der Kugelradius an der Düse größer, so entsteht durch den Hinterschnitt beim Spritzvorgang ein Grat und der Anguss kann nicht entformt werden.
In die Angießbuchse, die meist als Normteil zur Verfügung steht, wird der Angusskegel eingearbeitet. Die Dimensionierung des Angusskegels hängt von der Größe des Formteiles, insbesondere von der Wanddicke ab. Die plastifizierte Formmasse muss im Angusskegel am längsten schmelzflüssig bleiben, damit der Nachdruck über die *„plastische Seele"* auf das Formteil übertragen werden kann.

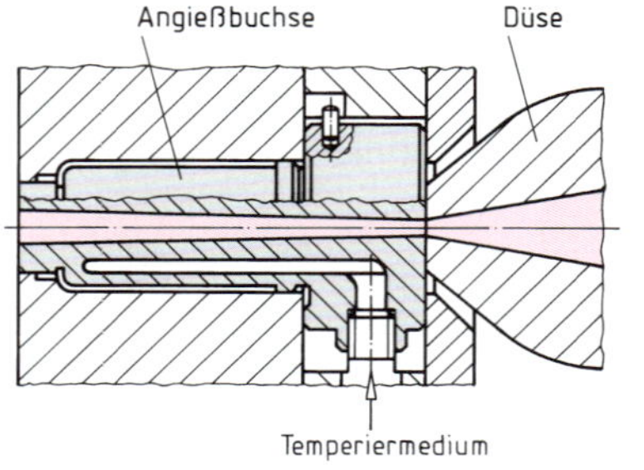

Angießbuchse mit ebener Kontaktfläche und Temperiersystem

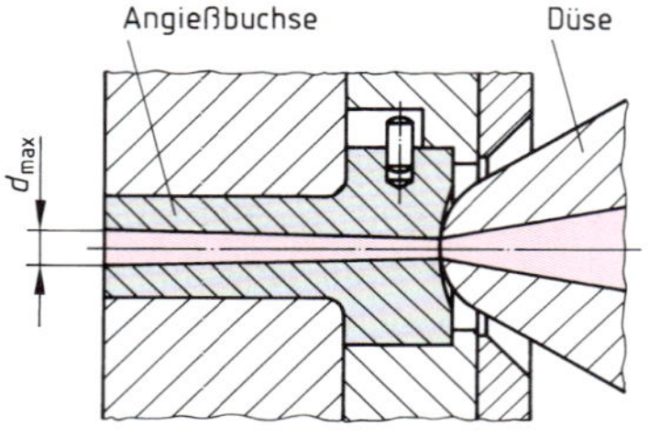

Angießbuchse mit gekrümmten Kontaktflächen

Für Überschlagsrechnungen gilt folgende Beziehung:

d_{max} = größter Durchmesser des Angusskegels ≥ größte Wanddicke + 1,5 mm

1.4.2 Anguss- und Verteilerkanäle

Die Anguss- und Verteilerkanäle verbinden den Angusskegel über die Anschnitte mit den Formnestern. In den Kanälen soll die plastifizierte Formmasse möglichst mit gleicher Temperatur und mit gleichem Druck dem Formhohlraum zugeführt werden. Dies erreicht man vor allem durch einen günstigen Fließquerschnitt und die richtige Größe der Kanäle.

- **Querschnittsformen von Kanälen**

Rundkanal

Der Rundkanal bietet den günstigsten Fließquerschnitt. Bei einem Kanal mit rundem Querschnitt treten die geringsten Wärme- und Reibungsverluste auf. Die Formmasse erstarrt im Mittelpunkt des runden Kanals zuletzt. Dadurch ergibt sich eine gute *Nachdruckwirkung* während des Erstarrungsvorganges.
Weil der Rundkanal aus Entformungsgründen zu gleichen Hälften in die beiden Formplatten eingearbeitet werden muss, verteuert sich die Werkzeugherstellung erheblich.

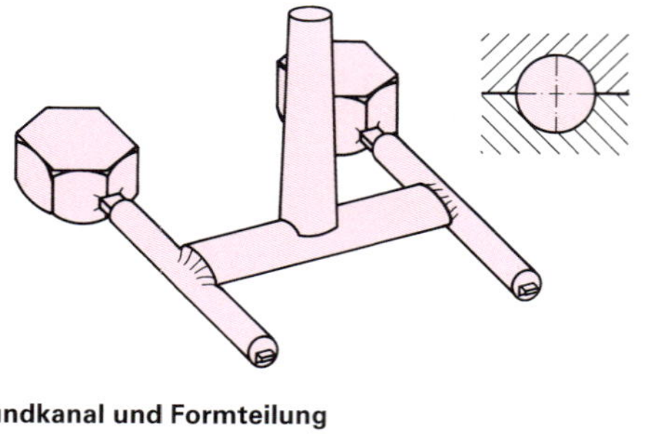
Rundkanal und Formteilung

Parabelförmiger und trapezförmiger Kanal

Die Formmasse gelangt in einem Kanal mit parabelförmigen bzw. trapezförmigen Querschnitt unter etwas ungünstigeren Bedingungen in den Formhohlraum als beim Rundkanal, wobei der Wärmeverlust und der Druckabfall beim trapezförmigen Querschnitt höher ist als beim parabelförmigen Querschnitt.

Beide Kanalquerschnitte müssen nur in die schließseitige Formplatte eingearbeitet werden und sind dadurch in der Herstellung wirtschaftlicher.

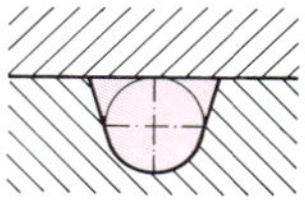
Parabelförmiger Kanal

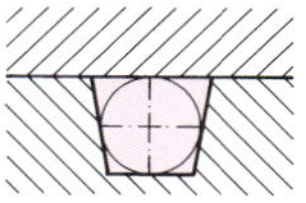
Trapezförmiger Kanal

> Der Querschnitt für Anguss- und Verteilerkanäle richtet sich nach dem Fließverhalten der Kunststoffe. Rundkanäle haben den günstigsten Querschnitt, sind jedoch in der Herstellung teuer. Parabelförmige oder trapezförmige Kanäle sind wirtschaftlicher herzustellen. Ihre Querschnittsform ist ungünstiger.

- **Größe des Kanalquerschnittes**

Neben der Querschnittsform sind auch die Abmessungen der Kanäle für die Qualität des Artikels von Bedeutung. Die Dimensionierung der Kanalquerschnitte richtet sich vor allem nach folgenden Einflussfaktoren:

- Volumen des Spritzlings
- Viskosität der Formmasse
- Temperatur von Werkzeug und Spritzmasse
- größte Wanddicke des Artikels
- Druckabfall in Formhohlraum

Eine erste Festlegung der Abmessungen für die Kanäle wird im Vergleich zu ähnlichen Spritzteilen vorgenommen. Eine Optimierung ist vor allem durch große Erfahrung zu erreichen.

1.4.3 Anschnitte

Der Anschnitt ist der Teil des Angusssystems, welcher den Verteilerkanal mit dem Formnest verbindet. Die Größe des Anschnittes, seine Lage zum Verteilerkanal und seine Lage zum Spritzling werden von verschiedenen Faktoren bestimmt.

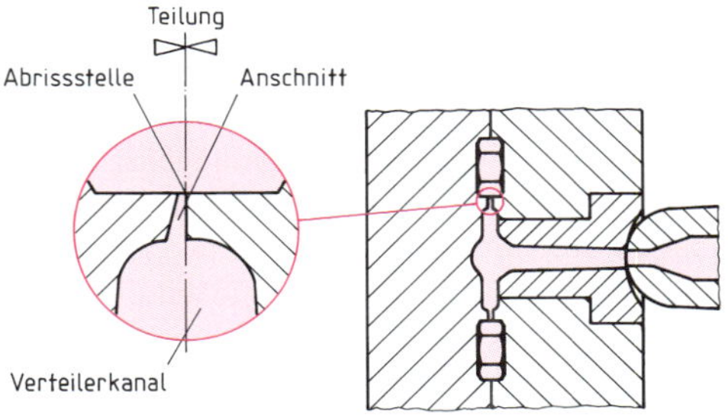

Anschnitt und Formnest

- **Einflussfaktoren für die Anschnittgestaltung**

Die Eigenschaften des verwendeten Kunststoffes sowie die geometrische Form und die Wanddicke des Artikels haben Einfluss auf den Anschnitt. Im Angusssystem hat der Anschnitt den engsten Querschnitt. An dieser Stelle erwärmt sich der eingespritzte Kunststoff durch Reibungswärme zusätzlich. Diese Temperaturerhöhung ist erwünscht, darf jedoch nicht zur Schädigung des Kunststoffes führen. Bei der Festlegung des Anschnittes muss man auch darauf achten, dass am Formteil kein unzulässiger Verzug entsteht und keine störenden Markierungen am Artikel sichtbar sind.

Einflüsse zwischen Artikel und Anschnitt

- **Anschnitt im Angusssystem**

Die Lage des Anschnittes zum Verteilerkanal beeinflusst vor allem die Herstellungskosten des Werkzeuges und die Entformbarkeit des Spritzlings. Man unterscheidet dabei den *zentrischen* und den *exzentrischen Anschnitt.*

Beim zentrischen Anschnitt ist die *runde* Querschnittsform günstig, weil die Reibungsverluste gering sind.
Der exzentrische Anschnitt mit *halbrundem* bzw. *rechteckigem* Querschnitt ist einfacher herzustellen und dadurch kostengünstiger. Exzentrische Anschnitte lassen sich zudem leichter entformen und vom Spritzling trennen.
Ist der Anschnitt in nur eine Formhälfte eingearbeitet, besteht jedoch die Gefahr, dass während des Spritzvorganges schon erstarrte Außenhaut aus dem Angusssystem in den Formhohlraum gepresst wird. Diese so genannte *„Gefrierspur"* ist unansehnlich und mindert die Qualität des Artikels.

Der Anschnitt im Angusssystem muss so gestaltet sein, dass die plastifizierte Formmasse möglichst nicht als freier Strahl in den Formhohlraum gelangt. Durch den Freistrahl entstehen Bereiche, in denen die Erstarrung unterschiedlich weit fortgeschritten ist. Beim Zusammentreffen solcher Bereiche bilden sich an den Grenzen Nähte mit geringerer Festigkeit. Diese **Bindenähte** mindern die Qualität des Artikels. Man gestaltet die Anschnitte durch Radien oder *„Überlaufbohnen"* so, dass die Schmelze laminar einströmt.

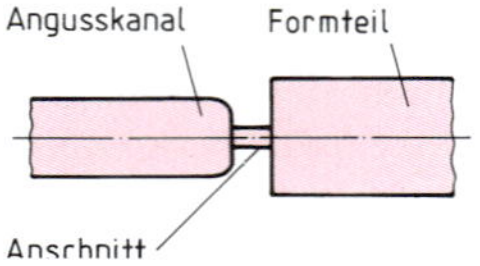

Zentrische Anschnitte

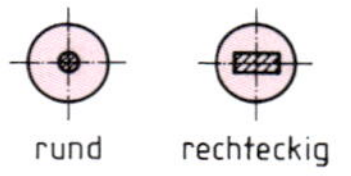

Querschnittsformen

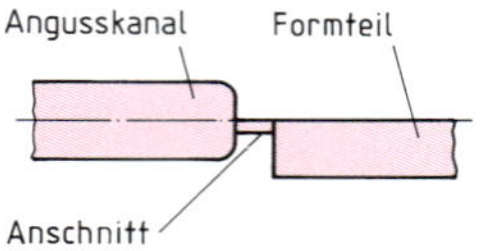

Exzentrische Anschnitte

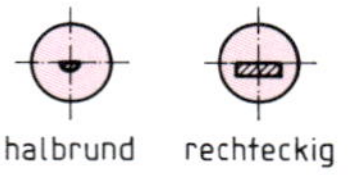

Querschnittsformen

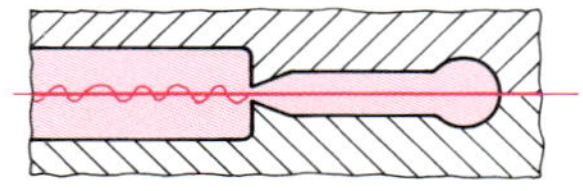
Ungünstiger Anschnitt

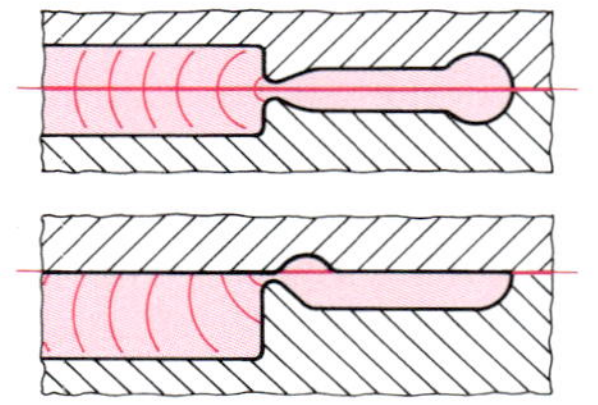
Günstige Anschnitte

- **Anschnitt und Formteil**

Die Abmessungen des Formteiles haben nicht nur Einfluss auf die Gestalt, sondern auch auf die Lage des Anschnittes. Der Anschnitt wird möglichst an den größten Querschnitt des Formteiles gelegt. An dieser Stelle kann die Wirkung des Nachdruckes am längsten aufrechterhalten werden.
Bei der Verarbeitung von aufschäumenden Kunststoffen wird der Anschnitt jedoch an den kleinsten Querschnitt gelegt, da der Druck des Kunststoffes nicht von außen, sondern durch ein Treibmittel im Schaumstoff erzeugt wird.
Weiterhin ist darauf zu achten, dass bei der Formfüllung *gleich lange Fließwege* eingehalten werden. Je nach Artikel kann es notwendig sein, einen Formhohlraum über mehrere Anschnitte zu füllen. Durch mehrere Anschnitte erreicht man besser gleich lange Fließwege und kurze Füllzeiten.
Es besteht jedoch die Gefahr, dass an den Stellen, an denen die Formmassen im Formhohlraum zusammenfließen, Bindenähte entstehen.
Durch die Lage des Anschnittes zum Formteil wird auch die Fließrichtung des plastifizierten Kunststoffes in das Formnest bestimmt. Weil bei Kunststoffen die Moleküle richtungsorientiert erstarren, sind die Festigkeitseigenschaften und das Schwindungsverhalten je nach Fließrichtung unterschiedlich. Die mechanischen Eigenschaften in Fließrichtung sind günstiger als quer zur Fließrichtung.

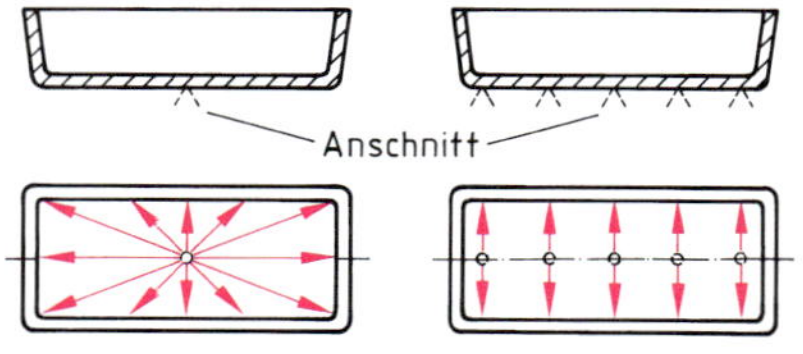

Fließwege bei verschiedenen Anschnittlagen

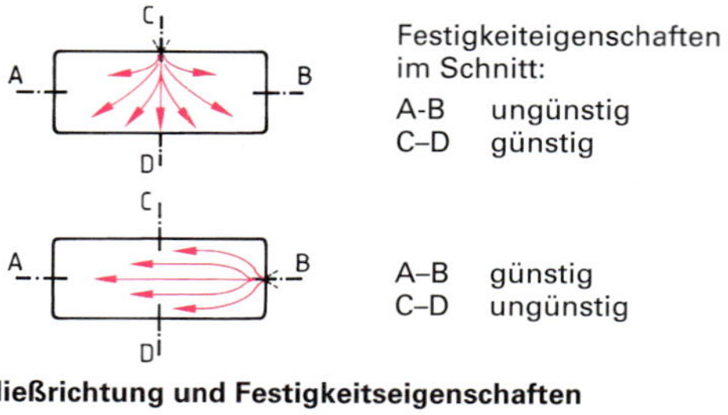

Fließrichtung und Festigkeitseigenschaften

Die Anschnittart und die Lage des Anschnittes werden bei der Werkzeugkonstruktion festgelegt. Der Anschnittquerschnitt wird bei der Bemusterung durch umfangreiche Anspritzversuche ermittelt. Man dimensioniert daher die Anschnitte zunächst wesentlich kleiner und vergrößert sie jeweils nach den Anspritzversuchen, bis die Formnester gleichmäßig ausgespritzt werden und die geforderte Qualität erreicht ist.

1.4.4 Ausführungsformen von erstarrenden Angusssystemen

Bei erstarrenden Angusssystemen muss der Weg der Schmelze in den Formhohlraum *möglichst kurz* sein. Dadurch wird der Druckabfall und Temperaturverlust vermindert. Das erstarrte Material des Angusssystems muss vom Spritzling getrennt werden und wird bei Thermoplasten wieder als Kreislaufmaterial eingesetzt.

- **Stangen- oder Kegelanguss**

Der Stangenanguss hat einen runden Querschnitt und ist zum Formhohlraum hin etwas kegelig. An seinem größten Querschnitt geht der Stangenanguss ohne Anschnitt in das meist rotationssymmetrische Formnest über.

Der Stangenanguss ist für technisch hochwertige Artikel aus zähflüssigen und temperaturempfindlichen Kunststoffen geeignet.

Die Vorteile beim Stangenanguss liegen in der guten Qualität und hohen Maßhaltigkeit der Artikel.

Nachteilig sind die sichtbare Anspritzstelle und die notwendige Nacharbeit zum Entfernen des Angusses.

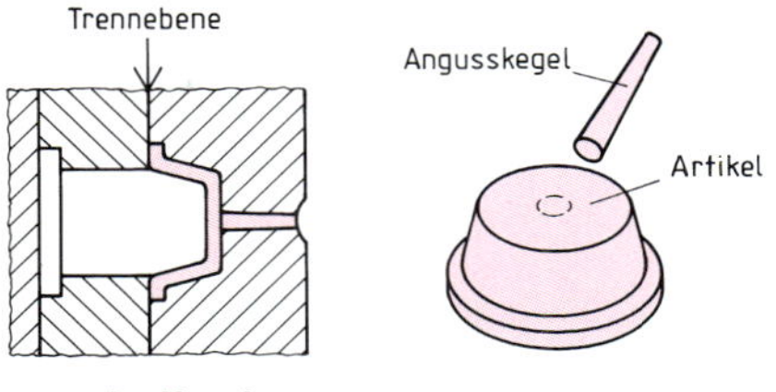

Stangen- oder Kegelanguss

Der Stangen- oder Kegelanguss wird hauptsächlich für rotationssymmetrische Artikel mit hoher Maßhaltigkeit verwendet.

- **Band- oder Filmanguss**

Im Band- oder Filmanguss gelangt die Formmasse zunächst in einem lang gestreckten Verteilerkanal. Dieser Kanal verbindet das Angusssystem über einen, jedoch engen Anschnitt mit dem Formhohlraum.

Der Band- oder Filmanguss ist vor allem für flächige Teile z. B. Leisten oder Platten geeignet; man benutzt ihn vorwiegend für Thermoplaste, bei denen richtungsabhängige Schwindung besteht.

Die Vorteile bei dieser Angussart liegen in der guten Qualität und Maßhaltigkeit. Wegen der günstigen Fließverhältnisse entstehen keine Bindenähte.

Von Nachteil ist die notwendige Nacharbeit durch das Entfernen des Angusses.

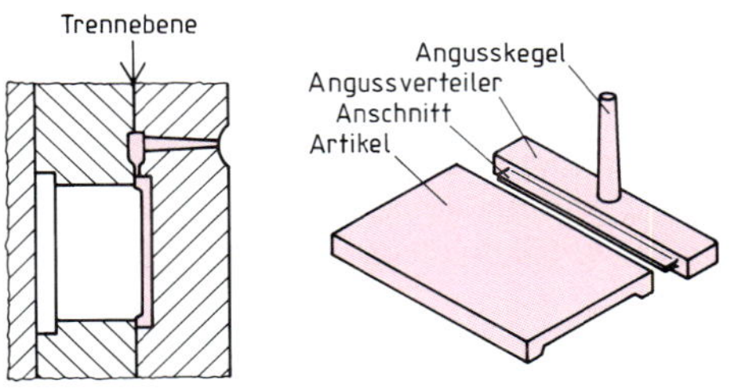

Band- oder Filmanguss

Der Band- oder Filmanguss wird besonders bei flächigen Artikeln eingesetzt, die hohe Maßhaltigkeit und gute Qualität erfordern.

- **Schirmanguss**

Beim Schirmanguss wird der Angusskegel mit einem trichterförmigen Kanal – dem Schirm – verbunden und über den gesamten Querschnitt angeschnitten. Der Kern kann normalerweise bei diesem Anguss nur einseitig gelagert werden. Wegen der Belastung des Kernes beim Spritzvorgang soll das Verhältnis von Kernlänge zu Kerndurchmesser *kleiner* als 5 : 1 gewählt werden (siehe auch Seite 491).

Mit dem Schirmanguss werden kurze rotationssymmetrische Artikel gespritzt.

In diesem Verfahren können qualitativ hochwertige Artikel hergestellt werden. Es treten keine Bindenähte auf, die zur Verminderung der Festigkeit führen.

Die notwendige Nacharbeit zum Entfernen des Angusses muss als Nachteil angesehen werden.

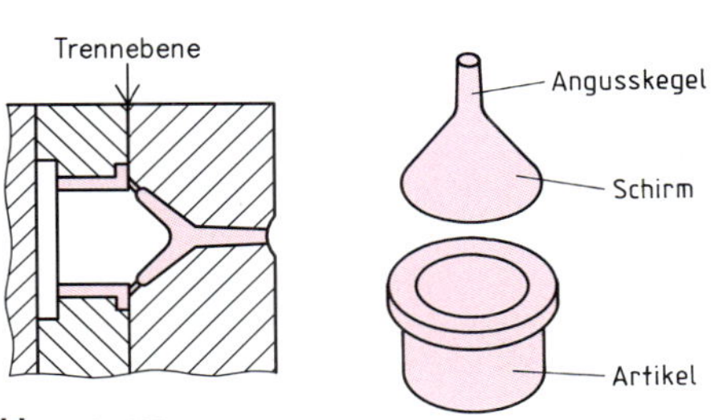

Schirmanguss

Der Schirmanguss eignet sich für kurze, hülsenförmige Artikel. Die mechanischen Eigenschaften der Artikel sind gut, weil keine Bindenähte auftreten.

- **Ringanguss**

Im Ringanguss gelangt die Formmasse vom Angusskegel zunächst in den ringförmigen Angussverteiler. Der Anschnitt erfolgt vom Verteiler aus über den gesamten Durchmesser des Spritzteiles. Der Ringanguss erlaubt es, den Kern beidseitig zu lagern. Dadurch ist es möglich, dass Artikel hergestellt werden können, bei denen das Verhältnis Länge zu Kerndurchmesser *größer* als 5 : 1 ist.

Der Ringanguss wird vor allem bei rotationssymmetrischen, längeren hülsenförmigen Artikeln eingesetzt.

Der Ringanguss eignet sich besonders für Mehrfachwerkzeuge, da die Angussverteiler symmetrisch zum Angusskegel gelegt werden können.

Die notwendige Nacharbeit durch Entfernen des Angusses muss als Nachteil angesehen werden.

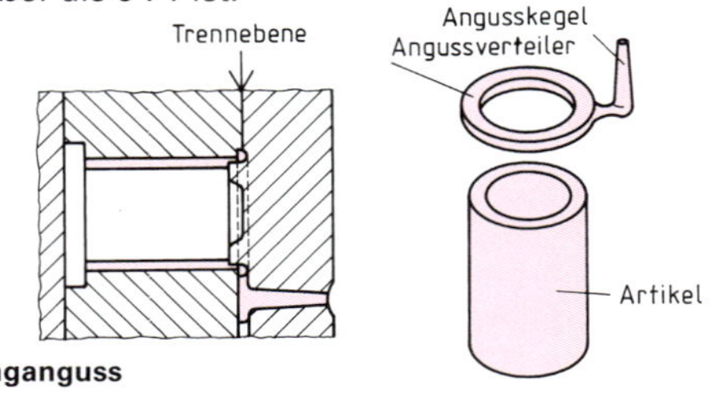

Ringanguss

Der Ringanguss eignet sich für lange, hülsenförmige Artikel. Die mechanischen Eigenschaften der Artikel sind gut, weil keine Bindenähte auftreten.

- **Abreiß-Punktanguss**

Der Abreiß-Punktanguss ist dadurch gekennzeichnet, dass das Formteil und der Anguss in verschiedenen Werkzeugtrennebenen liegen. Zwei Trennebenen lassen sich in einem Dreiplattenwerkzeug verwirklichen.

In einem Dreiplattenwerkzeug werden die Trennebenen nacheinander so geöffnet, dass der Artikel vom Angusssystem durch die Öffnungsbewegung abgerissen wird.

Der Abreiß-Punktanguss eignet sich besonders für Artikel, die in Mehrfachwerkzeugen gefertigt werden. Der besondere Vorteil liegt in der *automatischen Entformung* des Angusses.

Nachteilig sind die erhöhten Werkzeugkosten und der größte Abfall durch das Angussvolumen.

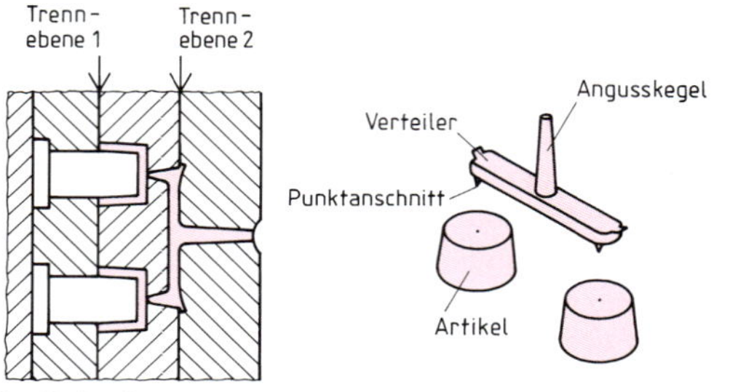

Abreiß-Punktanguss

Der Abreiß-Punktanguss wird in Mehrfachwerkzeugen verwendet. Der Vorteil des Abreiß-Punktangusses liegt im automatischen Entfernen des Angusses, notwendig dazu ist ein Dreiplattenwerkzeug.

- **Tunnelanguss**

Beim Tunnelanguss liegen Formteil und Angusssystem in einer Trennebene. Die Verteilerkanäle werden kurz vor dem Formnest umgelenkt und enden jeweils in einer kegeligen Bohrung – dem Tunnel. Dieser Tunnel verbindet den Anguss mit dem Formhohlraum über einen punktförmigen Anschnitt. Durch die Schräglage des Tunnels vom Verteilerkanal zum Formnest entsteht im Werkzeug eine Kante. Über diese Schneidkante wird das Angusssystem beim Öffnen des Werkzeuges vom Artikel abgetrennt.

Der Tunnelanguss wird besonders für kleine Artikel in Mehrfachwerkzeugen benutzt. Man spritzt vor allem Elastomere mit dieser Angussart. Die *automatische Entformung* des Angusses ist ein weiterer Vorteil.

Da in diesem Angusssystem hohe Druckverluste auftreten, kann es nur für einfache Artikel verwendet werden.

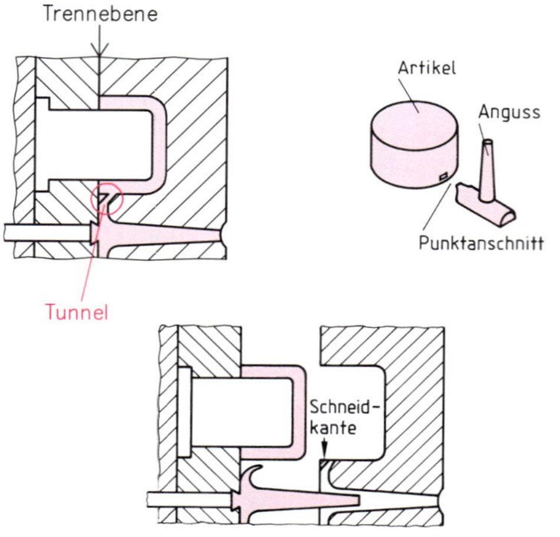

Tunnelanguss

Der Tunnelanguss wird besonders in Mehrfachwerkzeugen für Artikel mit einfachen Konturen eingesetzt. Bei der Öffnung des Werkzeuges wird der Anguss automatisch entformt.

1.4.5 Ausführungsformen von Heißkanalsystemen

Im Heißkanalwerkzeug wird die Schmelze möglichst ohne Wärmeverluste und Druckverluste von der Maschinendüse in den Formhohlraum geführt.
Durch die gezielte Temperaturregelung im Heißkanal bleibt der Kunststoff schmelzflüssig. Der Inhalt des Kanales steht daher für den nächsten Arbeitszyklus (Schuss) zur Verfügung. Verluste durch Angussmaterial treten nicht auf. Dadurch kann das Hubvolumen einer Spritzgießmaschine besser ausgenutzt werden.
Das Heißkanalwerkzeug ist erheblich aufwändiger im Aufbau und in der Herstellung, weil das Angusssystem bis hin zum Anschnitt beheizt ist und die anderen Teile des Werkzeuges gekühlt werden müssen.

• Aufbau des Heißkanalsystems

Ein Heißkanalsystem besteht aus einem beheizten Angusskanal, den beheizten Verteilerkanälen und den beheizten Angießdüsen. Die Temperaturführung erfolgt über Thermofühler und eine entsprechende Regelung. Der Heißkanalverteilerblock ist in der Heißkanalplatte eingebaut. Maschinenseitig wird die Heißkanalplatte von einer Stützplatte abgeschlossen. Werkzeugseitig endet der Heißkanal in einem beheizten Düsengehäuse mit Düse. Diese Düse ragt in die Formplatte hinein und bildet den Anschnitt.
Zwischen dem Heißkanalverteilerblock und der Heißkanalplatte verhindert ein umlaufender Luftspalt den Wärmeübergang. Ein zusätzlicher Kühlkreislauf hält die notwendige Temperaturdifferenz zum Werkzeug hin aufrecht.
Die Temperaturführung an den Angießdüsen geschieht über eine besondere Heizung und eine besondere Anschnittkühlung.

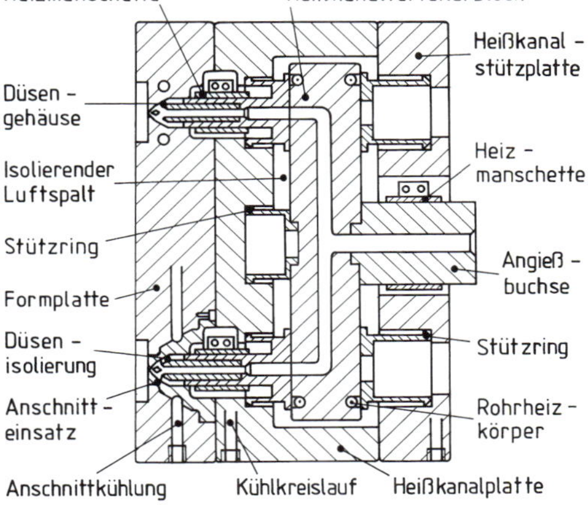

Aufbau eines Heißkanalsystems

Die Temperaturführung im Heißkanalsystem ist so geregelt, dass die Schmelze bis zur Düse ohne Überhitzung plastisch bleibt und dass das wesentlich kühlere Werkzeug die Erstarrung des Kunststoffes gewährleistet. Für das angusslose Spritzgießen von Formteilen aus Thermoplasten benutzt man Heißkanalsysteme.

• Art der Beheizung

Im Heißkanalsystem wird in gesonderten Heizkörpern elektrische Energie in Wärmeenergie umgewandelt.
Die im Heißkanal benötigte Wärme zur Temperierung der plastifizierten Formmasse wird dabei entweder durch ein außen beheiztes System oder durch ein innen beheiztes System zugeführt.
Die wichtigsten Elemente zur Beheizung von Heißkanalverteilerblöcken sind je nach Werkzeugaufbau **Heizpatronen** oder **Rohrheizkörper.** Der Wärmetransport vom Metallmantel des Heizkörpers zum Heißkanalblock erfolgt durch Wärmeleitung. Die Bohrung für die Patrone im außen beheizten Heißkanalblock muss daher die von den Herstellern geforderte Passqualität aufweisen. Bei ungenauem Sitz der Patrone erfolgt der Wärmeabfluss von der Patrone zum Kanalblock nur teilweise über Wärmeleitung und es kommt wegen der Überhitzung der Patrone zu einem elektrischen Kurzschluss. Kegelförmige Heizpatronen lassen sich besser ein- und ausbauen.

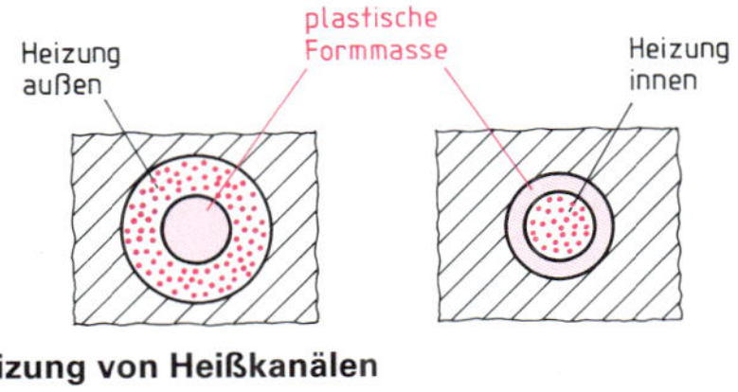

Beheizung von Heißkanälen

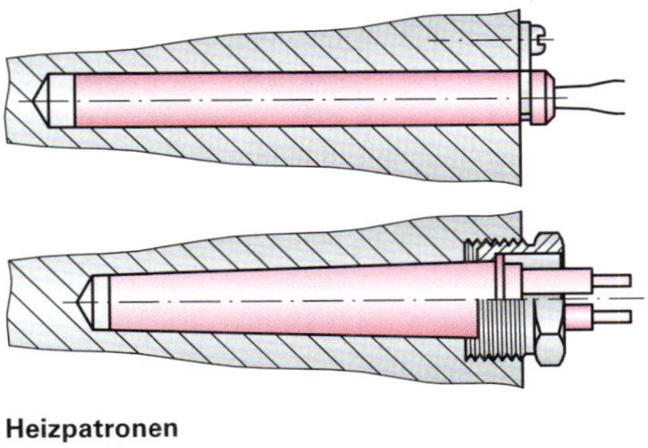

Heizpatronen

Die Auswahl der Heizpatronen wird bestimmt nach der notwendigen Heizleistung und den vorhandenen Platzverhältnissen. Die Heizpatronen werden in außen beheizten Systemen beidseitig entlang der Fließkanäle angeordnet. Der Abstand zwischen der Heizpatrone und dem Verteilerkanal ist abhängig von der Art des Regelsystems, von der Höhe der Leistung und von den Eigenschaften des zu verarbeitenden Kunststoffes.

Beispiel **für den Einsatz von Heizpatronen**

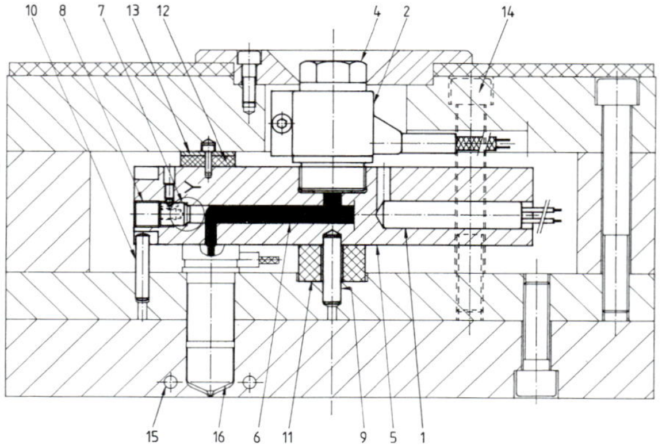

1 Heizpatrone, zylindrisch
2 Heizmanschette mit Thermofühler
3 Thermofühler (nicht dargestellt)
4 Zwischenbuchse
5 Heißkanalverteilerblock
6 Masseverteilerkanal
7 Verschlussstopfen
8 Verschlussschraube
9 Zylinderstift (Zentrierung)
10 Zylinderstift (Verdrehsicherung)
11 Druckscheibe (Keramik)
12 Stützscheibe (Keramik)
13 Druckscheibe (Stahl)
14 Zusätzliche Verschraubung
15 Temperierbohrung
16 Beheizte Angießdüse

In Heißkanalverteilern für Mehrfachwerkzeuge setzt man *Rohrheizkörper* ein. Diese Rohrheizkörper sind im Innern wie Heizpatronen aufgebaut. Man formt sie jedoch entsprechend dem Verlauf der Verteilerkanäle.

Diese Rohrheizkörper werden auf die beiden Seiten eines außen beheizten Heißkanalblockes in Nuten gepresst und dabei so verformt, dass der notwendige metallische Kontakt erreicht wird.
Manchmal werden Rohrheizkörper auch mit einem wärmeleitfähigen Zement eingeklebt oder mit Kupfer eingegossen. Durch alle Verfahren erreicht man, dass der gleichmäßige Wärmeübergang an allen Stellen des Verteilerkanales gewährleistet ist.

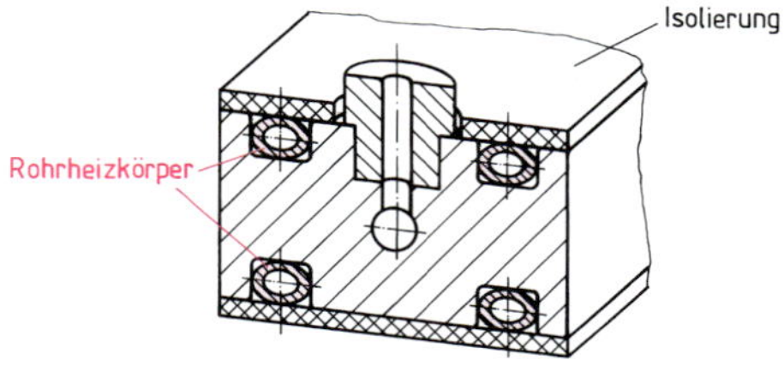

Rohrheizkörper

Der Heißkanalblock wird zwischen Leisten oder in eine entsprechend gestaltete Heißkanalplatte so eingebaut, dass ein umlaufender Luftspalt zur Isolierung vorhanden ist. Über Zentrierungen, Stützringe und eine Stützplatte auf der Maschinenseite erreicht man eine genügend große Steifigkeit des gesamten Werkzeuges.

Beispiel **für den Einbau eines Heißkanalblockes**

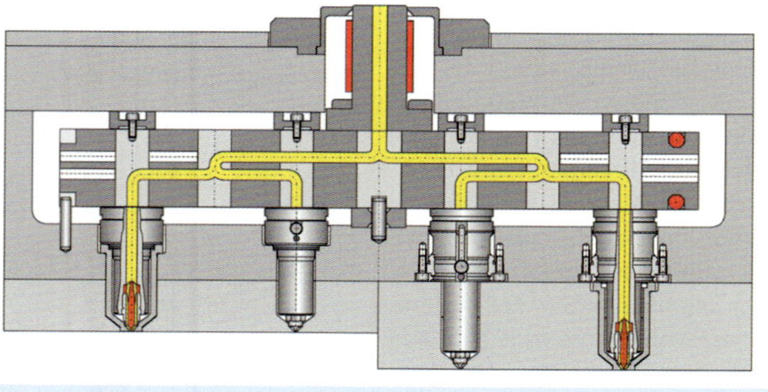

Heißkanäle werden mit Heizpatronen bzw. Rohrheizkörpern beheizt. Da der Wärmetransport durch Wärmeleitung erfolgen soll, müssen die Heizpatronen mit der vom Hersteller geforderten Passqualität eingebaut werden.

- **Angießdüsen**

Die Angießdüse stellt die Verbindung zwischen dem Verteilerkanal und dem Formhohlraum dar. In der Angießdüse muss der Kunststoff bis an das vordere Ende der Düse schmelzflüssig bleiben, das gilt auch für den Entformungsvorgang. Die thermische Trennung zwischen heißem Kanal und kälterem Werkzeug geschieht an der Anschnittstelle und ist technisch unterschiedlich gelöst.

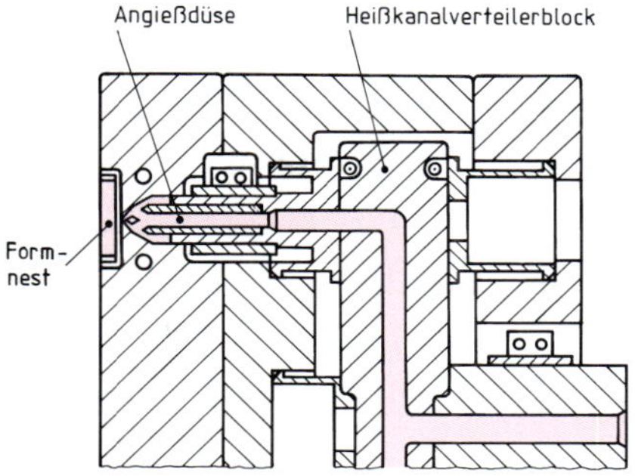

Angießdüse und Verteilerkanal

Je nach Qualitätsanforderung und verwendetem Kunststoff setzt man *offene* oder *verschlossene Düsen* ein. Düsen können außen oder innen beheizt sein. Bleiben während des Entformungsvorganges die Düsen geöffnet, dann benutzt man offene Düsen. Geschlossene Düsen trennen mit Nadelventilen die Schmelze vom erstarrenden Spritzling ab.

Außen beheizte Düsen

In außen beheizten Düsen wird die schmelzflüssige Formmasse vom Heißkanalblock zentral durch eine Düse, die mit einer Heizwendel umgeben ist, zu dem Anschnitt geleitet. Über einen Thermofühler wird die Temperatur gemessen. Ein angeschlossenes Regelsystem sorgt dafür, dass die Heizwendel die notwendige Temperatur hat. Für die austauschbare Düsenspitze benutzt man Material mit guter Wärmeleitfähigkeit. Die Spitze ist vernickelt und besteht z. B. aus einer Kupfer-Beryllium-Legierung.

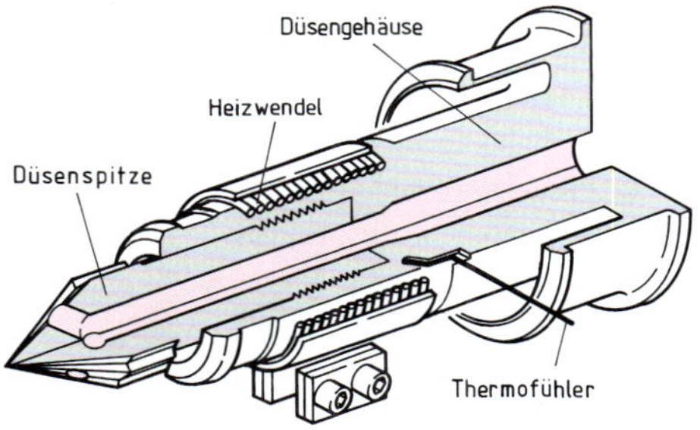

Außen beheizte Düse

Innen beheizte Düsen

Von innen beheizte Düsen arbeiten mit Heizpatronen. Die Heizpatrone befindet sich im Zentrum der Düse. Die Wärmeabgabe erfolgt von innen nach außen. Um den Heizleiter befindet sich jeweils die Kunststoffschmelze, welche um die Patrone herum flüssig ist und zur Werkzeugwandung hin erstarrt. Von innen beheizte Düsen sind nach außen thermisch isoliert und dichten sich selbst ab.

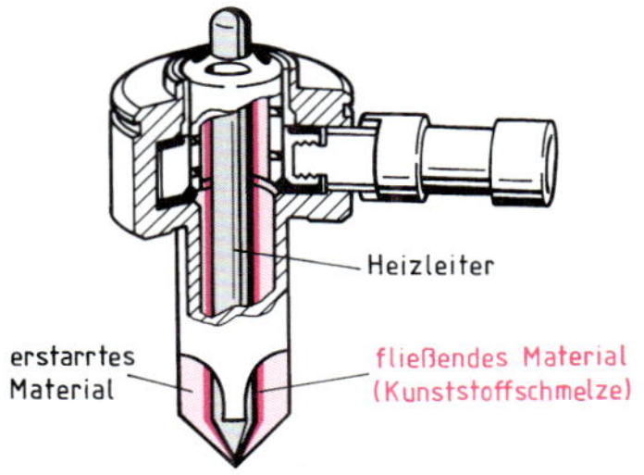

Innen beheizte Düse

Die Angießdüsen bilden den Abschluss des Heißkanales zu den Formnestern hin. Man unterscheidet innen beheizte und außen beheizte Düsen. Der Kunststoff bleibt bis zum vorderen Ende der jeweiligen Düse schmelzflüssig.

1.4.6 Ausführungsformen von Kaltkanalsystemen

Für die Verarbeitung von duroplastischen Kunststoffen oder von Elastomeren verwendet man Werkzeuge, bei denen der Formhohlraum besonders beheizt wird, damit der Kunststoff aushärten kann. Das Angusssystem dagegen muss gekühlt werden. Da in diesen Werkzeugen im Angussbereich die Temperatur niedriger ist als im Formhohlraum, bezeichnet man solche Systeme als Kaltkanalsysteme. Die Betriebstemperatur im Formhohlraum beträgt beispielsweise 170 °C, während die Temperatur im Kaltkanalsystem unter 100 °C liegt.

Beispiel für den Aufbau eines Kaltkanalwerkzeuges

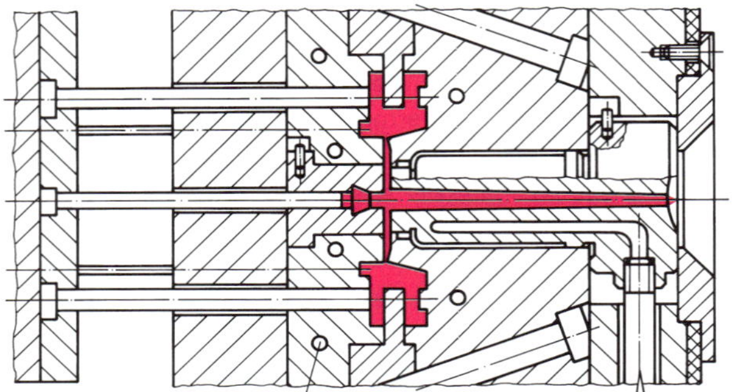

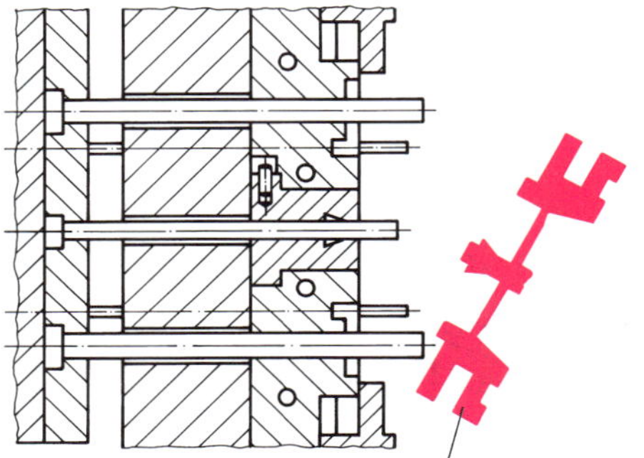

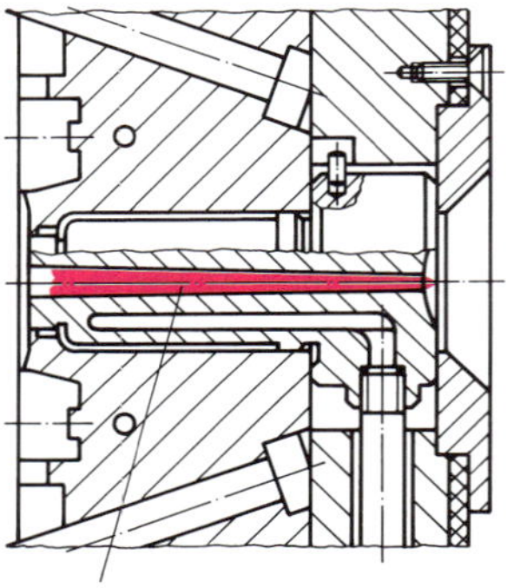

Das Kaltkanalsystem zeichnet sich dadurch aus, dass das Angusssystem kühler sein muss als der Formhohlraum. Weil duroplastisches Material nach dem Aushärten nicht wieder verwendbar ist, bevorzugt man zunehmend die angusslose Verarbeitung solcher Formmassen.

1.5 Temperiersystem

Beim Spritzgießen wird der Formhohlraum mit flüssigem oder plastifiziertem Kunststoff gefüllt. Dieser Kunststoff soll unter Druck möglichst schnell erstarren.

- **Verarbeitung von Thermoplasten**

Verarbeitet man *Thermoplaste,* so muss durch ein entsprechendes Kühlsystem dem Werkzeug Wärme entzogen werden. Der in das Werkzeug eingespritzte plastifizierte Kunststoff hat nämlich eine hohe Temperatur. Diese hohe Temperatur muss bis zur Düsenspitze aufrechterhalten bleiben, damit die Düse nicht einfriert. Im Werkzeug dagegen muss die Temperatur so niedrig gehalten werden, dass der Kunststoff erstarrt.

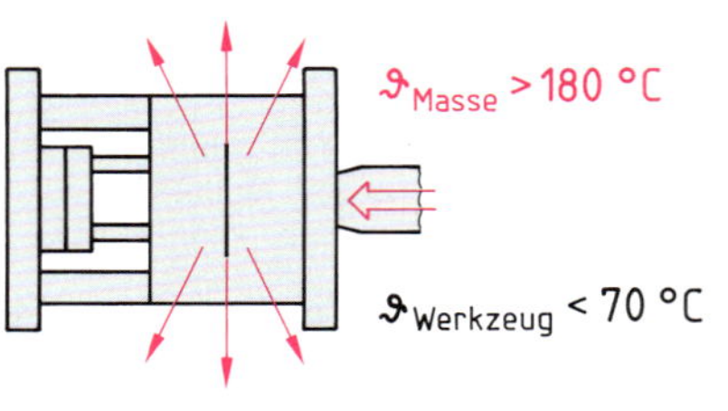

Verarbeitung von Thermoplasten

Bei der Verarbeitung von Thermoplasten muss der Formhohlraum über das Temperiersystem Wärme entzogen werden.

- **Verarbeitung von Duroplasten**

Verarbeitet man *Duroplaste* bzw. *Elastomere,* so wird dem Werkzeug über ein entsprechendes Heizsystem Wärme zugeführt. Der in das Werkzeug eingebrachte Kunststoff hat eine niedrigere Temperatur. Im Werkzeughohlraum muss ihm Wärme zugeführt werden, damit er aushärtet.

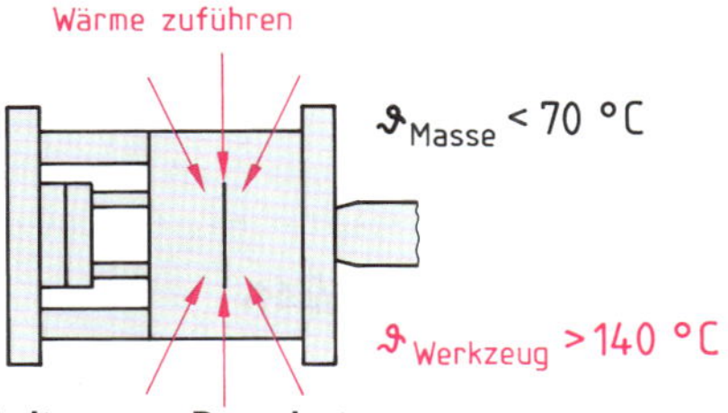

Verarbeitung von Duroplasten

Bei der Verarbeitung von Duroplasten muss dem Formhohlraum über das Temperiersystem Wärme zugeführt werden.

1.5.1 Wärmeenergie und Wärmeleitung

Der Wärmeaustausch zwischen der Formmasse und dem Spritzgießwerkzeug beim Spritzgießen beeinflusst die Qualität des Artikels und die Wirtschaftlichkeit der Herstellung.
Eine möglichst optimale Temperaturführung im Werkzeug kann verwirklicht werden, wenn das Spritzgießwerkzeug mit einem entsprechenden Temperiersystem ausgerüstet ist. Zum Verständnis der physikalischen Vorgänge bei der Temperierung gehören Kenntnisse über *Wärmeenergie* und *Wärmeleitung.*

- **Wärmeenergie (Wärmemenge)**

Erwärmt man einen thermoplastischen Kunststoff für einen Spritzling von Raumtemperatur auf Schmelztemperatur, so muss man dem Kunststoff Energie zuführen.
Der Kunststoff wird also aus einem bestehenden niedrigen Energiezustand in einen höheren Energiezustand gebracht. Die zugeführte Energie wird auch als Wärmeenergie oder Wärmemenge bezeichnet. Das Formelzeichen für die Wärmemenge ist Q; die Einheit für die Wärmemenge ist das Joule (Einheitenzeichen: J).
Soll der thermoplastische Kunststoff im Formhohlraum erstarren, so muss ihm Wärmeenergie bzw. eine bestimmte Wärmemenge entzogen werden. Der Kunststoff wird von einem hohen Energiezustand in einen niedrigeren Energiezustand gebracht.
Aus entsprechenden Diagrammen ermittelt man die Wärmemenge, die einem System zugeführt bzw. entzogen werden muss, wenn man die Temperatur ändern will.
In solchen Diagrammen ist der Energieinhalt für Kunststoffe über der Temperatur aufgetragen. Aus praktischen Gründen wird dieser Energiegehalt auf ein Kilogramm bezogen und in kJ/kg angegeben. Aus Gründen der Vereinfachung setzt man den Energieinhalt für 20 °C gleich Null. Man kann so vorgehen, weil für die Bestimmung der Wärmeenergie nur der Energieunterschied eine Rolle spielt.
Die Energieinhaltskurven sind werkstoffabhängig und werden durch Versuche ermittelt.

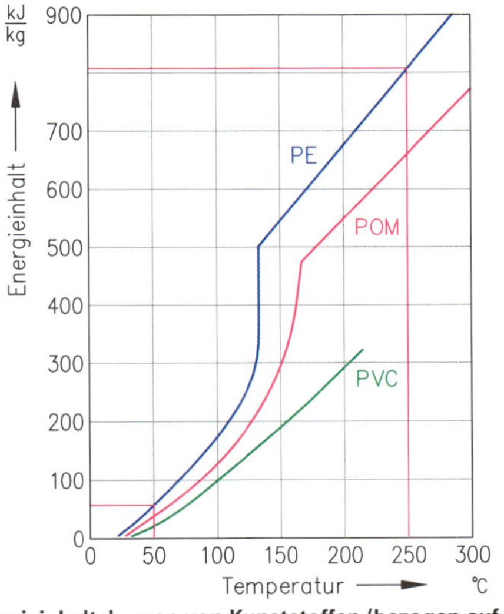

Energieinhaltskurven von Kunststoffen (bezogen auf 20 °C)

Beispiel **für die Ermittlung der abzuführenden Wärmeenergie beim Spritzgießen**

Aufgabe

Eine Schmelze aus Polyethylen (PE) soll aus einer Verarbeitungstemperatur von 250 °C auf eine Temperatur von 50 °C abgekühlt werden. Welche Wärmeenergie muss je kg Schmelze durch das Temperiersystem abgeführt werden?

Lösung

Energieinhalt bei 250 °C	=	800 kJ/kg
Energieinhalt bei 50 °C	=	60 kJ/kg
abzuführende Wärmeenergie		**740 kJ/kg**

- **Wärmeleitung und Wärmeaustausch**

Die Wärmeenergie aus der Schmelze von thermoplastischen Kunststoffen soll aus dem Formhohlraum möglichst schnell, gleichmäßig und kontrolliert abgeführt werden.
Die Kunststoffmasse erstarrt nach dem Einspritzen an der kühleren Werkzeugwand zuerst. In diesem Bereich erfolgt der Wärmeübergang vom heißen Kunststoff zum kühleren Metall. Die Wärmeenergie im Inneren des Artikels gelangt durch Wärmeleitung an die Werkzeugwand. Weil die Wärmeleitfähigkeit bei Kunststoffen sehr schlecht ist und viel Wärmeenergie abgeführt werden muss, dauert der Erstarrungsvorgang relativ lange. Deshalb sind Kunststoffartikel dünnwandig gestaltet.

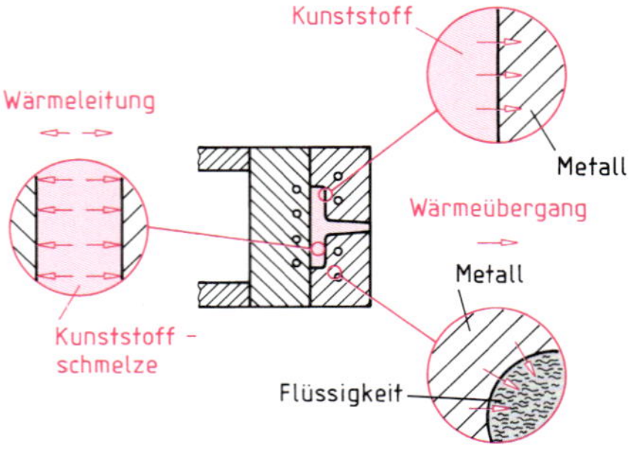

Wärmeleitung und Wärmeaustausch

Ein Maß für die Wärmeleitfähigkeit ist die Wärmeleitzahl λ (gesprochen *lambda)*. Die Wärmeleitzahl gibt an, welche Wärmeenergie pro Sekunde durch einen Vergleichskörper fließt. Dieser Vergleichskörper hat einen Querschnitt von 1 m^2 und ist 1 m dick; der Temperaturunterschied von Wand zu Wand beträgt dabei 1 K. Die Einheit der Wärmeleitzahl ergibt sich demnach wie folgt:

$$[\lambda] = \frac{J \cdot m}{s \cdot m^2 \cdot K} = \frac{W}{m \cdot K}$$

Einheit der Wärmeleitzahl

Beispiele **für Wärmeleitzahlen**

Werkstoff	**Kupfer**	**Aluminium**	**Stahl je nach Sorte**	**Wärmeleitzement**	**Kunststoff je nach Sorte**	**Luft je nach Temperatur**
Wärmeleitzahl in $\frac{W}{m \cdot K}$	395	220	17 bis 40	13	0,2 bis 1,2	0,02 bis 0,05
Zuordnung	gute Wärmeleiter				schlechte Wärmeleiter	

Die Formnestwand aus Metall leitet die Wärmeenergie sehr gut weiter. Somit entzieht das Werkzeug dem Formteil Wärmeenergie. Das Werkzeug selbst gibt diese Wärmeenergie auf unterschiedliche Arten ab:

- durch *Wärmeleitung* an die Spritzgießmaschine,
- durch *Wärmeabgabe* an die Luft in der Umgebung,
- durch *Wärmeaustausch* mit einem Temperiersystem.

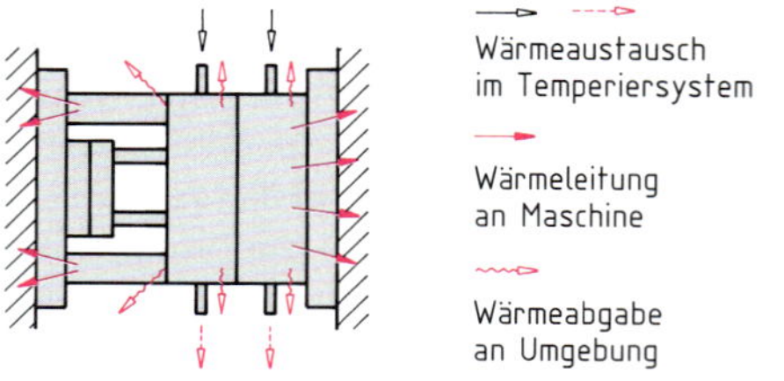

Energieaustausch am Spritzgießwerkzeug

Der notwendige Energieaustausch beim Erstarrungsvorgang von thermoplastischen Kunststoffen in einem Spritzgießwerkzeug erfolgt durch Wärmeübergang und Wärmeleitung.

1.5.2 Technologische Grundlagen zur Temperierung

Eine gleichmäßige und kontrollierte Temperierung des Spritzgießwerkzeuges erreicht man durch ein *Temperiersystem.* Früher benutzte man Werkzeuge, bei denen sich die gewünschte Temperatur des Werkzeuges beim Spritzgießvorgang durch Wärmeabgabe an die Umgebung von selbst ohne Temperiersystem einstellen sollte. Diese Art der Temperaturführung hatte jedoch geringe Qualitäten der Artikel und hohe Ausschussraten zur Folge.

Durch Temperiersysteme können die Werkzeugwandtemperaturen genau eingestellt und auch geregelt werden. Eine optimale Temperaturführung erhöht die Qualität der Artikel und verbessert die Wirtschaftlichkeit des Prozesses.

Ein Temperiersystem besteht aus Kanälen in der Nähe der Formnester. Durch diese Kanäle wird eine Flüssigkeit gepumpt. Diese Flüssigkeit kann dem Werkzeug Wärme entziehen oder dem Werkzeug Wärme zuführen. Mithilfe von Temperaturfühlern und Regeleinrichtungen kann die Temperierung überwacht und eingestellt werden.

Der Unterschied zwischen der Eingangs- und der Ausgangstemperatur des Temperiermediums soll möglichst unter 5 K liegen. Nur durch annähernd gleiche Werkzeugwandtemperaturen im Formnest lassen sich Qualitätsartikel herstellen.

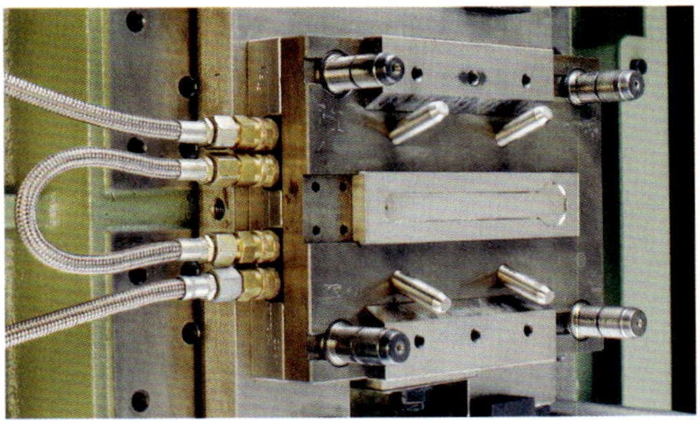

Temperiersystem

- **Harte und weiche Temperierung**

Führt man die Wäremeenergie aus dem Formnest durch ein Kühlmedium ab, sodass die Werkzeugwandtemperatur unter 60 °C liegt, so spricht man von *„harter Temperierung"*. Durch harte Temperierung erreicht man niedrige Werkzeugwandtemperaturen. Die schnelle Abkühlung erlaubt kurze Zykluszeiten. Sie führt jedoch zu Schwankungen in den Abmessungen der Artikel sowie zu Unregelmäßigkeiten im Gefüge und damit zu höheren Eigenspannungen.

Harte Temperierung setzt man bei der Herstellung von Massenartikeln mit geringen Qualitätsanforderungen ein.

Ist die Auskühlung des Formnestes durch Wärmeleitung zu groß, so muss über das Temperiersystem weniger Wärmeenergie abgeführt bzw. Wärmeenergie zugeführt werden. Diese Art der Temperaturführung bezeichnet man als *„weiche Temperierung"*. Durch weiche Temperierung erreicht man Werkzeugwandtemperaturen oberhalb von 60 °C. Die Abkühlung der Schmelze in Werkzeugen mit hohen Temperaturen setzt man dann ein, wenn Präzisionsartikel hergestellt werden müssen. Die langsame Abführung der Wärme aus dem Werkzeug führt zu einem besseren Schwindungsverhalten. Dadurch haben die Artikel hohe Maß- und Formgenauigkeit und gute mechanische Eigenschaften. Die längeren Zykluszeiten nimmt man dabei in Kauf.

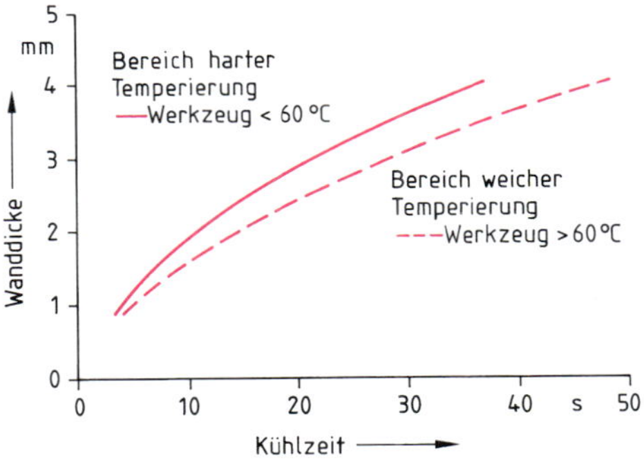

Temperierbereich und Kühlzeiten (Beispiel)

Die harte Temperierung setzt man zum Spritzgießen von Massenartikeln aus Thermoplasten ein. Mit weicher Temperierung arbeitet man bei technisch hochwertigen Formteilen aus Thermoplasten.

- **Entformungstemperatur**

Nach der Erstarrung muss der Spritzling solange im Formnest bleiben, bis seine mechanischen Eigenschaften es erlauben, ihn ohne Schaden zu entformen. Die Temperatur, bei der diese Entformung stattfindet, bezeichnet man als Entformungstemperatur. Die Entformungstemperatur ist werkstoffabhängig und liegt bei amorphen Thermoplasten mindestens 10 °C unter der Einfriertemperatur, weil die Festigkeitseigenschaften erst unterhalb der Einfriertemperatur genügend groß sind.

Amorphe Thermoplaste lassen sich deshalb nicht im „gummielastischen Bereich" zwischen Schmelztemperatur ϑ_S und der Einfriertemperatur ϑ_E entformen.

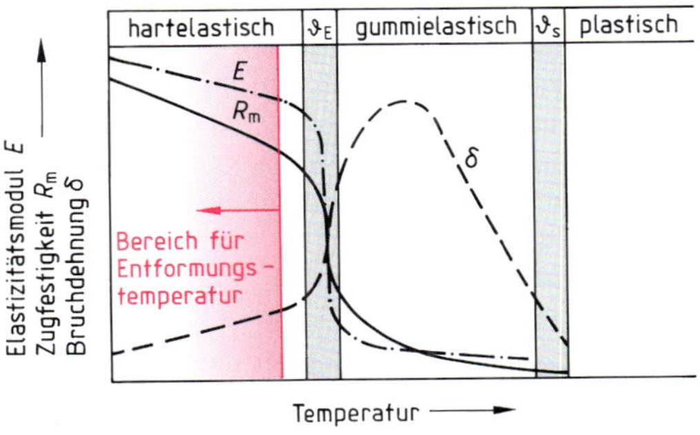

Formänderungsverhalten amorpher Thermoplaste

Bei teilkristallinen Thermoplasten kann die Entformungstemperatur zwischen der Schmelztemperatur ϑ_s und der Einfriertemperatur ϑ_E gewählt werden, weil die Festigkeitseigenschaften im „zähharten Bereich" für die Entformung ausreichen.
Die Entformungstemperatur liegt bei teilkristallinen Thermoplasten im zähharten Bereich.

- **Temperiermedium**

Die genaue Temperierung der Formnester erfolgt meist mit Wasser oder Öl. Für eine harte Temperierung benutzt man in der Regel Wasser. Dabei muss bedacht werden, dass durch Wasser die Kanäle korrodieren bzw. sich durch Kalkablagerungen zusetzen. Die gewünschte Temperierung setzt eine regelmäßige Wartung der Temperaturkanäle voraus. Weiche Temperierung wird mit Wasser oder mit Öl erreicht. Für Kunststoffe, die höhere Entformungstemperaturen erfordern, benutzt man Öl.

- **Temperierkanäle**

Die Lage und die Abmessungen der Temperierkanäle beeinflussen die Temperaturverteilung im Formnest.
Bei härterer Temperierung ordnet man mehr Kanäle an, außerdem haben sie einen geringeren Abstand zum Formnest.
Für weichere Temperierung wählt man einen größeren Abstand der Kanäle untereinander und zum Formnest. Dadurch bleibt die Temperaturverteilung an der Werkzeugwand im Formnestbereich während des Spritzgießvorganges gleichmäßiger.
Aus Fertigungsgründen werden Temperierkanäle meist mit rundem Querschnitt durch Bohren hergestellt. Mit zunehmender Wanddicke der Artikel wählt man Kanäle mit größeren Durchmessern.
Durch *Verschlussstopfen* bzw. *Verschlussschrauben* kann man die gewünschten Temperierkreisläufe gestalten.

- **Temperierung von Kernen**

Während des Erstarrungsvorganges schwindet der Kunststoff („Schwindung" siehe Seite 449). Bei Werkzeugen mit Kernen schrumpft der Werkstoff kernseitig auf und löst sich von der gegenüberliegenden Wandung. Dadurch entsteht ein kleiner Luftspalt. Die schlechte Wärmeleitfähigkeit der Luft hat zur Folge, dass der größte Teil der Wärmeenergie über die Werkzeughälfte mit den Kernen abgeleitet werden muss.
Aus diesem Grunde muss der Kerntemperierung besondere Aufmerksamkeit geschenkt werden. Je nach dem Kerndurchmesser und der Kernhöhe werden unterschiedliche Temperiermethoden verwendet.

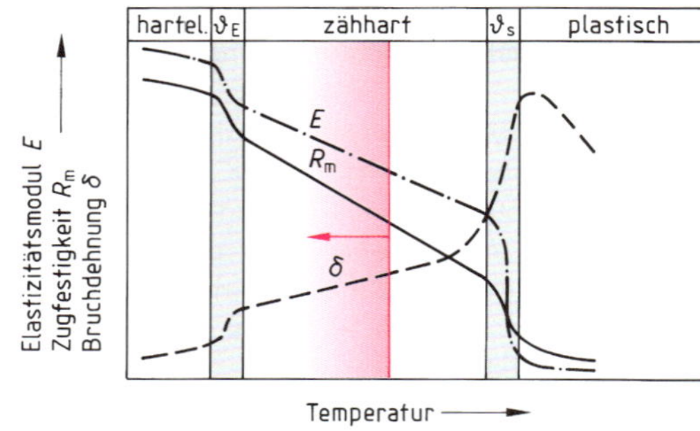

Formänderungsverhalten teilkristalliner Thermoplaste

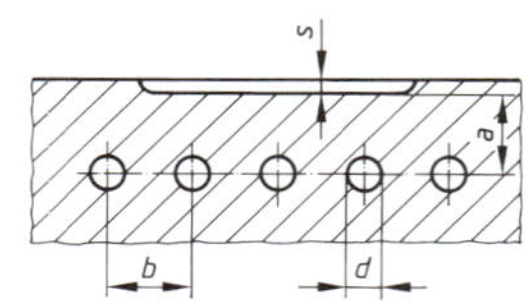

Wanddicke *s* in mm	**Kanal-∅ *d* in mm**	**Abstand *a* in mm**	**Teilung *b* in mm**
2	8 bis 10	16 bis 30	bis 30
4	10 bis 12	20 bis 36	bis 36
6	12 bis 15	24 bis 45	bis 45

b soll größer oder gleich *a* gewählt werden

Temperierkanäle – Abstände

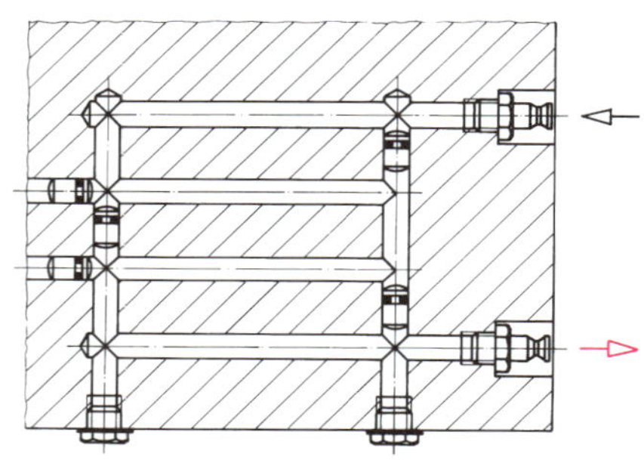
Temperierkanäle – Kreislaufgestaltung

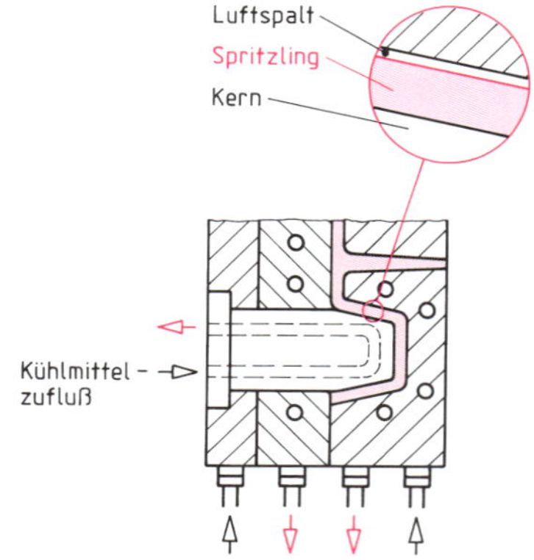

Temperierung von „Kernen"

- **Temperierkreisläufe**

Die richtige Werkzeugwandtemperatur erreicht man durch zweckmäßig geschaltete Temperierkreisläufe. Dabei lassen sich Temperierkreisläufe *hintereinander* in Reihe oder *parallel* schalten. Große Werkzeuge und Werkzeuge für Qualitätsartikel haben mehrere voneinander unabhängige Temperierkreisläufe.

Reihenschaltung

Bei der Reihenschaltung durchströmt das Medium nacheinander den gesamten Temperierkreis. Eine in Reihe geschaltete Temperierung ist einfach herzustellen. Sie hat jedoch den Nachteil, dass sich das Temperiermedium mit der Länge des Strömungsweges zunehmend aufheizt; dadurch entstehen unterschiedliche hohe Werkzeugwandtemperaturen. Durch zu hohe Temperaturunterschiede im Werkzeug heizt sich das Medium zu stark auf. Die Differenz zwischen der Austrittstemperatur des Temperaturmediums und der Eintrittstemperatur sollte jedoch nicht mehr als 5 °C betragen.

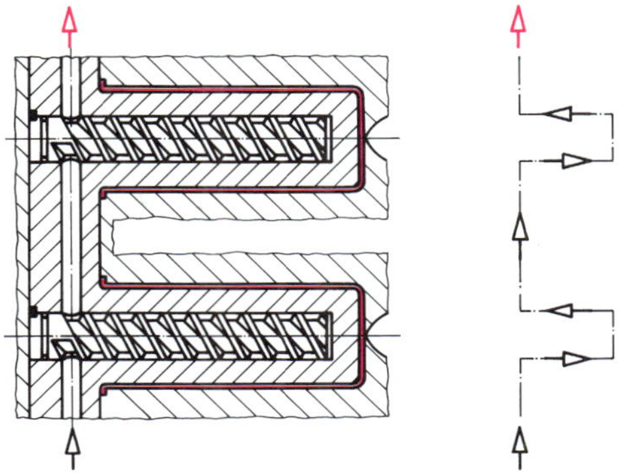

Temperierung mit Reihenschaltung

Die Reihenschaltung von Temperierkreisläufen benutzt man für kleinere Werkzeuge. Wichtig ist dabei, dass die Temperaturdifferenz des Mediums zwischen Eintritt und Austritt nicht mehr als 5 °C beträgt.

Parallelschaltung

Bei der Parallelschaltung durchströmt das Medium gleichzeitig in verschiedenen Kanälen den Temperierkreis.
Die parallel geschaltete Temperierung ist aufwändiger in der Herstellung. Der Vorteil dieser Schaltung liegt darin, dass der Energieaustausch an mehreren Stellen gleichzeitig erfolgt; dadurch bleiben die Werkzeugwandtemperaturen weitgehend gleich.

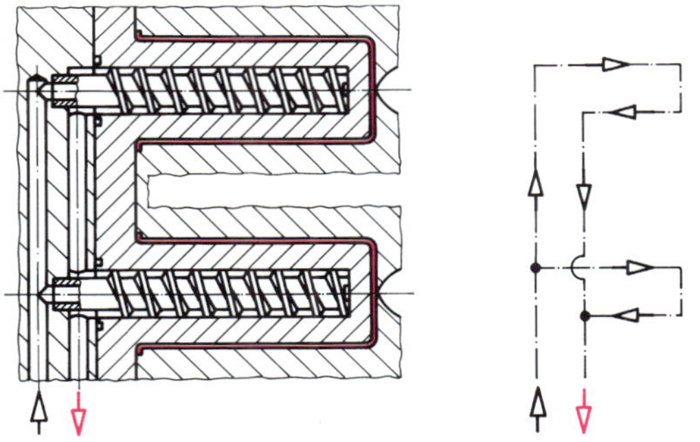

Temperierung mit Parallelschaltung

Durch die Parallelschaltung von Temperierkreisläufen erreicht man eine gleichmäßige Temperaturführung im Werkzeug.

Mehrere Kreisläufe

Bei großen Werkzeugen bzw. bei Werkzeugen für hochwertige Artikel setzt man mehrere voneinander getrennte Temperierkreisläufe ein. Durch Temperaturfühler und Regelsysteme können die Werkzeugwandtemperaturen den unterschiedlichen Bedingungen des Wärmeaustausches optimal angepasst werden.

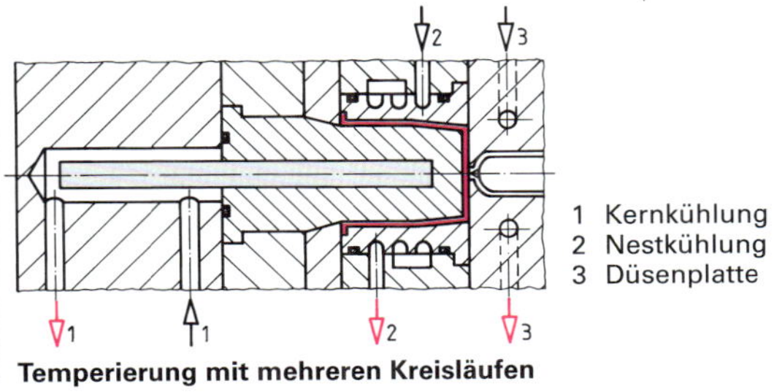

Temperierung mit mehreren Kreisläufen

Die Temperaturführung im Formnest kann man durch folgende Maßnahmen beeinflussen:

- die Auswahl des Kanaldurchmessers
- den Abstand der Kanäle zum Formnest
- den Abstand der Kanäle untereinander
- die Art des Kreislaufes

1.6 Entformungssystem

Der Spritzling muss nach dem Erstarren aus dem Werkzeug entformt werden, ohne dass er dabei beschädigt wird. Die beim Abkühlen einsetzende Schwindung des Formteiles und die konstruktive Gestaltung des Artikels verhindern in der Regel, dass beim Öffnen des Werkzeuges der Spritzling aufgrund der Schwerkraft herausfällt. Daher wird das Werkzeug mit einem besonderen Entformungssystem ausgestattet (siehe auch Seite 451).

Das Entformungssystem richtet sich nach der Gestalt des Spritzteiles. Man unterscheidet Artikel *mit* und *ohne Hinterschneidungen.* Hinterschneidungen liegen dann vor, wenn quer zur Entformungsrichtung Werkstoffkonturen vorhanden sind. Bei äußeren Werkstoffkonturen spricht man von äußeren Hinterschneidungen.
Liegen die Konturen innen, so bezeichnet man sie als innere Hinterschneidungen.

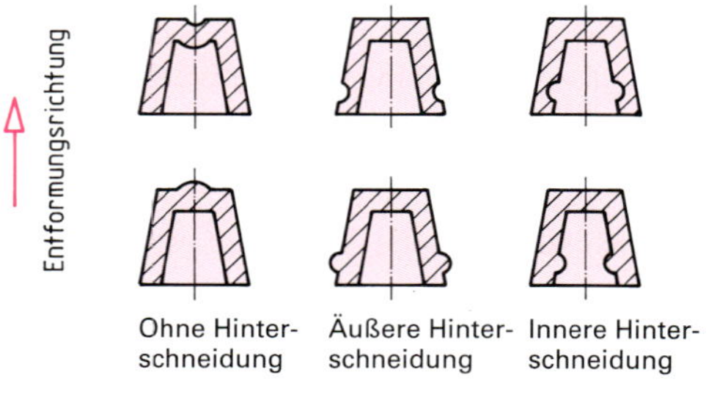

Hinterschneidungen an Artikeln

Beispiele **für Artikel mit und ohne Hinterschneidungen**

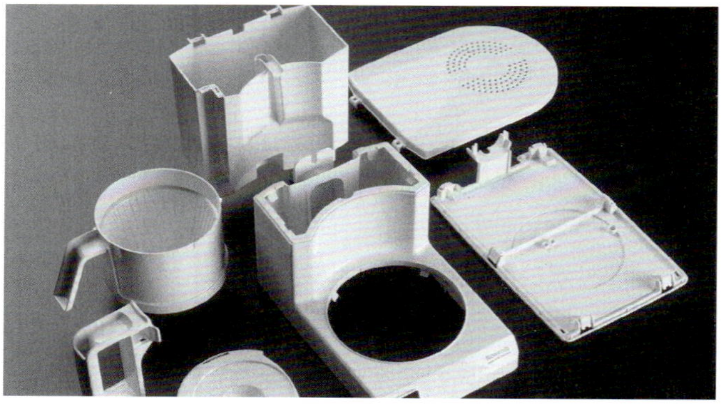

Hinterschneidungen sind Werkstoffkonturen, die quer zur Entformungsrichtung liegen. Hinterschneidungen an Spritzlingen beeinflussen wesentlich die konstruktive Gestaltung des Werkzeuges.

In den meisten Fällen ist das Entformungssystem in der beweglichen Formhälfte eingebaut, weil man die Maschinenbewegung zur Entformung ausnutzt. Die Maschinenbewegung wird bei einfachen Werkzeugen direkt als Entformungsbewegung benutzt. Bei Formteilen mit Hinterschneidungen wird die Maschinenbewegung aber auch in seitliche oder schraubende Entformungsbewegungen umgesetzt.

Umsetzung der Maschinenbewegung in Entformungsbewegung

gerade	seitlich	schraubend
• Standardwerkzeug • Abstreiferwerkzeug	• Schieberwerkzeug • Backenwerkzeug	• Schraubwerkzeug

Werkzeugeinteilung nach Entformungssystem

1.6.1 Entformung im Standardwerkzeug

Das Standardwerkzeug wird auch als *Normalwerkzeug* bezeichnet. Es hat eine Trennebene und besteht aus zwei Werkzeughälften. Die Entformungsbewegung erfolgt in Richtung der Maschinenbewegung. Entformt wird das Spritzteil durch Auswerferelemente oder bei sehr einfachen Teilen durch das Eigengewicht.
Die Auswerferelemente und die dazu notwendigen Führungs- und Halteelemente bezeichnet man als Funktionselemente zum Entformen. Wichtige Funktionselemente zum Entformen, die in fast allen Werkzeugen eingesetzt werden sind:

- *Auswerferstifte*
- *Auswerferhülsen*
- *Auswerferplatten*
- *Führungselemente*

Die Betätigung des Entformungssystems erfolgt durchweg mechanisch unter Ausnutzung der Maschinenbewegung. In besonderen Fällen jedoch wird die Entformungsbetätigung *pneumatisch* oder *hydraulisch* vorgenommen.

- **Auswerfer und Formnest**

Die Entformungskräfte erfordern die Verteilung der Auswerfer so über die Artikelfläche, dass der Spritzling gleichmäßig entformt werden kann. Weil die Auswerfer Markierungen am Artikel hinterlassen, setzt man sie an solche Stellen, an denen sie nicht stören. Neben der Entformung übernehmen die Auswerfer noch zusätzlich die Aufgabe der Entlüftung der Formnester während des Spritzvorganges. Deshalb wird am Umfang der Auswerferstifte oder -hülsen eine Abflachung angebracht. Bei einem Auswerfer von 6 mm Durchmesser beträgt die Abflachung beispielsweise 0,02 bis 0,05 mm. Wegen der Vermeidung von Lufteinschlüssen an Stegen und im Bereich tiefer Konturen baut man vor allem dort Auswerfer ein.

- **Auswerfer im Werkzeug**

Auswerferstifte (1) werden im Spritzgießwerkzeug in die Auswerferhalteplatte eingepasst und mit der Auswerfergrundplatte gesichert. Auswerferstifte werden normmäßig mit zylindrischen oder kegeligem Kopf angeboten.
Runde Auswerferstifte, die an schrägen Konturen liegen, müssen gegen Verdrehen in der Auswerferhalteplatte gesichert sein.

Rückdruckstifte (2), manchmal auch *blinde Auswerferstifte"* genannt, werden ebenfalls in die Auswerferhalteplatte eingepasst. Sie führen das Entformungssystem und drücken es beim Schließen des Werkzeuges zurück.

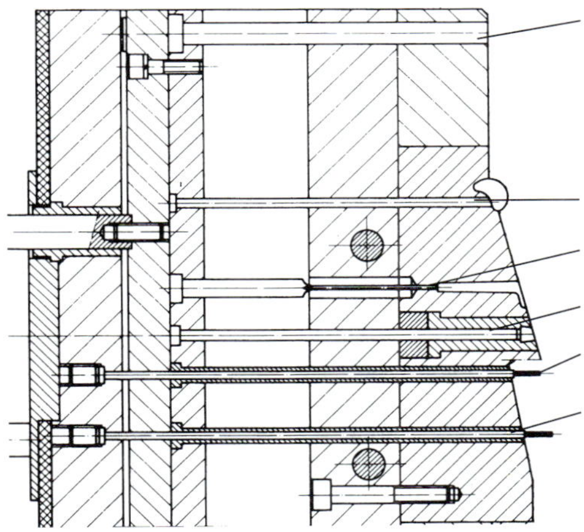

Einbau von Auswerfern

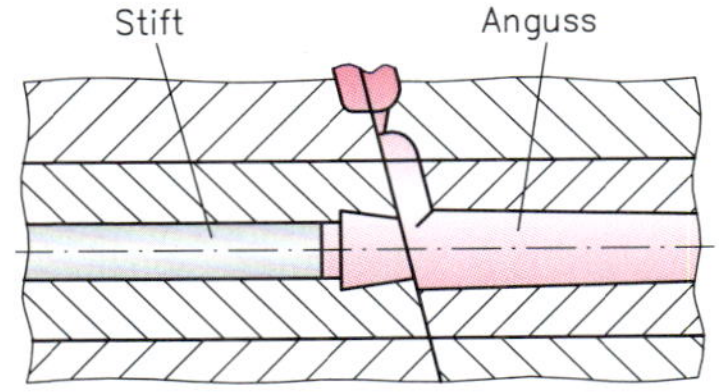

Angussauswerferstift

Auswerferhülsen (3) setzt man dann ein, wenn durch Kerne Aussparungen oder Löcher im Artikel entstehen sollen. Die Auswerferhülse wird ebenfalls in die Auswerferplatte eingepasst.
Kernstifte (4) dagegen werden in der Auswerferspannplatte gehalten.
Flachauswerferstifte (5) benutzt man dann, wenn für runde Auswerferstifte kein Platz vorhanden ist.
Angussauswerferstifte (6) haben manchmal eine Hinterschneidung, die dafür sorgt, dass der Anguss herausgezogen wird. Es ist zweckmäßiger, normalisierte Angussbuchsen zu verwenden.

- **Auswerfer als Normteile (Tabellenauszug)**

Zeichnung	Bezeichnung/DIN	Symbol nach DIN 16750	Werkstoff	Härte
	Auswerferstift mit zylindrischem Kopf DIN 1530 Form A		Warmarbeitsstahl 1.2343/1.2344	nitriert > 950 HV 0,3 Kernfestigkeit ~ 1500 N/mm²
			legierter Werkzeugstahl z. B. 1.2516	durchgehärtet 62 HRC
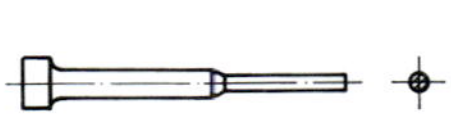	Auswerferstift mit zylindrischem Kopf, Schaft abgesetzt DIN 1530 Form C		Warmarbeitsstahl 1.2343/1.2344	nitriert > 950 HV 0,3 Kernfestigkeit ~ 1500 N/mm²
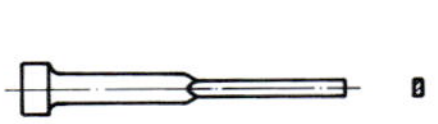	Flachauswerfer mit zylindrischem Kopf, Schaft rechteckig abgesetzt DIN 1530 Form E		Warmarbeitsstahl 1.2343/1.2344	nitriert > 950 HV 0,3 Kernfestigkeit ~ 1500 N/mm²
			legierter Werkzeugstahl z. B. 1.2516	durchgehärtet 62 HRC

Beispiel für die Bestellungsangaben eines Flachauswerferstiftes

Artikel Nummer / 4,0 x 1,0 x 3,5 x 80

- Artikel Nummer: Herstellerspezifische Angabe – sie gibt verschlüsselt den Werkstoff und den Behandlungszustand an
- 4,0: Stiftdurchmesser
- 1,0: Dicke des Schaftes
- 3,5: Breite des Schaftes
- 80: Gesamtlänge des Stiftes

- **Führung des Auswerfersystems**

Die Auswerferplatten müssen mit den eingebauten Auswerferstiften und Auswerferhülsen gesondert geführt werden. Diese Führung ist notwendig, damit sich die Auswerfer beim Entformen des Spritzlings nicht verkanten bzw. verklemmen. Je nach Größe des Werkzeuges und der Anzahl der Formnester kennt man unterschiedliche Konstruktionen.

In kleineren Werkzeugen ist der **Auswerferbolzen** meist mittig angebracht. Er ist mit der Auswerfergrundplatte verschraubt und gleitet in der **Führungsbuchse** der Aufspannplatte.

Die Auswerfer selbst gleiten in der Formplatte, da sie dort mit Spiel eingepasst sind. Das Auswerfersystem wird somit in der Aufspannplatte und in der Formplatte geführt und kann nicht verkanten.

Beim Öffnen des Werkzeuges schlägt der Auswerferbolzen auf einen feststehenden Anschlag an der Spritzgießmaschine, dadurch entformen die Auswerfer den Spritzling.

Beim Schließen des Werkzeuges wird das Entformungssystem über eine Feder zurückgedrückt bzw. über Rückdruckstifte in die Ausgangslage gebracht.

Die Ausgangslage wird durch Anschläge gewährleistet. Diese **Anschlagscheiben** sind so zwischen Auswerfergrundplatte und Aufspannplatte eingepasst, dass die Auswerfer bei Betriebstemperatur des Werkzeuges nicht in den Formhohlraum hineinragen oder zurückliegen.

In großen Werkzeugen führt man die Auswerferplatten an mehreren Stellen über gesonderte **Führungssäulen** oder **Führungshülsen**. Diese gleiten in Führungsbuchsen und sind fest mit der Auswerfergrundplatte verbunden.

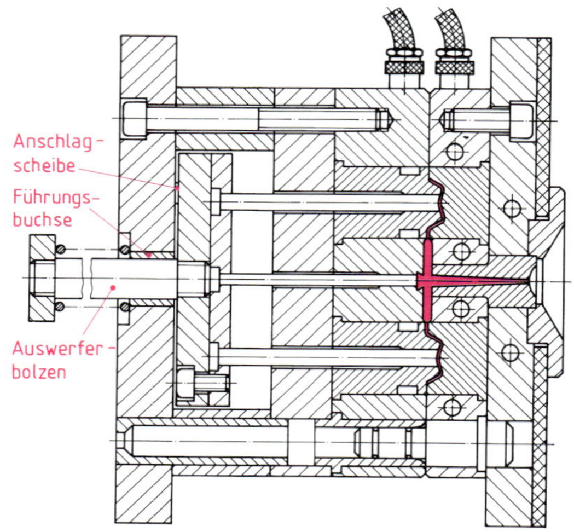

Werkzeug mit mittiger Führung

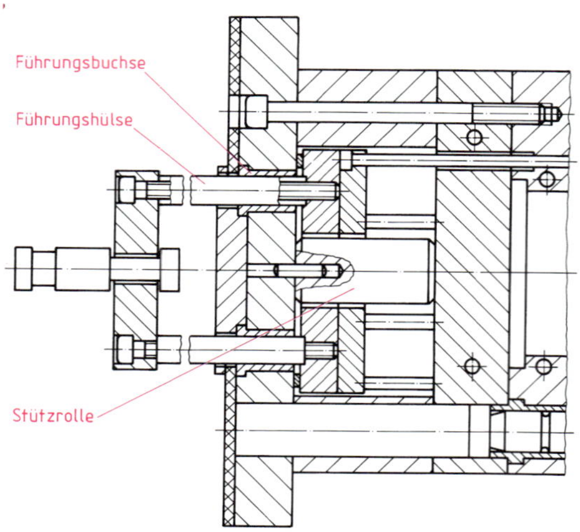

Werkzeug mit außenmittiger Führung

Sie dienen entweder selbst als Ausstoßbolzen oder sind über eine Anschlagplatte zu einem gemeinsamen Ausstoßsystem verbunden. Zur genauen Führung von Auswerferplatten verwendet man auch **Kugelführungen** (siehe auch Seiten 436 und 478). Der Einsatz von außermittigen Führungen hat den Vorteil, dass man die Formplatte in der Werkzeugmitte zusätzlich abstützen kann, dadurch wird das Werkzeug stabiler.

Das Auswerfersystem wird durch besondere Führungselemente im Bereich der Auswerferplatten und durch den Passsitz der Auswerfer in der Formplatte gelagert und geführt. Ein Verkanten oder Verklemmen des Auswerfersystems wird verhindert, weil die Führungen weit auseinander liegen.

1.6.2 Entformung im Abstreiferwerkzeug

Das Abstreiferwerkzeug oder auch Abstreifwerkzeug genannt, ist ähnlich aufgebaut wie das Standardwerkzeug, es hat jedoch zwei Trennebenen. Die Entformung erfolgt mit einer **Abstreifplatte** oder mit **Abstreifbuchsen.**

In einem Abstreifwerkzeug wird die Maschinenbewegung benutzt, um den Spritzling aus der Form zu schieben. Der Entformungsvorgang läuft folgendermaßen ab:

Öffnen der 1. Trennebene

Das Werkzeug wird in der 1. Trennebene geöffnet, der Spritzling bleibt zunächst auf dem Kern haften und die Anschlagplatte des Auswerfersystems stößt auf den Auswerferbolzen der Spritzgießmaschine.

Öffnen der 2. Trennebene

Beim weiteren Öffnen des Werkzeuges wird das gesamte Auswerfersystem mit der Abstreifplatte zur Düsenseite geschoben und streift den Spritzling vom Kern.

Die Entformung mithilfe einer Abstreifplatte oder mit Abstreifbuchsen wird vor allem dann durchgeführt, wenn die Entformungskräfte auf den ganzen Umfang des Artikels verteilt werden sollen.
Mit Abstreifplatten bzw. Abstreifbuchsen können becherförmige Artikel vorteilhaft entformt werden. Diese Art der Entformung verwendet man auch, um unerwünschte Markierungen auf dem Artikel zu vermeiden. Man setzt diese Entformungssysteme auch dann ein, wenn kein Platz für Auswerferstifte vorhanden ist.

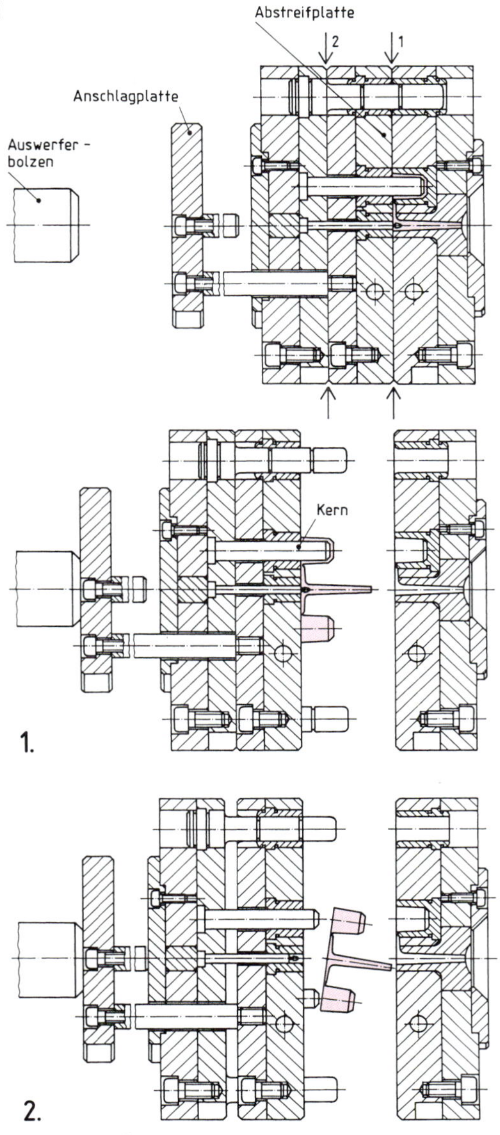

Abstreiferwerkzeug

Abstreifplatten bzw. Abstreifbuchsen verwendet man für dünnwandige, becherförmige Artikel, bei denen die Entformungskräfte auf den ganzen Umfang verteilt werden müssen. Markierungen durch Auswerfersysteme treten nicht auf.

1.6.3 Entformung im Schieberwerkzeug

Beim Schieberwerkzeug erfolgt die Entformungsbewegung sowohl in Richtung der Maschinenbewegung als auch in seitlicher Richtung. Dadurch können Artikel mit äußeren Hinterschneidungen entformt werden. Die seitliche Bewegung wird über **Schieber** ausgeführt. Die Schieber sind über **Schrägsäulen** oder **Schieberkurven** geführt. Gesonderte **Druckstücke** oder **Druckleisten** sichern die Schieber während des Spritzgießervorganges gegen Verschieben.

- **Schieber und Schieberführung**

Schieber sind bewegliche Teile in einem Werkzeug, die mit einzelnen Werkstückkonturen in das Formnest hineinragen.

Schieber und Führungen sind in der Formplatte eingebaut, die den Schrägsäulen gegenüberliegt. Die Schieber gleiten meist in T-förmigen Flachführungen. Diese Flachführungen können aus dem Vollen herausgearbeitet sein oder sie sind aus einzelnen Führungsleisten aufgebaut.

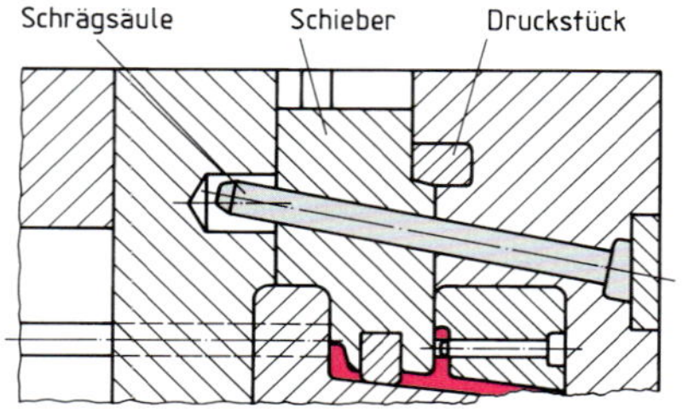

Schieber und Schieberführung

Schieberwerkzeuge benutzt man für Artikel mit äußeren Hinterschneidungen.

- **Entformung mit Schrägsäulen**

Die Schrägsäulen sind meist in der düsenseitigen Platte des Werkzeuges eingepasst und ragen in die Schrägbohrungen der Schieber. Beim Öffnen des Werkzeuges verschieben die Schrägsäulen die Schieber quer zur Maschinenbewegung. Durch diese seitliche Bewegung geben die Schieber die Hinterschneidungen frei. Die resultierende Bewegung aus Längsbewegung und seitlicher Bewegung muss so abgestimmt sein, dass der Schieber die Hinterschneidung freigibt, bevor der Artikel in Maschinenrichtung entformt wird.

Der notwendige Entformungsweg für die Hinterschneidung wird durch die Länge und die Schrägstellung der Schrägsäule erreicht. Für die Stellung der Schrägsäulen haben sich Winkel zwischen 15° und 25° als vorteilhaft erwiesen. Größere Winkel erlauben zwar einen größeren Entformungshub, sie führen jedoch auch zu größeren Kräften beim Schließen und Öffnen des Werkzeuges.

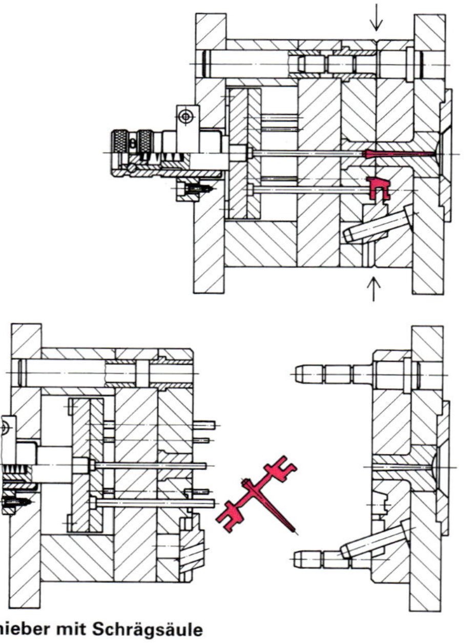
Schieber mit Schrägsäule

Im Schieberwerkzeug wird die Maschinenbewegung beim Schließen und Öffnen des Werkzeuges durch Schrägsäulen in seitliche Bewegungen der Schieber umgeformt. Maschinenbewegung und Schieberbewegung erfolgen gleichzeitig.

- **Entformung mit Schieberkurven**

Für die Entformung bestimmter Artikel kann es vorteilhaft sein, die Entformungsbewegung von Werkzeug und Schieber *gestuft* vorzunehmen.

Mit Schieberkurven kann man erst eine kurze Längsbewegung vornehmen und so eine teilweise Entformung des Artikels in Maschinenrichtung herbeiführen. Anschließend erfolgt die Entformung der Hinterschneidung durch die seitliche Bewegung der Schieber, die entsprechend über die Schieberkurven geführt werden. Die endgültige Entformung des Artikels geschieht dann durch die weitere Öffnung des Werkzeuges.

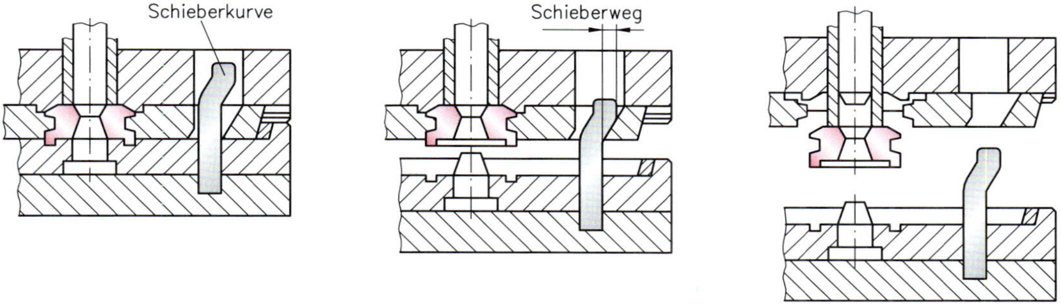

Entformung mit Schieberkurven

Mit Schieberkurven kann die Entformungsbewegung gestuft vorgenommen werden. Das Werkzeug wird zunächst etwas geöffnet. Dabei wird der Artikel teilweise in Längsrichtung entformt. Die endgültige Öffnung des Werkzeuges bewirkt gleichzeitig die Entformung der Hinterschneidung.

- **Kräfte an Schiebern**

Während des Spritzgießvorganges wirken auf den Schieber durch den Spritzdruck auch *seitliche Kräfte.* Damit der Schieber durch den Spritzdruck nicht verschoben wird, sichert man ihn durch gesonderte Druckstücke bzw. Druckleisten. Diese übernehmen die Druckkräfte durch schräge Konturen auf der entsprechenden Passfläche am jeweiligen Schieber. Durch sorgfältige Einpassarbeiten des Schiebers mit der Druckleiste oder mit dem Druckstück erreicht man einen materialdichten Sitz der Teile im geschlossenen Zustand des Werkzeuges. Außerdem wird dadurch auch die seitliche Atmung des Werkzeuges im Schieberbereich auf die vorgegebene Toleranz begrenzt.

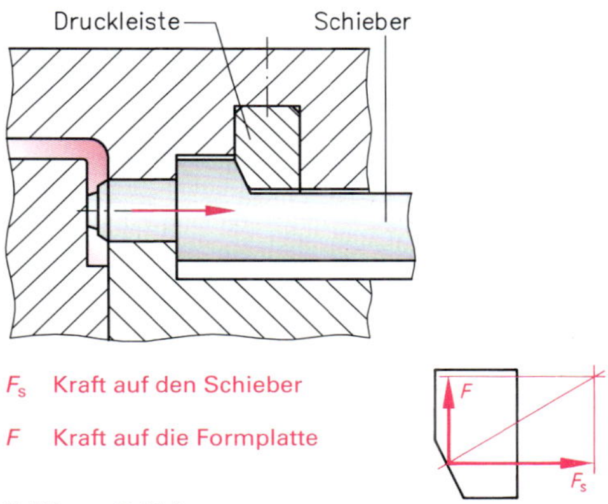

Kräfte an Schiebern

Auf Schieber wirken beim Spritzgießvorgang seitliche Druckkräfte. Über geneigte Druckleisten oder Druckstücke und entsprechende Passflächen an Schiebern werden diese Druckkräfte aufgefangen.

- **Positionierung von Schiebern**

Ist das Werkzeug geöffnet, so müssen die Schieber in einer genauen Position gehalten werden. Beim Schließen des Werkzeuges können dann die Schrägsäulen oder Schieberkurven in die Bohrungen der Schieber sicher einfahren.

Die genaue Positionierung der Schieber erreicht man durch **federnde Druckstücke** oder durch **Schieberklammern.**

Die Schieberklammer funktioniert wie eine Wäscheklammer. Beim Öffnen des Werkzeuges rastet ein Stift, der mit dem Schieber fest verbunden ist, in die Klammer ein. Die federbelastete Klinke dieser Klammer hält den Schieber an der vorgesehenen Position.

Wird das Werkzeug geschlossen, so gibt die Klammer wegen der elastischen Bewegungsmöglichkeit der Klinke den Schieber wieder frei.

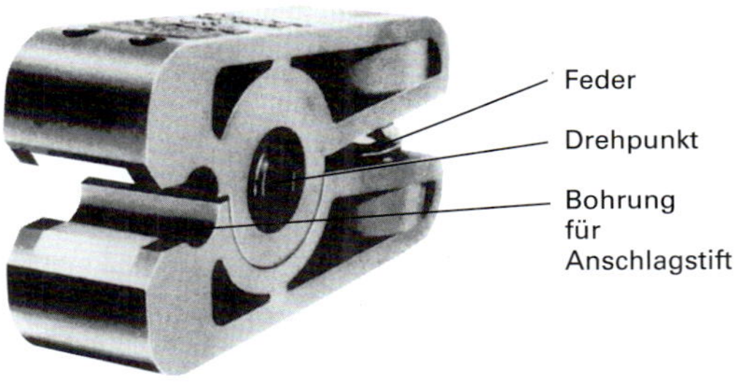

Schieberklammer

Beispiel **für ein Schieberwerkzeug mit Schieberklammer**

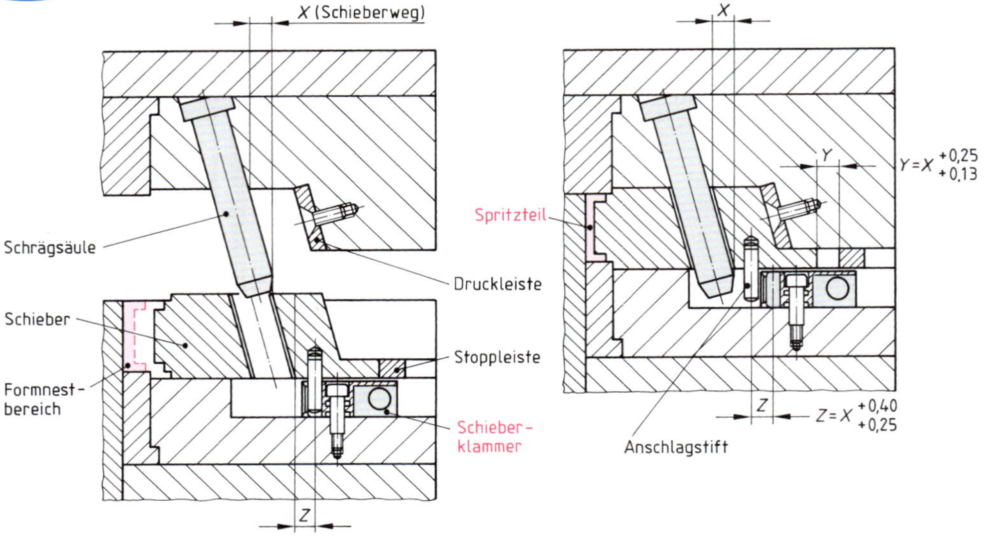

Schieber werden im geöffneten Zustand des Werkzeuges in einer genauen Position mit federnden Elementen wie Druckstücken oder Schieberklammern gehalten.

1.6.4 Entformung im Backenwerkzeug

Das Backenwerkzeug ist ähnlich aufgebaut wie das Schieberwerkzeug. Beide Werkzeuge setzt man dann ein, wenn Hinterschneidungen am Artikel entformt werden müssen.
Beim Schieberwerkzeug werden einzelne Konturen mit Hinterschneidungen entformt, während mit dem Backenwerkzeug Hinterschneidungen entformt werden können, die über die gesamte Seite bzw. den gesamten Umfang reichen.
Die konstruktive Verwirklichung der seitlichen Entformungsbewegung erfolgt beim Backenwerkzeug entweder durch Schrägsäulen oder durch keilförmige Backen, die in einem Futter gleiten.

Backenwerkzeug mit Schrägsäulen

Die Backen können wie beim Schieberwerkzeug mithilfe von Schrägsäulen bewegt werden. Geführt werden die Backen in eingearbeiteten Flachführungen.
Beim Schließen des Werkzeuges werden die Backen in der gegenüberliegenden Formplatte durch entsprechende Ausfräsungen oder Druckleisten verriegelt. Dadurch können die beim Spritzgießen auftretenden Kräfte die Backen nicht verschieben.

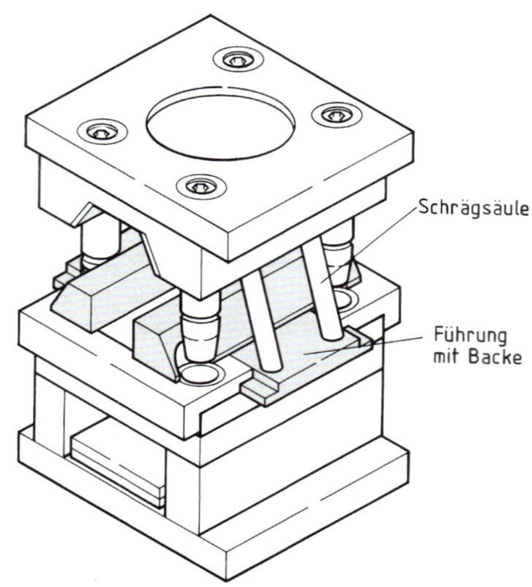

Backenwerkzeug mit Schrägsäulen

Mit Backenwerkzeugen stellt man Artikel her, bei denen sich die seitlichen Hinterschneidungen über den gesamten Umfang erstrecken können. Die Entformungsbewegung geschieht über Schrägsäulen oder keilförmige Backen.

1.6.5 Entformung über hydraulisch betätigte Baugruppen

Werkzeuge, bei denen Kerne, Schieber oder Backen zur Entformung von Hinterschneidungen relativ lange Wege zurücklegen müssen, stattet man mit hydraulischen Arbeitszylindern aus. Die Hydraulikzylinder führen unabhängig von der Maschinenöffnungsbewegung die Entformungsbewegung aus. Die Koordination dieser beiden unabhängigen Bewegungen ist bei modernen Spritzgießmaschinen über eine entsprechende Steuer- bzw. Regeleinrichtung vollautomatisch durchführbar.

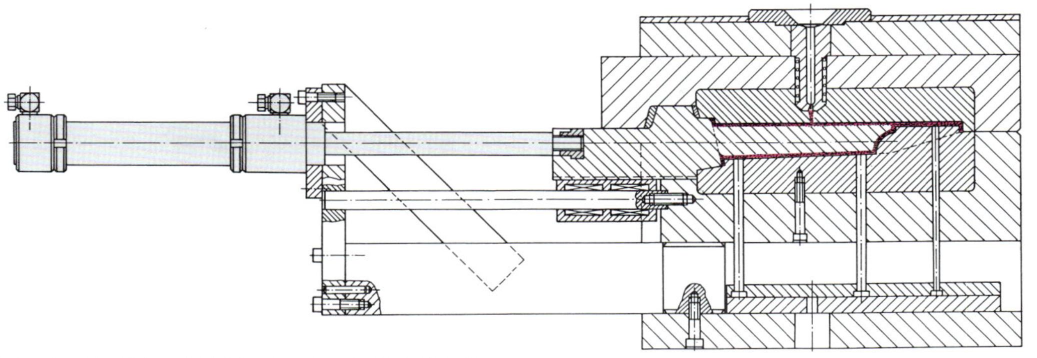

Hydraulisch betätigter Schieber für eine Spritzgießform

1.6.6 Entformung im Schraubwerkzeug

Spritzgussteile mit Gewinde stellen für die Entformung ein besonderes Problem dar.

Für *Außengewinde* benutzt man meistens Schieber- oder Backenwerkzeuge. Die unvermeidlichen Trennfugen in diesen Werkzeugen hinterlassen jedoch auf den Gewindegängen unerwünschte Markierungen.

Bei *Innengewinden* und bei *hochwertigen Außengewinden* erfolgt die Entformung der Spritzlinge durch Abschrauben oder durch Ausschrauben. Dazu sind unterschiedliche Entformungseinrichtungen wie Einlegekerne, Steilgewindespindeln und hydraulische Ausschraubeinrichtungen entwickelt worden.

- **Einlegekern**

Bei geringen Stückzahlen verwendet man Einlegekerne. Der Einlegekern trägt das Gewinde. Er wird als loses Bauteil in das Werkzeug eingelegt und dort umspritzt. Gemeinsam mit dem Spritzling wird der Kern entformt und außerhalb des Werkzeuges vom Gewinde abgeschraubt. Dies geschieht entweder von Hand oder mit geeigneten Vorrichtungen. Benutzt man mehrere Einlegekerne (Wechselkerne), so lässt sich die Zykluszeit verkürzen.

Werkzeuge mit Einlegekernen sind verhältnismäßig preiswert.

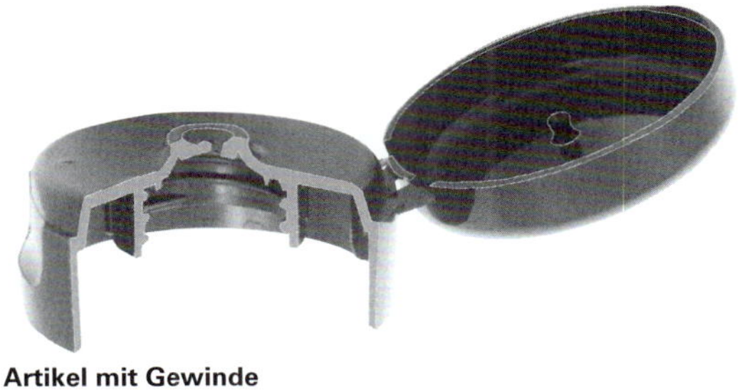

Artikel mit Gewinde

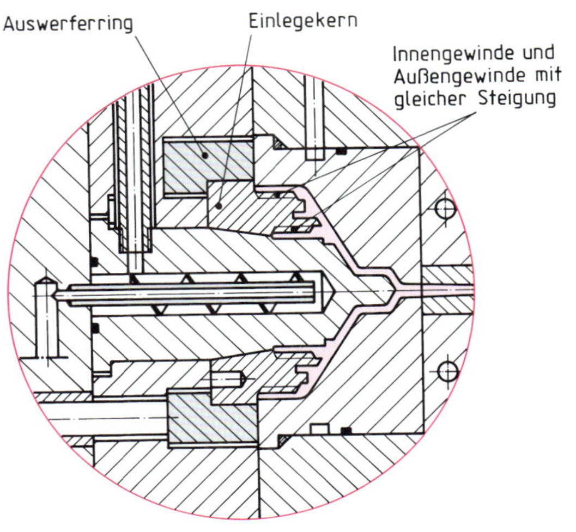

Einlegekern mit Gewinde

Mithilfe von Einlegekernen fertigt man Spritzgussteile mit Gewinde von hoher Maßgenauigkeit in Kleinserien. Das Werkzeug ist vergleichsweise preiswert, die Lohnstückkosten für den Artikel sind jedoch hoch.

- **Getriebe mit Steilgewindespindel**

Zum Entformen von Teilen mit Innengewinde, wie sie z. B. an Verschlusskappen für Behälter vorkommen, sind für die Spritzgießwerkzeuge besondere Getriebe entwickelt worden, um den Kern, der das Gewinde abbildet, aus dem gespritzten Teil auszuschrauben.

Der Antrieb in dem Getriebe erfolgt über eine Steilgewindespindel. Über die Steigung dieser Spindel wird die notwendige Drehbewegung im Getriebe aus der Öffnungsbewegung des Werkzeuges abgeleitet.

Getriebe im Schraubwerkzeug

Funktionsweise der Steilgewindespindel

In dem ausschnittsweise dargestellten Mehrfach-Werkzeug sitzt die Steilgewindespindel drehgesichert in der düsenseitigen Werkzeughälfte. Dadurch dreht sich beim Öffnen des Werkzeuges die Mutter auf der Spindel.

Auf der Gewindemutter ist ein Stirnrad mit Passfeder montiert. Mithilfe der Zwischenräder wird die Drehbewegung von Gewindemutter und Stirnrad auf die Ritzel mit den Gewindekernen übertragen. Durch die Maschinenöffnungsbewegung um den Entformungsweg *s* treiben die Zwischenräder die Ritzel an. Die Gewindekerne schrauben sich dadurch in das jeweilige Führungsgewinde der Leitgewindebuchsen um den Ausschraubweg *t* ein und entformen so das Gewinde am Spritzling.

Gleichzeitig mit dem Öffnen des Werkzeuges in der 1. Trennebene entformt sich die Außenkontur der Spritzlinge. Durch eine Auswerfereinrichtung öffnet sich die 2. Trennebene und die Abstreiferplatte schiebt um den Weg *h* die Artikel aus dem Werkzeug.

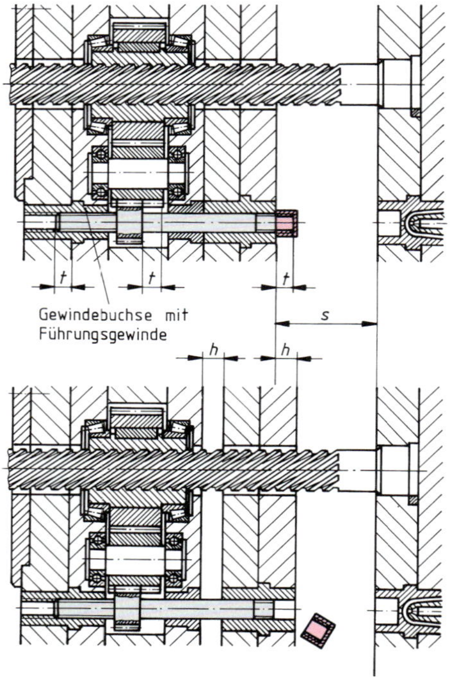

Entformung durch Steilgewindespindel

In Schraubwerkzeugen mit Steilgewindespindel entformt man Gewinde automatisch durch die Werkzeugöffnungsbewegung. Steilgewindespindeln sind für Artikel mit geringer Gangzahl geeignet.

Steilgewindespindeln und Muttern haben *mehrgängige Trapezgewinde* mit bis zu zwölf Gewindegängen. Die Steigungen können zwischen 60 und 200 mm liegen. Je größer die Gewindesteigung ist, desto günstiger ist die Kraftübertragung.

In Mehrfachwerkzeugen werden über Zwischenräder mehrere Gewindekerne angetrieben. Steilgewindespindeln mit den zugehörenden Muttern, Zahnrädern, Wälzlagern und Ritzelwellen sind im Handel als Normalien erhältlich. Sie werden in ihren Einbaumaßen dem jeweiligen Werkzeug angepasst. Ihr Einbau muss sehr genau erfolgen und erfordert große Erfahrung vom Werkzeugbautechniker.

1.6.7 Entformung durch besondere Maßnahmen

- **Zweistufiges Entformen**

Bei bestimmten Artikeln ist ein zweistufiges Entformen erforderlich. Dies ist insbesondere bei dünnwandigen Formteilen notwendig, damit ein möglichst schonender Entformungsvorgang ausgeführt wird. So kann z. B. ein Artikel zunächst von einem Innenkern getrennt werden und anschließend in einer zweiten Entformungsstufe von dem Außenkern abgestreift werden.

Der Zweistufenauswerfer ist ein normalisiertes Bauteil. In ihm wird die Entformungsbewegung in zwei gleich gerichtete Hubbewegungen unterteilt. Die beiden Hublängen H1 und H2 sind stufenlos einstellbar.

Bei Hub 1 fahren Ausstoßbolzen und Schiebehülse gemeinsam aus. Dieser erste Hub ist in seiner Länge stufenlos mit der Spannbuchse einstellbar. Der Hub 1 wird durch den linken Bund begrenzt, wenn dieser an die Spannbuchse anschlägt. Dadurch wird Hub 2 eingeleitet. Die Hublänge des zweiten Hubes ist durch die Maschinenbewegung festgelegt.

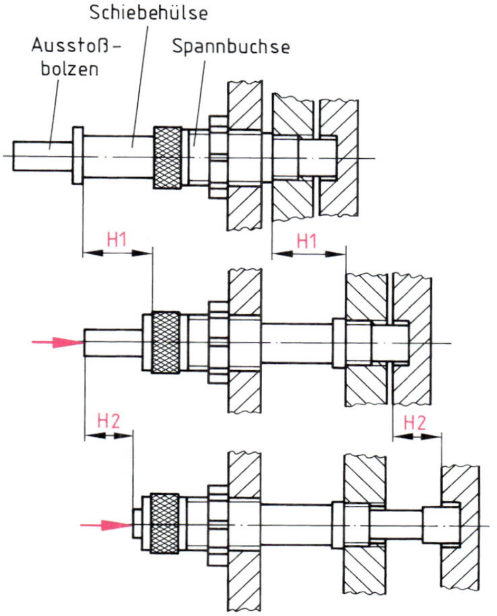

Zweistufenauswerfer

- **Zwangsentformung**

Bei Artikeln mit kleinen Hinterschneidungen, wie z. B. bei Deckeln mit Wulsten, ist es möglich, eine direkte Entformung ohne Schieber oder Backen vorzunehmen. Solche Formteile entformt man zwangsweise mithilfe von Abstreiferplatten, Abstreifringen oder Auswerfern.

Im rechts gezeigten Beispiel wird nach dem Öffnen der Form zunächst der Kern mit dem Artikel gemeinsam herausgeschoben. Anschließend entformen Auswerfer zwangsweise den Artikel, indem sie ihn über die Aufwulstung schieben.
Die Zwangsentformung kann man nur bei *teilkristallinen Thermoplasten* oder *Elastomeren* anwenden.

Die Zwangsentformung setzt folgende Bedingungen voraus:

- Die Entformungstemperatur muss so gewählt werden, dass die Festigkeitseigenschaften des Kunststoffes bei der Entformung im zähharten Bereich liegen.
- Nach der Zwangsentformung muss der Artikel aufgrund seiner elastischen Eigenschaften die gewünschte Gestalt annehmen.

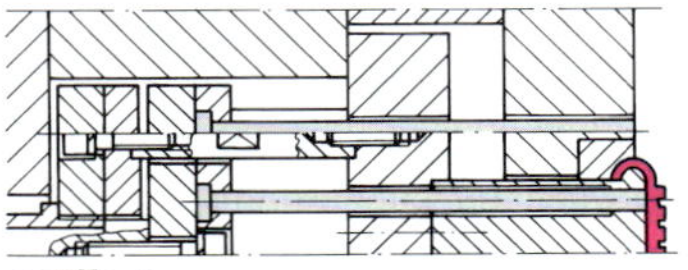
Form geöffnet

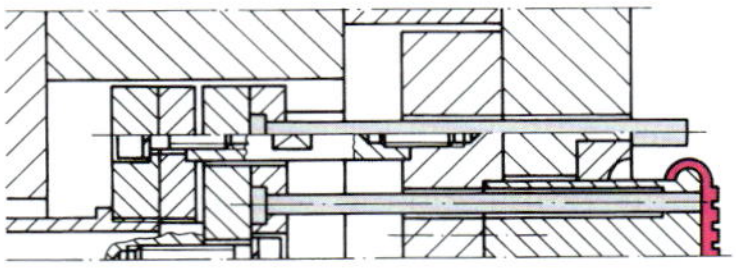
Hub 1 – Kern vorfahren / Kontur frei

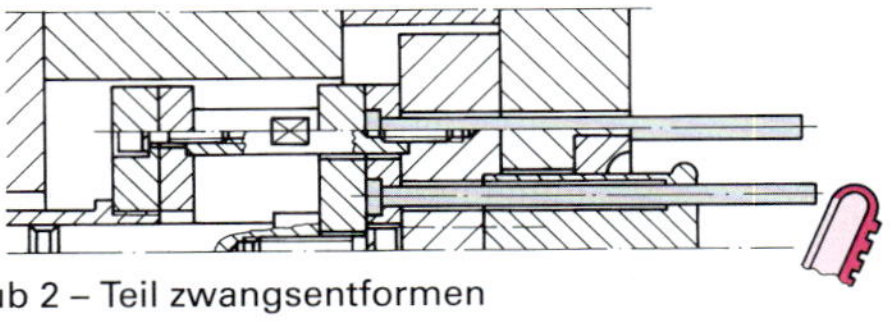
Hub 2 – Teil zwangsentformen

Zwangsentformung

Die Zwangsentformung von Artikeln mit kleinen Hinterschneidungen ist bei Formteilen aus Thermoplasten oder Elastomeren möglich. Werkzeuge mit Zwangsentformung sind relativ preiswert. Artikel mit sogenannten Schnappverbindungen werden vorzugsweise zwangsentformt.

- **Klinkenzug**

Bei Spritzgießwerkzeugen mit mehreren Trennebenen können Klinkenzüge verwendet werden. Dabei muss man je Werkzeug mindestens zwei Klinkenzüge einbauen.

1.7 System zur Führung und Zentrierung

Das System zur Führung und Zentrierung im Spritzgießwerkzeug ist vor allem notwendig, damit der Formhohlraum keinen Versatz hat. Das System dient weiterhin dazu, alle Werkzeugplatten, aus denen das Werkzeug aufgebaut ist, zu zentrieren.

1.7.1 Führen und Zentrieren im Werkzeug

Durchwegs sind heute Werkzeuge im Baukastenprinzip konstruiert. Für diese Werkzeuge bezieht man als Normalien sowohl die Platten als auch die Führungs- und Zentrierelemente. Dazu gehören Führungssäulen, Führungsbuchsen, Zentrierhülsen und Zentriereinheiten.

Die *Normalien* sind entsprechend aufeinander abgestimmt. Die Platten haben ein durchgehendes Bohrungssystem nach dem Prinzip der Einheitsbohrung. Diese Bohrungen werden für zwei Aufgaben verwendet:

- Sie dienen zur *Aufnahme* der Zentrier- und Führungselemente.
- Sie bilden die *Bezugspunkte* (Referenzpunkte) für die Bemaßung und für die Fertigung des gesamten Werkzeuges.

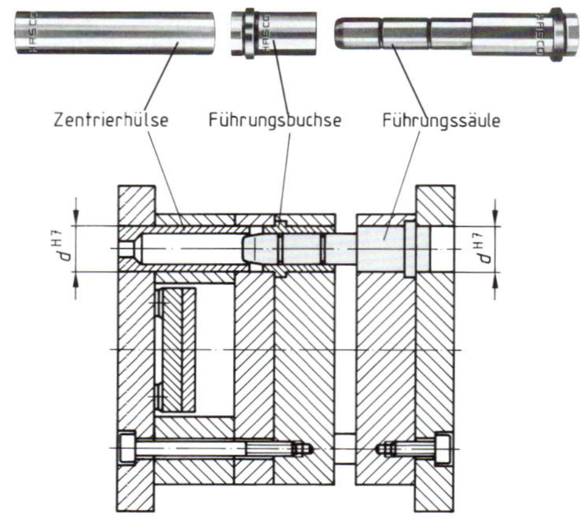

Bohrungssystem in Platten für Führungs- und Zentrierelemente

Wird das Spritzgießwerkzeug geschlossen, so gleiten die Führungssäulen in Führungsbuchsen und zentrieren die Werkzeughälften. Zwischen den Säulen und Buchsen besteht *Spielpassung.* Die Buchsen setzt man als Verschleißteile ein, weil das Führungssystem im Spritzgießprozess stark belastet wird. Das Führungssystem wird mit *hochwertigen Gleitmitteln* geschmiert. Die Führungssäulen haben dazu Schmierrillen. Die Führungssäulen sind so lang, dass beim Schließvorgang die Führung bereits beginnt, bevor die Werkzeugeinsätze ineinander fahren.

Ein leichteres Einführen der Werkzeughälften erreicht man durch unterschiedliche Längen der Führungssäulen. Dabei sind jeweils zwei diagonal gegenüberliegende Bolzen gleich lang. **Damit die Werkzeughälften nicht seitenverkehrt montiert werden, hat eine Führungssäule einen anderen Durchmesser.**

Die Führungseinheiten werden so weit nach außen gelegt, dass für die Formnester und die Temperiereinheiten genügend Platz vorhanden ist.

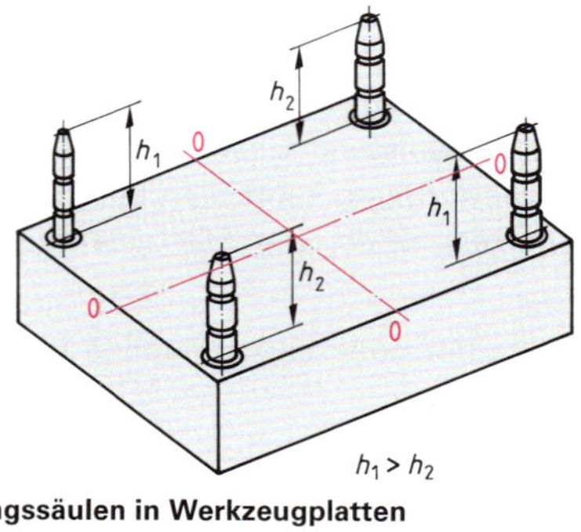

Führungssäulen in Werkzeugplatten

Normalien zum Führen und Zentrieren ermöglichen einen Werkzeugaufbau nach dem Baukastenprinzip. Führungs- und Zentrierelemente gewährleisten ein versatzfreies Schließen der Werkzeughälften.

1.7.2 Führen und Zentrieren des Werkzeuges in der Maschine

Bei großen und tiefen Werkzeugen benutzt man die Führungsmöglichkeiten an der Spritzgießmaschine über Holme und Führungsschienen auch zur Führung des Werkzeuges. Die Führungseinheiten am Werkzeug werden meist nur noch für Einpassarbeiten und zur Montage auf der Spritzgießmaschine benötigt. Nach dieser Montage werden die Führungssäulen aus dem Werkzeug geschraubt.

Zentriert werden die Werkzeughälften unmittelbar vor dem endgültigen Schließen des Werkzeuges. Diese Zentrierung erfolgt durch besondere *Zentrierelemente* oder *Zentriereinrichtungen,* die in das Werkzeug eingebaut werden.

Beispiel für die Führung und Zentrierung von Werkzeug und Spritzgießmaschine

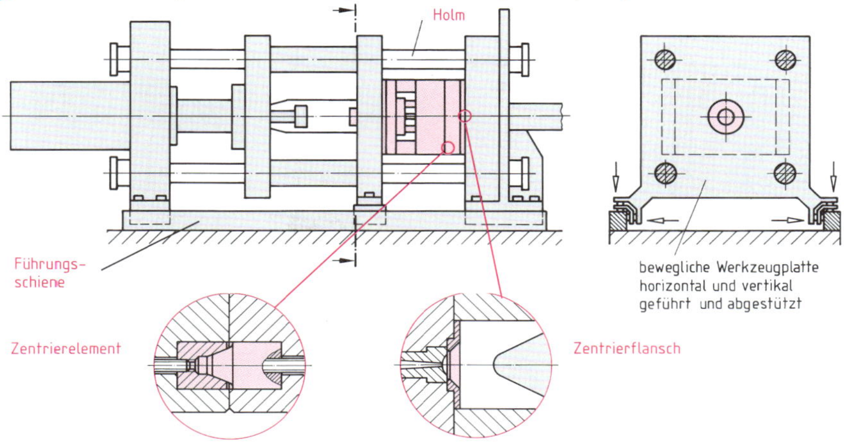

Das Einrichten und Aufspannen des Spritzgießwerkzeuges auf der Spritzgießmaschine wird durch einen besonderen *Zentrierflansch* erleichtert. Ein Zentrierflansch am Werkzeug gewährleistet, dass die Angießbuchse am Werkzeug und die Düse der Plastifiziereinheit fluchten. Der Zentrierflansch befindet sich entweder auf der Düsenseite oder auf der Schließseite des Werkzeuges. Will man beide Werkzeughälften auf den Werkzeugaufspannplatten über Flansche zentrieren, so ist die schließseitige Zentrierung mit einer großen Spielpassung ausgeführt. Dadurch wird eine Überpositionierung des Werkzeuges vermieden.

Das Positionieren von Spritzgießwerkzeugen auf den Werkzeugspannplatten erfolgt durch Zentrierflansche. Die Holme und Führungsschienen moderner Spritzgießmaschinen übernehmen die Führung des Werkzeuges. Besondere Zentrierelemente im Werkzeug gewähren das versatzfreie Schließen der Form.

1.8 Spannsystem

Das Spritzgießwerkzeug wird im geschlossenen Zustand zwischen den Werkzeugspannplatten positioniert und an diesen Platten befestigt. Die Zentrierung des Werkzeuges erreicht man über die Zentrierflansche, die am Werkzeug montiert sind.

Das Festspannen des Werkzeuges in der Schließeinheit kann *mechanisch* oder *hydraulisch* erfolgen.

Die Werkzeuge sind so aufgebaut, dass sie auf den Außenseiten Aufspannplatten besitzen. Diese Platten stehen mindestens auf zwei Seiten des Werkzeuges über, sodass Spannränder entstehen, an denen die Spannelemente angreifen.

1.8.1 Mechanisches Spannen

Mit Spannpratzen oder Spannstücken können die Werkzeuge in der Schließeinheit befestigt werden. Das *mechanische – meist manuelle –* Aufspannen der Spritzgießwerkzeuge auf die Maschine ist zeitaufwändig und dadurch sehr teuer.

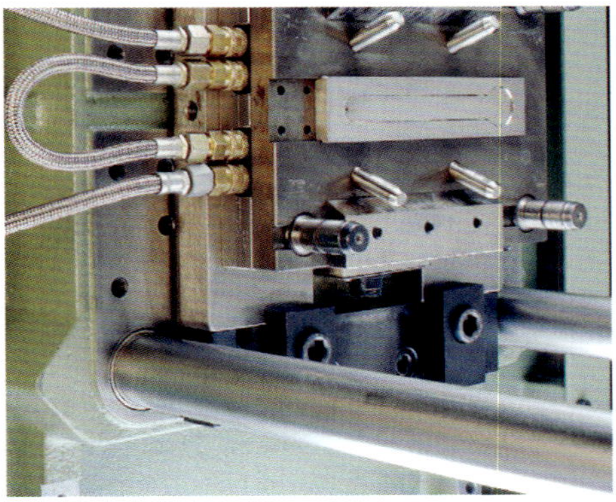

Aufspannen mit Spannpratzen

Bei mechanischen Schnellspannvorrichtungen werden die Werkzeuge auf Zylinderstiften oder anderen Positionierelementen in die Schließeinheit horizontal eingefahren und genau positioniert und zentriert. Einheitliche Spannstücke erlauben ein schnelles Festspannen der Werkzeughälften. Die Rüstzeiten für den Werkzeugeinbau werden erheblich verkürzt.

Man geht immer mehr dazu über, gleich große Aufspannplatten auch bei unterschiedlich großen Werkzeugen einzusetzen. Dadurch können immer die gleichen Positionierelemente verwendet werden.

Beispiel **für Werkzeugeinbau mit Einbauhilfen und Spannstücken**

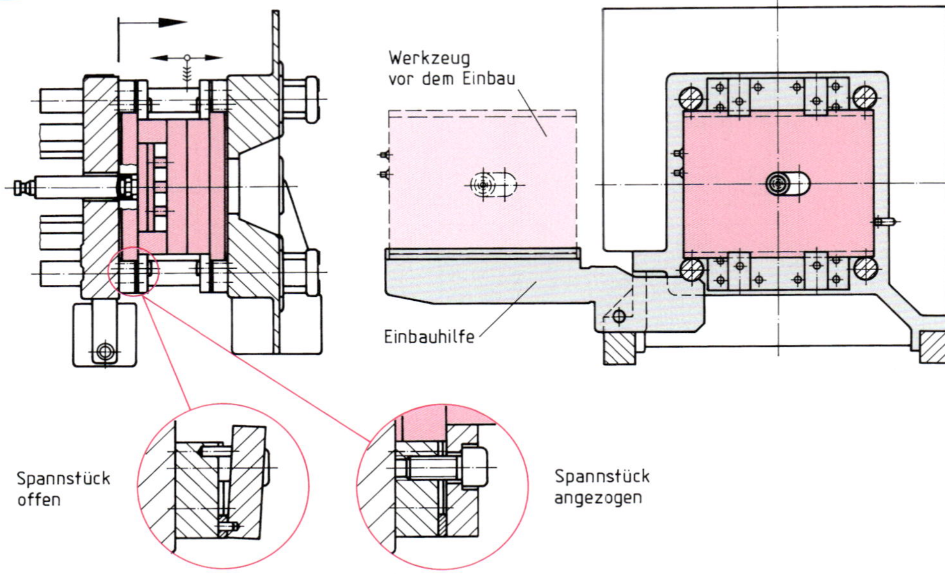

Durch die Vereinheitlichung der Werkzeugspannplatten lässt sich der Werkzeugwechsel erheblich verkürzen.

1.8.2 Hydraulisches Spannen

Bei hydraulischen Spannvorrichtungen wird das Werkzeug mit einer „Einbauhilfe" horizontal in der Schließeinheit positioniert und zentriert. An jeder Werkzeugaufspannplatte sind meist vier doppelt wirkende Hydraulikzylinder als Spannelemente angebracht, die auf Knopfdruck das Werkzeug gleichzeitig festspannen.

Das hydraulisch betätigte Spannelement besteht aus einem Gehäuse, in dem ein zweiteiliger keilförmiger Spannbolzen von der Kolbenstange geführt wird. Beim Spannen fährt der Spannbolzen aus und drückt die Druckstücke, die in Schwalbenschwanzführungen gehalten werden, auf den Spannrand des Spritzgießwerkzeuges. Das Spannen über die Druckstücke vermeidet das Verschieben der Werkzeugaufspannplatten.

Die keilförmigen Druckstücke sind so gestaltet, dass sie selbsthemmend spannen. Dadurch bleiben die Werkzeuge auch dann gespannt, wenn ein Druckabfall in den Hydraulikelementen erfolgen sollte.

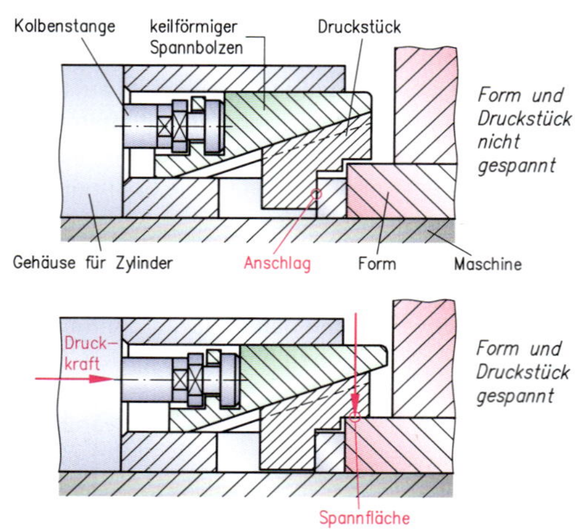

Hydraulisches Spannelement

Hydraulische Spannvorrichtungen eignen sich in Verbindung mit Einbauhilfen besonders gut für die Rationalisierung des Werkzeugwechsels.

2 Formteilgestaltung von Spritzgießteilen

2.1 Lösungskonzept zur Gestaltung von Spritzgießteilen

Die allgemeinen Ziele bei der Konstruktion von Bauteilen sind auch maßgebend für die Entwicklung von Spritzgießteilen. Man muss daher bei der Entwicklung der Formteile bestimmte konstruktive Gesichtspunkte beachten. Der Artikel sollte folgenden Eigenschaften genügen:

- gebrauchsgerecht
- werkstoffgerecht
- fertigungsgerecht
- vertriebsgerecht
- recyclinggerecht

Die Entwicklung von Spritzgießteilen und die Gestaltung der entsprechenden Werkzeuge bedingen einander. Auch das Verhalten von Kunststoffen im Spritzgießprozess und die gewünschte Qualität der Artikel beeinflussen die konstruktive Entwicklung und erfordern spezielle Kenntnisse und langjährige Erfahrungen (siehe auch Seite 495).

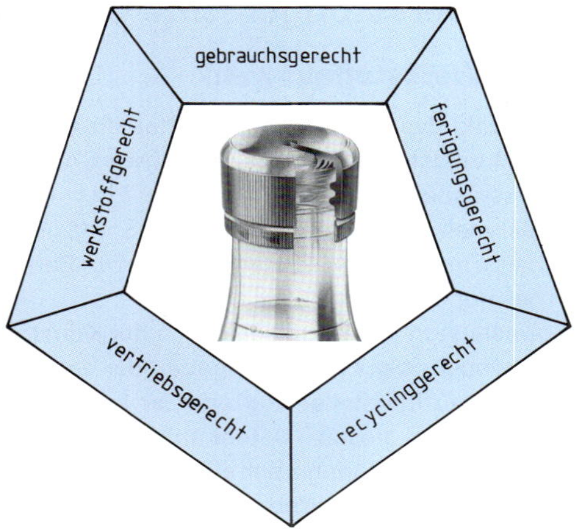

Konstruktionsgesichtspunkte

Die Anforderungen an ein Produkt lassen sich zunächst unter dem Gesichtspunkt der Gesamtfunktion dieses Produktes beschreiben und erfassen. Für die konstruktive Gestaltung des Spritzgießteiles und der daraus folgenden Werkzeuggestaltung ist es vorteilhaft, die *Gesamtfunktion* des Artikels in *Teilfunktionen* zu zerlegen. Bei der Entwicklung des Artikels sucht man zunächst für die Teilfunktionen optimale Lösungen. Die Teillösungen werden miteinander kombiniert und ergeben die möglichen Lösungskonzepte für das Spritzgießteil.

Beispiel **für die Entwicklung von Lösungskonzepten**

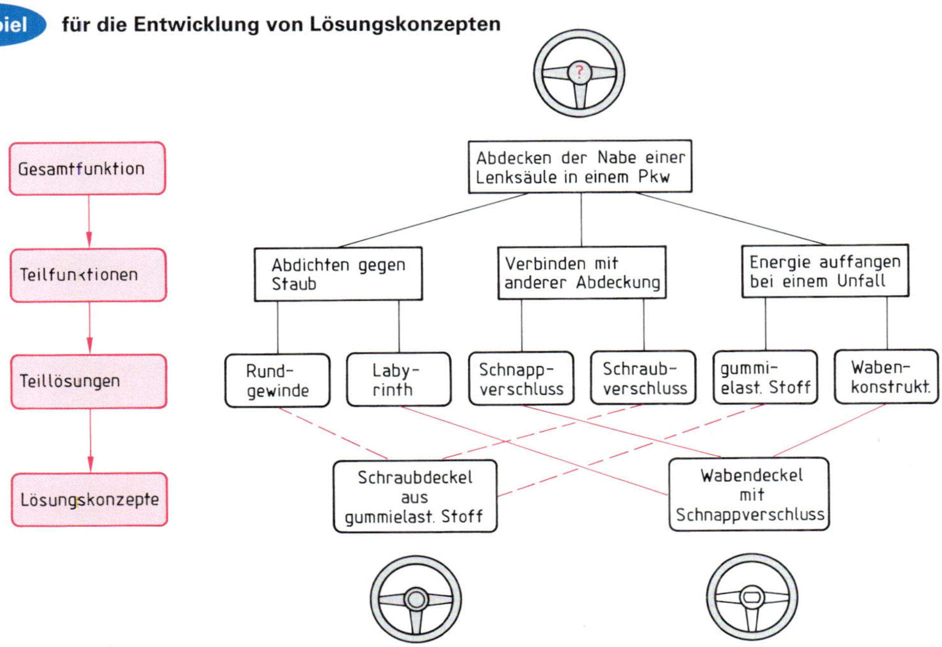

Ein Spritzgießteil sollte so konstruiert werden, dass es seine Funktion erfüllt, dass es preiswert gefertigt werden kann und dass die Eigenschaften der eingesetzten Werkstoffe optimal genutzt werden.

Die verschiedenen Gesichtspunkte bei der Formteilgestaltung beeinflussen sich gegenseitig. In den nachfolgenden Kapiteln werden diese Bereiche jedoch wegen der Übersichtlichkeit einzeln dargestellt.

2.2 Werkstoffgerechte Gestaltung von Spritzgießteilen

2.2.1 Werkstoffauswahl

Die Auswahl des richtigen Werkstoffes für ein Produkt aus Kunststoff wird dadurch erschwert, dass für die verschiedenen Kunststoffklassen über 10 000 Handelstypen angeboten werden. Im Spritzgießen verarbeitet man über 5 000 Handelstypen im Bereich der Thermoplaste.

Den günstigsten Werkstoff sucht sich der Konstrukteur entweder über Prospektangaben der verschiedenen Rohstoffhersteller aus oder er benutzt Datenbanken. In diesen Datenbanken sind alle wichtigen Informationen über eine Fülle von Werkstoffen gesammelt. Die Werkstoffinformationen lassen sich in Form von Übersichten, Tabellen, Kenngrößengruppen und Funktionskurven abrufen.

Bei der Werkstoffauswahl spielen zunehmend auch ökologische Gesichtspunkte eine Rolle. Neben der Wiederverwertbarkeit (Recyclingfähigkeit) achtet man besonders auf das Verhalten der Werkstoffe im Gefahrenfall, z. B. bei Bränden.

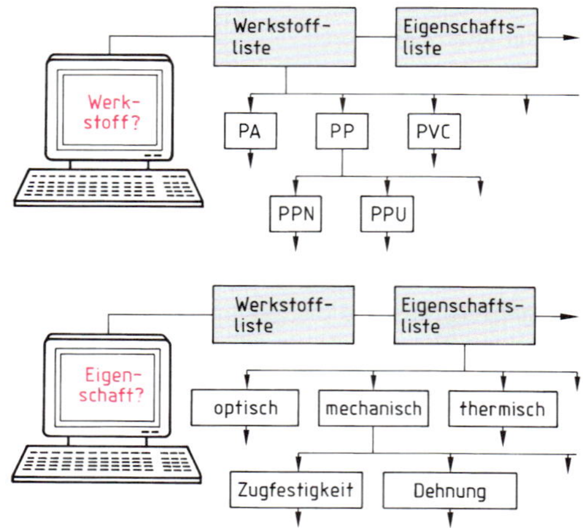

Datenbanken zur Werkstoffauswahl

2.2.2 Regeln für werkstoffgerechte Gestaltung

Kunststoffe haben besondere Eigenschaften, die bei der Gestaltung des Spritzgießteiles beachtet werden müssen. Aus der Erfahrung und aus wissenschaftlichen Untersuchungen hat man daher bestimmte Gestaltungsregeln entwickelt.

- **Wanddicke und Werkzeuginnendruck**

Die Wanddicke von Kunststoffartikeln sollte *so dünn wie möglich* sein. Man erreicht dadurch einen geringen Werkstoffverbrauch und kurze Kühlzeiten. Die Mindestwanddicke ist jedoch begrenzt durch die erforderliche Festigkeit, die das Bauteil haben muss, und durch das Fließverhalten des Kunststoffes im Fertigungsprozess.

Qualitätsartikel sollten weitgehend *verzugsfrei* und *spannungsarm* sein. Dazu ist es notwendig, dass der Werkzeuginnendruck an allen Stellen im Formnest möglichst gleich groß ist. Die Verarbeitungsschwindung ist nämlich von der Höhe des jeweiligen Werkzeuginnendruckes abhängig.

Die Maximalforderung nach gleichem Werkzeuginnendruck ist in der Praxis nur angenähert zu erfüllen, weil entlang eines Fließweges im Kunststoff ein *Druckverlust* entsteht.

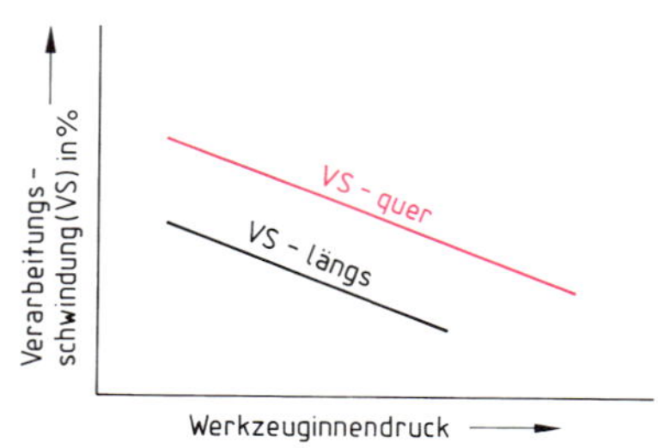

Werkzeuginnendruck und Schwindung

- **Wanddicke und Fließweglänge**

Der Druckverlust steigt, wenn der Fließweg lang ist. Man verkürzt daher den Fließweg durch eine entsprechende Anordnung des Anschnittes als mittiger Anschnitt oder man wählt Mehrfachanschnitte. Bei Mehrfachanschnitten ergeben sich jedoch Bindenähte, die bei Qualitätsartikeln zu mechanischen Schwachstellen führen und das Aussehen beeinträchtigen.

Beispiele zur Verringerung des Druckverlustes durch Änderung der Fließweglänge

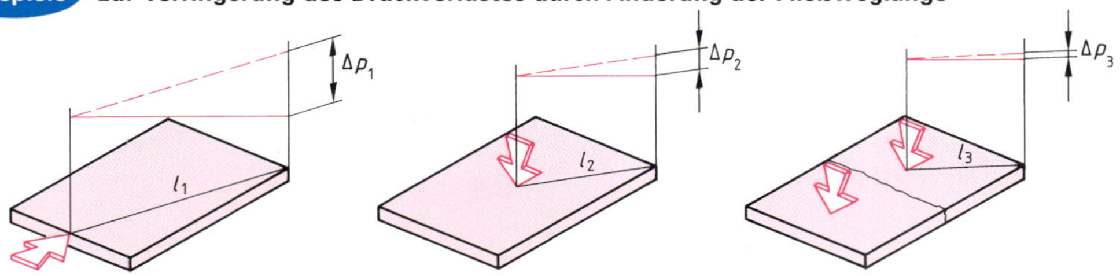

Der Druckverlust steigt auch, wenn der Kunststoff im geschmolzenen Zustand eine hohe Viskosität hat. Für Qualitätsartikel verwendet man daher Kunststoffe mit *niedriger Schmelzviskosität,* sie sollen also möglichst dünnflüssig sein.

Der Druckverlust lässt sich mindern, wenn die Wanddicke nicht zu dünn gewählt wird. Dieser Möglichkeit steht jedoch die Forderung entgegen, dass Spritzgießteile wegen der Herstellungskosten und Werkstoffkosten möglichst dünnwandig ausgebildet werden sollten.

Das Fließverhalten ist eine Werkstoffkenngröße und hängt außerdem von der Wandstärke ab. Aus entsprechenden Datenblättern oder Diagrammen kann man ablesen, welche Fließweglänge bei der gewählten Wanddicke möglich ist.

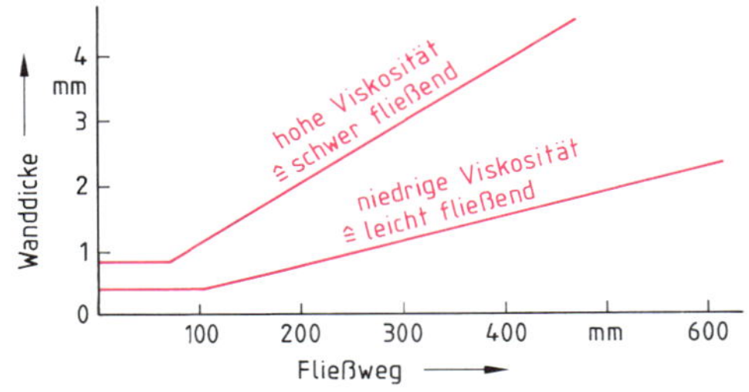

Schmelzviskosität und Fließweglänge

Beispiel für ein Datenblatt zur Fließweglänge von PBT (Celanex 2500)

Für Kunststoffe hat man durch Versuche die Abhängigkeit der Fließweglänge von der Wanddicke und dem Spritzdruck festgestellt. Die Ergebnisse für den Kunststoff PBT sind in dem nebenstehenden Diagramm erfasst. Zusätzlich ist angegeben, dass die Fließweglänge im Werkzeug nur 0,7 bis 0,8 der experimentell ermittelten Fließweglänge betragen darf.

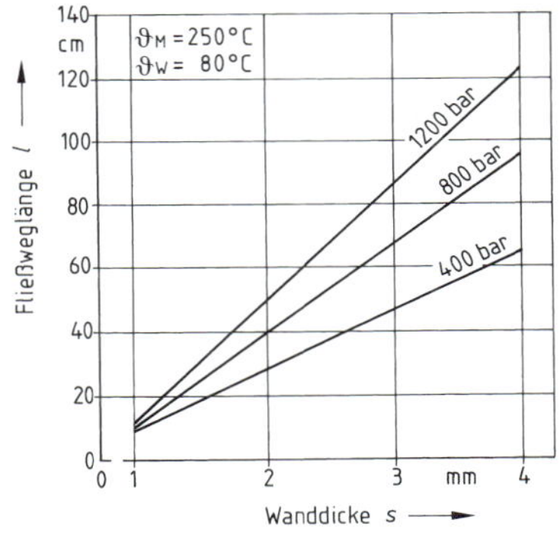

Die Wanddicken für Spritzgießteile werden so dünn wie möglich gestaltet. Leicht fließende Kunststoffe erlauben dünnwandige Konstruktionen. Gleichmäßiger und hoher Werkzeuginnendruck ist für Qualitätsartikel anzustreben, damit die Schwindung in Grenzen bleibt.

- **Wanddicke und Schwindung**

Unterschiede in der Wanddicke von Spritzgießteilen führen in den meisten Fällen zu Verzug der Bauteile durch unterschiedliche Schwindungen. Die Ursache für diese Erscheinung besteht darin, dass die Schwindung wanddickenabhängig ist. Eine dünnere Wand schwindet weniger als eine dickere Wand. Sind unterschiedliche Wanddicken unbedingt erforderlich, so gestaltet man die Übergänge konisch.

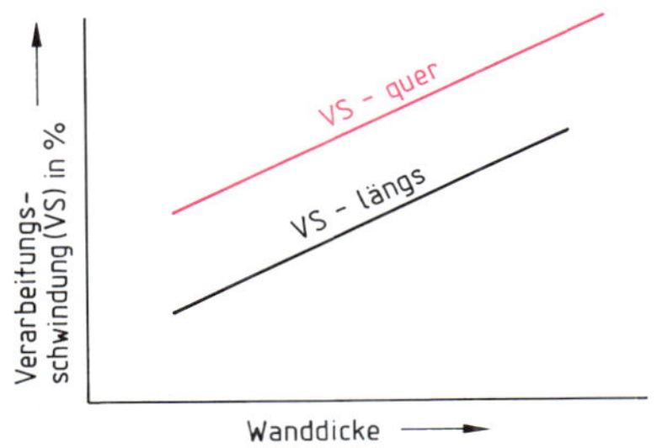

Wanddicke und Schwindung

Stufenplatte

Die rechts gezeigte Stufenplatte weist eine typische Gestaltabweichung auf. Die dünnere Platte schwindet weniger als die dickere Platte. Die dünnere Platte ist nach der Schwindung etwas länger als die dikkere Platte. Im Bereich der geringeren Wandstärke entsteht Verzug und Faltenbildung.

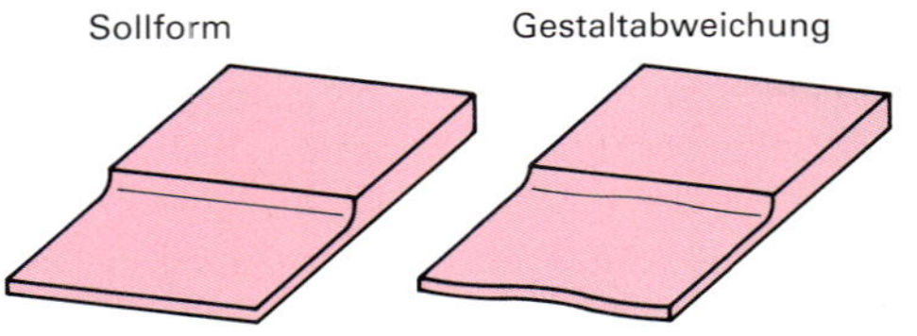

Verzug an einer Stufenplatte

Kasten mit Trennwand

Ein Kasten mit Trennwand hat eine deutliche Gestaltabweichung, wenn die Wanddicken unterschiedlich sind. Trennwand und Außenwand sollten gleich stark sein. Gestaltet man den Übergang etwas enger, so lassen sich Einfallstellen vermeiden (siehe auch Seite 485).

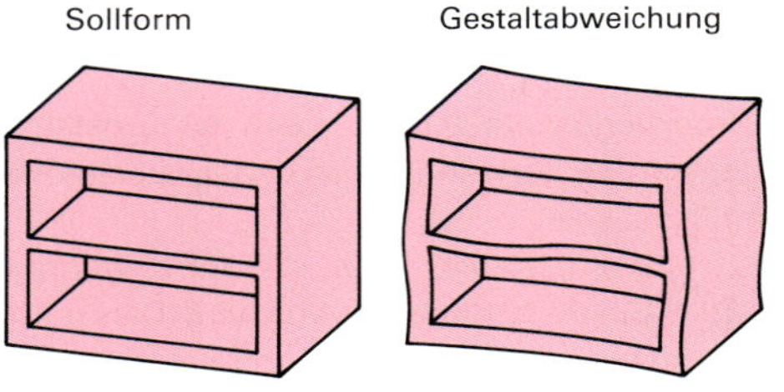

Verzug an einem Kasten mit Trennwand

Rippenanbindung

Zur Anbindung von Rippen gilt grundsätzlich: Dickere Rippen ziehen Wandungen nach innen, dünnere Rippen drücken Wandungen nach außen.

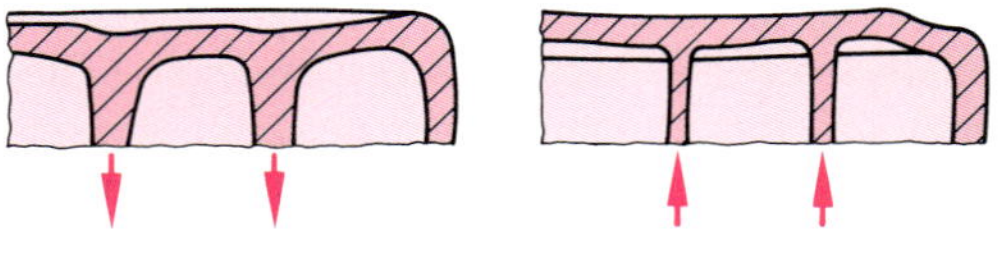

Verzug durch verschiedene Rippendicke

Beispiel für den Verzug an einem Kasten aus PP

Infolge der unterschiedlichen Wanddicken entsteht ein deutlicher Verzug an den Trennwänden.
Als besondere konstruktive Maßnahme ist zu beachten, dass Deckel und Kasten über ein *Filmscharnier* als ein Spritzling in einem Werkzeug hergestellt wurden. (Siehe auch Seite 487).

Kasten mit unterschiedlichen Wanddicken

Die Verarbeitungsschwindung von Kunststoffen ist wanddickenabhängig. Unterschiedliche Wanddicken führen zu Spannungen und zu Verzug im Bauteil.

- **Werkzeugwandtemperatur und Schwindung**

Das Schwindungsverhalten von Kunststoffen ist auch abhängig von der Werkzeugwandtemperatur. Generell gilt, dass die Seite des Artikels, die an der wärmeren Werkzeugwand erstarrt, stärker schwindet als die gegenüberliegende Seite. Durch geeignete Temperiermaßnahmen im Werkzeug und im Spritzgießprozess sucht man möglichst gleiche Werkzeugwandtemperaturen zu erreichen.

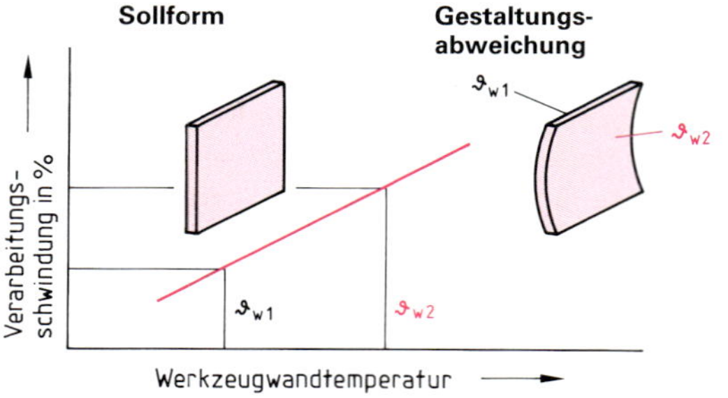

Verzug durch Temperaturunterschiede

An Winkeln ist jedoch auch bei gleichen Werkzeugwandtemperaturen eine Gestaltabweichung durch Verzug zu beobachten. Das liegt daran, dass an solchen Winkeln Außenbereiche mit zweiseitigem Werkzeugwandkontakt vorhanden sind, die zu einer erhöhten Abkühlung und damit zu geringerer Schwindung führen. Auf den Innenseiten von Winkeln liegen Bereiche mit verminderter Abkühlung vor, weil die Masseteilchen keinen oder zu wenig Werkzeugwandkontakt haben. Hier erstarrt der Kunststoff bei höheren Temperaturen und hat dadurch ein größeres Schwindungsverhalten.

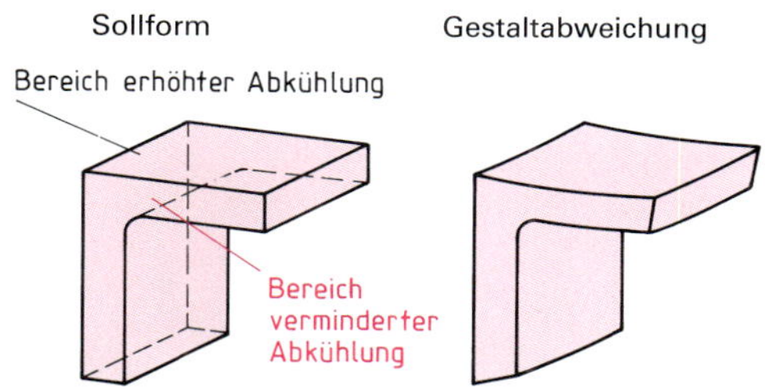

Verzug durch unterschiedliche Abkühlung

Beispiele für die Gestaltung von Ecken

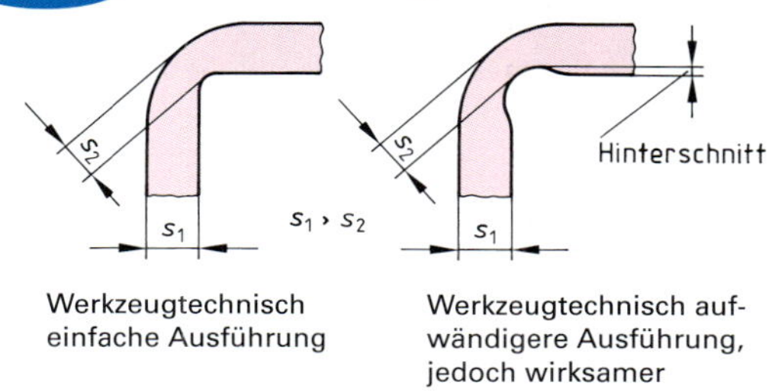

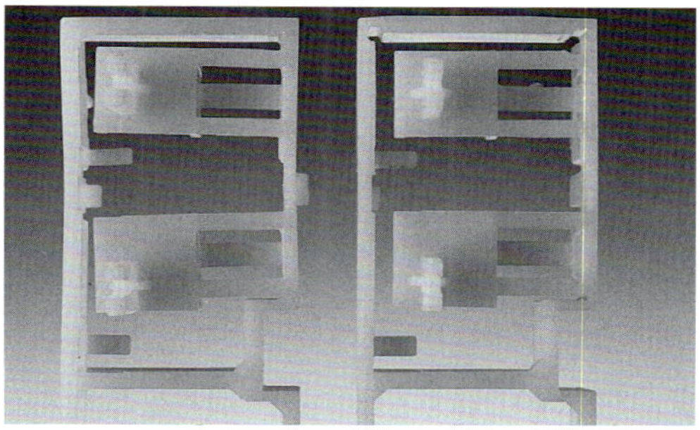

Verminderung des Verzuges durch Neugestaltung des oberen Eckenbereiches

In einem Formnest sollte die Werkzeugwandtemperatur möglichst überall gleich sein, da die Schwindung auch von der Temperatur abhängig ist. Eckenbereiche erfordern besondere Gestaltungsmaßnahmen.

- **Masseanhäufungen**

Im Bereich von Masseanhäufungen in einem Artikel entstehen *Lunker, Einfallstellen* und *Eigenspannungen.*

In der Nachdruckphase können diese Masseanhäufungen nicht mehr gespeist werden, weil andere Bereiche im Spritzling schon erstarrt sind.

Durch geeignete konstruktive Maßnahmen lassen sich örtliche Masseanhäufungen vermeiden. Unvermeidbare Einfallstellen im Bereich von Rippenanbindungen überdeckt man mit Ziernuten oder Zierrippen.

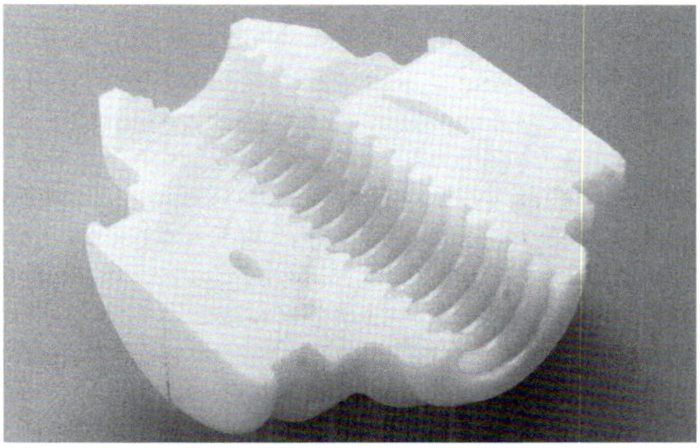

Lunkerbildung im Bereich von Masseanhäufungen

Beispiel zur Vermeidung von Masseanhäufungen

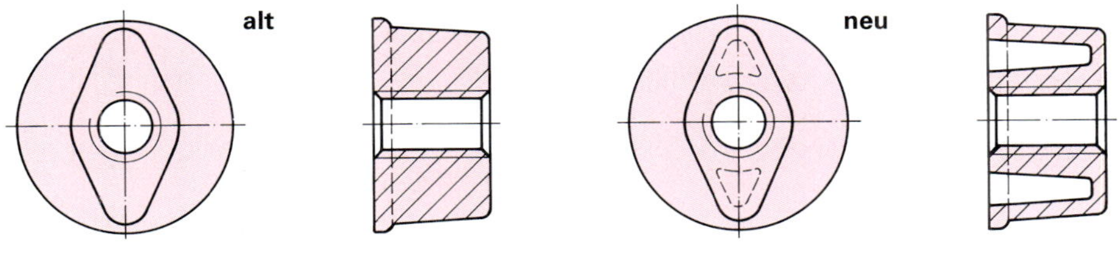

Beispiele **für werkstoffgerechte Gestaltung**

Kupplungsteil aus POM als Ersatz für Metallteil (oben)

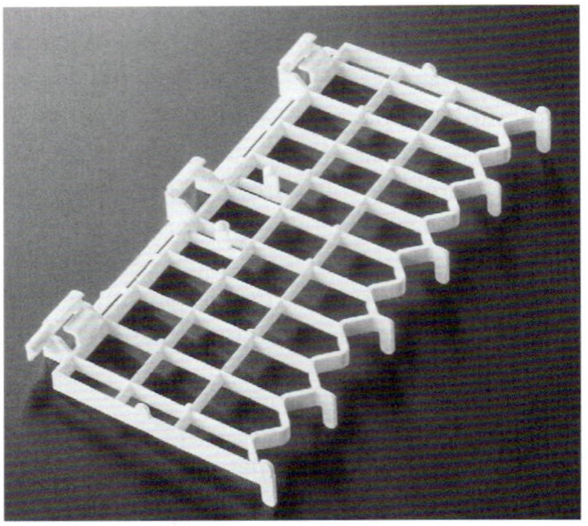

Spüleinsatz aus POM

Masseanhäufungen an Spritzgießartikeln führen zu Lunkern, Einfallstellen und Eigenspannungen. Masseanhäufungen müssen durch konstruktive Maßnahmen vermieden werden.

2.3 Funktionsgerechte Gestaltung von Spritzgießteilen

Durch eine funktionsgerechte Gestaltung von Spritzgießteilen, bei denen man die kunststoffspezifischen Eigenschaften ausnutzt, sind besondere konstruktive Lösungen entwickelt worden. Dazu gehören:

- Schnappverbindung
- Filmgelenk (Filmscharnier)
- Verbundbauteile

2.3.1 Schnappverbindung

Mithilfe von Schnappverbindungen können Bauteile aus thermoplastischen Kunststoffen einfach und schnell gefügt werden.

Je nach Verwendung sind unterschiedliche Lösungen entwickelt worden. Allen Ausführungsformen von Schnappverbindungen ist gemeinsam, dass zumindest ein Fügeteil während des Fügens kurzzeitig ausgelenkt wird. Anschließend federt dieses Teil in die Ruhestellung zurück. Weicht die Ruhestellung von der Ausgangsstellung ab, so bleibt in der Schnappverbindung eine Restspannung, die eine zusätzliche Verklemmung in der Verbindung bewirkt.

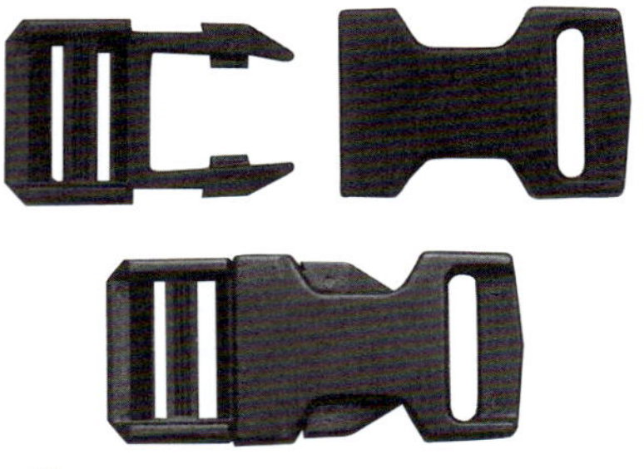

Gurtschnalle

Beispiel **für die Gestaltung eines Schnapphakens mit Rastnase und Ausnehmung**

Sollform

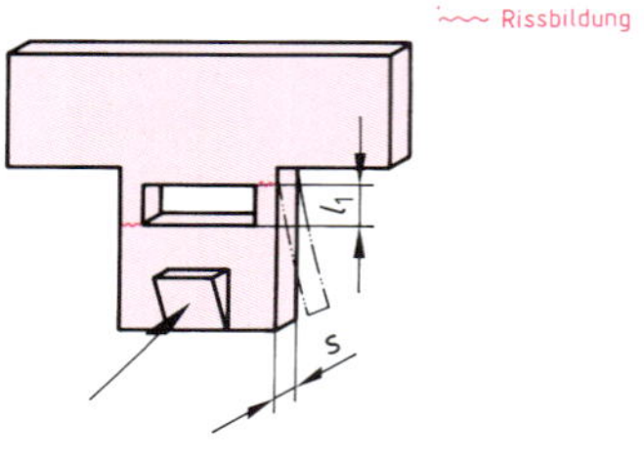

Vermeiden der Rissbildung durch biegeweiche Konstruktion mit folgenden Änderungen:

- $l_2 > l_1$
- *s* etwas kleiner
- Radien in Übergängen

Funktionsgerechte Lösung

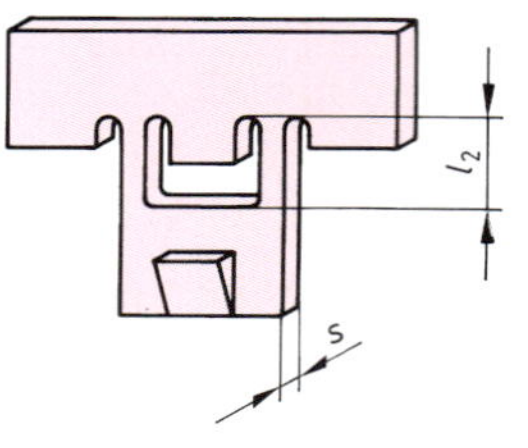

Beispiel **für die Gestaltung eines Clips mit Versteifungsrippe**

Sollform

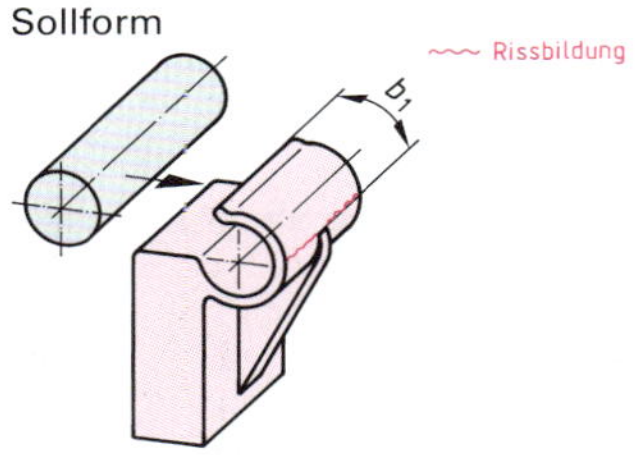

Vermeiden der Rissbildung durch biegeweiche Konstruktion mit folgender Änderung:

- $b_2 > b_1$

(die Haltekraft der Schnappverbindung verringert sich jedoch)

Funktionsgerechte Lösung

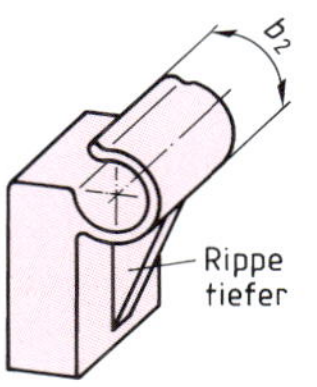

Beim Fügen von Bauteilen durch Schnappverbindungen rasten Haken, Nocken oder Wülste in entsprechende Hinterschneidungen ein und ergeben so eine formschlüssige Verbindung.

2.3.2 Filmgelenk (Filmscharnier)

Filmgelenke stellen eine bewegliche und elastische Verbindung zwischen verschiedenen Bauteilen aus thermoplastischen Kunststoffen her. Sie wirken wie ein Scharnier. Für die Konstruktion des Filmgelenkes benutzt man die kunststofftypischen Eigenschaften wie hohe Zähigkeit, leichte Verformbarkeit und hohe Biegewechselfestigkeit.

Die Bauteile werden mit dem Filmgelenk als elastisches Bindeglied in einem *gemeinsamen Formnest* hergestellt.

Filmgelenke haben keine Flächen, die aufeinander gleiten und reiben. Filmgelenke sind daher verschleißfrei. Die geringe Gelenkdicke begrenzt die Belastbarkeit der Verbindung. Die Biegezahl von Filmgelenken kann je nach Kunststoff und Konstruktion bis zu mehreren Millionen betragen.

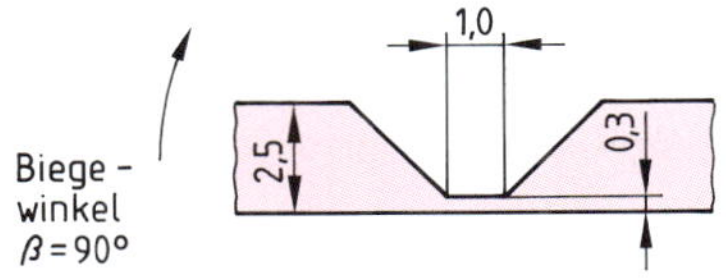

Filmgelenk an Kassettenbox

Beispiele **für die Anschnittgestaltung bei Formteilen mit Filmgelenken**

Gleichmäßige Formfüllung durch annähernd parallele Fließfront beim Filmanschnitt oder Reihen-Punktanschnitt

Bindenaht außerhalb des Filmgelenkes durch unterschiedliche Füllvolumen von Deckel und Kasten

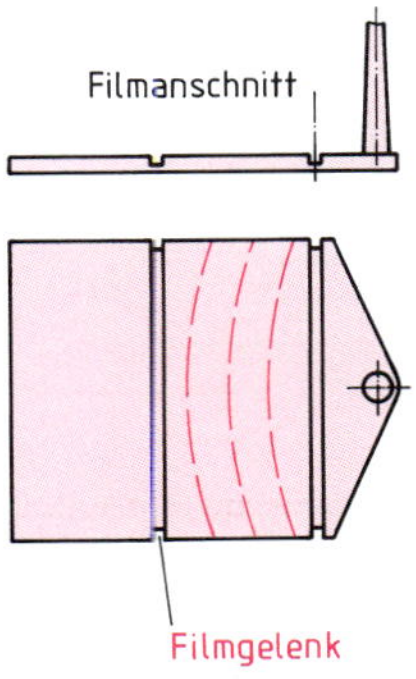

Filmanschnitt

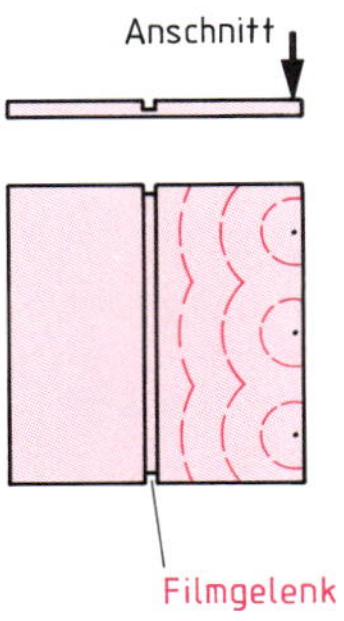

Reihen-Punktanschnitt

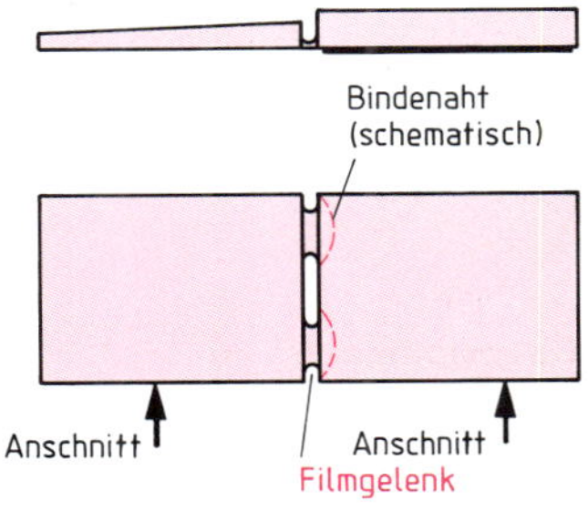

2-fach-Tunnelanschnitt

Filmgelenke wirken wie ein Scharnier. Filmgelenke sind besonders preiswert, da sie im Urformverfahren gemeinsam mit den Bauteilen in einem Spritzgießwerkzeug hergestellt werden.

2.3.3 Verbundbauteile

In Verbundbauteilen sind verschiedene Werkstoffe in einem Bauteil kombiniert. Dadurch nutzt man die unterschiedlichen Eigenschaften der einzelnen Werkstoffe aus. Man unterscheidet dabei die *„Insert-Technik“ und die „Outsert-Technik“.*

- **Insert-Technik**

Bei der Insert-Technik werden metallische Funktionsteile in thermoplastische Kunststoffe durch Urformen oder andere Verfahren gefügt. So werden z. B. Gewindebuchsen aus Messing durch Umspritzen oder durch nachträgliches Eindrücken bzw. Einschmelzen in ein Kunststoffbauteil eingebettet. Beim Fügen der Metallteile mit dem Kunststoff muss man berücksichtigen, dass die Wärmedehnung für die beiden Werkstoffe unterschiedlich ist.

Gewindeeinsätze für Kunststoffteile

Eine entsprechende Gestaltung solcher Bauteile muss verhindern, dass die auftretenden unterschiedlichen Spannungen zur *Rissbildung* führen. Durch folgende Gestaltungsregeln kann man die Rissbildung vermindern:

- die Metallteile mit einer genügend dicken Kunststoffschicht umgeben
- die Masse der Metallteile möglichst klein halten
- die Schwindung des Kunststoffes gezielt zulassen

Beispiele für die Gestaltung von Verbundteilen in der Insert-Technik

Vorgabe

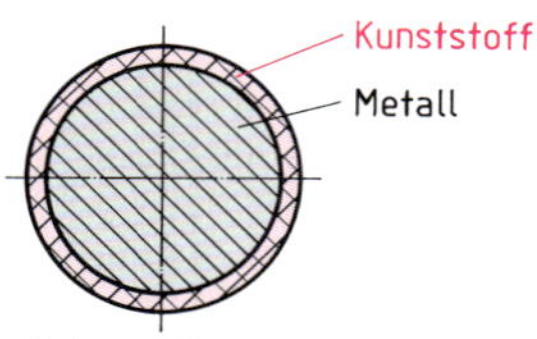

dickere Kunststoffschicht wählen

Vorgabe

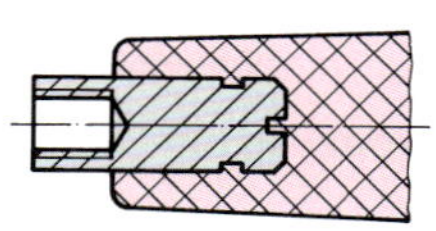

Masse der Metallteile verringern

Vorgabe

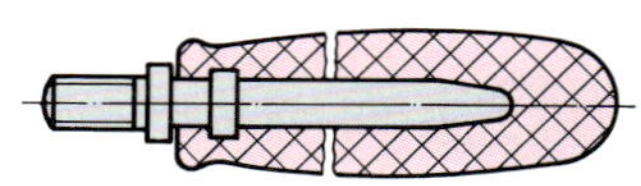

Schwindung zur Mitte hin vermeidet Spannungsrisse

Lösung

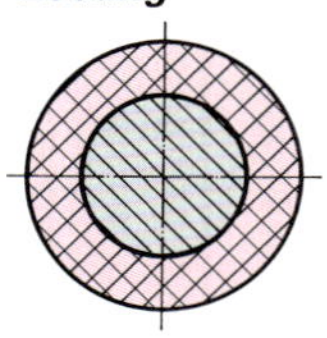

Kunststoffmantel

Lösung

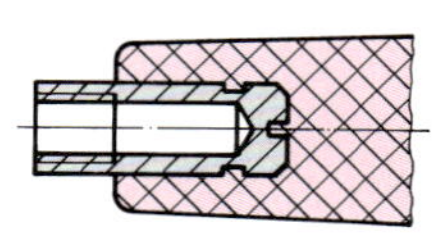

Rohreinbettung

Lösung

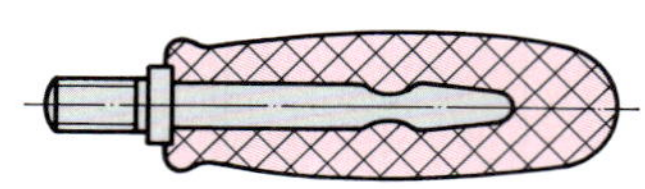

Schwindungsausgleich

Die Insert-Technik setzt man ein, wenn metallische Funktionsteile in Formteile aus Kunststoff eingebettet werden müssen. Die Funktionsteile aus Metall sind an den Stellen des Formteiles eingebettet, an denen höhere Festigkeitswerte erforderlich sind, bzw. eine häufige Wiederlösbarkeit der Verbindung erwartet wird.

- **Outsert-Technik**

Bei der Outsert-Technik benutzt man metallische Grundbaukörper als Träger. Auf diesen meistens als Platinen ausgebildeten Trägern werden mehrere Funktionsteile aus Kunststoff durch Spritzgießen aufgebracht.
Die Metallplatine wird in das Spritzgießwerkzeug eingelegt, die Form geschlossen und in einem Arbeitsgang auf beiden Seiten der Platine mit Funktionsteilen durch Spritzgießen bestückt.

Metallplatte im Spritzgießwerkzeug

Die Anschnitttechnik muss so gestaltet sein, dass eine gleichmäßige Formfüllung der verschieden großen Formnester gewährleistet ist. Das unterschiedliche Schwindungsverhalten von Metall und Kunststoff führt zu Spannungen, die zum *Abscheren der Kunststoffteile* oder zum *Verbiegen der Platine* führen können. Verkürzt man die Bauteile, so verringert man diese Gefahr.

Mit der Outsert-Technik kann besonders kostengünstig gefertigt werden, weil die Kunststoffteile durch das Spritzgießen an die gewünschten Stellen platziert werden und ohne weitere Bearbeitung funktionstüchtig sind.
Dadurch entfällt die Einzelfertigung von mehreren Bauteilen und deren Montage. Einsparungen von 40 bis 50 % gegenüber der Einzelfertigung sind fast immer erreichbar.
Durch die Outsert-Technik ist eine größere Genauigkeit in der Baugruppe als durch die Einzelmontage zu erreichen.

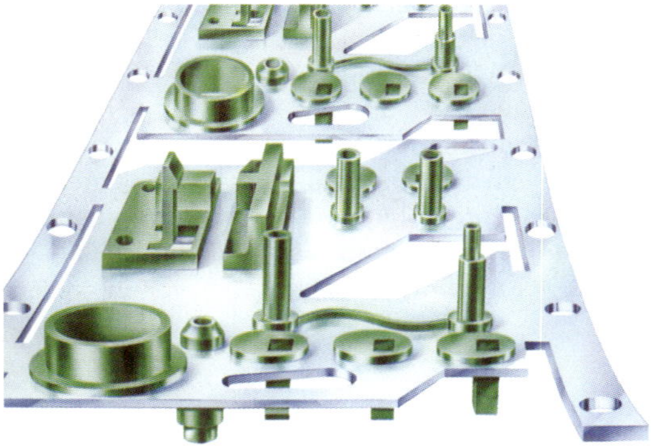

Bestückte Metallplatine mit Angussverteiler

Beispiele **für den Einsatz der Outsert-Technik in der Feinwerktechnik**

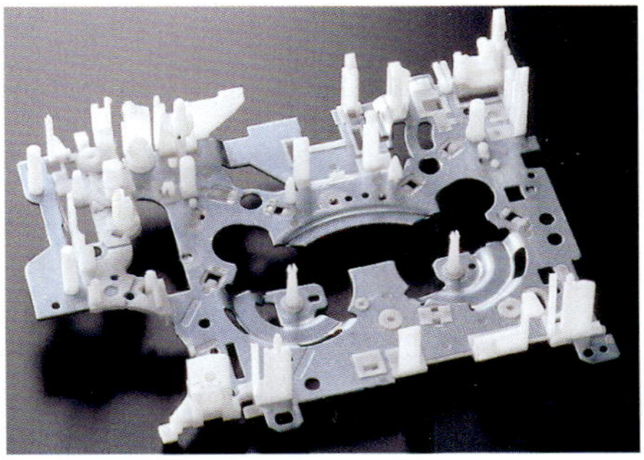

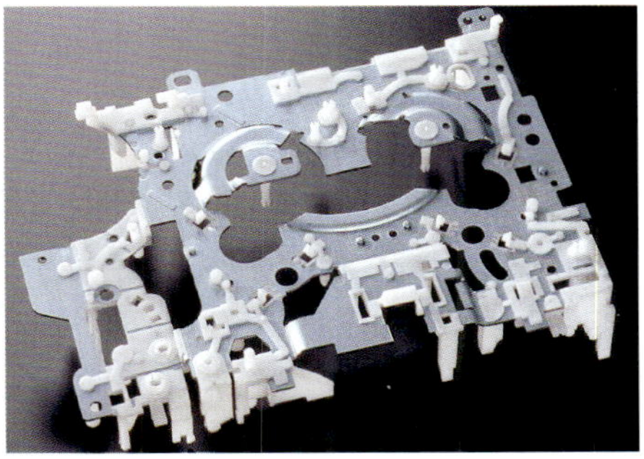

Platine für Kassettenlaufwerk (Vorderseite und Rückseite)

Die Outsert-Technik setzt man ein, um Metallplatinen und mechanische Bauteile aus Kunststoff ohne zusätzlichen Fertigungsaufwand zu fügen.

2.4 Fertigungsgerechte Gestaltung von Spritzgießteilen

Bei der fertigungsgerechten Gestaltung von Spritzgießartikeln müssen auch die werkstoffspezifischen Besonderheiten bei der Verarbeitung von Kunststoffen berücksichtigt werden.
Eine fertigungsgerechte Kontur des Spritzgießteiles senkt nicht nur die Kosten für das Werkzeug und den Spritzgießprozess, sondern verbessert gleichzeitig die Qualität der Artikel.
In den bisher behandelten Kapiteln über das Spritzgießwerkzeug wurden die Lösungsmöglichkeiten vorgestellt, die im Laufe der Entwicklung des Werkzeugbaues gefunden worden sind, um auch anspruchsvolle Artikel aus Kunststoff herzustellen.

Die grundlegenden Richtlinien für eine fertigungsgerechte Gestaltung der Kunststoffartikel müssen die jeweiligen Besonderheiten des Werkzeugbaues und des Spritzgießens beachten. Dabei ergeben sich folgende Teilbereiche:

- Formfüllung
- Werkzeugsteifigkeit
- Werkzeugtemperierung
- Entformung

2.4.1 Formfüllung

Die Formfüllung soll so stattfinden, dass die Schmelze vom Anschnitt her überall das Ende des Fließweges möglichst gleichzeitig erreicht. Der Spritzling soll zum Anguss hin erstarren, damit der Nachdruck möglichst lange wirksam bleibt.

Ungünstige Fließorientierung und Bindenähte treten vor allem dann auf, wenn aus leicht füllbaren Bereichen im Formhohlraum Bereiche abzweigen, die einen erheblich höheren Fließwiderstand haben.

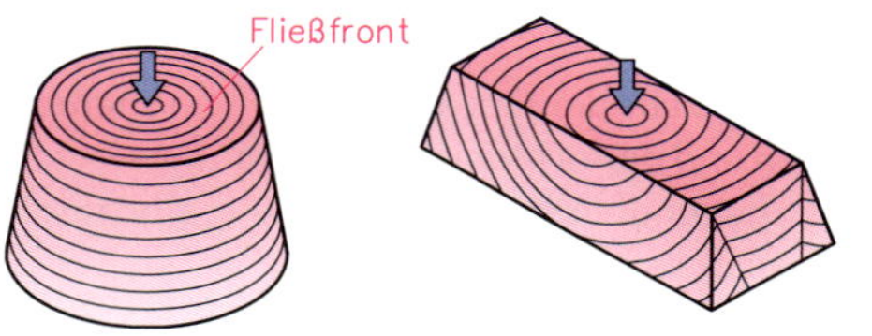

Radiale Strömung bei zentralem Anschnitt

Aus Erfahrungen und Berechnungen hat man Grundformen der Formfüllung entwickelt, die auf den jeweiligen Einzelfall übertragen werden.
Als Grundformen für die Formfüllung kennt man die **radiale Strömung** mit *kreisbogenförmiger Fließfront* und die **parallele Strömung** mit *gerader Fließfront.* Strömungshindernisse führen zur Bildung von Bindenähten.

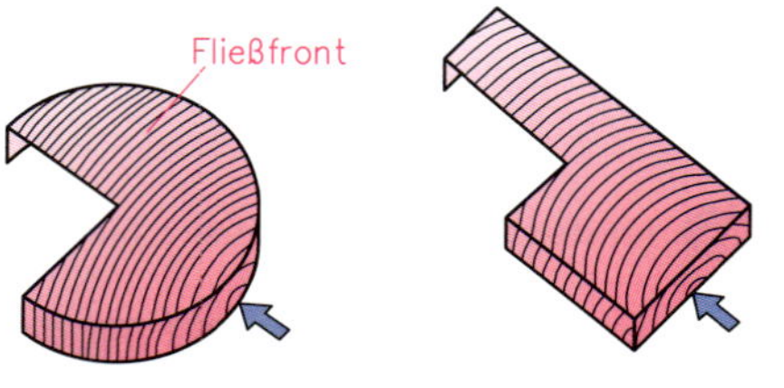

Radiale Strömung bei punktförmigem Anschnitt vom Rand

Mithilfe des Computers lassen sich Füllbilder darstellen. Diese Bilder zeigen, wie sich die Fließfront vom Anschnitt her ausbreiten würde. Durch simulierte Änderung der Anschnittlage bzw. der Wanddicken kann man die Formfüllung optimieren.

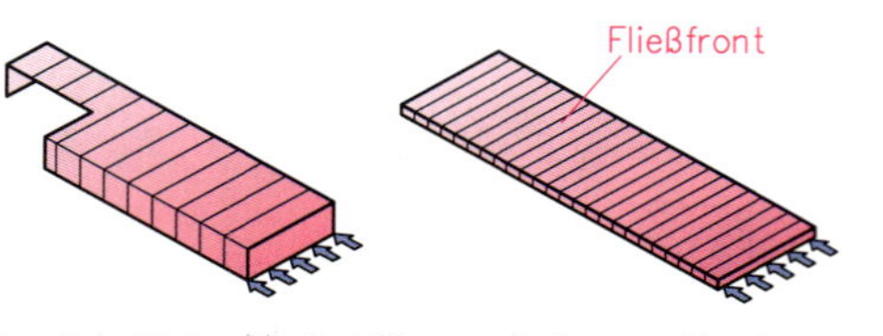

Parallele Strömung bei Filmanschnitt vom Rand

Füllbilduntersuchungen am Computer vor dem Bau des Werkzeuges vermindern die sonst anfallenden Kosten für Spritzgießversuche und Werkzeugänderungen. Eine ungünstige Formfüllung führt zu verminderter Festigkeit und zu fehlerhaften Konturen der Spritzgießartikel.

2.4.2 Werkzeugsteifigkeit

Die Verformung des Spritzgießwerkzeuges und der einzelnen Bauteile im Werkzeug ist unmittelbar abhängig von der Werkzeugsteifigkeit und vom Formfüllvorgang. Der beim Füllvorgang bestehende hohe Druck beansprucht die formgebenden Oberflächen im Werkzeug.
Besonders kritisch in Bezug auf die Verformung sind Kerne, Schieber oder Backen. Sie müssen hohen Drücken standhalten und dürfen nur geringe Deformationen aufweisen. Daher muss man schon bei der Gestaltung des Artikels darauf achten, dass Kerne, Schieber und Backen mit genügend hoher Steifigkeit ausgebildet werden können.

- **Gestaltung von Kernen**

Freistehende Kerne deformieren sich unter seitlichem Druck. Sind diese Kerne zu schlank, so können sie bei sehr hohen Belastungen abbrechen. Bereits die elastische Verformung solcher Kerne führt zu unzulässigen Wanddickenänderungen des Artikels. Außerdem wird die Entformung erheblich erschwert oder ist gar nicht möglich.
Vermeiden lässt sich diese Gefahr, indem man bei der Konstruktion des Artikels auf einseitig gelagerte schlanke Kerne verzichtet. Lässt sich dies nicht verwirklichen, so muss man das Formteil so abändern, dass der Kern beidseitig gelagert werden kann. Es entsteht jedoch im Formteil ein zusätzliches Loch.

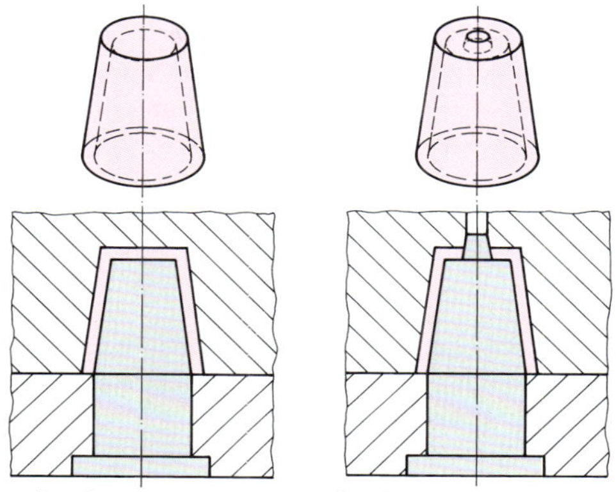

Gestaltung von schlanken Kernen

- **Lage des Anschnittes und Kernbelastung**

Durch die Lage des Anschnittes kann vermieden werden, dass Kerne im Werkzeug seitlich belastet werden.

Zylindrische Artikel spritzt man zentrisch an oder man wählt exzentrisches Anspritzen von mehreren Seiten. Bei Mehrfachanspritzung bilden sich jedoch Bindenähte.

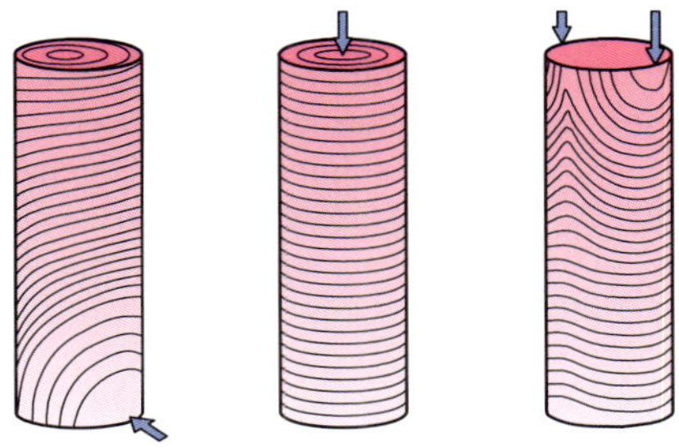

Anschnittlage und Kernbelastung bei Zylindern

Artikel mit mehreren Kernen, z. B. für Rippen, spritzt man nicht zentrisch an, weil die seitlichen Kräfte auf die Kerne zu groß werden. Die Kernbelastung wird durch Mehrfachanspritzung verringert. Bindenähte lassen sich nicht vermeiden.

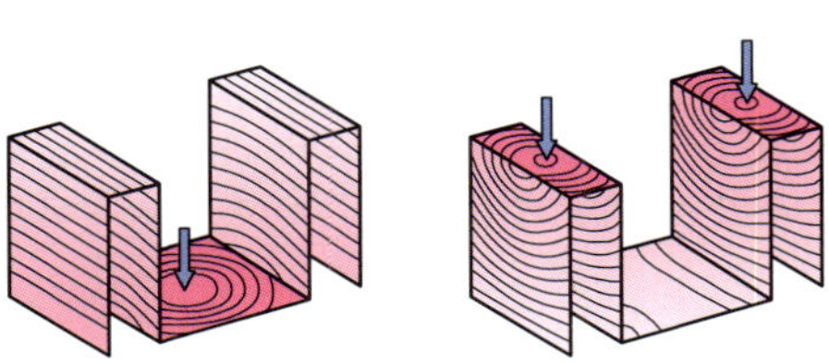

Anschnittlage und Kernbelastung bei Rippen

Bei der Gestaltung des Artikels muss man besonders auf den Kernbereich achten, damit das Werkzeug auch in diesem kritischen Bereich eine genügende Steifigkeit besitzt.
Auch durch die Lage der Anschnitte kann die Deformation schlanker Kerne begrenzt werden.

2.4.3 Werkzeugtemperierung

Die Werkzeugtemperierung beeinflusst nicht nur die Zykluszeit, sondern auch die Qualität der Kunststoffartikel. Berücksichtigt man bereits bei dem Entwurf des Formteiles die konstruktiven Bedingungen für entsprechende Temperierkreisläufe, so vermindert man die Zykluszeit, erhält maßgerechtere Formteile und verbessert die mechanischen Eigenschaften der Artikel.

Bei der fertigungsgerechten Gestaltung der Artikel muss man darauf achten, dass im Formnestbereich genügend Platz für Temperierkanäle vorhanden ist. Dies gilt besonders für Kerne.
Die Höhe der Werkzeugwandtemperatur hat unmittelbar Einfluss auf die Verarbeitungsschwindung und damit auf den Verzug der Artikel.
Innerhalb eines Werkzeuges kann man mit getrennten Kreisläufen das unterschiedliche Schwindungsverhalten, welches zum Verzug führt, ausgleichen.

ϑ_K Kerntemperatur (Oberfläche)
ϑ_G Gesenktemperatur (Oberfläche)

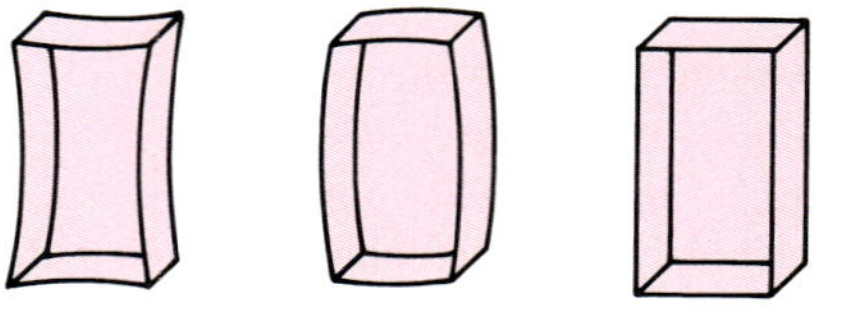

Werkzeugtemperierung und Verzug

Eine fertigungsgerechte Formteilgestaltung muss auch unter dem Gesichtspunkt der Werkzeugtemperierung vorgenommen werden. Qualitätsartikel lassen sich nur durch eine exakte Temperaturführung wiederholgenau herstellen.

2.4.4 Entformung

Die spritzgießgerechte Konstruktion von Kunststoffartikeln sollte schon im Entwurf die Entformung berücksichtigen.
Der Spritzling muss auf der beweglichen Seite des Werkzeuges hängen bleiben, da die Auswerfereinrichtung auf dieser Seite angebracht ist. Durch entsprechend vorgesehene Ausformschrägen kann das Werkzeug geöffnet werden, ohne dass der Artikel beschädigt wird.

Äußere Hinterschneidungen lassen sich durch Backen, Schieber oder Kernzüge entformen. Die Öffnungswege dieser Werkzeugteile sollten möglichst kurz sein, damit keine gesonderten Antriebe nötig sind.

Innere Hinterschneidungen sollten nach Möglichkeit vermieden werden. Bewegliche Teile in Kernen lassen sich nur schwer verwirklichen und sie schwächen außerdem die Kerne in unzulässiger Weise.

Öffnung durch Kernzug — Öffnung durch Umkonstruktion des Artikels

Vermeiden von Hinterschneidungen

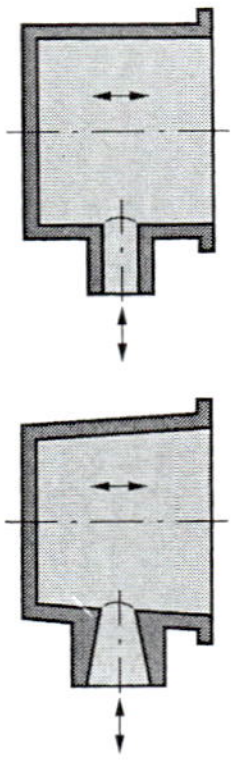

ungünstig:
keine Entformungsschrägen
hohe Entformungskräfte
langer Auswerferhub

günstig:
Entformungsschrägen in allen Entformungsrichtungen, mindestens 0,5°
zusätzlich für strukturierte Oberflächen
1,5° pro 0,02 mm Rauhtiefe

Entformungsschrägen

Die Entformung eines Artikels mit Hinterschneidungen stellt besondere konstruktive Anforderungen an den Artikel und an das Werkzeug.

3 Der Spritzgießprozess

3.1 Baueinrichtungen einer Spritzgießanlage

Spritzgießanlagen werden zur Fertigung von Formteilen aus Kunststoff von einigen Milligramm bis zu 90 kg Masse eingesetzt. Die Kunststoffverarbeitung aus Granulat zu Formteilen wird zu etwa 60 % mit Spritzgießanlagen vorgenommen. Vorwiegend werden Thermoplaste, jedoch auch zunehmend Duroplaste und Elaste durch Spritzgießen in entsprechenden Werkzeugen zu Formteilen verarbeitet. Die heutigen Spritzgießanlagen sind konstruktiv so ausgereift, dass Werkstücke gratfrei mit hoher Form- und Maßgenauigkeit entstehen. Große Krafteinwirkungen und Temperaturschwankungen erfordern eine hohe mechanische und thermische Stabilität der Anlagen.

Für das Spritzgießen werden spezielle Anlagen aus der eigentlichen Spritzgießmaschine und weiteren Baueinrichtungen zusammengestellt. Die charakteristischen Teilaufgaben einer Spritzgießmaschine erfordern stets einen Aufbau aus den folgenden funktionalen Einheiten:

- **Plastifiziereinheit**
- **Einspritzeinheit**
- **Schließeinheit**
- **Steuer- und Regeleinheit**

Zu den weiteren Baueinrichtungen gehören Hydraulikaggregate, Temperiergeräte, Kühlanlage, Handhabungsroboter, automatische Werkzeugwechsler, automatische Granulatzuführung, Qualitätskontrolle u. a.

Beispiel **für eine Spritzgießanlage**

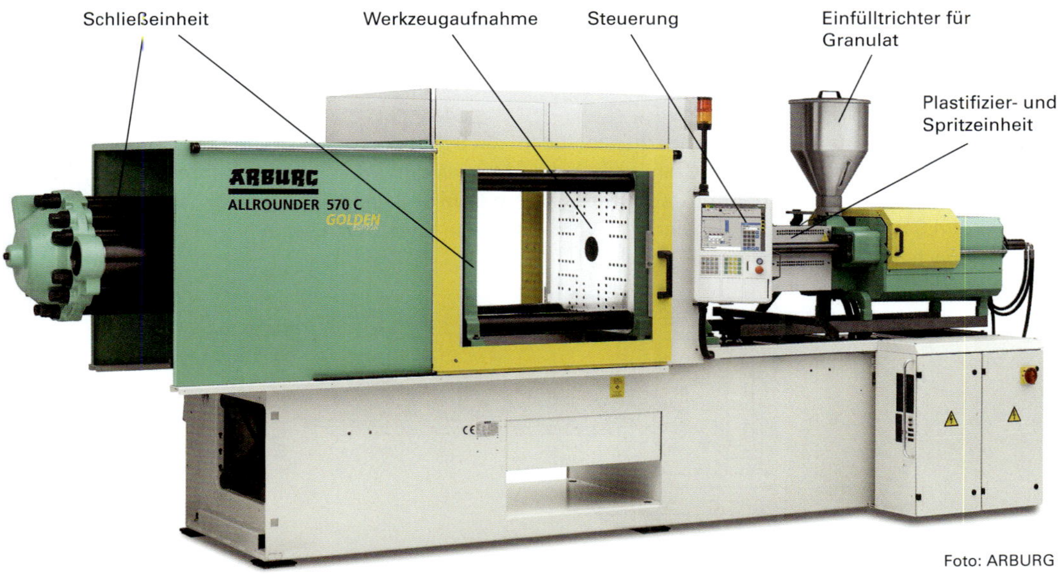

Foto: ARBURG

Die Baueinheiten einer Spritzgießmaschine erfüllen die folgenden Aufgaben:

- In der **Plastifiziereinheit** wird das Granulat bereitgestellt und in einen teigigen Zustand überführt.
- Die **Einspritzeinheit** dient dazu, den spritzgießfähigen Kunststoff mit hohem Druck in das formgebende Werkzeug zu fördern.
- Die **Schließeinheit** dient dazu, die Werkzeugteile für den Spritzvorgang zu schließen und zur Formteilentnahme zu öffnen.
- Mit der **Steuerungs- und Regelungseinheit** werden alle für den Fertigungsablauf notwendigen Einstellwerte in ihrem zeitlichen Ablauf geregelt.

3.2 Arbeitsgänge im Spritzgießprozess

3.2.1 Spritzgießzyklus

Beim Spritzgießen wird plastifizierter Kunststoff durch äußeren Druck in einen Formhohlraum gepresst. Nachdem die Form gefüllt ist, bleibt der Druck als sogenannter **Nachdruck** noch für eine kurze Zeit aufrechterhalten. Durch das Nachdrücken der Schmelze während der Abkühlzeit wird die Volumenschrumpfung im Artikel verringert. Nachdem der Artikel erstarrt ist, wird die Spritzgießmaschine geöffnet und das Spritzgießteil entformt.
Während der Produktion wiederholen sich diese Arbeitsgänge periodisch. Man spricht daher auch vom Spritzgießzyklus.

Beispiel **für den Spritzgießzyklus bei der Verarbeitung von thermoplastischen Kunststoffen**

Einspritzen des Kunststoffes

- Das geschlossene Werkzeug und die Spritzeinheit werden zusammengepresst.
- Mithilfe eines Druckkolbens wird die stillgesetzte Schnecke nach vorne geschoben, dadurch wird Formmasse aus dem Sammelraum unter hohem Druck in den Formhohlraum gespritzt.

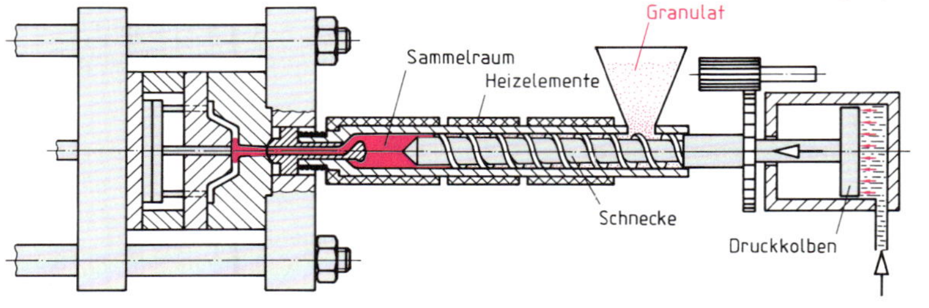

Nachdrücken und Plastifizieren

- Der Nachdruck wird aufrecht erhalten, indem die Schnecke wieder in Drehung versetzt wird.
- Die Schnecke fördert das Granulat aus dem Massetrichter durch den beheizten Spritzzylinder in den Sammelraum, der Kunststoff wird geschmolzen und gleichmäßig durchgeknetet.
- Im Sammelraum staut sich der nach vorn geförderte Kunststoff. Dadurch wird die Förderschnecke nach hinten geschoben.

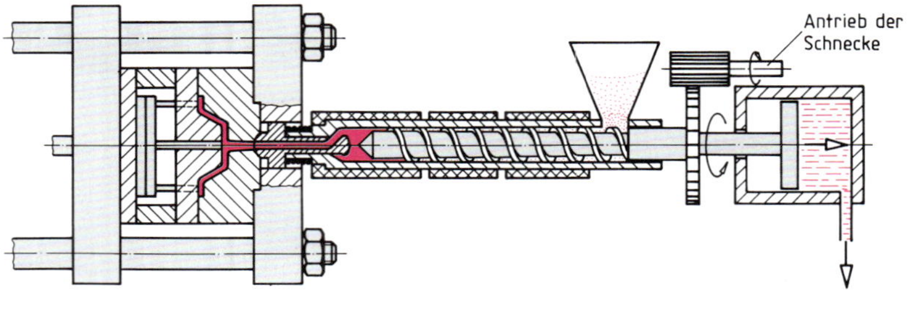

Entformen des Formteiles

- Das Werkzeug und die Spritzeinheit werden voneinander getrennt.
- Das abgekühlte Formteil wird ausgestoßen.

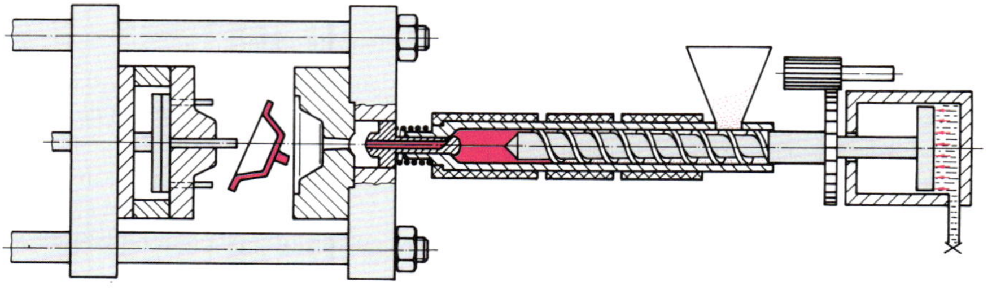

3.3 Prozesskenngrößen und Formteilqualität

Zur Steuerung des Fertigungsablaufs sind mehrere Einstellgrößen in die Steuerung der Spritzgießmaschine einzugeben. Die richtige Festlegung dieser Einstellgrößen hat entscheidenden Einfluss auf die Qualität der erzeugten Spritzgießteile. Zu den Einstellgrößen beim Spritzgießen zählen z. B. die Schneckendrehzahl, die Plastifizierzylindertemperatur, der Dosierweg, Zykluszeit u. a. Die veränderlichen Einstellgrößen der Spritzgießmaschine bezeichnet man als **Maschinenparameter**.

Von den Maschinenparametern sind wiederum wichtige Größen, wie z. B. das Volumen und die Temperatur der plastifizierten Formmasse oder der Spritzdruckverlauf, abhängig. Diese von den Eingangsparametern abhängigen Werte bezeichnet man als **Zwischenparameter**.

Die Qualität der Formteile wird jedoch hauptsächlich durch den Formgebungsprozess im Werkzeug bestimmt. Daher müssen die Maschinen- und Zwischenparameter darauf abgestimmt sein, im Werkzeug einen optimalen Formgebungsprozess zu gewährleisten. Die dafür verantwortlichen Endgrößen bezeichnet man als **Zielparameter**. Solche Zielparameter sind vor allem Druck- und Temperaturverlauf im Formhohlraum.

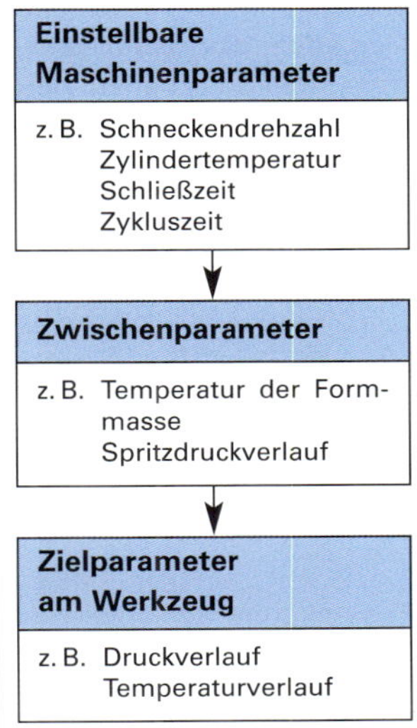

Wichtige Parameter für die Fertigung von Spritzgießteilen

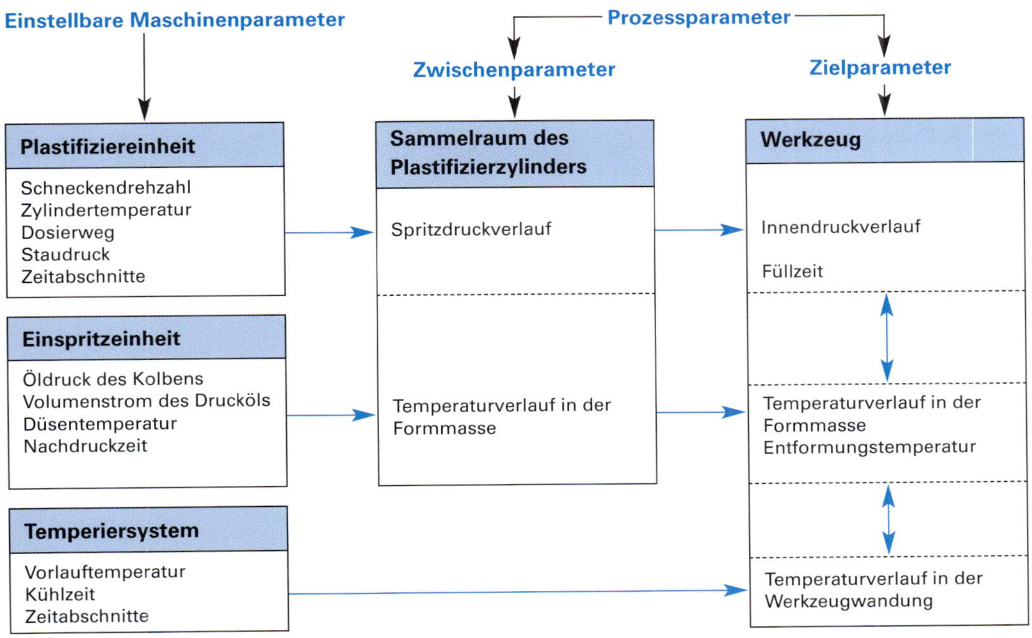

Weitere Parameter, wie Schließkraft, Öffnungs- bzw. Schließgeschwindigkeit des Werkzeuges, Anpressdruck der Düse, Entformungsbewegungen und -zeiten haben keinen direkten Einfluss auf die Formteilqualität. Sie sind so zu wählen, dass der Spritzgießprozess störungsfrei abläuft.

Hohe Formteilqualitäten erzielt man beim Spritzgießen durch angemessene Abstimmungen der Prozessparameter auf die Einstellungen der Maschinenparameter.

3.3.1 Antriebsdruck, Spritzdruck und Werkzeuginnendruck

Die Qualität der Formteile ist im Wesentlichen vom Druckverlauf im Werkzeug während des Spritzgießzyklus abhängig. Aus diesem Grunde wird zunächst der Zusammenhang zwischen Einstellparametern und dem Innendruckverlauf dargestellt.
Über den Druck des Hydrauliköls für den Kolbenantrieb des Schneckenkolbens steuert man den Spritzdruck im Sammelraum des Plastifizierzylinders. Dabei verhält sich der Antriebsdruck zum Spritzdruck proportional. Durch Strömungsverluste im Angusssystem ergibt sich jedoch ein kleinerer Werkzeuginnendruck.

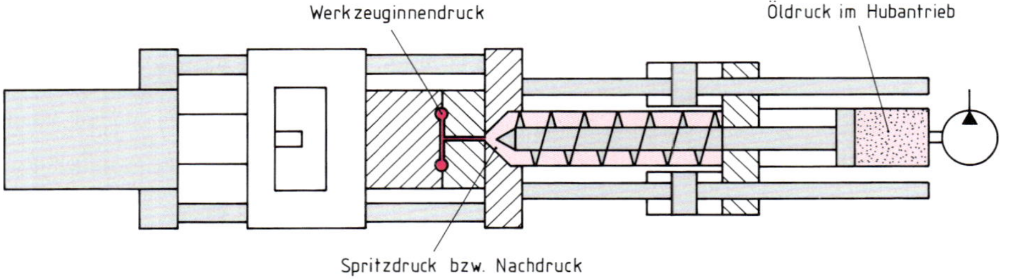

Erzeugung des Werkzeuginnendrucks durch die Einspritzeinheit

Antriebsdruck und Werkzeuginnendruck

Im folgenden Diagramm ist der Verlauf des Antriebsdrucks für den Schneckenkolben mit dem sich ergebenden Werkzeuginnendruck in Abhängigkeit von der Zeit dargestellt.

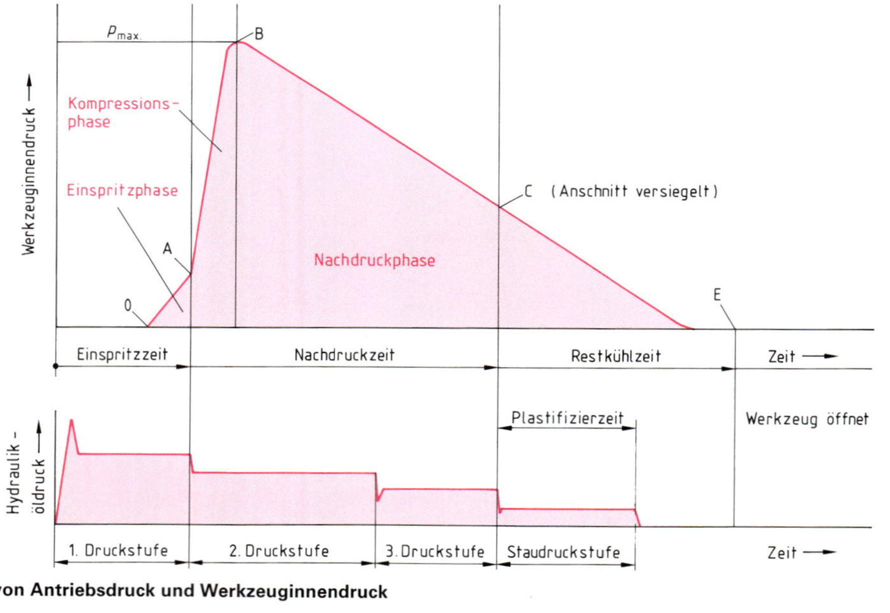

Verlauf von Antriebsdruck und Werkzeuginnendruck

Beim Vergleich der beiden Druckverläufe fällt auf, dass der Werkzeuginnendruck nur zeitverzögert dem Antriebsdruck des Schneckenkolbens und damit dem Einspritzdruck folgt.
Man unterscheidet beim Werkzeuginnendruck drei Phasen, die durch den Antriebsdruck des Hydrauliköls gesteuert werden:

- O bis A *Einspritzphase*
- A bis B *Kompressionsphase*
- B bis C *Nachdruckphase*

Einspritzphase

Der Formhohlraum wird mit hoher Einspritzgeschwindigkeit völlig mit Formmasse gefüllt.
In der 1. Druckstufe für den Hydraulikantrieb wird der höchste Druck benötigt, um die Formmasse gegen Fließwiderstände im Angusssystem in den Formhohlraum zu spritzen. Der Werkzeuginnendruck steigert sich leicht zum Ende dieser Phase.

Kompressionsphase

Die eingespritzte Formmasse wird mit hohem Druck verdichtet. Am Ende dieser Phase wird der höchste Werkzeuginnendruck erreicht.
Bei Polymerisaten kann bei einem maximalen Werkzeuginnendruck von 1 000 bar bis zu 7 % Formmasse nachgefördert werden.
Außerdem beginnt man in der 2. Druckstufe, den Druck im Kolbenantrieb abzusenken.

Nachdruckphase

Formmasse muss mit maximalem Druck nachgefördert werden, um die Volumenabnahme der noch flüssigen Formmasse durch Abkühlung auszugleichen. Aufgrund der Abkühlung und der steigenden Viskosität sinkt der Werkzeuginnendruck bis zum Siegelpunkt weiter ab. Zum Ende dieser Phase wird in die 3. Druckstufe eine weitere Druckabsenkung im Hydrauliköl vorgenommen.
Ab dem Siegelpunkt ist die Formmasse im Anschnitt erstarrt, es kann keine Schmelze mehr nachgefördert werden. Der Druck aus der Einspritzeinheit wird auf den Staudruck abgesenkt. Er beeinflusst den Werkzeuginnendruck nicht mehr, sodass der Innendruck aufgrund der weiteren Schwindung schnell abnimmt.

Der Werkzeuginnendruck wird über den Einspritzdruck erzeugt, der über den Antriebsdruck des Hydrauliköls gesteuert wird. Die Steuerung der Druckhöhe und der Zeitabschnitte in den einzelnen Drukkstufen beeinflusst die Qualität der Formteile.

3.3.2 Richtwerte für Drücke im Spritzgießprozess

Hohe Spritzgießqualitäten erzielt man durch eine druckabhängige Umschaltung von Druckstufe zu Druckstufe. Beim Erreichen eines einstellbaren Spritzdruckes bzw. eines Werkzeuginnendrucks schaltet die Steuerung auf die nächste programmierte Stufe um. Die Einstellwerte müssen in Abhängigkeit von der Kunststoffsorte den Richtwertetabellen der Kunststoffhersteller entnommen werden.

Richtwerttabelle

Name des Kunststoffes	Kurzzeichen	Spritzdruck in bar	Nachdruck in bar	Werkzeuginnendruck in bar	Staudruck in bar	Dichte in g/cm^3
Polyethylen	**PE**	600 bis 1500	300 bis 800	250 bis 500	40 bis 80	0,91 bis 0,96
Polypropylen	**PP**	800 bis 1800	500 bis 1100	350 bis 800	60 bis 90	0,9
Polyvinylchlorid	**PVC**	1000 bis 1500	500 bis 900	500 bis 700	40 bis 80	1,2 bis 1,40
Polyoximethylen	**POM**	800 bis 1700	500 bis 1200	500 bis 1200	40 bis 80	1,41 bis 1,42
Polyamid	**PA**	700 bis 1200	350 bis 1050	350 bis 800	40 bis 80	1,13
Polycarbonat	**PC**	850 bis 1600	600 bis 1300	350 bis 700	80 bis 120	1,20 bis 1,24

In der Richtwertetabelle ist bei den Druckangaben ein Bereich angegeben, innerhalb dessen die Spritzgießteile einwandfrei ausfallen können. Der optimale Druck ist von der Form des Spritzgießteils und von den Qualitätsanforderungen abhängig. Er muss durch Versuchsspritzungen und Messreihen ermittelt werden.

- **Fehlerursachen und Druckverlauf**

Für die Erzielung einer guten Formteilqualität ist besonders in der Nachdruckphase die Höhe des Drucke und die Länge der Zeitabschnitte von großer Bedeutung. Bei mehreren Druckstufen im Antrieb des Schneckenkolbens muss das Umstellen vom Spritzdruck auf die 2. Druckstufe besonders sorgfältig abgestimmt sein. Der optimale Schaltpunkt ist dann gefunden, wenn sich der Spritzdruck im Werkzeug noch nicht als Druckspitze bemerkbar macht.

Fehlerart	Ursache	Abhilfe
Maßschwankungen am Spritzgießteil, Werkzeugschäden	Druckspitze im Werkzeug	Umschaltzeitpunkt nach vorn verschieben
Oberflächenfehler am Spritzgießteil	Fließverzögerung	Umschaltzeitpunkt nach hinten verschieben

4 Druckgießen

Das Druckgießen wird zur Herstellung von dünnwandigen und kompliziert geformten Werkstücken in großer Stückzahl eingesetzt. Dabei wird der geschmolzene Werkstoff mit einem Druck bis über 1 000 bar und einer großen Geschwindigkeit in die Gießform gedrückt. Die Dauerform kann, je nach vergossenem Werkstoff, bis zu 200 000 mal verwendet werden und unter günstigen Voraussetzungen bis zu 1 000 Teile pro Stunde herstellen.

Die Gießformen bestehen wegen der hohen mechanischen und thermischen Beanspruchung aus hochwertigen warmfesten Stahlsorten. Sie sind vielfach zweigeteilt, wobei die eine Hälfte der Druckgießform fest und die zweite beweglich auf der Maschinenplatte der Druckgießmaschine montiert ist. Zum Zusammenhalten der geteilten Hälften beim Gießprozess sind wegen des hohen Druckes große Kräfte erforderlich. Zur Gewährleistung einer optimalen Erstarrung und Abkühlung der Gussteile müssen Druckgießformen an bestimmten Stellen gekühlt und oder auch beheizt werden.

Das beim Druckgießen gefertigte Werkstück hat eine glatte und einwandfreie Oberfläche und bedarf meistens keiner Nachbearbeitung. Im günstigsten Fall werden Oberflächengüten mit einem Ra-Wert von 0,5 µm erreicht.

4.1 Druckgießverfahren

Beim Druckgießen kennt man grundsätzlich zwei verschiedene Verfahrensweisen, deren Anwendung vom Gießwerkstoff bestimmt werden. Man unterscheidet zwischen dem Warm- bzw. Kaltkammer-Druckgießverfahren.

Die Besonderheit des **Warmkammer-Druckgießverfahren** ist, dass sich die Gießkammer in ständigem Kontakt mit der Schmelze befindet. Die Schmelze gelangt über ein Ventil in die Gießkammer, von der sie mit einem Kolben bei hoher Geschwindigkeit in die geschlossene Druckgießform gepresst wird.

Mit dem Warmkammer-Druckgießverfahren werden vorzugsweise niedrigschmelzende Metalle und deren Legierungen verarbeitet, da diese die Werkstoffe, die für die Herstellung der Druckkammer bzw. der Druckkolben verwendet wurden, nicht angreifen.

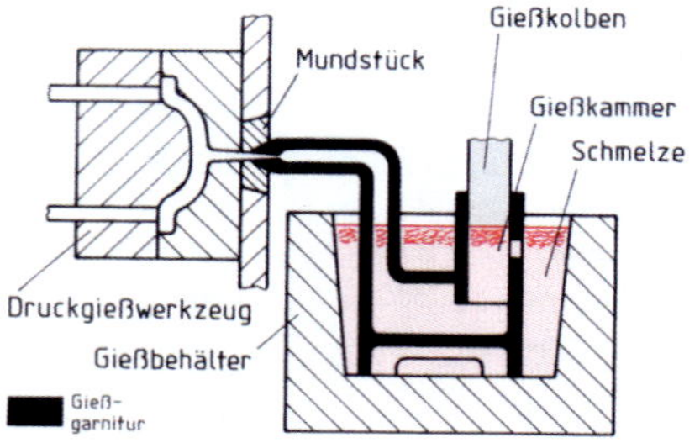

Warmkammer-Druckgießverfahren

Beim **Kaltkammer-Druckgießverfahren** befindet sich die Druckkammer außerhalb der Schmelze. Nach dem Schließen der Gießform wird mit einem Gießlöffel eine entsprechende Menge an flüssigem Werkstoff in die Gießkammer gefüllt. Der hydraulisch betätigte Druckkolben presst den Gießwerkstoff mit einem Druck von 1 000 bar in die Gießform. Mit diesem Verfahren können auch Aluminium und Kupfer sowie deren Legierungen verarbeitet werden. Der weitere Verfahrensablauf erfolgt ähnlich wie beim Kaltkammer-Druckgießverfahren.

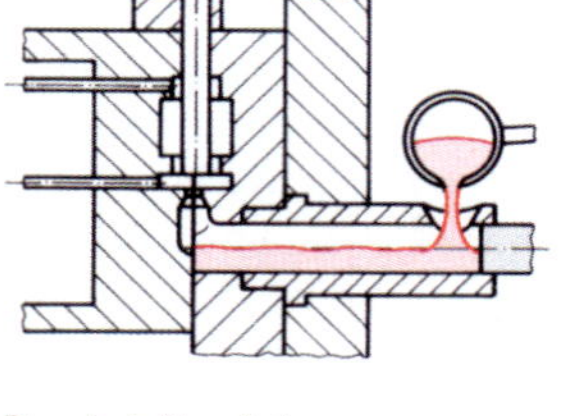

Kaltkammer-Druckgießverfahren

Ein spezielles Verfahren zum Druckgießen ist das Vakuum-Druckgießverfahren, bei dem die Luft in den Hohlräumen der Gießform vor dem Gießen abgesaugt wird. Dabei wird die Schmelze durch Unterdruck über ein beheiztes Rohr in die Gießkammer gesaugt.

4.2 Werkzeuge zum Druckgießen

Das Druckgießwerkzeug entspricht in seinem Aufbau und in seinen Bezeichnungen dem Spritzgießwerkzeug. Die Benennungen und Symbole für Press-, Spritzgieß- und Druckgießwerkzeuge sind nach Norm festgelegt. In den nachfolgenden Kapiteln wird daher das Druckgießwerkzeug in Anlehnung an das Spritzgießwerkzeug dargestellt und nur in den Abweichungen behandelt.

4.2.1 System zur Formgebung

- **Beanspruchung des Formhohlraumes**

Das Druckgießwerkzeug ist kompakt aufgebaut und hat typischerweise die Formplatten meist als Formrahmen ausgebildet, welche die eigentlichen Formeinsätze umschließen.

Druckgießwerkzeuge sind besonders im Formnestbereich wesentlich höheren thermischen und verschleißenden Belastungen ausgesetzt als Spritzgießwerkzeuge. Die Formeinsätze werden daher aus durchhärtbaren Stählen gefertigt.

Die Lebensdauer der Druckgießform ist vor allem vom *Druckgießwerkstoff,* von der *Größe* und der *Wanddicke* der Gussstücke und von den *Ansprüchen* an die Maßgenauigkeit und an die *Oberflächengüte* der Artikel abhängig.

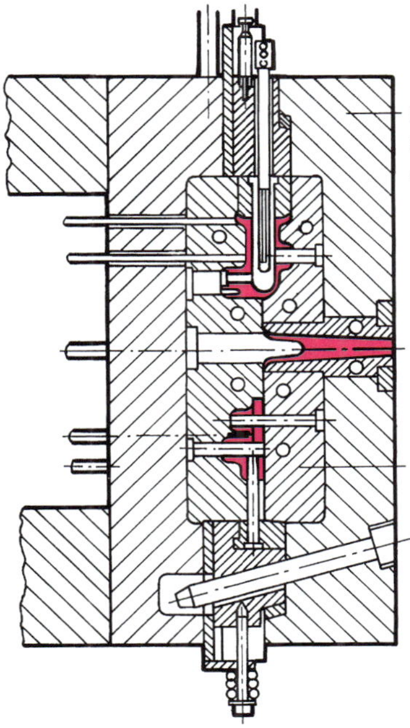

Druckgießwerkzeug mit Einsätzen

- **Oberflächenqualität von Druckgussteilen**

Durch das Druckgießen lassen sich die glattesten Oberflächen von allen metallischen Gießverfahren erreichen.
Dabei hat man folgende *Ra*-Werte ermittelt:

- Aluminiumlegierungen 2,0 bis 18 μm,
- Zinklegierungen 0,4 bis 10 μm,
- Magnesiumlegierungen 2,0 bis 18 μm,
- Kupferlegierungen 4,0 bis 35 μm.

Je nach Anspruch an die Qualität können aus Druckgießformen etwa folgende Stückzahlen gegossen werden:

- Aluminiumlegierungen bis zu 200 000 Abgüsse,
- Zinklegierungen bis zu 500 000 Abgüsse,
- Magnesiumlegierungen bis zu 250 000 Abgüsse,
- Kupferlegierungen bis zu 20 000 Abgüsse.

Die Formnester und Kerne von Druckgießwerkzeugen sind höheren thermischen und verschleißenden Belastungen ausgesetzt als die Formnester und Kerne von Spritzgießwerkzeugen. Die Oberflächenrauheit von Druckgussstücken nimmt mit dem Formnest- und Kernverschleiß zu.

• Entlüftung des Formhohlraumes durch Überläufe

Das Hauptproblem beim Druckgießen ist es, während der sehr kurzen Füllzeiten Luft sowie Gase und Dämpfe der Schmiermittel aus der Druckkammer der Gießmaschine und aus dem Formhohlraum zu verdrängen.

Anders als beim Spritzgießwerkzeug sieht man im Druckgießwerkzeug zur Formentlüftung daher *besondere Überläufe* vor, die mit Entlüftungskanälen verbunden sind. Die Schmelze wird aus dem Formhohlraum über Anschnitte in die Überläufe weitergeleitet und presst dadurch das Gasgemisch nach außen.

Die Überläufe werden so groß gewählt, dass auch zu dünnwandigen und weit vom Anguss entfernten Bereichen ein ununterbrochener Metallfluss aufrechterhalten bleibt. Der Formnestbereich kann somit durch die Schmelze gleichmäßig temperiert werden.

Weiterhin dienen die Überläufe dazu, Reste von Schmiermitteln und verschäumter Schmelze aufzufangen.

Jeder Überlauf hat meist einen eigenen Auswerfer. Die wirksamste Formentlüftung kann man oft erst beim Probegießen festlegen und in die Form einarbeiten lassen.

Die Kanaltiefen (A) für die Anschnitte der Überläufe betragen für Aluminiumlegierungen etwa 0,6 bis 1,2 mm, für Zinnlegierungen etwa 0,3 bis 0,8 mm.

Die Überläufe selbst werden durch Entlüftungskanäle (E) von geringer Tiefe entlüftet. Diese Kanaltiefen betragen für Aluminiumlegierungen etwa 0,1 bis 0,15 mm, für Zinnlegierungen etwa 0,06 bis 0,1 mm.

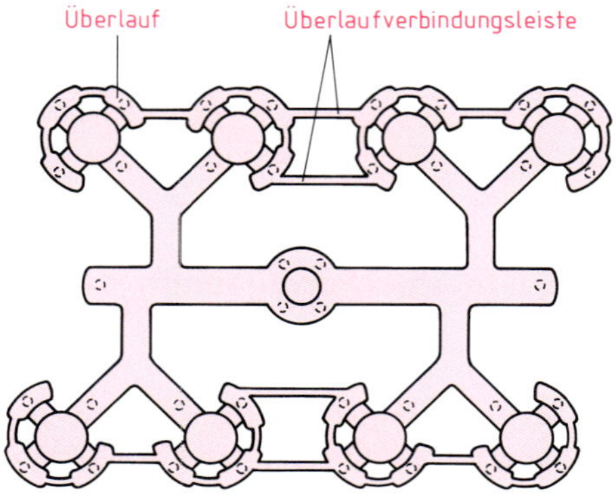

Mehrfachwerkzeug mit Überläufen

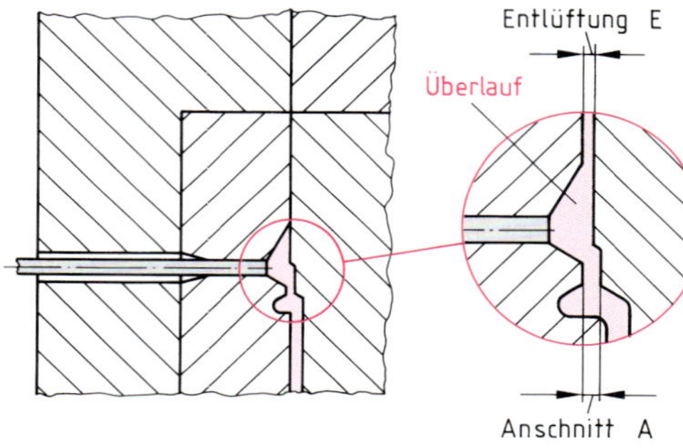

Anschnitt und Entlüftung des Überlaufes

Beispiele für Druckgussteile mit Überläufen

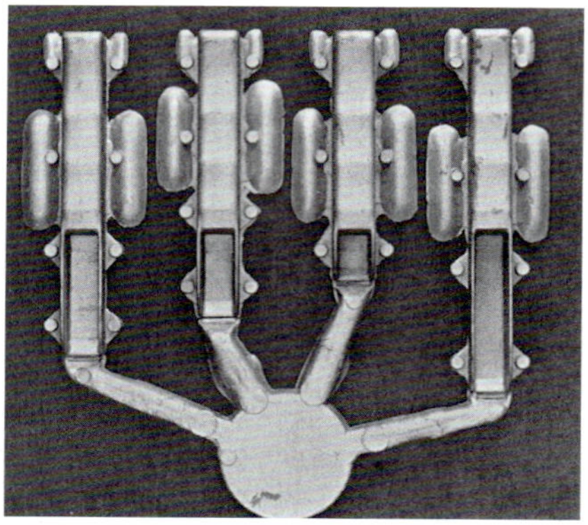

Durch die Überläufe erreicht man eine gute Durchspülung und Entlüftung des Formhohlraumes. Der kontinuierliche Metallfluss durch Überläufe sorgt für eine gleichmäßigere Formtemperatur.

4.2.2 Angusssystem

Das Angusssystem im Druckgießwerkzeug ist prinzipiell genauso aufgebaut wie das Angusssystem im Spritzgießwerkzeug. Der wesentliche Unterschied zwischen den Werkzeugen besteht darin, dass man bei Druckgießwerkzeugen *nur mit einem Anguss* arbeiten kann und auch *kein Heißkanal* möglich ist.

Beim Druckgießen bekommt man in allen Fällen einen erstarrenden Anguss und im Kaltkammerverfahren zusätzlich einen Gießrest. Die Gestaltung und die maßliche Auslegung von Gießlauf und Anschnitt für Druckgießwerkzeuge erfordern langjährige Erfahrungen.
Gießlauf und Anschnitt werden so gelegt, dass beim Druckgießvorgang möglichst wenig Wirbel entstehen und sich der Formhohlraum gleichmäßig füllt.

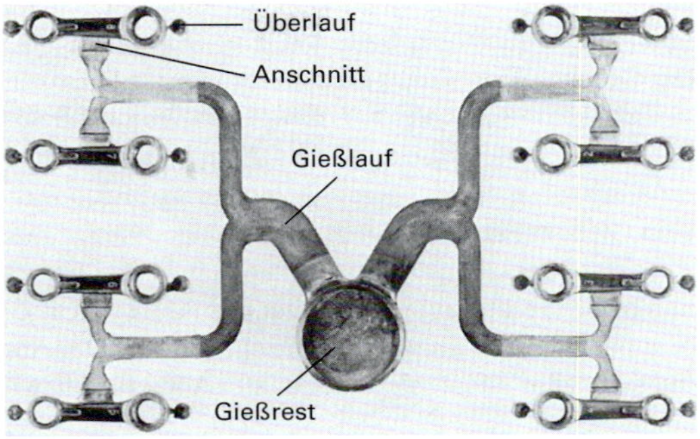

Angusssystem von Druckgussteilen

- **Das Angusssystem in Druckgießwerkzeugen für die Kaltkammer-Druckgießmaschine (waagrecht)**

Waagrechte Gießkammer (2-Platten-Bauweise)

Das Druckgießwerkzeug für die Kaltkammer-Druckgießmaschine in 2-Platten-Bauweise hat einen seitlichen Gießlauf. Über den Angussverteiler und die Gießläufe wird die Schmelze meist nur über einen Anschnitt dem Formnest zugeführt. Der Gießrest ist Teil des Angusssystems und wird mit dem Abguss insgesamt entformt.
Der Angussverteiler und der Kühlring im Bereich des Gießrestes sind typische Bauteile für Druckgießwerkzeuge.

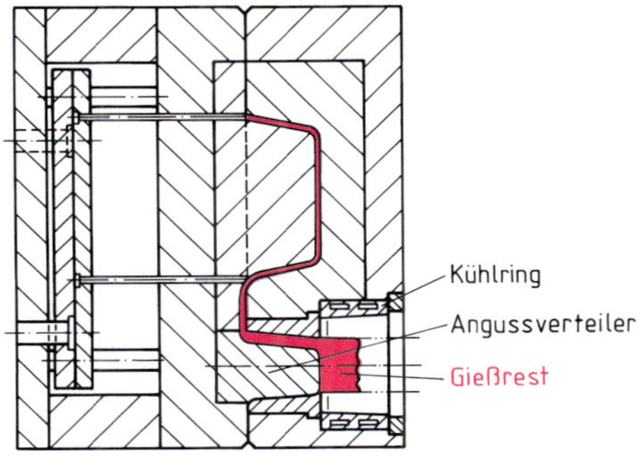

Druckgießwerkzeug für Kaltkammer-Druckgießmaschine mit waagrechter Gießkammer (Schema)

Waagrechte Gießkammer (3-Platten-Bauweise)

Das Druckgießwerkzeug für die Kaltkammer-Druckgießmaschine in 3-Platten-Bauweise ist entwickelt worden, damit auch auf Maschinen mit waagerechter Gießkammer Gussstücke mit einem Zentralanguss hergestellt werden können. Beim Öffnen der Form in der 1. Trennebene reißt zunächst der Gießrest vom zentralen Anguss ab. Nachdem sich die 2. Trennebene geöffnet hat, kann der restliche Abguss entformt werden.

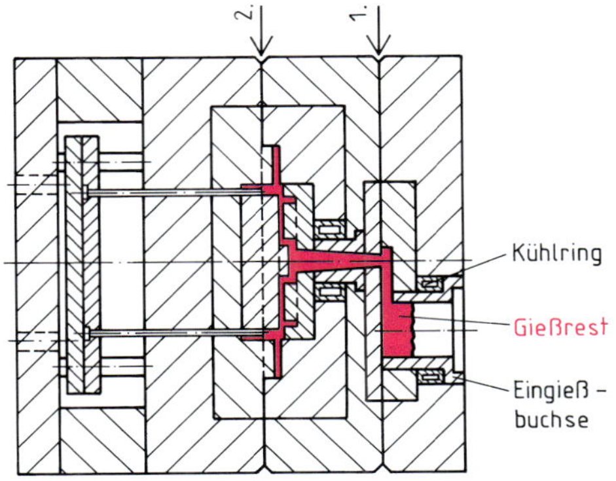

Druckgießwerkzeug für Kaltkammer-Druckgießmaschine mit waagrechter Gießkammer, 3-Platten-Bauweise (Schema)

Die Gießkammer der Druckgießmaschine mit waagrechter Gießkammer muss tiefer liegen als der Gießlauf, damit die Schmelze beim Füllen der Gießkammer nicht in die Kanäle fließt und diese verstopft.

- **Angusssysteme für sonstige Druckgießwerkzeuge**

Druckgießwerkzeuge für die Kaltkammer-Druckgießmaschine mit senkrechter Gießkammer erlauben einen zentrischen Anguss. Der Gießrest verbleibt in der Gießkammer und wird nach dem Gießvorgang vom Gegenkolben entfernt (siehe auch *„Druckgießen"*, Seite 498).

Das Druckgießwerkzeug für die Warmkammer-Druckgießmaschine ähnelt dem Druckgießwerkzeug für die Kaltkammer-Druckgießmaschine mit senkrechter Gießkammer. Bei diesem Verfahren tritt jedoch kein Gießrest auf.

In beiden Werkzeugtypen kann die Schmelze über einen besonderen Angussverteiler dem Gießlauf strömungstechnisch günstig zugeführt werden. Der Angussverteiler lässt sich auch als Angussziehstift ausbilden.

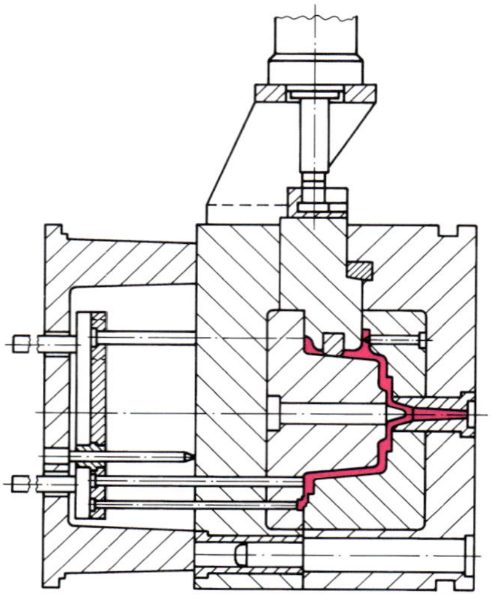

Druckgießwerkzeug für Kaltkammer-Druckgießmaschine mit senkrechter Gießkammer (Schema)

4.2.3 Temperiersystem

Die Temperatur des Formhohlraumes im Gießwerkzeug muss so hoch sein, dass die Formfüllzeit auch an entfernt liegenden Stellen des Formhohlraumes unterhalb der Abkühlzeit liegt. Setzt die Erstarrung in solchen Bereichen zu früh ein, so werden Überläufe gelegt und entsprechend groß gestaltet. Zu den Überläufen strömt dann so viel Schmelze, dass in diesem Formbereich eine Temperaturerhöhung auftritt.

Auf der anderen Seite gibt es Stellen in der Form, die zu heiß werden. Dies tritt vor allem im Bereich des Angusssystemes und in Kernpartien auf. An solchen Stellen muss die Form gekühlt werden, sonst bilden sich *Hitzeblasen* im Metall und der *Abguss verklebt* mit dem Werkzeug.

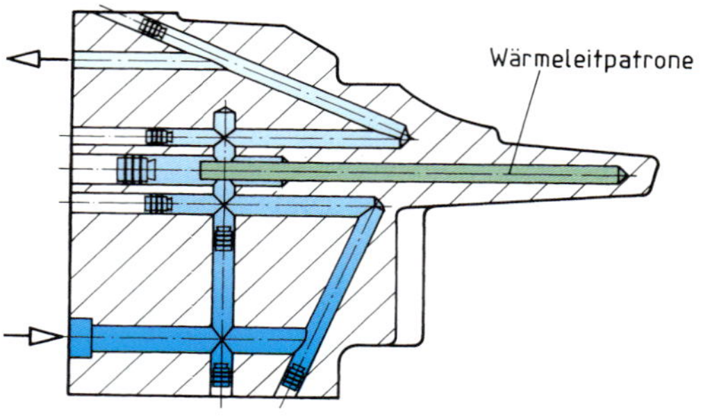

Kühlkanäle in einem Kern

Druckgießwerkzeuge erfordern eine gesonderte Temperierung im Bereich der Angießbuchse über Kühlringe.

Entsprechend den vorgestellten Möglichkeiten der Temperierung von Spritzgießwerkzeugen verfährt man auch bei Druckgießwerkzeugen. Bei der Auswahl der Dichtungsmaterialien muss man jedoch die insgesamt höheren Temperaturen im Druckgießwerkzeug beachten.

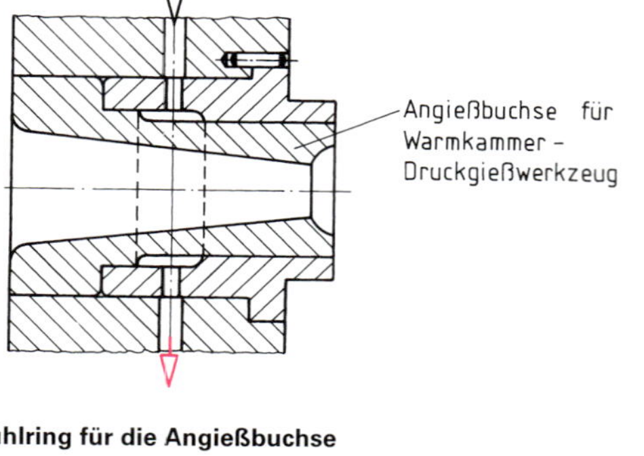

Kühlring für die Angießbuchse

An Stellen, die zur Auskühlung neigen, erreicht man die erforderliche Mindesttemperatur im Formhohlraum von Druckgießwerkzeugen durch die Anordnung von Überläufen. Die Formtemperierung im Bereich des Angusssystems und in Kernpartien erfolgt über gesonderte Kühlmittelkreisläufe.

4.3 Aufbau und Funktion eines Druckgießwerkzeuges

Das Druckgießwerkzeug und das Spritzgießwerkzeug unterscheiden sich in den Systemen zum Entformen, Führen, Zentrieren und Spannen kaum voneinander.

Druckgießwerkzeuge haben jedoch häufig *Kernzüge für größere Kernpartien,* die hydraulisch betätigt werden. Über Kernzugkupplungen und Kupplungszapfen werden die Kernschieber mit dem Hydrauliksystem verbunden.

Bei den Kernen unterscheidet man zwischen Kernen, die bei offener Form einfahren oder ausfahren, und solchen Kernen, die nur bei geschlossener Form einfahren oder ausfahren dürfen. Die zeitliche Rangfolge, in der die Kernzüge betätigt werden, muss in den Prozessschritten des Gießzyklusses festgelegt werden.

Die Positionierung der Kerne wird über die Maschinensteuerung der Druckgießmaschine abgefragt und gemäß dem Prozessfortschritt werden dann die Kerne gefahren.

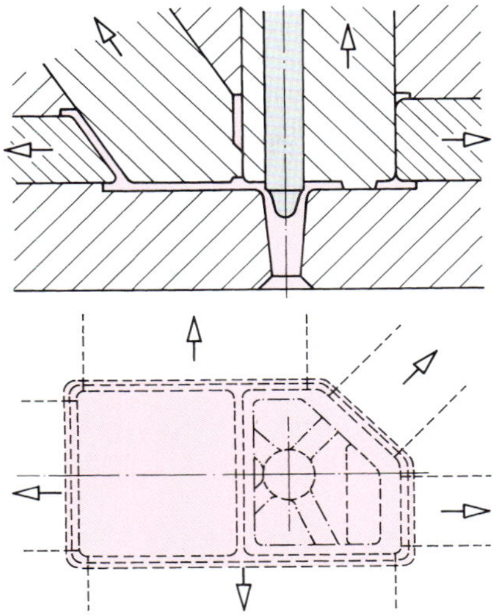

Entformen in einer Druckgießform

Beispiel **für eine Druckgießform mit mehreren hydraulisch betätigten Kernen**

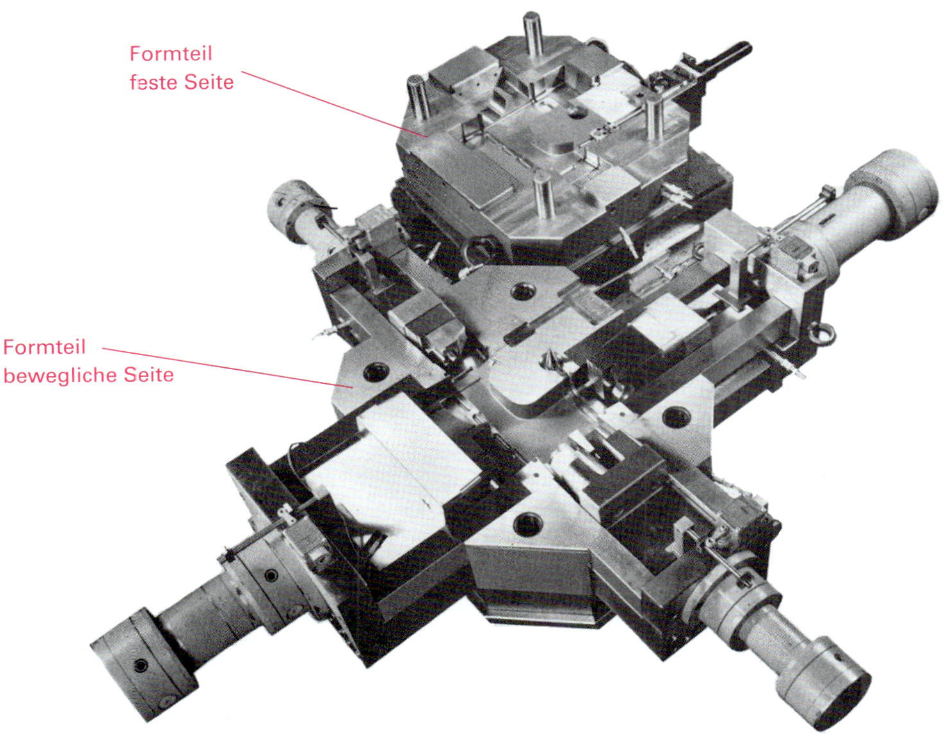

5 Werkzeuge zum Gesenkformen

Beim Gesenkformen wird ein Rohteil durch äußere Krafteinwirkung zu einem Werkstück umgeformt. Diese Umformung erfolgt in einem Werkzeug mit einem entsprechenden Formhohlraum. Das Werkzeug wird als **Gesenk** bezeichnet, der Formhohlraum wird **Gravur** genannt. Die Gravur ist meist in unterschiedlichen Anteilen in Ober- und Untergesenke enthalten. Die Gravur kann das Werkstück vollständig oder zu einem wesentlichen Teil umschließen.

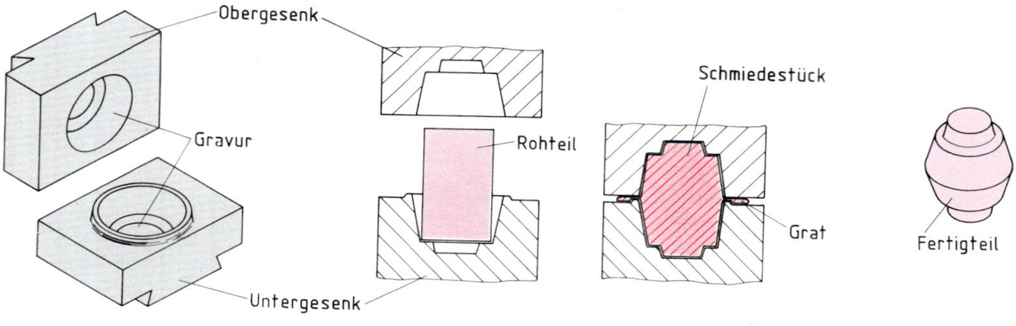

Prinzip eines Werkzeuges zum Gesenkformen

Das auf Schmiedetemperatur erwärmte Rohteil wird unter der Wirkung von Druckkräften in die Gravur des Gesenkes geschlagen oder gepresst. Damit die Hohlform vollständig ausgefüllt wird, muss überschüssiger Werkstoff vorhanden sein. Dieser überschüssige Werkstoff wird in der Teilungsebene zwischen Ober- und Untergesenk herausgepresst und bildet einen Grat.

Beispiel **für die Umformstufen einer Vierzylinder-Pkw-Kurbelwelle**

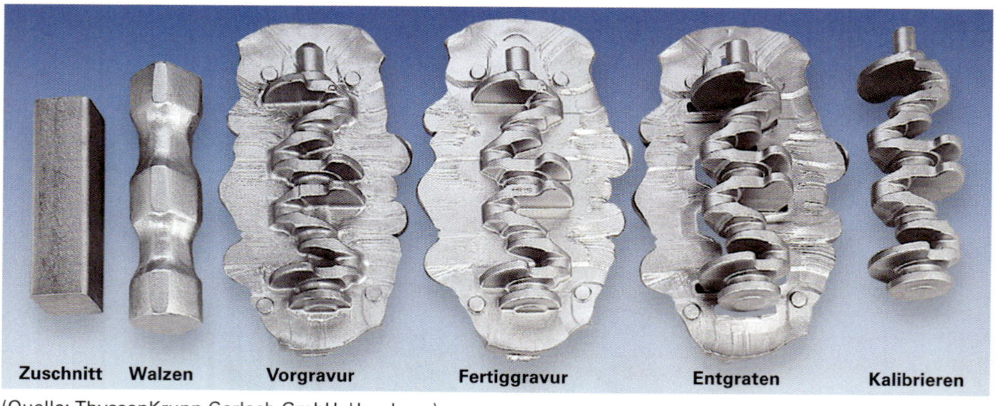

(Quelle: ThyssenKrupp Gerlach GmbH, Homburg)

5.1 Das Gesenk als technisches System

Alle Gesenkwerkzeuge sind von ihrer Funktion her so aufgebaut, dass die erforderlichen Teilaufgaben von entsprechenden Teilsystemen erfüllt werden. Das technische System „Gesenkwerkzeug" kann daher in Teilsysteme für die Formgebung, die Führung und die Entformung untergliedert werden:

- Das **Formgebungssystem** stellt einen hinreichend stabilen und temperaturbeständigen Formhohlraum bereit.
- Das **Führungssystem** der Werkzeugteile gewährleistet ein versatzarmes Zusammenführen des mehrteiligen Werkzeuges.
- Mit dem **Entformungssystem** werden die Werkstücke aus der Gravur gelöst und entfernt.

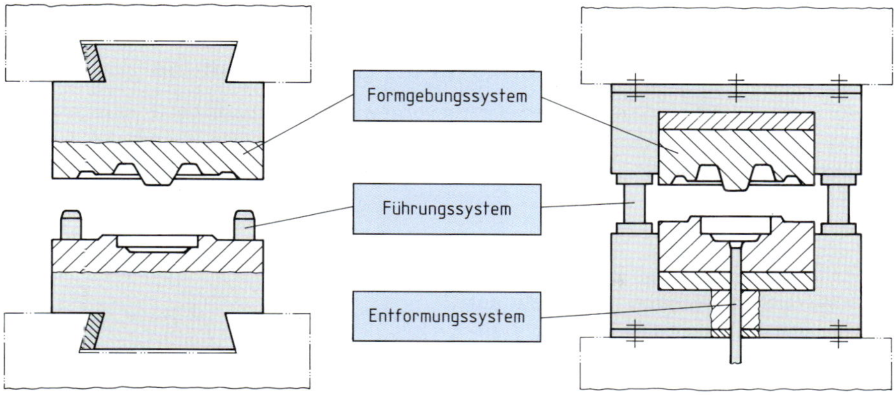

Gesenkwerkzeug mit direkter Einspannung für eine manuelle Produktion

Gesenkwerkzeug im Kassettenhalter für eine automatisierte Produktion

Teilsysteme an Gesenkwerkzeugen

Werkzeuge zum Gesenkformen enthalten immer ein Formgebungs- und ein Führungssystem. Häufig werden sie durch ein Entformungssystem ergänzt.

Beispiel **für ein Gesenkwerkzeug für die automatisierte Produktion**

Ober- und Untergesenk sind in eine Werkzeughalterung eingesetzt, die Gesenkhälften werden hydraulisch gespannt und fixiert. Die Säulenführung übernimmt eine exakte räumliche Zuordnung der Gesenke und damit der Gravurhälften. Die abgebildete Werkzeugausführung eignet sich besonders für eine automatisierte Fertigung.

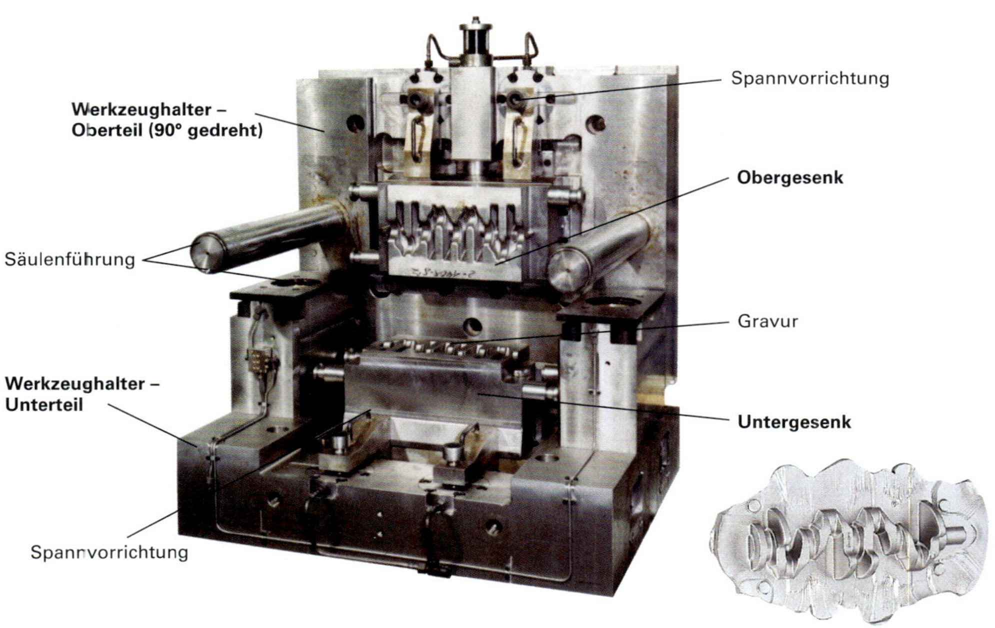

Neben dem eigentlichen Gesenkwerkzeug sind für die automatisierte Fertigung folgende Zusatzsysteme erforderlich:

- **Kühl- und Schmiersystem**
- **Reinigungssystem**
- **Handhabungs- und Transportsystem**

5.2 System zur Formgebung

5.2.1 Bedeutung des Werkstoffflusses für die Gravurgestaltung

Beim Gesenkformen wird das auf Schmiedetemperatur vorgewärmte Rohteil in die Gravur gelegt und durch Umformkräfte zu einem bestimmten Werkstofffluss gezwungen. Der Werkstoff fließt dabei stets in Richtung des geringsten Widerstandes. Je nach der Richtung des Werkstoffflusses unterscheidet man Stauchen, Breiten und Steigen.

- **Stauchen**

Beim Stauchen fließt der Werkstoff überwiegend *in Richtung der Werkzeugbewegung.* Durch die auf den Werkstoff ausgeübten Kräfte wird die ursprüngliche Höhe des Rohlings verringert, ohne dass eine nennenswerte Gleitbewegung zwischen Rohling und Gesenkwandung stattfindet. Dabei erfolgt eine geringe Querschnittsvergrößerung, welche zur Werkstücksmitte hin zunimmt.

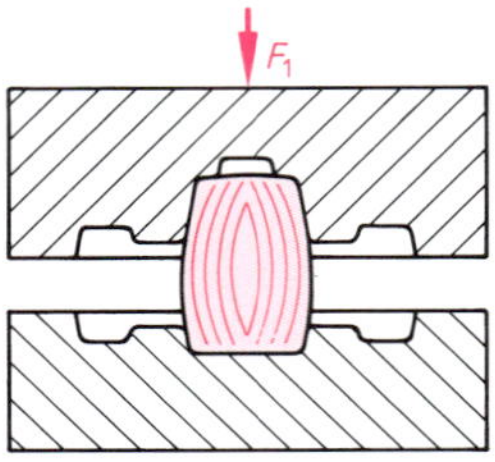

Stauchen im Umformprozess

- **Breiten**

Beim Breiten fließt der Werkstoff überwiegend *quer zur Werkzeugbewegung.* Zwischen Werkstück und Gesenkwandung findet eine ausgeprägte Gleitbewegung statt, welche Werkzeugverschleiß verursacht. Der Werkstoff erreicht den größten Werkstückumfang oder gegebenenfalls den Gratspalt. Wird das Breiten behindert, so beginnt der Werkstoff zu steigen.

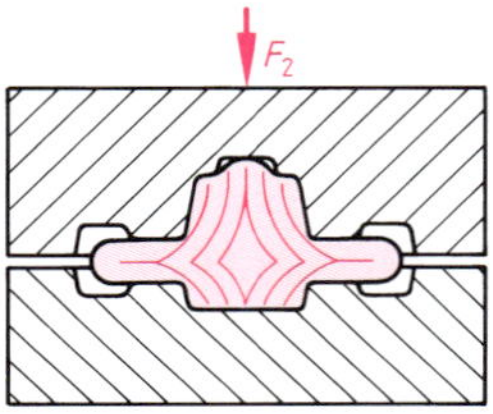

Breiten im Umformprozess

- **Steigen**

Beim Steigen fließt der Werkstoff *entgegengesetzt zur Werkzeugbewegung.* Die Ausgangshöhe des Schmiedeteils wird örtlich vergrößert. Auch hier gleitet der Werkstoff entlang der Gesenkwandung. Vielfach bedingt die Gestaltung der Gravur ein gleichzeitiges Breiten und Steigen. In der Endphase der Umformung steigt der Umformwiderstand auf den Höchstwert an.

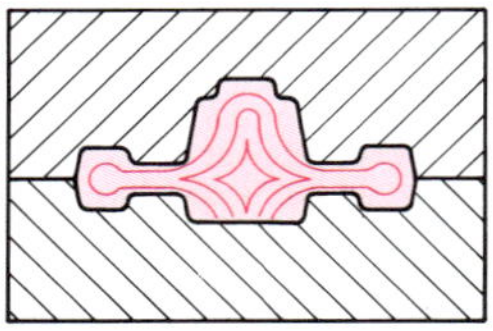

Steigen im Umformprozess

5.2.2 Gratspalt, Gratbahn und Werkstofffluss

- **Gratspalt und Gratrille**

In Gesenken mit einer Gravurerweiterung entweicht beim Schmieden überschüssiger Werkstoff durch einen Gratspalt in eine Gratrille. Solche Gesenke bezeichnet man als Gesenke mit Gratspalt. Der Gratspalt ist im Bereich des größten Werkstückumfangs vorzusehen.

In Gesenken ohne Gratspalt entspricht die Rohteilmasse genau der Werkstückmasse. Ein sorgfältiger Zuschnitt der Rohteile ist erforderlich. Bei diesen Gesenken muss der Formhohlraum schon geschlossen sein, bevor das Obergesenk auf das Untergesenk aufschlägt.

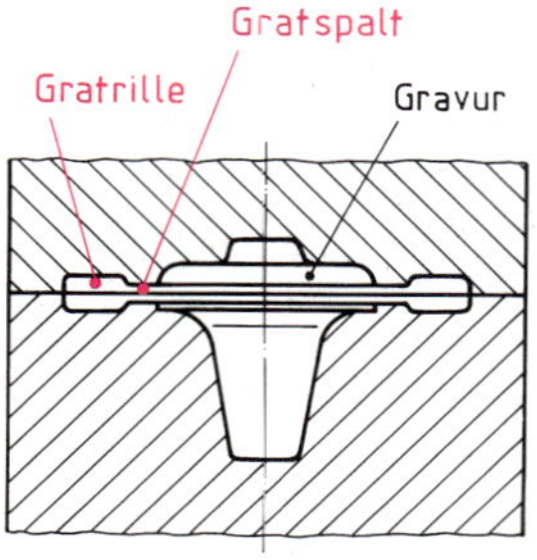

Gesenk mit Gratspalt

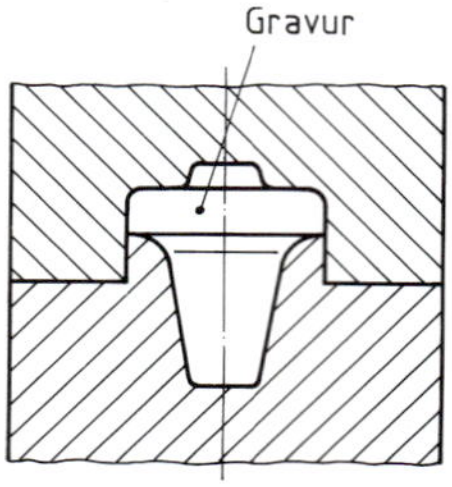

Gesenk ohne Gratspalt

- **Gratbahn und Werkstofffluss**

Der vorgesehene Werkstoffüberschuss gelangt durch den Gratspalt in die Gratrille. Die Ausbildung des Gratspaltes hat entscheidenden Einfluss auf das vollständige Ausfüllen der Gravur. Die Gratrille nimmt lediglich den überschüssigen Werkstoff auf. Die Begrenzungsfläche des Gratspaltes bezeichnet man als Gratbahn.

Beim Umformen fließt der Werkstoff in der Phase des Breitens aus der Gravur in den engen Gratspalt. Dabei steigt der Fließwiderstand infolge größerer Reibung und einer schnelleren Werkstoffabkühlung im Gratbahnbereich stark an. Der in der Gravur befindliche wärmere Werkstoff fließt in noch nicht ausgefüllte Hohlräume. Der überschüssige Werkstoff entweicht durch den Gratspalt in die Gratrille.

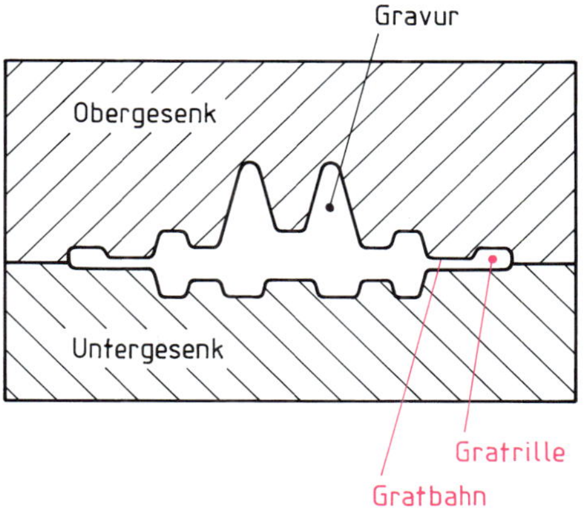

Gesenk mit Gratspalt und Gratrille

Gratbahn und Gratspalt beeinflussen den Fließwiderstand des Werkstoffes beim Schmieden. Ein bestimmter Fließwiderstand muss vorhanden sein, damit die Gravur voll ausgefüllt wird.

- **Auslegung von Gratspalt und Gratbahn**

Die Wirkung der Gratbahn auf den Werkstofffluss wird durch die Weite des Gratspaltes und die Breite der Gratbahn bestimmt. Aus Gratbahnbreite *b* und Gratspaltweite *s* bildet man einen Quotienten, den man als **Gratbahnverhältnis** bezeichnet. Für das Gratbahnverhältnis sind Richtwerte ermittelt worden. Das Gratbahnverhältnis *b/s* wird in Abhängigkeit von der Masse und der Endform des Schmiedestückes gewählt. Bei komplizierten Werkstückformen wird ein höheres Gratbahnverhältnis benötigt als bei einfacheren Werkstückformen.

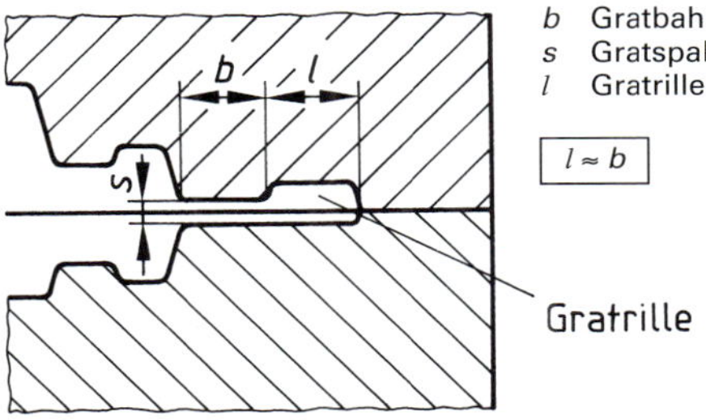

b Gratbahnbreite
s Gratspaltweite
l Gratrillenbreite

$l \approx b$

Gratspaltabmessungen

Hinweis **zur Bestimmung der Gratbahnabmessungen**

1. Gratspaltweite nach der **Werkstoffmasse** festlegen (Diagramm)
   - Je größer die Masse, desto weiter der Gratspalt.
2. Gratbahnverhältnis nach Werkstoffmasse und Werkstückform bestimmen
   - Je komplizierter die Werkstückform, desto größer das Gratbahnverhältnis.
3. Gratbahnbreite anhand von Gratspaltweite und Gratbahnverhältnis berechnen.

Bei einem großen Gratbahnverhältnis, z. B. 4 : 1, ergibt sich für eine festgelegte Gratspaltweite *s* eine viermal so große Gratbahnbreite *b*. Das hat zur Folge, dass der Werkstoff in dem langen Gratspalt schnell abkühlt. Dadurch wird das Ausfließen des Werkstoffs aus der Gravur behindert, der Werkstoff fließt in die noch nicht ausgefüllten Hohlräume der komplizierten Gravur. Für einfache Werkstückformen wählt man ein kleines Gratbahnverhältnis.

Richtwerte für das Gratbahnverhältnis *b/s*

Werkstückform	Gratbahnverhältnis *b/s* kleine Werkstücke (bis 2 kg)	Gratbahnverhältnis *b/s* große Werkstücke (2,1 bis 100 kg)
einfach	3,0 : 1	2,2 : 1
kompliziert	4,5 : 1	4,0 : 1

Zunächst ermittelt man aus der Tabelle das Gratbahnverhältnis *b/s*. Dann wird aus dem Diagramm die Gratspaltweite *s* in Abhängigkeit von der Werkstückmasse abgelesen. Aus dem Verlauf des Grafen erkennt man, dass mit steigender Masse die Weite des Gratspaltes zunehmen muss. Über die ermittelten Werte für Gratbahnverhältnis und Gratspaltweite lässt sich die Gratbahnbreite errechnen.

Ablesebeispiel

Schmiedestück mit 10 kg Masse, einfache Form

- Gratspaltweite $s = 3{,}5$ mm

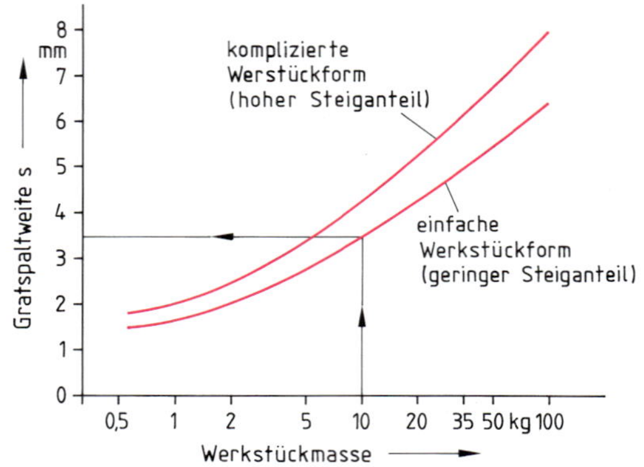

Diagramm zur Bestimmung der Gratspaltweite

Beispiel **zur Bestimmung der Gratbahnabmessungen**

Aufgabe

Der Spulenträger aus C15 soll durch Gesenkformen mit Grat gefertigt werden. Die Berechnung der Masse ergab 14 kg. Es sind die Gratspaltweite *s* und die Gratbahnbreite *b* zu ermitteln. Es ist zu berücksichtigen, dass die Werkstückform einen hohen Steiganteil hat.

Lösung

Gratspaltweite: $s = 4{,}7$ mm (Ablesewert aus Diagramm)
gewählt $s = 5{,}0$ mm

Gratbahnverhältnis: $\frac{b}{s} = 4 : 1$ (nach Tabelle)

Gratbahnbreite: $b = 4 \cdot s$
$b = 4 \cdot 5$ mm
$b =$ **20 mm**

Für komplizierte Werkstückformen wählt man ein großes Gratbahnverhältnis. Werkstücke mit großer Masse erfordern Gesenke mit großer Gratspaltweite.

5.2.3 Gesenkteilung

Die Trennfläche zwischen Ober- und Untergesenk nennt man Gesenkteilung. Die Festlegung der Gesenkteilung hat sowohl für den Bau des Werkzeuges als auch für die Qualität des Schmiedeteils große Bedeutung. Aufgrund langjähriger Erfahrungen hat man Regeln aufgestellt, die bei der Gesenkgestaltung eingehalten werden sollen.

Die Gesenkteilung soll

- in einer Ebene senkrecht zur Umformrichtung liegen,
- in der Ebene des größten Werkstückumfangs liegen,
- den Werkstofffluss in der Gravur begünstigen,
- so gewählt werden, dass Bearbeitungszugaben nicht auf Seitenschrägen oder Gratansätzen liegen.

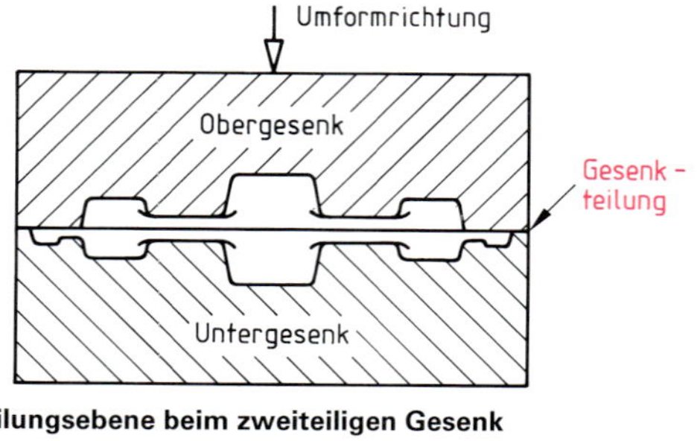

Teilungsebene beim zweiteiligen Gesenk

Die aufgezeigten Regeln erfordern je nach Form des Schmiedestückes eine andere Festlegung der Gesenkteilung. Sie soll einerseits schmiedetechnisch günstig gewählt werden, und andererseits die Herstellung der Form nicht unnötig verkomplizieren.
Nach dem Verlauf der Gesenkteilung unterscheidet man ebene und gekröpfte Gesenkteilung.

5.2.4 Äußere Abmessungen der Gesenke

Die Gesenkblöcke mit eingearbeiteten Gravuren bilden das *Formgebungssystem.* Nach der Form und Größe der Gravuren werden die äußeren Abmessungen der Gesenkblöcke so bestimmt, dass ein hinreichend stabiles Formgebungssystem entsteht. Die Blockhöhen von Ober- und Untergesenk werden nach der jeweiligen Gravurtiefe festgelegt.

Für die Festlegung der äußeren Abmessungen ist auch die sogenannte **Aufschlagfläche** von Bedeutung. Als Aufschlagfläche bezeichnet man die Oberfläche in der Teilungsebene abzüglich der Gravur. Die Aufschlagfläche muss groß genug festgelegt werden, damit die Verformung der Gesenkblöcke gering bleibt.

Um Gravuren versatzfrei in Ober- und Untergesenken einarbeiten zu können, erhalten die Gesenkblöcke besondere **Bezugsflächen** für die Bearbeitung und Prüfung.

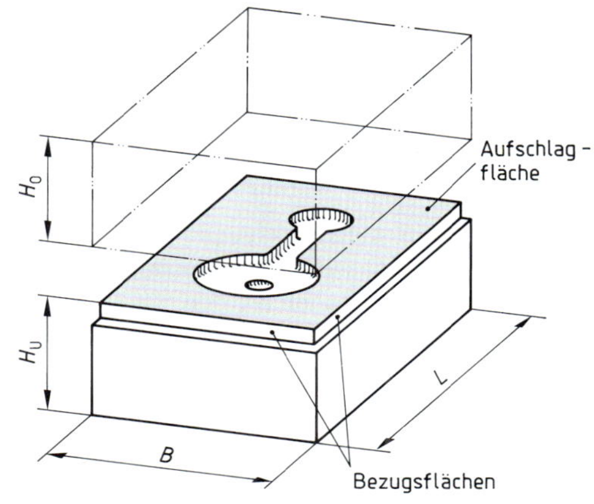

Gesenkblockabmessungen

Die Entfernungen der Gravur von den Außenkanten der Gesenke oder von Gravur zu Gravur legt man meist nach der Tiefe der Gravur fest. Diese Entfernungen werden **Wanddicken** genannt. Mit ihnen werden die Länge und die Breite der Gesenkblöcke ermittelt. Die Gesenkhöhe kann sofort aus der Richtwertetabelle in Abhängigkeit von der Gravurtiefe abgelesen werden.

Da Gesenke meist bis zu viermal nachgearbeitet werden, muss ebenfalls eine Höhenzugabe berücksichtigt werden. Im Werkzeugbau spricht man vom **„Nachsetzen"** eines Gesenkes. Die maximale Höhe für einen Gesenkblock legt man für ein viermaliges Nachsetzen fest.

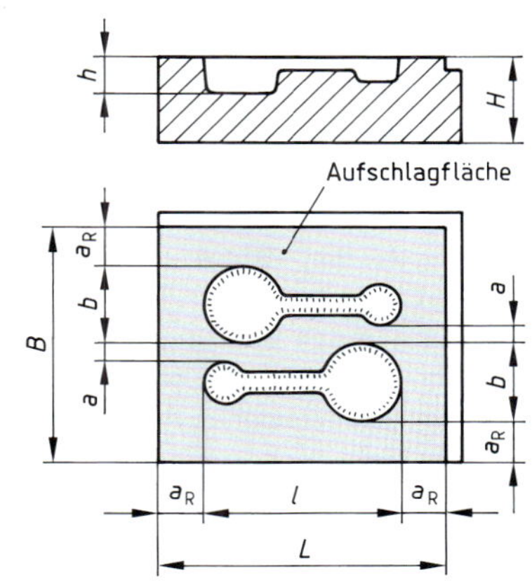

Lage der Gravur in der Aufschlagfläche

Die Festlegung der Mindestwanddicken nach der Gravurtiefe gilt nicht für großflächige Gravuren, die nur eine geringe Tiefe aufweisen. Die ermittelte Aufschlagfläche wäre zu klein. Eine zu geringe Aufschlagfläche würde bei den hohen Druckbelastungen schnell zu Verformungen an der Gesenkoberfläche führen. Daher muss bei zu kleiner Aufschlagfläche die Gesenkblockbreite *B* nach der größten Gravurbreite *b* festgelegt werden. Dabei soll die Gesenkblockbreite dreimal so groß gewählt werden wie die größte Gravurbreite ($B = 3 \cdot b$). Die Gesenkblocklänge wird nicht verändert.

Richtwerte für Schmiedegesenkabmessungen

Gravurtiefe	Mindestwanddicken		Gesenkblockhöhe	
	Außenkante – Gravur	Gravur – Gravur	ohne Nachsetzen	für 4-maliges Nachsetzen
h in mm	a_R in mm	*a* in mm	H_{min} in mm	H_{max} in mm
bis 6	12	10	100	140
> 6 bis 16	32	25	125	180
> 16 bis 40	56	40	200	270
> 40 bis 100	110	80	315	

Gratbahn- und Gratrillenbreite sind in den Abständen *a* und a_R enthalten.

Die Abmessungen der Schmiedegesenke werden in Abhängigkeit von der Gravurtiefe nach Richtwerten bestimmt. Ergibt sich nach den Berechnungen eine zu kleine Aufschlagfläche, so wird die Gesenkblockbreite vergrößert.

5.3 System zur Führung

Die Führung der Gesenke in der Umformmaschine muss durch *zusätzliche Führungselemente* an den Gesenkteilen oder an den Werkzeughalterungen ergänzt werden. Dadurch erzielt man versatzarme Schmiedestücke; ferner werden beim Umformen von unsymmetrischen Werkstücken durch solche Führungen Schubkräfte aufgenommen.

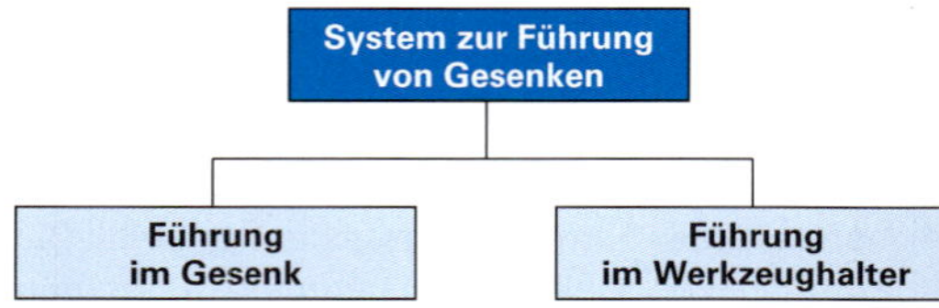

Führungen an Gesenkwerkzeugen gewährleisten ein formgenaues Aufeinandertreffen der Gravuren und die Fertigung versatzarmer Schmiedeteile. Die Gesenke selbst oder die Werkzeughalter können mit Führungselementen versehen werden.

5.3.1 Führung im Gesenk

Bei einer nicht automatisierten Fertigung auf Schmiedehämmern werden die Gesenke mit Führungen im Gesenk selbst versehen. Die Führungen werden nach Form und Größe der Gesenke und der Schmiedeteile ausgewählt.

- **Bolzenführung**

Die Gesenkteile werden durch Bolzen im Untergesenk und entsprechende Aufnahmebohrungen im Obergesenk geführt. Meist werden zwei oder drei Bolzen eingeschrumpft. Sie gleiten durch ein kegeliges Bolzenende beim Schließen der Gesenke sicher in die Aufnahmebohrung. Der Bolzendurchmesser wird nach der Größe des Werkstücks ausgewählt. Die Länge der Bolzen ist so festgelegt, dass eine Führung in den Bohrungen des Obergesenkes erfolgt, bevor das Rohteil berührt wird. Bolzenführungen werden bei ebenen Aufschlagflächen und bei kleineren Gesenkwerkzeugen bevorzugt.

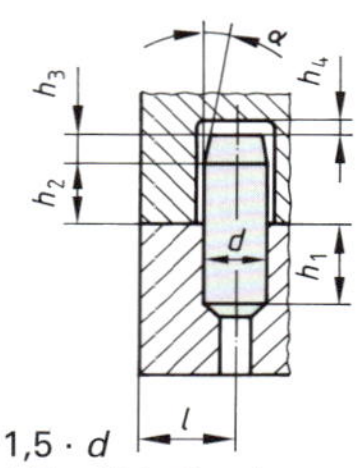

$l \approx 1{,}5 \cdot d$
$h_1 \approx 1{,}5 \cdot d$ bis $2 \cdot d$
$h_2 \approx 0{,}5 \cdot d$ bis $1{,}5 \cdot d$
$h_3 \approx 0{,}3 \cdot d$
$h_4 \approx 0{,}15 \cdot d$
$\alpha \approx 10°$ bis $15°$

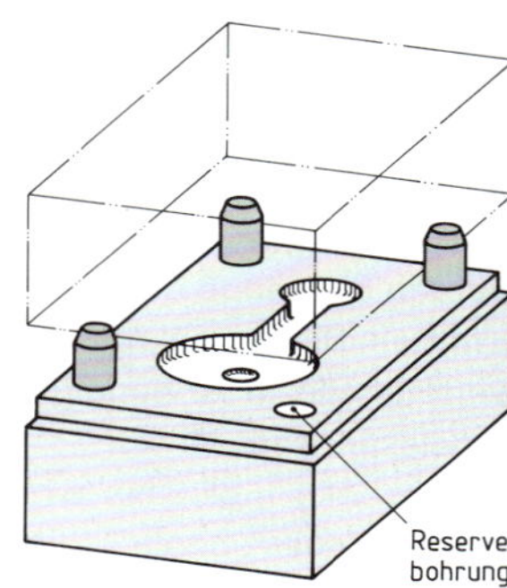

Bolzenführung in Gesenken

Die Bolzenführung von Gesenken setzt man bei kleinen Gesenken mit ebener Aufschlagfläche und geringen seitlichen Schubkräften ein.

- **Rundführung**

Die Gesenkteile werden durch einen kegelförmigen Ansatz am Obergesenk und einer entsprechenden Ausnehmung im Untergesenk geführt. Diese Art der Führung ist wegen des großen Werkstoffbedarfs sehr aufwändig. Sie ergibt jedoch eine gute zentrische Führung und nimmt größere seitliche Schubkräfte auf. Eine offene Form der Rundführung erfordert einen geringeren Werkstoffbedarf.
Bei rotationssymmetrischen großen Werkstücken werden häufig Rundführungen gewählt.

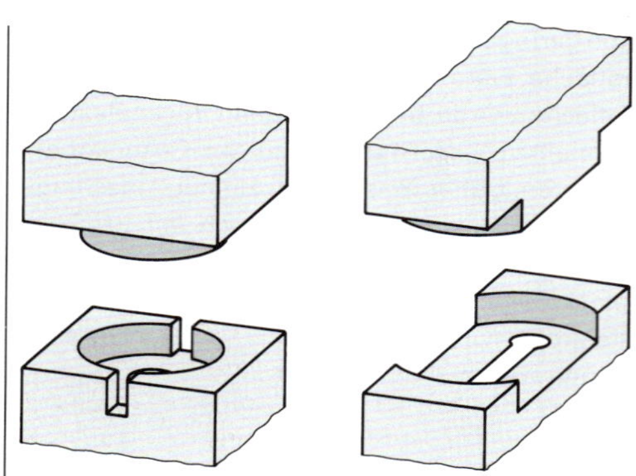

Geschlossene Form Offene Form
Rundführungen in Gesenken

Die Rundführung von Gesenken setzt man bei rotationssymmetrischen Gesenken ein.

- **Flachführung**

Die Gesenkteile werden durch geneigte, ebene Ansätze am Obergesenk und eine entsprechende Aufnahme im Untergesenk geführt. Man benennt eine durchgehende Flachführung als *Leistenführung.* Sie bringt nur eine einseitige Führung. Eine zweiseitige, unterbrochene Flachführung bezeichnet man als *Eckenführung.* Sie ergibt eine vollständige Führung der Gesenkteile zueinander.

Bei großen Gesenken mit hohen Belastungen durch seitliche Schubkräfte werden Eckenführungen bevorzugt.

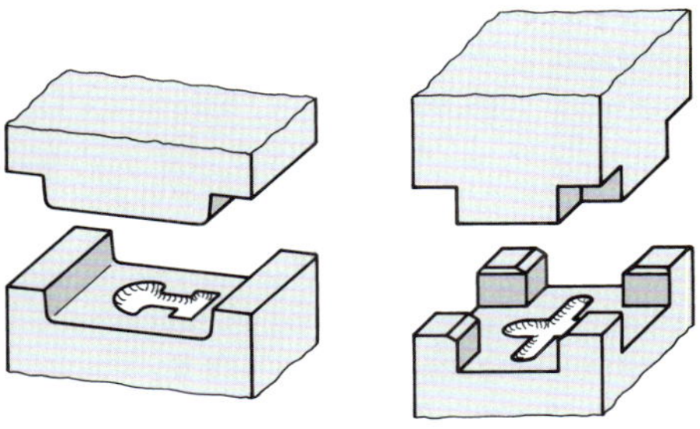

Leistenführung Eckenführung

Flachführungen in Gesenken

Die Flachführung von Gesenken setzt man dann ein, wenn die Gesenke hohen Schubkräften ausgesetzt sind.

5.3.2 Führung in Werkzeughaltern für Gesenke

- **Werkzeughalter mit Säulenführung**

Bei einer automatisierten Produktion von Gesenkschmiedestücken werden die Gesenke in Werkzeughaltern mit Führungselementen eingespannt. Diese übernehmen die zusätzliche Führung der Gesenkblöcke. Als Führungselemente werden vielfach Säulen und Führungsbuchsen verwendet. Die Gesenkherstellung wird dadurch vereinfacht, weil eigene Führungselemente nicht erforderlich sind. Die Gesenkblockabmessungen können klein gehalten werden. Der Werkzeughalter kann mit unterschiedlichen Gesenken bestückt werden.

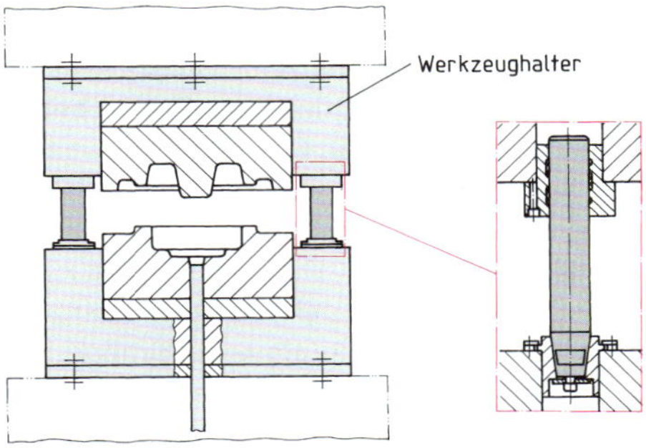

Werkzeughalter mit Säulenführung

- **Normalien für Führungen im Werkzeugbau**

Führungselemente – wie Säulen und Führungsbuchsen – werden im Werkzeugbau für vielfältige Verwendungszwecke benötigt. Daher haben sich Zulieferfirmen auf die Fertigung solcher Bauteile spezialisiert. Diese vorwiegend im Werkzeugbau verwendeten Bauteile werden von den Herstellern als Normalien bezeichnet. Für die Werkzeugkonstruktion mithilfe von CAD-Systemen stehen dem Konstrukteur auch Normaliendateien zur Verfügung. Sie enthalten die Bauformen, ihre Abmessungen und Oberflächengüten sowie Werkstoffangaben und Einbauhinweise. Der Konstrukteur hat die Aufgabe, geeignete Führungselemente auszuwählen.

5.4 Entformungssystem

Schmiedeteile müssen nach dem Umformvorgang aus der Gravur entfernt werden. Dazu werden bei manueller Entnahme die Schmiedeteile mit einem Hebelwerkzeug am Grat angehoben, mit einer Zange gefasst und aus dem Untergesenk entnommen. Bei diesem Verfahren sind keine besonderen Vorrichtungen zur Entformung an Umformmaschine und Umformwerkzeug notwendig.

Bei einer automatisierten Produktion wird ein Entformungssystem eingesetzt, um die Werkstücke aus der Gravur zu drücken. Zum Entformen des Schmiedeteils setzt man meist einen Auswerferstempel ein. Dieser Auswerferstempel wird durch einen Auswerferstößel an der Umformmaschine betätigt. Nach dem Entformen werden die Schmiedeteile durch ein Greifer- und Transportsystem erfasst und zum nächsten Schmiedegesenk oder zum Abgratwerkzeug transportiert.

- **Gesenk mit Auswerferstempel**

Die Schmiedeteile bleiben meist nach dem Öffnen des Gesenkwerkzeugs aufgrund der Schwerkraft im Untergesenk liegen. Daher werden die Auswerferelemente in das Untergesenk eingearbeitet. Die Oberfläche des Auswerferstempels schließt die Gravur nach unten ab. Um ein gratfreies Werkstück zu erhalten, muss der Auswerferstempel in eine kegelförmige Aufnahme eingepasst sein. Nach Beendigung des Umformvorgangs wird der Auswerferstempel durch den Auswerferstößel der Maschine betätigt. Das Werkstück wird zwangsweise aus der Gravur gehoben und von einem Greifer aufgenommen.

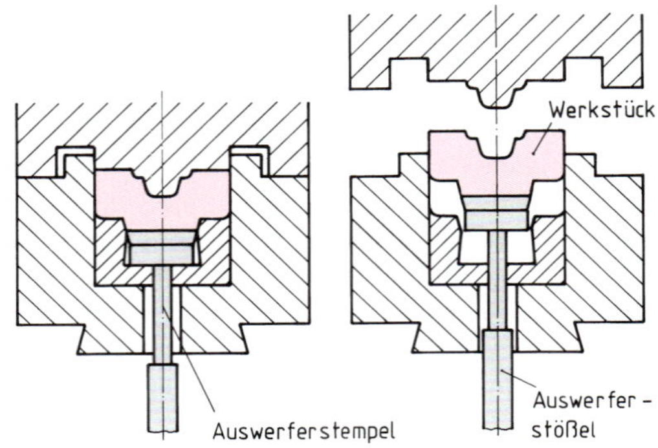

Gesenk mit Auswerferstempel

- **Backengesenk**

Für die Fertigung von Schmiedeteilen mit Hinterschneidungen sind Gesenkwerkzeuge mit mindestens zwei Teilungsebenen erforderlich. Dabei trennt eine senkrechte Teilung vielfach die als Backen bezeichneten Formteile. Nach dem Umformen bewegt sich der Pressenstößel mit dem Obergesenk vom Schmiedeteil weg. Zum Öffnen der Gravur hebt der Auswerferstempel die das Schmiedeteil umschließenden Formteile aus der Halterung. Die Backen werden geöffnet und das Werkstück kann entnommen werden.

Nach der Entnahme fährt der Auswerferstempel zurück, die Backen gleiten in die kegelförmige Halterung. Das Gesenkwerkzeug ist für den nächsten Umformvorgang geschlossen.

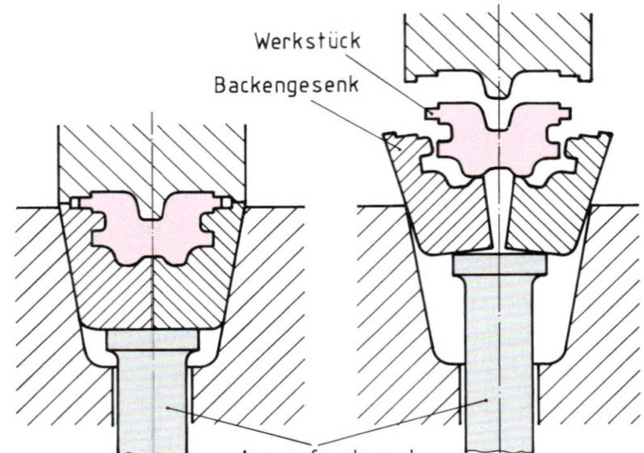

Backengesenk mit Auswerferstempel

In einer automatisierten Fertigung und bei Werkstücken mit Hinterschneidungen müssen die Gesenkwerkzeuge mit einem Entformungssystem ausgestattet sein.
Die Betätigung des Auswerfersystem erfolgt stets durch die Maschinensteuerung.

5.5 Standmenge von Gesenkwerkzeugen

5.5.1 Beanspruchung von Gesenkwerkzeugen

Große Kräfte wirken beim Umformen auf das Gesenkwerkzeug ein. Dabei ist das Werkzeug gleichzeitig folgenden unterschiedlichen Beanspruchungsarten ausgesetzt:

- thermische Beanspruchung
- mechanische Beanspruchung
- Verschleißbeanspruchung

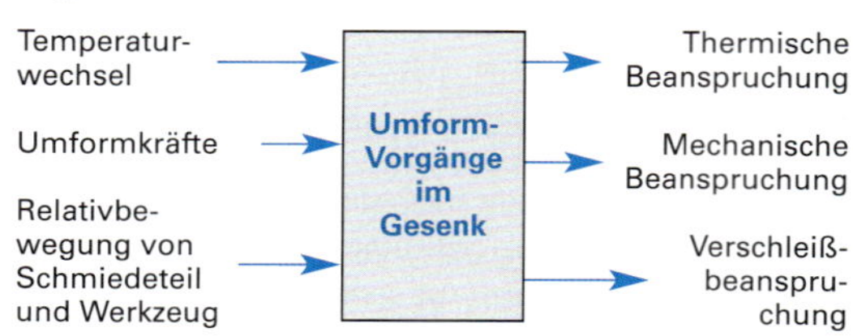

Beanspruchung von Gesenkwerkzeugen

Schäden an Gesenkwerkzeugen kommen meist durch das Zusammenwirken aller Beanspruchungsarten zustande. Ein Maß für den Einsatz eines Gesenkes ist die Anzahl der Schmiedeteile, welche in einem Gesenk gefertigt werden, bevor die Schäden einen festgelegten Grenzwert übersteigen. Diese Anzahl bezeichnet man als die **Standmenge** des Gesenkes.

- **Thermische Beanspruchung**

Die Rohteile führen dem Gesenk während der „Kontaktzeit" zwischen Werkstück und Werkzeug Wärme zu, die Werkzeugtemperatur steigt. Nach der Entnahme des Schmiedeteils wird die Gravur gereinigt und mit Schmiermittel gesprüht, die Temperatur wird abgesenkt. Die Gravuroberfläche ist einer thermischen Wechselbeanspruchung ausgesetzt. Temperaturerhöhung und Temperaturwechsel bewirken Längenänderungen, welche zu Wärmespannungen führen.

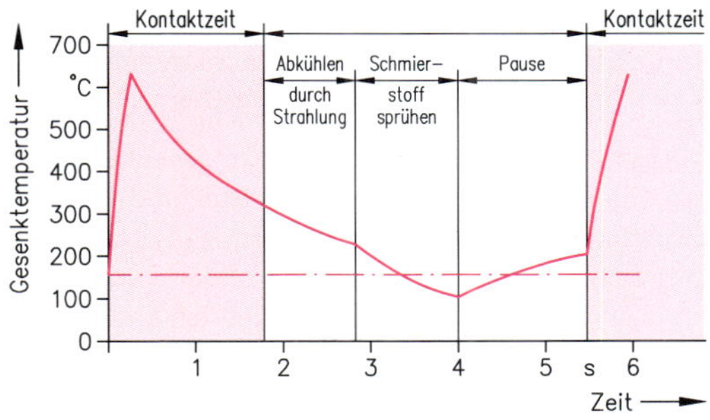

Temperaturverlauf im Gesenk

Der wechselnde Temperaturverlauf im Gesenk während eines Arbeitszyklusses führt zu hohen Wärmespannungen im Gesenk.

- **Mechanische Beanspruchung**

Die Umformkräfte erzeugen im Gesenk hohe mechanische Spannungen, welche zum Ende des Umformvorganges infolge des Staudrucks stark ansteigen. Innerhalb des Gesenkes können daher in den Boden- und Seitenflächen reine Druckspannungen vorliegen, wogegen in Hohlkehlen zusätzlich noch Biegespannungen auftreten. Im Bereich II ergibt sich durch die Spannungsüberlagerung eine Höchstbelastung.

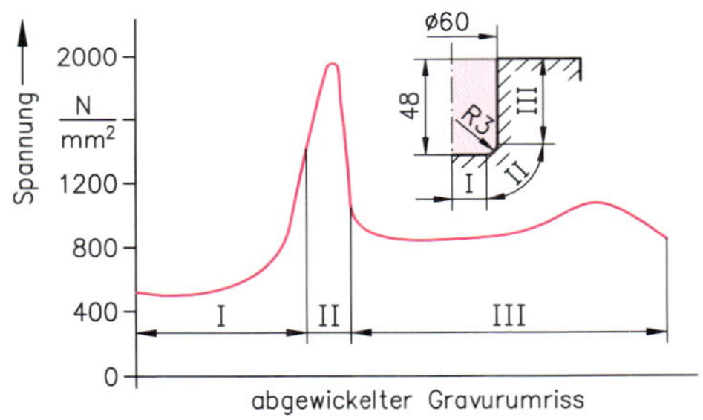

Spannungsverteilung in der Gravur

Die notwendigen Umformkräfte während des Schmiedeprozesses führen im Gesenk zu hohen mechanischen Spannungen, Konturänderungen sind besonders belastet.

- **Verschleißbeanspruchung**

Die Belastung der Gesenkwerkzeuge, die durch die Relativbewegung zwischen Werkzeug und Schmiedeteil auftritt, nennt man *Verschleiß* oder *tribologische Beanspruchung.*

Ein tribologisches System besteht stets aus Grundkörper, Gegenkörper und Zwischenstoff. Beim Gesenkformen besteht es aus dem Gesenk als Grundkörper, dem Schmiedeteil als Gegenkörper und dem Schmierstoff mit eingelagerten Fremdstoffen als Zwischenstoff.

Die Verschleißbeanspruchung ist beim Gesenkformen besonders hoch, weil bei hohen Temperaturen große Umformkräfte mit hoher Geschwindigkeit wirksam sind und ungünstige Reibungsverhältnisse zur Folge haben.

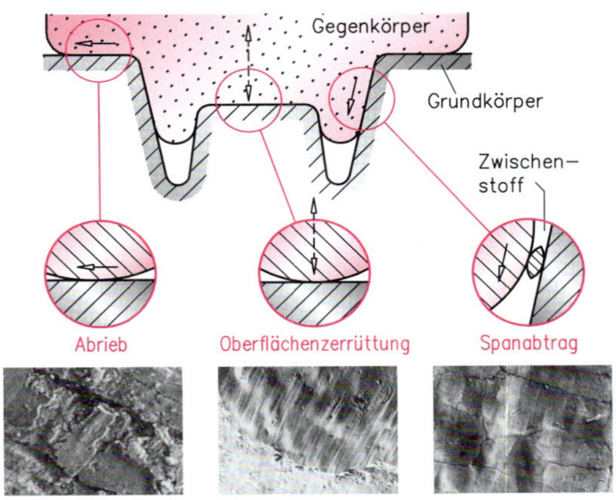

Verschleißbeanspruchungen während des Gesenkformens

Die Relativbewegung von Schmiedeteil, Werkzeugwandung und Zwischenstoffen beim Gesenkformen führt zu starken Verschleißbeanspruchungen im Gesenk.

5.5.2 Schadensarten

Die genannten Beanspruchungsarten führen im Gesenk zu verschiedenartigen Schäden. Je nach Beanspruchungsart ergeben sich die Schadensarten:

- *mechanische Rissbildung* • *thermische Rissbildung* • *plastische Verformung* • *Verschleiß*

Mit zunehmender Einsatzdauer der Gesenkwerkzeuge zeigen sich an verschiedenen Stellen der Gravur unterschiedliche Schäden. Die Art des Schadens ergibt sich aus der überwiegenden Beanspruchungsart in der betreffenden Zone. Schließlich erreicht eine der Schadensarten einen kritischen Wert und verursacht den Ausfall des Gesenkes. Verschleiß ist mit etwa 70 % Hauptursache der Gesenkausfälle.

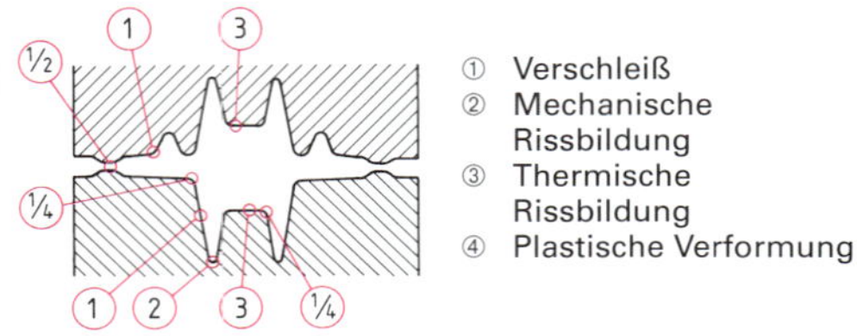

Schadensarten im Schmiedegesenk

- **Thermische Rissbildung**

Thermische Wechselbelastungen bewirken in der Gravurrandschicht Wärmespannungen, welche mit zunehmender Einsatzdauer der Gesenke zur Rissbildung führen. Die Risse treten als Rissnetz an den Gravurstellen auf, die keinem nennenswerten Verschleiß unterliegen. An Stellen mit Verschleiß und thermischer Beanspruchung erfolgt ein zusätzlicher Werkstoffabtrag.

Thermische Rissbildungen treten erst nach einer großen Anzahl von Schmiedevorgängen auf und führen nur selten zum Ausfall der Gesenke.

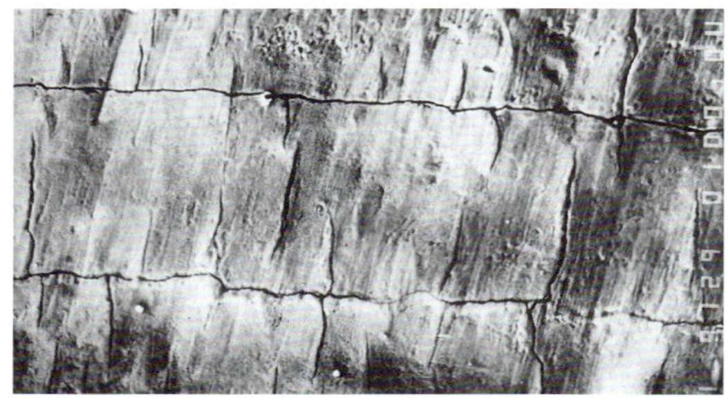

Temperaturwechselrisse in einer Gravur (nach 1000 Schmiedevorgängen)

Thermische Rissbildung erfolgt durch häufigen Temperaturwechsel in der Gravurrandschicht.

- **Plastische Verformungen**

An bestimmten Gravurstellen, wie Kanten und Zapfenrundungen, kann die durch Schmiederohteile eingebrachte Wärme nur schlecht abgeleitet werden. Dort erwärmt sich das Werkzeug besonders stark.

Im Randbereich des Radius ist das veränderte feinkörnige Gefüge durch die hohe Flächenpressung stark plastisch verformt. Das vergrößerte Schliffbild zeigt deutlich, wie in der Randschicht durch Werkstoffverschiebungen Überlappungen, Krater und Risse entstanden sind. Diese Veränderungen schreiten mit steigender Stückzahl fort.

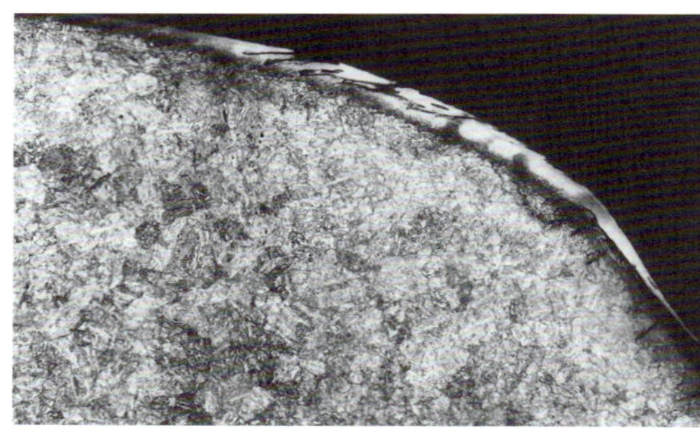

Randgefüge am Kantenradius (nach 1000 Schmiedevorgängen)

Plastische Verformungen treten an Kanten und Zapfen durch hohe Temperaturbelastungen auf.

- **Gravurabnutzung durch Verschleiß**

Das Umformen in Gesenken wird bei Temperaturen um 1000 °C vorgenommen. Dabei kommt es zu chemischen Reaktionen an der Oberfläche der beteiligten Werkstoffe. Insbesondere ist es eine Oxidbildung, die zusammen mit den Bewegungen zwischen Werkstück und Werkzeug zu einer starken Abnutzung der beanspruchten Werkzeugstellen führt. Diese Verschleißart wird Reaktionsschichtverschleiß genannt.

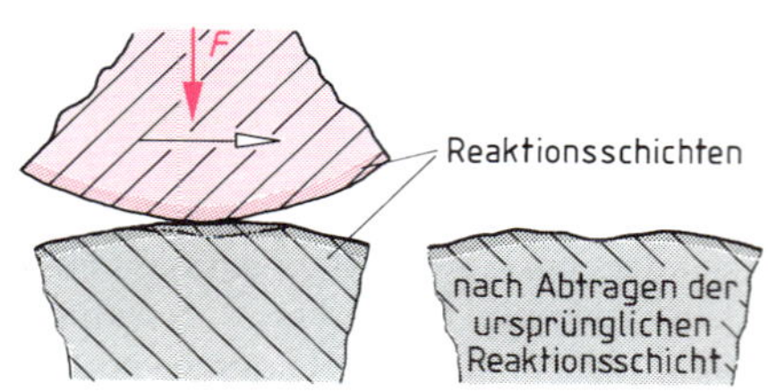

Reaktionsschichtverschleiß

Reaktionsschichtverschleiß zwischen Werkstück und Gesenk führt zu starken Gravurabnutzungen.

5.5.3 Maßnahmen zur Erhöhung der Standmenge

Für die Produktion ist es ein vorrangiges Ziel, die Anzahl der Schmiedeteile zu steigern, welche ohne Nachsetzen in einem Gesenkwerkzeug hergestellt werden kann. Gesenke müssen nachgearbeitet werden, wenn durch Verschleiß, Rissbildung oder Geometrieabweichungen die Qualitätsanforderungen nicht mehr erfüllt sind.

- **Stoffeigenschaft ändern bei Gesenken**

Anlassen von Gravurbereichen

Zur Verbesserung der Standmengen in neuen Gesenken werden die Bereiche rissgefährdeter Hohlkehlen angelassen. Die örtliche Erwärmung zum Anlassen wird mit Laserstrahlen vorgenommen. Die Temperaturen und die Einwirkungszeiten werden so gewählt, dass an diesen Stellen die Zähigkeit der Gravurrandschicht erhöht und die Härte verringert wird.

Durch örtliches Anlassen vermindert man die Gefahr der Rissbildung in Hohlkehlen der Gravur.

Legieren

Gesenke können an kritischen Verschleißzonen auflegiert werden. Dazu werden Gravurrandschichten im Laserstrahl aufgeschmolzen und geeignete Zusatzwerkstoffe in Pulverform zugeführt. Als Legierungszusätze eignen sich Chrom, Bor, Wolfram, Molybdän, Titan und Vanadium. Bei einer Einschmelztiefe von ca. 0,5 mm erzielt man eine dünne hochlegierte Randschicht. Ihre Zusammensetzung und Struktur führt zu einer deutlichen Verbesserung der Werkstoffeigenschaften gegenüber thermischer und mechanischer Beanspruchung. Eine Nachbearbeitung ist nur in Einzelfällen erforderlich, man erreicht Oberflächengüten von $R_z < 10\ \mu m$.

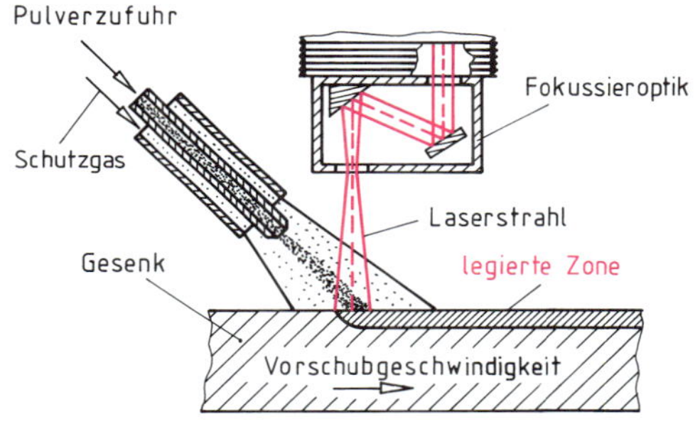

Legieren einer Gravurrandschicht

Durch Legieren mit geeigneten Zusatzstoffen werden gefährdete Gravurbereiche verschleißfest.

- **Beschichten von Gesenken**

Das Beschichten wird durch **Auftragsschweißen** im Lichtbogen-, Plasma- oder Laserstrahlverfahren vorgenommen. Es werden Kobaltbasislegierungen als Zusatzwerkstoffe verwendet.

Diese enthalten neben dem Hauptbestandteil Kobalt (35 bis 55 %), Chrom (25 bis 35 %), Wolfram (10 bis 25 %), Eisen (bis 10 %) und Kohlenstoff (2 bis 3 %). Nach dem Beschichten liegen im Feingefüge der Randschicht mehr oder weniger große Karbidnadeln in einer eutektischen Grundmasse vor. Man spricht von **Stelliten**. Diese Auftragsschicht ist extrem verschleißfest.

Das Auftragsschweißen erfordert eine Berücksichtigung der Schichtdicke bei der Gravurausarbeitung. Die Auftragsschicht wird so gewählt, dass nach funkenerosiver Fertigbearbeitung eine Schichtdicke von 1 bis 2 mm vorhanden ist.

Man erzielt durch Beschichten mit Stelliten eine Standmengenverbesserung von etwa 300 % gegenüber nicht beschichteten aber nitrierten Gesenken. Durch Beschichten werden abgeschmiedete Gesenke wieder aufgearbeitet.

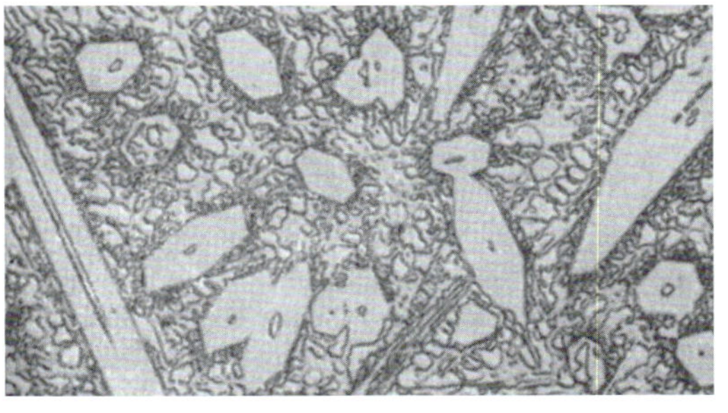
Stellit mit 2,2 % C; 29 % Cr; 11 % W; 44 % Co; Rest Fe
Auftragsschicht aus Stelliten

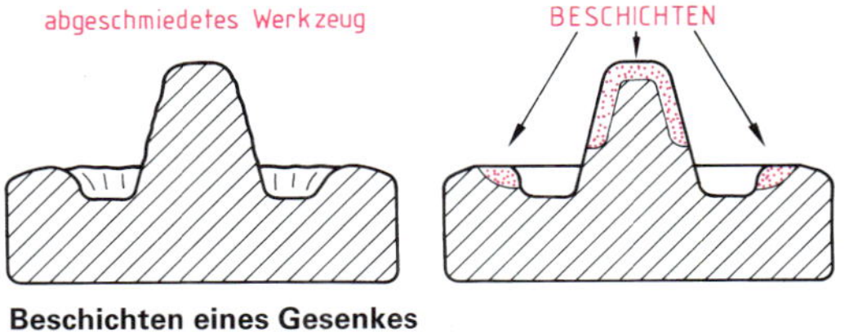

Beschichten eines Gesenkes

6 Werkstück- und Werkzeuggestaltung beim Gesenkformen

Beim Gesenkformen ist der Formhohlraum stets die Negativform des jeweiligen Werkstücks. Merkmale wie sie nachfolgend für Werkstücke aufgezeigt werden, gelten demnach entsprechend auch für Gesenke. Für eine umformgerechte Gestaltung von Schmiedeteilen aus Stahl sind zu den nachfolgenden Merkmalen Richtwerte festgelegt.

6.1 Gesenkteilung

Die verschiedenen Einflussgrößen auf die Gestaltung von Schmiedeteilen sind zum Teil voneinander abhängig. Dabei hat die Festlegung der Gesenkteilung eine übergeordnete Bedeutung. Als Gesenkteilung bezeichnet man die Ebene, welche die Gesenkteile trennt.

Aus der *Lage der Gesenkteilung* ergeben sich direkt die Gravurtiefen in den Gesenkhälften. Von diesen Tiefen sind die Größen der Übergangsradien und die Durchmesseränderungen durch die Seitenschrägen abhängig. Eine günstig gewählte Lage der Gesenkteilung erleichtert die Entnahme des Schmiedeteils aus dem Gesenk und das nachfolgende Abgraten.

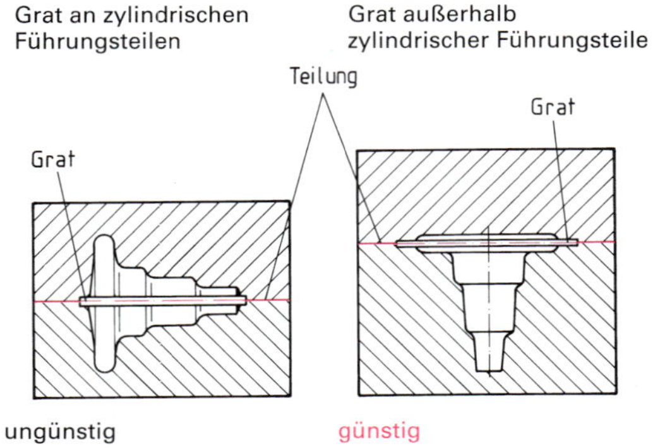

Lage der Gesenkteilung

Die Form eines Gesenkschmiedeteils wird von der Lage der Gesenkteilung beeinflusst. Von der Gesenkteilung sind Seitenschrägen, Übergangsradien, Wand-, Boden- und Rippenabmessungen und Bearbeitungszugaben abhängig.

6.2 Seitenschrägen

Gesenkschmiedeteile können nur dann aus der Gravur gehoben werden, wenn ihre in Umformrichtung liegenden Flächen geneigt sind. Die erforderliche Neigung der Seitenschrägen ist je nach Größe und Form der Schmiedeteile an Innen- und Außenflächen verschieden groß. Da die Gefahr für ein Aufschrumpfen bei Innenflächen besteht, muss die Neigung bei Innenschrägen größer als bei Außenschrägen gewählt werden.

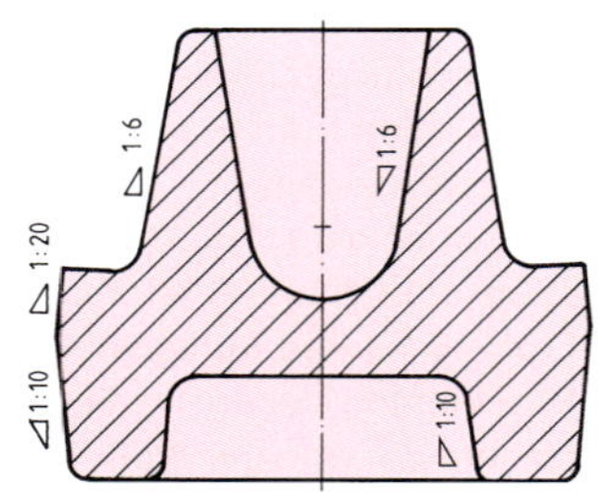

Neigungen von Innen- bzw. Außenschrägen

Richtwerte für Seitenschrägen bei Schmiedeteilen aus Stahl

Neigung	α	Innenschrägen Anwendung
1 : 6	9°	normal
1 : 10	6°	bei niedrigen Ausnehmungen

Neigung	α	Außenschrägen Anwendung
1 : 10	6°	normal
1 : 20	3°	bei kleinen Werkstückhöhen
1 : 6	9°	bei hohen Rippen

In den häufigsten Fällen wird für Schmiedeteile die Neigung der Seitenschrägen bei Innenflächen mit 1 : 6 und bei Außenflächen mit 1 : 10 gewählt.

6.3 Bodendicken, Wanddicken und Rippenbreiten

Mit abnehmender Wanddicke wird der Werkstofffluss immer mehr behindert, die Umformkraft steigt und damit auch der Gesenkverschleiß. Um die Umformkräfte in Grenzen zu halten, müssen Mindestwanddicken in Abhängigkeit vom Durchmesser bzw. von der Breite und Höhe eingehalten werden.
Dabei können Bodendicken kleiner als Wanddicken ausgeführt werden. Im Allgemeinen sollten die Wanddicken innerhalb eines Schmiedeteils nicht stark voneinander abweichen.

Beispiele **für Schmiedeteile mit der Angabe von Bodendicken, Wanddicken und Rippenbreiten**

s_B Bodendicke
d Durchmesser

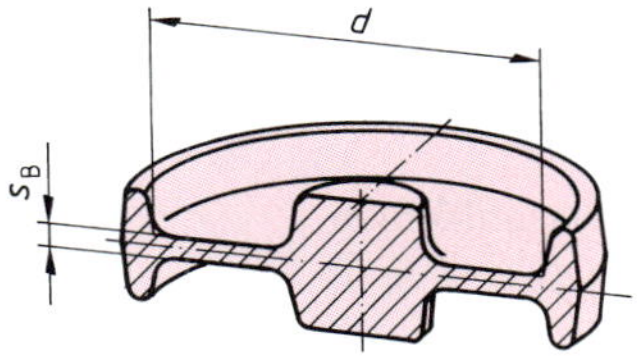

s_W Wanddicke
h Wand- oder Rippenhöhe

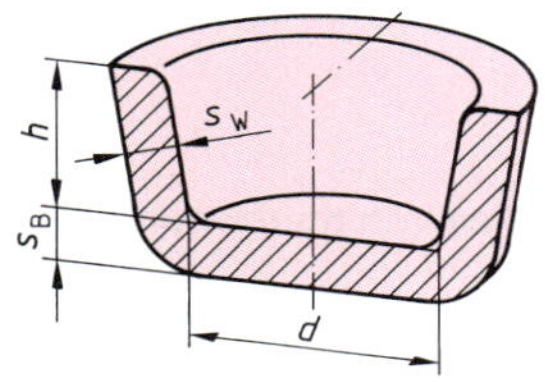

s_R Rippenbreite
R_K Rippenkopfradien

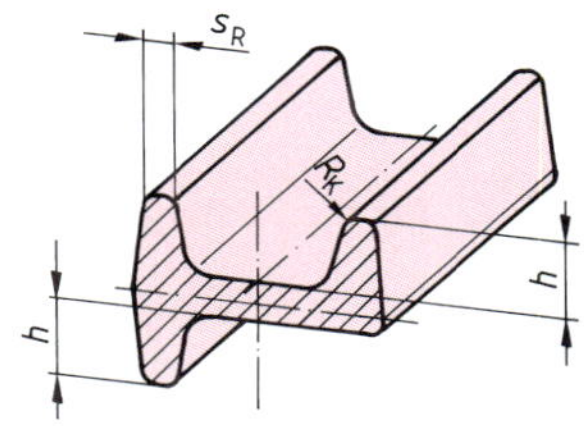

Die Richtwerte für Bodendicken, Wanddicken und Rippenbreiten in den nachfolgenden Tabellen sind als Mindestwerte anzusehen.

Richtwerte für Bodendicken an Schmiedeteilen aus Stahl

Durchmesser d bzw. Breite b in mm	Bodendicke s_B in mm
bis 20	**2**
> 20 bis 50	**4**
> 50 bis 80	**5**
> 80 bis 125	**7**
> 125 bis 200	**11**

Richtwerte für Wanddicken und Rippenbreiten an Schmiedeteilen aus Stahl

Wand- bzw. Rippenhöhe in mm	Wanddicke s_W bzw. Rippenbreite s_R in mm
bis 16	**4**
> 16 bis 40	**8**
> 40 bis 63	**12**
> 63 bis 100	**20**
> 100 bis 160	**32**

Bei Gesenkschmiedeteilen können Bodendicken kleiner als Wanddicken bzw. Rippenbreiten gewählt werden. Wegen des Werkstoffflusses sind jedoch große Querschnittsveränderungen möglichst zu vermeiden.

6.4 Kantenrundungen und Hohlkehlen

Scharfe Kanten an Gesenken würden bei der Umformung den Werkstofffluss behindern und das Gesenk einem starken Verschleiß aussetzen. Die Umformkraft wäre sehr hoch und an scharfkantigen Vertiefungen würde die Kerbrissgefahr stark erhöht. Um die Standmenge der Gesenke zu erhöhen, dürfen die Richtwerte für Radien von Kantenrundungen und Hohlkehlen nicht unterschritten werden.
Bei gleichen Werkstückhöhen sind für Hohlkehlen größere Radien zu wählen als bei Kantenrundungen.

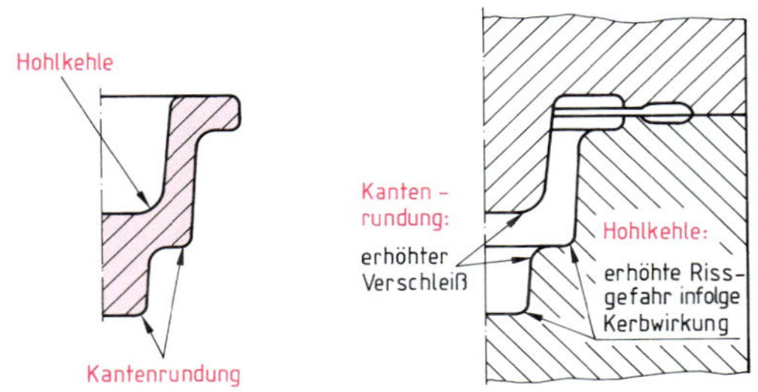

Schmiedeteil Gesenk

Radien am Schmiedeteil und Gesenk

Die Radiengrößen von Kantenrundungen und von Hohlkehlen werden in Abhängigkeit von den Höhenmaßen der verschiedenen Formanteile in einer Gesenkhälfte bestimmt.

R_K Kantenrundung R_H Hohlkehle

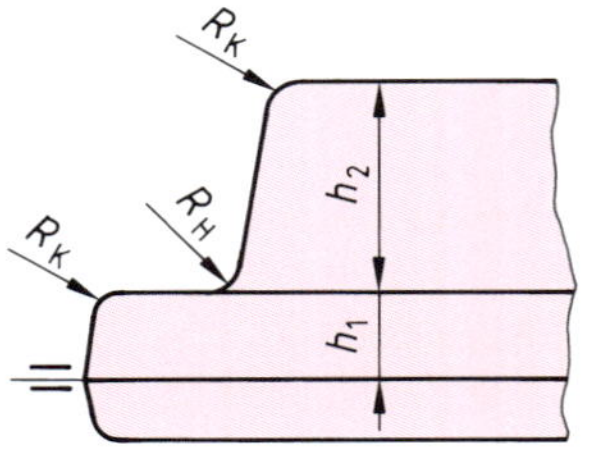

Richtwerte für Kantenrundungen an Schmiedeteilen aus Stahl

Maß *h* in mm	**Radien**	
	Kantenrundungen R_K in mm	**Hohlkehlen R_H in mm**
bis 25	**2**	**4**
> 25 bis 40	**3**	**6**
> 40 bis 63	**4**	**10**
> 63 bis 100	**6**	**16**

Beispiel **für die Festlegung der Radien von Kantenrundungen und Hohlkehlen**

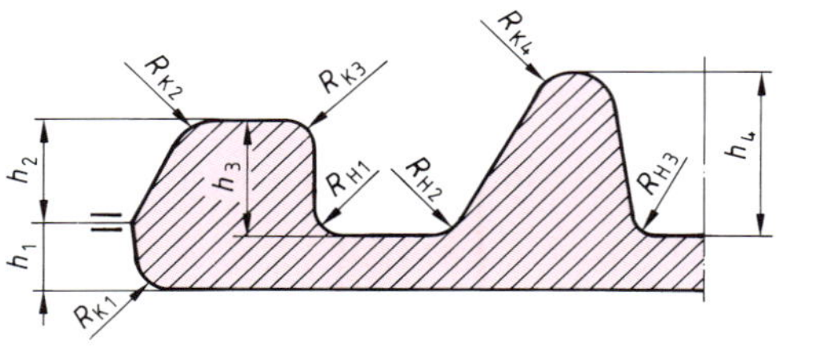

$h_1 = 20$ mm; $h_2 = 28$ mm; $h_3 = 32$ mm; $h_4 = 45$ mm

Kantenrundungen in mm
$R_{K1} = 2 \leftarrow h_1$
$R_{K2} = 3 \leftarrow h_2$
$R_{K3} = 3 \leftarrow h_3$
$R_{K4} = 4 \leftarrow h_4$

Hohlkehlen in mm
$R_{H1} = 6 \leftarrow h_3$
$R_{H2} = 10 \leftarrow h_4$
$R_{H3} = 10 \leftarrow h_4$

Bei Schmiedeteilen müssen die Radien für Hohlkehlen größer gewählt werden als für Außenkanten. Dadurch wird der Verschleiß im Gesenk stark vermindert und der Werkstofffluss verbessert.

6.5 Bearbeitungszugaben

Flächen an Gesenkschmiedeteilen, die spanend nachgearbeitet werden, erhalten eine Bearbeitungszugabe. Da bei Schmiedeteilen die zulässigen Maßabweichungen verhältnismäßig groß sind, muss für eine ausreichende Mindestspanabnahme eine entsprechende Bearbeitungszugabe gewählt werden.

Die Größe der Bearbeitungszugabe hängt von den Ausmaßen und von der Form des Schmiedeteiles ab. Außerdem sollte die Mindestbearbeitungszugabe von 1,5 mm nicht unterschritten werden, weil sonst die beim Schmieden entstandene entkohlte Randschicht nicht völlig abgearbeitet wird.

Bei lang gestreckten Schmiedeteilen richtet sich die Bearbeitungszugabe nach der größten Länge und dem Größtmaß der Breite bzw. der Dicke. Die größte Bearbeitungszugabe wird meist allen Bearbeitungsstellen eines Werkstückes zugeschlagen.

Bei rotationssymmetrischen Schmiedeteilen richtet sich die Bearbeitungszugabe nach dem größten Durchmesser und der größten Höhe.

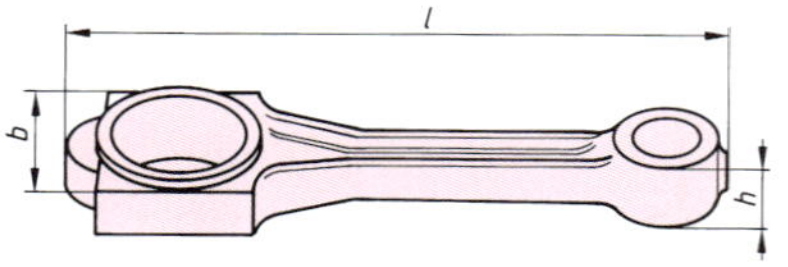

Lang gestrecktes Schmiedestück

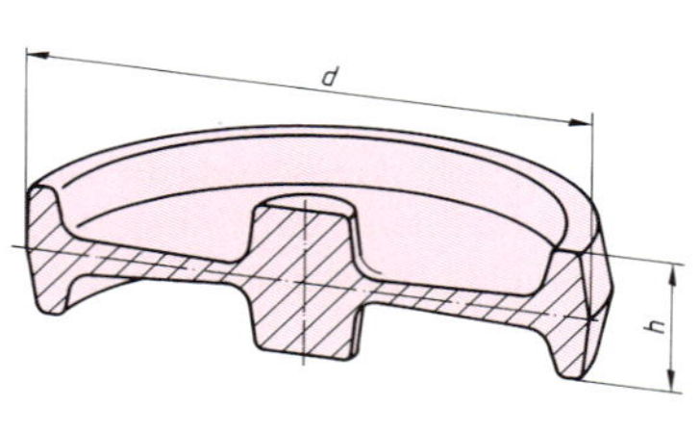

Rotationssymmmetrisches Schmiedestück

7 Werkzeuge zum Extrudieren

Extrusionswerkzeuge werden eingesetzt, um Voll- oder Hohlprofile aus thermoplastischen Kunststoffen zu formen. Nach der eigentlichen Formgebung im Extrusionswerkzeug werden die Profile meist unter Einhaltung der gewünschten Abmessung abgekühlt. Diesen Vorgang nennt man **Kalibrieren**. Beim Kalibriervorgang werden die Profile mithilfe einer *Abzugsvorrichtung* durch die Kalibriervorrichtung gezogen.

Beispiele **für extrudierte Profile**

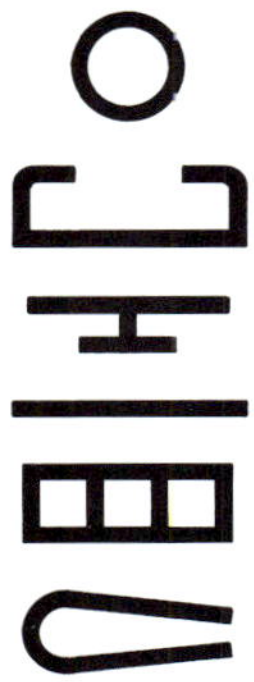

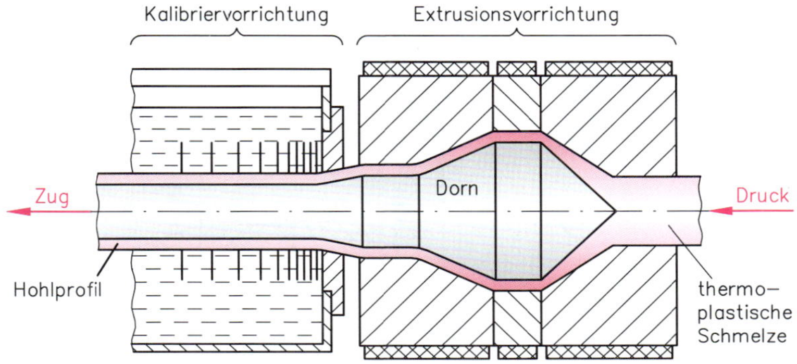

Extrusionswerkzeuge werden zur Fertigung von Voll- oder Hohlprofilen eingesetzt. Spezielle Kalibriervorrichtungen sorgen für die Maßhaltigkeit der extrudierten Profile.

7.1 Das Extrusionswerkzeug als technisches System

7.1.1 Aufbau von Extrusionswerkzeugen

Der Aufbau von Extrusionswerkzeugen wird im Wesentlichen von den zu formenden Extrudaten bestimmt. Als **Extrudat** wird z. B. das von einem Extrusionswerkzeug geformte Voll- oder Hohlprofil bezeichnet. Die Werkzeuge für die häufig herzustellenden Hohlprofile sind unabhängig von der Profilform nach dem gleichen Prinzip gebaut. Die wesentlichen Bauelemente sind:

- Gehäuse,
- Dorn,
- Mundstück.

Durch das Ineinanderschieben von *Mundstück* und *Dorn* wird eine *Düse* mit einem bestimmten Querschnitt erzeugt. Der erzeugte Querschnitt entspricht der geforderten Profilform. Der Dorn wird von einem *Dornhalter* über *Dornhalterstege* gehalten und muss gegenüber dem Mundstück genau positioniert werden. Aufgrund der Befestigung des Dorns mit Dornhalterstegen, wird die beschriebene Art eines Extrusionswerkzeugs als **Dornhalterwerkzeug** bezeichnet.

Beispiel **für den Aufbau eines Extrusionswerkzeugs**

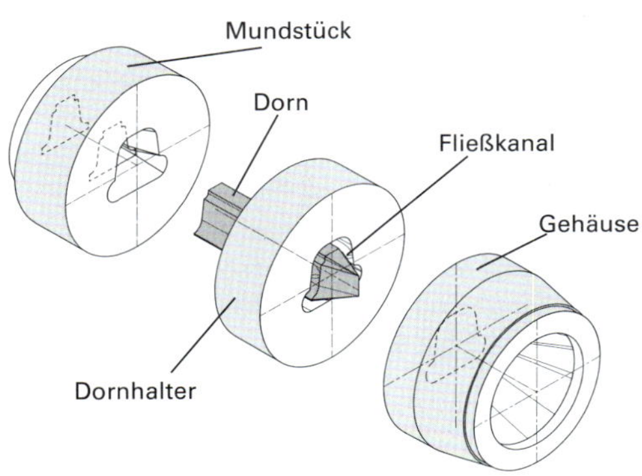

Der Aufbau von Extrusionswerkzeugen wird von dem zu formenden Extrudat bestimmt. Die Werkzeuge für Hohlprofile bestehen im Wesentlichen aus Gehäuse, Dorn und Mundstück.

7.1.2 Funktionseinheiten von Extrusionswerkzeugen

Im Extrusionswerkzeug wird die von einem Extruder kommende flüssige Formmasse zu einem Extrudat, z. B. einem Hohlprofil, geformt. Die Formmasse wird dabei kontinuierlich und mit möglichst konstanter Temperatur durch das Werkzeug gedrückt. Das technische System „Extrusionswerkzeug" kann man in Teilsysteme mit unterschiedlichen Funktionen aufteilen.

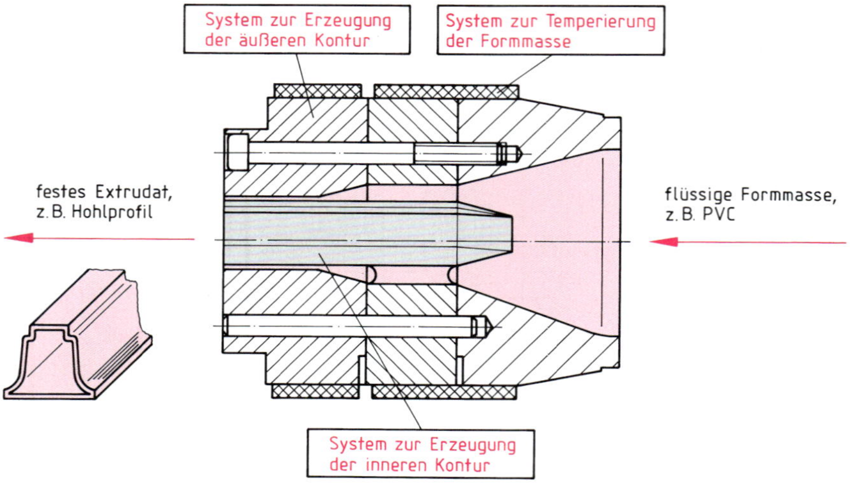

Funktionsbeschreibung

Der vom Extruder kommende *Formmassestrom* wird von der Dornspitze in einen spaltförmigen *Fließkanal* umgelenkt. Da der Dorn im Dornhalter über Stege gehalten wird, teilt sich der Formmassestrom im Bereich des Dornhalters in mehrere Teilströme auf.

Die einzelnen Teilströme müssen deshalb im Bereich des *Mundstücks* wieder zu einem homogenen Formmassestrom zusammengeführt werden. Damit sich die einzelnen Teilströme wieder vereinen, ist ein bestimmter *Rückdruck* im Mundstück erforderlich. Der Rückdruck wird durch die zunehmende Verjüngung des Fließkanals (10° bis 15°) erreicht. Bei einer unzureichenden Verjüngung des Fließkanals, kann es zu unerwünschten **Fließmarkierungen** kommen, die am fertigen Profil z. B. als Streifen sichtbar sind und eine mechanische Schwächung des Profils hervorrufen.

Die Querschnittsübergänge im Fließkanal müssen strömungsgünstig ausgebildet sein, damit die Formmasse kontinuierlich fließen kann und keine thermischen Schäden auftreten.

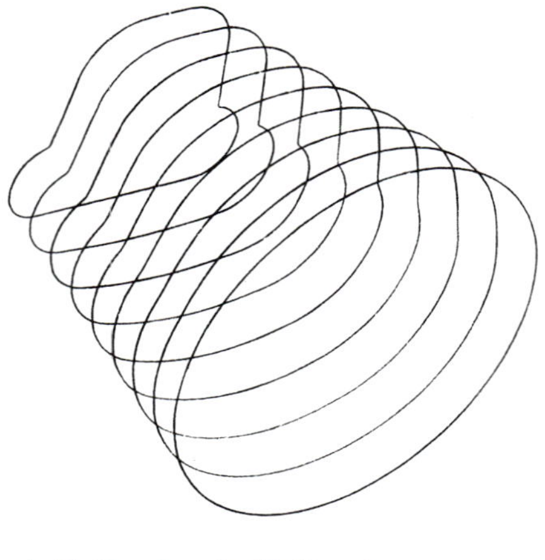

Querschnittsübergänge im Fließkanal

Im letzten Teil des Mundstücks verlaufen die Fließkanalwände wieder parallel; dieser Bereich wird als **Bügelzone** bezeichnet. In der Bügelzone wird ein Teil der bei der Vereinigung der Teilströme entstandenen Scherspannungen abgebaut und eine glatte Oberfläche erzeugt.

In einem Extrusionswerkzeug wird flüssige Formmasse zu einem festen Extrudat, z. B. einem Profil, geformt. Die Formmasse wird dabei kontinuierlich durch das Werkzeug gedrückt.

Systeme der Stanztechnik

1 Fertigungsverfahren mithilfe der Stanztechnik

1.1 Begriffsbestimmung und Verfahren

Der Terminus Stanzen gehört nicht zu den genormten Fertigungsverfahren nach DIN ISO 8560. Im Werkzeugbau hat sich der Begriff allerdings stets behauptet. Neben den Verfahren der Hauptgruppe 3 – Trennen durch Zerteilen – integriert er auch z. B. Verfahren des Umformens und Fügens. Die spanlose Fertigung ermöglicht eine äußerst wirtschaftliche Herstellung durch optimale Werkstoffausnutzung bei geringem Abfall. Es werden komplizierte und genaue Erzeugnisse u. a. für die Elektro-, Elektronik-, Automobil-, Foto- oder Haushaltsgeräteindustrie gefertigt.

Die Stanzerzeugnisse werden aus Bändern oder Platten in einem oder mehreren Arbeitsfolgen hergestellt.

Die Werkzeuge heißen entsprechend ihres Einsatzes Schneid-, Umform- oder Fügewerkzeuge. In sogenannten Verbundwerkzeugen werden die Verfahren miteinander verknüpft.

Die Werkzeuge werden in Pressen eingebaut und besitzen ein Werkzeugoberteil und ein Werkzeugunterteil.

Die nachfolgenden Kapitel beschränken sich auf die drei wesentliche Bereiche Zerteilen, Tiefziehen und Biegen. In weiteren Kapiteln werden die Verbundwerkzeuge und die Maschinen behandelt.

Presse

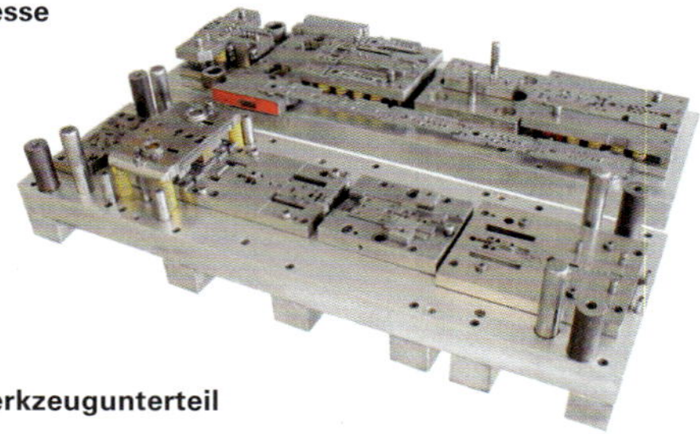
Werkzeugunterteil

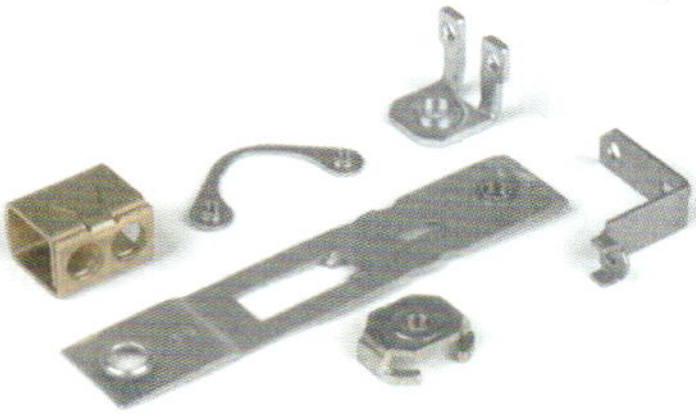
Stanzerzeugnisse

1.2 Trennen durch Zerteilen

Die Gruppe „Zerteilen" nach DIN 8588 unterscheidet u. a. die Untergruppen *Keilschneiden* und *Scherschneiden.*

Beim Zerteilen durch Keilschneiden, z. B. das Verfahren Messerschneiden, macht man sich die zerteilende Wirkung des Keils zunutze. Eine keilförmige Werkzeugschneide trennt den Werkstoff durch Kerben, Spalten und Auseinanderdrängen.

Beim Zerteilen durch Scherschneiden bewegen sich zwei Schneiden aneinander vorbei und verschieben Werkstoffteilchen bis zur vollständigen Trennung gegeneinander.

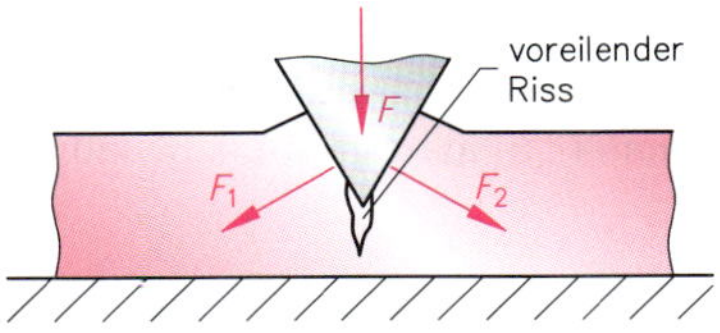

Zerteilen durch Keilschneiden:
Teile werden durch einen Keil auseinander gedrängt.

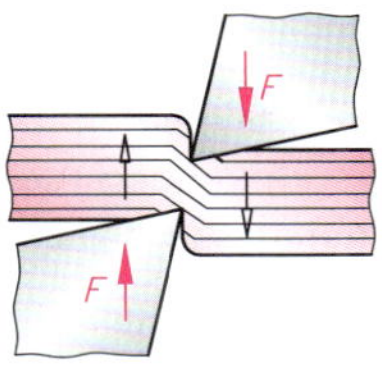

Zerteilen durch Scherschneiden:
Teile werden durch zwei Keile gegeneinander verschoben; die Keile bewegen sich aneinander vorbei.

1.3 Zerteilen durch Scherschneiden

1.3.1 Prinzip des Schneidvorgangs

Der Ablauf des Schneidvorganges wird von der Werkzeuggeometrie z. B. der Größe des Schneidspaltes und von den Eigenschaften des Werkstoffes, z. B. den Festigkeitswerten, beeinflusst. Der Ablauf des Schneidvorganges beim Lochen eines Bleches aus Stahl kann in *vier Phasen* eingeteilt werden:

Phase 1: Elastische Verformung
Die Schneidkräfte werden über den Schneidstempel und die Schneidplatte auf das Blech übertragen. Zu Beginn des Lochvorgangs wird das Blech somit elastisch verformt.

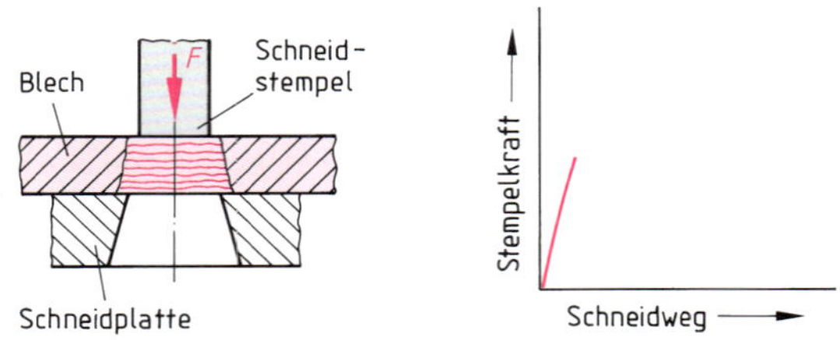

Elastische Verformung

Phase 2: Plastische Verformung
Bei zunehmender Kraft dringt der Schneidstempel weiter in den Werkstoff ein. Die Elastizitätsgrenze wird überschritten. Es tritt eine plastische Verformung ein.
Der Werkstoff wird etwas zur Schneide des Stempels hingezogen. Am Schnittteil bildet sich eine Einziehrundung aus.

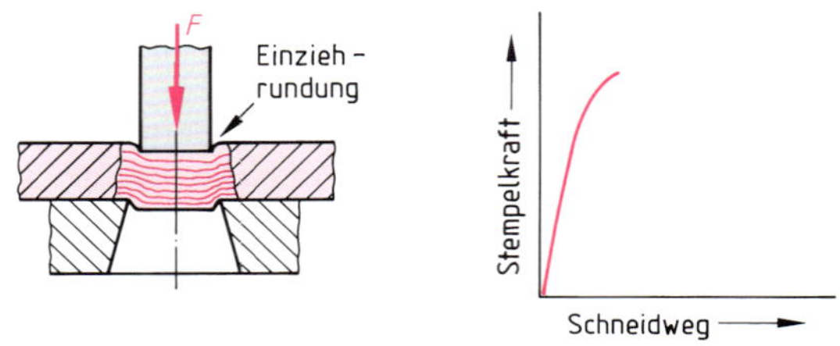

Plastische Verformung

Phase 3: Abscherung
Ein weiteres Eindringens des Schneidstempels führt zur Abscherung des Werkstoffes an der Schneide. Die Scherfestigkeit des Werkstoffes ist überschritten. Die Stempelkraft nimmt ab.
Es entstehen an den Schneidkanten des Schneidstempels und der Schneidplatte Risse, die aufeinander zulaufen.

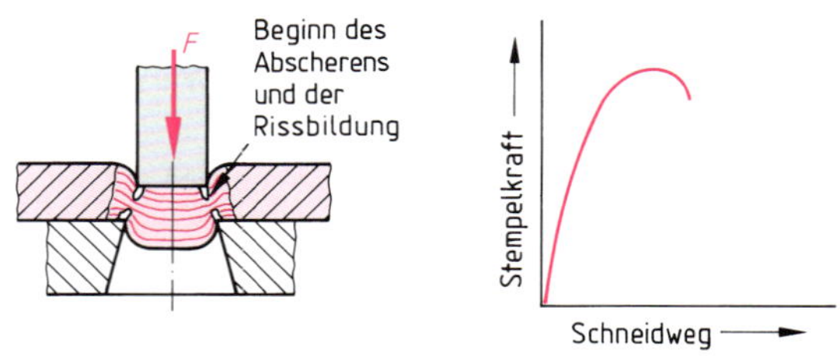

Abscherung und Rissbildung

Phase 4: Durchtrennung
Die Rissbildung setzt sich bei weiterem Eindringen des Schneidstempels fort. Hierbei fällt die zur Trennung notwendige Kraft steil bergab und geht nach Durchtrennung auf den Wert Null zurück.

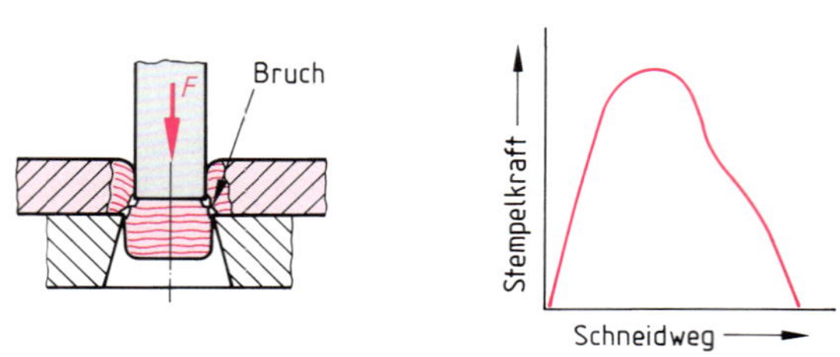

Durchtrennung

Der Schneidvorgang ist mit dem Durchtrennen des Bleches beendet. Die Vorgänge beim Stempelrückhub und die daraus resultierenden Werkzeugmaßnahmen sind im Kapitel *„System zum Entfernen des Materials“*, Seite 547, näher beschrieben.

Der Schneidvorgang vollzieht sich in vier Phasen:
1. Elastische Verformung des Werkstoffes,
2. plastische Verformung mit Kanteneinzug,
3. Abscherung des Werkstoffes und Rissbildung,
4. Durchtrennung des Werkstoffes.

1.3.2 Schneidspalt (siehe auch Seite 537)

Der Schneidstempel und die Schneidplatte müssen so geführt werden, dass zwischen den beiden Bauteilen des Werkzeuges ein geringer Abstand vorhanden ist. Diesen Abstand nennt man Schneidspalt. Die Größe des Schneidspalts ist von der Werkstückdicke abhängig. Mit zunehmender Werkstückdicke nimmt die Größe des Schneidspalts zu.

Untersuchungen haben gezeigt, dass ein kleiner Schneidspalt die Fertigungsgenauigkeit verbessert. Andererseits nimmt die Verformung in der Scherzone zu. Das führt zu einer größeren Kaltverfestigung mit der Folge einer Erhöhung der Schnittkraft. Somit muss bei der Auslegung des Werkzeuges zwischen minimaler Schneidkraft und hinreichender Fertigungsgenauigkeit optimiert werden.

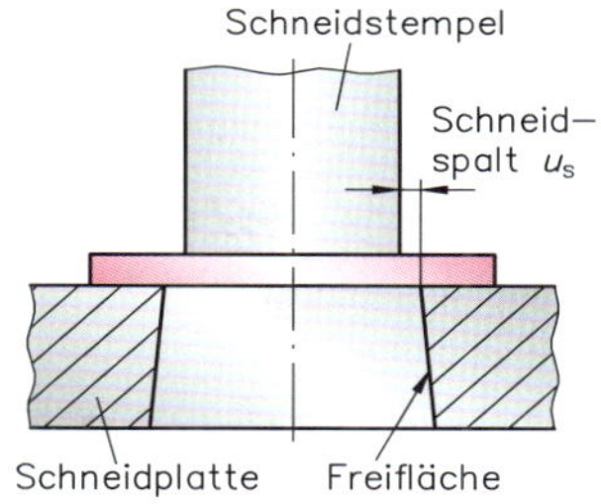

Schneidspalt

Der Abstand zwischen den Schneiden wird Schneidspalt genannt. Der Schneidspalt soll möglichst klein sein. Mit zunehmender Werkstoffdicke wird er größer gewählt.

1.3.3 Schnittlinienverlauf

Nach dem Verlauf der Schnittlinie und der Lage zum Werkstück ergeben sich unterschiedliche Scherschneidverfahren, wie z. B. Ausschneiden, Lochen, Einschneiden.

Geschlossener Schnitt		Offener Schnitt		
Ausschneiden	**Lochen**	**Einschneiden**	**Ausklinken**	**Zerschneiden**
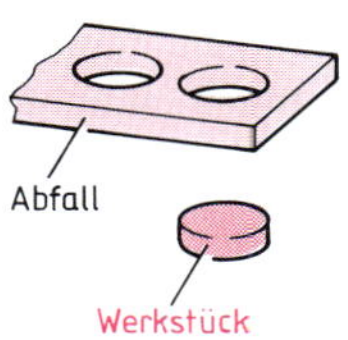	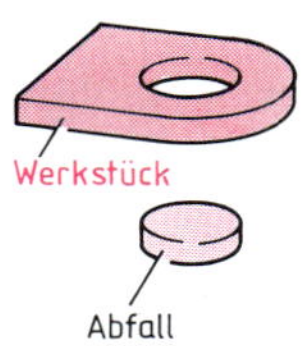	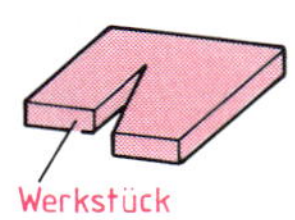	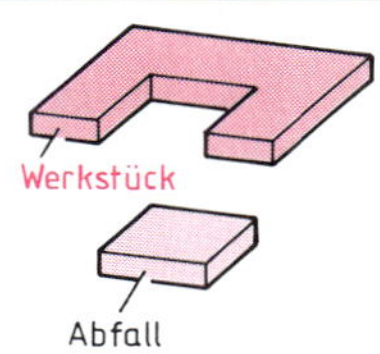	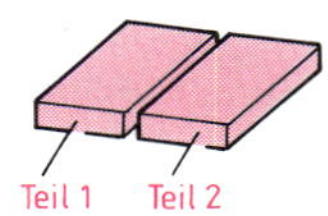

1.3.4 Grundbegriffe der Schneidtechnik

Beim Schneiden erhalten die Begriffe, die sich auf das Werkzeug beziehen, die Vorsilbe *„Schneid-“*, wie z. B. Schneidspalt oder Schneidplatte.
Begriffe, die sich auf das Werkstück beziehen, erhalten die Vorsilbe *„Schnitt-“*, wie z. B. Schnittkante oder Schnittfläche.

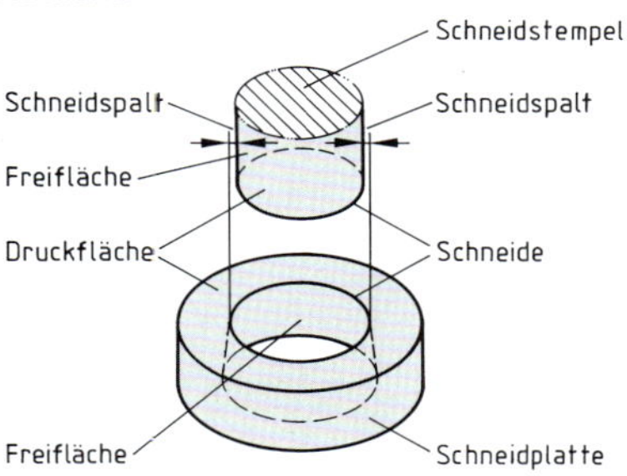

Grundbegriffe am Werkzeug

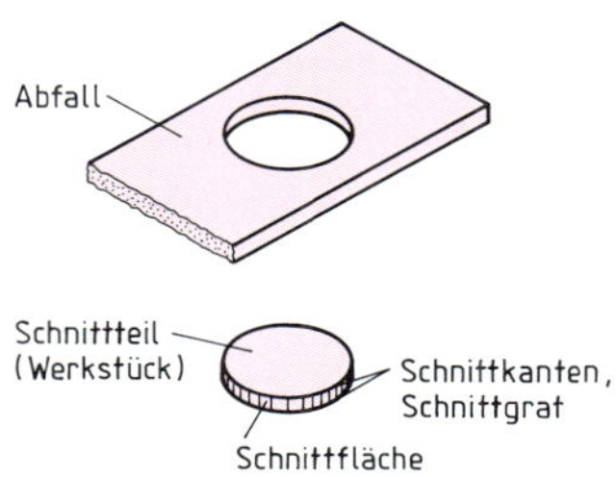

Grundbegriffe am Werkstück

Für die Verfahren des Schneidens beginnen die Begriffe am
- Werkzeug mit der Vorsilbe „Schneid-“ und am
- Werkstück mit der Vorsilbe „Schnitt-“.

1.3.5 Spezielle Schneidverfahren

Die Schnittfläche bei schergeschnittenen Werkstücken macht in vielen Fällen eine Nacharbeit erforderlich, denn sie ist nicht eben, weicht von der Senkrechten ab und hat eine schlechte Oberflächengüte. Mithilfe *spezieller Schneidverfahren* können Werkstücke mit großer Maß- und Formgenauigkeit sowie hoher Oberflächengüte hergestellt werden. Dies erreicht man durch besonders gestaltete Werkzeuge und einem entsprechenden Verfahrensablauf. Spezielle Schneidverfahren sind z. B. das *Feinschneiden* und das *Nachschneiden.*

- **Feinschneiden**

Feinschneiden ist das Schneiden einer Außen- oder Innenform, wobei sich eine rechtwinklig zur Planfläche des Werkstückes liegende Schnittfläche mit hoher Oberflächengüte ergibt. Das Feinschneiden erfolgt einhubig mit geschlossener Schnittlinie.

Verfahrensablauf

Zunächst wird das Werkstück durch den Niederhalter auf die Schneidplatte gedrückt. Durch das Einkerben der Ringzacke wird dabei Druckspannung senkrecht zur Stempelachse im Werkstoff erzeugt. Nachdem der Gegenhalter gegen das Blech gefahren ist, wird durch den Schneidstempel bei konstanter Gegenkraft geschnitten. Nach dem Schneidvorgang wird durch den Gegenhalter das Werkstück aus der Schneidplatte ausgeworfen.

Arbeitsschritte beim Feinschneiden

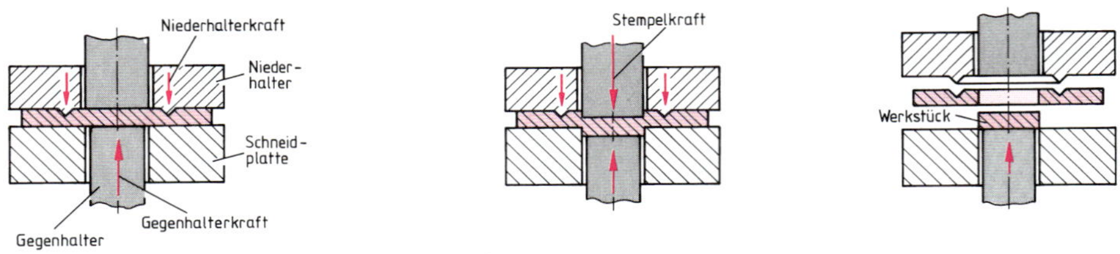

a) Einspannen des Blechs b) Feinschneiden c) Auswerfen des Werkstücks

> Beim Feinschneiden wird der Werkstoff durch einen Niederhalter mit keilförmiger Ringzacke eingespannt. Durch den Nieder- und Gegenhalter wird eine ebene und senkrechte Schnittfläche erzeugt.

- **Nachschneiden**

Nachschneiden ist Abtrennen schmaler Ränder von vorgearbeiteten Werkstücken, um maßhaltige und saubere Schnittflächen zu erzielen. Die Schnittfläche kann offen oder geschlossen sein.

Verfahrenablauf

Durch normales Scherschneiden werden die Werkstücke vorbereitet. Hierbei muss das Außenmaß des Schnittteils größer und das Innenmaß kleiner als das Fertigmaß sein. Der Schneidstempel drückt das durch Scherschneiden vorgearbeitete Schnittteil durch die Schneidplatte. Da der Durchmesser des Schneidstempels geringfügig größer ist als der Durchbruch in der Schneidplatte, wird der Stempelhub dicht vor der Schneidplatte beendet. Die nachgeschnittenen Werkstücke werden entweder durch einen Ausstoßer nach oben oder durch die nachfolgenden Werkstücke nach unten ausgestoßen.

Arbeitsschritte beim Nachschneiden

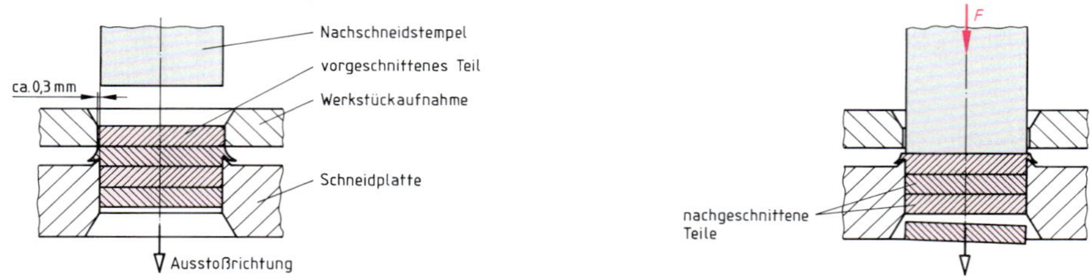

a) Einlegen des vorgeschnittenen Teils b) Nachschneiden

> Beim Nachschneiden werden von einem vorgeschnittenen Werkstück schmale Ränder abgetrennt. Die Sauberkeit der Schnittfläche und die Maßhaltigkeit werden dadurch erhöht.

1.4 Zugdruckumformen durch Tiefziehen

Das wichtigste Zugdruckumformverfahren in der Blechverarbeitung ist das **Tiefziehen**. Das Tiefziehen wird zur Herstellung von Hohlkörpern eingesetzt. Es wird auch eingesetzt, um Hohlkörper mit großem Umfang in Hohlkörper mit kleinerem Umfang umzuformen. Beim Tiefziehvorgang wird der Werkstoff durch den Stempel in die Matrize gezogen. Da der Umfang des Zuschnittes erheblich größer ist als der Umfang des tiefgezogenen Teiles, versucht der Werkstoff Falten zu bilden. Der Niederhalter verhindert dies. Der Werkstoff wird zwischen Niederhalter und Matrize gestaucht und gleichzeitig zwischen Stempel und Matrizenöffnung gestreckt. Die Wanddicke bleibt beim Ziehvorgang etwa gleich.

Beispiel **für einen Tiefziehvorgang mit Werkzeugen**

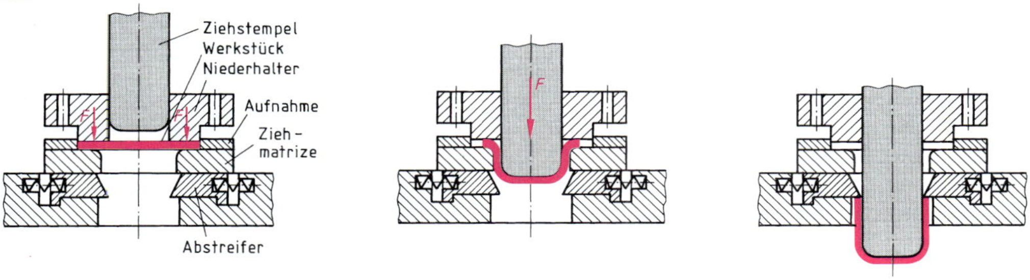

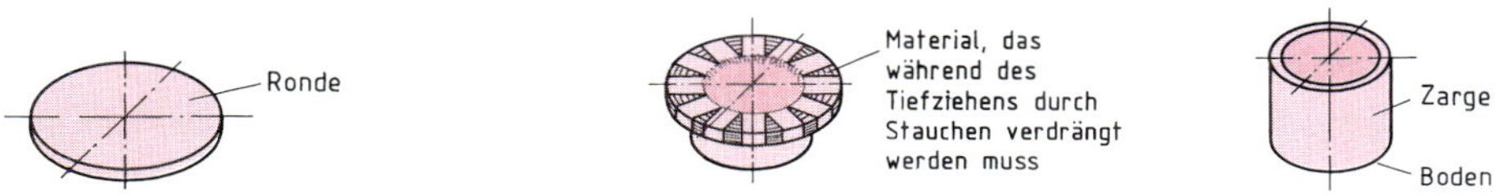

Vor dem Tiefziehvorgang | Während des Tiefziehvorgangs | Nach dem Tiefziehvorgang

Die Tiefziehverfahren werden nach den *formgebenden Mitteln* unterschieden. Außer dem Tiefziehen mit Werkzeugen sind das Tiefziehen mit Wirkmedien und Wirkenergie von Bedeutung. Von den Tiefziehverfahren sind die Verfahren, die mit Werkzeugen arbeiten, am gebräuchlichsten.

Tiefziehen ist Zugdruckumformen mit Werkzeugen, Wirkmedien oder Wirkenergie.

1.5 Biegeumformen in der Blechverarbeitung

Das Biegeumformen nach DIN 8586 ist dadurch gekennzeichnet, dass ein Teil des Werkstückes seine Winkelstellung gegenüber dem anderen Teil des Werkstückes verändert. Die Biegeverfahren werden nach der Werkzeugbewegung *in Biegeumformen mit geradliniger Werkzeugbewegung und Biegeumformen mit drehender Werkzeugbewegung* eingeteilt.

Beispiele **für Verfahren des Biegeumformens**

Biegeumformen mit *geradliniger* Werkzeugbewegung: **Gesenkbiegen** ist Biegen in Werkzeugen mit Konturen, an denen das Biegeteil nach der Umformung anliegt.	Biegeumformen mit *drehender Werkzeugbewegung:* **Schwenkbiegen** ist Biegen, bei dem das Werkstück mithilfe einer Wange um eine Biegekante geschwenkt wird.
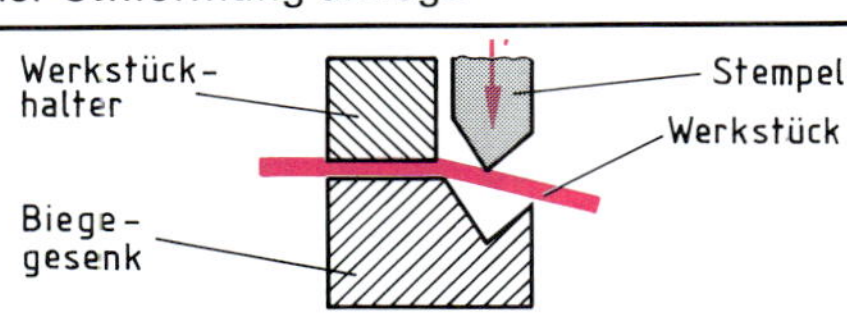	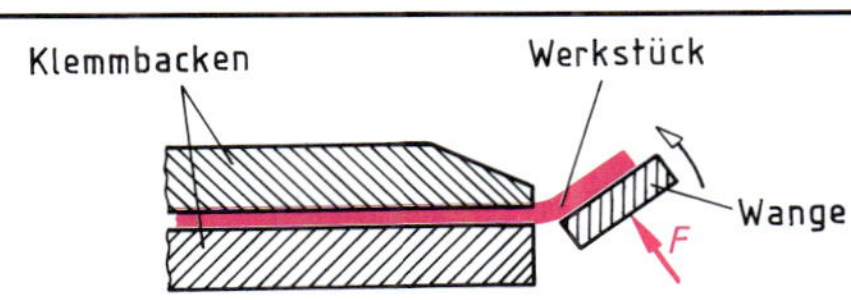

2 Werkzeuge zum Scherschneiden

2.1 Das Schneidwerkzeug als technisches System

Werkzeuge zum Scherschneiden werden nach DIN 8588 kurz als Schneidwerkzeuge bezeichnet. Mithilfe von Schneidwerkzeugen stellt man flächige Werkstücke durch Scherschneiden her. Hierzu wird dem Werkzeug ein Blechstreifen, ein Band oder eine Blechtafel zugeführt. Die erforderliche Kraft zum Scherschneiden wird von einer Presse auf das Werkzeug übertragen. Nach dem Schneidvorgang muss das Schnittteil und eventuell auch der Abfall aus dem Werkzeug entfernt werden.
Alle Schneidwerkzeuge bestehen aus einem Werkzeugober- und einem Werkzeugunterteil.
Das funktional abgegrenzte System „Schneidwerkzeug" lässt sich entsprechend den auszuführenden Teilfunktionen in Teilsysteme gliedern:

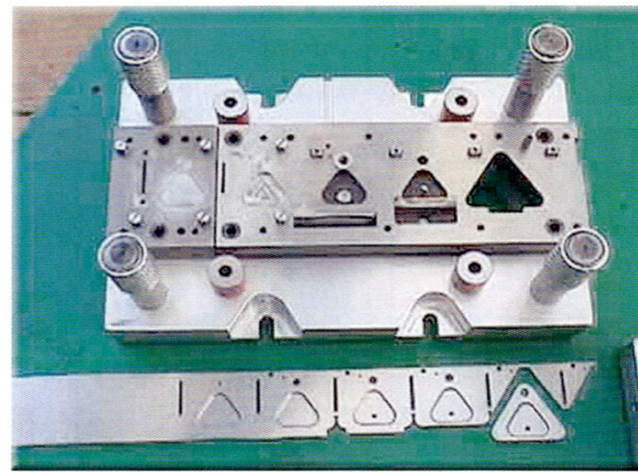
Schneidwerkzeug (Werkzeugunterteil)

- Das *Spannsystem* verbindet das Werkzeugoberteil mit dem Pressenstößel und das Werkzeugunterteil mit dem Pressentisch.
- Das *System zur Materialführung* sichert den Durchlauf des Streifens und dessen Lage zu den Stempeln.
- Das *Werkzeugführungssystem* führt die Schneidstempel zur Schneidplatte entweder durch den Pressenstößel oder durch Führungen innerhalb des Werkzeuges.
- Das *Schneidsystem* schneidet das Werkstück aus einem Streifen oder Band aus.
- Das *System zum Entfernen* des Materials dient dazu, die nach dem Schneidvorgang festhaftenden Schnittteile beziehungsweise Schnittstreifen aus dem Werkzeug zu entfernen.

Beispiel **für die Teilsysteme und den Aufbau eines Schneidwerkzeuges**

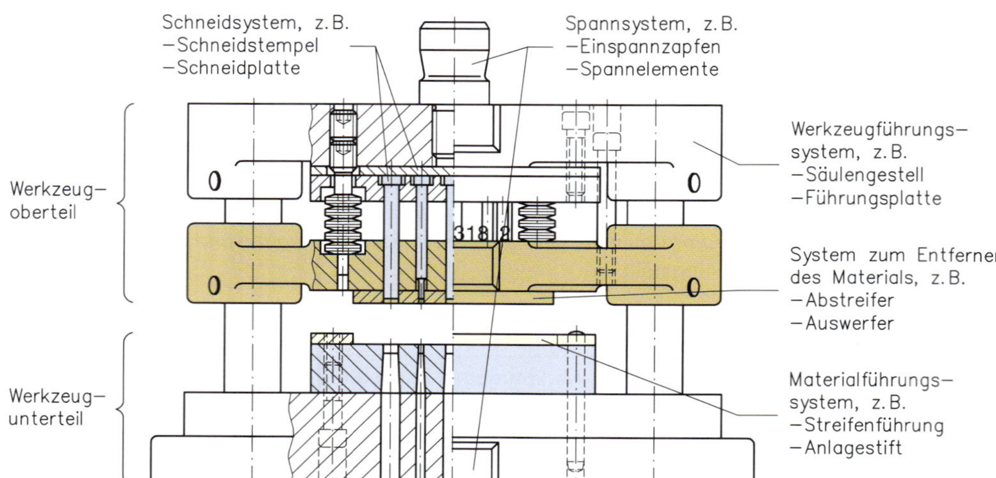

Entsprechend den zu erfüllenden Aufgaben lässt sich das System „Schneidwerkzeug" in fünf Teilsysteme untergliedern. Die Schneidwerkzeuge bestehen aus dem Oberteil mit dem Schneidstempel und dem Unterteil mit einer Schneidplatte.

2.2 Einteilung der Werkzeuge zum Schneiden

Die Einteilung der Werkzeuge zum Scherschneiden wird nach dem konstruktiven Aufbau, dem Fertigungsablauf oder dem Fertigungsverfahren vorgenommen.

2.2.1 Einteilung nach dem konstruktiven Aufbau

Beim konstruktiven Aufbau wird zwischen Scherschneidwerkzeugen ohne und mit Führung der Schneidstempel unterschieden. Die Führung des Schneidstempels erfolgt bei Scherschneidwerkzeugen mit Führung

- durch eine Führungsplatte,
- durch Führungssäulen oder
- durch eine Schneidplatte.

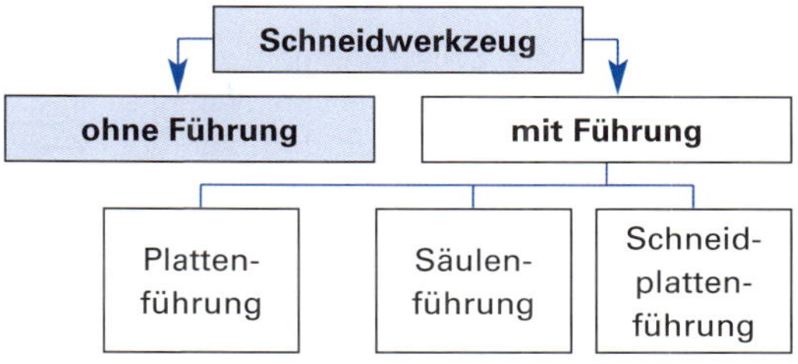

Einteilung nach dem konstruktiven Aufbau

- **Schneidwerkzeuge ohne Führung**

Schneidwerkzeuge ohne Führung werden zur Herstellung einfacher Werkstücke mit geringer Maßgenauigkeit und bei geringen Stückzahlen eingesetzt. Bei Schneidwerkzeugen ohne Führung wird der Schneidstempel zur Schneidplatte innerhalb des Werkzeuges nicht geführt. Die Führung wird vom Pressenstößel übernommen.
Damit ein Aufsetzen des Stempels auf die Schneidplatte vermieden wird, darf der Pressenstößel nur geringes Spiel haben.
Wegen der Gestellauffederung der Presse beim Schneiden sollten Schneidwerkzeuge ohne Führung nur in kräftigen Einständerpressen oder in Zweiständerpressen eingebaut werden.

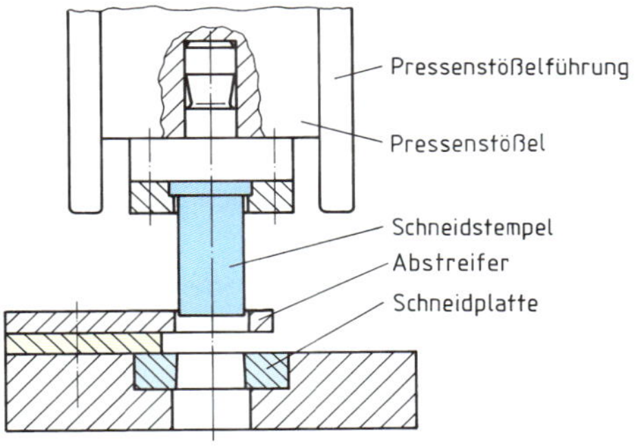

Schneidwerkzeuge ohne Führung

Bei Schneidwerkzeugen ohne Führung wird der Schneidstempel zur Schneidplatte allein durch den Pressenstößel geführt. Sie werden zur Herstellung einfacher Schnittteile und bei geringen Stückzahlen eingesetzt.

- **Schneidwerkzeuge mit Führung**

Bei Schneidwerkzeugen mit Führung werden die Schneidstempel durch Platten oder Säulen innerhalb des Schneidwerkzeuges geführt.
Durch diese Führung wird einseitiger Verschleiß und ein Aufsetzen des Schneidstempels auf der Schneidplatte vermieden, was eine längere Lebensdauer zur Folge hat.
Sie werden besonders dann eingesetzt, wenn von einem Schnittteil große Stückzahlen hergestellt werden sollen.
Man unterscheidet Schneidewerkzeuge mit *Plattenführung, Säulenführung und Schneidplattenführung.*

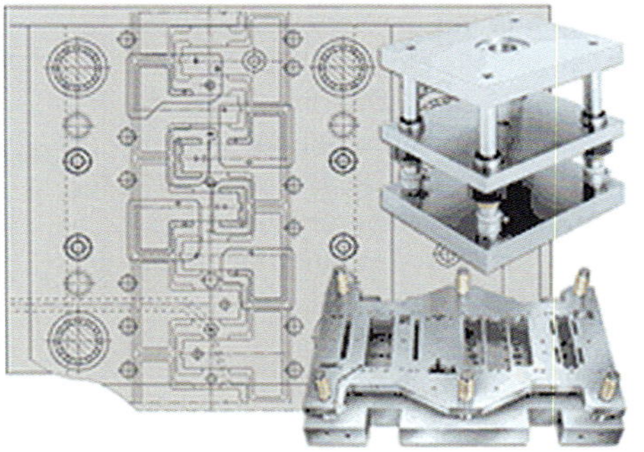

Schneidwerkzeug mit Säulenführung

Schneidwerkzeuge mit Plattenführung

Schneidwerkzeuge mit Plattenführung haben eine mit dem Werkzeugunterteil fest verbundene Führungsplatte zur Führung des Schneidstempels. Zwischen der Schneid- und Führungsplatte befinden sich Zwischenlagen, die gleichzeitig als Streifenführung dienen.

Beide Platten, die Zwischenlagen und die Grundplatte, sind mithilfe von Zylinderstiften genau festgelegt und verschraubt, sodass ein seitliches Ausweichen der Stempel nicht möglich ist. Da die Zwischenlagen nur wenige Millimeter hoch sind, werden die Stempel bis dicht über die Schneidplatte geführt. Dadurch erhöht sich die Maßgenauigkeit der Schnittteile.

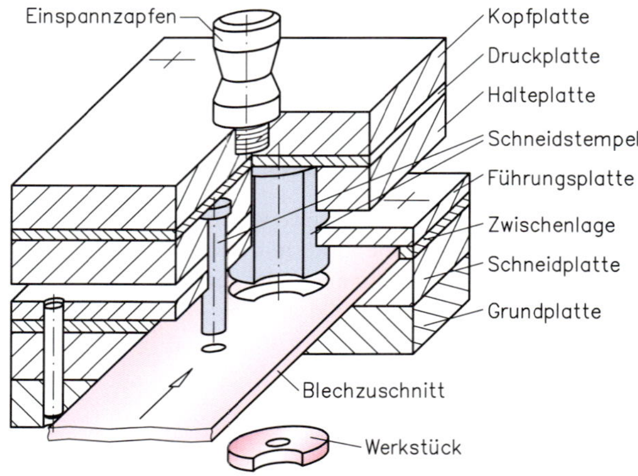

Schneidwerkzeug mit Plattenführung

Die Dicke der Stempelführungsplatten liegt in der Regel zwischen 18 mm und 23 mm. Mit zunehmender Dicke erzielt man eine bessere Stempelführung. Auf der anderen Seite ist die Herstellung aufwändiger. Somit ergeben sich folgende Vorteile:

- höhere Maßgenauigkeit der Schnittteile im Vergleich zu Werkzeugen ohne Führung,
- geringe Bauhöhe,
- Unfallschutz durch geschlossene Bauweise.

Auf der anderen Seite ergeben sich auch folgende Nachteile:

- Der Aufwand, um die Durchbrüche in der Führungsplatte den oft komplizierten Stempelformen anzupassen, ist sehr groß.
- Die Überwachung des Schneidvorganges und des Werkstofftransportes ist behindert.
- Bei der Führung handelt es sich um eine kurze Gleitführung mit oft ungünstigen Gleitwerkstoffen.

Schneidwerkzeuge mit Plattenführung ergeben größere Maßhaltigkeit der Schnittteile und besitzen eine längere Lebensdauer als Schneidwerkzeuge ohne Führung.

Schneidwerkzeuge mit Säulenführung

Bei säulengeführten Schneidwerkzeugen werden Schneidstempel und Schneidplatte in vorgefertigte, genormte Säulengestelle eingebaut. Dabei wird der Stempel am Oberteil und die Schneidplatte am Unterteil des Säulengestells verschraubt. Die Säulengestelle besitzen zwei, bei schweren Werkzeugen auch vier, meist in das Unterteil eingepresste Säulen.

Im Gegensatz zur Plattenführung wird nicht der einzelne Stempel geführt, sondern das ganze Oberteil.

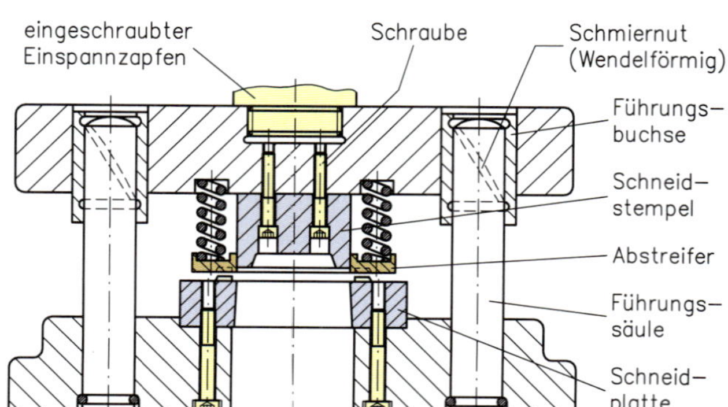

Schneidwerkzeug mit Säulenführung

Damit ergeben sich im Vergleich zur Plattenführung folgende Vorteile:

- genauere Führung durch den großen Abstand der Führungssäulen,
- längere Gleitflächen und besser aufeinander abgestimmte Gleitwerkstoffe,
- Einsatz von Rollen- bzw. Kugelführungen möglich.

Die Schneidwerkzeuge mit Säulenführung weisen aufgrund der genannten Vorteile nur geringen Verschleiß auf und besitzen somit eine hohe Lebensdauer. Mit ihnen lassen sich auch Schnittteile herstellen, bei denen ungünstige Schneidverhältnisse vorliegen.

Bei Werkzeugen mit vielen dünnen Stempeln baut man in die Gestelle zusätzlich eine bewegliche Führungsplatte ein und vereint so die Vorzüge beider Führungsarten.

Bei Schneidwerkzeugen mit Säulenführung übernehmen genormte Säulengestelle die Führung der Schneidstempel. Säulengeführte Schneidwerkzeuge werden für sehr hohe Stückzahlen und komplizierte Schnittteile mit hoher Maßhaltigkeit eingesetzt.

Schneidwerkzeuge mit Schneidplattenführung

Bei Schneidwerkzeugen mit Schneidplattenführung werden die Stempel durch die Schneidplatte geführt. Der nichtschneidende Teil des Stempels erhält eine Verlängerung, sodass er ständig in den Schneidplattendurchbruch eingetaucht bleibt. Damit wird verhindert, dass der Schneidstempel durch die hohen Seitenkräfte abgedrängt wird. Die Werkzeuge mit Schneidplattenführung werden zum Schneiden einfacher Formen mit offener Schnittlinie, wie z. B. *Ausklinken* und *Abschneiden,* verwendet.

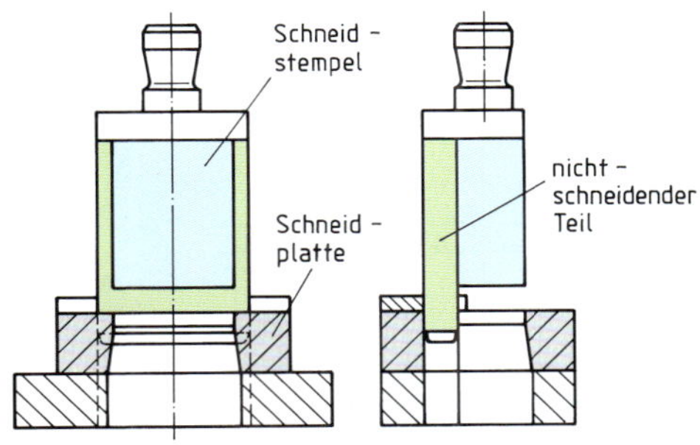

Schneidwerkzeug mit Säulenführung

Bei Schneidwerkzeugen mit Schneidplattenführung werden die einseitig schneidenden Stempel durch die Schneidplatte geführt. Sie werden zur Herstellung einfacher Schnittteile mit offener Schnittlinie eingesetzt.

2.2.2 Einteilung nach dem Fertigungsablauf

Je nach Fertigungsablauf werden die Schneidwerkzeuge in Einverfahrenschneidwerkzeuge und Mehrverfahrenschneidwerkzeuge unterschieden. Die Anzahl der im Schneidwerkzeug angewendeten Verfahren und die Abfolge der Arbeitsschritte sind dabei für die Bezeichnung von Belang.

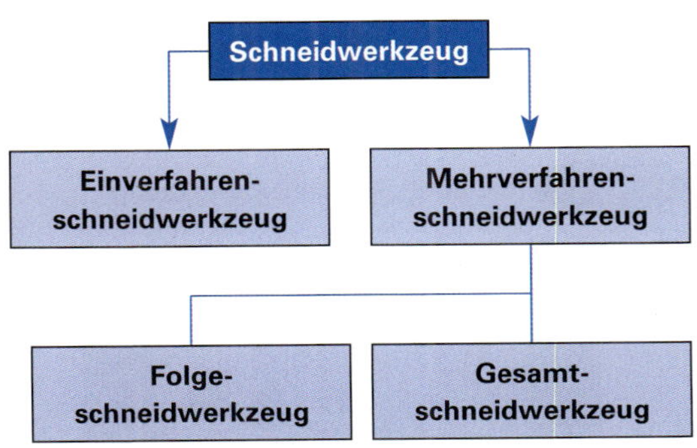

Einteilung nach dem Fertigungsverlauf

- **Einverfahrenwerkzeug**

Mit Einverfahrenschneidwerkzeugen werden die Schnittteile unter Anwendung eines einzelnen Verfahrens, z. B. Ausschneiden oder Lochen, in einem Hub gefertigt.

Die Genauigkeit der Schnittteile hängt beim Ausschneiden allein von der Stempelführung ab.

Soll ein ausgeschnittenes Teil gelocht werden, so hat darüber hinaus die Güte der Werkstückaufnahme einen Einfluss auf die Lage der Außen- zur Innenform.
Um beim Ausschneiden den Schnittstreifen bzw. beim Lochen das Schnittteil aus dem Werkzeug zu lösen, ist ein Abstreifer erforderlich. Er kann mit dem Werkstück verbunden sein oder verstellbar an der Presse befestigt werden. Soll ein gelochtes Werkstück nicht mithilfe von Zangen oder Pinzetten aus dem Werkzeug entnommen werden, ist zusätzlich noch ein Auswerfer vorzusehen.

Beispiele **für die Herstellung von Schnittteilen mithilfe von Einverfahrenschneidwerkzeugen**

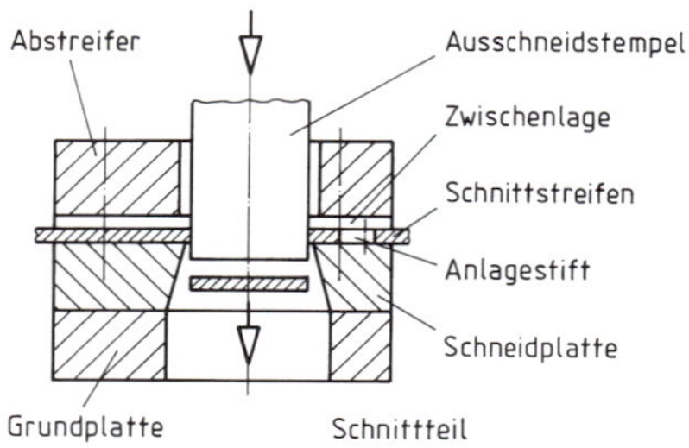

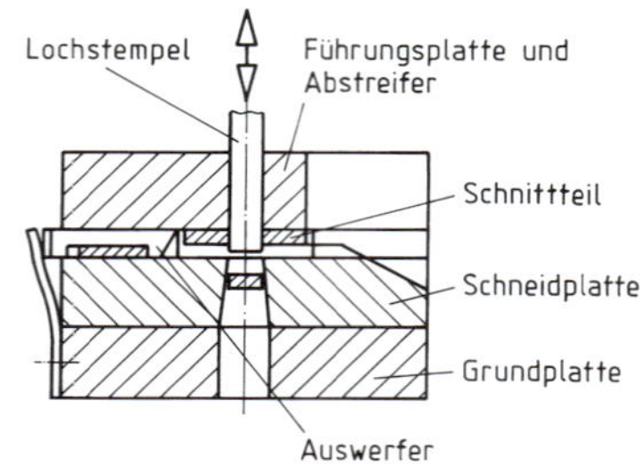

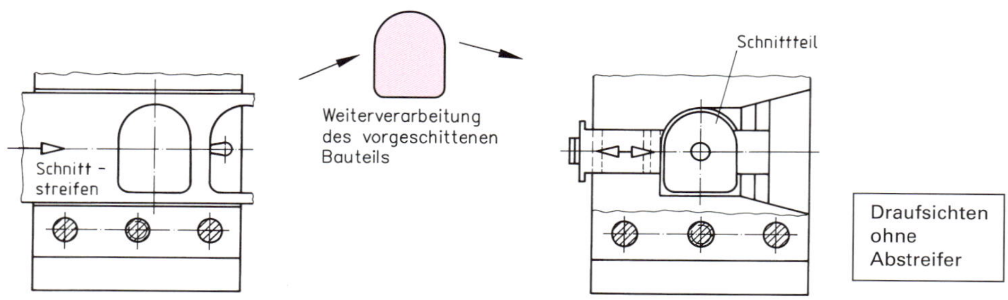

Bei Einverfahrenschneidwerkzeugen kommt immer nur ein Verfahren zur Anwendung. Mit ihnen werden einfache Schnittteile hergestellt.

- **Mehrverfahrenwerkzeug**

Sind zur Herstellung eines Schnittteiles verschiedene Schneidverfahren erforderlich, so kommen meist Mehrverfahrenschneidwerkzeuge zum Einsatz.
Je nach Reihenfolge der Schneidverfahren und Anzahl der Hübe unterscheidet man zwischen *Folgeschneidwerkzeugen* und *Gesamtschneidwerkzeugen.*

Beispiele **für ein Folgeschneidwerkzeug**

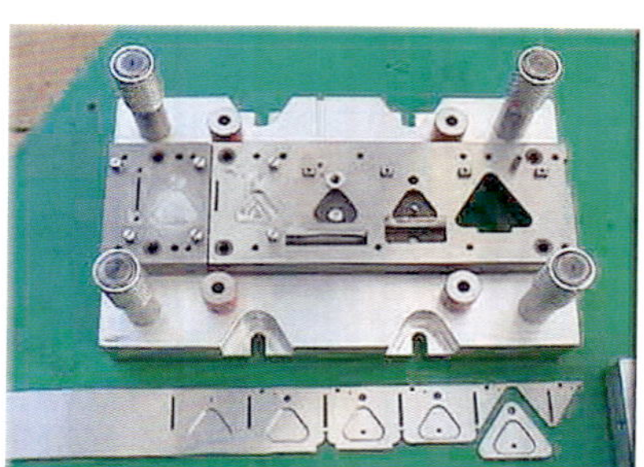

Werkzeugunterteil

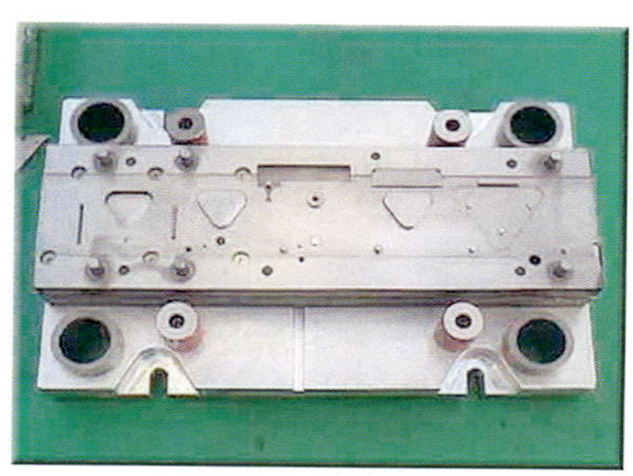

Werkzeugoberteil

Folgeschneidwerkzeug

Im Folgeschneidwerkzeug werden die Werkstücke in mehreren direkt aufeinander folgenden Hüben unter Anwendung verschiedener Schneidverfahren, meist Lochen und Ausschneiden, gefertigt. Die Anzahl der Hübe ist davon abhängig, in wie viele Stufen der Fertigungsablauf aufgeteilt wird. Die Mindesthubzahl ist aber durch die Zahl der zur Anwendung kommenden Schneidverfahren festgelegt.

Die Art und Reihenfolge der Schneidverfahren werden nach Möglichkeit so gewählt, dass das Werkstück dabei so lange im Streifenverband verbleibt, bis es in der letzten Arbeitsstufe aus- bzw. abgeschnitten wird.

Die Genauigkeit des Schnittteiles ist hierbei nicht allein von der Genauigkeit der Schneidstempel und Schneidplattendurchbrüche abhängig, sondern im großen Maße auch von der Streifenführung und Vorschubbegrenzung, da dadurch die Lage der ausgeschnittenen Einzelheiten zueinander festgelegt wird.

Mit Folgeschneidwerkzeugen lassen sich, da die Fertigung in mehreren Stufen erfolgt, auch schwierige Schnittteilformen bei großer Maßgenauigkeit herstellen. Allerdings lohnt sich der große Herstellungsaufwand nur bei größeren Stückzahlen.

Beispiel **für die Herstellung eines Schnittteils mithilfe eines Folgeschneidwerkzeuges**

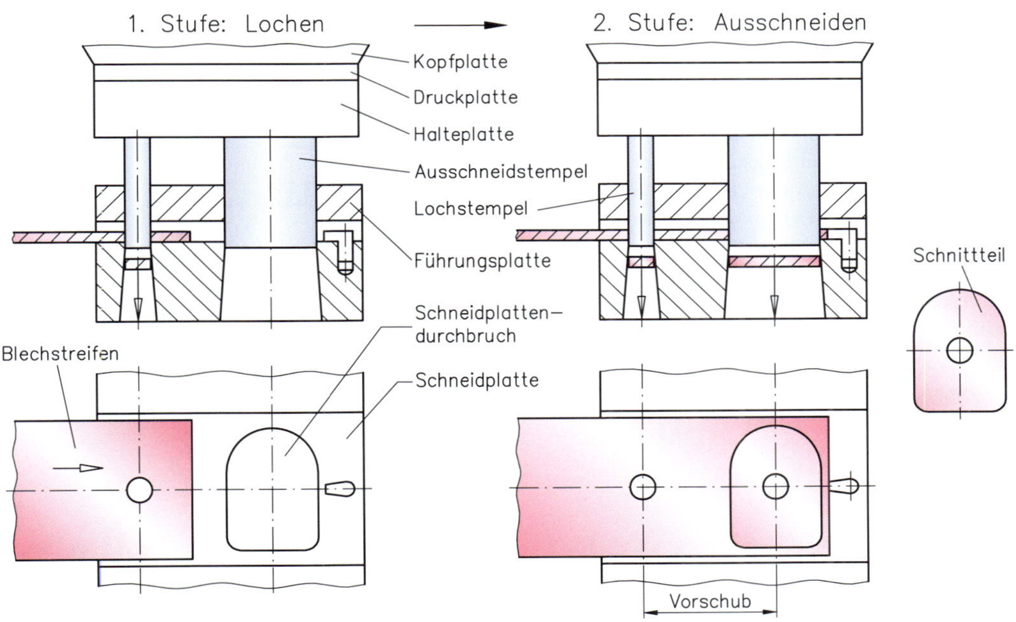

> Im Folgeschneidwerkzeug kommen mehrere Schneidverfahren zur Anwendung. Die Werkstückfertigung erfolgt mittels mehrerer aufeinander folgender Hübe.
> Mit ihm lassen sich komplizierte Schnittformen bei guter Maßhaltigkeit herstellen.

Gesamtschneidwerkzeug

In einem Gesamtschneidwerkzeug wird mit einem Arbeitshub die Außen- und Innenform des Schnittteils geschnitten. Die meist zur Anwendung kommenden Schneidverfahren sind das Lochen und das Ausschneiden.

Im Gegensatz zu anderen Schneidwerkzeugen ist bei den Gesamtschneidwerkzeugen der Ausschneidstempel ruhend im Unterteil des Werkzeuges befestigt und dient gleichzeitig als Schneidplatte für die im Werkzeugoberteil eingespannten Lochstempel. Die Lochstempel werden durch einen Ausstoßer, der sich innerhalb der Schneidplatte bewegt, geführt. Das Abstreifen des Abfalls vom Ausschneidstempel übernimmt ein auf Federn abgestützter Abstreifer.

Der wesentliche Vorteil der Gesamtschneidwerkzeuge besteht darin, dass alle gefertigten Teile deckungsgleich sind. Die Maßgenauigkeit, insbesondere die Lage von Außen- zur Innenform, ergibt sich unmittelbar aus der Herstellungsgenauigkeit des Werkzeuges.

Die Abhängigkeit von der Vorschubgenauigkeit, die bei den Folgeschneidwerkzeugen von großer Bedeutung ist, bleibt ohne jeden Einfluss. Da der Werkstoff zwischen Stempel und Ausstoßer und zwischen Schneidplatte und Abstreifer eingespannt ist, lassen sich auch sehr dünne Bleche ausschneiden.

Nachteilig sind bei Gesamtschneidwerkzeugen die hohen Herstellungskosten. Diese kommen durch die ineinander liegenden und sich gegenseitig führenden Stempel, Ausstoßer, Schneidplatten und Abstreifer zustande.

Wirtschaftlich ist der Einsatz deshalb nur, wenn Werkstücke in großen Stückzahlen hergestellt werden sollen, bei denen die Lage der Werkstückumrissform zur Innenform sehr genau sein muss. Werkstücke bei denen die Durchbrüche zu eng nebeneinander oder zu nah am Werkstückrand liegen, lassen sich mit Gesamtwerkzeugen nicht herstellen.

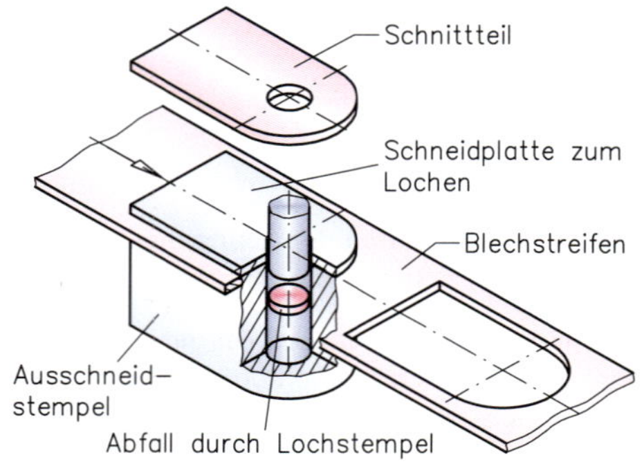

Gesamtschneid-Prinzip

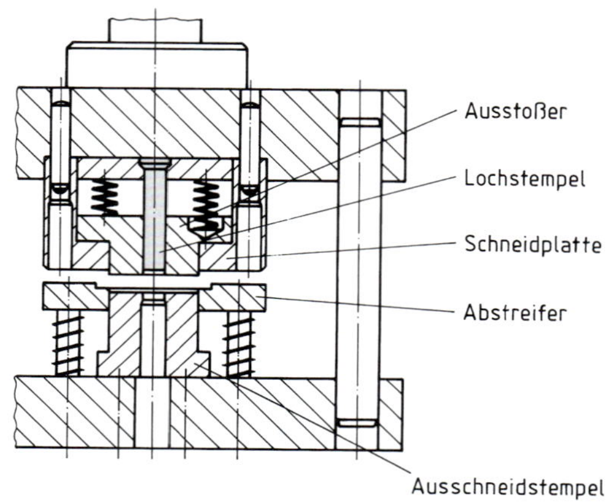

Aufbau eines Gesamtschneidwerkzeuges

Beispiel **für einen Schneidvorgang mit einem Gesamtschneidwerkzeug**

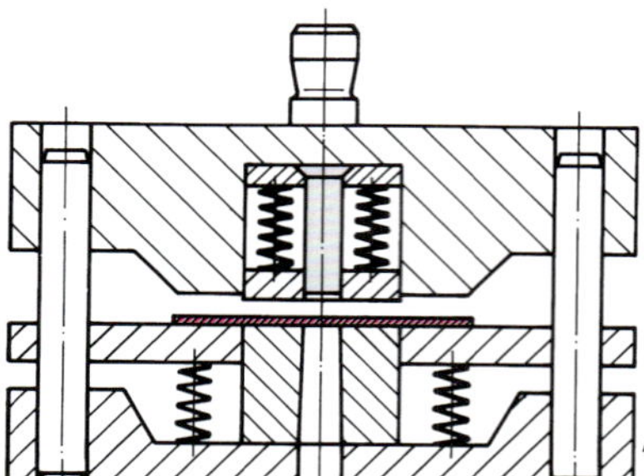

Vor dem Schneidvorgang

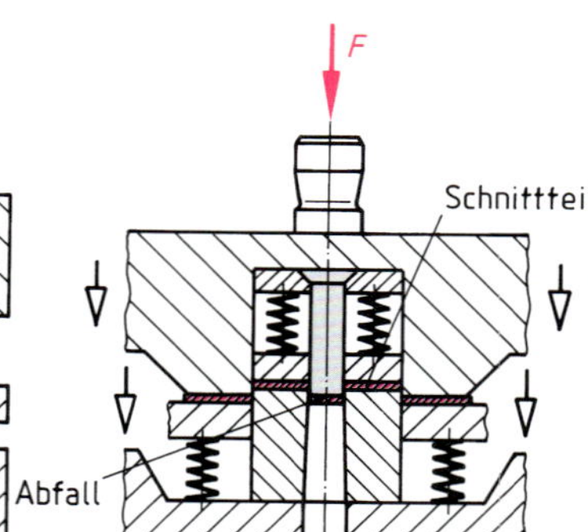

Während des Schneidvorganges

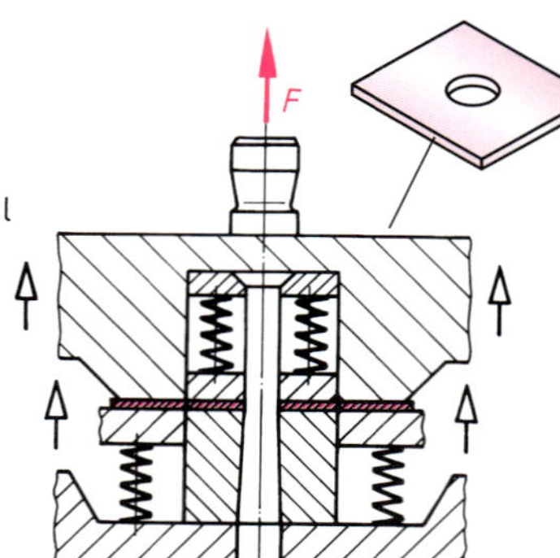

Nach dem Schneidvorgang

In einem Gesamtschneidwerkzeug werden die Werkstücke unter Anwendung verschiedener Schneidverfahren in einem Hub gefertigt.
Mit diesen Werkzeugen lassen sich vollkommen deckungsgleiche Schnittteile herstellen.

2.2.3 Einteilung nach dem Fertigungsverfahren

Bei der Einteilung der Schneidwerkzeuge nach dem Fertigungsverfahren unterscheidet man z. B. zwischen Ausschneidwerkzeugen, Beschneidwerkzeugen, Feinschneidwerkzeugen oder Nachschneidwerkzeugen. Wichtige Verfahren der Stanztechnik sind das Nachschneiden und Feinschneiden.

Nachschneiden	**Feinschneiden**
Für vorgefertigte Schnittteile, die eine glatte und senkrechte Schnittfläche benötigen. Es werden schmale Ränder bereits vorgefertigter Schnittteile nachbearbeitet.	Für Schnittteile die eine glatte und senkrechte Schnittfläche bei hoher Maß- und Formgenauigkeit benötigen. Es können Innen- und Außenformen mit hoher Oberflächengüte hergestellt werden.
Prinzipskizze:	*Prinzipskizze:*
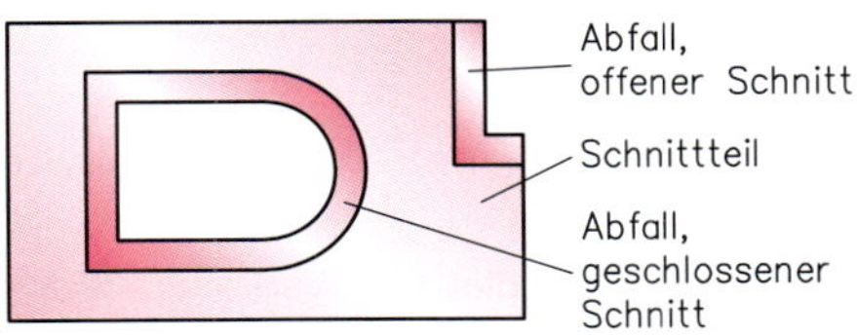	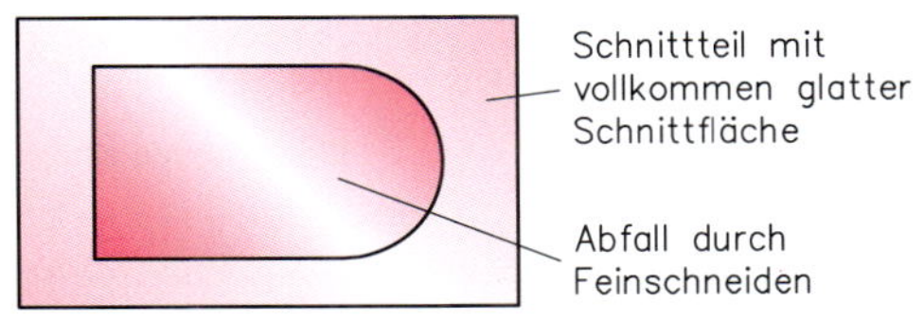

- **Nachschneidwerkzeug**

Mit Nachschneidwerkzeugen werden Schnittteile mit glatten und senkrechten Schnittflächen hergestellt, die sich durch Feinschneiden nicht herstellen lassen.

In Schneidwerkzeugen werden in einem ersten Arbeitsschritt Schnittteile mit Bearbeitungszugaben ausgeschnitten. Im zweiten Arbeitsschritt erfolgt dann z. B. auf Exzenterpressen oder Repassierpressen der eigentliche Nachschneidvorgang. Bei Blechdicken über 3 mm erhöht sich die Anzahl der Nachschnitte.

Die Bearbeitungszugabe je Schnittfläche bei Stahlblechen beträgt für Innenformen ca. 4 % der Blechdicke und für Außenformen ca. 8 % der Blechdicke. Der notwendige Schneidspalt des Nachschneidwerkzeuges beträgt etwa 0,006 mm bis 0,01 mm.

Die Oberflächengüte der nachgeschnittenen Werkstücke kann Mittenrauwerte R_a bis etwa 1 µm annehmen. Je nach Blechdicke liegen die zu erreichenden Toleranzen zwischen ±1 µm und ± 3 µm.

Beispiel für ein Nachschneidwerkzeug

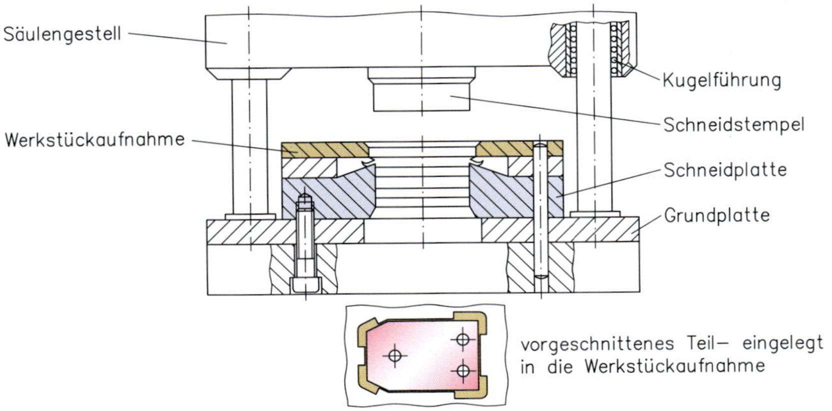

In einem Nachschneidwerkzeug werden vorgeschnittene Werkstücke mit hoher Oberflächengüte und geringen Toleranzen hergestellt.

- **Feinschneidwerkzeug**

Feinschneidwerkzeuge sind Werkzeuge, mit denen in einem Arbeitsgang Schnittteile mit glatten Schnittflächen und hoher Form- und Maßgenauigkeit hergestellt werden.

Dies wird dadurch möglich, dass der Werkstoff vor dem eigentlichen Schneiden festgeklemmt wird. Außerhalb der Schnittkontur wird der Werkstoff durch die Ringzacke der Pressplatte gehalten; innerhalb der Schnittkontur durch den Gegenhalter, der auch gleichzeitig Auswerfer ist.

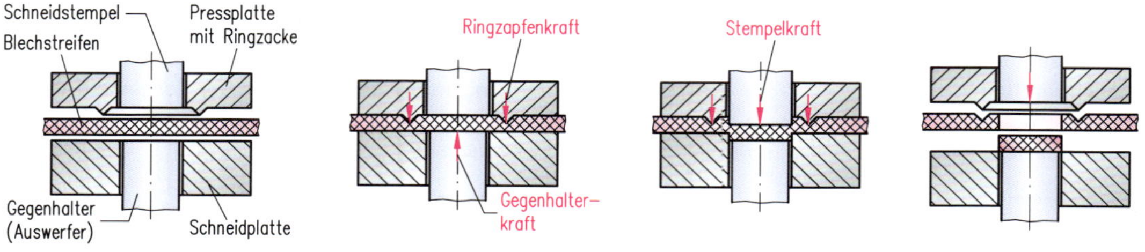

Werkzeug geöffnet **Blechstreifen einspannen** **Feinschneiden** **Schnittteil auswerfen**

In *Feinschneidwerkzeugen mit beweglichem Schneidstempel* ist die Schneidplatte im Werkzeugoberteil befestigt. Die Pressplatte mit der Ringzacke ist im Werkzeugunterteil angebracht. Sie führt den Schneidstempel und legt die Lage von Schneidstempel und Schneidplattendurchbruch fest. Die zum Eindringen der Ringzacke in den Werkstoff benötigte Kraft wird direkt von der Presse über das Gestellunterteil auf die Pressplatte übertragen. Die Gegenhalterkraft für den Innenformgegenhalter wird über Druckbolzen und eine Brücke aufgebracht. Die Druckbolzen und die Brücke schwächen den Stempelkopf, der die Schneidkräfte von der Presse auf den Schneidstempel überträgt. Aus diesem Grund eignet sich das System mit beweglichem Schneidstempel nur für kleine, dünne Feinschnittteile, bei denen nur geringe Schneidkräfte erforderlich sind.

In *Feinschneidwerkzeugen mit festem Schneidstempel* ist die Schneidplatte im Werkzeugunterteil und der Schneidstempel im Werkzeugoberteil befestigt. Die auf den Schneidstempel und die Schneidplatte wirkenden Kräfte werden großflächig auf das Gestellober- bzw. Gestellunterteil übertragen. Aufgrund dieser stabilen Bauweise eignet sich das System mit festem Schneidstempel besonders für große und dicke Feinschnittteile.

Beispiel **für Feinschneidwerkzeuge mit beweglichem und festen Schneidstempel**

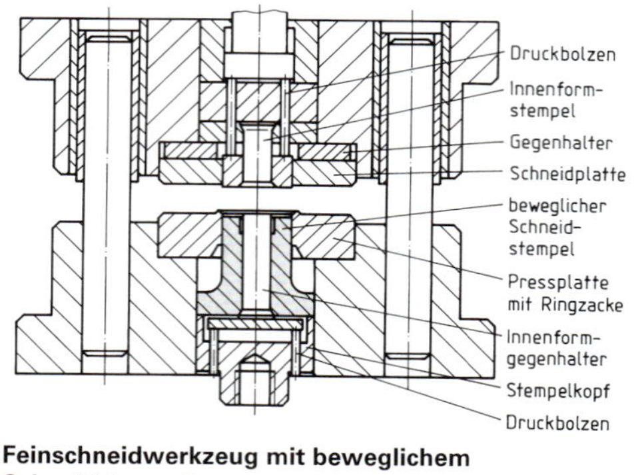

Feinschneidwerkzeug mit beweglichem Schneidstempel

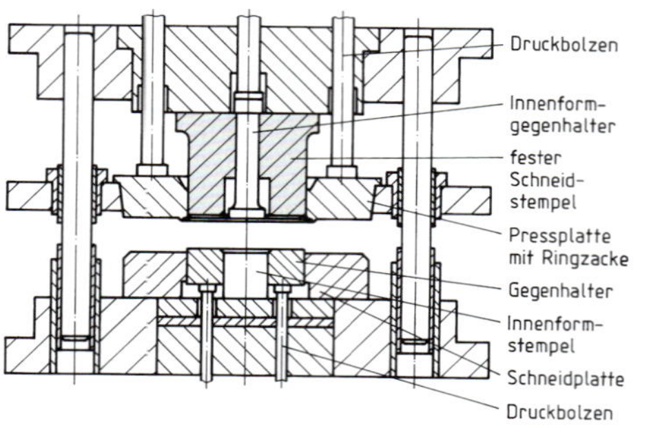

Feinschneidwerkzeug mit festem Schneidstempel

Feinschneidwerkzeuge mit beweglichem Stempel werden für kleine und dünne Schnittteile eingesetzt. Feinschneidwerkzeuge mit festem Stempel eignen sich besonders für große und dicke Schnittteile.

2.3 Gestaltung der Funktionseinheiten an Schneidwerkzeugen

2.3.1 Schneidsystem

Das Schneidsystem ist die Arbeitseinheit des Schneidwerkzeuges. Der Aufbau des Schneidsystems und die Gestaltung seiner Elemente werden wesentlich durch folgende Prozessgrößen bestimmt:

- Schnittlinienlänge bzw. Schnittlinienverlauf,
- Blechdicke der Schnittteile,
- Werkstoff der Schnittteile und
- Güte der Schnittteile.

Darüber hinaus kann z. B. die Forderung nach Begrenzung der Schneidkraft besondere Gestaltungsmaßnahmen erforderlich machen.

Die Elemente erfüllen folgende Aufgaben:

- Die *Schneidplatte und* die *Schneidstempel* führen den Schneidvorgang durch.
- Dünne Schneidstempel werden durch *Docken* verstärkt, um dadurch ein Verbiegen oder Knicken der Schneidstempel zu verhindern.
- Die *Stempelplatte* dient der Lagebestimmung der Stempel zur Schneidplatte.
- Die *Kopfplatte* überträgt die Stößelkraft auf die Schneidstempel bzw. stützt die Schneidstempel gegen die Schneidkraft ab.
- Eine *Druckplatte* wird eingebaut, wenn die zulässige Flächenpressung am Stempelkopf überschritten wird, um ein Eindrücken der Stempel in die Kopfplatte zu verhindern.

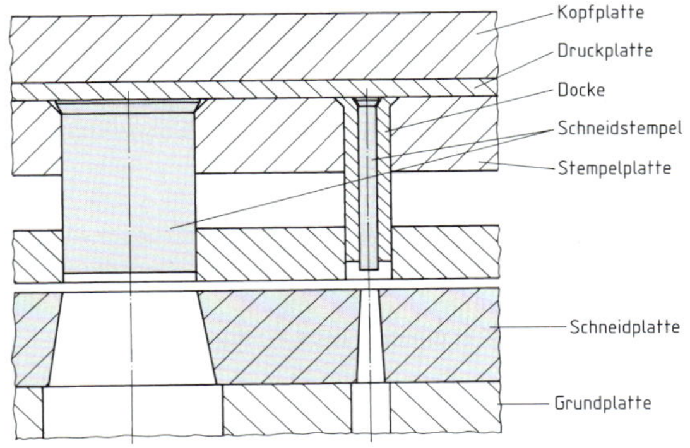

Schneidsystem als Arbeitseinheit des Schneidwerkzeuges

- **Schneidkraft**

Während des Schneidvorganges muss die Scherfestigkeit des Werkstoffes durch eine äußere Kraft überwunden werden. Die größte Kraft, die während des Schneidvorganges auftritt, wird als Schneidkraft bezeichnet. Die Schneidkraft ist eine wichtige Kenngröße für die Auswahl der Presse.

Die Schneidkraft hängt vom *Werkstoff*, von der *Blechdicke und der Schnittlinienlänge*, vom *Schneidspalt*, von der *Güte der Werkzeuge*, von der *Schmierung* und vom *Eingriff* der *Schneiden* ab.

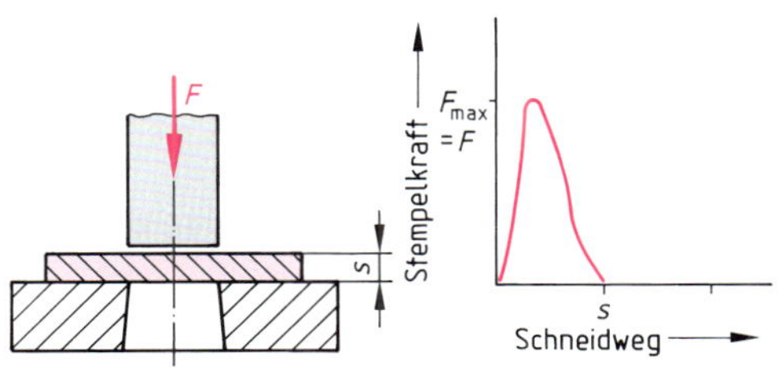

Schneidkraft und Schneidweg

Durch nicht parallel wirkende, sondern sich kreuzende Schneiden wird die Schneidkraft verringert.

Die Schneidkraft überwindet die Scherfestigkeit des Werkstoffes und ist für die Auswahl der Presse entscheidend. Durch geeignete Maßnahmen kann die Schneidkraft verringert werden.

Schneidkraft bei vollkantigem Schnitt

Die wesentlichen Einflussgrößen auf die Schneidkraft sind der Werkstoff, die Werkstückdicke und die Länge der Schnittlinie. Sie erlauben die Berechnung der Schneidkraft.

Die auftretende Reibung, z. B. zwischen Stempel und Führungsplatte sowie Stempel und Schnittstreifen, oder die Abnutzung der Schneidkanten erhöht die Schneidkraft um ca. 20 %. Für die Auswahl der Presse ist dieser Zuschlag zu berücksichtigen.

Bei Planschliff des Stempels und vollkantigem Auftreffen mit scharfen Schneiden beträgt die notwendige Schneidkraft F_S:

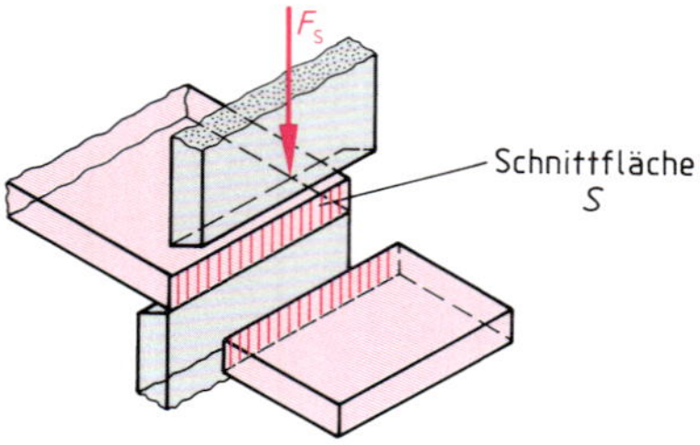

$$F_S = \tau_{aB} \cdot S$$

F_S Schneidkraft in N
τ_{aB} Scherfestigkeit in N/mm²
S Schnittfläche in mm²

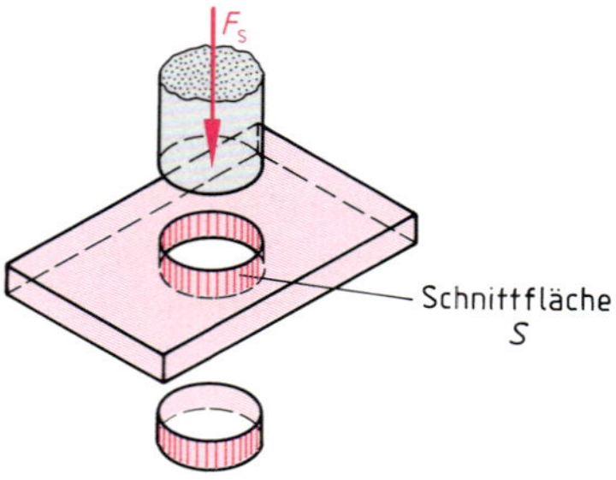

Die Scherfestigkeit τ_{aB} wird mithilfe eines werkstoffabhängigen Faktors aus der Zugfestigkeit R_m errechnet. Für Stahl gilt $\tau_{aB} = 0{,}8 \cdot R_m$.

Beispiel **für die Berechnung der Schneidkraft**

Aufgabe

Für das dargestellte Schnittteil (Lasche) aus S 235 JR ist die erforderliche Schneidkraft zu berechnen.

R_m = 360 N/mm² bis 510 N/mm²

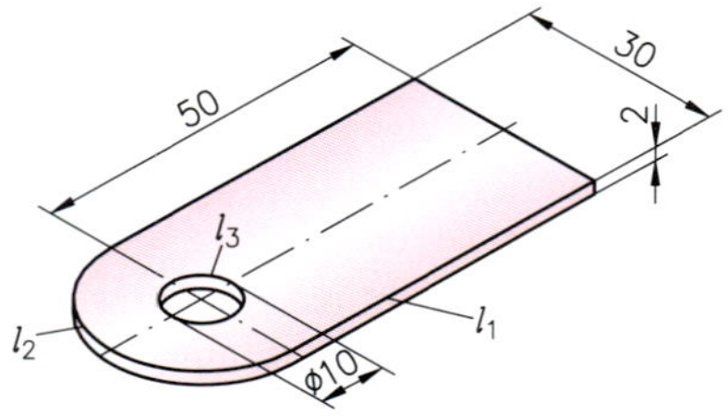

Lösung

Schneidkraft

$F_S = \tau_{aB} \cdot S$

$F_S = 408 \dfrac{\text{N}}{\text{mm}^2} \cdot 416{,}8 \text{ mm}^2$

$F_S = 170054{,}4 \text{ N}$

$F_S = 170 \text{ kN}$

Scherfestigkeit

$\tau_{aB} = 0{,}8 \cdot R_m$

$\tau_{aB} = 0{,}8 \cdot 510 \dfrac{\text{N}}{\text{mm}^2}$

$\tau_{aB} = 408 \dfrac{\text{N}}{\text{mm}^2}$

Schnittfläche

$S = (l_1 + l_2 + l_3) \cdot s$

$l_1 = 2 \cdot 50 \text{ mm} + 30 \text{ mm} = 130 \text{ mm}$

$l_2 = \dfrac{d_2 \cdot \pi}{2} = \dfrac{30 \text{ mm} \cdot \pi}{2} = 47 \text{ mm}$

$l_3 = d_3 \cdot \pi = 10 \text{ mm} \cdot \pi = 31{,}4 \text{ mm}$

$S = (130 + 47 + 31{,}5) \text{ mm} \cdot 2 \text{ mm}$

$S = 416{,}8 \text{ mm}^2$

Die um 20 % erhöhte Schneidkraft beträgt $\mathbf{F_S = 204 \text{ kN}}$.

Schneidkraft bei kreuzendem Schnitt

Durch *Schrägschleifen* der Flächen an den Stempeln oder Schneidplatten treffen die Schneiden nicht mehr vollkantig auf, sondern kreuzen sich während des Schneidvorganges.

Dadurch wird das Schnittteil allmählich entlang der Schnittlinie zerteilt. Die Schrägstellung h wird etwa gleich der Blechdicke s gewählt.

Der *Anschrägwinkel* sollte bei einseitigem Anschliff aber nicht mehr als 5° betragen, da sonst das Schnittteil und die Schneidkanten durch die auftretenden Kräfte beschädigt werden können.

Die Schneidkraft kann durch Schrägschleifen bis zu 30 % gemindert werden.

Die Senkung der Schneidkraft durch Schrägstellung der Flächen an Stempeln oder Schneidplatten hat jedoch einen längeren Schneidweg und eine stärkere Verformung des Abfalls zur Folge.

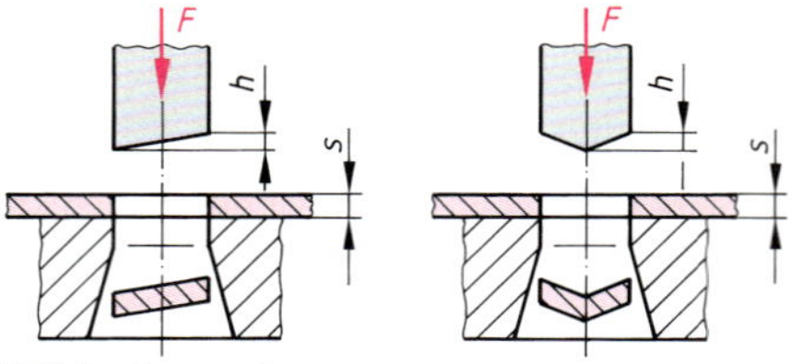

Anschliff der Stempel zur Schneidkraftverringerung beim Lochen

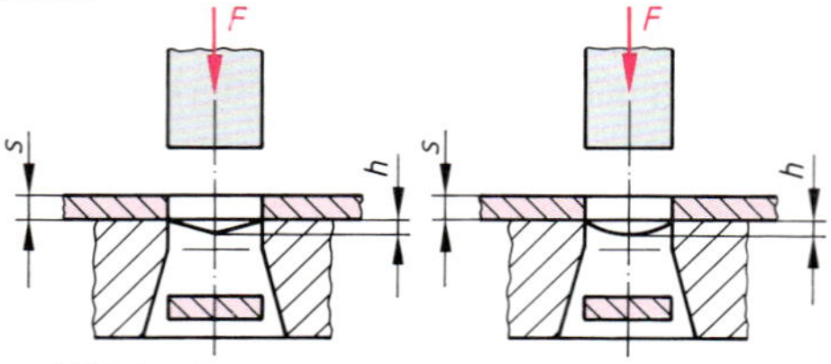

Anschliff der Schneidplatten zur Schneidkraftverringerung bem Ausschneiden

Beispiele für den Einfluss der Schrägstellung von Stempelschneiden auf die Stempelkraft und den Schneidweg

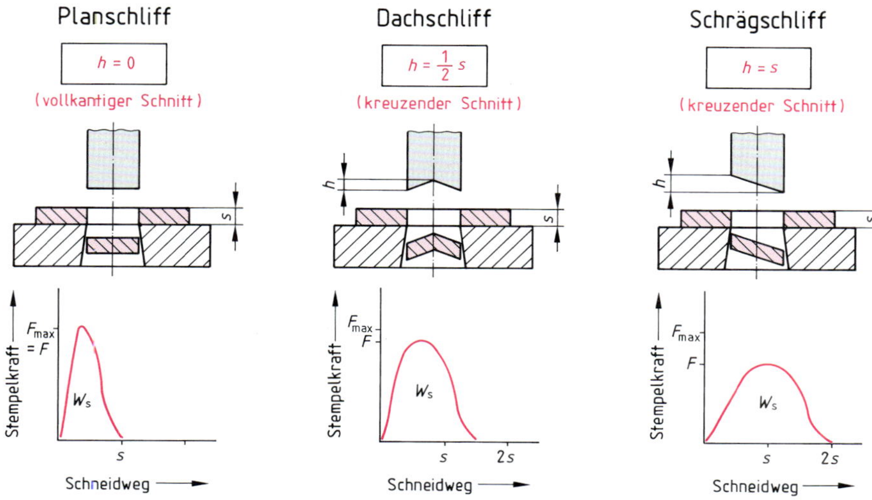

Durch die Schrägstellung der Stempelschneiden wird die Schneidkraft kleiner, der Schneidweg jedoch größer. Die Presse muss zwar eine kleinere Kraft aufbringen, die Schneidarbeit W_s verändert sich jedoch nur unwesentlich. Die Arbeit entspricht der Fläche unter der Kurve in dem jeweiligen Diagramm.

Durch Schrägstellung der Schneiden an Stempeln oder Schneidplatten um einen Betrag, der etwa der Blechdicke entspricht, sinkt die Schneidkraft um etwa 30 %.

- **Schneidspalt**

Zwischen den Schneiden eines Schneidwerkzeuges muss ein Schneidspalt vorhanden sein, damit einerseits die Schneiden nicht aufeinander gleiten und andererseits ein Einreißen des Werkstoffes erfolgen kann.

Ermittlung des Schneidspaltes

Die Größe des Schneidspaltes wird bestimmt durch

- die Blechdicke,
- die Scherfestigkeit des Werkstoffes,
- die Gestaltung des Werkzeuges,
- den Werkstoff des Werkzeuges,
- die geforderte Qualität der Schnittfläche.

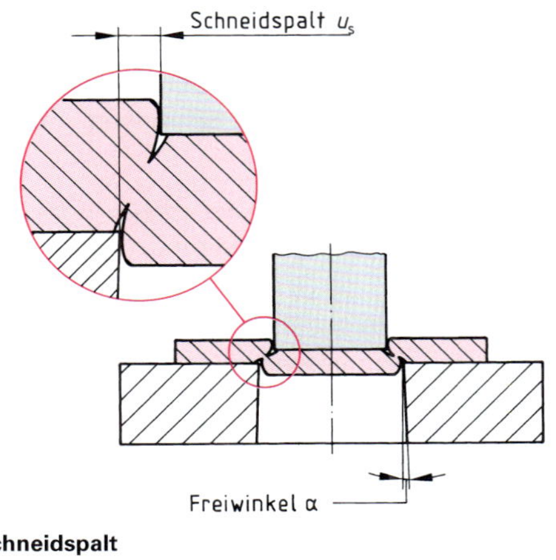

Schneidspalt

Der Schneidspalt kann in Abhängigkeit von Werkstoff und Blechdicke mithilfe von Tabellen bestimmt werden. Für Stahlbleche bis 5 mm liegt die erforderliche Schneidspaltbreite überschlägig zwischen 2 % und 6 % der Blechdicke.
Genauer lässt sich der Schneidspalt mithilfe versuchsmäßig ermittelter Gleichungen (siehe Tabellenbuch) berechnen.

Der Schneidspalt ist der Abstand zwischen der Schneide des Stempels und der entsprechenden Schneide der Schneidplatte.
Seine Größe kann mithilfe von Tabellen oder Gleichungen ermittelt werden.

Auswirkung des Schneidspaltes auf die Güte des Schnittteiles

Nur wenn der Schneidspalt die richtige Größe hat und gleichmäßig zwischen Schneidplattendurchbruch und Stempel liegt, erhält man Schnittteile mit guter Schnittflächenqualität und normalen Grathöhen. Die Schnittfläche lässt sich in eine Schnittzone und in eine Bruchzone unterteilen.

Der Grat entsteht immer auf derjenigen Seite des Schnittteiles, mit der das Schnittteil am Schneideelement anliegt. Beim Lochen hat das Schnittteil also den Grat auf der Schneidplattenseite, beim Ausschneiden auf der Schneidstempelseite.

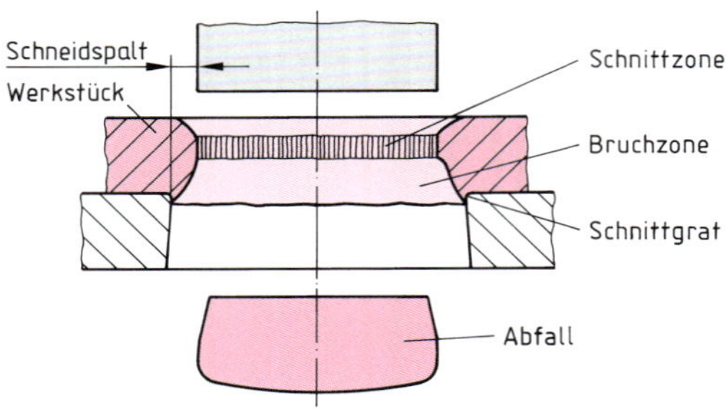

Schnittfläche und Schnittgrat beim Lochen

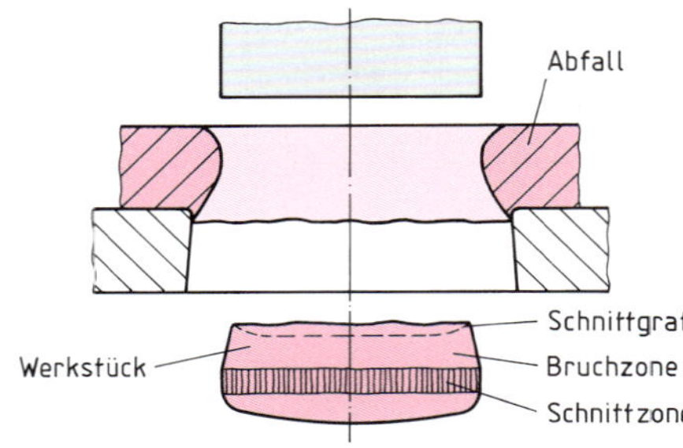

Schnittfläche und Schnittgrat beim Ausschneiden

Die Schnittflächenqualität lässt sich anhand der Schnitt- und Bruchzone sowie des Schnittgrates beurteilen.

- **Schneidplatte**

Die Schneidplatte ist eine 20 mm bis 40 mm dicke gehärtete Stahlplatte mit einem oder mehreren Durchbrüchen. Die Konturen der Durchbrüche werden durch die Kontur des Schnittteiles bestimmt. Zur Befestigung der Schneidplatte auf der Grundplatte sind Bohrungen für Stifte und Schrauben vorzusehen.

Bei der Werkzeugkonstruktion müssen für die Schneidplatte folgende Gestaltungsmaßnahmen festgelegt werden:

- die Form der Durchbrüche,
- die äußeren Abmessungen sowie die Abmessungen der Bohrungen für die Befestigung,
- der Werkstoff.

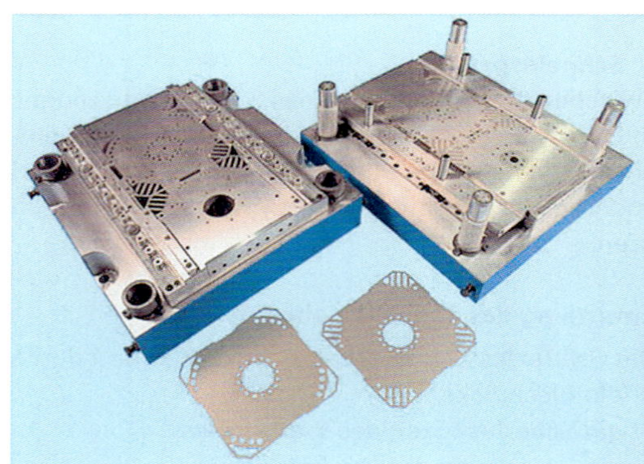

Schneidwerkzeug mit Schneidplatte

Gestaltung der Schneidplattendurchbrüche

Der Werkstoff der Schneidplatte muss für den Schneidvorgang ausreichende Härte und Verschleißfestigkeit besitzen. Darüber hinaus beanspruchen die Schneidkräfte die Platte auf Biegung und Flächenpressung. Der Werkstoff sollte aus diesen Gründen druckbelastbar sein und eine bestimmte Zähigkeit aufweisen.
Die Auswahl des Werkstoffes der Schneidplatte erfolgt aufgrund der Höhe der Beanspruchung und Kontur der Schnittteile. Gängige Werkstoffe sind u. a. unlegierte und legierte Werkzeugstähle, wie z. B. C70U, 90MnV8, 105WCr7, hochlegierte Werkzeugstähle, wie z. B. X210CrW12, und Hartmetallsorten, wie z. B. G20, G30.

Weitere in der Praxis gängige Werkstoffe für Schneidplatten sind dem Tabellenbuch und den Herstellerunterlagen zu entnehmen.

Gestaltung der Schneidplattendurchbrüche

Um Störungen während des Schneidvorganges zu vermeiden, sind die Durchbrüche so zu gestalten, dass die Schnittteile ohne zu verkanten herausfallen können.

Die Form der Durchbrüche ist je nach Blechdicke, Stückzahl, Verfahren und der Genauigkeit der Schnittteile unterschiedlich gestaltet.

Form des Durchbruchs	Freiwinkel α	Anwendung		
		Blechdicke/ Stückzahl	**Genauigkeit des Schnittteils**	**Vorteil/Nachteil**
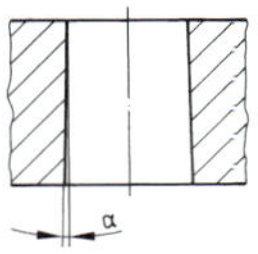	10′ bis 40′	bis 3 mm kleine bis mittlere Stückzahl	große Toleranzen	• Schnittteile fallen leichter durch • Durchbruchvergrößerung beim Nachschliff • Einfache Herstellung
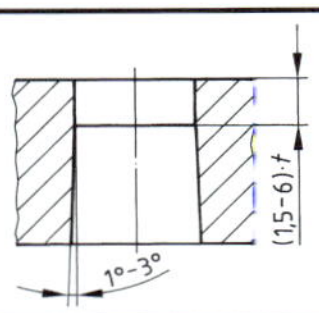	0 °	über 3 mm große Stückzahl	kleine Toleranzen	• Schnittteile fallen leichter durch • Durchbruch bleibt beim Nachschliff gleich • Aufwändige Herstellung
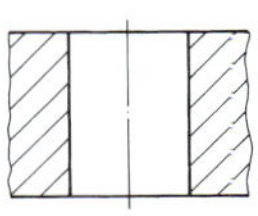	0 °	bis 3 mm, über 3 mm große Stückzahl	hohe Maß- und Formgenauigkeit	• Schnittteile klemmen/ Auswerfer notwendig • Durchbruch bleibt beim Nachschliff gleich • Bessere Führung der Auswerfer

Die **Schneidplattendurchbrüche für dünne Lochstempel** müssen besonders sorgfältig gefertigt werden, da die kleinen, fettigen Abfallbutzen dazu neigen, aneinander zu kleben.

Bei freigebohrten Durchbrüchen besteht dadurch die Gefahr, dass sich die aneinander hängenden Abfallbutzen verkanten und den Durchbruch verstopfen. Damit die Abfallbutzen vom Schneidstempel leicht nach unten geschoben werden können, erhalten die Schneidplatten leicht konische Durchbrüche mit hoher Oberflächengüte.

Die Durchbrüche von Schneidplatten werden heute meist durch Drahterodieren hergestellt. Für einfache Durchbrüche besteht die Möglichkeit, **Schneideinsätze** in die Schneidplatte einzupressen bzw. einzukleben. Dies ermöglicht die schnelle Erneuerung der Schneidplattendurchbrüche durch Auswechseln der Einsätze.

Schneideinsätze mit zylindrischer Außenform werden als Schneidbuchsen bezeichnet. Sie sind als Normalien im Handel erhältlich.

Als Werkstoff werden Werkzeugstähle mit 12 % Chrom-Gehalt sowie Schnellarbeitsstähle eingesetzt. Die Härte dieser Stähle beträgt 60 HRC bis 64 HRC. Damit erreicht man eine gute Verschleißfestigkeit.

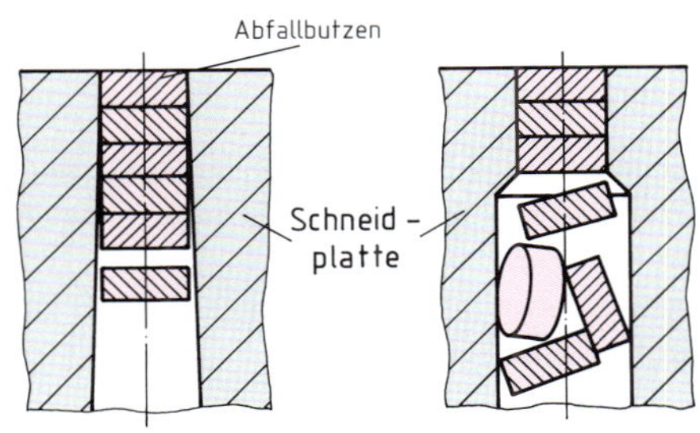

Abfallbutzen richtig geführt

Abfallbutzen verklemmen

Schneidplattendurchbrüche für dünne Lochstempel

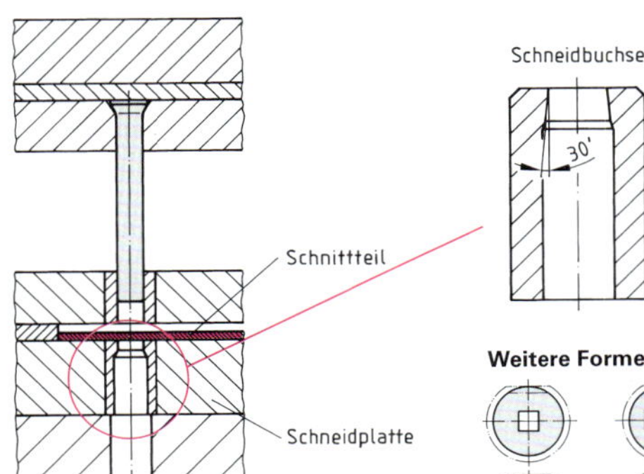

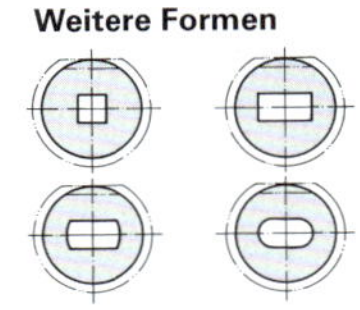

Schneidbuchse in die Schneidplatte eingepresst

Schneidplattenabmessungen

Die Schneidplattenabmessungen sind abhängig von:

- der Schneidkraft,
- der Anzahl der Arbeitsstufen,
- der Streifenbreite und
- dem Vorschub des Streifens bzw. der Teilung.

Formeln zur Berechnung der Schneidplattenabmessungen können dem Tabellenbuch entnommen werden.

Die Schneidplatten werden mit der Grundplatte verschraubt oder verstiftet. Die hierzu erforderlichen Bohrungen für die Zylinderstifte und das Gewinde in der Schneidplatte müssen wegen der Rissgefahr in einem ausreichend großem Abstand von den Durchbrüchen und Plattenseiten vorgenommen werden.

Die Mindestabstände der Bohrungen für die Befestigung der Schneidplatte lassen sich wie folgt berechnen:

$$l_{1\,\text{min}} = d + 2\text{ mm}$$

$$l_{2\,\text{min}} = 3 \cdot d + 2\text{ mm}$$

Darüber hinaus werden die Bohrungen für Zylinderstifte und Gewinde in der Schneidplatte angefast. Die Schneidkantendurchbrüche sind am unteren Ende abzurunden.

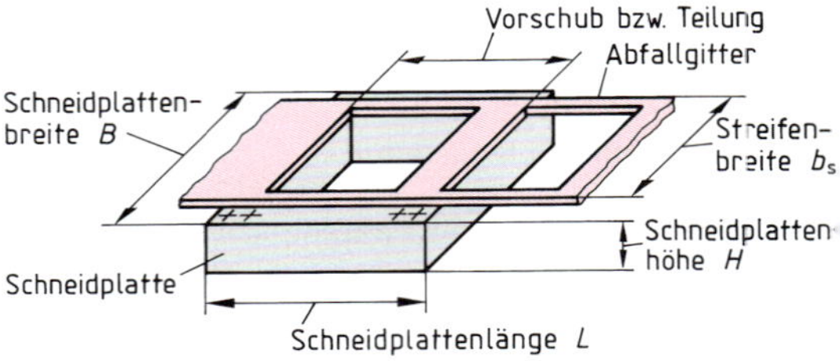

Begriffe an der Schneidplatte und am Schnittstreifen

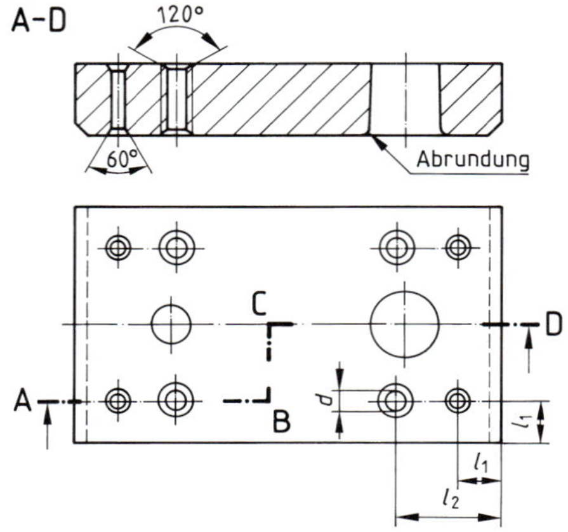

Mindestabstände der Bohrungen zur Befestigung der Schneidplatte

Bei der Werkzeugkonstruktion müssen für die Schneidplatten der Werkstoff, die Form der Durchbrüche, die äußeren Abmessungen und die Abmessungen der Bohrungen für die Befestigungen bestimmt werden.
Schneidplattendurchbrüche werden durch Drahterodieren hergestellt. Genügend große Abstände mindern die Rissgefahr.

- **Schneidstempel**

Der Schneidstempel ist ein säulenförmiges Bauelement, das zum Ausschneiden des Werkstückes eingesetzt wird. Die Kontur im Schneidbereich entspricht der Form des Schnittteils. Die Form und die Größe des Stempelquerschnittes werden durch die Kontur des Schnittteils festgelegt. Profilstempel können durch Schleifen oder Drahterodieren hergestellt oder als Normalien bezogen werden.

Schneidwerkzeuge bestehen aus verschiedenartigen Schneidstempeln, wie z. B. Lochstempel, Ausschneidstempel oder Seitenschneider.

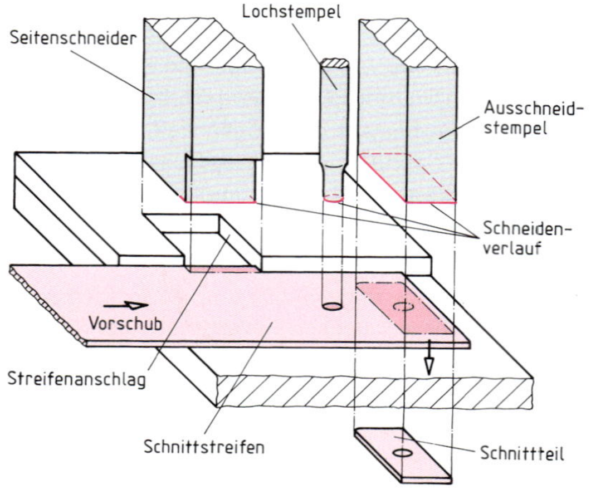

Verschiedenartige Schneidstempel

Lochstempel dienen zur Herstellung von Innenformen am Schnittteil.
Ausschneidstempel werden zur Herstellung von Außenformen aus Blechstreifen oder Blechbändern eingesetzt.
Ausschneidstempel und Lochstempel schneiden allseitig. Sie haben einen geschlossenen Schneidenverlauf.
Mit dem *Seitenschneider* klinkt man auf einer Seite oder auf beiden Seiten des Blechstreifens schmale Ränder aus. Der Seitenschneider wird zur Vorschubbegrenzung eingesetzt und schneidet zweiseitig.

Schneidstempel mit einfachen Formen gibt es als Normalien (siehe auch Seite 440).

Die Schneidstempel werden im Werkzeug von der Stempelplatte gehalten. Je nach Befestigung besitzen sie unterschiedliche Kopfformen. Die Ausführung des Stempelschaftes wird wesentlich von der Führung der Stempel bestimmt.
Durch bestimmte Gestaltungsmaßnahmen an der Stempelstirnseite kann die Beseitigung des Abfallbutzens nach dem Schneiden erleichtert werden.

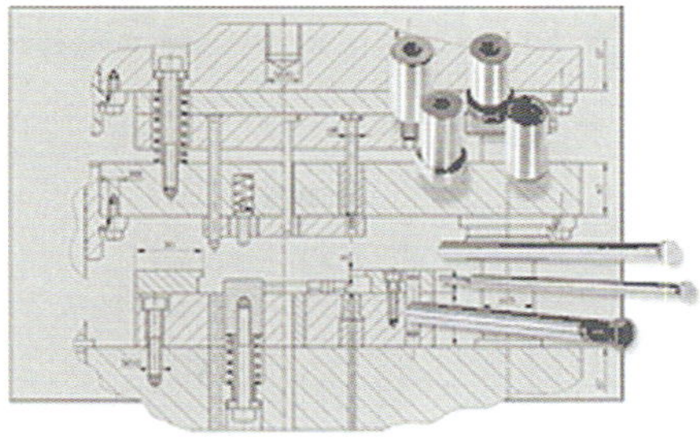

Schneidstempel als Normalien

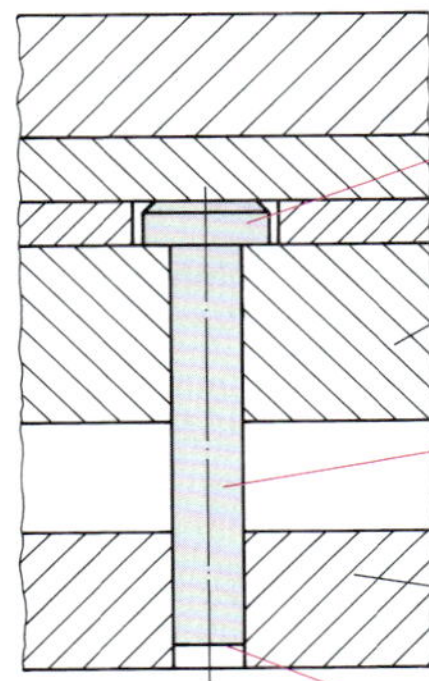

Begriffe am Schneidstempel

Folgende Merkmale müssen bei der Konstruktion der Schneidstempel bzw. bei der Auswahl der Stempel als Normalien beachtet werden:

- Schaftform der Schneidstempel,
- Kopfform der Schneidstempel,
- Werkstoffe für Schneidstempel,
- Schneidform und Stempelabmessungen,
- Gestaltung der Stempelstirnseite.

Grundsätzlich unterscheidet man Schneidstempel mit durchgehendem Schaft und abgesetztem Schaft. Die Auswahl erfolgt je nach Einsatzgebiet. So werden Stempel mit durchgehendem Schaft häufig in Schneidwerkzeugen mit Plattenführungen eingebaut. Abgesetzte Schneidstempel werden z. B. als Lochstempel verwendet, wenn das Verhältnis Stempeldurchmesser zu Blechdicke kleiner oder gleich „1" ist. Bei gleicher Schnittfläche besitzen abgesetzte Stempel eine höhere Festigkeit gegen Knickung.

Schneidstempel mit durchgehendem Schaft		**Schneidstempel mit abgesetztem Schaft**	
 Runder Schneidstempel mit konischem Kopf	 Runder Schneidstempel mit zylindrischem Kopf	 Runder Schneidstempel mit konischem Kopf	 Runder Schneidstempel mit zylindrischem Kopf
Alle Schneidstempel sind in den gängigen Werkstoffen HWS, HSS, pulvermetallurgischer Hochleistungsschnellarbeitsstahl bei Schafthärten zwischen 62 HRC und 64 HRC und Kopfhärten um 50 HRC erhältlich.			

Beispiele **für den Einsatz von Schneidstempeln mit durchgehendem oder abgesetztem Schaft**

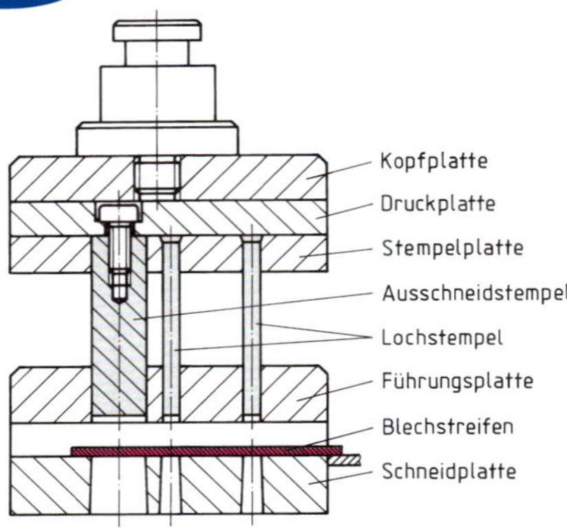

Schneidwerkzeug mit Plattenführung, Schneidstempel mit durchgehendem Schaft

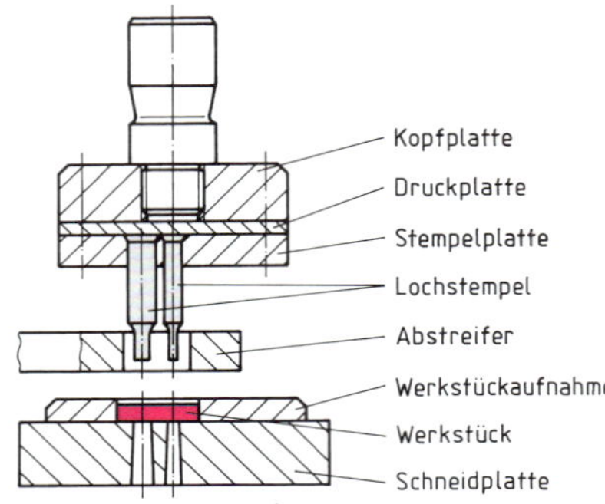

Freischneidwerkzeug, Schneidstempel mit abgesetztem Schaft

Die Schaftform der Schneidstempel richtet sich nach der Art der Stempelführung.
Schneidstempel mit abgesetztem Schaft besitzen eine höhere Festigkeit gegen Knickung.

Dünne Schneidstempel

Dünne Schneidstempel, deren Durchmesser kleiner als die Blechdicke ist, neigen trotz Führung zum Ausknicken. Um dies zu verhindern, setzt man entweder Schneidstempel mit abgesetztem Schaft ein oder führt die dünnen Schneidstempel in Buchsen, den sogenannten Docken oder Aufnahmehülsen.

Fliegende Docke

Fliegende Docke werden zwischen der Stempelplatte und der Führungsplatte über den Stempel geschoben. Sie verstärken den Schneidstempel und dienen beim Einrichtvorgang als Hubbegrenzung.

Durchgehende Docke

Die Führung von Stempeln mit einem Durchmesser unter 2 mm erfolgt durch Docken, die durch die Führungsplatte hindurchgehen. Der Einsatz von Docken, die durch die Führungsplatte hindurchgehen, erfordert beim Einrichten des Werkzeuges eine Hubbegrenzung.

Docke mit Druckstift

Bei sehr kleinen Schneiddurchmessern kann der Stempel in der Docke durch einen dickeren Druckstift verstärkt werden.

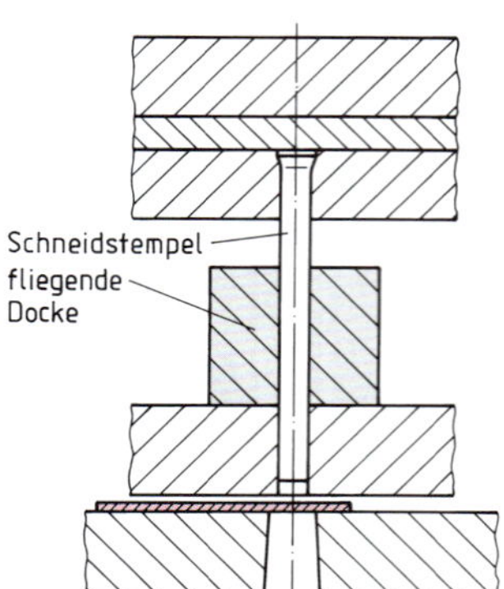

Fliegende Docke

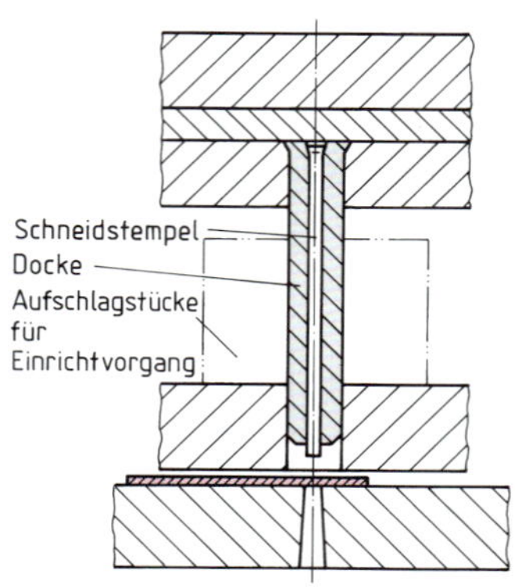

Durchgehende Docke

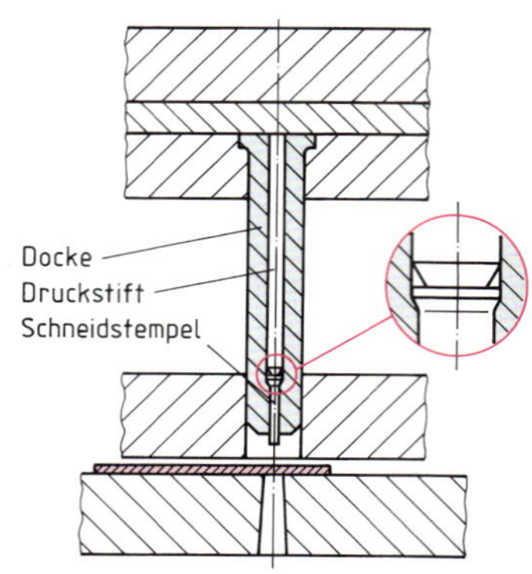

Docke mit Druckstift

Dünne Schneidstempel werden durch einen abgesetzten Schaft oder durch Docken gegen Knickung verstärkt.

Kopfform und Stempelstirnseite

Schneidstempel können je nach Art der Befestigung in der Stempelplatte verschiedene Kopfformen erhalten.
Für die Befestigung in der Stempelplatte muss eine geeignete Kopfform gewählt werden.
Nach dem vorhandenen Platz und nach den wirkenden Schneidkräften bzw. Abstreifkräften setzt man Stempel mit *zylindrischen* und *konischen* Köpfen ein.
Wirken nur geringe Abstreifkräfte auf dem Stempel, reicht es aus, an dem Kopf einen schmalen Rand anzustauchen.
Schneidstempel mit großer Querschnittsfläche können stumpf an die Druckplatte oder Kopfplatte angeschraubt werden.

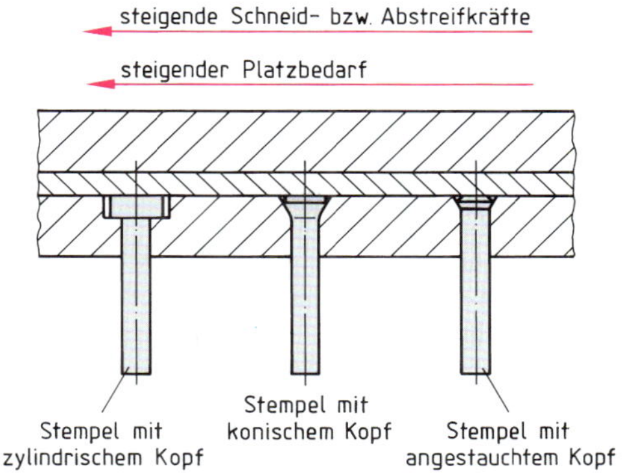

Kopfformen von kleineren Schneidstempeln

Der Schneidstempel kann zur Befestigung an der Kopfplatte oder Druckplatte mit einem Flansch versehen werden. Diese Maßnahme wird notwendig, wenn der Querschnitt des Stempels vergrößert werden muss oder wenn sich aus konstruktiven Gründen die Verschraubung außermittig befindet.
Ein schnelles Auswechseln der Stempel ist mit Schnellwechsel-Schneidstempeln nach DIN ISO 10071 möglich.

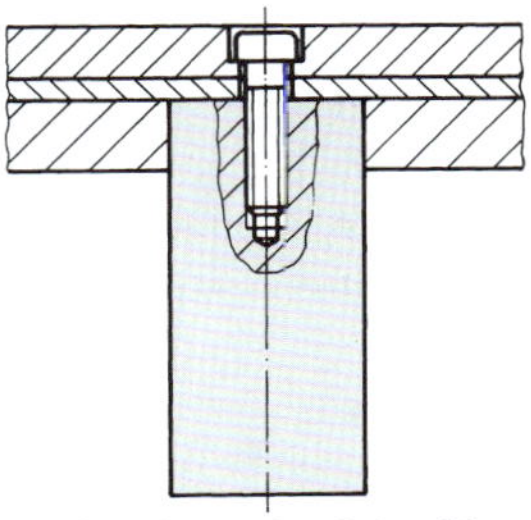

Verschraubung des Schneidstempels

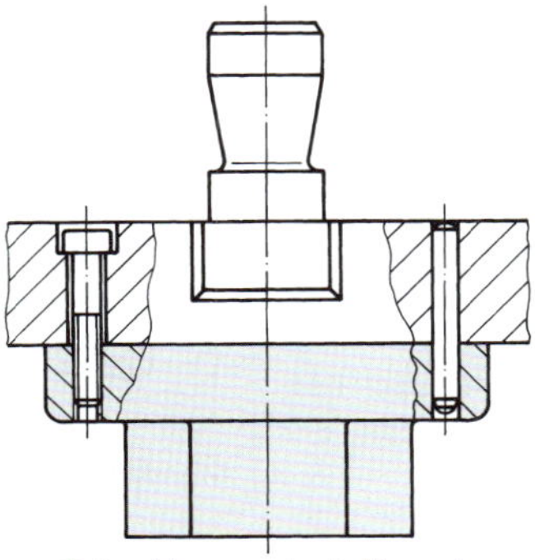

Schneidstempel mit Flansch

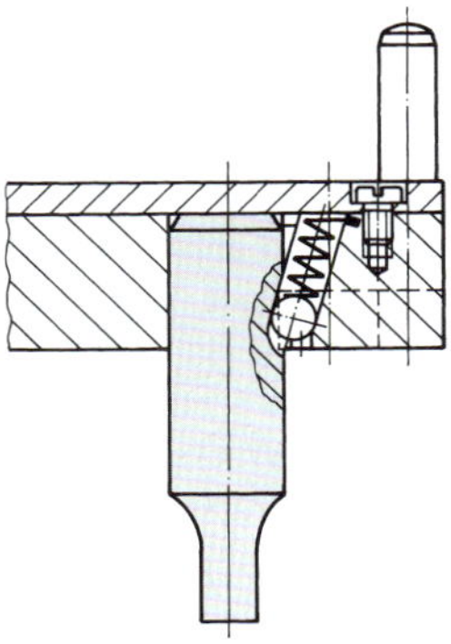

Schnellwechsel-Schneidstempel

Schneidstempel erhalten oft an der Stempelstirnseite einen Planschliff. Bei dieser Gestaltung besteht die Gefahr, dass der Abfallbutzen beim Zurückgehen des Schneidstempels an der Stempelstirnseite „kleben" bleibt und mit hochgerissen wird.
Dadurch kann es zur Beschädigung des Blechstreifens kommen, was bei Folgewerkzeugen zur Behinderung des Streifenvorschubes führt.
Die Ursachen für das Anhaften des Abfallbutzens an der Stempelstirnseite können sein:

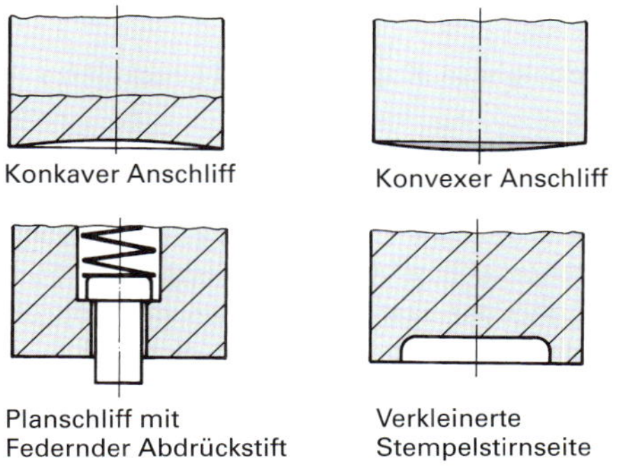

Gestaltung der Stempelstirnseite

- fehlende Reibung im Schneidplattendurchbruch, aufgrund hoher Oberflächengüte,
- starke Gratbildung am Abfallbutzen durch Verschleiß an den Schneidkanten,
- übermäßige Schmierung oder Verwendung eines dickflüssigen Schmiermittels.

> Mit dem Querschnitt des Stempelkopfes steigen auch die Schneid- und Abstreifkräfte. Das Anhaften des Abfallbutzens kann durch spezielle Gestaltung der Stempelstirnseite vermieden werden.

Verschleiß der Schneidstempel

Schneidstempel unterliegen einer hohen mechanischen Belastung. Aufgrund dieser Belastung unterscheidet man drei verschiedene Verschleißarten:

- Stirnflächenverschleiß,
- Kolkverschleiß und
- Mantelflächenverschleiß.

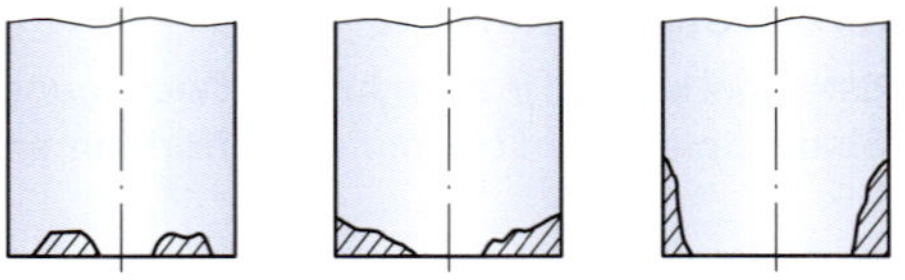

Stirnflächenverschleiß **Kolkverschleiß** **Mantelflächenverschleiß**

Der Stirnflächenverschleiß und Kolkverschleiß treten vorwiegend bei dünnen Blechen ($t < 2$ mm) auf. Der Mantelflächenverschleiß entsteht durch Reibung parallel zur Schneidrichtung beim Eindringen und beim Rückzug des Schneidstempels. Er tritt vorwiegend bei dickeren Blechen ($t > 2$ mm) auf.
Geeignete Gegenmaßnahmen sind z. B. eine geeignete Schmierung, die richtige Werkstoffauswahl und der sachgerechte Einbau der Stempel.

Werkstoffe für Schneidstempel

Der Werkstoff für die Schneidstempel und Schneidplatten sollte gleich sein. In der Praxis gängige Werkstoffe für die Schneidstempel sind dem Tabellenbuch oder Herstellerkatalogen zu entnehmen.
Die Härte des Stempelschaftes ist etwas höher zu wählen als die Härte der Schneidplatte. Schneidstempel mit Stempelkopf, die hohe Rückzugskräfte nach dem Schneidvorgang aufnehmen müssen, erhalten im Stempelkopf eine geringere Härte als im Stempelschaft. Der Stempelkopf wird z. B. warmgestaucht und angelassen. Dadurch erhält er eine höhere Zähigkeit. Bei einem Schnellarbeitsstahl beträgt z. B. die Härte des Stempelkopfes etwa 52 HRC und die des Stempelschaftes 64 HRC. Titannitridbeschichtete Werkstoffe oder pulvermetallurgisch hergestellte Werkstoffe erhöhen die Standzeit der Schneidstempel.

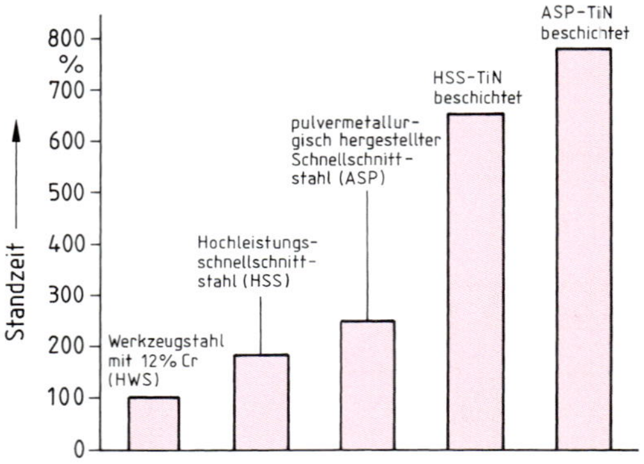

Standzeiten von Schneidwerkstoffen

> Werkstoffe für Schneidstempel und Schneidplatten sollten jeweils gleich sein. Durch die Werkstoffwahl, Wärmebehandlung oder Beschichtung wird die Standzeit erhöht.

• Stempelplatte, Kopfplatte und Druckplatte

Stempelplatte

Die Stempelplatte ist eine 10 mm bis 25 mm dicke Stahlplatte mit einem oder mehreren Durchbrüchen. Die Durchbrüche nehmen die Stempel auf. Für die Befestigung der Stempelplatte an der Kopfplatte sind Bohrungen für Stifte und Schrauben vorgesehen.
Die Stempelplatte hat folgende Aufgaben:

- In der Stempelplatte werden die Schneidstempel lagegerecht zur Schneidplatte gehalten.
- In der Stempelplatte werden die Schneidstempel befestigt.

Aus den Aufgaben für die Stempelplatte ergibt sich, dass die Durchbrüche von Stempel- und Schneidplatte lagegerecht übereinstimmen müssen. Bei der Werkzeugkonstruktion werden die Durchbrüche

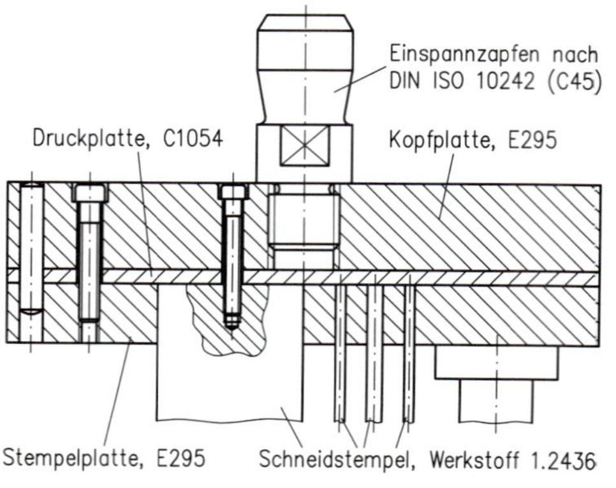

Werkzeugoberteil mit Stempel-, Kopf- und Druckplatte

entsprechend der Schaft- und Kopfform der Schneidstempel gestaltet. Entsprechend der jeweiligen Kopfform des Stempels erhält die Schneidplatte eine konische oder zylindrische Senkung. Größere Stempel können verschraubt werden. Eine weitere Möglichkeit der Befestigung ist das Eingießen der Stempel mit Kunststoffgießharz (Epoxitharz).

Konische Senkung	Zylindrische Senkung	Verschraubung	Eingießen mit Kunststoffgießharz
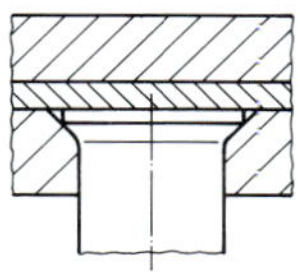	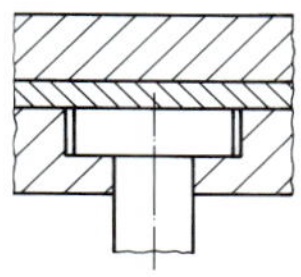	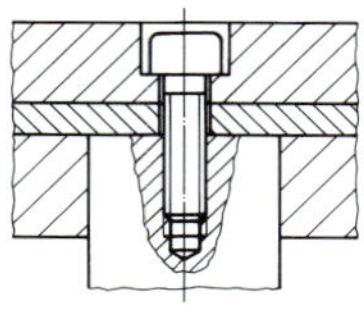	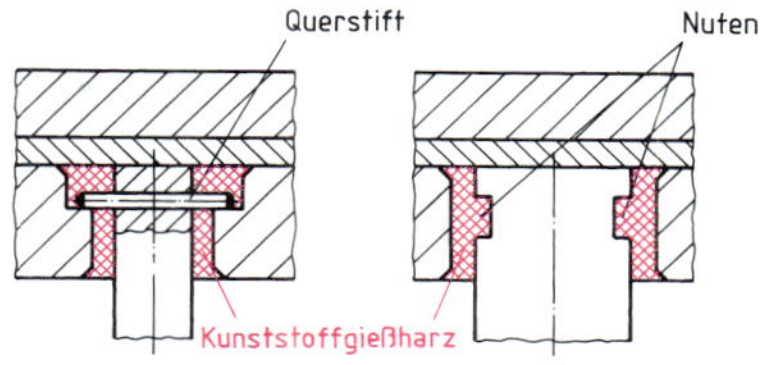

Stempelplattenabmessungen

Die Länge der Stempelplatte ist von der Anzahl der Arbeitsstufen im Werkzeug abhängig. Die Breite der Stempelplatte ist abhängig von:

- der Anordnung der Schneidstempel,
- der Größe des Stempelkopfes und
- der Größe und Anordnung der Schrauben und Stifte zur Stempelplattenbefestigung.

Die Höhe der Stempelplatte wird im Wesentlichen von der Größe und Form des Stempelkopfes bestimmt.

Werkstoffe für Stempelplatten

Die Werkstoffauswahl richtet sich nach der Beanspruchung der Stempelplatte durch die auftretenden Abstreifkräfte und der Zahl der herzustellenden Schnittteile.

Hinweis **zu Abmessungen und Werkstoffen von Stempelplatten**

Abmessungen

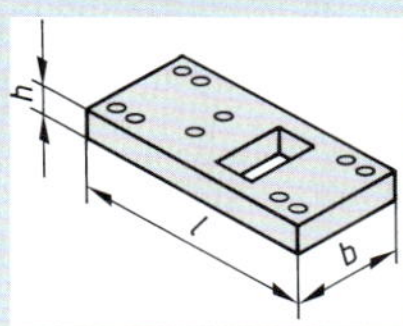

l ≈ Schneidplattenlänge
b > max. Schneidstempelbreite (Befestigungsbohrungen berücksichtigen)
h = 10–25 mm

Werkstoffe

- normale Beanspruchung: E295
- höhere Beanspruchung: C45U

Die Stempelplatte dient der lagegerechten Positionierung und Befestigung der Schneidstempel. Die Stempel können durch Einsenken, Verschrauben oder Vergießen befestigt werden.

Kopfplatte und Druckplatte

Die **Kopfplatte** dient zur Aufnahme des Einspannzapfens. Sie überträgt die Kraft vom Pressenstößel auf die Schneidstempel.

Bei dünnen Lochstempeln und großer Schneidkraft besteht die Gefahr, dass sich die Stempelköpfe in die Kopfplatte eindrücken und dadurch ihren festen Halt verlieren.

Aus diesem Grunde wird ab einer Flächenpressung von 250 N/mm² am Stempelkopf eine **Druckplatte** eingesetzt. Die Druckplatte ist eine gehärtete Stahlplatte, die beidseitig geschliffen ist.

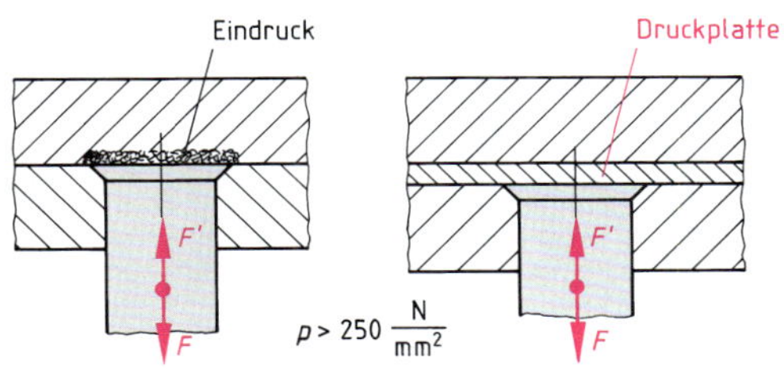

Lochstempel mit großer Schneidkraft

Zur Berechnung der Flächenpressung (p) am Stempelkopf benutzt man folgende Formel:

$$p = \frac{F_S}{A_{St}}$$

F_S Schneidkraft des Stempels in N
p Flächenpressung in N/mm²
A_{St} Stempelkopffläche in mm²

Kopfplatten übertragen die Kräfte vom Pressenstößel auf die Schneidstempel. Gehärtete Druckplatten werden eingesetzt, wenn die zulässige Flächenpressung 250 N/mm² überschreitet.

Die Länge und die Breite der Kopfplatte entspricht den Abmessungen der Stempelplatte. Die Dicke der Kopfplatte ist von der Größe des Einspannzapfens abhängig.
Die Druckplatte hat die gleiche Form, gleiche Länge und Breite wie die Stempelplatte.
Die Dicke der Druckplatte richtet sich nach der Größe des Werkzeuges.

Der Werkstoff für die Kopfplatte stimmt meist mit dem Werkstoff der Stempelplatte überein. Es werden Baustähle und unlegierte Werkzeugstähle eingesetzt. Die Kopfplatten werden aber auch aus *Aluminiumlegierungen* hergestellt. Die Festigkeit der Aluminiumlegierungen sind vergleichbar mit der Festigkeit von Stahl. Der wesentliche Vorteil ist die geringere Masse der Platte. Kopfplatten aus Aluminiumlegierungen setzt man aus diesem Grunde für Werkzeuge auf schnell laufende Pressen ein.
Die Druckplatten werden aus unlegierten oder niedrig legierten Werkzeugstählen hergestellt.
Sie werden meist gehärtet.

Hinweis **zu Abmessungen und Werkstoffen für Kopf- und Druckplatten**

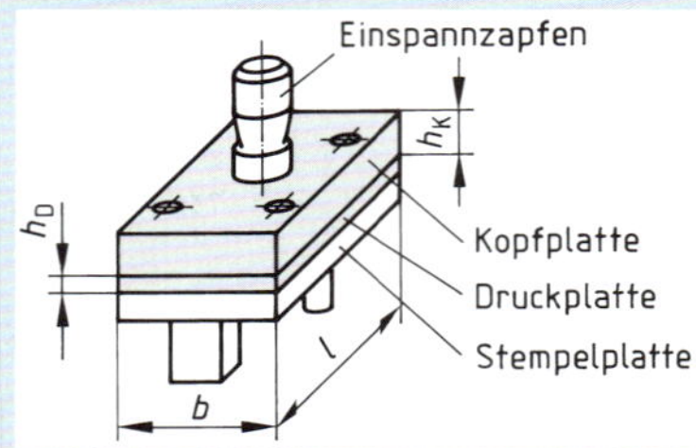

Abmessungen

Kopfplatte	Druckplatte
h_K = 18 ... 28 mm	h_D = 5 ... 8 mm

Werkstoffe

Kopfplatte	Druckplatte	
E295	90MnCrV8	gehärtet auf 45-58 HRC
C45U	C105U	
AlZn5,5MgCu	51CrV4	

- **Werkzeugoberteil**

Das Werkzeugoberteil besteht aus Stempelplatte, Druckplatte und Kopfplatte mit Einspannzapfen. Die Kopfplatte, Druckplatte und Stempelplatte werden miteinander verschraubt und verstiftet.
Bei Werkzeugoberteilen für Schneidwerkzeuge mit Plattenführung kann auf die Stifte verzichtet werden, da die Führung direkt im Werkzeugunterteil erfolgt.
Bei Schneidwerkzeugen mit Säulenführung werden die Schneidstempel indirekt über die Kopf- und Stempelplatte geführt. Damit die Stempelplatte und Kopfplatte sich nicht gegeneinander verschieben, müssen sie verstiftet werden.

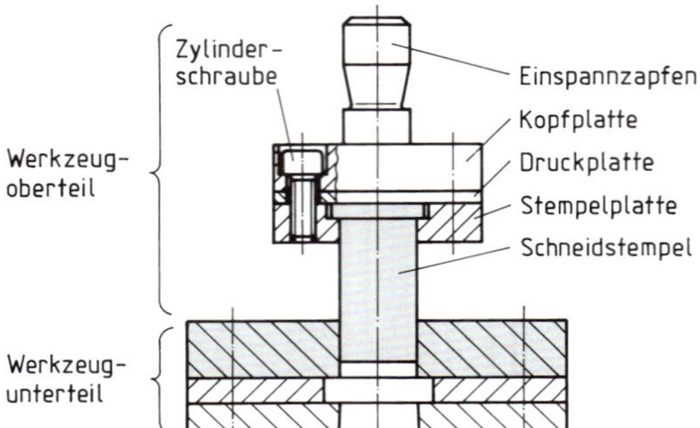

Schneidwerkzeug mit Plattenführung

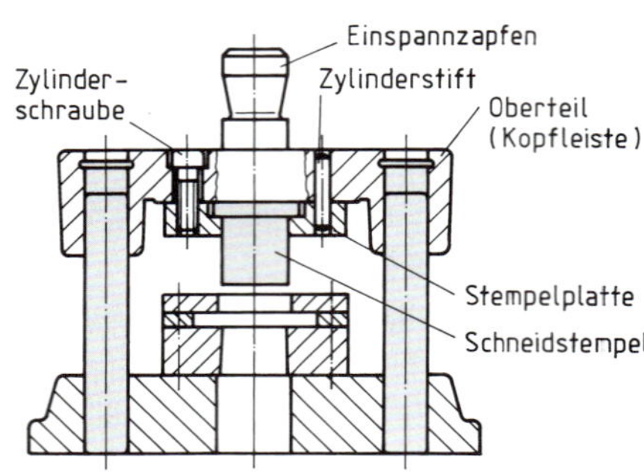

Schneidwerkzeug mit Säulenführung

Die Platten des Werkzeugoberteils von Schneidwerkzeugen mit Säulenführung werden verschraubt und verstiftet. Werkzeugoberteile von Schneidwerkzeugen mit Plattenführung werden nur verschraubt.

2.3.2 System zum Entfernen des Materials

Das System zum Entfernen des Materials hat die Aufgabe, das nach dem Schneiden am Stempel bzw. im Schneidplattendurchbruch anhaftende Material von den Werkzeugteilen zu trennen und aus dem Werkzeug zu entfernen. Hierzu werden folgende Bauelemente bzw. Baugruppen eingesetzt:

• *Abstreifer,* • *Ausstoßer,* • *Auswerfer.*

Zur Abfallsicherung dienen ebenfalls die konstruktiven Maßnahmen an der Stempel-Stirnseite (siehe Seite 540).

Die Bauteile haben folgende Aufgaben:

- Abstreifer entfernen den Schnittstreifen oder das Schnittteil vom Schneidstempel,
- Ausstoßer entfernen das Schnittteil bzw. den Abfall aus der Schneidplatte,
- Auswerfer befördern das Schnittteil aus dem Werkzeug.

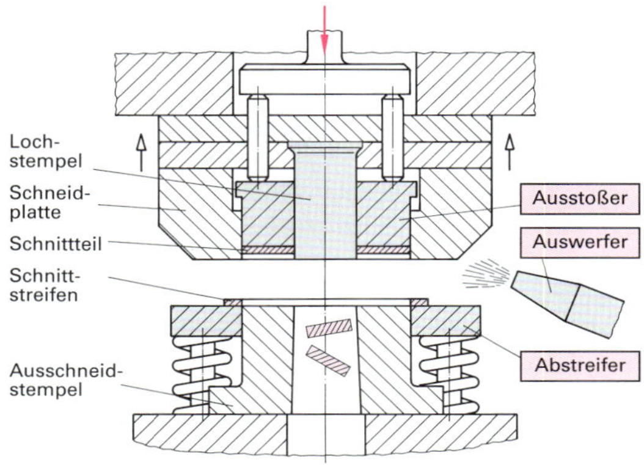

Schneidwerkzeug mit Abstreifer, Ausstoßer und Auswerfer

Die Auswahl des geeigneten Bauteiles zum Entfernen des Materials hängt von der Art des Schneidwerkzeuges ab.

In Einverfahrenschneidwerkzeugen und Folgeschneidwerkzeugen werden Abstreifer und Auswerfer zum Entfernen des Materials eingesetzt. In Gesamtschneidwerkzeugen und Feinschneidwerkzeugen sind Abstreifer und Ausstoßer erforderlich.

• Auswerfer

Neben den mechanischen Auswerfern wird Druckluft als Medium zum Auswerfen der Schnittteile häufig eingesetzt.

Mechanische Auswerfer treiben nach erfolgtem Schnitt und Abstreifen das Schnittteil aus dem Werkzeug. Anwendung finden die Auswerfer im Wesentlichen nur bei kleineren Schneidwerkzeugen zum Lochen. Das mechanische Auswerfen läuft wie folgt ab:

- Der Lochvorgang wird durchgeführt.
- Das Schnittteil wird vom Stempel nach dem Lochvorgang angehoben.
- Der angeschrägte Auswerfer wird zurück geschoben und spannt die Blattfeder.
- Das Schnittteil wird an der Führungsplatte abgestreift.
- Der gespannte Auswerfer treibt das Schnittteil aus dem Werkzeug.

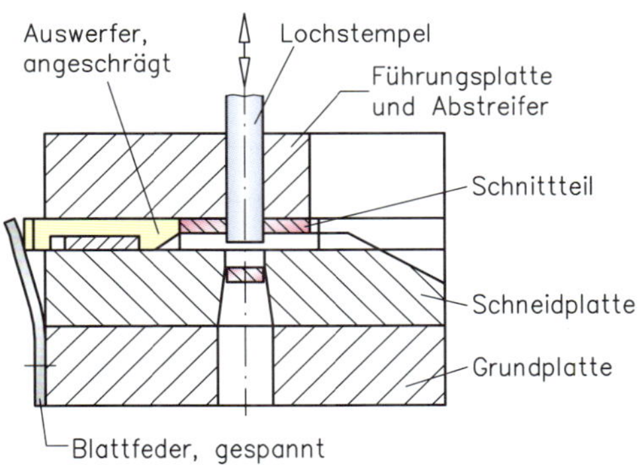

Mechanischer Auswerfer

Das *Auswerfen mit dem Medium Druckluft* erfolgt nach Fertigstellung des Schnittteils. Die Presse hat den oberen Umkehrpunkt erreicht, einen Endschalter betätigt und die Druckluft, z. B. über eine Ausblasdüse, bläst das Schnittteil aus dem Werkzeug.

Über entsprechende Sensoren kann sichergestellt werden, dass die Schnittteile das Werkzeug verlassen haben.

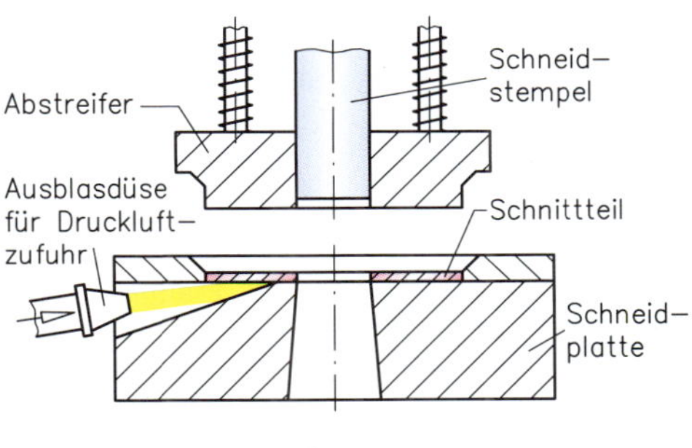

Auswerfen mit Druckluft

- **Abstreifer**

Feste Abstreifer sind mit der Schneidplatte oder mit den Führungssäulen des Werkzeuges fest verbunden. In vielen Fällen wird die Führungsplatte auch als Abstreifer eingesetzt. Feste Abstreifplatten können darüber hinaus die seitliche Streifenführung übernehmen. Sie werden hierzu in der Breite des Schnittstreifens ausgearbeitet. Die Tiefe der Aussparung ist von der Blechdicke abhängig. Feste Abstreifer werden vorwiegend in Freischneidwerkzeugen und Schneidwerkzeugen mit Plattenführung eingebaut.
Federnde Abstreifer sind beweglich. Sie werden durch den Schneidstempel oder durch Führungssäulen geführt. Die Federn werden zwischen dem Abstreifelement und dem Werkzeugoberteil eingebaut. Federnde Abstreifer wirken *zusätzlich als Niederhalter.* Sie drücken den Schnittstreifen während des Schneidens gegen die Schneidplatte und verhindern so eine Verschiebung und Verformung des Schnittstreifens. Das ist besonders bei dünnen Blechstreifen erforderlich.
Federnde Abstreifer werden vorwiegend in säulengeführten Folgeschneidwerkzeugen und Gesamtschneidwerkzeugen eingesetzt.

Beispiele für feste und federnde Abstreifer

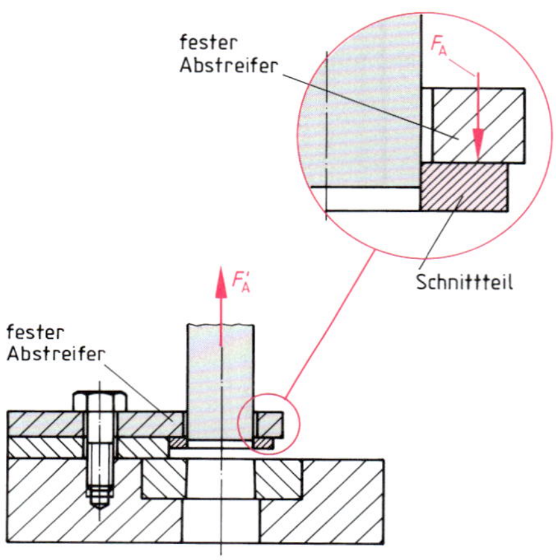

Schneidwerkzeug mit festem Abstreifer

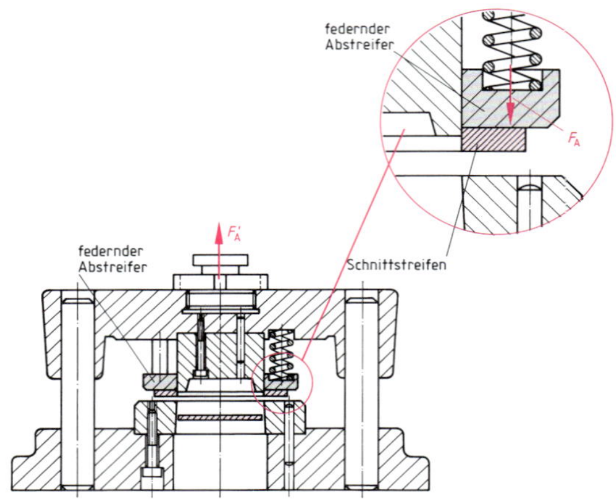

Schneidewerkzeug mit federndem Abstreifer

Abstreifer entfernen nach dem Lochen das Schnittteil oder nach dem Ausschneiden den Schnittstreifen vom Schneidstempel. Hierzu werden je nach Aufbau des Werkzeuges und der Blechdicke des Schnittteiles feste oder federnde Abetreifer eingesetzt.

Abstreifkraft

Nach dem Schneiden drückt der abgetrennte Werkstoff des Schnittstreifens auf die Freifläche des Schneidstempels. Während des Stempelrückzuges muss der anhaftende Werkstoff von der Freifläche des Schneidstempels abgestreift werden. Die Größe der hierzu notwendigen Abstreifkraft ist von folgenden Faktoren abhängig:

- vom Schneidverfahren,
- von der Form und *Größe* des Stempelquerschnitts,
- von der *Oberflächengüte* der Freifläche des Schneidstempels,
- von der *Blechdicke* und vom *Werkstoff* des Schnittteiles,
- von der *Schmierung.*

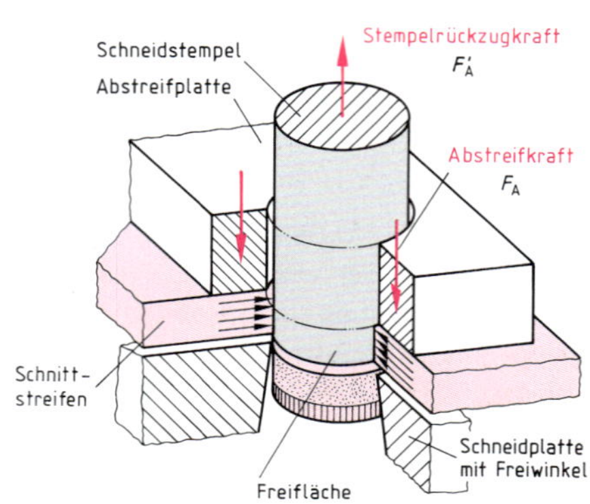

Die verschiedenen Faktoren lassen sich quantitativ nicht eindeutig erfassen. Die Größe der Abstreifkraft F_A wird üblicherweise in Prozent der Schneidkraft „F" angegeben. Aus Versuchen wurden folgende Richtwerte für die Abstreifkraft F_A ermittelt:

Ausschneiden: F_A etwa 10 % bis 20 % von F

Lochen: F_A etwa 15 % bis 30 % von F

Allgemein kann man sagen, dass die Abstreifkraft größer ist
- bei kleinen, nicht runden Stempelquerschnitten und kleinen Schneidspalten,
- bei größeren Blechdicken und zähelastischen Werkstoffen der Schnittteile.

Anderseits trägt eine gute Schmierung zur Verringerung der Abstreifkraft bei.

- **Ausstoßer**

Ausstoßer entfernen nach dem Ausschneiden das Schnittteil oder nach dem Lochen den Abfall aus der Schneidplatte. Je nach Größe der Schnittteile und der Blechdicke werden federnde Ausstoßer oder zwangsweise Ausstoßer eingesetzt.

Federnde Ausstoßer

Federnde Ausstoßer drücken bei beginnendem Stößelrückhub das Schnittteil sofort wieder in den Schnittstreifen zurück. Die Schnittteile werden mit dem Schnittstreifen aus dem Werkzeug gezogen. Sie lassen sich dann durch Krümmen des Schnittstreifens leicht entfernen. Federnde Ausstoßer besitzen folgende Vorteile:

- dünne Blechstreifen werden während des Schneidens plangedrückt,
- der erforderliche Stößelhub ist kurz.

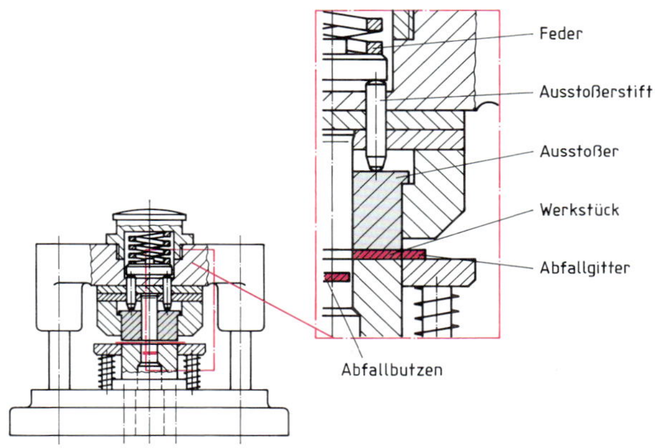

Schneidwerkzeug mit federndem Ausstoßer

Zwangsweise Ausstoßer

Bei zwangsweisen Ausstoßern besteht die Möglichkeit, das Schnittteil und den Abfall getrennt zu entfernen. Die Schnittteile bleiben zu Beginn des Stößelrückganges zunächst in der Schneidplatte. Erst kurz vor Beendigung des Rückhubes erfolgt das Ausstoßen über die an der Pressenführung sitzenden verstellbaren Ausstoßanschläge. Die ausgestoßenen Schnittteile werden dann während des Fallens, z. B. mit Druckluft, aus dem Werkzeug geblasen.

Damit die Schnittteile aus dem Werkzeug auf diese Weise entfernt werden können, ist ein großer Stößelhub erforderlich.

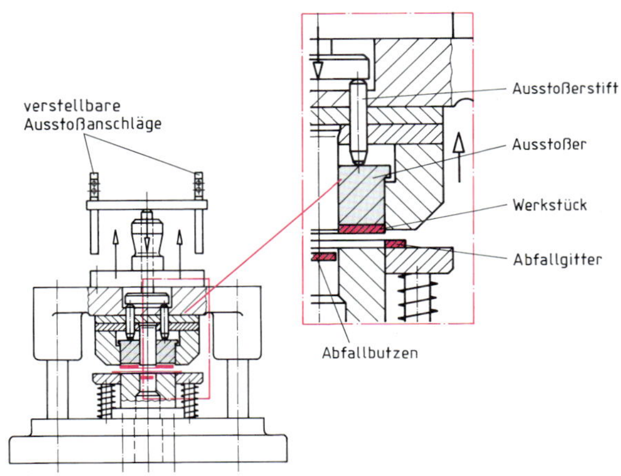

Schneidwerkzeug mit zwangsweisem Ausstoßer

Bei Systemen zum Entfernen des Materials, der Schnittteile und des Abfalls unterscheidet man zwischen Auswerfern, Abstreifern und Ausstoßern.

2.3.3 Federelemente im Werkzeugbau

In Stanz- und Umformwerkzeugen werden Federn eingebaut. Sie dienen u. a. dazu Niederhalter abzufedern, Ausstoßer und Abhebestifte zu betätigen und Werkstücke auszuwerfen.
Zu diesen Aufgaben werden Schraubendruckfedern, Tellerfedern, Elastomerfedern und Gasdruckfedern eingesetzt.

- **Grundlagen**

Federn haben die Eigenschaft, sich unter Einwirkung einer äußeren Kraft elastisch zu verformen und nach Abnehmen der Last durch Rückfedern wieder in ihre Ausgangsform zurückzukehren.
Eine wichtige Kenngröße einer Feder ist der Zusammenhang zwischen Belastung und Längenänderung einer Feder. Dieser Zusammenhang wird in der Federkennlinie dargestellt. Je steiler diese Kennlinie ist, desto härter ist eine Feder.

Beispiel **für die Aufnahme der Federkennlinie von zwei Schraubenfedern (Schema)**

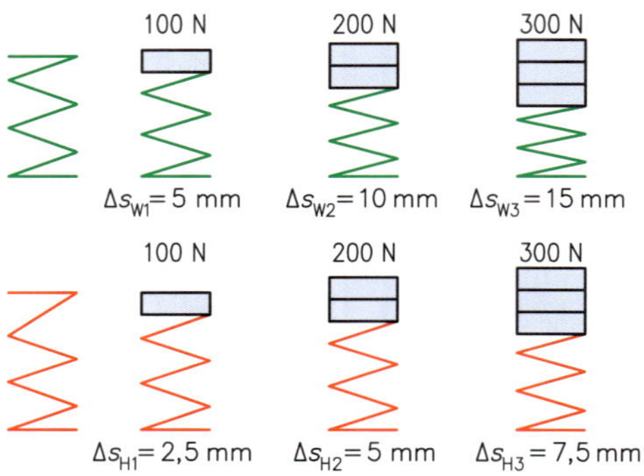

F N	Δs mm
0	0
100	5
200	10
300	15

F N	Δs mm
0	0
100	2,5
200	5
300	7,5

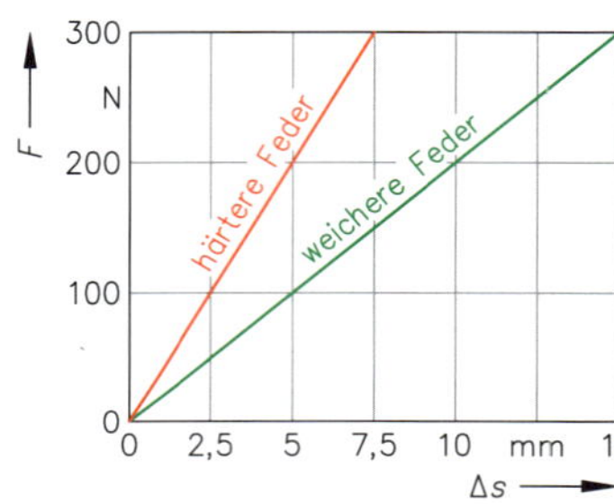

Wenn die Kennlinie eine Gerade ist, spricht man von einer linearen Kennlinie. Man bezeichnet bei einer solchen Kennlinie das Verhältnis von Kraft zu Längenänderung als die Federrate oder die Federkonstante einer Feder.

$$R = \frac{F}{\Delta s}$$

R = Federrate in N/mm
F = Belastung der Feder in N
Δs = Längenänderung der Feder in mm

Je nach Bauart weisen Federelemente unterschiedliche Kennlinien auf. Man bezeichnet Kennlinien von Federn, die mit steigender Belastung immer geringere Verformung zeigen, als progressive Kennlinen, die Kennlinen von Federn, die mit steigender Belastung größere Verformungen aufweisen, als degressiv.

Beispiele **für unterschiedliche Kennlinien von Federelementen**

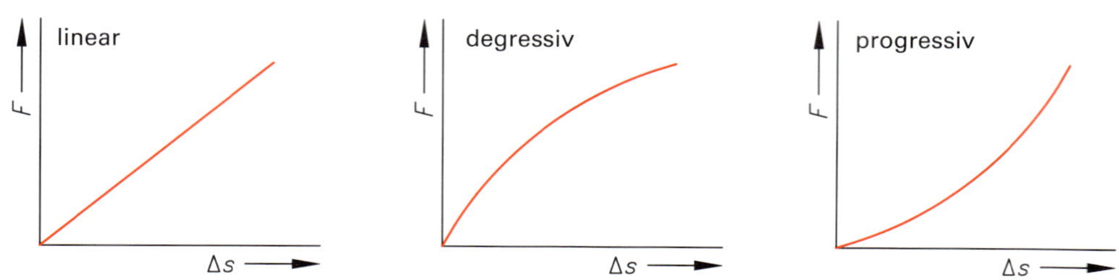

Nach der Form der Kennlinien unterscheidet man Federelemente mit linearer, mit dregressiver und mit progressiver Kennlinie.

- **Zylindrische Schraubendruckfedern**

Zylindrische Schraubendruckfedern werden bei großen Federwegen und hohen Hubzahlen in Stanzwerkzeugen eingesetzt. Sie sind wenig anfällig gegen Dauerbruch, erwärmen sich bei der Verformung nur wenig und weisen in weiten Bereichen einen linearen Verlauf der Kennlinie auf.

Die Federn werden sowohl aus runden als auch aus rechteckigen Drähten hergestellt. Federn mit rechteckigem Querschnitt des Federdrahtes verhalten sich günstiger bei völligem Zusammendrücken der Feder. Federn mit rundem Querschnitt des Federdrahtes haben höhere Lebensdauer. Zylindrische Schraubendruckfedern für den Werkzeugbau werden als Normalien mit plan aufliegenden und flach geschliffenen Enden geliefert.

Zur Unterscheidung werden sie farblich entsprechend ihrer zulässigen Beanspruchung gekennzeichnet:

- **grün** für leichte Beanspruchung
- **blau** für mittlere Beanspruchung
- **rot** für starke Beanspruchung
- **gelb** für sehr starke Beanspruchung

Zylindrische Schraubendruckfedern

Schraubendruckfedern müssen geführt werden. Bei Führungen in Bohrungen ist zu beachten, dass die Federn bei Belastung ihren Außendurchmesser vergrößern und bei zu kleinem Bohrungsdurchmesser an der Wand reiben. Besser ist eine Innenführung der Feder über einen Bolzen und ein Distanzrohr. Als Normalien werden neben Federn auch komplett montierte Federeinheiten geliefert. Sie bestehen neben der Feder aus Schraube, Distanzrohr und Scheiben.

Schraubendruckfedern werden immer vorgespannt eingebaut.

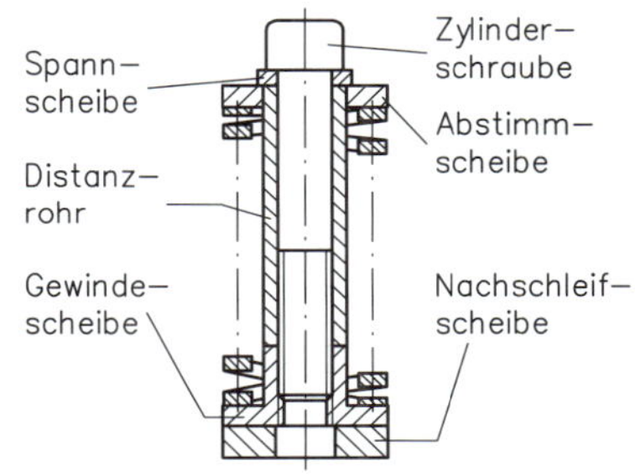

Federeinheit

Zylindrische Schraubendruckfedern haben eine lineare Kennlinie. Sie werden bei großen Federwegen und hohen Hubzahlen in Stanzwerkzeugen eingesetzt.

- **Tellerfedern**

Tellerfedern sind Ringscheiben in Form eines flachen Kegelmantels. Sie werden dort eingesetzt, wo hohe Federkräfte bei kleinem Hub und geringer Einbauhöhe aufgebracht werden müssen. Das einzelne Federelement hat nur einen geringen Federweg und eine begrenzte Federkraft. Durch Zusammenstellen gleich großer Federelemente zu Federsäulen kann der Hubweg vergrößert werden. Durch Federpakete kann die Federkraft erhöht und den geforderten Bedingungen angepasst werden.

Beispiele **für die Veränderung von Federweg und Federkraft von Tellerfedern**

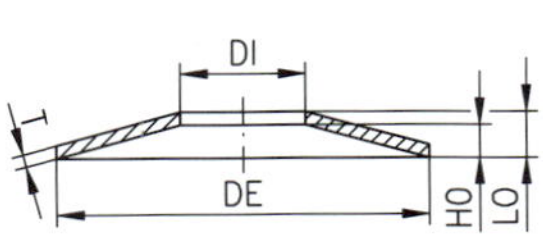

Tellerfeder

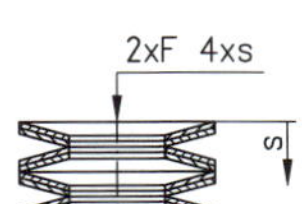

Federsäule mit 2-facher Federkraft, 4-fachem Federweg

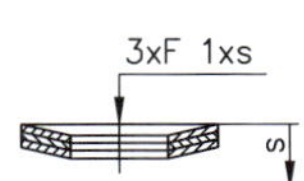

Federpaket mit 3-facher Federkraft

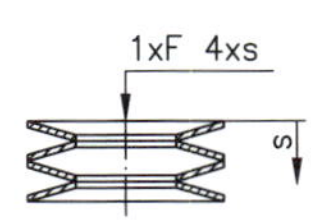

Federsäule mit 4-fachem Federweg

Tellerfedern reiben sich beim Abfedern aneinander. Dadurch verringert sich die Federkraft und die Federn erwärmen sich. Aus diesem Grund werden Tellerfedern in Stanzwerkzeugen nur bis zu einer Hubzahl von etwa 100 Hübe je Minute eingesetzt. Tellerfedersäulen werden auch vormontiert als Normalien geliefert.

Die Kennlinien von Tellerfedern sind annähernd linear. Infolge der Reibung weicht die beim Belasten aufgenommene Kennlinie von der Kennlinie ab, die sich beim Entlasten ergibt.

Tellerfedern werden dort eingesetzt, wo hohe Federkräfte bei kleinem Hub und geringer Einbauhöhe verlangt werden. Durch entsprechende Schichtung von Tellerfedern können Federkraft und Federweg den Erfordernissen angepasst werden.

- **Elastomerfedern**

Federn aus Elastomeren, z. B. Polyurethanen, sowie Federn aus Gummi werden eingesetzt, wenn hohe Federkräfte bei großen Federwegen gefordert werden. Wegen der hohen inneren Reibung bei der Verformung erwärmen sich die Elastomerfedern. Darum sind sie nur für geringe Hubzahlen geeignet. Da das Volumen der elastischen Massen bei Belastung unverändert bleibt, vergrößern Elastomerfedern bei Belastung stark ihren Außendurchmesser. Aus diesem Grunde sind ein entsprechendes Volumen beim Einbau und möglichst Innenführung der Feder vorzusehen.
Elastomerfedern weisen progressive Kennlinien auf.

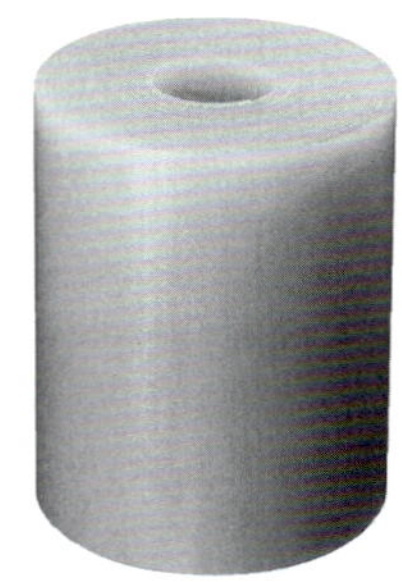

Elastomerfederelement

Beispiele **für die Kennlinien einer Elastomerfeder**

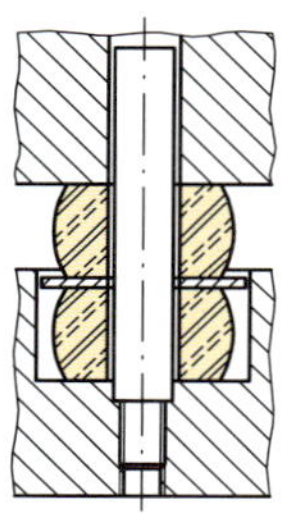

Zweifachschichtung

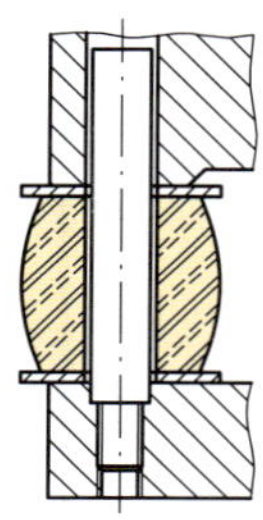

Einfachschichtung

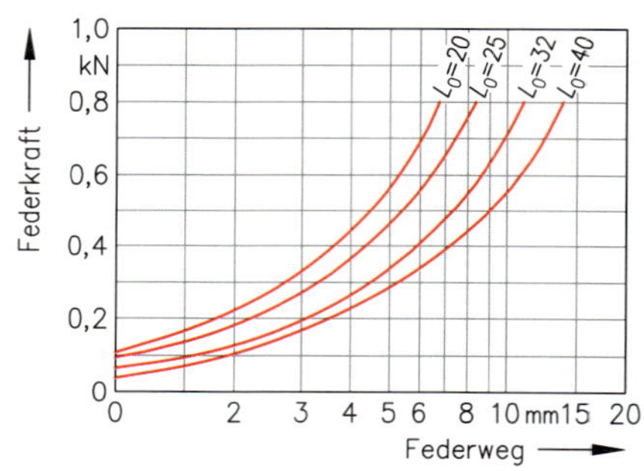

Elastomerfedern werden eingesetzt, wenn hohe Federkräfte bei großen Federwegen gefordert werden.

- **Gasdruckfedern**

Gasdruckfedern sind mit Stickstoff gefüllte Zylinder mit Kolben, die als fertig montierte Einheiten geliefert werden. Sie sind geeignet, große Kräfte auf kleinstem Raum aufzunehmen. Sie sind einfach zu montieren, da sie durch den Innendruck bereits vorgespannt sind. Der Fülldruck der Gasdruckfedern liegt je nach Anwendung zwischen 70 bis über 200 bar. Wegen des hohen Druckes sind Arbeiten an Gasdruckfedern, z. B. das Ändern des Fülldrucks oder die Zusammenschaltung mehrerer Federn zu einem System, nur durch entsprechend geschultes Personal zulässig.
Eine Gasdruckfeder besteht aus einem Zylinderrohr. In diesem befindet sich ein Kolben in Form einer Stange. Er trägt am Ende ein Kolbenführungsband, das aber zur Zylinderwand nicht abdichtet. Die Kolbenstange liegt dabei in einer Führung und ist nach außen abgedichtet. Im Zylinder entsteht durch das Einschieben der Kolbenstange ein Innendruck, wobei das Gas komprimiert wird und die benötigte Federkraft erzeugt.

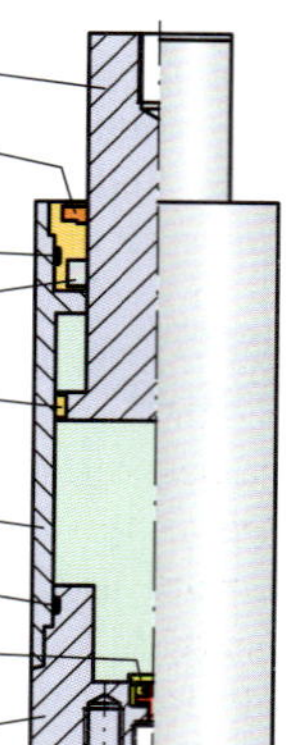

Gasdruckfeder

Gasdruckfedern können große Kräfte auf kleinstem Raum aufnehmen. Sie dürfen nur von Fachkräften eingebaut, gewartet und instand gehalten werden.

2.3.4 Werkzeugführungssystem

Das Werkzeugführungssystem hat die Aufgabe, die Schneidstempel genau in die Durchbrüche der Schneidplatte zu führen. Es soll einen einwandfreien Lauf des Werkzeugoberteils zum Werkzeugunterteil gewährleisten. Durch das Führungssystem wird der Zusammenbau des Werkzeuges und das Einrichten des Werkzeuges in der Presse erleichtert.

Die Stempel in Schneidwerkzeugen lassen sich unterschiedlich führen. Je nach konstruktivem Aufbau kommen folgende Bauelemente bzw. Baugruppen zum Einsatz:

- Führungsplatte,
- Schneidplatte,
- Säulengestell.

Die Führung des Schneidstempels durch die Schneidplatte wird zum Schneiden einfacher Formen mit offener Schnittlinie, wie z. B. zum Abschneiden, Ausklinken oder Knabberschneiden, eingesetzt.

Für Schnittteile mit geschlossener Schnittlinie, die durch Lochen und Ausschneiden hergestellt werden, kommen die Führungsplatte und die Säulenführung zum Einsatz.
Für große Stückzahlen und hohe Genauigkeit der Schnittteile werden Säulengestelle verwendet.

- **Führungsplatte**

Die Führungsplatte ist eine 18 mm bis 30 mm dicke Stahlplatte mit Durchbrüchen zur Führung der Schneidstempel. Dünne Schneidstempel erfordern eine längere Führung als dicke Stempel. Die Länge und Breite entsprechen der Länge und Breite der Schneidplatte.

Die Werkstoffauswahl richtet sich nach den zu fertigenden Stückzahlen und nach der Größe der Gleitgeschwindigkeit.

Die Führungsplatte dient darüber hinaus als Abstreifer für den Schnittstreifen, der vom Stempel hochgerissen wird. Sie wird mit der Grundplatte und der Schneidplatte verschraubt und verstiftet. Die Lage und Form der Durchbrüche in der Führungsplatte stimmen mit den Durchbrüchen in der Schneidplatte überein.

Hinweis **zu Abmessungen und Werkstoffen für Führungsplatten**

Abmessungen

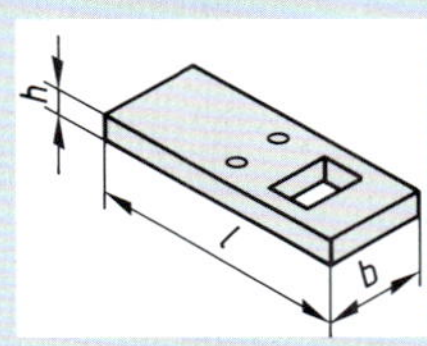

l, b ≙ Schneidplattenmaße
h = 18–30 mm

Werkstoffe

- normale Beanspruchung: E295
- höhere Beanspruchung: C45U, 90MnCrV8

Führungsplattendurchbrüche

Die Durchbrüche können durch Bohren, Fräsen, Schleifen oder Erodieren hergestellt werden. Diese Fertigungsverfahren erfordern zum Teil aufwändige Einpassarbeiten der Schneidstempel. Damit die Führung aufgrund der Reibung zwischen Schneidstempel und Platte nicht so schnell verschleißt, muss eine ausreichende Schmierung erfolgen. Hierzu kann man zur Schmierung in die Führungsplatte eine Tasche einfräsen, die mit Öl gefüllt wird.

Der Einsatz von *Stempelführungsbuchsen* ermöglicht eine einfache Herstellung und schnelle Erneuerung der Führungen von Lochstempeln. Die Stempelführungsbuchsen können als Normalien im Handel bezogen werden (siehe auch Seite 439).

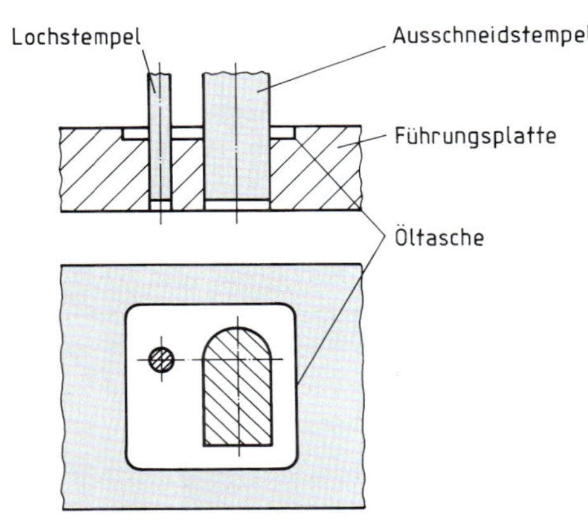

Führungsplatte mit Öltasche

- **Werkzeugunterteil**

Das Werkzeugunterteil besteht aus der *Führungsplatte,* den *Zwischenlagen,* der *Schneidplatte* und der *Grundplatte.* Diese Bauelemente werden zu einer Baugruppe verschraubt und verstiftet.

Die Führungsplatte übernimmt neben der Führung der Schneidstempel auch das Abstreifen des Blechstreifens nach dem Schneidvorgang. Die hierzu erforderliche Kraft ist die Gegenkraft zur Abstreifkraft. Sie entspricht der Kraft, die von den Stempeln auf das Werkzeugoberteil ausgeübt wird. Die Schrauben im Werkzeugunterteil haben deshalb den gleichen Gewindedurchmesser wie die Schrauben im Werkzeugoberteil.

Die Bohrungen für die Schrauben und Stifte sind so angeordnet, dass eine Demontage des Unterteils möglich ist, ohne dass die Schneidstempel aus der Führungsplatte gezogen werden müssen. Dadurch ist gewährleistet, dass auch nach mehrmaligem Nachschleifen der Schneidplatte ein guter Sitz besteht und einwandfreie Gleitverhältnisse zwischen Führungsplatte und Stempel vorliegen.

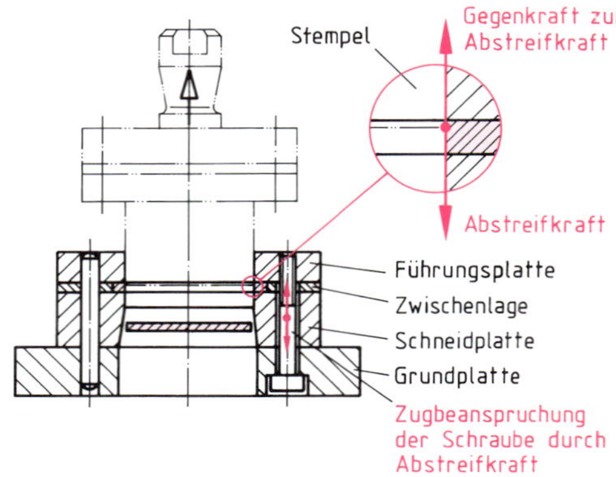

Werkzeugunterteil

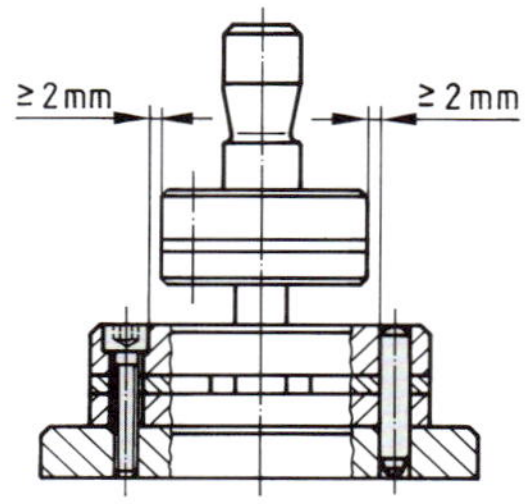

Führungsplatte von oben verschraubt

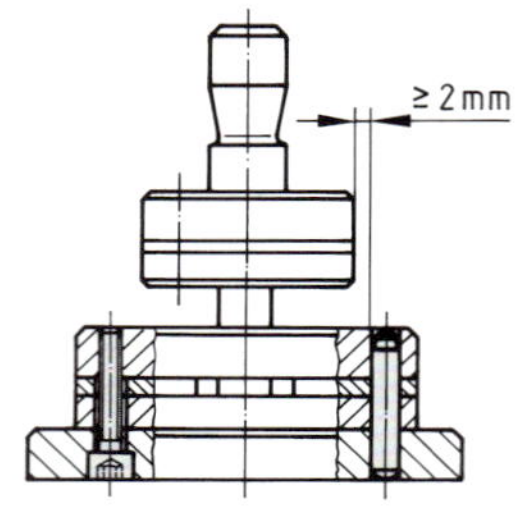

Führungsplatte von unten verschraubt

Führungsplattendurchbrüche werden durch spanende Fertigungsverfahren oder durch Erodieren hergestellt. Das Werkzeugunterteil besteht aus Führungsplatte, Zwischenlagen, Schneidplatte und Grundplatte. Die Verschraubung gewährleistet eine Demontage, ohne dass der Stempel aus der Führungsplatte gezogen werden muss.

- **Säulengestelle als Normalien**

Säulengestelle bestehen aus einem *Oberteil,* einem *Unterteil* und den *Führungssäulen.* Einige Ausführungen sind zusätzlich noch mit einer beweglichen Führungsplatte ausgestattet. Säulengestelle werden bei großen Stückzahlen und hoher Genauigkeit der Schnittteile eingesetzt.

Die Säulengestelle unterscheidet man nach:

- dem Werkstoff,
- der Art der Führung,
- der Bauart des Gestells,
- der Anzahl und Anordnung der Säulen,
- der Form der Arbeitsfläche.

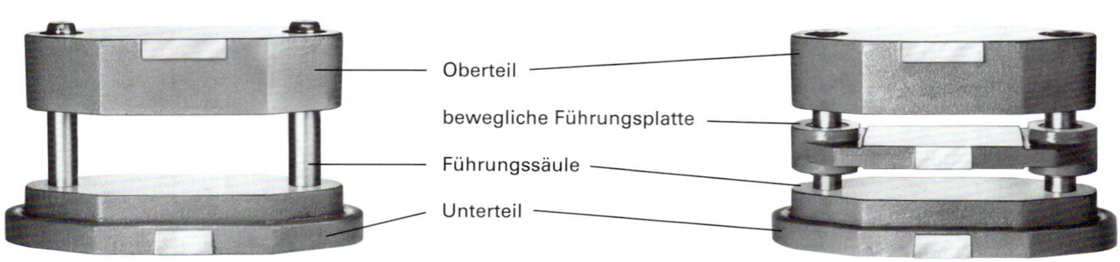

Säulengestell mit dickem Oberteil

Säulengestell mit Führungsplatte

Bauarten von Säulengestellen

Die Säulengestelle können in verschiedenen Ausführungen und in verschiedenen Größen als Normalien im Handel bezogen werden. Darüber hinaus ist bei vielen Herstellern eine Bestellung nach Kundenangaben möglich. Hierzu ist ein Pflichtenheft zu erstellen.

Anzahl und Anordnung der Säulen	zwei Säulen mittigstehend	zwei Säulen hintenstehend	zwei Säulen übereckstehend	vier Säulen
Bild			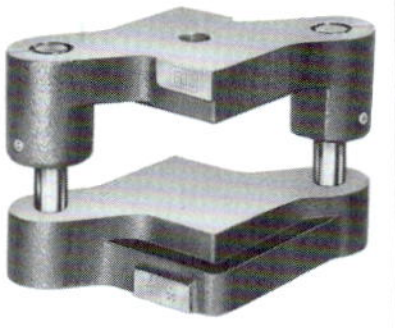	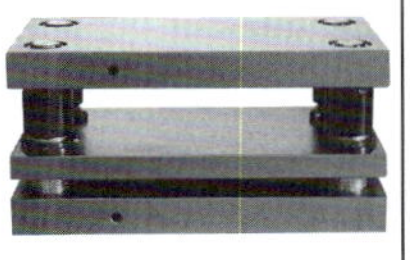
Normung	DIN 9814	DIN 9868	DIN 9819	DIN 9868
Hinweise	• Unterschiedlicher Säulendurchmesser	• Handeinlage möglich	• Streifendurchgang längs und quer möglich	• Unterschiedlicher Säulendurchmesser

Bei symmetrischen Gestellen besteht die Gefahr, dass das Oberteil seitenvertauscht aufgesetzt wird. Um dies zu verhindern haben die Führungssäulen unterschiedliche Durchmesser.
Bei Gestellen mit hintenstehenden Führungssäulen sind die Durchmesser der Säulen gleich, da hierbei ein seitenvertauschtes Aufsetzen nicht möglich ist. Hintenliegende Führungssäulen ermöglichen die Einlage des Blechstreifens bzw. des Schnittteiles von Hand.
Die Säulengestelle mit vier Säulen und die mit übereckstehenden Säulen lassen einen Streifendurchgang in Längs- und Querrichtung zu.

Führungsarten

Die Qualität der Schnittteile hängt nicht unwesentlich von der Führungsart ab. Im Kapitel „Normalien für Stanz- und Umformwerkzeuge" sind weitere Hinweise zur Auswahl der Führungselemente dargelegt.
Man unterscheidet im Wesentlichen drei Arten:
- Gleitführung,
- Rollenführung,
- Kugelführung.

Beispiele **für Führungsarten an Guss-Säulengestellen**

Führungsart	Gleitführung	Rollenführung	Kugelführung
Bild	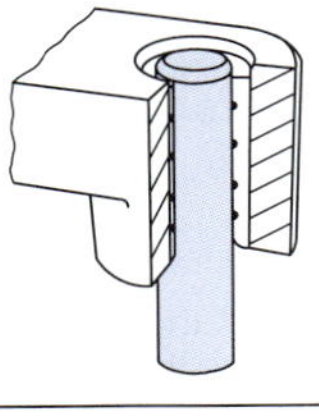	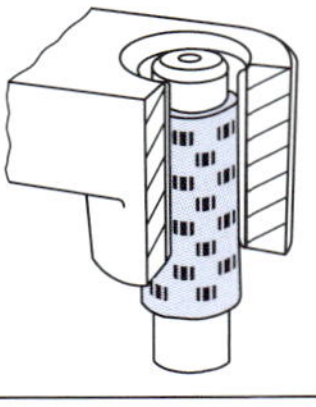	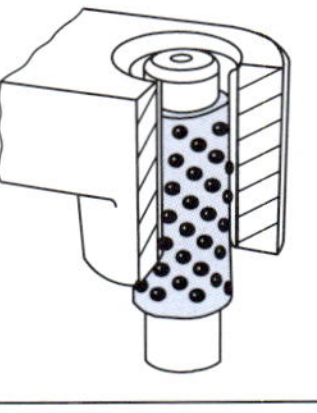
Hinweis	• Teils mit Gleitführungsbuchsen im Oberteil ausgestattet • Laufspiel ca. 0,003 mm bis 0,017 mm bei optimaler Schmierung	• Wird vorwiegend bei Folgeverbundwerkzeugen eingesetzt • Große seitliche Kräfte möglich • Bei Werkzeugen mit geringem Schnittspiel	• Lauf absolut spielfrei • Für Stanzwerkzeuge mit hohen Qualitätsanforderungen • Sehr leichtgängig

2.3.5 Materialführungssystem

Das System zur Materialführung hat die Aufgabe, den Blechstreifen, das Band oder das Schnittteil zu den Schneidstempeln und Schneidplattendurchbrüchen so zu führen, dass

- möglichst wenig Materialverlust entsteht und
- eine genaue Lage von Innenkontur zur Außenkontur am Schnittteil erreicht wird.

Die Materialführung besteht aus den Bauteilen zur Streifenführung und zur Vorschubbegrenzung. Die Streifenführung übernimmt die seitliche Führung des Materials innerhalb des Werkzeuges. Die genaue Lage von Innenkontur zur Außenkontur am Schnittteil in Längsrichtung des Streifens bzw. Bandes wird durch Bauteile zur Vorschubbegrenzung wie Anlagestifte, Seitenschneider und Anlageanschläge festgelegt.

Die Auswahl eines geeigneten Streifenführungssystems und eines Vorschubbegrenzungssystems ist von folgenden Einflussgrößen abhängig:

- vom konstruktiven Aufbau des Schneidwerkzeuges,
- vom Fertigungsablauf,
- von der Form und der Genauigkeit des Schnittteiles,
- von der Schnittteilanordnung im Schnittstreifen.

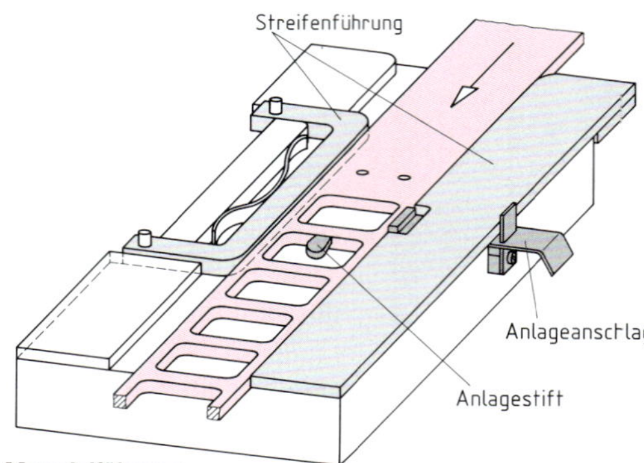

Materialführung

- **Schnittstreifenabmessungen**

Schnittteile werden aus Streifen oder Bändern ausgeschnitten. Nach dem Ausschneiden erhält man neben dem Streifen ein Abfallgitter, das aus dem Werkzeug geschoben wird. Die Stege und Ränder des Abfallgitters sollten möglichst schmal sein, um den Werkstoffverlust gering zu halten. Andererseits müssen sie aber so groß gewählt werden, dass das Abfallgitter ausreichende Stabilität aufweist, damit der Streifen störungsfrei weitertransportiert werden kann (Berechnungen von Streifen und Bändern unter Berücksichtigung des Ausnutzungsgrades können dem Tabellenbuch entnommen werden).

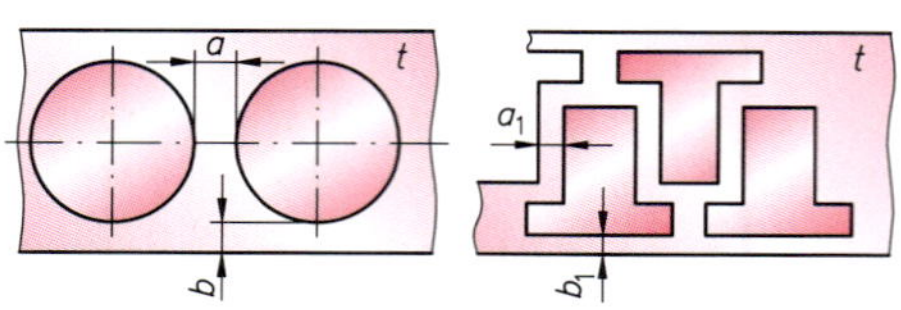

a = Steg für kleine Teile; b = einseitige Streifenniederhaltung
a_1 = Steg für große/komplizierte Teile; b_1 = Steg ohne Niederhalter

Stegbreite beim Ausschneiden

Streifendicke in mm		**0,5**	**1,0**	**1,5**	**2,0**	**3,0**
Stege	***a_1* und *b_1***	1,0	1,2	1,4	1,6	2,0
	a* und *b	1,8	2,0	2,2	2,5	3,0

- **Streifenführung**

Die Streifenführung hat die Aufgaben, den Durchlauf des Streifens bzw. Bandes zu sichern und den Streifen oder das Band zu den Schneidstempeln so zu führen, dass kein seitlicher Versatz zwischen den Lochungen und der Außenkontur des Schnittteils entsteht. Damit ein störungsfreier Transport und eine einwandfreie Führung des Streifens bzw. Bandes gewährleistet ist, müssen je nach Werkzeugausführung folgende Forderungen beachtet werden:

- Der Streifen bzw. das Band darf in der Führung nicht klemmen.
- Die Führung muss eine ausreichende Höhe besitzen, wenn das Band zum Weitertransport z. B. über einen Anlagestift gehoben werden muss.
- Die Toleranz der Streifen- bzw. Bandbreite muss ausgeglichen werden.

Es wird zwischen *festen Streifenführungen* und *federnden Streifenführungen* unterschieden.
Eine feste Streifenführung besteht z. B. aus zwei parallelen Leisten, die als Zwischenlagen bezeichnet werden. Feste Streifenführungen sind nicht in der Lage, die Fertigungstoleranzen von Streifen und Bändern auszugleichen. Sie werden deshalb in Gesamt- und in Folgeschneidwerkzeugen eingesetzt, wenn die Genauigkeitsansprüche an das Schnittteil gering sind.
Federnde Streifenführungen bestehen aus einer festen Zwischenlage oder einer festen Führungsleiste und einer Gegenseite. Federnde Seitenführungen gleichen Toleranzen in der Streifenbreite aus. Sie werden eingesetzt, wenn hohe Genauigkeitsanforderungen an die Schnittteile gestellt werden.

Übersicht über Streifenführungen (Ausschnitt)

Feste Streifenführung		Federnde Streifenführung
Streifenführung mit Zwischenlagen	**Streifenführung mit Führungsspitzen**	
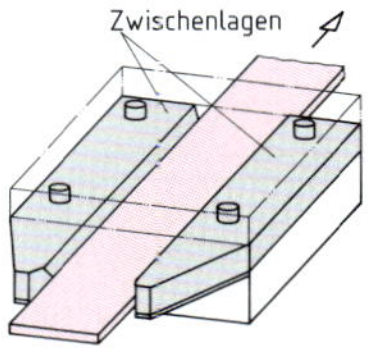	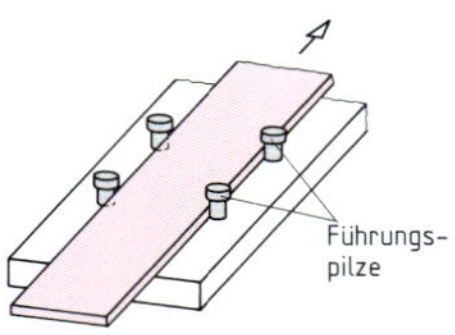	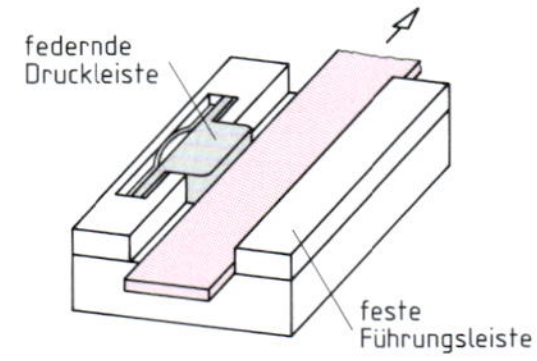
• Höhe der Zwischenlage etwa 5 mm bis 8 mm • Durchlassbreite $b_D = b_S + 0{,}2$ mm; (b_S = Streifenbreite) → Klemmen wird dadurch vermieden	• Kostengünstigere Lösung gegenüber den Zwischenlagen • Auch Führungsstifte im Einsatz	• Hoher Verschleiß der Zwischenlagen und Führungen • Deshalb werden Werkstoffe höherer Härte eingesetzt, z. B. C85U oder 90MnCrV8

Die Streifenführungen gewährleisten den einwandfreien Durchlauf des Vormaterials (Streifen, Bänder). Je nach Anforderungen an das Schnittteil werden feste oder federnde Streifenführungen eingesetzt.

- **Vorschubbegrenzung**

Die Elemente oder Baugruppen zur Vorschubbegrenzung haben die Aufgabe, den Abfall zu beschränken und in Folgeschneidwerkzeugen die genaue Lage der Durchbrüche zu den Außenkonturen der Schnittteile in Längsrichtung zu sichern. Damit dies erreicht wird, ist ein genauer, gleich bleibender Streifenvorschub erforderlich. Je nach Aufgabe und Einsatzmöglichkeiten werden Anschneidanschläge, Anlagestifte, Anlageplatten, Seitenschneider, Suchstifte und automatische Vorschubeinrichtungen eingesetzt.

Anschneideanschläge, Anlagestifte und Anlageplatten

Anschneideanschläge werden in Folgeschneidwerkzeugen zum Schneiden der ersten Löcher benötigt, um die Ausnutzung des Streifens zu verbessern.
Von dem ersten Niedergang des Werkzeugoberteiles wird der Anschneideanschlag nach innen gedrückt und der Schnittstreifen dagegen geschoben. Jetzt wird der Streifen gelocht, angeschnitten. Durch eine Feder wird der Anschneideanschlag zurückgezogen. Der Streifen wird bis zu dem Anlagestift vorgeschoben und das erste Schnittteil wird ausgeschnitten.

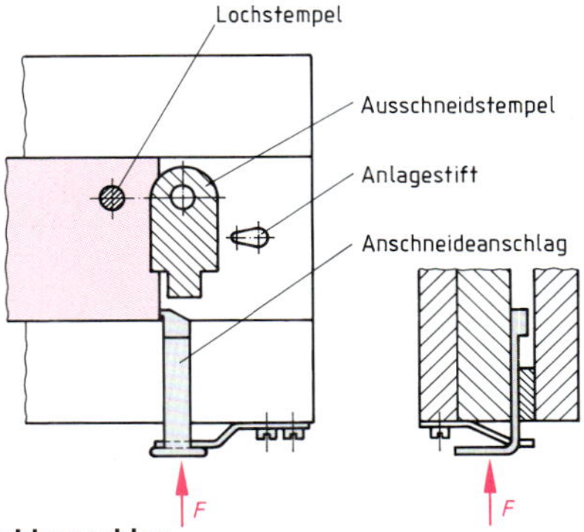

Anschneideanschlag

Anlagestifte sind einfache Vorschubbegrenzungselemente. Sie werden in die Schneidplatte eingepresst. Dabei ist zu beachten, dass der Abstand zwischen dem Stiftloch und dem Schneidplattendurchbruch nicht zu klein wird, damit keine Rissgefahr besteht. Die Anlagestifte erhalten aus diesem Grund einen *Kopf* oder einen *Haken.*

Anlageplatten werden für größere Ausschnitte verwendet. Die Form der Anlageplatten wird im Anlagebereich der Schnittteilform angepasst:

Die Höhe der Anlagestifte und Anlageplatten hängt von der Blechdicke des Streifens ab. Die Höhe beträgt etwa 0,8 mal Streifendicke.

Übersicht über konstruktive Ausführungen von Anlagestiften und Anlageplatten (Auswahl)

Anlagestift mit Kopf	Anlagestift mit Haken	Zylindrischer Anlagestift	Anlageplatte
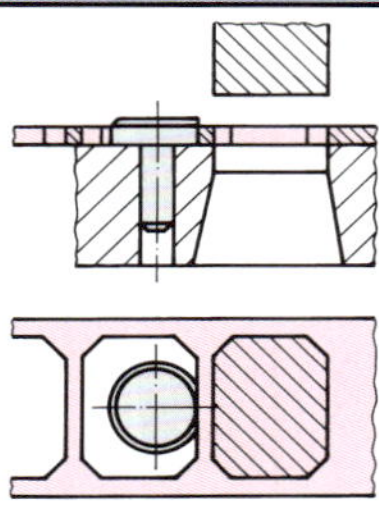	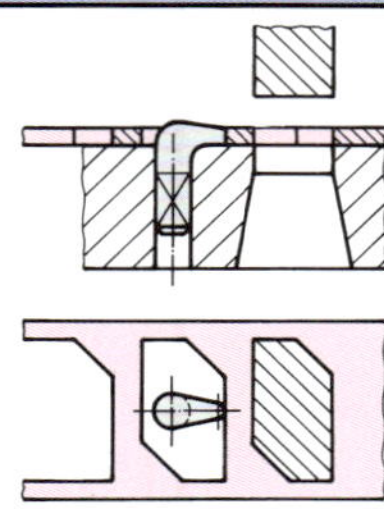	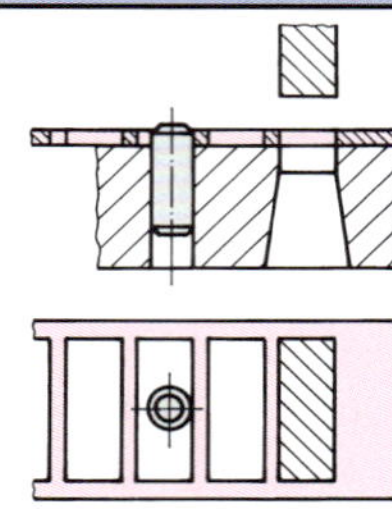	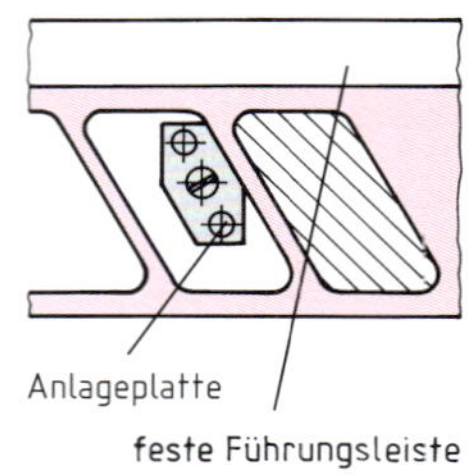

Suchstifte

Durch ungenaues Vorschieben des Schnittstreifens, durch Spiel in der Streifenführung oder durch Streckung des Materials können *Lageabweichungen* zwischen der Außenform und Innenform des Schnittteiles entstehen.

Um diese Fehler zu vermeiden, werden in Folgeschneidwerkzeugen Suchstifte eingesetzt. Sie werden nur in Verbindung mit Anlagestiften, Anlageplatten oder Seitenschneidern verwendet.

Suchstifte korrigieren die Lage des Schnittstreifens zu den Stempeln, indem sie in vorgeschnittene Lochungen eintauchen und den Streifen in die richtige Lage schieben.

Hierzu wird der Streifen zunächst um ein bis zwei Zehntelmillimeter zu weit vorgeschoben, um dann durch die Suchstifte in die richtige Lage zurückgezogen zu werden.

Damit die Suchstifte leicht in die Lochungen des Schnittteils oder in Hilfslochungen gleiten, sind sie *kegelförmig* angeschrägt oder *angerundet.* Der kegelige Teil hat eine Länge von ungefähr 0,8 mal Blechdicke, mindestens aber 0,5 mm und einen Spitzenwinkel von 60°. Der Durchmesser im Eingriffsbereich ist ungefähr 0,02 mm kleiner als die Lochung.

Diese zusätzlichen Lochungen sind erforderlich bei kleinen Schnittteilen, bei Schnittteilen mit komplizierter Innenform oder bei Schnittteilen ohne Durchbrüche. Für dünne und weiche Werkstoffe sollten Suchstifte nicht eingesetzt werden, da sie die Lochränder weiten. Die Lagesicherung ist dann nicht mehr gegeben.

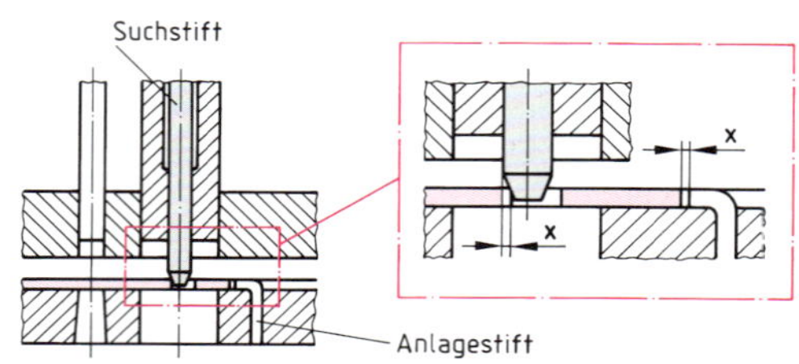

Lagekorrektur mit Suchstift

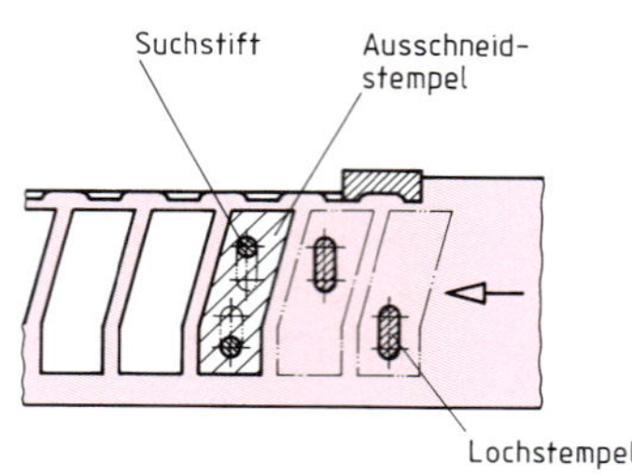

Suchstifte im Ausschneidstempel

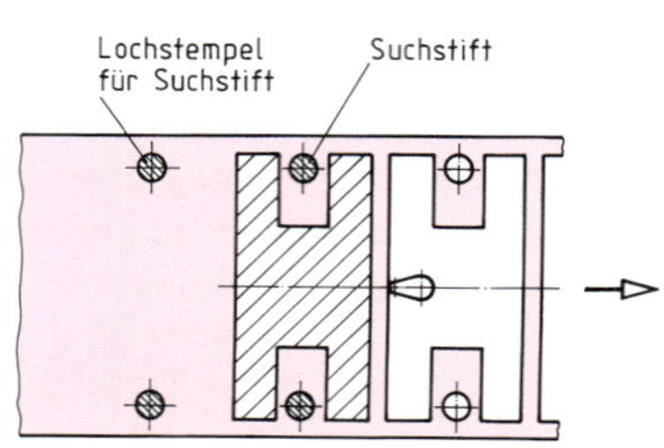

Suchstifte nicht im Stempel

Seitenschneider

Seitenschneider sind rechteckige Schneidstempel, die an den Seiten des Schnittstreifens kleine Rechtecke von der Länge des Streifenvorschubes *f* und der Breite *i* ausschneiden. Der Schnittstreifen wird durch den Seitenschneider genau auf die verringerte Breite der Streifenführung hinter dem Seitenschneider geschnitten. Die senkrecht zum Streifenrand stehende Kante der Ausklinkung wird zur Vorschubbegrenzung benutzt. Der Streifen wird nach dem Hochfahren des Seitenschneiders weitertransportiert und schlägt gegen den Anschlag. Der Streifen wird dadurch genau um die Länge der Ausklinkung vorgeschoben.

Man unterscheidet *gerade* und *ausgesparte* Seitenschneider.
Bei geraden Seitenschneidern entsteht oft an der Übergangsstelle von zwei Ausklinkungen ein Grat, der den Streifendurchlauf behindert und der eine Unfallgefahr darstellt.
Bei ausgesparten Seitenschneidern verschwindet der Grad an den Übergangsstellen in den Vertiefungen und kann damit den Streifenvorschub nicht stören.

Dadurch, dass die Seitenschneider überwiegend einseitig schneiden, besteht gerade bei dicken Blechen die Gefahr, dass er durch die großen Querkräfte abgedrängt wird. Um dies zu verhindern, setzt man ab einer Blechdicke von 2,5 mm Seitenschneider mit verlängerter *Rückenführung* ein. Über die verlängerte Rückenführung wird die auf den Seitenschneider wirkende Querkraft von der Schneidplatte abgefangen.

Bei einem Folgeschneidwerkzeug mit vielen Folgen, auf dem Schnittteile aus Streifenmaterial ausgeschnitten werden, entsteht durch den Einsatz eines Seitenschneiders ein großer Werkstoffverlust am Streifenende. Die letzten Werkstücke können nicht mehr ausgeschnitten werden, da der Streifen keinen Anschlag mehr hat. Um eine bessere Werkstoffausnutzung zu erreichen, wird auf der anderen Seite der Streifenführung ein zweiter Seitenschneider hinter die letzte Arbeitsstufe gesetzt.

Seitenschneider können auch so gestaltet sein, dass sie dem Schnittteil an den Seiten ihre Form geben. Dadurch vereinfacht sich die Form des nachfolgenden Ausschneidstempels. In vielen Fällen wird das Schnittteil nur noch vom Schnittstreifen abgeschnitten. Die Gratbildung an der Übergangsstelle kann durch eine *Vorschneidnase* vermieden werden.

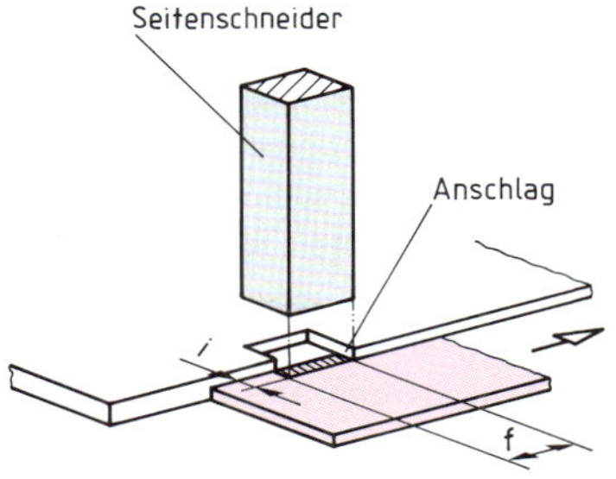

Streifenvorschub mit Seitenschneider

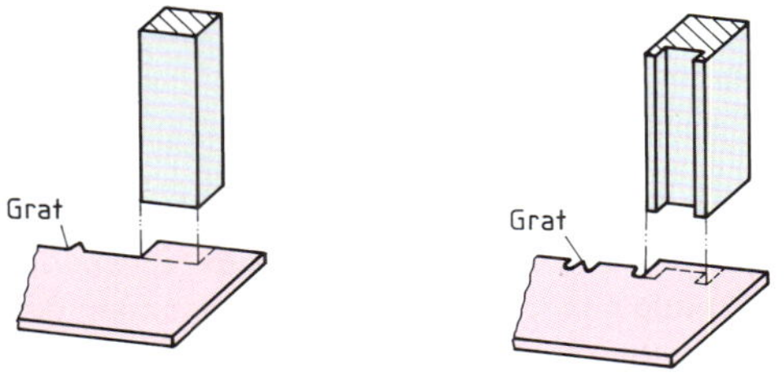

Gerader Seitenschneider **Ausgesparter Seitenschneider**

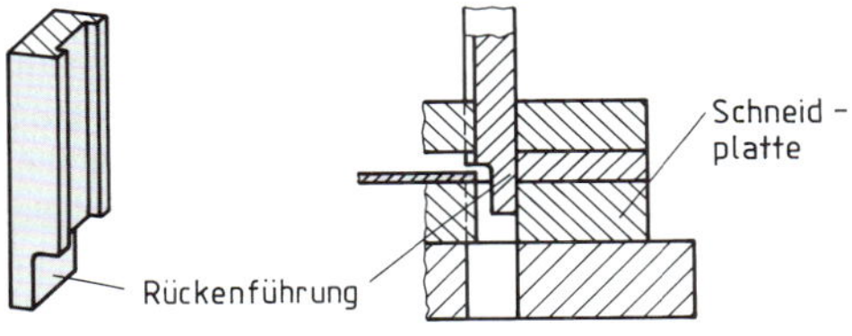

Seitenschneider mit Rückenführung

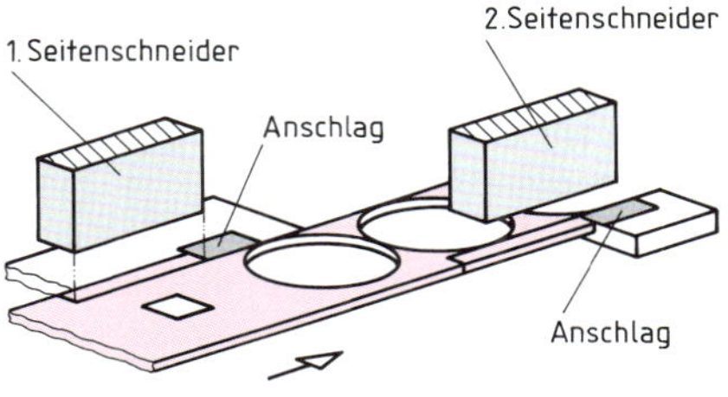

Gegenüberliegende, seitlich versetzte Seitenschneider

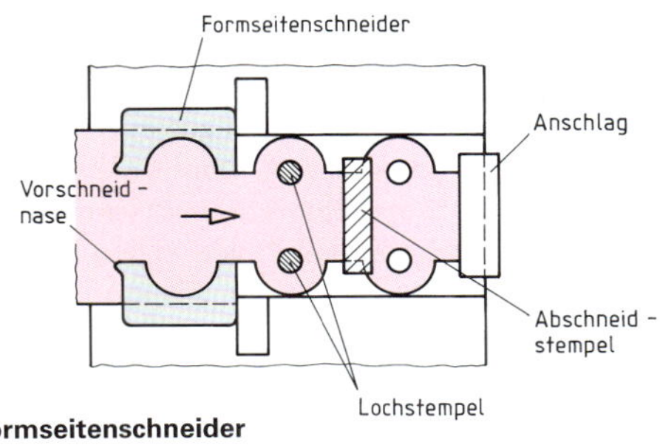

Formseitenschneider

Die Auswahl der Vorschubbegrenzung hängt von der Art des Schneidwerkzeuges und von der geforderten Genauigkeit des Schnittteils ab. Wesentliche Systeme sind: Anschneideanschläge, Anlagestifte, Anlageplatten, Suchstifte und Seitenschneider.

2.3.6 Spannsystem

Das Spannsystem eines Schneidwerkzeuges stellt die Verbindung zwischen Werkzeug und Presse her. Zum Verbinden des Werkzeugoberteiles mit dem Pressenstößel werden je nach Ausführung und Größe des Werkzeuges *Einspannzapfen, Kupplungszapfen* mit Aufnahmefutter oder *Spannplatten* mit Spannelementen verwendet. Das Werkzeugunterteil wird mithilfe von Spannelementen auf dem Pressentisch befestigt.

Mithilfe der *Einspannzapfen* werden die Werkzeugoberteile von kleinen und mittleren Werkzeugen mit dem Pressenstößel verbunden.
Nach Art ihrer Befestigung im Werkzeug unterscheidet man:

- Einspannzapfen mit Gewindeschaft und
- Einspannzapfen mit Flansch.

Einspannzapfen nach DIN ISO 10242-1

Einspannzapfen nach DIN ISO 10242-2

Damit ein Kippen des Pressenstößels und des Werkzeugoberteils vermieden wird, muss der Einspannzapfen mittig angeordnet sein. Die Berechnung des Kräftemittelpunktes geschieht mithilfe des Hebelgesetztes (siehe Tabellenbuch).

Kupplungszapfen mit Aufnahmefutter bilden eine bewegliche Verbindung zwischen Pressenstößel und Schneidwerkzeug. Das Aufnahmefutter für den Kupplungszapfen wird im Pressenstößel befestigt.

Kupplungszapfen mit Flansch aus C45

Aufnahmefutter für Kupplungszapfen aus C45

Werkzeugoberteile großer Werkzeuge werden direkt mit einer Spannplatte am Pressenstößel befestigt. Als *Spannplatte* kann die Kopfplatte oder eine zusätzliche Platte, die mit der Kopfplatte verschraubt wird, verwendet werden. Die Befestigung der Spannplatte am Pressenstößel erfolgt z. B. über einen Spannrand und Spannpratzen.

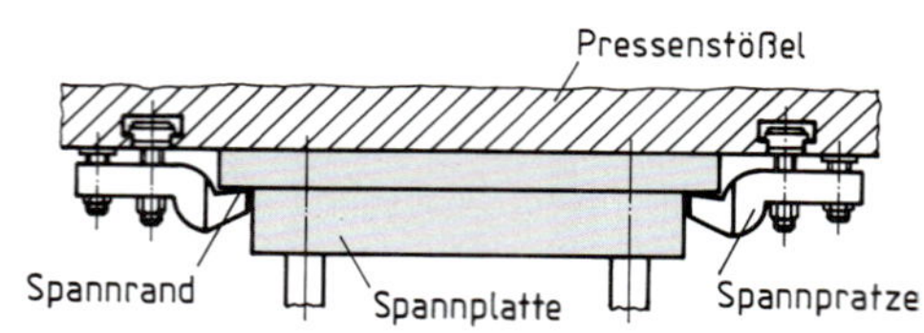

Spannplatte mit Spannrand

Die *Grundplatte* stellt eine Verbindung zwischen dem Werkzeugunterteil und dem Pressentisch dar. Sie ist je nach Größe des Werkzeuges 25 mm bis 60 mm dick. Die Länge und Breite der Grundplatte ist von der Art der Befestigung abhängig. Für die Befestigung mithilfe von Spannpratzen und Schrauben mit T-Nuten muss die Grundplatte um einen Spannrand größer als die Schneidplatte gefertigt werden oder seitliche Schlitze erhalten. Damit die Schnittteile störungsfrei durchfallen können, werden die Durchbrüche ringsherum ca. 2 mm größer als die Durchbrüche in der Schneidplatte gefertigt.

Häufig eingesetzte Werkstoffe für Grundplatten sind z. B. C45U, EN-GJL-200 oder AlZnMgCu15F53.

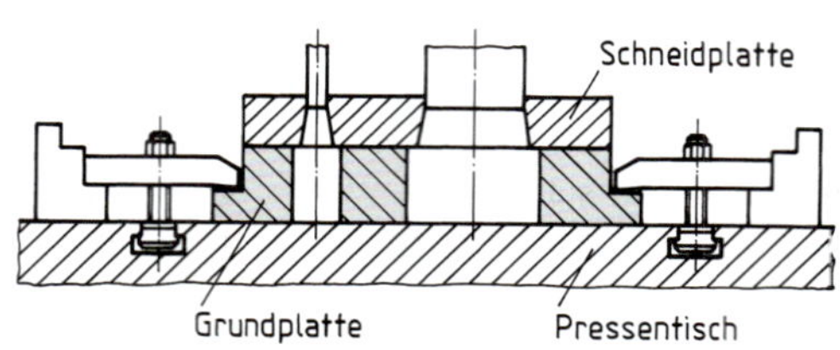

Grundplatte mit Spannrand

Mit den Spannsystemen Einspannzapfen, Kupplungszapfen, Spannplatte und Grundplatte wird eine Verbindung zum Pressenstößel oder zum Pressentisch hergestellt.

3 Werkzeuge zum Biegeumformen

Durch Biegeumformen werden aus Blechen, Bändern und Profilen (z. B. Rohren) abgewinkelte oder ringförmige Werkstücke erzeugt. Die plastische Umformung wird dabei durch eine Biegebeanspruchung erzeugt.

3.1 Grundlagen der Biegeumformung

3.1.1 Werkstoffverhalten beim Biegen

Trifft das Biegewerkzeug auf das eingelegte Werkstück auf, so wird es auf Biegung beansprucht. Im Querschnitt des Biegeteiles treten zwei unterschiedliche Formänderungen auf.

- **Elastische Formänderung**

Auf der gedehnten Seite des Werkstückes treten Zugspannungen auf und auf der gestauchten Seite Druckspannungen. Die höchsten Spannungen liegen jeweils in der Randzone. In der Mitte des Querschnittes ist eine spannungsfreie Zone, die **neutrale Faser.**

Biegt man ein Werkstück so, dass die Spannungen an keiner Stelle die Elastizitätsgrenze des Werkstoffes überschreiten, so kehrt der Werkstoff nach Entlasten in seine ursprüngliche Form zurück. Man spricht vom elastischen Biegen.

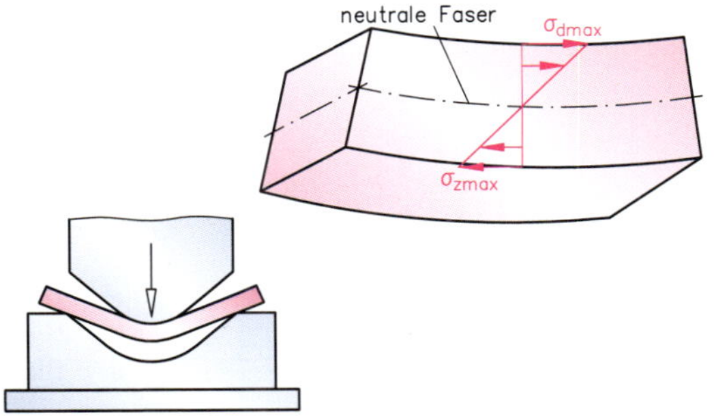

Spannungen im elastisch gebogenen Werkstück

- **Plastische Formänderung**

Biegt man über den elastischen Bereich hinaus, so wird der Werkstoff auch **plastisch verformt.** Auf der gestauchten Seite wird der Werkstoff dicker, auf der gestreckten Seite dünner. Durch diese Querschnittsänderung verlagert sich die sonst spannungsfreie Faser von der neutralen Faser, die in der Flächenmitte lag, in Richtung Druckseite. Solange noch nicht entlastet wurde, ist der nebenstehende Spannungsverlauf zu beobachten.

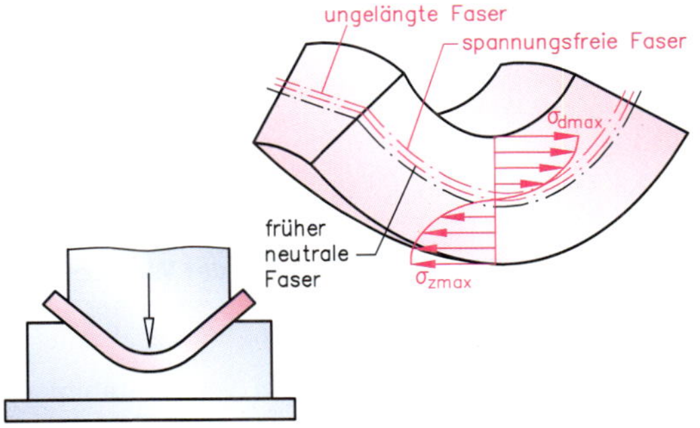

Spannungsverteilung vor der Entlastung

- **Rückfederung nach plastischem Biegen**

Entlastet man das gebogene Teil, so bewirken die Spannungen unterhalb der Elastizitätsgrenze eine **Rückfederung** des Materials. Dadurch wird nicht nur die zuvor erreichte Form geändert, sondern es werden auch Spannungen in der Randzone verursacht. Sie bleiben als Restspannungen erhalten.

Diese senken bei Werkstoffen, die zum Kriechen neigen, die Dauerstandfestigkeit und führen bei spanender Bearbeitung der Randzone zu Verzug.
Aus diesen Gründen kann Spannungsarmglühen vor dem Zerspanen erforderlich sein.

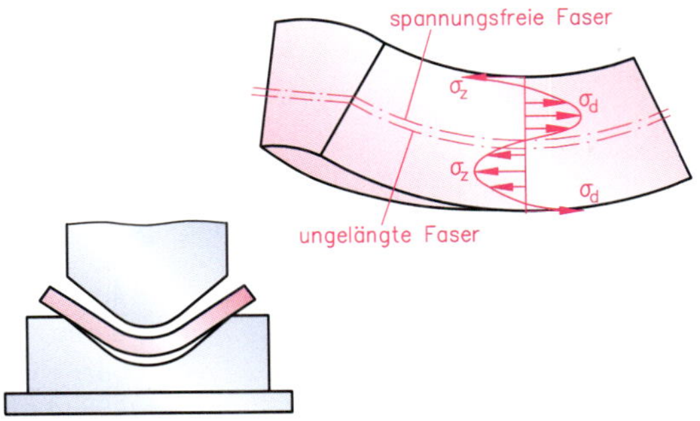

Spannungen im gebogenen Werkstück nach Rückfedern

Nach Entlastung eines plastisch gebogenen Bauteiles tritt Rückfederung ein.
Die verbleibenden Restspannungen müssen notfalls durch Spannungsarmglühen gemindert werden.

3.1.2 Rückfederung beim Biegen

Damit eine hohe Maß- und Formgenauigkeit der Biegeteile erzielt wird, muss bei der Konstruktion der Biegewerkzeuge die Rückfederung des Materials durch Biegen berücksichtigt werden. Man wählt dabei einen etwas größeren Biegewinkel und einen etwas kleineren Biegeradius.
Die Rückfederung nach dem Biegen hängt ab von

- der Streckgrenze des umzuformenden Materials. Bei Werkstoffen mit höherer Streckgrenze ist die Rückfederung größer;
- dem Verhältnis von Biegeradius zur Blechdicke. Je kleiner der Biegeradius bei gleicher Blechdicke, desto geringer ist die Rückfederung;
- der Art des Biegens. Bei freiem Biegen ist die Rückfederung höher als beim Gesenkbiegen mit hart aufsitzendem Stempel.

Der erforderliche Biegewinkel und den notwendigen Biegeradius zur Erzeugung einer festgelegten Werkstückform kann überschlägig mit einem Rückfederungsfaktor errechnet werden.

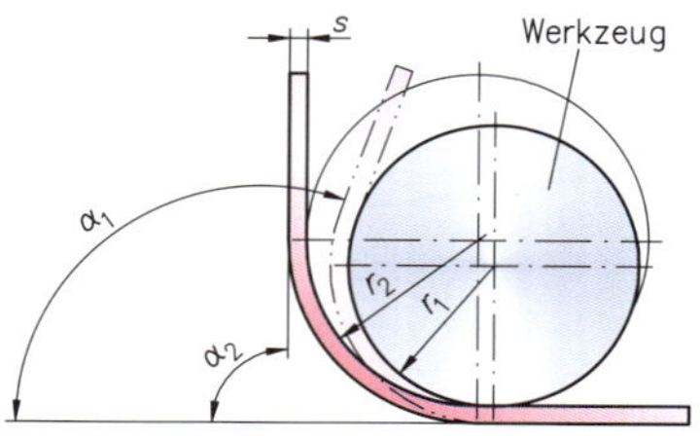

α_1 Biegewinkel vor Rückfederung (am Werkzeug)
α_2 Biegewinkel nach Rückfederung (am Werkstück)
r_1 Radius am Werkzeug
r_2 Biegeradius am Werkstück
k_R Rückfederungsfaktor
s Blechdicke

Radius am Werkzeug

$$r_1 = k_R \cdot (r_2 + 0{,}5 \cdot s) - 0{,}5 \cdot s$$

Biegewinkel am Werkzeug

$$\alpha_1 = \frac{\alpha_2}{k_R}$$

Richtwerte für Rückforderungsfaktor k_r

Werkstoff		Radius am fertigen Werkstück: Blechdicke (r_2:s)				
		1	2,5	4	10	100
Allgemeiner Baustahl	S235JR	0,98	0,98	0,97	0,95	0,65
Nichtrostender Stahl	X6CrNi18-10	0,99	0,97	0,95	0,98	–
Messing	CuZn33R290	0,97	0,96	0,95	0,93	0,73
Aluminiumknetlegierung	ENAW-AlCuMg1	0,98	0,98	0,98	0,97	0,87

Beispiel **für eine Berechnung der Werkzeugmaße unter Berücksichtigung der Rückfederung**

Auftrag

Ein Winkelblech aus 3 mm dickem Stahlblech soll nach dem Ausstanzen durch Gesenkbiegen fertiggestellt werden. Der Werkstoff ist S235JR.
Es sind der Radius des Biegestempels, der Biegewinkel am Werkzeug und der Winkel des Biegestempels (β) zu berechnen.

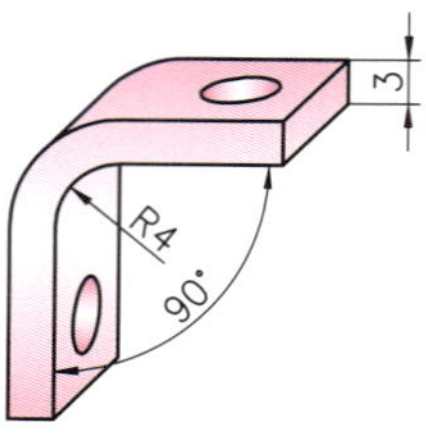

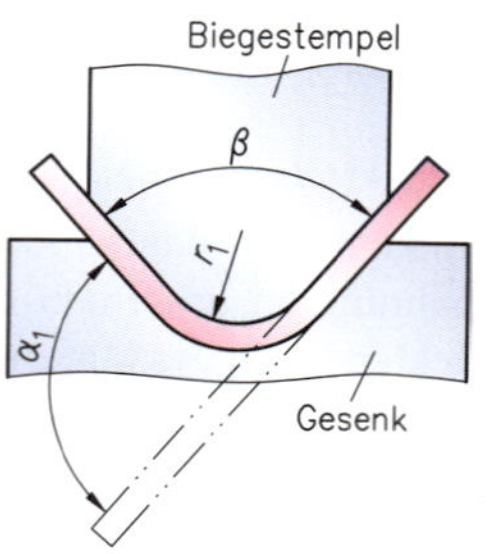

Lösung

Gegeben	*Gesucht*	*Lösungsweg*
$r_2 = 4$ mm	r_1	$k_r = \frac{r_2}{s}$
$\alpha_2 = 90°$	α_1	$k_r = \frac{4\text{ mm}}{3\text{ mm}} = 1{,}33 \rightarrow k_r = 0{,}98$ (Tabellenwert)
$s = 3$ mm	β	
S235JR		

$r_1 = k_r\,(r_2 + 0{,}5\ s) - 0{,}5\ s$

$r_1 = 0{,}98\ (4\text{ mm} + 0{,}5 \cdot 3\text{mm}) - 0{,}5 \cdot 3\text{ mm} = \mathbf{3{,}9\ mm}$

$\alpha_1 = \frac{\alpha_2}{k_r}$

$\alpha_1 = \frac{90°}{0{,}98} = \mathbf{91{,}8°}$

$\beta = 180° - \alpha_1$

$\beta = 180° - 91{,}8° = \mathbf{88{,}2°}$

3.2 Verfahrensgerechte Gestaltung von Biegeteilen

3.2.1 Kleinster zulässiger Biegeradius

Der Biegeradius eines Werkstückes muss mindestens so groß gewählt werden, dass auf der durch Zug beanspruchten Seite keine Risse auftreten. Die auf Druck beanspruchte Seite sollte möglichst keine Quetschfalten aufweisen. Damit diese Bedingungen erfüllt werden, ist ein Mindestbiegeradius erforderlich.
Der Mindestbiegeradius ist abhängig von der Bruchdehnung des Werkstoffs, der Blechdicke, dem Biegewinkel und häufig auch der Walzrichtung des Materials.

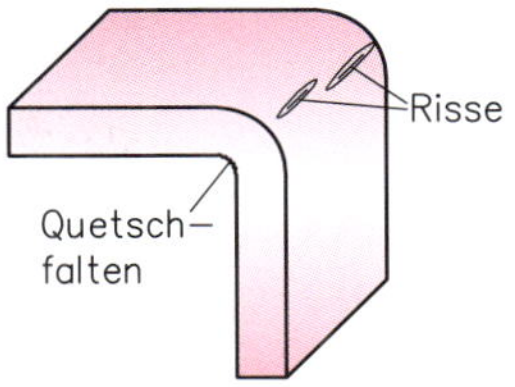

Fehler durch zu kleinen Biegeradius

Richtwerte für kleinste zulässige Biegeradien

Werkstoff	Blechdicke in mm				
	1	2	4	6	10
S235	1	2	5	8	16
E360	1,2	2,5	6	10	20
CuZn37R600	2,5	5	12	20	–
EN AW-AlSi1MgMn ausgehärtet	4	12	23	36	–

3.2.2 Mindestabstände von Durchbrüchen

Bei Bauteilen, die vor dem Biegeumformen durch Stanzen oder Bohren Durchbrüche aufweisen, besteht die Gefahr, dass diese ihre Form beim Biegen ändern. Damit dies vermieden wird, soll der Abstand zwischen dem Ende des Biegeradius und dem Beginn des Durchbruchs mindestens gleich der doppelten Werkstückdicke sein.

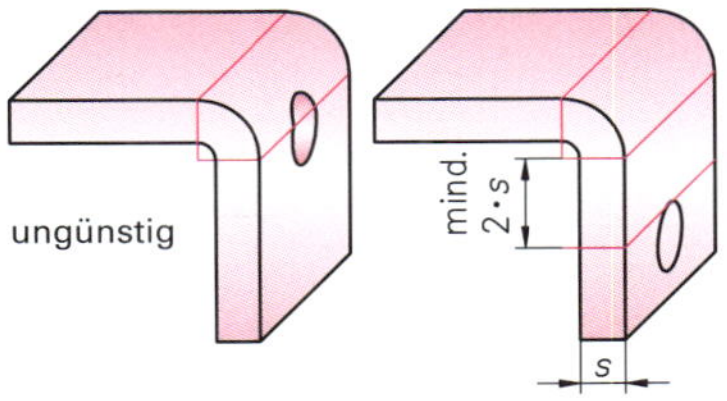

Abstand von Durchbruch und Biegeradius

Falls dies aus konstruktiven Gründen nicht eingehalten werden kann, können Durchbrüche in gebogenen Bereichen erst nach dem Biegen hergestellt werden.

Der Abstand zwischen dem Ende des Biegeradius und dem Beginn des Durchbruchs muss mindestens gleich der doppelten Werkstückdicke sein.

3.2.3 Mindestlänge des kleinsten Schenkels beim Biegen

Damit Kanten einwandfrei so gebogen werden können, dass ein sauberer Übergang vom Biegeradius zum geraden Schenkel entsteht, soll die Länge des kleinsten Schenkels mindestens gleich der doppelten Blechdicke sein.
Aufbiegungen nur eines Teiles einer Kante müssen vorher seitlich ausgeschnitten werden. Der Einschnitt sollte um 1- bis 1,5-mal der Blechdicke über den Beginn des Biegeradius hinausragen.

Beispiele **für Mindestlängen des kleinsten Biegeschenkels**

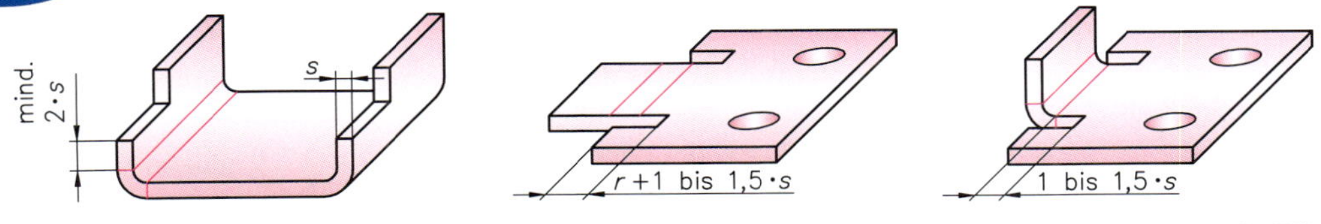

Die Mindestlänge des kleinsten Schenkels beim Biegen soll gleich der doppelten Materialstärke sein. Bei Einschnitten genügen das ein- bis anderthalbfache der Materialstärke.

3.3 Biegeverfahren

Die Biegeverfahren werden nach der Art der Werkzeugbewegung in Verfahren mit geradliniger und Verfahren mit drehender Werkzeugbewegung unterschieden.
Zu den Verfahren mit geradliniger Werkzeugbewegung zählen alle Biegeverfahren, in denen die Umformung in Gesenken stattfindet.

Beispiele **für Umformverfahren mit geradliniger Werkzeugbewegung**

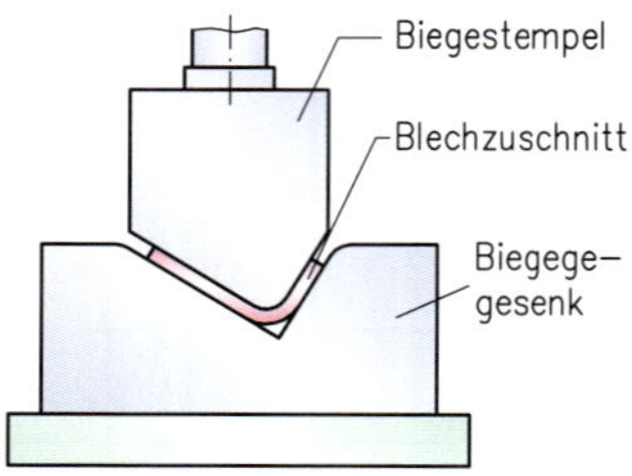

Gesenkbiegen

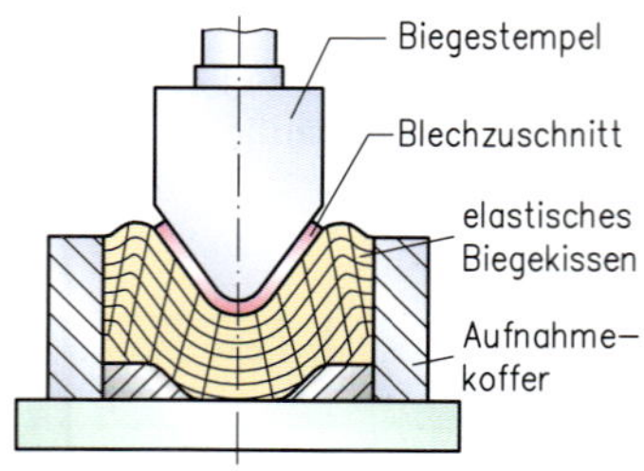

Biegen im elastischen Kissen

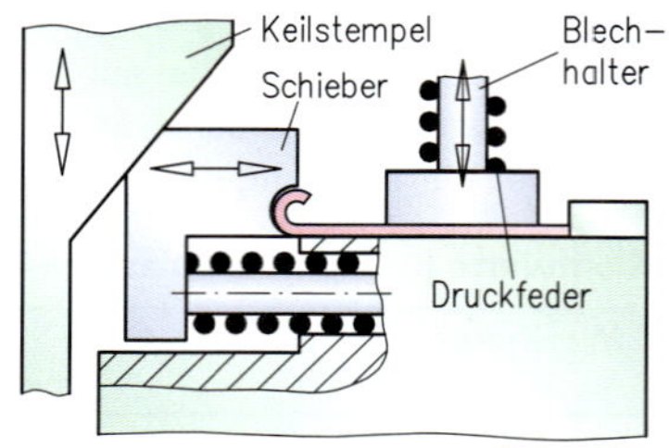

Rollbiegen

Bei den Verfahren mit drehender Werkzeugbewegung führen die Werkzeugteile eine Drehbewegung aus.

Beispiele **für Umformverfahren mit drehender Werkzeugbewegung**

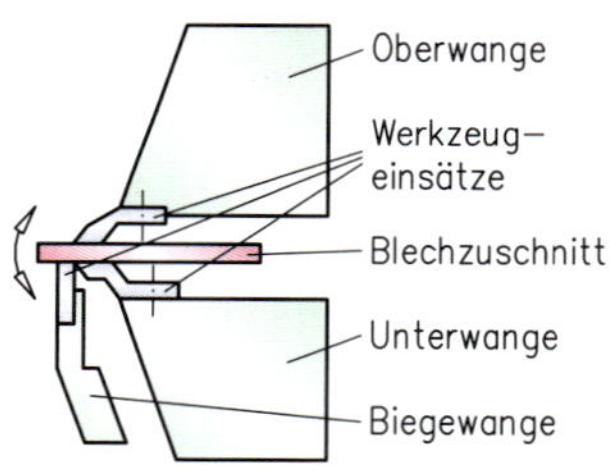

Schwenkbiegen

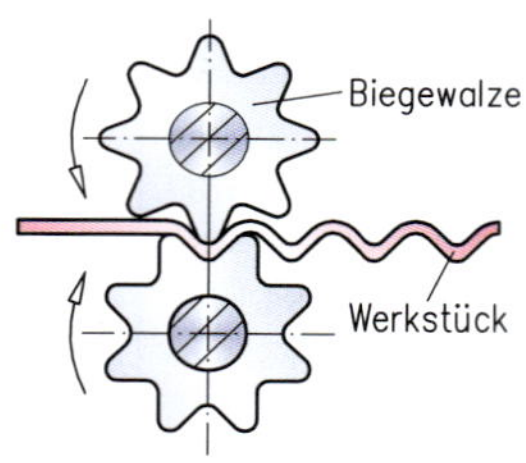

Wellbiegen

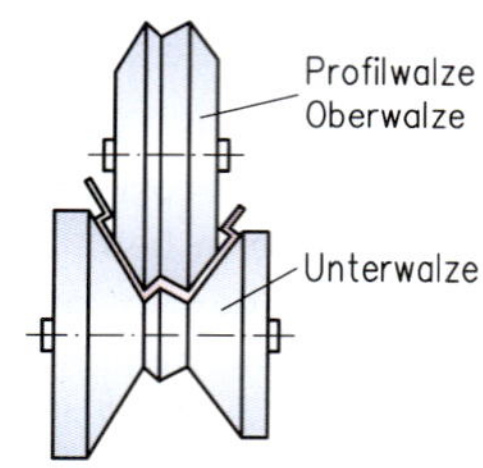

Profilwalzen

Biegeverfahren werden nach der Werkzeugbewegung in Verfahren mit geradliniger und Verfahren mit drehender Werkzeugbewegung unterschieden.

3.4 Werkzeuge zum Gesenkbiegen

3.4.1 Funktionseinheiten an Werkzeugen zum Gesenkbiegen

Biegewerkzeuge zum Gesenkbiegen sind aufgrund der Vielzahl der herzustellenden Werkstückformen sehr unterschiedlich gestaltet. Sie weisen aber alle bestimmte Teilsysteme auf. Diese sind:

- **Biegesystem.** Es bestimmt durch den Spalt zwischen Biegestempel und Biegegesenk die durch Umformen zu erzeugende Kontur.
- **Werkzeugführungssystem.** Es bestimmt den Weg des Stempels. Die Werkzeugführung geschieht durch die Säulen des Säulengestells. Durch Schieber, Hebel u. a. können auch vom senkrechten Hub abweichende Bewegungen des Biegestempels erzeugt werden.
- **Materialflusssystem.** Es hat die Aufgabe, die Rohteile zuzuführen, im Werkzeug zu positionieren und nach der Umformung auszustoßen.
- **Spannsystem.** Seine Aufgabe ist das Spannen des Werkzeuges auf der Presse und die Übertragung der Energie der Maschine auf das Werkzeug.

Beispiele **für die Funktionseinheiten an einem Gesenkbiegewerkzeug**

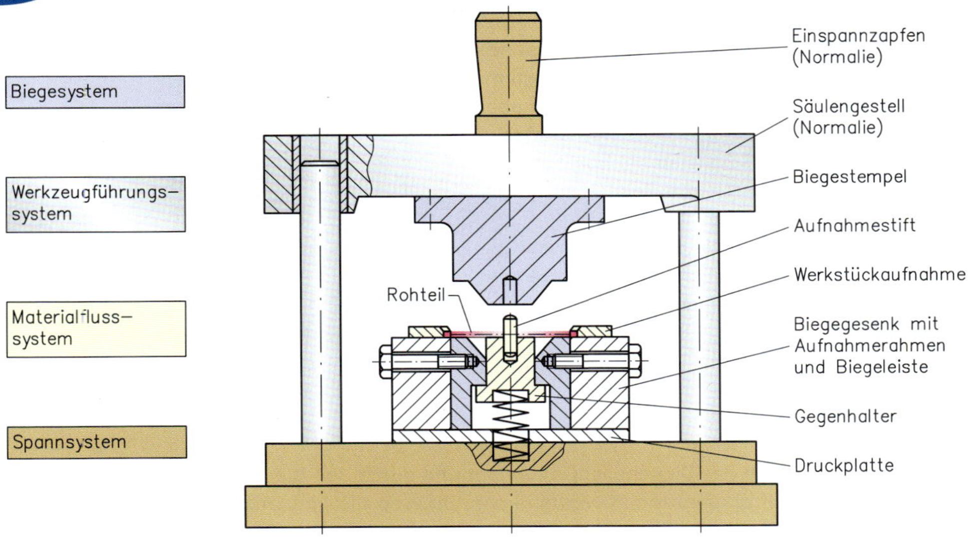

3.4.2 Biegestempel

Mithilfe des Biegestempels wird die gewünschte Werkstückform erzeugt. Sehr häufig erfordern die Werkstückformen V-, U-, oder Z-förmige Biegestempel.

Bei Biegestempeln, die gleichzeitig mehrere Biegungen erzeugen, ist der Stempel so zu gestalten, dass er mit seinen Biegekanten gleichzeitig auf das Rohteil auftrifft. Andernfalls kippt das Rohteil beim Auftreffen der ersten Biegkante und kann sich im Gesenk verschieben.

Beispiele **für Biegestempel**

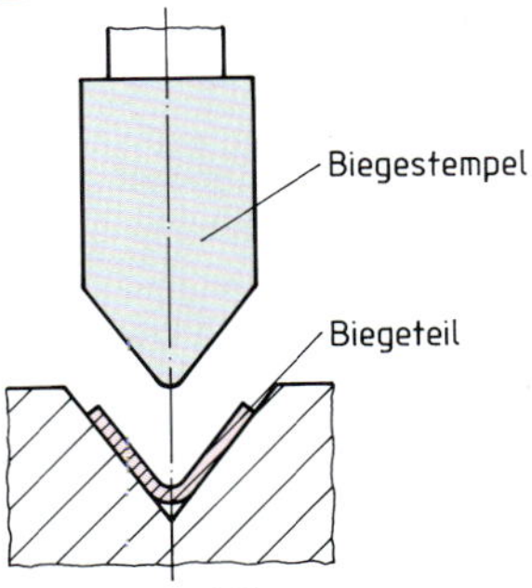

Biegestempel für V-förmige Biegeteile

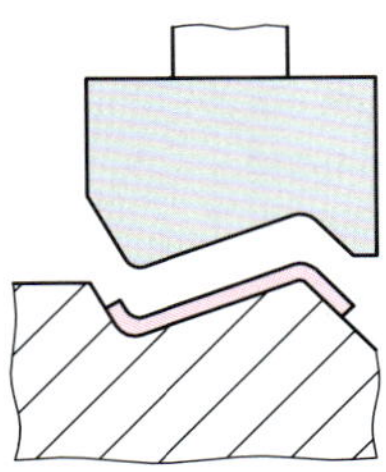

Biegestempel für Z-förmige Biegeteile

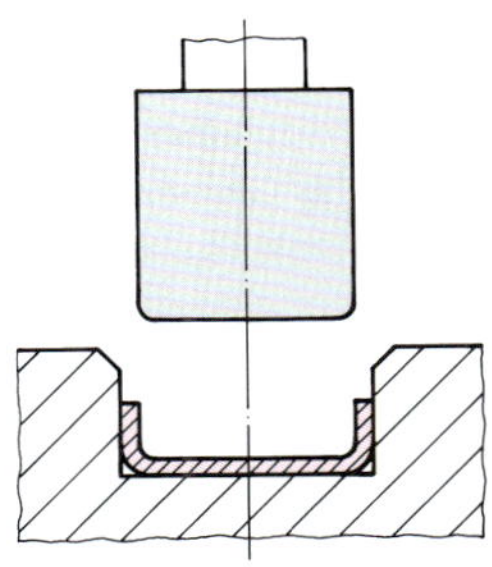

Biegestempel für U-förmige Biegeteile

Die konstruktive Ausführung der Biegestempel ist vielgestaltig. Für große Biegekräfte können Biegestempel aus Werkzeugstahl eingesetzt werden. Nachteilig ist hierbei jedoch der große Bedarf an höherwertigen Materialien.

Aus fertigungstechnischen bzw. wirtschaftlichen Gründen verwendet man zusammengesetzte Stempel. Hierbei setzt man z. B. in einem Grundkörper aus GJL-250 *Stahlleisten* aus 90MnV6 ein. Bei Verschleiß sind die Stahlleisten schnell austauschbar.

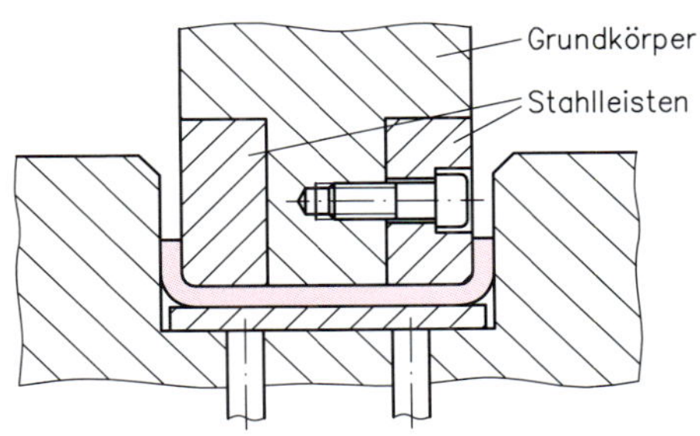

Biegestempel mit Stahlleisten

Für höhere Genauigkeitsanforderungen an die äußeren Abmessungen eines Biegeteils werden zusammengesetzte Biegestempel mit *beweglichen Biegebacken* eingesetzt. Das Gesenk erhält hierbei das äußere Sollmaß des Biegeteils. Setzt der Biegestempel am Ende des Biegevorganges auf, drückt er über den Keiltrieb die beweglichen Backen nach außen. Anschließend fährt der Biegestempel hoch und die Biegebacken werden durch die Federn zurückgedrückt.
Die beanspruchten Flächen des Stempels müssen gehärtet sein. Für die beweglichen Biegebacken im Stempel werden z. B. die Werkstoffe C105W1 oder 105MnCrV8 eingesetzt.

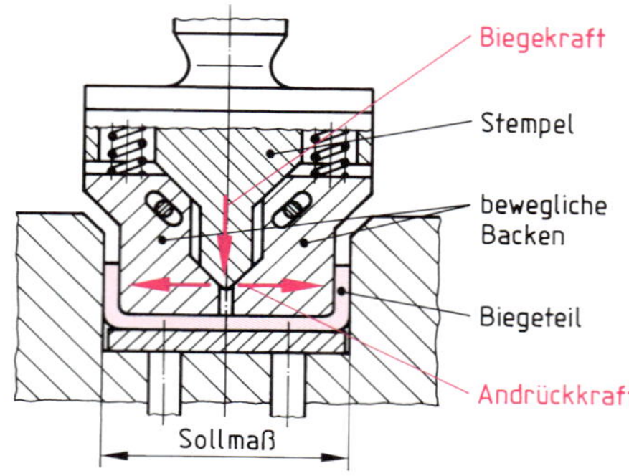

Biegestempel mit beweglichen Backen

3.4.3 Biegegesenk

Der Blechstreifen wird in das Biegegesenk eingelegt und durch den Biegestempel umgeformt. Damit der Blechstreifen einwandfrei eingezogen werden kann, müssen die Einlaufkanten und der Ziehspalt in bestimmter Weise gestaltet sein.

- **Gestaltung von Biegegesenken**

Die Biegekante des Biegegesenkes sollte mit einer *Einlaufrundung* oder *Einlaufschrägen* versehen werden. Hierdurch wird die Oberflächenbeschaffenheit des Biegeteils verbessert. Auch lassen sich Biegefehler wie Risse im Bereich des Biegeradius oder Querschnittsänderungen vermeiden.
Bei U-förmigen Biegewerkzeugen wird bei dünnen Blechen mit einer Blechdicke von $s < 2{,}75$ mm eine Einlaufrundung und bei dickeren Blechen eine Einlaufschräge angearbeitet. Die Schenkel des Biegeteiles sollten bis zu einer Schenkelhöhe von 25 mm vollständig in das Gesenk eintauchen. Dadurch kann ein gerader Schenkel gewährleistet werden. Der Abstand zwischen dem eingetauchten Schenkel des Biegeteiles und dem Einlaufende sollte $a > 2 \cdot s$ betragen.
Bei V-förmigen Biegewerkzeugen ist eine Einlaufrundung vorzusehen, die etwa der Blechdicke des Biegeteils entspricht. Um Oberflächenbeschädigungen, wie z. B. Druckstellen am Biegeteil, zu vermeiden, sollte die Gesenkweite w etwa (6 bis 10) s betragen.

Richtwerte für die Rundungen im Gesenk R_G und die Breite des Biegespaltes Z lassen sich für beide Gesenkformen wie folgt ermitteln:

Hinweise **zur Gestaltung der Gesenke**

U-Biegen

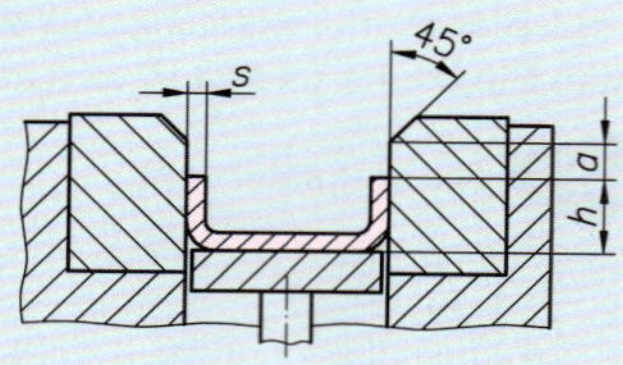

- $s < 2{,}75$ mm → Einlaufrundungen
  $s > 2{,}75$ mm → Einlaufschrägen
- bis $h = 25$ mm sollen die Schenkel des Biegeteils vollständig eintauchen
- $a > 2 \cdot s$

V-Biegen

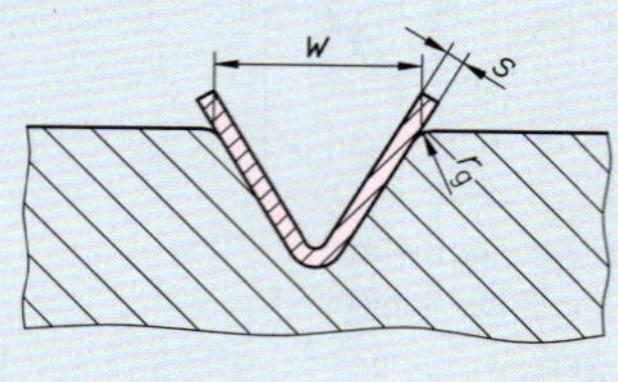

- $r_G = s$
- $w = (6 \text{ bis } 10) \cdot s$

$$R_G = 0{,}7 \cdot (R + s)$$

R_G Rundungen im Gesenk in mm
R Biegestempelradius in mm
s Werkstückdicke in mm

$$Z = s_{max} + 0{,}1 \cdot s$$

Z Breite des Biegespaltes in mm
s_{max} Nennmaß der Blechdicke + oberes Grenzmaß in mm

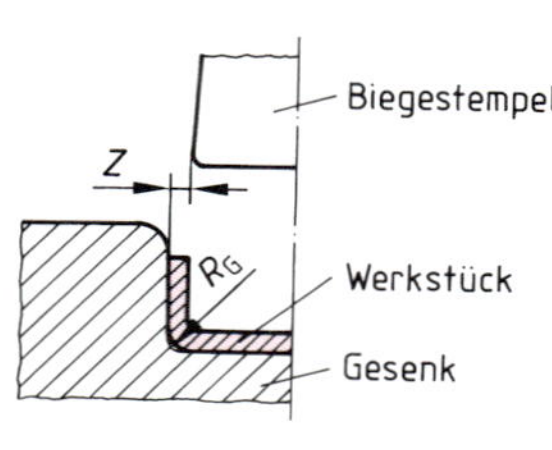

Beispiel für die Gestaltung eines U-Gesenkes

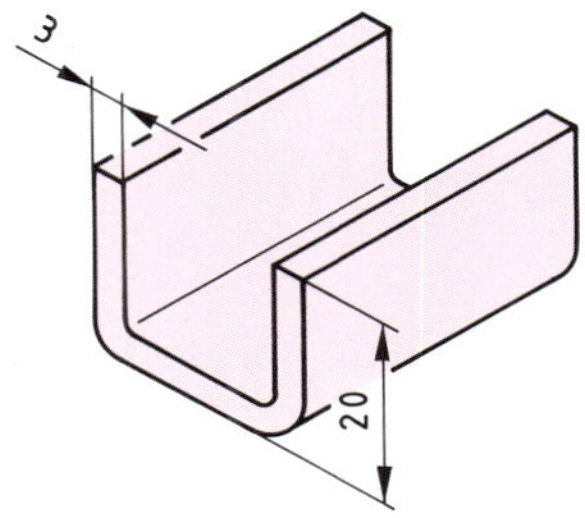

Aufgabe

Eine Blechabdeckung aus S235JR soll in einem U-Gesenk gebogen werden. Bestimmen Sie:

a) die Rundungen R_G im Gesenk,

b) die Spaltbreite Z,

c) den Abstand a vom Blechende bis zur Einlaufschrägen.

Gegeben:
$h = 20$ mm; $s = 3$ mm
$s_{max} = 3{,}1$ mm; $R = 3$ mm (Mindestbiegeradius)

Gesucht:
a) R_G b) Z c) a

Lösung

a) $R_G = 0{,}7\ (R + s)$
$R_G = 0{,}7$ (3 mm + 3 mm)
$R_G =$ **4,2 mm**

b) $Z = s_{max} + 0{,}1 \cdot s$
$Z = 3{,}1$ mm $+ 0{,}1 \cdot 3$ mm
$Z =$ **3,4 mm**

c) $a > 2 \cdot s = 2 \cdot 3$ mm
$a >$ **6 mm (gewählt 8 mm)**

Biegefehler beim Biegen im Gesenk vermeidet man, indem man folgende Konstruktionshinweise berücksichtigt:

- Einlaufrundungen oder Einlaufschrägen an den Biegekanten anbringen,
- Rundungen innerhalb des Gesenkes vorsehen,
- die Breite des Biegespaltes ausreichend bemessen.

In der einfachsten und kostengünstigsten Form ist das Gesenk als ein Bauteil gefertigt. Weitere Ausführungen sind Biegegesenke mit *eingesetzten Biegebacken* und Biegegesenke mit *beweglichen Biegebacken.*

- **Biegegesenke mit eingesetzten Biegebacken**

Bei den Biegegesenken mit eingesetzten Biegebacken wird das Gesenk aus einem allgemeinen Baustahl und die eingesetzten Biegebacken aus Werkzeugstahl bzw. gehärtetem Stahl gefertigt. Ist durch die mechanische Belastung der Verschleiß zu groß geworden, können die eingesetzten Biegebacken ausgewechselt werden. Diese Ausführung ist besonders bei größeren Serien vorteilhaft. Nachteilig ist jedoch der größere Fertigungsaufwand für Biegegesenke mit eingesetzten Biegebacken.

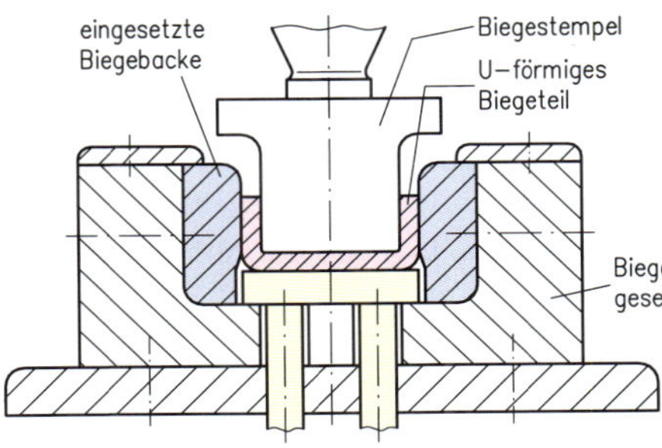

Biegegesenk mit eingesetzten Biegebacken

- **Biegegesenke mit beweglichen Biegebacken**

Werden höhere Genauigkeitsanforderungen an die inneren Abmessungen des Biegeteils gestellt, können Biegegesenke mit beweglichen Biegebacken eingesetzt werden. Die äußeren Abmessungen des Biegestempels entsprechen dem inneren Sollmaß des Biegeteils. Ist der Biegevorgang beendet, drückt der Biegestempel auf die Biegebacken. Die beweglichen Biegebacken werden über eine Schräge gegen die Schenkel des Biegeteils gedrückt und erzeugen dadurch einen seitlichen Druck. Biegegesenke mit beweglichen Backen werden für Biegeteile mit höheren Genauigkeitsanforderungen eingesetzt.

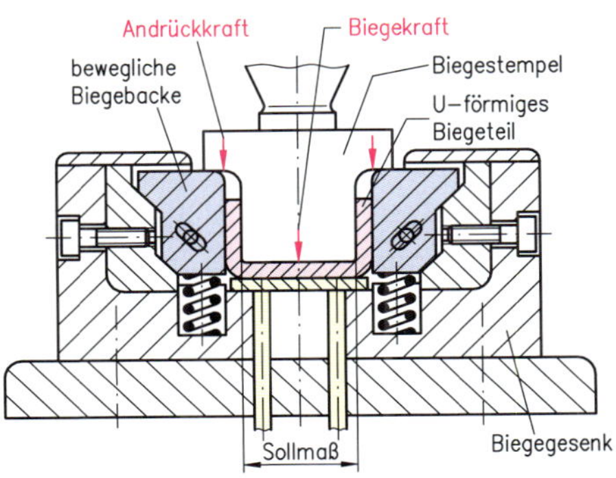

Biegegesenk mit beweglichen Biegebacken

Biegegesenke mit eingesetzten Biegebacken erlauben den schnellen Austausch der Backen bei Verschleiß. Biegegesenke mit beweglichen Biegebacken benutzt man, wenn die inneren Abmessungen des Biegeteils sehr genau sein müssen.

3.4.4 Gegenhalter

Während des Umformprozesses darf das Werkstück im Biegewerkzeug nicht verrutschen. Hierzu werden *federnde Gegenhalter* eingebaut, die schon zu Beginn des Umformvorganges den Zuschnitt gegen das Biegewerkzeug drücken. Der Gegenhalter sollte in seiner obersten Position etwa 0,5 mm über der Biegekante liegen.
Ist der Umformvorgang beendet, fährt das Biegewerkzeug zurück. Der federnde Gegenhalter drückt das Biegeteil aus dem Werkzeug heraus.

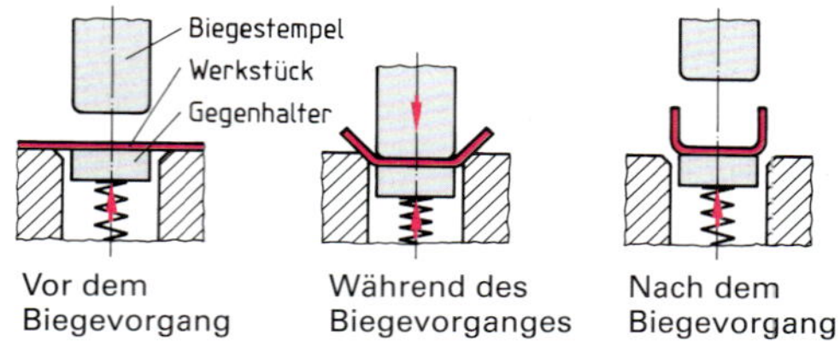

Wirkungsweise des Gegenhalters

Gegenhalter verhindern das Verrutschen des Bleches während des Biegevorganges und erleichtern das Entformen des Biegeteiles.

3.5 Gestaltung von Werkstückaufnahmen

Werkstückaufnahmen sollen das zugeführte Werkstück in eine bestimmte Lage zur Biegeform bringen, um ein maßgerechtes Biegeteil herzustellen. Diese Lagebestimmung kann z. B. durch eine geteilte oder geschlossene Werkstückaufnahme bzw. durch Aufnahmestifte oder Anschläge erfolgen. Bei der Gestaltung der Werkstückaufnahmen gelten folgende Grundsätze:

- Der Biegevorgang darf nicht behindert werden.
- Das Werkstück muss schnell und sicher zugeführt bzw. das Biegeteil herausgenommen werden können.
- Werkstückaufnahmen, die das Werkstück umgrenzen, müssen mit einer Einlaufschräge von 30° bis 45° versehen werden.
- Aufnahmestifte sind keglig und mit abgerundeter Spitze auszuführen.
- Die Werkstückaufnahme und die Biegeform sind getrennt voneinander zu gestalten, damit Instandhaltungsarbeiten bzw. Umrüstarbeiten schnell durchgeführt werden können.
- Die Werkstückaufnahme, der Aufnahmestift oder der Anschlag sind etwa 1,3-mal so dick wie das Werkstück auszuführen.

Beispiele für Werkstückaufnahmen

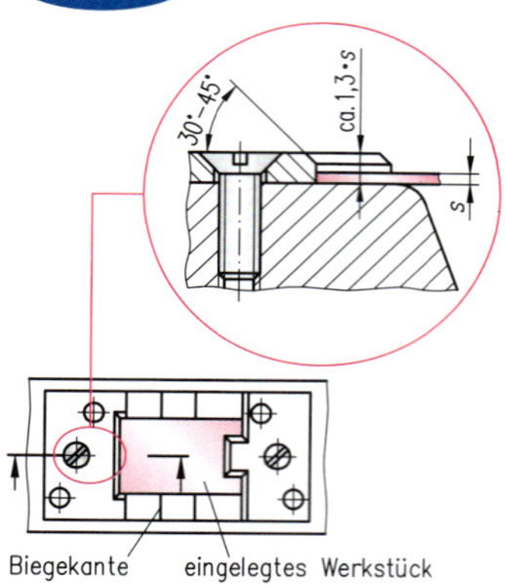

Geteilte Werkstückaufnahme

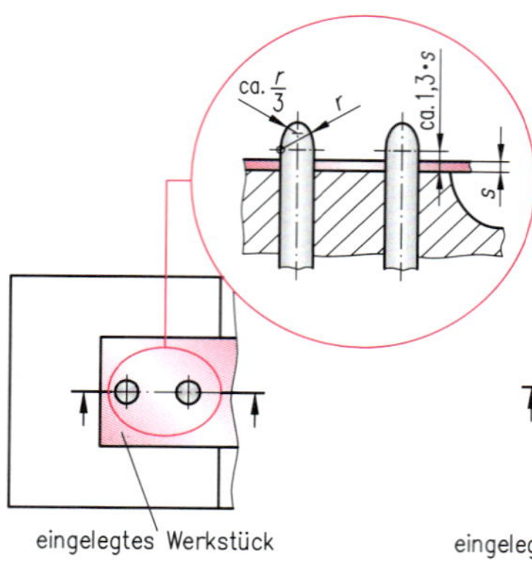

Werkstückaufnahme durch Aufnahmestifte

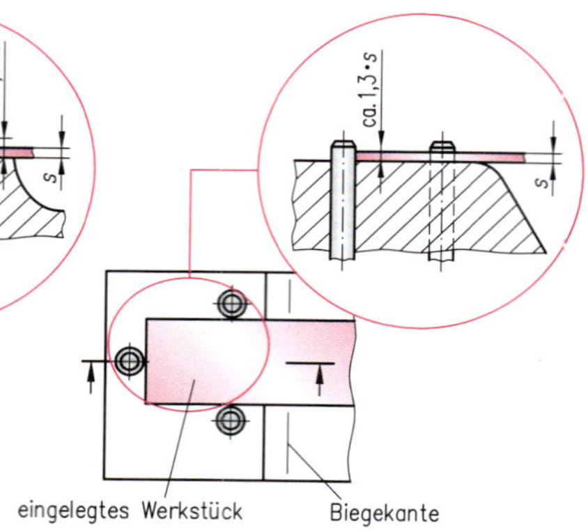

Werkstückaufnahme durch Anschläge

Werkstückaufnahmen müssen das Werkstück positionieren.
Durch Aufnahmestifte kann das Werkstück in einer Richtung fixiert werden.

3.6 Werkzeuge zum Biegen in elastischen Kissen

Das Biegen in elastischen Kissen wird hauptsächlich in der Klein- und Mittelserienfertigung eingesetzt, da es ein kostengünstiges Verfahren ist.
Aufwändige Umrüstarbeiten der Biegewerkzeuge bei Maß- und Formänderungen des Biegeteils entfallen. Es ist oftmals nur das elastische Kissen auszutauschen.
Die Werkzeuge zum Biegen in elastischen Kissen erlangen bei beschichteten Blechen oder bei Blechen mit polierten Oberflächen eine immer größere Bedeutung. Es werden z. B. Kratzer bei polierten Blechen oder Risse bei beschichteten Blechen in der Umformzone vermieden.

Im elastischen Kissen umgeformte Teile

- **Aufbau des Biegewerkzeuges**

Die Arbeitseinheit des Biegewerkzeuges setzt sich aus einem *Werkzeugoberteil* und einem *Werkzeugunterteil* zusammen.
Das Werkzeugoberteil besteht aus einem Biegestempel aus Stahl und einem Einspannzapfen. Mit dem genormten Einspannzapfen wird der Stempel über ein Säulengestell mit dem Pressenstößel verbunden.
Im Werkzeugunterteil wird das elastische Kissen entweder in ein herkömmliches Gesenk oder in eine einfach herzustellende Vorrichtung, einer sogenannten Koffer-Aufnahme, eingesetzt. In der Praxis werden **Elastomer-Biegekissen** verwendet. Elastomer-Kissen erhält man im Handel als Voll- und Hohlprofile.
In der Blechumformung werden heute im Wesentlichen synthetisch hergestellte Elastomere, wie z. B. **Polyurethan-Kautschuk,** eingesetzt.

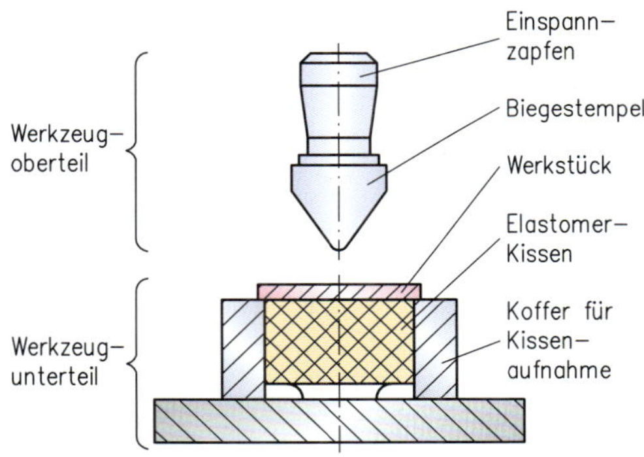

Elastomer-Biegewerkzeug

Das Biegewerkzeug setzt sich aus einem Werkzeugoberteil mit dem Biegestempel und einem Werkzeugunterteil mit dem Elastomerkissen zusammen.
Das Biegen mithilfe des elastischen Kissens ist ein kostengünstiges Verfahren.

Für die Gestaltung des Werkzeuges ist zu berücksichtigen, dass das Volumen des elastischen Werkstoffes während des Umformprozesses konstant bleibt. Das durch die Umformung verdrängte Volumen des Elastomers muss in konstruktiv vorgegebene Hohlräume ausweichen können. Diese Hohlräume werden durch folgende Maßnahmen erreicht:

- eine entsprechende Kofferkonstruktion,
- innere Hohlräume im Elastomerkissen.

Die Eindringtiefe des Biegestempels in das Elastomerkissen beeinflusst den Biegewinkel. Dringt der Biegestempel jedoch zu weit ein, so reißt die Oberfläche des Elastomerkissens und ist nach kurzer Zeit zerstört. Man wählt daher einen möglichst kleinen Stempelweg. Kennwerte für die Verdrängung des elastischen Materials und der daraus folgenden höchsten Eindringtiefe sind den Herstellerunterlagen zu entnehmen.

Das Volumen des elastischen Werkstoffes, das während des Umformvorganges verdrängt wird, muss in Hohlräume ausweichen können. Diese Hohlräume können durch Gestaltung der Kofferkonstruktion oder durch innere Hohlräume im Elastomerkissen geschaffen werden.

3.7 Rollbiegesystem

Beim Rollbiegen wird ein angekippter Vorformling durch das Biegesystem eingerollt. Dabei werden z. B. Rollungen an Scharnieren und Wülste an tiefgezogenen Bauteilen erzeugt.
Nach dem Aufbau der Werkzeuge unterscheidet man senkrecht bzw. waagrecht angeordnete Rollbiegewerkzeuge.
Senkrecht arbeitende Rollbiegesysteme werden vorwiegend bei kleinen Biegeradien und zum Umrollen von Rändern an Tiefziehteilen eingesetzt.

Scharniere

Die waagrecht angeordneten Rollbiegewerkzeuge werden hauptsächlich bei längeren Zuschnitten eingesetzt, da hierbei nicht die Gefahr des seitlichen Ausknickens während des Biegevorganges besteht.

Beispiele für Rollbiegesysteme

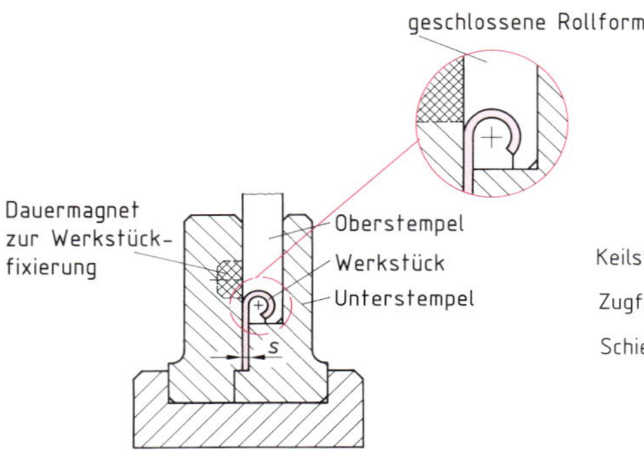

Senkrecht angeordnetes Rollbiegewerkzeug

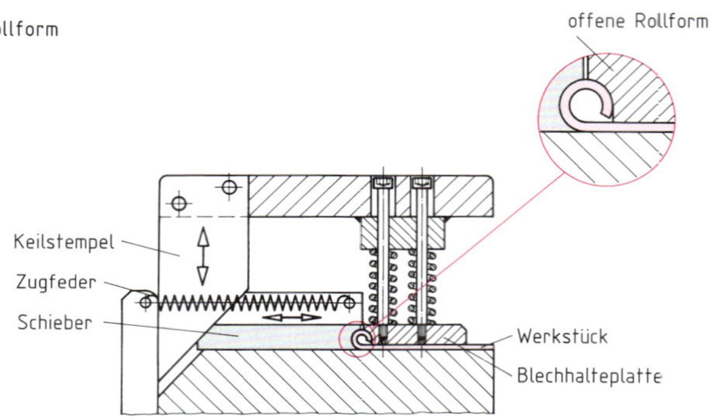

Waagrecht angeordnetes Rollbiegewerkzeug

Da das Werkstück vor dem Biegevorgang eine geradlinige Kante besitzt, muss es vor dem Rollbiegen vorgebogen, d. h. angekippt werden. Nicht angekippte Werkstücke neigen zu seitlichem Ausbrechen mit anschließender Knickung. Das Ankippen kann bei Schnittteilen durch den Schneidstempel erfolgen. Die Blechdicke beim Ankippen durch den Schneidstempel muss jedoch unter 2 mm liegen. Bei dickeren Werkstücken wird ein Ankippwerkzeug eingesetzt.

Beispiele für das Ankippen von Werkstücken vor dem Rollbiegen

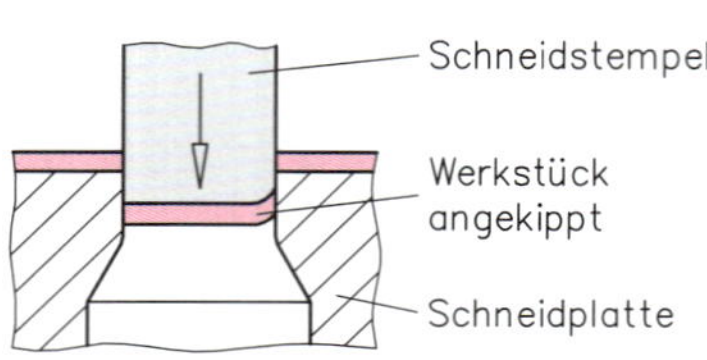

durch Schneidstempel

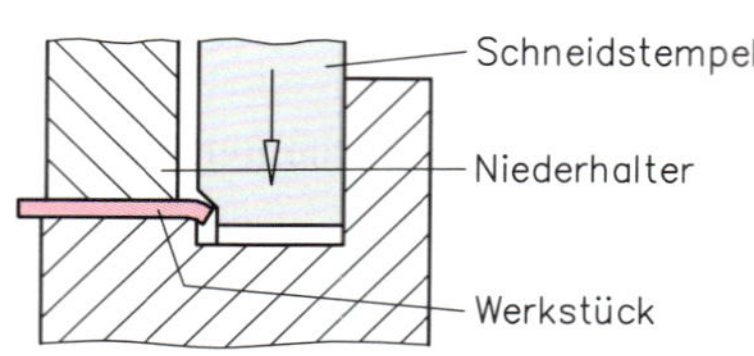

durch Ankippwerkzeug

Durch Rollbiegen werden z. B. Rollungen an Scharnieren und Wülste an tiefgezogenen Bauteilen erzeugt.
Um ein seitliches Ausknicken während des Rollbiegevorgangs zu vermeiden, ist ein Ankippen der Werkstücke erforderlich.

4 Werkzeuge zum Tiefziehen

4.1 Tiefziehen

Das Normblatt DIN 8584 definiert Tiefziehen als ein Zugdruckumformen eines Blechzuschnitts zu einem Hohlkörper oder Zugdruckumformen eines Hohlkörpers zu einem Hohlkörper mit kleinerem Umfang ohne beabsichtigte Veränderung der Blechdicke.

Durch Tiefziehen lassen sich Werkstücke mit hohem Genauigkeitsgrad sowohl in Großserien, z. B. in der Haushaltsmittel- oder Fahrzeugindustrie, wie auch in Kleinserien, z. B. in der Flugzeugindustrie, herstellen.

Tiefziehteile

Das Tiefziehwerkzeug besteht im Wesentlichen aus den Bauteilen *Ziehstempel, Ziehring* und *Niederhalter.* Die Kraftübertragung auf das Werkzeugoberteil erfolgt über den Pressenstößel. Das Werkzeugunterteil ist auf dem Pressentisch aufgespannt.

Während der Umformung wird der Werkstoff durch den Ziehstempel in den Ziehspalt gezogen und zu einem Hohlkörper umgeformt. Der Ziehspalt wird durch den Ziehstempel und Ziehring gebildet. Der Verfahrensablauf ist durch vier Phasen gekennzeichnet:

- Die Blechronde zentrisch auf den Ziehring auflegen.
- Der Niederhalter drückt die Blechronde auf den Ziehring.
- Der Ziehstempel zieht die Blechronde durch den Ziehspalt der Öffnung zwischen Ziehstempel und Ziehring.
- Hohlkörper können durchgezogen oder durch eine zusätzliche Einrichtung, z. B. einem Auswerfer, entformt werden.

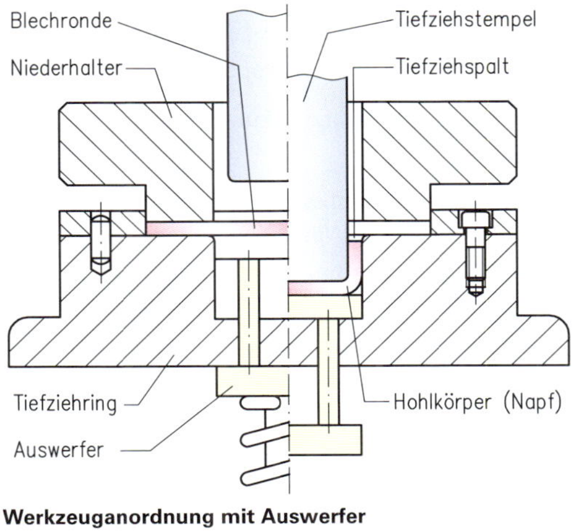

Werkzeuganordnung mit Auswerfer

Mithilfe von Tiefziehwerkzeugen werden Hohlkörper hergestellt.
Die wesentlichen Bauteile sind Ziehstempel, Niederhalter und Ziehring.

4.2 Formänderungen und Spannungen beim Tiefziehen

- **Formänderung**

Zur Herstellung eines Tiefziehteiles wird eine Kraft über den Stempel eingeleitet. Dadurch wird der Blechzuschnitt in den Ziehring hineingezogen. Der Bereich der eigentlichen Umformung liegt jedoch im Flansch und im Übergang vorn Flansch zur Zarge.

Ausgehend von einem runden Blechzuschnitt kann man sich die Erzeugung des zylindrischen Hohlkörpers durch das Hochklappen von Rechtecken vorstellen. Die nebenstehende Veranschaulichung zeigt, dass beim Hochklappen dreieckige Blechabschnitte übrig bleiben würden. Dieses Material würde beim Tiefziehen ohne Niederhalter im Flansch zu einer *Faltenbildung* führen.

Beim Tiefziehen mit Niederhalter wird das Blech zwischen Niederhalter und Ziehring gestaucht. Da das Blechvolumen vor und nach dem Tiefziehvorgang gleich groß sein muss, bleibt dem Material nur noch ein Ausweichen in axialer Richtung (Verlängerung). Der Niederhalter verhindert somit die Faltenbildung.

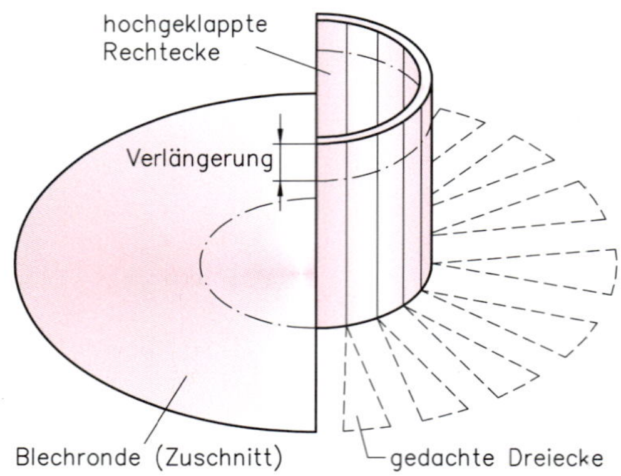

Tiefziehvorgang

Beim Tiefziehvorgang bleibt das Blechvolumen konstant.
Das überschüssige Material wird beim Tiefziehen mit Niederhalter in axialer Richtung verdrängt.

- **Spannung**

Betrachtet man die Spannungen, die sich durch diese Formänderung ergeben, muss der Hohlkörper in die Bereiche Flansch, Übergang Flansch zur Zarge und Zarge unterteilt werden.

Die Tiefziehkraft erzeugt im Flansch eine radiale Zugspannung σ_Z, die zu einer Streckung des Materials führt. In tangentialer Richtung wird das Material gestaucht, wodurch eine Druckspannung σ_{D1} entsteht.

Im Übergang vom Flansch zur *Zarge* wird das Material gebogen.

In der Zarge des Hohlkörpers erzeugt die Tiefziehkraft im Material im Wesentlichen eine axiale Zugspannung.

Die Zugspannungen sind im Bereich der Stempelrundungen und in der Zarge des Hohlkörpers besonders groß. Diese hohen Zugspannungen können zu einer Wandschwächung führen und sind demnach besonders rissgefährdend.

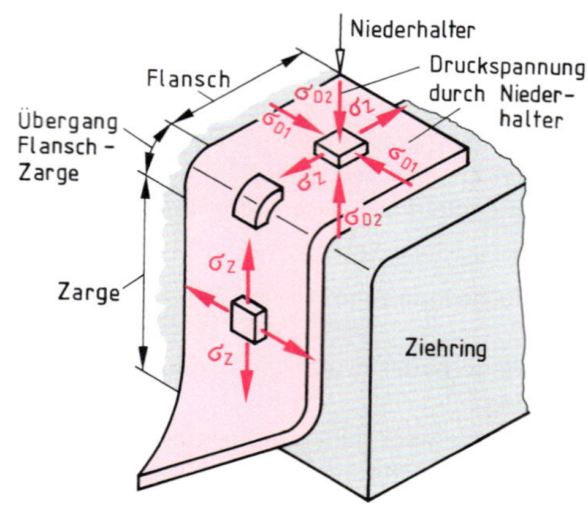

Spannungen in einem Ziehteil

Beim Tiefziehvorgang entstehen im Flansch des Hohlkörpers radiale Zugspannungen und tangentiale Druckspannungen. In der Zarge des Hohlkörpers herrschen axiale Zugspannungen vor.

4.3 Einteilung der Werkzeuge zum Tiefziehen

Nach DIN 8584 wird das Fertigungsverfahren Tiefziehen in die drei Bereiche Tiefziehen mit Werkzeugen, Tiefziehen mit Wirkmedien und Tiefziehen mit Wirkenergie unterteilt.
Beim Tiefziehen mit Werkzeugen wird ein Zuschnitt oder ein Hohlkörper mit einem Ziehstempel in einen Ziehring oder in ein nachgiebiges Kissen gezogen.

Tiefziehen mit Werkzeugen

- **Tiefziehen mit starrem Werkzeug**
- **Tiefziehen mit nachgiebigem Werkzeug**

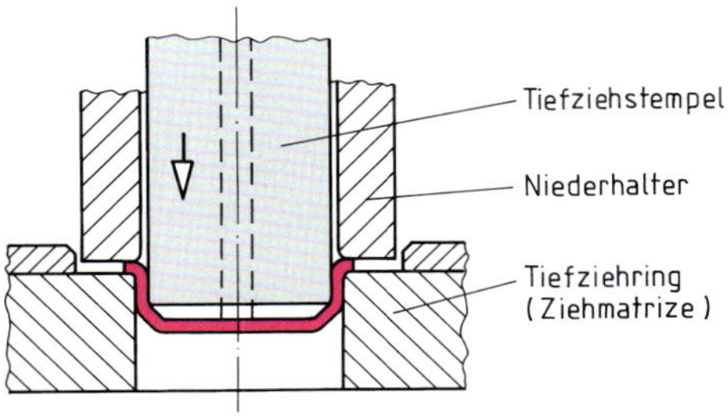

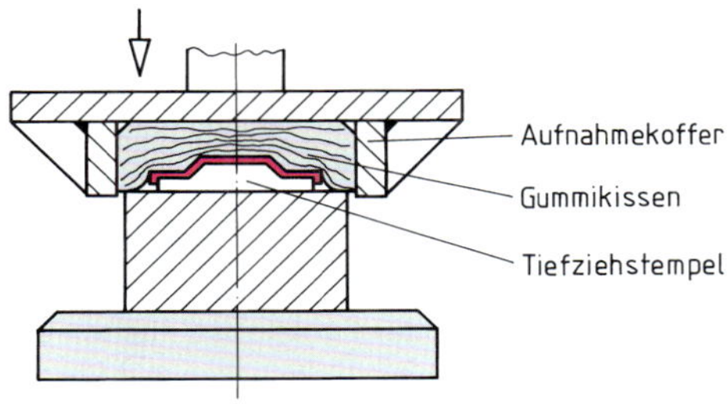

Im Folgenden wird ausschließlich das **Tiefziehen mit starren Werkzeugen** behandelt.

4.4 Gestaltung der Funktionseinheiten an Tiefziehwerkzeugen

Für die Herstellung von Hohlkörpern mit Tiefziehwerkzeugen muss dem Werkzeug ein Blechzuschnitt zugeführt werden. Der Blechzuschnitt muss eine bestimmte Lage zum Werkzeug einnehmen. Die für den Tiefziehvorgang notwendige Kraft wird durch eine Presse auf das Werkzeug übertragen. Nach dem Tiefziehvorgang kann es erforderlich sein, das Werkstück aus dem Werkzeug zu entformen.

Beispiel **für ein Tiefziehwerkzeug**

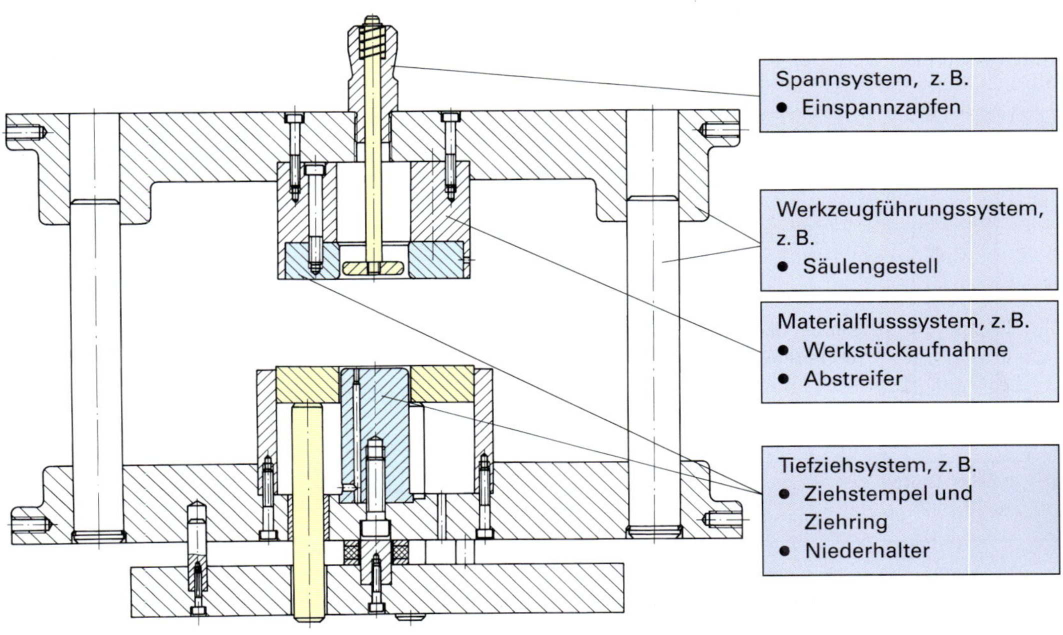

Die Teilsysteme erfüllen folgende Aufgaben:

- Das **Tiefziehsystem** erfüllt unmittelbar als das Arbeitssystem die Hauptfunktion „Stofffluss".
- Das **Spannsystem** verbindet das Werkzeugoberteil mit dem Pressenstößel und das Werkzeugunterteil mit dem Pressentisch.
- Das **Materialflusssystem** soll den Blechzuschnitt zuführen, die Lage des Bleches zum Werkzeug sichern und das Tiefziehteil gegebenenfalls entformen.
- Das **Werkzeugführungssystem** führt den beweglichen Teil des Tiefziehwerkzeuges.

4.4.1 Tiefziehsysteme

Für die Gestaltung der Elemente des Tiefziehsystems sind im Wesentlichen folgende Prozesskenngrößen zu berücksichtigen:

- die herzustellende Stückzahl,
- die Blechdicke,
- die erforderliche Tiefziehkraft,
- der Tiefziehspalt,
- der Werkstoff des Blechzuschnitts,
- die Genauigkeitsanforderungen an das Tiefziehteil,
- die Verringerung des Durchmessers je Arbeitsgang.

Bei der Gestaltung der Funktionseinheiten des Tiefziehwerkzeuges sind diese Kenngrößen zu berücksichtigen. Die Elemente erfüllen folgende Aufgaben:

- Der Ziehstempel und der Ziehring führen den Umformvorgang durch.
- Der Niederhalter hat die Aufgabe, die Faltenbildung beim Tiefziehteil zu verhindern.

Das Tiefziehsystem als Arbeitseinheit des Tiefziehwerkzeuges besteht aus:
- dem starren Ziehstempel,
- dem Ziehring und
- dem Niederhalter.

• Tiefziehstempel

Die Form des Tiefziehstempels richtet sich nach dem Werkstück. Man unterscheidet Ziehstempel aus einem Stück und zusammengesetzte Ziehstempel. Die zusammengesetzten Tiefziehstempel haben den Vorteil, dass bei Verschleiß nur der Einsatz ausgetauscht werden muss. Andererseits erhöhen sich die Fertigungskosten.

Die Tiefziehstempel sind mit *Luftkanälen* zu versehen. Diese Kanäle dienen der Be- und Entlüftung und vermeiden damit eine Formänderung des Tiefziehteiles, da der Aufbau eines Unterdruckes während des Rückzuges verhindert wird. Des Weiteren erleichtert man das Abstreifen des Ziehteiles vom Stempel.

Ziehstempel aus einem Stück		**Zusammengesetzter Ziehstempel**
Stempel ohne Luftkanal	**Stempel mit Luftkanal**	
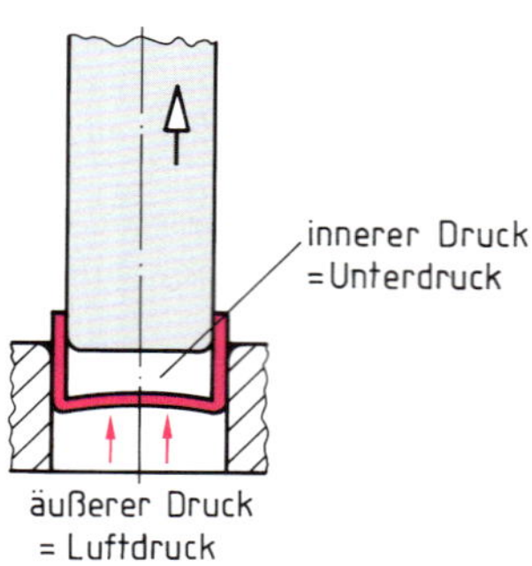	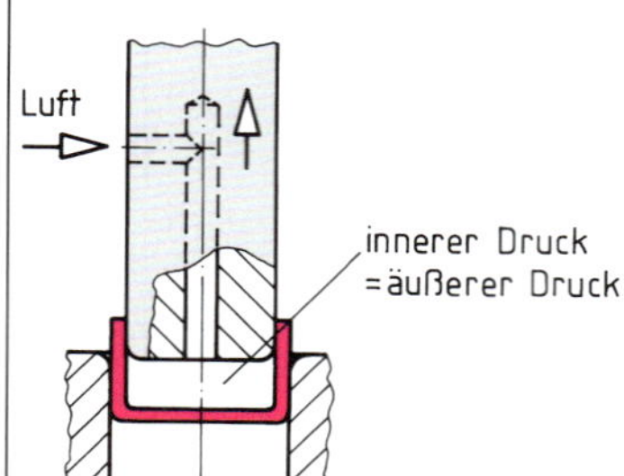	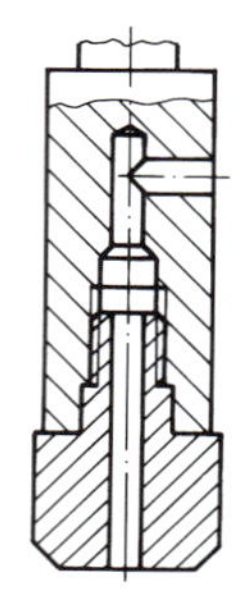

Die Be- und Entlüftung durch Luftkanäle verhindert Formänderungen der Tiefziehteile.

• Tiefziehring

Das Tiefziehsystem im starren Werkzeug setzt sich im Wesentlichen aus den Bauteilen Tiefziehring und Tiefziehstempel zusammen. Zur Herstellung eines Hohlkörpers wird der Blechzuschnitt durch den Tiefziehstempel in den Tiefziehring hineingezogen. Der Tiefziehring wird in der Regel aus einem Stück gefertigt.

Die geometrische Form der Tiefziehringe wird je nach Werkstückform und Einsatzgebiet ausgewählt. Ein zylindrischer Tiefziehring kann nur bei geringer Ziehtiefe eingesetzt werden. Mit größer werdender Ziehtiefe steigen die Reibungskräfte zwischen Ziehteil und Ziehring. Dadurch erhöht sich die Tiefziehkraft. Darüberhinaus verschlechtert sich die Oberflächengüte des Tiefziehteiles.

Bei größeren Ziehtiefen werden bevorzugt Ziehringe mit kurzem zylindrischen Durchbruch eingesetzt, der dann aufgeweitet wird. Die Reibungskräfte und damit die Ziehkraft verringern sich dadurch.

Tiefziehringe für den Weiterzug werden mit einer Einlaufschrägen versehen. Der Winkel der Einlaufschrägen beträgt erfahrungsgemäß etwa 40°.

Die Qualität des Tiefziehteiles ist wesentlich von der Bestimmung der Ziehkantenrundung abhängig. Bei zu großer Ziehkantenrundung besteht die Gefahr der Faltenbildung (siehe Kapitel „Tiefziehfehler“, Seite 579). Fertigt man einen Ziehring mit zu kleiner Ziehkantenrundung, erhöhen sich die Spannungen in der Umformzone und es besteht die Gefahr, dass es zu *Bodenreißern* kommt.

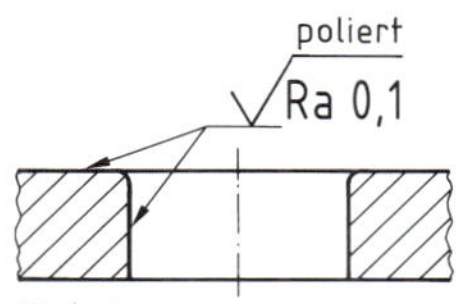

Zylindrischer Ziehring

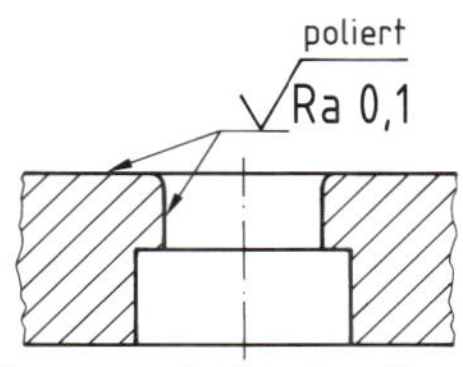

Ziehring mit kurzem zylindrischen Durchbruch

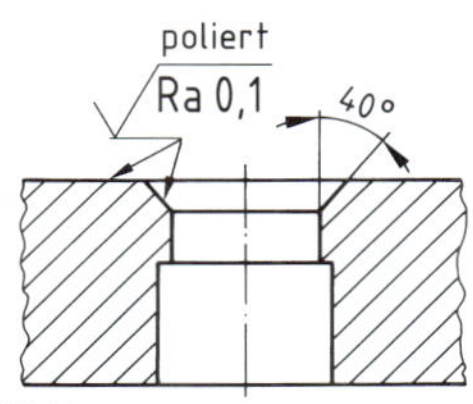

Ziehring für Weiterzug

Tiefziehringformen

Der Tiefziehring bestimmt die Außenkontur des Tiefziehteiles. Die Qualität des Tiefziehteiles hängt maßgeblich von der richtigen Bestimmung der Ziehkantenrundung ab.

• Niederhalter

Durch den Niederhalter wird der Blechzuschnitt mit einer bestimmten Niederhalterkraft auf den Flansch gedrückt. Dadurch wird eine Faltenbildung vor allem bei Dünnblechen vermieden.
Im Erstzug setzt man plattenförmige Niederhalter ein. Für den vorgezogenen Hohlkörper benötigt man dann im Weiterzug einen hülsenförmigen Niederhalter.

Beispiele **für Ausführungen von Niederhaltern**

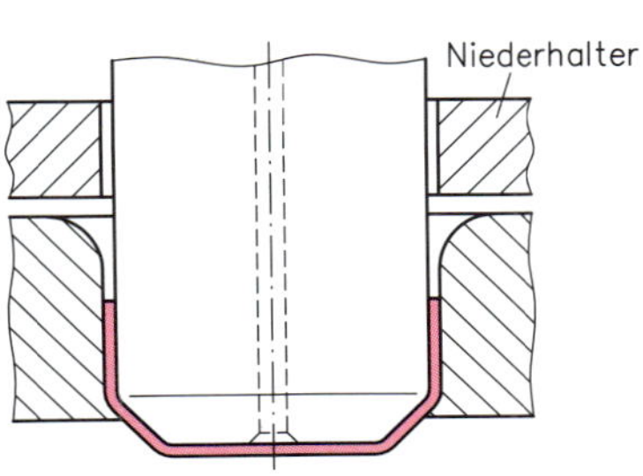

Niederhalter für den Erstzug

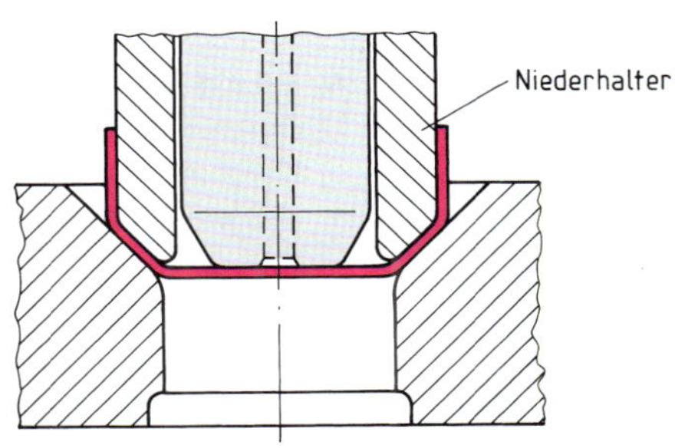

Niederhalter für den Weiterzug

Der notwendige Niederhalterdruck kann durch *Federn* oder durch pneumatische bzw. *hydraulische Ziehkissen* aufgebracht werden. Beim Einsatz von Federn sollte man darauf achten, dass der Federweg möglichst lang ist. Ein zu kurzer Federweg erzeugt einen zu hohen Niederhalterdruck. Die Veränderung des Niederhalterdruckes ist nur durch einen relativ großen Montageaufwand möglich.
Beim Einsatz pneumatischer bzw. hydraulischer Zieheinrichtungen ist die Einstellung des Niederhalterdruckes wesentlich einfacher. Während des Ziehvorganges kann der Niederhalterdruck etwa konstant gehalten werden.

Beispiele für konstruktive Ausführungen von Niederhaltern

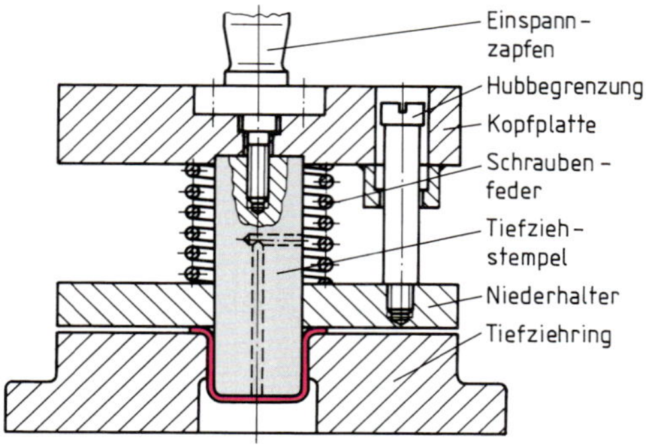

Durch Federn betätigter Niederhalter

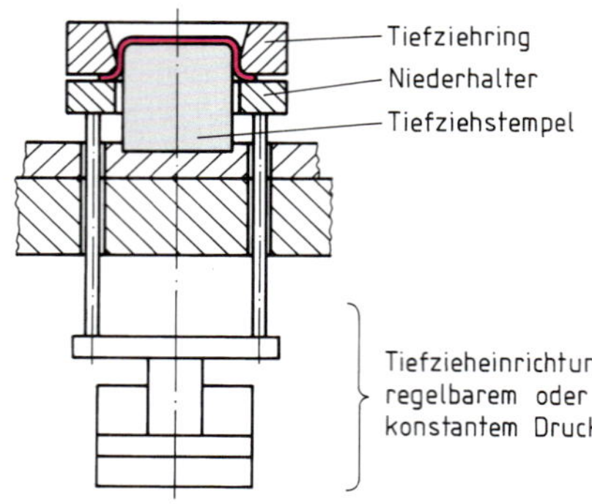

Pneumatisch bzw. hydraulisch betätigter Niederhalter

Durch den Einsatz von federbetätigtem Niederhalter oder pneumatisch bzw. hydraulisch betätigtem Ziehkissen soll eine Faltenbildung an dem Ziehteil verhindert werden.

- **Berechnungsgrundlagen zum Tiefziehsystem**

Die wesentlichen Berechnungsgrößen des Tiefziehsystems sind:

- die Stempelkantenrundung R_{St},
- der Abrundungshalbmesser am Ziehring R_Z,
- der Ziehspalt u_Z.

In der nachfolgenden Tabelle sind für das Tiefziehsystem die entsprechenden Formeln zusammengestellt:

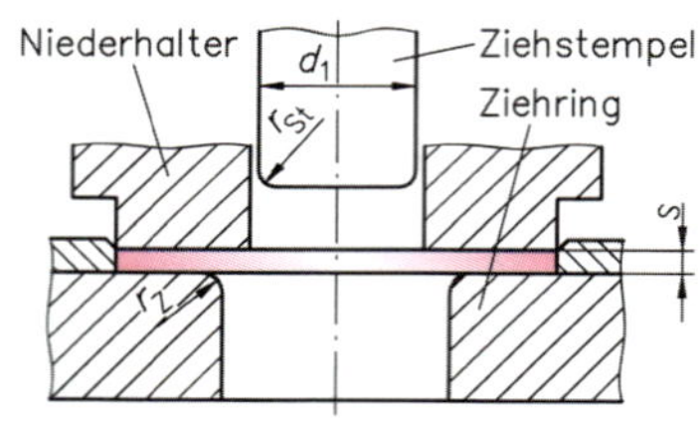

Tiefsiehsystem (Benennungen)

Berechnungsgröße	Formel	Hinweis
Stempelkantenrundung R_{St}	$\mathbf{R_{St} = (3 \text{ bis } 5) \cdot R_Z}$ R_{St} Stempelkantenrundung in mm R_Z Radius am Ziehring in mm	Die Stempelkantenrundung R_{St} ist notwendig, um das Einschneiden des Stempels in das Werkstück zu verhindern.
Abrundungshalbmesser am Ziehring R_Z	$\mathbf{R_Z = 0{,}035 \cdot [50\ mm + (D_0 - d_1)] \cdot \sqrt{s}}$ D_0 Durchmesser des Blechzuschnittes in mm d_1 Durchmesser des Tiefziehstempels in mm s *Zahlenwert* der Blechdicke	Die Stempelkantenrundung R_{St} muss immer größer als die Rundung an dem Ziehring R_Z sein.
Ziehspalt u_Z	$\mathbf{u_Z = s + K \cdot \sqrt{10 \cdot s}}$ u_Z Ziehspalt in mm Werkstoffbeiwert K: Stahl 0,07; Al-Legierungen 0,02; NE-Metalle 0,04, hochwarmfeste Legierungen 0,2.	Der Ziehspalt u_z ist etwas größer als die Blechdicke s; er hängt vom Werkstückwerkstoff (Faktor K) und von der Blechdicke ab.

- **Berechnungsbeispiel zum Tiefziehsystem**

Eine Abdeckkappe für Elektrobauteile aus DC04 (1.0338) soll durch Tiefziehen hergestellt werden. Bestimmen Sie folgende Kennwerte für die Gestaltung der Bauteile eines Tiefziehsystems für den Erstzug:

a) den Abrundungshalbmesser R_Z für den Ziehring,
b) die Stempelkantenrundung R_{St},
c) den Ziehspalt u_Z.

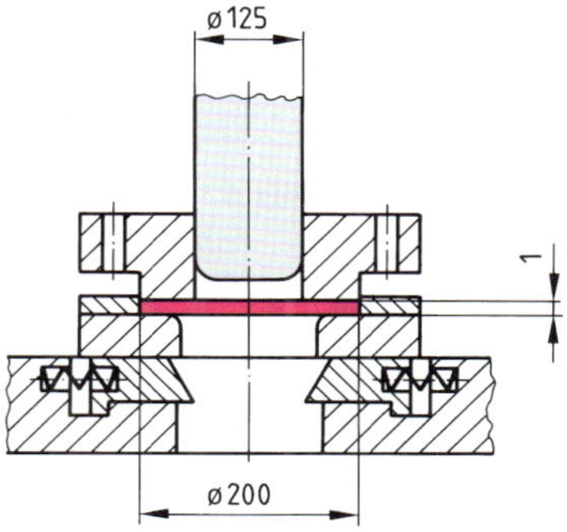

Gegeben:
d_1 = 125 mm
D_0 = 200 mm
Blechdicke = 1 mm

Gesucht:
a) R_Z
b) R_{St}
c) u_Z

Lösung:

$R_Z = 0{,}035 \cdot [50\text{ mm} + (D_0 - d_1)] \cdot \sqrt{s}\,]$
$\quad = 0{,}035 \cdot [50\text{ mm} + (200\text{ mm} - 125\text{ mm})] \cdot \sqrt{1}\,]$
$R_Z = 4{,}375$ mm
gewählt $\boldsymbol{R_Z = 4{,}5}$ **mm**

$R_{St} = (3 \text{ bis } 5) \cdot r_R$
$\quad = 4 \cdot 4{,}5$ mm
$\boldsymbol{R_{St} = 18}$ **mm**

$u_Z = s + K \cdot \sqrt{10 \cdot s}$ mm
$\quad = 1\text{ mm} + 0{,}07 \cdot \sqrt{10 \cdot 1}$ mm
$\boldsymbol{u_Z = 1{,}22}$ **mm**

4.4.2 Materialflusssystem

Das Tiefziehwerkzeug muss den Blechzuschnitt aufnehmen und nach dem Ziehvorgang das Werkstück aus dem Tiefziehring herausheben bzw. von dem Stempel abzustreifen.

- **Auswerfer und Abstreifer**

Ist der Tiefziehvorgang beendet, muss das Werkstück *entformt* werden. Man unterscheidet aufgrund des Aufbaus des Tiefziehwerkzeuges zwischen Auswerfer und Abstreifer.

Der Auswerfer kann z. B. durch eine Feder betätigt werden, um das Werkstück, nachdem der Stempel zurückgefahren ist, aus dem Ziehring zu stoßen. Diese Bauart ist jedoch nur bei kleinen Auswerferkräften möglich. Darüber hinaus werden federnde Auswerfer nur bei kleinen Ziehtiefen eingesetzt. Für größere Auswerferkräfte werden *maschinengebundene Auswerfereinrichtungen* eingesetzt.

Löst sich aufgrund der Reibungsverhältnisse das Werkstück nicht vom Tiefziehstempel, muss ein **Abstreifer** diese Aufgabe übernehmen. Die Abstreifer sind so konstruiert, dass sie beim Abwärtshub des Stempels zurückgeschoben werden. Die Abstreifer müssen so angeordnet werden, dass sie am Ende des Tiefziehvorganges am Stempel anliegen. Während des Aufwärtshubes können die an dem Stempel anliegenden Abstreifer das Tiefziehteil abstreifen.

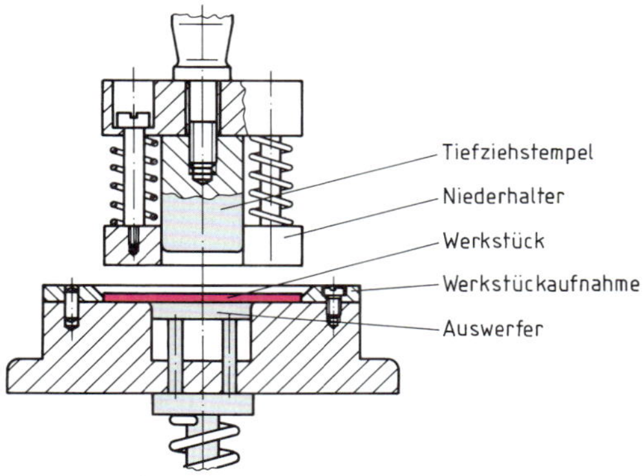

Tiefziehwerkzeug mit Auswerfer

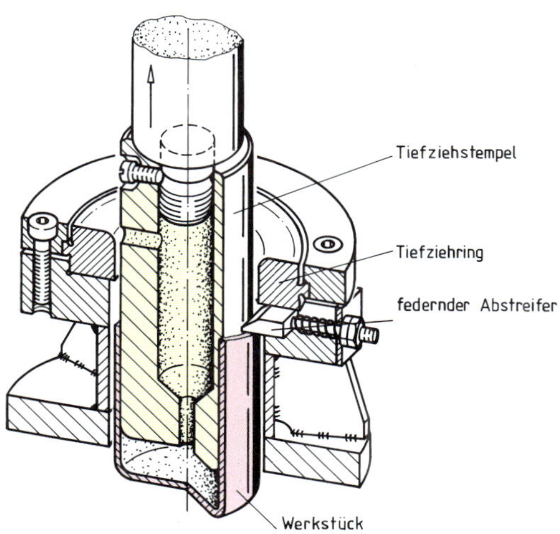

Tiefziehwerkzeug mit federndem Abstreifer

- **Berechnungsgrundlagen zum Materialflusssystem**

Die Werkstückaufnahme hängt von der Kontur und dem Durchmesser des Blechzuschnittes ab. Um die Werkstückaufnahme auszulegen, muss der Blechzuschnitt berechnet werden. Darüber hinaus wird über das Tiefziehverhältnis die Anzahl der Ziehstufen berechnet. Mit den so gewonnenen Erkenntnissen über die Ziehstufen ist eine Auslegung des Materialflusssystems möglich.

Formel	Hinweis/Darstellung
Tiefziehverhältnis β $\beta_1 = \frac{D_0}{d_1}$ β Tiefziehverhältnis D_0 Durchmesser des Zuschnitts d_1 Innendurchmesser des Napfes nach Erstzug 1. Weiterzug $\beta_1 = \frac{d_1}{d_2}$ 2. Weiterzug $\beta_1 = \frac{d_2}{d_3}$ usw. $\beta_{ges} = \beta_1 \cdot \beta_2 \cdot \beta_3 \dots$ β_{ges} Gesamtziehverhältnis β_1 Ziehverhältnis beim Erstzug β_2 Ziehverhältnis beim Zweitzug (1. Weiterzug) β_3 ... weitere Züge	Das Tiefziehverhältnis ist eine Kenngröße für die Umformung. 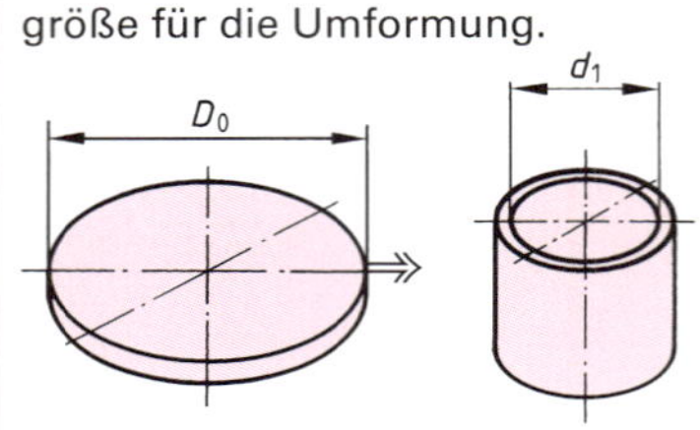 *Erstzug:* Verhältnis des Durchmessers des Blechzuschnittes zum Innendurchmesser des gezogenen Napfes (= Stempeldurchmesser). *Weitere Züge:* Verhältnis der Innendurchmesser vor und nach dem Zug. *Gesamtziehverhältnis:* Produkt der Einzelwerte.

Grenzziehverhältnis

Nach Möglichkeit möchte man ein Tiefziehteil in einem Zug fertig stellen. Wird die Kraft, die man dazu benötigt jedoch zu groß, dann reißt das Werkstück am Bodenrand aufgrund zu großer Zug- und Druckspannungen.

Das größte Ziehverhältnis, das ein Werkstoff ohne Schädigung zulässt, nennt man das Grenzziehverhältnis β_{max}. Das Grenzziehverhältnis hängt u. a. von dem Werkstoff, der Anzahl der Züge und der Art der Wärmebehandlung ab. Das Grenzziehverhältnis ist für den Erstzug und Weiterzug für verschiedene Werkstoffe in einer Tabelle aufgeführt (siehe Tabellenbuch).

Der Werkstoff erfährt während des Tiefziehvorganges eine Kaltverfestigung. Diese Werkstoffeigenschaft ist bei der Festlegung des Grenzziehverhältnisses berücksichtigt. Der Tabelle ist zu entnehmen, dass das Grenzziehverhältnis für den Erstzug größer ist als beim Weiterzug. Durch Zwischenglühen lässt sich die Kaltverfestigung teilweise beseitigen und das Grenzziehverhältnis steigt wieder an.

Bodenreißer nach Überschreiten des Grenzziehverhältnisses

In Kenntnis dieser Kenngrößen für den Tiefziehvorgang können dann die aufzuwendenden Kräfte, wie z. B. die Tiefziehkraft und Niederhalterkraft berechnet werden. Aufgrund dieser Berechnungen lassen sich geeignete Maschinen auswählen.

4.4.3 Werkzeugführungs- und Spannsystem

Die Spannsysteme und Werkzeugführungssysteme für Tiefziehwerkzeuge sind durchweg so aufgebaut wie die entsprechenden Systeme beim Schneiden und Biegen.

4.5 Schmierstoffe und Werkstoffe für Bauteile von Tiefziehwerkzeugen

Das Tiefziehen erfordert den Einsatz geeigneter Schmierstoffe. Hierdurch soll die Reibung vermindert und die auftretende Wärme abgeleitet werden. Die Schmierstoffe wirken sich darüber hinaus noch positiv auf die Oberflächenqualität des Tiefziehteiles und die Standzeit des Werkzeuges aus.
Die Schmierstoffe benutzt man in fester und flüssiger Form. Sie können auf Mineral- oder Fettbasis hergestellt worden sein. Die Auswahl der Werkstoffe für die Bauteile eines Tiefziehwerkzeuges hängt von der Art der Beanspruchung, von der Anzahl der herzustellenden Werkstücke und dem Tiefziehwerkstoff ab.

4.6 Tiefziehfehler

Nach der Fertigung des Werkzeuges führt man Probezüge durch. Für die Probezüge muss das Werkzeug unter Betriebsbedingungen eingerichtet und unter Produktionsbedingungen in Betrieb genommen werden.

Beispiele **für Tiefziehfehler, deren Ursache und Vermeidung**

	Darstellung	Beschreibung	Ursache	Vermeidung
Fehler im Material	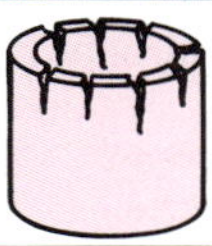	*Rissbildung* Risse am oberen Rand des Tiefziehteils	• hohe Spannungen	• vor dem Tiefziehvorgang glühen
Fehler im Werkzeug	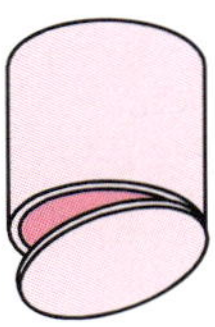	*Bodenabriss* keine Zargenbildung, Boden wird abgerissen	• Ziehkantenrundung zu klein • Ziehspalt zu eng • Niederhalterdruck zu groß • Ziehgeschwindigkeit zu hoch	• Ziehkantenradien vergrößern • Ziehspalt vergrößern • Niederhalterdruck und Ziehgeschwindigkeit verkleinern
	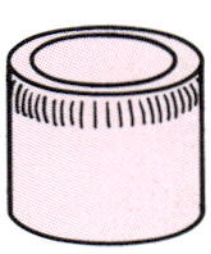	*Druckspuren* im oberen Bereich der Zarge eine blanke, hohe Druckspur	• Ziehspalt zu eng	• Stempel- bzw. Niederhalter nachschleifen.
Fehler im Blechzuschnitt	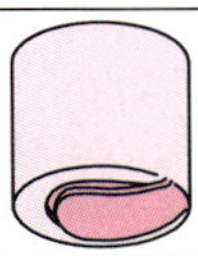	*Bodenreißer* Abriss nach kurzer Zargenbildung	• zu hohes Ziehverhältnis • zu hohe Tiefziehkraft	• mehr Ziehstufen • kleineres Ziehverhältnis
	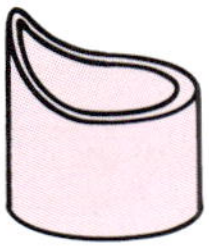	*einseitige Zipfelbildung* am Zargenrand bzw. Blechflansch einseitige Zipfelbildung	• Zuschnitt außermittig • Niederhalterdruck ungleichmäßig • Stempel zum Ziehring außermittig • Blechdicke unterschiedlich	• Werkzeug ausrichten • Anlagestifte prüfen

5 Verbundwerkzeuge

Verbundwerkzeuge vereinigen verschiedene Fertigungsverfahren in einem Werkzeug. Entsprechend der Zahl der Hübe, die in einem Werkzeug notwendig sind, um ein Werkstück zu erzeugen, unterscheidet man:

Folgeverbundwerkzeuge, in denen mit jedem Hub am Schnittstreifen ein weiterer Fertigungsschritt durchgeführt wird, bis am Ende das Werkstück vorliegt.

Gesamtverbundwerkzeuge, in denen während eines Hubes verschiedene Fertigungsverfahren durchgeführt werden, sodass nach einem Hub das fertige Werkstück vorliegt.

5.1 Folgeverbundwerkzeuge

5.1.1 Fertigungsverfahren in Folgeverbundwerkzeugen

In Folgeverbundwerkzeugen sind am häufigsten Verfahren des Trennens und des Umformens vereinigt. Es können auch Montageprozesse wie Nieten, Schweißen u. a. eingefügt sein.

Folgeverbundwerkzeuge zum Trennen und Umformen enthalten mindestens drei Fertigungsstufen:

- **Schneidstufe:** Hier geschehen Einschneiden, Lochen u.s.w.
- **Umformstufe:** In dieser Stufe werden Umformarbeiten, wie Biegen, Tiefziehen u. a. durchgeführt.
- **Trennstufe:** Das fertige Werkstück wird vom Schnittstreifen abgetrennt.

Beispiel **für ein Folgeverbundwerkzeug zum Trennen und Umformen**

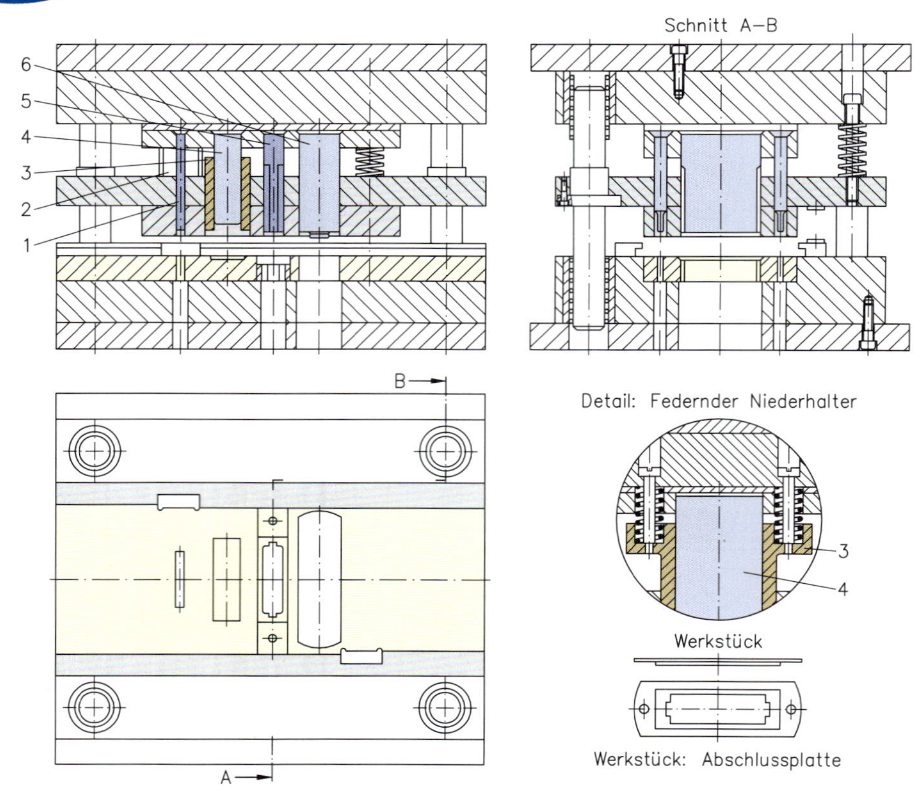

1 Schlitzstempel
2 Seitenschneider
3 gefederter Niederhalter
4 Biegestempel
5 Fensterausschnittstempel
6 Formschnittstempel

In dem auf der Vorseite dargestellten Folgeverbundwerkzeug werden Abschlussbleche durch Ausstanzen und Tiefziehen hergestellt:

1. Zunächst wird in die Mitte des Blechstreifens ein Schlitz eingestanzt. Er soll den Schnittstreifen beim anschließenden Tiefziehen entlasten.
2. Es folgt das Tiefziehen durch einen Stempel.
3. Im nächsten Schritt werden das Fenster und die Löcher ausgestanzt.
4. Am Ende erfolgt das Ausschneiden der Außenform mit einem Formstempel.

Die Vorschublänge wird durch Seitenschneider und Anschläge eingestellt. Am Formschneidstempel für die Außenkontur ist zusätzlich ein Sucher angebracht, der in den Fensterausschnitt eingreift und den Versatz zwischen Außen- und Innenkontur vermeiden soll.

Folgeverbundwerkzeuge vereinigen verschiedene Fertigungsverfahren in einem Werkzeug.
Folgeverbundwerkzeuge zum Trennen und Umformen enthalten mindestens drei Fertigungsstufen:
- Schneidstufe
- Umformstufe
- Trennstufe.

5.1.2 Gestaltung von Folgeverbundwerkzeugen zum Trennen und Umformen

- **Schneidstufe**

In der ersten Fertigungsstufe werden meist zunächst Lochungen und Seitenabschnitte vorgenommen, die später zur genauen Positionierung des Schnittstreifens verwendet werden.
Weiterhin wird die Kontur soweit freigeschnitten, dass Umformvorgänge ohne starken Verzug und damit verbundenen Positionsänderungen im Schnittstreifen durchgeführt werden können. Das Freischneiden muss besonders beim Tiefziehen und bei Prägevorgängen so erfolgen, dass die Abstände im Schnittstreifen vor und nach der Umformung gleich bleiben.

Beispiele für Freischneiden

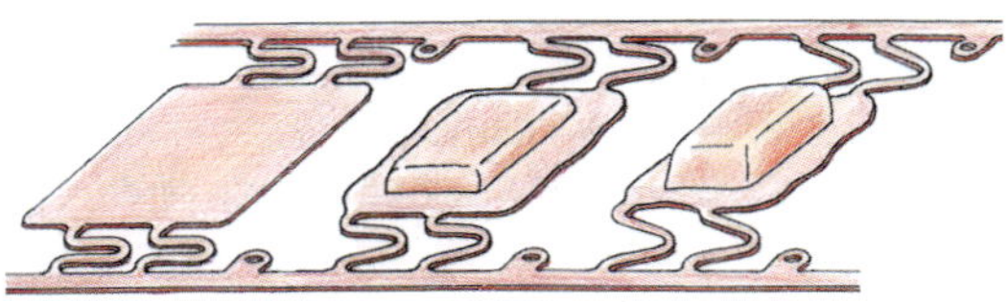

Ronde **1. Zug** **2. Zug**

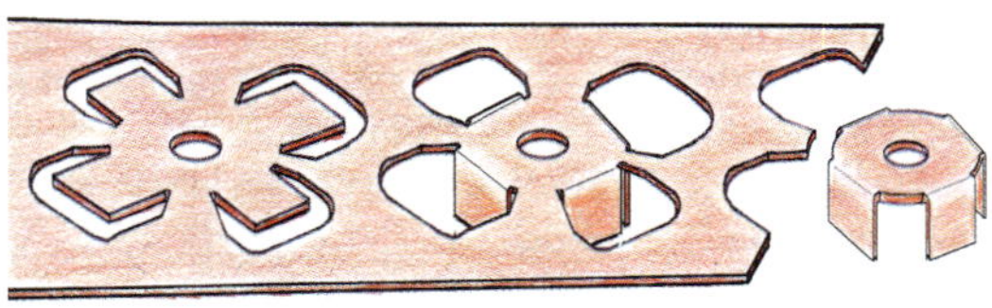

Freischneiden **Umformen** **Ausschneiden**

In der Schneidstufe wird meist zunächst gelocht und die Kontur soweit freigeschnitten, dass Umformvorgänge ohne starken Verzug des Schnittstreifens durchgeführt werden können.

- **Umformstufe**

Die Umformungen in der Umformstufe sollen möglichst so geplant werden, dass sie in Richtung der Abwärtsbewegung des Stößels erfolgen. Falls daneben auch Umformungen in entgegengesetzter Richtung notwendig sind, soll die Umformung mit dem größten Kraftaufwand oder der größeren Umformung mit der Abwärtsrichtung des Stößels zusammenfallen.
Bei Biegeumformungen oder Prägungen, die unbedingt eine Umformung entgegen der Stößelrichtung erfordern, kann die Aufwärtsbewegung durch eine Wippe erfolgen.

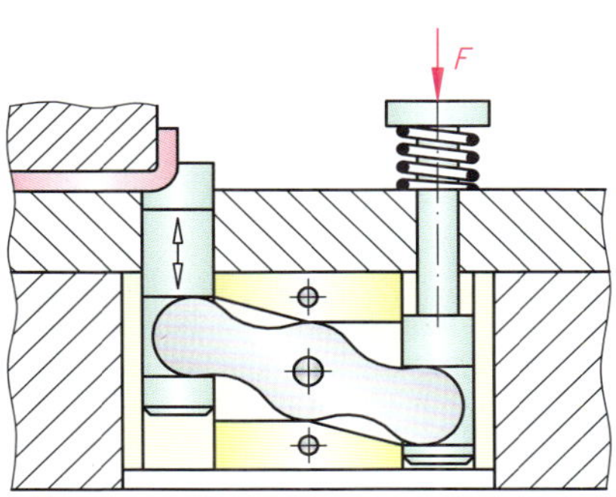

Wippe zur Umlenkung der Biegekraft

Umformungen durch Werkzeugbewegung schräg oder quer zur Stößelbewegung können durch keilförmige Stempel erzeugt werden. Diese Stempel bewegen Schieber in der gewünschten Richtung. Durch die Gestaltung und die Lage der Keilflächen zueinander kann der zeitliche Verlauf der Schieberbewegung eingestellt werden.

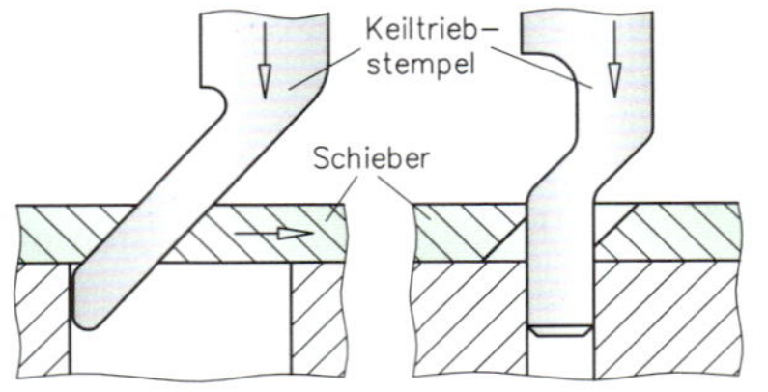

Keiltriebstempel

Zur Vereinfachung des Werkzeugaufbaus können Zusatzbewegungen in beliebiger Richtung auch durch hydraulisch, seltener pneumatisch und elektrisch angetriebene Zusatzbaugruppen erfolgen. Diese werden als Normalien angeboten, z. B. Kurzhubzylinder.

Umformungen sollen möglichst in die Richtung der Stempelbewegung gelegt werden. Bewegungen entgegen der Stempelbewegung erzeugt man mechanisch durch Wippen und Bewegungen in Querrichtung durch Keiltriebstempel. Hydraulisch erzeugt man die Bewegungen durch Kurzhubzylinder.

Falls durch die Anordnung und Größe mehrerer Stempel die Zwischenräume zwischen diesen so eng werden, dass die Gefahr von Rissen zwischen den Stempeldurchbrüchen besteht, werden **Leerstufen** in die Bearbeitungsfolge eingefügt. Bei Ihnen wird der Schnittstreifen ohne Bearbeitung um eine Position weitergeführt.

- **Trennstufe**

In der Trennstufe wird das fertige Werkstück vom Schnittstreifen abgetrennt. Wenn präzise Abstände z. B. von Bohrungen, auf umgeformten Bereichen eingehalten werden müssen oder Konturen auf tiefgezogenen oder geprägten Flächen exakt ausgeschnitten werden müssen, geschieht das Ausschneiden meist auch in dieser Stufe unmittelbar vor dem endgültigen Abtrennen des Schnittteils.

5.1.3 Planung und Entwicklung von Folgeverbundwerkzeugen

Folgeverbundwerkzeuge sind meist aus einzelnen Modulen aufgebaut, in denen die einzelnen Fertigungsverfahren ablaufen. Der modulare Aufbau hat den Vorteil, dass Änderungen der Werkstückform nur den Austausch oder die Änderung eines einzelnen Moduls erforderlich machen und nicht mehr die Änderung des gesamten Werkzeugs.

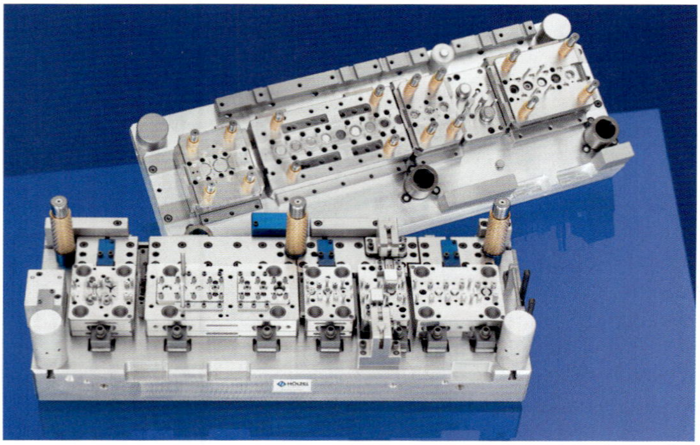

Tiefziehwerkzeug in Modulbauweise mit 6 Ziehstufen und Beschneidestation

Folgeverbundwerkzeuge werden heute fast ausschließlich unter Einsatz von CAD/CAM-System geplant. Ausgehend von einer CAD-Darstellung des Werkstücks als Flächen- oder Volumenmodell berechnen diese Systeme die Länge der neutralen Faser und die Abwicklung. Dabei werden werkstoffspezifische Eigenschaften, z. B. die Längenkorrektur bei Biegeradien, berücksichtigt.

5.2 Gesamtverbundwerkzeug

Mit Gesamtverbundwerkzeugen werden in einem Pressenhub verschiedene Fertigungsverfahren zur Herstellung des Werkstücks angewendet. Besonders häufig werden Verfahren des Zerteilens und des Umformens in einem Werkzeug vereinigt.

Der Vorteil von Gesamtverbundwerkzeugen liegt in der hohen Genauigkeit, mit der die Werkstücke gefertigt werden, da alle Bearbeitungen von einer Position aus erfolgen und nicht, wie bei Folgeverbundwerkzeugen, eine mit jeder Folge verbundene Neupositionierung notwendig ist. Von Nachteil ist jedoch der häufig sehr komplizierte Aufbau der Gesamtverbundwerkzeuge. Er erschwert besonders Änderungsarbeiten am Werkzeug und erfordert oft völlige Neukonstruktion bei nur geringen Änderungen der gewünschten Werkstückform.

Beispiel **für ein Gesamtverbundwerkzeug zum Ausschneiden und Tiefziehen**

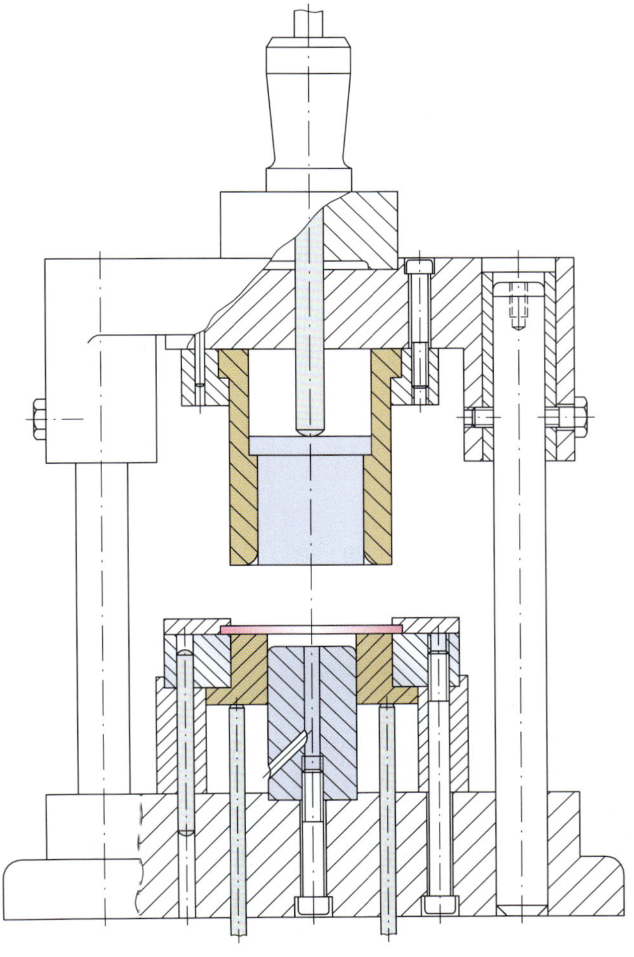

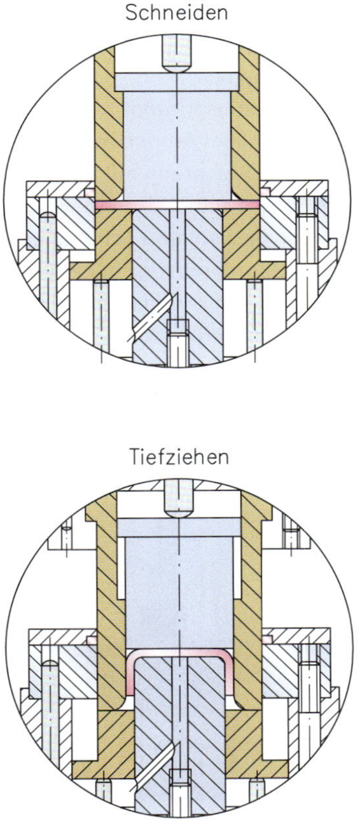

In Gesamtverbundwerkzeugen werden in einem Pressenhub verschiedene Fertigungsverfahren zur Herstellung des Werkstücks angewendet.
Vorteil gegenüber Folgeverbundwerkzeugen ist die hohe Fertigungsgenauigkeit der Werkstücke, nachteilig sind die hohen Kosten bei der Werkzeugherstellung und bei evtl. Änderungen des Werkzeugs.

6 Komplexe Fertigungssysteme zum Stanzen, Umformen und Fügen

Maschinensysteme zur Vielfachbearbeitung ermöglichen durch Bearbeitungsschritte wie Stanzen, Umformen, Montieren, Schrauben, Schweißen u. v. m. die Komplettfertigung von Bauteilen und komplexen Baugruppen wie Schalter, Gurtgehäuse, Nadellagerkäfige oder Kontaktklemmen.
Die einzelnen Elemente werden dabei in optimal gestalteten Fertigungsabläufen aus Band- und Drahtmaterial gefertigt und anschließend unmittelbar oder mit weiteren zugeführten Bauteilen (z. B. Kunststoff- oder Keramikteilen) in einem kontinuierlichen Prozess zur fertigen Baugruppe montiert.

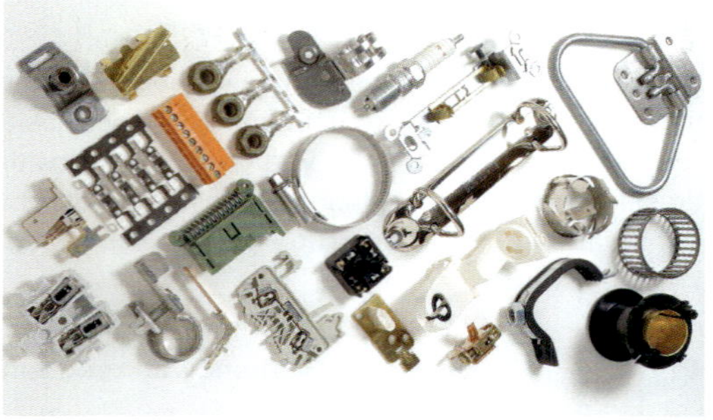

Bauteile nach Vielfachbearbeitung

Beispiel **für ein Maschinensystem zur Vielfachbearbeitung**

Das Maschinensystem Bihler Multicenter MC 82 zur Vielfachbearbeitung besteht in der Grundausstattung aus:

- Maschinengrundkörper mit Antriebspositionen für die Bearbeitungseinheiten
- zentralem Antrieb mit Getriebe und Kupplungen
- CNC-Steuerung mit Bedienpult
- Presse zum Ausstanzen von Blechen und Ablängen von Drähten
- austauschbaren Schlittenaggregaten
- Zuführ- und Vorschubeinheit für Bänder und Drähte
- Pneumatik- und Hydraulikeinheit
- Zentralschmierung

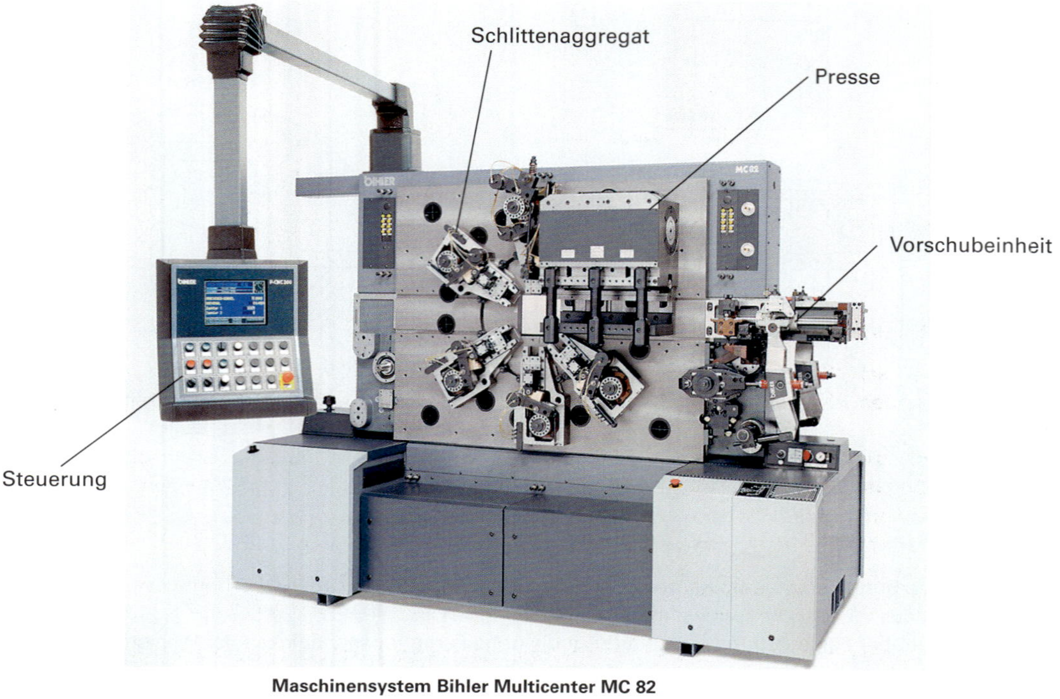

Maschinensystem Bihler Multicenter MC 82

Systeme der Vorrichtungstechnik

1 Die Vorrichtung als Fertigungsmittel

1.1 Aufgaben und Funktionen von Vorrichtungen

Vorrichtungen haben die Aufgabe Werkstücke, Werkzeuge oder Messmittel in arbeitsgerechte Lage zu bringen und so die Handhabung zu erleichtern sowie die Fertigung wirtschaftlich zu gestalten. Vorrichtungen dienen zum

- **Positionieren,** d. h. Teile in eine arbeitsgerechte und wiederholgenaue Lage zu bringen,
- **Spannen,** d. h. Teile in einer bestimmten Position zu halten,
- **Stützen,** d. h. den funktionssicheren Kraftfluss durch Verhindern von Deformationen zu gewährleisten,
- **Führen,** d. h. die Bewegung von Teilen auf vorgegebenen Bahnen sicherzustellen,

Diese Funktionen bezeichnet man als Grundfunktionen bei Vorrichtungen.

Beispiel **für Grundfunktionen an einer Bohr-Fräsvorrichtung**

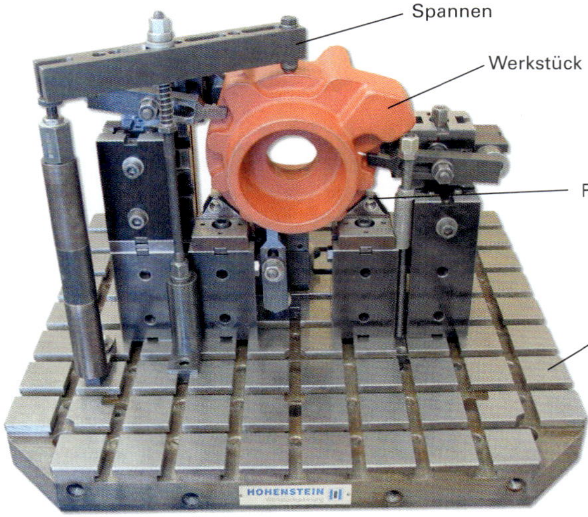

Die Aufgabe von Vorrichtungen ist es, Produkte leichter, sicherer und damit wirtschaftlicher herzustellen. Vorrichtungen erfüllen dies durch die Funktionen Positionieren, Spannen, Stützen und Führen.

1.2 Wirtschaftlichkeit von Vorrichtungen

Mithilfe von Wirtschaftlichkeitsrechnungen kann ein möglicher Einsatz von Vorrichtungen bewertet und entschieden werden. Als Entscheidungshilfen dienen unter anderem die Größen Grenzstückzahl und Grenzstückkosten.

Unter der **Grenzstückzahl X** versteht man beim Einsatz von Vorrichtungen die Zahl der Werkstücke, für die bei der Fertigung mit und ohne Vorrichtung Kostengleichheit besteht. Die **Grenzstückkosten** sind die Kosten, die bei der Fertigung der Grenzstückzahl entstehen.

$$X = \frac{\text{Vorrichtungskosten}}{\text{Stückkosten ohne Vorrichtung} - \text{Stückkosten mit Vorrichtung}}$$

Bei der Grenzstückzahl herrscht Kostengleichheit zwischen Fertigung mit und ohne Vorrichtung. Bei größeren Stückzahlen wird die Fertigung mit der Vorrichtung preiswerter und damit wirtschaftlicher.

1.3 Einteilung der Vorrichtungen

Vorrichtungen werden nach ihren Einsatz- und Anwendungsmöglichkeiten in universelle und spezielle Vorrichtungen unterteilt.

Wenn Vorrichtungen an unterschiedlichen Werkzeugmaschinen oder für unterschiedliche Werkstücke verwendet werden können, so bezeichnet man sie als **universelle Vorrichtungen**.

Beispiel **für eine universelle Vorrichtung**

Mit dem Maschinenschraubstock können sehr unterschiedliche Werkstücke gespannt werden. Als Werkstückspanneinheit kommt der Maschinenschraubstock universell auf Bohrmaschinen und Fräsmaschinen, aber auch auf Bohrwerken zum Einsatz.

Maschinenschraubstock

Universelle Vorrichtungen sind in der Fertigung an verschiedenen Stellen für unterschiedliche Aufgaben einsetzbar.

Werden Vorrichtungen für ein bestimmtes Werkstück oder eine bestimmte Werkzeugmaschine angefertigt, bezeichnet man sie als **spezielle Vorrichtungen.**

Beispiel **für eine spezielle Vorrichtung**

Mit der Schweißvorrichtung werden Laschen auf einer Grundplatte ausgerichtet und für das Anschweißen durch zwei Magnete gehalten. Diese Schweißvorrichtung kann nur für bestimmte Werkstücke und ein bestimmtes Fertigungsverfahren verwendet werden.

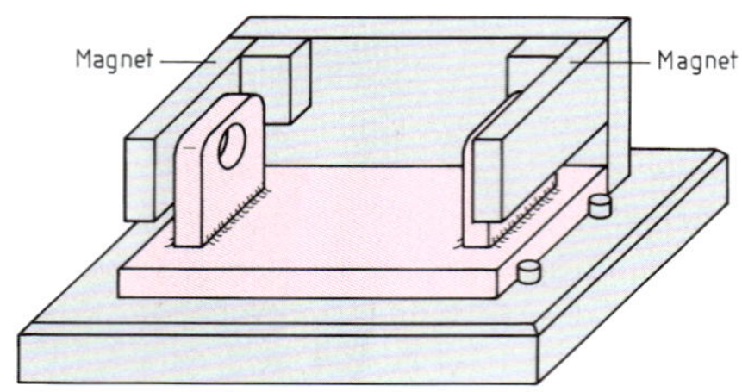

Schweißvorrichtung

Spezielle Vorrichtungen sind in der Fertigung nur für eine bestimmte Aufgabe einsetzbar.

Spezielle Vorrichtungen sind auch Vorrichtungen, die aus normalisierten Einzelteilen zusammengesetzt werden. Man nennt sie auch **flexible Vorrichtungen.** Vorteil flexibler Vorrichtungen ist, dass sie nach Gebrauch zerlegt und die Einzelteile zum Aufbau anderer Vorrichtungen wieder verwendet werden können.

Beispiel **für eine flexible Vorrichtung**

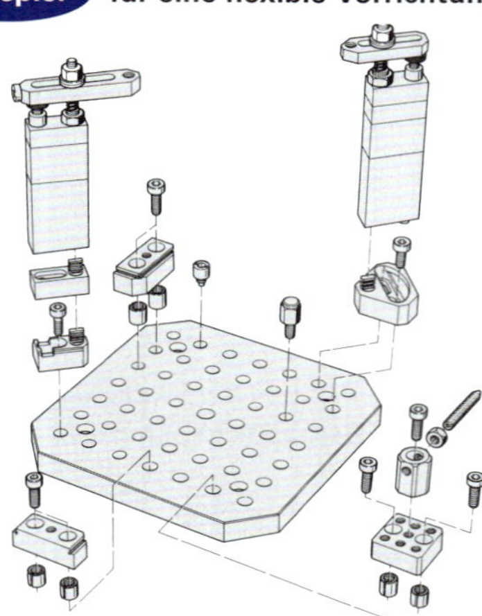

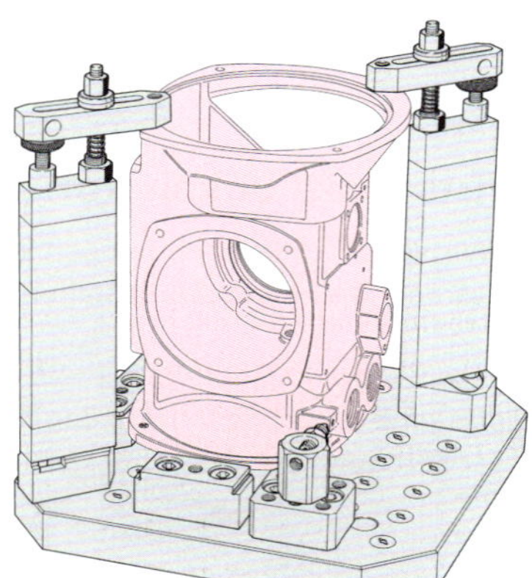

Flexible Vorrichtungen sind spezielle Vorrichtungen, die aus normalisierten Bausätzen aufgebaut sind und für verschiedene Aufgaben zusammengebaut werden können.

2 Die Vorrichtung als technisches System

Grundlage für den Aufbau einer Vorrichtung ist das Werkstück. Dabei sind die erforderlichen Einsatz- und Verwendungsmöglichkeiten und die zu erfüllenden Funktionen der Vorrichtung von Bedeutung.
Unabhängig von teilspezifischen Lösungen im Aufbau einer Vorrichtung haben alle Vorrichtungen in ihrem Aufbau Gemeinsamkeiten.

Diese Gemeinsamkeiten zeigen sich dadurch, dass sich alle Vorrichtungstypen in folgende Teilsysteme gliedern lassen:

- Teilsystem zum Tragen,
- Teilsystem zum Positionieren,
- Teilsystem zum Spannen,
- Teilsystem zum Stützen,
- Teilsystem zum Führen.

2.1 Teilsystem zum Tragen

Alle Bauelemente einer Vorrichtung sind auf dem Grundkörper angeordnet. Die Bauelemente können lösbar oder unlösbar mit dem Grundkörper verbunden sein. Die Hauptfunktion des Grundkörpers ist somit das Tragen der Vorrichtungsbauelemente.

Gegossene Grundkörper haben wegen des notwendigen Modellbaus meist höhere Herstellungskosten als Schweiß- oder Schraubkonstruktionen. Grundkörper aus Gusseisen, in seltenen Fällen Al-Si-Legierungen, bevorzugt man, wenn mehrere gleiche Vorrichtungen gebaut werden sollen. Solche gegossenen und spannungsarm geglühten Grundkörper sind besonders verzugsarm.

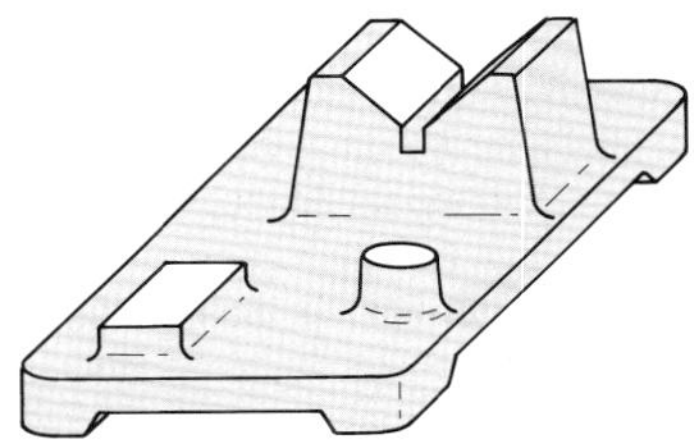

Gegossener Grundkörper

Gegossene Grundkörper wählt man aus, wenn mehrere gleichartige oder besonders genaue Vorrichtungen zu fertigen sind.

Geschweißte Grundkörper werden bei großen Vorrichtungen bevorzugt. Die notwendige Steifigkeit erreicht man bei dieser Konstruktion, indem Rippen angebracht werden. Durch Spannungsarmglühen werden nach dem Schweißen die Eigenspannungen in der Vorrichtung herabgesetzt. Dadurch verringert sich der Verzug bei der anschließenden spanenden Bearbeitung, z. B. beim Fräsen von Anlageflächen.

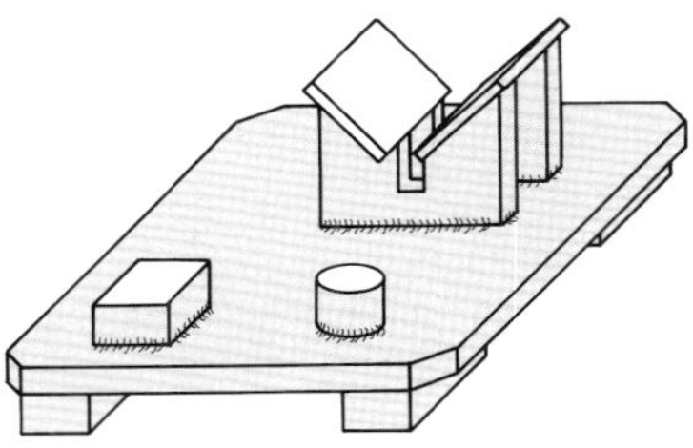

Geschweißter Grundkörper

Geschweißte Grundkörper bevorzugt man für große Vorrichtungen. Sie sind preiswerter als gegossene.

Bei **flexiblen Vorrichtungen** besteht der Grundkörper aus Platten, Winkeln oder Blöcken. Diese Grundkörper sind meist aus Gusseisen. Für den speziellen Verwendungszweck werden auf die Grundkörper, die mit Positionier- und Gewindebohrungen versehen sind, weitere Elemente, z. B. Spannelemente, mithilfe von Stiften, Schrauben u. a., montiert.

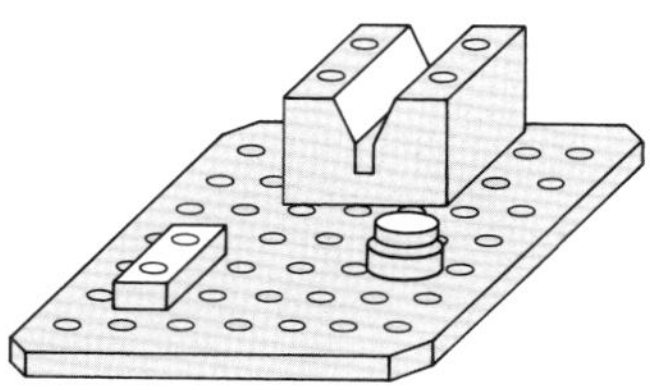

Grundkörper aus Vorrichtungsbaukasten

Bei flexiblen Vorrichtungen besteht der Grundkörper zum Stützen und Tragen aus Platten, Winkeln oder Blöcken mit Bohrungen zum Positionieren und Spannen.

2.2 Teilsystem zum Positionieren

Durch Positionieren wird die Lage des Werkstückes eindeutig und ständig wiederholbar festgelegt. Das bedeutet
- das Werkstück muss in der Vorrichtung genau positioniert sein,
- die Vorrichtung mit dem Werkstück muss auf dem Maschinentisch genau positioniert sein.

2.2.1 Grundlagen des Positionierens

Jedes Werkstück kann im Koordinatensystem sechs verschiedene Bewegungen durchführen. Man unterscheidet jeweils drei geradlinige Bewegungen (Translationsbewegungen) und drei drehende Bewegungen (Rotationsbewegungen). Durch das Positionieren werden dem Werkstück so viele Bewegungsmöglichkeiten entzogen, dass seine Lage mit den geforderten Genauigkeiten wiederholbar ist.

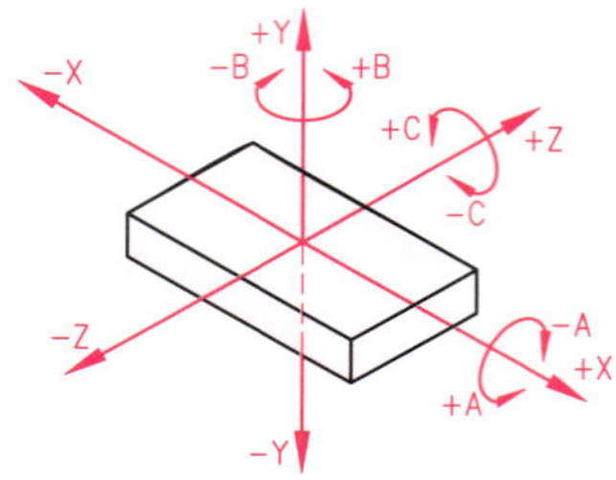

Bewegungsmöglichkeiten des Werkstücks im Koordinatensystem

> Positionieren heißt, das Werkstück in seiner Lage so festlegen, dass die Lage des Werkstückes entsprechend den Forderungen reproduzierbar ist.

Im Vorrichtungsbau unterscheidet man folgende Positioniermöglichkeiten des Werkstückes: *Halbpositionieren, Positionieren* und *Vollpositionieren.* Welche Positionierung gewählt werden muss, ist von den Maßbezugsebenen des Werkstückes und den gewünschten Bearbeitungen abhängig.

Beispiel **für die notwendigen Positionierungen eines quaderförmigen Werkstückes**

Positionieren nach einer Ebene = Halbpositionieren	**Positionieren nach zwei Ebenen** = Positionieren	**Positionieren nach drei Ebenen** = Vollpositionieren
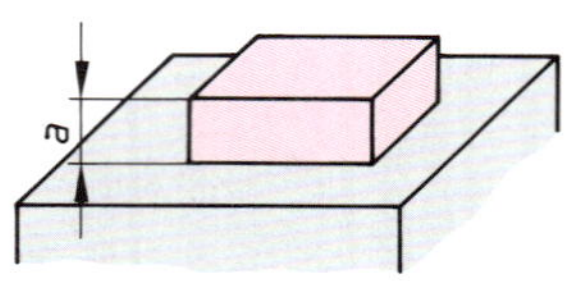	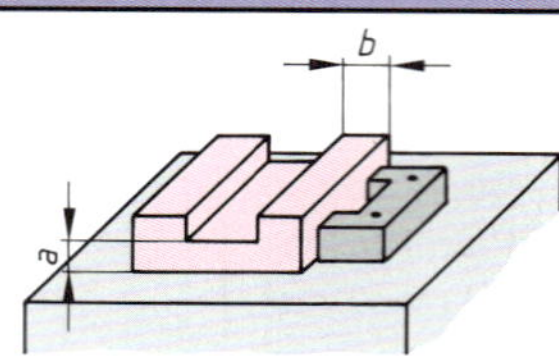	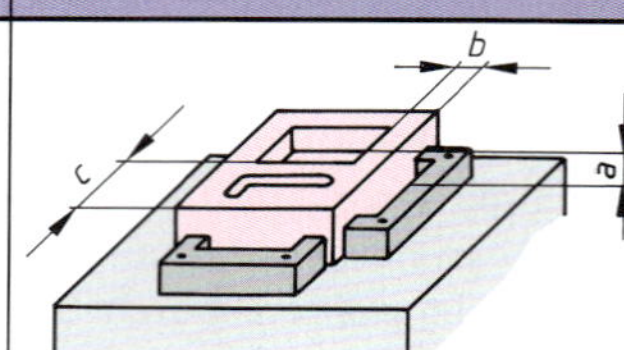
notwendig, z. B. bei • Schleifen von Flächen • Messen von Dicken	notwendig, z. B. bei • Fräsen von Nuten • Schleifen von Absätzen	notwendig, z. B. bei • Fräsen von Taschen • Fräsen von Bahnen

Bei runden Werkstücken spricht man entsprechend vom Halbzentrieren, Zentrieren und Vollzentrieren. Werden Werkstücke nach mehr als drei Ebenen positioniert, so sind sie **überpositioniert.** Überpositionierungen von Werkstücken müssen auf alle Fälle vermieden werden. Das Gleiche gilt für das Überzentrieren.

Beispiele **für Überpositionierungen**

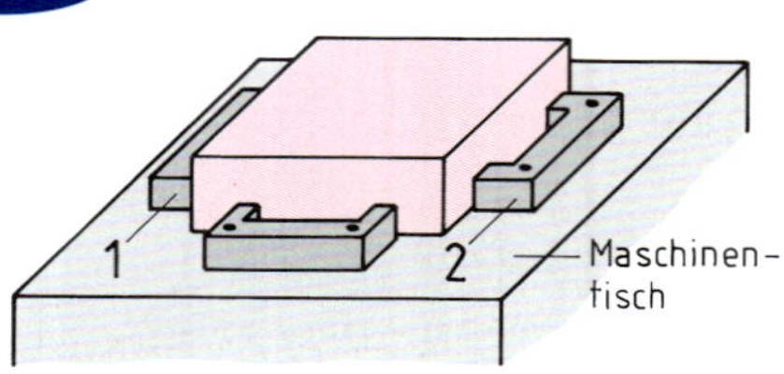

Werkstück kann nicht an Positionierelement 1 und Positionierelement 2 gleichzeitig genau anliegen

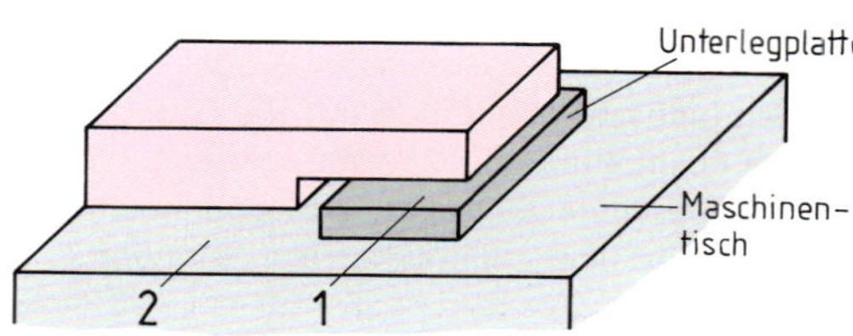

Werkstück kann nicht an Ebene 1 und Ebene 2 gleichzeitig genau anliegen

2.2.2 Positionieren der Werkstücke

Werkstücke werden durch Positionierelemente in der Vorrichtung positioniert. Die Art dieser Elemente und ihre Lage in der Vorrichtung hängen von unterschiedlichen Faktoren ab. Stets muss sich die Auswahl der Elemente am Werkstück orientieren. Wichtige Gesichtspunkte sind:

- die geometrische Form,
- die verlangte Genauigkeit,
- die Oberflächenbeschaffenheit,
- der Werkstoff,
- die Anzahl der gleichzeitig positionierten Werkstücke.

- **Positionieren an ebenen Positionierflächen**

Werkstücke mit ebenen Positionierflächen werden an den Seiten durch Stifte, Anschlagleisten u. a. positioniert.

Element	Erläuterung	Darstellung
Zylinderstift nach ÖNORM EN ISO 2338	Zylinderstifte können grundsätzlich als Positionierelemente verwendet werden. Nachteilig ist, dass durch die Linienberührung zwischen Stift und Werkstück erhöhter Verschleiß entsteht. Durch das Abflachen des Stiftes wird dieser Nachteil beseitigt. Es wird Flächenberührung erreicht.	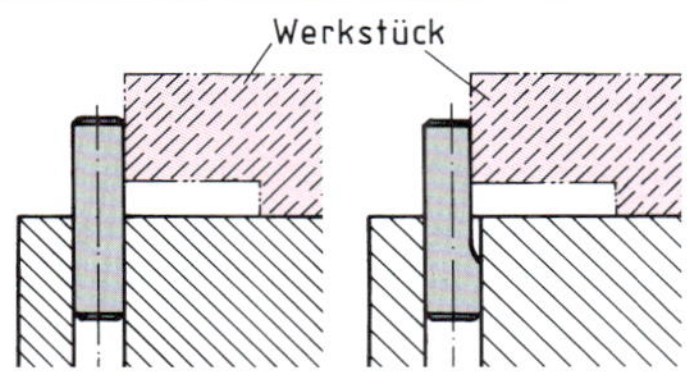
Anschlagleisten bzw. Aufnahmebleche	Anschlagleisten werden zur Positionierung ebener und bearbeiteter Seitenflächen des Werkstückes verwendet. Dünne, ebene Werkstücke mit bearbeiteten Seitenflächen können durch Aufnahmebleche positioniert werden.	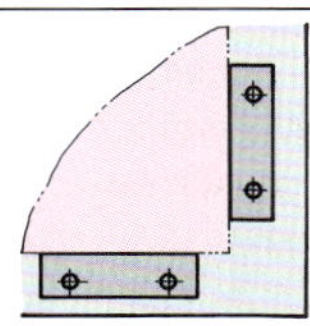 **Anschlagleisten** 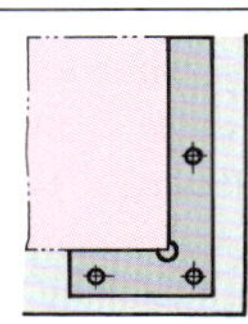 **Aufnahmeblech**

Zum Positionieren der Grundfläche verwendet man Auflageelemente in Form von Bolzen oder Leisten.

Element	Erläuterung	Darstellung
Auflagebolzen	Auflagebolzen werden benutzt, um Werkstücke auf einer Unterlage positionieren zu können. Man unterscheidet Auflageelemente mit balliger und mit gerader Auflagefläche. Elemente mit balliger Auflagefläche eignen sich besonders für Werkstücke mit rauen Oberflächen.	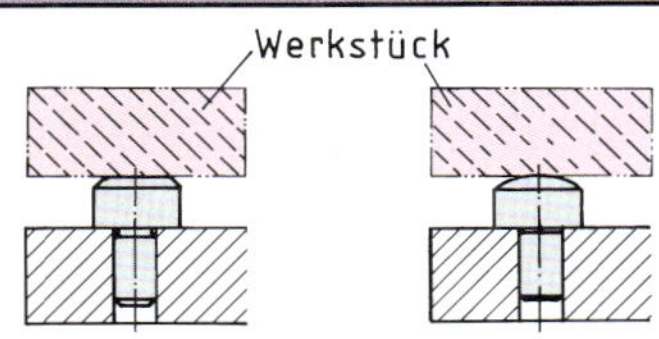
Auflageleisten	Für längere und vorgearbeitete Werkstückflächen werden Auflageleisten gewählt. Sie gewährleisten eine sicherere Positionierung als eine einheitliche ebene Fläche.	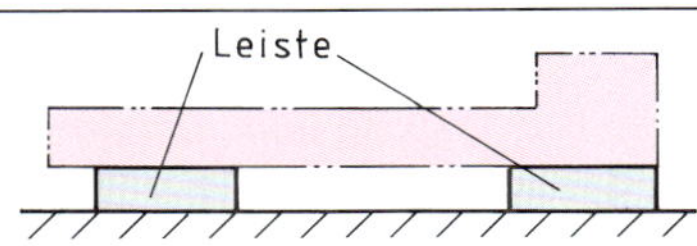

Zum Ausgleich von Verschleiß sowie zur schnellen Änderung der Positionierung bei evtl. Maßänderungen werden verstellbare Positionierelemente eingesetzt.

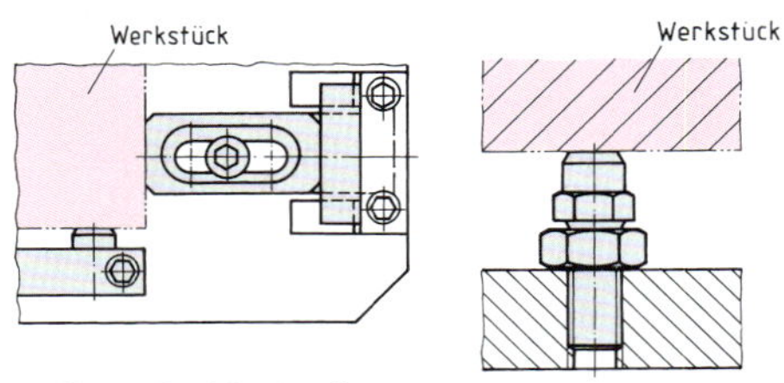

Verstellbare Positionierelemente

> Zum Positionieren an ebenen Seitenflächen dienen Zylinderstifte, Anschlagleisten und Aufnahmebleche.
> Zum Positionieren der Grundfläche werden Auflageelemente und Auflageleisten verwendet.
> Verstellbare Positionierelemente erlauben einfache Positionskorrekturen.

- **Positionieren an zylinderförmigen und drehsymmetrischen Werkstückkonturen**

Zur Positionierung von zylinderförmigen Werkstücken von außen verwendet man Spitzen, Ringaufnahmen und Prismen.
Spannzangen und Futter, die ebenfalls für das Außenpositionieren verwendet werden, spannen gleichzeitig. Zum Positionieren von Bohrungen werden Bolzen eingesetzt. Spreizhülsen kombinieren das Positionieren und das Spannen.

Beispiel **für das Positionieren eines Werkstücks an zylinderförmigen Konturen**

Der dargestellte Hebel aus Gusseisen wurde in der vorgegossenen Bohrung gebohrt. Zum Bohren der kleineren Bohrungen wird er in einer Vorrichtung mit einem Dorn zentriert und an der abgerundeten Kante mit einem beweglichen Prisma positioniert.

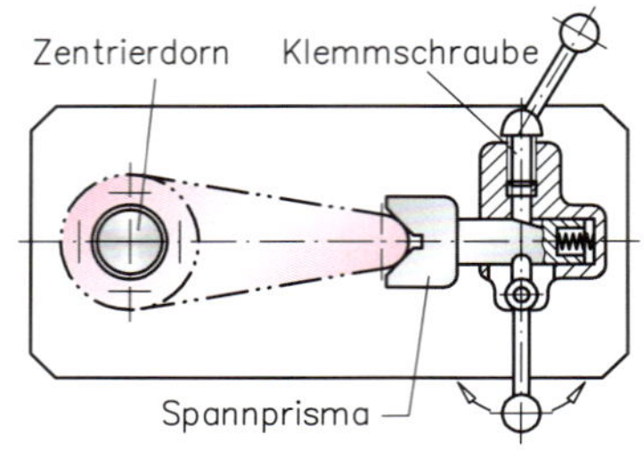

Zum Positionieren an zylinderförmigen Konturen werden besonders häufig Prismen eingesetzt. Beim Positionieren mit einem Prisma geht jedoch nur die Achse, welche die Winkelhalbierende des Prismas bildet, exakt durch den Mittelpunkt des Werkstücks. Dadurch ergeben sich zwischen Werkstücken mit Höchst- und Mindestmaß erhebliche Abweichungen in der zum Prisma längs verlaufenden Achse. Als Folge können bei der Bearbeitung von Werkstückserien im gleichen Prisma erhebliche Maßunterschiede auftreten. Man nennt den zwischen Höchst- und Mindestmaß auftretenden Unterschied in der Lage der Mittelachse die Exzentrizität *e*.

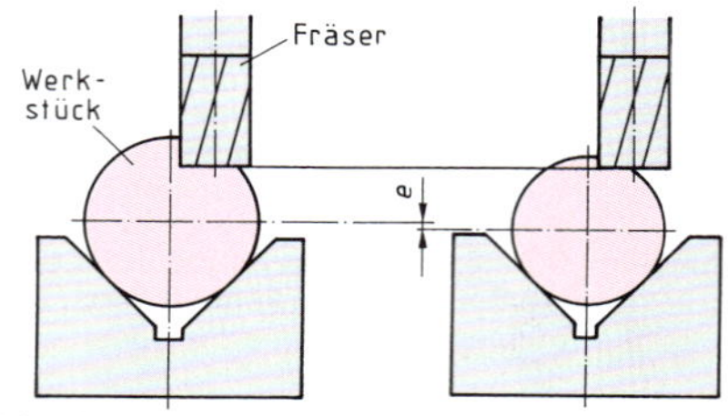

Positionierabweichungen im Prisma

Beim Positionieren im Prisma entsteht in der waagerechten Achse bei Werkstücken mit unterschiedlichen Durchmessern eine Exzentrizität.
Je größer der Prismenwinkel und je kleiner die Maßtoleranz des Werkstücks, desto kleiner ist die auftretende Exzentrizität.

Zylindrische Werkstücke werden ohne Exzentrizität positioniert, wenn eine Doppelprismenanordnung gewählt wird.

- **Positionieren zum Ausführen von Teilvorgängen**

Die Fertigung von Konturen, die sich wiederholen, geschieht in Teilvorrichtungen. In diesen Vorrichtungen wird das Werkstück unmittelbar oder mit dem Werkstückträger verschoben oder geschwenkt.
Bei Vorrichtungen zum Kreisteilen wird meist der Werkstückträger geschwenkt. Das Positionieren kann mit hinreichender Genauigkeit durch Druckstücke als Rastelemente erfolgen.
Bei höherer Genauigkeit für die Teilung wählt man spezielle Feststellelemente.
Zum schnellen Auffinden der Position kombiniert man Druckstück und Feststellelement.

Beispiel **für eine Teilscheibe mit einem Druckstück zum Vorrasten und einem Riegelfeststellelement**

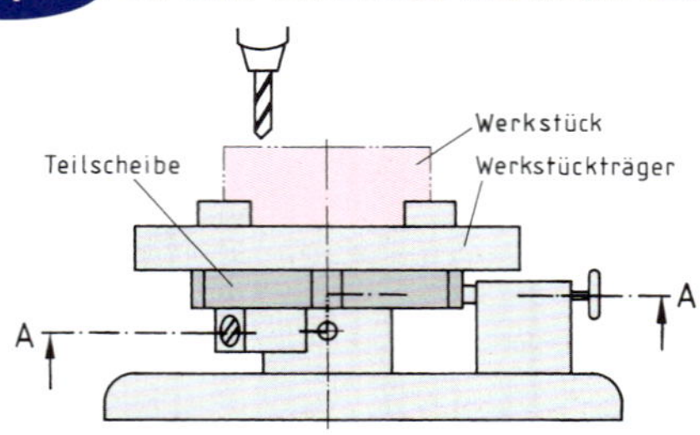

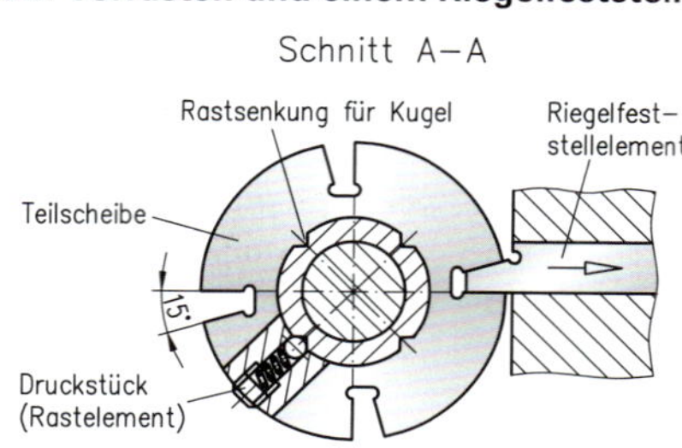

Mehrfachpositionieren geschieht durch schrittweises Verschieben oder Schwenken von Werkstück oder Werkstückträger gegen ein Positionierelement.

2.3 Teilsystem zum Spannen

In Vorrichtungen muss das positionierte Werkstück, Werkzeug oder Messmittel auch gespannt werden, damit bei folgenden Arbeitsgängen die Lage erhalten bleibt.

2.3.1 Grundlagen zum Spannen der Werkstücke

- **Kräfte zum Betätigen von Spannelementen**

Muskelkräfte benutzt man bevorzugt in einfachen Vorrichtungen, in denen kleine Spannkräfte gefordert werden und in denen nur wenige Spannstellen zu betätigen sind. Als Betätigungskraft kann vom Menschen auch nur etwa 200 N genutzt werden.

Druckkräfte wendet man bei umfangreichen Vorrichtungen an. Kleinere Kräfte werden pneumatisch erzeugt. Bei sehr großen Spannkräften kommt hier die Hydraulik zum Einsatz. Bei großflächigen und leichten Werkstücken kann Vakuum eingesetzt werden.

Magnetkräfte kann man nur zum Spannen ferromagnetischer Werkstoffe mit großen Auflageflächen einsetzen.

Beispiele **für den Einsatz verschiedener Betätigungskräfte**

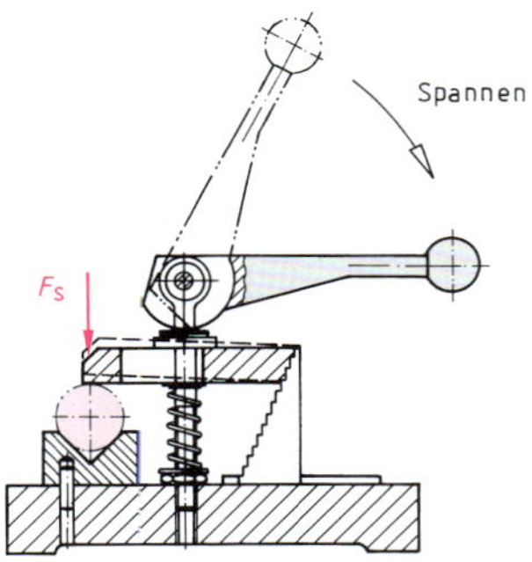

Muskelbetätigtes Spannen

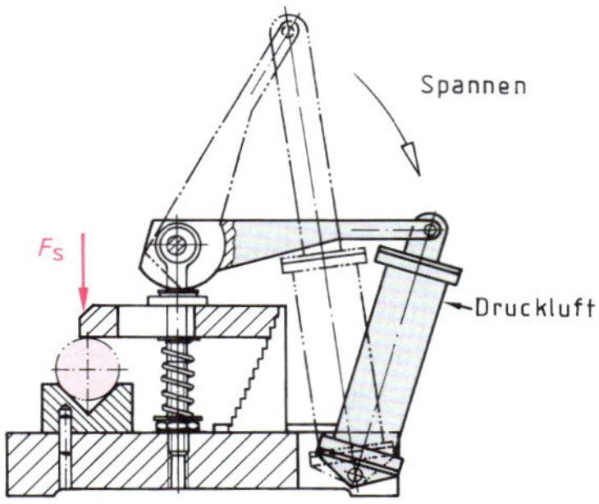

Druckbetätigtes Spannen

- **Unmittelbares und mittelbares Spannen**

Nach der Art der Kraftübertragung beim Spannen unterscheidet man unmittelbares und mittelbares Spannen.

Unmittelbares Spannen geschieht durch direkte Einwirkung des Betätigungselementes auf das zu spannende Teil.

Beim unmittelbaren Spannen werden keine Übertragungselemente benötigt. Es hat jedoch die Nachteile, dass zwischen Werkstück und Spannelement Bewegungen entstehen können, die zur Beschädigung der Oberfläche (Spannmarken) oder zum Verschieben des positionierten Werkstückes führen können.

Beim **mittelbaren Spannen** wirkt die Betätigungskraft über Zusatzelemente, z. B. Spannpratzen auf das zu spannende Werkstück.

Mittelbares Spannen benötigt mehr Bauelemente. Es wird aber meist oberflächenschonender gespannt und es können mit einem Betätigungselement mehrere Spannelemente gleichzeitig zum Einsatz gebracht werden.

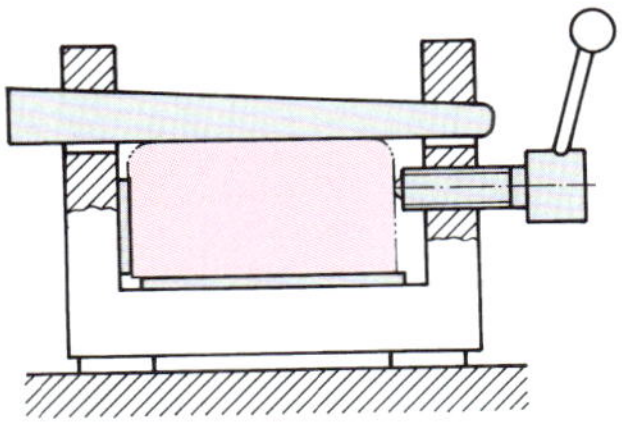
Unmittelbares Spannen

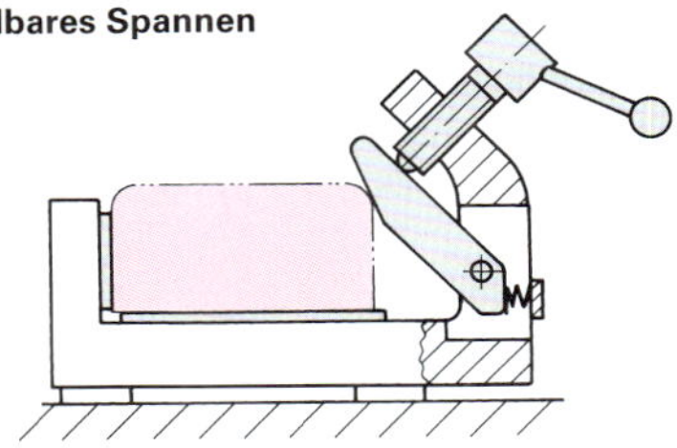
Mittelbares Spannen

> Beim unmittelbaren Spannen wirkt das Betätigungselement als Spannelement direkt auf das Werkstück.
> Beim mittelbaren Spannen sind Betätigungs- und Spannelement getrennt.

- **Starres und elastisches Spannen**

Die Spannkraft muss während eines Bearbeitungsvorganges konstant gehalten werden. Beim **starren Spannen** kann z. B. durch Schwingungen oder Bearbeitungskräfte eine geringe Verformung der Oberfläche an der Spannstelle eintreten und somit die Spannkraft soweit abnehmen, dass eine Verschiebung des Werkstückes möglich wird.
Durch Einbau elastischer Glieder oder druckbeaufschlagte Betätigung wird **elastisch gespannt.** Dabei bleibt auch bei geringer Deformation die Spannkraft konstant.

Beispiele für starres und elastisches Spannen

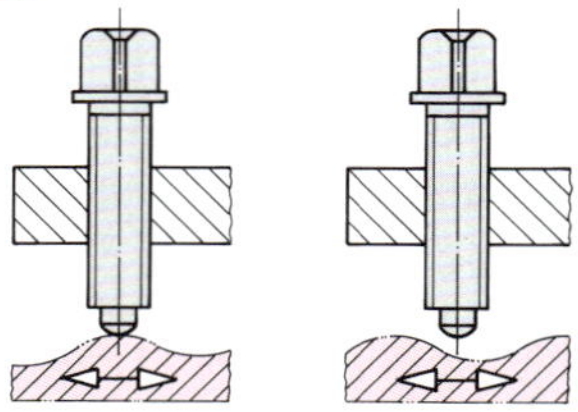

starres Spannen

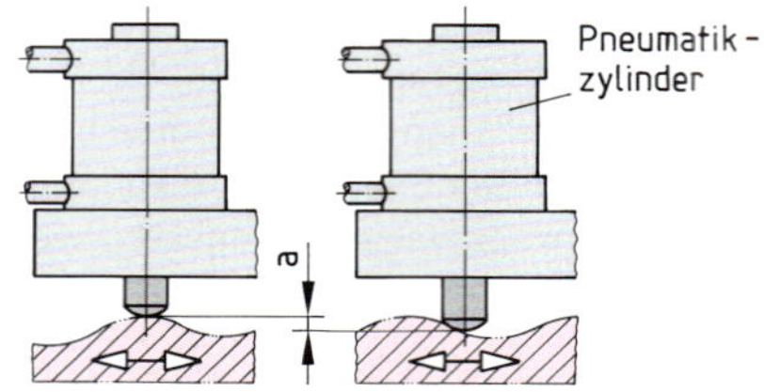

elastisches Spannen

Elastisches Spannen gewährleistet am Werkstück eine gleich bleibende Spannkraft während der gesamten Spanndauer und erhöht die Spannsicherheit.

2.3.2 Spannkrafterzeugung durch kraftbetätigte Spannelemente

Da die nutzbare Muskelkraft des Menschen als Betätigungskraft auf 200 N begrenzt ist, werden zur Erzeugung der erforderlichen Spannkraft verschiedene Möglichkeiten zur Krafterhöhung genutzt. Eine wichtige Form zur Erzeugung der Spannkraft ist die Anwendung des Keiles. Je nach Anforderung kann er als einfacher Keil oder als aufgewickelter Keil bei der Schraube, dem Exzenter oder der Spirale ausgebildet sein.

Keil	Schraube	Kreisexzenter	Spannspirale
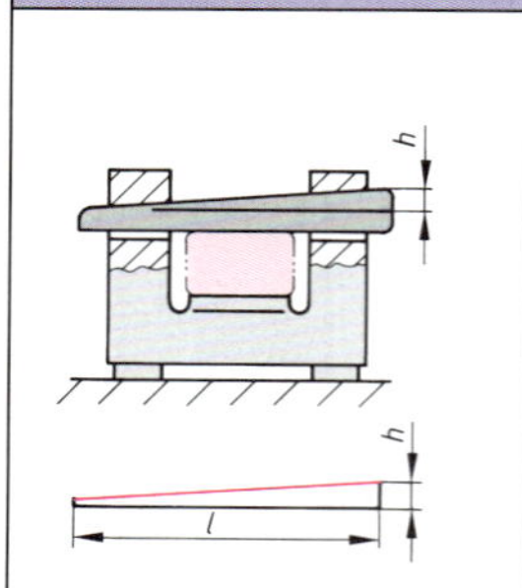	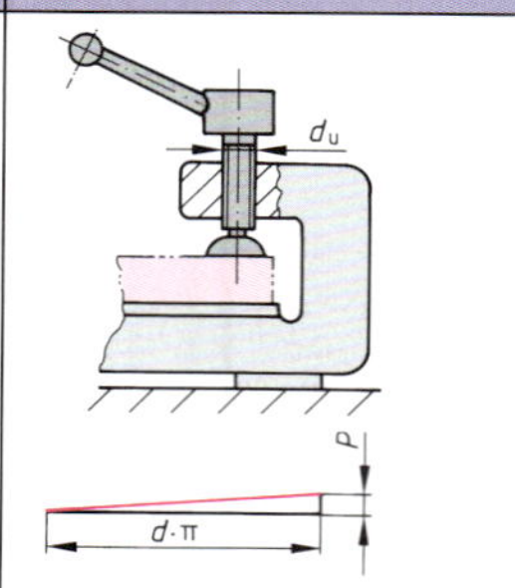	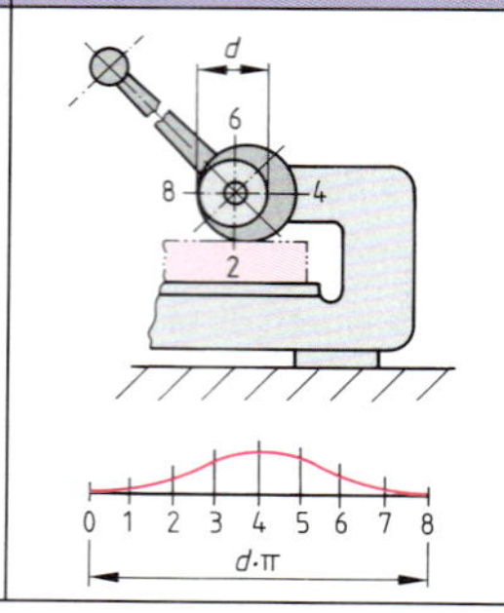	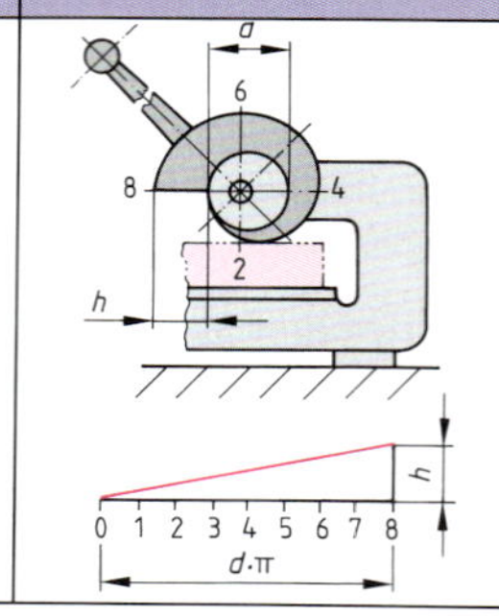

- **Spannen durch Keil**

Im Vorrichtungsbau werden überwiegend einseitig geneigte Keile verwendet. Am Keil wird die eingeleitete Betätigungskraft in zwei Wangenkräfte zerlegt. Bei Spannkeilen ist der Keilwinkel so gewählt, dass die Spannkraft erheblich höher ist als die Betätigungskraft.
Der Keilwinkel muss beim Spannkeil so gewählt werden, dass Selbsthemmung eintritt. Dies ist bei Stahl auf Stahl in geschmiertem Zustand bei einem Keilwinkel unter 11° der Fall.

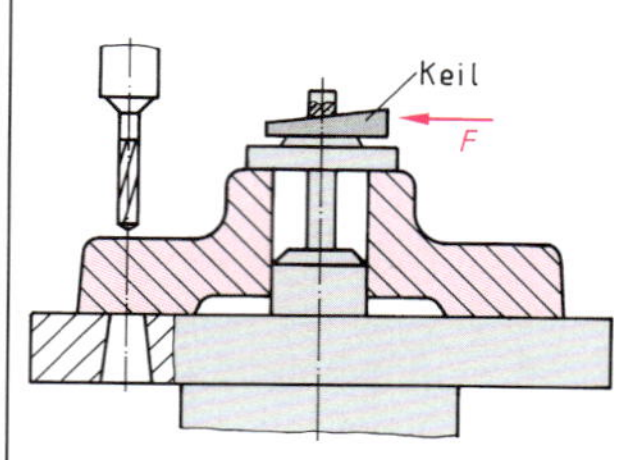

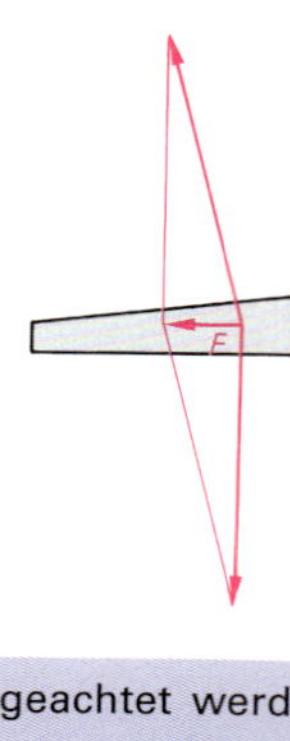

Spannkeil an einer Teilvorrichtung

Bei der Spannkrafterzeugung durch Keile muss auf Selbsthemmung des Keiles geachtet werden. Selbsthemmung tritt bei Stahl auf Stahl unterhalb von 11° ein.

- **Spannen mit Spannschrauben**

Für Spannschrauben werden metrische ISO-Gewinde nach ÖNORM M 1501 verwendet. Dabei werden Schrauben der Festigkeitsklassen 8.8 zusammen mit Muttern der gleichen Festigkeitsklasse eingesetzt.
In Einzelfällen werden auch Schrauben aus 10.9 mit Muttern aus Werkstoffen mit der gleichen Zugfestigkeit verwendet.
Höhere Festigkeitsklassen scheiden aus, da die häufig verwendeten Nutensteine mit einer Zugfestigkeit von 1000 N/mm² bei voller Auslastung solcher Schrauben zerstört würden.

Gewindeabmessung	Vorspannkraft F_V [kN]		Anziehdrehmoment M_A [Nm]	
	8,8	10,9	8,8	10,9
M 6	9,3	13,6	9,6	14,0
M 8	17,0	25,0	23,0	34,0
M 10	27,1	39,9	46,0	67,0
M 12	39,6	58,0	79,0	115,0
M 14	54,5	80,0	125,0	185,0
M 16	74,5	110,0	195,0	290,0

Vorspannkraft F_V und Anziehdrehmoment M_A für Schrauben bei $\mu_{ges} = 0,125$

Um Beschädigungen an anderen Bauelementen zu vermeiden, werden im Vorrichtungsbau Spannschrauben mit der Festigkeitsklasse 8.8 verwendet. Höhere Festigkeitsklassen dürfen nur in Ausnahmen verwendet werden.

Beim **Bajonett-Spanner** ist die Schraubenkurve auf einen Bruchteil eines Gewindeganges verkürzt. Die Spannkurve wird oft durch eine axial verlaufende Nut erweitert, um den Spannbolzen für das Entspannen zurückziehen zu können. Elastische Rückhalteelemente verhindern dabei das unbeabsichtigte Zurückziehen des Spannbolzens und sichern zusätzlich den Entspannvorgang.
Damit Selbsthemmung gegeben ist, erhält die gewindeähnliche Spannkurve des Bajonett-Spanners einen Steigungswinkel kleiner als 6°.

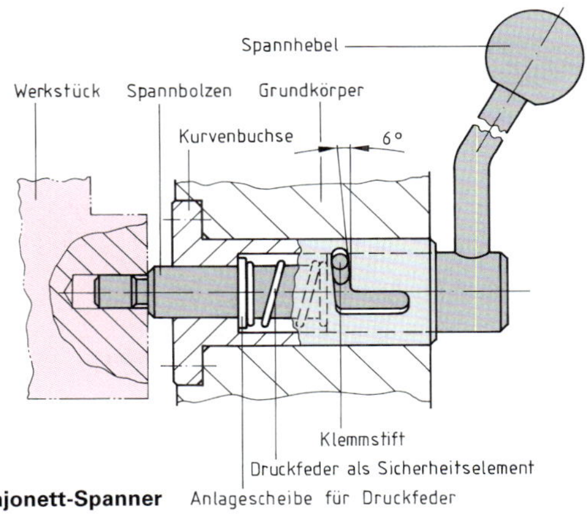

Bajonett-Spanner

- **Spannen mit Spannexzenter**

Der Exzenter hat die geometrische Form eines Kreises. Der Drehpunkt ist jedoch um die Exzentrizität *e* versetzt. Dadurch entsteht bei Drehung eine Keilwirkung, wobei der Keil nicht gleichmäßig, sondern in Form einer Sinuskurve verläuft.

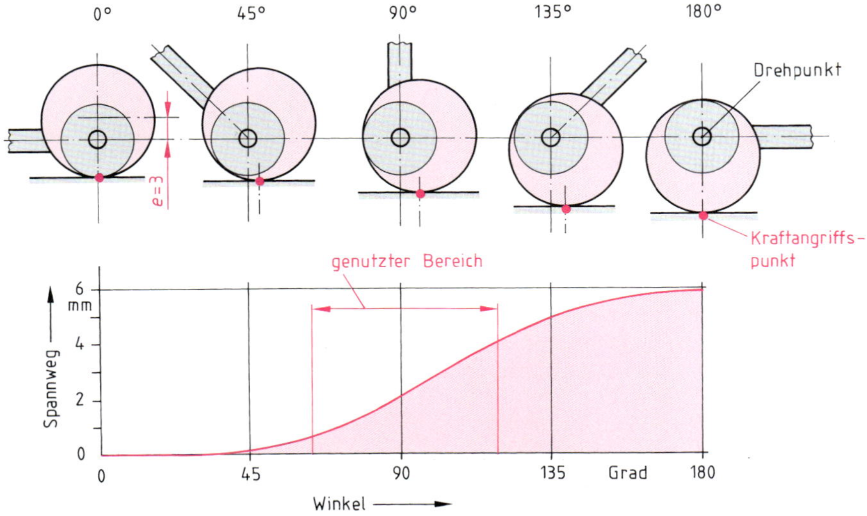

Es ergeben sich aus der Entstehung des Exzenters folgende Besonderheiten beim Spannen:

- Während der Drehung des Exzenters ändert sich die Lage des Kraftangriffspunktes in Abhängigkeit vom Schwenkwinkel und liegt nicht mehr unterhalb des Drehpunktes. Dadurch kann sich der Exzenter bei Schwingungen lösen.
- Bei gleich bleibenden Schwenkwinkelintervallen ist der Spannweg je Intervall unterschiedlich.
- Nach einem Schwenkwinkel von 180° aus der Nullstellung nimmt die Spannkraft ab. Nutzbar ist der Bereich von etwa 60 bis 120°, da hier die Spannkraftzunahme etwa linear verläuft.
- Der Steigungswinkel darf im genutzten Bereich 5° nicht überschreiten, da sonst keine Selbsthemmung mehr eintritt. Die Forderung nach Selbsthemmung ist erfüllt, wenn

$$\frac{\text{Exzenterdurchmesser}}{\text{Exzentrizität}} \geq 20$$

Spannexzenter nutzen die Keilwirkung bei außermittiger Drehung eines Kreises. Sie können hohe Spannkraft aufbringen. Der Spannbereich ist jedoch begrenzt. Der Kraftangriffspunkt verschiebt sich beim Spannen.

Je nach Richtung der ausgeübten Kräfte unterscheidet man Zug- und Druckexzenter. Durch Aufbringen mehrerer Kurven auf der Scheibe oder Welle lassen sich Kraftwirkungen auf mehrere Stellen ausüben.

Beispiele **für Bauformen von Spannexzentern**

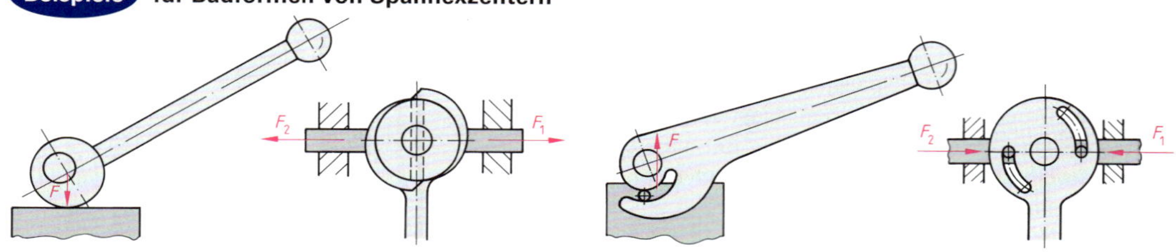

Druckexzenter **Doppeldruckexzenter** **Zugexzenter** **Doppelschlitzexzenter**

- **Spannen mit Spannspirale**

Die Spannspirale unterscheidet sich vom Spannexzenter durch den Verlauf der Spannkurve. Die Spannkurve hat als Grundlage die archimedische Spirale. Dadurch wird erreicht, dass der Keilwinkel in jeder Schwenkstellung gleich groß ist. Damit ist der Anstieg der Spannkraft stetig. Selbsthemmung liegt bei der Spannspirale dann vor, wenn der Keilwinkel α kleiner als 6° ist.

Beispiel **für den Kurvenaufbau an einer Spannspirale**

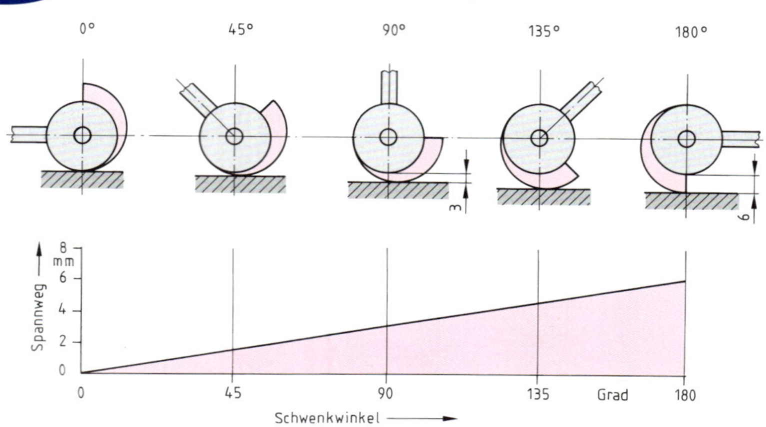

Spannspiralen weisen über den gesamten Schwenkwinkel eine stetige Zunahme der Spannkraft auf. Da die Fertigungskosten hoch sind, werden sie nur selten als Spannelemente eingesetzt.

- **Spannen mit Kniehebel**

Am Kniehebel wird eine Kraft auf das Mittelgelenk in sehr große Seitenkräfte zerlegt.
Zum Spannen bringt man den Kniehebel zunächst in eine Position kurz vor der Totpunktstellung. Er übt nun hohe Seitenkräfte aus. Bei weiterem Durchdrücken bringt man ihn in die Totpunktstellung. In dieser Stellung liegen alle drei Gelenke auf einer Achse. Die Spannkraft hat jetzt ihren Höchstwert erreicht, der Kniehebel ist aber im labilen Gleichgewicht, er kann jederzeit aus dieser Spannstellung herausspringen. Darum drückt man den Kniehebel etwas über den Totpunkt hinaus und hält ihn dort.

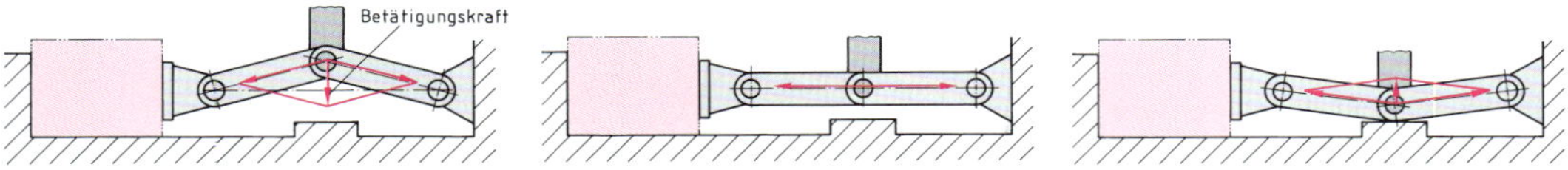

Kniehebelprinzip Vor-Totpunktstellung Totpunktstellung Übertotpunktstellung → Spannstellung

> Der Kniehebel formt kleine Kräfte auf das Mittelgelenk in große Seitenkräfte um. Zur Erreichung einer stabilen Spannstellung bringt man den Kniehebel in die Übertotpunktstellung.

Der Kniehebel kann in unterschiedlicher Weise verwirklicht werden. In den meisten Anwendungsfällen setzt man Kniehebel ein, die als Normalien geliefert werden.

Beispiele **für Kniehebelspanner**

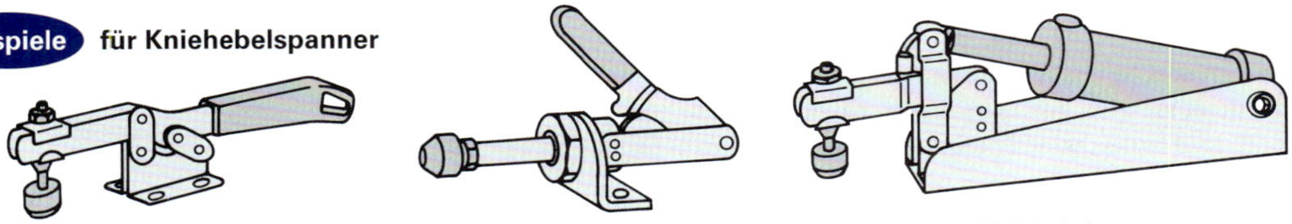

Waagerechtspanner **Schubstangenspanner** **Pneumatischer Kniehebelspanner**

2.3.3 Spannkrafterzeugung durch Druckbeaufschlagung

Spannkräfte können durch Arbeitselemente erzeugt werden, die mit Druckluft, Öldruck u. a. beaufschlagt werden. Der Einsatz dieser Medien hat Vorteile:

- Spannvorgänge können von einer Schaltstelle an beliebiger Stelle der Vorrichtung ausgelöst werden.
- Durch geeignete Wahl der Zylindergröße sind Spannkräfte in unterschiedlicher Größe mit hoher Gleichmäßigkeit und Wiederholgenauigkeit zu erreichen.
- Es kann gleichzeitig an beliebig vielen Spannstellen gespannt werden.
- Es wird meist elastisch gespannt.

Der Bau der Vorrichtung wird jedoch durch den Einsatz von Pneumatik- und Hydraulikeinrichtungen meist erheblich verteuert.

- **Pneumatische Spannkrafterzeugung**

In den meisten Unternehmen ist ein Druckluftnetz vorhanden. Dies begünstigt besonders in der Serienfertigung den Einsatz der Druckluft zur Spannkrafterzeugung.
Pneumatische Spannelemente werden eingesetzt, wenn die Spannkraft etwa 30 000 N nicht überschreitet, und wenn an den Ablauf der Spannbewegung keine besonderen Anforderungen gestellt werden, z. B. durch die Notwendigkeit den Spannvorgang langsam und stufenweise durchzuführen.
Pneumatisches Spannen erfolgt durch angebaute Pneumatikzylinder oder in die Vorrichtung eingearbeitete Zylinder.

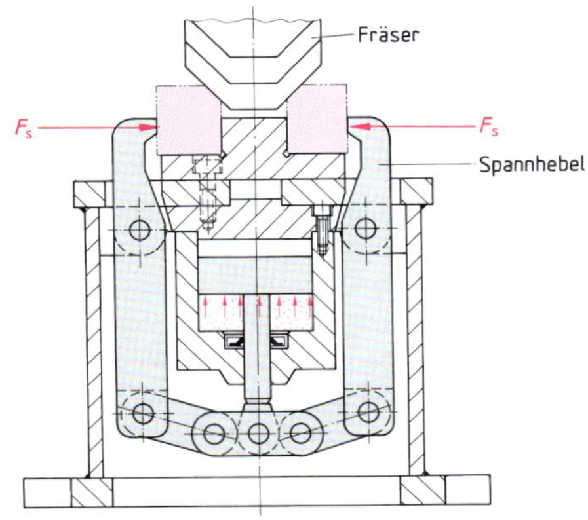

Pneumatische Spannvorrichtung

> Pneumatische Spannkrafterzeugung wählt man bei niedrigen Spannkräften und geringen Anforderungen an den Ablauf der Spannbewegung.

- **Hydraulische Spannkrafterzeugung**

Hydraulische Spannkrafterzeugung wird dann angewendet, wenn sehr hohe Spannkräfte erforderlich sind oder wenn auf engstem Raum bestimmte Spannkräfte erzeugt werden müssen.

Hydraulische Spannvorrichtungen sind im Gegensatz zu pneumatischen meist mit eigenen Pumpaggregaten zur Erzeugung des Druckölstromes ausgerüstet.

Ähnlich wie bei der Pneumatik kommen standardisierte Zylinder und speziell für die einzelne Vorrichtung gebaute Zylinder zum Einsatz.

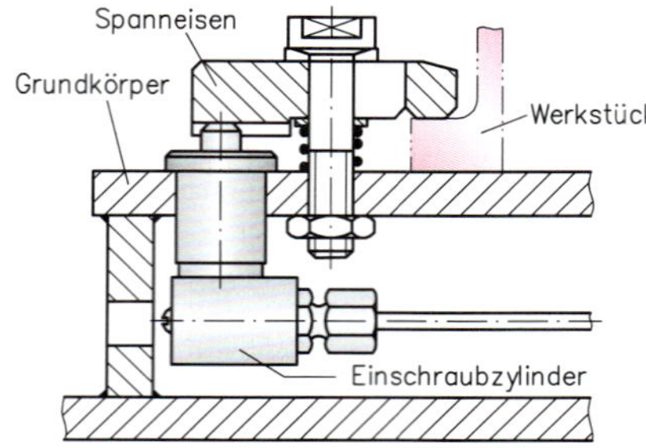

Hydraulisch beaufschlagter Einschraubzylinder betätigt ein Spanneisen

Hydraulische Spannkrafterzeugung wählt man bei:
- hohen Spannkräften, • geringem Platz für die Spannkrafterzeuger.

- **Spannen mit plastischen Massen**

Ähnlich dem Drucköl in der Hydraulik kann man plastische Massen, z. B. ein Gemisch aus 15 Teilen PVC mit 85 Teilen Weichmachern, zur Druckübertragung einsetzen. Im Gegensatz zu pneumatischen und hydraulischen Spannkrafterzeugern wird jedoch beim Einsatz von plastischen Massen der Druck unmittelbar an der Spannvorrichtung erzeugt. Dies geschieht durch Zylinder, deren Kolben mechanisch oder pneumatisch betätigt werden.

Plastische Massen setzt man ein, wenn auf engstem Raum große Spannkräfte erzeugt und verteilt werden müssen und keine hohe Geschwindigkeit beim Spannen und Entspannen gefordert wird.

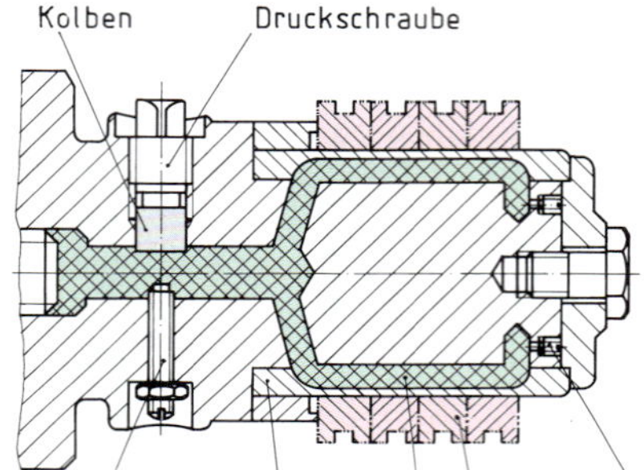

Dehndorn zum Spannen von Drehteilen

Spannvorrichtungen mit plastischen Massen werden im Vorrichtungsbau meist selbst gefertigt. Bei der Planung und Fertigung ist dabei auf folgende Punkte zu achten:

- Die Toleranzen sind in Abhängigkeit vom Arbeitsdruck zu wählen. So ist z. B. bei einem Arbeitsdruck von 600 bar nur ein Spiel zwischen Druckkolben und Zylinderbohrung von 0,005 mm erlaubt.
- Wegen der hohen Zähigkeit der Massen dürfen die Übertragungskanäle nur maximal 500 mm lang sein.
- Es müssen Entlüftungsbohrungen mit Dichtschrauben vorgesehen werden.
- Bei zu erwartenden Temperaturerhöhungen ist eine Kühlung einzusetzen.

Durch Druck in plastischen Massen kann Spannkraft erzeugt werden. Dies wird eingesetzt, wenn auf sehr engem Raum mit einer einfachen Mechanik große Spannkräfte erzeugt werden müssen.

- **Spannen mit Vakuum**

Mit dem Vakuumspannen können luftundurchlässige Werkstoffe gespannt werden. Dabei wird an der Auflageseite des Werkstückes ein Teilvakuum erzeugt, sodass das Werkstück vom Luftdruck gegen die Auflagefläche gedrückt wird. Die Spannkraft steigt demnach mit der Größe der Ansaugfläche, der Höhe des Luftdruckes und der Stärke des Vakuums.

$$F_{S\,max} = (0{,}95 \text{ bis } 0{,}8) \cdot A \cdot p_L$$

$F_{S\,max}$ max. Spannkraft in N
A Ansaugfläche in cm^2
p_L Luftdruck in bar

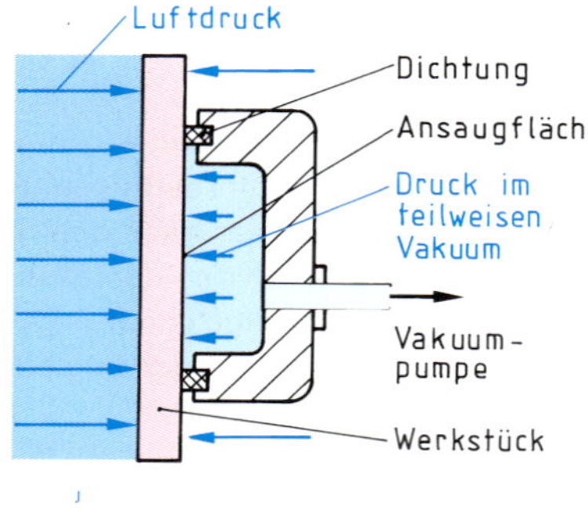

Drücke beim Vakuumspannen

Durch den gleichmäßig wirkenden Luftdruck können auch feinst bearbeitete Werkstücke und elastische Werkstoffe gespannt werden, wenn die Spannfläche der Kontur der aufzunehmenden Fläche entspricht.

Ebene Spannplatten fertigt man als Rasterplatten oder Sintermetallplatten an. Bei Sintermetallplatten deckt man beim Spannen die Spannfläche mit einer Folie ab, die unter dem Werkstück geschlitzt wird. Bei Rasterplatten oder werkstückgebundenen Platten wird die außerhalb des Werkstückes liegende Fläche z. B. durch Dichtschnüre abgedichtet.

Beispiele **für die Anwendung des Vakuumspannens**

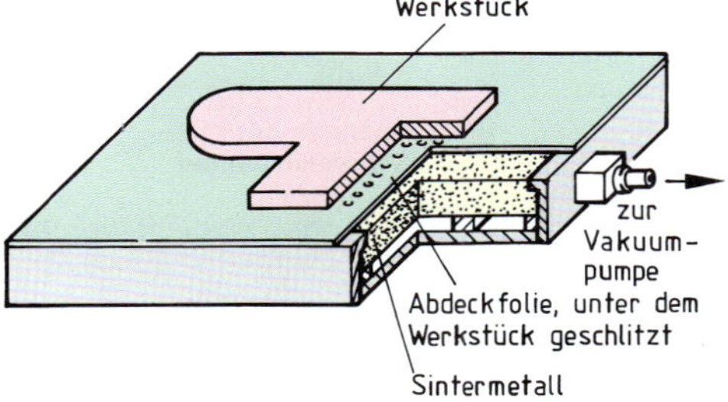

Spannen eines flachen Werkstücks

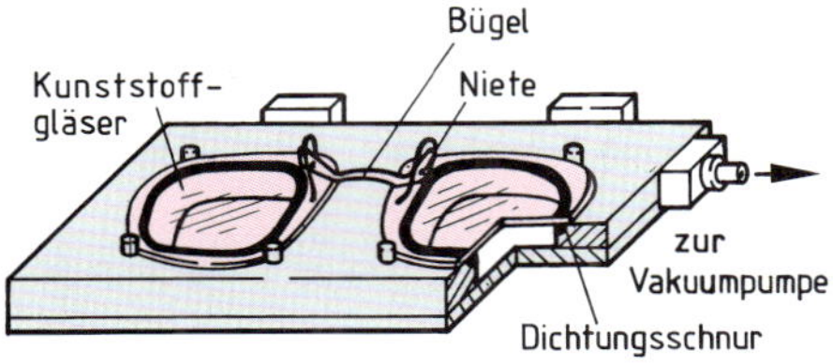

Spannen von Kunststoffgläsern im Unterteil einer Nietvorrichtung

Vakuumspannen wählt man für empfindliche Oberflächen und elastische Werkstücke.
Wichtig für die Spannkrafterzeugung ist eine große Spannfläche, die dem Vakuum ausgesetzt wird.

2.3.4 Spannkrafterzeugung durch Magnetismus

Werkstücke aus ferromagnetischen Werkstoffen können durch Magnetkraft gespannt werden. Als Magnete verwendet man dabei Permanentmagnete (Dauermagnete), Elektromagnete oder Kombinationen aus beiden.

Aufspannplatten mit Permanentmagneten enthalten Dauermagnete, die durch unmagnetische Metalle getrennt sind. Oberhalb der Magnete liegt eine Kopfplatte aus ferromagnetischem Werkstoff, die in gleicher Weise unterteilt ist. Verschiebt man das Magnetsystem so, dass jeweils Nord- und Südpol durch das gleiche Stück der Kopfplatte überdeckt werden, dann treten keine Feldlinien nach außen – die Platte spannt nicht. Verschiebt man die Magnete jedoch so, dass die Teile der Kopfplatte genau über den Polen der Magnete liegen, dann gehen die Feldlinien durch die Kopfplatte und durch das Werkstück – die Magnetplatte spannt.

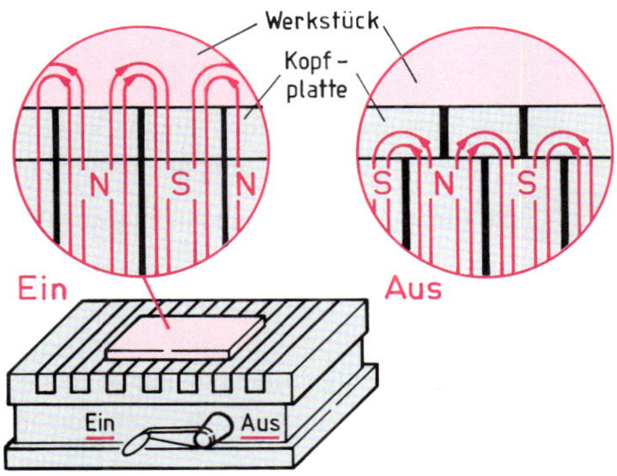

Magnetspannplatte

Bei Spannvorrichtungen mit Elektromagneten wird die Magnetkraft durch Spulen, die von Gleichstrom durchflossen werden, erzeugt. Hierbei werden keine Teile des Spannsystems bewegt. Nachteilig ist, dass infolge des Stromflusses eine Erwärmung der Spannplatte und des Werkstückes auftritt.

Die Spannkraft einer magnetischen Spannvorrichtung hängt von folgenden Faktoren ab:

- von der magnetischen Leitfähigkeit der Werkstoffe,
- vom Luftspalt zwischen Spannplatte und Werkstück – also von der Oberflächengüte. Während gegossene und geschmiedete Oberflächen nur 35 bis 50 % der theoretischen Haltekraft erreichen, werden fein geschlichtete Oberflächen mit 80 % der theoretischen Haltekraft gespannt,
- von der Größe des Werkstückquerschnittes,
- von der Zahl der überdeckten Pole.

Magnetspannsysteme eignen sich insbesondere zum Spannen dünner, flächiger Werkstücke aus ferromagnetischen Werkstoffen.

2.3.5 Zerlegen, Umlenken und Verteilen von Spannkräften

Werkstücke müssen sicher an den Positionierelementen anliegen und durch die Spannkraft gehalten werden. Damit möglichst wenig Spannelemente betätigt werden müssen, kann man die Spannkraft schräg ansetzen. In vielen Fällen ist zudem auch ein Umlenken der Kraft notwendig. Die Kraftzerlegung und Umlenkung kann durch Keile und Hebel erfolgen.

Beispiele **für die Zerlegung der Spannkraft**

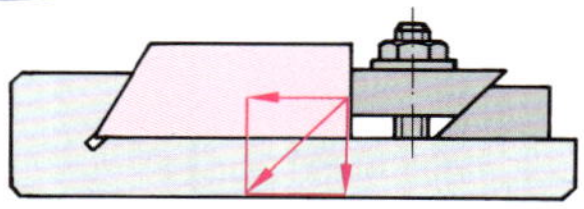

Spannen mit Spannleiste

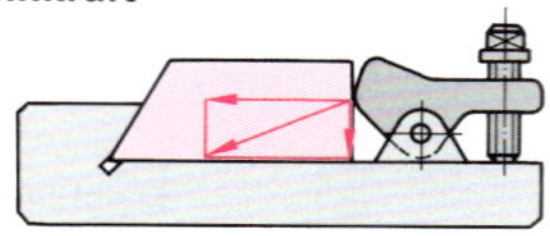

Spannen mit Hebel

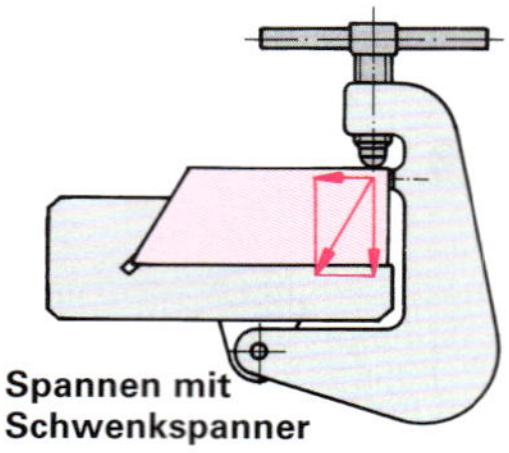

Spannen mit Schwenkspanner

Durch Kräftezerlegung kann gleichzeitiges Spannen in mehrere Richtungen erreicht werden.

Zur Umlenkung und Verteilung von Spannkräften können in kraftbetätigten Spannsystemen ebenfalls Keile verwendet werden.

Beispiel **für das Umlenken und Weiterleiten der Spannkraft mithilfe von Keilen**

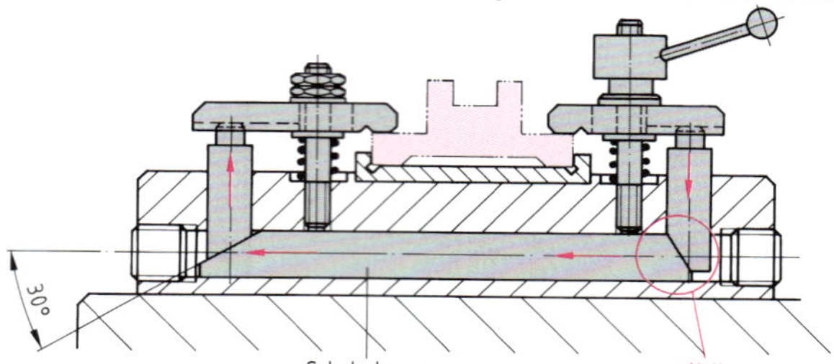

Durch Schubstangen und Keile können Spannkräfte weitergeleitet werden.

Das Spannen mehrerer gleicher Werkstücke erfordert eine gleichmäßige Verteilung der Spannkraft. Dieses kann durch mehrere unabhängige kraftbetätigte Spannelemente nur sehr schwer erreicht werden.

Beispiel **für ungleichmäßige Kraftwirkung**

Beim Spannen muss jede Schraube einzeln betätigt werden. Das Anziehen einer Schraube bewirkt aber bei bereits angezogenen Schrauben eine Minderung der Spannung, da sich der Balken weiter elastisch verformt.

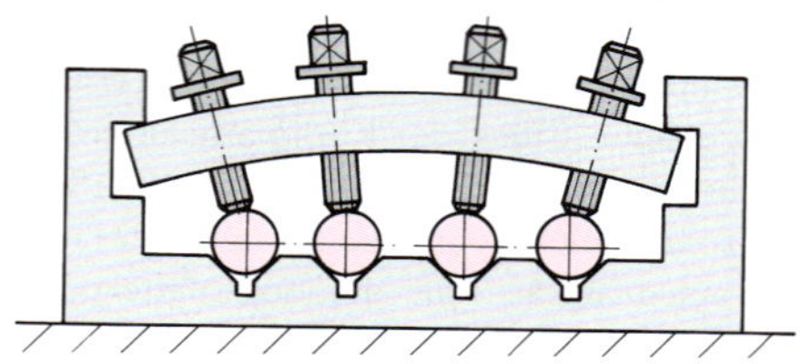

Zur Erreichung einer gleichmäßigen Spannkraft setzt man bei kraftbetätigten Spannvorrichtungen Hebel als Kraftverteiler ein. Beim Spannen mit Druck übertragenden Medien führen gleiche Kolbendurchmesser zu konstanten Spannkräften.

Beispiele **für gleichmäßige Verteilung von Spannkräften**

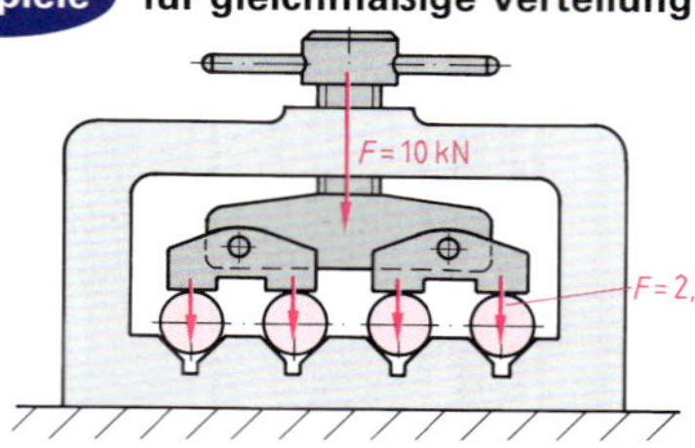

Mechanische Spannkraftverteilung

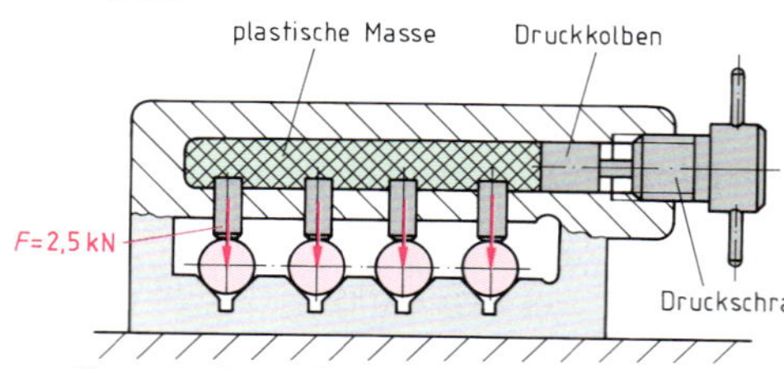

Spannkraftverteilung mit plastischer Masse

Gleichmäßige Spannkraft beim Spannen mehrerer Werkstücke kann durch Hebel als Kraftverteiler oder durch Druck übertragende Medien erreicht werden.

2.4 Teilsystem zum Stützen

Das Stützen des Werkstückes in der Vorrichtung ist erforderlich, wenn die Gefahr besteht, dass das Werkstück unter Eigengewicht oder durch die bei der Bearbeitung auftretenden Kräfte verformt wird.

Beispiele für den Einsatz von Stützen

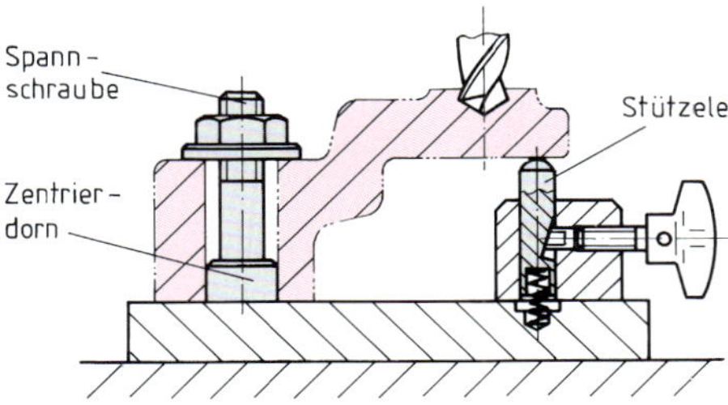

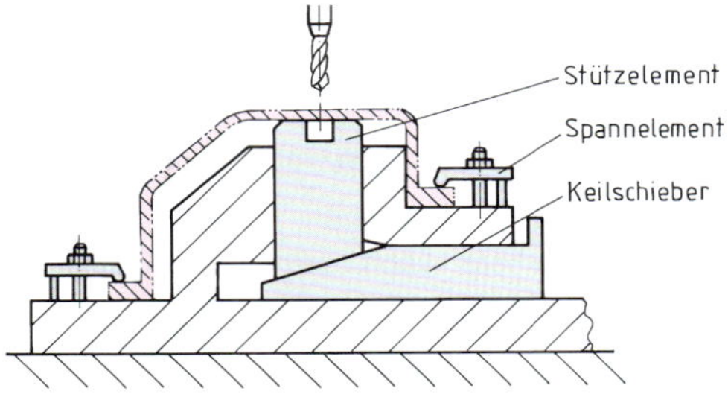

Die Anlageflächen von Stützelementen befinden sich im Gegensatz zu Positionierelementen in der Vorrichtung nicht in einer festen Lage. Sie werden erst *nach* Einlegen und Positionieren des Werkstückes ohne Kraftaufwand an das Werkstück angelegt und gesichert. Nach der Bearbeitung werden die Stützen wieder zurückgenommen. Stützelemente sind aus diesem Grunde leicht verstellbar und auf einfache Weise in ihrer Lage fixierbar.

Beispiele für Stützelemente

Austauschbare Einsätze

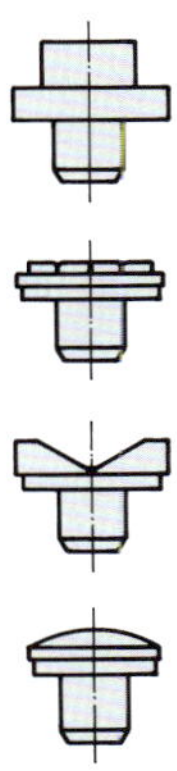

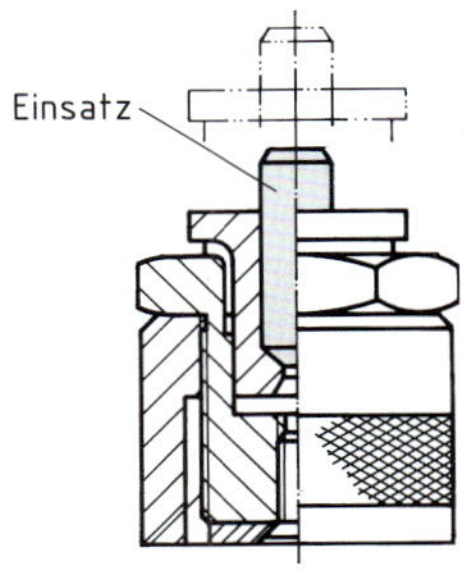

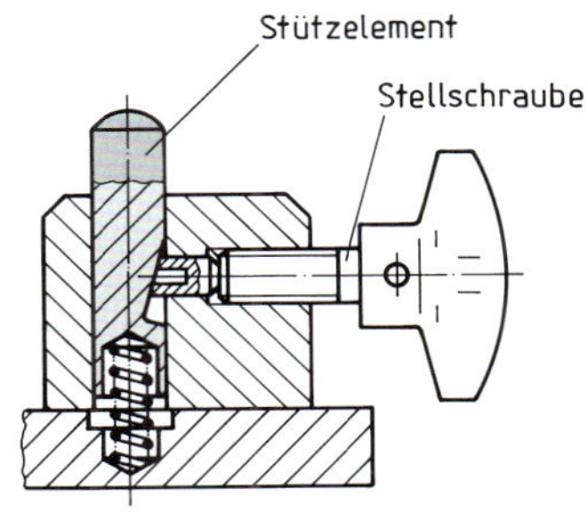

Stützelemente sind keine Positionierelemente. Sie werden erst nach dem Positionieren möglichst kraftfrei an das Werkstück herangeführt und in dieser Lage gesichert

2.5 Teilsystem zum Führen

Zur Erfüllung der vorgegebenen Mess- oder Bearbeitungsaufgabe kann es nötig sein, das Werkzeug oder den Werkstückträger mit dem Werkstück zu führen.

Werkzeugführungen werden besonders zum Führen langer und weniger biegesteifer Werkzeuge, wie, z. B. Bohrer und Räumnadeln, eingesetzt.

Führungen zum Führen des Werkstückträgers werden meist verwendet, um das Werkstück in geeignete Arbeitsposition, z. B. in die günstigste Schweißposition, zu bringen.

2.5.1 Werkzeugführungen

Werkzeugführungen werden eingesetzt, wenn das Werkzeug zur Bearbeitung durch den Vorrichtungskörper geführt werden muss, oder wenn zwischen der Werkzeugspannstelle und der Bearbeitungsstelle große Entfernungen überbrückt werden müssen. Dabei sollen die Werkzeugführungselemente möglichst nahe der Bearbeitungsstelle platziert werden, um das „Verlaufen" des Werkzeugs zu verhindern.

Am häufigsten werden Bohrbuchsen als Werkzeugführungen verwendet. Diese Buchsen sind außen und innen auf ein Passmaß geschliffen. Zur Schonung sind sie gehärtet, auf der Einlaufseite des Werkzeugs gerundet und zum leichten Einbau mit einer Fase oder einem Ansatz versehen.

Zylindrische Bohrbuchsen wählt man bei genügender Dicke der Wandung, in welche die Bohrbuchse einzusetzen ist.

Bundbohrbuchsen wählt man bei geringer Dicke der Wandung der Vorrichtung.
Steckbohrbuchsen ermöglichen durch einfaches Auswechseln die Herstellung unterschiedlicher Bohrungen an der gleichen Stelle. Sie müssen gegen Verdrehen und Herausheben gesichert werden.

Der Abstand zwischen Bohrbuchse und Werkstück hängt von der Toleranz der Bohrung, der Qualität der anzubohrenden Oberfläche und dem Winkel zwischen Bohrerachse und Oberfläche ab.
Bei sehr genau vorgearbeiteten Oberflächen kann die Bohrbuchse bis fast auf die Werkstückoberfläche reichen.
Bei Guss- und Schmiedestücken wird wegen der Oberflächenwelligkeit ein Abstand von 0,5 d bis 1 d gelassen, damit die Späne ablaufen können.
An schrägen Flächen wird die Bohrbuchse nahezu aufgesetzt, damit der Bohrer besonders in der Anbohrphase optimal geführt wird.

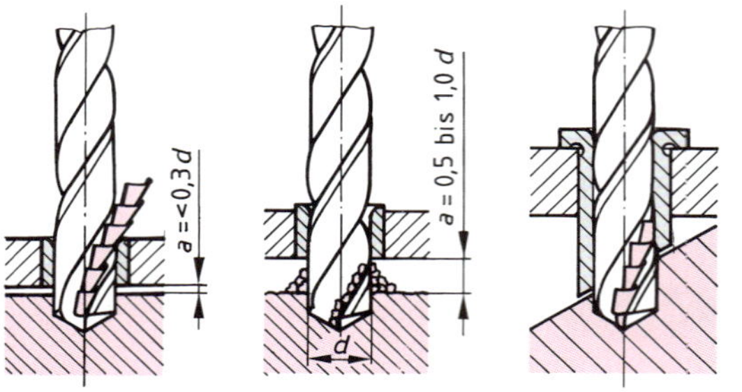

- für lang spanende Werkstoffe
- glatte Oberfläche

- für kurz spanende Werkstoffe
- wellige Oberfläche

- schräge Oberfläche

Bohrbuchsenabstand

Der Einsatz von Werkzeugführungselementen verhindert das Verlaufen des Werkzeugs und erhöht dadurch die Bearbeitungsgenauigkeit. Durch das Führen der Werkzeuge verringert sich der Werkzeugverschleiß und die Vorrichtung wird geschont.

2.5.2 Führungen des Werkstückträgers

Wenn das Werkstück während der Bearbeitung in eine andere Position gebracht werden muss, wird der Werkstückträger mit dem Werkstück geführt. Als Führungen verwendet man im Vorrichtungsbau Wälz- und Gleitführungen, wie sie im Maschinenbau üblich sind.

Beispiel **für einen Werkstückträger mit einer Schwenk-Drehvorrichtung**

Doppel-Schwenk-Drehvorrichtung

3 Vorrichtungen als Teilsysteme einer Maschine oder Anlage

Vorrichtungen sind Fertigungsmittel, die im Zusammenhang mit Maschinen und Anlagen eingesetzt werden. Sie müssen entsprechend dem Gesamtsystem eingefügt werden. Das heißt, sie müssen auf Maschinen und in Anlagen z. B. positioniert, gespannt oder geführt werden.

3.1 Positionieren der Vorrichtung

Vorrichtungen müssen auf dem Maschinentisch ausgerichtet und positioniert werden. Häufig verwendet man zur Positionierung in einer Richtung die T-Nuten des Werkzeugmaschinentisches.
Als Positionierelemente dienen in diesen Fällen:

- genormte Nutensteine,
- genormte Passfedern,
- Keilleisten,
- Universalanschläge,
- Parallel-Anschlagleisten.

Beispiele **für das Positionieren einer Vorrichtung mithilfe der T-Nuten des Maschinentisches**

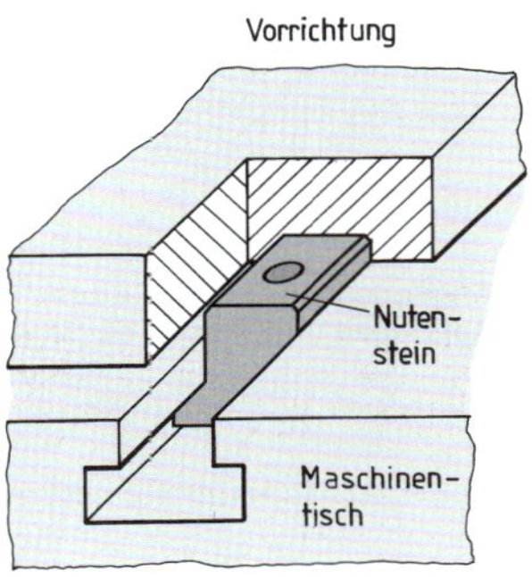

Positionierung durch Nutensteine

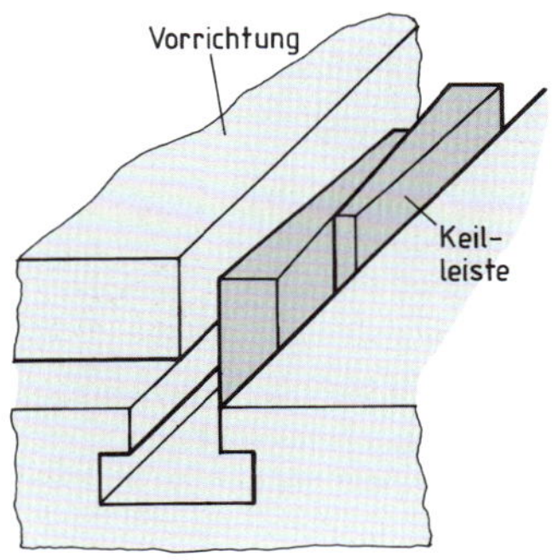

Positionierung durch Keilleisten

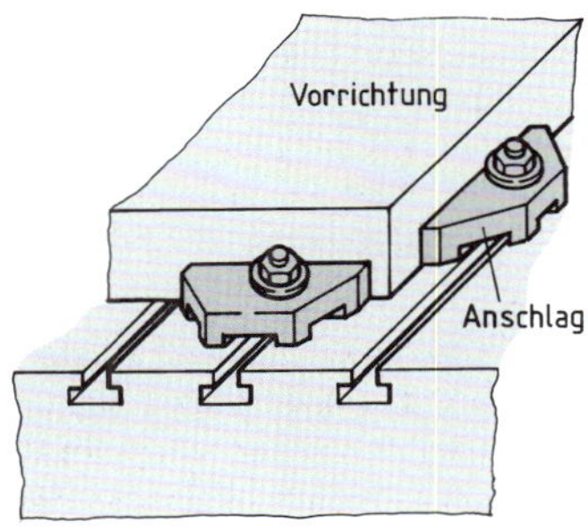

Positionierung durch Anschläge

Das Positionieren von Vorrichtungen auf dem Maschinentisch geschieht mithilfe der T-Nuten.

Drehvorrichtungen werden über den Kegel in der Spindelkopfbohrung positioniert und durch Zugstangen, Überwurfmuttern u. Ä. gesichert.

3.2 Spannen der Vorrichtung

Die positionierte Vorrichtung wird auf dem Maschinentisch gespannt. Dies geschieht meist durch Spanneisen oder T-Nutenschrauben.

Beispiele **für das Spannen der Vorrichtung auf dem Maschinentisch**

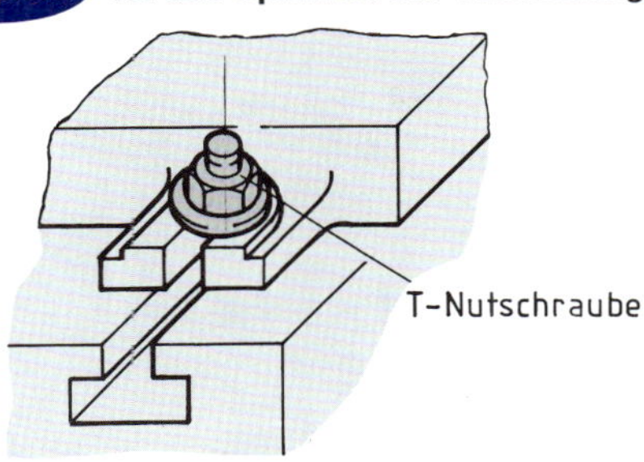

Spannen mit T-Nutenschraube in angegossenem Fuß

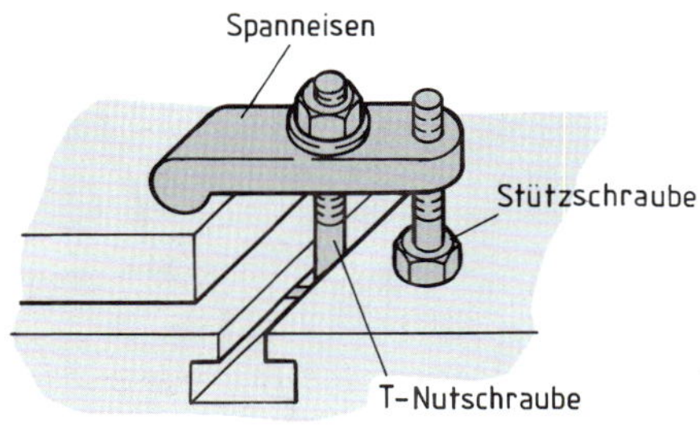

Spannen mit Spanneisen

Spannen der Vorrichtung auf dem Maschinentisch geschieht vorwiegend mithilfe von Spannschrauben.

3.3 Stützen der Vorrichtung

Nur kleine Vorrichtungen mit sauber bearbeiteter Unterseite lassen sich ganzflächig auf dem Maschinentisch auflegen. Man versieht darum besonders größere Vorrichtungen mit Füßen.
Bei gegossenen Vorrichtungsgrundkörpern werden die Füße meist mit angegossen.

Bei Einsatz von Vorrichtungsfüßen sollte Folgendes beachtet werden:

- Werden Füße an unbearbeiteten Flächen des Grundkörpers erforderlich, sind Anlageflächen für die Füße anzuarbeiten.
- Vorrichtungen sind grundsätzlich auf vier Füße zu stellen, um Auflagefehler festzustellen. Bei drei Füßen würden diese Fehler nicht bemerkt werden.
- Auswechselbare Vorrichtungsfüße sind nach der Montage grundsätzlich nachzuarbeiten. Dabei wird eine Werkstück-Positionierebene als Bezugsebene benutzt.
- Füße sollen eine Flächenauflage aufweisen, um die Flächenpressung an der Auflagefläche gering zu halten.

Beispiele **für Vorrichtungsfüße**

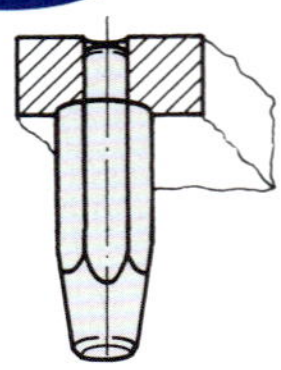

Fuß DIN 6320

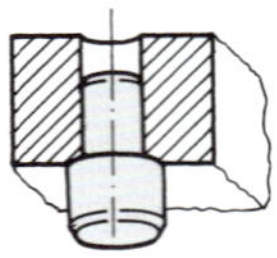

Fuß DIN 6321

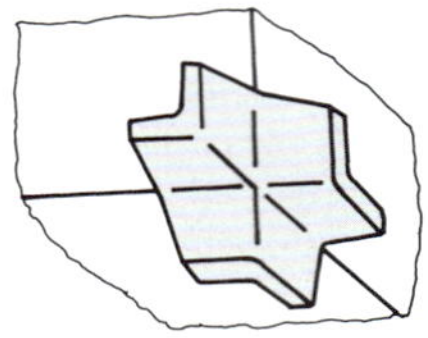

Angegossene Stützfüße zum Aufstellen und Kippen der Vorrichtung

Vorrichtungen stehen sicher auf unterbrochenen Auflageflächen. Bei großen Vorrichtungen erreicht man dies durch angegossene oder eingeschraubte Füße.

3.4 Führen der Vorrichtung

In der flexiblen Fertigung und bei der Bandarbeit werden Vorrichtungen auf Transportsystemen zwischen den Fertigungszellen oder Bearbeitungsstationen geführt.

Beispiel **für ein Transportsystem zum Führen von Vorrichtungen**

In der flexiblen Fertigung und an Fließbändern werden Vorrichtungen geführt.

Quellenverzeichnis

Den nachfolgend aufgeführten Unternehmen und Personen danken wir für die Zusendung von Informationsmaterial, Fotos und für die fachliche Beratung:

Aba z&b-Schleifmaschinen, Aschaffenburg; ABB Robotics, Friedberg; Adiro Automatisierungstechnik, Esslingen; AEG-Elotherm, Remscheid; Agi Charmilles GmbH, Schorndorf; AGIE Industrielle Elektronik, Losone, Schweiz; Alberg, Remscheid; Allgeier, Uhingen; Alzmetall, Altenmarkt; Amsler Otto Wolpert-Werke, Ludwigshafen; Arburg Spritzgießmaschinen Loßburg; Bahmüller, Plüdershausen; Bauer & Schauerte Karcher, Neuss; Bechem, Hagen; Berufsschule 1, Wels; Bieker Stahlformen, Plettenberg; Bihler Maschinenfabrik, Haiblech; Böhm, Dr.-Ing. Edmund, Darmstadt-Eberstadt; Böllhoff & Co Gewindeeinsätze, Bielefeld; Bosch, Stuttgart; Brökelmann, Jaeger & Busse Lichttechnik, Arnsberg-Neheim; Brown & Sharpe, Renens; Bühler Druckgussmaschinen, Uzwil, Schweiz; Buzil-Werk Wagner, Memmingen; CALLIDUS precision systems GmbH, Halle; Charmilles Deutschland Maschinenbau, Fellbach; CIM-Labor, BS Lüdenscheid; Cincinnati Milacron Spritzgießmaschinen, Offenbach; D. Lüttgens Formenbau, Heiligenhaus; Dahmen, Klaus, Fachberater, Eversberg; Dalex-Werke, Wissen; Deckel AG Erodiertechnik, Wolfratshausen; DELCAM GmbH, Obertshausen; Deutsche Shell, Hamburg; Diamantwerkzeuge GmbH, Hamein; Dieter Hansen GmbH Funkenerosion, Eppertshausen; D-M-E Normalien, Neuenstadt/Kocher; DMG Deckel Maho, Pfronten; DMG, Pfronten; DMT Drehmaschinen GmbH & Co. KG, Lörrach; Dolico Oberflächentechnik, Nürnberg; Dr. Johannes Heidenhain, Traunreut; Drumag, Bad Säckingen; DTM, Hilden; DTM-Drehtechnik, Lörrach; Du Font Kunststoffe, Bad Homburg; Durotherm Temperiersysteme, Darmstadt; Dynamit Nobel Formentechnik, Weissenburg; E. Zoller GmbH & Co. KG, Freiberg am Neckar; EDEL Entwicklung und Vertriebs-GmbH, Pliezhausen; Effgen, Herrstein; Elb-Schliff, Babenhausen; ELTRO GmbH, Baesweiler; EMA Induktions-Schmiederwärmungsanlagen, Hirschhorn am Neckar; EMCO-Maier GmbH, Hallein; Enerpac Schnellspannsysteme, Düsseldorf; EOC Normalien, Lüdenscheid; ESAB CUTTING SYSTEM, Karben; EWIKON Heißkanalsysteme GmbH & Co. KG, Frankenberg; EXTE Extrudertechnik GmbH, Wipperfürth; FAG-Kugelfischer, Schweinfurt; Fanuc, Frankfurt; Feintool Pressen Zubehör, Lyss, Schweiz; FEPA – Verband der Schleifmittelhersteller, Bonn; Festo Didactik Pneumatik, Esslingen; Fette GmbH, Schwarzenbek; Fibro Handhabungstechnik-Normalien, Hassmersheim; Flender, Bocholt; Foba, Lüdenscheid; FPS, Werkzeugmaschinen, Warngau; Franken, Rückersdorf; Fraunhofer IPT; Fritz-Werner, Berlin; Fuchs Lubritech, Weilerbach; Gebr. Steller, Gesenkschmiede, Halver; Gehring, Ostfildern; Gemo, Krefeld; Georg Fischer, Schaffhausen; Gildemeister, Bielefeld; GKN Walterscheid, Lohmar; Gregor Hofbauer GmbH, Planegg; Gühring, Albstadt; Guilleaume-Werk, Bonn; Günther Heißkanaltechnik, Frankenberg; H.P.T. Hochglanz-Polier-Technik, Monheim am Rhein; Hagen & Goebel, Soest; Hahn & Kolb, Stuttgart; Halder, Achstetten-Bronen; Hardit, Lunden; Hartmetall-Werkzeugfabrik Paul Horn GmbH, Tübingen; Hasco Normalien, Lüdenscheid; Hatebur Umformmaschinen, Reinach, Schweiz; Hauser, Biel Schweiz; Hegi Modellbau, Neumarkt/Opf.; Heidenreich & Harbeck, Hamburg; Heller, Nürtingen; Hemscheidt Maschinentechnik, Schwerin; Hemscheidt Rico Spritzgießmaschinen, Wuppertal; Hermes Schleifmittel, Hamburg; Hermle, Gosheim; Hertel, Fürth; Hewlett-Packard, Böblingen; Hoffmann GmbH Qualitätswerkzeuge, München; Hoffmann Werkzeugmaschinen, Krefeld; Hohenstein, Vorrichtungsbau und Spannsysteme, Hohenstein-Ernstthal; Hölzel Stanz- und Feinwerktechnik GmbH + Co. KG, Wildberg; Honecker, Brackenheim-Stockheim; Hoogovens Aluminium Sidal GmbH, Gelsenkirchen; Hubert Stüken, Rinteln; Hüller Hille, Ludwigsburg; Husky Spritzgießsysteme, Wiesbaden-Delkenheim; Hydraulikring, Stuttgart; IBM Deutschland, Stuttgart; INA-Wälzlager Schaeffler, Herzogenaurach; INDEX-Werke, Esslingen; Ingersoll GmbH Maschinen und Werkzeuge, Burbach; Institut für Kunststoffverarbeitung, Aachen; Institut für Uniform-Technik und -Maschinen, Hannover; Intech EDM GmbH, Mönchengladbach; Inter CAM, Bad Lippspringe; Invenio, München; Joisten & Kettenbaum GmbH & Co. KG, Bergisch Gladbach; Junker-Schleiftechnik, Nordrach; Keller, Werkzeugbau, Wipperfürth; KENNAMETAL Holding, Fürth; Kern, Großmaischeid; Kieninger GmbH, Lahr; Kieserling & Albrecht Fließpressmaschinen, Solingen; KIVIH-Kunststofftechnik, Minden; Klöckner Ferromatik Desma Spritzgießmaschinen, Malterdingen; Klöckner-Möller-SPS, Bonn; KOMET GROUP GmbH, Besigheim; Komet Präzisionswerkzeuge Ropert Breuning, Besigheim; Konstruktion & Werkzeugbau Löcker, Lippetal/Herzfeld; Kraus Maffei Kunststofftechnik, München; Krautkrämer, Köln; Kunststoffinstitut K.I.M.W., Lüdenscheid; KW-Abrichttechnik, Mainaschaff; LAM PLAN Deutschland GmbH, Bad Kreuznach; Langer, Werner, Meschede; Lasco Umformtechnik, Coburg; Lehrstuhl für Umformtechnik, Dortmund; Leica Mikroskopie & Systeme, Wetzlar; Leitz, Wetzlar; Leverberg S., Hydraulik-Fachberater, Oberhausen; Leybold Durferrit GmbH, Hanau; Liebherr, Kirchdorf; LMT Deutschland GmbH, Oberkochen; Lukas-Erzett, Engelskirchen; Manfred Schmer GmbH, Spaichingen; Maschinenbau- und Metall-Berufsgenossenschaft MAT, Dresden; Maschinenfabrik Frömag, Fröndenberg; Mauser, Oberndorf; MAYR Faserverbundtechnik, Rosenheim; Max-Planck-Institut für Eisenforschung, Düsseldorf; Mecadat, Langenbach; MEILI, Hanau; MST Aerospace, Köln; Müller-Weingarten Maschinen, Esslingen; Multiarc, Bergisch Gladbach; Multiform Präzisionsmaschinenbau GmbH, Wolfratshausen; National Machinery Fließpressmaschinen, Nürnberg; Naxos-Union Schleifmittel, Butzenbach; Neff Pressen, Ettlinger; Neumeyer-Fließpressen, Nürnberg; Nitrion GmbH Nitrierbetriebe Bayern, Otterfing; Nordmann, Köln; Novapax Oberflächentechnik, Berlin; Peter Wolters, Rendsburg; Phoenix Contact, Lüdenscheid; Precitec GmbH Technische Produkte, Teltow; Primus-Sievert, Köln; PROCAD, Karlsruhe; Raprotec GmbH & Co. KG, Remscheid; Reform-Maschinenfabrik, Fulda; Rex-Roth-Hydraulik, Lohr; RJ Lasertechnik, Übach-Palenberg; Roeders, Hanau; Röhm GmbH, Sontheim; Römheld Spannsysteme, Laubach; Rüggeberg Pferd-Werkzeuge, Marienheide; Saazor Wälztechnik, Pforzheim; Sander Automation, Rechen; Sandvik, Düsseldorf; S + L Fertigungstechnik GmbH, Willich; S.A.T. Fertigungstechnik, Velbert; Schiess-Nassovia, Langen; Schleif Maschinenwerk, Chemnitz; Schmalz, Glatten; Schmid Maschinen- und Werkzeugbau, Rapperswil, Schweiz; Schmidt Präzisionswerkzeuge, Esslingen; Schmiedestück-Verwendung, Hagen; Schunk, Lauffen am Neckar; Schupa, Schalksmühle; Schütte, Alfred – Maschinenfabrik, Köln-Poll; Seco Tools, Erkrath; Sescoi industrielle Informatik, Neu Isenburg; SEW-Eurodrive, Bruchsal; SGL Carbon, Bonn; Siemens SPS, Dortmund; Simon & Schelle, Sundern; Simpelkamp Press- u. Schmiedeanlagen, Krefeld; Single Temperiertechnik, Wernau; Sintermetallwerk Krebsöge, Radevormwald; SKF Kugellagerfabriken, Schweinfurt; SMS Hasenclever Press- u. Schmiedeanlagen, Düsseldorf; Stähli, Schönaich; STAMA Maschinenfabrik, Schlierbach; Stark Spannsysteme GmbH, Götzis; Steinel Normalien, Wuppertal; STRACK NORMA GmbH & Co. KG, Lüdenscheid; Strack Normalien, Lüdenscheid; Strasmann, Remscheid; System 3R Spannsysteme, Vällingby, Schweden; System 3R Europe GmbH, Groß-Gerau; Tel.C Maschinenbau, Unna; Texas-Instruments, München; Textron Verbindungstechnik, Neuss; Thielenhaus-Microfinish, Wuppertal; Thyssen Edelstahlwerke, Witten; Thyssen GUSS, Essen; ThyssenKrupp Gerlach GmbH, Homburg; TITEX PLUS-Präzisionswerkzeuge Günther & Co, Frankfurt; TRAUB-Drehmaschinen, Reichenbach; Truck, Mülheim; Tschudin, Grenchen, Schweiz; VDMA FG Präzisionswerkzeuge, Frankfurt; Verband der Keramischen Industrie e.V., Fachgruppe Technische Keramik; Vietzke, Klaus, Köln; Voss Fluidtechnik, Wipperfürth; Walter AG, Tübingen; Weiler Werkzeugmaschinen, Emskirch; WEMA Beheizungstechnik, Lüdenscheid; Werner und Kolb, Berlin; Winter, Hamburg; Ziersch & Baltrusch, Reutlingen; Zindel, Mainhausen; Zoller Einstell- und Messgeräte, Freiberg/Neckar.

Stichwortverzeichnis

A
Abtragen 239
Achsen 145
Allgemeintoleranzen 30
Aluminium 323
Aluminiumlegierungen 325
Angusssystem, Druckgießen 501
Anreißen 49
Arbeitssicherheit 116
Außengewinde, Herstellen 67
Autogenes Brennschneiden 193
Automatisierungstechnik 351

B
Bauelemente, elektr. 427
Baugruppen 163
Beanspruchungsarten 158
Befestigungsgewinde 122
Belastungsarten 158
Berechnung, Klebeverbindungen 162
Berechnung, Lötverbindungen 162
Berechnung, Passfedern 161
Berechnung, Schrauben 161
Berechnung, Stifte 161
Beschichten 329
Betriebsanweisungen 116
Bewegungsgewinde 122
Biegegesenk 566
Biegen in elastischen Kissen 569
Biegen von Blechen 71
Biegen von Rohren 72
Biegestempel 565
Biegeumformen, Blechbearbeitung 525
Biegeumformen, Werkzeuge 561
Biegeumformung, Grundlagen 561
Biegeverfahren 564
Blei 324
Blockguss 301
Bohren 61
Bohren, Sicherheitshinweise 63
Bohrmaschinen 62
Bolzen 128

C
CAD/CAM-Systeme 229
– 2D-Darstellung 230
– 3D-Modelle 230
– Arbeiten mit CAD/CAM-Systemen 232
– Einsatzmöglichkeiten 229
– Erstellen von 3D-Modellen 232
– Erstellen von Baugruppen 234
– Programmierung der NC-Fräsmaschine 235
– Rechnerinterne Darstellungen 230
Chemische Elemente 292
CNC-Drehen
– Aufbau von Drehwerkzeugen 215
– Drehteile mit geradliniger Kontur 210
– Drehteile mit kreisförmiger Kontur 211
– Fertigung mit CNC-Drehmaschinen 209
– Koordinatensysteme 209
– Nullpunkte und Bezugspunkte 209
– Programmieren der Weginformationen 209
– Programmierhilfen 212
– Schneidenradiuskompensation 217
– Unterprogramme 214
– Werkzeuge und Werkzeugmaße 215
– Werkzeugmaße 215
– Zyklen beim Drehen 212
CNC-Fräsen
– Aufbau des Werkzeugsystems 228
– Fertigung mit CNC-Fräsmaschinen 219
– Fräswerkzeuge im Einsatz 228
– Koordinaten an Fräsmaschinen 219
– Manipulation von Programmteilen 226
– Maschinennullpunkt und Referenzpunkt 220
– Programmieren von Weginformationen 219
– Programmierhilfen 222
– Unterprogramme 227
– Werkstücknullpunkte 220
– Werkzeugbahnkorrekturen 221
– Werkzeuge und Werkzeugmaße 228
– Zyklen beim Fräsen 222
– Zyklenaufrufe 224
CNC-Messmaschine 41
CNC-Technik 197
– Bahnbewegungen 202
– Bahnsteuerungen 200
– Bearbeitungsrichtung 202
– Bemaßungsarten 201
– Datenfluss 197
– Eilgang 203
– Erprobung von NC-Programmen 208
– Optimierung von NC–Programmen 208
– Geradlinige Arbeitsbewegungen 203
– Grafische Konturerstellung (GKE) 205
– Konturerstellung 205
– Koordinatensysteme 198
– Kreisförmige Arbeitsbewegungen 204
– Lageregelung 199
– Manuelle Programmierung 201
– Programmierung von Schaltinformationen 206
– Programmierung von Technologiedaten 206
– Programmierung von Werkzeugeinsatz 206
– Programmierung von Zusatzfunktionen 206
– Simulation 208
– Überwachte Probefertigung 208
– Werkstücknullpunkt 201
– Werkzeugmaschinen 197
– Zusammenstellung zu Sätzen 207

D
Dauerbruch 282
Dehnspanndorn 87
Drehen, Arbeitsgrößen 91
– Oberflächenbeschaffenheit 90
– Schnittgeschwindigkeit 91
– Umdrehungsfrequenz 91
– Schnittkraft 91
– Schnittleistung 91
Drehmaschinen 81
Drehmeißel, Bauarten 85
Drehmeißelgeometrie 83
Drehverfahren 82
Drehverfahren, spezielle 88
Drehwerkzeuge 83
Druckbeanspruchung 160
Druckgießen 498
Druckgießen, Werkzeuge 499
Druckgießverfahren 498

E
Eckfräsköpfe 97
Eigenschaften der Stähle 315
Einheiten (Basiseinheiten) 12
Einsatzhärten 320
Eisen-Gusswerkstoffe 298
Eisenmetalle 297
Elektrische Ladung 420
Elektrische Spannung 421
Elektrischer Strom 421
Elektrischer Stromkreis 423
Elektrischer Widerstand 422
Elektropneumatik 376
– Anschlusskennzeichen an Relais 380
– Ansteuerung, Wegeventile 382
– Auswahlkriterien, Magnetventile 379
– Bauteile 376
– Druckschalter 377
– Grenztaster 379
– Magnetventil 376
– Reihenschaltung 382
– Parallelschaltung 382
– Schaltplan und Stromlaufplan 381
– Schaltzeichen elektrischer Bauteile 380
– Schütz und Relais 380
– Schutzarten 378
– Schutzbeschaltung 378
– Steuerungen 381
– Wegabhängige Steuerungen 383
– Zeitabhängige Steuerungen 384
Elektrostahlverfahren 300
Elektrotechnik 419
Elemente, chemische 292
Endmaße 20

Energieübertragung, Funktionseinheiten 146
Entformung, Spritzgießen 492
Entformungssystem, Spritzgießen 468
Extrudieren 519

F
Federn, Fügen mit 132
Fehlersuche in Steuerungen 418
Feilen 60
Feinbearbeitungstechniken 239
Feinzeiger 19
Fertigen mit Computerunterstützung 197
Fertigen mit handgeführten Werkzeugen 47
Fertigungsverfahren, Einteilung 47
Festigkeitsberechnungen 158
Festklopfen von Formoberflächen 261
Festlager 139
Festschmierstoffe 276
Filmgelenk (Filmscharnier) 487
Flachschleifmaschinen 108
Flussmittel 171
Folgeverbundwerkzeuge 580
Formabweichungen, Messverfahren 39
Formelzeichen 12
Formenbau 441
Formfräser 99
Formfüllung, Spritzgießen 490
Formgebung, Druckgießen 499
Formgebungssystem, Spritzgießen 443
Formguss 301
Formlehren 24
Formteilgestaltung, Spritzgießen 481
Formtoleranzen 37
Fräsen 92
– Arbeitsgrößen 107
– Fräsmaschinen 92
– Fräsverfahren 94
– Fräswerkzeuge 96
– Gestaltung der Schnittstelle 100
– Gestaltung der Trennstelle 101
– Positionieren von Werkstücken 103
– Spannsysteme 103
– Spannzeuge 100
– Werkzeugeinstellung 102
Freiwinkel 75
Füge- und Trenntechniken 163
Fügen durch Profilformen 133
Fügeverfahren 163
Führung, Spritzgießen 478
Funkenerosionsanlagen, Sicherheitsmaßnahmen 255
Funkenerosives Abtragen, Anlagen 252
Funkenerosives Schneiden 239, 247
Funkenerosives Senken 239, 242
Funktionseinheiten technischer Systeme 119
Funktionseinheiten zum Verbinden 120

G
Gasschmelzschweißen 174
Gefahrstoffe 117
Gefügearten 313
Geradführungen 143
Gerätekennzeichnung, elektr. 432
Geräteschutz, elektr. 430
Gesamtverbundwerkzeug 583
Gesenkbiegen, Werkzeuge 564
Gesenkformen 504
Gesenkformen, Werkstückgestaltung 516
Gesenkformen, Werkzeuggestaltung 516
Getriebe 150
Getriebe, verstellbare 156
Getriebe, Berechnungsgrundlagen 157
Gewaltbruch 281
Gewinde 65, 120
Gewindeschneiden 65
Gewindeverbindungen 120
Gittertypen 295
Gleit- und Wälzlager, Gegenüberstellung 140
Gleitführungen 143
Gleitlager 135
Glühen 316
Grenzabmaße 31
Grenzlehren 24
Grundabmaß (Toleranzfeldlage) 32
Grundgrößen (Basisgrößen) 12
Grundschaltungen, elektr. 426
Gusseisen 298

H
Härten 317
Härteprüfung 336
Hartmetalle 78, 327
Hartmetalle, Stanz- und Umformtechnik 328
Heißkanalsysteme 459
Heizelementschweißen 192
Höchstmaß 14
Hohlschaftkurzkegel 100
Honen 262
Honverfahren 262
HSC Hochgeschwindigkeitsfräsen 256
– Fräsmaschinen 257
– Fräswerkzeuge 258
– Programmierung 258
– Spannmittel 258
Hydraulik 399
– Aufbau einer Anlage 401
– Druck 400
– Druckbegrenzungsventil 404
– Druckflüssigkeiten 405
– Druckflüssigkeitsbehälter 404
– Druckventile 408
– Durchflussgesetz 400
– Eilgang-Vorschub-Steuerung 414
– Filter 405
– Geschwindigkeitssteuerung 413
– Grundsteuerungen 412
– Hydraulikmotor 411
– Hydraulikzylinder 411
– Hydraulische Leistung 400
– Hydropumpen 402
– Hydrospeicher 406
– Leistungsübertragung 399, 407
– Leistungsumwandlung 399
– Leitungen und Verbindungen 407
– Physikalische Grundlagen 400
– Richtungssteuerung 412
– Sperrventile 410
– Stromventile 409
– Vergleich Pneumatikanlage 402
– Volumenstrom 400
– Wegeventile 408

I
Inbetriebnahme elektropneumatischer Steuerungen 415
Inbetriebnahme hydraulischer Anlagen 416
Innengewinde, Herstellen 66
Instandhalten technischer Systeme 267

K
Kaltarbeitsstähle 310
Kaltkanalsysteme 461
Keil als Werkzeugschneide 52
Keil, Kräftezerlegung 53
Keilwinkel 53, 75
Keramische Werkstoffe 332
Kerbschlag-Biegeversuch 338
Klappverschlüsse 131
Kleben 164
Kleben, Schutzmaßnahmen 167
Klebeverbindungen 164
Klebeverbindungen, Berechnungen 162
Klebstoffe 167
Konservieren 268
Kontrollkarten 46
Kopierfräser 98
Körnen 50
Korrosion 284
Korrosionsschutz 284
Kraft 52
Kugelgrafit 298
Kugelkopffräser 98
Kühlschmierstoffe 114
Kunststoffe 342
Kunststoffe, Unterscheidung 350
Kunststoffschweißen 190
Kupfer 324, 326
Kupplungen 147

L
Lageabweichungen, Messverfahren 39
Lager 135
Lagerreibung 136
Lagerwerkstoffe 136
Lagerzapfen 146
Lagetoleranzen 38
Lamellengrafit 298
Längenmesstechnik 14

Längenmessung
– direkt 15
– elektrisch 22
– indirekt 21
– optisch 23
– pneumatisch 21
Läppen 265
Läppmittel 265
Läppvorgang 265
Laserabtragen (Lasercaving) 260
Laser-Sintern 237
Laserstrahlschneiden 194
Legierungen 296
Legierungselemente, Einfluss 309
Lehren 13, 24
Leichtmetalle 323
Leiter, elektr. 424
Leitungsschutz, elektr. 430
Lichtbogenbolzenschweißen 189
Lichtbogenhandschweißen 180
Lichtbogenschmelzschweißen 177
Logikpläne 353
Logische Grundfunktionen 353
LOM-Verfahren 238
Loslager 139
Lote 171
Löten 168
Lötverbindungen 171
Lötverbindungen, Berechnungen 162
Lötverfahren 170

M
Magnesium 323
Maschinenbruch 281
Maschinenfähigkeit 46
Maschinenschaden 279
Maschinenschraubstock, Spannen 103
Maschinentisch, Spannen 104
Maßlehren 24
Maßsysteme und Einheiten 13
Maßtoleranzen 30
Messabweichungen 28
Messen 13
Messmaschine, Koordinatensysteme 41
Messmaschinen, numerisch gesteuerte 41
Messschieber 15
Messschrauben 17
Messtaster 42
Messuhren 19
Messung elektr. Spannung 424
Messung elektr. Stromstärke 424
Messwerterfassung, statisch, dynamisch 42
Metallbindung 293
Metalle, Aufbau 293
Metallgefüge 294
Metallschutzgasschweißen (MSG) 183
Metallschweißen, Fehler 187
Metallschweißen, Gefügeänderung 187
Mindestbiegeradien 70
Mindestmaß 14
Modulare Spannsysteme 104
Mutternfestigkeit 125

N
Nichteisenmetalle 323, 325
Nichtleiter, elektr. 424
Niete 129
Nitrieren 321
Normalien 433

O
Oberflächenkenngrößen 26
Oberflächenmuster 27
Ohmsches Gesetz 425
Outsert-Technik 489

P
Paletten, Spannen 105
Parallelschaltung, elektr. 426
Passfedern, Berechnungen 161
Passmaße, Lehren 36
Passungen 33
Passungen, häufig gewählte 35
Passungsarten 34
Passungssysteme 35
Periodensystem der Elemente 608
Planetärerosion 243
Planfräsköpfe 97
Planscheibe 87
Plasmaschneiden 195
Pneumatische Steuerungen 357, 369
– Arbeitseinheiten 362
– Aufbau von Zylindern 362
– Aufbereitung der Druckluft 359
– Bauformen pneumatischer Ventile 360
– Bereitstellung der Druckluft 358
– Betätigungsarten, Wegeventile 362
– Dämpfung 364
– Druck 357
– Druckluftverteilung 359
– Funktionsdiagramme 366
– Grundschaltungen 369
– Grundsteuerungen 370
– Kennzeichnungsschlüssel 364
– Kolbenkraft 363
– pneumatische Ventile 360
– Schaltpläne 364
– Steuern der Druckluft 360
– Steuerungen, Beispiele 372
– Verdichter (Kompressoren) 358
– Wegeventile 361
Polieren 266
Poliermittel 266
Poliermittelträger 266
Poliervorgang 266
Polyadditionsvorgang 349
Polyaddukte 349
Polykondensate 347
Polykondensationsvorgang 347
Polykristalliner Diamant (PKD) 79
Polymerisate 344
Polymerisationsvorgang 344
Pressschweißen 189
Pressverbindungen, Fügen durch 133
Profilformen, Fügen durch 133
Profilschleifmaschinen 108
Prozessfähigkeit 46
Prozessüberwachung 46
Prüfen 11
Prüfen von Längen 13
Prüftechnik 11
Prüfverfahren
– metallografische 339
– technologische 339
– zerstörungsfreie 340

Q
Qualität in der Produktion 43
Qualität, Einflussgrößen 44
Qualitätsmanagement 43
Qualitätssicherung 46
Qualitätssicherungsnormen 45

R
Rapid Prototyping 236
Rapid Tooling 236
Rauheit von Oberflächen 26, 27
Rauheitskenngröße Ra 27
Rauheitskenngröße Rz 26
Reiben 68
Reibungsarten 137
Reibungskraft 137
Reihenschaltung, elektr. 426
Reinigen 268
Roheisenerzeugung 297
Rollbiegesystem 570
Rundschleifmaschinen 108

S
Sägen 58
Sauerstoffaufblasverfahren 300
Schadensarten, Gesenkformen 514
Schaltpläne, elektr. 427
Schaltzeichen, elektr. 428
Scheibenfräser 99
Scherbeanspruchung 160
Scherenarten 55
Scherschneiden 54, 526
Schleifen, Arbeitsverfahren 109
Schleifmaschinen 108
Schleifwerkzeuge 110
Schlichten 76
Schmelzverhalten, Metalle 293
Schmieden 73
Schmiederohlängen 74
Schmieren 270
Schmierfette 275
Schmierfette, Kennzeichnung 276
Schmieröle 272
Schmierstoffe 272
Schnappverbindungen 131, 486
Schneiden, Werkzeuge 527
Schneidenradius 75
Schneidstoffe 78
Schneidstoffe, keramische 79
Schneidvorgang 522
Schnellarbeitsstähle 78, 312
Schnellbefestigungsverbindungen 131
Schnittgeschwindigkeit 76
Schnitttiefe 76

Schrauben, Berechnungen 161
Schraubenfestigkeit 124
Schraubenverbindungen 124
Schraubenverbindungen, Drehmoment 126
Schraubenverbindungen, Sicherungen 125
Schruppen 76
Schutzgasschweißen 182
Schutzmaßnahmen, elektr. 431
Schutzmaßnahmen, Gefahrstoffe 117
Schweißen 172
Schweißstrom 177
Schweißverbindungen 173
Schweißverfahren 172
Schwermetalle 324
Senken 64
Sicherheitshinweise zum Bohren 63
Sicherheitsmaßnahmen bei Funkenerosionsanlagen 255
Sinterwerkstoffe 331
Spanarten 77
Spanformen 77
Spannen und Stützen 86
Spannen zwischen den Spitzen 88
Spannfutter 86
Spannsystem, Spritzgießen 479
Spannzange 87
Spanwinkel 75
Speicherprogrammierbare Steuerungen (SPS) 385
– Ablaufsteuerungen 397
– Anweisungsliste (AWL) 391
– Arbeitsweise der SPS 389
– Automatisierungsgerät 388
– Funktionsbaustein-Sprache (FBS) 393
– Funktionsplan 387
– Gerätetechnischer Aufbau 387
– Grundverknüpfungen 394
– Kombinierte Verknüpfungen 395
– Kontaktplan (KOP) 393
– Logikpläne 386
– Merkmale VPS und SPS 385
– Programmieren SPS 391
– Programmiergeräte 387
– Programmspeicher 388
– Steuerungstechnische Grundlagen 385
Spiralbohrer 61
Spritzgießanlage 493
Spritzgießen 441
Spritzgießen, Angusssystem 453
Spritzgießprozess 493, 494
Spritzgießwerkzeuge, Einteilung 442
Spritzgießzyklus 494
Stahl, Nachbehandlung 301
Stahl, Übersicht Verarbeitung 302
Stahl, Weiterverarbeitung 301
Stähle, Einteilung 303
Stahlguss 299
Stahlherstellung 300
Stanztechnik 521
Steilkegel 100
Stereolithographie-Verfahren 236
Steuerungs- und Leistungsteil 351
Steuerungstechnik, Grundlagen 351
Stifte 127
Stifte, Berechnungen 161
Stoffe, Aufbau 292
Strangguss 301
Stützen der Werkstücke 88
Systembeurteilung durch Inspektion 277

T

Tastschnittgerät 27
Teilen 106
Temperguss, schwarzer 299
Temperguss, weißer 299
Temperiersystem, Druckgießen 502
Temperiersystem, Spritzgießen 462
Tiefziehen 525, 571
Tiefziehen, Werkzeuge 571, 573
Tiefziehfehler 579
Titan 323
Toleranz 14
Toleranzangabe mit ISO-Kurzzeichen 31
Toleranzen und Passungen 30
Toleranzen, Grundbegriffe 30
Toleranzgrad 32
Toleranzzone 37
Torusfräser (Kopierfräser) 98
Tragen und Stützen, Funktionseinheiten 135
Trennen durch Zerteilen 521
Trennen, Verfahren 51
Trennverfahren, thermisch 193

U

Umformen 70
Umschlingungsgetriebe 156
Umweltschutz 118
Unfälle, Maßnahmen 117
Unfallschutz 116
Unfallverhütung, Elektrotechnik 429
Universalschleifmaschinen 108
Verbundbauteile 488

V

Verbundwerkstoffe 333
Verbundwerkzeuge 580
Vergüten 319
Verschleiß 279
Vorrichtungen
– Einteilung 586
– Teilsystem zum Führen 599
– Teilsystem zum Positionieren 588
– Teilsystem zum Spannen 591
– Teilsystem zum Stützen 599
– Teilsystem zum Tragen 587
Vorrichtungstechnik 585
Vorschub 76

W

Walzenfräser 96
Walzenstirnfräser 98
Wälzführungen 144
Wälzlager 138
Wälzlager, Montage 141
Warmarbeitsstähle 311
Wärmebehandlung, Arten 316
Wärmebehandlung, Stahl 313
Warmgasschweißen 190
Wartung, Instandhaltung durch 268
Wartung hydraulischer Anlagen 417
Wartung, Pneumatik 416, 417
Wartung, Steuerungen 416
Wartungsanleitungen 286
Wartung, handgeführte Werkzeuge 69
Wasserstrahlschneiden 196
Wellen 146
Welle-Nabe-Verbindungen 132
Wendeschneidplatten 80
Werkstoffe, Eigenschaften 287
Werkstoffe, Einteilung 287
Werkstoffprüfung 334
Werkstofftechnik 287
Werkstückaufnahmen, Gestaltung 568
Werkzeuge Spritzgießen 441
Werkzeugmaschinen, Fertigen mit 75
Werkzeugstähle 309
Werkzeugsteifigkeit, Spritzgießen 491
Werkzeugtemperierung, Spritzgießen 492
Widerstandspressschweißen 189
Winkel, Lehren 25
Winkel, Messen 25
Winkel, Prüfen 25
Wolfram-Inertgas-Schweißen (WIG) 185
Wolframkupfer 326

Z

Zahnflankenformen 153
Zahnradgetriebe 152
Zahnradgetriebe, Formen 154
Zahnradmaße 152
Zerteilen durch Scherschneiden 522
Zink 324
Zinn 324
Zugbeanspruchung 159
Zugdruckumformen, Tiefziehen 525
Zugmittelgetriebe 151
Zugversuch 334

Periodensystem der Elemente

Legende: Massenzahl 4,0 · Abkürzung He · Elementname Helium · Kernladungszahl (Ordnungszahl) 2

	1	2	3	4	5	6	7	8	9	10	11	12	13	14	15	16	17	18
1	1,0 H Wasserstoff 1																	4,0 He Helium 2
2	6,9 Li Lithium 3	9,0 Be Beryllium 4											10,8 B Bor 5	12,0 C Kohlenstoff 6	14,0 N Stickstoff 7	16,0 O Sauerstoff 8	19,0 F Fluor 9	20,2 Ne Neon 10
3	23,0 Na Natrium 11	24,3 Mg Magnesium 12											27,0 Al Aluminium 13	28,1 Si Silicium 14	31,0 P Phosphor 15	32,1 S Schwefel 16	35,5 Cl Chlor 17	39,9 Ar Argon 18
4	39,1 K Kalium 19	40,1 Ca Calcium 20	45,0 Sc Scandium 21	47,9 Ti Titan 22	50,9 V Vanadium 23	52,0 Cr Chrom 24	54,9 Mn Mangan 25	55,8 Fe Eisen 26	58,9 Co Cobalt 27	58,7 Ni Nickel 28	63,5 Cu Kupfer 29	65,4 Zn Zink 30	69,7 Ga Gallium 31	72,6 Ge Germanium 32	74,9 As Arsen 33	79,0 Se Selen 34	79,9 Br Brom 35	83,8 Kr Krypton 36
5	85,5 Rb Rubidium 37	87,6 Sr Strontium 38	88,9 Y Yttrium 39	91,2 Zr Zirkonium 40	92,9 Nb Niob 41	95,9 Mo Molybdän 42	(99) Tc* Technetium 43	101,1 Ru Ruthenium 44	102,9 Rh Rhodium 45	106,4 Pd Palladium 46	107,9 Ag Silber 47	112,4 Cd Cadmium 48	114,8 In Indium 49	118,7 Sn Zinn 50	121,8 Sb Antimon 51	127,6 Te Tellur 52	126,9 I Iod 53	131,3 Xe Xenon 54
6	132,9 Cs Caesium 55	137,3 Ba Barium 56	57 bis 71	178,5 Hf Hafnium 72	180,9 Ta Tantal 73	183,9 W Wolfram 74	186,2 Re Rhenium 75	190,2 Os Osmium 76	192,2 Ir Iridium 77	195,1 Pt Platin 78	197,0 Au Gold 79	200,6 Hg Quecksilber 80	204,4 Tl Thallium 81	207,2 Pb Blei 82	209,0 Bi Wismuth 83	(209) Po* Polonium 84	(210) At* Astat 85	(222) Rn* Radon 86
7	(223) Fr* Francium 87	226,1 Ra* Radium 88	89 bis 103	(261) Rf* Rutherfordium 104	(262) Db* Dubnium 105	(263) Sg* Seaborgium 106	(262) Bh* Bohrium 107	(265) Hs* Hassium 108	(266) Mt* Meitnerium 109	(281) Ds* Darmstadtium 110	(280) Rg* Roentgenium 111	(277) Cn* Copernicium 112	(284) Uut* Ununtrium 113	(289) Uuq* Ununquadium 114	(288) Uup* Ununpentium 115	(292) Uuh* Ununhexium 116	(293) Uus* Ununseptium 117	(294) Uuo* Ununoctium 118

Lanthanoide	138,9 La Lanthan 57	140,1 Ce Cer 58	140,9 Pr Praseodym 59	144,2 Nd Neodym 60	(145) Pm* Prometium 61	150,4 Sm Samarium 62	152,0 Eu Europium 63	157,3 Gd Gadolinium 64	158,9 Tb Terbium 65	162,5 Dy Dysprosium 66	164,9 Ho Holmium 67	167,3 Er Erbium 68	168,9 Tm Thulium 69	173,0 Yb Ytterbium 70	175,0 Lu Lutetium 71
Actinoide	(227) Ac* Actinium 89	232,0 Th* Thorium 90	(231) Pa* Protactinium 91	238,0 U* Uran 92	(237) Np* Neptunium 93	(244) Pu* Plutonium 94	(243) Am* Americum 95	(247) Cm* Curium 96	(247) Bk* Berkelium 97	(251) Cf* Californium 98	(254) Es* Einsteinium 99	(257) Fm* Fermium 100	(257) Md* Mendelewium 101	(255) No* Nobelium 102	(257) Lr* Lawrencium 103

*: nur radioaktive Isotope